DIREITO
AMBIENTAL
BRASILEIRO

Diretora de Conteúdo e Operações Editoriais
JULIANA MAYUMI ONO

Gerente de Conteúdo
MILISA CRISTINE ROMERA

Editorial: Aline Marchesi da Silva, Diego Garcia Mendonça, Karolina de Albuquerque Araújo Martino e Quenia Becker

Gerente de Conteúdo Tax: Vanessa Miranda de M. Pereira

Direitos Autorais: Viviane M. C. Carmezim

Assistente de Conteúdo Editorial: Juliana Menezes Drumond

Analista de Projetos: Camilla Dantara Ventura

Estagiárias: Ana Amalia Strojnowski, Bárbara Baraldi, Bruna Mestriner e Mirna Adel Nasser

Produção Editorial
Coordenação
ANDRÉIA R. SCHNEIDER NUNES CARVALHAES

Especialistas Editoriais: Gabriele Lais Sant'Anna dos Santos e Maria Angélica Leite

Analista de Projetos: Larissa Gonçalves de Moura

Analistas de Operações Editoriais: Alana Fagundes Valério, Caroline Vieira, Danielle Castro de Morais, Mariana Plastino Andrade, Mayara Macioni Pinto, Patrícia Melhado Navarra e Vanessa Mafra

Analistas de Qualidade Editorial: Ana Paula Cavalcanti, Fernanda Lessa, Thaís Pereira e Victória Menezes Pereira

Designer Editorial: Lucas Kfouri

Estagiárias: Bianca Satie Abduch, Maria Carolina Ferreira, Sofia Mattos e Tainá Luz Carvalho

Capa: Linotec

Líder de Inovações de Conteúdo para Print
CAMILLA FUREGATO DA SILVA

Equipe de Conteúdo Digital
Coordenação
MARCELLO ANTONIO MASTROROSA PEDRO

Analistas: Gabriel George Martins, Jonatan Souza, Maria Cristina Lopes Araujo e Rodrigo Araujo

Gerente de Operações e Produção Gráfica
MAURICIO ALVES MONTE

Analistas de Produção Gráfica: Aline Ferrarezi Regis e Jéssica Maria Ferreira Bueno

Assistente de Produção Gráfica: Ana Paula Evangelista

Dados Internacionais de Catalogação na Publicação (CIP)
(Câmara Brasileira do Livro, SP, Brasil)

Direito Ambiental Brasileiro / Terence Dornelles Trennepohl, Talden Farias coordenação. -- 2.ª edição revista, atualizada e ampliada -- São Paulo : Thomson Reuters Brasil, 2021.

Bibliografia
ISBN 978-65-5614-826-7

1. Direito ambiental 2. Direito ambiental - Brasil I. Trennepohl, Terence Dornelles. II. Farias, Talden.

21-61320   CDU-34:502.7(81)

Índices para catálogo sistemático:
1. Brasil : Direito ambiental 34:502.7(81)
Maria Alice Ferreira - Bibliotecária - CRB-8/7964

Alana Ramos Araújo
Alessandra Correia Lima Macedo Franca
Belinda Pereira da Cunha
Carolina Medeiros Bahia
Curt Trennepohl
Daniela Campos Libório
Délton Winter de Carvalho
Edna Cardozo Dias
Eduardo Fortunato Bim
Fabiano Melo Gonçalves de Oliveira
Fernanda de Oliveira Crippa
Frederico Amado
Germana Parente Neiva Belchior
Inês Virgínia Prado Soares

2ª edição
revista, atualizada e ampliada

Novidades da edição:
- Direitos territoriais dos povos indígenas
- Novo Marco do Saneamento Básico
- Covid-19

Talden **Farias**
Terence **Trennepohl**
Coordenação

DIREITO
AMBIENTAL
BRASILEIRO

Ingo Wolfgang Sarlet
José Eduardo Ramos Rodrigues
José Irivaldo Alves Oliveira Silva
José Rubens Morato Leite
Luciana Cordeiro de Souza
Luciano José Alvarenga
Marcelo Buzaglo Dantas
Maria Augusta Soares de Oliveira Ferreira
Matheus Almeida Caetano
Nálbia Roberta Araújo da Costa
Natascha Trennepohl
Paulo Affonso Leme Machado

Paulo de Bessa Antunes
Pedro Ataíde
Pedro Curvelo Saavedra Avzaradel
Ricardo Cavalcante Barroso
Rubens Harry Born
Telma Bartholomeu Silva
Tiago Fensterseifer
Vladimir Garcia Magalhães

THOMSON REUTERS
REVISTA DOS TRIBUNAIS™

DIREITO AMBIENTAL BRASILEIRO

Coordenação
TALDEN FARIAS
TERENCE TRENNEPOHL

2ª edição revista, atualizada e ampliada

1ª edição: janeiro de 2019

Diagramação eletrônica: Linotec Fotocomposição e Fotolito Ltda., CNPJ 60.442.175/0001-80
Impressão e encadernação: Edelbra Indústria Gráfica e Editora Ltda., CNPJ 87.639.761/0001-76

© desta edição [2021]

THOMSON REUTERS BRASIL CONTEÚDO E TECNOLOGIA LTDA.

JULIANA MAYUMI ONO
Diretora responsável

Av. Dr. Cardoso de Melo, 1855 – 13º andar – Vila Olímpia
CEP 04548-005, São Paulo, SP, Brasil

TODOS OS DIREITOS RESERVADOS. Proibida a reprodução total ou parcial, por qualquer meio ou processo, especialmente por sistemas gráficos, microfílmicos, fotográficos, reprográficos, fonográficos, videográficos. Vedada a memorização e/ou a recuperação total ou parcial, bem como a inclusão de qualquer parte desta obra em qualquer sistema de processamento de dados. Essas proibições aplicam-se também às características gráficas da obra e à sua editoração. A violação dos direitos autorais é punível como crime (art. 184 e parágrafos, do Código Penal), com pena de prisão e multa, conjuntamente com busca e apreensão e indenizações diversas (arts. 101 a 110 da Lei 9.610, de 19.02.1998, Lei dos Direitos Autorais).

Os autores gozam da mais ampla liberdade de opinião e de crítica, cabendo-lhes a responsabilidade das ideias e dos conceitos emitidos em seus trabalhos.

CENTRAL DE RELACIONAMENTO THOMSON REUTERS SELO REVISTA DOS TRIBUNAIS
(atendimento, em dias úteis, das 9 às 18 horas)
Tel. 0800-702-2433
e-mail de atendimento ao consumidor: sacrt@thomsonreuters.com
e-mail para submissão dos originais: aval.livro@thomsonreuters.com
Conheça mais sobre Thomson Reuters: www.thomsonreuters.com.br
Acesse o nosso *eComm*
www.livrariart.com.br
Impresso no Brasil [05-2021]
Profissional
Fechamento desta edição [30.03.2021]

ISBN 978-65-5614-826-7

PREFÁCIO

Os Profs. Talden Farias e Terence Trennepohl honraram-me com o convite para prefaciar o livro *Direito ambiental brasileiro*, ora publicado pela conhecida e meritória Editora Revista dos Tribunais, de São Paulo. Agradeço, sensibilizado, essa deferência, mesclando dois sentimentos que nem sempre andam juntos: honra e gratidão. Honra, por me ver à frente de estudiosos e experientes cultores do Direito do Ambiente. Gratidão, por terem se lembrado de mim como um dos pioneiros do compromisso jusambientalista no Brasil, sabendo-se que os avanços do Direito do Ambiente, no Brasil, causam admiração e inspiram respeito no mundo ocidental.

Sem dúvida, essa imagem do Brasil perante outras nações deve-se a cultores e implementadores do Direito do Ambiente, estudiosos de alto coturno, como os profissionais que assinam os trabalhos reunidos nesta obra. Foi acentuado no convite a mim dirigido: o intuito desta edição coletiva é "inovar a doutrina jurídica e contribuir para profissionais com atuação na área ambiental". Está muito bem colocada a intenção subjacente nos trabalhos aqui reunidos.

Quero agora ressaltar alguns aspectos que me pareceram dignos de nota: inovação e propedêutica. O Direito Ambiental, embora já consolidado entre os ramos do saber jurídico, com certeza pode *ser inovado* porquanto a realidade cotidiana nos diz que a situação do ambiente à nossa volta e, mais ainda, a situação do ecossistema planetário se alteram significativamente e em ritmo mais acelerado. É preciso estarmos abertos a novos quadros da realidade, assim como a novos encaminhamentos de problemas e soluções. Outro aspecto é o *propedêutico*: não significa apenas introdutório, mas, um guiar pelas mãos, com carinho pedagógico, alertando para escolhos e mostrando os atalhos do saber e da experiência.

Desejo, ainda, enfatizar alguns temas que respondem, em particular, a problemas e necessidades do nosso mundo que se desloca no espaço sideral, carregado de incertezas. Por outro lado, eles falam também de esperanças num novo estilo de vida, esperanças numa sustentabilidade que ainda não contemplou bilhões de seres humanos favelados e em condições de vida infra-humana, sem esquecer os desequilíbrios e males que nós, os descendentes do *homo sapiens*, infligimos à Casa Comum. Ei-los abaixo.

Em primeiro lugar, as mudanças climáticas cujos efeitos, previstos para a próxima década, já se fizeram sentir em nossos dias. A problemática aguda dos recursos hídricos tende a agudizar-se ainda mais. A perda da biodiversidade é crescente, segundo estudos internacionais. A desertificação avança de maneira preocupante, reduzindo os espaços e as condições para a produção de alimentos. Causas e fenômenos desses – e de outros – desarranjos acham-se entrelaçados sistemicamente. E devemos ter certeza e disposição para reduzir drasticamente, senão liquidá-las, as causas socioeconômicas e culturais que estão às soltas por aí, incentivadas por grupos mais interessados no lucro próprio do que no futuro global.

Outro assunto relevante é "o meio ambiente artificial", que é parte integrante do Patrimônio Ambiental nacional. A concentração de populações no espaço social das cidades é inconteste, assim como a enorme gama de problemas ambientais que surgem com essas aglomerações. A habitação, o trabalho, a mobilidade, o lazer são desafios teimosos para qualquer administração urbana e metropolitana. A paisagem nas cidades é, o mais das vezes, descurada, feiosa, desconfortável, embora nem sempre esse mal-estar chegue à consciência dos cidadãos. No entanto, essa paisagem urbana exerce influência negativa no ânimo e no comportamento dos habitantes. Em geral, as pessoas cuidam do que é bom e belo, assim como agravam a situação do que é feio e malcuidado. Nunca poderemos diminuir a ênfase sobre o meio ambiente urbano de boa qualidade.

A zona costeira merece, sim, particular atenção e cuidados particulares. Mangues e oceanos são berços da vida. Nossos ecossistemas costeiros, com seus mangues, estuários e lagoas, estão ameaçados 24 horas por dia. Os atentados contra os oceanos vêm alarmando estudiosos e governos, a própria ONU. As organizações marítimas internacionais apressam-se em intensificar estudos e medidas de proteção em torno de mares e oceanos. O zelo dos nossos estudiosos, como se vê nesta obra, nunca será excessivo.

Um terceiro item é o Código Florestal recente, que muito deixou a desejar e mereceu justificadas críticas por suas lacunas e desvios. Para começar, essa lei florestal não tem estrutura de código e merece ampla revisão, revisão ordenada e solidamente científica. Que contribuições poderíamos nós, pensadores do direito e dos ecossistemas, oferecer em favor dos nossos biomas nacionais, tão alvejados e ameaçados? É tarefa hercúlea, não obstante inevitável e urgente.

Achei importante levantar essas questões, sabendo de antemão que outras também existem, na mente e nos escritos dos coautores deste livro. É bom que tais preocupações existam e, além disso, levem os autores a novos passos em benefício do meio ambiente em todas as regiões do País, sem esquecer o próprio ecossistema planetário de que somos parte.

Em meio a essas considerações marcadas de claros e escuros, mas que suscitam alegrias e esperanças, não podemos deixar de mencionar dois colegas ilustres que nos deixaram antes de verem nascer este livro que eles ajudaram a fecundar. Refiro-me aos saudosos companheiros de ideais e de lutas, recentemente falecidos: doutores e professores José Eduardo Ramos Rodrigues e Vladimir Garcia Magalhães. O primeiro, intelectual multidisciplinar, da Fundação Florestal do Estado de São Paulo, esteve diuturnamente atento ao nosso patrimônio ambiental nacional, principalmente no que dizia respeito aos seus tesouros culturais. Vladimir Garcia Magalhães somou, em sua vida, os saberes científicos da Biologia e do Direito, em prol da causa comum.

Creio que posso representar todos os coautores deste livro num preito de amizade, respeito e gratidão. Que sua herança intelectual seja fecunda e duradoura!

Por fim, minha homenagem cordial a todos os idealizadores, organizadores e coautores deste livro. O meio ambiente estará sempre à espera de novas contribuições em prol de todos os nossos grandes biomas, da consciência ecológica nacional e do frágil ecossistema do planeta Terra.

São Paulo, 6 de novembro de 2018

ÉDIS MILARÉ

Advogado e Consultor jurídico. Mestre e Doutor em Direito pela Pontifícia Universidade Católica de São Paulo. Procurador de Justiça aposentado e criador da Coordenadoria das Promotorias de Justiça do Meio Ambiente do Estado de São Paulo. Autor do anteprojeto de Lei da Ação Civil Pública (Lei 7.347/1985) e colaborador da redação do art. 225 da Constituição da República. Ex-Secretário de Meio Ambiente. Ex-Presidente da Fundação Florestal do Estado de São Paulo. Fundador e Coordenador emérito da Revista de Direito Ambiental e autor dos livros A ação civil pública e a tutela jurisdicional dos interesses difusos (Ed. RT, 1984), A ação civil pública na nova ordem constitucional (Ed. RT, 1990), Legislação ambiental do Brasil (Ed. RT, 1991), Estudo prévio de impacto ambiental (Ed. RT, 1993), Direito penal ambiental (Ed. RT, 2013), Dicionário de direito ambiental (Ed. RT, 2015) e Direito do ambiente (10. ed. Ed. RT, 2015).

APRESENTAÇÃO

> *"... enquanto isso, suspiro dentro de mim sobre a sina do advogado, a quem a sociedade confiou o delicado privilégio de ser o para-raios dos importunos, encarregado de atrai-los a seu escritório e fazê-los descarregarem-se suavemente, naquela espécie de sala isolada, encouraçada com velhas pastas poeirentas, para que não ponham em perigo, explodindo livremente pelas ruas do mundo, a tranquilidade das pessoas felizes."*
> Piero Calamandrei, em *Eles, os juízes, vistos por um advogado.*

Este livro trata do Direito Ambiental brasileiro.

Nestes 30 anos da Constituição Federal de 1988, tentamos juntar alguns dos nomes que fizeram parte do engrandecimento dessa matéria nas últimas décadas.

A escolha dos autores não foi aleatória. Além de notórios especialistas em Direito Ambiental, a maioria deles é referência específica no tema que aborda, muitas vezes com livro publicado sobre a matéria. Também houve a preocupação com a heterogeneidade profissional da equipe, que deveria refletir a complexidade e a diversidade de visões da área. Daí a presença de membros da advocacia privada, da advocacia pública, da consultoria ambiental, da defensoria pública, de órgãos ambientais, da magistratura, do magistério, do Ministério Público e do terceiro setor.

O fato de aproximadamente metade dos títulos ser assinada por mulheres simboliza a busca pela paridade de gênero, um dos dezessete objetivos do desenvolvimento sustentável da Organização das Nações Unidas. Seria incongruente não observar isso em um curso de Direito Ambiental.

Cada autor procurou tratar de sua matéria de forma crítica e interdisciplinar, sempre destacando a preocupação com a efetividade dos instrumentos de política ambiental. Provavelmente, mais do que os outros ramos da Ciência Jurídica, o Direito Ambiental só se justifica se estiver em compasso com a realidade, já que o seu objetivo é defender o meio ambiente e a qualidade de vida da coletividade dentro de um panorama de crise ecológica.

Cuida-se, assim, de uma obra destinada aos estudantes de pós-graduação, de graduação e aos operadores do Direito de forma geral, bem como aos demais profissionais que trabalharem ou que se interessarem pela temática. O intuito é que a publicação sirva ao mesmo tempo como livro de consulta e como livro didático.

Por um descuido do destino, dois dos autores passaram à eternidade antes da publicação: José Eduardo Ramos Rodrigues e Vladimir Garcia Magalhães. Enquanto o primeiro era referência no estudo do patrimônio cultural e das unidades de conservação, o segundo era referência no estudo da biodiversidade. É pena, porque ambos ainda tinham muito a fazer no planeta e pelo planeta. De toda forma, o exemplo e a obra permanecerão e certamente renderão frutos. É a eles que o presente trabalho é dedicado.

Cabe a nós, organizadores, mencionarmos uma reflexão que já discutimos em outros tempos, a de que o Direito Ambiental permite sermos advogados de um cliente comum: o meio ambiente. Um meio ambiente equilibrado e sustentável para as presentes e futuras gerações.

O papel do advogado consiste em defender os interesses do seu assistido, do seu cliente, de quem precisa de conhecimento técnico. A ele cabe encontrar e sustentar o melhor argumento, com verve, garra e dedicação. Cabe, também, demonstrar ao julgador a melhor interpretação da norma, o argumento mais convincente, o entendimento mais acertado, no sentido de proteger quem o procurou em momento de necessidade.

Para tanto, o advogado busca no Direito, no sistema, a melhor ferramenta para defender seus interesses. Nesse sentido, para exercer essa função, o advogado precisa de um sistema sofisticado, seguro e bem definido. No final do dia, o advogado está fadado a defender não somente o seu cliente, mas, principalmente, a defender os interesses da sociedade. Nessa esteira, nosso cliente – o meio ambiente – é assistido por todos os autores aqui presentes.

Ser advogado ambiental em um mundo permeado de inseguranças jurídicas e desmandos institucionais é uma árdua tarefa, cuja responsabilidade se agiganta nos dias atuais.

Vivemos um novo Iluminismo nas ciências e na sociedade. Herdamos um planeta com garantias conquistadas com sangue e suor, objeto das revoluções de recentes séculos passados, sendo a proteção do meio ambiente uma tendência natural de um século que começou com várias ameaças.

Ruy Barbosa disse que "vulgar é o ler, raro, o refletir". Assim o fizemos neste livro. Refletimos e trouxemos à tona novas cores a uma discussão amplamente necessária e presente.

Esperamos que estes pensamentos sejam aptos a levar equilíbrio e sustentabilidade em um mundo tão carente de atitudes ambientais. Do contrário, somente caberá a nós o apelo de Fernando Pessoa...

"Nada fica de nada. Nada somos.
Um pouco ao sol e ao ar nos atrasamos
Da irrespirável treva que nos pese
Da húmida terra imposta,
Cadáveres adiados que procriam."

TALDEN FARIAS
TERENCE TRENNEPOHL

SUMÁRIO

PREFÁCIO 5

APRESENTAÇÃO 7

DIREITO À PAISAGEM

Paulo Affonso Leme Machado

Introdução 21
1. Paisagem e as legislações constitucional e infraconstitucional 21
   1.1. Legislação constitucional 22
      1.1.1. Constituições anteriores 22
      1.1.2. A Constituição do Brasil de 1988 22
   1.2. Divisão de competências constitucionais e paisagem 22
   1.3. Previsão da paisagem nas leis ordinárias federais 23
      1.3.1. Decreto-lei 25, de 30 de novembro de 1937 23
      1.3.2. Lei 7.347, de 24 de julho de 1985 23
      1.3.3. Lei 9.985, de 18 de julho de 2000, que institui o Sistema Nacional de Unidades de Conservação da Natureza 24
      1.3.4. Lei 10.257, de 10 de julho de 2001 – Estatuto da Cidade ... 24
      1.3.5. Lei 12.651, de 25 de maio de 2012 25
2. Amplitude da conceituação de paisagem 25
   2.1. Conceituação da paisagem nos direitos internacional e comparado 25
      2.1.1. Convenção Europeia da Paisagem 25
      2.1.2. Bélgica 26
      2.1.3. Espanha 26
      2.1.4. Itália 27
      2.1.5. França 27
      2.1.6. Argentina/Província de Córdoba 27
   2.2. A paisagem e sua relação com o observador e com a sociedade 27
   2.3. A paisagem como um conjunto de bens 28
   2.4. A paisagem e o tempo 29
3. Acesso à paisagem 29
   3.1. Proteção da paisagem e função social da propriedade 29
   3.2. Direito de acesso à paisagem, tombamento e estudo de impacto ambiental 30
   3.3. A informação e a participação na gestão da paisagem conforme a inovação do artigo 216-A da Constituição Federal 31
4. Aspectos penais e processuais da paisagem 31
   4.1. Proteção penal do patrimônio paisagístico 31
      4.1.1. Destruição, inutilização e deterioração da paisagem 31
      4.1.2. Alteração de local especialmente protegido 32
      4.1.3. Deixar de cumprir obrigação de relevante interesse ambiental 33

4.2. A ação civil pública e a ação popular – meios processuais civis conservadores da paisagem 33
Conclusão 34
Referências bibliográficas 34

INTRODUÇÃO CRÍTICA AO DIREITO AMBIENTAL: PROPEDÊUTICA, INTERDISCIPLINARIDADE E TELEOLOGIA

Luciano José Alvarenga

1. Introdução 36
2. Prolegômenos éticos, históricos e epistemológicos para o estudo do Direito Ambiental 38
3. Direito Ambiental: ações-com-clinâmen e mediação entre o real e o futuro a partir de mapas utópicos 44
Referências 47

COMPLEXIDADE, RACIONALIDADE E OS PRINCÍPIOS DO DIREITO AMBIENTAL

Alana Ramos Araújo, Belinda Pereira da Cunha e Nálbia Roberta Araújo da Costa

Introdução 49
1. Complexidade e racionalidade ambiental no direito 52
2. Princípios do pensamento complexo 54
3. Os princípios ambientais constitucionais 58
Considerações finais 66
Referências 68

DIREITO CONSTITUCIONAL AMBIENTAL

José Rubens Morato Leite e Germana Parente Neiva Belchior

1. Considerações iniciais 70
2. Ética e meio ambiente: a busca pelo sentido da vida 71
3. O desafio da justiça ecológica à luz da complexidade 77
4. O meio ambiente ecologicamente equilibrado como direito fundamental 81
5. O meio ambiente ecologicamente equilibrado como dever fundamental 85
6. Elementos do estado de direito ecológico 88
7. A necessidade de uma hermenêutica jurídica ambiental 91
8. Desafios do Direito Ambiental Ecologizado diante da pandemia causada pela Covid-19 97
Referências 100

REPARTIÇÃO DE COMPETÊNCIA LEGISLATIVA E ADMINISTRATIVA EM MATÉRIA AMBIENTAL

Eduardo Fortunato Bim e Talden Farias

1. Introdução 105
2. Repartição de competências e Estado federativo 106
3. Competência em matéria ambiental: legislativa e administrativa 107

4. Competência legislativa em matéria ambiental 107
   4.1. A discussão sobre o *in dubio pro natura* 115
5. Competência administrativa em matéria ambiental 119
   5.1. A competência comum na fiscalização ambiental: princípio da subsidiariedade e benefício de ordem 119
   5.2. Licenciamento único, sobreposto/múltiplo e o integrado/complexo 126
   5.3. A mudança do critério pela LC 140/11: abandono do critério de abrangência do impacto para delimitar a competência da União (Lei 6.938/81, art. 10, § 4º, e Resolução Conama 237/97, art. 4º, *caput*) 131
   5.4. As competências comuns ambientais na Constituição e na LC 140/11 133
   5.5. Atuação supletiva e subsidiária 136
   5.6. A interpretação restritiva para a aferição de competência em rol taxativo (União e Municípios) 137
   5.7. A inexistência de competência federal em razão da dominialidade do bem e a questão do patrimônio nacional (CF, art. 225, § 4º) 142
   5.8. Competência licenciatória, fiscalizatória e unidades de conservação 145
   5.9. Da possibilidade de convalidação do licenciamento ambiental conduzido por ente incompetente 147
   5.10. Da delegação do licenciamento ambiental 154
6. Conclusões 161
7. Referências bibliográficas 163

POLÍTICA NACIONAL DO MEIO AMBIENTE

Marcelo Buzaglo Dantas e Fernanda de Oliveira Crippa

1. Considerações iniciais 166
2. Princípios 167
3. Definições 169
4. Objetivos 170
5. Sistema Nacional do Meio Ambiente – SISNAMA 175
6. Conselho Nacional do Meio Ambiente – CONAMA 176
7. Instrumentos econômicos 178
8. Servidão ambiental 181
9. Licenciamento ambiental e EIA/RIMA 184
10. Responsabilidade civil ambiental e ação civil pública 190
11. Financiamento e meio ambiente 194
12. Cadastro Técnico Federal e Taxa de Controle e Fiscalização Ambiental 195

DIREITOS TERRITORIAIS DOS POVOS INDÍGENAS

Paulo de Bessa Antunes

Introdução 198
1. Direito aplicável aos indígenas 199
2. Constitucionalização das terras indígenas 206
3. O caso Raposa Serra do Sol e suas consequências 207
Conclusão 211
Referências 211

POLÍTICA NACIONAL DE RECURSOS HÍDRICOS

Luciana Cordeiro de Souza

Introdução	213
1. Breve histórico da legislação de águas no Brasil	214
2. Fundamentos da Política Nacional de Recursos Hídricos – PNRH	216
3. Princípios da Política Nacional de Recursos Hídricos	220
4. Objetivos da Política Nacional de Recursos Hídricos	221
5. Instrumentos da Política Nacional de Recursos Hídricos	222
5.1. Os Planos de Recursos Hídricos (art. 5º, I)	222
5.2. O enquadramento dos corpos d'água em classes, segundo os usos preponderantes da água (art. 5º, II)	223
5.3. A outorga dos direitos de uso de recursos hídricos (art. 5º, III)	225
5.4. Cobrança pelo uso da água (art. 5º, IV)	226
5.5. O Sistema de Informações sobre Recursos Hídricos – SIRH	227
6. Os Comitês de Bacia Hidrográfica	229
7. Das infrações e penalidades prevista na LPNRH	230
7.1. Proposta de alteração da Lei 9.433/97	231
8. Conclusão	231
9. Bibliografia	232

A POLÍTICA NACIONAL DE SANEAMENTO BÁSICO SOB O IMPACTO DO NOVO MARCO DO SANEAMENTO

José Irivaldo Alves Oliveira Silva

1. Introdução	233
2. Água como resultado de um ciclo e a crise hídrico-sanitária	234
3. Bases da Política Nacional de Saneamento Básico	241
4. Bases do novo marco do saneamento	243
5. Algumas possibilidades acerca da inconstitucionalidade do novo marco do saneamento	256
6. Considerações finais	259
7. Referências	260

POLÍTICA NACIONAL DE RESÍDUOS SÓLIDOS

Telma Bartholomeu Silva e Fabiano Melo Gonçalves de Oliveira

1. Introdução	264
2. Destinatários da PNRS	265
3. Inaplicabilidade da PNRS	266
4. Definições importantes	266
5. Resíduos e rejeitos	268
6. Princípios da PNRS	269
6.1. Princípios da prevenção e da precaução	270
6.2. Princípio do poluidor-pagador	271
6.3. Princípio do protetor-recebedor	272
6.4. Princípio do desenvolvimento sustentável	272

6.5.	Princípio da visão sistêmica na gestão dos resíduos sólidos	273
6.6.	Princípio da Ecoeficiência	273
6.7	Princípio do reconhecimento do resíduo sólido reutilizável e reciclável como um bem econômico e de valor social, gerador de trabalho e renda e promotor de cidadania	274
6.8.	Outros princípios	274
7.	Objetivos	275
8.	Instrumentos da Política Nacional de Resíduos Sólidos	280
9.	Os Planos de gerenciamento de Resíduos Sólidos	281
10.	A responsabilidade compartilhada pelo Ciclo de Vida dos Produtos	283
11.	A Logística reversa	285
12.	Instrumentos econômicos	288
13.	Proibições previstas na Lei 12.305/2010	289
14.	Responsabilidade Ambiental	289
Bibliografia		293

SISTEMA NACIONAL DE UNIDADES DE CONSERVAÇÃO (SNUC)

José Eduardo Ramos Rodrigues

1.	Unidades de proteção integral	296
	1.1. Estação ecológica	296
	1.2. Reserva biológica	296
	1.3. Parque nacional	296
	1.4. Monumento natural	296
	1.5. Refúgio da vida silvestre	296
2.	Unidades de uso sustentável	297
	2.1. Área de proteção ambiental	297
	2.2. Área de relevante interesse ecológico	297
	2.3. Floresta nacional	297
	2.4. Reserva extrativista	298
	2.5. Reserva de fauna	298
	2.6. Reserva de desenvolvimento sustentável	298
	2.7. Reserva particular do patrimônio natural	299
3.	Reserva da biosfera	299
4.	Criação e gestão das unidades de conservação	299
Bibliografia		302

TUTELA JURÍDICA DAS FLORESTAS

Pedro Curvelo Saavedra Avzaradel

1.	O conceito e a importância das florestas	303
2.	Breve histórico da proteção florestal e marco atual	305
3.	As áreas de preservação permanente (APPs)	307
	3.1. APPs em razão da lei	308
	3.1.1. As faixas marginais de cursos d'água	309

        3.1.2. Entorno de lagos e lagoas naturais 310
        3.1.3. Lagos e Reservatórios Artificiais e geração de energia 311
        3.1.4. O entorno das nascentes e dos olhos d'água 312
        3.1.5. Encostas com declividade acima de 45 graus 313
        3.1.6. As restingas, como fixadoras de dunas ou estabilizadoras de mangues, e os mangues, em toda sua extensão 314
        3.1.7. As bordas dos tabuleiros ou chapadas 315
        3.1.8. O topo de morros, montes, montanhas e serras 316
        3.1.9. Áreas em altitude superior a 1.800 metros 317
        3.1.10. As veredas 318
   3.2. APPs definidas por ato do Poder Público 318
   3.3. Intervenção e supressão em APPs 319
   3.4. O regime temporário e a regularização de intervenções em APP 323
        3.4.1. A recuperação de APPs em áreas rurais 323
        3.4.2. A recuperação de APPs em áreas urbanas 327
4. A Reserva Legal Florestal (RLF) 329
   4.1. Delimitação nas posses e propriedades rurais 329
   4.2. Localização e o Cadastro Ambiental Rural 332
   4.3. Intervenções e supressões na RLF 335
   4.4. Regime temporário e a regularização de intervenções em RLF 337
5. Instrumentos econômicos 340
   5.1. O pagamento por serviços ambientais 341
   5.2. Instrumentos compensatórios, tributários e fontes de custeio 342
   5.3. A Cota de Reserva Ambiental (CRA) 344
6. Infrações penais e administrativas e os Programas de Recuperação Ambiental 346

DIREITO DA FAUNA

Edna Cardozo Dias

1. Conceito 351
2. Natureza jurídica da fauna 354
3. Fauna silvestre na legislação brasileira 357
4. Criadouros conservacionistas da fauna nativa 358
5. Criadouros conservacionistas da fauna exótica 359
6. Criadouros comerciais da fauna brasileira e exótica 359
7. Criadouros científicos 360
8. Fiscalização dos criadouros 361
9. Importação e exportação da fauna silvestre brasileira e da fauna exótica 361
10. Caça 363
11. Sanções administrativas 364
12. Crimes contra a fauna 366
13. ADI 5772/DF 376
14. Divisão de competências 379
15. Considerações finais 380
16. Referências 382

AGROTÓXICOS E AFINS

Frederico Amado

Referências 402

A BIODIVERSIDADE DO BRASIL E O DIREITO

Vladimir Garcia Magalhães

1. Introdução 404
2. Conceito de biodiversidade 405
   2.1. Conceitos biológicos 405
   2.2. Conceito legal 406
3. A agrobiodiversidade 407
4. Importância da biodiversidade 408
   4.1. Para o equilíbrio ecológico 408
   4.2. Para a economia 410
5. A tutela legal da biodiversidade 412
   5.1. Direito internacional 412
   5.2. Direito brasileiro 414
6. Conclusões 416
Referências bibliográficas 416

MINERAÇÃO E MEIO AMBIENTE

Talden Farias e Pedro Ataíde

1. Introdução 417
2. O tratamento constitucional do meio ambiente, do licenciamento ambiental e da atividade minerária 418
   2.1. Meio ambiente e licenciamento ambiental 418
   2.2. A atividade minerária 420
3. Atividade minerária em APP 422
4. Licenciamento ambiental da mineração 424
   4.1. Aspectos gerais do licenciamento ambiental 424
   4.2. Licenciamento ambiental da mineração 426
      4.2.1. Competência do licenciamento ambiental e conceitos elementares da mineração 426
      4.2.2. Resolução 009/1990 do CONAMA 428
      4.2.3. EIA/RIMA e compensação ambiental do art. 36 – Lei 9.985/2000 430
      4.2.4. Resolução 010/1990 do CONAMA 431
      4.2.5. PRAD 433
5. Mineração em mata atlântica 436
6. Mineração em UCs 437
7. Mineração em zona de amortecimento 438
8. Considerações finais 440
9. Referências 442

MUDANÇAS CLIMÁTICAS

Rubens Harry Born

1. Panorama geral de mudanças de clima 444
   1.1. Abordagens em mudanças climáticas 447
   1.2. Mudanças ambientais globais e aquecimento global 450
   1.3. Panorama das emissões globais de gases de efeito estufa 454
   1.4. Emissões de gases de efeito estufa no Brasil 456
   1.5. Comentários sobre elaboração, implementação e análise de medidas e normas em mudanças climáticas 459
2. Direito, políticas públicas e mudanças climáticas 460
   2.1. Base constitucional para normas sobre mudanças de clima 463
   2.2. O regime multilateral sobre mudanças climáticas 466
      2.2.1. Convenção-Quadro da ONU sobre Mudanças do Clima (UNFCCC) 469
      2.2.2. Protocolo de Quioto (KP) 473
      2.2.3. O Acordo de Paris e a Decisão 1 da CoP-21 476
   2.3. Brasil: política e legislação nacional 482
      2.3.1. Política Nacional sobre Mudança de Clima e seus instrumentos 483
      2.3.2. Instrumentos financeiros: o Fundo Clima e o Fundo Amazônia 492
      2.3.3. Políticas e normas sobre mudanças de clima dos demais entes federativos 497
      2.3.4. Governança das iniciativas e dos desafios sobre mudanças climáticas 498
3. Conclusão 502
Bibliografia 502

MEIO AMBIENTE URBANO

Daniela Campos Libório

1. Considerações introdutórias 506
2. Interesse urbano: elementos jurídicos caracterizadores 508
3. Natureza e meio ambiente 509
4. Intersecção da matéria ambiental perante o direito urbanístico 510
5. A incidência da legislação ambiental na cidade 513
6. Meio Ambiente urbano 514
7. O Estatuto da Cidade e o meio ambiente 515
8. Considerações finais 515
Bibliografia 516

MEIO AMBIENTE CULTURAL

Inês Virgínia Prado Soares

Introdução 518
1. O percurso normativo do patrimônio cultural no século XX 519
2. O encontro nada fortuito do patrimônio cultural com o patrimônio natural 525
3. O meio ambiente como macrobem e sua tutela no ordenamento jurídico brasileiro 530
4. Porque todos querem um lugarzinho para chamar de seu: princípios e instrumentos específicos para os bens ambientais culturais 542
   4.1. Bens culturais têm princípios para chamar de seus 543

Conclusão... 549
Referências bibliográficas... 550

RESPONSABILIDADE ADMINISTRATIVA NO DIREITO AMBIENTAL

Curt Trennepohl e Natascha Trennepohl

1. A evolução dos objetivos do direito ambiental brasileiro................................... 552
2. Responsabilidade ambiental 554
3. Responsabilidade administrativa 557
4. Conversão de multas e reparação de danos ambientais..................................... 564

A RESPONSABILIDADE CIVIL EM MATÉRIA AMBIENTAL

Carolina Medeiros Bahia

1. Elementos da responsabilidade civil ambiental.. 566
   1.1. Conduta ou atividade.. 566
   1.2. Dano.. 568
        1.2.1. Complexidade e peculiaridades do dano ambiental....................... 572
        1.2.2. Dimensões do dano ambiental 584
   1.3. Nexo de causalidade... 596
        1.3.1. Causalidade, paradigma da complexidade e "o fim das certezas"................ 598
        1.3.2. Causalidade material e causalidade jurídica.................................. 600
        1.3.3. Teorias explicativas do nexo de causalidade 601
        1.3.4. Discussão em torno da teoria acolhida pelo ordenamento jurídico brasileiro 606
2. Excludentes de causalidade e responsabilidade civil por dano ambiental 609
3. A solidariedade entre os causadores 610
4. Responsabilidade civil do Estado por danos ao meio ambiente 612
5. A prescrição da pretensão reparatória do dano ambiental................................. 615

INTRODUÇÃO AO DIREITO PENAL AMBIENTAL BRASILEIRO

Matheus Almeida Caetano

1. Introdução 621
2. O bem jurídico-penal ambiental.. 622
3. O injusto penal material ambiental 635
4. Sobre o lugar do Direito Penal Ambiental: o Direito Penal Secundário 641
5. A acessoriedade administrativa do Direito Penal Ambiental e as normas penais em branco.... 644
   5.1. Uma introdução à dimensão dos problemas relacionados à acessoriedade administrativa do Direito Penal Ambiental... 652
        5.1.1. Os problemas políticos 653
        5.1.2. Os problemas dogmáticos 655
   5.2. As normas penais em branco e o Direito Penal Ambiental 670
6. Algumas notas sobre o Direito Penal Ambiental brasileiro 675
7. Conclusão.. 687

DIREITO AMBIENTAL E GESTÃO PÚBLICA

Maria Augusta Soares de Oliveira Ferreira

1. Introdução: Gestão Pública Socioambiental – Conceito e delimitação do objeto de estudo..... 690
2. Programas de gestão pública socioambiental 696
   2.1. Agenda ambiental na Administração Pública (A3P)... 696
   2.2. Projeto Esplanada Sustentável (PES) 700
   2.3. O Programa de Gestão Pública Socioambiental no Poder Judiciário 702
3. As licitações sustentáveis no Brasil.. 703
4. Fundamentos jurídicos da gestão pública socioambiental... 706
   4.1. Direito internacional e constitucional... 706
   4.2. Leis brasileiras sobre Gestão Pública Socioambiental... 707
      4.2.1. As Leis de Mudança Climática e de Resíduos Sólidos................................... 707
      4.2.2. A nova Lei de Licitações, Lei 14.133/2021, e as licitações sustentáveis........ 709
      4.2.3. O art. 3º da Lei 8.666/1993, com redação dada pela Lei 12.349/2010 711
      4.2.4. O Regime Diferenciado de Contratações Públicas (RDC)............................ 716
   4.3. As Normas Infralegais 717
5. A Jurisprudência do Tribunal de Contas da União (TCU).. 723
6. Breve Exposição sobre a Gestão Pública Socioambiental nos Estados Unidos, na União Europeia e na Organização das Nações Unidas 726
7. Conclusão.. 729

A TRIBUTAÇÃO AMBIENTAL NO BRASIL

Terence Trennepohl

1. Prólogo dos tributos ambientais no Brasil e o "ICMS Ecológico" 731
2. Os incentivos fiscais no Direito Ambiental: alguns exemplos já praticados 733
3. A possibilidade de associação das políticas públicas tributárias de incentivo ao meio ambiente equilibrado.. 738
Bibliografia 740

DIREITO AMBIENTAL INTERNACIONAL: O PLANETA, O PLANO DE SALVAÇÃO E A TRANSFORMAÇÃO DO DIREITO

Alessandra Correia Lima Macedo Franca

1. A revolução ambiental... 742
2. O direito internacional ambiental nas fontes clássicas e a difícil tarefa de completar-se 745
3. Novas fontes, novos sujeitos e as novas relações do direito internacional...................... 750
Conclusão: o direito ambiental transformador 752
Referências bibliográficas... 752

JUSTIÇA AMBIENTAL

Ingo Wolfgang Sarlet e Tiago Fensterseifer

1. Notas introdutórias.. 755

2. O caráter "antidemocrático" na distribuição dos riscos ecológicos: a concentração da riqueza "acima" e dos riscos "abaixo".. 755
3. A justiça ambiental (e o problema do assim chamado racismo ambiental) no cenário norte-americano.. 757
4. O movimento ecológico "multissetorial" brasileiro e sua dimensão socioambiental.......... 758
5. Os refugiados ou migrantes ambientais em face das mudanças climáticas....................... 760
6. Os indivíduos e grupos sociais "necessitados" em termos ecológicos (ou socioambientais).. 761

DIREITO DOS DESASTRES

Délton Winter de Carvalho

Introdução... 763
1. Fatores de ampliação dos riscos e dos custos dos desastres na sociedade contemporânea..... 767
2. A sensitividade climática como fator de multiplicação de riscos de desastres 770
3. Direito dos desastres e direito ambiental.. 774
4. O contexto brasileiro e suas estratégias normativas 776
5. O papel do Direito dos Desastres... 778
    5.1. Dinâmica e estabilidade... 779
    5.2. O ciclo dos desastres 782
    5.3. Interdisciplinaridade e autonomia 785
        5.3.1. Interdisciplinaridade 785
        5.3.2. Autonomia.. 787
6. Conceito jurídico de desastres.. 787
7. Objetos funcionais do direito dos desastres 793
    7.1. Prevenção e mitigação.. 796
    7.2. Respostas de emergência 797
    7.3. Compensação 798
    7.4. Reconstrução 798
8. Organizações e desastres: o papel do Estado de Direito Ambiental 799
9. Os riscos catastróficos e a ênfase de sua administração pelo Direito Ambiental............ 802
    9.1. Tratamento da incerteza e da informação ambiental em riscos de desastres 803
10. Direito dos desastres e direito ambiental: um aprendizado recíproco............................ 805
11. Eventos recentes no Brasil 807
    11.1. O Desastre em Mariana, 2015 807
        11.1.1. O Desastre em Mariana e suas consequências catastróficas.................. 807
        11.1.2. Lições regulatórias da ruptura da barragem 809
            11.1.2.1. Ausência de uma cultura afeta a circularidade de risco............... 809
            11.1.2.2. A importância dos planos de contingência tanto do setor privado quanto do Judiciário 813
    11.2. O desastre de Brumadinho, 2019: uma análise das narrativas de uma catástrofe a partir do Direito dos Desastres... 816
        11.2.1. Qual espécie de desastre é a ruptura da barragem de Brumadinho?............ 818
        11.2.2. Vulnerabilidade tecnológica 818
        11.2.3. Circularidade do risco e aumento da sua conscientização (*risk awareness*).... 821
        11.2.4. O fechamento do ciclo 826
    11.3. A Pandemia Covid-19 827

ESTUDO PRÉVIO DE IMPACTO AMBIENTAL: COMPLEXIDADE, CARGA POLÍTICA DA DECISÃO SOBRE A VIABILIDADE AMBIENTAL E A NECESSIDADE DE ENVOLVIMENTO DO PÚBLICO

Ricardo Cavalcante Barroso

1. Introdução 834
2. Propedêutica do impacto ambiental 835
3. Relação simbiótica entre o estudo prévio de impacto ambiental e o licenciamento ambiental 837
4. Complexidade da análise de alternativas no âmbito do EIA/RIMA: opção zero, carga política da decisão e necessidade de envolvimento do público 840
5. Conclusão 846
Referências 847

DIREITO À PAISAGEM

PAULO AFFONSO LEME MACHADO[1]

SUMÁRIO: Introdução. 1. Paisagem e as legislações constitucional e infraconstitucional. 1.1. Legislação constitucional. 1.1.1. Constituições anteriores. 1.1.2. A Constituição do Brasil de 1988. 1.2. Divisão de competências constitucionais e paisagem. 1.3. Previsão da paisagem nas leis ordinárias federais. 1.3.1. Decreto-lei 25, de 30 de novembro de 1937. 1.3.2. Lei 7.347, de 24 de julho de 1985. 1.3.3. Lei 9.985, de 18 de julho de 2000, que institui o Sistema Nacional de Unidades de Conservação da Natureza. 1.3.4. Lei 10.257, de 10 de julho de 2001 – Estatuto da Cidade. 1.3.5. Lei 12.651, de 25 de maio de 2012. 2. Amplitude da conceituação de paisagem. 2.1. Conceituação da paisagem nos direitos internacional e comparado. 2.1.1. Convenção Europeia da Paisagem. 2.1.2. Bélgica. 2.1.3. Espanha. 2.1.4. Itália. 2.1.5. França. 2.1.6. Argentina/Província de Córdoba. 2.2. A paisagem e sua relação com o observador e com a sociedade. 2.3. A paisagem como um conjunto de bens. 2.4. A paisagem e o tempo. 3. Acesso à paisagem. 3.1. Proteção da paisagem e função social da propriedade. 3.2. Direito de acesso à paisagem, tombamento e estudo de impacto ambiental. 3.3. A informação e a participação na gestão da paisagem conforme a inovação do artigo 216-A da Constituição Federal. 4. Aspectos penais e processuais da paisagem. 4.1. Proteção penal do patrimônio paisagístico. 4.1.1. Destruição, inutilização e deterioração da paisagem. 4.1.2. Alteração de local especialmente protegido. 4.1.3. Deixar de cumprir obrigação de relevante interesse ambiental. 4.2. A ação civil pública e a ação popular – meios processuais civis conservadores da paisagem. Conclusão. Referências bibliográficas.

Introdução

Iremos tratar da paisagem nos seguintes itens: 1. Paisagem e as legislações constitucional e infraconstitucional; 2. A amplitude da conceituação de paisagem; 3. Acesso à paisagem e 4. Aspectos penais e processuais da paisagem

1. Paisagem e as legislações constitucional e infraconstitucional

A paisagem foi objeto da atenção dos constituintes em diferentes constituições que o Brasil teve, em épocas e circunstâncias políticas totalmente diversas.[2]

---

1. Advogado. Professor na Universidade Metodista de Piracicaba. Doutor em Direito pela PUC-SP. Doutor *Honoris Causa* pela Universidade Estadual Paulista – UNESP (Brasil), pela Vermont Law School (Estados Unidos), pela Universidade de Buenos Aires (Argentina) e pela Universidade Federal da Paraíba (Brasil). Mestre em Direito Ambiental pela Universidade Robert Schuman/Strasbourg (França). Prêmio de Direito Ambiental Elizabeth Haub (Alemanha/Bélgica). Professor Convidado na Universidade de Limoges (1986-2004). Professor na Universidade Estadual Paulista – UNESP (aposentado). Promotor de Justiça/SP (aposentado). Chevalier de La Légion d´Honneur.
2. Publicado, originalmente, sob o título A paisagem como direito individual e difuso, pela *Revista Interesse Público – IP*, Belo Horizonte, ano 9, n. 43, maio/jun. 2007, p. 15-32.

1.1. Legislação constitucional

1.1.1. Constituições anteriores

Na Constituição Federal de 1937, rege a matéria o artigo 134, que diz:

> Os monumentos históricos, artísticos ou naturais, assim como as *paisagens* ou os locais particularmente dotados pela natureza, gozam da proteção e dos cuidados especiais da Nação, dos Estados e dos Municípios. Os atentados contra eles cometidos serão equiparados aos cometidos contra o patrimônio nacional.

A Constituição Federal de 1946 estabeleceu, no artigo 175: "as obras, monumentos e documentos de valor histórico e artístico, bem como os monumentos naturais, as *paisagens* e os locais dotados de particular beleza, ficam sob a proteção do poder público."

Nas duas Constituições mencionadas – a de 1937 e a de 1946 – não se avaloriza a paisagem comum, mas aquela "particularmente dotada pela natureza" ou a de "particular beleza".

Na Constituição Federal de 1967, o parágrafo único do artigo 172 preceitua: "ficam sob a proteção especial do poder público os documentos, as obras e os locais de valor histórico ou artístico, os monumentos e as *paisagens* naturais notáveis, bem como as jazidas arqueológicas".

O artigo 180 e seu parágrafo único da Emenda Constitucional 1/1969 têm texto idêntico ao da Constituição de 1967.

Os dois textos constitucionais – o de 1967 e o de 1977 – condicionam a proteção especial para a paisagem que seja "natural" e "notável".

1.1.2. A Constituição do Brasil de 1988

O patrimônio cultural é formado pelos "conjuntos urbanos e sítios de valor histórico, *paisagístico*, artístico, arqueológico, paleontológico, ecológico e científico" (art. 216, inciso V, da CF).

A Constituição em vigor insere uma nova noção, a de "valor paisagístico". Como nas constituições anteriores, será preciso avaliar-se o valor da paisagem para ser possível a sua proteção jurídica. Contudo, a Constituição de 1988 não exigiu que a paisagem seja notável, de particular beleza ou com especial característica. O exame de cada caso irá possibilitar ou não a proteção da paisagem, que pode ser, segundo o art. 216 acima citado, inclusive, uma paisagem ordinária ou comum, mas que mereça proteção.

No art. 23, III, a Constituição fala em "paisagens naturais notáveis". Entendo que o artigo 23 menciona as competências comuns federadas, porém, não tem por objetivo tratar em profundidade cada matéria, mas visa a coordenar a divisão de poder entre os entes federados. O artigo 23 não esgota cada matéria – saúde, documentos, acesso à cultura, educação e ciência, proteção do meio ambiente, fomento da produção agropecuária, construção de moradias, causas da pobreza, exploração de recursos hídricos e mineração, educação do trânsito. O artigo 216, V, da Constituição, tendo maior abrangência do que o artigo 23, III, merece ser entendido como tendo uma eficácia mais ampla e como tal merece ser acatado e cumprido.

1.2. Divisão de competências constitucionais e paisagem

No plano das competências, a União, os Estados e os Municípios têm competência comum para proteger as "paisagens naturais notáveis" (art. 23, III). Os três entes públicos podem e devem, igualmente, tomar medidas administrativas de proteção e conservação da paisagem. Não há, na execução ou implementação das normas jurídicas, qualquer superioridade da União sobre os Estados e dos Estados sobre os Municípios.

Já quanto à elaboração das leis sobre paisagem, a União e os Estados têm competência concorrente para legislar sobre a "proteção do patrimônio paisagístico" (art. 24, VII). A competência concorrente significa que, enquanto não houver nenhuma lei federal sobre paisagem, os Estados podem legislar com competência plena sobre as suas peculiaridades paisagísticas. Contudo, no momento em que a União estabelecer normas gerais sobre a paisagem, os Estados serão obrigados a adaptar a legislação que já tiverem às novas disposições federais.

A União não pode descer a minúcias nos textos legais sobre paisagem. A inserção das particularidades de cada Estado ou de cada Município poderá ser feita por eles, através do uso da competência suplementar, desde que se respeite o conteúdo das normas gerais federais sobre o patrimônio paisagístico.

Interessa apontar o emprego da noção de patrimônio paisagístico. A concepção de patrimônio é mais larga do que a de propriedade e projeta um relacionamento de gerações, pois as gerações presentes conservarão paisagens não só para si mesmas, mas para as gerações que as sucederão. O fato de a paisagem integrar o patrimônio cultural não ocasiona sua imobilização. A percepção da sustentabilidade da paisagem deve levar em conta os comportamentos que garantam sua permanência ou sua duração e sua fruição.

1.3. Previsão da paisagem nas leis ordinárias federais

1.3.1. Decreto-lei 25, de 30 de novembro de 1937

Art. 1º, § 2º Equiparam-se aos bens a que se refere o presente artigo e são também sujeitos a tombamento os monumentos naturais, bem como os sítios e *paisagens* que importe conservar e proteger pela feição notável com que tenham sido dotados pela natureza ou agenciados pela indústria humana.

A norma abrange a paisagem notável, quer seja natural, quer seja fruto da ação humana. Interessa assinalar que a legislação do patrimônio vinha sendo elaborada através de projeto de lei no Congresso Nacional, mas ocorreu o golpe de 10 de novembro de 1937, o que levou à transformação do projeto em decreto-lei[3].

A norma acima mencionada pretende disciplinar "sítios e paisagens que importe conservar e proteger". Conservar é manter, é fazer perdurar no tempo e no espaço. Proteger é fazer uma gestão que evite danos aos sítios e paisagens. As duas noções têm muito em comum, mas podem ser focalizadas separadamente.

As paisagens estão sujeitas ao processo de tombamento, como menciona o § 2º do art. 1º do Decreto-lei 25. A matéria será tratada em outro tópico.

1.3.2. Lei 7.347, de 24 de julho de 1985

Art. 1º Regem-se pelas disposições desta Lei, sem prejuízo da ação popular, as ações de responsabilidade por danos morais e patrimoniais causados:

III – a bens e direitos de valor artístico, estético, histórico, turístico e *paisagístico*.

---

3. MACHADO, Paulo A. L. *Direito ambiental brasileiro*. 25. ed. São Paulo: Malheiros, 2017. p. 1153.

As ações de responsabilidade por danos morais e patrimoniais causados a bens e direitos de valor paisagístico poderão ser propostas pelo Ministério Público Federal ou Estadual, pelas associações que tenham por finalidade proteger o meio ambiente, aí incluídas, implicitamente, a paisagem e as entidades públicas mencionadas na Lei.

A ação civil poderá ter por objeto a condenação em dinheiro ou o cumprimento de obrigação de fazer ou não fazer, conforme a Lei 7.347.

A Constituição de 1988 repetiu a mesma expressão constante na Lei 7.347, de 1985, ao empregar a expressão "valor" paisagístico. O termo valor não tem somente uma conotação econômica, mas implica a proteção de um bem que tenha importância social, histórica e científica. Estudos serão feitos para avaliar a existência do valor do bem paisagístico a ser protegido.

1.3.3. Lei 9.985, de 18 de julho de 2000, que institui o Sistema Nacional de Unidades de Conservação da Natureza

O Sistema Nacional de Unidades de Conservação da Natureza – SNUC tem como um de seus objetivos (art. 4º): "VI – proteger *paisagens* naturais e pouco alteradas de notável beleza cênica".

Não há de se confundir a Unidade de Conservação, onde se pode proteger uma paisagem, com o direito a uma determinada paisagem. Numa Unidade de Conservação é possível uma pluralidade de paisagens, que possam ser protegidas, com regras jurídicas próprias, especialmente levando-se em conta a sua preservação.

1.3.4. Lei 10.257, de 10 de julho de 2001 – Estatuto da Cidade

> Art. 2º A política urbana tem por objetivo ordenar o pleno desenvolvimento das funções sociais da cidade e da propriedade urbana, mediante as seguintes diretrizes gerais:
>
> XII – proteção, preservação e recuperação do meio ambiente natural e construído, do patrimônio cultural, histórico, artístico, *paisagístico* e arqueológico.

A política urbana deverá planejar e atuar no sentido da proteção do patrimônio paisagístico, ordenando o pleno desenvolvimento das funções sociais da cidade e da propriedade urbana. Ressalte-se que a Lei 10.257 – lei federal – não ficou presa à noção de notabilidade do patrimônio paisagístico, mas desde que esse patrimônio tenha valores social, histórico e científico, merecerá ser conservado e protegido.

É relevante que o Estatuto da Cidade tenha utilizado a expressão "patrimônio" com referência à cultura, à história, à arte, à paisagem e à arqueologia. Patrimônio é um conjunto de valores que abarcam o passado e o presente, com vistas ao futuro. Reitera-se que a conservação de um patrimônio tem uma ligação íntima com sustentabilidade ou com durabilidade dos bens. O conceito de propriedade está mais próximo da utilização imediata do bem, enquanto que o conceito de patrimônio paisagístico não se liga tanto ao gozo material do bem, mas às fruições intelectiva, sentimental e educativa presentes e futuras.

Ao tratar do Estudo de Impacto de Vizinhança, determina a Lei 10.257, em seu art. 37:

> Art. 37. O Estudo de Impacto de Vizinhança – EIV será executado de forma a contemplar os efeitos positivos e negativos do empreendimento ou atividade quanto à qualidade de vida da população residente na área e suas proximidades, incluindo a análise, no mínimo, das seguintes questões:
>
> VII – *paisagem* urbana e patrimônio natural e cultural.

Um dos aspectos da ordenação da cidade é o planejamento da paisagem urbana. Dentro das concepções de paisagem, a de paisagem urbana abrange o visual da cidade, como suas casas, seus prédios, suas ruas, suas calçadas, suas lojas e suas fábricas, seu setor de serviços. A paisagem urbana merece ser analisada nos seus aspectos de beleza ou de desorganização, e até de feiura. O Estudo de Impacto de Vizinhança não pode ignorar a paisagem urbana existente e a paisagem urbana desejável no futuro. "O urbanista deve levar em conta as dimensões visíveis, sonoras, táteis e olfativas do espaço para oferecer uma qualidade urbana nova".[4]

Aponte-se que o Estudo de Impacto de Vizinhança é integralmente público (art. 37, parágrafo único) e, na gestão democrática da cidade, na qual se incluem a presença e o gerenciamento da paisagem, devem ser utilizados debates, audiências e consultas públicas (art. 43, II).

1.3.5. Lei 12.651, de 25 de maio de 2012

> Art. 3º. Para os fins desta Lei, entende-se:
> II – *Área de Preservação Permanente* – APP: área protegida, coberta ou não por vegetação nativa, com a função ambiental de preservar os recursos hídricos, a *paisagem*, a estabilidade geológica e a biodiversidade, facilitar o fluxo gênico de fauna e flora, proteger o solo e assegurar o bem-estar das populações humanas.

A Lei Florestal de 2012 estabeleceu como Área de Preservação Permanente – APP a área protegida, coberta ou não por vegetação nativa, que tenha entre suas funções ambientais a de preservar a *paisagem*. Nada é desprezível na Lei e, portanto, nenhuma das sete funções da Área de Preservação Permanente pode ser ignorada.

Deve-se proteger ou cuidar da APP – Área de Preservação Permanente – como uma paisagem florestal e hídrica. De alta relevância a existência dessa paisagem, pois é um bem a ser preservado nos interesses ambiental, ecológico, social e econômico. A paisagem florestal da área de preservação permanente é um tipo que deve ser levado em conta na gestão e na recuperação dessa área e na sua tipificação criminal. Um curso de água não deve ser visto somente pelas suas águas, mas, também, pelo seu entorno, nos quais está a área de preservação permanente florestada.

2. Amplitude da conceituação de paisagem

2.1. Conceituação da paisagem nos direitos internacional e comparado

2.1.1. Convenção Europeia da Paisagem[5]

A Convenção Europeia da Paisagem/2000 exprime o seguinte conceito: "'Paisagem' designa uma parte do território, tal como é apreendida pelas populações, cujo carácter resulta da ação e da interação de fatores naturais e/ou humanos."

---

4. ASCHER, François. *Les nouveaux principes de l'urbanisme*. Paris: Éditions de l'Aube, 20011, apud LOPEZ, Elise. *La convention européenne du paysage et le droit français du paysage*. Université Lumière de Lyon 2. Dissertação sustentada em 07.09.2016. Direção de Charles Lagier.
5. O trabalho sobre a Convenção foi iniciado em 1994 pelo Congresso dos poderes locais e regionais, do Conselho da Europa. O projeto foi elaborado por um Grupo de Trabalho, coordenado por Ricardo Priore, funcionário do Conselho da Europa e composto dos seguintes especialistas: Régis Ambroise, Michael Dower, Bengt Johansson, Yves Luginbuhl, Michel Prieur e Florencio Zoido-Naranjo. A Convenção foi assinada na cidade de Florença, Itália, em 20 de outubro de 2000.

Quando da ratificação da Convenção da Paisagem – Conselho da Europa pelo Senado francês, salientou-se: "trata-se de uma política particularmente difícil a ser executada porque deve definir um equilíbrio entre imperativos, algumas vezes divergentes: economia, meio ambiente, quadro de vida e regras de urbanismo"[6].

> Este direito foi construído entorno de dois eixos principais: de uma parte, o reforço significativo do papel do Estado em favor das paisagens em evolução, sensíveis e algumas vezes ameaçadas, passando ele a ser o garantidor dos grandes equilíbrios e, de outra parte, a preocupação da efetividade, que se caracteriza pela execução dessas políticas numa escala geográfica adaptada.[7]

A referida Convenção da Paisagem reconhece, no seu Preâmbulo, que

> a paisagem é em toda a parte um elemento importante da qualidade de vida das populações: nas áreas urbanas e rurais, nas áreas degradadas bem como nas de grande qualidade, em áreas consideradas notáveis, assim como nas áreas da vida quotidiana.

A paisagem, nessa Convenção, deverá receber de cada País signatário o comprometimento de: a) Reconhecer juridicamente a paisagem como uma componente essencial do ambiente humano, uma expressão da diversidade do seu património comum cultural e natural e base da sua identidade (art. 5º).

> A paisagem, por sua consistência material ou física e imaterial ou psicológica, responde às necessidades sociais e culturais importantes, sendo importante sua contribuição às funções ecológicas e econômicas. Este sincretismo único, no seu gênero, que reflete a multifuncionalidade da paisagem, merece ser sublinhado.[8]

2.1.2. Bélgica

A Bélgica, na região Flamenga, adotou em suas disposições gerais concernentes à política ambiental (Decreto de 5 de abril de 1995), em seu art. 1.2.1.

> Em benefício das gerações atuais e futuras, a política ambiental tem por finalidade: 3. a conservação da natureza e a promoção da diversidade biológica e paisagística para a manutenção, o restabelecimento e o desenvolvimento dos "habitats" naturais, de ecossistemas e de paisagens com valor ecológico e a preservação das espécies selvagens, especialmente daquelas que são ameaçadas, vulneráveis, raras ou endêmicas.

Acentue-se a noção inovadora da *diversidade paisagística*. A paisagem, portanto, não existe somente como um conjunto de bens naturais autóctones, sem relação com a percepção humana pelas atuais e futuras gerações.

2.1.3. Espanha

Três concepções tiveram acolhimento na Espanha. Na primeira,

> a paisagem foi entendida, por muito tempo, como o aspecto visual do território. Mais adiante, a paisagem passou a ter valor como um patrimônio cultural, no qual as populações e suas atividades

---

6. Disponível em: [www.senat.fr/rap/l04-361/l04-361_mono.html]. Acesso em: 21.05.2017 (minha tradução).
7. ROUSSO, Anny. *Le droit du paysage*: un nouveau droit pour une nouvelle politique. Courrier de l'environnement de l'INRA n. 26, 2. (minha tradução).
8. PRIEUR, Michel. Politiques du paysage: contribution au bien-être des citoyens européens et au développement durable: approches sociale, économique, culturelle et écologique. *Rapport. Deuxième Conférence des États Contractants et Signataires de La Convention Européenne du Paysage*. Conseil de l'Europe, Palais de l'Europe, Strasbourg. 28-29 novembre 2002 (minha tradução).

contribuíram para modelar e manter muitas das paisagens atuais, incluindo-se seu estilo de vida. A última fase, mais recente, considera a paisagem como uma parte dos habitats em um contexto ecológico ou como uma rede territorial na qual as relações entre os aspectos socioeconômicos e ecológicos são valorizadas no contexto do planejamento territorial.[9]

2.1.4. Itália

O valor estético da beleza natural não pode limitar-se à mera intuição individual, mas deve corresponder a uma avaliação tradicional, em conseqüência da qual a beleza constatada tenha um mais intenso conteúdo expressivo e educativo.

Deve tratar-se do gosto estético da coletividade, segundo um critério de avaliação que tende a afirmar-se como objetivo como entendem Tommaso Alibrandi e Piergiorgio Ferri[10].

O Decreto Legislativo 42, de 22 de janeiro de 2004, considera como bens paisagísticos aqueles compreendidos no artigo 136, nos quais leva-se em conta a beleza natural.

2.1.5. França

Deve-se considerar que, atualmente, há um direito à paisagem através do direito a meio ambiente sadio, na medida onde o meio ambiente inclui os sítios e as paisagens (L 110-1 Código Ambiental e art. 1º da Carta Constitucional do Meio Ambiente).[11]

Um regulamento de urbanismo pode decidir que, numa certa zona, a autorização para construir possa ser recusada, se a construção destruir a estética da paisagem[12].

2.1.6. Argentina/Província de Córdoba

"Paisagem ou cenário: o contexto integrado de elementos constitutivos naturais e artificiais do ambiente que, por particular combinação, em certo espaço, provoca no homem sensações visuais e estados psíquicos de distinta índole."[13]

2.2. A paisagem e sua relação com o observador e com a sociedade

"A noção de paisagem é difícil de ser apreendida pelo direito. Ela não vale 'senão para quem a olha' (Baudelaire) e não se faz 'com a geometria' (Victor Hugo)."[14]

Há ausência de definição legal da paisagem no direito brasileiro, por apresentar uma formação muito ampla, a paisagem não possibilita um conceito bem definido, porque ele varia segundo o momento,

---

9. LAGO CANDEIRA, Alejandro. Paisaje, *Diccionario de Derecho Ambiental*. Enrique protección. In: LOZANO CUTANDA, Enrique Alonso Garcia e Blanca (Org.). Diccionario de derecho ambiental. Madrid: Iustel, 2006. p. 909-910 (minha tradução).
10. ALIBRANDI, Tommaso; FERRI, Piergiorgio. *I Beni culturali e ambientali*. Milano: Giuffrè Editore, 1978. p. 197 (minha tradução).
11. PRIEUR, Michel et BÉTAILLE, Julien, COHENDET, Marie-Anne, DELZANGLES, Hubert, MAKOWIAK, Jessica et STECHEN, Pascale. *Droit de L'Environnement*. 7ème ed. Paris: Dalloz, § 615, 2016. p. 491.
12. PRIEUR, Michel et al. Op. cit. § 1248, p. 1047.
13. Ley 7.343/1985, apud MOREL ECHEVARRIA, Juan C. *El derecho al disfrute del paisage: alcance, limites y técnicas para su protección en el ordenamento argentino*. Tese. Universidad de Alicante, 2015 (minha tradução).
14. MORAND-DEVILLER, Jacqueline. *Le droit de l'environnement*. 11ème éd. Paris: PUF, 2015. p. 58 (minha tradução).

o local, os fatos que ocorreram, as emoções e lembranças que pode transmitir, e, ainda, envolve a cultura, o desenvolvimento econômico e a linguagem.[15]

A paisagem estruturada juridicamente não é para ser escondida, não é para ficar isolada numa reserva biológica, onde não se prevê a presença humana. A paisagem, seja rural ou urbana, é para ser vista, para ser levada em conta por quem quer vê-la, senti-la ou simplesmente passar por ela. Muitos podem ser os comportamentos do observador da paisagem: de embevecimento ou de encantamento, de contemplação, de indiferença ou até de rejeição.

A paisagem é a materialização da indissociável união entre sociedade, cultura e natureza. A partir da visualidade concreta com que se apresenta nos espaços, a paisagem pode ser apreendida de diferentes formas pelo olhar subjetivo do observador. A apreciação é cultural e pode dar-se de forma única, particular, de acordo com a experiência individual, mas que pode caminhar para um senso comum, coletivo, construído culturalmente. Nessa última instância pode tornar-se representativa de um lugar ou um grupo social.[16]

Ressalto, na excelente abordagem de Luís Henrique Assis Garcia e Rosilene Conceição Maciel, que a percepção da paisagem pode passar do individual para o coletivo, construindo-se uma cultura da paisagem. Vou mais além, afirmando que a institucionalização jurídica da paisagem merece ser objeto de consulta pública ou, em casos de conflito, de audiência pública. É preciso a participação da comunidade, a partir da vizinhança do bem, para ser um elemento de sustentação da razoável gestão dessa paisagem.

Ao entender que a paisagem deve possibilitar uma relação com o observador, não se afirma que essa relação deva ser, exclusivamente, visual. Um cego pode ter uma relação com um determinado tipo de paisagem, tendo uma fruição especial de uma determinada conjuntura física, por exemplo, que lhe possibilita escutar o ruído de uma cascata ou o cântico dos pássaros.

2.3. *A paisagem como um conjunto de bens*

A paisagem é um conjunto de bens. Uma árvore ou uma casa não constituem uma paisagem, por maior valor que tenham em beleza, história ou valor botânico. Paisagem supõe pluralidade de bens com certa relação de proximidade. Os bens culturais individualizados têm outro tipo de proteção jurídica diferente da paisagem[17].

Os bens integrantes de uma determinada paisagem não necessitam ter os mesmos valores histórico, científico, ecológico, social e econômico. A diversidade de valor dos elementos constantes de uma paisagem não a torna desmerecedora de proteção, desde que o conjunto possa ser valorizado em si mesmo.

"A paisagem é uma realidade complexa. É tanto um espaço organizado em relação com as atividades humanas, como uma descrição subjetiva de um meio vivido", acentua

---

15. CUSTÓDIO, Maraluce. *Introdução ao direito de paisagem*: contribuição ao seu reconhecimento como ciência no Brasil. Rio de Janeiro: Lumen Juris, 2014. p. 119.
16. GARCIA, Luiz H.A.; MACIEL, Rosilene C. Paisagem, identidade, museus e patrimônio cultural. In: OLIVEIRA, Márcio L.; CUSTÓDIO, Maraluce M.; LIMA, Carolina C. (Org.). *Direito e paisagem*: a afirmação de um direito fundamental individual e difuso. Belo Horizonte: D'Plácido, 2017. p. 156.
17. O poder público federal, estadual ou municipal poderá "declarar qualquer árvore imune de corte, por motivo de sua localização, raridade, beleza ou condição de porta-sementes" (art. 70, II, da Lei 12.651/2012).

Carlos Carrasco Muñoz de Vera[18]. A paisagem deve ser focalizada "dentro de um contexto histórico, político, cultural, ecológico, estético e socioeconômico".

2.4. A paisagem e o tempo

A paisagem é imutável? Os bens que integram uma determinada paisagem podem sofrer danos e até desaparecerem. Portanto, a paisagem pode ser uma transformação acidental ou até voluntária. Para que a paisagem mereça continuar a ser protegida, dentro de um determinado regime jurídico, deve ser constatada a permanência de um mínimo de bens que deram origem à vontade social e política de sua conservação.

3. Acesso à paisagem

3.1. Proteção da paisagem e função social da propriedade

A propriedade, privada ou pública, que contenha paisagem a ser conservada ou valorizada, poderá ser limitada.

O direito de propriedade não é absoluto. Ele é garantido pela Constituição Federal (art. 5º, XXII). Contudo, o direito de propriedade atenderá à sua função social (art. 5º, XXIII).

A função social da propriedade não é uma faculdade, mas um dever constitucional. A Constituição Federal volta a indicar esse parâmetro social e, também, ambiental, ao tratar da Ordem Econômica e Financeira (artigo 170, III e VI, da Constituição Federal).

"A propriedade urbana cumpre sua função social quando atende às exigências fundamentais de ordenação da cidade expressas no plano diretor" (art. 182, § 2º, da CF). Importante, pois, que a paisagem urbana a ser conservada ou gerida, especialmente, seja incluída no plano diretor da cidade.

A paisagem urbana ou a paisagem rural enquadram-se na função social da propriedade (art. 5º, XXIII, e art. 170, III, da CF). Há de ser acentuado que a propriedade garantida (art. 5º, XXII, da CF), atenderá à sua função social (art. 5º, XXIII, da CF). Oportuno salientar que a Constituição da Itália estabelece que "a propriedade privada é reconhecida e garantida pela lei, que determina os modos de aquisição, de fruição e seus limites, com a finalidade de assegurar sua função social e torná-la acessível a todos" (artigo 42).

Não há uma propriedade que possa não atender à sua função social, tendo finalidade exclusivamente privada. Esse é o mandamento básico constitucional no Brasil, que merece ser aprofundado, quanto ao meio ambiente, no sentido de que o cumprimento da função social da propriedade exige "aproveitamento racional e adequado" e "utilização dos recursos naturais disponíveis e preservação do meio ambiente" (art. 186, I e II, da Constituição Federal).

Essa também é a orientação do Código Civil de 2002, onde está assentado que o direito de propriedade deve ser exercido em consonância com as suas três finalidades: econômicas, sociais e ambientais, e, no caso em espécie, para que sejam preservadas as belezas naturais (art. 1.228, § 1º).

---

18. In: MARTÍNEZ NIETO. La protección del paisage en el Derecho Espanol. *Revista de Derecho Ambiental*, n. 10, 1994. p. 9-45.

3.2. Direito de acesso à paisagem, tombamento e estudo de impacto ambiental

O acesso, a visita e a contemplação são elementos para a vivência de uma paisagem rural ou urbana. "O Estado garantirá a todos o pleno exercício dos direitos culturais e acesso às fontes da cultura nacional" (art. 215, *caput*, da Constituição) e o Plano Nacional de Cultura deve conduzir à "democratização do acesso aos bens de cultura" (art. 215, § 3º, IV, da Constituição).

De longa data, tenho entendido que

> dentre as formas de acesso aos bens ambientais destaquem-se pelo menos três: acesso visando ao consumo do bem (captação de água, caça, pesca), acesso causando poluição (acesso à água ou ao ar para lançamento de poluentes; acesso ao ar para a emissão de sons) e acesso para a contemplação da paisagem[19].

O primeiro elemento é fundamental: assegurar-se o acesso ao local, seja de forma gratuita ou através de um pagamento de taxa. A paisagem como integrante do meio ambiente é um "bem de uso comum do povo" (art. 225, *caput*, da Constituição Federal) e, assim, não se pode admitir que o proprietário, privado ou público, coloque obstáculo ao acesso à paisagem, que tenha sido formalmente instituída. É um contrassenso reconhecer-se juridicamente uma paisagem e pretender-se restringir a visita ou deixar a fruição da paisagem somente para o proprietário. Retorno à Constituição Italiana, já mencionada, no sentido de que, na implantação da função social da propriedade, devem existir os elementos de sua fruição e da acessibilidade à propriedade.

A Ação Civil Pública será um instrumento processual apto para compelir o proprietário a "cumprir a obrigação de fazer", que abrirá porteiras e cadeados de um proprietário, sem "conscientização pública para a preservação do meio ambiente" (artigo 225, § 1º, VI, da Constituição Federal).

A paisagem como integrante do patrimônio cultural brasileiro será protegida pelo Poder Público, com a colaboração da comunidade, "por meio de inventários, registros, vigilância, tombamento e desapropriação, e de outras formas de acautelamento e preservação". (art. 216, § 1º, da Constituição).

A Convenção Europeia da Paisagem conceitua "gestão da paisagem" como a ação visando a assegurar a manutenção de uma paisagem, numa perspectiva de desenvolvimento sustentável, no sentido de orientar e harmonizar as alterações resultantes dos processos sociais, econômicos e ambientais". A manutenção do desenvolvimento sustentável e a conservação da paisagem estão entrelaçadas no conceito forjado pela Convenção da Paisagem.

O Estudo Prévio de Impacto Ambiental é um valioso instrumento de prevenção de danos à paisagem. Assim, as atividades a serem desenvolvidas na área da paisagem protegida e que possam ter significativo impacto sobre essa área devem ser analisadas no sentido de serem permitidas ou não as atividades projetadas. As "apreciações de ordem visual e estética devem estar presentes no estudo de impacto".[20] Necessário que nos voltemos para os conceitos da Lei de Política Nacional de Meio Ambiente – Lei 6.938/1981 (art. 3º), que se encontram, no inciso III – a poluição é a degradação da qualidade ambiental resultante de atividades que direta ou indiretamente afetem as "condições estéticas" do meio ambiente

---

19. MACHADO, Paulo A. L. *Direito ambiental brasileiro*. 26. ed. São Paulo: Malheiros, 2018. p. 87.
20. ROMI, Raphaël. *Droit de L´Environnement*. 9ème éd. Issy-les-Moulineaux: LGDJ, 2016. p. 634.

(alínea *d*). Portanto, o estudo prévio de impacto ao meio ambiente tem necessariamente de focalizar se as condições estéticas – nas quais as paisagens se incluem – estão ou estarão protegidas ou degradadas no projeto analisado.

3.3. A informação e a participação na gestão da paisagem conforme a inovação do artigo 216-A da Constituição Federal

A informação ambiental e cultural precisa ser coletada e organizada, tornar-se disponível por todos os meios de comunicação, ser verdadeira, integral, contínua, verificável, e ser transmitida em linguagem compreensível pela população. Quem não conhece não tem condições de gostar do patrimônio cultural e, em consequência, defendê-lo.

À semelhança do que se fez, com êxito, na Política Nacional do Meio Ambiente (Lei 6.938/1981), o pedido de autorização, feito pelo proprietário, necessita constar de um meio de comunicação (eletrônica, escrita ou oral). Da mesma forma a decisão integral do órgão do patrimônio cultural.[21]

No sentido do que aqui se preconiza, a Constituição, pela Emenda Constitucional 71/2012, determina que o Sistema Nacional de Cultura se conduza pelo princípio da "transparência e compartilhamento das informações" (art. 216-A, § 1º, IX).

A *participação* é o procedimento que irá ensejar as pessoas e as associações atuarem nas decisões administrativas. A novidade desse princípio é que a participação das pessoas e dos corpos sociais não termina nas votações periódicas para postos nos Poderes Executivos e Legislativos. A prática da participação visa a abrir e manter canais entre a Administração Pública e a sociedade. É a oxigenação da administração do patrimônio através da opinião e da contribuição de pessoas ou associações, que estão fora dos quadros políticos e dos próprios governos.[22]

A Constituição, pela Emenda Constitucional 71/2012, ordena que o Sistema Nacional de Cultura se reja pelo princípio da "democratização dos processos decisórios com participação e controle social" (art. 216-A, § 1º, X).

As manifestações culturais das minorias e das pessoas comuns, vulneráveis porque não encontram apelo comercial ou não se vendem facilmente no mercado de bens de consumo,[23] devem ser preservadas pelo Estado e fiscalizadas pelo poder público e pela sociedade civil. Elas se encontram na base da economia da cultura e da construção de nossa identidade.

4. Aspectos penais e processuais da paisagem

4.1. Proteção penal do patrimônio paisagístico

4.1.1. Destruição, inutilização e deterioração da paisagem

Art. 62 da Lei 9.605/1998:

Destruir, inutilizar ou deteriorar:

I – bem especialmente protegido por lei, ato administrativo ou decisão judicial;

II – arquivo, registro, museu, biblioteca, pinacoteca, instalação científica ou similar protegido por lei, ato administrativo ou decisão judicial:

Pena – reclusão, de um a três anos, e multa.

Parágrafo único. Se o crime for culposo, a pena é de seis meses a um ano de detenção, sem prejuízo da multa.

---

21. MACHADO, Paulo A. L. *Direito ambiental brasileiro*. 26. ed. São Paulo: Malheiros, 2018. p. 1200.
22. MACHADO, Paulo A. L. *Direito Ambiental Brasileiro*. Op. cit., p. 1201.
23. BAGOLIN, Luiz A. O direito à cultura e as minorias. Aliás, Política Cultural. *O Estado de São Paulo*, 19 de fevereiro de 2017, C7.

O artigo 62 está dividido em duas partes. A primeira parte contempla o bem especialmente protegido por lei, por ato administrativo ou por decisão administrativa. Não se especifica qual é a espécie ou a qualidade do "bem" a ser protegido. O crime está inserido na seção IV da Lei 9.605/1998 – dos crimes contra o ordenamento urbano e o patrimônio cultural – e, dessa forma, é lógico entender-se que o bem a ser protegido esteja relacionado com o ordenamento urbano e com o patrimônio cultural.

O bem a ser protegido pode ser uma paisagem. Assim, a destruição, a inutilização e a deterioração da paisagem serão consideradas crime, quando a proteção tiver origem numa lei, em um ato administrativo ou em uma decisão judicial transitada em julgado. Os atos agressores da paisagem podem ser parciais, isto é, não precisam abarcar a totalidade do bem.

A tipificação da conduta criminosa supõe que a dimensão e a localização da paisagem estejam visivelmente explicitadas. Temos que lembrar que a paisagem a ser protegida não é só a parte que se vê, ou se quer ver, dessa paisagem, mas abrange, também, os locais onde os espectadores se colocam para ver e observar. Por exemplo, nas Cataratas do Iguaçu, não se protege penalmente somente o rio, as quedas de água e a vegetação do entorno, mas as passarelas e as trilhas, nas quais os visitantes andam, param e contemplam.

Destruir uma paisagem pode abranger diversos comportamentos: derrubar árvores, muros, telhados, janelas, cavar a terra, remover a terra, tudo que envolva a estrutura física da paisagem. Inutilizar a paisagem é torná-la imprestável aos fins para os quais foi instituída, sendo a inutilização uma das variantes da destruição. Deteriorar uma paisagem é debilitar a qualidade dessa paisagem, como sujar as paredes de muros ou de prédios que integram a paisagem; é fazer cortes impróprios nas árvores ou plantações; é lançar resíduos na área protegida; é mudar a pintura dos bens que integrem a paisagem; é emitir ruídos que dificultem a fruição da paisagem (audição de aparelhos musicais na área delimitada como paisagem).

4.1.2. Alteração de local especialmente protegido

O artigo 63 da Lei 9.605/1998 diz:

Alterar o aspecto ou estrutura de edificação ou local especialmente protegido por lei, ato administrativo ou decisão judicial, em razão de seu valor *paisagístico*, ecológico, turístico, artístico, cultural, religioso, arqueológico, etnográfico ou monumental, sem autorização da autoridade competente ou em desacordo com a concedida.

Pena: reclusão de um a três anos, e multa.

Alterar é modificar. A alteração pode até ser para melhorar a edificação ou o local, mas o crime fica materializado se não houver autorização da autoridade ou se a modificação não obedecer aos limites da autorização. O crime configura-se quando a alteração é realizada no aspecto ou na aparência de edificação ou de local e na estrutura de edificação ou de local protegidos por lei, ato administrativo ou decisão judicial. A lei, o ato administrativo e a decisão judicial devem proteger a edificação e o local, em razão dos interesses constantes no art. 63. A vigência do ato administrativo e da decisão judicial merece ser interpretada no sentido de evitar-se a alteração nociva e precipitada.

Sabendo, ou podendo saber, que a edificação ou o local estão legalmente protegidos, assume o risco de produzir o resultado (a alteração), quando o sujeito ativo age sem autorização ou em desacordo com a mesma.

É lamentável que não tenha sido prevista a forma culposa para o crime do art. 63. A imprudência, a imperícia ou a negligência podem manifestar-se no extrapolar os limites da autorização concedida.

4.1.3. Deixar de cumprir obrigação de relevante interesse ambiental

Art. 68 da Lei 9.605/1998:

> Deixar, aquele que tiver o dever legal ou contratual de fazê-lo, de cumprir obrigação de relevante interesse ambiental:
> Pena – detenção, de um a três anos, e multa.
> Parágrafo único. Se o crime é culposo, a pena é de três meses a um ano, sem prejuízo da multa.

"Trata-se de tipo penal aberto, ou seja, cuja abrangência alcança uma grande quantidade de situações fáticas. É preciso que a obrigação de interesse ambiental seja relevante, é dizer, importante, significativa", acentuam os irmãos Vladimir e Gilberto Passos de Freitas.[24]

Há situações essenciais para tipificar o crime do artigo 68 da Lei 9.605/1998: constatar quem tem o dever legal ou contratual de agir de uma determinada forma e quem deixa de cumprir esse dever. Outra situação é a relevância do interesse ambiental. No caso do acesso à paisagem, o proprietário ou o possuidor de um imóvel deixam de possibilitar o acesso à paisagem.

Há de indagar-se: o proprietário ou o possuidor têm o dever legal de concordar com a entrada no imóvel com o fim de contemplar-se ou visitar-se uma paisagem? O dever legal decorre da declaração de que uma determinada área deva ser conservada por ter valor paisagístico. Esse valor paisagístico não decorre da opinião de uma pessoa ou de um grupo de pessoas, ainda que sejam pessoas qualificadas culturalmente, mas deve ser expresso através de um ato administrativo, de uma lei ou de uma decisão judicial. Já foram apontadas as bases constitucionais e infraconstitucionais que tratam da valorização e da defesa da paisagem, textos que, por si sós, mostram a significância das paisagens como integrantes do patrimônio cultural brasileiro e internacional.

A relevância da obrigação de permitir o acesso à paisagem advém dos objetivos cívicos e educativos da fruição desse bem ambiental, comum a todos.

Não é de somenos importância que todos possam ter acesso a um bem cultural, como marcadamente proclama o artigo 215 da Constituição. Seria uma incoerência gritante que uma paisagem fosse regularmente instituída e houvesse a negativa de acesso a esse bem, ficando esse descumprimento do dever legal sem qualquer reprimenda penal.

4.2. A ação civil pública e a ação popular – meios processuais civis conservadores da paisagem

A ação civil pública tem como um dos seus objetivos a proteção do "patrimônio paisagístico" (artigo 1º da Lei 7.347 de 24 de julho de 1985). O cidadão não pode utilizar-se dessa ação judicial, de forma isolada. Mas dois ou mais cidadãos e/ou pessoas que se agrupem numa associação podem usar a ação civil pública para defender uma paisagem.

---

24. FREITAS, Vladmir P.; FREITAS, Gilberto P. *Crimes contra a natureza*. 9. ed. São Paulo: Ed. RT, 2012. p. 288.

O Ministério Público Federal ou dos Estados pode ser procurado para abrir um inquérito civil ou apresentar a ação civil pública.

O patrimônio paisagístico a ser protegido não precisa estar previamente classificado por ato do Poder Público Federal, Estadual ou Municipal. O Juiz ou o Tribunal têm competência para declarar uma paisagem protegida, diante das provas produzidas no processo civil, especialmente através do testemunho e laudos dos especialistas.

> O conceito de arte, de estética, de história, de turismo e de paisagem deve ser somado ao conceito de valor desses bens e direitos. Essa junção e conceituação muitas vezes não será tarefa fácil, mas, nem por isso, o juiz poderá furtar-se de fazê-las. A prova documental, pericial e mesmo a prova testemunhal ajudarão para o fornecimento da devida prestação jurisdicional.[25]

A ação popular é um direito processual reservado ao cidadão. A Constituição Federal de 1988 instituiu uma "ação popular ambiental" (art. 5º, LXXIII), podendo encaixar-se aí a defesa da paisagem. A ação popular não enseja o acesso direto do cidadão ao Poder Judiciário, pois há necessidade da contratação ou da nomeação de Advogado para o patrocínio da causa.

Conclusão

Cabe aos geógrafos, ecólogos, biólogos e outros operadores das ciências da natureza identificarem e delimitarem as paisagens a serem tuteladas juridicamente, propondo ao Poder Público o tombamento das mesmas. Além disso, os especialistas têm uma tarefa indelegável – a de auxiliar na gestão adequada desses espaços de interesse geral.

A paisagem, como direito individual e como direito difuso, faz parte do direito de todos ao meio ambiente ecologicamente equilibrado e à sadia qualidade de vida através de sua conservação e de sua fruição intelectiva, sentimental, estética e educativa para as gerações presentes e futuras.

Referências bibliográficas

ALIBRANDI, Tommaso; FERRI, Piergiorgio. *I Beni culturali e ambientali*. Milano: Giuffrè Editore, 1978.

ASCHER, François. *Les nouveaux principes de l´urbanisme*. Paris: Éditions de l´Aube. 20011 apud LOPEZ, Elise. *La convention européenne du paysage et le droit français du paysage*. Université Lumière de Lyon 2. Dissertação sustentada em 07.09.2016. Direção de Charles Lagier.

BAGOLIN, Luiz A. O direito à cultura e as minorias. Aliás, política cultural. *O Estado de São Paulo*, 19 de fevereiro de 2017, C7.

CUSTÓDIO, Maraluce. *Introdução ao direito de paisagem: contribuição ao seu reconhecimento como ciência no Brasil*. Rio de Janeiro: Lumen Juris. 2014.

FREITAS, Vladmir P.; FREITAS, Gilberto P. *Crimes contra a natureza*. 9. ed. São Paulo: Ed. RT, 2012.

GARCIA, Luiz H.A.; MACIEL, Rosilene C. Paisagem, identidade, museus e patrimônio cultural. In: OLIVEIRA, Márcio L.; CUSTÓDIO, Maraluce M.; LIMA, Carolina C. (Org.). *Direito e paisagem: a afirmação de um direito fundamental individual e difuso*. Belo Horizonte: D´Plácido, 2017.

---

25. MACHADO, Paulo A. L. *Ação civil pública (ambiente, consumidor, patrimônio cultural) e tombamento*. 2. ed. São Paulo: Ed. RT, 1987. p. 16.

LAGO CANDEIRA, Alejandro. Paisaje, Diccionario de Derecho Ambiental. Enrique protección. In: LOZANO CUTANDA, Enrique Alonso Garcia e Blanca (Org.). *Diccionario de derecho ambiental*. Madrid: Iustel, 2006.

MACHADO, Paulo A. L. *Direito ambiental brasileiro*. 25. ed. São Paulo: Malheiros, 2017.

MACHADO, Paulo A. L. *Direito ambiental brasileiro*. 26. ed. São Paulo: Malheiros, 2018.

MACHADO, Paulo A. L. *Paisagem – paisagens*. (textos apresentados nas mesas redondas). 3º Encontro interdisciplinar sobre "Estudo da paisagem". Org. Lívia de Oliveira e Suely Marion Calderini Philadelpho. Rio Claro: UNESP, 1998.

MACHADO, Paulo A. L. *Ação civil pública (ambiente, consumidor, patrimônio cultural) e tombamento*. 2. ed. São Paulo: Ed. RT, 1987.

MARTÍNEZ NIETO. La protección del paisaje en el Derecho Español. *Revista de Derecho Ambiental* n. 10, 1994.

MORAND-DEVILLER, Jacqueline. *Le droit de l´environnement*. 11ème éd. Paris: PUF, 2015.

MOREL ECHEVARRIA, Juan C. *El derecho al disfrute del paisaje* :alcance, limites y técnicas para su protección en el ordenamento argentino. Tese. Universidad de Alicante, 2015.

PRIEUR, Michel. Politiques du paysage: contribution au bien-être des citoyens européens et au développement durable: approches sociale, économique, culturelle et écologique. *Rapport. Deuxième Conférence des* États *Contractants et Signataires de La Convention Européenne du Paysage*. Conseil de l' Europe, Palais de l' Europe, Strasbourg. 28-29 novembre 2002.

PRIEUR, Michel et BÉTAILLE, Julien, COHENDET, Marie-Anne, DELZANGLES, Hubert, MAKOWIAK, Jessica et STECHEN, Pascale. *Droit de L´Environnement*. 7ème ed. Paris: Dalloz, 2016.

ROMI, Raphaël. *Droit de l´environnement*. 9ème éd. Issy-les-Moulineaux: LGDJ. 2016.

ROUSSO, Anny. *Le droit du paysage*: un nouveau droit pour une nouvelle politique. Courrier de l'environnement de l'INRA, n. 26, 2.

INTRODUÇÃO CRÍTICA AO DIREITO AMBIENTAL: PROPEDÊUTICA, INTERDISCIPLINARIDADE E TELEOLOGIA

Luciano José Alvarenga[1]

Sumário: 1. Introdução. 2. Prolegômenos éticos, históricos e epistemológicos para o estudo do Direito Ambiental. 3. Direito Ambiental: ações-com-clinâmen e mediação entre o real e o futuro a partir de mapas utópicos. Referências.

*"Se as coisas são inatingíveis... ora!
Não é motivo para não querê-las...
Que tristes os caminhos, se não for a
A mágica presença das estrelas!"*
Mário Quintana

1. Introdução

A metáfora que compara a vida à navegação é uma das mais expressivas simbolicamente. Basta recordar que ela aparece em vários livros sapienciais antigos. Conta-se que *Yeshua*, repreendendo os ventos, acalmou uma tempestade no Mar da Galileia, depois do que "[...] houve grande bonança".[2] Para além dos aspectos metafísicos do conto cristão, não terá sido sem alguma razão sutil que ele ocorreu justamente num barco que se aventurava em águas agitadas e temerosas, tal como representado na tela de Ludolf Backhuysen[3]: ficou a lição de que a fé e a paz restabelecidas a partir do interior do *barco* podem tornar tranquilo o *navegar...*

No Brasil, que tem defronte de si o Atlântico e guarda em sua cultura o legado português, a metáfora é igualmente rica em significações, a ponto de, mesmo distante do

---

1. Professor de Direito Ambiental. Bacharel em Direito pela Universidade Federal de Minas Gerais, Pós-graduado em Ambiente, Sustentabilidade e Educação pela Universidade de Évora. Doutor e Mestre em Ciências Naturais pela Universidade Federal de Ouro Preto. Doutorando em Ciências Jurídicas pela Universidade do Minho, Portugal.
2. A narrativa aparece em Marcos (4:35-41), Lucas (8:22-25) e Mateus (8:23-27). Cf. BÍBLIA SAGRADA. Versão portuguesa preparada a partir de textos originais pelos rev. padres Capuchinhos. Lisboa: Verbo, 1982.
3. Trata-se do óleo sobre tela "Cristo na Tempestade no Mar da Galileia", do pintor germano-holandês Ludolf Backhuysen, atualmente em exposição no âmbito do *Indianapolis Museum of Art*, nos Estados Unidos.

oceano, o escritor Rubem Alves, nascido entre as paragens serranas das Minas Gerais, lembrar que C. Wright Mills serviu-se dela para comparar a civilização contemporânea a uma galera:

> Nos porões estão os remadores. Remam com precisão cada vez maior. A cada novo dia recebem remos novos, mais perfeitos. O ritmo das remadas se acelera. Sabem tudo sobre a ciência do remar. A galera navega cada vez mais rápido. Mas, perguntados sobre o porto do destino, respondem os remadores: "O porto não nos interessa. O que interessa é a velocidade com que navegamos".[4]

C. Wright Mills, observa Rubem Alves, usou dessa metáfora para descrever a civilização atual: "[...] multiplicam-se os meios técnicos e científicos a nosso dispor, que fazem com que as mudanças sejam cada vez mais rápidas; mas não temos ideia alguma de 'para onde' navegamos".[5]

De fato, o paradigma científico dominante tem isto como traço característico: importa mais o saber fazer que o sentido ético ou, para usar uma expressão apropriada nessa discussão, *utópico* de cada ação. Nesse contexto, em que a dimensão da técnica (de uma técnica, chame-se a atenção para isto, fragmentária e interventora por concepção) sobrepõe-se às demais, os discursos tendentes a reflexões críticas aprofundadas como contraponto ao niilismo contemporâneo têm, em muitos casos, sua pertinência negada ou diminuída. No que atine a esse esvaziamento de sentido das condutas humanas, Catherine Chalier observa que:

> O sentido parece, de hoje em diante, ausentar-se dos discursos e muitos sorriem com condescendência perante o esforço daqueles que, ingênuos e obstinados, não ratificam o veredicto dessa sabedoria desiludida, frequentemente em perigo de naufrágio. O anti-humanismo contemporâneo tem, assim, origem numa inteligibilidade da realidade, desejosa de não se furtar à confrontação com os desastres que entenebrecem o mundo, e impaciente por acabar com tudo o que se parece, segundo ela, com "espiritualismo".[6]

Ao se tratar da propedêutica de um ramo do conhecimento qualquer, pretende-se aludir a um conjunto de lições preparatórias; à "[...] parte introdutória de uma ciência ou de um curso que sirva de preparação a outro curso", diria Nicola Abbagnano.[7] Assim, um grande número de obras dedicadas ao *Direito Ambiental* traz em suas primeiras páginas, quase sempre, os conceitos fundamentais que estruturam e informam esse campo do conhecimento jurídico. Discutem-se, então, tópicos como os conceitos ecológico e jurídico de meio ambiente, de bem ambiental, seus diferentes aspectos e sua natureza jurídica, a categorização do meio ambiente ecologicamente equilibrado como conteúdo de um direito fundamental, o processo histórico de afirmação da proteção jurídica do meio ambiente, entre outros tópicos. Tal discussão é feita levando-se em consideração, principalmente, a necessidade de fornecer subsídios técnicos para os processos de concepção, interpretação

---

4. ALVES, Rubem. *Entre a ciência e a sapiência*: o dilema da educação. 12. ed. São Paulo: Loyola, 1999. p. 75.
5. ALVES, Rubem. Op. cit., p. 75.
6. CHALIER, Catherine. *Lévinas*: a utopia do humano. Trad. António Hall. Lisboa: Instituto Piaget, 1996. p. 9.
7. ABBAGNANO, Nicola. *Dicionário de filosofia*. Trad. Alfredo Bosi. Revisão e tradução de novos textos Ivone Castilho Benedetti. São Paulo: Martins Fontes, 2000. p. 801.

e aplicação dos preceitos de direito ambiental positivo. Dessa maneira, após uma resenha acerca dos elementos fundamentais do Direito Ambiental, passa-se ao estudo dos institutos específicos desse campo do conhecimento jurídico.

A par da relevância dessa forma de abordagem, assente nos pilares técnico-conceituais do Direito Ambiental (na dimensão do *como fazer*, portanto), este texto tem como objetivo lançar um olhar problematizante e de uma perspectiva diferenciada sobre esse ramo jurídico; um olhar voltado para o seu enquadramento teleológico no contexto da crise ecológica. Propedêutica "pelo avesso", poder-se-á dizer, mas que vem a calhar para a hora, ante a urgência de uma discussão acurada sobre as finalidades do Direito em face do amplo conjunto de injustiças socioambientais derivadas dos modos de vida e de desenvolvimento predominantes na contemporaneidade. Com efeito, a *ratio essendi* do Direito Ambiental, que não poderá ser olvidada quando da aplicação de quaisquer de seus institutos, deve ser sempre perquirida a partir de uma discussão ética acerca dos rumos da existência humana no planeta.

2. Prolegômenos éticos, históricos e epistemológicos para o estudo do Direito Ambiental

A chamada *crise ambiental* é frequentemente referida entre seus estudiosos como uma problemática que concerne aos limites materiais (físicos, ecológicos etc.) da biosfera, em face de uma demanda crescente por recursos naturais para servirem como insumos em diversos processos produtivos de alcance mercadológico planetário (agricultura, mineração, indústria petrolífera etc.). No que concerne às respostas ante tal crise, têm vindo a predominar concepções que enaltecem o papel da técnica: afirma-se que o conjunto de problemas derivados do paradigma dominante de desenvolvimento, nomeadamente os de índole ecológica (alterações climáticas em escala global, contaminação de ecossistemas, erosão da biodiversidade, desmatamento etc.), podem ser superados, ou ao menos mitigados, por avanços tecnológicos nos diversos campos do saber, inclusive no jurídico. A crise ambiental seria, então, solucionável pela técnica – como se a *tecnociência*, denominação preferida por alguns, guardasse secretamente as respostas para problemas que, em parte, ela própria está a criar. Seyyed Hossein Nasr dirá, a propósito, que se toma como anseio, paradoxalmente, "[...] remover os problemas causados pela destruição do equilíbrio entre o homem e a natureza através de uma maior conquista e dominação desta última".[8] Quanto ao Direito, particularmente ao Direito Ambiental, é de se esperar que tal visão de mundo resulte no entendimento que preceitos normativos e instrumentos processuais concebidos para efetivá-los, como manifestações da tecnologia jurídica[9], bastam como respostas à referida crise.

Há razões seguras para afirmar, entretanto, que esse *tecnicismo jurídico-ambiental* não oferece respostas consistentes à face da crise ambiental contemporânea. A primeira

---

8. NASR, Seyyed Hossein. *O homem e a natureza*. Trad. Raul Bezerra Pedreira Filho. Rio de Janeiro: Zahar, 1977. p. 13.

9. Nesse contexto, estudantes de Direito, pressionados por circunstâncias sociais e demandas de mercado, preocupam-se mais em se formarem como "tecnólogos em leis" do que como autênticos profissionais da Ciência Jurídica.

dessas razões deriva dos não raros desencontros entre os textos jurídico-normativos, expressões da aludida tecnologia jurídica, e o conhecimento atinente aos padrões ecológicos que regem os sistemas naturais. Como observa François Ost:

> Para traçar o limite do permitido e do interdito, instituir responsabilidades, identificar os interessados, determinar campos de aplicação de regras no tempo e no espaço, o direito tem o costume de se servir de definições com contornos nítidos, critérios estáveis, fronteiras intangíveis. A ecologia reclama conceitos englobantes e condições evolutivas; o direito responde com critérios fixos e categorias que segmentam o real. A ecologia fala em termos de ecossistema e de biosfera, o direito responde em termos de limites e de fronteiras; uma desenvolve o tempo todo, por vezes extremamente longo, os seus ciclos naturais, o outro impõe o ritmo curto das previsões humanas. E eis o dilema: ou o direito do ambiente é obra de juristas e não consegue compreender, de forma útil, um dado decididamente complexo e variável; ou a norma é redigida pelo especialista, e o jurista nega esse filho bastardo, esse 'direito de engenheiro', recheado de números e de definições incertas, acompanhado de listas intermináveis e constantemente revistas.[10]

Diante disso, Annelise Steigleder alude a uma "ausência de compromisso dos conceitos jurídicos com a verdade", e observa que os crescentes e complexos impactos ambientais (alterações climáticas, desertificação, perda da diversidade biológica, surgimento de refugiados ambientais etc.), essencialmente transfronteiriços e transindividuais, demandam soluções criativas e diversas "[...] daquelas impostas por normas destinadas a regular relações jurídicas individuais".[11]

O tecnicismo negligencia, adicionalmente, o caráter multidimensional da crise contemporânea, para cuja configuração experiencial concorrem fatores de várias ordens e com diferentes pesos. À dimensão ecológica da crise contemporânea, patente nos desencontros, paradoxos e incompatibilidades entre os textos jurídico-normativos, fins, estratégias e projetos de desenvolvimento, por um lado, e a salvaguarda dos ambientes naturais, por outro, agrega-se uma segunda, de índole marcadamente social. Deveras, uma das temáticas mais preocupantes da crise ambiental concerne às diversas formas de desigualdade econômica e geográfica que decorrem da apropriação da riqueza e do bem-estar propiciado pelos ambientes e paisagens (alimentação saudável, qualidade climática, experiência estético-contemplativa etc.) por grupos sociais específicos, em detrimento de inúmeros outros. Basta lembrar o dado, expressivo por si só, segundo o qual 20% da população mundial consomem 80% dos recursos naturais ofertados pela biosfera, enquanto milhões de pessoas morrem de fome. Constata-se, deveras, que: "A humanidade moderna não se concebe sem uma sub-humanidade moderna".[12] O filósofo brasileiro Leonardo Boff apresenta uma visão compreensiva da interatividade dinâmica desses dois aspectos da crise ambiental, afirmando que:

> "A relação depredadora para com a natureza – injustiça ecológica –, afetando as águas, os solos, os ares, a base físico-química da vida, se transforma numa generalizada degradação da qualidade social de vida – a injustiça social –, penalizando principalmente os mais fracos e os pobres. Estes se veem

---

10. OST, François. *A natureza à margem da lei*: a ecologia à prova do Direito. Trad. Joana Chaves. Lisboa: Instituto Piaget, 1995. p. 111.
11. STEIGLEDER, Annelise Monteiro. *Responsabilidade civil ambiental*: as dimensões do dano ambiental no direito brasileiro. Porto Alegre: Livraria do Advogado, 2004. p. 23.
12. SANTOS, Boaventura de Sousa. Para além do pensamento abissal: das linhas globais a uma ecologia de saberes. *Revista Crítica de Ciências Sociais*, n. 78. out. 2007. p. 10.

condenados a morar em locais de risco, a servir-se de águas contaminadas, a respirar ares infectados de poluição e a viver sob relações sociais altamente tensas devido à pobreza e à exploração.[13]

Outros estudiosos trazem contribuições, no intuito de decifrar os vários aspectos síncronos da crise ambiental. Entre tais estudiosos, pode-se destacar Augustin Berque, para quem a lógica dominante de desenvolvimento, além de questionável dos pontos de vista ecológico e social, pode ser problematizada esteticamente: a contemporaneidade traz consigo um quê de fealdade, em função dos processos de degradação de paisagens naturais e culturais.[14]

Boaventura de Sousa Santos, por sua vez, chama a atenção para o fato de as bases epistemológicas da ciência usual não oferecerem respostas consistentes e inventivas à face da crise ambiental. E, no que atine particularmente à relação entre Natureza e Direito, o estudioso nota haver uma disjunção, cujas raízes estão na própria concepção do Estado moderno, pois

> [...] o contrato social assenta em critérios de inclusão que, portanto, são também critérios de exclusão. [...] O primeiro é que o contrato social inclui apenas os indivíduos e suas associações. A natureza é assim excluída do contrato, e é significativo a este respeito que o que está antes ou fora dele se designe por estado de natureza. A única natureza que conta é a humana e mesmo esta apenas para ser domesticada pelas leis do Estado e pelas regras de convivência da sociedade civil. Toda a outra natureza ou é ameaça ou é recurso.[15]

Ao se lançar um olhar para o contexto brasileiro, pode-se observar que a lógica subjacente à pilhagem de recursos naturais tem suas origens históricas no período colonial. Entretanto, numa espécie de mimetismo, essa lógica continua a informar, em linhas gerais, as práticas socioeconômicas no País. Os ambientes tropicais, bem como os movimentos sociais ecológico-protetivos que procuram defendê-los, são quase sempre vistos como "embaraços" ao livre-desenrolar de processos produtivos (*laissez-faire* ambiental) que modificam, às vezes profundamente, os sistemas naturais. A atitude de descuido que marcou a ocupação e o aproveitamento da *Terra Brasilis*, encarada como estoque infindável de recursos, continua a se fazer "[...] muito presente, tanto em termos de mentalidade quanto de comportamento".[16] A motivação da conquista de espaços e a apropriação de novos lugares estão na gênese do País, e essa motivação se expressa, desde os tempos do Brasil Colônia, por um padrão extensivo (do ponto de vista do espaço) e intensivo (do ponto de vista dos recursos naturais) de uso do solo.[17]

Esse processo histórico não tem ocorrido sem profundas injustiças socioambientais. Em 1883, o escritor Joaquim Nabuco já denunciava, na obra *O abolicionismo*, a perversa articulação entre devastação ambiental e escravidão, referindo-se à ocupação do território nacional como "um sopro de destruição" e lamentando: "A cada passo encontramos e

---

13. BOFF, Leonardo. *Ética e eco-espiritualidade*. Campinas: Verus, 2003. p. 49.
14. BERQUE, Augustin. Transmitting the past to the future: an ontological consideration on tradition and modernity. In: Historical architecture heritage: preservation and sustainable development. Anais..., 10-12 nov. 2007; Tianjin University, 2007.
15. SANTOS, Boaventura de Sousa. Reinventar a democracia: entre o pré-contratualismo e o pós-contratualismo. *Oficina do CES*, n. 57. abr. 1998. p. 2.
16. PÁDUA, José Augusto. A herança predatória e sua superação. *Debates sócio-ambientais*, n. 12. maio 1999. p. 15-16.
17. MORAES, Antônio Carlos R. *Meio ambiente e ciências humanas*. 4. ed. São Paulo: Annablume, 2005.

sentimos os vestígios deste sistema que reduz um belo país tropical ao aspecto das regiões onde se esgotou a força criadora da terra [...]".[18]

Como um contraponto a esse processo de dilapidação do patrimônio natural brasileiro, como, também, à crise ambiental global em que ele se insere, lideranças religiosas, políticas, cientistas, filósofos, entre outros atores sociais, passaram a apregoar a necessidade da reconstrução conceptual das relações homem-natureza. O Direito inseriu-se nesse movimento, passando a consagrar um crescente número de normas jurídicas dedicadas, de modo precípuo, à proteção ambiental. Fala-se, nesse contexto, da *ecologização* dos ordenamentos jurídicos, fenômeno verificável em muitos países do ocidente, nomeadamente na segunda metade do século XX, como, também, das declarações internacionais.

Para Antônio Herman Benjamin, as primeiras manifestações mais visíveis da ecologização do direito brasileiro surgem em meados da década de 1970, no âmbito de um movimento de escala internacional em que os sistemas constitucionais de diversos países "[...] começaram, efetivamente, a reconhecer o ambiente como valor merecedor da tutela maior".[19] Para esse estudioso, tal período consistiu em um

> [...] daqueles raros momentos, que ocorrem de tempos em tempos, em que o senso de civilização é redefinido, para usar a expressão feliz do geógrafo Carl O. Sauer. Há, em tal constatação, um aspecto que impressiona, pois na história do Direito poucos valores ou bens tiveram uma trajetória tão espetacular, passando, em poucos anos, de uma espécie de nada-jurídico ao ápice da hierarquia normativa.[20]

Na ótica do mesmo autor, foi àquela altura que o Direito ensaiou os primeiros passos rumo a um novo paradigma quanto ao uso dos recursos naturais.[21] Com efeito, a década de 1970 e o início da seguinte representaram, para as ciências sociais, em geral, e para a ciência jurídica, em particular, a intensificação de um processo de autocrítica e renovação, ante a necessidade de enfrentamento da crise ecológica, cujas linhas gerais vinham sendo caracterizadas e debatidas numa série de fóruns nacionais e mundiais. Entre eles, pode-se destacar a Conferência da Estocolmo, realizada de 5 a 16 de junho de 1972. O período histórico em foco é assim descrito por Eduardo Viola:

> A década de 70 marca o despertar da consciência ecológica no mundo: Conferência das Nações Unidas sobre Meio Ambiente em Estocolmo (1972); Relatório Meadows (1972) sobre os limites do crescimento e relatórios subsequentes (Tinbergen, Laszlo, Bariloche); surgimento do paradigma teórico da ecologia política; proliferação de movimentos sociais ecologistas no mundo norocidental. Pela primeira vez, os problemas de degradação do meio ambiente provocados pelo crescimento econômico são percebidos como um problema global que supera amplamente diversas questões pontuais, que eram arroladas nas décadas de 50 e 60 pelas agências estatais de meio ambiente dos países do primeiro mundo.[22]

---

18. NABUCO, Joaquim. *O abolicionismo*. 1883. Disponível em: [www.dominiopublico.gov.br/download/texto/sf000054.pdf]. Acesso em: 14.08.2012.
19. BENJAMIN, Antônio Herman. Constitucionalização do ambiente e ecologização da Constituição Brasileira. In: CANOTILHO, José Joaquim Gomes; LEITE, José Rubens Morato (Org.). *Direito constitucional ambiental brasileiro*. São Paulo: Saraiva, 2007.
20. BENJAMIN, Antônio Herman. Op. cit., p. 60.
21. BENJAMIN, Antônio Herman. Op. cit., p. 57.
22. VIOLA, Eduardo. O movimento ecológico no Brasil (1974-1986): do ambientalismo à ecopolítica. In: PÁDUA, José Augusto et al. (Org.). *Ecologia & política no Brasil*. 2. ed. Rio de Janeiro: Espaço e Tempo/IUPERJ, 1987. p. 68.

De acordo com Liszt Vieira, a partir daquele momento, intensificaram-se as reflexões acerca de programas alternativos de desenvolvimento socioeconômico como contraponto a um sistema que "[...] servia aos que lucravam por terem decidido poluir para crescer".[23] Paralelamente, ampliavam-se os interesses de grupos sociais, atores governamentais, membros da comunidade acadêmica etc., em torno dos elementos e fatores condicionantes da qualidade ambiental.[24]

De modo síncrono, os interesses e direitos metaindividuais, entre eles o relativo a um meio ambiente digno e de qualidade, passaram a demandar uma reconfiguração das normas jurídicas e do conjunto de procedimentos dedicados à sua interpretação. A ética subjacente a tais interesses e direitos não se confina nos círculos privados (e de relações disciplinadas pelo Direito Privado), como o da família, dos vizinhos, dos concidadãos etc. Diferentemente, ela apresenta contornos universalizantes. A esse respeito, Roberto Santos refere que

> [...] a evolução do ideário ambientalista assinala os movimentos, aliás nem sempre retilíneos, da consciência ecológica mundial e se beneficia, até certo ponto, da renovação de prestígio da teoria ética. E esta, por seu turno, superando os limites da ética tradicional, que se concentrava em universos relativamente pequenos – a família, os vizinhos, os conterrâneos e compatriotas (o "próximo", da Bíblia) – retrabalha os conceitos éticos de forma universalizante. É uma ética que conduz à responsabilidade também sobre os não-vizinhos, os distantes, os invisíveis e os humanos que ainda não nasceram e que inclusive poderão não nascer – portanto, os humanos apenas possíveis, que habitarão o planeta Terra em outro milênio, se ela sobreviver à destruição.[25]

A concepção de uma terceira dimensão de direitos, inclassificáveis à luz da teoria jurídica tradicional (assente na *summa divisio* público-privado), refletiu na configuração da legislação ambiental brasileira alguns anos mais tarde, nomeadamente a partir de 1981, quando foi promulgada a Lei 6.938[26], que instituiu a Política Nacional do Meio Ambiente (PNMA). O ano de 1981 é particularmente significativo no âmbito do processo histórico de formação[27] do Direito Ambiental no Brasil e de construção da noção de direito

---

23. VIEIRA, Liszt. Constituição e meio ambiente: as raízes e o sonho. In: PÁDUA, José Augusto et al. (Org.). *Ecologia & política no Brasil*. 2. ed. Rio de Janeiro: Espaço e Tempo/IUPERJ, 1987. p. 142.
24. AVILA-PIRES, Fernando Dias de. *Fundamentos históricos da ecologia*. Ribeirão Preto: Holos, 1999.
25. SANTOS, Roberto. Ética ambiental e funções do Direito Ambiental. *Revista de Direito Ambiental*. São Paulo, n. 18, 2000, p. 245.
26. A Lei 6.938, de 31 de agosto de 1981, criou o Sistema Nacional do Meio Ambiente (Sisnama) e estabeleceu um conjunto de definições-chave para a estruturação do direito ambiental brasileiro, como as de meio ambiente (art. 3º, I), degradação da qualidade ambiental (art. 3º, II), poluição (art. 3º, III, alíneas *a-e*), poluidor (art. 3º, IV) e recursos ambientais (art. 3º, V). "Ultrapassando o campo retórico das boas intenções", como observa Horta (1995, p. 306), a Lei da PNMA previu sanções administrativas, civis e penais, para a efetiva proteção ao meio ambiente. Instituiu a responsabilidade objetiva, independentemente de culpa, para reparação e/ou indenização por danos causados ao meio ambiente e investiu o Ministério Público da legitimidade para propor ação de responsabilidade civil e criminal por danos causados ao meio ambiente (art. 14, § 1º).
27. Emprega-se a expressão "formação do Direito Ambiental" em referência ao período da República no Brasil, de 1889 a meados de 1981, no qual as normas de proteção ambiental ainda não integravam um corpo autônomo do direito positivo e do conhecimento jurídico. Nesse momento histórico, eram ainda raras e esparsas, nas feições normativa, jurisdicional e experiencial do Direito, medidas especificamente voltadas para a salvaguarda de bens ambientais, culturais, paisagísticos

fundamental ao meio ambiente equilibrado, conforme observam Raul Machado Horta[28], Antônio Herman Benjamin[29], Ana Marchesan, Annelise Steigleder e Sílvia Cappelli[30]. O ano de 1981 representa, de fato, um *ponto de inflexão* no histórico do Direito Ambiental brasileiro; um momento em que se transitava de uma proteção jurídica esparsa dos ambientes e seus elementos para a consolidação de um *sistema de normas* voltadas, de modo precípuo, para a tutela de bens ambientais, culturais, urbanísticos e paisagísticos. É, também, o momento em que começaram a aparecer com maior ênfase, na doutrina jurídica, discussões em torno da ideia de desenvolvimento com respeito aos sistemas naturais. A declaração do meio ambiente como direito fundamental, que ocorreu sete anos mais tarde, pressupõe, portanto, esse "[...] anterior percurso no domínio da legislação ordinária federal, em etapas sucessivas, nas quais foi se aprimorando a definição dos objetivos, dos meios e dos instrumentos de proteção ao meio ambiente".[31]

No plano normativo, a ecologização (do ponto de vista histórico) do direito brasileiro tem como seu momento mais expressivo, em 5 de outubro de 1988, a promulgação da Constituição da República, de 1988, cujo texto demonstra sensibilidade ética ante a necessidade de transformação da realidade social e ambiental. Com efeito, deve-se lembrar, em quaisquer atividades de reflexão e aplicação do direito pátrio, que a República Brasileira tem como objetivos fundamentais (art. 3º):

(a) construir uma sociedade livre, justa e solidária;

(b) erradicar a pobreza e a marginalização e reduzir as desigualdades sociais e regionais;

(c) promover o bem de todos, sem preconceitos de origem, raça, sexo, cor, idade e quaisquer outras formas de discriminação.

Tais preceitos conferem ao texto constitucional um sentido transformador que se aproxima do significado que Boaventura de Sousa Santos atribui à ideia-força de *utopia*, i.e., de recusa, crítica e eticamente orientada, ante o "fechamento do horizonte de expectativas e de possibilidades" e estímulo à "vontade de lutar por alternativas".[32] O sentido transformador da Constituição Brasileira revela-se, igualmente, nos preceitos que consagram o direito fundamental ao "meio ambiente ecologicamente equilibrado" (art. 225, *caput*) e nos que estabelecem as bases principiológicas de um programa de desenvolvimento socioeconômico que respeite as bases físicas, biológicas e culturais essenciais à promoção da qualidade de vida individual e coletiva (por exemplo, art. 170, inc. VI).

---

etc. Tampouco havia sido formulada a ideia de um direito difuso atinente a um bem, com alguns aspectos intangíveis, pertencente a todos. Ainda prevalecia a visão do meio ambiente como res nullius. Nesse contexto, a proteção jurídica do meio ambiente materializava-se "[...] por técnicas de intervenção estatal no âmbito do direito público ou de aferição de normalidade ou abuso do exercício da propriedade entre indivíduos, no direito privado". Cf. MARCHESAN, Ana Maria Moreira; STEIGLEDER, Annelise Monteiro; CAPPELLI, Silvia. *Direito ambiental*. 6. ed. Porto Alegre: Verbo Jurídico, 2011. p. 24.

28. HORTA, Raul Machado. Estudos de direito constitucional. Belo Horizonte: Del Rey, 1995.
29. Op. cit.
30. Op. cit.
31. HORTA, Raul Machado. Op. cit., p. 307.
32. SANTOS, Boaventura de Sousa. *Pela mão de Alice*: o social e o político na pós-modernidade. 7. ed. São Paulo: Cortez, 2000. p. 324.

3. Direito Ambiental: ações-com-clinâmen e mediação entre o real e o futuro a partir de mapas utópicos

À face da sobredita conjuntura, o desafio crucial para as gerações atuais e vindouras consiste numa revisão profunda, pautada pela ética, dos rumos da existência humana no planeta, i.e., das opções predominantes, que têm vindo a ser quotidianamente reafirmadas, no que tange à atual concepção de desenvolvimento. O que se deve questionar criticamente na contemporaneidade, assim, são as bases da lógica, reproduzida num mimetismo acrítico, de pilhagem de recursos naturais, devastação ambiental e injustiças socioambientais. Como refere José Augusto Pádua, faz-se necessária a construção e efetivação de uma

> [...] nova lógica, fundada no cuidado e na conservação das bases ecológicas, sociais e culturais da existência coletiva, mesmo que isso signifique mais trabalho, mais estudo e a aceitação de critérios menos imediatistas e superficiais para avaliar o progresso econômico.[33]

Alguns estudiosos têm enfatizado que essa *nova lógica* traz consigo um conjunto de novas opções éticas, como a relativa à noção de sustentabilidade. O direito brasileiro parece inscrever-se nesse programa, nomeadamente ao consagrar a defesa do meio ambiente entre os princípios da ordem econômica (Constituição/1988, art. 170, inc. VI) e ao tomar como objetivo a "compatibilização do desenvolvimento econômico-social com a preservação da qualidade do meio ambiente e do equilíbrio ecológico" (Lei 6.938/1981, art. 4º, inc. I). Todavia, tais disposições ainda não foram bastantes para, na dimensão experiencial, induzir processos produtivos, que pressionam cada vez mais os sistemas naturais a uma reinvenção. Conquanto largamente aclamada nos debates atinentes à problemática ecológica, nota-se que a proposta referente à sustentabilidade continua habitando um espaço abstrato de ideologias e concepções variadas e ambíguas, permanecendo, nos dizeres do cientista econômico José Eli da Veiga, como "[...] um enigma à espera de seu Édipo".[34] Muitos fazem uso do argumento, evocação de uma *utopia*, no melhor sentido da palavra[35]; poucos, entretanto, têm consciência dos efeitos práticos do que estão a falar. Assim, como *idée-force*, o discurso do desenvolvimento sustentável apresenta-se como contraponto teórico e ético à dilapidação dos recursos naturais. Contudo, ainda não se chegou a um consenso acerca da extensão de seus desdobramentos na dimensão das práticas sociais. Por isso, embora detenha grande potencial de transformação da realidade, a ideia permanece a carecer de significado tangível em larga escala, não obstante, no plano concreto, a pilhagem de bens naturais, sobremodo no Brasil.

Em que pese tal diretriz constitucional, percebe-se que o modo de aplicação do sistema jurídico-normativo como um todo ainda obedece a uma lógica economicista, voltada para a obtenção do lucro a qualquer custo, o que dificulta na prática a efetividade do projeto social de salvaguarda das bases biofísicas e culturais essenciais à existência humana digna, individual ou coletivamente considerada. Lançando um olhar para o contexto global,

---

33. PÁDUA, José Augusto. A herança predatória e sua superação. *Debates sócio-ambientais*, n. 12. maio 1999. p. 15-16.
34. VEIGA, José Eli da. *Desenvolvimento sustentável*: o desafio do século XXI. 3. ed. Rio de Janeiro: Garamond, 2008. p. 13.
35. SANTOS, Boaventura de Sousa. *A crítica da razão indolente*: contra o desperdício da experiência. São Paulo: Cortez, 2000.

Seyyed Hossein Nasr chama a atenção, desde os idos de 1975, para o fato de, apesar de todos os movimentos de defesa do direito à qualidade ambiental, eles não terem alcançado o âmago da crise contemporânea, uma vez que, ao menor sinal de instabilidade econômica, "[...] são sempre as leis recentemente promulgadas sobre meio ambiente que são modificadas, em lugar da modificação dos modos de vida, que são os principais responsáveis pela crise que o homem está enfrentando nos dias de hoje".[36] Em face desse cenário, o jurista belga François Ost dirá, com a acuidade que lhe é particular, que

> [...] se subirmos um pouco, para abarcar com um único olhar o sistema jurídico todo inteiro, a contradição aprofunda-se ainda mais entre esses poucos textos de vocação protectora e uma lógica jurídica de conjunto, que favorece maciçamente a apropriação, a transformação e, por vezes, a destruição da natureza. M.-A. Hermitte sublinha-o claramente: "A causa primeira da ineficácia do direito do ambiente não deve ser procurada no próprio direito do ambiente; o direito do ambiente é ineficaz, porque entra em contradição com as normas mais poderosas, que organizam e protegem as diferentes actividades destrutivas da diversidade biológica." Promovido por *lobbies* sempre menos poderosos do que os da indústria, da agricultura, dos transportes, da promoção imobiliária ou da energia, o direito do ambiente apenas consegue inflectir a lógica jurídica inerente às suas actividades de uma forma marginal.

Como contraponto ético-econômico a essa condição paradigmática da realidade e do próprio Direito, o jurista belga oferece um contributo para a concretização da nova lógica de desenvolvimento, afirmando que a alternativa nessa arena consiste, à luz do princípio da integração[37], em fazer do ambiente um componente das outras políticas, pois "[...] só quando o objectivo de salvaguarda do ambiente tiver penetrado o direito do conjunto das actividades transformadoras do meio se conseguirão progressos significativos".[38]

A par desse desafio e à face da delineada crise contemporânea, em que consistirá a razão de ser do Direito e, nomeadamente, a do Direito Ambiental, senão na mediação re/inventiva entre a realidade tal como ela tem sido e novos cenários e modos de vida, assentes numa ética de permanente reverência pela vida[39] e respeito à alteridade[40] (aqui tomada em sua dimensão socioambiental)? Como escreveu Antônio Herman Benjamin, a ecologização do direito "[...] traz um certo sabor herético, deslocado das fórmulas antecedentes, ao propor a receita solidarista – temporal e materialmente ampliada (e, por isso mesma, prisioneira de traços utópicos) – do nós-todos-em-favor-do-planeta".[41] Ora, o direito positivo, dirá François Ost, é, por concepção, uma ciência-arte de mediação:

> "Mediação da força e do bem. Fixado em relações de força e de interesse que marcam a sociedade 'tal como ela é', ele considera entretanto o lado dos valores e dos ideais aos quais aspira a sociedade

---

36. NASR, Seyyed Hossein. Op. cit., p. 10.
37. Alude-se ao princípio segundo o qual a variável ambiental deve ser levada em consideração, *prima facie*, na concepção e execução de quaisquer programas ou projetos de desenvolvimento. Cf. ARAGÃO, Alexandra. Direito Constitucional do Ambiente da União Europeia. In: CANOTILHO, José Joaquim Gomes; LEITE, José Rubens Morato (Org.). *Direito constitucional ambiental brasileiro*. São Paulo: Saraiva, 2007. p. 26-28.
38. OST, François. Op. cit., p. 127.
39. SCHWEITZER, A. *Minha vida e minhas ideias*, 1931. Trad. Otto Schneider. São Paulo: Melhoramentos, [s.d.t.].
40. COSTA, Márcio Luis. *Lévinas*: uma introdução. Petrópolis: Vozes, 2000.
41. BENJAMIN, Antônio Herman. Op. cit., p. 58-59.

tal como ela 'deveria' ou 'gostaria' de ser. O direito positivo é assim tanto moralização do político como politização do ético. O seu campo é o do possível – mais distante do cinismo, sem dúvida, mas também longe do sublime. Seu campo é o do compromisso (mas não necessariamente dos conchavos), sua moral, para falar como Max Weber, é da 'responsabilidade'.[42]

À parte de sua dimensão técnica, o Direito Ambiental deve ser visto, assim, como um saber capaz de contribuir para a transformação radical da crise socioambiental. Fala-se de uma transformação que se processa aos poucos, mediante ações difusas no espaço geográfico, mas que se vão integrar sinergeticamente. Neste marco, vem a calhar a noção de *ações-com-clinâmen*, que Boaventura de Sousa Santos introduz no âmbito programático de uma "[...] crítica radical da política do possível, sem ceder a uma política do impossível"[43], para estimular desvios opositivos em relação aos modos de pensar e agir dominantes que, em conjunto, configuram a crise contemporânea. Essa noção, que o sociólogo português toma de Epicuro, Lucrécio e da teoria literária de Harold Bloom[44] para a proposta epistemológica de uma *ecologia de saberes*, surge como contraponto às ações conformistas, tendentes a acomodar a realidade tal como ela se apresenta. Transposta para a arena do Direito Ambiental, a *idée-force* das ações-com-clinâmen permite, sobretudo, superar a lógica subjacente às práticas que negam aos institutos jurídico-ambientais a condição de instrumentos transformadores da realidade e afirmativos do valor e realizabilidade de utopias possíveis. Há que se lembrar que o Direito Ambiental, desde suas origens em princípios dos anos 1970, não tem como objetivo apenas regulamentar o meio ambiente, mas "[...] contribuir à reação contra a degradação ambiental e o esgotamento dos recursos naturais", nas palavras de Michel Prieur. O Direito Ambiental é, como sublinha esse estudioso,

> [...] um direito engajado, que age na luta contra as poluições e a perda da biodiversidade. É um direito que se define segundo um critério finalista, pois se dirige ao meio ambiente: implica uma obrigação de resultado, qual seja, a melhoria constante do estado do ambiente.[45]

No nível da práxis do Direito Ambiental, as ações-com-clinâmen, para redimirem a atualidade de *mapas utópicos* capazes de guiar a transformação da realidade socioambiental, devem estar assentes numa postura que inscreva o Direito num autêntico *diálogo de saberes*, num espaço epistemológico de mobilidade das fronteiras disciplinares.[46] É nessa acepção, e não apenas na histórica, que o movimento de ecologização do conhecimento jurídico deve ser compreendido. Com efeito, esse movimento não se reduz à crescente declaração de preceitos "verdes" pelos ordenamentos jurídicos, em geral, e pelo sistema normativo brasileiro, em particular. Ela também significa, sobretudo, a reinvenção das técnicas de interpretação sobre as quais se baseiam as atividades de criação e aplicação das

---

42. OST, François. Declarareis santo o quinquagésimo ano: reflexões sobre o tempo resgatado. In: MIES, François (Org.). *Bíblia e direito*: o espírito das leis. Trad. Paula S. R. C. Silva. São Paulo: Loyola, 2006. p. 64.
43. SANTOS, Boaventura de Sousa. Para além do pensamento..., p. 32.
44. BLOOM, Harold. *A angústia da influência*: uma teoria da poesia. Trad. Marcos Santarrita. 2. ed. Rio de Janeiro, Imago, 2002.
45. PRIEUR, Michel. Princípio da proibição de retrocesso ambiental. In: SENADO FEDERAL DO BRASIL (ed.). *O princípio da proibição de retrocesso ambiental*. Brasília: Comissão de Meio Ambiente, Defesa do Consumidor e Fiscalização e Controle, 2011. p. 16-17.
46. HISSA, Cássio Eduardo Viana. *A mobilidade das fronteiras*: inserções da Geografia na crise da modernidade. Belo Horizonte: UFMG, 2002.

normas jurídicas. Essa acepção da ecologização do direito advém da abertura do conhecimento jurídico ao diálogo com outras ciências e saberes, nomeadamente, com as ciências dedicadas à conservação da natureza, e se insere no movimento epistemológico-jurídico de construção de um *discurso transdisciplinar* para o Direito Ambiental.[47] Um discurso no qual a juridicidade de determinado comportamento é aferida mediante o reconhecimento, *prima facie*, das relações de interdependência entre homem e natureza e dos homens uns com os outros. Ao discorrerem sobre esse novo discurso do Direito Ambiental, José Rubens Morato Leite e Patryck de Araújo Ayala referem que ele

> [...] proporciona a revisão da *tendência paralisante* que a imposição de leituras dogmáticas de disciplinas afins, ou mesmo o direito, frequentemente sobre a questão ambiental, ao mesmo tempo em que oportuniza o desenvolvimento da *essencialidade do princípio democrático*, ao *constituir* discurso de interação/integração, *dialógica* e *ontologicamente aberto*.[48]

Trata-se, nos dizeres de François Ost, de uma ecologização bem-vinda, "[...] porquanto significa que as soluções jurídicas estarão, a partir de agora, melhor adaptadas à especificidade dos meios a proteger, globais, complexos e dinâmicos por natureza".[49] Ao se adotar como objetivo a reconstrução dialógica do Direito e da própria realidade, a saga de estudos e trabalhos na arena do jurídico-ambiental será, também ela, a de um navegar e de "[...] construir cartografias enquanto se fazem caminhos": *novos caminhos*.[50]

Referências

ABBAGNANO, Nicola. *Dicionário de filosofia*. Trad. Alfredo Bosi. Revisão e tradução de novos textos por Ivone Castilho Benedetti. São Paulo: Martins Fontes, 2000.

ALVES, Rubem. *Entre a ciência e a sapiência*: o dilema da educação. 12. ed. São Paulo: Loyola, 1999.

ARAGÃO, Alexandra. Direito constitucional do ambiente da união europeia. In: CANOTILHO, José Joaquim Gomes; LEITE, José Rubens Morato (Org.). *Direito constitucional ambiental brasileiro*. São Paulo: Saraiva, 2007.

AVILA-PIRES, Fernando Dias de. *Fundamentos históricos da ecologia*. Ribeirão Preto: Holos, 1999.

BENJAMIN, Antônio Herman. Constitucionalização do ambiente e ecologização da Constituição brasileira. In: CANOTILHO, José Joaquim Gomes; LEITE, José Rubens Morato (Org.). *Direito constitucional ambiental brasileiro*. São Paulo: Saraiva, 2007.

BERQUE, Augustin. Transmitting the past to the future: an ontological consideration on tradition and modernity. In: Historical architecture heritage: preservation and sustainable development. Anais..., 10-12 nov. 2007; Tianjin University, 2007.

BÍBLIA SAGRADA. *Versão portuguesa preparada a partir de textos originais pelos rev. padres Capuchinhos*. Lisboa: Verbo, 1982.

BLOOM, Harold. *A angústia da influência*: uma teoria da poesia. Trad. Marcos Santarrita. 2. ed. Rio de Janeiro, Imago, 2002.

BOFF, Leonardo. *Ética e eco-espiritualidade*. Campinas: Verus, 2003.

---

47. LEITE, José Rubens Morato; AYALA, Patryck de Araújo. *Direito Ambiental na sociedade de risco*. Rio de Janeiro: Forense Universitária, 2002. p. 92.
48. LEITE, José Rubens Morato; AYALA, Patryck de Araújo. Op. cit., p. 93.
49. OST, François. Op. cit., p. 118.
50. HISSA, Cássio Eduardo Viana. *Entrenotas*: compreensões de pesquisa. Belo Horizonte: UFMG, 2013. p. 26.

CHALIER, Catherine. *Lévinas*: a utopia do humano. Trad. António Hall. Lisboa: Instituto Piaget, 1996.

COSTA, Márcio Luis. *Lévinas*: uma introdução. Petrópolis: Vozes, 2000.

HISSA, Cássio Eduardo Viana. *A mobilidade das fronteiras*: inserções da Geografia na crise da modernidade. Belo Horizonte: UFMG, 2002.

HISSA, Cássio Eduardo Viana. *Entrenotas*: compreensões de pesquisa. Belo Horizonte: UFMG, 2013.

HORTA, Raul Machado. *Estudos de direito constitucional*. Belo Horizonte: Del Rey, 1995.

MARCHESAN, Ana Maria Moreira; STEIGLEDER, Annelise Monteiro; CAPPELLI, Silvia. *Direito ambiental*. 6. ed. Porto Alegre: Verbo Jurídico, 2011.

MORAES, Antônio Carlos Robert de. *Meio ambiente e ciências humanas*. 4. ed.. São Paulo: Annablume, 2005.

NABUCO, Joaquim. *O abolicionismo*. 1883. Disponível em: [www.dominiopublico.gov.br/download/texto/sf000054.pdf]. Acesso em: 14.08.2012.

NASR, Seyyed Hossein. *O homem e a natureza*. Trad. Raul Bezerra Pedreira Filho. Rio de Janeiro: Zahar, 1977.

PÁDUA, José Augusto. A herança predatória e sua superação. *Debates sócio-ambientais*, n. 12, p. 15-16. maio 1999.

PRIEUR, Michel. Princípio da proibição de retrocesso ambiental. In: SENADO FEDERAL DO BRASIL (ed.). *O princípio da proibição de retrocesso ambiental*. Brasília: Comissão de Meio Ambiente, Defesa do Consumidor e Fiscalização e Controle, 2011. p. 11-54.

OST, François. *A natureza à margem da lei*: a ecologia à prova do Direito. Trad. Joana Chaves. Lisboa: Instituto Piaget, 1995.

SANTOS, Boaventura de Sousa. Para além do pensamento abissal: das linhas globais a uma ecologia de saberes. *Revista Crítica de Ciências Sociais*, n. 78, p. 3-46. out. 2007.

SANTOS, Boaventura de Sousa. *Pela mão de Alice*: o social e o político na pós-modernidade. 7. ed. São Paulo: Cortez, 2000.

SANTOS, Boaventura de Sousa. Reinventar a democracia: entre o pré-contratualismo e o pós-contratualismo. *Oficina do CES*, n. 57. abr. 1998.

SANTOS, Roberto. Ética ambiental e funções do Direito Ambiental. *Revista de Direito Ambiental*. São Paulo, n. 18, p. 241-250, 2000.

SCHWEITZER, A. *Minha vida e minhas ideias*, 1931. Trad. Otto Schneider. São Paulo: Melhoramentos, [s.d.t.].

STEIGLEDER, Annelise Monteiro. *Responsabilidade civil ambiental*: as dimensões do dano ambiental no direito brasileiro. Porto Alegre: Livraria do Advogado, 2004.

VIEIRA, Liszt. Constituição e meio ambiente: as raízes e o sonho. In: PÁDUA, José Augusto et al. (Org.). *Ecologia & política no Brasil*. 2. ed. Rio de Janeiro: Espaço e Tempo/IUPERJ, 1987.

VIOLA, Eduardo. O movimento ecológico no Brasil (1974-1986): do ambientalismo à ecopolítica. In: PÁDUA, José Augusto et al. (Org.). *Ecologia & política no Brasil*. 2. ed. Rio de Janeiro: Espaço e Tempo/IUPERJ, 1987.

COMPLEXIDADE, RACIONALIDADE E OS PRINCÍPIOS DO DIREITO AMBIENTAL

ALANA RAMOS ARAÚJO[1]
BELINDA PEREIRA DA CUNHA[2]
NÁLBIA ROBERTA ARAÚJO DA COSTA[3]

SUMÁRIO: Introdução. 1. Complexidade e racionalidade ambiental no direito. 2. Princípios do pensamento complexo. 3. Os princípios ambientais constitucionais. Considerações finais. Referências.

Introdução

Os estudos do direito ambiental representam parte da preocupação social acerca do meio ambiente, que consistem em sua proteção jurídica diante desse novo ramo do Direito, que se reflete no ordenamento jurídico brasileiro, ganhando espaço e relevância a partir de sua interdisciplinaridade, apoiado em bases científicas e que envolvem as ciências naturais, humanas, da saúde, políticas, econômicas, sociais e jurídicas, entre tantas outras.

Nas décadas de 1970 e 1980, a preocupação com o meio ambiente ganhou relevância em todas as áreas do conhecimento, despertando a consciência comum sobre a importância do tema e possibilitando sua proteção jurídica ao chamar a atenção, tardiamente no Brasil, das autoridades públicas para o problema da sua degradação e destruição os recursos naturais.

A exigência da proteção jurídica do meio ambiente é decorrente da situação de degradação da qualidade de vida, que se pode detectar em vários fatores como o esgotamento de recursos de água potável, desaparecimento das espécies, destruição da camada de ozônio,

---

1. Doutora em Ciências Jurídicas pela Universidade Federal da Paraíba, com estágio doutoral no Centre de Recherches Interdisciplinaires en Droit de l'Environnement, de l'Amenagenment e de l'Urbanism (Crideau/Unilim) na França, com bolsa PDSE/CAPES (2017/2018). Professora do curso de Direito do Departamento de Ciências Jurídicas da Universidade Federal da Paraíba. Pesquisadora do Grupo de Pesquisa Estudos e Saberes Ambientais Enrique Leff (ESAEL/CNPq).
2. Pós-Doutora pela Universidade Autônoma do México, IISUNAM. Doutora em Direito com pesquisa na Universidade de Roma. Professora dos Programas de Pós-Graduação do PPGCJ/PRODEMA/UFPB. Coordenadora Grupo de Pesquisa Sustentabilidade, Impacto, Gestão e Direito Ambiental das Relações Sociais e de Consumo CNPq.
3. Mestre em Direitos Humanos pelo PPGCJ/UFPB. Professora dos Cursos de Especialização da FESMIP. Pesquisadora do Grupo de Pesquisa Sustentabilidade, Impacto, Gestão e Direito Ambiental das Relações Sociais e de Consumo CNPq.

multiplicação dos depósitos de lixo tóxico e radioativo, o chamado efeito estufa, erosão de solos férteis, devastação do patrimônio ecológico, artístico e cultural etc.

O direito ao meio ambiente encontra-se assegurado constitucionalmente entre nós, como bem difuso a ser protegido, prevendo o artigo 225, o Direito de todos ao meio ambiente ecologicamente equilibrado, tomado como bem de uso comum do povo e essencial à sadia qualidade de vida, impondo-se ao Poder Público e à coletividade o dever de defendê-lo para as presentes e futuras gerações, destacando-se no cenário jurídico como bem comum de toda humanidade, para as presentes e futuras gerações, revestido de essencialidade, sendo atribuído ao Poder Público o dever de defendê-lo e preservá-lo.

Foram assim estabelecidas, com a previsão do artigo 225, três concepções fundamentais no âmbito do Direito ambiental: primeira, ao indicar o direito ao meio ambiente ecologicamente equilibrado como bem de todos; segunda, ao estabelecer a natureza jurídica dos bens ambientais como sendo de uso comum do povo e essencial à sadia qualidade de vida; e, terceira, ao impor tanto ao Poder Público como à coletividade o dever de defender e preservar os bens ambientais para as presentes e futuras gerações (FIORILLO, 1995).

A proteção e preservação constitucional do meio ambiente está assegurada pela Declaração sobre o ambiente humano realizada na Conferência das Nações Unidas (ESTOCOLMO, 1972):

> O homem tem o Direito fundamental à liberdade, à igualdade e ao desfrute de condições de vida adequadas, em um meio ambiente de qualidade tal que lhe permita levar uma vida digna, gozar de bem-estar e é portador solene da obrigação de proteger e melhorar o meio ambiente, para as gerações presentes e futuras. A esse respeito, as políticas que promovem ou perpetua o apartheid, a segregação social, a discriminação, a opressão colonial e outras formas de opressão e de dominação estrangeira permanecem condenadas e devem ser eliminadas. Os recursos naturais da Terra, incluídos o ar, a água, o solo, a flora e a fauna e, especialmente, parcelas representativas dos ecossistemas naturais, devem ser preservados em benefício das gerações atuais e futuras, mediante um cuidadoso planejamento ou administração adequados. Deve ser mantida e, sempre que possível, restaurada ou melhorada a capacidade da Terra de produzir recursos renováveis vitais. O homem tem a responsabilidade especial de preservar e administrar judiciosamente o patrimônio representado pela flora e fauna silvestres, bem assim o seu habitat, que se encontram atualmente em grave perigo, por uma combinação de fatores adversos. Em consequência, ao planificar o desenvolvimento econômico, dever ser atribuída importância à conservação da natureza, incluídas a flora e a fauna silvestres.

Considerando o conceito de meio ambiente e, consequentemente, de sua proteção jurídica, tomado em toda amplitude do ramo do Direito que desse bem se ocupa, resulta no chamado Direito Ambiental, que consiste num sistema de proteção a bens e interesses, que dizem respeito à vida e saúde dos seres vivos e do seu *habitat* (ROCHA, 1999).[4]

A Constituição Federal trata da vida, da saúde e das relações humanas como bens que têm por referência a preservação do planeta e das espécies relacionadas ao meio ambiente, que com esses se confundem, na medida em que abrangem, além da proteção propriamente dita, os princípios que norteiam todas essas relações, como se depreende dos artigos 5º, inciso LXXIII, 20, inciso II, 23, 24, 91, § 1º, III, 129, inc. III, 170, inc. VI, 173, § 5º, 174, § 3º, 186, inc. II, 200, inc. VIII, 216, V, 220, § 3º, II, 231, § 1º, além do próprio 225 (CUNHA, 2011).

---

4. Maria Isabel de Matos Rocha. Reparação de danos ambientais. *Revista de Direito Ambiental*. São Paulo: Ed. RT, n. 10. 1999. p. 130.

A proteção ambiental encontra-se estruturada pelos princípios constitucionais e legais do Meio Ambiente, bem como por aqueles norteadores da Política Nacional do Meio Ambiente, recepcionados pelo artigo 225 da Constituição Federal, chamados de princípios globais, quais sejam, o da obrigatoriedade da intervenção estatal (*caput* e § 1º); da prevenção e da precaução (*caput*; § 1º, IV, com exigência de EIA/Rima); do princípio da informação e da notificação ambiental (*caput* e § 1º; VI); da educação ambiental (*caput* e § 1º; VI); da participação (*caput*); do poluidor-pagador (§ 3º); da responsabilidade das pessoas física e jurídica (§ 3º); da soberania dos Estados para estabelecer sua política ambiental e de desenvolvimento com cooperação internacional (§ 1º, artigo 225, combinado com normas constitucionais sobre distribuição de competência legislativa); da eliminação de modos de produção e de consumo e da política demográfica adequada; princípio do desenvolvimento sustentado referente ao Direito das integrações (*caput*).

São tratados como princípios constitucionais e legais do Meio Ambiente o da obrigatoriedade da intervenção estatal, artigo 225, *caput* e § 1º, e artigo 2º da Lei 6.938/81; e o princípio da prevenção e da precaução, expresso igualmente no artigo 225, da Constituição Federal, *caput* e § 1º, inciso IV, e, também, art. 2º da Lei 6.938/81.

Referentemente à obrigatoriedade da intervenção estatal, o Poder Público tem o dever de defender e de preservar o meio ambiente, assegurando a efetividade de sua proteção, devendo dar-se a preservação efetiva, e não meramente formal, no sentido de promover a ação governamental, com o fim de manter e defender o equilíbrio ambiental e a qualidade sadia de vida.

Como fundamento, os princípios gerais que informam o Direito ambiental brasileiro têm, também, apoio em declarações internacionais, sendo que tais princípios estão formando e orientando a geração e a implementação deste ramo do Direito, como sistema de proteção ao meio ambiente (MACHADO, 2010), de natureza complexa, com múltiplas relações e intersecções, demandando uma nova forma de pensamento e uma nova racionalidade no âmbito do direito ambiental.

Desse modo, o axioma de elaboração de um pensamento complexo se coloca no contexto da crítica da racionalidade ambiental à racionalidade moderna, que hiperobjetivou o mundo e ocasionou a metástase do conhecimento (LEFF, 2006) através das racionalidades formal e instrumental, construindo um império para a economia predatória e para a ciência como única e universal verdade.

É um axioma que cuida, por um lado, de desconstruir a racionalidade científica simplificadora, reducionista, determinista, objetiva, linear, analítica e disjuntiva; por outro lado, cuida de desconstruir a racionalidade economicista baseada no crescimento econômico sem limites, na depleção dos recursos da natureza e no aniquilamento velado das culturas locais por meio do discurso globalizante, causando a morte entrópica do planeta.

Nesse sentido, o complexo está sendo adotado como todo fenômeno que põe em jogo uma diferença de níveis e uma circularidade entre esses diferentes níveis, levando em conta, simultaneamente, esses diferentes níveis (por exemplo, entre o objeto, o ambiente do objeto e o observador) *e* as relações de circularidade que se estabelecem entre eles, é próprio da epistemologia da complexidade, da qual se pode dizer que se opõe, ponto por ponto, ao modelo cartesiano: método identitário e linear, método do "simples" (OST, 1997).

Esses caminhos percorridos pela racionalidade moderna se constituíram através de um pensamento único, totalizador e hegemonizante que desconsiderou os contextos, as relações, as interações entre situações, pessoas e coisas nos vários campos do conhecimento, dos saberes e dos sentidos. A crítica a esse modelo iluminista foi o contexto em que foi gestado o pensamento sistêmico. Das ciências naturais às ciências sociais, de Bertalanffy a Luhmann (FOLLONI, 2016), o pensamento sistêmico, como novo modo de observar e interagir no mundo fenomenal, inaugurou um marco no campo das ciências, construindo novas epistemes para as relações no meio ambiente e no direito.

1. Complexidade e racionalidade ambiental no direito

Construída sobre bases cartesianas, a racionalidade moderna edificou seu pensamento de forma analítica, segundo a qual para se conhecer algo, um objeto, é preciso reduzir essa coisa ou objeto à menor parte possível, pois o estudo desta parte, por menor que seja, é bastante e suficiente para compreender o comportamento desta e, consequentemente, é possível compreender o comportamento do todo; isso implica dizer que o pensamento analítico cartesiano que fundou as bases do pensamento científico moderno significa isolar alguma coisa para poder entendê-la e, entendendo-a, o todo poderá ser também entendido (CAPRA, 2007, p. 41).

Ocorre que as insuficiências desse pensamento ocasionaram significativos impactos no mundo fenomenológico, na relação humano/natureza, nos sentidos existenciais, nos vários campos da ciência. O Direito, por exemplo, de matriz positivista fortemente influenciada por esse pensamento linear, analítico, reducionista e simplificador, caracteriza-se por um esforço de divisão, até partes cujo futuro não pode ser previsto. A estrutura montada por epistemologistas e metodologistas jurídicos, tais como Kelsen (2009), revelam isso: o Direito positivo se divide em ramos, em várias partes que cada vez mais se compartimentalizam.

O Direito positivo é classicamente dividido em Direito Público e Direito Privado, e estes são subdivididos em outras disciplinas, tais como: Direito Constitucional, Direito Administrativo, Direito Tributário, Direito Penal, Direito Empresarial, Direito Civil, Direito Trabalhista e por aí vai, numa série de direitos que demonstram o esforço da ciência do Direito para fracionar o máximo possível o seu objeto de estudo.

O Direito Ambiental é um dos ramos do Direito que sofrem profunda influência do pensamento científico moderno linear, disjuntivo, reducionista, simplificador e analítico, pois a partir dele surgiram outras "províncias" (ANTUNES, 2013), tais como Direito de Águas, Direito do Petróleo, Direito da Energia, Direito do Mar, Direito Animal, Direito da Biodiversidade e tantos outros fragmentos que foram individualizados a partir do Direito Ambiental para estudo mais aprofundado e setorializado de questões iminentemente ambientais.

Essa forma de (cientificamente) conceber o mundo provocou reações, no sentido de novas teorias, novas perspectivas e novas formas de enfrentar estas questões: o pensamento sistêmico. Sem esgotar o tema, visto que não constitui objetivo do trabalho, o pensamento sistêmico é caracterizado pela:

> Percepção de que os sistemas não podem ser entendidos pela análise. Na abordagem sistêmica, as propriedades das partes podem ser entendidas apenas a partir da organização do todo. Em

consequência disso, o pensamento sistêmico concentra-se não em blocos de construção básicos, mas em princípios de organização básicos. O pensamento sistêmico é "contextual", o que é o oposto do pensamento analítico. As características –chave do pensamento sistêmico [são] [...] mudança das partes para o todo [...] capacidade de deslocar a própria atenção de um lado para outro entre níveis sistêmicos [...] parte é apenas um padrão numa teia inseparável de relações. [...] Na visão sistêmica, compreendemos que os próprios objetos são redes de relações, embutidas em redes maiores. Para o pensador sistêmico, as relações são fundamentais. [...] Desse modo, o pensamento sistêmico envolve uma mudança da ciência objetiva para a ciência "epistêmica". (CAPRA, 2007, p. 41-49)

Essa forma sistêmica de pensar concebe o todo como um conjunto estruturado e funcional ao qual as partes integrantes estão interligadas, formando, com o todo, uma nova realidade, diferente do que elas formam isoladamente, com funções diferentes e com interações diferentes no meio em que elas, no todo, estão inseridas. É pensar o indivíduo em relação à sociedade. O indivíduo é ele mesmo um sistema que, culturalmente considerado, junto com outros indivíduos forma a sociedade, que é o todo, e cada indivíduo interage com essa sociedade e essa sociedade, a seu turno, provoca interações com o indivíduo que a compõe. Em termos jurídicos, é pensar na menor unidade do sistema, na regra, que por sua vez compõe uma lei, a qual faz parte do próprio sistema jurídico.

Esse pensamento sistêmico se compõe de diferentes teorias de sistemas que, como dito, vão desde as ciências naturais até as ciências sociais, perpassando por diferentes áreas da gnosiologia. Dentro de tais teorias de sistemas, impende destacar o pensamento complexo que, não sendo parte do pensamento sistêmico clássico, é uma teoria sistêmica que avança na questão da complexidade. É esse pensamento complexo que importa para a racionalidade ambiental como um axioma que invoca uma mudança paradigmática na ciência, na economia, no Direito, na política, na sociedade e na cultura, para que se alcance a pretendida sustentabilidade.

Essa noção conceitual parte de um contexto em que a "La pathologie moderne de l'esprit est dans l'hyper-simplification que rend aveugle à la complexité du réel" (MORIN, 2005, p. 23), cuja hiper-simplificação é objeto de uma das críticas da racionalidade ambiental à racionalidade moderna que vive uma perda de sentidos.

Esse pensamento complexo se baseia nas categorias da ordem e da desordem em dissonância com a categoria de equilíbrio e ordem característicos do pensamento linear. Utilizando uma metáfora para explicação da importância da ordem e da desordem no pensamento complexo, Morin trata da explosão que teria originado o planeta em que, primeiro, foi necessário haver uma situação de completa desordem, com calor intenso e explosão de gases, para depois haver um resfriamento que possibilitou as primeiras formas de vida até chegar à organização ecossistêmica que se configura hoje no planeta (MORIN, 2005).

Esse cenário de ordem e desordem se coaduna com a racionalidade ambiental no tocante em que o encontro das racionalidades nos níveis expostos configura formas de administrar, de gerenciar as relações de ordem e desordem que se perfazem no meio ambiente, no imbricado de relações que o compõe, cuja gestão se dá sobre bases de valores, de significados e de sentidos com vistas a um futuro sustentável que, considerando o imprevisível e o não pensado, busca reapropriar socialmente a natureza por meio de uma política da diferença e uma ética da outridade.

2. Princípios do pensamento complexo

Para lidar com essa ordem e essa desordem, o pensamento complexo conta com três princípios orientadores de todo o processo sistêmico complexo, tais como o princípio dialógico, princípio recursivo e princípio hologramático:

> Le principe dialogique nous permet de maintenir la dualité au sein de l'unité. Il associe deux termes à la fois complémentaires et antagonistes. [...] Le deuxième principe ets celui de récursion organisationelle. Un processus récursif est un processus où les produits et les effets sont en même temps causes et producteurs de ce qui les produit. Autrement dit, les indivíduos produisent la société qui produit les indivíduos. Nous somme à la fois produit et producteurs. L'idée récursive est donc une idée en rupture avec l'idée linéaire de cause/effet, de produit/ producteur, de esctructure/superestructure, pouisque tout ce qui est produit revient sur ce qui le produit dans en cicle lui-même auto-constitutif, auto-organisateur et auto-produrcteur. Le troisième principe est le principe hologrammatique. Non seulement la partie est dans le tout, mais le tout est dans la partie [...] chaque cellule de notre organisme contient la totalité de l'information génétique de cet organisme (MORIN, 2005, p. 98-100).

Para além desses princípios orientadores do pensamento complexo, outros podem ser relacionados, tais quais: princípio sistêmico ou organizacional; princípio do círculo retroativo; princípio da auto-eco-organização; e princípio da reintrodução do conhecimento em si mesmo. O princípio sistêmico une o conhecimento individualizado e o conhecimento complexo para que se conheça o individual e o todo do ponto de vista do sistema, da organização, pois a parte unida e interativa com o todo forma uma realidade nova e diferente da realidade singular da parte e da realidade total do sistema enquanto desvinculado da parte (BELCHIOR, 2015).

> O princípio do círculo retroativo informa que "as causas agem sobre os efeitos e os efeitos agem sobre as causas, em um equilíbrio dinâmico que regula o sistema e, ao mesmo tempo, organiza rupturas. Esse equilíbrio ocorre a partir de retroações (*feedback*) mútuos" (BELCHIOR, 2015, p.76). É diferente do princípio recursivo, pois, neste, os produtos de alguma coisa também são produtores desta mesma coisa, como é o caso do indivíduo e da sociedade, no exemplo apontado por Morin, acima citado. Neste princípio do círculo retroativo, as causas geram efeitos que agem sobre as causas, ainda que não haja relação mútua e recíproca de produto/produtor, *c'est-à-dire*, ainda que as causas não produzam os efeitos e estes não produzam as causas, eles interagem retroativamente em *feedbacks* mútuos.

O princípio da auto-eco-organização implica "autonomia e dependência, os seres vivos são auto-organizadores e se autoproduzem de forma autônoma. No entanto, dependem de outros seres e do meio em que vivem" (BELCHIOR, 2015, p. 78) e têm valor hologramático, no sentido de que tudo quanto o ser humano faz parte é parte integrante do seu próprio espírito, que é o que acontece com a sociedade e o indivíduo, pois desde a infância a sociedade se imprime no espírito do indivíduo, por exemplo, pela educação familiar, pela educação escolar e pela educação universitária (MORIN, 2005, p. 117). É um princípio que cuida de dar conta da influência que o meio exerce no próprio espírito do ser humano, dando-lhe autonomia em relação ao meio, mas constituindo relação de interdependência entre ambos.

O princípio da reintrodução do conhecimento em si mesmo implica a uma reestruturação do ser humano, "quando busca renovar o sujeito e trazer à tona a problemática cognitiva central. Há um envolvimento da percepção com a teoria científica, ocasião em que, todo o conhecimento é uma tradução de um cérebro inserido em uma cultura e em um determinado tempo" (BELCHIOR, 2015, p. 84).

A reintrodução do conhecimento em si mesmo aproxima-se da proposta da racionalidade ambiental no ponto em que essa lança proposição de que o "si mesmo" seja um campo de reflexão, de revisitação, de reconstrução em busca de novos sentidos, de novos significados, de novos valores, de nova racionalidade, de novos modos de fazer, criar e viver, em busca e em direção do Outro, particularmente do Outro Absoluto, que é o próprio meio em que está inserido.

Para a racionalidade ambiental, essa reintrodução do conhecimento em si mesmo problematiza o lugar do conhecimento científico e convida à articulação desse conhecimento com os saberes que hoje estão marginalizados na lógica da racionalidade formal-instrumental.

O pensamento complexo, assim conceituado como um tecido, caracterizado como um sistema de ordem e desordem e orientado pelos princípios dialógico, recursivo, hologramático, retroativo, sistêmico, auto-eco-organizacional e da reintrodução do conhecimento em si mesmo, debruçando-se sobre um objeto – os sistemas complexos, tais como são o meio ambiente e o Direito –, se dão em níveis de complexidade, e isso significa que:

> Frequentemente, um sistema complexo é, ele mesmo, parte de um sistema complexo maior, e assim por diante. Podemos, então, descrever o funcionamento de uma célula, ou subir de nível e tratar do funcionamento de um tecido; podemos atentar para uma pessoa, subir de nível e estudar um grupo, ou subir mais um nível e estudar uma organização social; podemos nos preocupar com uma regra jurídica, subir de nível para nos preocuparmos com toda a lei que a contém, subir mais uma vez para nos voltarmos ao ordenamento como um todo, subir ainda mais para transcender o próprio ordenamento, e assim por diante [...]. (FOLLONI, 2016, p. 60)

Essa questão dos níveis de complexidade põe acento na importância que cada parte tem para o todo sistêmico e organizacional; põe relevo no fato de que a própria parte também é um sistema permeado de complexidade, tal como é o meio ambiente, como sendo o sistema maior da existência fenomenal que se interliga aos variados sistemas que o compõem através de uma rede ou "teia" (CAPRA, 2007, p. 33), responsável por abrigar o sistema jurídico, o qual constitui um outro ou micro ou subsistema complexo.

A especificidade do sistema ambiental, chamado por Leff de "complexidade ambiental", do sistema jurídico e da relação entre eles, passa a representar o elo entre os princípios da proteção jurídica do meio ambiente propriamente dita e os princípios do pensamento complexo, que agora alcançam a complexidade ambiental.

Ante esse aclaramento de como surge e de como se caracteriza o pensamento complexo, fica mais cristalino o axioma da racionalidade ambiental que reclama a elaboração desse pensamento. É um axioma de relevância e robustez porque está na base de todo o pensamento da racionalidade ambiental. Assim, o pensamento complexo é ponto de partida para elaboração da racionalidade ambiental, ainda que nele não fique adstrito e que em algum ponto divirja, como adverte Leff:

> A complexidade ambiental não é a ecologização do mundo. O pensamento complexo [conforme concebe a RA] ultrapassa a visão cibernética de uma realidade que se estrutura e evolui através de um conjunto de inter-relações e retroalimentações, como um processo de desenvolvimento que vai da auto-organização da matéria à ecologização do pensamento (LEFF, 2006, p. 293).

O pensamento complexo na compreensão da racionalidade ambiental não cuida, exclusivamente, de um tecido de interações, ações e eventos; não cinge sua construção na ideia da ordem e da desordem como elementos constitutivos e organizativos do sistema complexo; não se satisfaz com a principiologia da manutenção da dualidade na unidade, da recursividade entre produto/produtor/produto, na hologramaticidade entre parte/todo/

parte como em um espelho, na retroação entre causas e efeitos, na organização sistêmica dos elementos que compõem a complexidade, na reintrodução de conhecimentos em si por meio de novo modo de pensar.

A racionalidade ambiental, em termos de pensamento complexo, busca sair da "complexidade sistêmica, totalizante, paralisante e autodestrutiva; para reconstruir o mundo nas vias da utopia, da possibilidade, da potencialidade do real, das sinergias da natureza, da tecnologia e da cultura; para restabelecer o vínculo entre o ser e o pensar" (LEFF, 2010, p. 18). A racionalidade ambiental, outrossim, quando conclama valorativamente para a elaboração de um pensamento complexo, está impelindo para o diálogo de saberes, para a integração das racionalidades, para a política da diferença e da deferência, para a ética da outridade, para o futuro que não é preestabelecido, mas que pode ser pensado, da abertura de si mesmo para o outro, para a desobjetivação do conhecimento, para a abertura intercultural, para a ressignificação da existência, para a reterritorialização e reapropriação social da natureza.

Para a racionalidade ambiental, a questão ambiental é o sistema complexo por excelência que só se dará em pensamento complexo quando houver o diálogo de saberes, numa dialética de pensamento utópico que "orienta uma revolução permanente no pensamento que mobiliza a sociedade para a construção de uma racionalidade ambiental" (LEFF, 2010, p. 33).

Este é elemento de relevância na complexidade ambiental. Na concepção da racionalidade ambiental, a complexidade ambiental é uma nova compreensão do mundo, incorporando o limite do conhecimento e a incompletude do ser. Implica saber que a incerteza, o caos e o risco são ao mesmo tempo efeito da aplicação do conhecimento que pretendia anulá-los, e condição intrínseca do ser e do saber. A complexidade abre uma nova reflexão sobre a natureza do ser, do saber e do conhecer; sobre a hibridação do conhecimento na interdisciplinaridade e na transdisciplinaridade; sobre o diálogo de saberes e a inserção da subjetividade dos valores e dos interesses na tomada de decisões e nas estratégias de apropriação da natureza.

Questionando as formas em que os valores permeiam o conhecimento do mundo, abre um espaço para o encontro entre o racional e o moral, entre a racionalidade formal e a racionalidade substantiva (LEFF, 2010).

Essa noção conceitual de complexidade ambiental é um campo aberto para refletir, repensar a racionalidade do Direito Ambiental. O projeto jurídico moderno cunhou no Direito uma racionalidade formal e instrumental, purificada de valores morais não positivados (KELSEN, 2009). A complexidade ambiental, como sendo um espaço para o reencontro entre o racional e o moral, entre a racionalidade formal e a racionalidade substantiva, é uma estratégia do saber no poder que problematiza a separação positivista que há no Direito das questões morais valorativas.

Ao lançar novo olhar sobre o Direito Ambiental por meio das lentes da racionalidade ambiental no ponto em que está adotando uma epistemologia da complexidade ambiental, entrecruzam-se essas racionalidades – formal e substantiva – na tentativa de alcançar a sustentabilidade. Também se constata que a presença dos princípios norteadores da proteção do meio ambiente pode albergar o princípio do reconhecimento da complexidade ambiental nas suas relações e proteções jurídicas.

A complexidade ambiental é um processo de diversas vias de complexização: do real e do conhecimento; do ser e do saber; do tempo e das identidades e das interpretações. Dessa forma, o pensamento complexo na racionalidade ambiental implica na construção de vias de complexização. Essas vias de complexização serão apresentadas por meio da exposição de trechos extraídos de texto do próprio autor, para, em seguida, fazer-se a reflexão e os comentários pertinentes à colocação destas vias no contexto axiomático da elaboração do pensamento complexo como um campo valorativo da racionalidade ambiental e sua perspectiva em relação ao Direito.

A primeira via de complexização é a complexidade do real, que "é o entrelaçamento da ordem física, biológica e cultural; a hibridação entre a economia, a tecnologia, a vida e o simbólico" (LEFF, 2010, p. 39). A segunda via é a do conhecimento, que implica na necessidade de construir um pensamento holístico, que reintegre as

> partes fragmentadas do conhecimento para a retotalização de um mundo globalizado; os paradigmas interdisciplinares e a transdisciplinaridade do conhecimento surgem como antídoto para a divisão do conhecimento gerado pela modernidade (LEFF, 2010, p. 41).

A terceira via de complexização é a da produção, que implica

> internalizar suas "externalidades" não econômicas [...] o reconhecimento do ambiente como um *potencial produtivo*, fundado na capacidade produtiva de valores de uso naturais que geram os processos ecológicos (LEFF, 2010, p. 43, grifos no original).

A quarta via de é a do tempo, em que "o saber ambiental é entrecruzamento de tempos; dos tempos cósmicos, físicos e biológicos, mas também dos tempos que configuram as concepções e teorias sobre o mundo, e as cosmovisões das diversas culturas através da história" (LEFF, 2010).

A quinta via refere-se às identidades, implicando "dar um salto fora da lógica formal, para pensar um mundo conformado com uma diversidade de identidades, que constituem formas diferenciadas de ser e entranham os sentidos coletivos dos povos" (LEFF, 2010, p. 47). Já a sexta via de complexização é a das interpretações, na qual a hermenêutica abre os caminhos dos sentidos do discurso ambientalista. O ambiente aparece, assim, como um campo heterogêneo e conflitivo no qual se confrontam saberes e interesses diferenciados e se abrem as perspectivas do desenvolvimento sustentável na diversidade cultural (LEFF, 2010).

A sétima e última via é a do ser, que consiste na

> confluência de processos e de tempos que têm bloqueado a complexidade em um pensamento unidimensional (MARCUSE, 1969), que rompeu a complexidade ecossistêmica e erodiu sua fertilidade, que subjugou as identidades múltiplas da raça humana (LEFF, 2010, p. 54).

Essas vias de complexização constituem a construção conceitual do próprio pensamento complexo no sentido que adota a racionalidade ambiental, e esta, não se fixando em uma teoria ou metodologia compreensiva de sistemas complexos organizacionais, recursivos, retroativos, autoconstrutivos, auto-eco-organizacionais e autodestrutivos, cuida de pensar o pensamento complexo como complexidade ambiental forjada na ressignificação do real, do conhecimento, da produção, do tempo, das identidades, das interpretações e do próprio ser. É um pensamento de complexidade ambiental, em que, por meio de novos significados, os sistemas complexos retornam à ordem simbólica, aos sentidos, aos valores e a uma principiologia da sustentabilidade, abrindo novos caminhos hermenêuticos para a principiologia da Constituição Ambiental.

3. Os princípios ambientais constitucionais

O Direito à sadia qualidade de vida, assegurado constitucionalmente, constitui-se em princípio geral, destacado pela Conferência das Nações Unidas sobre Meio Ambiente, na Declaração de Estocolmo/72, além de estar assegurado na sessão de Estrasburgo, em setembro de 1997, ao reafirmar que todo ser humano tem o direito de viver em um ambiente sadio.

Esse conceito transcende à concepção de viver ou conservar a vida, alcançando a qualidade de vida, o que se pode constatar na classificação realizada anualmente pela Organização das Nações Unidas, em que a qualidade de vida é medida em vários países, pelo menos, em três fatores, que são a saúde, educação e produto interno bruto.

O Decreto 3.321/99 promulgou o Protocolo Adicional à Convenção Americana sobre Direitos Humanos em Matéria de Direitos Econômicos, Sociais e Culturais, chamado Protocolo de São Salvador, que prevê, em seu artigo 131, que toda pessoa tem direito de viver em ambiente sadio e a dispor dos serviços públicos básicos, e que os Estados-Partes promoverão a proteção, preservação e melhoramento do meio ambiente.

A Política Nacional do Meio Ambiente baseia-se na preocupação com a interligação e com a sistematização das questões ligadas ao meio ambiente, nacional e internacional, pretendendo evitar a fragmentação e o antagonismo de leis esparsas ao instituir uma Política Nacional.

Instituída pela Lei 6.938/81, a Política Nacional tem como objetivos compatibilizar o desenvolvimento socioeconômico com a preservação da qualidade do meio ambiente e do equilíbrio ecológico e a preservação dos recursos ambientais, além da utilização racional dos recursos com vistas à sua disponibilidade permanente, nos termos do artigo 4º, incisos I e VI.

Como política pública, é de relevante importância a avaliação dos impactos ambientais inserida no artigo 9º, inciso III, entre os instrumentos da Política Nacional do Meio Ambiente, recepcionada pelo artigo 225, incisos I e IV, sendo o Brasil o primeiro país do mundo a exigir o Estudo Prévio de Impacto Ambiental para a realização de uma obra ou atividade, merecedora deste estudo.

Pretende-se, com isso, assegurar a efetividade do Direito ao meio ambiente ecologicamente equilibrado, o que é de incumbência do Poder Público, diante da instalação de atividade ou obra potencialmente causadora de significativa degradação do meio ambiente, para o que se exige o chamado Estudo Prévio de Impacto Ambiental.

Nada obstante à realização do Estudo Prévio de Impacto Ambiental, pode-se, ainda, exigir a cada licenciamento um novo estudo, o que deve ser feito pelo Poder Público, através de procedimentos a serem definidos por lei, estabelecendo a Constituição Federal a diferenciação para o Estudo Prévio de Impacto Ambiental, no que se refere à instalação da obra e funcionamento de atividade, podendo, ainda, ser exigido o estudo para uma e para outra, respectivamente, diante da possibilidade de degradação do meio ambiente (MACHADO, 2010).

Há que ser ressaltada a importância da publicidade do Estudo Prévio de Impacto Ambiental, devendo ser informado ao público o conteúdo do estudo, o que transcende o conceito de torná-lo meramente acessível, cabendo ao Poder Público publicá-lo, ainda que resumidamente, em órgão de comunicação adequado.

O Estudo Prévio e a avaliação de impacto consistem em noções que se completam com os preceitos da Constituição Federal e da lei ordinária, notadamente, das Leis 6.803/80 e 6.938/81, tendo por função emitir a avaliação do projeto, necessariamente, com o que se dá aplicação e efetividade ao Princípio da Precaução.

A Política Nacional do Meio Ambiente estabelece, em seu artigo 8º, inciso I, normas gerais quanto ao Estudo Prévio de Impacto, de competência do CONAMA, através de normas e critérios para o licenciamento de atividades efetiva ou potencialmente poluidoras.

O Estudo Prévio e a avaliação de impacto consistem em noções que se completam com os preceitos da Constituição Federal e da lei ordinária, notadamente das Leis 6.803/80 e 6.938/81, tendo por função emitir a avaliação do projeto, necessariamente, com o que se dá aplicação e efetividade ao princípio da precaução. Há que se notar, ainda, que outras análises, mesmo aprofundadas, não cumprem o papel do Estudo Prévio de Impacto Ambiental, devendo ser seus consultores competentes na sua realização e elaboração do respectivo laudo, bem como independentes para analisar os riscos possíveis diante da obra ou atividade. Com muita propriedade, referiu o professor Paulo Affonso Leme Machado a chamada "crise da perícia", que se reflete na confusão entre perícia e promoção da técnica examinada, vale dizer, situação em que os peritos são levados a defender um projeto, em vez de avaliá-lo verdadeira e tecnicamente.

De acordo com a Resolução 1/86 do CONAMA, o Estudo Prévio desenvolverá a análise dos impactos ambientais do projeto e de suas alternativas, por meio da identificação, previsão da magnitude e interpretação da importância dos prováveis impactos relevantes, discriminando os impactos positivos e negativos, diretos e indiretos, imediatos e a médio e longo prazo, temporários e permanentes, bem como seu grau de reversibilidade, propriedades cumulativas e sinérgicas, distribuição dos ônus e benefícios sociais.

O princípio da precaução compreende a "concepção de evitabilidade e prevenção do dano ambiental", "não se trata de proteção contra o perigo ou contra o simples risco"; combatendo-se o evento propriamente dito – poluição, acidentes, vazamento – o recurso natural poderá ser desfrutado com base na duração de seu rendimento, levando-se em consideração, todavia, que é findável.

Segundo Prieur (2011), o princípio da precaução visa, assim, à durabilidade da sadia qualidade de vida das gerações humanas e à continuidade da natureza existente no planeta, devendo, todavia, ser visualizada em relação às gerações presentes como o direito que as gerações futuras têm ao meio ambiente.

O princípio de que tratamos foi, ainda, acolhido pela Declaração do Rio de 1992, em seu Princípio 15, através da Agenda 21, ratificada na RIO + 20, que tem por objetivo proteger o meio ambiente, devendo ser amplamente observado pelos Estados de acordo com sua capacidade, quando houver ameaça de danos sérios ou irreversíveis e, diante da ausência de absoluta certeza científica, não devendo ser utilizado como razão para postergar medidas eficazes e viáveis economicamente para prevenir a degradação ambiental. Ao oportunizar medidas irreversíveis, a aplicação efetiva do princípio enseja para as atividades e/ou obras a serem implantadas cautela antecipada evitando-se um perigo iminente ou possível.

As semelhanças entre o princípio da precaução e da prevenção consistem, essencialmente, em que, para o primeiro, diante das atividades humanas, se dois comportamentos são tomados, ou se privilegia a prevenção do risco, vale dizer, se não se sabe que coisa sucederá, não se deve agir, ou se privilegia o risco e a aquisição de conhecimento a qualquer preço, ou seja, se não se sabe que coisa acontecerá, pode-se agir e, dessa forma, no final, saber-se-á o que fazer. O princípio da prevenção consiste no dever jurídico de evitar a consumação de danos ao meio ambiente, de indicar o quer fazer nos casos em que os efeitos sobre o meio ambiente de uma determinada atividade não sejam plenamente conhecidos sob o plano científico.

O princípio da prevenção encontra previsão de sua aplicação na Lei 6.938/81, art. 2º, ao estabelecer que a política nacional do meio ambiente observará como princípios a "proteção dos ecossistemas, com a preservação das áreas representativas" e "a proteção das áreas ameaçadas de degradação". Assim é que não seria possível proteger sem aplicar medidas de prevenção, entre as quais destaca Machado (2010): a) identificação e inventário das espécies animais e vegetais de um território, quanto à conservação da natureza e à identificação das fontes contaminadoras das águas e do mar, quanto ao controle da poluição; b) identificação e inventário dos ecossistemas, com elaboração de um mapa ecológico; c) planejamentos ambiental e econômico integrados; d) ordenamento territorial ambiental para a valorização das áreas de acordo com a sua aptidão; e) Estudo de Impacto Ambiental. Os meios a serem utilizados na prevenção dos riscos têm correlação com o Princípio 8 da Declaração do Rio de 1992,

> a fim de conseguir-se um desenvolvimento sustentado e uma qualidade de vida mais elevada para todos os povos, devendo os Estados "reduzir e eliminar os modos de produção e de consumo não viáveis e promover políticas demográficas apropriadas.

O princípio do acesso equitativo aos recursos naturais parte do direito de todos ao bem ambiental, bem de uso comum do povo, explicado a partir da sua utilização propriamente dita, ou da sua não utilização, sob o aspecto de sua preservação ou prevenção da escassez, presente ou futura, como é o caso da água em nossos dias.

Tem relação direta com o Princípio 1 da Declaração do Rio de Janeiro de 1992, que em primeira análise assegura o aspecto antropocêntrico da proteção e acesso desses recursos, ao estabelecer que os seres humanos constituem o centro das preocupações relacionadas com o desenvolvimento sustentável, tendo direito a uma vida saudável e produtiva em harmonia com a natureza.

As relações entre as atividades humanas, sua dinâmica e a biosfera, com suas dinâmicas geralmente mais lentas permitem que a vida humana continue, que os indivíduos possam satisfazer suas necessidades, que as diversas culturas humanas possam desenvolver-se, mas em tal modo que as variações havidas da atividade humana na natureza estejam dentro de certos limites, como o da não destruição do contexto biofísico global. Se conseguir chegar a uma "economia de equilíbrio sustentável", como indicado por Daly, as futuras gerações poderão ter ao menos as mesmas oportunidades que teve nossa geração. Em outras palavras, a relação entre economia e ecologia, ainda em grande parte a constituir-se, passa da estrada do equilíbrio sustentável.

Como leciona Machado (2010), o ser humano não é a única preocupação do desenvolvimento sustentável. A preocupação com a natureza deve, também, integrar o desenvolvimento sustentável. Nem sempre o ser humano há de ocupar o centro da política ambiental, ainda que comumente ele busque um lugar prioritário. Haverá casos em que para se conservar a vida humana ou para colocar em prática a "harmonia com a natureza" será preciso conservar a vida dos animais e das plantas em áreas declaradas inacessíveis ao próprio homem. Parece paradoxal chegar-se a essa solução do impedimento do próprio acesso humano que, afinal de contas, deve ser decidida pelo próprio ser humano.

Bem se compreende o caráter antropocêntrico de nossa Constituição Federal que destacou a qualidade de vida sadia e a igualdade da acessibilidade dos recursos naturais, o que não desnatura a importante ressalva feita pelo mestre ambientalista, uma vez que restringir e/ou impedir o acesso têm o caráter de preservar e conservar a vida do planeta e, consequentemente, a vida humana. Nesse sentido, há a preocupação permanente quanto à utilização dos recursos no planeta, tendo sido realizada a Convenção para a Proteção e Utilização dos Cursos de Água Transfronteiriços e dos Lagos Internacionais, em Helsinque, em 1992, ratificada até 1998 por 23 países. Ainda, a Convenção sobre os Usos dos Cursos de Águas Internacionais para Fins Distintos da Navegação prevê que:

> Os Estados do curso de água utilizam, em seus territórios respectivos, o curso de água internacional de modo equitativo e razoável. Em particular, um curso de água internacional será utilizado e valorizado pelos Estados do curso de água com o objetivo de chegar-se à utilização e às vantagens ótimas e duráveis – levando-se em conta os interesses dos Estados do curso de água respectivos – compatíveis com as exigências de uma proteção adequada do curso de água.

Quanto ao uso do bem ambiental em nossa legislação nacional, a Lei 9.433/97 prescreve, em seu art. 11 que "o regime da outorga de direitos de uso de recursos hídricos tem como objetivos assegurar o controle quantitativo e qualitativo dos usos da água e o efetivo exercício dos direitos de acesso à água".

Inspirado na teoria econômica, propriamente no que se chama de "vocação redistributiva do direito ambiental", os custos "externos" do processo produtivo – ou, como explica Milaré, "o custo resultante dos danos ambientais", devem ser levados em conta ao ser calculado o custo da produção da obra ou planta, a fim de serem suportados sob o aspecto econômico diante das consequências causadas ao meio ambiente. Nesse sentido, Prieur (2011) afirma que esse princípio,

> visa imputar ao poluidor o custo social da poluição por ele gerada, engendrando um mecanismo de responsabilidade por dano ecológico abrangente dos efeitos da poluição não somente sobre bens e pessoas, mas sobre toda a natureza", é o que chama da "internalização de custos externos.

Explica Machado (2010) que o resultado seria o de gerar o uso dos recursos naturais sob duas formas, ou seja, mediante pagamento e gratuitamente, sendo que o "uso poluidor e a necessidade de prevenir catástrofes, entre outras coisas, podem levar à cobrança do uso dos recursos naturais". Encontra-se, todavia, centrado entre nós o princípio de que tratamos na Lei da Política Nacional do Meio Ambiente, art. 4º, VII, ao prescrever a imposição ao usuário da contribuição pela utilização de recursos ambientais com fins econômicos e a imposição ao poluidor e ao predador da obrigação de recuperar e/ou indenizar os danos causados, independentemente da existência de culpa. Não significando o princípio que "a poluição deverá ser tolerada mediante um preço", mas revelando seu caráter inibitório e preventivo da provocação dos danos ao meio ambiente, sendo agasalhado pela Declaração de 1992, do Rio de Janeiro, em seu princípio 16, prevendo que: as autoridades nacionais deveriam procurar fomentar a internalização dos custos ambientais e o uso dos instrumentos econômicos, tendo em conta o critério de que o que contamina deveria, em princípio, arcar com os custos da contaminação, tendo devidamente em conta o interesse público e sem distorcer o comércio nem as inversões internacionais.

De outro lado, o princípio do usuário-pagador significa que o "utilizador do recurso deve suportar o conjunto dos custos destinados a tornar possível a utilização do recurso e os custos advindos de sua própria utilização", tendo por objetivo "fazer com que estes custos não sejam suportados nem pelos Poderes Públicos, nem por terceiros, mas pelo utilizador", não justificando a imposição de taxas que tenham por "efeito aumentar o preço do recurso a ponto de ultrapassar seu custo real, após levarem-se em conta as externalidades e a raridade".

Leciona Machado (2010) que o princípio do usuário-pagador contém, também, o princípio do poluidor-pagador, obrigando o poluidor a pagar a poluição que puder causar ou já houver causado, acabando o uso gratuito dos recursos naturais por representar "um enriquecimento ilegítimo do usuário", ficando onerada a comunidade que não usa o recurso ou utiliza-o em menor escala. Trata-se, em nosso entendimento, do dever de pagar pela potencialidade de lesão que possa ser causada ao ambiente, o que inclui a saúde humana, bem como a lesão propriamente dita e efetivada, em razão da responsabilidade objetiva decorrente da teoria do risco, envolvendo não somente o poluidor causador, mas também os Poderes Públicos que detêm a responsabilidade sobre a fiscalização e autorização sobre qualquer atividade que possa alcançar o bem ambiental.

A partir da função de lei fundamental destinada à Constituição Federal, à qual cabe traçar "o conteúdo e limites da ordem jurídica", tendo-o feito quanto ao meio ambiente com a proteção referida, também decorrem suas garantias ao bem ambiental difuso, estabelecidas constitucionalmente como verdadeiras regras quanto à sua preservação. Tais regras referem-se à defesa do meio ambiente, ao conferir ao cidadão, por meio da ação popular, legitimidade para sua propositura, tendo por objeto anular ato lesivo ao meio ambiente, dispondo com isso da "mais ampla garantia de proteção ambiental, uma vez que qualquer cidadão pode pleitear em juízo a defesa do meio ambiente".

A segunda refere-se à defesa por meio do inquérito civil e da ação civil pública, atribuindo ao Ministério Público a promoção de ambos os instrumentos, visando à proteção do meio ambiente, com o dever constitucional de zelar pela sua proteção, conforme art. 129, III. Encontra-se, assim, balizada a proteção ambiental pelos princípios constitucionais e legais do meio ambiente, bem como por aqueles norteadores da política nacional do meio ambiente, insculpida no art. 225 da CF.

Referentemente à obrigatoriedade da intervenção estatal, o Poder Público tem o dever de defender e preservar o meio ambiente, assegurando, todavia, sua efetividade, vale dizer, deve realizar a preservação efetiva e não meramente formal, no sentido de promover a ação governamental, com o fim de manter e defender o equilíbrio ambiental e a qualidade sadia de vida. Além disso, como "alicerce ou fundamento do direito", os princípios gerais que informam o direito ambiental brasileiro têm também apoio em declarações internacionais, expressando Machado (2010) que tais princípios estão formando e orientando a geração e a implementação deste ramo do direito, como sistema de proteção ao bem ambiental.

Surge, assim, um novo direito de caráter internacional, cooperativista e solidário, pois necessita de uma cooperação entre os Estados para que juntos possam criar políticas que o protejam, como bem jurídico ambiental em todas as suas formas.

O direito ambiental é um ramo do direito autônomo, possuindo seus princípios e fontes. Dessa forma, buscamos esclarecer o sentido de cada princípio geral desse novo direito, baseados na divisão de Machado (2008), onde o mesmo colocara a influência da doutrina e leis estrangeiras para o desenvolvimento de tais próprios princípios de acordo com a nossa realidade, ou seja, o presente ramo do direito possui no seu cerne a característica da sua internacionalidade.

Considerando a natureza jurídica do bem ambiental, que é indivisível, tendo como titulares sujeitos indeterminados e indetermináveis, dele também extraímos o princípio do direito ao meio ambiente ecologicamente equilibrado, recepcionado constitucionalmente e inserido na ordem econômica e social.

O conflito de princípios e interesses diante do desenvolvimento socioambiental vislumbra o direito ao desenvolvimento em face do direito ao meio ambiente ecologicamente equilibrado, para que exista a compatibilização e a materialidade desses dois direitos, calcados em princípios que possuem o condão de agregar valores às normas, norteando sua aplicação diante do aparente conflito de princípios e direitos, por suas dimensões que precisam ser analisadas.

Paulo Bonavides leciona, na melhor expressão, que os princípios vieram como oxigênio das constituições na época do pós-positivismo, sendo graças a eles que os sistemas constitucionais granjeiam a unidade de sentido e auferem a valoração de sua ordem normativa (2014).

Dessa forma, o sistema jurídico deverá estabelecer harmonia dos seus princípios, não perdendo, por isso, sua validade, além de prevalecer em situações específicas pelo seu alto grau de generalidade, enquanto as regras, restringem-se ao seu acolhimento total ou não.

Os Princípios Ambientais estruturam e norteiam a ciência e o regramento jurídico e, de uma maneira geral, os princípios fazem parte do universo jurídico e são fundamentais ao Direito Ambiental, por constituírem as ideias centrais de um determinado sistema e, ao mesmo tempo, o eixo e a direção por ele pretendido, podendo dar ao sistema jurídico um sentido lógico, harmônico, racional e coerente.

No entendimento de Mello (2010), princípio é o mandamento nuclear de um determinado sistema, o alicerce do sistema jurídico, a disposição fundamental que influencia e repercute sobre todas as demais normas do sistema.

Destaca-se a relevância do princípio do ambiente ecologicamente equilibrado como direito fundamental da pessoa humana, previsto no *caput* do artigo 225 da Constituição Federal de 1988, que consagrou o entendimento de que o meio ambiente equilibrado é direito de todos, e cabe ao Poder Público e à coletividade sua defesa e proteção.

O artigo 225 da Constituição Federal traz o princípio da prevenção, quando afirma que "todos têm direito ao meio ambiente ecologicamente equilibrado, bem de uso comum do povo e essencial à sadia qualidade de vida, impondo-se ao Poder Público e à coletividade o dever de defendê-lo e preservá-lo para as presentes e futuras gerações".

§ 1º Para assegurar a efetividade desse direito, incumbe ao Poder Público:

I – preservar e restaurar os processos ecológicos essenciais e prover o manejo ecológico das espécies e ecossistemas;

II – preservar a diversidade e a integridade do patrimônio genético do País e fiscalizar as entidades dedicadas à pesquisa e manipulação de material genético

Esse princípio decorre da constatação de que as agressões ao meio ambiente são, em regra, de difícil ou impossível reparação e que, quando consumada uma degradação ao meio ambiente, a sua reparação é sempre incerta e quando possível, excessivamente custosa, com a necessidade de atuação preventiva para que se consiga evitar os danos ambientais e por este princípio, quando houver risco de dano grave ou irreversível, deverão ser adotadas medidas eficazes para impedir a degradação do meio ambiente (MACHADO, 2010).

Outro princípio relevante é o da informação que versa sobre um dos fundamentos do regime democrático, ao cominar a transparência e a moralidade aos atos da administração pública, garantindo a todos, indistintamente, o direito de acesso a todas as informações, como fator crucial para se promover o desenvolvimento de forma sustentável, por meio do uso eficiente dos sistemas de indicadores de sustentabilidade (ROCHA, 1999).

A participação do cidadão nos processos decisórios encontra-se prevista, expressamente, no Princípio 10 da Declaração do Rio sobre Meio Ambiente e Desenvolvimento de 92, destacando que o interesse da sociedade em participar das discussões e gestão de questões relacionadas ao meio ambiente, é uma fonte aliada para solução dos problemas ambientais. A ação civil pública pode ser considerada um mecanismo de participação popular na proteção do meio ambiente, com a utilização de instrumentos processuais que possam permitir a obtenção da efetividade jurisdicional na área ambiental.

O princípio da reparação baseia-se na necessidade de que, aquele que degrade de qualquer forma o meio ambiente, repare o dano. Pode-se citar a compensação ambiental como exemplo desse princípio. Na compensação ambiental, o empreendedor que causa danos consideráveis ao meio ambiente fica obrigado a auxiliar na manutenção ou implantação de unidades de conservação (MACHADO, 2010). É uma forma de mitigar os impactos causados por grandes obras, sem, contudo, solucionar efetivamente o problema da degradação aos recursos e as consequências possam ser experimentadas, a exemplo das mudanças climáticas, com a escassez ou chuvas em abundância, causando sérios desastres ambientais, o que inclui a vida humana.

O princípio do acesso equitativo aos recursos naturais garante que todos possam utilizar, de forma equilibrada, os recursos fornecidos pelo meio ambiente. Os bens ambientais são considerados comuns e, portanto, de acesso a todos, devendo atender às necessidades de todos os seres humanos, evitando-se os privilégios e desequilíbrios.

Machado (2010) defende que os bens que compõem o meio ambiente, a exemplo da água, do ar e do solo, devem atender à demanda de todos os seres humanos, na medida de suas necessidades. O autor destaca três formas de distribuição do direito ao meio ambiente ecologicamente equilibrado: acesso ao consumo dos recursos naturais, acesso causando poluição no meio ambiente e acesso para a contemplação da paisagem.

Ainda como arcabouço jurídico, existe o princípio de incentivo a Educação Ambiental existente na Lei 9.394/96, Lei de Diretrizes e Base para Educação, no seu artigo 1º, que dispõe a "educação abrange os processos formativos que se desenvolvem na vida familiar, na convivência humana, no trabalho, nas instituições de ensino e pesquisa, nos movimentos sociais e organizações de sociedade civil e nas manifestações culturais", demonstrando que o conteúdo da educação possui extensivo significado.

Retomando a Lei 9.795/99, conhecida como Lei da Educação Ambiental, possibilita o desfecho com a possibilidade de despertar a preocupação individual e coletiva para a questão ambiental, garantindo o acesso à informação em linguagem adequada, contribuindo para o desenvolvimento de uma consciência crítica e estimulando o enfrentamento das questões ambientais e sociais.

Segundo o artigo 7º da Lei 9.795/99, a Política Nacional de Educação Ambiental envolve, em sua esfera de ação, além dos órgãos e entidades integrantes do Sistema Nacional de Meio Ambiente – SISNAMA, instituições educacionais públicas e privadas dos sistemas de ensino, os órgãos públicos da União, dos Estados, do Distrito Federal e dos Municípios, e organizações não-governamentais com atuação em educação ambiental (BRASIL, 1999).

A Educação Ambiental precisa estar presente em todos os níveis da educação escolar, pois o conhecimento a respeito do meio ambiente ajuda a sua preservação, bem como a utilização sustentável dos seus recursos, com propósitos de gerenciar os bens duráveis e não duráveis (COSTA; CUNHA, 2014).

O princípio do respeito à identidade, cultura e interesses das comunidades tradicionais e grupos formadores da sociedade se relaciona com a proteção ao meio ambiente e, quando se fala na proteção do meio ambiente, deve-se atentar para o fato de que, para o Direito, o meio ambiente é não apenas o meio natural, como também o meio artificial ou urbano e, ainda, o meio cultural.

No tocante ao patrimônio cultural, tem-se salientado que a sua defesa se relaciona não só com a preservação do meio físico, o que inclui os monumentos de valores artístico, histórico, turístico e paisagístico, mas, também, com as memórias social e antropológica do homem.

O princípio do desenvolvimento sustentável que é a busca pelo equilíbrio entre o desenvolvimento social, o crescimento econômico e a utilização dos recursos naturais, para garantir as necessidades das gerações presentes, sem comprometer as necessidades das futuras gerações, reafirmado pelo Relatório de Brundtland, em 1987.

Esse princípio busca a garantia do desenvolvimento econômico e social ecologicamente sustentado, incluindo a proteção do meio ambiente, não como um aspecto isolado, setorial, das políticas públicas, mas como parte integrante do processo global de desenvolvimento dos países.

No pensamento de Machado (2010), da ideia de desenvolvimento sustentável surge a necessidade de se buscar a conciliação entre diversos valores igualmente relevantes, como o exercício das atividades produtivas e do direito de propriedade; o crescimento econômico; a exploração dos recursos naturais; a garantia do pleno emprego; a preservação e a restauração dos ecossistemas e dos processos ecológicos essenciais; a utilização racional dos recursos ambientais; o controle das atividades potencialmente poluidoras e a preservação da diversidade e da integridade do patrimônio genético dos países. Os princípios são indispensáveis e norteiam a atuação do Ministério Público e do Poder Judiciário.

O Ministério Público, instituição independente dos três outros poderes, age em nome do povo e no interesse público, passou a desempenhar um papel importante na esfera ambiental após o movimento ambientalista da década de 1980, quando passou a firmar a consciência da sociedade acerca do poder coercitivo das normas ambientais.

Foram, assim, criados, no âmbito do Ministério Público, órgãos de proteção ao meio ambiente, com o propósito fundamental de formar promotores de Justiça que, especializando-se no estudo dos aspectos jurídicos dos problemas ambientais agem na defesa dos direitos difusos e coletivos.

O direito difuso apresenta-se como um direito transindividual, ou seja, que ultrapassam a esfera de um único indivíduo, tendo objeto indivisível, titularidade indeterminada, onde a satisfação do direito deve atingir a uma coletividade indeterminada, porém, ligada por uma circunstância de fato. São exemplos: o direito a um meio ambiente equilibrado, o direito de respirar ar puro e a qualidade de vida. Em outras palavras, o direito difuso abrange um número indeterminado de pessoas unidas pelo mesmo fato.

Os direitos coletivos são aqueles pertencentes a grupos ou categorias de pessoas determináveis, possuindo uma só base jurídica, sendo seus sujeitos indeterminados, porém determináveis. Há, também, a indivisibilidade do direito, pois não é possível conceber tratamento diferenciado aos diversos interessados coletivamente, desde que ligados pela mesma relação jurídica. Os direitos de determinadas categorias sindicais são exemplos desse tipo de direito.

O Ministério Público, nos termos da definição contida no art. 127 da Constituição Federal, é considerado instituição permanente, essencial à função jurisdicional do Estado, incumbindo-lhe a defesa da ordem jurídica, do regime democrático e dos interesses sociais e individuais indisponíveis. É uma instituição voltada à representação judicial dos interesses sociais.

Em 1981, a Lei 6.938 atribuiu ao Ministério Público a faculdade de propor ações judiciais de natureza civil, objetivando reparar ou evitar danos ambientais e, com o advento da Lei 7.347/85, efetiva-se a possibilidade de intervenção ambiental do Ministério Público Federal ou Estadual, com a disciplina processual da ação civil pública e do inquérito civil, procedimento administrativo exclusivo do promotor de justiça, que o instaura e preside, com a finalidade de apurar a ocorrência de danos ambientais.

Através do inquérito civil e da ação civil pública o Ministério Público promove a prevenção e reparação de danos causados ao meio ambiente, como instituição que tem por finalidade a tutela dos interesses sociais, notadamente dos direitos transindividuais.

Considerações finais

A complexidade ambiental – ou esse pensamento complexo ambiental – se relaciona com o Direito Ambiental no tocante à sua racionalidade, como marcadamente formal, técnico e instrumental, é provocado pela racionalidade ambiental e pela elaboração do pensamento complexo para ressignificar a construção, estruturação e funcionamento das plataformas jurídicas que operacionalizam o sistema jurídico por meio da consideração de valores morais, significações culturais, identidades, ética da outridade, política da diferença e diálogo de saberes.

Não basta ao Direito Ambiental, para a racionalidade ambiental, ser uma racionalidade que se dá num pensamento complexo científico. O Direito Ambiental precisa ser reconstruído, como parte de um sistema complexo maior que é o meio ambiente, que com ele interage dialeticamente no sentido de que as plataformas jurídicas superem as contradições dessa dialética e integrem justamente as oposições aparentemente antagônicas, mas possíveis de gerenciar numa política jurídica da diferença.

Esse pensamento complexo na racionalidade ambiental ou essa complexidade ambiental problematizam sobremaneira a noção de que o Direito funciona de forma operativamente fechada, colocando em evidência inconsistências como a elaboração normativa sem consideração das identidades locais, das culturas, dos interesses variados, cujo resultado implica uma norma geral e abstrata que padroniza e unifica comportamentos positivos e negativos indo numa contramão do caminho aberto pela complexidade ambiental.

A garantia de satisfação da cidadania e da qualidade de vida, bem como das relações com o meio ambiente são também objeto da aplicabilidade dos princípios do Direito Ambiental.

A relevância do estudo dos princípios permite que haja uma análise discriminada do meio ambiente e da interferência do ser humano na natureza, obviamente responsável por seus impactos. A supremacia da plena conexão e relação entre os princípios permite que haja proliferação do respeito aos ecossistemas da Terra, sendo o reconhecimento prévio da complexidade ambiental, até mesmo como princípio intrínseco das relações jurídicas que o envolvam, um facilitador da compreensão e extensão da racionalidade e justiça ambiental.

Muito mais do que um capítulo destinado ao meio ambiente, tratar de princípios é a elaboração segura de mecanismos de defesa ao meio ambiente e proteção jurídica para todos que possam ser alcançados, como sujeitos de direito, inclusive, o que também assegura a elaboração de políticas públicas e a elucidação de direitos e deveres difusos e coletivos, direitos de terceira à quinta dimensões, também de novos direitos.

Ao descrever e debater os princípios, veem-se estabelecidas necessárias intervenções no meio ambiente, pretensamente oferecendo à sociedade e ao poder público respostas conclusivas sobre a inocuidade de determinados procedimentos, ressaltando-se que a observância e a aplicação dos princípios propriamente ditos, não somente possibilita, mas realiza a efetividade do alcance da sustentabilidade.

Os estudos do Direito Ambiental têm merecido novos olhares, outros fundamentos, novos diálogos com outras áreas do conhecimento, a fim de alcançarem minimamente um elo entre o meio ambiente que a todos envolve e o Direito.

Outras conexões passam a ser pensadas para que o Direito Ambiental se adéque às necessidades do Meio Ambiente, para além das proteções e garantias insculpidas na legislação hodierna, alçando necessários voos para a Filosofia, Sociologia e Antropologia, chegando à Biologia.

O objetivo da teorização é conferir à epistemologia complexa a possibilidade de produzir um conhecimento científico que, ao mesmo tempo, contemple a realidade contingencial dos fatos, sem dissociar o dado produzido, pelo conhecimento científico, da realidade retoricamente assumida como múltipla em suas possibilidades de contingências, preservando as diversas instâncias de saber.

O conhecimento científico seria unívoco, pretensamente sobrepujante de um senso comum mais integrado, tendo Enrique Leff iluminado os estudos do Direito Ambiental com os Saberes e a Justiça Ambiental que visualizou em seara sociológica, propondo novas racionalidades que verificam o ser coletivo, permitindo a aplicação da Teoria da Complexidade em Edgard Morin, no alcance ambiental.

A necessária aplicação e reconhecimento da complexidade ambiental nas relações jurídicas que têm por objeto o meio ambiente, devem se dar desde o fato propriamente dito até seus reflexos e impactos planetários, sociais e judiciários

Com a ruptura do pensamento linear, o pensamento complexo permite análise, seja como método, seja como presença inerente às relações do meio ambiente, considerando a teia da vida sob todas as suas formas, suas conexões existenciais destituídas de ordem ou prioridades quanto à sua manutenção e existência.

Na análise da complexidade jurídica dos direitos fundamentais do meio ambiente, constatou-se a complexidade como uma ampliação de saberes, diante da análise do meio ambiente como bem jurídico macro, e não como micro, em análise sistêmica do bem ambiental com o pensamento complexo.

Referências

ANTUNES, Paulo de Bessa. *Direito ambiental*. 15. ed. São Paulo: Atlas, 2013.

BELCHIOR, Germana Parente Neiva. *Fundamentos epistemológicos do direito ambiental*. 2015. Tese (Doutorado em Direito) – Centro de Ciências Jurídicas, Universidade Federal de Santa Catarina (UFSC), Florianópolis-SC. Disponível em: [https://goo.gl/oRUQfq]. Acesso em: 15.10.2015.

BENJAMIN, Antônio Herman V. (Coord.). *Dano ambiental:* prevenção, reparação e repressão. São Paulo: Ed. RT, 1993.

BONAVIDES, Paulo. *Ciência política*. 21. ed. São Paulo: Malheiros, 2014.

CANOTILHO, José Joaquim Gomes. *Direito constitucional e teoria da Constituição*. Rio de Janeiro: Almedina, 2003.

CAPRA, Fritjof. *A teia da vida*. 14. ed. São Paulo: Cultrix, 2007.

CÁRCOVA, Carlos María. Complejidad y derecho. *DOXA 21-II*, p. 65-78, 1998. Disponível em: [https://goo.gl/FDDSh8]. Acesso em: 11.11.2016.

COLIN, Frédéric. Droit et complexité. *Revista Digital de Direito Administrativo* (USP), v. 1, n. 1, p. 1-22, 2014. Disponível em: [https://goo.gl/iCrWmr]. Acesso em: 12.10.2016.

COSTA, Nalbia Roberta Araujo; CUNHA, Belinda Pereira da. Interdisciplinaridade de Direitos para Crianças e Adolescentes e a proteção dos Ecossistemas. *Revista Internacional de Direito Ambiental*, UNESC, 2014.

CUNHA, Belinda P. da; AUGUSTIN, Sérgio et. al. *Os saberes ambientais, sustentabilidade e olhar jurídico:* visitando a Obra de Enrique Leff. Caxias do Sul: EDUCS, 2015.

CUNHA, Belinda Pereira da. *Direito ambiental*. Doutrina e jurisprudência. São Paulo: Alameda Editorial, 2011.

ESTOCOLMO. *Conferência das Nações Unidas sobre Meio Ambiente Humano*, 1972.

FIORILLO, Celso Antonio Pacheco. *Curso de direito ambiental brasileiro*. São Paulo: Saraiva, 2015.

FOLLONI, André. *Introdução à teoria da complexidade*. Curitiba: Juruá, 2016.

KELSEN, Hans. *Teoria pura do direito*. 8. ed. São Paulo: WMF Martins Fontes, 2009.

LEFF, Enrique. *Discursos sustentáveis*. São Paulo: Cortez, 2010.

LEFF, Enrique. *Racionalidade ambiental*: a reapropriação social da natureza. Rio de Janeiro: Civilização Brasileira, 2006.

MACHADO, Paulo Afonso Leme. *Direito ambiental brasileiro*. 10. ed. São Paulo: Malheiros, 2010.

MORIN, Edgar. *Introduction à la pensée complexe*. Paris: Éditions Points, 2005.

OST, François. *A natureza à margem da lei*. Lisboa: Instituto Piaget, 1997.

PRIEUR, Michel. *Droit de l'environnement*. 6. ed. Paris: Dalloz, 2011.

ROCHA, Maria Isabel de Mato. Reparação de danos ambientais. *Revista de Direito Ambiental*. São Paulo, n. 19, p. 130, 1999.

SILVA, José Afonso da. *Direito urbanístico brasileiro*. 8. ed. São Paulo: Malheiros, 2018.

SMANIO, Gianpaolo Poggio. A tutela constitucional do meio ambiente. *Revista de Direito Ambiental*. São Paulo, n. 21, p. 286-290, 2001.

DIREITO CONSTITUCIONAL AMBIENTAL

JOSÉ RUBENS MORATO LEITE[1]
GERMANA PARENTE NEIVA BELCHIOR[2]

SUMÁRIO: 1. Considerações iniciais. 2. Ética e meio ambiente: a busca pelo sentido da vida. 3. O desafio da justiça ecológica à luz da complexidade. 4. O meio ambiente ecologicamente equilibrado como direito fundamental. 5. O meio ambiente ecologicamente equilibrado como dever fundamental. 6. Elementos do estado de direito ecológico. 7. A necessidade de uma hermenêutica jurídica ambiental. 8. Desafios do Direito Ambiental Ecologizado diante da pandemia causada pela Covid-19. Referências.

1. Considerações iniciais

À luz de uma sociedade pós-moderna, complexa, de riscos imprevisíveis e ecologicamente instável, as fontes do Direito Ambiental estão cada vez mais plurais e heterogêneas, sendo a Constituição Federal de 1988 o ponto de partida de todo o processo de interpretação e aplicação das normas que tutelam o meio ambiente.

A Constituição Federal de 1988, por meio de seus art. 225, *caput*, e art. 5º, § 2º, atribuiu, de forma inédita, ao direito ao ambiente o *status* de direito fundamental do indivíduo e da coletividade, bem como consagrou a proteção ambiental como um dos objetivos ou tarefas fundamentais do Estado de Direito Ambiental brasileiro. Referidos deveres do Poder Público se manifestam como obrigações positivas (de fazer) e negativas (não fazer), influenciando a interpretação das normas ambientais.

Esse capítulo, portanto, busca proporcionar uma visão dos elementos constitucionais do Direito Ambiental, sob o enfoque de uma nova racionalidade jurídica complexa. Analisa o meio ambiente enquanto direito e dever fundamental e suas consequências para a ordem jurídica. O desafio do Estado de Direito Ecológico também será enfrentado, bem como a necessidade de uma Hermenêutica Jurídica Ambiental para a interpretação das

---

1. Professor Titular dos cursos de graduação e pós-graduação em Direito da UFSC. Pós-Doutor pela Macquarie, Centre for Environmental Law, Sydney, Austrália. Doutor pela UFSC, com estágio de doutoramento na Faculdade de Direito da Universidade de Coimbra. Coordenador do Grupo de Pesquisa Direito Ambiental e Ecologia Política na Sociedade de Risco, cadastrado no CNPq/GPDA/UFSC. Consultor e Bolsista do CNPq.
2. Doutora em Direito pela Universidade Federal de Santa Catarina. Mestre em Direito pela Universidade Federal do Ceará. Professora do curso de graduação e do programa de pós-graduação em Direito do Centro Universitário 7 de Setembro (UNI7/CE). Coordenadora do Grupo de Pesquisa Ecomplex: Direito, Complexidade e Meio Ambiente, da UNI7.

normas ambientais, no sentido de permitir uma leitura mais dinâmica e sistêmica do fenômeno da Ecologização do Direito.

A Ecologia está diretamente ligada ao pensamento complexo, pois estuda a interligação entre os seres vivos, todos os organismos individuais e coletivos, vistos no todo e em suas partes, como um complexo organismo vivo. A questão da interdependência é basilar da Ecologia, assim como da complexidade. O estudo entre as duas categorias tem se tornado mais estreito e interdependente, motivo pelo qual a Ecologia da Complexidade é questão que merece atenção no novo paradigma, cujos elementos da Ética e da Justiça Ecológica ocupam posição também relevantes e, da mesma forma, serão objetos de reflexão, o que fortalece o estudo do Direito Constitucional Ambiental.

2. Ética e meio ambiente: a busca pelo sentido da vida

O estudo da Ética Ambiental é relevante para o paradigma da complexidade, na medida em que a Ética pauta qualquer relação humana com os demais seres vivos. Se os valores e as percepções sociais são modificados, transforma-se, cedo ou tarde, o quadro jurídico que rege a comunidade, como o ocorrido com a escravidão e, posteriormente, com os direitos da mulher, conforme relatado por Benjamin (2009, p. 49-50).

Nesse sentido, é mister um debate acerca do tratamento dado à natureza, por meio de fundamentos éticos. A crise ecológica, segundo Ost (1997, p. 9), não está apenas na destruição dos recursos ambientais, mas na própria relação humana com a natureza. Para o autor:

> "[...] enquanto não for repensada a nossa relação com a natureza e enquanto não formos capazes de descobrir o que dela nos distingue e o que a ela nos liga, nossos esforços serão em vão, como testemunha a tão relativa efectividade do direito ambiental e a tão modesta eficácia das políticas públicas neste domínio."

Ética e Ecologia estão umbilicalmente relacionadas, uma influenciando a outra. Há, por conseguinte, diversos enfoques éticos para cada um dos seres ou sistemas que habitam o planeta. Apontam-se várias correntes, podendo destacar o antropocentrismo e o não antropocentrismo.

O *antropocentrismo clássico* defende que o homem está no centro do meio ambiente, ou seja, este serve tão somente para satisfazer os interesses humanos. A ética antropocêntrica tradicional pode ser fundamentada no pensamento de Kant (2002, p. 229), ao defender que o ser humano não pode ser empregado como simples "meio" (objeto) para a satisfação de qualquer vontade alheia, mas sempre deve ser tomado como "fim em si mesmo" (sujeito), em qualquer relação, seja ela com o Estado ou com os demais indivíduos. Referida abordagem implica em uma visão utilitarista do ambiente.

No entanto, o antropocentrismo tem como desdobramentos o economicocentrismo e o antropocentrismo alargado. A dimensão economicocêntrica, ensina Leite (2008, p. 137), "reduz o bem ambiental a valores de ordem econômica, fazendo com que qualquer consideração ambiental tenha como 'pano de fundo' o proveito econômico do ser humano". Já o antropocentrismo alargado destaca a responsabilidade do homem com a natureza, sendo o guardião da biosfera.

O *antropocentrismo alargado*, mesmo centrando as discussões a respeito de ambiente na figura do ser humano, propugna por novas visões do bem ambiental. Assim, centra a preservação ambiental na garantia da dignidade do próprio ser humano, renegando uma estrita visão econômica do ambiente. O "alargamento" dessa visão antropocêntrica reside, justamente, em considerações que imprimem ideias de autonomia do ambiente como requisito para a garantia de sobrevivência da própria espécie humana.

Há, por conseguinte, a evolução de um panorama bem menos antropocêntrico em que os valores de proteção da natureza recebem uma especial atenção, com a construção, inclusive, de uma nova ética ambiental (LEITE, 2003, p. 73-74).

Como reações ao antropocentrismo, sugiram inúmeras correntes filosóficas, podendo ser enquadradas como *não antropocêntricas (ou biocentrismo)*. Apontam fundamentos teóricos, filosóficos e éticos para a defesa de direitos dos animais e da natureza. Como adeptos da visão, destaca-se um grupo de pensadores do Direito.[3]

A expressão *ecologia profunda* foi criada durante a década de 1970 pelo filósofo norueguês Arne Naess, em oposição ao que ele chama de "ecologia superficial" – isto é, a visão convencional segundo a qual o meio ambiente deve ser preservado apenas por causa da sua importância para o ser humano. Defende que o homem deve integrar-se ao meio ambiente, não separando os seres humanos do meio ambiente natural. Não existe nada de forma isolada, mas sim uma grande cadeia onde todos os objetos e os seres estão interligados. Assim, na lição de Capra (1996, p. 12), a *deep ecology* "reconhece o valor intrínseco de todos os seres vivos e concebe os seres humanos apenas como um fio particular na teia da vida".

A ecologia rasa é antropocêntrica ou centralizada no ser humano. Ela vê os seres humanos como situados acima ou fora da natureza, como a fonte de todos os valores, atribuindo apenas um valor instrumental, ou de "uso", à natureza. A ecologia profunda não separa seres humanos das outras formas de vida e impõe uma mudança de paradigma. A questão dos valores, portanto, é fundamental na ecologia profunda. Enquanto o velho paradigma está baseado em valores antropocêntricos (centralizados no ser humano), a ecologia profunda está alicerçada em valores ecocêntricos (centralizados na Terra). É importante perceber que há, nos dois modos, um dualismo, um pensamento que separa e segrega.

O *sensocentrismo* reafirma a consideração de valor aos animais não humanos, ou seja, capazes de ter sofrimento, sentir dor ou mal-estar, sendo "seres sencientes", segundo enuncia Medeiros (2013, p. 36-37). Estão incluídos nesse grupo todos os vertebrados (mamíferos, aves, répteis, anfíbios e peixes), seres sencientes que possuem um sistema nervoso sofisticado o suficiente para possibilitar experiência dolorosa. Vale destacar que são considerados, aqui, os princípios de igualdade de consideração de interesse de Singer, bem como o de valor inerente dos sujeitos de uma vida, de Regan. Portanto, referida tese sustenta a possibilidade desses animais serem sujeitos de direito (SINGER, 2004; REGAN, 2001; GORDILHO, 2008).

---

3. A concepção biocêntrica do meio ambiente, segundo Rodrigues (2005, p. 66), é a única forma de o homem preservar a si mesmo. Na mesma linha, manifesta-se Nalini (2003, p. 3), ao afirmar que "somente a ética poderia resgatar a Natureza, refém da arrogância humana. Ela é a ferramenta para substituir o deformado antropocentrismo num saudável biocentrismo".

Defensor do princípio moral da igual consideração de interesses, Peter Singer funda uma ética animal, exclusivamente, no apelo à razão, a qual mede o acerto das ações humanas pelo modo como elas afetam os animais não humanos, o chamado neoutilitarismo. Para o autor, a "capacidade de sofrer e de sentir prazer é um pré-requisito para se ter algum interesse, uma condição que precisa ser satisfeita antes que possamos falar em interesse de maneira compreensível" (SINGER, 2004, p. 9). Percebe-se, assim, que o pensamento de Singer busca desconstituir o especismo, a partir da ética utilitarista de Bentham.

Tom Regan (2006, p. 60) é considerado um dos grandes defensores dos direitos dos animais, sendo da vertente abolicionista. Os seres humanos não apenas estão no mundo, como, também, todos são conscientes do mundo e, ainda, conscientes do que acontece com eles e isso importa para cada um deles. Do ponto de vista moral, cada ser humano é igual porque "cada um é igualmente 'um alguém', não uma coisa; o sujeito-de-uma-vida, não uma vida sem sujeito" (REGAN, 2006, p. 62).

Dentro dessa premissa, Regan defende que alguns animais não humanos devem ter direito, os "sujeitos-de-uma-vida", ou seja, os sensíveis e autoconscientes, pois são necessários para que optem entre o melhor e o pior para viver (REGAN, 2006, p. 72).

Tom Regan chega à conclusão de que, assim como os humanos, a maioria dos animais não humanos possui consciência do mundo, bem como linguagem e comportamento compreensíveis, corpos e sistemas corporais parecidos com os dos humanos sob vários aspectos e uma origem comum à dos seres humanos, sendo, portanto, seres com valor inerente, intrínseco.

Defensor de uma ética ambiental com foco nos animais, Rolston destaca que são quatro as questões mais críticas que o homem enfrenta, atualmente: paz, população, desenvolvimento e meio ambiente. Todas estão interligadas. Nessa linha, defende uma ética ambiental por meio de uma preocupação com valores e deveres em relação ao mundo natural. Ética essa que não é apenas para as pessoas, mas, também, para os animais:

> "Um animal valoriza sua vida pelo que é em si, sem uma referência adicional, embora, é claro, habite um ecossistema do qual depende a sustentação da sua vida. Os animais são capazes de valores, capazes de valorizar as coisas em seu mundo, suas próprias vidas intrinsecamente e seus recursos de maneira instrumental. Assim, pode e deve haver uma ética do bem-estar animal; ou como alguns preferem dizer, uma ética dos direitos dos animais." (ROLSTON, 2007, p. 560)

Sobre o tema, é importante destacar que chegou ao STJ a análise de *habeas corpus* em face de dois chimpanzés, o que aumentou a repercussão do tema no país, apesar de os agravantes terem solicitado desistência do agravo regimental, tendo em vista a regularização da situação dos animais.[4] Não obstante isso, visualiza-se que a discussão é crescente, em

---

4. O caso chegou à Corte Superior quando o proprietário e fiel depositário dos dois dos chimpanzés, Lili e Megh, recorreu contra a decisão do TRF da 3ª Região, que determinou que os animais fossem retirados do cativeiro e introduzidos na natureza. Ele alegava que os chimpanzés não sobreviveriam caso fossem retirados do cativeiro, pedindo que continuem sob a guarda e responsabilidade do proprietário. A Corte chegou a dar início ao julgamento, ocasião em que o ministro Castro Meira disse ser incabível a impetração de HC em favor de animais, admitindo a concessão da ordem apenas para seres humanos. Em seguida, o ministro Herman Benjamin pediu vista e o julgamento foi suspenso. O processo, no entanto, foi extinto, tendo em vista que os agravantes solicitaram pedido de desistência em face da regularização dos animais. STJ, HC 96.344/SP, rel. Min. Castro Meira, *DJ* 23.08.2012.

virtude do fortalecimento dos movimentos de defesa dos animais no país e no mundo, bem como de pesquisas científicas sobre o tema.

Diante das muitas ameaças que pairam sobre a Terra e a humanidade, Boff (2009, p. 93-94) defende seis imperativos mínimos de uma ética mundial: (i) *ética do cuidado*, capaz de salvaguardar a Terra como um sistema vivo e complexo, proteger a vida, garantir os direitos dos seres humanos e de todas as criaturas; (ii) *ética da solidariedade*, na medida em que "cresce a percepção de que vigoram interdependências entre todos os seres, de que há uma origem e um destino comuns, de que carregamos feridas comuns e alimentamos esperanças e utopias comuns", da atual e das futuras gerações; (iii) *ética da responsabilidade*, que se concretiza pela responsabilidade com o meio ambiente, qualidade de vida de todos os seres e "generacional"; (iv) *ética do diálogo*, por meio da qual as comunicações transformem a Terra numa "única ágora grega onde os cidadãos se acostumem a opinar, discutir e juntos, a elaborar consensos mínimos em benefício de todos"; (v) *ética da compaixão e da libertação*, que é a atitude de sofrimento diante do padecimento do outro e de participar de suas lutas de libertação, que só será possível se o empobrecido e marginalizado for sujeito for de seu processo; e, por último, (vi) *ética holística*, que não significa o mero somatório dos pontos de vista, questão comum no multiculturalismo, mas a capacidade de ver a transversalidade, ou seja, inter-retrorrelacionamento.[5]

Acerca dos direitos da natureza, é oportuno mencionar a proposta do Contrato Natural de Michel Serres. Afinal, nada mais antropocêntrico do que a própria Declaração dos Direitos do Homem. Afirma Serres (1991) que ela teve o mérito de dizer "todos os homens", mas o defeito de pensar "só os homens". Nesse sentido, defende o autor a existência de um contrato natural, por meio do qual são definidos os direitos relativos à natureza, partindo da premissa de que ela é algo vivo e que um sujeito interage, sendo, portanto, um sujeito de direito.[6]

Interessante que a abordagem do teórico para a subjetivação da natureza parte da constatação de que ela foi esquecida e maltratada no processo de construção da civilização científica e tecnológica. Dentro dessa premissa, Serres (1991) denuncia um nível de violência explícito contra a natureza e, como solução, propõe que ela passe a ser vista como sujeito, com direitos intrínsecos, impondo, portanto, uma nova perspectiva de responsabilidade para com ela. Esse seria o fundamento do Contrato Natural proposto pelo teórico, a fim de estabelecer um equilíbrio entre o ser humano com a natureza.

Sobre o tema, atenção especial deve ser dada à corrente geocêntrica, tendo em vista os recentes eventos internacionais, bem como as mudanças constitucionais ocorridas em países da América do Sul, como Bolívia e Equador.

---

5. A ética de Boff contém elementos convergentes com o pensamento complexo: "O novo paradigma se funda sobre essa nova percepção sempre diferenciada, complexa e globalizadora. Por essa lógica do complexo e do holístico, podemos dar conta dos graves problemas ligados à globalização, em que tantas diversidades convivem numa mesma e única casa comum, o planeta Terra, e no interior de uma grande e única república global" (BOFF, 2009, p. 98).
6. Após desenvolver pesquisa histórica sobre as origens do conceito de sujeito de direito, Brito (2012, p. 137) constata que referido conceito não teve origem na Ciência do Direito, não pertencendo à linguagem dos juristas romanos tampouco de medievais. A expressão *subiectum iuris* foi utilizada pela primeira vez pelos escolásticos espanhóis do Século XVI.

As religiões ancestrais desenharam o universo como uma grande mãe. As grandes deusas representavam o próprio planeta Terra ou o princípio gerador da vida, o que inspirava temor e reverência. Somente a Terra tinha o poder de produzir e nutrir a vida, sem ela a vida no planeta se extinguiria. É por isso que o culto à Grande Mãe era a religião mais difundida nas sociedades primitivas.

Na América andina pré-colombiana, a antiga civilização inca foi tão tocada por esse simbolismo que identificou o planeta Terra como Pachamama, expressão que na língua indígena quéchua significa Mãe Terra.

A nova Constituição do Equador, aprovada mediante referendo popular, entrou em vigor no dia 20 de outubro de 2008, abolindo a antiga Carta Magna de 1998. A atual Constituição do Equador, em seu capítulo sétimo, de forma inédita, consagra os direitos da natureza ou Pachamama.[7]

Sob o mesmo espírito, a Constituição da Bolívia, aprovada após consulta popular realizada no dia 15 de janeiro de 2009, contém, em seu artigo 8º, a proposta do Viver Bem, que tem sido resumida como viver em harmonia com a natureza.[8] Tal cultura remete-se aos princípios ancestrais e indígenas da região, de feição integracionista, em face do culto prevalecente a Mãe Terra.[9]

Inspirado em Serres e Jonas, Boff defende que todos os seres vivos têm história, complexidade e interioridade, sendo, portanto, sujeitos de direito. E, ainda, enfatiza: "precisamos enriquecer nosso conceito de democracia, no sentido de uma biocracia e cosmocracia, em que todos os elementos entram a compor, em distintos níveis, a sociabilidade humana" (BOFF, 2009, p. 91).

---

7. "Art. 71. *La naturaleza o Pacha Mama, donde se reproduce y realiza la vida, tiene derecho a que se respete integralmente su existencia y el mantenimiento y regeneración de sus ciclos vitales, estructura, funciones y procesos evolutivos.* Toda persona, comunidad, pueblo o nacionalidad podrá exigir a la autoridad pública el cumplimiento de los derechos de la naturaleza. Para aplicar e interpretar estos derechos se observaran los principios establecidos en la Constitución, en lo que proceda. El Estado incentivará a las personas naturales y jurídicas, y a los colectivos, para que protejan la naturaleza, y promoverá el respeto a todos los elementos que forman un ecosistema" (destacado).
8. "Artículo 8.
El Estado asume y promueve como principios ético-morales de la sociedad plural: ama qhilla, ama llulla, ama suwa (no seas flojo, no seas mentiroso ni seas ladrón), *suma qamaña (vivir bien)*, ñandereko (vida armoniosa), teko kavi (vida buena), ivi maraei (tierra sin mal) y qhapaj ñan (camino o vida noble).
El Estado se sustenta en los valores de unidad, igualdad, inclusión, dignidad, libertad, solidaridad, reciprocidad, respeto, complementariedad, armonía, transparencia, equilibrio, igualdad de oportunidades, equidad social y de género en la participación, bienestar común, responsabilidad, justicia social, distribución y redistribución de los productos y bienes sociales, *para vivir bien*" (destacado).
9. Além desse dispositivo constitucional, a Bolívia aprovou, no dia 7 de dezembro de 2010, a Lei de Direitos da Mãe Terra, proposta por cinco confederações nacionais indígenas e camponesas. A norma estabelece a Mãe Terra como "o sistema vivo dinâmico formado pela comunidade indivisível de todos os sistemas de vida e os seres vivos, inter-relacionados, interdependentes e complementares, que compartilham um destino comum". Consagra os princípios da harmonia, do bem coletivo, da garantia de regeneração, do respeito e defesa dos Direitos da Mãe Terra, da não-mercantilização e da interculturalidade.

O princípio da responsabilidade é invocado por Jonas (2006, p. 39-45) como forma de construir uma nova ética para a civilização tecnológica. Antes de um dever jurídico, está-se diante de um dever moral, com o intuito de ser guia não apenas das condutas humanas, mas, ainda, da sua forma de se relacionar com o meio ambiente.

Extrai-se, portanto, que dependendo do viés ético abordado, haverá influência para o Direito, afetando, indubitavelmente, a titularidade do direito fundamental ao meio ambiente.

Ao adotar o paradigma cartesiano para analisar a relação homem-natureza, nota-se que a ideia de "centrismo" acaba sendo limitada e, por conseguinte, excludente. Ao considerar a perspectiva natureza-objeto, o elemento natureza é desconsiderado, ao passo que sob o enfoque natureza-sujeito, a exclusão está no elemento humano. Por isso é que Ost (1997, p. 35) afirma que ambas as vertentes são equivocadas e geram a crise do vínculo, porque "só podem existir vínculos entre elementos previamente reconhecidos".

Para resolver o problema dialético entre o natural (natureza-sujeito) e o positivo (natureza-objeto), o autor traz uma terceira categoria, a do justo, que informa a natureza-projeto. Sob a perspectiva de justiça, Ost (1997) defende um direito intergeracional, cujos postulados fundamentais se referem à responsabilidade e ao patrimônio.

Ao buscar ampliar o quadro de bem-estar humano para além dos aspectos liberal e social, Sarlet e Fensterseifer (2014a, p. 145-146) defendem uma abordagem jurídica antropocêntrica ecológica, de forma que seja inserida a variável ecológica, a partir de uma nova fundamentação ecológica da dignidade humana (FENSTERSEIFER, 2008). Para os autores,

"o melhor caminho jurídico para a proteção ecológica, mesclando em alguns momentos fundamentos de matriz "antropocêntrica" e "ecocêntrica", reside na luta pela efetivação dos direitos fundamentais (liberais, sociais e ecológicos)."

Essa teria sido a opção político-jurídica do art. 225 da Constituição Federal de 1988 e da legislação ambiental em geral, envolvendo, dessa forma, a responsabilidade de todos, incluindo geração enquanto geração humana presente para com os interesses e direitos das futuras gerações (humanas e não humanas).

Nesse sentido, a proposta do "centrismo" aqui utilizada não pode ser vista de forma limitada e puramente dialética, mas numa profunda relação de complexidade (BELCHIOR, 2017). Por ser racional, o ser humano possui uma ética solidária em relação a todas as formas de vida, sendo responsável por suas condutas que influenciam a atual geração, bem como as futuras. Tem, ainda, o dever de solidariedade frente às outras formas de vida, sendo responsável pelo equilíbrio ambiental, incorporando a ideia de justiça intergeracional invocada por Ost.

Entre os argumentos éticos que apontam na direção de uma justiça ambiental, ou seja, justiça entre as várias gerações, há, pelo menos, dois elementos básicos, de acordo com Benjamin (2009, p. 58- 59): "conservação da natureza para as gerações futuras, visando assegurar a perpetuação da espécie humana" e, ainda, a existência dos "mesmos ou superiores padrões de qualidade de vida hoje encontráveis".

É indiscutível, no entanto, que a abertura que está sendo conferida pelas novas perspectivas éticas é importante para a evolução do Direito Ambiental, o que se coaduna com a racionalidade jurídica complexa que se constrói a partir da mutabilidade e progressividade do conhecimento científico.

3. O desafio da justiça ecológica à luz da complexidade

Existem ciências, pela sua própria natureza, que só se tornam possíveis se assumirem a complexidade enquanto método. É o caso, por exemplo, da Cosmologia e da Ecologia, conforme lembra Morin (2005, p. 33). É a significação paradigmática de "organização particular" que, progressivamente, permitirá definir os mecanismos de combinação e interação que constituem a ciência da vida. Diante da complexidade dos sistemas vivos e em face da impossibilidade de modelar detalhadamente os processos físico-químicos, surgiu a necessidade de recorrer a dois métodos que deixam de lado, ao menos em parte, o aspecto íntimo do microscópio para dar atenção apenas ao macroscópio, que fornece resultados em diferentes níveis: molecular, celular, orgânico e até mesmo ecológico (especialmente no nível de agrupamentos animais) (PENA-VEGA, 2010, p. 28).

O século XXI é influenciado pela crise ambiental, uma vez que o homem adotou um sistema econômico que utiliza os recursos naturais sem pensar no seu esgotamento, substitui a mão de obra humana por máquinas e polui o planeta em prol do crescimento.

O biólogo alemão Ernest Haeckel, em 1866, amplia a noção de Biologia e afirma que ela não se reduz apenas ao conceito etimológico, mas uma ecologia confusa, assim como a ciência da Economia, o estilo de vida e as relações externas vitais aos organismos entre si. No volume seguinte, Haeckel (1866) adentra melhor o tema e se arrisca em conceituar a Ecologia como uma ciência das relações entre os organismos com o mundo exterior e, de forma mais ampla, entre todas as condições de existência.

Alguns autores utilizaram o termo Ecologia antes de Haeckel, mas não com a sua profundidade, por isso ele é considerado o precursor desse pensamento. Depois de sua afirmação, outros conceitos surgiram, incluindo a ideia de ecossistema.

Essa perspectiva da Ecologia moderna, como ciência, de analisar a interação das espécies inseridas em um organismo vivo equilibrado (ecossistema) acabou por formar um paradigma de um pensamento linear no qual a sociedade se alicerçou: o progresso científico leva ao crescimento, este progride ao desenvolvimento que gera o bem-estar humano (PENA-VEGA, 2010, p. 35-37).

A questão é que a Ecologia está intimamente ligada à noção de complexidade, pois aquela estuda a interligação entre os seres vivos, todos os organismos individuais e coletivos. Há um encadeamento, um único espécime tem seu teor complexo como um organismo vivo e, quando posto em natureza, pertence a um ecossistema de cadeias alimentares e é crucial para a manutenção do meio ambiente. Conclui Pena-Vega (2010, p. 31): "Portanto, o princípio fundamental da ecologia é baseado na interação, na interdependência".

Diante dessa perspectiva, surge a *Nova Ecologia*, que é influenciada por dois fenômenos complexos: a complexidade de um ecossistema, que analisa a interação entre as espécies computando os fatores internos e externos e a complexidade humana, que compreende a percepção da influência da ação humana no ecossistema natural. (PENA-VEGA, 2010, p. 75-76).

A Ecologia Complexa pressupõe que a perspectiva da análise no estudo do meio ambiente engessado por uma ciência que apenas vislumbra os seres vivos isolados do ambiente ou apenas nele inserido é indesejável à construção de uma análise mais contundente sobre o tema. Faz-se mister, portanto, perceber que a interação entre a incerteza e a irreversibilidade dá suporte à preservação do meio ambiente, assinala Pena-Vega (2010, p. 31).

Uma tomada de consciência radical é necessária em virtude de erros profundos que, segundo Morin (2011, p. 9-10), não são de lógica (incoerência) ou de fato (falsa percepção), mas estão no modo de organização do saber das ideias. Há uma nova ignorância ligada ao desenvolvimento da própria ciência. As ameaças mais graves em que ocorre a humanidade estão ligadas ao progresso cego e incontrolado do conhecimento, como é o caso do desequilíbrio ambiental.

Todos esses erros, perigos, ignorâncias e cegueiras têm um caráter comum resultante de um modo mutilador de organização do conhecimento, incapaz de reconhecer e de apreender a complexidade do real.

Para tanto, é fundamental entender a natureza e as consequências dos paradigmas do conhecimento, pois eles retratam a forma como se encara a realidade e se constrói a ciência. No paradigma simplicista de pensamento, vigoram os princípios da disjunção, da redução e da abstração, que desfiguram o real. A inteligência cega destrói os conjuntos e as totalidades, isola todos os seus objetos do seu meio ambiente. Ela não pode conceber o elo inseparável entre o observador e a coisa observada, isolando a verdade dentro uma caixa fechada.

A compreensão da organização viva (autoeco-organização) é indispensável para o conhecimento de uma Ecologia Complexa. Ao adotar tal postulado, há o afastamento definitivo dos paradigmas simplificadores de disjunção homem/natureza, mas, também, do homem à natureza (MORIN, 1993), o que relembra o pensamento de Ost (2005). Além disso, um pensamento complexo ecológico reforça a ideia até então defendida pelo paradigma da simplicidade de que a sociedade se nutre de um processo hiperlinear.

Lembra Capra (2012) que as noções de ordem, desordem, destruição, antagonismo, ou seja, todo o excesso de entropia/neguentropia permanentes são fundamentais para a abordagem da complexidade. Referidos fenômenos não são apenas compostos pelos nascimentos e regenerações, conforme lição de Morin (2011). É nessa dimensão complexa que o novo paradigma ecológico deve dedicar seu foco (PENA-VEGA, 2010 p. 102). Por consequência, "a ecologia dos sistemas complexos é a consideração dos processos em jogo, numa espiral trófico composto de subsistemas (também complexos) em interação", o que implica, para Pena-Vega (2010, p. 103), em uma necessária "evolução epistemológica da ciência da ecologia em direção ao paradigma da complexidade".

Nesse sentido, Leff (2012, p. 130) defende que:

"a racionalidade ambiental não é um simples refinamento da dialética, do estruturalismo, da teoria de sistemas e da ciência da complexidade para adaptá-los ao pensamento da pós-modernidade, a uma política da diferença e a uma ética da alteridade."

E prossegue o autor:

"A epistemologia ambiental é uma odisseia do conhecimento que se abre para o saber e que, portanto, deixa de ser epistemologia no sentido de ser uma filosofia da ciência ou das condições paradigmáticas de produção de conhecimentos, da relação da teoria e dos conceitos com o real, para pensar a relação do ser com o saber. O ambiente deixa de ser um objeto do conhecimento para se converter em fonte de pensamentos, de sensações e de sentidos." (LEFF, 2012, p. 130)

O pensamento ecológico é um marco e induz uma nova forma de ver o mundo, com novas perspectivas e abordagens, sendo a complexidade um convite para se aventurar pelas terras desconhecidas e envolventes do saber ambiental.

A concepção dominante do que venha a ser a questão ambiental e, por conseguinte, a crise dela decorrente, tem sido um tema mais debatido entre os economistas, com base em elementos de externalidade, custo e escassez da matéria, do que propriamente uma discussão profunda sobre o processo de conhecimento, ciência e diálogo de saberes. Há uma dificuldade de perceber a complexidade da questão ambiental, cujo olhar perpassa, necessariamente, pela dimensão da justiça ambiental.

O pensamento simplificado adotou uma visão de conhecimento dualista, fragmentada e polarizada. A lógica unidimensional, que separa sujeito e objeto (disjuntiva), a partir de uma racionalização do real, faz da ciência moderna e ocidental uma apropriação dos recursos naturais e instrumento de opressão do próprio ser humano. Muitas vezes, o que se vê nas mídias e nos discursos governamentais é o discurso de que os riscos inerentes às práticas poluidoras e destrutivas do meio ambiente podem atingir a qualquer ser humano, independentemente de sua origem, credo, cor ou classe social, tendo em vista que todos vivem no mesmo macroecossistema global, o Planeta Terra (BELCHIOR, 2017).

De fato, todos sofrem os impactos da crise ambiental, mas será que nas mesmas proporções? Qual é a relação entre desigualdade social, desenvolvimento econômico e crise ambiental? É possível encontrar um desenvolvimento que seja justo para o gênero humano e para todas as formas de vida? São algumas reflexões que o tópico pretende abordar.

Sob o argumento de que todos são vítimas, há uma combinação entre uma concepção socialmente homogênea da questão ambiental com as estratégias neoliberais de constituição do pensamento ecológico dominante nos meios políticos, empresariais e nas agências multilaterais. O debate ecológico, segundo Ascselrad, Mello e Bezerra (2009, p. 14), não considera o conteúdo do modelo de desenvolvimento em três âmbitos: "acerca do que se produz, de como se produz e para quem se produz". Não se questiona, dessa forma, o processo, o porquê, a raiz do problema. Na verdade, pensadores têm questionado, mas os governos e as mídias parecem não ter interesse de divulgar as inquietações levantadas porque os referenciais verdadeiros são aqueles que alienam o inconsciente coletivo.

Nesse sentido, a

"concentração dos benefícios do desenvolvimento nas mãos de uma minoria, bem como a destinação desproporcional dos riscos ambientais para os mais pobres e para os grupos étnicos menos favorecidos, permanece ausente da pauta da discussão dos governos e das grandes corporações". (ASCSELRAD; MELLO; BEZERRA, 2009, p. 14)

A justiça é uma construção humana abstrata, fundada em uma estrutura ética e filosófica que envolve o comportamento dos seres humanos. O seu discurso, tradicionalmente, apoia-se na ideia liberal, de matriz antropocêntrica, embasada no excepcionalismo da espécie humana e na separação desta em relação ao resto do mundo natural. Segundo Schlosberg (2014, p. 75), a justiça não deve ser aplicada somente às relações entre seres humanos, pois as ações praticadas por eles, necessárias ou não ao funcionamento dos indivíduos, afetam um espectro maior de existências. Desse modo, a justiça deve ser empregada, também, nas interações humanas com outros animais e ecossistemas. Essa constatação se avulta especialmente quando se percebe o grau de impacto da conduta humana que impulsiona o sistema terrestre a atingir os limites planetários (DAROS, 2018).

É vital, segundo Leatrice Daros (2018), uma mudança na forma como os humanos entendem e interagem com a vida e com o funcionamento dos outros – os animais não humanos e os ecossistemas. Diante desse contexto, observa-se a elaboração de propostas que se valem da abordagem das capacidades para a promoção de um mundo ecologicamente justo.

Holland (2012, p. 163) desenvolveu uma visão estendida da abordagem das capacidades para incluir o valor instrumental do meio ambiente enquanto base necessária ao florescimento das capacidades humanas presentes e futuras. Ela propõe a consideração de certas condições do meio ambiente natural, entendendo a sustentabilidade ecológica como uma "metacapacidade" que permite e suporta todas as demais capacidades. Os governos, desse modo, possuem a obrigação de proteger e manter o funcionamento dos sistemas ecológicos, sendo que a destruição implicaria a criação de injustiça. Essa posição fornece base para reivindicações de justiça ambiental.

> "Para os grupos do movimento, a injustiça ambiental é vista como um processo que tira a capacidade dos indivíduos e de suas comunidades de funcionarem plenamente, por meio da saúde precária, da destruição dos meios de subsistência econômicos e culturais, e de ameaças ambientais gerais e generalizadas. É o funcionamento da comunidade que está em causa tanto quanto o funcionamento individual. Essas capacidades – seja a saúde, a afiliação, o controle sobre o meio ambiente (incluindo a participação política), um ambiente seguro e hospitaleiro, ou uma capacidade ambiental sustentável – ajudam não só os indivíduos a funcionar e a florescer, mas também suas comunidades. Muitas comunidades indígenas, por exemplo, são impactadas não apenas por ameaças para suas capacidades individuais, mas também por eventos e práticas que ameaçam sua capacidade de reproduzir os fundamentos culturais e espirituais de seus modos de vida." (SCHOLOSBERG, 2012, p. 173, tradução livre)

Sarlet e Fensterseifer (2014, p. 55), utilizando o mesmo argumento de Nussbaum sobre o objetivo da justiça de garantir uma vida digna para diferentes tipos de seres, observam que a ampliação do conceito kantiano, à luz de uma matriz jusfilosófica ecocêntrica, contempla o reconhecimento da dignidade para além da vida humana. Esse reconhecimento do valor intrínseco dos demais seres implica deveres jurídicos, por parte dos humanos, tendo como beneficiários os animais não humanos e a vida em geral.

Schlosberg (2012), por sua vez, amplifica ainda mais a fronteira teórica alargada por Nussbaum (2012), ao estender a abordagem das capacidades para além dos animais sencientes, incluindo a natureza não humana e o sistema ecológico. Ele fundamenta sua proposição através da noção de integridade dos sistemas, explicando que a concepção de integridade alcança, no âmbito dos seres não humanos, o que a dignidade representa para os seres humanos: exige uma reflexão sobre a autonomia, o desdobramento do potencial e as questões éticas de interromper o processo de uma vida.

A ideia de integralidade aplica-se ao indivíduo e às coletividades, sendo que a noção de justiça ambiental é usada de forma coletiva ou comunitária para aludir ao funcionamento de comunidades afetadas. Dessa forma, adverte que:

> "Se, como argumenta a abordagem das capacidades, a injustiça vem com a interrupção das capacidades necessárias para funcionar, então, quando interrompemos, corrompemos ou contaminamos o

potencial de funcionamento de um sistema ecológico de sustentação, cometemos uma injustiça não só aos seres humanos e não humanos que dependem da integridade do sistema para a sua própria função, mas também ao sistema." (SCHLOSBERG, 2014, p. 81, tradução livre)

Uma concepção ampla de justiça, portanto, deve se preocupar com a integralidade do sistema ecológico, sem olvidar os conflitos socioambientais, conforme sugere o pensamento complexo (BELCHIOR, 2017). Dessa forma, na determinação do ato justo, a integralidade dos ecossistemas pode, realmente, servir como parâmetro para definir os limites das necessidades humanas – entre si e com relação aos ecossistemas – uma vez que as situações de conflito são inevitáveis.

Ensina Leatrice Daros (2018) que

"o objetivo de uma justiça ecológica baseada na abordagem das capacidades é reconhecer o mundo não humano enquanto tal, o seu funcionamento, e refletir sobre maneiras de satisfazer as necessidades de uns – humanos – respeitando as capacidades e o funcionamento dos outros."

Os problemas reais decorrentes dos impactos ecológicos devem ser incorporados à agenda política, com a finalidade de minimizar a injustiça das interações humanas com o resto da natureza.

A vinculação entre a justiça e a ecologia habilita a uma abordagem analítica na qual se percebe a interação e a mútua dependência entre o ser humano – enquanto agente cultural, social e político – e a natureza – guardiã da unidade ecológica. Dessa maneira, abre-se o caminho para suprir a lacuna construída entre o humano e a natureza (LARSEN, 2016, p. 41).

O pensamento complexo mostra-se como alternativa para analisar a justiça ecológica, com o propósito de fundamentar a medida de justiça e sistematizar a ordem jurídica ecológica, ao abordar as interações sistêmicas entre os seres humanos e o mundo natural.

4. O meio ambiente ecologicamente equilibrado como direito fundamental

Em virtude da importância que determinados bens jurídicos assumem, não apenas na ordem de um Estado, mas em âmbito global, os direitos difusos e coletivos recebem guarida no âmbito da Proteção Internacional dos Direitos Humanos, bem como nas Constituições de vários países, sob a forma de direitos fundamentais.

Dessa forma, surgem bens que merecem ser tutelados pelo Direito, cuja titularidade não pertence a um indivíduo de forma isolada ou a um grupo de pessoas determinado, chamados de transindividuais, vinculados ao princípio da solidariedade.

Os direitos de titularidade coletiva, intitulados pela doutrina de direitos fundamentais de terceira dimensão, consagram o princípio da solidariedade, englobando, também, o meio ambiente ecologicamente equilibrado, uma saudável qualidade de vida, progresso, autodeterminação dos povos e outros direitos difusos.

São direitos que transcendem o individual e o coletivo, na medida em que os interesses individuais ou privados se subordinam a interesses da maioria em prol do bem-estar social. Têm como característica a sua titularidade coletiva, sendo, muitas vezes, indefinida ou indeterminável. Atente-se que os benefícios do bem ambiental são difusos, e não sua titularidade.

Seguindo a tendência mundial após a Declaração de Estocolmo, de 1972, e as diretrizes contidas no Relatório Brundtland, a Constituição Federal de 1988, por meio de seus arts. 225, *caput*, e 5º, § 2º, atribuiu, de forma inédita, ao direito ao ambiente o *status* de direito fundamental do indivíduo e da coletividade, bem como consagrou a proteção ambiental como um dos objetivos ou tarefas fundamentais do Estado brasileiro.

Assim, afirmar que o direito ao meio ambiente é fundamental traz várias implicações (e até problematizações) para a ordem jurídica brasileira. É importante refletir sobre a natureza jurídica da norma; titularidade; conteúdo; quais seus objetivos; como ocorre a restrição do direito fundamental e se ele está protegido sob o manto das cláusulas pétreas. São algumas questões que serão adiante examinadas.

Um dos temas que mais demandam investigação na dogmática constitucional contemporânea, sob a vertente do pós-positivismo, segundo Paulo Bonavides (2006), é identificar a natureza jurídica de uma norma, se é uma regra ou um princípio. A natureza da norma influencia diretamente seu processo de interpretação e de aplicação, por isso que se faz importante o estudo em torno da natureza jurídica da norma que protege o meio ambiente.

Observa Gavião Filho (2005, p. 48-49) que a configuração do direito fundamental ao meio ambiente como "direito a algo" é chave para a compreensão da estrutura normativa do direito ao ambiente, cuja base está na teoria analítica da tríplice divisão das posições jurídicas em direito a algo de Bentham, liberdade e competência. Para o autor, o direito ao ambiente terá como objeto ações negativas no sentido de que o Estado: "(i) não crie obstáculos ou impeça determinadas ações do titular do direito; (ii) não afete determinadas situações do titular do direito e (iii) não elimine determinadas posições do titular do direito".

No que concerne às normas de direitos fundamentais, mister ressaltar que não há identidade perfeita entre direitos fundamentais e princípios. No entanto, é perceptível o caráter principiológico que as normas de direitos fundamentais possuem por conta do forte conteúdo axiológico em face dos bens jurídicos que visam a proteger (SILVA, 2009).

Segundo a doutrina majoritária, um modelo puro de princípios é inadequado, pois a rejeição das normas-regra impossibilita limitações aos princípios que consagram direitos fundamentais, prejudicando a segurança jurídica e sua concretização (LOPES, 2001, p. 21). Ilustra Alexy (2008, p. 122) que um modelo baseado puramente em princípios "[...] não leva a sério a constituição escrita".

A crítica de Alexy (assim como de boa parte da doutrina) acerca da abstração, da relatividade e da insegurança jurídica oriunda de um modelo exclusivo de princípios pode ser refutada. As correntes que defendem que os direitos fundamentais são binormativos apontam que é papel do intérprete decidir, no momento da aplicação, se referido direito fundamental é uma regra ou um princípio. Oportuna manifestação de Silva (2009, p. 57):

> "*É tarefa do intérprete* definir se a norma, produto da interpretação, é uma regra ou um princípio. *Qualquer* distinção das normas jurídicas em mais de uma categoria – e a ênfase no "qualquer" é, aqui, fundamental – terá que seguir sempre esse raciocínio. O texto legal, em geral, utiliza-se sempre da mesma linguagem e dos mesmos operadores deônticos. *Não é o legislador que tem que se preocupar com eventuais distinções e classificações dogmáticas, mas o intérprete e o aplicador do direito.*"
> (Destaque no original)

Lembra Ávila (2011, p. 44) que a distinção entre regras e princípios não é de textos, mas de normas. Com base em que critérios o intérprete decidirá acerca da natureza jurídica de um direito fundamental? Ora, dependerá de como ele quer que referido direito seja efetivado intuitiva e racionalmente e, por consequência, da melhor forma de se lidar com uma colisão (ou conflito, se for regras). É simples verificar. Ao se tratar de uma colisão entre o direito ao meio ambiente com o direito de propriedade, por exemplo, caso o intérprete queira, previamente, que prevaleça o direito de propriedade de modo total e definitivo, dirá que se trata de uma regra, excluindo, portanto, qualquer hipótese material do direito ao meio ambiente ser aplicado. Por outro lado, caso seja interessante para o intérprete que os dois direitos fundamentais sobrevivam, concluirá que se trata de princípios. Como se vê, as mesmas críticas imputadas ao modelo puramente principiológico podem ser atribuídas ao um sistema binormativo de direitos fundamentais, na medida em que dependerá do intérprete decidir qual será a natureza jurídica do direito no momento de sua aplicação.

No entanto, ao se tratar de direitos fundamentais, percebe-se que não é apenas seu forte conteúdo axiológico que coopera para sua natureza jurídica principiológica, mas, também, sua abertura semântica e sua dimensão objetiva (PEREIRA, 2006, p. 94). Na mesma linha, manifesta-se Steinmetz (2001, p. 63):

> "[...] os direitos colidem porque não estão *dados* de uma vez por todas; não se esgotam no plano da interpretação *in abstracto*. As normas de direito fundamental se mostram abertas e móveis quando de sua realização ou concretização na vida social. Daí a ocorrência de colisões. Onde há um catálogo de direitos fundamentais constitucionalizado, há colisões *in concreto*."

O direito fundamental ao meio ambiente ecologicamente equilibrado, assim como todos os direitos fundamentais, possui um conteúdo essencial, oriundo de sua natureza principiológica, núcleo esse que representa a própria justiça, essência do Direito. Referido conteúdo não é absoluto, nem imutável. Tratando do direito fundamental ao meio ambiente, constata-se que seu conteúdo essencial é formado pela sadia qualidade de vida (BELCHIOR, 2011).

Segundo o art. 225 da Constituição Federal de 1988, todos têm direito ao meio ambiente ecologicamente equilibrado. Uma grande questão se faz necessária: quem faz parte do conteúdo de "todos", ou seja, quem é o titular do direito fundamental ao meio ambiente? Seriam apenas os seres humanos da atual geração? As futuras gerações teriam um direito ao meio ambiente ou uma expectativa de direito, bem como todos os seres vivos? Quais seriam as repercussões práticas disso? A corrente ética adotada influenciará a pré-compreensão do intérprete e, por conseguinte, no conteúdo do sentido normativo do texto constitucional.[10]

Como direito fundamental, o meio ambiente possui, ainda, irrenunciabilidade, inalienabilidade e imprescritibilidade, características que, segundo Benjamin (2008, p. 98), informarão os princípios estruturantes da ordem pública ambiental.

Na lição de Alexy (2008, p. 429), o meio ambiente é um "direito fundamental como um todo", ao passo que representa um leque paradigmático das situações suscetíveis de normatização que tutelam direitos fundamentais. Por conseguinte, o direito ao meio ambiente pode referir-se ao direito do Estado: a) de se omitir de intervir no meio ambiente

---

10. A Ética Ambiental foi desenvolvida no Capítulo 2, tendo em vista que se encontra diretamente relacionada com a Epistemologia da Complexidade. É, juntamente com a Justiça Ambiental, elemento que integra a Ecologia da Complexidade.

(*direito de defesa*); b) de proteger o cidadão contra terceiros que causem danos ao meio ambiente (*direito de proteção*); c) de permitir a participação dos cidadãos nos processos relativos à tomada de decisões que envolvam o meio ambiente (*direito ao procedimento*); e, por fim, d) de realizar medidas fáticas que visem a melhorar as condições ecológicas (*direito de prestações de fato*).

A afirmação de um direito fundamental ao ambiente, consoante Carla Amado Gomes (2007), não propõe, necessariamente, a atribuição aos particulares de posições de vantagens consubstanciadas, exclusivamente, em direitos a algo e que possam ser reconduzidas, em termos práticos, à proteção de capacidades de apropriação individualizadas sobre os recursos naturais.

O bem ambiental, protegido na norma de direito fundamental, é difuso, de uso comum do povo e, portanto, indisponível, sendo a União, os Estados, o Distrito Federal e os Municípios responsáveis por sua administração e por zelar pela sua adequada utilização e preservação, em benefício de toda a coletividade. Não se trata de bem público, nem tampouco privado. Isso significa que o Poder Público é mero gestor do meio ambiente, classificado como patrimônio público em sentido amplo.

Ao analisar o art. 5º da Carta Magna, percebe-se que o direito ao meio ambiente não foi por ele albergado, estando, assim, fora do seu catálogo. No entanto, a doutrina já é uníssona, ao defender que o rol dos direitos e garantias do art. 5º não é taxativo, na medida em que o § 2º do art. 5º traz uma abertura de todo o ordenamento jurídico nacional ao sistema internacional de proteção aos direitos humanos e aos direitos decorrentes do regime e dos princípios adotados pela Constituição.

De fato, a Carta Magna pátria reconhece, expressamente, o ambiente ecologicamente equilibrado como meio para a preservação da vida humana, o que implica dizer que referido direito fundamental tem *status* formal (pois está previsto no Texto – art. 255, *caput*) e material (porque seu conteúdo é imprescindível à dignidade humana). Tem, por conseguinte, aplicabilidade imediata, com fundamento no art. 5º, § 1º, da Constituição de 1988, por possuir supremacia normativa conferida pela ordem jurídica constitucional. Trata-se da coerência interna dos direitos fundamentais, baseada no princípio fundamental da dignidade da pessoa humana, defendido por Sarlet (2008, p. 78-79), sendo capazes de gerar efeitos jurídicos.

A Constituição de 1988 torna-se "esverdeada", ao adotar uma concepção holística e autônoma do meio ambiente, distanciando-se totalmente dos modelos anteriores. Quando o art. 255 propõe que o meio ambiente ecologicamente equilibrado não é apenas um bem, mas, também, um valor essencial à qualidade de vida, o que ela diz é que a proteção subjetiva não pode ser atingida se, primeiro, não forem proporcionadas as condições materiais, fáticas e normativas indispensáveis para o acesso a esses níveis adequados e suficientes de vida. (AYALA, 2011).

Sobre a eficácia do direito ao meio ambiente, são as próprias atitudes do ser humano que geram a desarmonia ambiental, o que legitima o meio ambiente como direito fundamental e justifica a sua aplicabilidade imediata, afastando definitivamente a sua classificação de norma programática.

O meio ambiente sadio é condição para a vida em suas mais variadas formas. Impera a necessidade de novas funções e metas estatais voltadas para a sustentabilidade, o que se dá com a constituição de um Estado de Direito Ambiental. Para a efetivação do emergente paradigma estatal, é preciso criar uma governança de riscos, por meio da utilização de instrumentos preventivos e precaucionais, para lidar com toda a complexidade ambiental que paira na sociedade contemporânea.

No entanto, de nada adianta toda uma construção teórica em torno do Estado de Direito Ecológico, se não existirem mecanismos concretos de efetivação. Ao adotar o paradigma ecológico, é necessário um novo modo de ver a ordem jurídica, com uma pré-compreensão diferenciada do intérprete, o que demanda a utilização de uma Hermenêutica Ambiental específica.

A norma de direito fundamental ao meio ambiente é um poderoso instrumento exegético que, de acordo com Krell (2008, p. 65), torna-se "um verdadeiro guia para boa compreensão dos dispositivos infraconstitucionais". Destaca, ademais, que "sua elevada posição hierárquica determina a (re)leitura das normas de nível ordinário e deve ser considerada no balanceamento de interesses conflitantes".

Dessa forma, os direitos fundamentais, e, particularmente, um direito fundamental ao ambiente, devem ser compreendidos como apenas um dos instrumentos de proteção disponíveis e ao alcance do Estado, estando integrados no contexto da Constituição ambiental brasileira, e que proporcionam um complexo de posições de garantia, seja de defesa contra excessos da ação do próprio Estado, seja no plano de prestações materiais, além de se conectar com outros valores e direitos, como a propriedade (arts. 5º, XXIII; 182, § 2º; e 186), a saúde (art. 196), a cultura (arts. 215, 216 e 231) e a ordem econômica (art. 170, VI) entre os principais. Todas essas posições estão vinculadas, no sentido de favorecer níveis adequados e suficientes de qualidade de vida, no interesse das presentes e das futuras gerações, tal como se encontra fixado pela tarefa enunciada no art. 225, *caput*.

5. O meio ambiente ecologicamente equilibrado como dever fundamental

No direito brasileiro, o direito fundamental ao meio ambiente possui as dimensões objetiva e subjetiva, o que faz a ordem jurídica ambiental local ser extremamente avançada, especialmente quando a finalidade do Direito Ambiental, segundo Prieur (2011), implica uma obrigação de resultado, qual seja, "a melhoria constante do estado do ambiente".

O progresso do Direito Ambiental está vinculado ao progresso da humanidade, um dos fundamentos da República Federativa do Brasil (art. 4º, IX, CF). Ensina Benjamin (2012, p. 56) que o texto constitucional se mostra triplamente propositivo, ao se referir ao "progresso do País" de forma genérica, como objetivo de concretização nacional. Assegura, ainda, um "progresso planetário", ao tratar de uma melhoria universal, incluindo todos os seres humanos e todas as bases da vida na terra. Por fim, propugna o "progresso imaterial", fortalecendo valores intangíveis, subprodutos da ética e da responsabilidade.

Nesse sentido, uma vez que a proteção do ambiente é alçada ao *status* constitucional de direito fundamental (além de tarefa e dever do Estado e da sociedade) e o desfrute da qualidade ambiental passa a ser identificado como elemento indispensável ao pleno desenvolvimento da pessoa humana, qualquer "óbice" que interfira na concretização do direito em questão deve ser afastado pelo Estado (Legislador, Administrador e Jurista), venha tal conduta (ou omissão) de particulares ou mesmo oriunda do próprio Poder Público.

Se o direito fundamental ao meio ambiente sugere uma dimensão subjetiva de sua proteção, esta seria apenas incompleta ou parcial se não fossem também associados deveres ao próprio Estado e à coletividade, situados aqui, em uma segunda dimensão, a objetiva.

O art. 225 da Constituição brasileira veicula um modelo jurídico de dupla proteção (subjetiva e objetiva) e, nessa segunda, no que diz respeito aos deveres da coletividade, é que se pode reconhecer, segundo Nabais (2004, p. 98), os denominados deveres fundamentais, embora seja possível reconhecer, também neles, uma dimensão subjetiva.

Ao incumbir o Estado como principal (e não único) devedor de proteção ambiental, o constituinte estipulou obrigações e responsabilidades positivas e negativas, que vinculam, não apenas todos os entes federados no exercício de suas funções administrativas e legislativas, mas, também, o constituinte derivado, na medida em que o meio ambiente está no rol (embora não expresso) das cláusulas pétreas (SILVA, 2002, p. 55). Trata-se, portanto, de uma limitação material ao constituinte derivado, devendo o art. 60, § 4º, da Constituição Federal, ser interpretado à luz de uma Hermenêutica Jurídica Ambiental, a partir de uma leitura do art. 1º, inciso III, em conjunto com o art. 225, da Lei Maior.[11]

Os deveres fundamentais ambientais são aqui tratados como deveres de defender o próprio meio ambiente, considerados de forma autônoma e desvinculados de qualquer posição jurídica subjetiva que precise ser satisfeita, sendo deveres para com a comunidade (SARLET, 2007, p. 238-245).

Tendo atribuído, também, à coletividade os deveres de defender e de preservar o ambiente, o texto do art. 225, *caput*, da Constituição brasileira propôs a esse dever uma função positiva e negativa que pode compreender, em uma enumeração apenas exemplificativa, a imposição dirigida aos particulares, no sentido de: a) não degradar os recursos naturais (dever de não violar); b) promover a sua proteção pelo uso racional desses recursos (cujo fundamento é a necessidade de proteção dos interesses das futuras gerações); c) corresponsabilidade financeira na conservação dos recursos naturais; d) uso de tecnologias, métodos, técnicas ou processos capazes de mitigar os efeitos negativos da exploração econômica sobre os recursos naturais; e) impedir que particulares ou que o próprio Estado degrade a qualidade dos recursos naturais.

Diante dessas considerações, visualiza-se que o Estado tem obrigação constitucional de adotar medidas – legislativas e administrativas – de tutela ambiental que busquem efetivar o direito fundamental em tela (PEREZ LUÑO, 2005, p. 2014).

O § 1º do art. 225 da Constituição prevê os deveres que têm como titular o Poder Público, intitulados de especiais, enquanto nos §§ 2º e 3º, pode-se visualizar alguns dos deveres da comunidade. Alguns porque o rol de deveres não é taxativo, existindo outros na legislação infraconstitucional.

Explica Benjamin (2012, p. 66) que a Constituição de 1988, ao utilizar a técnica dos imperativos jurídico-ambientais mínimos, assegura "três núcleos jurídicos duros" vinculados à proteção ambiental: a) processos ecológicos essenciais, b) diversidade e

---

11. CF/88, art. 60, § 4º: "Não será objeto de deliberação a proposta de emenda tendente a abolir: [...] IV – Os direitos e garantias individuais". A defesa do direito ao meio ambiente como cláusula pétrea também é feita por Gavião Filho (2005, p. 49).

integridade genética e c) extinção de espécies, conforme redação do art. 225, § 1º, I, II e VII. Em relação aos dois primeiros, verifica-se um "*facere*, um 'atuar' (= imperativo mínimo positivo), o terceiro, como um 'evitar', um *non facere* (= imperativo mínimo negativo)".

Dessa forma, "prover o manejo ecológico das espécies e ecossistemas" (inciso I), "definir espaços territoriais especialmente protegidos, cuja supressão só é permitida através de lei" (inciso III), "exigir estudo prévio de impacto ambiental para instalação de obra ou atividade potencialmente causadora de significativa degradação do meio ambiente" (inciso IV) e "promover da educação ambiental" (inciso IV) são deveres estatais objetivos vinculados ao dever geral do Estado de garantir e promover os processos ecológicos essenciais.

No que se refere ao dever amplo de proteção da diversidade e da integridade genética, um dos núcleos jurídicos duros mencionados por Benjamin, constata-se que abrange o dever de "preservar a diversidade e a integridade do patrimônio genético do País e fiscalizar as entidades dedicadas à pesquisa e manipulação de material genético" (inciso II) e de "controlar a produção, a comercialização e o emprego de técnicas, métodos e substâncias que comportem risco para a vida, a qualidade de vida e o meio ambiente" (inciso V).

Por fim, o dever de proteger a extinção de espécies está assegurado quando o constituinte prevê que se deve "proteger a fauna e a flora, vedadas, na forma da lei, as práticas que coloquem em risco sua função ecológica, provoquem a extinção de espécies ou submetam os animais a crueldade" (inciso VII).

Dessa forma, os imperativos jurídico-ambientais mínimos estão vinculados ao princípio da proibição de retrocesso ambiental, seja na perspectiva de que o Estado não pode piorar o conteúdo normativo-ambiental atingido (imperativo mínimo negativo), seja pelo enfoque de que o Estado é obrigado a promover melhorias constantes na tutela ambiental, devido às incertezas científicas e às novas tecnologias (imperativo mínimo positivo).

É mister visualizar, ainda, que os imperativos jurídico-ambientais buscam proteger o mínimo existencial ecológico, ou seja, o já conhecido mínimo existencial se alarga para incluir a qualidade ambiental. Além dos direitos já identificados pela doutrina como integrantes desse mínimo existencial (saneamento básico, moradia digna, educação fundamental, alimentação suficiente, saúde básica, entre outros), deve- se incluir, conforme expõe Fensterseifer (2008, p. 264), dentro desse conjunto a qualidade ambiental, com vistas a concretizar "uma existência humana digna e saudável, ajustada aos novos valores e direitos constitucionais da matriz ecológica".

Como se vê, a proteção do meio ambiente não é apenas um dever do Estado, é dever de todos, sem exceção, do Poder Público e da coletividade, conforme preceitua o art. 225, da Carta Magna. O homem, na condição de cidadão, torna-se titular do direito ao ambiente equilibrado e, também, sujeito ativo do dever fundamental de proteger o ambiente. Para tanto, foram colocados à coletividade instrumentos jurídicos para a defesa desse direito difuso, como a ação popular e a ação civil pública, bem como instrumentos de participação na gestão ambiental, por meio da participação em conselhos na esfera ambiental e em audiências públicas. (CRUZ; BODNAR, 2012).

É interessante perceber que a sociedade acaba sendo sujeitos ativo e passivo do direito-dever (*alter*), o que refletirá na relação jurídica ambiental. Em outras palavras, todos têm direito ao meio ambiente ecologicamente equilibrado e, como consequência, o dever de preservá-lo cabe, também, a todos.

O dever ambiental efetivamente prestado gera o direito ao equilíbrio ambiental concretizado. Se a sociedade tomasse a real consciência da importância da natureza, refletindo sobre o descaso que lhe foi ofertado por tanto tempo, certamente diminuiriam os impactos negativos ecológicos.

O dever está diretamente vinculado com a ética da responsabilidade. Segundo Boff (2009, p. 93-94), a responsabilidade geracional é o

> "pacto que as gerações atuais ("intrageracional") em função das gerações futuras ("intergeracional"), que têm o direito de herdar uma Terra habitável, instituições político-sociais minimamente humanas e uma atmosfera cultural e espiritual benfazeja para com a vida nas suas múltiplas formas, com uma fina sensibilidade para com todos os seres."

O dever fundamental de proteção do meio ambiente tem, portanto, naturezas jurídica e moral, sendo um norteador de condutas entre humanos, do homem consigo mesmo, bem como da relação do ser humano com todas as formas de vida.

6. Elementos do estado de direito ecológico

A racionalidade jurídica clássica, pautada na segurança e em conceitos engessados, não é suficiente para lidar com a complexidade que permeia o Direito Ambiental, o que faz a discussão ultrapassar um olhar técnico e meramente dogmático, adquirindo um caráter transdisciplinar. (MORIN; MOIGNE, 2000, p. 209).

A sociedade de risco, oriunda da pós-modernidade (ou modernidade reflexiva, a depender do suporte teórico), demanda transformações no Estado e no Direito, de forma a minimizar os impactos da crise ambiental e controlar as dimensões do risco. Estado e Direito caminham juntos, um complementando o outro, com o objetivo de pacificação social. O Direito é, pois, o discurso que legitima o papel do Estado. Parece que no atual contexto do risco, vinculado diretamente à problemática ambiental, urgem modificações teóricas e funcionais no âmbito do Direito e do Estado (BELCHIOR, 2017).

Se lidar com o risco certo e em potencial, utilizando a expressão de Beck (1998), já era difícil no paradigma anterior, imagina gerir riscos imprevisíveis, em abstrato, em virtude das incertezas científicas. Nessa linha, é preciso criar uma nova gestão preventiva, por meio da utilização instrumentos preventivos e precaucionais, para lidar com toda a complexidade ambiental que paira pela sociedade hodierna.

A partir do momento em que se constata que o meio ambiente sadio é condição para a vida em geral e que a sociedade de risco torna cada vez mais complexa a tarefa de lidar com o dano ambiental, é emergencial um Estado preocupado com a questão ecológica, mormente quando se considera a questão do Antropoceno.

A época do Antropoceno, termo cunhado inicialmente no ano 2000 pelo biólogo Eugene F. Stoermer e popularizado pelo químico vencedor do Prêmio Nobel Paul Crutzen, é descrita por alguns cientistas como a nova época geológica da Terra, causada pelos impactos das atividades humanas, composta pelas palavras "anthropo", que significa humano, e "cene", que significa época no tempo geológico (WELCOME TO THE ANTHROPOCENE, 2018, *online*).

Os últimos 10 a 12 mil anos após a última época geológica glacial foram denominados de Holoceno. Nesse período, as atividades humanas cresceram como uma força geológica e morfológica, cujos impactos na terra e na atmosfera em escala global levaram a enfatizar o papel central da humanidade na geologia e na ecologia com o termo "Antropoceno". Esses impactos permanecerão, ainda, por muito tempo e a humanidade continuará a ser uma força geológica por milênios (CRUTZEN; STOERMER, 2000).

Um dos desafios do Antropoceno é o de permanecer dentro dos limites planetários em um espaço operacional seguro para a humanidade, e essa permanência é considerada por Bosselmann (2017) o desafio central nessa nova época. Esses limites são identificados como: mudanças climáticas; acidificação dos oceanos; destruição da camada de ozônio; ciclo do nitrogênio; ciclo do fósforo; uso da água potável; mudança no solo; perda da biodiversidade; quantidade de aerossol na atmosfera; e poluição química. Desses limites, o mais crítico de todos é a perda da biodiversidade, seguida pela modificação no ciclo do nitrogênio e, em terceiro lugar, as mudanças climáticas. (ROCKSTRÖM, 2019). A perda da biodiversidade impõe e justifica mais fortemente a necessidade de modificação da racionalidade antropocêntrica e a atribuição de direitos à natureza, limitando a exploração humana sobre espécies e ecossistemas (LEITE; SILVEIRA, 2018).

Assim, a descrição da nova época como Antropoceno também descreve um novo contexto, no qual se deve lidar com os efeitos de uma mudança global antropocêntrica e ecológica e se deve questionar os valores morais ao sair de um paradigma antropocêntrico para um ecocêntrico (BOSSELMANN, 2017). Acerca das reflexões e mudanças possivelmente causadas pelo Antropoceno, Kotzé (2012) questiona quais seriam suas características novas e distintivas que poderiam influenciar as percepções sobre as intervenções sociais a responder a esse desafio.

O Antropoceno poderia, ainda, centrar o humano como causa primeira da crise ecológica, com profundas implicações morais, manifestando-se uma visão da sociedade em direção à sustentabilidade. Poderia, também, trazer uma visão global e holística, interconectando a natureza ao ambiente, na totalidade do sistema terrestre. Com a centralidade da crise ecológica, o Antropoceno poderia ser uma chamada urgente para mais efetividade do direito ambiental e da governança, buscando respostas socioinstitucionais que devem lidar com mais incertezas e complexidades (KOTZÉ, 2012).

Para isso, seria necessário para o Direito ir além do estado e se tornar global, transnacional, implicando uma governança com níveis e atores múltiplos, requerendo uma resposta holística e integrada. O direito ambiental, então, deve se tornar mais geral, com uma nova ética e uma visão para a sustentabilidade, mediando ainda as interações humano-natureza e um repensar dos direitos humanos nesse contexto (KOTZÉ, 2014).

Os desafios sociais, políticos e jurídicos advindos com o Antropoceno, que sintetiza toda a intervenção humana sobre os sistemas ecológicos, trazidos por Kotzé, estão em sintonia com a visão anteriormente exposta sobre os fundamentos de um ordenamento "ecolegal", com a ecologização do direito e com um Estado de Direito Ecológico. Isso porque o direito ambiental internacional parece não ser suficiente para responder à crise socioecológica reforçada pelo Antropoceno e com ele o estado, visto que o Antropoceno descreve o desaparecimento da sustentabilidade de longo prazo em favor dos ganhos imediatos (KOTZÉ; MUZANGAZAM, 2018).

O estado de direito no Holoceno via o sistema terrestre como

"um objeto jurídico não identificado (OJNI), cujos contornos de proteção jurídica estavam ainda indefinidos, protegendo somente algumas partes por meio de tratados setoriais, como oceanos, atmosfera, biodiversidade, mas não o objeto como um todo." (ARAGÃO, 2017, p. 25)

Por isso, o sistema terrestre deve ser considerado "um novo objeto jurídico" de um "novo direito ambiental", consoante defende Alexandra Aragão (2017). Se persistir na visão de que é objeto jurídico do direito ambiental, permanece-se em um sistema compartimentalizado, conforme alertado por Capra e Mattei, quando o necessário é a Ecologização do Direito como um todo, direito este que é de curto prazo e reprodutor da ética capitalista.

Em contraposição ao direito do Holoceno, o Antropoceno modifica as relações sociais e jurídicas, em razão das quais o Estado de Direito Ecológico

> "pauta-se por um conjunto de normas, princípios e estratégias jurídicas necessárias para garantir a preservação de um conjunto de condições de funcionamento do sistema terrestre que tornam o Planeta terra um espaço seguro." (ARAGÃO, 2017)

O Estado de Direito Ecológico deve se manter dentro dos limites planetários, reconhecendo seu caráter juridicamente vinculativo, a fim de manter a terra dentro do espaço operacional seguro. Para Aragão (2017), isso representa um direito imbuído de justiça e ética de curto e de longo prazo.

A principal diferença entre o Estado de Direito no Holoceno e o Estado de Direito Ecológico no Antropoceno, segundo Alexandra Aragão (2017), está na força jurídica das obrigações impostas, pois no estado de direito "as obrigações jurídicas de proteção do ambiente reduziam-se ao dever de realizar um esforço para evitar danos ambientais e, na medida do possível, melhorar a qualidade do ambiente", sendo essas ações baseadas nas melhores técnicas disponíveis, em boas práticas, em critérios de proporcionalidade social e razoabilidade (ARAGÃO, 2017, p. 25).

Já no Estado de Direito Ecológico, no contexto do Antropoceno, tem-se a obrigação de alcançar resultados de prevenção eficaz e a melhoria real da qualidade ecológica, modificando-se os critérios acima para proporcionalidade ecológica e a eficácia de encontrar soluções cumprindo metas. A justificativa para que as obrigações sejam mais fortes no Antropoceno são o aumento do conhecimento científico sobre o funcionamento do sistema terrestre e o aumento da influência humana sobre ele. Transforma-se, assim, o direito baseado em esforços para um direito baseado em resultados.

Essa discussão é pelo problema da mobilidade, tendo em vista que esse setor emite grandes quantidades de gases de efeito estufa, é responsável por poluição sonora e problemas de saúde. Para tanto, são usadas medidas de aumento da eficiência no consumo de combustível e medidas de suficiência para que se modifique o modelo atual de transporte privado para o uso do transporte público ou o de *car-sharing* (ARAGÃO, 2017).

O discurso acerca da eficiência advém do desafio de aumentar a qualidade de vida e diminuir o consumo de recursos simultaneamente. Essa eficiência da economia pode ser medida por meio do produto interno bruto de um país e da quantidade de materiais primários utilizados, para a qual são necessários instrumentos econômicos de incentivo. Já a suficiência se relaciona com a autolimitação ou a restrição por meio da coerção, implementadas segundo novos estilos de vida e novas formas de produção. Nessa abordagem, a prioridade é dada à proteção e conservação do ambiente natural (ARAGÃO, 2017).

A utilização compartilhada de recursos suporta a modificação dos valores em direção à sustentabilidade, evitando desperdícios e, ainda, trazendo ganhos econômicos aos usuários. Contudo, ambas permanecem na visão quantitativa e dentro da visão de crescimento econômico. Em razão disso, uma terceira estratégia de consistência, significando "compatibilidade, aceitabilidade, coerência", tem surgido (ARAGÃO, 2017, p. 136).

A estratégia da consistência não foca, primeiramente, na redução do uso de recursos por meio de eficiência ou renúncia ao uso, mas em objetivos de manejo sustentável em larga escala por meio de um ciclo econômico fechado, exemplificado por meio da transição de combustíveis fósseis em veículos por hidrogênio (LEITE; SILVEIRA, 2018).

Nesse contexto, a necessidade de um estado ecológico de direito emerge, também, da tensão entre as narrativas de crescimento econômico, primazia dos interesses de curto prazo e da crença de que as soluções técnicas podem resolver os desafios ecológicos – fundamentos do direito ambiental vigente – com as narrativas de limitação do crescimento e das consequências catastróficas sociais e ecológicas, centro dos movimentos pelo decrescimento e autolimitação (GARVER, 2013).

Em resumo, a lógica do capital e das sociedades ocidentais de continuar vendo a natureza como recurso e de continuar adotando o crescimento econômico ilimitado como objetivo do estado de direito, em vez da autolimitação, contraria os argumentos desenvolvidos sobre direito ecológico e Estado de Direito Ecológico, talvez as últimas oportunidades oferecidas para a humanidade de mudar de direção e salvar sua própria espécie, bem como as demais e o planeta como existentes hoje.

Como estrutura jurídico-política legitimada para tomar decisões, o Estado incorporou a racionalidade antropocêntrica capitalista de exploração da natureza, incentivando e tolerando o uso da natureza como recurso, além de enfraquecer o ordenamento jurídico e constitucional, pela afronta aos direitos fundamentais e ainda por se permitir ser governado por grandes corporações que lucram com a degradação e socializam as externalidades negativas (LEITE; SILVEIRA, 2018).

O Estado precisa assumir um novo papel, assim como o Direito, incorporando a racionalidade biocêntrica e o "ecológico" em sua estrutura e adotando uma nova ética baseada na sustentabilidade ecológica e buscando a justiça ecológica no sentido de reduzir riscos existenciais e cumprir o mandamento constitucional de proteger o meio ambiente equilibrado para todos (LEITE; SILVEIRA, 2018).

7. A necessidade de uma hermenêutica jurídica ambiental

Antes de ingressar na temática referente à pré-compreensão do Direito Ambiental, é importante esclarecer que o estudo da hermenêutica contemporânea aborda, no mínimo, três correntes: *teoria hermenêutica*, protagonizada por Dilthey e Betti, de natureza procedimental e impõe-se como opção metodológica para a interpretação das ciências humanas, priorizando o objeto do conhecimento; *hermenêutica filosófica*, fundamentada no ser, na ontologia, no sentido, segundo as teorias de Heidegger (1993) e Gadamer (2002); e a *hermenêutica crítica*, podendo citar como adeptos Habermas (2003) e Apel, ao objetivar uma teoria crítica de cunho prático relevante (LIMA, 2001).

O conceito de pré-compreensão é desenvolvido pela hermenêutica filosófica e se refere a todos os conhecimentos prévios, os preconceitos, os traumas, os valores etc., a tudo o que influencia o sentido a ser captado de um objeto. A relação entre sujeito e objeto é reflexiva, isto é, um influencia o outro.

A pré-compreensão não está distante da realidade, como se pode imaginar. Um exemplo é quando se faz um fichamento de um livro. Inicialmente, há uma pré-compreensão formada por conhecimentos prévios alheios à obra, do que se viveu de forma geral (valores, costumes, traumas etc.), além de preconceitos que podem existir por conta do título do livro ou de um comentário de um amigo ou de uma crítica sugestiva.

Na medida em que a leitura for sendo desenvolvida, o livro (objeto do conhecimento) tende a emitir luzes e informações que irão modificar a pré-compreensão inicial do sujeito. Assim, a espiral continua em movimento, o que leva a fazer com que essa nova pré-compreensão capte um sentido diferente do primeiro. Pode ocorrer, ainda, um evento externo com o sujeito, no ínterim da leitura, como a notícia da perda de um ente querido, a aprovação em um concurso público ou um apreciar de uma lua cheia. Referidos fatos, de algum modo, influenciarão o sujeito que, por conseguinte, afetará o processo de interpretação do objeto. E o livro, mais uma vez, continua emitindo outros dados que modificarão a pré-compreensão novamente e que, por consequência, influenciarão o sentido a ser captado. Como se vê, é um movimento infinito, o que comprova a importância da pré-compreensão no fenômeno hermenêutico. É claro que quantas mais voltas forem dadas, maior a possibilidade de se encontrar um sentido mais conveniente.

Os fundamentos filosóficos da hermenêutica comprovam que o sentido a ser captado de qualquer objeto depende da lente pela qual se vê. O sujeito influencia a lente e é por ela influenciado. Referido ponto de vista é a pré-compreensão, exercendo importante papel no fenômeno hermenêutico. Percebe-se, assim, que o sentido é, conforme afirma Raimundo Falcão (2004), filosoficamente inesgotável, o que reflete nos estudos em torno da hermenêutica jurídica.

No processo de tomada de decisão jurídica, a ação interpretativa parte de um conjunto de conceitos e conhecimentos prévios (pré-compreensão) e que, de certa forma, sedimentados, possibilita alcançar suas conclusões com um mínimo de previsibilidade. A pré-compreensão do intérprete, segundo Margarida Camargo (2004) em relação a uma questão jurídica encontra-se adstrita não apenas à situação histórica, mas, também, a um determinado campo de conhecimento, como os princípios extraídos da doutrina e da jurisprudência.

No âmbito do Direito Ambiental, podem-se destacar duas espécies de pré-compreensão: uma geral, que compreende a relação entre ser humano e meio ambiente; outra específica (racionalidade jurídica ambiental), para aqueles que lidam e aplicam o Direito Ambiental (BELCHIOR, 2011).

É imprescindível uma convivência harmônica entre o ser humano e o meio ambiente para ser possível uma pré-compreensão ecológica apta a mudar os valores, o pensamento, a atitude, o modo como ocorre referida simbiose. Por ser racional, o ser humano possui uma ética solidária em relação a todas as formas de vida, sendo responsável por suas condutas, que influenciam a atual geração, bem como as futuras. Tem, ainda, o dever de solidariedade frente às outras formas de vida, sendo responsável pelo equilíbrio ambiental, incorporando a ideia de justiça intergeracional invocada por Ost (1997).

Por meio de uma ética ambiental antropocêntrica alargada e intergeracional, com base no princípio da responsabilidade, de uma educação ecológica e de uma racionalidade ambiental, é possível a construção de uma nova pré-compreensão geral do ser humano com relação ao meio ambiente e, inevitavelmente, consigo mesmo. A natureza não pode ser vista como simples objeto, conferindo ao ser humano a capacidade de fazer o que bem entender.

Além da geral, é importante destacar a necessidade de uma nova pré-compreensão jurídico-ambiental que diz respeito àquelas pessoas que lidam com o Direito. Trata-se dos saberes ambientais do intérprete no que concerne à ordem jurídica ambiental.

Afinal, qual é a repercussão prática disso? A partir do momento em que o sujeito detém novos conhecimentos acerca do Direito Ambiental e de temas a ele correlacionados (tais como Epistemologia Ambiental, Ética, Complexidade, Ecologia, Transdisciplinaridade), altera-se a pré-compreensão, o que vai repercutir na interpretação das normas ambientais.[12]

A interpretação é, segundo Falcão (2004), atividade ou simples ato de captação do sentido. Assim, a interpretação está diretamente vinculada ao conhecimento, na medida em que o ser humano se utiliza dele para captar o sentido.

Como a interpretação depende do sujeito, surge a necessidade da Hermenêutica, que se revela como o conjunto de regramentos pelos quais a interpretação se opera. A Hermenêutica estabelece as "regras" de como interpretar. O objetivo da interpretação é a captação do sentido, que é livre e mutável porque o palco de sua criação é o pensamento, que também é livre, haja vista que o ser humano é dotado de liberdade para fazer suas escolhas determinadas pelos seus valores.

No âmbito do Direito, visualiza-se que a norma jurídica é um objeto cultural porque se revela como uma alteração na natureza humana para lhe dar sentido de convivência pacífica entre os homens e mulheres. Trata-se de uma alteração que o ser humano traça a sua própria conduta, limitando em níveis externos a liberdade humana. O Direito acaba revelando-se jungido à própria hermenêutica, haja vista que sua existência, enquanto significação, depende da concretização ou da aplicação da norma em cada caso julgado.

Quando uma lei é criada, pode-se dizer que há uma finalidade imposta pelo legislador. No entanto, como objeto cultural que é, a lei está submetida à inesgotabilidade do sentido. Assim, caberá ao intérprete captar o sentido que lhe for conveniente, de acordo com a sua pré-compreensão, seja para buscar a finalidade do legislador ou não.

Interpretar o Direito Ambiental não é o mesmo que interpretar o Direito Civil ou o Direito Tributário, por exemplo. Cada ramo do Direito contém suas particularidades, sua essência, cujos princípios norteadores exercem papel fundamental para a construção de sua lógica específica. Referidos princípios não apenas norteiam, mas estruturam, orientam, guiam e fundamentam o Direito, principalmente quando se considera a corrente pós-positivista, que sustenta o caráter normativo dos princípios.

Diante das particularidades do Direito Ambiental, é necessário um novo modo de ver a ordem jurídica, com uma pré-compreensão diferenciada do intérprete, na medida em que a hermenêutica filosófica comprova que o sentido a ser captado da norma jurídica é inesgotável.

---

12. O quinto capítulo faz um convite aos diálogos de complexidade. São seis caminhos que buscam aplicar o pensamento complexo no Direito Ambiental, com base em uma teia de argumentos e reflexões que serão desconstruídas e construídas ao longo da pesquisa.

As normas precisam ser interpretadas de forma a garantir um equilíbrio ecológico. Por mais que a Constituição permaneça, em muitos pontos, inalterada, e até mesmo as normas infraconstitucionais, o intérprete deve perceber o movimento dialético do Direito, formado por raciocínios jurídicos não apenas dedutivos, mas, também, indutivos, o que justifica a emergência de uma Hermenêutica Jurídica Ambiental (BELCHIOR, 2011).

A particularidade de uma Hermenêutica Ambiental se fortalece, ainda, pelo fato de a ordem jurídica ambiental ser dotada de conceitos vagos, confusos, amplos e indeterminados, além da intensa discricionariedade administrativa que é concedida ao Executivo. O próprio conceito jurídico de meio ambiente é juridicamente indeterminado, haja vista que suas condições, fatores e elementos estão em constante transformação. É um conceito emoldural que será preenchido pelo intérprete no caso concreto, de acordo com os conhecimentos científicos no momento de sua aplicação.

Destaca-se, ademais, que diante do caráter principiológico dos direitos fundamentais, é inevitável a constante colisão entre eles, como ocorre entre o direito ao meio ambiente com o direito à propriedade, por exemplo, levando à necessidade de técnicas interpretativas adequadas.

Referidos métodos podem ser aplicados por todos os que lidam com o Direito Ambiental: pelo legislador, ao elaborar as normas infraconstitucionais, em obediência à Constituição; pelo Executivo no momento da elaboração e da execução de políticas públicas, especialmente no caso de licenciamento ambiental, em virtude da discricionariedade administrativa; e pelos procuradores que atuam na área ambiental.

Por fim, a hermenêutica esverdeada é indicada aos magistrados que lidam cada vez mais com demandas ambientais, considerando, ainda, a tendência das varas especializadas no Judiciário brasileiro. Em verdade, a tutela judicial acaba sendo a última saída, como se o magistrado fosse o salvador do planeta e, por que não dizer, de todos nós. Como o julgador é um ser humano, faz parte da sociedade, ele também tem a obrigação não só de buscar a justiça no caso concreto, mas, ainda, de promover a tutela ambiental por ser um dever fundamental.[13]

Nessa linha, a Hermenêutica Jurídica Ambiental é proposta por meio de princípios de interpretação que objetivam a busca de soluções justas e constitucionalmente adequadas para a interpretação de normas ambientais, influenciados por uma nova pré-compreensão ambiental.

Deve-se, portanto, afastar a Hermenêutica tradicional e aplicar os princípios estruturantes do Direito Ambiental: princípio da solidariedade, princípio da sustentabilidade,

---

13. Acerca do papel do juiz na proteção do meio ambiente, destaca-se trecho de voto relatado por Herman Benjamin: "O Judiciário não desenha, constrói ou administra cidades, o que não quer dizer que nada possa fazer em seu favor. Nenhum juiz, por maior que seja seu interesse, conhecimento ou habilidade nas artes do planejamento urbano, da arquitetura e do paisagismo, reservará para si algo além do que o simples papel de engenheiro do discurso jurídico. E, sabemos, cidades não se erguem, nem evoluem, à custa de palavras. Mas palavras ditas por juízes podem, sim, estimular a destruição ou legitimar a conservação, referendar a especulação ou garantir a qualidade urbanístico-ambiental, consolidar erros do passado, repeti-los no presente, ou viabilizar um futuro sustentável" (STJ, REsp 302.906/SP, rel. Min. Herman Benjamin, 2ª Turma, *DJ* 05.04.2011).

princípio da cooperação internacional, princípio da prevenção, princípio da precaução, princípio *in dubio pro natura*, princípios da informação e da participação, princípio da educação ambiental, princípio da responsabilidade, princípios do poluidor-pagador e do usuário-pagador, princípio do protetor-recebedor, princípio da gestão integrativa do risco ambiental, princípio da função socioambiental da propriedade, princípio do mínimo existencial ecológico e princípio da proibição do retrocesso ecológico.

É de se destacar, ainda, os princípios de interpretação constitucional (HESSE, 2001), o princípio da razoabilidade, o princípio da ponderação e o princípio da proporcionalidade, os dois últimos próprios para lidar com a colisão entre direitos fundamentais. Todos os princípios acabam estando interligados, um dando suporte ao outro para fundamentar as tomadas de decisão do intérprete.

Por outro lado, não se pode ficar tão bitolado aos textos legais, como sugeria o positivismo jurídico, nem tampouco desconsiderá-los, como defendem algumas vertentes jusnaturalistas e do direito livre. O intérprete constitucional ambiental deve analisar a evolução social, própria da dialética do Direito, preenchendo as molduras deônticas dispostas na Constituição, de acordo com o contexto social, realidade essa traduzida em uma sociedade de risco, pós-moderna e complexa.[14]

A Hermenêutica Jurídica Ambiental se mostra relevante, também, na colisão de direitos fundamentais que envolvem o direito ao meio ambiente, haja vista que referidos direitos possuem natureza jurídica de princípios, o que, por sua característica *prima facie* e de suporte fático amplo, faz com que entrem facilmente em rota de colisão entre si (SILVA, 2009). Os critérios tradicionais de antinomias, ademais, não são suficientes para lidar com a colisão de direitos fundamentais, o que implica a necessidade de uma técnica específica de solução.

O direito fundamental ao meio ambiente possui um conteúdo essencial oriundo de sua natureza principiológica. Referido conteúdo não é absoluto, nem imutável. É maleável, sendo definido pelo intérprete no momento de sua aplicação, mediante os princípios da ponderação e da proporcionalidade. Os princípios da precaução, *in dubio pro natura*, do mínimo existencial ecológico e da proibição do retrocesso ecológico terão, também, um papel imprescindível na delimitação do núcleo essencial do direito ao meio ambiente.

Por conta disso, quando ocorre a colisão entre o direito fundamental ao meio ambiente com outros direitos fundamentais, aquele que não prevalecer no caso concreto não pode ser simplesmente excluído da ordem jurídica, porque desnaturaria a própria a essência do Direito.

Diante de uma colisão do direito ao meio ambiente com outro direito fundamental, em um primeiro momento, o intérprete deverá utilizar o princípio do sopesamento e da ponderação para tentar harmonizar os bens, os valores e os interesses envolvidos no caso concreto por meio de mandamentos de otimização, conforme sugerido por Robert Alexy (2008).

---

14. "No Brasil, ao contrário de outros países, o juiz não cria obrigações de proteção do meio ambiente. Elas jorram da lei, após terem passado pelo crivo do Poder Legislativo. Daí não precisarmos de juízes ativistas, pois o ativismo é da lei e do texto constitucional" (STJ, REsp 650.728/SC, rel. Min. Herman Benjamin, 2ª Turma, *DJ* 23.11.2007).

A ponderação é realizada em um momento anterior ao princípio da proporcionalidade, ao buscar balancear os interesses, os valores e os bens envolvidos na colisão. Nessa fase, os princípios vão tomando forma, concretizando-se de acordo com as peculiaridades dos fatos (CRISTÓVAM, 2006). Após dar um peso específico aos interesses tidos como relevantes, encerra-se a fase do balanceamento e parte-se para a utilização do princípio da proporcionalidade, qual seja, para a aplicação proporcional dos meios mais adequados, necessários e proporcionais, em sentido estrito para a solução.

Referida técnica vem sofrendo críticas por parte da doutrina por entender que ela padece de racionalidade, dando margem ao subjetivismo e à arbitrariedade por parte do julgador. Apesar de ser inevitável uma margem de subjetividade do intérprete, no entanto, o balanceamento está submetido a um controle racional.

De todo modo, já fica claro que os princípios não têm como oferecer respostas únicas e exclusivas, haja vista que, segundo os fundamentos filosóficos da hermenêutica, o sentido a ser captado da norma é inesgotável. Mesmo que o jurista utilize todos os princípios interpretativos, ainda assim haverá margem para subjetividade e arbitrariedade.

O STJ tem utilizado os princípios de Direito Ambiental para a interpretação das normas ambientais, o que fortalece uma Hermenêutica Jurídica Ambiental.[15] É o que ocorre com a imprescritibilidade do dano ambiental[16]; inversão do ônus da prova[17]; dano ambiental moral coletivo[18]; e inexistência do direito adquirido de poluir, sob a justificativa dos princípios da precaução e do *in dubio pro natura*.[19]

---

15. A relatora utiliza-se claramente dos princípios de Direito Ambiental como instrumento hermenêutico, ao expor que: "[...] a análise sobre o ônus da prova, em ação coletiva por dano ambiental, deve ser dirimida pela interpretação das leis aplicáveis ao mencionado instrumento processual à luz dos princípios norteadores do Direito Ambiental. Isso porque, em regra, a inversão do ônus probatório deve assentar-se exclusivamente em disposição expressa de lei. Mas, no presente caso, essa inversão encontra fundamento também em princípios transversais ao ordenamento jurídico, quais sejam, os princípios ambientais" (STJ, REsp 972.902/RS, rel. Min. Eliana Calmon, 2ª Turma, *DJ* 20.11.2009).
16. "Entretanto, o direito ao pedido de reparação de danos ambientais, dentro da logicidade hermenêutica, também está protegido pelo manto da imprescritibilidade, por se tratar de direito inerente à vida, fundamental e essencial à afirmação dos povos, independentemente de estar expresso ou não em texto legal. [...] No conflito entre estabelecer um prazo prescricional em favor do causador do dano ambiental, a fim de lhe atribuir segurança jurídica e estabilidade, com natureza eminentemente privada, e tutelar de forma mais benéfica bem jurídico coletivo, indisponível, fundamental, que antecede todos os demais direitos – pois sem ele não há vida, nem saúde, nem trabalho, nem lazer –, este último prevalece, por óbvio, concluindo pela imprescritibilidade do direito à reparação do dano ambiental" (STJ, REsp 1.120.117/AC, rel. Min. Eliana Calmon, 2ª Turma, j. 10.11.2009, *DJ* 19.11.2009).
17. "[...] No contexto do Direito Ambiental, o adágio *in dubio pro reo* é transmudado, no rastro do princípio da precaução, carregando consigo uma forte presunção em favor da proteção da saúde humana e da biota" (STJ, REsp 883.656/RS, rel. Min. Herman Benjamin, 2ª Turma, *DJ* 28.02.2012).
18. "[...] c.) dano moral coletivo. Também deve ser reembolsado ao patrimônio à coletividade o proveito econômico do agente com sua atividade ou empreendimento degradador, a mais-valia ecológica ilícita que auferiu (p. ex., madeira ou minério retirados irregularmente de área degrada ou benefício com seu uso espúrio para fins agrossilvopastoril, turístico, comercial)" (STJ, REsp 1.198.727/MG, rel. Min. Herman Benjamin, 2ª Turma, *DJ* 09.05.2013).

É importante ressaltar que o STJ, em 2018, editou a Súmula 613, que trata especificamente da teoria do fato consumado, com a seguinte redação: "Não se admite a aplicação da teoria do fato consumado em tema de direito ambiental". Referida previsão comprova a importância de uma racionalidade complexa do Direito Ambiental e da relação jurídica ambiental ter natureza continuativa (BELCHIOR, 2017).

Apesar de todas as dificuldades inerentes a questões existenciais e complexas do fenômeno hermenêutico, o intérprete deve fundamentar suas decisões e suas escolhas, com base em argumentos que possam ser racionalmente justificados nos ditames da nova ordem constitucional ecológica.

8. Desafios do Direito Ambiental Ecologizado diante da pandemia causada pela Covid-19

A Organização Mundial da Saúde (OMS) foi alertada, no último dia de 2019, sobre a ocorrência de vários casos de pneumonia na cidade de Wuhan, província de Hubei, na República Popular da China (OMS, 2020). Trata-se de um novo tipo de vírus que não havia sido identificado antes em seres humanos. Alguns dias depois, as autoridades chinesas confirmaram ser um novo tipo de coronavírus.

De acordo com a OMS: "A Covid-19 é uma doença causada pelo coronavírus SARS-CoV-2, que apresenta um quadro clínico que varia de infecções assintomáticas a quadros respiratórios graves". A doença, cujos detalhes permanecem em fase de estudo, foi noticiada pela primeira vez, em sua nova versão, em dezembro de 2019 na China (OMS, 2020).

Os impactos, no entanto, divergiram de outros coronavírus que já haviam sido identificados, pois os seus efeitos eram mais profundos e a sua proliferação bastante rápida. Assim, em 30 de janeiro de 2020, a OMS declarou que o surto desse vírus constituía uma Emergência de Saúde Pública de Importância Internacional (ESPII), que configura, nos quadros da OMS, o mais alto nível de alerta (OMS, 2020).

No dia 11 de março de 2020, a OMS declarou que a Covid-19 representava, agora, uma pandemia, estágio de doença característico pela sua distribuição geográfica, ou seja, pela sua presença nos mais diversos países e regiões do mundo (OMS, 2020).

"[...] 2. A Segunda Turma recentemente pronunciou-se no sentido de que, ainda que de forma reflexa, a degradação ao meio ambiente dá ensejo ao dano moral coletivo. 3. Haveria *contra sensu* jurídico na admissão de ressarcimento por lesão a dano moral individual sem que se pudesse dar à coletividade o mesmo tratamento, afinal, se a honra de cada um dos indivíduos deste mesmo grupo é afetada, os danos são passíveis de indenização." (STJ, REsp 1.367.923/RJ, rel. Min. Humberto Martins, 2ª Turma, *DJ* 06.09.2013).

19. "[...] 4. As normas ambientais devem atender aos fins sociais a que se destinam, ou seja, necessária a interpretação e a integração de acordo com o princípio hermenêutico *in dubio pro natura*". (STJ, REsp 1.367.923/RJ, rel. Min. Humberto Martins, 2ª Turma, *DJ* 06.09.2013).

"recurso especial. Civil e ambiental. Usucapião. Imóvel rural sem matrícula. Registro da sentença. Necessidade de delimitação da reserva legal ambiental. Registro no cadastro ambiental rural – CAR. Novo Código Florestal.

[...] 3. Extensão desse entendimento para a hipótese de aquisição originária por usucapião, aplicando-se o princípio hermenêutico 'in dubio pro natura'." (STJ, REsp 1.356.207/SP, rel. Min. Paulo de Tarso Sanseverino, 3ª Turma, *DJe* 07.05.2015).

A pandemia impactou os mais diversos setores da vida humana, não restritos somente à seara da saúde, mas também à economia, ao meio ambiente e à vida em comunidade. Isso ocorreu tendo em vista as técnicas adotadas por especialistas em saúde pública por meio da OMS. A solução encontrada, a curto prazo, foi a política de isolamento social, mais conhecida como quarentena.

Dentro desse contexto, a questão da pandemia enfrentada devido ao novo Coronavírus (Covid-19) provoca reflexões importantes na ciência, atingindo diretamente o Direito Ambiental. O número de zoonoses emergentes pode ser causado pela modernização das práticas agrícolas, particularmente nos países em desenvolvimento, com destruição e invasão de habitats, e também pela mudança climática, contexto pressionado por uma população crescente, fruto do modelo que prioriza a esfera individual e econômica.

No caso da Covid-19, apesar de não se ter, ainda, estudos conclusivos identificando os animais envolvidos na cadeia de transmissão e como o vírus saltou até os seres humanos, já é possível analisar a pandemia através das lentes de um direito ambiental ecologizado, pautado pelo valor intrínseco da natureza. Dessa forma, percebe-se a contribuição do manejo irresponsável de animais e do próprio meio ambiente na aparição da doença, pois se preservados os habitats dos animais envolvidos na transmissão, essa zoonose não chegaria até os humanos.

Uma outra questão interessante é que o isolamento social, diretriz que tem sido adotada em quase todos os países, provocou reduções nos índices de poluição e degradação ambiental nos principais polos econômicos. De acordo com a Agência Espacial Americana (NASA), somente nas regiões de cidades da China, as emissões de dióxido de carbono (CO_2) foram pelo menos 25% menores do que no início de 2019, com destaque para a melhoria da qualidade dos rios da cidade italiana de Veneza (NASA, 2020).

Sobre o tema, é oportuna a reflexão de Bruno Latour (2020), no sentido de que "ficou provado que é possível, em questão de semanas, suspender, em todo o mundo e ao mesmo tempo, um sistema econômico que até agora nos diziam ser impossível desacelerar ou redirecionar." Verifica-se, assim, que a pandemia já trouxe aprendizados importantes e esperança para os que militam em prol de justiça ecológica e de um novo direcionamento societário relativo às mudanças climáticas.

É indiscutível, portanto, as origens ambientais da pandemia do novo coronavírus e sua crise ecológica global, cujos agravamentos exigem um repensar do Direito Ambiental vigente, em especial no que concerne aos seus fundamentos epistemológicos. A Epistemologia Ambiental não busca apenas estabelecer um novo objeto do conhecimento – meio ambiente – mas conhecê-lo desde uma nova racionalidade, o que demanda uma nova maneira de pensar, aprender e aplicar o Direito Ambiental Ecologizado. A tabela abaixo traça uma comparação e contrastes entre o direito ambiental e direito ecológico (LEITE; AYALA, 2020).

	Direito tradicional	Direito ecológico
Fundamento	Natureza como objeto a ser explorado	Natureza como casa e respeito aos limites planetários
Abordagem	Tradicional	Crítica

	Direito tradicional	**Direito ecológico**
Racionalidade	Antropocêntrica	Biocêntrica/ecocêntrica
Natureza	Recurso	Sujeito de direitos
Economia	Crescimento ilimitado; lógica do capital	Desenvolvimento sustentável; lógica dos comuns; limites para o crescimento
Propriedade	Privada; individualista	Social e ecológica; comunitária
Direito e estado	Monistas	Pluralista
Sistema institucional	Estado-nação	Estado ecológico
Fundamentos	Economicismo; antropocentrismo	Sustentabilidade; racionalidade ecológica
Justiça	Tradicional; manutenção dos poderes dominantes	Ecológica; solidariedade intergeracional e interespécies

Fonte: elaborado pelos autores.

O novo coronavírus reforça a era das incertezas, pois grandes são as dúvidas sobre quais serão os próximos acontecimentos para a humanidade e o planeta. Se não houver uma mudança do modelo econômico, novos zoonoses poderão surgir e, consequentemente, epidemias serão constantes em nossa sociedade (ARAGÃO, 2020).

Problemas complexos, como é o caso da pandemia causada pela Covid-19, demandam soluções complexas, o que não é suficiente pelo paradigma dual e excludente, sendo oportuno o princípio sistêmico orientado pelo pensamento complexo. Trata-se da policrise tão retratada por Morin. Nunca a incerteza esteve tão presente.

A realidade está, desde então, tanto no elo quanto na distinção entre o sistema aberto e o seu meio ambiente. Metodologicamente, é difícil estudar os sistemas abertos como entidades isoladas. Teórica e empiricamente, o conceito de sistema aberto abre porta para a Teoria da Evolução que só pode provir das interações de sistemas e ecossistemas, e que, em seus saltos organizacionais mais admiráveis, pode ser concebida como a superação de sistema por um metassistema. Desde esse momento, abre-se a porta para a teoria dos sistemas autoeco-organizadores, eles próprios abertos e, obviamente, dos sistemas vivos (e também rumo à complexidade).

A complexidade surge como dificuldade e incerteza, e não como clareza e resposta. Como se vê, são muitas trocas, simbioses e conexões desenvolvidas. Aos poucos, o que era distante, passa a se aproximar, religam-se saberes, partilham-se vivências, constitui-se a complexidade.

Diante disso, percebe-se que a desaceleração da economia trazida pela pandemia fez regredir a poluição do ar, a concentração de dióxido de carbono, a redução do ruído e uma melhoria na qualidade de vida nas cidades. É uma demonstração de que a mudança nos hábitos de consumo, a redução no uso de combustíveis fósseis e uma nova dinâmica na produção de bens e serviços pode produzir resultados duradouros e benéficos para a humanidade e, melhor ainda, para o planeta.

A Covid-19 expôs, portanto, a vulnerabilidade dos sistemas globais para proteger o meio ambiente, a saúde e a economia, demonstrando que não há soluções individuais para uma crise global. É preciso repensar o relacionamento com a natureza, sendo uma oportunidade de reconstrução da própria humanidade, tendo o Direito Ambiental Ecologizado um papel fundamental para desenhar o novo "normal".

Assim, após a superação da Covid-19, o sistema econômico – que se pretende irreversível – não deve restabelecer o mesmo regime de fomento à desestabilização ecológica. É preciso utilizar a crise sanitária do Coronavírus como um trampolim para combater de fato a mutação ecológica, a partir da ideia de que o planeta Terra conecta todos os seres e a Natureza, tornando-nos um coletivo interdependente, que tem na espécie humana um elemento-chave.

Mudar a maneira com que a humanidade interage com o meio ambiente perpassa por assumir a Ecologização do Direito vigente. O novo ordenamento jurídico deve se fundamentar no valor intrínseco da Natureza e no respeito aos limites planetários, a partir de uma abordagem crítica quanto à atuação humana sobre os sistemas ecológicos, reconhecendo os direitos da Natureza e regulando uma economia ecológica que imponha limites ao crescimento com base na sustentabilidade ecossistêmica.

O Coronavírus mostra que é possível desacelerar e redirecionar o progresso lucrativo que sustenta o *status quo* e, em virtude disso, deve-se abandonar a ideia de que a produção é a única relação que a humanidade tem com o mundo. É hora de observar que a injustiça não reside apenas na má distribuição dos benefícios e dos frutos da economia, mas na própria maneira de obrigar o planeta produzir tais frutos.

A crise e o iminente desastre biológico provocados pela Covid-19 não podem ser tratados como naturais, mas como resultado da atuação irresponsável dos seres humanos diante da Natureza. Desastres são, em verdade, consequências do modelo de desenvolvimento antropocêntrico e não inclusivo escolhido ao longo dos anos. Por isso, não se pode mais considerar exploração e destruição ambientais como uma atuação normal e necessária; e essa é a bandeira que o Direito Ambiental Ecologizado está levantando, pautado por um Estado de Direito Ecológico.

Referências

ACSELRAD, Henri; MELLO, Cecilia Campello do Amaral; BEZERRA, Gustavo das Neves. *O que é justiça ambiental*. Rio de Janeiro: Garamond, 2009.

ALEXY, Robert. *Teoria dos direitos fundamentais*. Trad. Virgílio Afonso da Silva. São Paulo: Malheiros, 2008.

ARAGÃO, A. O estado de direito ecológico no Antropoceno e os limites do planeta. In: LEITE, J. R. M.; DINNEBIER, F. F. *Estado de direito ecológico*: conceito, conteúdo e novas dimensões para a proteção da natureza. São Paulo: Instituto O direito por um Planeta Verde, 2017.

ARAGÃO, Alexandra. *Projeções ambientais sobre o Mundo Pós Covid e a possibilidade de uma nova ordem ecológica internacional*. Disponível em: [www.uc.pt/covid19/documentos/artigoalexandraaragao_140420]. Acesso em: 29 de maio. 2020.

AVILA, Humberto. *Teoria dos princípios*: da definição à aplicação dos princípios jurídicos. 12. ed. São Paulo: Malheiros, 2011.

BARCELLOS, Ana Paula de. *A eficácia jurídica dos princípios constitucionais*: o princípio da dignidade da pessoa humana. Rio de Janeiro, São Paulo: Renovar, 2002.

BAUMAN, Zygmunt. *O mal-estar da pós-modernidade*. Trad. Mauro Gama e Claudia Martinelli Gama. Rio de Janeiro: Jorge Zahar, 1998.

BECK, Ulrick. *La sociedade del riesgo*. Trad. Jorge Navarro. Barcelona: Paidós, 1998.

BELCHIOR, Germana Parente Neiva. *Fundamentos epistemológicos do direito ambiental*. Rio de Janeiro: Lumen Juris, 2017.

BELCHIOR, Germana Parente Neiva. *Hermenêutica jurídica ambiental*. São Paulo: Saraiva, 2011.

BELCHIOR, Germana Parente Neiva; MATIAS, João Luis Nogueira. A função ambiental da propriedade. XVII Congresso Nacional do CONPEDI, 2008, Brasília. *Anais do XVII Congresso Nacional do CONPEDI* – Brasília. Florianópolis: Fundação José Arthur Boiteux. 2008.

BENJAMIN, Antônio Herman. A natureza no direito brasileiro: coisa, sujeito ou nada disso. In: CARLIN, Volnei Ivo (Org.). *Grandes temas de direito administrativo*: homenagem ao Professor Paulo Henrique Blasi. Campinas: Millenium, 2009.

BENJAMIN, Antônio Herman. Constitucionalização do ambiente e ecologização da Constituição brasileira. In: LEITE, José Rubens Morato; CANOTILHO, José Joaquim Gomes (Org.). *Direito constitucional ambiental brasileiro*. 2. ed. São Paulo: Saraiva, 2008.

BENJAMIN, Antônio Herman. Princípio da proibição de retrocesso ambiental. In: SENADO FEDERAL, COMISSÃO DE MEIO AMBIENTE, DEFESA DO CONSUMIDOR E FISCALIZAÇÃO E CONTROLE (Org.). *Princípio da proibição de retrocesso ambiental*. Brasília, 2012. Disponível em: [www.senado.gov.br]. Acesso em: 01.09.2012.

BOFF, Leonardo. *Ethos mundial*: um consenso mínimo entre os humanos. Rio de Janeiro: Record, 2009.

BONAVIDES, Paulo. *Curso de direito constitucional*. 19. ed. São Paulo: Malheiros, 2006.

CAFFERATTA, Néstor. *El rol del derecho ambiental em la lucha contra el coronavirus*. Fundación Expoterra. Disponível em: [https://drive.google.com/file/d/1d1x_4lZN1O6t5nxc-e-DDvYn-9CDuBi2a/view]. Acesso em: 13 abr. 2020.

CANOTILHO, José Joaquim Gomes. *Estudos sobre direitos fundamentais*. Coimbra: Coimbra, 2004.

CAPELLA, Vicente Bellver. *Ecologia*: de las razones a los derechos. Granada: Ecorama, 1994.

CAPRA, Fritjof. *A teia da vida*: uma compreensão científica dos sistemas vivos. São Paulo: Cultrix, 1996.

CAPRA, F.; MATTEI, U. *A revolução ecojurídica*. O direito sistêmico em sintonia com a natureza e a comunidade. São Paulo: Cultrix, 2018.

CAPRA, F.; MATTEI, U. *The ecology of law*: toward a legal system in tune with nature and community. Oakland: Barret-Koheler Publishers, 2015.

CHARLES, Sébastien. *Cartas sobre a hipermodernidade ou o hipermoderno explicado às crianças*. Trad. Xerxes Gusmão. São Paulo: Barcarolla, 2009.

COMISSÃO MUNDIAL SOBRE O MEIO AMBIENTE E DESENVOLVIMENTO. *Nosso futuro comum*. 2. ed. Rio de Janeiro: Fundação Getúlio Vargas, 1991.

CRISTÓVAM, José Sérgio da Silva. *Colisões entre princípios constitucionais*: razoabilidade, proporcionalidade e argumentação jurídica. Curitiba: Juruá, 2006.

DAROS, L. F. *Justiça ecológica e crime internacional*: os limites e as possibilidades do direito no combate ao ecocídio. 2018. Dissertação (Mestrado) – Universidade Federal de Santa Catarina, Florianópolis. 2018.

FALCÃO, Raimundo Bezerra. *Hermenêutica*. São Paulo: Malheiros, 2004.

FENSTERSEIFER, Tiago. *Direitos fundamentais e proteção do meio ambiente*: a dimensão ecológica da dignidade humana no marco jurídico-constitucional do Estado Socioambiental de Direito. Porto Alegre: Livraria do Advogado: 2008.

FERREIRA FILHO, Manoel Gonçalves. *Direitos humanos fundamentais*. São Paulo: Saraiva, 1988.
FREITAS, Vladimir Passos de. *A Constituição Federal e a efetividade das normas ambientais*. 2. ed. São Paulo: Ed. RT, 2002.
GADAMER, Hans-Georg. *Verdade e Método II*. Trad. Enio Paulo Giachini. Petrópolis: Vozes, 2002.
GIDDENS, Anthony. *As consequências da modernidade*. São Paulo: UNESP, 1991.
GORDILHO, Heron José de Santana. *Abolicionismo animal*. Salvador: Evolução, 2008.
HAECKEL, Ernest. *Generelle Morphologie der Organismen*. Berlim: George Reimer, 1866, v. 1.
HEIDEGGER, Martin. *Ser e tempo*. Trad. Márcia de Sá Cavalcante. Parte I.
HESSE, Konrad. *A força normativa da Constituição*. Trad. Gilmar Ferreira Mendes. Porto Alegre: Sergio Antonio Fabris Editor, 2001.
JONAS, Hans. *O princípio da responsabilidade*: ensaio de uma ética para a civilização tecnológica. Rio de Janeiro: Contraponto, PUC-Rio, 2006.
KANT, Immanuel. *Crítica da razão pura*. Trad. Valerio Rohden. São Paulo: Martins Fontes, 2002.
KRELL, Andreas J. *Desenvolvimento sustentável às avessas nas praias de Maceió/AL*: a liberação de espigões pelo Novo Código de Urbanismo e Edificações. Maceió: EDUFAL, 2008.
KOTZÉ, L. J. Reimagining global environmental law and governance in the Anthropocene. *Scientific Contributions Series H*: Inaugural Address n. 252, NWU, 2012.
LATOUR, Bruno. *Imaginar gestos que barrem o retorno da produção pré-crise*. Tradução: Déborah Danowski e Eduardo Viveiros de Castro, 2020. Disponível em: [https://n-1edicoes.org/008-1]. Acesso em: 29 mai. 2020.
LARSEN, G. The Most Serious Crime: Eco-genocide Concepts and Perspectives in Eco-global Criminology. In: ELLEFSEN, R.; SOLLUND, R.; LARSEN, G. *Eco-Global Crimes*: Contemporary Problems and Future Challenges. New York: Routledge, 2016. [Edição digital Kindle].
LEFF, Enrique. *Aventuras da epistemologia ambiental*: da articulação das ciências ao diálogo de saberes. Trad. Silvana Cobucci Leite. São Paulo: Cortez, 2012.
LEFF, Enrique. *Racionalidade ambiental*: a reapropriação social da natureza. Tradução de Luís Carlos Cabral. Rio de Janeiro: Civilização Brasileira, 2006.
LEITE, José Rubens Morato e Ayala, Patryck de Araujo. *Dano ambiental*. 8. ed. Rio de Janeiro: Forense, 2020.
LEITE, José Rubens Morato. *Dano ambiental*: do individual ao coletivo extrapatrimonial. 2. ed. São Paulo: Ed. RT, 2003.
LEITE, José Rubens Morato. Sociedade de risco e Estado. In: CANOTILHO, José Joaquim Gomes; LEITE, José Rubens Morato (Org.). *Direito constitucional ambiental brasileiro*. 2. ed. São Paulo: Saraiva, 2008.
LEITE, José Rubens Morato; FERREIRA, Maria Leonor Paes Cavalcanti Ferreira. As novas funções do Direito Administrativo em face do Estado de Direito Ambiental. In: CARLIN, Volnei Ivo (Org.). *Grandes temas de direito administrativo*: homenagem ao Professor Paulo Henrique Blasi. Campinas: Millenium, 2009.
MARMELSTEIN, George. *Curso de direitos fundamentais*. São Paulo: Atlas: 2008.
MORIN, Edgar; MOIGNE, Jean-Louis Le. *A inteligência da complexidade*. São Paulo: Peirópolis, 2000.
MORIN, Edgar. *Ciência com consciência*. 15. ed. Tradução: Maria D. Alexandre e Maria Alice de Sampaio Doria. Rio de Janeiro: Bertrand Brasil, 2013.
NALINI, José Renato. *Ética ambiental*. 2. ed. Campinas: Millennium, 2003.

NASA. *How the Coronavirus Is (and Is Not) Affecting the Environment*, 2020, tradução livre. Disponível em: [https://earthobservatory.nasa.gov/blogs/earthmatters/2020/03/05/how-the-coronavirus-is-and-is-not-affecting-the-environment]. Acesso em 25 mai. 2020.

ORGANIZAÇÃO PANAMERICANA DE SAÚDE. Folha Informativa – Covid-19 (doença causada pelo novo coronavírus). *Organização Panamericana de Saúde*. Brasília, 5 maio 2020. Disponível em: [www.paho.org/bra/index.php?option=com_content&view=article&id=6101:covid19&Itemid=875]. Acesso em: 06 maio 2020.

ORGANIZAÇÃO MUNDIAL DE SAÚDE. *Novo coronavírus – China, 2020.* Disponível em: [www.who.int/csr/don/12-january-2020-novel-coronavirus-china/en]. Acesso em 20 mai. 2020.

ORGANIZAÇÃO MUNDIAL DA SAÚDE. Coronavirus disease 2019 (Covid-19) Situation Report – 51. *Organização Mundial da Saúde*. Genebra, 11 mar. 2020. Disponível em: [www.who.int/docs/default-source/coronaviruse/situation-reports/20200311-sitrep-51-covid-19.pdf?sfvrsn=1ba62e57_10]. Acesso em: 06 maio 2020.

OST, François. *A natureza à margem da lei*: a ecologia à prova do direito. Lisboa: Piaget, 1997.

OST, François. *O tempo do direito*. Trad. Élcio Fernandes. Bauru: Edusc, 2005.

PEREIRA, Jane Reis Gonçalves. *Interpretação constitucional e direitos fundamentais*: uma contribuição ao estudo das restrições de direitos fundamentais na teoria dos princípios. Rio de Janeiro: Renovar, 2006.

PEREIRA, Maria Fernanda Pires de Carvalho. Sobre o direito à vida e ao meio ambiente frente aos princípios da dignidade da pessoa humana e da razoabilidade. In: ROCHA, Cármen Lúcia Antunes (Coord.). *O direito à vida digna*. Belo Horizonte: Fórum, 2004.

PEREZ LUÑO, Antonio E. *Los derechos fundamentales*. 8. ed. Madrid: Editorial Tecnos, 2005.

PRIEUR, Michel. *Droit de l'environnement*. Paris: Dalloz, 2011.

REGAN, Tom. *Defending animal rights*. Chicago: University of IIlinois Press, 2001.

RODRIGUES, Marcelo Abelha. *Elementos de direito ambiental*: parte geral. 2. ed. São Paulo: Ed. RT, 2005.

ROLSTON, Holmes. Ética ambiental. In BUNNING, N; TSUI-JAMES, E.P. *Compêndio de filosofia*. Trad. Luiz Paulo Rouanet. São Paulo: Edições Loiola, 2007.

ROSSIT, Liliana Allodi. *O meio ambiente de trabalho no direito ambiental brasileiro*. São Paulo: LTr, 2001.

SAMPAIO, José Adércio Leite. Constituição e meio ambiente na perspectiva do direito constitucional comparado. In: SAMPAIO, José Adércio Leite; WOLD, Chris; NARDY, Afrânio (Org.). *Princípios de direito ambiental na dimensão internacional e comparada*. Belo Horizonte: Del Rey, 2003.

SARLET, Ingo Wolfgang. *A eficácia dos direitos fundamentais*. 9. ed. Porto Alegre: Livraria do Advogado, 2007.

SARLET, I. W.; FENSTERSEIFER, T. *Direito constitucional ambiental*: Constituição, direitos fundamentais e proteção do meio ambiente. 4. ed. São Paulo: Ed. RT, 2014.

SERRES, Michel. *O contrato natural*. Rio de Janeiro: Nova Fronteira: 1991.

SILVA, Virgilio Afonso. *Direitos fundamentais*: conteúdo essencial, restrições e eficácia. São Paulo: Malheiros, 2009.

SINGER, Peter. *Libertação animal*. Porto Alegre: Lugano, 2004.

STEINMETZ, Wilson Antônio. *Colisão de direitos fundamentais e princípio da proporcionalidade*. Porto Alegre: Livraria do Advogado, 2001.

SCHLOSBERG, D. Ecological Justice for the Anthropocene. In: WISSENBURG, M.; SCHLOSBERG, D. (Ed.). *Political animals and animal politics*. Basingstoke, UK: Palgrave Macmillan, 2014.

SCHLOSBERG, D. Reconceiving Environmental Justice: Global Movements and Political Theories. *Environmental Politics*, v. 13, n. 3, p. 517-540, 2004.

SCHLOSBERG, D. Theorising environmental justice: the expanding sphere of a discourse. *Environmental Politics*, v. 22, n. 1, p. 37-55, 2013.

WELCOME TO THE ANTHROPOCENE. Disponível em: [www.anthropocene.info]. Acesso em: 29.07.2018.

REPARTIÇÃO DE COMPETÊNCIA LEGISLATIVA E ADMINISTRATIVA EM MATÉRIA AMBIENTAL

EDUARDO FORTUNATO BIM[1]

TALDEN FARIAS[2]

SUMÁRIO: 1. Introdução. 2. Repartição de competências e Estado federativo. 3. Competência em matéria ambiental: legislativa e administrativa. 4. Competência legislativa em matéria ambiental. 4.1. A discussão sobre o *in dubio pro natura*. 5. Competência administrativa em matéria ambiental. 5.1. A competência comum na fiscalização ambiental: princípio da subsidiariedade e benefício de ordem. 5.2. Licenciamento único, sobreposto/múltiplo e o integrado/complexo. 5.3. A mudança do critério pela LC 140/11: abandono do critério de abrangência do impacto para delimitar a competência da União (Lei 6.938/81, art. 10, § 4º, e Resolução Conama 237/97, art. 4º, *caput*). 5.4. As competências comuns ambientais na Constituição e na LC 140/11. 5.5. Atuação supletiva e subsidiária. 5.6. A interpretação restritiva para a aferição de competência em rol taxativo (União e Municípios). 5.7. A inexistência de competência federal em razão da dominialidade do bem e a questão do patrimônio nacional (CF, art. 225, § 4º). 5.8. Competência licenciatória, fiscalizatória e unidades de conservação. 5.9. Da possibilidade de convalidação do licenciamento ambiental conduzido por ente incompetente. 5.10. Da delegação do licenciamento ambiental. 6. Conclusões. 7. Referências bibliográficas.

1. Introdução

É evidente que um dos temas mais conflituosos em matéria ambiental, senão o mais conflituoso de todos, é a repartição de competências (YOSHIDA, 2014, p. 29). Tanto sob o aspecto administrativo ou material, quanto sob o aspecto legislativo, o impasse existe, posto que com a diferenciação entre a competência legislativa e a competência administrativa, estabelecida pela Constituição Federal de 1988 pela primeira vez na história brasileira, este tipo de competência deixou de ser uma consequência daquela.

No que diz respeito especificamente à competência administrativa ambiental, a questão deve ser regulamentada por lei complementar, conforme determina o parágrafo único do artigo 23 da Constituição Federal, o que de fato ocorreu com a edição da Lei Complementar 140/11. Antes prevalecia, de forma distorcida, a competência comum entre os entes federativos, uma vez que não havia uma aplicação efetiva do princípio da

---

1. Doutor em Direito do Estado (USP). Mestre em Direito (Unimep). Especialista em Direito Ambiental (Unimep). Procurador Federal junto ao Ibama.
2. Doutor em Recursos Naturais (UFCG). Doutor em Direito da Cidade (UERJ). Mestre em Ciências Jurídicas (UFPB). Advogado. Professor (UFPB).

subsidiariedade, o que certamente contribuía para aumentar o número de conflitos. Entretanto, embora a lei citada tenha contribuído para solucionar certos problemas, esse assunto ainda abriga muitos conflitos.

Já a repartição da competência legislativa ambiental, está devidamente disciplinada pela Lei Fundamental, prescindindo, em princípio, de uma regulamentação normativa. No entanto, os conflitos permanecem por diversos motivos. Primeiro, porque são vários os tipos de competência legislativa em matéria ambiental, como a exclusiva (art. 25, §§ 1º e 2º), a privativa (art. 22), a concorrente (art. 24) e a suplementar (art. 24, § 2º) (TRENNEPOHL, 2007, p. 62). Depois, porque sob muitos enfoques a competência legislativa incide sobre a competência administrativa, reforçando os atritos entre os entes federativos.

Além do mais, existem conceitos jurídicos indeterminados, como o de normas gerais ou o de interesse local, que devem ser interpretados à luz de uma hermenêutica própria do direito ambiental. O próprio princípio da predominância do interesse, fundamental para a competência legislativa, assume uma acepção específica, na medida em que a todos os entes federativos interessa o meio ambiente ecologicamente equilibrado.

Sendo assim, o presente trabalho se propõe a estudar a repartição da competência legislativa e administrativa em matéria ambiental, procurando contribuir para o estabelecimento de critérios resolutivos no caso de impasses. Isso deverá ser feito de acordo com o sistema de valores estabelecido pela Constituição Federal, mas evidentemente respeitando as especificidades que o direito material ao meio ambiente impõe.

2. Repartição de competências e Estado federativo

Para Celso Ribeiro Bastos (2001, p. 107), competência são os poderes que a lei confere para que cada órgão público possa desempenhar suas atribuições específicas. Toshio Mukai (1999, p. 210) doutrina que competência é a medida de poder que a Constituição ou a lei atribui ao agente público para a prática de determinados atos.

A organização administrativa do Estado brasileiro está diretamente relacionada à distribuição dessas competências. O Brasil adotou o federalismo, que é a forma de Estado que atribui a cada ente federativo uma determinada autonomia política.

Manoel Gonçalves Ferreira Filho (1999, p. 51) afirma que a autonomia administrativa dos entes federativos pressupõe a divisão de competências entre o poder central e os poderes regionais e locais. Na opinião de Lúcia Valle Figueiredo (2004, p. 43), o federalismo é o modelo constitucional que prevê a descentralização do poder em vários centros autônomos coordenados por um poder central que é o responsável pelo exercício da soberania no plano internacional.

O federalismo brasileiro tem como peculiaridade a inclusão dos Municípios como membros (CF, art. 1º, *caput*, c/c art. 18, *caput*). A forma federativa é tão importante para o Estado brasileiro que não poderá ser objeto de proposta de emenda tendente a aboli-la (CF, art. 60, § 4º, I).

No âmago do conceito de federalismo está a repartição de competências entre os entes federativos. Essa repartição é efetuada diretamente pela Constituição ou autorizada por ela.

Alexandre de Moraes (2003, p. 287) ressalta que a adoção da repartição de competências administrativas, legislativas e tributárias é pressuposto da autonomia das entidades federativas e, por consequência, garantia do Estado Federal. Na opinião de José Afonso da Silva (2003, p. 71), a autonomia federativa está fundamentada na existência de órgãos governamentais próprios e na posse de competências exclusivas que a Constituição Federal reconhece à União, aos Estados, ao Distrito Federal e aos Municípios.

A repartição de competências entre os entes federativos segue, em regra, o critério da predominância do interesse. As matérias pertinentes ao interesse nacional serão atribuídas ao ente federal, ao passo que aos entes estaduais e municipais serão deixadas as matérias relacionadas aos interesses regionais e locais.

3. Competência em matéria ambiental: legislativa e administrativa

A Constituição Federal dispõe basicamente sobre dois tipos de competência: a competência administrativa e a competência legislativa. A primeira cabe ao Poder Executivo e diz respeito à faculdade para atuar com base no poder de polícia (preventivo, repressivo ou simplesmente ordenador), ao passo que a segunda cabe ao Poder Legislativo e diz respeito à faculdade para legislar a respeito dos temas de interesse da coletividade.

José Afonso da Silva (2003, p. 75) ressalta que a distribuição de competências entre os entes federativos em matéria ambiental segue os mesmos parâmetros adotados pela Constituição Federal em relação à repartição de competências das outras matérias. Nesse sentido, a competência administrativa é a atribuição que o Poder Executivo tem de proteger o meio ambiente, enquanto a competência legislativa é a atribuição do Poder Legislativo de legislar a respeito de temas ligados ao meio ambiente (FIORILLO, 2003, p. 61-63).

4. Competência legislativa em matéria ambiental

A competência legislativa se subdivide em remanescente, exclusiva, privativa, concorrente, suplementar e reservada. A competência remanescente é estadual e permite a atividade legislativa em relação às matérias não vedadas implícita ou expressamente, estando prevista no § 1º do artigo 25 da Constituição Federal.

A competência exclusiva diz respeito aos Estados e aos Municípios e é reservada unicamente a uma entidade, sem a possibilidade de delegação (CF, arts. 25, § 2º, e 30, I). A competência privativa diz respeito à União e, embora seja própria de uma entidade, pode ser delegada ou suplementada desde que respeitados os requisitos legais (CF, art. 22). É preciso destacar que a competência legislativa privativa da União prevista no artigo 22 e a competência legislativa exclusiva prevista no artigo 25 da Carta Magna, embora tratem em diversos dispositivos da questão ambiental, possuem um caráter mais voltado à gestão administrativa e econômica do que à proteção ambiental propriamente falando.

A competência concorrente é reservada à União, aos Estados e ao Distrito Federal, cabendo à União a primazia de legislar sobre normas gerais (CF, art. 24), sendo, sem dúvida, o maior foco de conflitos. A competência suplementar é aquela que atribui aos Estados, ao Distrito Federal e aos Municípios a faculdade de complementar os princípios e normas gerais ou de suprir a omissão destes (CF, arts. 24, §§ 2º e 3º, e 30, II).

Tércio Ferraz adverte que a competência suplementar é para a edição de legislação decorrente e não de legislação concorrente, e por ser uma legislação de regulamentação seria inconstitucional qualquer concorrência entre a legislação dos Estados e do Distrito Federal e as normas gerais da União. Trata-se de um tipo de competência que deve ser exercido em concordância com as normas gerais da União, e não na ausência delas (FERRAZ JÚNIOR, 1995, p. 250).

Finalmente, a competência reservada é aquela que atribui ao Distrito Federal a competência reservada aos Estados e aos Municípios, excetuada a relativa à organização judiciária (CF, art. 32, § 1º). Na prática, o que predomina em relação à competência legislativa em matéria ambiental é a competência concorrente entre a União e os Estados e o Distrito Federal, cabendo à União a competência para legislar sobre normas gerais e aos Estados e ao Distrito Federal, a competência para suplementar as normas gerais editadas pela União.

Estados e Municípios devem respeitar as normas gerais da União, ainda que elas simplesmente deixem espaço para a regulação administrativa, que, uma vez implementada, também é norma geral. Assim, norma administrativa de alguma agência reguladora ou ministério, por exemplo, é, para fins de competência concorrente, norma geral da União tanto quanto a lei federal que autorizou tal regulação.

As normas gerais expedidas pela União nem sempre são apenas um patamar mínimo de proteção (YOSHIDA, 2014, p. 36-37), mas podem ser o próprio espaço de admissibilidade de uma conduta, tendo o condão de esgotar a matéria ao criar uma situação em que a edição de legislação pelos demais entes seja incompatível com a escolha política das normas gerais.

Limite normalmente ignorado é a tentativa de intervenção, via legislação local, em serviço público do ente territorialmente mais abrangente sob a alegação de estar legislando sobre competência própria. É comum que se refute legislação local sobre o fundamento que ela acaba interferindo em demasia ou mesmo vedando, total ou parcialmente, a autorização da lei geral ou do serviço público, como ocorreu na ADPF-MC 316[3] e nas ADPFs 514 e 516.

Andreas J. Krell critica a possibilidade de o município poder "exacerbar todas as normas ambientais da União e dos estados" porque isso com certeza "significaria também um esvaziamento de decisões políticas das outras entidades estatais, as quais, em certos casos, consideram ainda toleráveis um certo grau de oneração da natureza e, por isso, aparentemente não querem proibir determinados projetos e atividades" (2005, p. 185).

No caso de vácuo legislativo, por parte da União, os Estados e o Distrito Federal podem editar as normas gerais. Os Municípios podem legislar sobre os temas ambientais de interesse predominantemente local, desde que respeitando as normas gerais que tiverem sido editadas pela União ou pelo Estado (competência suplementar).

Assim, a competência concorrente entre União, Estados e Distrito Federal merece ser observada com mais atenção, devendo ser discutida, em um primeiro momento, a questão da competência da União para editar normas gerais e, em um segundo momento, a questão da competência suplementar dos Estados e do Distrito Federal. Em tese, as normas gerais são aquelas diretrizes essenciais que deverão ser suplementadas ou especificadas pela legislação estadual ou distrital, e, caso desçam a detalhes, elas deverão ser consideradas inconstitucionais por invadirem a competência dos Estados e do Distrito Federal (FERREIRA, 1990, p. 96).

---

3. STF, Pleno, v.u., ADPF-MC 316, rel. Min. Marco Aurélio, j. 25.09.2014, DJe 01.12.2014.

Contudo, a expressão "normas gerais" utilizada pelo § 1º do artigo 24 da Constituição Federal é um conceito jurídico indeterminado, e a doutrina e a jurisprudência têm encontrado certa dificuldade no preenchimento de seu conteúdo. Luís Pinto Ferreira (1990, p. 96) pondera que, em vista da dificuldade na delimitação do conceito de normas gerais, têm ocorrido sérios conflitos entre a legislação federal e a legislação estadual e distrital.

Na verdade, as normas gerais devem ser compreendidas como sendo aquelas que dizem respeito a interesses gerais, independentemente da sua especificidade. Poucos interesses podem ser tão gerais quanto o do meio ambiente ecologicamente equilibrado, tendo em vista o seu caráter difuso e a sua indispensabilidade à manutenção da vida e da qualidade de vida.

No entendimento de Álvaro Luiz Valery Mirra (2002, p. 61-63), norma geral é aquela vinculada ao interesse geral e cuja regulamentação seja necessária, em face de uma determinada região ou de todo o território nacional. Ele argumenta que tendo em vista a relação de interdependência entre os inúmeros elementos que compõem o meio ambiente, em virtude da qual uma ruptura localizada de um determinado sistema ambiental pode levar à desorganização de outros sistemas ambientais muito além dos limites territoriais do Município, Estado ou região onde se verificou a ocorrência inicial.

Por conta disso, é preciso ter um cuidado especial em relação às questões ambientais. O que se observa com frequência é que o interesse geral na proteção do meio ambiente recomenda a previsão de normas específicas e bastante detalhadas, destinadas a regulamentar certos assuntos em âmbito nacional, de maneira que nas matérias de interesse coletivo a expressão "normas gerais" adquire um sentido diferenciado. É nesse sentido a opinião de Leonardo Greco (1992, p. 146):

> "Normas gerais não são apenas linhas gerais, princípios ou critérios básicos a serem observados pela legislação suplementar dos Estados. Normas gerais contrapõem-se a normas particulares. A União, nessas matérias, pode legislar com maior ou menor amplitude, conforme queira impor a todo o País uma legislação mais ou menos uniforme. O que a União não pode é legislar sobre assuntos particulares da esfera de interesses ou de peculiaridades dos Estados. Normas gerais são normas uniformes, isonômicas, aplicáveis a todos os cidadãos e a todos os Estados."

Não é necessário que a norma geral abarque todo o território brasileiro, podendo abranger apenas um único ecossistema, uma única bacia hidrográfica ou uma única espécie animal ou vegetal, como entende Paulo Affonso Leme Machado (2001, p. 82). O próprio § 4º do artigo 225 da Constituição Federal corrobora esse entendimento, ao dispor especificamente sobre a proteção da Floresta Amazônica Brasileira, da Serra do Mar, da Mata Atlântica, do Pantanal Mato-Grossense e da Zona Costeira.[4]

Uma das questões que se põe com certa frequência é a da exegese que garanta a melhor proteção ao meio ambiente quando se trata de legislação concorrente. E isso é particularmente preocupante porque ao se focar na melhor proteção do meio ambiente, pode-se esquecer de que há legislação própria e especial, seja ou não sobre matéria ambiental, mas elaborada no espaço deixado pela legislação ambiental norma geral, que permite tal

---

4. Destaque-se, entretanto, que a condição de proteção do § 4º do artigo 225 da CF não implica em competência administrativa, ou seja, não atrai competência da União por si só, devendo ser lida a questão no sistema federativo e na LC 140/11.

atividade. Em diversos casos sobre OGMs isso ficou particularmente claro.[5-6-7] A competência concorrente deve respeitar a licitude da atividade e não criar um ambiente de caos, no qual a desigualdade impere sem razão.

Havendo concorrência entre os tipos de legislação, a específica deve prevalecer, não havendo que se falar em melhor proteção ambiental.[8] Assim, Luís Roberto Barroso doutrina que nesses casos, como acontece entre normas gerais e especiais, "as competências específicas não podem ser inviabilizadas pelo pretenso exercício de competências gerais",

---

5. "[...] 5. A recorrente impetrou mandado de segurança contra ato do Departamento de Produção Vegetal da Secretaria de Agricultura e Abastecimento/RS, que, em 19 de setembro de 1999, procedeu à interdição de unidade agrícola na qual estavam sendo realizados experimentos científicos com soja transgênica. O motivo da interdição repousa na falta de apresentação do EIA/RIMA ao Poder Executivo Estadual, conforme exige o Decreto 39.314/99, que regulamentou a Lei 9.453/91. [...] 8. Ao tempo do ato de interdição, competia ao Poder Executivo Federal, por meio da Comissão Técnica Nacional de Biossegurança (CTNBio), vinculada ao Ministério da Ciência e Tecnologia, autorizar, fiscalizar e controlar os trabalhos de pesquisa científica com OGMs, incluindo soja transgênica, bem assim emitir o Certificado de Qualidade em Biossegurança (CQB) e exigir a apresentação do EIA/RIMA quando fosse necessário (Lei 8.974/95, arts. 7º, II, III, IV, VII e IX, e 10; Decreto 1.752/95, arts. 2º, V, XIV, XV, 11 e 12, parágrafo único). 9. Os estudos de impacto ambiental, conquanto previstos na CF/88, são exigidos, na forma da lei, nos casos de significativa degradação ambiental. No sistema normativo infraconstitucional, o EIA e o RIMA não constituem documentos obrigatórios para realização de experimentos com OGMs e derivados, salvo quando, sob o ponto de vista técnico do órgão federal responsável (CTNBio), forem necessários. 10. O Decreto estadual 39.314/99, muito além de extrapolar os limites da Lei estadual 9.453/91 – pois previu exigência não-contida naquela (apresentação do EIA/RIMA) – e retroagir para alcançar situação de fato pretérita (trabalho científico em curso), não observou o disposto na legislação federal vigente desde 1995, contrariando-a. Por consequência, resta caracterizada a violação do direito líquido e certo da recorrente, consistente em realizar as pesquisas científicas com soja transgênica em Passo Fundo/RS" (STJ, 1ª T., v.u., REsp 592.682/RS, rel. Min. Denise Arruda, j. 06.12.2005, *DJU* 06.02.2006, p. 200).
6. "Ação Direta de Inconstitucionalidade ajuizada contra a lei estadual paranaense de n. 14.162, de 27 de outubro de 2003, que estabelece vedação ao cultivo, a manipulação, a importação, a industrialização e a comercialização de organismos geneticamente modificados. 2. Alegada violação aos seguintes dispositivos constitucionais: art. 1º; art. 22, incisos I, VII, X e XI; art. 24, I e VI; art. 25 e art. 170, *caput*, inciso IV e parágrafo único. 3. Ofensa à competência privativa da União e das normas constitucionais relativas às matérias de competência legislativa concorrente. 4. Ação Julgada Procedente" (STF, Pleno, v.u., ADI 3.035/PR, rel. Min. Gilmar Mendes, j. 06.04.2005, *DJU* 14.10.2005, p. 07).
7. "[...] 2. Seja dispondo sobre consumo (CF, art. 24, V), seja sobre proteção e defesa da saúde (CF, art. 24, XII), busca o Diploma estadual impugnado inaugurar regulamentação paralela e explicitamente contraposta à legislação federal vigente. 3. Ocorrência de substituição – e não suplementação – das regras que cuidam das exigências, procedimentos e penalidades relativos à rotulagem informativa de produtos transgênicos por norma estadual que dispôs sobre o tema de maneira igualmente abrangente. Extrapolação, pelo legislador estadual, da autorização constitucional voltada para o preenchimento de lacunas acaso verificadas na legislação federal" (STF, Pleno, v.u., ADI 3.645/PR, rel. Min. Ellen Gracie, j. 31.05.2006, *DJU* 01.09.2006, p. 16).
8. Essa sobreposição legislativa pode ocorrer entre uma norma específica da competência privativa e outra catalogação mais geral da competência concorrente, como no seguinte caso julgado pelo STF: "[...] 3. A regra que confia privativamente à União legislar sobre 'sistema monetário' (art. 22, VI) é norma especial e subtrai, portanto, o Direito Monetário, para esse efeito, da esfera material do Direito Econômico, que o art. 24, I, da Constituição da República inclui no campo da competência legislativa concorrente da União, dos Estados e do Distrito Federal" (STF, 1ª T., v.u., RE 291.188/RN, rel. Min. Sepúlveda Pertence, j. 08.10.2002, *DJU* 14.11.2002, p. 33).

não sendo razoável que outros entes, "invocando competências genéricas, pretendam inviabilizar ou onerar excessivamente o exercício de competências específicas cometidas à esfera de governo diversa."[9] Isso fica ainda mais evidente quando se trata da intersecção da legislação privativa da União com a concorrente dos demais entes federativos (SARLET; FENSTERSEIFER, 2013, p. 68), caso no qual há presunção de que a legislação federal esvazia o espaço da intervenção legislativa local.

Floriano de Azevedo Marques Neto, ao colocar o regramento uniforme em todo território nacional como a *ratio* da competência privativa, doutrina sobre a necessidade de os serviços públicos terem marco regulatório único, vedando a interferência de outros entes federativos.[10] Parece ser o entendimento de Fernando Dias Menezes de Almeida, que faz uma ressalva conceitual na questão da competência legislativa: "quando a Constituição prevê competência legislativa privativa por matéria, compreende-se que o ente competente esgote o tratamento da matéria em questão."[11]

Em outras palavras, não é porque a norma ambiental local pode ser mais restritiva ou ampliativa que ela será válida, que ela será autorizada pela norma geral da União. A norma federal pode ter regulamentado toda a matéria e, se se tratar de competência privativa da União, essa deve ser a presunção: o padrão federal deve ser único, vedando que outros entes tratem do assunto. Não é uma questão de negar a existência de interesse local, que sempre existirá, mas de reconhecer que está em jogo um interesse preponderante maior, o nacional, motivo pelo qual a Constituição atribuiu tal competência à União, privativamente; estar-se-ia diante da predominância do interesse nacional, certificado expressamente pela Constituição.

A ADI 3645 foi julgada procedente, derrubando lei estadual em questão associada à OGM, porque a questão transcende o âmbito meramente local, tendo, portanto, âmbito nacional. Não por outro motivo, ao tratar da predominância de interesse, Luís Roberto Barroso destacou que os "serviços públicos de interesse nacional, como parece óbvio, exigem estrutura também de vulto nacional, com soluções técnicas e econômicas de larga

---

9. BARROSO, Luís Roberto. Federação, transportes e meio ambiente: interpretação das competências federativas. In: TAVARES, André Ramos; LEITE, George Salomão; SARLET, Ingo Wolfgang (Orgs.). *Estado Constitucional e Organização do Poder*. São Paulo: Saraiva, 2010. p. 487.

10. "Desnecessário lembrar que (à exceção do transporte coletivo de passageiros intramunicipal, cuja circunscrição local está patente já no próprio nome) todos os serviços públicos que envolvem transporte (deslocamento espacial de bem, sinal, pessoas ou coisas) são titularizados pela União. Não é gratuito, portanto, que transporte rodoviário interestadual (artigo 21, XII, *e*), navegação aérea (artigo 21, XII, *c*), transporte ferroviário (artigo 21, XII, *d*) e mesmo aquaviário (artigo 21, XII, *d*), entre outros, são atribuídos pela Constituição à União (competência material). É porque o tratamento regulatório (do qual a outorga é parte essencial) não pode ser fragmentado, pulverizado, sob pena de comprometimento do princípio federativo. Ora, se a competência legislativa para trânsito e transporte é exclusiva da União e se a tal competência material para implementar todos os serviços públicos correlacionados a esses temas, quando de âmbito nacional, foi reservada à União (artigo 21 da CF), não seria razoável que uma atividade não referida na Constituição (ITV) recebesse tratamento legal distinto e fosse remetida à competência Estadual" (MARQUES NETO, Floriano de Azevedo. Aspectos jurídicos enredados na implantação do programa de inspeção veicular. *Revista de Informação Legislativa*, Brasília, a. 38, n. 151, jul./set. 2001. p. 185).

11. ALMEIDA, Fernando Dias Menezes de. Competências legislativas e analogia: breve ensaio a partir de decisões judiciais sobre a aplicação do art. 54 da Lei 9.784/99. Revista da Faculdade de Direito da Universidade de São Paulo, São Paulo, v. 102, jan./dez. 2007. p. 362.

escala, capazes de fazer frente às necessidades de todo o país, o que justifica sua atribuição à União", estando os serviços ferroviários enquadrados nessa circunstância.[12]

Por isso, não apenas em atividades monopolizadas pela União se aplica unicamente a norma federal, afastando as ambientais concorrente, como entende Consuelo Yoshida,[13] mas essa concepção se estende à competência privativa em geral, ainda que não sujeita ao regime de monopólio.

O caso concreto fornecerá a resposta sobre qual legislação prevalecerá ou eventualmente de como harmonizá-las, mas a legislação local ou estadual não pode pôr em xeque a federal ou a estadual.

Como corretamente doutrinaram Fabiana da Silva Figueiró e Suzane Girondi Colau, a análise de diversas decisões do Supremo Tribunal Federal "corrobora o entendimento de que a opção pela norma mais restritiva não representa a melhor técnica com vistas à resolução de conflitos normativos em sede ambiental".[14]

Paulo de Bessa Antunes é categórico ao dizer que não existe base constitucional para a afirmação de que se aplique a norma mais restritiva ou protetiva do meio ambiente.

> "Não há qualquer base legal ou constitucional para que se aplique a norma mais restritiva. A ordem jurídica, como se sabe, organiza-se em uma escala hierárquica, encimada pela Constituição Federal, que, dentre outras coisas, dispõe sobre a competência dos diversos organismos políticos e administrativos que formam o Estado. *Pouco importa que uma lei seja mais restritiva e, apenas para argumentar, seja mais benéfica para o meio ambiente se o ente político que a produziu não é dotado de competência para produzi-la.* A questão central que deve ser enfrentada é a que se refere à competência legal do órgão que elaborou a norma.[15]"

Conforme explica o magistrado Paulo Afonso Cavichioli Carmona:

> "Há que se afastar a ideia sem qualquer base legal ou constitucional que sustenta a aplicação da norma mais restrita, ou seja, aquela que, em tese, mais protegeria o meio ambiente. Não bastasse a dificuldade de, diante de diversos casos concretos, estabelecer qual é a norma mais restrita, a CF, em nenhum momento, adotou tal critério.[16]"

A questão é tratada de modo mais detalhado por Andreas Joachim Krell, que chega mesmo a mencionar diversas tentativas rejeitadas na Constituinte para impor a prevalência da lei mais restritiva ou protetiva, em tópico intitulado "Há preferência geral pela norma ambiental 'mais restritiva'?".[17]

---

12. BARROSO, Luís Roberto. Federação, transportes e meio ambiente: interpretação das competências federativas. In: TAVARES, André Ramos; LEITE, George Salomão; SARLET, Ingo Wolfgang (Orgs.). *Estado Constitucional e Organização do Poder*. São Paulo: Saraiva, 2010. p. 494.
13. YOSHIDA, Consuelo Yatsuda Moromizato. Rumos do federalismo cooperativo brasileiro na tutela estatal ambiental: excessos e busca de equilíbrio e integração dos entes federativos. *Revista da Procuradoria Geral do Estado de São Paulo*, n. 73-74, jan./dez. 2014, nota 5. p. 107.
14. FIGUEIRÓ, Fabiana da Silva; COLAU, Suzane Girondi. Competência legislativa ambiental e aplicação da norma mais restritiva como forma de resolução de conflitos: uma análise crítica. *Veredas do Direito*, Belo Horizonte, v. 11, n. 21, jan./jun. 2014. p. 271-272.
15. ANTUNES, Paulo de Bessa. *Direito Ambiental*. 18. ed. 2016. p. 116-117. Destaques no original.
16. CARMONA, Paulo Afonso Cavichioli. *Das normas gerais*: alcance e extensão da competência legislativa concorrente. Belo Horizonte: Fórum, 2010. p. 108-109.
17. KRELL, Andreas Joachim. Autonomia municipal e proteção ambiental: critérios para definição das competências legislativas e das políticas locais. In: KRELL, Andreas J. (Org.). *A aplicação do direito ambiental no estado federativo*. Rio de Janeiro: Lumen Juris, 2005. p. 183-184. Destaques no original.

A questão das normas ambientais na competência concorrente deve ocorrer com base na divisão constitucional de competências, não com base em critério material, como se verá adiante com o *in dubio pro natura*. Como argutamente observou Anizio Pires Gavião Filho, a construção do *in dubio pro natura* encontra objeções insuperáveis:

> "O decisivo é que ela parece desprezar a distinção entre inconstitucionalidade formal e material, pois o critério da prevalência pela norma mais favorável à proteção do ambiente, orientado pelo princípio *in dubio pro natura*, tem fundamentação material e nada tem com a discussão de delimitação de competência entre a União e Estados.[18]"

Como destacou Marcos Abreu Torres, o primeiro motivo para não se reconhecer a existência de um cânone hermenêutico da prevalência da norma ambiental mais protetiva ou restritiva é a ausência de qualquer orientação constitucional nesse sentido, com sua rejeição na Constituinte.[19] Dito de outra forma, "não dá para aceitar a aplicação de um critério que foi rejeitado pelo poder constituinte originário e que desvirtuaria a *ratio constitucionale*. [...] o critério solucionador do conflito não é de ordem material, mas sim formal, de competência".[20]

A vedação de se admitir uma amplitude para critérios decisórios de conflitos pode residir na forma do que foi legislado no âmbito da competência concorrente, não propriamente do assunto em si.

Isso não significa, como visto, que a legislação concorrente pode afrouxar os limites mínimos da norma geral; há um dever de trabalhar dentro de suas balizas. Entretanto, a palavra ambiental, matéria também constante da competência concorrente, não pode ser um salvo-conduto para impor qualquer legislação mais restritiva, ou ampliativa, em termos de proteção ambiental. Algumas normas somente podem ser implementadas pela União, ainda que mediante resoluções do Conama, e não pelos Estados ou Municípios.

Dessa forma, no caso único de a Constituição Federal ter sido desrespeitada, é que os Estados e o Distrito Federal não deverão obediência à norma geral editada pela União. Com relação à competência legislativa concorrente em matéria ambiental, é importante dizer que as normas gerais editadas pela União podem ser complementadas pelos Estados e pelo Distrito Federal, restando aos Municípios a competência para legislar sobre assuntos de interesse predominantemente local, de modo a se adequar à legislação federal e à legislação estadual.

O resultado disso é que o Estado e o Distrito Federal não podem contrariar as normas gerais editadas pela União, da mesma forma que os Municípios devem se coadunar às normas gerais editadas pela União e pelos Estados, no caso de omissão federal (MUKAI, 2002, p. 21).[21]

Os Estados e o Distrito Federal podem editar normas gerais em matéria ambiental se a lei federal for omissa, o que também pode ocorrer com os Municípios se inexistir

---

18. GAVIÃO FILHO, Anizio Pires. *Direito fundamental do ambiente*. Porto Alegre: Livraria do Advogado, 2005. p. 84.
19. TORRES, Marcos Abreu. *Conflitos de normas ambientais na federação*. Rio de Janeiro: Lumen Juris, 2016. p. 142.
20. TORRES, Marcos Abreu. *Conflitos de normas ambientais na federação*. Rio de Janeiro: Lumen Juris, 2016. p. 143.
21. MUKAI, Toshio. *Direito ambiental sistematizado*. 4. ed. 2002. p. 21.

norma geral federal ou estadual sobre o mesmo tema (CF, arts. 24, I, VI e VII, e 30, I e II). Como a norma geral em matéria ambiental pode ser bastante detalhada e precisa, a exemplo do tratamento da área de preservação permanente e da reserva legal no Código Florestal, é possível que a edição de normas suplementares seja desnecessária, posto que não tem sentido suplementar uma norma geral que prescinde de suplementação de tão específica que é.

Por isso, Luís Carlos Silva de Moraes (2004, p. 56) pondera que por ser a generalidade a característica da norma jurídica, decorrendo daí a sua aplicabilidade a todos, somente se deverá aceitar a complementação da norma por uma legislação mais específica quando isso for realmente necessário para a proteção do bem jurídico em questão.[22] Em face disso, uma norma somente deve ser suplementada quando houver realmente necessidade de adaptar a regra geral às situações de fato, para que o bem jurídico em questão possa ser efetivamente protegido.

A aplicação de uma mesma norma ambiental pode ocorrer de forma diferenciada a depender da região ou do lugar em questão, posto que um determinado Estado ou certo Município poderão sentir a necessidade de suplementar uma norma geral ambiental, ao passo que outro não, de acordo com as peculiaridades de cada ente federativo. Na verdade, mesmo dentro de um mesmo Estado, ou mesmo dentro de um Município, a norma geral pode ser aplicada de forma diferenciada, visto que esta poderá ser suplementada apenas em relação a determinada região ou localidade que, por já estar excessivamente degradada ou por abrigar sítios de relevante valor ambiental, requer uma proteção especial.

Quanto à competência legislativa dos Municípios, inexiste consenso em relação ao conceito e abrangência da expressão "assuntos de interesse local", de maneira que essa indefinição pode gerar perplexidade, ao promover situações ambíguas nas quais se misturam interesses locais e regionais (BASTOS, 1990, p. 319-320). Se já é difícil definir o que é um interesse meramente local, em se tratando de matéria ambiental essa delimitação se torna praticamente impossível, visto que uma das principais características do dano ambiental é a sua não restrição a um determinado espaço ou território.

De qualquer forma, seria realmente um contrassenso que o interesse local de um Município se confrontasse com o interesse de toda uma coletividade, revelado na manutenção da vida e da qualidade de vida decorrentes do equilíbrio dos ecossistemas. Tanto o interesse local quanto o interesse regional e nacional convergem para o mesmo sentido, buscando promover a defesa do meio ambiente, apenas devendo ser respeitadas as peculiaridades de cada âmbito de atuação.

---

22. Esse mesmo autor cita o exemplo da Lei 8.723/97, que estabelece os limites de emissão de poluição atmosférica: "Pela localização geográfica de uma região (ex.: planalto), os gases concentram-se na região, sendo a dispersão bem vagarosa, ou seja, *mesmo obedecendo as regras gerais de controle*, aquela região tem índices de poluição acima do esperado. Comprovado que a regra geral não consegue proteger satisfatoriamente o bem jurídico (ar – meio ambiente), *em razão da peculiaridade físico-química do local*, o ente federativo regional ou local pode estabelecer regras complementadoras àquela geral, *com a mesma finalidade*, até o estágio suficiente para a adequação do ar" (MORAES, 2004, p. 57. Destaques no original).

4.1. A discussão sobre o in dubio pro natura

Deve-se ter cautela na afirmação de que, nas hipóteses em que as noções de norma geral e especial não sejam claras o suficiente para a solução de conflitos envolvendo a aplicação de normas da União e dos Estados, deve prevalecer, no caso concreto, a norma que melhor garanta a efetividade do direito fundamental tutelado, dando-se preferência àquela mais restritiva sob a ótica da preservação da qualidade ambiental (*in dubio pro natura*).[23]

O meio ambiente ecologicamente equilibrado é direito expressamente previsto em nossa Constituição (art. 225, *caput*), mas isso não resulta em nenhuma supremacia em relação aos demais direitos previstos em nosso ordenamento. Como visto, considerações ambientais não devem subjugar as demais no licenciamento ambiental e não é correto afirmar que a solução que apresente o menor impacto ambiental será a melhor escolha. Assim, não surpreende que a Suprema Corte estadunidense (*Baltimore Gas & Electric Co. v. NRDC*, 1983) afaste-se da superestimação das preocupações ambientais sobre outras considerações.

Essa superioridade *prima facie* do meio ambiente em relação aos demais direitos deve ser rechaçada, porque não existe nenhuma norma que a ampare. O bem ecológico não está em posição superior em nossa Constituição.[24] Ao contrário, está integrado ao conceito de ordem econômica, fundada na valorização do trabalho humano e na livre iniciativa (CF, art. 170, VI), não havendo que se falar em supremacia de um sobre outro ou mesmo sobre os demais direitos garantidos na Constituição. Como doutrinou Paulo Affonso Machado Leme, ao comentar decisão da Corte Permanente de Arbitragem (*Iron Rhine Railway – IJzeren Rijn*) de 2005, não existe superioridade entre o direito ambiental e o direito ao desenvolvimento, "mostrando que devem ser sopesados equitativamente nas decisões tanto o meio ambiente como a economia."[25]

Em suma, existe uma tendência no direito ambiental de sobrelevar o seu objeto diante de outros concorrentes, que se manifesta sobre bandeiras diferentes como o *in dubio pro*

---

23. "Pelos já citados §§ 1º e 4º do art. 24, pelo art. 225 da Constituição, bem como pela indefinição do que seja norma especial, deve-se, *fortiori ratione*, fixar como diretriz exegética que os eventuais conflitos, nos quais a noção de norma geral e especial não seja suficiente, devem ser resolvidos pela prevalência da norma que melhor defenda o direito fundamental tutelado, por tratar-se de preceito constitucional (lei nacional) que se impõe à ordem jurídica central ou regional (*in dubio pro natura*). Assim, o princípio *in dubio pro natura* deve constituir um princípio inspirador da interpretação. Isto significa que, nos casos em que não for possível uma interpretação unívoca, a escolha deve recair sobre a interpretação mais favorável ao meio ambiente. Fica assim solucionado o conflito em função da maior restritividade da legislação federal ou estadual, caso não se possa distinguir com clareza que se trata de normas específicas ou gerais [...]. Assim, teleologicamente, assegura-se a possibilidade de norma estadual estabelecer proibições, onde a lei federal permita, bem como que a lei federal estabeleça patamares mínimos de proteção ambiental a serem observados em todo o País, dando-se efetividade à proteção ambiental e ao desenvolvimento auto-sustentável" (FARIAS, 1999, p. 356).
24. GUEDES, Rogério Pereira. A tênue estabilidade da licença ambiental: uma ponderação sem supremacias. In: SOUSA, José Péricles Pereira de (Org.). *Jurisdição constitucional e direitos fundamentais*: estudos em homenagem a Jorge Reais Novais. Belo Horizonte: Arraes Editores, 2015. p. 258-259.
25. Parecer Jurídico apresentado nos autos dos Recursos Especiais 1.596.081/PR e 1.602.106/PR (p. 20).

natura ou *ambiente*.[26] Rogério Pereira Guedes critica esse uso de fórmulas apriorísticas, como o *in dubio pro ambiente*, com as seguintes palavras:

> "A fixação do ônus argumentativo não tem como ser determinado segundo qualquer dos princípios que levem a fórmula *in dubio*. Primeiramente pela impossibilidade de se determinar, de partida, qual o valor a ser escolhido como de maior peso, pois todos os direitos fundamentais, em abstrato, possuem o mesmo valor. Em segundo lugar, entendemos que a fixação do ônus argumentativo deve ser objeto de ponderação.
>
> Primeiramente, cabe ao legislador realizar a ponderação e, por meio de lei, fixar o ônus argumentativo. Caso não haja norma legal que possa ser aplicada ao caso concreto, o ônus cabe àquele que detenha as melhores condições para apresentar a justificação, não podendo ser utilizado qualquer critério com base em hierarquização de valores constitucionais, pois não há como extrair qualquer escalonamento hierárquico dos seus valores.[27]"

Em primeiro lugar, conseguir uma interpretação unívoca é praticamente impossível,[28] ainda mais com o agravante da onda pós-positivista que assola o país. Em segundo lugar, raramente haverá apenas conflitos entre normas ambientais, sendo precipitado dar mais peso ao meio ambiente, mormente, terceira razão, quando pode haver critério de especialidade entre elas, com a ingerência, por exemplo, em serviços públicos mantidos pelo ente que editou a norma geral, quando não alguma privativa (ADPF-MC 316,[29] ADPF 514 e 516).

---

26. "Com o aumento das demandas do Estado, surgirão defensores nos mais variados valores e cada um levantará uma bandeira diferente, passando-se da ideia inicial de *in dubio pro libertate* para as possibilidades de *in dubio pro libertate, in dubio pro ambiente, in dubio pro autorictate legislatoris, in dubio pro securitate* e *in dubio pro salute publica*" (GUEDES, Rogério Pereira. A tênue estabilidade da licença ambiental: uma ponderação sem supremacias. In: SOUSA, José Péricles Pereira de (Org.). *Jurisdição constitucional e direitos fundamentais*: estudos em homenagem a Jorge Reais Novais. Belo Horizonte: Arraes Editores, 2015. p. 265).

27. GUEDES, Rogério Pereira. A tênue estabilidade da licença ambiental: uma ponderação sem supremacias. In: SOUSA, José Péricles Pereira de (Org.). *Jurisdição constitucional e direitos fundamentais*: estudos em homenagem a Jorge Reais Novais. Belo Horizonte: Arraes Editores, 2015. p. 265-266.

28. "Constitucional. Ação direta. Liminar. Obra ou atividade potencialmente lesiva ao meio ambiente. Estudo prévio de impacto ambiental. Diante dos amplos termos do inc. IV do par. 1. do art. 225 da Carta Federal, revela-se juridicamente relevante a tese de inconstitucionalidade da norma estadual que dispensa o estudo prévio de impacto ambiental no caso de áreas de florestamento ou reflorestamento para fins empresariais. Mesmo que se admitisse a possibilidade de tal restrição, a lei que poderia viabilizá-la estaria inserida na competência do legislador federal, já que a este cabe disciplinar, através de normas gerais, a conservação da natureza e a proteção do meio ambiente (art. 24, inc. VI, da CF), não sendo possível, ademais, cogitar-se da competência legislativa a que se refere o par. 3. do art. 24 da Carta Federal, já que esta busca suprir lacunas normativas para atender a peculiaridades locais, ausentes na espécie. Medida liminar deferida" (STF, Pleno, v.u., ADI-MC 1.086/SC, rel. Min. Ilmar Galvão, j. 01.08.1994, DJU 16.09.1994, p. 42.279). Posteriormente confirmada no mérito: STF, Pleno, v.u., ADI 1.086/SC, rel. Min. Ilmar Galvão, j. 07.07.2001, DJU 10.08.2001, p. 2.

29. "[...] Serviços portuários e regime dos portos – artigos 21, inciso XII, alínea "F", E 22, inciso X, da Carta da República – Competência material e legislativa da União – Lei municipal restritiva – Violação de preceito fundamental – Pacto federativo. De início, surge contrário ao preceito fundamental da Federação lei municipal restritiva de operações comerciais em área portuária ante a competência da União para, privativamente, legislar sobre o regime dos portos e explorar, diretamente ou mediante autorização, concessão ou permissão, tais atividades. Liminar referendada" (STF, Pleno, v.u., ADPF-MC 316, rel. Min. Marco Aurélio, j. 25.09.2014, *DJe* 01.12.2014).

Da mesma forma que não se pode falar *in dubio pro natura*, não se poderia falar em *in dubio pro* saúde, propriedade, livre iniciativa, saneamento básico, direito ao desenvolvimento etc.

Essa ausência de fundamento jurídico fica clara na suposta base do *in dubio pro natura*, que residiria no princípio da precaução, sendo um "às na manga do intérprete ecológico" para ser usado como "forma de garantir o mínimo existencial ecológico, especialmente na colisão do direito ao meio ambiente com outros direitos fundamentais".[30]

Por isso, ainda que se defenda que a finalidade do *in dubio pro natura* consiste em é melhor errar procurando defender o meio ambiente do que correr riscos ambientais em favor de interesses particulares (RIOS, 2002, p. 50), raramente se estará perseguindo apenas interesses particulares, havendo outros direitos humanos envolvidos. Assim, corre-se o risco de errar em detrimento de outros direitos fundamentais, sendo maniqueísmo simplório achar que de um lado está o meio ambiente e de outro apenas interesses particulares.

Ademais, conferir primazia ao meio ambiente em detrimento de outros direitos igualmente constitucionais e/ou fundamentais é inegavelmente um grave equívoco hermenêutico que mesmo um jurista ambiental deve evitar.

Canotilho (2013, p. 283) evita a radicalização dicotômica ao doutrinar que, no plano estritamente hermenêutico-constitucional, deve-se partir do ponto heurístico de que as normas constitucionais "devem interpretar-se sob reserva de outras normas constitucionais colidentes."[31] Depois de ressaltar que a Constituição "não elege qualquer um dos direitos nela consagrados a 'direito fundamental supremo'", não sendo "possível demonstrar que um direito é supremo relativamente a outro em qualquer condição ou circunstância", doutrina o jurista português: "não basta proclamar a jusfundamentalidade própria do direito ao ambiente do direito à saúde ou do direito à qualidade de vida para, sem qualquer esforço de argumentação e de ponderação, proclamar o seu caráter preferente e absoluto."[32] Não pode haver princípios absolutos, com sacrifícios de outros igualmente previstos na Constituição, sob pena de ofensa ao princípio da unidade hierárquico-normativa da Constituição.[33]

Com precisão ímpar, Ingo Sarlet e Tiago Fensterseifer lecionam (2013, p. 86):

"É nesse cenário que se insere a discussão a respeito da prevalência ou não da legislação que conferir maior proteção ambiental. Em primeiro lugar, é importante assinalar a necessidade de racionalização

---

30. BELCHIOR, Germana Parente Neiva; LEITE, José Rubens Morato. O estado de direito ambiental e a particularidade de uma hermenêutica jurídica. *Seqüência: estudos jurídicos e políticos*, n. 60, Florianópolis: UFSC. p. 310. Cf., sobre o princípio da precaução ser a base do *in dubio pro natura*, BELCHIOR, Germana Parente Neiva. *Fundamentos epistemológicos do direito ambiental*. 2015. fls. 306. Tese (Doutorado) – Faculdade de Direito, UFSC, Florianópolis, 2015. p. 200. J. Russo e R. O. Russo entendem da mesma forma, citando, como reforço, o posicionamento do Tribunal Constitucional (Sala Constitucional) da Costa Rica (1995, Voto 5893-95), que, além da precaução e prevenção, o princípio *in dubio pro natura* pode extrair-se, analogicamente, de outros ramos do Direito e que está, como um todo, de acordo com a natureza (RUSSO, J.; RUSSO, Ricardo O. In dubio pro natura: um principio de precaución y prevención a favor de los recursos naturales. *Tierra Tropical: sostenibilidad, ambiente y sociedad*, Guácimo, CR: Universidad Earth, a. 5, v. 1, 2009. p. 76-77).
31. CANOTILHO, 2013a, p. 283.
32. CANOTILHO, 2013b, p. 37.
33. CANOTILHO, 2013c, p. 1.182-1.183.

do debate, haja vista que qualquer propensão a uma análise "fundamentalista" da questão, com o intuito de assinalar uma prevalência absoluta à norma ambiental mais protetiva, estará em confronto com o nosso sistema constitucional, tendo em conta especialmente que não há como se afirmar a prevalência de determinados direitos (mesmo em se tratando de direitos fundamentais) de forma abstrata, sem a devida contextualização e análise concreta, até porque o direito ao ambiente sadio e equilibrado não é o único direito constitucional que a assume a condição de direito (e dever) fundamental."

Por isso, é salutar o escólio de Andreas J. Krell (2005, p. 196), para quem "em caso de conflito entre normas municipais, estaduais e federais sobre o mesmo assunto ligado à proteção ambiental, não existe um 'princípio' universal da prevalência da norma mais restritiva (mais protetora); cada caso deve ser resolvido na base do sistema constitucional de competências." Cita que na Constituinte "foram rejeitadas várias propostas que tiveram por objetivo fazer vigorar sempre o dispositivo legal 'que mais proteja o meio ambiente', não importando se ele fosse federal, estadual ou municipal" (2005, p. 183).

O uso da fórmula *in dubio pro natura* nada mais faz do que criar uma preferência inexistente e inaceitável em nosso ordenamento jurídico, descarregando um ônus argumentativo desproporcional em quem o desafia. O efeito nefasto é livrar o decisor de ponderar os direitos em jogo e fundamentar concretamente sua decisão, uma vez que tem a fórmula vazia à mão que resolve a dúvida entre valores conflitantes sempre a favor do meio ambiente. Em outras palavras, inova-se no ordenamento jurídico ao criar regra, extrapolando a função de aplicação da lei que deve orientar o Executivo e o Legislativo.

Outro efeito indesejado subsiste: o de transparecer a não necessidade de investigação de quem é o ente federativo competente para determinada legislação, bastando para tal invocar plástico e amigável *pro natura* ao menor sinal de dificuldade em determinar o ente competente, o que é uma constante no federalismo cooperativo como o brasileiro, que tem três esferas. A questão das normas ambientais na competência concorrente deve ocorrer com base na divisão constitucional de competências, não com base em critério material como o *in dubio pro natura*, como visto anteriormente.

Ademais, o fato de se "latinizar" uma ideia não a transforma em aforismo ou brocardo jurídico,[34] muito menos em norma, acrescenta-se, ainda mais em princípio jurídico apto a ser panaceia quando em jogo valores ambientais, o que é criticado pela doutrina ao catalogar o atual direito público como ambiente de geleia geral, porque princípios vagos são capazes de justificar qualquer decisão.[35]

Essas foram as ideias cristalizadas em parecer da PFE-Ibama:

"[...] II – Inviabilidade, ainda, de aplicação *in dubio pro natura* (ou ambiente) pela igual tutela de todos os bens constitucionais, não sendo o valor ecológico considerado um valor absoluto, ao qual todos os demais devam se subordinar (Miguel Reale), ou um direito fundamental supremo (Canotilho), impossibilidade de haver superestimação das preocupações ambientais sobre outras considerações (*Baltimore Gas & Electric Co. v. NRDC* – 1983), bem como no fato de se "latinizar" uma ideia não a transforma em aforismo ou brocardo jurídico, motivo pelo qual o *in dubio pro natura* é desprovido

---

34. JUNOY, Joan Picó. Iudex iudicare debet secundum allegata et probata, nin secundum conscientiam: storia della erronea citazione di un brocardo nella dottrina tedesca e italiana. *Rivista di Diritto Processuale*, Milano: CEDAM, a. 62, n. 6, 2007. p. 1518.
35. SUNDFELD, Carlos Ari. *Direito administrativo para céticos*. São Paulo: Malheiros, 2012. p. 60; LIMA, Rafael Bellem de. *Regras na teoria dos princípios*. São Paulo: Malheiros, 2014. p. 19.

de fundamentação jurídica (Barroso). A construção do *in dubio pro natura* encontra objeção insuperável ao ignorar a distinção entre inconstitucionalidade formal e material, uma vez que o critério da prevalência pela norma mais favorável à proteção do ambiente, orientado pelo princípio *in dubio pro natura*, tem fundamentação material e nada tem com a discussão de delimitação de competência entre a União e Estados (Gavião Filho).[36"]

Apenas para argumentar, ainda que se considerasse o *in dubio pro natura* um princípio jurídico, não se pode ignorar que, na teoria dos princípios, superar uma regra demanda ônus argumentativo superior ao que é exigido pela não satisfação de um princípio no caso concreto, bem como que os princípios não são normas mais importantes, abstratas ou vagas do que as regras.[37]

A busca pelos critérios de prevalência tem que ocorrer nas normas do sistema constitucional de competências, não em normas que não pertençam a ele, como em constituições estaduais e leis em geral. Mesmo que se deseje um contínuo implemento dos direitos fundamentais, como o direito ao meio ambiente ecologicamente equilibrado, ainda há a concorrência de todos os demais direitos fundamentais, impossibilitando uma visão apriorística.

5. Competência administrativa em matéria ambiental

A competência administrativa em matéria ambiental engloba tanto a atividade autorizativa em sentido amplo (licenciamento e autorização ambientais), quanto a atividade de fiscalização.

Indubitavelmente, o ponto mais profícuo para conflitos ambientais são as questões de competência administrativa em matéria ambiental, tanto para licenciar/autorizar, quanto para fiscalizar. Por isso, é fundamental compreender os diversos critérios que guiam a resolução desses problemas relacionados à competência, superando mitos e má compreensão da matéria.

A primeira questão é a de como se exerce a competência comum ambiental. Para tanto será analisado primeiro a questão em relação à fiscalização, depois em relação ao licenciamento ambiental, que engloba outras autorizações ambientais.

5.1. A competência comum na fiscalização ambiental: princípio da subsidiariedade e benefício de ordem

Havendo competência comum para se proteger o meio ambiente (CF, art. 23), criou-se um mito de que todas as três esferas federativas tinham dever de tutelar o bem protegido sem qualquer "benefício de ordem" entre elas. Dessa forma, qualquer uma das três esferas podia ser provocada para promover a fiscalização ambiental, ficando a escolha de qual (União, Estado ou Município) ao exclusivo talante do intérprete.

Essa ideia nasceu de uma compreensão singela da competência comum: a de que ela sendo comum, não haveria que se falar em um "benefício de ordem" entre os entes, ou

---

36. Parecer 48/2017/COJUD/PFE-IBAMA-SEDE/PGF/AGU, aprovado em 13.09.2017 pelo Procurador-chefe da PFE-Ibama mediante despacho 497/2017/GABIN/PFE-IBAMA-SEDE/PGF/AGU, nos autos do PA 00807.002884/2017-16.
37. LIMA, Rafael Bellem de. *Regras na teoria dos princípios*. São Paulo: Malheiros, 2014. p. 33-34.

mesmo exclusividade, desprezando o princípio da subsidiariedade do direito público e a concepção do federalismo cooperativo, violando noções elementares de razoabilidade e eficiência.

O federalismo cooperativo tem em mira evitar a sobreposição inútil e dispendiosa da atuação dos entes estatais, como doutrina Luís Roberto Barroso (2003, p. 128). O federalismo cooperativo trabalha com coordenação entre os entes políticos, sendo pautado por uma racionalidade que visa desperdício dos escassos recursos estatais. Logo após a promulgação da Constituição de 1988, Leonardo Greco (1992, p. 140) já lecionava que nessa

> "área de administração comum não deve estar sujeita a desperdício de esforços e à superposição de atividades, muito menos ao entrechoque de ações administrativas de órgãos entre si autônomos, mas que todos, sob a égide da lei, devem agir de maneira harmoniosa e cooperativa."

As competências comuns, sob essa ótica cooperativa, devem ser regulamentadas pela LC, no caso a LC 140/11, mas isso não significa que não possa haver sobreposição ou autuações descoordenadas, gerando desperdício de conhecimento acumulado, deslocamentos desnecessários, atropelando o planejamento da política pública de fiscalização do órgão ambiental por uma visão desvirtuada das competências administrativas comuns.

Entender que todos os entes devem fiscalizar ao mesmo tempo ou independentemente de qualquer benefício de ordem, constitui-se em equívoco não apenas pelo completo desprestígio do legislador, que também aplica e interpreta a Constituição, de forma bem mais contundente do que a doutrina, mas também porque imobiliza e torna absoluta uma determinada exegese constitucional, o que nem o próprio STF admite, uma vez que reconhece a possibilidade de que sobrevenha lei em sentido contrário à sua interpretação sobre determinado preceito constitucional.[38]

---

38. "Em diversas ocasiões [ADIs 152/MG, 122/DF e 2.253/ES], o Supremo havia fixado a interpretação de que a expressão 'funções de magistério', prevista no § 5º do artigo 40 da Constituição Federal, para efeito de cômputo de tempo de aposentadoria especial relativa à carreira de professor, deveria ser compreendida estritamente como 'funções de docência exercidas em sala de aula'. O Tribunal chegou a editar o Verbete 726 da Súmula, estampado que, 'para efeito de aposentadoria especial de professores, não se computa o tempo de serviço prestado fora de sala de aula'. Assim, o profissional 'professor' não poderia contar, para a aposentadoria especial da carreira, o tempo de atividade de caráter administrativo na área de educação, como a atividade de diretor de escola ou de coordenador escolar, sendo válido apenas o tempo de ensino propriamente dito – em sala de aula.

 Essa orientação foi posteriormente desafiada pela Lei Federal 11.301, de 2006, segundo a qual 'funções de magistério', para efeito de concessão de aposentadoria especial aos professores, deveriam ser compreendidas como as 'exercidas por professores e especialistas em educação no desempenho de atividades educativas', incluídas, 'além do exercício da docência, as de direção de unidade escolar e as de coordenação e assessoramento pedagógico'. Ao expandir o sentido da expressão constitucional 'funções de magistério' para alcançar 'serviços educacionais prestados fora de sala de aula' – direção, coordenação e assessoramento pedagógico –, o legislador ordinário, a toda evidência, procurou reverter a interpretação constitucional anteriormente consolidada pelo Supremo.

 A lei foi impugnada por meio da citada Ação Direta de Inconstitucionalidade 3.772. O autor – Procurador-Geral da República – sustentou que a norma implicou inobservância aos precedentes do Supremo, inclusive ao Verbete 726. O Supremo recusou os argumentos e reconheceu a superação, mediante lei ordinária, da interpretação anterior do artigo 40, § 5º, da Carta Federal, modificando, ele mesmo, a orientação antecedente quanto ao tema. Entrou no debate sobre os significados constitucionais com o legislador ordinário e *permitiu que a Constituição fosse desenvolvida e concretizada*

Frise-se, em primeiro lugar, que nem mesmo exegese do STF existe no sentido de que todos os entes precisam fazer tudo ao mesmo tempo ou independentemente de qualquer ordem.

Ademais, falta uma exegese do STF firme no sentido de que o artigo 23, parágrafo único, da Constituição, vedaria uma regulamentação racionalizadora, o que parece não ser o caso. O que existe é a ADI 2.544, que decidiu que a "inclusão de determinada função administrativa no âmbito da competência comum não impõe que cada tarefa compreendida no seu domínio, por menos expressiva que seja, haja de ser objeto de ações simultâneas das três entidades federativas". Em outras palavras, a jurisprudência do Supremo está longe de impor ou admitir que mais entidades realizando a mesma tarefa estejam mais afinadas com o âmbito da competência comum. O que os entes não podem é se demitirem dos encargos constitucionais de proteção constantes da competência comum para "descarregá-los ilimitadamente sobre os Municípios."[39] A LC 140/11 não fez isso em momento algum, apenas regulou a eventual sobreposição, tornando prevalente o entendimento do ente licenciador ou autorizador.

Ainda que não se admita que a LC 140/11 seja plenamente compatível com a exegese que o STF tinha do dispositivo constitucional, ainda resta a possibilidade de o legislador desenvolver e concretizar a Constituição, exatamente como deve ocorrer em uma democracia real, como bem lembrou o Min. Marco Aurélio no MS 32.033/DF.

Desde a década de 90, o Decreto 99.274/90 (art. 21) estipula que cabe ao Ibama, em caráter supletivo à atuação dos órgãos seccionais estaduais e dos órgãos locais, a fiscalização e o controle da aplicação de critérios, normas e padrões de qualidade ambiental do licenciamento ambiental, não sendo exatamente novidade a atuação supletiva em matéria de fiscalização.

O que a LC 140/11 preceitua, ao reconhecer a competência comum para fiscalizar (art. 17, § 3º), é que compete ao órgão responsável pelo licenciamento ou autorização fiscalizar eventuais infrações à legislação ambiental cometidas pelo empreendimento ou atividade licenciada ou autorizada (art. 17, *caput*). Estabelece uma prevalência, que de forma alguma aniquila a capacidade fiscalizatória dos outros entes, mas impõe um benefício de ordem na fiscalização ambiental.

Esse benefício de ordem não exclui a iniciativa do próprio órgão ambiental para fiscalizar o que estiver em seu planejamento, caso no qual haveria uma supressão da competência comum para fiscalizar não autorizada nem mesmo pela prevalência do entendimento do órgão licenciador ou autorizador (art. 17, § 3º).

No sistema da LC 140/11, previram-se duas formas de subsidiariedade na atuação dos entes públicos, uma de forma categórica, em relação licenciamento ambiental (art. 15), e a outra de forma menos incisiva, em relação à fiscalização (art. 17). Em uma das formas, a LC exclui apenas a intervenção decisória de outros entes, mantendo a tomada de decisão em único nível (art. 13), mas não os alija do processo de licenciamento ambiental (art. 13,

---

também na arena parlamentar, exatamente como deve ocorrer em uma democracia real" (Voto do Min. Marco Aurélio no MS 32.033/DF, p. 246-247. Destacou-se)

39. STF, Pleno, m.v., ADI 2.544/RS, rel. Min. Sepúlveda Pertence, j. 28.06.2006, *DJU* 17.11.2006, p. 47.

§ 1º) (MILARÉ, 2014, p. 807); na outra, apenas manteve a prevalência do órgão responsável pelo licenciamento (art. 17, § 3º), mas também não admitiu a autuação, no sentido de cobrança, por mais de um ente ou a prevalência sobre o posicionamento do ente responsável pelo licenciamento ou autorização ambientais (OJN 49/2013/PFE-IBAMA/PGF/AGU, itens 27-28; FARIAS, 2013, p. 127; TEIZEN, 2014, p. 187).

No fundo, ambas as soluções da LC 140/11 se equiparam, uma vez que elas garantem a participação dos demais entes no licenciamento ambiental e possibilitam a fiscalização ambiental por todos, embora com regra de prevalência.

No plano da fiscalização, a LC 140/11 vai além, ao prever que existe uma solidariedade cautelar para proteger o meio ambiente (art. 17, § 2º), embora mantenha a competência do órgão competente:

"Nos casos de iminência ou ocorrência de degradação da qualidade ambiental, o ente federativo que tiver conhecimento do fato deverá determinar medidas para evitá-la, fazer cessá-la ou mitigá-la, comunicando imediatamente ao órgão competente para as providências cabíveis."

Mesmo em se tratando de atividades não licenciáveis ou autorizáveis, deve-se buscar, o máximo possível, pela aplicação do princípio da subsidiariedade, que o ente público, que tenha a estrutura mais próxima, cuide do assunto, somente passando para os de maior abrangência territorial, e com a estrutura mais distante, quando o de menor não conseguir se desincumbir do encargo. Isso não significa que haveria uma vedação à fiscalização ambiental por entes menos próximo, mas apenas que, em termos de dever, existe uma espécie de benefício de ordem.

Um dos pilares do federalismo democrático, o princípio da subsidiariedade (institucional), tem como ideia central a de que apenas "quando ao nível inferior não seja possível a realização de determinada ação, de igual ou melhor forma, é que o nível superior deve receber a competência para agir" (ZIMMERMANN, 2005, p. 201).

O princípio da subsidiariedade pode ser aplicado nas relações entre estado e sociedade (estatal) e nas relações intergovernamentais (institucional) (TORRES, 2001, p. 123). Na sua vertente institucional, especialmente em relação à fiscalização ambiental, deve-se priorizar a fiscalização pelas pontas, pela estrutura administrativa mais próxima da infração. Consequentemente, a União não deve assumir competências que podem ser efetuadas de forma mais eficiente pelos Estados, e estes, por sua vez, não devem fazer aquilo que pode ser executado pelo Município, evitando-se, dessa forma, sobreposição de funções, com desperdício de recursos estatais, prestigiando-se a eficiência e a economicidade. Por isso, Augusto Zimmermann (2005, p. 204) aduz que o princípio da subsidiariedade acarreta a justificável preocupação em "conferir à União apenas aquelas competências que não possam ser reservadas aos Estados, ou mais preferencialmente aos próprios Municípios."

No Peru, Iván Lanegra Quispe (2008, p. 93), depois de recordar que é um princípio fundamental da organização estatal evitar a existência de duas ou mais entidades com a mesma função, "pois isso implicaria em uma duplicidade que gera, de um lado, desperdício de recursos e, de outro, do administrado, introduz elemento de incerteza que pode resultar em relevantes custos privados e sociais", doutrinou que a distribuição vertical de competências em matéria ambiental centra-se em dois critérios: o princípio da subsidiariedade e do rigor subsidiário. Pelo princípio da subsidiariedade, "a função ambiental específica deve ser desenvolvida pelo nível de governo mais próximo da população, portanto, o governo nacional não deve assumir competências que podem ser cumpridas mais eficientemente pelos governos estaduais, e estes, por sua vez, não devem fazer aquilo que pode ser executado pelos governos municipais, evitando-se a duplicidade e superposição de funções. (QUISPE, 2008, p. 96-97)"

Nem se argumente que quanto mais órgãos ambientais fiscalizando, ou autorizando, o mesmo objeto, melhor para o meio ambiente. O argumento é falacioso porque ignora que uma atuação desordenada, com sobreposições, gera uma deficiência na proteção ambiental, uma vez que há perda de eficiência. Dois órgãos protegendo ambientalmente o mesmo objeto impossibilita que um deles possa fiscalizar outro ainda não fiscalizado, diminuindo a amplitude da proteção ambiental. Ademais, haveria ainda mais ineficiência porque a probabilidade de existirem conflitos entre os órgãos ambientais aumentaria, gerando dispêndio de energia para resolver esses conflitos que poderia ser utilizado na fiscalização ou autorizações ambientais em si.

Por isso se doutrina que a definição de competência é uma boa política para evitar sobreposições e conflitos entre os órgãos de fiscalização ambiental (LORENZETTI, 2010, p. 114). A definição de competências administrativas ambientais é, então, fundamental para evitar desperdício de capacidade estatal para fiscalizar o meio ambiente.

Não há alijamento de competência. A subsidiariedade nada mais é do que o substrato organizativo do federalismo, sendo-lhe imanente e estando incorporado ao ordenamento jurídico brasileiro pelo artigo 23 da CF (competências comuns), por exemplo (TORRES, 2001, p. 212-242).

As competências dos órgãos e entidades públicas nada mais são do que poderes, poderes-deveres, mas deveres que devem ser exercidos em certa ordem, sem saltos, mantendo a coerência federativa.

De forma alguma isso significa que os entes estatais não possam fiscalizar fora de suas atribuições autorizativas em sentido amplo (licenciamento ou autorização ambientais), embora devam se concentrar em suas funções primárias, como destacado pela OJN 49/2013/PFE-IBAMA/PGF/AGU:

"Sabe-se que a competência comum não pode ser exercitada com base em um postulado puro e rígido de divisão, mas deve, ao contrário, pressupor um certo grau de concorrência entre as entidades federativas, para garantir a real proteção ambiental. Tal máxima é absolutamente compatível com o estabelecimento de um mecanismo de ordenação inicial entre os entes, não rigidamente fechado (sistema de preferências), com a definição de um método para evitar a multiplicidade de autos de infração referentes ao mesmo ilícito, impondo-se o aproveitamento dos atos já realizados no primeiro auto de infração lavrado. [...]

De qualquer forma, mesmo após se concluir pela necessidade de prevalência do auto de infração lavrado em primeiro lugar, quando inexistente licença expedida, não custa reafirmar a conveniência de se respeitar, em princípio, e de se atender, quando possível, as atribuições primárias de cada ente. Essa sistemática de atuação em cooperação, respeitando-se a delimitação e focando-se no direcionamento da atividade fiscalizatória, foi desejada pelo legislador e não deve ser desconsiderada. (OJN 49/2013/PFE-IBAMA/PGF/AGU, itens 51 e 57)[40]"

---

40. Dentro da discricionariedade para fiscalizar atividades lesivas ao meio ambiente, deve ser destacado que existe um interesse nacional para fiscalizar algumas atividades, uma vez que o Estado brasileiro precisa cumprir metas acordadas no plano internacional, o que de forma alguma se traduz em

Entretanto, *a faculdade de fiscalizar dentro de sua esfera discricionária, independentemente da ordem imposta pelo princípio da subsidiariedade, não pode se transformar em um dever de fiscalizar o que lhe for pedido, administrativa ou judicialmente, sem que haja um benefício de ordem.* Como destacado, isso traria uma irresponsabilidade pública à federação e transformaria a competência comum em competência do que foi primeiro demandado ou que teve ciência da infração ambiental, o que fere a regra de outro do federalismo cooperativo e, *ipso facto*, o princípio constitucional da subsidiariedade.

Nem mesmo a eventual atuação fiscalizatória do ente federativo, quando de sua competência não prevalente, atrairá automaticamente a sua competência para ações fora da esfera administrativa, como as cabíveis na esfera cível, como ações civis públicas ou populares.

A própria Portaria Conjunta 2, de 26 de agosto de 2014 (*DOU* 27.08.14, S1, p. 123), hoje substituída pela Portaria Conjunta 1/2018 (*DOU* 20.09.2018, p. 49), assinada pelo Ibama e pela AGU (PFE-Ibama), encampa tal entendimento, ao preceituar em seu artigo 2º que o ajuizamento das ações civis públicas ambientais serão focados na atuação prioritária da autarquia e naquele decorrente do planejamento.[41]

A AGU pronunciou-se pela existência dessa espécie de benefício de ordem na competência ambiental fiscalizatória no Parecer 41/2017/COJUD/PFE-IBAMA-SEDE/PGF/AGU. Isso fica claro no trecho elucidativo de sua ementa:

"[...] II – A incompetência do Ibama em licenciar acarreta a aplicação do princípio constitucional da subsidiariedade nas atividades de fiscalização ambiental, com a consequente ausência do dever de fiscalizar de forma primária. Dever principal do órgão licenciador e do gestor da unidade de conservação ou, em suas ausências, de forma secundária e escalonada do órgão municipal, estadual e federal. Leitura conforme a regulamentação da competência comum ambiental pela Lei Complementar 140/2011. Mesmo em se tratando de atividades não licenciáveis ou autorizáveis, a aplicação do princípio constitucional da subsidiariedade implica na competência primária para a fiscalização ambiental do ente federativo municipal ou estadual, somente passando para os entes de maior abrangência territorial (Estados e União) quando o de menor abrangência não conseguir se desincumbir do encargo.

---

alguma exclusividade. A OJN 49/2013/PFE-IBAMA/PGF/AGU sintetizou esse tipo de questão ao destacar o desmatamento na Amazônia: "61. De outro modo, sabe-se existirem situações que, por certas especificidades, demandam atuação concreta do órgão que se encontra em fiscalização em campo, ainda que não seja esse o ente licenciador. Há operações incluídas em planos de fiscalização, já em processo de realização, que contemplam, de forma racional e eficiente, vários empreendimentos e atividades, cuja regularidade ambiental será apurada em grupo. Em tais casos, haverá razão operacional que justifique uma atuação imediata, mesmo porque a efetividade da ação poderá ser útil aos fins da operação como um todo. Perceba-se que em tais operações, previamente planejadas, há toda uma logística de atuação, que garante resultado e concretização dos objetivos buscados, a partir de uma estrutura pré-montada. Ademais, por se incluir no planejamento da entidade, como é exemplo concreto para o Ibama o combate ao desmatamento na Região Amazônica Brasileira, presume-se a alta relevância de ordem nacional da sua plena realização pelo órgão dela incumbido".

41. Em um dos *considerandos* de tal portaria conjunta, tal questão fica ainda mais clara: "Considerando a necessidade de planejamento da propositura de ações civis públicas pelo IBAMA de modo a conformar sua atuação institucional com os comandos normativos contidos na Lei Complementar 140/2011 e na Lei 12.651/2012, buscando uma priorização na propositura de ações relacionadas às competências administrativas prevalentes da Autarquia, sem prejuízo da atuação supletiva dirigida a questões julgadas mais relevantes segundo planejamentos nacional e local da Autarquia".

III – Competência comum para fiscalizar o meio ambiente deve ser lida à luz do federalismo cooperativo, especialmente pelo princípio constitucional da subsidiariedade. Reconhecimento de benefício de ordem dos entes federativos para proceder a fiscalização ambiental quando não prevista em seu planejamento, na sua zona de discricionariedade. [...]

VI – Impossibilidade de se exigir a fiscalização ambiental sem a prova do cumprimento desse benefício de ordem. Omissão dos entes federativos que deflagram o benefício de ordem (competência supletiva compulsória) deve ser grave, sob pena de se estimular a irresponsabilidade federativa, com a quebra de harmonia do sistema federativo. Se a mera omissão a caracterizasse, haveria sobrecarga da União ou dos Estados-membros, estimulando uma irresponsabilidade federativa. Deve-se evitar exegeses que conduzam ao absurdo, como seria aquela que deslocasse o dever primário de fiscalização a outro ente apenas porque o detentor original se omite. É imperioso que se constate que a inércia decorre de uma total falta de infraestrutura capaz de tornar o órgão estadual ou municipal completamente inoperantes, fazendo profunda investigação nesse sentido (analogia com o artigo 15 da LC 140/11). Na fiscalização, o dever primário decorre da distribuição das atividades administrativas na LC 140/11, o que não permite escolha e gera um dever se de aparelhar para tanto, dentro da razoabilidade. Não pode ser qualquer omissão que deflagra esse dever cooperativo, ainda mais tendo em conta que só haveria transferência de problema, uma vez que haveria sobrecarga no órgão que sanaria a omissão, além de ir contra o princípio federativo de descentralizar as atribuições, e não concentrá-las.

VII – Competência supletiva compulsória diante de emergência ambiental, conceito que não se equipara ao de infração ambiental permanente, mas ao de perecimento de direito do processo civil, sob pena de se esvaziar o conceito de emergência e reduzi-lo praticamente ao de infração ambiental. Garantia de uso de cautelares, inclusive atípicas (LC 140/11, art. 17, § 2º, c/c Lei 9.784/99, art. 45).[42]"

O caso das APPs é ilustrativo quanto a esse ponto. O licenciamento ou autorização nas hipóteses cabíveis para ocupação nas áreas de preservação permanente, consoante a LC 140/11 (art. 8º, XIV e XVI), o novo Código Florestal (arts. 7º, 8º e 26) e a Resolução Conama 369 (art. 4º, § 1º), competem ao Estado-membro, assim como a fiscalização das autorizações e como, por óbvio, a fiscalização das ocupações quando não autorizadas, por força do disposto no artigo 17 da LC 140.

Nas ações judiciais nas quais o órgão prevalente seja o Estado-membro, por exemplo, deve o órgão não prevalente, seja municipal, seja federal, requerer ao juízo a citação ou a intimação do ente federativo correto para assumir um dos polos da ação. O fato da APP se referir a um reservatório de uma hidrelétrica licenciada pela União, por exemplo, não deve atrair a competência fiscalizatória do Ibama, a menos que a área tenha sido ocupada para alguma instalação do empreendimento. Outras atividades dissociadas do empreendimento licenciado devem sofrer fiscalização pelo Estado-membro.

O limite da APP, ainda que previsto em licença do Ibama, nada tem a ver com a competência federal, sendo neutro nesse sentido, pois se trata de APP legal (Código Florestal, arts. 4º, III, 5º), não de unidade de conservação federal. Afetá-la não atrai a competência do Ibama, mas do órgão competente para autorizar a supressão de vegetação, em regra o Estado-membro.

---

42. Parecer 41/2017/COJUD/PFE-IBAMA-SEDE/PGF/AGU, aprovado pelo Procurador-Chefe Nacional do Ibama, em 14.07.2017, mediante Despacho 401/2017/GABIN/PFE-IBAMA-SEDE/PGF/AGU, nos autos do PA 00435.017777/2017-50.

5.2. Licenciamento único, sobreposto/múltiplo e o integrado/complexo

No Brasil, o *licenciamento ambiental é único*, isto é, praticado por apenas um ente da federação. A LC 140/11 é categórica em preceituar "os empreendimentos e atividades são licenciados ou autorizados, ambientalmente, por um único ente federativo" (art. 13, *caput*).

Isso não se constitui novidade alguma em nosso ordenamento jurídico, uma vez que a Resolução Conama 237/97 estipulava que "os empreendimentos e atividades serão licenciados em um único nível de competência" (art. 7º). Tal critério legal é endossado pela doutrina majoritária (FARIAS, 2013, p. 119-120; FIGUEIREDO, 2012, p. 236; MACIEL, 2010), que repugna o licenciamento ambiental simultâneo (SILVA, 2012).

Houve muita resistência doutrinária quando a Lei 7.804/89 alterou o § 4º do artigo 10 da Lei 6.938/81 para atribuir competência ao órgão federal de licenciar atividades e obras de significativo impacto ambiental de âmbito nacional ou regional, principalmente porque o *caput* do artigo 10 ainda mencionava licenciamento por órgão estadual competente, o que foi solucionado com a mudança de sua redação pela LC 140/11 (art. 20). Na antiga redação do § 4º do artigo 10, o critério para o licenciamento ambiental era tipológico: o Executivo Federal somente licenciaria "polos petroquímicos e cloroquímicos, bem como instalações nucleares e outras definidas em lei".

Essa crítica durou anos e perdurou durante a vigência do artigo 7º da Resolução Conama 237/97, que trouxe segurança jurídica, eficiência, economicidade e racionalidade ao prever o licenciamento ambiental em um único nível.

Reflexo disso é o antigo posicionamento de 2004 da PGE-RJ que, ao reconhecer a recepção da Lei 6.938/81 pela CF/88, aduziu[43] que a nova redação do § 4º do artigo 10 não afastou a competência dos demais entes de direito público interno para o licenciamento ambiental prévio, concluindo.[44]

A regra do licenciamento por único ente prestigia o princípio da segurança jurídica, o da eficiência (CF, art. 37, *caput*) e o da economicidade (CF, art. 70), e já constava da Resolução Conama 237/97 (art. 7º).[45]

---

43. Na esteira da doutrina de Édis Milaré, Paulo Affonso Leme Machado e Paulo de Bessa Antunes.
44. "[...] 23. Verifica-se, pois, que no caso de obras com significativo impacto ambiental, de âmbito nacional ou regional, ao lado do licenciamento ambiental prévio pelos órgãos competentes estaduais (tantos quantos sejam os entes federados atingidos), obrigatório será o licenciamento do Ibama" (Parecer 01/2004, aprovado pelo Procurador-Geral da PGE-RJ, em 01.03.2004, nos autos do PA n. E-14/ 1022/2004. *Revista de Direito da Procuradoria Geral*, Rio de Janeiro, n. 58, 2004. p. 313-315). O Procurador-Geral da PGE-RJ foi categórico ao aprovar o parecer: "Ainda de acordo com o parecer ora aprovado, o empreendimento depende não apenas da licença expedida pelo órgão ambiental federal, mas também, da aprovação pelo órgão ambiental estadual, afigurando-se inconstitucional e ilegal a restrição constante dos arts. 4º e 7º da Resolução CONAMA n. 237/97. [...] A eventual concessão de licença por parte do IBAMA não é suficiente para, por si só, autorizar a construção de novo oleoduto [...], vez que não exclui a necessidade de licenciamento pelo órgão estadual." (Despacho de aprovo, em 01.03.2004, nos autos do PA n. E-14/1022/2004. *Revista de Direito da Procuradoria Geral*, Rio de Janeiro, n. 58, 2004. p. 317-18).
45. Guilherme Purvin aduz que há grande prejuízo para a Administração Pública e ao próprio regime federativo na realização do licenciamento por mais de uma esfera federativa (licenciamento dúplice ou tríplice) (FIGUEIREDO, 2009, p. 146).

Como destacou a PGE-RJ, ao reverter o seu posicionamento de 2004 e criticar o licenciamento conduzido por dois ou mais entes ao mesmo tempo, "não seria razoável que isso ocorresse, tanto pela excessiva burocracia imposta aos empreendedores, como pelos altos custos, e ainda, pela possibilidade de procedimentos e decisões conflitantes".[46] Ao aprovar esse entendimento, o Subprocurador do Estado destacou:

> "No entanto, procurar na expressão em destaque a autorização legislativa para a possibilidade de cumulação de exigências de licenciamento ambiental é negar sentido lógico à própria exigência de um dispositivo que reparte competências (com efeito, por que repartir se tudo pode, ao fim e ao cabo, ser exigido por todos ao mesmo tempo?). Ademais, não haveria também qualquer sentido em se falar na existência de um "sistema" onde todos podem atuar ao mesmo tempo e na mesma intensidade. [...]
>
> Ora, esquecem-se os defensores de tal tese, com as vênias de praxe, que ela abre espaço não para a mera "duplicidade" mas sim para a multiplicidade de licenciamentos ambientais. Tome-se, por exemplo, o licenciamento de um oleoduto, ou de uma linha de transmissão que cruze dois estados. Para quem defende a possibilidade de licenciamento ambiental cumulativo este empreendimento deveria se sujeitar a três licenças ambientais (duas estaduais e uma federal). [...]
>
> Se o quadro acima traçado já tem todos os contornos da obra de Kafka lembre-se que, para os que admitem que o município é um dos entes licenciadores, teríamos ainda o possível licenciamento ambiental por parte de todos os municípios por onde o duto ou a linha de transmissão passarão.[47]"

Abstraindo a irracionalidade, é ilusória a ideia de que mais órgãos licenciamento a mesma atividade seja benéfico ao meio ambiente. A proteção múltipla prevista em nosso sistema federativo "tem *a desvantagem de ser o cerne de conflitos e de superposição de jurisdições, competências e atribuições* que oneram, retardam e por vezes dificultam e mesmo inviabilizam a efetividade da proteção ao meio ambiente e à qualidade de vida" (YOSHIDA, 2010, p. 222, grifos do autor).

O licenciamento ambiental único, efetuado por um só órgão licenciador não é apenas um capricho legal, mas se funda na eficiência e na melhor proteção do meio ambiente. Não faria sentido que se duplicassem ou triplicassem os esforços para licenciar o mesmo empreendimento, com comprometimento dos escassos recursos humanos e materiais estatais, se o licenciamento por um só ente é suficiente para proteger o meio ambiente.

Ademais, esse desperdício de recursos humanos e materiais significa que o meio ambiente ficará, em outras frentes, desprotegido pela ausência de Estado para fiscalizar e/ou operar os diversos instrumentos da Política Nacional do Meio Ambiente. É o que expõe Talden Farias (2013, p. 119-120) ao defender que o licenciamento único já "podia ser inferido da própria Constituição da República, a partir de uma interpretação buscando maior efetividade do instrumento." Como destacou Marcela Maciel (2010), não é razoável "o entendimento de que o licenciamento ambiental possa se dar de forma dúplice e até tríplice, com evidente desperdício de esforços e contrariamente à necessidade de atuação integrada dos entes federativos".

A existência de dois órgãos licenciando a mesma atividade seria um desperdício dos escassos recursos públicos, acarretando ainda insegurança jurídica e abonando visão

---

46. Parecer 01/2007, aprovado pelo Subprocurador-Geral do Estado, em 26.03.2007. *Revista de Direito da Procuradoria Geral*, Rio de Janeiro, n. 62, 2007. p. 451. No mesmo sentido: D´OLIVEIRA, 2006. p. 289.
47. Despacho do Subprocurador-Geral do Estado, em 26.03.2007, ao aprovar o Parecer 01/2007. *Revista de Direito da Procuradoria Geral*, Rio de Janeiro, n. 62, 2007. p. 457.

distorcida do modelo federativo (CF, art. 23). O federalismo cooperativo tem em mira evitar a sobreposição inútil e dispendiosa da atuação dos entes estatais, como doutrina Luís Roberto Barroso (2003, p. 128). Não se pode deixar que o orgulho doutrinário passe por cima da racionalidade do federalismo cooperativo e dos escassos recursos estatais.

Diferentemente do licenciamento único, no *licenciamento múltiplo ou sobreposto*[48] há mais de um ente licenciando o mesmo empreendimento ou atividade, gerando, consequentemente, uma atividade paralela e descoordenada dos órgãos licenciadores.

A Resolução Conama 06/87, ao tratar o licenciamento ambiental de geração de energia elétrica, prevê um licenciamento sobreposto, embora estipule que "os órgãos estaduais deverão manter entendimento prévio no sentido de, na medida do possível, uniformizar as exigências", sob supervisão do Ibama (art. 2º).

Ao contrário do que deixa entrever a sua ementa, esse tipo de licenciamento não foi encampado pelo STJ no REsp 588.022/SC.[49] No caso em questão, embora o voto do relator tenha citado a doutrina de Paulo Affonso Leme Machado – para quem a competência prevista pela Lei 7.804/89, que modificou o § 4º do artigo 10 da Lei 6.938/81,[50] não excluiu a do Estado-membro, ou seja, a do duplo licenciamento –, a decisão foi simplesmente admitir a competência do Ibama (União) para licenciar a obra em questão.

A leitura apressada desse precedente gerou mal-entendidos na jurisprudência, ao criar uma espécie de licenciamento ambiental (*conjunto, integrado ou complexo*) na qual vários entes trabalhavam juntos em um mesmo processo administrativo. Exemplo clássico

---

48. Também denominado licenciamento *dúplice* ou *tríplice*.
49. "Administrativo e ambiental. Ação civil pública. Desassoreamento do rio Itajaí-Açu. Licenciamento. competência do IBAMA. Interesse nacional. 1. Existem atividades e obras que terão importância ao mesmo tempo para a Nação e para os Estados e, nesse caso, pode até haver duplicidade de licenciamento. 2. O confronto entre o direito ao desenvolvimento e os princípios do direito ambiental deve receber solução em prol do último, haja vista a finalidade que este tem de preservar a qualidade da vida humana na face da terra. O seu objetivo central é proteger patrimônio pertencente às presentes e futuras gerações. 3. Não merece relevo a discussão sobre ser o Rio Itajaí-Açu estadual ou federal. A conservação do meio ambiente não se prende a situações geográficas ou referências históricas, extrapolando os limites impostos pelo homem. A natureza desconhece fronteiras políticas. Os bens ambientais são transnacionais. A preocupação que motiva a presente causa não é unicamente o rio, mas, principalmente, o mar territorial afetado. O impacto será considerável sobre o ecossistema marinho, o qual receberá milhões de toneladas de detritos. 4. Está diretamente afetada pelas obras de dragagem do Rio Itajaí-Açu toda a zona costeira e o mar territorial, impondo-se a participação do IBAMA e a necessidade de prévios EIA/RIMA. A atividade do órgão estadual, *in casu*, a FATMA, é supletiva. Somente o estudo e o acompanhamento aprofundado da questão, através dos órgãos ambientais públicos e privados, poderá aferir quais os contornos do impacto causado pelas dragagens no rio, pelo depósito dos detritos no mar, bem como, sobre as correntes marítimas, sobre a orla litorânea, sobre os mangues, sobre as praias, e, enfim, sobre o homem que vive e depende do rio, do mar e do mangue nessa região. 5. Recursos especiais improvidos" (STJ, 1ª T., v.u., REsp 588.022/SC, rel. Min. José Delgado, j. 17.02.2004, *DJU* 05.04.2004, p. 217).
50. O § 4º do artigo 10 da Lei 6.938/81 foi alterado para prever a competência do Ibama para licenciar atividades e obras com significativo impacto ambiental, de âmbito nacional ou regional, antes restrita a polos petroquímicos e cloroquímicos, bem como a instalações nucleares e outras definidas em lei.

desse equívoco ocorreu no Rodoanel, no Estado de São Paulo, no qual o TRF da 3ª Região homologou acordo que criou o licenciamento ambiental complexo.[51]

Também não foi o decidido pelo STJ no mais recente REsp 1.245.149/MS. Apenas, de passagem, constou do voto a possibilidade de o licenciamento, "conforme a natureza do empreendimento, obra ou atividade, ser realizado, conjunta ou isoladamente, pela União, Distrito Federal e Municípios".[52] No entanto, essa não foi a questão decidida e nem fundamento dela, sendo apenas um *obter dictum*, não constituindo em precedente da Corte.

O *licenciamento conjunto, integrado ou complexo* ocorre quando mais de um ente efetua o mesmo licenciamento ambiental, sendo a condução compartilhada ou coordenada por algum dos entes envolvidos.

Essa foi a solução proposta por Édis Milaré para a futura legislação (hoje a LC 140/11), por entender que a atribuição para um único ente licenciar seria inconstitucional por ferir a ampla competência licenciatória.[53] Como visto anteriormente, quando se fala da competência comum para fiscalizar, o pressuposto desse entendimento (violação a competência comum) não existe.

Sob a sombra da ementa equivocada do REsp 588.022/SC, o TRF da 3ª Região entendeu que é mais eficiente, com menor dispêndio de tempo e menores custos, o licenciamento efetuado ao mesmo tempo por vários entes.[54] O raciocínio estaria perfeito se o licenciamento sobreposto ou múltiplo realmente fosse possível, tal como citado no voto do Min. José Delgado, mas a premissa é falsa e o que se criou foi um licenciamento mais caro, lento e custoso.

---

51. TRF da 3ª Região, 6ª T., v.u., AC 0025724-15.2003.4.03.6100 (Ac. 990253), rel. Des. Fed. Consuelo Yoshida, j. 09.03.2005, *DJU* 22.03.2005.
52. STJ, 2ª T., v.u., REsp 1.245.149/MS, rel. Min. Herman Benjamin, j. 09.10.2012, *DJe* 13.06.2013.
53. "*De lege ferenda*, a superação dessas dificuldades passa pela adoção de um licenciamento único, de caráter complexo, do qual participem, de forma integrada, os órgãos das diferentes esferas federativas interessadas" (MILARÉ, 2009, p. 430).
54. "Constitucional. Direito ambiental. Ação civil pública. Rodoanel Mário Covas (trechos norte, sul e leste). Impacto no meio ambiente. Âmbito nacional e regional. *Licenciamento ambiental complexo. Procedimento único. Efetiva integração e participação das esferas federal, estadual e municipal. Viabilidade. Menor dispêndio de tempo e menores custos.* Proposta de conciliação. Aquiescência das partes. Preservação do sistema constitucional de competências, da estrutura federativa e da proteção ambiental no interesse da coletividade. Homologação. Extinção do processo com julgamento do mérito. [...] 3. Trata-se de pioneira e histórica experiência de licenciamento ambiental que, embora processado num único e mesmo nível, sintetizará a participação efetiva e integrada das esferas federal, estadual e também municipal, no que couber, resultando em licenças ambientais como atos complexos de natureza jurídica constitucional, lastreadas no art. 225 combinado com o art. 23, VI, VII e parágrafo único da Constituição Federal. 4. Esta forma de *licenciamento ambiental complexo alcança resultado prático equivalente ao do duplo ou múltiplo licenciamento ambiental, com vantagens de menor dispêndio de tempo e menores custos.* 5. Uma vez que as partes e demais interessados lograram êxito na implementação da conciliação, com a preservação do sistema constitucional de competências, da estrutura federativa e da proteção ambiental no interesse da coletividade, necessária se faz a homologação da composição celebrada para que produza seus regulares efeitos, nos termos do que dispõe o art. 269, III, do CPC. 6. Extinção do processo, com julgamento de mérito. Remessa oficial e apelações prejudicadas" (TRF da 3ª Região, 6ª T., v.u., AC 0025724-15.2003.4.03.6100 (Ac. 990.253), rel. Des. Fed. Consuelo Yoshida, j. 09.03.2005, *DJU* 22.03.2005. Destacou-se)

Atualmente, nota-se uma tendência de burlar a previsão de licenciamento ambiental único em ações judiciais, nas quais se determina, sob diversos argumentos, que outro ente federativo participe, de forma vinculante, do licenciamento conduzido por outro ente.[55] A exigência de licenciamento ambiental em nível único (LC nº 140, art. 13, Res. Conama nº 237, art. 7º) já seria suficiente para afastar esse tipo de exigência, mas, ainda assim, a LC nº 140 foi categórica quanto ao ponto ao vedar intervenções vinculantes (LC nº 140, art. 13, § 1º). Por essa razão, os TRFs da 2ª e 4ª Regiões rechaçaram a participação vinculante e, consequentemente, mantiveram a autonomia do órgão licenciador em avaliar e gerenciar os impactos em jogo no licenciamento ambiental:

> "ADMINISTRATIVO. LICENCIAMENTO AMBIENTAL. ÓRGÃO INTEGRANTE DO SISNAMA. MANIFESTAÇÃO NÃO VINCULANTE.
>
> 1. Hipótese em que a FATMA analisou estudo de impacto ambiental e considerou-o suficiente para autorizar o regular funcionamento do empreendimento, que consiste na exploração de conchas calcárias.
>
> 2. A emissão de licença não tem sua eficácia condicionada à aprovação do estudo de impacto ambiental e relatório de impacto ambiental por outro órgão integrante do Sistema Nacional do Meio Ambiente (IBAMA), nos termos do art. 13, §1º, da Lei Complementar nº 140/2011, que prevê a manifestação de outros órgãos de maneira não vinculante, respeitados os prazos e procedimentos.[56]
>
> [...] 5 – Da análise dos art. 2º, III, art. 13, § 1º e art. 16, parágrafo único, todos da Lei Complementar nº 140/11, infere-se que o licenciamento ambiental compete a apenas um único ente federativo, o qual poderá solicitar a manifestação de outros órgãos, caso julgue necessário, sendo certo que tal manifestação terá efeito não vinculante.[57]"

Um dos argumentos para se exigir a participação vinculante é a necessidade de contemplar os impactos cumulativos e sinérgicos, exigência do EIA. Contudo, para aferir os impactos cumulativos e sinérgicos, não se faz necessária a intervenção de outros entes no licenciamento, apenas a sua consideração mediante o uso dos dados produzidos nos estudos ambientais do empreendimento com o qual se almeja aferir a sinergia ou a cumulatividade dos impactos. Assim, não se pode impor participações anômalas a esse título porque os dados dos estudos ambientais são públicos, podendo ser incorporados ao EIA em questão sem a participação de outro órgão licenciador.

Ressalvados os casos de cooperação do artigo 16 da LC nº 140/11 (v.g., atuação subsidiária), que pressupõem voluntariedade, não é possível haver licenciamento ambiental que não seja único.

De qualquer forma, o artigo 13 da LC 140/11 entendeu pelo licenciamento único, com manifestação meramente opinativa de outros órgãos, o que põe em xeque a competência, por exemplo, da autorização de licenciamento ambiental do órgão gestor da

---

55. Cf. TRF da 2ª Região, 6ª T. Especializada, v.u., AI 0003940-53.2015.4.02.0000, rel. Des. Fed. Salete Maccalóz, j. em 18.11.2015, *E-DJF2R* 23.11.2015, cujo argumento foi o fato de o empreendimento estar em terreno pertencente à União e que a competência comum chegaria a tanto, ignorando que não apenas o artigo 13 da LC nº 140/11 veda essa conduta, como o artigo 7º da Resolução Conama nº 237/97.

56. TRF da 4ª Região, 2. S., v.u., EI 0007287-70.2003.404.7207/SC, rel. Des. Fed. Carlos Eduardo Thompson Flores Lenz, j. em 08.08.2013, *DE* 21.08.2013.

57. TRF da 2ª Região, 5ª T. Especializada, v.u., AC 0003636-21.2008.4.02.5102, rel. Des. Fed. Flavio Oliveira Lucas (conv.), j. em 29.07.2014, *DJe* 06.08.2014.

unidade de conservação, expedida com base na Lei do Snuc (art. 36, § 3°),[58] nos casos de empreendimentos com significativo impacto ambiental.

5.3. *A mudança do critério pela LC 140/11: abandono do critério de abrangência do impacto para delimitar a competência da União (Lei 6.938/81, art. 10, § 4°, e Resolução Conama 237/97, art. 4°, caput)*

A LC 140/11 efetuou pequenas alterações nas disposições sobre competência previstas na Resolução Conama 237/97. Essas alterações, embora pontuais, trouxeram uma relevante consequência prática para a previsibilidade da identificação do órgão licenciador competente, ao abandonar o critério da abrangência do impacto.

Em primeiro lugar, alterou a competência para licenciar empreendimentos ou atividades localizados em unidades de conservação instituídas pela União, exceto áreas de proteção ambiental – APAs (art. 7°, XIV, *d*). Desse modo, a LC 140/11 afastou-se da regra da Resolução Conama 237/97, que falava em domínio da União, o que podia trazer a questão da incompetência federal no caso de UCs sem regularização fundiária, e nada falava sobre as APAs, agora sujeitas a outros critérios que não os do ente instituidor (LC 140/11, art. 12).

Em segundo lugar, a LC n° 140/11 eliminou o critério de abrangência de impacto para delimitar a competência da União. O objetivo da tipologia prescrita no artigo 7°, XIV, *h*, da LC 140/11,[59] é o de substituir o critério da abrangência do impacto, eliminando-o como um critério para aferição da competência do órgão licenciador. Para se evitar as intermináveis discussões e divergências sob a égide da Resolução Conama 237/97, a LC 140 estabelece a tipologia, que é editada por ato do Executivo, considerando o porte, o potencial poluidor e a natureza da atividade ou empreendimento. Por isso, o § 4° do artigo 10 da Lei 6.938/81[60] foi revogado expressamente pelo artigo 20 da LC 140.

De acordo com a LC 140/11, essa tipologia deve ser editada por ato do poder executivo ("tipologia estabelecida por ato do Poder Executivo"), por exemplo, Presidente da República ou do Ministro do Meio Ambiente. Embora o Conama integre o Poder Executivo, ele não pode ter essa atribuição diante do atual cenário normativo. Não faz sentido atribuir a competência a um órgão, ao mesmo tempo em que lhe é garantida a participação no processo ("assegurada a participação de um membro do Conselho Nacional do Meio Ambiente"). Em outras palavras, se o órgão competente para estipular a tipologia fosse o Conama, a LC 140/11 não precisaria garantir um membro dele na comissão tripartite, uma vez que a decisão seria sua.

---

58. Registre-se que tramita no STF a ADI 5180, que contesta a constitucionalidade do artigo 36, § 3°, da Lei Federal 9.985/2000 que exige autorização para licenciamento de empreendimentos de significativo impacto ambiental.
59. "h) que atendam tipologia estabelecida por ato do Poder Executivo, a partir de proposição da Comissão Tripartite Nacional, assegurada a participação de um membro do Conselho Nacional do Meio Ambiente (Conama), e considerados os critérios de porte, potencial poluidor e natureza da atividade ou empreendimento."
60. "Compete ao Instituto do Meio Ambiente e Recursos Naturais Renováveis – IBAMA o licenciamento previsto no *caput* deste artigo, no caso de atividades e obras com significativo impacto ambiental, de âmbito nacional ou regional."

A AGU, na OJN 33/2012/PFE-IBAMA/PGF/AGU, ressaltava a necessidade de se reconhecer essa mudança de paradigma,[61] aduzindo que "houve alterações no texto dos incisos, principalmente referente à definição de competência unicamente pela localização física do empreendimento, não mais havendo que se cogitar da abrangência dos impactos diretos ou indiretos causados pela atividade." Posteriormente à aprovação pela AGU e pelo Ibama da OJN 43/2012/PFE-IBAMA/PGF/AGU, manteve-se esse entendimento, o que fica claro no item *c* de sua conclusão:

> "III. Dispensa dos critérios da regionalidade e da nacionalidade dos impactos causados, para atrair a competência do Ibama. Revogação, por incompatibilidade com Lei Complementar que lhe é superior, do critério genérico definido no *caput* do art. 4º da Resolução CONAMA n. 237/1997."

Em seu corpo se explicava as razões de tal entendimento.[62] Dessa forma, é difícil de sustentar que há a perpetuação desse critério no artigo 18, § 3º, da LC 140/11, como fez a AGU posteriormente.[63]

---

61. "Há que se ressaltar, assim, que totalmente revisto pelo legislador os critérios de regionalidade/nacionalidade dos impactos causados pela atividade licenciada, para atrair a competência do Ibama. Forçoso reconhecer a revogação, por incompatibilidade com Lei Complementar que lhe é superior, do critério genérico definido no *caput* do art. 4º da Resolução CONAMA 237/1997, sendo que os seus incisos também não estão em perfeita consonância coma recém editada lei."

62. "Nesse sentido, o § 3º acima transcrito dá margem à interpretação de que, até serem estabelecidas as tipologias, os processos de licenciamento e autorização ambiental, iniciados a partir da data de 09.12.2011, devem ser conduzidos pelo órgão ambiental competente, de acordo com a legislação em vigor. Ou seja, a definição de competência obedecerá aos demais dispositivos da LC n. 140/2011, que é a norma legal atualmente vigente sobre o assunto. Portanto, ao Ibama competirá apenas licenciar, ordinariamente, os empreendimentos que atendam aos demais critérios previstos nas alíneas do inciso XIV do art. 7º daquela Lei.

    Em vista disso, é preciso reconhecer grande mudança na sistemática atualmente vigente de definição de competência. Diferentemente da legislação anteriormente aplicada (Resolução Conama 237/1997), o Ibama não terá mais competência para licenciar empreendimento, apenas em razão da abrangência do seu impacto ambiental. No momento, ainda que atividade tenha potencial poluidor de âmbito nacional ou regional, o Ibama não será competente para licenciar, a não ser que esteja configurada uma das hipóteses previstas nas alíneas do inciso XIV do art. 7º, que estabelece apenas critério de localização e de tipo de atividade.

    Há que se ressaltar, assim, que totalmente revisto pelo legislador os critérios de regionalidade/nacionalidade dos impactos causados pela atividade licenciada, para atrair a competência do Ibama. Forçoso reconhecer a revogação, por incompatibilidade com Lei Complementar que lhe é específica, do critério genérico definido no *caput* do art. 4º da Resolução Conama 237/1997, sendo que os seus incisos também não estão em perfeita consonância com a recém editada Lei.

    Ademais, é preciso destacar que o art. 20 da LC 140/11 revogou, de forma expressa, o art. 10, § 4º, da Lei 6.938, de 31 de agosto de 1981, que constituía o embasamento legal da regulamentação contida na Resolução Conama 237/1997."

63. Exemplo disso é que, em 22.02.2013, a Nota 04/2013/GABIN/PFE-IBAMA-SEDE, do Procurador-Chefe Nacional do Ibama, nos autos do PA 02001.001697/2010-31, suspendeu a vigência do item *c* da conclusão da OJN 43/2012 sob o seguinte argumento: "[...] 5. Há aparente intenção finalística da norma de estabelecer um regime transitório para a total supressão dos critérios de abrangência de impactos como definidores da competência para promoção do licenciamento ambiental – evitando criar um vácuo legal e sobretudo de expertise enquanto não definidas as tipologias que, pelo porte, potencial poluidor e natureza da atividade ou empreendimento, deveriam ser mantidas sob a competência federal". Posteriormente, tal suspensão provisória foi confirmada, em 26.05.2014,

A LC 140/11 deixou claro que o importante é o empreendimento ou atividade estarem localizados na área descrita, sendo abolida a questão dos eventuais impactos diretos sobre essas áreas. Curt e Terence Thennepohl (2013, p. 65) são categóricos ao doutrinar que a LC 140/11 "utiliza apenas o critério da localização, desprezando a abrangência dos impactos".

Apesar de posicionamentos contrários, a LC 140/11 também eliminou tal critério para os Municípios, que ficaram com o impacto ambiental de âmbito local, "conforme tipologia definida pelos respectivos Conselhos Estaduais de Meio Ambiente, considerados os critérios de porte, potencial poluidor e natureza da atividade" (art. 9º, XIV, *a*). Embora pareça que o foco do critério de competência municipal seja o impacto de âmbito local, ele está contido na tipologia, cuja finalidade é eliminar as incertezas decorrentes da abrangência do impacto. A previsão de impacto local serve mais para balizar a regulamentação dos Conselhos Estaduais de Meio Ambiente do que efetivamente criar algum direito ou dever aos Municípios em termos de licenciamento. Por isso, a tipologia pode ser mais restritiva do que uma definição de impacto local comportaria.

A opção da novel legislação foi clara: evitar os intermináveis conflitos e discussões que travavam o licenciamento ambiental por uma questão meramente formal (órgão competente).

Nos casos nos quais não se trabalha com o revogado critério de abrangência de impacto, não se pode usar o impacto direto porque ele causa mudança nos critérios de repartição de competência previstos na legislação. Usa-se, então, o conceito de área diretamente afetada (ADA), que engloba o *espaço físico* ocupado *exclusivamente* pelo empreendimento. Espaço físico não equivale a área do imóvel ocupado pelo empreendimento ou atividade, mas pela parte efetivamente ocupadas por eles. Se a parte do imóvel está dentro de unidade de conservação federal, como uma Reserva Biológica, mas essa parte não é usada pelo empreendimento em si, não há atração da competência federal.

Nesse tema, deve-se empregar interpretação restritiva para não transformar a ADA em área de influência direta, o que traria uma indevida distorção nos critérios de repartição de competências administrativas ou aglutinaria projetos que podem ser licenciados separadamente (desmembramento do licenciamento ambiental).[64] Sem a ADA, a delimitação do que caracterizaria o empreendimento se tornaria algo inadministrável no licenciamento ambiental, mormente para fins de delimitação de competências, trazendo insegurança jurídica ao tema.

Importante destacar que ao ter a função de ser o critério para delimitar a competência, a ADA também delimita o que será licenciado, uma vez que baliza a localização do empreendimento ou atividade.

5.4. As competências comuns ambientais na Constituição e na LC 140/11

As diretrizes da competência administrativa ambiental estão dispostas no artigo 23 da Constituição Federal de 1988: Art. 23. É competência comum da União, dos Estados,

---

pela Nota 05/2014/GABIN/PFE-IBAMA-SEDE/PGF/AGU, do Procurador-Chefe Nacional do Ibama, nos autos do PA 02001.007045/2012-72.

64. Sobre o desmembramento do licenciamento ambiental, distinguindo-o da fragmentação (vedada), cf. BIM, 2020, p. 217-222.

do Distrito Federal e dos Municípios: [...]III – proteger os documentos, as obras e outros bens de valor histórico, artístico e cultural, os monumentos, as paisagens naturais notáveis e os sítios arqueológicos; IV – impedir a evasão, a destruição e a descaracterização de obras de arte e de outros bens de valor histórico, artístico e cultural; [...] VI – proteger o meio ambiente e combater a poluição em qualquer de suas formas; VII – preservar as florestas, a fauna e a flora; [...] IX – promover programas de construção de moradias e a melhoria das condições habitacionais e de saneamento básico; X – promover programas de construção de moradias e a melhoria das condições habitacionais e de saneamento básico; XI – registrar, acompanhar e fiscalizar as concessões de direitos de pesquisa e exploração de recursos hídricos e minerais em seus territórios. [...] Parágrafo único. Leis complementares fixarão normas para a cooperação entre a União e os Estados, o Distrito Federal e os Municípios, tendo em vista o equilíbrio do desenvolvimento e do bem-estar em âmbito nacional. Isso implica dizer que depois da entrada em vigor do citado dispositivo qualquer ente público passou a ter competência para aplicar a legislação ambiental, ainda que a norma não tenha sido de autoria do ente que a aplicasse, exceto regras administrativas sancionatórias.

O problema é que essa competência comum gerou muitos conflitos de competência, uma vez que o parágrafo único do dispositivo mencionado previa que uma lei complementar regulamentaria a matéria estabelecendo o federalismo cooperativo. Na ausência dessa lei complementar os entes federativos disputavam a prioridade no exercício de certas atribuições bem como rejeitavam outras atribuições, o que gerava insegurança jurídica, mormente pela leitura míope da competência comum, que considerava que todos deviam proteger tudo ao mesmo tempo, dando espaço para conveniências e ineficiências administrativas.

Por isso, com base no parágrafo único do artigo 23 da CF, pós-redação da EC 53/2006, foi promulgada a Lei Complementar 140/2011, que regulamentou os seus incisos III, VI e VII.

A LC 140/11 atribuiu como competência administrativa diversas funções à União (art. 7º), Estados (art. 8º), Municípios (art. 9º) e Distrito Federal (art. 10).

Em termos de licenciamento ambiental, aos Estados cabem as competências que não são da União e nem dos municípios (competência residual), ou seja, os Estados-membros ainda são o centro gravitacional da nossa federação.

Além da CF, a própria LC assegurou ao Município competência fiscalizatória e autorizativa em sentido amplo, fato infelizmente ainda não pacífico, mesmo após a assertividade da CF/88.

É importante destacar que existe previsão para que a União defina a sua competência por ato do chefe do poder executivo, não necessariamente seu chefe, a partir de proposição da Comissão Tripartite,[65] considerados os critérios de porte, potencial poluidor e natureza da atividade ou empreendimento, em dois casos: (i) naqueles previstos em tipologia

---

65. Ressalte-se que embora a proposição parta da comissão tripartite, de forma alguma o ato do executivo será um referendo do que foi proposto. Ele pode alterar, suprimir, adicionar etc. o que for proposto pela comissão tripartite de forma livre, em pleno ato político, somente se balizando pelos limites da LC.

(art. 7º, XIV, *h*) e (ii) empreendimento terra-mar, ou seja, aqueles que compreendem, concomitantemente, área terrestre e marítima da zona costeira (art. 7º, parágrafo único).[66]

Em relação às competências municipais, cabe aos Conselhos Estaduais de Meio Ambiente, considerados os critérios de porte, potencial poluidor e natureza da atividade, estabelecer a tipologia das atividades ou empreendimentos que causem ou possam causar impacto ambiental de âmbito local (art. 9º, XIV, *a*).

Os Estados-membros não têm tipologia para si, uma vez que sua competência é residual: o que não for da competência da União e dos municípios é estadual.

Algumas questões sobre o direito intertemporal em relação a LC 140/11 merecem ser comentadas. A LC 140/11 somente é aplicada a processos de licenciamento e autorização ambiental iniciados a partir de sua vigência (art. 18, *caput*). Isso não significa que o processo autorizativo deva ficar para sempre no órgão ambiental se o processo decisório começou antes da vigência da LC 140/11.[67] Como bem destacado no Parecer 50/2013/CONEP/PFE-IBAMA-SEDE/PGF/AGU:

"[...] 21. Assim, *caso fosse orientada para o cenário fático permanente*, a norma do art. 18, *caput*, subverteria a lógica do diploma. Isso, considerando a premissa normativa de que o exercício de uma pluralidade de entes da mesma ação administrativa – contrariando a sistemática estanque de distribuição de competências – põe em risco os objetivos insculpidos na Lei.

22. De fato, a compatibilização da norma do art. 18, caput, com as demais disposições da LC n. 140/2011 só se faz possível enquanto seja entendida como excepcionalidade voltada ao atendimento de conjuntura transitória, situada no curto período – anterior e posterior – que orbita a data de vigência da Lei Complementar. [...]

29. Entretanto, a regra de transição não alberga a prorrogação, *ad eternum*, da competência para emissão de autorizações e licenças e para as atividades decorrentes, referente aos processos iniciados antes da vigência da LC n. 140/2011, por ente que, pelas regras dos arts. 7º, 8º, 9º e 10, não é mais competente para exercê-la.

30. Atuação em sentido contrário não encontra fundamento nas razões expostas nos itens 23 a 27, *supra*, viola a sistemática de distribuição de competência escolhida pelo legislador e ameaça os

---

66. A previsão de tipologia terra-mar baliza a interpretação do próprio dispositivo, especialmente na conjugação da alínea *b* ("localizados ou desenvolvidos no mar territorial, na plataforma continental ou na zona econômica exclusiva"). Isso porque empreendimentos terra-mar podem estar no mar territorial ao mesmo tempo em que está na terra, uma vez que mar territorial é "uma faixa de doze milhas marítima de largura, medidas a partir da linha de baixa-mar do litoral continental e insular, tal como indicada nas cartas náuticas de grande escala, reconhecidas oficialmente no Brasil" (Lei 8.617/93, art. 1º). Assim, um píer poderia ser enquadrado como estando em mar territorial e atrair a competência da União pela alínea b, quando estaria fora pela tipologia do parágrafo único. A forma de conciliar tais disposições é considerar que entre elas não existe sobreposição. Se o empreendimento estiver concomitantemente em terra e em mar, ainda que em mar territorial (o que estaria abrangido no conceito de faixa "marítima da zona costeira"), aplica-se a tipologia. Se estiver *exclusivamente* em mar territorial, aplica-se a alínea *b*.
67. "Essa transição não deve demorar mais do que o mínimo necessário. Se for licenciamento ambiental, a transição deve ocorrer logo após a expedição da LO. Não se faz necessário aguardar o monitoramento pós-LO, uma vez que este é constante, postergando a transferência até a eventual renovação da LO. O órgão licenciador com essa competência temporária decorrente do *caput* do artigo 18 da LC 140/11 deve transferir, tão logo seja possível, o processo decisório para o ente atualmente competente. É dever do intérprete restringir ao máximo possível essa perpetuação de competência" (BIM, 2020, p. 292).

objetivos delineados no art. 3º da Lei. Trata-se, portanto, de anomalia *não autorizada* pela norma excepcional. (grifos nossos)[68"]

As tipologias previstas para a União e para os Municípios somente entrarão em vigor por meio do ato instituidor delas (art. 18, § 1º e 2º), devendo os processos de licenciamento ambiental ser conduzidos conforme a legislação em vigor (art. 18, § 3º). Há divergência do que seria a legislação em vigor. Para uns seria o artigo 4º da Res. Conama 237/97,[69] para outros seria a própria LC 140/11,[70] posicionamento que se defende, uma vez que, dentre outros motivos, o critério de amplitude de impacto (nacional ou regional) previsto no artigo 4º da Res. 237/97 Conama é mera cópia do § 4º do artigo 10 da Lei 6.938/81, que foi expressamente revogado pela LC 140/11 sem nenhum lapso temporal (art. 21).

5.5. Atuação supletiva e subsidiária

A LC 140/11 regulamentou a atuação supletiva e a atuação subsidiária dos órgãos ambientais, não se devendo confundi-las.

A competência ou atuação *supletiva* é aquela na qual há a substituição da competência originariamente atribuída a certo ente federativo, caso sejam cumpridos certos requisitos taxativamente previstos na LC 140/11 (LC 140, art. 2º, II). Na competência ou atuação subsidiária há um auxílio, mas somente quando solicitado pelo ente federativo originariamente detentor das atribuições (LC 140, arts. 2º, III c/c 16). Geralmente essa ajuda é traduzida em apoio técnico, científico, administrativo ou financeiro, sem prejuízo de outras formas de cooperação. Importante destacar que não há deslocamento de competência na atuação subsidiária e que ela somente pode existir mediante o pedido de ajuda do ente competente.

Por se constituírem em uma anomalia federativa sem respaldo no modelo federativo plasmado por nossa Constituição, os casos de competência supletiva são de exegese restrita. Embora, em regra, menos agressivo do que uma intervenção federal, é importante destacar que essa solução criada pelo legislador, com base no parágrafo único do artigo 23 da Constituição, é aquela exceção cuja aplicação somente deve ocorrer nos estritos moldes legais.

---

68. Parecer 50/2013/CONEP/PFE-IBAMA-SEDE/PGF/AGU, aprovado pelo Procurador-Chefe Nacional do IBAMA, em 16.04.2013, mediante Despacho 258/2013/AGU/PGF/PFE-IBAMA-SEDE, nos autos do PA 02001.001703/2012-12. O item 3 da ementa do Parecer ficou assim redigido: "3. Competência para aprovar criadouros de fauna silvestre. Alcance da regra do artigo 18, *caput*, da Lei Complementar n. 140/2011. Norma voltada para a tutela da situação transitória que circunda a edição da LC. Regra que não alberga perpetuação de competência em desacordo com a distribuição ordinária feita pelos arts. 7º, 8º, 9º e 10 da LC. Interpretação sistemática da LC. Necessidade de transferência, no tempo oportuno, do passivo das autorizações e licenças ambientais ao ente competente pelas novas regras".
69. CÂMERA, 2012, p. 39-40. Nota 04/2013/GABIN/PFE-IBAMA-SEDE, do Procurador-Chefe Nacional do Ibama, em 22.03.2013, no PA 02001.001697/2010-31, que suspendeu a vigência do item *c* da conclusão da OJN 43/2012/PFE-IBAMA/PGF/AGU. Posteriormente tal suspensão provisória foi confirmada, em 26.05.2014, pela Nota 05/2014/GABIN/PFE-IBAMA-SEDE/PGF/AGU, do Procurador-Chefe Nacional do Ibama, no PA 02001.007045/2012-72.
70. BIM, 2020, p. 293-295. OJN 33/2012/PFE-IBAMA/PGF/AGU; OJN 43/2012/PFE-IBAMA/PGF/AGU, item *c* (suspensa pela Nota 04/2013/GABIN/PFE-IBAMA-SEDE, do Procurador-Chefe Nacional do Ibama, em 22.03.2013, no PA 02001.001697/2010-31).

Os casos previstos na LC 140 para a atuação supletiva são a mora no processo de licenciamento ambiental (art. 14, § 3º) – situação que merece temperamentos, como visto adiante – e a ausência de órgão ambiental capacitado ou conselho de meio ambiente no ente federado a ser substituído (art. 15).

Também deflagra a competência supletiva a não observância dos prazos estabelecidos para tramitação dos processos de licenciamento (art. 14, § 3º). Deve-se tomar cuidado para esse tipo de atuação supletiva não prestigie a morosidade e a ineficiência, despejando carga de trabalho para outro ente que, inevitavelmente, funcionará de forma ineficiente e extrapolará seus prazos. Por isso,

> "Defende-se que a instauração da competência supletiva, salvo motivo de força maior e com certa razoabilidade, é inconstitucional. Sem a força maior, estar-se-ia dando ao ente ineficiente o pretexto legal para continuar a sê-lo. Sem a razoabilidade, transformar-se-ia o ente que receberia a competência supletiva em um ente igualmente ineficiente. A patente desarrazoabilidade do artigo 14, § 3º, da LC 140/11, se evidencia caso o órgão federal extrapole os prazos para licenciar. Qual seria a solução uma vez que não há como deslocar o licenciamento para outro ente?
>
> São milhares de Municípios que fariam o licenciamento ambiental recair em 27 entes estaduais e esses em apenas um ente federal. Nesse cenário, premiar-se-ia a ineficiência do licenciamento ambiental, ao invés de prestigiá-lo, uma vez que criada sobrecarga no órgão competente para assumir a competência supletiva, com efeito cascata no sistema licenciatório, tornando patente a desarrazoabilidade dessa interpretação.
>
> Ademais, uma visão pragmática também mostraria como uma leitura literal ou meramente formal seria descabida.
>
> Richard Posner expõe que o pragmatismo "é interessado nos 'fatos' e também deseja estar bem informado sobre a operação, propriedades e prováveis efeitos de cursos alternativos de ação." Isso porque o direito não é apenas lógica, mas fundamentalmente experiência, como doutrinou Oliver Wendell Holmes. Os resultados práticos das decisões, as necessidades atuais, as políticas públicas etc. mostram que não é o silogismo ou a mera leitura literal que determinam as regras pelas quais o homem é governado. Nessa linha é que a Lei de Introdução às normas do Direito Brasileiro preceitua que existe um dever de não decidir sem que sejam consideradas as consequências práticas da decisão, evitando-se uma base em valores jurídicos abstratos (LINDB, art. 20).
>
> Deve-se considerar que aplicar literalmente o dispositivo, com a simples mora justificando a transferência, aniquilaria a capacidade de licenciar do ente que deveria assumir o licenciamento ambiental. Não se pode interpretar um dispositivo tutelando valor não abrigado por ele, a destruição da capacidade de licenciar do ente supletivo, pois ao licenciar fora de sua competência primária teria o desgaste não apenas de novo processo administrativo, mas provavelmente de uma tipologia que não está acostumado a licenciar (BIM, 2020, p. 147)."

Na atuação *subsidiária* há uma colaboração com a atividade de outro órgão ambiental, não substituição, como ocorre na atuação supletiva. Aqui há a ação do ente da Federação que visa a auxiliar no desempenho das atribuições decorrentes das competências comuns, quando solicitado pelo ente federativo originariamente detentor das atribuições definidas na LC 140/11 (art. 16). Sua forma será, em regra, por meio de apoio técnico, científico, administrativo ou financeiro, embora isso não impeça outras formas de cooperação.

5.6. *A interpretação restritiva para a aferição de competência em rol taxativo (União e Municípios)*

Importante destacar que deve ser atribuída interpretação restritiva para as competências da União e dos Municípios, pois contidas em rol taxativo (LC 140/11, arts. 7º e 9º).

Os Estados-membros eram[71] e ainda são o centro gravitacional do licenciamento ambiental, ou seja, são a regra, porque cabe a eles "promover o licenciamento ambiental de atividades ou empreendimentos utilizadores de recursos ambientais, efetiva ou potencialmente poluidores ou capazes, sob qualquer forma, de causar degradação ambiental, ressalvado o disposto nos arts. 7º e 9º" (LC 140, art. 8º, XIV). O que não estiver expressamente taxado como sendo da União ou dos Municípios é dos Estados-membros. Por isso, nada mais natural do que ler as competências contidas na LC 140 de forma restritiva, às vezes chamada de literal, em relação a União e Municípios. Esse mesmo fenômeno ocorre quando da competência dos tribunais superiores, que estão em rol taxativo e não se constituem na regra, merecendo exegese restritiva.[72] "As normas restritivas – como as que determinam a competência jurisdicional – requerem interpretação igualmente restritiva",[73] como bem assentou o STJ.

Como destacou o TRF da 1ª Região em caso envolvendo competência para licenciamento ambiental, se as competências da União vêm numeradas (expressas) na Constituição, relegando-se aos Estados-membros as remanescentes, isso significa que exceto pelas competências taxativamente atribuídas a União, o resto é dos Estados-membros. Conclui, então, que assim como na Constituição, "o mesmo critério deve ser empregado na interpretação das normas infraconstitucionais. Não há, pois, lugar para interpretação extensiva ou analógica da regra de competência da entidade federal".[74]

Correto entendimento da AGU, quando afirma que o rol do artigo 7º deve ser interpretado restritiva ou literalmente, "com extrema restrição" ou de "maneira bastante estrita", conforme explicitado em diversos pareceres jurídicos:

> "[...] 22. [...] Como se afirmou, as alíneas 'c' e 'd' do inciso XIV do art. 7º da LC 140/11 devem ser lidas de maneira bastante estrita, pelo que não se pode compreender que as áreas perimetrais, lindeiras ou tangenciais aos limites nelas descritos devam ser compreendidos como pertencentes a seus espaços para efeitos de determinação de competência para licenciamento ambiental. A conclusão é demasiadamente simples: se o empreendimento cuja atividade a ser licenciada estiver inserto em área de UC instituída pela União, ou de TI, a competência para conduzir o licenciamento será do Ibama; caso contrário, será do órgão ambiental estadual (não interessa para a fixação de competência para a condução do licenciamento, assim, se o empreendimento ou a sua faixa de domínio localiza-se em espaço imediatamente vizinho ou lindeiro a UC ou TI, descabendo falar em estabelecimento de limite de tolerância – e, consequentemente, em critérios para tal).[75]

---

71. Lei 6.938/81, art. 10, *caput*, redação revogada pela LC 140.
72. V.g., STF, 2ª T., v.u., AR na ACO 2379, rel. Min. Gilmar Mendes, j. 15.12.2015, *DJe* 10.02.2016; STF, Pleno, AR no MS 30.844, rel. Min. Dias Toffoli, j. 19.12.2012, *DJe* 04.03.2013; STF, Pleno, AR no MS 27.763, rel. Min. Dias Toffoli, j. 19.12.2012, *DJe* 22.02.2013; STF, 1ª T., v.u., HC 111.015/MS, rel. Min. Luiz Fux, j. 21.05.2013, *DJe* 05.06.2013; STF, Pleno, PET 1.738, rel. Min. Celso de Mello, j. 01.09.1999, *DJU* 01.10.1999, p. 42; STJ, CE, v.u., AR na Rcl 10.037, rel. Min. Luis Felipe Salomão, j. 21.10.2015, *DJe* 25.11.2015; STJ, CE, v.u., Rp 479, rel. Min. Og Fernandes, j. 19.08.2015, *DJe* 14.10.2015.
73. STJ, 1ª S., v.u., CC 130.946/CE, rel. Min. Sérgio Kukina, j. 24.09.2014, *DJe* 30.09.2014.
74. TRF da 1ª Região, 5ª T., v.u., AC 0000267-95.2005.4.01.3600, rel. Des. João Batista Moreira, j. 17.08.2011, *e-DJF1* 26.08.2011, p. 153.
75. Parecer 168/2014/CONEP/PFE-IBAMA-SEDE/PGF/AGU, aprovado pela Procuradora-Chefe Nacional da PFE-Ibama, em 02.12.2014, mediante Despacho 658/2014/GABIN/PFE-IBAMA-SEDE/PGF/AGU, nos autos do PA 02001.007431/2010-01.

[...] I – A exegese da competência do Ibama para licenciar deve ser restritiva ou literal, uma vez que a regra é os Estados-membros licenciarem (LC 140/11, art. 8º), constando como exceção a União e os Municípios, pois contidas em rol taxativo (LC 140/11, arts. 7º e 9º). Precedente.

II – Não há que se falar em analogia ou interpretação extensiva quando se tratar de competências da União ou dos Municípios. O que não for expressamente enumerado como sendo da União não pode ser-lhe atribuído. No caso de terra indígena ou UC, a União somente pode licenciar se o empreendimento estiver localizado em (sobreposição cartorial) terra indígena ou UC instituída pela União (art. 7º, XIX, c e d), não bastando a mera vizinhança ou tangência, ainda que bilateral. Exegese diversa significaria adoção do abandonado critério de abrangência de impacto pela LC 140/11 (OJNs 33 e 43/2012/PFE-IBAMA).[76"]

Por tais razões, a OJN 33 da PFE-Ibama foi remodelada e aprovada pela Presidência do Ibama, tornando-a vinculante à autarquia, para expressamente consignar a exegese restritiva na leitura da competência da União prevista no artigo 7º da LC 140/11.[77]

Em relação ao critério do impacto direto, por exemplo, não se pode falar em analogia do impacto direto para deslocar a competência quando ele existir em terras indígenas, unidades de conservação instituídas pela União ou no território de mais de um Estado-membro.[78] O que não for expressamente enumerado como sendo da União – que, nos exemplos acima, somente tem competência para licenciar se o empreendimento estiver localizado em terra indígena ou dentro de UC instituída pela União (art. 7º, XIX, c e d), não bastando a mera vizinhança ou a tangência, ainda que bilateral – não pode ser-lhe atribuído.[79]

---

76. Parecer 12/2016/COJUD/PFE-IBAMA-SEDE/PGF/AGU, aprovado pela Procuradora-Chefe Nacional da PFE-Ibama, em 23.02.2016, mediante Despacho 47/2016/GABIN/PFE-IBAMA-SEDE/PGF/AGU, nos autos do PA 00807.000062/2016-10; Parecer 23/2016/COJUD/PFE-IBAMA-SEDE/PGF/AGU, aprovado pela Procuradora-Chefe Nacional da PFE-Ibama, em 08.03.2016, mediante Despacho 84/2016/GABIN/PFE-IBAMA-SEDE/PGF/AGU, nos autos do PA 00807.000057/2016-07.
77. Segundo a atual ementa desta OJN: "[...] 2. Interpretação literal do rol de competências do Ibama fixado no art. 7º, inciso XIV, da Lei Complementar 140/2011. 3. Competência do Ibama para licenciar qualquer empreendimento localizado no interior de terra indígena, conceito que exige a interceptação da área demarcada. 4. Não estão em área protegida os empreendimentos cuja faixa de domínio tenha sido excluída das áreas demarcadas como terras indígenas. 5. Interpretação literal e restritiva das competências da União, que melhor se coaduna com o espírito da Lei Complementar, respeitando a competência remanescente dos Estados-membros".
78. FARIAS, Talden. *Licenciamento ambiental*: aspectos teóricos e práticos. 4. ed. Belo Horizonte: Fórum, 2013. p. 109, 111-112.
79. A AGU já afastou a exegese restritiva ao opinar pela competência do Ibama em licenciar uma estrada que fazia um túnel dentro de terra indígena, ainda que sem alteração da faixa de domínio, porque localizado no interior de terra indígena incluiria a "interceptação da área demarcada" (OJN 33/2012/PFE-IBAMA/PGF/AGU). Entretanto, mais recentemente, manifestou-se pela exegese objetiva e literal do artigo 7º, concluindo: "[...] 21. A expressão 'localizados ou desenvolvidos' em UC's e TI's deve ser interpretada com extrema restrição, compreendendo-se como ali situados ou implementados, para efeitos de definição de competência para licenciamento ambiental, apenas os empreendimentos e atividades localizados geograficamente em área coincidente com a da UC ou a da TI [...] 22. [...] Sim, somente podem ser considerados em UC's ou TI's os empreendimentos cuja faixa de domínio não tenha sido excluída das áreas instituídas para as unidades de conservação e as terras indígenas. Caso tenham sido excluídas tais faixas de domínio das áreas descritas nos itens 'c' e 'd' do art. 7º, inciso XIV, da LC 140/11, não mais restarão inseridas em áreas aptas a atrair a competência do Ibama para a condução do licenciamento, que ficará sob responsabilidade do órgão ambiental estadual" (Parecer 168/2014/CONEP/PFE-IBAMA-SEDE/PGF/AGU, aprovado pelo Procurador-

Ainda que a obra, por exemplo, despeje resíduos em rio que atravessa UC federal, a competência não é da União. O objeto do licenciamento precisa estar na área da UC federal para a competência ser da União, *o que não inclui a sua zona de amortecimento (ZA)*, quando existente, uma vez que a exegese deve ser estrita e a ZA não faz parte da UC.[80] De qualquer forma, ainda que se pense diferente, não se deve equiparar a ZA de uma UC com o limite provisório da Resolução Conama 428/10, previsto para autorização de licenciamento ambiental ou mera ciência, para delimitar a competência administrativa para licenciar.

O que deve estar dentro dos limites da UC federal para que o Ibama licencie é o empreendimento ou o desenvolvimento da atividade. Não basta, por exemplo, para atrair a competência federal, que o imóvel no qual o empreendimento será desenvolvido tenha parte em UC federal, se o empreendimento em si não for desenvolvido nessa parte do imóvel.[81]

Outro exemplo de interpretação restritiva é sobre a competência para licenciar no *mar territorial*. Seria ele sempre computado da linha de baixa-mar ou da linha de base, ambos previstos na Lei 8.617/93 (art. 1º, *caput* e parágrafo único)?

A LC 140 apenas preceitua que a União deverá licenciar os empreendimentos ou atividades "localizados ou desenvolvidos no mar territorial, na plataforma continental ou na zona econômica exclusiva" (art. 7º, XIV, *b*).

A regulação pela Convenção das Nações Unidas sobre o Direito do Mar (Convenção de Monte Bay, 1982) preceitua que "as águas situadas no interior da linha de base do mar territorial fazem parte das águas interiores do Estado" (art. 8º). Essa classificação foi adotada pela Lei 8.617/93, que usou o método da linha de base reta quanto à demarcação da linha inicial do mar territorial na faixa litorânea que possui recortes profundos (art. 1º). O Decreto 8.400/15, ao revogar igual disposição do Decreto 4.983/2004, deixa claro que a linha de base do Brasil é definida exatamente para traçar os limites do mar territorial (art. 4º), o que significa que se trata de águas interiores, e não de mar territorial, o espaço compreendido entre a linha de base e o continente.

A própria Comissão Interministerial para Recursos do Mar (CIRM) entende que a totalidade do mar territorial é a faixa (marítima) "que se estende mar afora distando 12 milhas marítimas das Linhas de Base estabelecidas de acordo com a Convenção das Nações Unidas

---

-Chefe Nacional da PFE-Ibama, em 02.12.2014, mediante Despacho 658/2014/GABIN/PFE-IBAMA--SEDE/PGF/AGU, nos autos do PA 02001.007431/2010-01). No mesmo sentido: Parecer 12/2016/COJUD/PFE-IBAMA-SEDE/PGF/AGU, aprovado pela Procurador-Chefe Nacional da PFE-Ibama, em 23.02.2016, mediante Despacho 47/2016/GABIN/PFE-IBAMA-SEDE/PGF/AGU, nos autos do PA 00807.000062/2016-10, e Parecer 23/2016/COJUD/PFE-IBAMA-SEDE/PGF/AGU, aprovado pela Procuradora-Chefe Nacional da PFE-Ibama, em 08.03.2016, mediante Despacho 84/2016/GABIN/PFE-IBAMA-SEDE/PGF/AGU, nos autos do PA 00807.000057/2016-07.

80. A AGU entendeu que a zona de amortecimento não apenas não fazia parte da UC, não atraindo a competência da União ou dos Municípios para licenciar prevista nos artigos 7º, XIV, *d*, e 9º, XIV, *b*, da LC 140/2011, como devia sofrer exegese restritiva para não subtrair dos Estados-membros o papel central no licenciamento, tal qual previsto na LC 140 com respaldo na Constituição Federal. Cf. Parecer 83/2016/COJUD/PFE-IBAMA-SEDE/PGF/AGU, aprovado pela Procuradora-Chefe Nacional da PFE-Ibama, em 15.08.2016, mediante Despacho 427/2016/GABIN/PFE-IBAMA-SEDE/PGF/AGU, nos autos do PA 00543.000668/2016-95.

81. Conforme Despacho 3485697/2018-CGTEF/DILIC (PA 02022.004812/2018-39).

sobre o Direito do Mar" (item 3.1.1 do Plano Nacional de Gerenciamento Costeiro – PNGC II, aprovado pela Resolução CIRM 5/1997). Em outras palavras, a CIRM também entende que as águas interiores estão fora do mar territorial, senão não teria qualificado como a "totalidade" do mar territorial a faixa de 12 milhas marítimas a partir das linhas bases.

Vê-se que a linha de base é critério a partir do qual se considera iniciado o mar territorial, devendo-se adotar os termos da legislação específica para tal fim. O que vem antes da linha de base, em relação ao continente, são as águas interiores, a porção de mar formada pela distância da linha de baixa-mar até a linha de base. Considerar algo além disso é deixar de interpretar restritivamente a competência da União. Logo, uma leitura restritiva da questão exclui as águas interiores,[82] motivo pelo qual o licenciamento pelo Ibama "em águas interiores, ainda que marítimas, não encontra qualquer ressonância legal."[83]

Apartando-se do sistema de linha de base reta, Antonio Inagê leciona que a definição de mar territorial para fins de competência para licenciar não pode englobar a porção do mar territorial integrado à zona costeira,[84] critério inviável nos dias atuais porque esta não mais avança 6 milhas em direção ao mar (PNGC I), mas avança até o limite do mar territorial (PNGC II).

No Parecer 35/2017/COJUD/PFE-IBAMA/PGF/AGU ficou esclarecido que águas interiores, "ainda que marítimas, não se compreendem na competência para licenciar ou autorizar ambientalmente da União, pois somente após a linha de base se caracteriza o mar territorial".[85]

Ainda por esse motivo, exegese restritiva, a definição da Portaria Interministerial MMA/MJ/MINC/MS 60/2015 para terra indígena – que exige que haja (i) relatório circunstanciado de identificação e delimitação aprovado por ato da Funai, publicado no Diário Oficial da União, (ii) áreas que tenham sido objeto de portaria de interdição expedida pela Funai em razão da localização de índios isolados, também publicada no DOU, ou – em acréscimo em relação a revogada Portaria Interministerial 419/2011 – demais modalidades previstas no artigo 17 da Lei 6.001/73 (art. 2º, XII) – somente deve servir ao propósito da norma, que é regular a interveniência por meio de pareceres (Lei 11.516/07, art. 14), não de fixar elementos para a definição do ente federativo competente para licenciar.

---

82. Ressalte-se que a Lei 9.966/00 define águas interiores como as compreendidas entre a costa e a linha de base reta (art. 3º, I). Pouco depois, o Conama encampou esse entendimento na hoje revogada Resolução 344/04, definindo águas interiores no artigo 2º, IV, a, como: "1. águas compreendidas entre a costa e a linha de base reta, a partir de onde se mede o mar territorial; 2. águas dos portos; 3. Águas das baias; 4. águas dos rios e de suas desembocaduras; 5. águas dos lagos, das lagoas e dos canais; 6. águas entre os baixios a descoberto e a costa." A Lei 11.959/09 adotou a seguinte definição de águas interiores: "as baías, lagunas, braços de mar, canais, estuários, portos, angras, enseadas, ecossistemas de manguezais, ainda que a comunicação com o mar seja sazonal, e as águas compreendidas entre a costa e a linha de base reta, ressalvado o disposto em acordos e tratados de que o Brasil seja parte" (art. 2º, XIII).
83. ANTUNES, Paulo de Bessa. *Direito ambiental*. 16. ed. 2014. p. 202.
84. OLIVEIRA, Antonio Inagê de Assis. *O Licenciamento ambiental*. São Paulo: Iglu, 1999. p. 105.
85. Parecer 35/2017/COJUD/PFE-IBAMA/PGF/AGU, aprovado, em 25.05.2017, pela Procuradora-Chefe da PFE/Ibama, mediante Despacho 310/2017/GABIN/PFE-IBAMA-SEDE/PGF/AGU, nos autos do PA 04972.206413/2015-54.

Esses limites da Portaria Interministerial MMA/MJ/MINC/MS 60/15, no que diz respeito à manifestação da Funai, não significam que o licenciamento ambiental deva ser conduzido pela União, visto que a LC 140/11 somente preceitua "localizados ou desenvolvidos em terras indígenas" (art. 7º, XIV, c) e não localizados ou desenvolvidos perto ou adjacentes às terras indígenas ou, ainda, que possam apresentar elementos que possam gerar impacto socioambiental direto na terra indígena.

Em suma, o rol é taxativo, sujeito à interpretação restritiva, não havendo motivo para leituras extensivas. Como reconhecido pela própria jurisprudência:

> "[...] 9. Algum impacto a construção da usina trará à bacia do Rio Xingu e a terras indígenas, mas esses impactos são indiretos, não afastando a competência da entidade estadual para o licenciamento. O *impacto regional*, para justificar competência do IBAMA, deve subsumir-se na especificação do art. 4 da Resolução n 237/97, ou seja, deve ser *direto*; semelhantemente, justifica-se a competência do IBAMA quando o empreendimento esteja sendo desenvolvido *em terras indígenas*, não o que possa refletir sobre terras indígenas. [...]
>
> 11. Na Constituição, as competências materiais da União vêm expressas (enumeradas), ficando para os Estados-membros e Distrito Federal as competências remanescentes. Significa dizer que, em regra (por exclusão das competências da União, taxativamente previstas), as competências são dos Estados-membros. Assim na Constituição, o mesmo critério deve ser empregado na interpretação das normas infraconstitucionais. Não há, pois, lugar para interpretação extensiva ou analógica da regra de competência da entidade federal.[86]"

Essa leitura restritiva deve também ser observada a quaisquer outros dispositivos que possam deslocar a competência à União ou aos Municípios, como no caso da competência supletiva ou na tipologia do artigo 9º, XIV, *a*, definida pelos Conselhos Estaduais de Meio Ambiente, não cabendo também invocar analogia com as terras de índios para que a União licencie obras e atividades desenvolvidas dentro de terras quilombolas ou habitadas por comunidades tradicionais.

5.7. A inexistência de competência federal em razão da dominialidade do bem e a questão do patrimônio nacional (CF, art. 225, § 4º)

Um equívoco comum é entender a competência do órgão licenciador federal para proceder o licenciamento ou mesmo a fiscalização ambiental somente porque a área é da União ou é considerada patrimônio nacional (Floresta Amazônica, a Mata Atlântica, a Serra do Mar, o Pantanal Mato-Grossense e a Zona Costeira).

A competência ambiental para licenciar não é delimitada pela titularidade do bem. Não existe nenhum princípio jurídico que atribua competência para fiscalizar ou licenciar baseada pura e simplesmente na dominialidade do imóvel. Quando a relação de dominialidade é relevante para esse fim, a LC 140/11 ou a legislação precedente expressamente se referem a ela. Equivocada, dessa forma, pretender atribuir à União o licenciamento ambiental de empreendimentos ou atividades realizadas em seu patrimônio, como observa a AGU e a doutrina.[87]

---

86. TRF da 1ª Região, 5ª T., v.u., AC 2005.36.00.000267-2/0000267-95.2005.4.01.3600/MT, rel. Des. João Batista Moreira, j. 17.08.2011, *e-DJF1* 26.08.2011, p. 153.

87. SOUZA, Omar Bradley Oliveira de. O impacto do empreendimento, e não a titularidade dos bens afetados, como parâmetro para definir a competência de um licenciamento ambiental. *Boletim de Direito Municipal*, São Paulo, v. 25, n. 7, julho/2009. p. 480-482.

Assim é que, desde o Parecer 1853/1998/CONJUR-MMA/CGU/AGU, a AGU entende que o critério para licenciar não se vincula a titularidade de bens.[88] Entendimento repetido no Parecer 312/2004 CONJUR-MMA/CGU/AGU[89], que teve aprovação ministerial, tornando-o vinculante *aos* respectivos órgãos autônomos e entidades vinculadas (LC 73/93, art. 42), e cristalizado, mais recentemente, na OJN 15/2010/PFE-IBAMA/PGF/AGU.[90]

Outra faceta dessa questão é a do patrimônio nacional. Por constar da Constituição Federal que a Floresta Amazônica, a Mata Atlântica, a Serra do Mar, o Pantanal Mato-Grossense e a Zona Costeira são patrimônio nacional (art. 225, § 4º), outrora se entendeu que a competência para fiscalizar ou licenciar seria da União, ainda que não houvesse nenhuma norma nesse sentido. Embora o próprio STF tenha rechaçado a visão de que o artigo 225, § 4º, transformaria o que foi chamado de patrimônio nacional pela Constituição em bens da União (RE 259.267[91]) ou mesmo em bens públicos (RE 134.297[92]), esse sólido enten-

---

88. "[...] não há contradição entre o regime constitucional dos bens da União e o fato de ser o licenciamento ambiental realizado pelos órgãos estaduais ou municipais integrantes do SISNAMA, dada a preponderância do interesse público sobre o domínio do bem. Não há direito de propriedade da União sobre os bens de seu domínio tal qual a do particular, posto que são bens de uso comum do povo, e portanto, patrimônio de toda a Nação. O critério utilizado pela lei para efeito de fixação das competências não decorre do regime constitucional dos bens da União, pois a licença é um instrumento administrativo de gestão ambiental. A competência administrativa em matéria ambiental é repartida politicamente para os três níveis de governo por força do texto constitucional. O critério adotado pelo legislador na Lei 6938/81, para efeito de divisão das competências é o do dano e não do bem ou localização da atividade ou empreendimento. O conceito de domínio, administração e utilização dos bens públicos não se vincula com o instituto do licenciamento ambiental, eis que são institutos distintos e por conseguinte tratados em legislação própria. Por fim, o licenciamento ambiental de uma atividade não implica no uso ou alteração de regime do bem público" (*Apud* Parecer 312/2004 CONJUR-MMA/CGU/AGU, proferido pelo Consultor Jurídico do MMA, em 04.10.2004, nos autos do PA *02026.004638/2004-99*).

89. "[...] a titularidade do bem afetado pela atividade ou empreendimento não define a competência do membro do SISNAMA para realização do licenciamento ambiental. Tal critério contraria o art. 10 da Lei 6.938/81 e as disposições do CONAMA sobre o tema" (Parecer 312/2004 CONJUR-MMA/CGU/AGU, proferido pelo Consultor Jurídico do MMA, em 04.10.2004, nos autos do PA *02026.004638/2004-99. O presente parecer foi aprovado pela Ministra do Meio Ambiente em 22.10.2004, o que o torna vinculante aos* respectivos órgãos autônomos e entidades vinculadas, LC 73/93, art. 42).

90. "O critério da titularidade não pode ser aplicado per si sob pena de virem à tona inúmeros conflitos. Imagine-se a situação em que uma atividade de impacto ambiental local (competência municipal) é realizada em um rio estadual (competência do estado-membro), dentro de uma unidade de conservação de domínio da União (competência do IBAMA). A adoção desse critério inviabilizaria as atividades da autarquia federal, que teria que licenciar todos os empreendimentos, em toda a zona costeira, mesmo que de impactos meramente locais" (OJN 15/2010/PFE-IBAMA/PGF/AGU).

91. "Embargos de declaração em agravo regimental no recurso extraordinário. Constitucional. Administrativo. Restrição ao direito de propriedade. Serra do mar. Indenização. Legitimidade. 1. A propriedade particular situada nas florestas e matas mencionadas no artigo 225, § 4º, da Constituição Federal permanece como bem privado, devendo o Estado em que essa estiver localizada responder pela restrição que a ela impuser, visto que a expressão patrimônio nacional contida na norma constitucional não as converteu em bens públicos da União. Precedente. 2. Ilegitimidade do Estado de São Paulo para figurar no polo passivo da ação indenizatória. Improcedência. Pretensão de rediscutir a matéria a partir das disposições da legislação federal – Código Florestal – para afastar a responsabilidade do ente estatal e legitimar passivamente a União Federal. Impossibilidade. Vícios no julgado. Inexistência. Embargos de declaração rejeitados" (STF, 2ª T., v.u., RE 259.267 AgR-ED/SP, rel. Min. Maurício Corrêa, j. 18.03.2003, *DJU* 25.04.2003, p. 63).

92. "[...] O preceito consubstanciado no art. 225, par. 4º, da Carta da República, além de não haver convertido em bens públicos os imóveis particulares abrangidos pelas florestas e pelas matas nele

dimento não tem sido suficiente para afastar a equivocada atração de competência, em termos de licenciamento ambiental, à União. Os motivos de tal proceder desvirtuado da exegese constitucional encampada pelo Supremo existem tanto por ainda se ater ao critério dominial – equivocado em si, bem como por considerar que esse patrimônio nacional seria um bem da União –, quanto por achar que, pelo fato de esse patrimônio ser chamado de nacional, a intervenção da União, em termos ambientais, seria de rigor, por haver relevante interesse nacional.

Essa previsão como patrimônio nacional "não lhes confere a qualidade de serem bens da União ou de exclusivo interesse nacional. Significa, antes, tratar-se de bens de todos os brasileiros."[93] Marcelo Dantas também perfila tal entendimento:

> "é mais do que evidente que os ecossistemas indicados no mandamento constitucional em apreço não são bens da União, estes que se encontram arrolados no art. 20 da mesma Carta. Não é necessário ir muito longe para constatar que patrimônio nacional é patrimônio da nação, de todos os indivíduos, da coletividade, e não da pessoa jurídica de direito público.[94]"

Assim, a previsão do artigo 225, § 4º, da CF, não interfere na competência para licenciar ou fiscalizar.[95] Como destaca Sebastião Vilela Staut Junior

> "A adjetivação "patrimônio nacional" consubstancia a especial relevância dos respectivos ecossistemas para toda a sociedade brasileira, no sentido de que sua utilização esteja sempre subordinada ao desígnio de sua preservação. Todavia, não importa o referido dispositivo em estabelecer interesse exclusivo da União sobre o referido patrimônio, de modo a deslocar competências administrativas ou mesmo jurisdicionais.[96]"

Nesse caso, mantém-se a regra: a competência do Estado-membro para o licenciamento ou a fiscalização ambiental.

A presença do patrimônio nacional, nos termos do artigo 225, § 4º, da CF, não transforma o impacto – critério utilizado antes da LC 140/11 para se definir a competência da União – em nacional ou mesmo regional. Equivocada, assim, a decisão do TRF da 3ª Região na qual se reconheceu a competência do Ibama para licenciar a duplicação de trecho de rodovia, localizado em apenas um Estado, por causa do impacto no bioma mata atlântica, o que sinalizaria interesse nacional nos efeitos ambientais da rodovia e, *ipso facto,* impacto nacional.[97]

---

referidas (Mata Atlântica, Serra do Mar, Floresta Amazônica brasileira), também não impede a utilização, pelos próprios particulares, dos recursos naturais existentes naquelas áreas que estejam sujeitas ao domínio privado, desde que observadas as prescrições legais e respeitadas as condições necessárias a preservação ambiental (STF, 1ª T., v.u., RE 134.297/SP, rel. Min. Celso de Mello, j. 13.06.1995, *RTJ* 158/205-206).

93. STAUT JUNIOR, Sebastião Vilela. A competência administrativa para licenciamento ambiental em face das disposições do artigo 225, parágrafo 4º, da Constituição Federal: áreas do patrimônio nacional. *Revista de Direitos Difusos*, São Paulo, v. 5, n. 27, set./out., 2004. p. 3.866.
94. DANTAS, Marcelo Buzaglo. *Ação civil pública e meio ambiente*. São Paulo: Saraiva, 2009. p. 26.
95. STAUT JUNIOR, Sebastião Vilela. A competência administrativa para licenciamento ambiental em face das disposições do artigo 225, parágrafo 4º, da Constituição Federal: áreas do patrimônio nacional. *Revista de Direitos Difusos*, São Paulo, v. 5, n. 27, set./out., 2004. p. 3.869.
96. STAUT JUNIOR, Sebastião Vilela. A competência administrativa para licenciamento ambiental em face das disposições do artigo 225, parágrafo 4º, da Constituição Federal: áreas do patrimônio nacional. *Revista de Direitos Difusos*, São Paulo, v. 5, n. 27, set./out., 2004. p. 3.870.
97. TRF da 3ª Região, 4ª T., v.u., AC 0040722-27.1999.4.03.6100/SP, rel. Des. Fed. Mônica Nobre, j. 03.02.2016, *DE* 09.03.2016.

Pela inexistência de um princípio que atribua a fiscalização ambiental à União, a AGU e o Ibama afastaram expressamente a competência do Ibama para fiscalizar prioritariamente imóveis na zona costeira (OJN 52/2015/PFE-IBAMA/PGF/AGU).

5.8. Competência licenciatória, fiscalizatória e unidades de conservação

No que diz respeito às Unidades de Conservação (UCs), a competência licenciatória é do ente federativo responsável pela sua instituição. Se a UC for criada pela União, a competência será federal, pelo Estado, será estadual e pelo Município será municipal.

Importante destacar que zona de amortecimento não integra a unidade de conservação, não atraindo, dessa forma, a competência para licenciar da União ou do Município. Os artigos 7º, XIV, *d*, e 9º, XIV, *b*, da LC 140/2011 exigem que o objeto licenciado esteja dentro da unidade de conservação, conceito que não abrange a sua zona de amortecimento. Essa exegese da Lei do Snuc (art. 2º, XVIII, c/c 36, § 3º) reforçada pela interpretação restritiva das competências da União e Município previstas na LC 140, por constarem de rol taxativo.[98]

Contudo, nas Áreas de Proteção Ambiental (APAs), o critério de instituição da unidade de conservação não se aplica, sendo neutro e exigindo que haja encaixe em qualquer outro critério da LC 140/11. É o entendimento adotado pela AGU e pelo Ibama (OJN 43/2012/PFE-IBAMA/PGF/AGU[99]).

Outra questão diz respeito à competência para licenciar e a desnecessidade de se licenciar se houver outro instrumento de proteção ambiental que tenha analisado o empreendimento.

Quanto à competência dos órgãos gestores das UCs para licenciar, é necessário conferir na sua lei instituidora para ver se isso foi previsto, uma vez que a LC 140/11 distribui as competências entre os entes federativos, pertencendo à autonomia federativa escolher o órgão ou entidade que a executarão. Por exemplo, na Lei de criação do ICMBio não existe tal competência.

Em relação à possibilidade de se considerar licenciado algum empreendimento dentro de UC, caso ele, por exemplo, esteja contemplado dentro do plano de manejo da UC (estudo ambiental – Res. Conama 237/97, art. 1º, III) há polêmica. Note-se que foi efetuado estudo ambiental e o órgão gestor da UC, mesmo sem competência para licenciar, sem dúvida detém o controle ambiental do empreendimento, podendo autorizar a intervenção desde que o estudo ambiental realmente contemple a atividade ou empreendimento, uma vez que é perfeitamente apto, em tese, para prever impactos ambientais, estabelecer mitigantes e condicionantes, ainda que com metodologia diferenciada e com naturais complementações e detalhamentos quando da instalação da atividade ou empreendimento. Obviamente

---

98. Parecer 83/2016/COJUD/PFE-IBAMA-SEDE/PGF/AGU, aprovado pelo Procurador-Chefe Nacional do Ibama, em 15.08.2016, mediante Despacho 427/2016/AGU/PGF/PFE-IBAMA-SEDE, nos autos do PA 00543.000668/2016-95.
99. "[...] IV. Competência do Ibama, no caso de empreendimentos localizados em Áreas de Proteção Ambiental – APAs, não existirá apenas em razão do ente instituidor da unidade de conservação. Será necessário que algum dos critérios previstos nas alíneas do inciso XIV do art. 7º esteja presente no caso concreto."

esse empreendimento deve ter relação com a gestão da unidade de conservação. Entretanto, por questão formal, isto é, ausência de competência para licenciar do ICMBio, a AGU entendeu que essa autarquia não poderia autorizar empreendimento em termos de licenciamento ambiental, ainda que ele estivesse previsto no plano de manejo da UC.[100]

De qualquer forma, essa situação não se confunde com atividades ou empreendimentos desenvolvidos ou localizados nas unidades de conservação não sujeitas ao licenciamento ambiental, sob a ótica do órgão licenciador ao analisar as atividades do Anexo I da Resolução Conama 237. Nesses casos, o órgão gestor da UC pode dar autorização ambiental, como ocorre com a autorização direta do ICMBio (IN ICMBio 04/2009).[101]

Pode haver concorrência no exercício da atividade de fiscalização no mesmo nível de competência quando os órgãos gestores das unidades de conservação têm personalidade jurídica apartada do órgão licenciador e fiscalizador, como ocorre no nível federal.

É a legislação do ente federativo que ditará a relação entre os órgãos ambientais. No âmbito federal, o Ibama tem competência para licenciar e fiscalizar, enquanto o Instituto Chico Mendes de Conservação da Biodiversidade (ICMBio) é o gestor das unidades de conservação federais.

A competência para a fiscalização ambiental nas áreas das unidades de conservação, bem como nas respectivas zonas de amortecimento (ZA), pertence ao órgão gestor da unidade de conservação. A ZA também está sob o poder de polícia do órgão gestor da unidade de conservação (UC) porque sua função é a de proteger a própria UC, sendo, do ponto de vista dos atributos que justificaram a criação da UC, indissociável desta.

A Lei 9.985/00 prevê os órgãos executores do Snuc de forma genérica em todos os níveis federativos, exceto na seara federal ao atribuir tal encargo ao Instituto Chico Mendes e, em caráter supletivo, do Ibama (art. 6º, III). Na Lei 11.516/07, que criou o ICMBio, está expresso que compete a esta autarquia o exercício do poder de polícia ambiental para a proteção das unidades de conservação instituídas pela União (art. 1º, IV), o que não exclui o poder de polícia supletivo a ser exercido pelo Ibama (art. 1º, parágrafo único).

No âmbito federal, o ICMBio, em regra, é o ente competente para fiscalizar as questões relativas ao meio ambiente quando está em jogo UCs, somente se admitindo a fiscalização pelo Ibama pela competência supletiva, excetuado o caso de medidas cautelares (LC 140/11, art. 17, § 2º, e Lei 9.784/99, art. 45).

Caso mais complexo é o poder de fiscalizar do órgão gestor da UC fora da unidade de conservação ou de sua zona de amortecimento, quando a atividade pode afetar diretamente a UC. Poluir um rio que gere reflexos na UC pode justificar o poder de polícia do órgão gestor da UC, mas tal poder deve ser motivado, sob pena de vício de competência. Esse é o posicionamento da AGU:

---

100. Parecer 20/2013/CONEP/PFE-IBAMA-SEDE/PGF/AGU, aprovado pelo Procurador-Chefe Nacional do Ibama, em 14.03.2014, mediante Despacho 135/2014/AGU/PGF/PFE-IBAMA-SEDE, nos autos do PA 02001.000646/2014-16.
101. Foi o acordado entre as partes (MPF v. ICMBio e Ibama) nos autos da ACP 0800225-62.2017.4.05.8003, que tramitou perante a 11ª Vara Federal da Subseção Judiciária de Santana do Ipanema/AL.

"[...] 6. Visando evitar conflito de competência entre IBAMA e ICMBio, quando esta autarquia pretender realizar fiscalização fora das unidades de conservação e zonas de amortecimento deverá motivar seu ato baseado em circunstâncias que justifiquem a adoção da medida como forma de proteção de uma UC. A ausência de motivação poderá acarretar vício de competência por parte do ICMBio. (Ementa da OJN 17/2010/PFE-IBAMA/PGF/AGU)[102]"

O Ibama somente atua em face de competência supletiva, o que pressupõe o não atuar, por parte do ICMBio, quando deveria. A AGU entende que a competência supletiva deve ser analisada caso a caso, não vedando a atuação em colaboração.[103]

Antes da edição da LC 140/11, a AGU entendeu que, "ocorrendo dupla autuação em face do mesmo infrator e sobre os mesmos fatos, prevalecerá o auto de infração lavrado em primeiro lugar" (OJN 17/2010/PFE-IBAMA/PGF/AGU).

Entretanto, deve-se atentar ao fato de que o Ibama somente deverá autuar quando houver omissão do ICMBio, o que pressupõe uma provocação desse e não pura e simplesmente um ilícito ambiental dentro de uma UC ou de sua ZA não fiscalizado. A regra do artigo 17, § 2º, da LC 140/11, por analogia, pode ajudar a caracterizar a inércia do órgão gestor da UC.

Caso o ICMBio entenda não haver sanção a ser aplicada, é deve prevalecer o seu entendimento, uma vez que não se poderá falar em inércia que deflagre a competência supletiva. Não se faz necessária a analogia com o artigo 17, § 3º, da LC 140/11, uma vez que se trata de órgãos no mesmo nível federativo. Se fosse para aplicar tal dispositivo, prevaleceria a posição do Ibama, que é o órgão licenciador.

5.9. Da possibilidade de convalidação do licenciamento ambiental conduzido por ente incompetente

A Administração Pública "utiliza-se de diversificados *procedimentos*, que recebem a denominação comum de *processo administrativo*" (MEIRELLES, 2012, p. 761, grifos nossos). Um desses processos administrativos é o de licenciamento ambiental,[104] instrumento da Política Nacional do Meio Ambiente (Lei 6.938/81, art. 9º, IV), que "corresponde a uma sucessão de atos administrativos, que tem por escopo imediato o deferimento ou não de um requerimento de licença ambiental" (SILVA, 2009, p. 207). Como esclarece Herman Benjamin (1993, p. 74), "o direito ambiental tomou de empréstimo ao direito administrativo o procedimento de licenciamento".

---

102. Na OJN 17/2010/PFE-IBAMA/PGF/AGU ficou consignado que o ICMBio "não pode se omitir diante de fato ocorrido fora da UC, mas que vá atingi-la direta ou indiretamente, pois que a Lei n. 11.516/2007 não restringiu a competência deste órgão executor ao exercício da fiscalização de atos praticados dentro da Unidade, mas, ao revés, incumbiu-lhe de defender, proteger, fiscalizar e monitorar as Unidades de Conservação, seja em face de atividades nocivas internas, seja externas".

103. "[...] 3. A competência fiscalizatória do IBAMA para a proteção das Unidades de Conservação Federais e respectivas Zonas de Amortecimento está condicionada a que a autarquia federal primariamente competente (ICMBio), por qualquer razão injustificada, deixe de atuar quando deveria. É possível ainda que o IBAMA atue em regime de cooperação com o ICMBio, desde que lhe seja solicitada tal colaboração" (ementa da OJN 17/2010/PFE-IBAMA/PGF/AGU).

104. LC 140/11, art. 2º, I, Portaria Interministerial MMA/MJ/MinC/MS 419/2011, art. 2º, V, e Resolução CONAMA 237/97, art. 1º, I.

As licenças ambientais são atos administrativos[105] expedidos no processo administrativo de licenciamento ambiental. São "essencialmente uma decisão administrativa permissiva" (GOMES, 2007, p. 582).

Paulo de Bessa Antunes (2014, p. 59) é explícito ao enfatizar a importância do "conhecimento aprofundado do direito administrativo" para o estudo do licenciamento ambiental, uma vez que ele está submetido às regras de natureza administrativa. É pelo processo administrativo que a função administrativa se transforma em ato (SCHIRATO, 2010, p. 19), a licença ambiental. Por isso, a compreensão da processualidade administrativa e da teoria dos atos administrativos são fundamentais para o correto enquadramento do licenciamento ambiental efetuado por órgão incompetente. A importância do processo administrativo aumenta porque ele se configura "como ponto de encontro ou ponto de convergência de vários princípios e regras comuns que presidem à atividade administrativa" (MEDAUAR, 1993, p. 69), como é a teoria dos atos administrativos, com a sua imanente possibilidade de invalidação ou convalidação. Desse modo, o procedimento administrativo de licenciamento ambiental deve observar o disposto na Lei 9.784/99, no que couber (MACIEL, 2012, p. 118-119). A própria Lei 9.784/99 não deixa dúvida sobre a aplicação de seus preceitos a qualquer processo administrativo, na falta de disposição específica em "lei própria" (art. 69).

Ao vedar o licenciamento de um mesmo empreendimento por mais de um órgão ambiental, a unicidade do licenciamento ambiental enseja a possibilidade de haver vício de competência porque aquela entidade que o iniciou ou, em algum momento, conduziu-o pode não ter competência tanto.

É o regime jurídico dos atos e do processo administrativo que possibilita a eventual convalidação dos atos administrativos constantes no licenciamento ambiental, quando há deslocamento do processo administrativo para outro órgão ou entidade do Sisnama.

A "convalidação ou saneamento é a técnica utilizada pela Administração Pública para suprir vício que desnatura o ato administrativo, com efeitos retroativos à data em que foi praticado, a fim de que ele possa continuar a produzir os efeitos desejados" (NOHARA, 2013, p. 221).

Na falta de adoção expressa de algum critério pelo direito positivo e com pequenas variações em seu conteúdo, parte da doutrina divide a convalidação em três espécies: ratificação, conversão e reforma.[106]

A distinção entre nulidade relativa e absoluta não conta com respaldo na Lei 9.784/99, que regula o processo administrativo no âmbito da Administração Federal direta e indireta, diploma que em seu artigo 55 não distingue as nulidades para os fins de admitir a convalidação.[107] Segundo a citada lei, os dois requisitos previstos para convalidar um ato

---

105. Resolução CONAMA 237/97, art. 1º, II; Portaria Interministerial MMA/MJ/MinC/MS 419/2011, art. 2º, IV.
106. ARAÚJO, 1999, p. 142; CRETELLA JÚNIOR, 1995, p. 415; CARVALHO FILHO, 2013a, p. 166; AMARAL, 2012, p. 514-515; OLIVEIRA, 2013, p. 311; MOREIRA NETO, 2006, p. 216-217.
107. Em decisão na qual se evidencie não acarretarem lesão ao interesse público nem prejuízo a terceiros, os atos que apresentarem defeitos sanáveis poderão ser convalidados pela própria administração.

administrativo são (i) a ausência de lesão ao interesse público e (ii) a ausência de prejuízo a terceiros (CARVALHO FILHO, 2013b, p. 283).

Com efeito, a AGU reconhece a possibilidade de se convalidar vícios ocorridos em convênios, não cabendo, em rol taxativo, os vícios convalidáveis,[108] ou seja, nega que exista uma catalogação rígida do que pode ou não ser convalidado pela Administração Pública federal.

Segundo Carlos Ari Sundfeld (1990, p. 51), a convalidação, "eliminando o ato, o substitui e herda seus efeitos, tomando-os como seus e fazendo-os sobreviver". É um ato que contém dupla finalidade: (i) reconhecer a invalidade do ato passado e (ii) herdar os efeitos que ele produziria, tornando-os seus, salvando-o do desfazimento. Dessa forma, "o ato de convalidação retroage e outorga, aos efeitos que haviam sido produzidos pelo ato inválido, uma validade que lhes faltava" (SUNDFELD, 1990, p. 51-52).

Outro argumento em prol da possibilidade de convalidação do ato administrativo viciado é o princípio da conservação dos valores jurídicos (ARAÚJO, 1999, p. 130-131; CRETELLA JÚNIOR, 1995, p. 412). Excetuados os casos de vício de competência em atos discricionários, para alguns juristas o que existe é o dever de convalidar,[109] mostrando o quão importante é a preservação dos atos jurídicos.

A conservação do ato administrativo vem ao encontro de diversos preceitos constitucionais: a economicidade (art. 70, *caput*), a eficiência (art. 37, *caput*) e a celeridade (art. 5º, LXXVIII). Pela convalidação, evita-se a repetição de ato estatal e, consequentemente, o dispêndio dos recursos humanos e materiais que isso implicaria, bem como o atraso da decisão estatal, garantindo um prazo razoável de duração do processo administrativo, sendo um meio de facilitar a celeridade de sua tramitação.

Esse é o espírito do federalismo cooperativo que anima a defesa do meio ambiente (CF, art. 23): o de possibilitar a atuação de qualquer dos entes estatais "visando ao melhor resultado na matéria. A finalidade constitucional é a cooperação produtiva entre eles, e não, evidentemente, uma superposição inútil e dispendiosa" (BARROSO, 2003, p. 128). A convalidação, nesses casos, reconhece a cooperação produtiva, ainda que não previamente acordada, evitando que haja mais de uma instância executando exatamente o mesmo trabalho, em sobreposição inútil e, *ipso facto*, dispendiosa. A própria LC 140/11 previu essa cooperação ao falar em gestão eficiente, ações administrativas sem sobreposição e eficientes (art. 3º, I e III).

Uma licença ambiental expedida sem que o órgão prolator tenha competência para tanto contém vício de competência. Mas esse vício seria passível de convalidação pelo órgão competente? A resposta afirmativa não suscita nenhuma dúvida.

---

108. Parecer cuja ementa é a seguinte: "Aplicação da teoria da convalidação dos atos administrativos ao regramento atinente ao convênio administrativo. Possibilidade, desde que observados os requisitos legais, em especial o interesse público primário" (Parecer Conjur-MT/CGU/AGU 243/2013, aprovado pelo Advogado-Geral da União, em 05.07.2013, nos autos do Processo Administrativo 00400.0006975/2013-61).

109. MELLO, 2013, p. 485; PIETRO, 2012, p. 254; ZANCANER, 2008, p. 64-66, 76 e 87; SILVA, 2001, p. 133.

A possibilidade de convalidar atos maculados por vícios de competência é pacífica.[110] Weida Zancaner (1993, p. 85-86) aduz que dentre os vícios convalidáveis se encontram os de competência. Não importa se a incompetência é do agente, da pessoa jurídica de direito público ou do órgão (SUNDFELD, 1990, p. 61).[111] Odete Medauar (2012, p. 174) classifica como ratificação a espécie de preservação do ato administrativo que corrige defeito relativo à competência, e Sergio de Andréa Ferreira (1981, p. 116) leciona ser possível a "confirmação ou ratificação, pela autoridade competente, do ato praticado por órgão incompetente," ambos sacramentando a possibilidade da convalidação na hipótese de vício de competência.

Na convalidação do licenciamento ambiental por vício de competência, ou de forma, haveria o reconhecimento da invalidade do processo de licenciamento e/ou dos atos nele praticados (v.g., licenças expedidas, parecer ou exame técnico, termo de referência), mas o órgão competente os tomaria para si, tornando-os seus e salvando-os do desfazimento, caso entenda que há motivos para tal.

Dentro de sua expertise técnica e discricionariedade administrativa, o órgão licenciador competente do Sisnama, ao analisar o processo administrativo de licenciamento, decidirá se é o caso de convalidar. Somente poderá fazê-lo se for constatada a ausência de lesão ao interesse público e de prejuízo a terceiros. Essa análise, embora seja discricionária, não dispensa motivação, implicando, em regra, em avaliação caso a caso.

Diferenças de procedimento não devem obstar a convalidação porque os vícios de forma também podem ser convalidados, e o processo administrativo, inclusive o de licenciamento ambiental, orienta-se pelo informalismo ou formalismo moderado.

Por meio da OJN 33/2012/PFE-IBAMA/PGF/AGU, a AGU entendeu que era possível a convalidação de licenciamento ambiental conduzido por órgão incompetente do Sisnama (órgão estadual de meio ambiente – OEMA). Ao analisar licenciamento ambiental de duplicação e reforma de estrada que atravessava terras indígenas, que estava sendo efetuado por OEMA, a AGU foi peremptória (OJN 33/2012/PFE-IBAMA/PGF/AGU):

> "[...] É que sendo do Ibama a competência licenciatória em questão, não se pode negar que os atos anteriormente realizados o foram com vício de competência, sendo, destarte, anuláveis ou convalidáveis. Com efeito, o vício de competência, que atinge determinado ato administrativo, é de natureza extrínseca, podendo ser convalidado pela autoridade competente."

Uma questão que surge é se há a obrigação de o delegante convalidar os atos praticados previamente à delegação de competência do licenciamento ambiental ao delegatário, quando existem licenças por este emitidas ou renovadas quando faltava competência para tanto. No âmbito federal essa necessidade era defendida, de forma indevida, pela OJN 33/2012/PFE-IBAMA/PGF/AGU (itens 41-43).

A obrigatoriedade da convalidação dos atos do licenciamento ambiental como pressuposto de sua delegação esbarra em diversos óbices jurídicos. Obstáculos não apenas em termos de valores abstratos, mas também concretos, trazendo consequências indesejadas.

---
110. FERREIRA, 1981, p. 116; FARIA, 2000, p. 258; SILVA, 2001, p. 129; COELHO, 2004, p. 170; SIMÕES, 2004, p. 141-142; OLIVEIRA, 2013, p. 310; NOHARA, 2013, p. 223.
111. Sergio de Andréa Ferreira (1981, p. 110) também cita que o vício de incompetência "pode ser do funcionário, do órgão que ele ocupa, ou da pessoa administrativa que este integra".

Sabe-se que não se deve apenas decidir com "base em valores jurídicos abstratos sem que sejam consideradas as consequências práticas da decisão" (LINDB, art. 20, *caput*) e como a decisão pressupõe interpretação, a hermenêutica também deve considerar os efeitos de sua atividade.

O primeiro obstáculo é *criar um requisito* (convalidação) não previsto em lei para a delegação.

A delegação é ato administrativo que pressupõe vários elementos, variando um pouco a doutrina sobre esses elementos. De qualquer forma, quando a doutrina lista, sob o regime geral do direito administrativo, os requisitos da delegação,[112] ela não menciona em momento algum a convalidação de algum ato processual anterior. Odete Medauar, por exemplo, cita como traços constantes da delegação:

"*a*) Existência de duas autoridades, a delegante e a delegada, já que inexiste autodelegação; *b*) conjunto de atribuições, afetas à competência da autoridade delegante; *c*) ato formal escrito de transferência atributiva da autoridade delegante para a autoridade delegada; *d*) competência da autoridade delegante para a prática dessas atribuições; *e*) texto expresso que fundamente o ato de delegação; *f*) competência da autoridade delegada para receber a incumbência outorgada pela autoridade delegante; *g*) transferência parcial e não total, pois uma autoridade não pode despojar-se da totalidade de suas atribuições; *h*) publicação regular do ato transladado.[113]"

Inserir requisito não previsto para o ato de delegação viola o princípio da legalidade (CF, art. 37, *caput*). Não consta como requisito da delegação atestar a legalidade do processo de licenciamento conduzido pelo ente ambiental incompetente via convalidação ou auditoria. É responsabilidade do delegatário cumprir a legislação ambiental, não havendo necessidade de o órgão ambiental delegante adentar no mérito dos atos praticados quando faltava competência ao até então órgão licenciador.

O segundo problema jurídico é contrariar a *eficiência e economicidade* da Administração Pública, ambos princípios constitucionais.

Impor a necessária convalidação como requisito da delegação do licenciamento ambiental contribui para um serviço público, do ponto de vista do delegante, pródigo, em termos de uso de pessoas e materiais, e certamente torna o Estado (delegante) mais ineficiente para alcançar os seus fins, em nítida atuação antieconômica. Se um dos motivos para a delegação pode ser a circunstância de índole econômica e se o órgão ambiental tem que atuar com eficiência e economicidade, dispender esforços materiais e humanos para analisar a possibilidade de convalidação dos atos até então praticados, que podem ser analisados pelo delegatário, é contraprodutivo para o delegante.

Na verdade, há uma perda de eficiência e economicidade global, em termos estatais também, uma vez que o delegatário geralmente é quem praticou os atos no processo de licenciamento ambiental sem competência para tanto. Assim, ele é muito mais eficiente em analisar se os próprios atos devem ser convalidados, agora sob à égide da delegação. O princípio constitucional da eficiência, antigamente conhecido como "dever de eficiência", impõe a busca do melhor resultado, proteção do meio ambiente, com os menores esforços

---

112. OLIVEIRA, Regis Fernandes de. *Delegação e avocação administrativas*. 2. ed. São Paulo: Ed. RT, 2005. p. 60.
113. MEDAUAR, Odete. Delegação administrativa. *Revista Forense*, a. 78, n. 278, 1982. p. 22.

e custos possíveis. Em seu núcleo está a redução do desperdício de recursos públicos,[114] orientando a "atividade administrativa no sentido de conseguir os melhores resultados com os meios escassos de que se dispõe e a menor custo",[115] o que não ocorre quando outro órgão estatal deve se imiscuir, via convalidação, em ato de outro ente, sem necessidade.[116]

Como desdobramento da eficiência administrativa, mas rotulado como direito autônomo, está o direito fundamental à razoável duração do processo administrativo (art. 5º, LXXVIII). A celeridade na resolução dos processos administrativos de licenciamento ambiental, garantindo a sua duração razoável, ficaria comprometida porque o órgão ambiental delegante certamente precisaria de mais tempo do que o delegatário para eventualmente convalidar os atos do licenciamento praticados com vício de competência.

O terceiro é a *responsabilização* do delegante por atos praticados pelo órgão incompetente, em regra o futuro delegatário.

A delegação do licenciamento ambiental, cumpridos os requisitos da LC 140/11, não implica em responsabilidade do órgão ambiental delegante. Regis Fernandes de Oliveira, em capítulo sobre a responsabilidade sobre a delegação, doutrina sobre a ausência de responsabilidade do delegante citando doutrina e jurisprudência.[117] Ao comentar o regime de responsabilização na delegação, a administrativista Irene Patrícia Nohara é clara

---

114. CARVALHO FILHO, José dos Santos. *Manual de Direito Administrativo.* 27. ed. São Paulo: Atlas, 2014. p. 31.
115. SILVA, José Afonso da. *Curso de direito constitucional positivo.* 24. ed. São Paulo: Malheiros, 2005. p. 671.
116. Como destaca José Afonso da Silva, "a eficiência administrativa se obtém pelo melhor emprego dos recursos e meios (humanos, materiais e institucionais) para melhor satisfazer as necessidades coletivas" (*Curso de direito constitucional positivo,* 24. ed. p. 671-672), não sendo eficiente impor a obrigação de convalidar por órgão que não teria a mesma eficiência do que o praticou o ato com vício de competência. Impor a necessidade de convalidação pelo delegante, que pode ser mais produtivamente efetuada pelo delegatário, acaba sendo opção hermenêutica que deságua em "comportamento administrativo negligente, contraprodutivo, ineficiente", o que é vedado pelo princípio da eficiência (MODESTO, Paulo. Notas para um debate sobre o princípio da eficiência. *Revista do Serviço Público,* v. 51, n. 2, 2000. p. 109).
117. Como ensina Caio Tácito, "a responsabilidade administrativa, civil, ou penal pelos atos praticados em regime de delegação de competência, pertence ao autor, ou seja, à autoridade delegada. O delegante somente dela participará se, por qualquer forma, concorrer diretamente, para a realização ou a confirmação do ato. No mesmo sentido é a posição de Gordillo, ao afirmar que 'o delegado é inteiramente responsável pelo modo com que exerce a faculdade delegada' (tradução nossa) É este, também, o entendimento de Clenício da Silva Duarte. Odete Medauar afirma que, 'transferida a competência para a prática do ato, nenhuma reserva cabe mais à autoridade delegante, ficando o delegado responsável pelo exercício ou prática das atividades delegadas, pois seria absurdo que o delegante transferisse atribuições e continuasse responsável por atos que não praticou'. A matéria foi excelentemente analisada em acórdão do Supremo Tribunal Federal, no qual se decidiu que 'é da responsabilidade do Ministro de Estado o ato por ele praticado por delegação do Presidente da República, na forma da lei'. Como razões de decidir, o Ministro Themístocles Cavalcanti afirmou que, 'transferida a competência, nenhuma reserva é feita à autoridade delegante, ficando o delegado responsável pela solução administrativa, e a aplicação da lei'. Em seguida, afirma o Ministro que 'na delegação de funções é diferente, porque os fundamentos do ato, as razões de decidir pertencem à autoridade delegada'" (*Delegação e avocação administrativas,* 2. ed. 2005. p. 161-162).

em enfatizar a irresponsabilidade do delegante pelos atos praticados pelo delegatário em virtude de delegação.[118]

A própria Súmula 510 do STF ("Praticado o ato por autoridade, no exercício de competência delegada, contra ela cabe o mandado de segurança ou a medida judicial") deixa clara a ausência de responsabilidade do delegante, motivo pelo qual a medida judicial se volta contra o delegatário. Esse entendimento tem sido aplicado pelo STF, que não admite o deslocamento da competência judicial em virtude da delegação de competência administrativa (v.g., AgR no MS 24.732 e AgR no MS 30.492).

Caso o órgão ambiental convalidasse os atos praticados antes de delegar a competência para licenciar ele seria responsável por eles, subvertendo essa característica da delegação e atraindo risco desnecessário. Certo que a convalidação pelo delegante é possível, mas ela não seria obrigatória, ou seja, não seria requisito da delegação, ainda mais considerando a "consequência prática", para usar a terminologia da LINDB (art. 20, *caput*), de atrair a responsabilidade do delegante pelos atos convalidados, subvertendo a regra desnecessariamente.

O órgão ambiental delegante tem a faculdade de convalidar os atos praticados até então, mas dessa faculdade se transformar em obrigatoriedade existe grande diferença, ainda mais se for como requisito para a prática do ato de delegação. O que não pode fazer é determinar que o incompetente proceda as correções que entender presentes no processo, o que o delegante mesmo deve fazer antes de delegar, se entender conveniente e oportuno. Uma vez delegado o licenciamento ambiental, o órgão delegante somente pode revogar a delegação, mas não impor ao delegatário cursos de ação, uma vez que o delegatário não é preposto do delegante e cada órgão ambiental tem discricionariedade procedimental.

Cabe ao delegatário sanar eventual vício ou anular o ato ou conjunto de atos como se o processo fosse seu desde o início, caso o delegante não convalide os atos praticados pelo órgão ambiental incompetente e se vislumbrar os requisitos legais para tanto, pois a competência para a execução de ações administrativas agora é sua. Ademais, as próprias circunstâncias que justificam a delegação indicam que o delegatário é quem tem primazia na convalidação, pelas razões de índole técnica, econômica e/ou territorial.

Ao reconhecer a incompetência do OEMA, tendo em vista a manifestação do órgão licenciador competente (Ibama) de que os procedimentos adotados pelo OEMA eram compatíveis com os seus, o TRF da 3ª Região decidiu pela validade dos atos praticados até a expedição da licença prévia concedida pelo órgão incompetente e determinou a remessa do processo administrativo de licenciamento ao órgão competente:

---

118. "Como ninguém pode ser responsabilizado por algo que não fez, exceto se tinha dever legal específico de praticar o ato e não o faz, o regime de responsabilização tanto na delegação como na avocação recai sobre quem pratica o ato. Assim, enquanto na delegação é o delegado, isto é, quem recebe as atribuições transferidas pelo delegante, que responde pelos atos praticados, na avocação [...] Ao delegante, enfatiza Márcio Fernando Elias Rosa, 'não caberá qualquer responsabilização pelo ato praticado (*RDA, 96/77*), visto que o delegado não age em nome do delegante, mas no exercício da competência que recebeu" (NOHARA, Irene P.; MARRARA, Thiago. *Processo administrativo*: Lei 9.784/99 comentada. São Paulo: Atlas, 2009. p. 153-154).

"[...] 5. Faz-se de rigor o encaminhamento do procedimento ao IBAMA para que se manifeste no sentido de dar prosseguimento ao licenciamento, com o aproveitamento dos atos praticados até a expedição da Licença Prévia pela Secretaria do Meio Ambiente, inclusive.[119]"

O TRF da 5ª Região já decidiu pelo cabimento da convalidação administrativa em caso gerado por ação civil pública, na qual se alegava a competência do Ibama para o licenciamento. A corte reconheceu a validade de licenciamento concedido por órgão estadual porque ele foi ratificado pelo Município competente para a prática do ato:

"[...] – Há, pois, de um lado, as opiniões dos órgãos encarregados da concessão do licenciamento ambiental, todos acordes no sentido da competência do Município de Fortaleza, inclusive, destaque-se, do próprio IBAMA, e, de outro lado, o MPF em sentido diverso.

– De outra banda, *nada obstante que o licenciamento tenha sido inicialmente deferido pela SEMACE (Superintendência Estadual do Meio Ambiente do Ceará) e posteriormente ratificado pelo Município de Fortaleza, cuida-se de mera irregularidade formal,* que, no caso, é insuficiente ao provimento do agravo de instrumento.[120]"

Ressalte-se que não há impedimento da convalidação do licenciamento conduzido por ente incompetente porque o ato seria supostamente indelegável ou porque já foi impugnado (BIM, 2020, p. 437-442).

5.10. Da delegação do licenciamento ambiental

A competência (administrativa) para efetuar o licenciamento ambiental pode ser delegada. O ente competente (delegante) pode atribuir a outro ente do Sisnama (delegatário), com competência para licenciar, o licenciamento ambiental que lhe é atribuído por lei.

Importante notar que a delegação relativa ao licenciamento ambiental pode ser concreta, por caso(s) específico(s) (v.g., UHE X, aeroporto Y, ferrovia Z) ou abstrata, por tipologia, porte, localização etc. (v.g., todas as UHEs ou Portos acima de certa capacidade). Em outras palavras, a delegação pode ocorrer por tipologia de empreendimento ou atividade (delegação geral) ou por cada empreendimento ou atividade (delegação específica).

No atual estado de nosso ordenamento jurídico, a possibilidade de delegação do licenciamento ambiental é definida na LC 140/11 (art. 4º, V e VI, e 5º).[121] Os requisitos para a delegação estão previstos no artigo 5º da LC 140 e se traduzem na existência de (i) órgão ambiental capacitado, aquele que possui técnicos próprios ou em consórcio, devidamente

---

119. TRF da 3ª Região, 6ª T., m.v., AI 0036432-28.2002.4.03.0000 (Ac. 162.230), rel. Des. Fed. Mairan Maia, j. 30.03.2005, *DJU* 25.04.2005.
120. TRF da 5ª Região, 2ª T., m.v., AI 132.377-CE (Proc. 0004540-61.2013.4.05.0000), rel. Des. Fed. Paulo Machado Cordeiro (conv.), j. 17.09.13, *DJe* 23.09.2013, p. 65. Sem destaques no original.
121. Art. 4º Os entes federativos podem valer-se, entre outros, dos seguintes instrumentos de cooperação institucional: [...] V – delegação de atribuições de um ente federativo a outro, respeitados os requisitos previstos nesta Lei Complementar; VI – delegação da execução de ações administrativas de um ente federativo a outro, respeitados os requisitos previstos nesta Lei Complementar. Art. 5º. O ente federativo poderá delegar, mediante convênio, a execução de ações administrativas a ele atribuídas nesta Lei Complementar, desde que o ente destinatário da delegação disponha de órgão ambiental capacitado a executar as ações administrativas a serem delegadas e de conselho de meio ambiente. Parágrafo único. Considera-se órgão ambiental capacitado, para os efeitos do disposto no *caput*, aquele que possui técnicos próprios ou em consórcio, devidamente habilitados e em número compatível com a demanda das ações administrativas a serem delegadas.

habilitados e em número compatível com a demanda das ações administrativas a serem delegadas, e de (ii) conselho de meio ambiente.[122]

O delegatário atua como se delegante fosse (Lei 9.784/99, art. 14, § 3º, Súmula 510 do STF). Com a delegação, todos os atos necessários ao termo do licenciamento ambiental são de competência do delegatário, inclusive atos acessórios, como autorizações ou anuências de supressão de vegetação (LC 140, art. 13, § 2º).

Recentemente, o Ibama editou a IN 08/2019, que estabelece os procedimentos administrativos em seu âmbito para a delegação de licenciamento ambiental de competência federal para Órgão Estadual de Meio Ambiente – OEMA ou Órgão Municipal de Meio Ambiente – OMMA.

A LC 140/11 cita a necessidade de delegação mediante convênio, mas esta Especializada tem entendido que no caso de delegação de competência ambiental licenciatória, a LC 140 utilizou o termo "convênio" na sua acepção genérica ou doutrinária, que concebe um acordo bilateral com interesses comuns, de cooperação entre as partes, sendo então, necessário a celebração de um instrumento de cooperação, seja ele convênio, termo ou acordo de cooperação, não havendo que se falar, contudo, em contrato (OJNs 33 e 43/2012/PFE-IBAMA, itens 31-32 e 62-63). A delegação poderá ocorrer com repasse de recurso (convênio) ou sem (acordo de cooperação técnica), conforme previsto na OJN 33/2012/PFE-IBAMA (cf. itens 35-36) e na ementa (item IV) da OJN 43/2012/PFE--IBAMA. Nada impede que a delegação ocorra por meio de atos administrativos, como a portaria, desde que formalizada nos autos de processo administrativo, conte com a anuência do delegado quando não houver subordinação hierárquica e seja motivada. O fato de a delegação externa pressupor vontade das partes não significa que ela tenha que constar no instrumento usado para delegar, como o convênio ou acordo de cooperação técnica, apenas que ela deve estar formalizada nos autos do processo administrativo de delegação.

Importante destacar que esse acordo de vontades pressupõe discricionariedade para ser efetuado, motivo pelo qual sem subordinação hierárquica, a anuência do delegatário é fundamental. Por outro lado, essa vontade das partes envolvidas, na delegação sem subordinação hierárquica, ou do delegante quando em face de delegação com subordinação hierárquica, dispensa outras manifestações de vontade, intimações, notificações, ciências etc. Como se defendeu doutrinariamente, em delegação da União ao OEMA, "não é necessária a anuência de nenhum dos Estados onde o empreendimento, por exemplo, linear, se localiza ou a atividade é desenvolvida. Esse entendimento foi recepcionado pela IN Ibama 08/19, que, em seu artigo 2º, § 1º, previu a possibilidade de a delegação do licenciamento ambiental de empreendimentos ou atividades que afetem mais de um estado a apenas um OEMA, ou OMMA, ainda que não haja manifestação dos demais Estados-membros ou, adita-se, municípios. O mesmo raciocínio vale para as delegações dos Estados aos Municípios" (BIM, p. 158).

O delegatário atuará com os poderes do delegante, que sendo o Ibama, poderá atuar em todo território nacional, ainda que fora de sua área geográfica. A delegação da extração

---

122. Sidney Guerra e Sérgio Guerra também identificam esses requisitos para a delegação da execução de ações administrativas ambientais (*Intervenção estatal ambiental*: licenciamento e compensação de acordo com a Lei Complementar 140/2011. São Paulo: Atlas, 2012. p. 71).

de areia em poligonal entre dois Estados-membros, que é exatamente o motivo pelo qual o Ibama é competente para licenciar (LC 140, art. 7º, XIV, *e*), costuma ocorrer apenas para o órgão ambiental de um dos Estados-membros. Ainda que a atividade ou empreendimento abranja o território do outro Estado-membro, o delegatário tem plenos poderes ambientais nesse outro território, já que atua com base na delegação do poder federal. Em caso mais raro, seria perfeitamente válida a delegação de um empreendimento ou atividade localizados ou desenvolvidos exclusivamente em certo Estado-membro a órgão ambiental de outro Estado-membro ou de município localizado nesse outro ente da federação. Atuando com base no poder delegante federal, as limitações territoriais dos entes delegatários não mais existem em termos ambientais. No caso de a delegação provir do órgão ambiental federal (Ibama), não se faz necessário que o OMMA tenha o objeto de delegação em seu rol de itens licenciáveis como de impacto de âmbito local, conforme tipologia definida pelos respectivos Conselhos Estaduais de Meio Ambiente (LC 140/11, art. 9º, XIV, *a*). Isso, porque a fonte do poder para licenciar não reside na tipologia definida pelo Consema para delimitar o impacto de âmbito local, mas na competência federal, não havendo necessariamente caráter local no impacto do objeto do licenciamento ambiental delegado.

O fato de a disputa estar *sub judice* não influencia na competência para delegar. Se houver ordem judicial atribuindo certo licenciamento ambiental a determinado ente, ainda que não haja trânsito em julgado, já é possível delegar. Não consta dentre os requisitos para a delegação administrativa prevista na LC 140/11 que a questão da competência não esteja *sub judice*. Foi o entendimento da AGU no Parecer 121/2016/COJUD/PFEI-BAMA--SEDE/PGF/AGU.[123]

Se houver confirmação da decisão judicial pelas instâncias superiores ou trânsito em julgado, a delegação permanecerá válida por ser o órgão apontado judicialmente ainda ser considerado delegante. Se a decisão que atribui a competência a esse órgão do Sisnama for reformada nesse ponto, a delegação perde sua validade, mas o ato é praticado com base em competência originária, dispensando-se a convalidação.

Destaque-se que a delegação é uma transferência de poder, o que implica que o delegatário passa a ter o poder do delegante. Os desdobramentos práticos são evidentes. Em delegação da União ao OEMA, não é necessário a anuência de nenhum dos Estados onde o

---

123. "Delegação administrativa de licenciamento ambiental. Ato discricionário do delegante e do delegatário. Existência de ordem judicial reconhecendo a competência do IBAMA (União) para licenciar certo empreendimento não impede a sua delegação. Necessidade de constar expressamente que a competência do IBAMA decorre de comando judicial. I – Os requisitos para a delegação do licenciamento ambiental via administrativa estão na LC 140 (art. 4º e 5º), pressupondo ainda o acordo de vontades de ambas as partes (delegante e delegatário). II – Não é requisito negativo para a delegação administrativa prevista na LC 140/11 que a competência do delegante não esteja *sub judice*. Por isso, a delegação do licenciamento ambiental não está impedida pela prolação de decisão judicial que reconhece a competência do Ibama. III – Necessidade de constar do instrumento de delegação que a competência do Ibama para licenciar o empreendimento decorre de comando judicial, evitando confusões futuras sobre o posicionamento do Ibama em questões semelhantes, bem como em eventual consideração sobre um reconhecimento jurídico do pedido efetuado na ação judicial" (Parecer 121/2016/COJUD/PFE-IBAMA-SEDE/PGF/AGU, aprovado pelo Procurador-Chefe da PFE-Ibama, em 21.12.2016, mediante o Despacho 755/2016/GABIN/PFE-IBAMA-SEDE/PGF/AGU, nos autos do PA 02001.002125/2013-12).

empreendimento, por exemplo, linear, se localiza ou a atividade é desenvolvida. O mesmo raciocínio vale para as delegações dos Estados aos municípios.

Questão mais complexa é a delegação condicional, chamada de cautelar pela IN Ibama 08/19 (art. 2º, §§ 2º e 3º), aquela praticada quando há dúvida sobre a competência do delegante, mas que ocorre para extinguir os efeitos desestabilizadores de um litígio judicial em relação ao órgão competente para licenciar. Infelizmente, por falta de consciência de que o licenciamento ambiental pode ser convalidado, e devido ao açodamento manifestado em liminares, diversas atividades ou empreendimentos sujeitos ao licenciamento ficam paralisados.

Para evitar esse cenário de paralisia decorrente de ordem judicial suspendendo o licenciamento ambiental, com prejuízo a eficiência administrativa e direito do administrado de um processo administrativo em tempo razoável (CF, art. 5º, LXXVIII), pode haver delegação condicional. Caso o resultado da demanda seja pelo reconhecimento da competência do delegante, os atos praticados pelo delegatários serão válidos em decorrência da delegação. Se a demanda judicial for improcedente, a delegação não terá efeito e os atos praticados pelo delegatário serão em nome próprio, em sua competência originária, mantendo a sua validade.

Como mencionado, essa prática foi expressamente encampada pela IN Ibama 08/19 sob a denominação de *delegação cautelar*.[124]

Às vezes, a delegação do processo de licenciamento ocorre em licenciamento existente e irregularmente em curso no Estado-membro ou no município. Nesses casos, quando há expedição de licença ambiental pelo órgão incompetente, pode haver pedido para que se delegue a ele o licenciamento ambiental. Com a efetivação da delegação, o órgão licenciador deixaria de ser incompetente, mas sua licença ainda teria sido praticada quando era incompetente. A IN 08/19 do Ibama prevê que nesses casos caberá ao delegatário (OEMA ou OMMA) a eventual convalidação dos atos (art. 8º, § 4º).

Como pressuposto pela IN Ibama 08/19, não se faz necessária a convalidação dos atos anteriores praticados por ente incompetente para delegação do licenciamento ambiental a este mesmo ente. Existem vários motivos para isso, não apenas em termos de valores abstratos, mas também concretos, trazendo consequências indesejadas. Sabe-se que não se deve apenas decidir com "base em valores jurídicos abstratos sem que sejam consideradas as consequências práticas da decisão" (LINDB, art. 20, *caput*) e como a decisão pressupõe interpretação, a hermenêutica também deve considerar os efeitos de sua atividade.

O primeiro motivo é que exigir a prévia convalidação criaria um requisito (convalidação) não previsto em lei para a delegação. A delegação é ato administrativo que pressupõe vários elementos, variando um pouco a doutrina sobre esses elementos. De qualquer

---

124. Art. 2º. [...] § 2º Em casos de controvérsia judicial ou extrajudicial quanto à competência para o licenciamento, cujo deslinde puder causar mora administrativa, poderá o Ibama realizar a delegação cautelar do licenciamento ambiental ao OEMA ou ao OMMA, ainda que não se entenda, *a priori*, competente, nos termos do artigo 7º da Lei Complementar nº 140/2011. § 3º A delegação cautelar subsistirá até o deslinde final da controvérsia, convertendo-se em definitiva, caso definida a competência do Ibama, ou perderá seu objeto, caso entendido que a OEMA ou o OMMA detém a competência para o licenciamento.

forma, quando a doutrina lista, sob o regime geral do direito administrativo, os requisitos da delegação,[125] ela não menciona em momento algum a convalidação de algum ato processual anterior.

Inserir requisito não previsto para o ato de delegação viola o princípio da legalidade (CF, art. 37, *caput*). Não consta como requisito da delegação atestar a legalidade do processo de licenciamento conduzido pelo ente ambiental incompetente via convalidação ou auditoria. É responsabilidade do delegatário cumprir a legislação ambiental, não havendo necessidade de o órgão ambiental delegante adentrar no mérito dos atos praticados quando faltava competência ao até então órgão licenciador.

O segundo problema jurídico é contrariar a eficiência e economicidade da Administração Pública, ambos princípios constitucionais.

Impor a necessária convalidação, como requisito da delegação do licenciamento ambiental, contribui para um serviço público, do ponto de vista do delegante, pródigo, em termos pessoais e materiais, e certamente torna o Estado (delegante) mais ineficiente para alcançar os seus fins, em nítida atuação antieconômica. Se um dos motivos para a delegação pode ser a circunstância de índole econômica e se o órgão ambiental tem que atuar com eficiência e economicidade, dispender esforços materiais e humanos para analisar a possibilidade de convalidação dos atos até então praticados, que podem ser analisados pelo delegatário, é contraprodutivo para o delegante.

Na verdade, haveria uma perda de eficiência e economicidade global, inclusive em termos estatais, uma vez que o delegatário geralmente é quem praticou os atos no processo de licenciamento ambiental sem competência para tanto. Assim, agora, sob a égide da delegação, ele é muito mais eficiente para analisar se os próprios atos devem ser convalidados. O princípio constitucional da eficiência, antigamente conhecido como "dever de eficiência", impõe a busca do melhor resultado, proteção do meio ambiente, com os menores esforços e custos possíveis. Em seu núcleo está a redução do desperdício de recursos públicos,[126] orientando a "atividade administrativa no sentido de conseguir os melhores resultados com os meios escassos de que se dispõe e a menor custo",[127] o que não ocorre quando outro órgão estatal deve se imiscuir, via convalidação, em ato de outro ente, sem necessidade. Impor a necessidade de convalidação pelo delegante, que pode ser mais produtivamente efetuada pelo delegatário, configura opção hermenêutica que deságua em "comportamento administrativo negligente, contraprodutivo, ineficiente",[128] o que é vedado pelo princípio da eficiência.

Como desdobramento da eficiência administrativa, mas rotulado como direito autônomo, está o direito fundamental à razoável duração do processo administrativo (art. 5º, LXXVIII). A celeridade na resolução dos processos administrativos de licenciamento

---

125. OLIVEIRA, Regis Fernandes de, *Delegação e Avocação Administrativas*, 2ª ed., 2005, p. 60.
126. CARVALHO FILHO, José dos Santos. *Manual de Direito Administrativo*. 27ª ed. São Paulo: Atlas, 2014, p. 31.
127. SILVA, José Afonso da. *Curso de Direito Constitucional Positivo*. 24ª ed. São Paulo: Malheiros, 2005, p. 671.
128. MODESTO, Paulo. Notas para um debate sobre o princípio da eficiência. *Revista do Serviço Público*, v. 51, nº 2, p.105-119, 2000, p. 109.

ambiental, garantindo a sua duração razoável, ficaria comprometida porque o órgão ambiental delegante certamente precisaria de mais tempo do que o delegatário para eventualmente convalidar os atos do licenciamento praticados com vício de competência.

O terceiro é a responsabilização do delegante por atos praticados pelo órgão incompetente, em regra o futuro delegatário.

A delegação do licenciamento ambiental, cumpridos os requisitos da LC 140/11, não implica em responsabilidade do órgão ambiental delegante. Regis Fernandes de Oliveira, em capítulo sobre a responsabilidade sobre a delegação, doutrina sobre a ausência de responsabilidade do delegante citando doutrina e jurisprudência.[129] Ao comentar o regime de responsabilização na delegação, a administrativista Irene Patrícia Nohara é clara em enfatizar a irresponsabilidade do delegante pelos atos praticados pelo delegatário em virtude de delegação:

> "Como ninguém pode ser responsabilizado por algo que não fez, exceto se tinha dever legal específico de praticar o ato e não o faz, o regime de responsabilização tanto na delegação como na avocação recai sobre quem pratica o ato.
>
> Assim, enquanto na delegação é o delegado, isto é, quem recebe as atribuições transferidas pelo delegante, que responde pelos atos praticados, na avocação...
>
> Ao delegante, enfatiza Márcio Fernando Elias Rosa, "não caberá qualquer responsabilização pelo ato praticado (RDA, 96/77), visto que o delegado não age em nome do delegante, mas no exercício da competência que recebeu.[130]
>
> Em regra, cabe ao delegado a responsabilidade pelo que decorre da delegação. Em regra porque não se pode descartar em tese a possibilidade de o delegante, quando superior hierárquico, concorrer para eventual erro do delegatário, "promovendo uma delegação que não transfira com clareza atribuições e objetivos plausíveis ou que contenha ressalva do exercício de atribuição delegada, utilizando-se desta última para orientar o delegado (por meio de pressões pautadas no poder hierárquico) e um resultado ilegítimo que intenta alcançar através das mãos do subordinado, ele (superior) não se eximirá de responder com o subordinado na medida do que couber para a situação causada."[131] Entretanto,

---

129. "Como ensina Caio Tácito, 'a responsabilidade administrativa, civil, ou penal pelos atos praticados em regime de delegação de competência, pertence ao autor, ou seja, à autoridade delegada. O delegante somente dela participará se, por qualquer forma, concorrer diretamente, para a realização ou a confirmação do ato'. No mesmo sentido é a posição de Gordillo, ao afirmar que 'o delegado é inteiramente responsável pelo modo com que exerce a faculdade delegada' (tradução nossa) É este, também, o entendimento de Clenício da Silva Duarte. Odete Medauar afirma que, 'transferida a competência para a prática do ato, nenhuma reserva cabe mais à autoridade delegante, ficando o delegado responsável pelo exercício ou prática das atividades delegadas, pois seria absurdo que o delegante transferisse atribuições e continuasse responsável por atos que não praticou'. A matéria foi excelentemente analisada em acórdão do Supremo Tribunal Federal, no qual se decidiu que 'é da responsabilidade do Ministro de Estado o ato por ele praticado por delegação do Presidente da República, na forma da lei.' Como razões de decidir, o Ministro Themístocles Cavalcanti afirmou que, 'transferida a competência, nenhuma reserva é feita à autoridade delegante, ficando o delegado responsável pela solução administrativa, e a aplicação da lei'. Em seguida, afirma o Ministro que 'na delegação de funções é diferente, porque os fundamentos do ato, as razões de decidir pertencem à autoridade delegada'" (*Delegação e Avocação Administrativas*, 2ª ed., 2005, p. 161-162).
130. NOHARA, Irene P., MARRARA, Thiago. *Processo Administrativo*: Lei 9.784/99 comentada. São Paulo: Atlas, 2009, p. 153-154.
131. NOHARA, Irene Patrícia, MARRARA, Thiago, *Processo Administrativo*: Lei 9.784/99 comentada, 2009, p. 154.

as delegações de licenciamento ambiental são externas, não existindo subordinação hierárquica entre delegante e delegatário, tendo objeto claro, impossibilitando a caracterização dessa hipótese excepcional de responsabilidade."

Nessa linha, deve-se desfazer o equívoco comum de se entender que o delegatário é um preposto do delegante, pois não há confusão da delegação com o mandato.

> "No mandato, o representante age em nome do representado. Na delegação, o delegado age em razão do cargo ou função que ocupa, em seu próprio nome. Os atos dos representados são imputados ao representante. Na delegação, os atos do delegado a ele são imputados.[132]"

A própria Súmula 510 do STF ("Praticado o ato por autoridade, no exercício de competência delegada, contra ela cabe o mandado de segurança ou a medida judicial") deixa clara a ausência de responsabilidade do delegante, motivo pelo qual a medida judicial se volta contra o delegatário. Esse entendimento tem sido aplicado pelo STF, que não admite o deslocamento da competência judicial em virtude da delegação de competência administrativa (v.g., AgR no MS 24.732 e AgR no MS 30.492). A Lei 9.784/1999 estabelece expressamente que as decisões proferidas por meio de ato de delegação considerar-se-ão editadas pelo delegado (art. 14, § 3º). Caso o órgão ambiental convalidasse os atos praticados antes de delegar a competência para licenciar ele seria responsável por eles, o que não aconteceria se ele simplesmente delegasse o licenciamento ambiental. Certo que a convalidação pelo delegante é possível, embora não obrigatória, ou seja, não é requisito da delegação, ainda mais considerando a "consequência prática", para usar a terminologia da LINDB (art. 20, *caput*), de atrair a responsabilidade do delegante pelos atos convalidados, subvertendo desnecessariamente a regra da delegação.

O órgão ambiental delegante tem a faculdade de convalidar os atos praticados até então, mas existe grande diferença em transformar essa faculdade em obrigatoriedade, ainda mais se for como requisito para a prática do ato de delegação. O que não pode é determinar que o incompetente proceda as correções que entender presentes no processo, o que o delegante mesmo deve fazer antes de delegar, se entender conveniente e oportuno. Uma vez delegado o licenciamento ambiental, o órgão delegante somente pode revogá-la, e não impor ao delegatário cursos de ação, uma vez que o delegatário não é preposto do delegante e cada órgão ambiental tem a sua discricionariedade procedimental.

Cabe ao delegatário sanar eventual vício ou anular o ato ou conjunto de atos, caso o delegante não convalide os atos praticados pelo órgão ambiental incompetente, se vislumbrar os requisitos legais para tanto, pois a competência para a execução de ações administrativas agora é sua. Ademais, as próprias circunstâncias que justificam a delegação indicam que o delegatário é quem tem primazia na convalidação, pelas razões de índole técnica, econômica e/ou territorial.

Silente "quanto à duração, entende-se que a transferência perdurará até decisão em contrário",[133] o que não descaracteriza a revogabilidade, a qualquer tempo, como uma das características da delegação, ainda que as partes tenham acordado algum prazo. Destaque-se que baseando-se na vontade das partes, a ausência de uma delas, seja do delegante, seja do delegatário, revoga a delegação.

---

132. OLIVEIRA, Regis Fernandes de, *Delegação e Avocação Administrativas*, 2ª ed., 2005, p. 87.
133. MEDAUAR, Odete. *Direito administrativo moderno*. 16. ed. São Paulo: Ed. RT, 2012. p. 65.

Destaque-se que a revogabilidade da delegação não significa que o órgão ambiental delegante se transforma em corregedor do delegatário, obrigando-o a revogar a delegação diante de qualquer acusação de ilegalidade no licenciamento ambiental conduzido pelo delegatário. Na IN Ibama 08/19 existe uma gradação de situações no artigo 18 e ss., não existindo a necessária rescisão diante de qualquer irregularidade, embora seja ressalvada a rescisão da delegação a qualquer tempo (art. 17). O dever do delegante em relação ao licenciamento ambiental delegado é cobrar informações que comprovem o cumprimento do objeto da delegação, basicamente devendo ser informado das licenças ambientais expedidas ou renovadas.

6. Conclusões

A Constituição Federal dispõe basicamente sobre dois tipos de competência: a competência administrativa e a competência legislativa. A primeira cabe ao Poder Executivo e diz respeito à faculdade para atuar com base no poder de polícia (preventivo, repressivo ou simplesmente ordenador), ao passo que a segunda cabe ao Poder Legislativo e diz respeito à faculdade para legislar a respeito dos temas de interesse da coletividade.

As normas gerais expedidas pela União nem sempre são apenas um patamar mínimo de proteção, mas podem ser o próprio espaço de admissibilidade de uma conduta, tendo o condão de esgotar a matéria ao criar uma situação em que a edição de legislação pelos demais entes seja incompatível com a escolha política das normas gerais.

Havendo concorrência entre os tipos de legislação, a específica deve prevalecer, não havendo que se falar em melhor proteção ambiental. Isso fica ainda mais evidente quando se trata da intersecção da legislação privativa da União com a concorrente dos demais entes federativos. O caso concreto fornecerá a resposta sobre qual legislação prevalecerá ou eventualmente como harmonizá-la, mas a legislação local ou estadual não pode pôr em xeque a federal ou a estadual.

Deve-se ter cautela na afirmação de que, nas hipóteses em que as noções de norma geral e especial não sejam claras o suficiente para a solução de conflitos envolvendo a aplicação de normas da União e dos Estados, deve prevalecer, no caso concreto, a norma que melhor garanta a efetividade do direito fundamental tutelado, dando-se preferência àquela mais restritiva sob a ótica da preservação da qualidade ambiental (*in dubio pro natura*). Em primeiro lugar, conseguir uma interpretação unívoca é praticamente impossível. Em segundo lugar, raramente haverá apenas conflitos entre normas ambientais, sendo precipitado dar mais peso ao meio ambiente, mormente, terceira razão, quando pode haver critério de especialidade entre elas, com a ingerência, por exemplo, em serviços públicos mantidos pelo ente que editou a norma geral, quando não alguma privativa (ADPF-MC 316, ADPFs 514 e 516).

Havendo competência comum para se proteger o meio ambiente, criou-se um mito de que todas as três esferas federativas tinham dever de tutelar o bem protegido sem qualquer "benefício de ordem" entre elas. Nada mais equivocado e desarrazoado. A competência comum não significa que todos devam fazer tudo ao mesmo tempo, ao talante do intérprete. Embora exista um espaço (discricionário) de planejamento estratégico do órgão, sua atuação prioritária em fiscalização deve corresponder a sua matéria de licenciamento. Assim, somente pode haver exigência de que ele fiscalize se o órgão ambiental competente para licenciar se omitir e ele for o próximo na cadeia da competência supletiva, nos mesmos moldes do licenciamento ambiental, aplicando-se a racionalidade federativa e o princípio da subsidiariedade.

Nem se argumente que, quanto mais órgãos ambientais fiscalizando ou autorizando o mesmo objeto, melhor seria para o meio ambiente. O argumento é falacioso porque ignora que uma atuação desordenada e com sobreposições tem como consequência o ineficiente uso dos órgãos ambientais, o que gera uma deficiência na proteção ambiental. Dois órgãos protegendo ambientalmente o mesmo objeto impossibilita que um deles possa fiscalizar outro ainda não fiscalizado, diminuindo a amplitude da proteção ambiental. Ademais, a probabilidade de existirem conflitos entre os órgãos ambientais aumentaria demasiadamente o dispêndio de energia para resolver esses conflitos, energia que poderia ser utilizada na fiscalização ou autorizações ambientais em si.

Isso fica ainda mais claro no licenciamento ambiental, que é *único*, isto é, praticado por apenas um ente da federação (LC 140/11, art. 13, *caput*, Resolução Conama 237/97, art. 7º). Nossa legislação repudia o licenciamento efetuado por mais de um membro, embora garanta a possibilidade de participação no efetuado por outros via consulta a ser efetuada a outras esferas da federação quando da condução de um licenciamento ambiental. Não são admitidos licenciamentos paralelos sobre a mesma atividade ou empreendimento (*múltiplo, sobreposto, dúplice* ou *tríplice*), o que não foi admitido pelo REsp 588.022/SC, como erroneamente costuma se propalar baseado em sua ementa, e nem o *conjunto, integrado ou complexo*, no qual há uma divisão de trabalho no licenciamento conduzido por um ente, como ocorreu no Rodoanel, no Estado de São Paulo, no qual o TRF da 3ª Região homologou acordo que criou o licenciamento ambiental complexo.[134]

A LC 140/11 eliminou o critério de abrangência de impacto para delimitar a competência da União. Somente o que estiver previsto no artigo 7º da LC 140/11 será de competência da União, inclusive nas tipologias ali previstas a partir do momento em que elas forem criadas. Enquanto não forem, aplica-se a LC 140 pura e simplesmente.

Em relação ao direito intertemporal, importante destacar que a LC 140/11 somente é aplicada a processos de licenciamento e autorização ambiental iniciados a partir de sua vigência (art. 18, *caput*), o que não significa que o processo autorizativo deva ficar para sempre no órgão ambiental se o processo decisório começou antes da vigência da LC 140/11. Como bem destacado no Parecer 50/2013/CONEP/PFE-IBAMA-SEDE/PGF/AGU, entender que a regra do *caput* do artigo 18 perpetuaria uma competência distorcida subverteria a lógica do diploma legal. Essa é uma regra de transição, para evitar rupturas nos processos autorizativos, não encampando uma prorrogação eterna da competência.

Ao vedar o licenciamento de um mesmo empreendimento por mais de um órgão ambiental, a unicidade do licenciamento ambiental enseja a possibilidade de haver vício de competência porque aquela entidade que o iniciou ou, em algum momento, conduziu-o pode não ter competência tanto. Entretanto, esse vício é convalidável, como entendeu a AGU (OJN 33/2012/PFE-IBAMA/PGF/AGU) e os Tribunais Regionais Federais das 3ª e 5ª Regiões, caso o órgão competente para licenciar entenda estar diante de elementos para tanto.

---

134. TRF da 3ª Região, 6ª T., v.u., AC 0025724-15.2003.4.03.6100 (Ac. 990253), rel. Des. Fed. Consuelo Yoshida, j. 09.03.2005, *DJU* 22.03.2005.

7. Referências bibliográficas

AMADO, Frederico Augusto Di Trindade. *Direito ambiental esquematizado*. 4. ed. Rio de Janeiro: Forense; São Paulo: Método, 2013.

AMARAL, Diogo Freitas do. *Curso de direito administrativo*. 2. ed. Coimbra: Almedina, 2012. v. II.

ANTUNES, Paulo de Bessa. *Direito ambiental*. 16. ed. São Paulo: Atlas, 2014.

ARAÚJO, Edmir Netto de. *Convalidação do ato administrativo*. São Paulo: LTr, 1999.

BARROSO, Luís Roberto. *Temas de direito constitucional*. Rio de Janeiro: Renovar, 2003. t. II

BASTOS, Celso Ribeiro. *Curso de direito administrativo*. 5. ed. São Paulo: Saraiva, 2001.

BASTOS, Celso Ribeiro. *Curso de direito constitucional*. 13. ed. São Paulo: Saraiva, 1990.

BENJAMIN, Antonio Herman V., MILARÉ, Édis. *Estudo prévio de impacto ambiental*. São Paulo: Ed. RT, 1993.

BIM, Eduardo Fortunato. *Licenciamento ambiental*. 5. ed. Belo Horizonte: Fórum, 2020.

CÂMERA, Bárbara Suely Guimarães. *Nível único de competência para o licenciamento ambiental*: mutações e possibilidades jurídicas. 2012. 189 fls. Dissertação (mestrado) – Universidade Salvador – UNIFACS. Salvador, 2012.

CANOTILHO, José Joaquim Gomes. Para natura, inovação e tecnologia de produtos ltda. (Parecer). In: ROSSI, Fernando et al. *Aspectos controvertidos do direito ambiental*: tutela material e tutela processual. Belo Horizonte: Fórum, 2013.

CANOTILHO, José Joaquim Gomes. *Direito adquirido, ato jurídico perfeito e coisa julgada em matéria ambiental (Parecer Jurídico encomendado por Secovi-SP e Fiabci-SP)*. São Paulo: Secovi-SP, 2013.

CANOTILHO, José Joaquim Gomes. *Direito constitucional e teoria da constituição*. 7. ed. 12. reimp. Coimbra: Almedina, 2013.

CARVALHO FILHO, José dos Santos. *Manual de direito administrativo*. 26. ed. São Paulo: Atlas, 2013.

CARVALHO FILHO, José dos Santos. *Processo administrativo federal*: comentários à Lei n. 9.784/99. 5. ed. São Paulo: Atlas, 2013.

COELHO, Paulo Magalhães da Costa. *Manual de direito administrativo*. São Paulo: Saraiva, 2004.

CRETELLA JÚNIOR, José. *Dos atos administrativos*. 2. ed. Rio de Janeiro: Forense, 1995.

DALLARI, Dalmo de Abreu. *Elementos de teoria geral do estado*. 25. ed. São Paulo: Saraiva, 2005.

FARIA, Edimur Ferreira de. *Curso de direito administrativo positivo*. 3. ed. Belo Horizonte: Del Rey, 2000.

FARIAS, Paulo José Leite. *Competência federativa e proteção ambiental*. Porto Alegre: Sergio Antonio Fabris Editor, 1999.

FARIAS, Talden. *Licenciamento Ambiental*: aspectos teóricos e práticos. 4. ed. Belo Horizonte: Fórum, 2013.

FERRAZ JÚNIOR, Tércio Sampaio. Normas gerais e competência concorrente. Uma exegese do art. 24 da Constituição Federal. *Revista da Faculdade de Direito da USP*, São Paulo, v. 90, p. 245--251, 1995.

FERREIRA, Luís Pinto. *Comentários à constituição brasileira*. São Paulo: Saraiva, 1989 e 1990. v. 1 e 2.

FERREIRA FILHO, Manoel Gonçalves. *Curso de direito constitucional*. 25. ed. São Paulo: Saraiva, 1999.

FERREIRA, Sergio de Andréa. *Direito administrativo didático*. Rio de Janeiro: Forense, 1981.

FIGUEIREDO, Lúcia Valle. Discriminação constitucional das competências ambientais: aspectos pontuais do regime jurídico das licenças ambientais. *Revista de Direito Ambiental*. São Paulo, n. 35, jul.-set. 2004.

FIORILLO, Celso Antonio Pacheco. *Curso de direito ambiental brasileiro*. 4. ed. São Paulo: Saraiva, 2003.

GOMES, Carla Amado. *Risco e modificação do acto autorizativo concretizador de protecção do ambiente*. Coimbra: Coimbra Editora, 2007.

GRECO, Leonardo. Competências constitucionais em matéria ambiental. *Revista de Informação Legislativa*, Brasília, a. 29, n. 116, p. 135-152, out/dez. 1992.

KRELL, Andreas J. Autonomia municipal e proteção ambiental: critérios para definição das competências legislativas e das políticas locais. In: KRELL, Andreas J. (org.); MAIA, Alexandre da (coord.). *A aplicação do direito ambiental no estado federativo*. Rio de Janeiro: Lumen Juris, 2005.

LEUZINGER, Marcia Dieguez, CUREAU, Sandra. *Direito ambiental*. Rio de Janeiro: Elsevier, 2013.

MACHADO, Paulo Affonso Leme Machado. *Direito ambiental brasileiro*. 9. ed. São Paulo: Malheiros, 2001.

MACIEL, Marcela Albuquerque. *Compensação ambiental*: instrumento para a implementação do sistema nacional de unidades de conservação. São Paulo: Letras Jurídicas, 2012.

MACIEL, Marcela Albuquerque. Competência para o licenciamento ambiental: uma análise das propostas de regulamentação do art. 23 da CF. *Jus Navigandi*, Teresina, ano 15, n. 2716, 8 dez. 2010. Disponível em: [jus.com.br/artigos/17978/competencia-para-o-licenciamento-ambiental]. Acesso em: 06.10. 2014.

MEDAUAR, Odete. *A processualidade do direito administrativo*. São Paulo: Ed. RT, 1993.

MEDAUAR, Odete. *Direito administrativo moderno*. 16. ed. São Paulo: Ed. RT, 2012.

MEIRELLES, Hely Lopes; ALEIXO, Délcio Balestero; BURLE FILHO, José Emmanuel. *Direito administrativo brasileiro*. 39. ed. São Paulo: Malheiros, 2012.

MELLO, Celso Antônio Bandeira de. *Curso de direito administrativo*. 30. ed. São Paulo: Malheiros, 2013.

MILARÉ, Édis. *Direito do ambiente*. 6. ed. São Paulo: Ed. RT, 2009.

MORAES, Alexandre de. *Direito constitucional*. 14. ed. São Paulo: Atlas, 2003.

MORAES, Luís Carlos Silva de. *Curso de direito ambiental*. 2. ed. São Paulo: Atlas, 2004.

MOREIRA NETO, Diogo de Figueiredo. *Curso de direito administrativo*. 14. ed. Rio de Janeiro: Forense, 2006.

MUKAI, Toshio. *Direito administrativo sistematizado*. São Paulo: Saraiva, 1999.

NASCIMENTO, Sílvia Helena Nogueira. *O sistema nacional do meio ambiente*: SISNAMA e a Competência para o Licenciamento ambiental na Lei Complementar n. 140/2011. 2013. 193 fls. Dissertação (Mestrado) – Faculdade de Direito, Pontifícia Universidade Católica de São Paulo, São Paulo, 2013.

NOHARA, Irene Patrícia. *Direito administrativo*. 3. ed. São Paulo: Atlas, 2013.

OLIVEIRA, Rafael Carvalho Rezende. *Curso de direito administrativo*. Rio de Janeiro: Forense; São Paulo: Método, 2013.

PIETRO, Maria Sylvia Zanella Di. *Direito administrativo*. 25. ed. São Paulo: Atlas, 2012.

RIOS, Aurélio Virgílio Veiga. O Mercosul, os agrotóxicos e o princípio da precaução. *Revista de Direito Ambiental*, São Paulo, n. 28, p. 41-57, out.-dez./2002.

SARLET, Ingo Wolfgang, FENSTERSEIFER, Tiago. A competência constitucional legislativa em matéria ambiental à luz do "federalismo cooperativo ecológico" consagrado pelo ordenamento jurídico brasileiro. *Revista de Direito Ambiental*, São Paulo, n. 71, p. 55-116, jul.-set. 2013.

SCHIRATO, Vitor Rhein. O processo administrativo como instrumento do Estado de Direito e da Democracia. In: MEDAUAR, Odete, SCHIRATO, Vitor Rhein (Orgs.). *Atuais rumos do processo administrativo*. São Paulo: Ed. RT, 2010.

SILVA, Clarissa Sampaio. *Limites à invalidação dos atos administrativos*. São Paulo: Max Limonad, 2001.

SILVA, Maurício de Jesus Nunes da. A revogação da licença ambiental. *Revista de Direito Ambiental*, São Paulo, n. 53, p. 187-222, jan.-mar. 2009.

SILVA, José Afonso da. *Curso de direito constitucional positivo*. 9. ed. São Paulo: Malheiros, 1992.

SILVA, José Afonso da. *Direito ambiental constitucional*. 4. ed. São Paulo: Malheiros, 2003.

SILVA, Romeu Faria Thomé da. Comentários sobre a nova lei de competências em matéria ambiental (LC 140, de 08.12.2011). *Revista de Direito Ambiental*, São Paulo, ano 17, v. 66, p. 55-76, abr.--jun. 2012 [extraído da *Revista dos Tribunais on-line*].

SIMÕES, Mônica Martins Toscano. *O Processo administrativo e a invalidação de atos viciados*. São Paulo: Malheiros, 2004.

SUNDFELD, Carlos Ari. *Ato administrativo inválido*. São Paulo: Ed. RT, 1990.

TRENNEPOHL, Curt, TRENNEPOHL, Terence. *Licenciamento ambiental*. 5. ed. Niterói: Impetus, 2013.

TRENNEPOHL, Terence Dornelles. *Fundamentos de direito ambiental*. 2. ed. Salvador: JusPodivm, 2007.

YOSHIDA, Consuelo Yatsuda Moromizato. Competências legislativa, administrativa e judicial em matéria ambiental: tendências e controvérsias. In: CAMPELLO, Lívia Gaigher Bósio; PADILHA, Norma Sueli; SOUZA, Maria Claudia da Silva Antunes de (Orgs.). *Direito ambiental no século XXI:* efetividade e desafios. Belo Horizonte: Arraes, 2014.

ZANCANER, Weida. *Da convalidação e da invalidação dos atos administrativos*. 2. e 3. ed. São Paulo: Malheiros, 1993 e 2008.

POLÍTICA NACIONAL DO MEIO AMBIENTE

Marcelo Buzaglo Dantas[1]
Fernanda de Oliveira Crippa[2]

Sumário: 1. Considerações iniciais. 2. Princípios. 3. Definições. 4. Objetivos. 5. Sistema Nacional do Meio Ambiente – SISNAMA. 6. Conselho Nacional do Meio Ambiente – CONAMA. 7. Instrumentos econômicos. 8. Servidão ambiental. 9. Licenciamento ambiental e EIA/RIMA. 10. Responsabilidade civil ambiental e ação civil pública. 11. Financiamento e meio ambiente. 12. Cadastro Técnico Federal e Taxa de Controle e Fiscalização Ambiental.

1. Considerações iniciais

A Lei 6.938, de 31 de agosto de 1981, estabelece a Política Nacional do Meio Ambiente (PNMA), seus fins e mecanismos de formulação e aplicação, constitui o Sistema Nacional do Meio Ambiente (SISNAMA), o Conselho Nacional de Meio Ambiente (CONAMA) e institui o Cadastro Técnico Federal. Em suma, prevê uma política nacional que tem por objetivo articular todos os entes políticos em uma atividade de enfrentamento dos desafios ambientais.

A norma em questão teve um papel pioneiro e inovador na proteção do meio ambiente no Brasil, sendo uma das inspirações do capítulo dedicado ao tema na Constituição Federal, em vias de completar 32 anos de vigência. Bem por isso, é pacífico que tal diploma legal foi recepcionado pela ordem constitucional inaugurada em 1988 (o que restou consagrado com a nova redação do seu art. 1º, instituída pela Lei 8.028/90).

Indubitavelmente, trata-se do marco legal mais importante da legislação ambiental no país, que inaugura de modo mais profícuo o debate sobre a tutela do meio ambiente, atribuindo ao Poder Público sua parcela de responsabilidade, de modo a deixar de entregar o tema exclusivamente ao cidadão que se sentisse incomodado com atitudes lesivas à higidez ambiental. Mesmo com quase 40 anos de existência, a LPNMA continua sendo um diploma normativo de extrema relevância e grande atualidade.

---

1. Advogado. Mestre e Doutor em Direitos Difusos e Coletivos pela PUC-SP. Pós-Doutor e Docente Permanente do programa de pós-graduação em Ciência Jurídica da UNIVALI-SC. Professor Visitante do Instituto Universitario del Agua y de las Ciências Ambientales da Universidad de Alicante (Espanha) e da Widener University Delaware Law School (EUA).
2. Advogada. Membro da Comissão de Direito Ambiental da OAB/SC. Pós-Graduada em Processo Civil e em Direito Ambiental e Urbanístico pelo CESUSC.

Trata-se, na feliz expressão de Sandra Akemi Shimada Kishi, de "um verdadeiro Codex global de preservação ambiental"[3].

2. Princípios

A PNMA pauta-se em princípios que orientam os entes federativos a buscar seu objetivo principal, expressamente previsto no *caput* do seu art. 2º, qual seja,

> a preservação, melhoria e recuperação da qualidade ambiental propícia à vida, visando assegurar, no País, condições ao desenvolvimento socioeconômico, aos interesses da segurança nacional e à proteção da dignidade da vida humana.

Esse dispositivo, excluindo a menção à segurança nacional (resquício do regime militar), congrega os aspectos ecológicos, sociais e econômicos – o que, a partir do advento do Relatório de Brundtland, de 1987 (portanto, anos após o surgimento da nossa LPNMA), convencionou-se chamar de *desenvolvimento sustentável*. Importante destacar que, inúmeras vezes, a LPNMA faz menção à necessidade de se promover o desenvolvimento econômico. Fica muito claro, pois, que o principal objetivo da Lei não é o de impossibilitar a utilização de recursos naturais, mas sim o de estabelecer normas que tornem isto possível, em harmonia com a preservação ambiental.

Tais princípios, contudo, foram formulados de forma ambígua pelo legislador, visto que "vários itens apresentados como princípios são, na realidade, programas, metas ou modalidades de ação"[4]. Apesar disso, essa imprecisão legislativa não prejudica a importância e a qualidade material do diploma e sua intenção precípua: a tutela do meio ambiente.

O primeiro princípio invocado pela Política Nacional de Meio Ambiente é a "ação governamental na manutenção do equilíbrio ecológico, considerando o meio ambiente como um patrimônio público a ser necessariamente assegurado e protegido, tendo em vista o uso coletivo" (art. 2º, I). Embora também seja dever da coletividade defender e preservar o meio ambiente, o poder público possui um papel fundamental nessa tarefa, dadas as prerrogativas que o ordenamento jurídico lhe confere. É nítida a influência desse dispositivo no art. 225, § 1º, da Constituição Federal, que atribui ao Poder Público uma série de incumbências para assegurar a efetividade do direito ao meio ambiente ecologicamente equilibrado, como o dever de "preservar e restaurar os processos ecológicos essenciais" (inciso I).

A segunda parte desse princípio identifica "o meio ambiente como um patrimônio público". Essa caracterização pode levar o intérprete a considerar que o meio ambiente constituiria um bem público, de propriedade da União, Estados, Distrito Federal ou Municípios. Porém, não é essa a interpretação mais consentânea com a ordem constitucional

---

3. Política Nacional do Meio Ambiente e o desenvolvimento sustentado, a intervenção obrigatória do Estado e o acesso ao bem ambiental. In: ROCHA, João Carlos de Carvalho; HENRIQUES FILHO, Tarcísio Humberto Parreiras; CAZETTA, Ubiratan (Coord.). *Política nacional do meio ambiente*: 25 anos da Lei n. 6.938/81. Belo Horizonte: Del Rey, 2007. p. 44. Mais adiante, a autora prossegue: "A Lei de Política Nacional do Meio Ambiente, na mesma linha de proteção global, aderiu a essa nora ordem jurídica de proteção, contribuindo para estabelecer definitivamente o direito humanitário, ou, de toda a humanidade, presente e futura, ao meio ambiente equilibrado e à sadia qualidade de vida, numa rede de responsabilidade intergeracional" (Op. cit., p. 45).
4. MILARÉ, Édis. *Direito do ambiente*. 11. ed. São Paulo: Ed. RT, 2018. p. 920.

instituída e com a natureza desse bem, que é de uso coletivo. Consolidou-se o entendimento de que o meio ambiente, como um bem de uso comum do povo, é, em regra, um direito transindividual (=metaindividual, supraindividual), dada a sua natureza indivisível e titularidade indeterminada. A característica do bem ambiental deve ser preservada, independentemente de quem seja o titular de determinada propriedade (se pertencente ao Poder Público ou a um particular), tendo em vista que esta deverá cumprir sua função socioambiental, nos termos da Constituição da República (arts. 5º, XXIII, 170, III, 182, § 2º, e 186).

Os demais princípios enumerados pela Política Nacional do Meio Ambiente igualmente merecem registro, pela atualidade e importância. Já em 1981, o referido diploma legal zelava pela "racionalização do uso do solo, do subsolo, da água e do ar" (inciso II), o que, na linguagem atual, pode ser denominado de eficiência econômica no uso dos recursos naturais.

"Planejamento e fiscalização do uso dos recursos naturais" (inciso III) também constituem princípios da PNMA. Na realidade, esses instrumentos, juntamente com o licenciamento ambiental, são os principais meios utilizados na política ambiental brasileira, que ainda se desenvolve predominantemente a partir de mecanismos de comando e controle. Dito princípio macro abrange outros, como a "proteção dos ecossistemas, com a preservação de áreas representativas" (inciso IV), o "controle e zoneamento das atividades potencial ou efetivamente poluidoras" (inciso V), o "acompanhamento do estado da qualidade ambiental" ou monitoramento (inciso VII) e a "proteção de áreas ameaçadas de degradação" (inciso IX).

Ainda, a "recuperação de áreas degradadas" (inciso VIII) é, também, um dos princípios da PNMA. Esse preceito, deveras moderno, encontra reflexos no Código Florestal (Lei 12.651/12), justamente em um dos aspectos mais elogiados do referido diploma normativo. A necessidade desse mecanismo decorre do fato de que a omissão do Poder Público (e da própria coletividade) durante décadas acarretou um significativo passivo ambiental no país, de modo que não basta apenas interromper as ações ilegais de degradação, mas também é necessário recuperar áreas degradadas, isto é, aquelas que se encontram alteradas "em função de impacto antrópico, sem capacidade de regeneração natural" (art. 2º, V, do Decreto 7.830/12), restituindo um ecossistema ou uma comunidade biológica nativa (inciso VIII do mesmo dispositivo).

A legislação também não esqueceu da educação ambiental como princípio norteador da PNMA, visto que a previu em "todos os níveis do ensino, inclusive a educação da comunidade, objetivando capacitá-la para participação ativa na defesa do meio ambiente" (inciso X). É tamanha a importância da educação ambiental para se obter resultados e benefícios na preservação dos recursos naturais, especialmente no médio e longo prazos, que, mais tarde, a própria Constituição Federal incumbiu o Poder Público de "promover a educação ambiental em todos os níveis de ensino e a conscientização pública para a preservação do meio ambiente" (art. 225, § 1º, VI). Além disso, foi editada a Lei 9.795/99, que, ao instituir a Política Nacional de Educação Ambiental, conceituou educação ambiental como "os processos por meio dos quais o indivíduo e a coletividade constroem valores sociais, conhecimentos, habilidades, atitudes e competências voltadas para a conservação do meio ambiente" (art. 1º).

Por fim, atento à importância do desenvolvimento tecnológico, o diploma normativo previu, como outro de seus princípios, os "incentivos ao estudo e à pesquisa de tecnologias orientadas para o uso racional e a proteção dos recursos ambientais" (inciso VI). A ciência e tecnologia têm mostrado sua potencialidade na criação de alternativas que empregam menos quantidade de recursos naturais no processo produtivo e geram menos resíduos, provendo maior eficiência a diversos setores da economia. Um grande exemplo disso é a expansão nos últimos anos das fontes de energia renovável, que vem complementando (e aos poucos substituindo) aquelas oriundas de combustíveis fósseis.

3. Definições

A Lei 6.938/81 estabeleceu os conceitos normativos de meio ambiente, degradação da qualidade ambiental, poluição, poluidor e recursos ambientais. Ditas definições destinam-se a orientar o intérprete na aplicação dos preceitos constantes do próprio diploma e da legislação ambiental como um todo, tendo em vista que constitui uma política geral, que inspira as políticas específicas e setoriais.

Meio ambiente é definido como "o conjunto de condições, leis, influências e interações de ordem física, química e biológica, que permite, abriga e rege a vida em todas as suas formas" (inciso I). Conceituar meio ambiente, sem dúvida, não é uma tarefa fácil, mas nem por isso a definição constante do texto legal deve estar isenta de críticas. O conceito adotado se utiliza de uma ótica eminentemente biológica, que sequer menciona a relação entre natureza e ser humano, que é justamente o que o Direito Ambiental visa a regular. A complexidade desse conceito se reflete nas especificações e distinções que, posteriormente, foram formuladas pela doutrina, que passou a subdividir o meio ambiente em *natural*, *artificial*, *cultural* e *do trabalho*[5].

Recursos naturais, por sua vez, são "a atmosfera, as águas interiores, superficiais e subterrâneas, os estuários, o mar territorial, o solo, o subsolo, os elementos da biosfera, a fauna e a flora" (inciso V).

A definição legal de degradação da qualidade ambiental é a seguinte:

Alteração adversa das características do meio ambiente" (inciso II). Esse conceito engloba o de poluição, que é uma degradação qualificada, resultante de atividades que direta ou indiretamente: "a) prejudiquem a saúde, a segurança e o bem-estar da população; b) criem condições adversas às atividades sociais e econômicas; c) afetem desfavoravelmente a biota; d) afetem as condições estéticas ou sanitárias do meio ambiente; e) lancem matérias ou energia em desacordo com os padrões ambientais estabelecidos (inciso III).

Portanto, a poluição está condicionada ao exercício direto ou indireto de uma ação humana, que provoque resultados negativos ao meio ambiente, constituindo-se em um ato ilícito. Como a legislação não fornece o conceito de dano ambiental, que seria extremamente útil para fins de responsabilidade civil, as definições de degradação e de poluição são utilizadas como ponto de apoio para tal fim[6].

---

5. Cf. SILVA, José Afonso da. *Direito ambiental constitucional*. 6. ed. São Paulo: Malheiros, 2007. p. 21--24. Importante ressaltar, também, que alguns autores incluem ainda o patrimônio genético neste rol. Nesse sentido, veja-se FIORILLO, Celso Antonio Pacheco. *Curso de direito ambiental brasileiro*. 12. ed. São Paulo: Saraiva, 2011. p. 79.
6. VIANNA, José Ricardo Alvarez. *Responsabilidade civil por danos ao meio ambiente*: à luz do novo Código Civil. Curitiba: Juruá, 2004. p. 128.

A PNMA institui ainda o conceito legal de poluidor, consistente na "pessoa física ou jurídica, de direito público ou privado, responsável, direta ou indiretamente, por atividade causadora de degradação ambiental" (inciso IV). Ou seja, é todo aquele que de alguma forma contribui com a degradação da qualidade ambiental, estando caracterizado o nexo de causalidade entre sua conduta, comissiva ou omissiva, e o dano. Justifica-se a imposição de responsabilidade a todos que contribuíram de modo direto ou indireto para a ocorrência do dano ambiental, na medida em que as dificuldades são grandes para a determinação do seu autor, em razão de que, comumente, há uma pluralidade de ações e de sujeitos envolvidos na sua ocorrência. Assim, evita-se que danos ambientais fiquem sem reparação.

Contudo, a utilização do instituto do poluidor indireto deve ser feita com atenção redobrada, tendo em vista que a definição é extremamente ampla. A lei que instituiu a Política Nacional do Meio Ambiente não definiu um rol de possíveis poluidores indiretos, dando margem para que doutrina e jurisprudência, pautadas na relevância do direito ao meio ambiente, empreguem essa figura indiscriminadamente para abarcar os mais variados tipos de situação. Não se está questionando a importância do objeto tutelado, porém, há que se lembrar que existem outros direitos constitucionalmente assegurados, que igualmente merecem ser levados em consideração, de modo que deve se evitar que a subjetividade do intérprete acabe levando a exageros.

4. Objetivos

Como visto, o objetivo principal da Política Nacional do Meio Ambiente é a busca pelo desenvolvimento sustentável. Isso é o que se extrai do seu art. 4º, I, que assenta como sua finalidade precípua a "compatibilização do desenvolvimento econômico-social com a preservação da qualidade do meio ambiente e do equilíbrio ecológico". Esse objetivo é "a chave para a compreensão de toda a Política Nacional do Meio Ambiente – PNMA, pois é nele que se condensam os principais objetivos da norma legal"[7].

Dito objetivo representa a necessidade de mudança de pensamento do Poder Público e da coletividade, que está deixando de lado o mero crescimento econômico e buscando que ele se dê com equilíbrio ecológico, o que resulta na hoje chamada sustentabilidade.

O Brasil, assim como os demais países em desenvolvimento, necessita evoluir e expandir sua economia para gerar mais riquezas e, assim, obter melhores resultados ao enfrentar seus problemas sociais e estruturais, com vistas a proporcionar condições mais dignas à sua população. Tal progresso, todavia, tendo em vista que demanda o consumo de recursos naturais, deve ocorrer de maneira sustentável, compatibilizando desenvolvimento socioeconômico com proteção da qualidade ambiental, de modo que os recursos hoje à disposição não se esgotem e as futuras gerações também tenham a oportunidade de desfrutá-los. Com efeito, a proteção do meio ambiente e o fenômeno desenvolvimentista "passaram a fazer parte de um objetivo comum, pressupondo a convergência de objetivos das políticas de desenvolvimento econômico, social, cultural e de proteção ambiental"[8].

---

7. ANTUNES, Paulo de Bessa. *Política nacional do meio ambiente – PNMA*: comentários à Lei. 6.938, de 31 de agosto de 1981. Rio de Janeiro: Lumen Juris, 2005. p. 73.
8. FIORILLO, Celso Antonio Pacheco. *Curso de direito ambiental brasileiro*. 12. ed. São Paulo: Saraiva, 2011. p. 84.

José Afonso da Silva enaltece o aspecto social, pois, no seu entender, "se o desenvolvimento não elimina a pobreza absoluta, não propicia um nível de vida que satisfaça as necessidades essenciais da população em geral, ele não pode ser qualificado de sustentável"[9]. Assim sendo, pobreza, exclusão social, desemprego necessitam ser eliminados como uma das tarefas mais urgentes da humanidade, tanto quanto a degradação ambiental. Daí a importância de se buscar a convergência das políticas públicas, para que se busquem soluções integradas para superar as mazelas sociais e garantir a proteção do meio ambiente[10].

O verdadeiro *leading case* na matéria no Brasil foi o julgamento, pelo Supremo Tribunal Federal, da ADIN 3.540-1/DF, relator o Min. Celso de Mello.

A questão de fundo enfrentada pela Corte era a alegação de inconstitucionalidade do art. 4º, *caput* e parágrafos, do Código Florestal de 1965, com a redação dada pela MP 2.166-67/01, que permitia ao órgão ambiental competente autorizar a supressão de vegetação de preservação permanente, nos casos de utilidade pública e interesse social, mediante procedimento administrativo próprio. A alegação do Procurador-Geral da República, autor da demanda, era de que a norma ofenderia o disposto no art. 225, § 1º, III, da CF/88, segundo o qual a modificação de espaços territoriais ambientalmente protegidos somente poderia se dar através de lei – e não de procedimento administrativo.

O STF acabou por julgar improcedente a ação, ao argumento nuclear de que

> somente a alteração e a supressão do regime jurídico pertinente aos espaços territoriais especialmente protegidos qualificam-se, por efeito da cláusula inscrita no art. 225, § 1º, III, da Constituição, como matérias sujeitas ao princípio da reserva legal[11].

O acórdão gerou bastante polêmica na doutrina, com manifestações contrárias e favoráveis à conclusão a que a maioria chegou[12].

---

9. SILVA, José Afonso da. *Direito ambiental constitucional*. 6. ed. São Paulo: Malheiros, 2007. p. 27. Neste mesmo sentido: "O princípio da *defesa do meio ambiente* conforma a ordem econômica (mundo do ser), informando substancialmente os princípios da *garantia do desenvolvimento* e do *pleno emprego*. Além do objetivo, em si, é instrumento necessário – e indispensável – à realização do fim dessa ordem, o de *assegurar a todos existência digna*. Nutre também, ademais, os ditames da *justiça social*" (GRAU, Eros Roberto. *A ordem econômica na Constituição Federal de 1988*, p. 252).

10. Também assim: "Não se pode perder de vista que o Brasil precisa crescer, e sem crescimento haverá estagnação e empobrecimento geral. O poder aquisitivo cai e, consequentemente, a qualidade de vida em todos os níveis. Só que o crescimento econômico depende essencialmente da extração dos recursos naturais que movimentam a economia brasileira. Assim, o País precisa crescer, mas de maneira planejada e sustentável. É com o crescimento que se pretende combater a fome e a miséria, nos termos do que preceitua o art. 3o, III, da CF" (SIRVINSKAS, Luís Paulo. *Tutela constitucional do meio ambiente*. 10. ed. São Paulo: Saraiva, 2012. p. 185).

11. *In DJU* de 03.02.2006. Daí a conclusão, constante do aresto: "Quando se tratar, porém, de execução de obras ou de serviços a serem realizados em tais espaços territoriais, cumpre reconhecer que, observadas as restrições limitações e exigências abstratamente estabelecidas em lei, tornar-se-á lícito ao Poder Público – qualquer que seja o nível em que se posicione na estrutura federativa (União, Estados-membros, Distrito Federal e Municípios) – autorizar, licenciar ou permitir a realização de tais atividades no âmbito dos espaços territoriais especialmente protegidos, desde que não resulte comprometida a integridade dos atributos que justificaram, quanto a tais territórios, a instituição de um regime jurídico de proteção ambiental".

12. Contra: "O posicionamento da maioria dos juízes do Supremo no sentido de que somente a mudança do regime jurídico é que deve ser feita mediante lei diminui o alcance da proteção dos espaços

A par disso, para o que interessa no momento, a Corte externou, de modo claro e preciso, como se devem conciliar os direitos fundamentais ao desenvolvimento econômico e ao meio ambiente ecologicamente equilibrado. Examinando-se o aresto, percebe-se que nem teria sido necessário ir tão longe para decidir a *quaestio* suscitada na ADIn. Teria bastado ao Supremo a análise dos dispositivos impugnados e, confrontando-os com os mandamentos constitucionais apontados como vulnerados, verificar-lhes a conformação – o que, evidentemente, também se fez. Mas a Corte foi muito além, proferindo um acórdão que adverte para a forma como se deve exercer a atividade econômica no Brasil à luz da Constituição, ou seja, com respeito ao meio ambiente, de modo a que se possa atingir o equilíbrio entre esses dois direitos fundamentais não raro colidentes.

De fato, após apontar o cerne da controvérsia instaurada na demanda, o aresto, reconhecendo a existência de colisão entre a economia e o meio ambiente, aponta os "critérios de superação desse Estado de tensão entre valores constitucionais relevantes". E embora se afirme, na ementa, haver uma "precedência do direito à preservação do meio ambiente" – o

---

territoriais a serem protegidos. Os Poderes Executivos da União, dos Estados e dos Municípios passam a ter o controle praticamente exclusivo da vida e da morte dos parques, reservas biológicas e áreas de preservação permanente. O que foi escrito e pensado pelos constituintes é diferente do que foi decidido" (MACHADO, Paulo Affonso Leme. *Direito ambiental brasileiro*. 19. ed. São Paulo: Malheiros, 2011. p. 154). "Causa espécie, com a devida vênia, as exegeses do texto constitucional e do texto legal impugnado estampadas na votação, por maioria, da Medida Cautelar pelo Plenário, em 01.09.2005, rel. Min. Celso de Mello, favoráveis à restauração dos dispositivos impugnados" (YOSHIDA, Consuelo Yatsuda Moromizato. Ato jurídico perfeito, direito adquirido, coisa julgada e meio ambiente. *Revista de Direito Ambiental*. São Paulo: Ed. RT, v. 66, abr./jun. 2012. p. 142). Em outro trabalho, a autora se refere à interpretação constitucional havida no julgamento como temerária (Advocacia pública e a dicotomia do interesse público: dubiedade de atuação, fragilização dos ecossistemas: a co(i)rresponsabilidade de todos. Temas para reflexão. In: DANTAS, Marcelo Buzaglo; SÉGUIN, Élida; AHMED, Flávio (Coord.). *O direito ambiental na atualidade* – estudos em homenagem a Guilherme José Purvin de Figueiredo. Rio de Janeiro: Lumen Juris, 2010. p. 92). A crítica é ainda repetida em Empreendimento localizado em remanescente de mata atlântica (Rodoanel): desafios do direito na proteção das florestas. In: SILVA, Solange Teles da; CUREAU, Sandra; LEUZINGER, Márcia Dieguez (Coord.). *Código Florestal*: desafios e perspectivas. São Paulo: Fiúza, 2010. p. 117. A favor da conclusão a que chegou a Corte: "Seria pouco crível, e violaria o princípio constitucional da proporcionalidade, se para cada árvore ou arbusto que, por algum motivo especial, tivesse de ser cortado, fosse necessária a edição de lei formal para a realização de referido corte" (WEDY, Gabriel. O princípio da precaução no direito ambiental: comentários ao acórdão na Medida Cautelar em Ação Direta de Inconstitucionalidade n. 3.540/DF, do Supremo Tribunal Federal. Data do julgamento: 01.09.2005. In: FREITAS, Vladimir Passos de (Coord.). *Julgamentos históricos do direito ambiental*. Campinas: Millennium, 2010. p. 184). Também aplaudindo a decisão, embora sob outro prisma (o do reconhecimento do direito ao meio ambiente ecologicamente equilibrado como direito fundamental), v. SARLET, Ingo Wolfgang; FENSTERSEIFER, Tiago. Direito constitucional ambiental, direito constitucional ambiental: Constituição, direitos fundamentais e proteção do ambiente. 2. ed. São Paulo: Ed. RT, 2012. p. 237). O tema é tão polêmico que, em referência ao aresto, já se afirmou que a Corte "realizou ponderação de interesses ao defrontar-se com o conflito entre o princípio que garante o livre exercício de atividade econômica e o princípio da preservação do meio ambiente, em decisão que entendeu que este deve prevalecer sobre aquele" (CÂMARA, Alexandre Freitas. Bens sujeitos à proteção do direito constitucional processual. In: NASCIMENTO, Carlos Valder do; DELGADO, José Augusto (Org.). *Coisa julgada inconstitucional*. Belo Horizonte: Fórum, 2006. p. 285).

que, se levado a extremos, contraria frontalmente a tese da inexistência de direito fundamental absoluto –, logo a seguir é dito que na verdade se trata de uma "limitação constitucional explícita à atividade econômica (art. 170, VI)".

Com efeito, toda a construção do acórdão se faz com base na premissa da necessidade de proteção ao direito fundamental ao meio ambiente ecologicamente equilibrado e que a atividade econômica deve ser exercida em consonância com aquele. Exatamente o que decorre do disposto no art. 170, VI, da Carta Magna – e, muito antes, do art. 4º, I, da LPNMA. À vista disso, a conclusão, constante da ementa do julgado, serve como um excelente parâmetro a ser seguido pelos julgadores, na busca pela harmonização entre esses dois princípios que geralmente colidem[13].

Outros objetivos ainda devem ser buscados pela PNMA, que visará à definição de áreas prioritárias de ação governamental relativas à qualidade e ao equilíbrio ecológico (art. 4º, II), reconhecendo, assim, que existem espaços mais importantes sob o ponto de vista ambiental, seja por abrigarem grande biodiversidade, seja em razão de serem responsáveis pela estabilização climática ou em função de outros motivos escolhidos pela Administração. A Constituição Federal nitidamente se inspirou nesse preceito ao estabelecer que, para assegurar a efetividade do direito ao meio ambiente, incumbe ao Poder Público "definir, em todas as unidades da Federação, espaços territoriais e seus componentes a serem especialmente protegidos" (art. 225, § 1º, III).

O diploma legal também previu o estabelecimento de critérios e padrões da qualidade ambiental e de normas relativas ao uso e ao manejo de recursos ambientais (art. 4º, III). Esses parâmetros, que devem ser fixados com base em aspectos técnicos-científicos, indicam os limites legais dentro dos quais as atividades devem ser exercidas para não prejudicar a qualidade de vida e os processos ecológicos fundamentais. O estabelecimento desses critérios e padrões é feito, na maior parte das vezes, pelo CONAMA, como será visto adiante.

A LPNMA ainda se ocupou de compatibilizar a inovação e o desenvolvimento tecnológico nacionais com a eficiência no uso dos bens naturais. Com efeito, enumerou, entre seus objetivos, o desenvolvimento de pesquisas e de tecnologias nacionais orientadas para o uso racional de recursos ambientais (art. 4º, IV).

Ao estabelecer como objetivo a difusão de tecnologias de manejo do meio ambiente, a divulgação de dados e informações ambientais e a formação de uma consciência pública sobre a necessidade de preservação da qualidade ambiental e do equilíbrio ecológico (art. 4º, V), em que pesem as imprecisões vocabulares, a Lei 6.938/81 não esqueceu de agregar a participação da coletividade no zelo pelo meio ambiente, através da educação ambiental, que pressupõe informação adequada disponível aos interessados.

Outros propósitos que merecem destaque são a preservação e a restauração dos recursos ambientais, com vistas à sua utilização racional e à sua disponibilidade permanente

---

13. A propósito, assim decidiu a Corte em outra oportunidade: "O meio ambiente não é incompatível com projetos de desenvolvimento econômico e social que cuidem de preservá-lo como patrimônio da humanidade. Com isso, pode-se afirmar que o meio ambiente pode ser palco para a promoção do homem todo e de todos os homens" (AgRg na Medida Cautelar na Ação Cível Originária 876-0, da Bahia, rel. Min. Carlos Alberto Menezes Direito, *DJe* 31.07.2008).

(art. 4º, VI). Embora se critique o emprego pelo legislador do vocábulo *preservação* (manutenção dos espaços naturais intocados), em vez de *conservação* (utilização racional do meio ambiente[14]), vislumbra-se novamente o pioneirismo da LPNMA, dessa vez na busca pela perenidade dos recursos naturais, "para as presentes e futuras gerações" de acordo com a linguagem constitucional (art. 225, *caput*).

Por fim, o último objetivo da LPNMA se divide em duas partes (art. 4º, VII). A primeira impõe ao poluidor e ao predador a obrigação de recuperar e/ou indenizar os danos causados, confundindo-se, portanto, com a própria responsabilidade civil ambiental. Não se vislumbra uma conotação de sanção ou punição na redação do dispositivo, mas sim uma forte inclinação da norma a imputar aos degradadores a responsabilidade pelos danos causados, evitando que áreas contaminadas ou poluídas fiquem sem a indispensável recuperação, o que viria a prejudicar toda a coletividade. Esse tema, diretamente associado à responsabilidade ambiental, será tratado com mais profundidade adiante.

A parte final do objetivo prevê uma contribuição do usuário em razão da utilização de recursos ambientais com fins econômicos. Por meio desse preceito, a legislação pátria incorporou o princípio do usuário-pagador. A norma parte da constatação de que os recursos ambientais são escassos e que o seu uso acarreta, paulatinamente, o esgotamento dos mesmos. Assim, se o custo da redução desses recursos – seja pelo consumo, seja pela poluição – não for considerado no sistema de preços, o mercado não será capaz de refletir esta escassez. Diante dessa falha de mercado, é necessário o desenvolvimento de políticas públicas com vistas a assegurar que os preços dos produtos reflitam esses custos ambientais para a sociedade[15]. Paulo Affonso Leme Machado aduz que o "uso gratuito dos recursos naturais tem representado um enriquecimento ilegítimo do usuário, pois a comunidade que não usa do recurso ou que o utiliza em menor escala fica onerada"[16].

O Supremo Tribunal Federal posicionou-se nessa mesma linha quando do julgamento, pelo Tribunal Pleno, da ADI 3.378/DF, em que o relator Ministro Carlos Ayres Britto, em voto vencedor, definiu o princípio como "um mecanismo de assunção da responsabilidade social (partilhada, insista-se) pelos custos ambientais derivados da atividade econômica"[17]. Ponderou, ainda, sobre sua abrangência, ao estabelecer que uma das vertentes do princípio é impor ao empreendedor o dever de "responder pelas medidas de prevenção de impactos ambientais que possam decorrer, significativamente, da implementação de sua empírica empreitada econômica"[18].

O princípio do usuário-pagador consubstancia-se na imputação aos agentes econômicos da responsabilidade de integração do valor das medidas de proteção ambiental nos custos de produção. A equidade dessa alternativa reside em que pagam os beneficiários

---

14. Nesse sentido, veja-se o disposto no art. 2º, II e V, da Lei 9.985/00, que institui o Sistema Nacional de Unidades de Conservação da Natureza.
15. ANTUNES, Paulo de Bessa. *Direito ambiental*. 14. ed. São Paulo: Atlas, 2012. p. 52.
16. MACHADO, Paulo Affonso Leme. *Direito ambiental brasileiro*. 19. ed. São Paulo: Malheiros, 2011. p. 71.
17. STF, ADI 3.378/DF, rel. Min. Carlos Ayres Britto, *DJe* 20.06.2008.
18. STF, ADI 3.378/DF, rel. Min. Carlos Ayres Britto, *DJe* 20.06.2008.

do dano ambiental, no lugar daqueles que não contribuíram para a deterioração ou não se beneficiaram dessa deterioração. Pela aplicação desse princípio, procura-se corrigir o custo das externalidades ambientais negativas (degradação ambiental), impondo sua internalização ao agente econômico, que deverá se responsabilizar pelos custos necessários à diminuição, eliminação ou neutralização do dano. São chamadas externalidades porque são recebidas por toda a coletividade, enquanto o lucro é percebido apenas pelo produtor privado (internalidade)[19].

5. Sistema Nacional do Meio Ambiente – SISNAMA

O art. 6º da Lei 6.938 é o responsável por haver instituído o Sistema Nacional do Meio Ambiente – SISNAMA, integrado por todos os órgãos e entidades ambientais públicos da União, Estados, Distrito Federal e Municípios, inclusive as autarquias e fundações.

O SISNAMA está assim estruturado: a) órgão superior: o Conselho de Governo; b) órgão consultivo e deliberativo: o Conselho Nacional do Meio Ambiente (CONAMA); c) órgão central: a Secretaria do Meio Ambiente da Presidência da República; d) órgãos executores: o Instituto Brasileiro do Meio Ambiente e dos Recursos Naturais Renováveis – IBAMA e o Instituto Chico Mendes de Conservação da Biodiversidade – ICMBio; e) Órgãos Seccionais: os órgãos ou entidades estaduais de meio ambiente; f) Órgãos Locais: os órgãos ou entidades ambientais municipais[20].

Apesar da excelente intenção da LPNMA de instituir um sistema, o que tem ocorrido na prática é uma absoluta falta de coordenação das ações levadas a efeito pelos órgãos que o integram.

De fato, nesses quase 40 anos de vigência da Lei 6.938/81, o que se viu foi uma série de conflitos de competência entre os entes federados, seja no que tange ao licenciamento de atividades produtivas, seja à fiscalização de condutas lesivas.

Os precedentes recheiam os repertórios jurisprudenciais, de modo que não se vai aqui invocá-los.

Com o advento da LC 140/11, que veio a regulamentar o disposto no parágrafo único do art. 23 da Constituição Federal de 1988, para disciplinar as competências em matéria ambiental, essa situação se modificou significativamente, embora ainda não possamos afirmar, com convicção, que o Brasil possua um verdadeiro federalismo cooperativo.[21] De qualquer sorte, houve avanços, especialmente no que toca ao esforço dos órgãos em tentar seguir os objetivos fundamentais da mencionada lei complementar, entre os quais se destacam promover uma "gestão descentralizada, democrática e eficiente" (art. 3º, inciso I), "harmonizar as políticas e ações administrativas para evitar a sobreposição de atuação entre os entes federativos, de forma a evitar conflitos de atribuições e garantir uma atuação

---

19. DERANI, Cristiane. *Direito ambiental econômico*. São Paulo: Max Limonad, 1997. p. 158.
20. Para um interessante quadro comparativo contemplando a composição e a função/finalidade de cada um dos órgãos, v. THOMÉ, Romeu. *Manual de direito ambiental*. Salvador: JusPodivm, 2016. p. 201.
21. A propósito, v. BIM, Eduardo Fortunato; FARIAS, Talden. Competência Ambiental Legislativa e Administrativa. In: FARIAS, Talden. TRENNEPOHL, Terence (Coord.). *Direito Ambiental Brasileiro*. São Paulo: Revista dos Tribunais, 2018, p. 98-99.

administrativa eficiente" (inciso III) e "garantir a uniformidade da política ambiental para todo o País, respeitadas as peculiaridades regionais e locais" (inciso IV)[22].

6. Conselho Nacional do Meio Ambiente – CONAMA

Tamanha é a importância do Conselho Nacional do Meio Ambiente – CONAMA, que a Lei 6.938/81 abriu uma seção própria para dele tratar, em seu art. 8º.

Com efeito, após sucessivas redações ditadas por diferentes normas, o referido dispositivo passou a contemplar somente as funções do Conselho – arroladas nos seus respectivos incisos (I a VII) – e a atribuição da Presidência ao Secretário (hoje Ministro) do Meio Ambiente (parágrafo único).

Conquanto bastante claras, as atribuições do órgão têm gerado muita polêmica na prática, especialmente no que toca à edição de resoluções, cujas legalidade e constitucionalidade têm sido alvo constante de questionamentos, tanto na doutrina quanto na prática dos Tribunais.

O cerne da controvérsia reside no alcance do disposto nos incisos I, VI e VII, do art. 8º da LPNMA, segundo o qual cabe ao Conselho estabelecer normas, critérios e padrões relativos ao licenciamento ambiental, ao controle da poluição e à manutenção da qualidade do meio ambiente. Também o art. 6º, II, que trata deste órgão do SISNAMA, dá margem a dúvidas, na medida em que estabelece a função de propor diretrizes

> de políticas governamentais para o meio ambiente e os recursos naturais e deliberar, no âmbito de sua competência, sobre normas e padrões compatíveis com o meio ambiente ecologicamente equilibrado e essencial à sadia qualidade de vida.

A leitura das referidas normas dá a entender que o CONAMA teria as suas atividades atreladas à função de estabelecer parâmetros técnicos a ser aplicados pelos órgãos competentes[23]. Contudo, por diversas vezes, o Conselho edita resoluções que não se limitam a isso, mas vão muito além, criando deveres e obrigações aos particulares e dando azo a que os órgãos ambientais exerçam seu poder de polícia para fazer valer os comandos constantes dos referidos atos[24].

---

22. Sobre o tema, v. CHRISTOFOLI, Bruno de Andrade; SOUZA, Lucas Dantas Evaristo de. Lei Complementar n. 140/11: aspectos polêmicos da competência para licenciar e fiscalizar. In: PASOLD, Cesar (Org.). *Ensaios sobre meio ambiente e direito ambiental*. Florianópolis: Insular, 2012. p. 178-81.
23. Neste sentido: "Ora, atente-se bem que o que será levado em conta para efeito do estabelecimento dos critérios, normas e padrões é um parâmetro exclusivamente técnico – a capacidade autodepuradora da água, do ar e do solo, conduzindo, inevitavelmente, à conclusão de que as normas, critérios e padrões são parâmetros técnicos. [...]. Essa competência delegada ao Conama consubstancia, assim, atribuição de natureza técnica, de fixação de índices e parâmetros técnicos, a serem propostos por especialistas, peritos na matéria, pois, de fato, minúcias de caráter técnico não são próprias dos textos legislativos" (SANTOS, Maria Luiza Werneck. Considerações sobre os limites da competência normativa do CONAMA. In: MILARÉ, Édis; MACHADO, Paulo Affonso (Org.) *Doutrinas essenciais do direito ambiental*. São Paulo: Ed. RT, 2011. v. 1. p. 1304-5)."
24. "[...] o CONAMA, a teor do que dispõe a Lei n. 6.938/81, vem editando uma série de normativas privando o direito sobre a propriedade plena de imóveis, além de impor inúmeras limitações administrativas que inviabilizam a utilização comercial de áreas urbanas" (GUERRA, Sidney. GUERRA, Sérgio. *Curso de direito ambiental*. Belo Horizonte: Fórum, 2009. p. 209)

Para alguns, trata-se de atuação absolutamente legítima, por entenderem que o princípio da legalidade estrita estaria vinculado a direitos de primeira geração e que o meio ambiente e o direito à saúde seriam direitos de segunda geração, que, portanto, exigiram uma "atitude positiva do Poder Público"[25].

Contudo, para outros, como Paulo Affonso Leme Machado, "os regulamentos só poderão dispor sobre a propriedade privada se forem de absoluta fidelidade à lei, isto é, se respeitarem estritamente o conteúdo e os limites do direito de propriedade dados pela lei"[26]. Trata-se de aplicação pura e simples do princípio da legalidade, o que levou Maria Luiza Werneck dos Santos a afirmar que "a competência que a Lei 6.938/81 delegou ao Conama não consubstancia, a toda evidência, uma *competência normativa* destinada a inovar na ordem jurídica, seja impondo obrigações, seja instituindo direitos ou estipulando sanções"[27].

Nesse contexto, pode-se dizer que, em alguns casos, o CONAMA cumpriu seu papel de órgão que tem por finalidade precípua estabelecer critérios e parâmetros técnicos em matéria ambiental. Em outros, contudo, afastou-se desse mister, extrapolando sua competência e afrontando o princípio da legalidade.

Apesar das polêmicas envolvendo a edição de resoluções, não é de se olvidar que o CONAMA possui outras importantes funções, como as de emitir proposições, recomendações e moções[28].

---

25. FIGUEIREDO, Guilherme José Purvin de. *Curso de direito ambiental*. 5. ed. São Paulo: Ed. RT, 2012. p. 189. Por outro fundamento, mas chegando a idêntica conclusão, v. A importância do Código Florestal no quadro normativo ambiental brasileiro. In: SILVA, Solange Teles da; CUREAU, Sandra; LEUZINGER, Márcia Dieguez. (Coord.). *Código Florestal*: desafios e perspectivas. São Paulo: Fiúza, 2010. p. 262.
26. *Estudos de direito ambiental*. São Paulo: Malheiros, 1994. p. 125. E mais: "Não podendo o direito de propriedade ser objeto de lei delegada, por via de consequência, também não pode ser objeto de decreto, nem de outros atos administrativos, como as resoluções e as portarias. Não se retira do Poder Executivo sua função de aplicar a lei com relação ao direito de propriedade, mas impede-se a esse poder de criar normas concernentes a deveres e a direitos de propriedade" (Op. cit., p. 126). O autor voltou ao tema em seu *Direito ambiental brasileiro*. 19. ed. São Paulo: Malheiros, 2011. p. 831-832. Nesta mesma linha, v. a doutrina administrativa, com especial destaque para MEIRELLES, Hely Lopes. *Direito administrativo brasileiro*. 34. ed. São Paulo: Malheiros, 2008. p. 185. DI PIETRO, Maria Sylvia Zanela. *Direito administrativo*. 21. ed. São Paulo: Atlas, 2008. p. 63. MEDAUAR, Odete. *Direito administrativo moderno*. 16. ed. São Paulo: Ed. RT, 2012. p. 158. BANDEIRA DE MELLO, Celso Antônio. *Curso de direito administrativo brasileiro*. 25. ed. São Paulo: Malheiros, 2008. p. 364.
27. Considerações sobre os limites da competência normativa do CONAMA. In: MILARÉ, Édis. MACHADO, Paulo Affonso (Org.) *Doutrinas essenciais do direito ambiental*. São Paulo: Ed. RT, 2011. v. 1. p. 1304-5. Também assim: "O Conama tenha funções indispensáveis, mas ele não tem função legislativa, e nenhuma legislação pode conceder-lhe tal função. O Conama, órgão integrante da estrutura do Poder Executivo, pode e deve colaborar com o Poder Legislativo para a elaboração de leis sobre propriedade, mas jamais deve deliberar sobre o conteúdo, a dimensão e a limitação do direito de propriedade" (ZANOLLO NETO, Antonio. Conselho Nacional do Meio Ambiente: uma análise jurídico-normativa. In: ROCHA, João Carlos de Carvalho; HENRIQUES FILHO, Tarcísio Humberto Parreiras; CAZETTA, Ubiratan (Coord.). *Política nacional do meio ambiente*: 25 anos da Lei n. 6.938/81. Belo Horizonte: Del Rey, 2007. p. 88).
28. Sobre estas e outras funções do Conselho, v. ZANOLLO NETO, Antonio. Conselho Nacional do Meio Ambiente: uma análise jurídico-normativa. In: ROCHA, João Carlos de Carvalho;

7. Instrumentos econômicos

A fim de acompanhar as latentes exigências voltadas a políticas relacionadas ao meio ambiente – e de modo a propiciar-lhe maior proteção –, foi publicada a Lei 11.284/2006, que acrescentou o inc. XIII ao art. 9º da Lei 6.938/81 e trouxe nova ferramenta de execução/gestão da Política Nacional do Meio Ambiente, qual seja, os *instrumentos econômicos* destinados a estimular a preservação ambiental.

Assim, os instrumentos econômicos, tais quais a *concessão florestal, servidão ambiental, seguro ambiental* (rol não taxativo introduzido pela Lei), foram inaugurados pelo ordenamento jurídico com intuito de atingir maiores resultados relacionados à proteção ambiental, além dos já alcançados com as mencionadas políticas de comando e controle – também previstas na norma.

Isso se deu porque, em que pese a legislação ambiental brasileira já fosse avançada e rica em estabelecer instrumentos de prevenção/combate à degradação ambiental (através das já referenciadas políticas de planejamento e fiscalização do uso dos recursos naturais e do licenciamento ambiental, que se constituem em típicos mecanismos de comando e controle), é cediço que nem sempre as ações previstas tinham, por si só, o condão de representar ampla efetividade na prática.

Nesse sentido, aliás, Romeu Thomé explica:

> Frente à dificuldade de fiscalização e controle das atividades potencialmente degradadoras do meio ambiente, constata-se a urgente necessidade de implementação de mecanismos complementares para a efetivação das políticas econômicas ambientalmente corretas.
>
> Um dos mecanismos mais estudados atualmente é a utilização de instrumentos econômicos de proteção ambiental com o objetivo de incitar a adoção de gestões "ecológicas"[29].

Atrelando-se esses fatos à necessidade de novas ideias relacionadas, principalmente, ao desenvolvimento sustentável, entendeu-se por bem em criar outros mecanismos – diga-se, complementares aos já existentes – com vistas a desenvolver sistemas preventivos, que nada mais são do que verdadeiros incentivos à preservação e/ou reparação do meio ambiente por meio de ações econômicas, de modo a, inclusive, fomentar a efetividade da legislação ambiental.

Ou seja, a instituição dos instrumentos econômicos no ordenamento jurídico (art. 9º, XIII, da PNMA) nada mais foi do que a regulamentação de ideias voltadas à integração entre meio ambiente ecologicamente equilibrado e desenvolvimento econômico, à luz, inclusive, dos preceitos já existentes na própria Lei (art. 4º, I) e na CF/88 (art. 170)[30].

HENRIQUES FILHO, Tarcísio Humberto Parreiras; CAZETTA, Ubiratan (Coord.). *Política nacional do meio ambiente*: 25 anos da Lei n. 6.938/81. Belo Horizonte: Del Rey, 2007. p. 85-88.

29. V. THOMÉ, Romeu. *Manual de direito ambiental*. Salvador: JusPodivm, 2016. p. 213.
30. A propósito, "Nesse sentido, a Lei 11.284/2006 inaugura "um novo tipo" de regulamentação, ou seja, a instituição direta de regras ambientais voltadas à preocupação com a atividade econômica. Vale lembrar que a Lei 6.938/1981 é anterior à Constituição Federal de 1988, razão pela qual a inserção dos instrumentos econômicos, de maneira clara, na Política Nacional do Meio Ambiente, visou a compatibilização e atualização do diploma, em face da nova sistemática constitucional de liberdade de trabalho e livre-iniciativa" (MILARÉ, Édis. *Direito do ambiente*. 11. ed. São Paulo: Ed. RT, 2018. p. 1153).

A ideia é simples: ao invés de a norma simplesmente coibir as práticas negativas do processo econômico através das ações de comando e de controle, passa-se a fomentar o desenvolvimento econômico através de hábitos sustentáveis, e assim, a preservação passa a ser vista como uma forma de *investimento*.[31]

Tais mecanismos têm o objetivo de estimular a adoção de práticas preservacionistas, através, por exemplo, da instituição de incentivos fiscais/tributários/creditícios àqueles que aderem a essas "práticas" (ICMS ecológico, Bolsa Verde – criado pela Lei 12.512/12, dentre outros) e/ou desestimular práticas "poluidoras", o que, na visão de Romeu Thomé, pode se dar "através do aumento de tributos (extrafiscalidade), ou redução de subsídios governamentais"[32].

O que se pretende, na prática, é traçar estratégias de políticas de cunho ambiental que não só se valham de processos de "desestímulo", com base no princípio do poluidor-pagador, mas de medidas aptas a aperfeiçoar a sustentabilidade ambiental através do fomento de ações econômicas que "recompensem" práticas realizadas em prol da natureza.

Para Moura, as vantagens da adoção de instrumentos econômicos na cadeia da política ambiental nacional podem ser sentidas na prática, através da *"[...] flexibilidade e liberdade de escolha que proporcionam, pois permitem que os agentes optem pelos meios mais adequados – caso a caso –, ou busquem soluções próprias e, muitas vezes, inovadoras para a solução dos problemas ambientais."* E continua:

> Outra vantagem é que geralmente possuem capacidade de incentivo dinâmico. Ou seja, como comportamentos ambientalmente favoráveis se traduzem em benefícios ou custos menores nos processos produtivos, a tendência é de que se procure melhoria progressiva ou contínua da qualidade ambiental. Além disso, estes instrumentos podem reduzir gastos públicos regulatórios e permitir a arrecadação de recursos que podem ser revertidos em outras políticas (Motta, 2008).[33]

Vale dizer que os instrumentos econômicos introduzidos pela já citada Lei 11.284/2006 não foram criados para substituir as já conhecidas medidas regulatórias (ou de comando e controle), mas para se aliar a elas, de maneira a aperfeiçoar os mecanismos que envolvem a política ambiental no Brasil.

---

31. Nesse sentido: "Como reação, no Direito Ambiental, em função da impossibilidade de substituição e de reparação trazida pelas práticas em desconformidade com o preceito normativo – pois frequentemente o dano ambiental torna impossível a restituição *in statu quo ante* –, procurou-se valorizar a utilização dos chamados instrumentos jurídico-econômicos para que as opções a bem dos valores e finalidades da norma ambiental fossem mais amplamente buscadas, orientadas por uma razão individual de proveito, em vez de impostas pelo temor sancionador da conduta ilegal. Com efeito, a utilização dos chamados instrumentos jurídicoeconômicos como controle do cumprimento da norma jurídica demonstra, por sua vez, uma opção francamente liberal de mercado, em lugar da tradicional crença no poder coercitivo e ordenador do Estado" (DERANI, Cristiane; SOUZA, Kelly Schaper Soriano de. Instrumentos Econômicos na Política Nacional do Meio Ambiente: por uma economia ecológica. *Revista Veredas do Direito*. Belo Horizonte: v. 10, n.19 p. 247/272. jan.-jun. 2013, p. 253).
32. V. *Manual de direito ambiental*. Salvador: JusPodivm, 2016. p. 213.
33. MOURA, Adriana Maria Magalhães. Aplicação dos Instrumentos de Política Ambiental no Brasil: avanços e desafios. *Governança Ambiental no Brasil: instituições, atores e políticas públicas*. Brasília: Ipea, 2016, p. 113.

Nas palavras de Rômulo Silveira da Rocha Sampaio

[...] sua intenção não é outra, senão a de reduzir os custos de implementação do sistema de comando-e-controle ambiental, diminuindo a pressão sobre mecanismos de fiscalização e monitoramento e, como consequência, tornar mais viável os objetivos de preservação e conservação da qualidade ambiental[34].

Embora os mecanismos econômicos não sejam estanques, o art. 9º, XIII, expressamente estabeleceu alguns deles, tais como a concessão florestal (regulada pela Lei 11.284/06), a servidão ambiental e o seguro ambiental.

A própria PNMA e outros diplomas legais vigentes preveem outros tipos de instrumentos econômicos, como a Taxa de Controle e Fiscalização Ambiental (TCFA), a compensação ambiental, o já citado ICMS Ecológico, incentivos fiscais, tributos estaduais e municipais[35], além dos pagamentos por serviços ambientais – PSA.

A propósito, o próprio Código Florestal (Lei 12.651/2012) também dispõe sobre *instrumentos econômicos*, ao criar um capítulo específico para a execução desses mecanismos de políticas públicas econômicas – Capítulo X, que trata do Programa de Apoio à Preservação e Recuperação do Meio Ambiente.

Nesse capítulo, referida lei autoriza ao Poder Executivo Federal a que institua programas de apoio e incentivo à conservação do meio ambiente, através de práticas que promovam o *"desenvolvimento ecologicamente sustentável, observando-se sempre os critérios de progressividade"* (art. 41), estes que se constituem como verdadeiros mecanismos de pagamentos por serviços ambientais – os conhecidos PSAs.

Há, ainda, outros inúmeros diplomas legais que preveem instrumentos econômicos que fomentam o desenvolvimento sustentável, tais como a Lei da Política Nacional dos Resíduos Sólidos – que editou um capítulo específico sobre o tema, em que previu a possibilidade de instituição de *medidas indutoras e linhas de financiamento* e de incentivos

---

34. Aspectos jurídicos dos mecanismos de mercado como instrumentos auxiliares de políticas de controle da poluição. In: GALLI, Alessandra (Coord.). *Direito socioambiental*: homenagem a Vladimir Passos de Freitas. Curitiba: Juruá, 2010. v. 2. p. 199.
35. Sobre os tributos ambientais no Brasil, Trennepohl explica que "[...] é muito comum o emprego da extrafiscalidade do ICMS na preservação do meio ambiente. Após a arrecadação do imposto, aos municípios que atenderem os requisitos legais de defesa ambiental será destinada uma parcela de distribuição de receitas. A Constituição Federal dispõe que 75% da arrecadação do ICMS sejam destinados ao Estado para a sua manutenção e investimentos, e 25% sejam distribuídos aos municípios (art. 158, IV). De acordo com a legislação estadual de regência, muitos Estados brasileiros vêm destinando essa parcela aos Municípios que tenham preocupação com as questões ambientais. O surgimento dessa figura se deu no Paraná no ano de 1990, em sua Constituição Estadual (art. 132), sendo posteriormente regulada pela Lei Complementar 59/1991, conhecida como "Lei do ICMS Ecológico". Era dito que 5% do total repassado do Estado para os municípios seriam destinados àqueles pelo seguinte critério: 50% aos que possuíssem unidades de conservação e 50% àqueles com mananciais de abastecimento. O Estado de Minas Gerais também o fez, através da Lei Estadual 12.040/1995, bem como Mato Grosso do Sul, que já dispunha de previsão em sua Constituição Estadual (art. 153, parágrafo único, II) e regulamentou com a Lei Complementar 57/1991. No entanto, a grande dificuldade que existe na legislação atual é a resistência à adoção de uma sistematização legislativa, da instituição de tributos com caráter ambiental e de mecanismos de arrecadação e controle." (A Tributação Ambiental no Brasil. In: FARIAS, Talden. TRENNEPOHL, Terence (Coord.). Direito Ambiental Brasileiro. São Paulo: Revista dos Tribunais, 2018, p. 638-639).

fiscais, financeiros ou creditícios aos beneficiários (arts. 42 a 46 da Lei 12.305/10) –, o Estatuto da Cidade (Lei 10.257/01, art. 35), a Política Nacional sobre a Mudança do Clima (Lei 12.187/09 – art. 5º, VII), entre outros.

8. Servidão ambiental

Segundo se viu, um dos instrumentos econômicos instituídos pela Política Nacional de Meio Ambiente – PNMA, é a servidão ambiental (art. 9º, XIII).

Embora incorporado ao ordenamento jurídico através da já referenciada Lei n. 11.284/2006, foi com o advento da Lei 12.651/2012 (Código Florestal) que o instituto foi melhor regulamentado, com a inclusão de nova redação ao art. 9-A, e introdução dos arts. 9-B e 9-C à PNMA.

Trata-se, a servidão ambiental, de limitação estabelecida de forma voluntária pelo proprietário ou possuidor – por instrumento público, particular ou por termo administrativo firmado perante órgão integrante do SISNAMA – no tocante ao uso da propriedade (no todo ou em parte), *com o intuito de preservar, conservar ou recuperar recursos ambientais*[36].

Nesse sentido, pode ser concebida como instrumento econômico da Política Nacional do Meio Ambiente, que resulta na renúncia voluntária do proprietário rural "ao direito de uso, exploração ou supressão dos recursos naturais existentes em determinado prédio particular"[37].

A servidão ambiental, quando instituída, passa a ter características de espaço territorial protegido, assim como as áreas de preservação, a reserva legal, as unidades de conservação etc., diferenciando-se, apenas, no tocante à voluntariedade, ou seja, não se trata de restrição imposta pelo poder público.

Segundo o referido art. 9º-A da PNMA, introduzido pelo Código Florestal de 2012 (Lei 12.651/12), a servidão ambiental pode ocorrer de três formas: por instrumento público, por instrumento particular ou por termo administrativo firmado perante órgão integrante do SISNAMA. Após instituída, faz-se necessária a averbação do instrumento ou termo de instituição na matrícula do imóvel, a fim de dar publicidade ao ato realizado.

Nos termos do mesmo art. 9º-A, tem-se que o instrumento ou termo de instituição da servidão ambiental deve incluir: memorial descritivo da área da servidão ambiental, contendo pelo menos um ponto de amarração georreferenciado; objeto da servidão ambiental; direitos e deveres do proprietário ou possuidor instituidor; o prazo durante o qual a área permanecerá como servidão ambiental.

Vale dizer que, apesar de ser ato voluntário, é vedado àquele que pretenda instituir uma servidão ambiental contemplar no espaço áreas de preservação permanente e/ou de reserva legal, uma vez que não há razão em se abranger no espaço áreas cuja restrição ao uso e exploração já exista por força de Lei. Assim, tem-se que a legislação previu a criação

---

36. Art. 9º-A. O proprietário ou possuidor de imóvel, pessoa natural ou jurídica, pode, por instrumento público ou particular ou por termo administrativo firmado perante órgão integrante do Sisnama, limitar o uso de toda a sua propriedade ou de parte dela para preservar, conservar ou recuperar os recursos ambientais existentes, instituindo servidão ambiental.
37. MILARÉ, Édis. *Direito do ambiente*. 11. ed. São Paulo: Ed. RT, 2018. p. 1156.

de servidões ambientais justamente para que se traga algum benefício à proteção do meio ambiente, além do já buscado através das normativas vigentes (Lei do SNUC, Código Florestal etc.).

Apesar disso, a legislação conferiu margem de liberdade a quem pretenda instituir a servidão ambiental em seu imóvel, de forma a compatibilizar o atendimento dos objetivos e interesses do particular e o benefício ambiental.

A Lei não prevê uma área mínima para a instituição da servidão ambiental, tampouco especifica as características do local, de modo que qualquer parte de uma propriedade pode ser destinada a essa modalidade de proteção, inclusive áreas degradadas ou que não se encontrem vegetadas no momento de sua instituição – desde que, repita-se, não contemplem espaços já protegidos por força de lei.

Vale dizer que aquele que institui uma servidão ambiental tem o direito de aliená-la, cedê-la ou transferi-la, total ou parcialmente, por prazo determinado ou em caráter definitivo, a título oneroso ou gratuito, *em favor de outro proprietário ou de entidade pública ou privada que tenha a conservação ambiental como fim social* (art. 9º-B, § 3º). Esse ato deve ser averbado na matrícula do imóvel (art. 9º-A, § 4º).

O contrato de alienação, cessão ou transferência da servidão ambiental, segundo a lei, deve conter os seguintes itens: a delimitação da área submetida a preservação, conservação ou recuperação ambiental; o objeto da servidão ambiental; os direitos e deveres do proprietário instituidor e dos futuros adquirentes ou sucessores; os direitos e deveres do detentor da servidão ambiental; os benefícios de ordem econômica do instituidor e do detentor da servidão ambiental; e a previsão legal para garantir o seu cumprimento, inclusive medidas judiciais necessárias, em caso de ser descumprido.

Diga-se que o proprietário do imóvel onde foi instituída a servidão ambiental possui a obrigação de: manter a área sob servidão ambiental; prestar contas ao detentor da servidão ambiental sobre as condições dos recursos naturais ou artificiais; autorizar a inspeção e a fiscalização da área pelo detentor da servidão ambiental; defender a posse da área serviente, por todos os meios em direito admitidos (art. 9º-C, § 2º).

Por outro lado, são deveres do detentor da servidão ambiental: documentar as características ambientais da propriedade; monitorar periodicamente a propriedade para verificar se a servidão ambiental está sendo mantida; prestar informações necessárias a quaisquer interessados na aquisição ou aos sucessores da propriedade; manter relatórios e arquivos atualizados com as atividades da área objeto da servidão; e defender judicialmente a servidão ambiental.

Além disso, a servidão ambiental pode ser temporária ou perpétua[38], mas, em qualquer dos casos, é vedada, durante o prazo de sua vigência, a alteração da destinação da área, "nos casos de transmissão do imóvel a qualquer título, de desmembramento ou de retificação dos limites do imóvel" (art. 9º-A, § 6º). Isso quer dizer que, em caso de transmissão da propriedade, a restrição ambiental proveniente da instituição da servidão ambiental se mantém hígida.

---

38. Art. 9º-B. A servidão ambiental poderá ser onerosa ou gratuita, temporária ou perpétua.
§ 1º O prazo mínimo da servidão ambiental temporária é de 15 (quinze) anos.

Vale dizer que a servidão ambiental perpétua equivale, *para fins creditícios, tributários e de acesso aos recursos de fundos públicos*, à Reserva Particular do Patrimônio Natural – RPPN, Unidade de Conservação instituída pela Lei 9.985/00 (Lei do SNUC)[39], e, nessa condição, deve ter prioridade para os fins dos arts. 28 e 29 do Decreto 5.746/06[40], além de outros tratamentos diferenciados nos termos de legislações análogas, que tratem da RPPN.

Parece estar aí o incentivo – na acepção do instituto *instrumento econômico-ambiental* – para que determinado proprietário/possuidor institua uma servidão ambiental: a possibilidade de receber benefícios/facilidades econômicas, em consequência da conservação[41].

Além das facilidades econômicas estabelecidas pelo já citado Decreto 5.746/06, tem-se que a instituição da servidão ambiental pode apresentar outros diversos ganhos ao proprietário rural, já que, por exemplo, a área poderá ser utilizada para compensar eventual inexistência de reserva legal em outro imóvel. Assim

> [...] existem vantagens econômicas para o proprietário rural que explora a totalidade de sua área, já que poderá manter sua atividade econômica intacta bem como atender à exigência da legislação ambiental, compensando sua reserva legal com área preservada em outro imóvel, assim como para o proprietário instituidor da servidão, que obterá um retorno financeiro pela manutenção de área protegida, com uso limitado.
>
> São ganhos mútuos assegurados por este instrumento a dois agentes econômicos, ganhando também a coletividade, que vê de maneira eficiente ser conservada a proporção florestal não submetida à exploração econômica por aquele que, tendo devastado sua propriedade rural, em vez de recompor para construir reserva legal, encontra na área nativa de terceiro um meio econômico e ambientalmente mais vantajoso de conservação dos recursos naturais.[42]

Em que pese ainda pouco difundida, tem-se que a *servidão ambiental* é instrumento relevante da PNMA, apto a aperfeiçoar sustentabilidade ambiental através do fomento de práticas em prol da natureza, sobretudo porque, como visto, visa a compatibilizar o conservacionismo ambiental com os incentivos econômicos.

---

39. Art. 21. A Reserva Particular do Patrimônio Natural é uma área privada, gravada com perpetuidade, com o objetivo de conservar a diversidade biológica.
40. Art. 27. Os projetos referentes à implantação e gestão de RPPN terão análise prioritária para concessão de recursos oriundos do Fundo Nacional do Meio Ambiente – FNMA e de outros programas oficiais.

    Art. 28. Os programas de crédito rural regulados pela administração federal priorizarão os projetos que beneficiem propriedade que contiver RPPN no seu perímetro, de tamanho superior a cinquenta por cento da área de reserva legal exigida por lei para a região onde se localiza, com plano de manejo da RPPN aprovado.
41. Nesses termos: "Nesse momento vale questionar por que o particular, *sponte própria*, restringiria seu direito de propriedade? A resposta é encontrada no corpo da própria legislação e possui um caráter extremamente objetivo. Assim, segundo o art. 9º-B, § 2º, da Lei 6.938/1981, uma "servidão ambiental perpétua equivale, para fins creditícios, tributários e de acesso aos recursos de fundos públicos, à Reserva Particular do Patrimônio Natural – RPPN". Portanto, apesar de o mecanismo não se encontrar totalmente desenvolvido, parece óbvio que o instituidor da servidão ambiental busca e tem direito a benefícios econômicos indiretos, representados pelo enquadramento tributário diferenciado (MILARÉ, Édis. *Direito do ambiente*. 11. ed. São Paulo: Ed. RT, 2018. p. 1157).
42. DERANI, Cristiane; SOUZA, Kelly Schaper Soriano de. Instrumentos Econômicos na Política Nacional do Meio Ambiente: por uma economia ecológica. *Revista Veredas do Direito*. Belo Horizonte: v. 10, n. 19 p. 247/272. jan.-jun. 2013, p. 262.

Através desse importante instituto, certamente, projetos ainda não devidamente regulamentados, como os de Redução de Emissões provenientes de Desmatamento, Degradação Florestal e boas práticas de conservação ambiental (REDD+) ou de pagamentos por serviços ambientais (PSAs) serão muito mais difundidos e executados.

9. Licenciamento ambiental e EIA/RIMA

O art. 10 da Lei 6.938/81 recebeu nova redação pela LC 140/11, passando a contar com o seguinte teor:

> A construção, instalação, ampliação e funcionamento de estabelecimentos e atividades utilizadores de recursos ambientais, efetiva ou potencialmente poluidores ou capazes, sob qualquer forma, de causar degradação ambiental dependerão de prévio licenciamento ambiental.

Extraiu-se da norma qualquer referência à competência licenciatória, ficando a mesma restrita a dar o fundamento jurídico para a exigência de que estabelecimentos e atividades estejam sujeitos ao licenciamento ambiental, qual seja, o efetivo ou potencial poluidor. As regras de competência passaram a ser ditadas pela referida LC, cumprindo-se assim a exigência constante do art. 23, parágrafo único, da CF/88.[43]

Já a previsão constitucional consta do art. 225, § 1º, IV, da referida Carta, que cuida do estudo de impacto ambiental[44]. Ele e o licenciamento são instrumentos da Política Nacional do Meio Ambiente, consoante previsão expressa constante do art. 9º, IV e V, da Lei 6.938/81.

O conceito de licenciamento ambiental é dado pela LC 140/11, que, em seu art. 2º, I, afirma tratar-se de um procedimento administrativo que se destina a "licenciar atividades ou empreendimentos utilizadores de recursos ambientais, efetiva ou potencialmente poluidores ou capazes, sob qualquer forma, de causar degradação ambiental".

Desse modo, toda e qualquer atividade potencialmente causadora de poluição ou degradação ambiental está sujeita ao licenciamento, nos termos do que estabelece o art. 10, *caput*, acima transcrito.

Embora não seja taxativo, o Anexo I da Resolução CONAMA 237/97 previu um rol de atividades que, por suas características, devem estar sujeitas a licenciamento ambiental. Mas, como bem adverte a doutrina, não é toda e qualquer atividade "que demanda licença ambiental; somente aquelas que tenham potencial de causar poluição ou degradação ambiental, ou ainda aquelas que utilizam recursos naturais"[45]. Esse também é o entendimento de Talden de Farias:

---

43. O mesmo se diga em relação às regras sobre competência para o exercício da fiscalização ambiental, originariamente prevista nos §§ 3º e 4º do art. 10 e no § 1º do art. 11, em sua redação original, as quais foram transferidas igualmente transferidas para a LC 140/11, que passou a regular a matéria em seu art. 17, *caput* e §§, revogando aqueles artigos da Lei 6.938.
44. Como um dos autores deste trabalho já teve a oportunidade de mencionar alhures "chega a ser curioso que o legislador constituinte, no art. 225, § 1º, IV, da Lei Maior, não tenha feito expressa menção ao licenciamento ambiental, mas, apenas, a uma de suas eventuais etapas, qual, seja, o Estudo de Impacto Ambiental (EIA)" (Licenciamento ambiental de atividades produtivas. In: AHMED, Flávio. COUTINHO, Ronaldo (Coord.). *Cidades sustentáveis no Brasil e sua tutela jurídica*. Rio de Janeiro: Lumen Juris, 2009. p. 36).
45. FINK, Daniel Roberto; ALONSO JR., Hamilton; DAWALIBI, Marcelo. *Aspectos jurídicos do licenciamento ambiental*. 2. ed. Rio de Janeiro: Forense Universitária, 2002. p. 4.

O licenciamento ambiental é um instrumento de controle das atividades econômicas tendo em vista o direito fundamental ao meio ambiente ecologicamente equilibrado, de maneira que as atividades que não forem capazes de ameaçar esse direito não têm motivo para se sujeitar a esse mecanismo. Sendo assim, não é toda atividade econômica que está sujeita ao licenciamento ambiental, e sim apenas aquelas capazes de causar algum tipo de poluição que não seja insignificante. (...).

É claro que somente podem estar sujeitos ao licenciamento ambiental aquelas atividades capazes de gerar alguma repercussão sobre o meio ambiente[46].

Ainda a propósito da Resolução CONAMA 237/97, diga-se que o seu art. 10 estabeleceu as fases do licenciamento ambiental, cujos prazos, contudo, não poderão exceder aqueles previstos no art. 14, *caput* e §§, da mesma norma.

Acresça-se que, como ato complexo da Administração Pública, o licenciamento ambiental está sujeito ao princípio da publicidade, ínsito no art. 37, *caput*, da Constituição Federal de 1988. Tanto é assim que o § 1º do art. 10 da Lei 6.938/81, com a nova redação que lhe deu a LC 140/11 (embora mesmo antes), estabelece a obrigatoriedade de publicação dos pedidos de licenciamento e da respectiva concessão da licença ambiental tanto no órgão oficial de imprensa quanto em jornal de grande circulação. De teor similar é a norma do art. 17, § 4º, do Decreto 99.274/90, que acrescenta a importante ressalva do "sigilo industrial". Ainda, a Resolução CONAMA 6/86 estabelece os modelos de publicações. A relevância da matéria levou a que o legislador ordinário editasse a Lei 10.650/03, que "dispõe sobre o acesso público aos dados e informações existentes nos órgãos e entidades integrantes do SISNAMA", cujo art. 4º, I, impõe a obrigatoriedade de se pôr à disposição da coletividade relações dos "pedidos de licenciamento, sua renovação e a respectiva concessão", entre outras.

Muito ao contrário do que a prática parece querer demonstrar, o licenciamento ambiental não é e não deve ser um "obstáculo teimoso ao desenvolvimento", como bem advoga Édis Milaré[47]. Ao revés, seu objetivo é justamente o de compatibilizar o desenvolvimento econômico com a proteção ambiental, conforme acertadamente aduz Daniel Roberto Fink:

> Assim, seu escopo maior é conciliar o desenvolvimento econômico com a preservação do meio ambiente, ambos de vital importância para a vida da população. Esse procedimento, portanto, não é um impedimento ao direito constitucional de liberdade empresarial e à propriedade privada, mas, sim, um limitador e condicionador, a fim de que se impeça que o exercício ilimitado de um direito atinja outros também muito importantes[48].

No mesmo sentido:

> O licenciamento ambiental busca a compatibilização de direitos fundamentais conflitantes (livre iniciativa e proteção do meio ambiente). Dessa forma, cabe ao princípio da proporcionalidade garantir a tutela do interesse da coletividade (defesa do meio ambiente) sem implicar o esvaziamento das liberdades econômicas consagradas pela Constituição de 1988.

---

46. *Licenciamento ambiental: aspectos teóricos e práticos*. 7. ed. Belo Horizonte: Fórum, 2019. p. 45-46.
47. *Direito do ambiente*. 11. ed. São Paulo: Ed. RT, 2018. p. 1020.
48. FINK, Daniel Roberto; ALONSO JR., Hamilton; DAWALIBI, Marcelo. *Aspectos jurídicos do licenciamento ambiental*. 2. ed. Rio de Janeiro: Forense Universitária, 2002. p. 3. Daí Édis Milaré afirma, com acerto, que "o licenciamento constitui importante instrumento de gestão do ambiente, na medida em que, por meio dele, a Administração Pública busca exercer o necessário controle sobre as atividades humanas que interferem nas condições ambientais, de forma a compatibilizar o desenvolvimento econômico com a preservação do equilíbrio ecológico" (*Direito do ambiente*. 8. ed. São Paulo: Ed. RT, 2013. p. 777).

(...).

O licenciamento ambiental, portanto, não pode ser entendido, exclusivamente, como um meio de proteção do meio ambiente, em detrimento do desenvolvimento econômico. As medidas restritivas ao princípio da livre iniciativa, impostas por meio do licenciamento ambiental, não podem atingir o núcleo do direito fundamental e devem ser excepcionais, ou seja, devem ser utilizadas exclusivamente nos casos em que não seria possível adotar uma medida menos gravosa sobre a liberdade individual do cidadão[49].

Embora tenha conceituado o licenciamento, a LC não definiu a licença ambiental, o que permite concluir que permanece válido o disposto no art. 1º, II, da Resolução CONAMA 237/97[50].

Uma das peculiaridades da licença ambiental em relação às demais espécies de licenças do Direito Administrativo consiste na sua subdivisão em três modalidades: a Licença Prévia, a Licença de Instalação e a Licença de Operação (art. 8º, I a III, do mesmo diploma normativo).

Quanto aos prazos para análise dos requerimentos de cada uma das espécies de licenças, diga-se que eles não podem ultrapassar seis meses, exceto nos caso de haver necessidade de elaboração de EIA/RIMA e/ou a realização de audiência pública, hipóteses em que o prazo poderá atingir até 12 meses (art. 14, *caput*, da Resolução 237/97 do CONAMA). Também aqui, segundo nos parece, a fim de evitar conflitos desta regra com outras editadas pelos Estados, deveria ter a LC 140/11 disciplinado a matéria. Ao revés, limitou-se a estatuir que "os órgãos licenciadores devem observar os prazos estabelecidos para tramitação dos processos de licenciamento" (art. 14, *caput*).

Não obstante, merece aplausos a disposição contida no § 3º desse dispositivo, que estatui que "o decurso dos prazos de licenciamento, sem a emissão da licença ambiental, não implica emissão tácita nem autoriza a prática de ato que dela dependa ou decorra, mas instaura a competência supletiva referida no art. 15". Além de afastar a incidência de regras contrárias expedidas no âmbito dos Estados, a norma possui o mérito de dar uma solução para a eventual morosidade do órgão ambiental, qual seja, deslocar a competência para o licenciamento para outro, mais capacitado para o exercício do mister.

Uma das etapas do processo administrativo de licenciamento ambiental, a ser exigida sempre que a obra ou atividade pretendida puder causar *significativa* degradação do meio ambiente, é a realização do estudo de impacto ambiental. Como bem assinala Michel Prieur, o objetivo do EIA é impedir que uma "construção ou uma obra justificável sob o ponto de vista econômico ou sob o ponto de vista dos interesses imediatos do construtor, não se revele posteriormente nefasta ou catastrófica para o meio ambiente"[51].

---

49. MAGALHÃES, Gustavo Alexandre; VASCONCELOS, Luis André de Araújo. O licenciamento ambiental à luz do princípio da proporcionalidade. *Revista Veredas do Direito: Direito Ambiental e desenvolvimento sustentável*. Belo Horizonte: Escola Superior Dom Helder Câmara, v. 7, n. 13-14, p. 241-268. jan.-dez. 2010. p. 259 e 264.

50. "Ato administrativo pelo qual o órgão ambiental competente estabelece as condições, restrições e medidas de controle ambiental que deverão ser obedecidas pelo empreendedor, pessoa física ou jurídica, para localizar, instalar, ampliar e operar empreendimentos ou atividades utilizadoras dos recursos ambientais consideradas efetiva ou potencialmente poluidoras ou aquelas que, sob qualquer forma, possam causar degradação ambiental".

51. *Droit de l'environnement*. 3e édition. Paris: Dalloz, 1996. p. 70.

Trata-se de instrumento preventivo por excelência, que permite aquilatar, com precisão, os possíveis impactos que poderão ser causados na hipótese de a atividade vir a ser autorizada. Contudo, a exemplo do que se disse em relação ao licenciamento em si, também no que toca ao EIA, deve se ter em mente que se trata de mecanismo destinado a tentar conciliar os direitos fundamentais ao meio ambiente ecologicamente equilibrado e ao desenvolvimento econômico. Não deve ele se prestar, portanto, a ser um entrave ao alcance da finalidade maior à qual se presta. É como bem ensina Cristiane Derani:

> Portanto, o processo de avaliação de impacto ambiental não tem como objetivo impor barreiras àquilo que seria um procedimento habitual. É ele o foro para ponderações e contribuições. Sua realização não se manifesta como um óbice, uma paralisação, mas como um processo constitutivo seja pela conformação de uma atividade, seja pela formação de uma política, ou seja, na produção de um planejamento. Nele não se encontram somente interesses diversos, mas também encontram-se manifestos conhecimentos diversos a serem observados, procurando uma composição[52].

Não é outra a lição de Édis Milaré e Antonio Hermann Benjamin:

> Como instrumento da política nacional do meio ambiente, não pode o EIA erigir-se em entrave à liberdade de empreender, contrariando um dos mais sensíveis objetivos dessa política que diz com a incessante busca da possível "compatibilização do desenvolvimento econômico-social com a preservação da qualidade do meio ambiente e do equilíbrio ecológico"[53].

Isso porque, como se sabe, inexiste direito fundamental absoluto, de modo que, havendo colisão entre o direito ao meio ambiente ecologicamente equilibrado e o desenvolvimento econômico ou a livre-iniciativa, por exemplo, deve-se, inicialmente, buscar compatibilizá-los[54].

Assim sendo, tanto o processo de licenciamento quanto o próprio estudo de impacto ambiental são instrumentos mais do que apropriados para se realizar esta composição. Antônio Herman Benjamin, ao tratar da decisão administrativa a ser tomada no processo de licenciamento, afirma:

> É bom ressaltar que o EIA não aniquila, por inteiro, a discricionariedade administrativa em matéria ambiental. O seu conteúdo e conclusões não extinguem a apreciação de conveniência e oportunidade que a Administração Pública pode exercer, como, por exemplo, na escolha de uma entre múltiplas alternativas, optando, inclusive, por uma que não seja a ótima em termos estritamente ambientais. Tudo desde que a decisão final esteja coberta de razoabilidade, seja motivada e tenha levado em conta o próprio EIA.
>
> Isso porque o EIA, como se sabe, visa integrar a preocupação ambiental ao complexo de fatores que influenciam a decisão administrativa (econômicos, sociais, etc.). Sopesar o meio ambiente, não significa, em realidade, fazê-lo predominante. A decisão administrativa não se submete ao monopólio da preocupação ambiental. Seria sair de um extremo e ir para outro. É, pois, um esforço mais de *integração* do que de *dominação*[55].

---

52. *Direito ambiental econômico*. São Paulo: Max Limonad, 1997. p. 172.
53. MILARÉ, Edis. BENJAMIN, Antonio Herman. *Estudo prévio de impacto ambiental*: teoria, prática e legislação. São Paulo: Ed. RT, 1992. p. 27. Também assim: "A interpretação, levando-se em consideração todos os fatores a ela relacionados, deve se dirigir para uma conclusão que privilegie o meio ambiente, sem, contudo, obstar a produção e o desenvolvimento" (FERNANDES, Paulo Victor. *Impacto ambiental*: doutrina e jurisprudência. São Paulo: Ed. RT, 2005. p. 34).
54. Sobre o tema, v. DANTAS, Marcelo Buzaglo. *Direito de conflitos*. 2. ed. Rio de Janeiro: Lumen Juris, 2017.
55. MILARÉ, Edis. BENJAMIN, Antonio Herman. *Estudo prévio de impacto ambiental*: teoria, prática e legislação. São Paulo: Ed. RT, 1992. p. 68.

Também assim, Erika Bechara, embora advirta que considera o meio ambiente de extrema relevância para a qualidade de vida e a dignidade da pessoa humana, aduz não ser possível colocá-lo "como uma *necessidade isolada*. A harmonização entre direitos de igual relevância exige *coexistência* e não sobreposição, o que leva, por vezes, a uma redução das forças de cada qual"[56].

Na prática, contudo, o EIA, muitas vezes, tem constituído um entrave para o desenvolvimento sustentável, pelas mais variadas razões. Essa circunstância, entretanto, não deve contribuir para a sua dispensa, pois como bem lembra Álvaro Luiz Valery Mirra, a saber:

> longe, portanto, de ser fator de atraso na execução de obras, atividades e empreendimentos, o EIA surge, finalmente, como mecanismo de viabilização de sua realização segura e equilibrada em termos sócio-econômicos, como o requer a Política Nacional do Meio Ambiente. Daí, inclusive, a razão de sua obrigatoriedade[57].

Antes de vir a se tornar um dos instrumentos da Política Nacional do Meio Ambiente e ser consagrado na Constituição Federal, o EIA aparece na legislação brasileira através da Lei 6.803/80, que disciplinava o zoneamento industrial nas áreas críticas de poluição e implantação de zonas de uso estritamente industrial destinadas à localização de polos petroquímicos, cloroquímicos, carboquímicos e instalações nucleares.

É, contudo, na Resolução CONAMA 1/86, em vigor até hoje, que o instituto é regulado de maneira mais detalhada, estabelecendo-se, também, os critérios básicos e diretrizes gerais para o RIMA – Relatório de Impacto do Meio Ambiente.

De outro lado, pela dicção constitucional, o estudo deve ocorrer *antes* da instalação da obra ou início da atividade. Mas não se pode descartar a possibilidade excepcional de ser apresentado posteriormente, nas hipóteses em que não foi realizado no momento oportuno[58]. Como regra, contudo, deve ser apresentado ao órgão licenciador antes da expedição da Licença Ambiental Prévia (LAP). Lembre-se, ainda, que o EIA constitui-se em uma condição para o licenciamento ambiental, a teor do que estabelecem o art. 2º, *caput*, da Resolução 001/86 e o art. 17, § 1º, do Decreto 99.274/90.

A Resolução CONAMA 001/86, em seu art. 1º, *caput*, estabelece o conceito de impacto ambiental[59]. Não é, porém, qualquer obra ou atividade que está sujeita a EIA/RIMA. Para tanto, é necessário que seja potencialmente causadora de *significativa* degradação do meio ambiente.

Todavia, no que consiste esta *significativa degradação*? Paulo Affonso Leme Machado assinala que "significativo é o contrário de insignificante, podendo-se entender como a

---

56. BECHARA, Erika. *Licenciamento e compensação ambiental na Lei do Sistema Nacional de Unidades de Conservação (SNUC)*. São Paulo: Atlas, 2009. p. 135.
57. *Impacto ambiental*: aspectos da legislação brasileira. 2. ed. São Paulo: Juarez de Oliveira, 2002. p. 6.
58. Não se pode, porém, exigir a sua realização muito tempo depois, como acertadamente já decidiu o STJ (REsp 766.236/PR, rel. p/ o acórdão Min. Luiz Fux, *DJe* 04.08.2008).
59. "Qualquer alteração das propriedades físicas, químicas e biológicas do meio ambiente, causada por qualquer forma de matéria ou energia resultante das atividades humanas que, direta ou indiretamente afetam: I – a saúde, a segurança e o bem-estar da população; II – as atividades sociais e econômicas; III – a biota; IV – as condições estéticas e sanitárias do meio ambiente; V – a qualidade dos recursos ambientais".

agressão ambiental provável que possa causar dano sensível, ainda que não seja excepcional ou excessivo"[60].

O art. 2º da Resolução CONAMA 001/86, em seus 17 incisos, apresenta um rol de obras e atividades obrigatoriamente sujeitas ao EIA/RIMA. Trata-se de rol meramente exemplificativo. Vale dizer, outras modalidades dele não constantes podem também ser alvo da exigência, a critério da Administração Pública. Contudo, segundo entendimento doutrinário predominante, aquelas obras e atividades ali previstas a rigor não deveriam ser licenciadas sem a realização do estudo, sob pena de nulidade do licenciamento, o que poderá ser declarado pelo próprio órgão licenciador ou pelo Poder Judiciário[61]. Ademais, estando previsto como exigência na Constituição Federal, não podem os Estados dispensá-lo em hipóteses de licenciamento de atividades potencialmente causadoras de significativa degradação ambiental, como já decidiu o STF[62].

De outro lado, consoante o que estabelece o art. 9º da Resolução CONAMA 001/86, o Relatório de Impacto do Meio Ambiente – RIMA constitui-se no resultado do EIA, devendo conter, no mínimo, os elementos indicados nos oito incisos seguintes. Como se trata de um relatório técnico, bastante pertinente é a advertência constante do parágrafo único do mesmo dispositivo, que exige seja ele "apresentado de forma objetiva e adequada a sua compreensão", "em linguagem acessível" e "de modo que se possam entender as vantagens e desvantagens do projeto".

Tais normas possuem caráter obrigatório, como forma de permitir a participação popular no processo de licenciamento ambiental. Aliás, pode-se mesmo afirmar que essas disposições cumprem a exigência constitucional de *publicidade* do EIA, pois de nada adianta permitir o acesso ao RIMA se ele é incompreensível.

A propósito, também acerca da publicidade, a Resolução CONAMA 001/86, em seu art. 11, estabelece que, "respeitado o sigilo industrial, assim solicitado e demonstrado pelo interessado, o RIMA será acessível ao público" e "suas cópias permanecerão à disposição dos interessados" junto aos órgãos licenciadores. Mas a participação popular por excelência no procedimento do EIA se dá com a realização das audiências públicas, disciplinadas, de modo expresso, na Resolução CONAMA 009/87, cujo art. 1º dispõe terem "por finalidade expor aos interessados o conteúdo do produto em análise e do seu referido RIMA, dirimindo dúvidas e recolhendo dos presentes as críticas e sugestões a respeito".

---

60. *Direito ambiental brasileiro*. 19. ed. São Paulo: Malheiros, 2011. p. 203.
61. Andreas Krell, no entanto, sustenta ser "possível que uma atividade, apesar de fazer parte do rol da Resolução nº 01/86, no caso concreto, não seja capaz de causar significativos impactos, como, v.g., pequenas obras hidráulicas de irrigação ou abertura de canais menores de drenagem (art. 2º, VII, Res. 01/86). Como sempre, haverá aqui casos de certeza positiva, na zona de penumbra ("candidatos neutros"), que permitem mais do que uma solução correta" (Problemas do licenciamento ambiental no Sistema Nacional do Meio Ambiente. *Revista de Direitos Difusos*. São Paulo: ADCOAS, v. 27. set.-out. 2004. p. 3780). Nesse mesmo sentido, já entenderam o TRF3 (AC n. 0006992-29.2002.4.03.6000/MS, rel. Des. André Nabarrete, j. 06.09.2013) e o TJMT (AC 32103/2008, rel. Des. Donato Fortunato Ojeda, j. 24.06.2009).
62. ADIn 1.086-7/SC, rel. Min. Ilmar Galvão. *Revista Direito Ambiental*. São Paulo: Ed. RT, v. 2, p. 200. abr.-jun. 1996.

Ressalte-se, ainda, que dita audiência deverá ser realizada sempre que o órgão ambiental julgar necessário ou quando solicitada por associação civil, pelo Ministério Público ou por pelo menos cinquenta cidadãos (art. 2º da mesma Resolução). Se isso não ocorrer, a licença porventura expedida não terá validade[63].

10. Responsabilidade civil ambiental e ação civil pública

Como se sabe, a responsabilidade ambiental é tríplice, ou seja, uma mesma conduta pode gerar consequências ao agente nas esferas administrativa, civil e criminal, consoante estabelece o disposto no art. 225, § 3º, da CF/88.

Muito antes do advento desta norma constitucional, contudo, o art. 14, *caput* e § 1º, da LPNM já tratava da responsabilidade administrativa e civil do causador de danos ao meio ambiente, sem deixar de mencionar a legitimidade do Ministério Público para promover ação criminal em virtude de condutas – a par da ação civil, tratada na sequência.

Como as responsabilidades criminal e administrativa em matéria de meio ambiente são regidas pela Lei 9.605/98, vamos nos ater neste trabalho ao exame de algumas peculiaridades constantes do sistema da responsabilidade civil ambiental.

Uma delas consiste no exame do instituto da prescrição, cujo estudo é de fundamental importância para o Direito Civil – especialmente, considerando que o Novo Código reduziu significativamente os respectivos prazos (arts. 205 e 206). No Direito Ambiental, consoante doutrina sedimentada e jurisprudência amplamente majoritária[64], o instituto não incide. O Supremo Tribunal Federal, em julgamento recente, com repercussão geral reconhecida no tema 999, fixou a seguinte tese: "É imprescritível a pretensão de reparação civil de dano ambiental"[65].

Outro tema bastante relevante é que se refere à responsabilidade civil do adquirente de imóvel que foi alvo de alguma ação degradadora do meio ambiente, no passado, pode, ou não, ser obrigado a reparar o dano.

De um lado, sustentava-se que, embora a responsabilidade civil ambiental seja objetiva (art. 14, § 1º, da Lei 6.938/81), ela não dispensa o requisito da conduta lesiva e do nexo de causalidade entre esta e o dano, elementos que inexistiriam na hipótese[66]. De outro,

---

63. Assim também entende FERNANDES, Paulo Victor. *Impacto ambiental*: doutrina e jurisprudência. São Paulo: Ed. RT, 2005. p. 115. Contudo, o TRF da 4ª Região, em aresto antigo, mas cujo conteúdo continua atual, já decidiu que, "se houve debates públicos entre a comunidade e os órgãos municipais envolvidos, contando com a presença do – entre outras autoridades – representante do Ministério Público, entende-se suprida a exigência da realização da audiência pública" (Embargos de Declaração em Agravo de Instrumento 98.04.016742-3/SC, rel. Des. Fed. Marga Barth Tessler, *DJU* 30.06.1999).
64. STJ. REsp 647.493/SC, rel. Min. João Otávio De Noronha, *DJ* 22.10.2007. STJ, REsp 1.120.117/AC, rel. Min. Eliana Calmon, *DJe* 19.11.2009. STJ, AgRg no REsp 1.150.479/RS, rel. Min. Humberto Martins, *DJe* 14.10.2011. STJ, REsp 1.223.092/SC, rel. Min. Castro Meira, *DJe* 04.02.2013.
65. RE n. 654833, Ministro Rel. Alexandre Moraes, finalizado o julgamento em 18 de abril de 2020.
66. Embora, como um dos autores já teve a oportunidade de escrever alhures, "A lei e a jurisprudência, é bem verdade, vêm cada vez mais mitigando a necessidade da presença de cada uma dessas três figuras, especialmente, quando se trata de ações civis públicas ambientais" (DANTAS, Marcelo Buzaglo. A ação civil pública e a jurisprudência dos Tribunais superiores". In: MILARÉ, Édis. Ação civil pública após 35 anos. Revista dos Tribunais: São Paulo, 2020).

afirma-se que o ato lesivo seria a omissão em recuperar a área, o que daria ensejo a que o adquirente responda, em juízo, pelos danos causados pelo antecessor.

No Brasil, a discussão sempre se referiu às seguintes circunstâncias: tendo sido praticada uma intervenção em APP ou, não tendo sido respeitada a faixa de reserva legal pelo alienante do imóvel, poderia o adquirente vir a ser obrigado a reparar os prejuízos causados ao meio ambiente do local? A resposta que acabou sendo consagrada em nosso país foi no sentido de que a obrigação reparatória se transfere ao novo proprietário, pois, como afirma Antônio Hermann Benjamin, embora em outro contexto, APPs e Reserva Legal "integram a essência do domínio, sendo com o título transmitidas"[67].

Esse também foi o entendimento que acabou consolidado na jurisprudência do STJ[68], após algum debate inicial.

Hoje já não há mais qualquer dúvida, tendo em vista o que dispõe, a respeito, a Lei 12.651/12 – Código Florestal Brasileiro, em seus arts. 2º, § 2º, 7º, § 2º, e 66, § 1º.

Como se vê, acabou prevalecendo a ideia de que a obrigação de preservar a vegetação de preservação permanente e de se manter a reserva florestal legal, é inerente à condição de proprietário, que a ela não se pode furtar, ainda que não tenha sido ele o causador direto do dano ao meio ambiente.

De outro lado, em termos de responsabilidade civil por danos ao meio ambiente, a exemplo do que ocorre na proteção ao consumidor (CDC, arts. 7º, parágrafo único, e 25, § 1º), vigoram as regras relativas à solidariedade, estabelecidas expressamente no art. 942, do NCC (1.518, *caput*, 2a parte, do diploma civil antigo), a qual sujeita todos os autores da ofensa à resposta pela reparação, nos termos do art. 264, do mesmo Estatuto (art. 896 do CC/1916).

Assim, como todos os causadores do prejuízo são responsáveis pela reparação, cabe ao autor escolher se pretende exigi-la de um, de alguns ou de todos, conforme prevê o art. 275, do NCC (art. 904, do Código antigo) – o que, aliás, enseja a formação de litisconsórcio passivo facultativo.

---

67. *Reflexões sobre a hipertrofia do direito de propriedade na tutela da reserva legal e das áreas de preservação permanente.* Congresso Internacional de Direito Ambiental: 5 anos após a ECO-92. Anais... São Paulo: Imprensa Oficial, 1997. p. 28. Em nota de rodapé ao texto, o autor lembra que "o Código Florestal, no caso da Reserva Legal, é expresso, prevendo a vedação de 'alteração de sua destinação, nos casos de transmissão, a qualquer título, ou de desmembramento da área' (arts. 16, §§ 2º e 44, par. único)". Ibidem, p. 35. No mesmo sentido: DEUS, Teresa Cristina de. *Tutela da flora em face do direito ambiental brasileiro.* São Paulo: Juarez de Oliveira, 2003. p. 130. ANTUNES, Paulo de Bessa. Poder judiciário e reserva legal: análise de recentes decisões do Superior Tribunal de Justiça. *Revista de Direito Ambiental.* São Paulo: Ed. RT, v. 21, p. 120-123. jan.-mar. 2001. LEMOS, Patrícia Faga Iglecias. *Meio ambiente e responsabilidade civil do proprietário* – Análise do nexo causal, p. 157-160.
68. REsp 1.090.968/SP, rel. Min. Luiz Fux, DJe 03.08.2010. AgRg no REsp 1.137.478/SP, rel. Min. Arnaldo Esteves Lima, DJe 21.10.2011. REsp 1.248.214/MG, rel. Min. Herman Benjamin, DJe 13.04.2012. REsp 1.251.697/PR, rel. Min. Mauro Campbell Marques, DJe 17.04.2012. AgRg no AREsp 327.687/SP, rel. Min. Humberto Martins, DJe 26.08.2013. Hoje o tema encontra-se sumulado nos seguintes termos: "As obrigações ambientais possuem natureza *propter rem*, sendo admissível cobrá-las do proprietário ou possuidor atual e/ou dos anteriores, à escolha do credor" (in *DJe* de 17/12/2018).

Aplicando esse entendimento à prática, o STJ já decidiu manter no polo passivo da ação civil pública ambiental os três entes federativos, por entender serem eles solidários pelos danos que a demanda visava a coibir – independentemente da existência de culpa, ressalte-se[69].

Indiscutível, pois, a responsabilidade solidária em matéria de tutela coletiva do meio ambiente, ainda que se trate de causador indireto do dano, como há pouco demonstrado.

Contudo, a mesma Corte, em outro precedente, fez a seguinte ressalva:

> Havendo mais de um causador de um mesmo dano ambiental, todos respondem solidariamente pela reparação, na forma do art. 942 do Código Civil. De outro lado, se diversos forem os causadores da degradação ocorrida em diferentes locais, ainda que contíguos, não há como atribuir-se a responsabilidade solidária adotando-se apenas o critério geográfico, por falta de nexo causal entre o dano ocorrido em um determinado lugar por atividade poluidora realizada em outro local[70].

Logo, como resta evidente, a solidariedade, embora indiscutível quando se tratar da prática de atos que resultem no mesmo dano ambiental, não se opera quando distintos os locais onde se situam os agentes degradadores.

Um outro tema relevante em termos de responsabilidade civil ambiental diz com a indenizabilidade do dano moral ambiental. O tema, como um dos autores deste trabalho já demonstrou alhures, comporta diferentes interpretações[71].

Foi só com a atual Carta Magna que essa situação veio a se modificar, com a autonomia atribuída aos prejuízos morais, que foram separados dos danos de ordem estritamente patrimonial. De fato, a referida Carta erigiu, à condição de garantia individual e coletiva, "a indenização por dano material, moral ou à imagem" (art. 5º, V), bem como aquela decorrente da violação da honra (CF/88, inciso X).

Na esteira da Lei Maior, o Novo Código Civil, em seu art. 186, foi enfático, ao reconhecer a reparabilidade do dano "exclusivamente moral". Antes mesmo, o STJ já consolidara o entendimento de que "são cumuláveis as indenizações por dano material e moral oriundo do mesmo fato", conforme Súmula 37 daquela Corte.

Surge, então, a pergunta: o dano moral coletivo, a exemplo do individual, também seria indenizável? O legislador brasileiro apressou-se em responder afirmativamente, com a modificação operada pela Lei 8.884/94, no art. 1º, *caput*, da LACP, cuja redação passou a fazer constar, expressamente, a possibilidade.

Apesar de ser objeto de debates doutrinários há mais de 15 anos, só mais tarde o tema relativo ao cabimento do dano moral coletivo-ambiental chegou para exame do STJ, oportunidade em que a Eg. Primeira Turma, por maioria de votos, entendeu ser impossível

---

69. REsp 604725/PR, rel. Min. Castro Meira, *DJU* 22.08.2005.
70. REsp 647.493/SC, rel. Min. João Otávio de Noronha, *DJU* 22.10.2007. Na doutrina, em sentido idêntico, v. MACHADO, Jeanne da Silva. *A solidariedade na responsabilidade ambiental*. Rio de Janeiro: Lumen Juris, p. 107-112.
71. Sobre o assunto, vejam-se DANTAS, Marcelo Buzaglo; FERNANDES, Daniela Cana Verde; LEITE, José Rubens Morato. O dano moral ambiental e sua reparação. In: BENJAMIN, Antônio Herman V.; MILARÉ, Édis (Coord.). *Revista de direito ambiental*. São Paulo: RT, ano 1, v. 4. 1996. p. 61-71. DANTAS, Marcelo Buzaglo. *Ação civil pública e meio ambiente*. 1ª ed. 2ª. tir. São Paulo: Saraiva, 2010. p. 251-258.

a condenação por danos morais ambientais difusos, já que ofensas dessa natureza somente poderiam ocorrer na esfera dos indivíduos lesados[72]. Mais recentemente, essa mesma turma manifestou-se nesse mesmo sentido[73].

Todavia, há divergência na Corte no tocante à essa possibilidade. A Segunda Turma, em caso emblemático, ainda que não relacionado à matéria ambiental, entendeu ser possível a condenação em virtude de dano moral coletivo, assim considerado aquele que é transindividual e atinge uma classe específica ou não de pessoas, prescindindo da comprovação de dor, de sofrimento e de abalo psicológico[74]. Há outros acórdãos nessa linha dessa mesma Turma[75] e, também, da Terceira Turma[76].

Por fim, saliente-se que a "ação civil de responsabilidade por danos causados ao meio ambiente", prevista no art. 14, § 1º, da Lei 6.938, foi a gênese do instrumento que, alguns anos mais tarde, denominou-se ação civil pública, criada pela Lei 7.347/85, implementada pela Lei 8.078/90 e consagrada como ação constitucional pelo art. 128, III, da Carta de 88.

À época em que foi criada, contudo, pela LPNMA, a ação civil de responsabilidade por danos ao meio ambiente constituiu-se em um grande avanço, na medida em que, pela primeira vez, institui-se um mecanismo específico de tutela ambiental, atribuindo-se a legitimidade ativa *ad causam* a um ente que não é o titular do direito material litigioso (o Ministério Público).

Antes disso, os instrumentos processuais eram as ações de direito de vizinhança (necessariamente vinculadas ao interesse material direto do autor) e a ação popular, que, apesar de passível de ser proposta por qualquer cidadão, havia sido concebida para a tutela do interesse público, mais precisamente, da moralidade administrativa e não propriamente para a defesa de outros direitos difusos e coletivos[77].

Logo, pode-se dizer que foi um marco a criação da ação civil de responsabilidade por danos, embora a mesma carecesse de regulamentação, o que veio a ocorrer quatro anos mais tarde, com o advento da Lei da Ação Civil Pública – LACP[78].

---

72. REsp 598.281/MG, rel. para o acórdão Min. Teori Albino Zavascki, *DJU* 01.06.2006. No mesmo sentido foi a decisão do TJMG nos autos da Apelação Cível 1.0024.03.971351-6/001, rel. Des. Geraldo Augusto, *DJMG* 24.06.2008.
73. AgRg no REsp 1.305.977/MG, rel. Min. Ari Pargendler, *DJe* 16.04.2013.
74. REsp 1.057.274/RS, rel. Min. Eliana Calmon, *DJe* 26.02.2010.
75. REsp 1.269.494/MG, rel. Min. Eliana Calmon, *DJe* 01.10.2013. REsp 1.367.923/RJ, rel. Min. Humberto Martins, *DJe* 06.09.2013.
76. REsp 1.291.213/SC, rel. Min. Sidnei Beneti, *DJe* 25.09.2012. REsp 1.221.756/RJ, rel. Min. Massami Uyeda, *DJe* 10.02.2012.
77. Com a Constituição Federal de 1988, a ação popular passou a ter, como objeto tutelável, além do patrimônio público ou de entidade de que o Estado participe e da moralidade administrativa, o meio ambiente e o patrimônio histórico e cultural (art. 5º, LXXIII).
78. Para uma visão mais aprofundada do tema, v., dentre outros: MANCUSO, Rodolfo de Camargo. *Ação civil pública*: em defesa do meio ambiente, do patrimônio cultural e dos consumidores – Lei 7.347/1985 e legislação complementar. 11. ed. São Paulo: Ed. RT, 2009. MAZZILLI, Hugo Nigro. *A defesa dos interesses difusos em juízo*. 19. ed. São Paulo: Saraiva, 2006. LENZA, Pedro. *Teoria geral da ação civil pública*. São Paulo: Ed. RT, 2003. LEONEL, Ricardo de Barros. *Manual do processo coletivo*. São Paulo: Ed. RT, 2002. MIRRA, Alvaro Luiz Valery. *Ação civil pública e a reparação do dano*

11. Financiamento e meio ambiente

Ao exercerem papel importante (quiçá primordial) no fomento das atividades produtivas, tem-se que as instituições financeiras tem papel relevantíssimo na prevenção do dano ambiental.

Não por acaso, a PNMA (Lei 6.938/81) estabeleceu, em seu art. 12, que a aprovação de projetos por entidades e órgãos de financiamento e incentivos governamentais fica condicionada ao licenciamento ambiental e *ao cumprimento das normas, dos critérios e dos padrões expedidos pelo CONAMA* (art. 12, *caput*).

Essa mesma normativa previu que essas entidades e órgãos deverão "fazer constar dos projetos a realização de obras e aquisição de equipamentos destinados ao controle de degradação ambiental e à melhoria da qualidade do meio ambiente" (parágrafo único).

A restrição é sintomática: sem financiamento, as atividades de produção e consumo ficam praticamente inviabilizadas. Daí a importância de que também os sujeitos que, de certa forma, contribuem para a prática de atividades potencialmente poluidoras, "participem" da cadeia de monitoramento, "barrando" financiamentos que não atendam às exigências legais.

A esse respeito, Paulo Affonso Leme Machado assinala:

> O dinheiro que financia a produção e o consumo fica atrelado à moralidade e à legalidade dessa produção e desse consumo. A destinação do dinheiro não é, evidentemente, neutra ou destituída de coloração ética. Nem o dinheiro privado nem o dinheiro público podem financiar o crime, em qualquer de suas feições, e, portanto, não podem financiar a poluição e a degradação da natureza. Não é por acaso que a própria Constituição do País deixou expresso que o sistema financeiro nacional deve "servir aos interesses da coletividade" (art. 192, *caput*).[79]

Veja-se, ainda, que o art. 19, § 3º, do Decreto 99.274/90 vem também com essa tônica, ao determinar aos servidores do IBAMA que comuniquem às entidades financiadoras, sob pena de responsabilidade funcional, o início de atividades de implantação e operação, antes da expedição das respectivas licenças, "sem prejuízo da imposição de penalidades, medidas administrativas de interdição, judiciais, de embargo, e outras providências cautelares".

Em que pese os dispositivos citados acima atribuírem essa responsabilidade *às entidades e órgãos governamentais*, é certo que a concessão de financiamentos por entidades privadas também deve ser atingida pela regra, seja para os casos específicos já regulamentados (art. 2º, § 4º, da Lei 11.105/05 e Resolução CMN BACEN 3.545/08), ou nos demais casos, uma vez que o dever da instituição financeira é fruto da própria ordem constitucional, no tocante à tutela ao meio ambiente (art. 225 da CF/88).

Através da interpretação dos dispositivos acima referidos, as instituições financeiras poderão vir a ser responsabilizadas indiretamente por danos ambientais decorrentes das atividades financiadas (responsabilidade objetiva e solidária), inclusive nos termos da jurisprudência dominante no tocante à temática – responsabilidade.

---

ao meio ambiente. São Paulo: Juarez de Oliveira, 2002. DANTAS, Marcelo Buzaglo. *Ação civil pública e meio ambiente*. São Paulo: Saraiva, 2009.

79. MACHADO, Paulo Affonso Leme. *Direito ambiental brasileiro*. 21. ed. São Paulo: Malheiros, 2013. p. 389.

Nesse sentido, aliás, o STJ deixou claro que, para a aferição do nexo causal

> [...] no dano urbanístico-ambiental e de eventual solidariedade passiva, equiparam-se quem faz, quem não faz quando deveria fazer, quem não se importa que façam, quem cala quando lhe cabe denunciar, *quem financia para que façam* e quem se beneficia quando outros fazem.[80]

Por fim, em que pese a lei não onere as instituições financeiras a executarem sozinhas o controle ambiental – tarefa claramente dos órgãos ambientais –, se seguidas as orientações previstas na norma vigente, estas poderão exercer papel importantíssimo na prevenção ambiental.

12. Cadastro Técnico Federal e Taxa de Controle e Fiscalização Ambiental

Os chamados Cadastro Técnico Federal de Atividades e Instrumentos de Defesa Ambiental e Cadastro Técnico Federal de Atividades Potencialmente Poluidoras ou Utilizadoras de Recursos Ambientais – CTF/APP foram instituídos pelo art. 17, II, da Lei 6.938/81, com a redação que lhe deu a Lei 10.165/00.

Referidos institutos têm por objetivo, respectivamente: (i) conhecer os profissionais e empresas que se dedicam à consultoria técnica "sobre problemas ecológicos e ambientais e à indústria e comércio de equipamentos, aparelhos e instrumentos destinados ao controle de atividades efetiva ou potencialmente poluidoras"; e (ii) o exercício do controle e monitoramento ambiental, mediante inscrição obrigatória das atividades potencialmente poluidoras e/ou à extração, produção, transporte e comercialização de produtos potencialmente perigosos ao meio ambiente, assim como de produtos e subprodutos da fauna e flora, constantes no Anexo VIII da Lei 6.938/81 e IN 06/2013 do IBAMA (com as alterações dadas pelas INs 11 e 12/2018). Assim:

> A obtenção e a sistematização de informações acerca dos níveis atuais de poluição e da utilização de recursos naturais que, juntamente com outros dados, subsidiarão a definição de padrões de emissão e de qualidade, entre outras ações de controle e de planejamento ambiental[81].

Para Thomé, as finalidade dos institutos são

> [...] relacionar e publicizar a lista dos profissionais dedicados à consultoria ambiental, sua habilitação técnica e as tecnologias de controle da poluição, além de subsidiar a formação do Sistema Nacional da Informações sobre o Meio Ambiente – SISNAMA. Servem ainda para que se conheça as pessoas físicas ou jurídicas potencialmente poluidoras, permitindo uma melhor fiscalização pelo órgãos ambientais e pela sociedade.[82]

> Nos casos especificados no anexo da Lei e da IN 06 do IBAMA, o registro no CTF é obrigatório e a falta do cadastro sujeita as pessoas físicas e jurídicas ao pagamento de multa, variável de acordo com a natureza da pessoa (se física ou jurídica) e ao porte da empresa. Para empresas de grande porte, o valor da multa é de R$ 9.000,00 (art. 17-I da Lei 6.938/81 e art. 76 do Decreto 6.514/08).

Além disso, o descumprimento das obrigações cadastrais impede a emissão do Certificado de Regularidade, que é condição para uma empresa se utilizar dos serviços prestados pelo IBAMA (art. 39, parágrafo único, da IN 06/2013), refletindo em outras searas tais como, a impossibilidade de a empresa participar de licitações e/ou obter financiamentos bancários.

---

80. REsp 1.071.741/SP, rel. Min. Herman Benjamin, 2ª T., j. 24.03.2009, *DJe* 16.12.2010, grifamos.
81. MILARÉ, Édis. *Direito do ambiente*. 11. ed. São Paulo: Ed. RT, 2018. p. 1149.
82. THOMÉ, Romeu. *Manual de direito ambiental*. Salvador: JusPodivm, 2016. p. 212.

Já a chamada Taxa de Controle e Fiscalização Ambiental – TCFA constitui-se em um tributo cujo fato gerador é o exercício regular do poder de polícia conferido ao IBAMA para controle e fiscalização das atividades potencialmente poluidoras e utilizadoras de recursos naturais, conforme preceitua o art. 17-B da Lei 6.938/81.

Nesses termos, ficam sujeitas ao pagamento da TCFA todos aqueles que efetivamente exerçam atividades potencialmente poluidoras e utilizadoras de recursos naturais. É o que decorre da literalidade do disposto no art. 17-C, § 1º, da Lei 6.938/81[83].

A TCFA será devida *no último dia útil de cada trimestre do ano civil* (art. 17-G da Lei 6.938/81), por estabelecimento (art. 17-D da Lei.938/81) e considerando o porte da empresa, seu potencial poluidor e o grau de utilização de recursos naturais.

Nos termos do art. 17-C, § 1º, os sujeitos passivos da TCFA são obrigados a entregar, até o dia 31 de março de cada ano, *relatório das atividades exercidas no ano anterior, cujo modelo será definido pelo IBAMA, para o fim de colaborar com os procedimentos de controle e fiscalização*. Os que deixarem de apresentar os relatórios de atividades nos prazos exigidos pela legislação, poderão ser sancionados com multa equivalente a 20% da taxa devida (art. 17-C, § 2º, da Lei 6.938/81).

Em que pesem as discussões na doutrina e jurisprudência em relação à legalidade e constitucionalidade desse tributo, a questão foi superada em razão de julgamento do Supremo Tribunal Federal, que, em sede de controle difuso, considerou presentes todos os requisitos legais e constitucionais para a sua cobrança[84].

Sobre o tema, grande controvérsia atual vem ascendendo aos Tribunais pátrios, sobretudo acerca dos critérios de exigência da TCFA. Isso porque entende-se que são sujeitos passivos dessa taxa somente aqueles que exercem "atividades potencialmente poluidoras e utilizadoras de recursos naturais", dispostas no Anexo VIII da Lei 6.938/81 e na IN 06 do IBAMA.

As atividades constantes das normativas acima referidas são justamente aquelas passíveis de licenciamento ambiental. Ou seja, são sujeitos passivos dessa exação apenas aqueles que exerçam atividades passíveis de licenciamento ambiental pelo órgão competente – potencialmente poluidoras.

Ocorre que, em que pese isso pareça claro, nem sempre o Poder Judiciário (e até mesmo alguns órgão ambientais) tem entendido dessa forma, atrelando, não raras vezes, a incidência do tributo às atividades descritas no contrato social da empresa[85], ainda que não exercidas efetivamente pela pessoa jurídica.

Não obstante, como é cediço, o CNPJ de uma empresa serve para fins fiscais e não para identificar se a atividade é, ou não, causadora de degradação ambiental. O que se deve levar em conta nesses casos, então, é a situação fática das empresas e não o que consta em seu objeto social.

---

83. Art. 17-C. É sujeito passivo da TCFA todo aquele que exerça as atividades constantes do Anexo VIII desta Lei.
84. STF, RE 416.601-1/DF, rel. Min. Carlos Velloso, publicado no *DJ* 30.09.2005.
85. TRF5, AC 0801029-89.2015.4.05.8200, rel. Des. Fed. Luís Praxedes Vieira da Silva, *DJ* 22.09.2016.

Ou seja, se determinada empresa e exerce "atividade potencialmente poluidora", e, de acordo com a legislação de regência, depende de prévio licenciamento ambiental do poder público, é sujeito passivo da TCFA. Em caso negativo, além de não precisar de licença, está dispensada do pagamento do tributo – e, também, da inscrição no CTF/APP[86].

---

86. TRF4, AC 0002864-75.2009.404.7104/RS, rel. Des. Fed. Álvaro Junqueira, *DJ* 07.04.2011. TRF5, 0804381-10.2014.4.05.8000 – rel. Des. Fed. Élio Siqueira Filho. DJ 19.09.2016. STJ, REsp 1.811.685/RS, Rel. Ministro Herman Benjamin, DJe 01/07/2019.

DIREITOS TERRITORIAIS DOS POVOS INDÍGENAS

PAULO DE BESSA ANTUNES[1]

SUMÁRIO: Introdução. 1. Direito aplicável aos indígenas. 2. Constitucionalização das terras indígenas. 3. O caso Raposa Serra do Sol e suas consequências. Conclusão. Referências.

Introdução

Este artigo tem por objetivo examinar os direitos territoriais dos povos indígenas no regime constitucional brasileiro que, como se sabe, desde 1988 foram significativamente ampliados e reforçados pelo artigo 231 de nossa Constituição Federal. Entretanto, há forte e acirrada discussão relativa à aplicação concreta da norma constitucional e, em especial, da adequação dos conceitos estabelecidos pelo Supremo Tribunal Federal ao *caput* do artigo 231 da Constituição, em especial no que se refere aos "direitos originários" outorgados aos indígenas "sobre as terras que tradicionalmente ocupam", sendo certo que à União compete "demarcá-las, proteger e fazer respeitar todos os seus bens".[2] O tema é muito pouco estudado em nossas faculdades de direito que, em geral, não o tratam em seus currículos. Este capítulo busca, modestamente, contribuir para o preenchimento da lamentável lacuna.

A matéria tem merecido debate no Supremo Tribunal Federal, especialmente após o chamado caso Raposa Serra do Sol, que será objeto de sucinta análise neste capítulo, sobretudo no que diz respeito à interpretação que a nossa Corte Constitucional tem dado ao instituto jurídico do *Indigenato*, que é o reconhecimento dos direitos congênitos dos indígenas às terras que tradicionalmente ocupam (SILVA, 2018).

---

1. Professor Associado da Universidade Federal do Estado do Rio de Janeiro – UNIRIO.
2. Garantia da posse das terras imemorialmente ocupadas pelos índios é assegurada desde a Constituição de1934, valendo salientar que a ordem constitucional vigente estabelece que são nulos, não produzindo efeitos jurídicos, os atos que tenham por objeto a ocupação, o domínio e a posse das terras indígenas (CF, art. 231, §6º). Daí ter o ato de demarcação administrativa índole meramente declaratória. Noutras palavras, os direitos dos índios sobre as terras que tradicionalmente ocupam são, conforme entendimento jurisprudencial sedimentado, constitucionalmente reconhecidos e não simplesmente outorgados, "com o que o ato de demarcação se torna de natureza declaratória, e não propriamente constitutiva. Ato declaratório de uma situação jurídica ativa preexistente. Essa a razão de a Carta Magna havê-los chamado de "originários", a traduzir um direito mais antigo do que qualquer outro, de maneira a preponderar sobre pretensos direitos adquiridos, mesmo os materializados em escrituras públicas ou títulos de legitimação de posse em favor de não-índios. Atos, estes, que a própria Constituição declarou como "nulos e extintos" (§ 6ºdo art. 231 da CF)" (STF, Pet 3388/RR, Rel. Min. Carlos Brito, DJe 25/09/2009; RTJ 212, pp. 49).

1. Direito aplicável aos indígenas

Existem atualmente cerca de 370 milhões de indígenas espalhados em 90 países. Os indígenas, muito embora sejam cerca de 5% da população mundial, correspondem a 15 % das populações mais pobres do mundo, tendo uma expectativa de vida, em média, até 20 anos menor do que a dos não indígenas no mundo todo. Por volta de 80% da diversidade biológica mundial está localizada em territórios indígenas. No Brasil existem cerca de 305 povos indígenas, totalizando aproximadamente 900.000 pessoas, ou 0,4% da população do país. O governo brasileiro reconhece 690 territórios indígenas, que abrangem mais de 13% do território nacional, sendo que a imensa maioria dessas terras se encontram na Amazônia.

O Direito aplicável aos indígenas é o Direito *indigenista*, que não se confunde com o Direito indígena (ou Direitos indígenas). O Direito indigenista pode ser caracterizado como o conjunto de normas jurídicas produzidas por autoridades colonizadoras, sucedidas pelos estados nacionais, voltadas para os povos indígenas, independentemente de sua participação ou consentimento quanto à sua produção. As suas normas buscam regular todos os aspectos da vida dos indígenas ou de suas comunidades. É, portanto, um *direito externo* à comunidade que pretende regular. O vocábulo indigenista significa relativo ao indianismo ou estudo dos índios; por sua vez, indígena pode ser entendido como pessoa nativa do local ou país onde habita (ANTUNES, 1998, p. 135).

O Direito *indígena* é o direito produzido pelas diferentes sociedades indígenas e é a elas aplicável. No caso específico do Brasil, as sociedades indígenas existentes à época da colonização regiam-se basicamente por normas de direito costumeiro que variavam conforme as diferentes sociedades, ainda que guardassem diversas características comuns (CLASTRES, 1974).

Os povos indígenas, como é de conhecimento geral, mantêm relações especiais com os seus territórios, motivo pelo qual as terras indígenas ocupam o centro da questão dos direitos indígenas[3]. Um dos elementos fundamentais para a compreensão do regime jurídico das Terras Indígenas é entender as complexas relações entre o Império português e os indígenas. Já foi dito que elas sempre foram contraditórias e ambíguas. As disputas entre Portugal e Espanha foram acomodadas pelo Tratado de Tordesilhas, aprovado pela bula papal *Pro Bono Pacis*, decretada pelo Papa Júlio III em 24 de janeiro de 1504 (ANTUNES, 1985, p. 35). O mundo foi dividido entre as duas nações, independentemente da existência de populações autóctones nos territórios concedidos pelo Papa aos estados ibéricos e, em especial, sem que os "novos súditos" fossem consultados. Para sanar a importante questão do consentimento dos indígenas para a ocupação de suas terras, criou-se uma fórmula, hoje considerada como cinicamente caricata, mediante a qual, antes de qualquer ação ofensiva, o colonizador lia uma solicitação de consentimento para a colonização, esperando que o futuro colonizado aquiescesse.

A legislação aplicável aos indígenas nas Américas, desde a chegada dos europeus ao Novo Mundo, sempre foi contraditória e muito dependente da conjuntura política e militar entre os indígenas e os europeus. Os indígenas podiam ser *bravos* ou *mansos*,

---

3. Disponível em https://www.worldbank.org/en/topic/indigenouspeoples.

conforme as alianças que mantivessem com os europeus. Tais status tinham repercussão direta sobre o reconhecimento de seus direitos por parte dos colonizadores. Os índios podiam ser exaltados ou odiados, conforme a posição que o europeu tivesse na sociedade colonial (CUNHA, 2012, p. 50). Também, não se deve esquecer que, em função de alianças políticas, guerras e outros fenômenos sociais e políticos, os indígenas desempenharam papeis variados e relevantes na formação da sociedade colonial e pós-colonial (ALMEIDA, 2010, p. 9).

O Direito Brasileiro, desde a época colonial, sempre tratou da questão das terras ocupadas pelos indígenas com muita ênfase. O tema foi se tornando mais relevante, na medida em que aumentava a pressão sobre os territórios indígenas para incorporá-los à economia nacional. Conforme anotou Alcida RAMOS (1986), a terra não é apenas um recurso natural, sendo também um recurso sociocultural de importância equivalente para os indígenas. Foi enorme a legislação colonial regulando o acesso e o uso das terras indígenas, sendo o chamado Diretório dos índios a mais relevante. Rita Heloisa de ALMEIDA (1997, p. 14) entende que, "[s]ituado em seu próprio tempo e espaço, o *Diretório* teve o cunho de carta de orientação da amplitude equivalente às Constituições que atualmente regem as nações".

O Regimento de Tomé de Souza recomendava que o Governador-geral, em sua ação administrativa, diplomática e militar, explorasse as rivalidades entre os diferentes povos indígenas, prestigiando os amistosos e combatendo os inamistosos (ANTUNES, 2019, p. 13). O historiador do direito, Perdigão MALHEIRO (1867, p. 28), afirma que o Regimento, ao mesmo tempo, "recomendava... com cruel contradição" que se fizesse guerra aos que se mostrassem inimigos, destruindo aldeias e povoações, matando e cativando, fazendo executar nas próprias aldeias alguns chefes que pudessem aprisionar enquanto negociava a paz. Em relação aos "índios amigos", autorizava a "concessão de terras e aldeamento", havendo a exigência de que os convertidos ao cristianismo se estabelecem junto às povoações "porque com o trato dos cristãos mais facilmente se hão de policiar".

Neste ponto, é importante observar que a "concessão" de terras para aldeamento, significava a remoção ou atração dos indígenas de seus territórios originais para outros nos quais as aldeias eram estabelecidas ou, na melhor das hipóteses, "conceder" aldeias em terras que já estavam ocupadas pelos indígenas. As aldeias eram destinadas aos índios "amigos" e, sobretudo, tinham o intento de, gradativamente, catequisar os indígenas e incorporá-los à "civilização". As determinações encontravam a sua justificação jurídica no domínio, de fato e de direito, que Portugal tinha sobre as terras da colônia. Em relação às aleias, C.R. BOXER (2000, p. 43) lembra que elas se assemelhavam a orfanatos ou internatos dirigidos por sacerdotes "rigidamente puritanos, embora piedosos".

A primeira característica da legislação colonial, portanto, era a de que ela era *bifronte*, pois tinha duas formas diferentes de tratar aos indígenas. A dicotomia se expressava, inclusive, na própria designação dada aos indígenas. Tapuia, em Tupi, significa bárbaro e foi a palavra utilizada por eles para denominar todos os estrangeiros. Os portugueses se apropriaram do vocábulo e todos os indígenas que não fossem Tupi eram tapuia (ALMEIDA, 2010, p. 32). Botocudo é outro exemplo, pois é uma denominação genérica para índio hostil aos portugueses.

À legislação colonial voltada para os indígenas faltava a característica de *norma geral*, aplicável a *todos*. Ela era uma legislação casuística, criada para resolver situações concretas. Ela não pressupunha uma igualdade jurídica entre os indígenas e os colonizadores e, igualmente, não estava centrada em uma igualdade jurídica entre todos os indígenas. Era um direito alienígena e sem raízes no território. Com sabemos, "não existiu um direito colonial brasileiro independente do direito português" (PERRONE-MOISÉS, 1998, p. 116).

O direito português aplicável ao Brasil, durante o período colonial, foi o das Ordenações Afonsinas (1446-1514), Manuelinas (1521-1595) e Filipinas (1603-1824) (ASCENSÃO, 1984, p. 119-120), sendo um direito anterior aos conceitos filosóficos e jurídicos da Revolução Francesa e, portanto, ainda cheio de privilégios e distinções. Elas eram compilações das normas esparsas existentes no reino português que buscaram facilitar a aplicação do Direito. Contudo, além das Ordenações, existia a chamada legislação de circunstância e local que, no período colonial, era composta por cartas de lei, cartas patentes, alvarás e provisões reais, regimentos, estatutos, pragmáticas, forais, concordatas, privilégios, portarias e avisos. Já em 1558, Men de Sá, terceiro Governador-geral do Brasil, recebeu Carta Régia recomendando fosse respeitado e preservado o "índio cristão" em suas terras (MARCHINI, 2011, p. 11). Aqui, como se vê, havia um respeito e reconhecimento ao direito de posse por ocupação, como um título legítimo.

Os índios "amigos", como anota MALHEIRO (1867, p. 36), contudo, não estavam livres de sofrer "vexames" por parte dos colonos, que podiam inclusive adquirir a forma de escravidão "disfarçada" (MALHEIRO, 1867, p. 38). Os trabalhos compulsórios podem assumir diversas formas jurídicas e, necessariamente, não implicam em uma submissão completa do trabalhador ao tomador do trabalho. Veja-se, portanto, que, apesar do tratamento "privilegiado" para o índio "cristão", esse não estava livre de sofrer humilhações e discriminações por parte dos colonizadores e, certamente, a recomendação não impedia a expropriação de terras.

A colonização e o estabelecimento de culturas agrícolas estavam em contradição com o sentido de territorialidade dos indígenas, acarretando que "os direitos dos índios à terra foram inevitavelmente infringidos" (JOHNSON, 2018, p. 258) pela instalação das atividades econômicas coloniais. Da mesma forma, a necessidade de mão de obra para desenvolvimento das novas culturas levou à necessidade de implantação de um regime escravocrata, com vistas ao aproveitamento da força de trabalho aborígene. Assim, a lógica da expansão da agricultura da cana-de-açúcar fazia com que a escravidão e a expropriação das terras indígenas fossem necessariamente ligadas. As dificuldades que os indígenas tiveram para a "adaptação" ao modelo econômico levaram às vacilantes e contraditórias normas legais relativas à "liberdade" dos gentios, muito embora não tenham eliminado a expropriação territorial dos indígenas e nem as outras formas de submissão, em especial as culturais e espirituais.

Logo no início do século XVII a legislação colonial reconhecia o direito à posse de terras pelos indígenas. Manuela Carneiro da CUNHA (1987, p. 58) informa que as Cartas Régias de 30 de julho de 1609, bem como a de 10 de setembro de 1611, expedidas por Felipe III, reconheciam o pleno domínio dos índios sobre seus territórios e sobre as terras que lhes são alocadas nos aldeamentos. Ainda no século XVII, surgiram outros alvarás e atos governamentais que dispunham sobre o direito dos índios às suas terras. É interessante ressaltar a própria redação da Provisão de 1º de abril de 1680 (Indigenato), pela qual foi reconhecido oficialmente que os povos indígenas foram os primeiros ocupantes e donos naturais destas terras. Em razão de tal reconhecimento, o Estado passa a estabelecer áreas exclusivas para os índios, buscando compensar as enormes perdas por eles sofridas e controlar a expansão da colonização.

A Provisão de 1º de abril de 1680 foi destinada ao tratamento das questões relativas ao aldeamento e à catequese dos povos indígenas do Maranhão, mas, apesar disso, pode ser apresentada como um marco para a legislação indigenista, pois, pelo Alvará de 8 de maio de 1758, foi determinada a sua extensão para todos os povos indígenas do Brasil. O § 4º da provisão de 1680 determinou fossem destinadas terras aos índios que descessem do sertão. Havia a proibição explícita de que os silvícolas fossem mudados das terras a eles destinadas, sem que assim o *consentissem*.

Segundo Beatriz PERRONE-MOISÉS (1992, p. 117), o período colonial teve três leis de "liberdade absoluta" para os indígenas editadas em 1609, 1680 e 1755. A Lei de 6 de junho de 1755 é conhecida como o Diretório Pombalino, cuja duração foi efêmera, pois extinto pela Carta Régia de 1798, muito embora tenha sido uma norma fundamental no contexto do direito indigenista. O Diretório extinguia as missões e determinava a existência de diretor, nomeado pelo Governador-geral, para o governo das aldeias. O objetivo, mais uma vez, era a "civilização" dos indígenas, com o ensino da língua portuguesa em escolas, a adoção de nomes e sobrenomes portugueses, a construção de casas a partir do modelo europeu, a obrigatoriedade do uso de roupas e o incentivo ao casamento entre índios e brancos. Além disso, o Diretório dos Índios regulou a distribuição de terras para o cultivo, as formas de tributação, a produção e comercialização agrícola, as expedições para coleta de espécies nativas e a prestação de serviços nos povoados.

A legislação colonial voltada para os indígenas, portanto, foi ampla, assistemática e contraditória. Entre os estudiosos do tema não há um consenso sobre quais as primeiras normas e qual o seu alcance efetivo, muito embora não se duvide de que, em muitas oportunidades, o seu caráter era profundamente retórico (ANTUNES, 2019, p. 13 e seguintes).

A legislação do Reino de Portugal, Brasil e Algarves voltada aos indígenas não foi muito diferente daquela produzida no período colonial, como exemplo podemos ver a Carta Régia de 2 de dezembro de 1808. Pela Carta Régia, de 5 de setembro de 1811, foi aprovado o plano de uma sociedade de comércio entre as Capitanias de Goiás e Pará, que foi bastante explícita quanto ao tratamento a ser dado aos indígenas.

Igualmente parece que será útil tentar por meio do perdão, o que o desertor do Pará, que vive com a nação Canajá, tem exigido para ela, prometendo que assim tornará à boa fé e antiga harmonia. Acontecendo porém que este meio não corresponda ao que se espera, e que nação Canajá continue nas suas correrias, será indispensável usar contra ela da força armada; sendo este também o meio de que se deve lançar mão para conter e repelir as nações Apinajé, Xavante, Xerente e Canoeiro; porquanto, suposto que os insultos que elas praticam tenham origem no rancor que conservam pelos maus tratamentos que experimentaram da parte de alguns Comandantes das Aldeias, não resta presentemente outro partido a seguir senão intimidá-las, e até destruí-las se necessário for, para evitar os danos que causam.

Em 1818, Don João VI baixou Provisão para o governador da Capitania de São Pedro do Rio Grande, na qual recomendava fosse promovida a "civilização e educação dos índios". Já em 25 de fevereiro de 1819, por Decreto, foram concedidos "mercês e favores" aos índios habitantes de vilas do Ceará Grande, Pernambuco e Paraíba, que "marcharam contra os revoltosos que, na Villa de Recife, tinham atentado contra a minha real soberania".

No Império, a Lei de 27 de outubro de 1831 revogou as Cartas Régias que mandavam fazer guerra e pôr os índios em servidão e que, também, equiparavam os indígenas aos órfãos e que, conforme MIRANDA e BANDEIRA, era uma situação jurídica com todos os resguardos que a ordenação do livro um, título 88, assegura a essa classe de tutelados" (1992, p. 45), ou seja, deveriam ser protegidos por um juiz de órfãos, em última instância, pelo Estado brasileiro.

É interessante observar que o Regulamento acerca das Missões de catequese, e civilização dos Índios (Decreto nº 426, de 24 de julho de 1845), no § 3º do artigo 1º, estabeleceu que deveriam ser tomadas medidas de precaução para que, nas remoções não fossem

> (...) violentados os Índios, que quiserem ficar nas mesmas terras, quando tenham bem comportamento, e apresentem um modo de vida industrial, principalmente de agricultura. Neste último caso, e enquanto bem se comportarem, lhes será mantido, e às suas viúvas, o usufruto do terreno, que estejam na posse de cultivar.

Assim, ao que parece, a remoção era a regra, salvo se os índios tivessem "bom comportamento" e estivessem "praticando um modo de vida industrial, principalmente de agricultura". Neste particular, há que se observar que a tutela orfanológica, ao que tudo indica, não parece ter sido muito eficiente. No século XIX houve um grande retrocesso na legislação indigenista, em boa medida devido ao Ato Adicional de 1834, que atribuiu competência às Assembleias Provinciais para legislar, concorrentemente, com o Governo Geral e a Assembleia Nacional sobre assuntos indígenas, o que redundou em maior poder para as oligarquias provinciais que eram as grandes interessadas em ocupar as terras indígenas que sempre foram mais protegidas quando submetidas à legislação do poder central.

A República buscou construir um arcabouço legislativo que permitisse ao indígena superar o seu "primitivismo" e "evoluir" em direção à civilização. Com vistas a implementar tal concepção, o Decreto nº 8.072, de 20 de junho de 1910, criou o Serviço de Proteção aos Índios e Localização de Trabalhadores Nacionais (SPILTN), que foi desmembrado pela Lei nº 3.454, de 6 de janeiro de 1918, dando origem ao Serviço de Proteção aos Índios [SPI], que foi extinto em 1967 com a criação da Fundação Nacional do Índio [FUNAI].

No começo do século XX, os conflitos com os indígenas persistiam em especial com a expansão do café e a implantação de infraestrutura ferroviária, como é o caso da Estrada de Ferro Noroeste do Brasil, que atravessava o território dos índios Kaingang, no estado de São Paulo, houve importantes conflitos entre os indígenas e os trabalhadores da estrada de ferro. Situação semelhante aconteceu nos estados de Minas Gerais e no Espírito Santo, quando os índios Botocudos reagiram à invasão de suas terras por colonos. Também no sul do Brasil, em Santa Catarina e Paraná, houve lutas entre índios e colonos.

Naqueles dias, assim como na atualidade, as denúncias internacionais sobre as condições dos indígenas brasileiros, em especial no ano de 1908, durante o XVI Congresso de Americanistas, em Viena, Áustria, tiveram repercussão na esfera interna, fazendo com que o Governo federal criasse uma estrutura para a proteção dos indígenas, surgindo daí o SPI.

Mais uma vez, o Estado brasileiro buscou estabelecer normas protetoras para os indígenas, tal foi o caso do Decreto nº 5.484, de 27 de junho de 1928, que, nas esperançosas palavras de Oliveira SOBRINHO (1992, p. 93), era todo um código de direitos e garantias "durante quatro séculos incompletamente reconhecidos, pertinaz e hipocritamente descumpridos e burlados". Por força do Decreto nº 5.484/1928, os indígenas foram emancipando da tutela orfanológica "qualquer que seja o grau de civilização em que se encontrem"[4]. Os índios brasileiros foram classificados em (a) índios nômades; (b) índios arranchados ou aldeados; (c) índios pertencentes a povoações indígenas; e (4) índios pertencentes a centros agrícolas ou que vivem promiscuamente com civilizados.

A concepção positivista determinou restrições à "capacidade de fato" dos indígenas "enquanto não se incorporarem eles à sociedade civilizada" (artigo 5º). Todos os índios foram submetidos à tutela do Estado, desde que "não inteiramente adaptados". A tutela estatal era exercida por intermédio dos inspetores do SPI que poderiam requerer em nome dos índios, perante as justiças e autoridades, praticando para o referido fim todos os atos permitidos em direito. A se acrescentar que o artigo 7º do Decreto nº 5.484, de 27 de junho de 1928, estabelecia a nulidade dos "atos praticados entre indivíduos civilizados" e (a) índios nômades; (b) índios arranchados ou aldeados; (c) índios pertencentes a povoações indígenas, "salvo quando estes forem representados pelo inspector competente, ou quem fizer as vezes deste".

O Decreto nº 5.484/1928, em seu Título II, tratava das "terras para índios" que podiam ser as (a) do patrimônio nacional ou (b) as pertencentes aos estados. Em relação às terras pertencentes aos estados, o artigo 10 dispunha caber ao governo federal promover a cessão gratuita para o domínio da União das terras devolutas pertencentes aos Estados, que se acharem ocupadas pelos índios, bem como a das terras das extintas aldeias, que foram transferidas às antigas Províncias pela Lei de 20 de outubro de 1887.

O Regulamento do Serviço de Proteção aos Índios e Localização de Trabalhadores Nacionais [SPI] estabelecia, em seu artigo 1º, que as suas finalidades eram (a) prestar assistência aos índios do Brasil, vivessem eles aldeados, reunidos em tribos, em estado nômade ou "promiscuamente com civilizados"; e (b) estabelecer em zonas férteis, dotadas de condições de salubridade, de mananciais ou cursos de água e meios fáceis e regulares de comunicação, centros agrícolas, constituídos por trabalhadores nacionais.

A assistência aos índios consistia, entre outras coisas, em (1) velar pelos direitos que as leis vigentes conferem aos índios e por outros que lhes sejam outorgados; (2) *garantir a efetividade* da posse dos territórios ocupados por índios e, conjuntamente, do que neles se contiver, *entrando em acordo com os governos locais*, sempre que for necessário; (3) pôr em prática os meios mais eficazes para evitar que os civilizados invadam terras dos índios e reciprocamente; (4) fazer respeitar a organização interna das diversas tribos, sua independência, seus hábitos e instituições, não intervindo para alterá-los, senão com brandura e consultando sempre a vontade dos respectivos chefes; (5) promover a punição dos crimes que se cometerem contra os índios; (6) fiscalizar o modo como são tratados nos aldeamentos, nas colônias e nos estabelecimentos particulares; (7) exercer vigilância para que não

---

4. A ortografia dos textos legais foi atualizada pelo autor do artigo.

sejam coagidos a prestar serviços a particulares e velar pelos contratos que forem feitos com eles para qualquer gênero de trabalho; (8) procurar manter relações com as tribos, por intermédio dos inspectores de serviço de proteção aos índios, velando pela segurança deles, por sua tranquilidade, impedindo, quanto possível, as guerras que entre si mantêm e restabelecendo a paz; (9) concorrer para que os inspectores se constituam procuradores dos índios, requerendo ou designando procuradores para representá-los perante as justiças do país e as autoridades locais; (10) ministrar-lhes os elementos ou noções que lhes sejam aplicáveis, em relação as suas ocupações ordinárias; (11) envidar esforços por melhorar suas condições materiais de vida, despertando-lhes a atenção para os meios de modificar a construção de suas habitações e ensinando-lhes livremente as artes, ofícios e os gêneros de produção agrícola e industrial para os quais revelarem aptidões; (12) promover, sempre que for possível, e pelos meios permitidos em direito, a restituição dos terrenos, que lhes tenham sido usurpados; (13) promover a mudança de certas tribos, quando for conveniente ou de conformidade com os respectivos chefes; (14) ministrar, sem caráter obrigatório, instrução primária e profissional aos filhos de índios, consultando sempre a vontade dos pais

O Regulamento, em seus artigos 3º-9º, dispôs sobre a terras ocupadas pelos indígenas, estabelecendo que o Governo Federal, "sempre que for necessário", deveria entrar em acordo com os governos estaduais ou municipais (a) para que fossem legalizadas convenientemente as posses das terras ocupadas pelos indígenas; (b) para que fossem confirmadas as concessões de terras, feitas de acordo com a Lei de 27, de setembro de 1860; (c) para que fossem cedidas aos Ministério da Agricultura as terras devolutas que forem julgadas necessárias para as povoações indígenas ou para a instalação de centros agrícolas.

Uma vez demarcadas as terras ocupadas pelos indígenas, o governo deveria providenciar para que fosse "garantido aos índios o usufruto dos terrenos demarcados" (artigo 6º), ficando-lhes vedado "arrendar, alienar ou gravar com ônus reais as terras que lhes forem entregues pelo Governo Federal" (artigo 7º). Os contratos que, porventura, fossem celebrados eram "considerados nulos de pleno direito". Os índios aldeados, na data da publicação do regulamento, que quisessem "fixar-se nas terras que ocupam" contariam com as providencias do governo "de modo a lhes ser mantida a efetividade da posse adquirida" (artigo 10).

No período republicano, até o advento da Constituição de 1988, o documento legislativo mais relevante é o Estatuto do Índio, que, como não poderia deixar de ser, possui uma lista de artigos voltados unicamente para o trato das questões referentes às terras indígenas. Em qualquer parte do território nacional, a União pode demarcar e destinar áreas para a utilização exclusiva dos povos indígenas (áreas reservadas). Tais áreas podem ser adquiridas por compra, por desapropriação ou por qualquer outro modo de transmissão de domínio: (1) reserva indígena – área destinada a servir de habitat a grupo indígena, com os meios suficientes à sua subsistência; (2) parque indígena – área contida em terra na posse dos índios, cujo grau de integração permita assistência econômica, educacional e sanitária dos órgãos da União, em que se preservem as reservas de flora e fauna e as belezas naturais da região; (3) colônia agrícola indígena – área destinada à exploração agropecuária, administrada pelo órgão de assistência ao índio, onde convivam tribos aculturadas e membros da comunidade nacional; (4) território federal indígena – é a unidade administrativa subordinada à União, instituída em região na qual pelo menos um terço da população seja formado por indígenas.

O artigo 17 do Estatuto do Índio estabelece que "reputam-se terras indígenas" as (1) terras ocupadas ou habitadas pelos silvícolas, a que se referem os artigos 4º, IV, e 198 da Constituição [Constituição de 1969]; as (2) as áreas reservadas; as (3) as terras de domínio das comunidades indígenas ou de silvícolas. Como se vê, a lei estabeleceu uma presunção *iuris tantun* de que os espaços territoriais mencionados são indígenas, cabendo ao contestante de tal condição fazer a prova em sentido contrário.

2. Constitucionalização das terras indígenas

Os indígenas são cidadãos brasileiros desde a Constituição de 1824 que, em seu artigo 6º, I, atribuía nacionalidade a "todos os que nascidos no Brasil". Este fato tem enorme repercussão na vida dos indígenas, pois esses passam a ser vistos como indivíduos e não mais como integrantes de um grupo distinto dentro da sociedade nacional. A Constituição brasileira de 1824 não dedicou qualquer de seus itens ao tratamento dos problemas indígenas, muito embora tenha debatido a matéria, em seu texto final foi totalmente omissa, o que para Manuela Carneiro da CUNHA (1987, p. 65) foi "decepcionante".

A Constituição Republicana de 1891 ignorou os indígenas, muito embora o Decreto nº 7 de 20 de novembro de 1889, em seu artigo 2º, § 12, tenha atribuído aos governadores dos Estados a competência para promover a "catequese e civilização dos indígenas e o estabelecimento de colônias". Não se esqueça, entretanto, que Miguel Lemos e Teixeira Mendes, próceres do positivismo, tão logo foi instaurada a República, ofereceram ao Governo Provisório um Projeto de Constituição que, em seu artigo 1º, estabelecia que a República dos Estados Unidos do Brasil seria constituída pela *livre federação* dos povos circunscritos dentro dos limites do extinto Império brasileiro. A divisão territorial do Brasil, segundo o projeto, seria feita em estados ocidentais brasileiros sistematicamente confederados e que são os povoados e organizados, e estados americanos brasileiros, empiricamente confederados, constituídos pelas hordas fetichistas esparsas pelo território de toda a República (TORRES, 2018, p. 268).

A Constituição de 1934, em duas oportunidades, trata dos indígenas, sendo que o artigo 5º, XIX, *m*, estabelece a competência privativa da União para legislar sobre a "incorporação dos silvícolas à comunhão nacional" e o artigo 129 determina o respeito a "posse de terras de silvícolas que nelas se achem permanentemente localizados, sendo-lhes, no entanto, vedado aliená-las". A Constituição de 1937 manteve as disposições da Carta Política de 1934. O regime democrático de 1946, reproduzindo as disposições constitucionais de 1934 e 1937, estabeleceu a competência privativa da União para legislar sobre a "incorporação dos silvícolas à comunhão nacional" (artigo 5º, XV, *r*), assim como por seu artigo 216 assegurou o respeito "aos silvícolas a posse das terras onde se achem permanentemente localizados, com a condição de não a transferirem".

A Constituição de 1967 incluiu as terras ocupadas pelos silvícolas entre os bens da União (artigo 4º, IV), reafirmando a competência da União para legislar sobre a incorporação dos silvícolas à comunhão nacional (artigo 8º, XV, *o*) e assegurou "aos silvícolas a posse permanente das terras que habitam e reconhecido o seu direito ao usufruto exclusivo dos recursos naturais e de todas as utilidades nelas existentes" (artigo 186). A Emenda

Constitucional nº 1/1969, ao dar nova redação à Constituição de 1967, em especial, dispôs no artigo 198 que "as terras habitadas pelos silvícolas são inalienáveis nos termos que a lei federal determinar, a eles cabendo a sua posse permanente e ficando reconhecido o seu direito ao usufruto exclusivo das riquezas naturais e de todas as utilidades nelas existentes".

Uma importante alteração em relação aos Textos Constitucionais anteriores foi a declaração de nulidade e extinção "dos efeitos jurídicos de qualquer natureza que tenham por objeto o domínio, a posse ou a ocupação de terras habitadas pelos silvícolas". Tais nulidade e extinção, conforme o § 2º do artigo 198, não davam "aos ocupantes direito a qualquer ação ou indenização contra a União e a Fundação Nacional do Índio".

A Constituição de 1988 foi uma importante alteração no regime jurídico aplicável aos indígenas no Brasil. Em primeiro lugar merece ser ressaltado que a concepção de integração à comunhão nacional foi rejeitada pelo Texto Constitucional que abandonou a ideia integracionista em relação aos indígenas. A mudança de rumos é definida pelo *caput* que estabelece o reconhecimento da organização social, costumes, línguas, crenças e tradições dos indígenas e os direitos originários sobre as terras que tradicionalmente ocupam, competindo à União demarcá-las, proteger e fazer respeitar todos os seus bens. O Texto de 1988, embora inovador, manteve normas que já se encontravam presentes em Textos Constitucionais anteriores. O usufruto exclusivo (artigo 231, § 2º), ainda que não explicitamente, já estava presente na Constituição de 1934. A nulidade dos atos que tenham por objeto a ocupação, o domínio e a posse das terras indígenas já se encontrava presente na Carta de 1969 (artigo 231, § 6º).

As novidades mais marcantes são as contidas nos §§ 3º, 4º e 5º, que cuidam respectivamente do aproveitamento de recursos hídricos e riquezas minerais em terras indígenas; imprescritibilidade dos direitos sobre terras indígenas e da proibição de remoção dos grupos indígenas de suas terras.

Como se viu, desde 1934, as terras Indígenas têm tratamento Constitucional, tendo sido assegurado aos indígenas a posse das terras "que nelas se achem, permanentemente localizados". Isso significa que todos os grupos indígenas que estivessem em posse de terras aos 16 de julho de 1934, nas quais se localizassem permanentemente, não poderiam ser desapossados de tais torrões.

3. O caso Raposa Serra do Sol e suas consequências

Aos 11 de dezembro de 1998, o Ministro da Justiça baixou a Portaria nº 820, *declarando* os limites da terra indígena situada na área denominada Raposa Serra do Sol, determinando a demarcação, nos termos do artigo 2º, § 10, inciso I, do Decreto nº 1.775, de 8 de janeiro de 1996. A mencionada Portaria foi substituída pela de nº 534, de 13 de abril de 2005, posteriormente homologada por Decreto de 15 de abril de 2005. Apesar da demarcação, a área era objeto de invasões e retiradas de invasores por medidas da Polícia Federal. Diversas ações judiciais foram ajuizadas com objetivo de discutir a legitimidade da demarcação da área e os "privilégios" outorgados aos indígenas na região.

A principal medida judicial relativa à contestação da demarcação administrativa foi a Ação Popular ajuizada pelo Senador Augusto Affonso Botelho Neto, pleiteando a declaração de nulidade da Portaria nº 534/2005 do Ministério da Justiça, homologada pelo Presidente da República em 15 de abril de 2005, em que definidos os limites da TI Raposa

Serra do Sol. Foi na Petição 3.388/RR, protocolizada nos autos da Ação Popular mencionada, que o STF dirimiu a questão fixando o *leading case* para o tema. Na célebre decisão proferida pelo STF, o Relator, Ministro Ayres de Brito, sustentou que

> 11. O CONTEÚDO POSITIVO DO ATO DE DEMARCAÇÃO DAS TERRAS INDÍGENAS. 11.1. O marco temporal de ocupação. A Constituição Federal trabalhou com data certa – *a data da promulgação dela própria (5 de outubro de 1988) – como insubstituível referencial para o dado da ocupação de um determinado espaço geográfico por essa ou aquela etnia aborígene; ou seja, para o reconhecimento, aos índios, dos direitos originários sobre as terras que tradicionalmente ocupam*. 11.2. O marco da tradicionalidade da ocupação. É preciso que esse estar coletivamente situado em certo espaço fundiário também ostente o caráter da perdurabilidade, no sentido anímico e psíquico de continuidade etnográfica. A tradicionalidade da posse nativa, no entanto, não se perde onde, ao tempo da promulgação da Lei Maior de 1988, a reocupação apenas não ocorreu por efeito de **renitente esbulho** por parte de não-índios. Caso das "fazendas" situadas na Terra Indígena Raposa Serra do Sol, cuja ocupação não arrefeceu nos índios sua capacidade de resistência e de afirmação da sua peculiar presença em todo o complexo geográfico da "Raposa Serra do Sol".

Na passagem supra estão os dois conceitos fundamentais da decisão: (a) o marco temporal; e o (b) renitente esbulho. Ao contrário do que a retórica da decisão pode induzir, o resultado concreto da aplicação de tais conceitos é que somente os territórios que estivessem tradicionalmente ocupados por povos indígenas aos 5 de outubro de 1988 poderiam ser reconhecidos como TI. É desnecessário dizer que os conflitos sobre as TI é antigo, tão antigo quanto à colonização do País, e, seguramente, se os indígenas não ocupam muitas de seus históricos territórios, não é por vontade própria. Aqui, deve ser acrescentado o fato de que, sob a ordem jurídica anterior a 1988 – mais de centenária –, os indígenas estavam submetidos à tutela do Estado que, na condição de tutor, tinha o dever legal de zelar pelo patrimônio indígena, inclusive territorial. Logo, se desídia ou mora existisse, estas seriam do Estado-tutor e não do tutelado.

Em outro caso, AGReg no Recurso Extraordinário com Agravo 803.462-MS, decidido com base no precedente estabelecido por Raposa Serra do Sol, a 2ª Turma do STF discutiu a questão relativa à Aldeia Limão Verde, situada no Município de Aquidauana, Mato Grosso do Sul, estabelecendo que:

> Dessa forma, sendo incontroverso que **as últimas ocupações indígenas na Fazenda Santa Bárbara ocorreram em 1953** e não se constatando, nas décadas seguintes, situação de disputa possessória, fática ou judicializada, ou de outra espécie de inconformismo que pudesse caracterizar a presença de não índios como efetivo "esbulho renitente", a conclusão que se impõe é a de que o indispensável requisito do marco temporal da ocupação indígena, fixado por esta Corte no julgamento da Pet 3.388 não foi cumprido no presente caso.

> Ambos conceitos são decisivos para o reconhecimento de TI, segundo a jurisprudência atualmente predominante no STF. No que se refere ao marco temporal, há que se dizer que ele é uma aplicação hiper pragmática do Direito, cuja única finalidade é, nas palavras do Ministro Gilmar Mendes: "(...) procurar dar fim a disputas infindáveis sobre terras, entre índios e fazendeiros, muitas das quais, como sabemos, bastante violentas" (STF, RMS 29.087-DF, Relator: Min. Ricardo Lewandowski, Relator do Acórdão: Min. Gilmar Mendes).

A solução encontrada foi negar o direito aos indígenas, em contravenção ao texto da Constituição. Os "direitos originários" insculpidos no *caput* do artigo 231 da Constituição Federal foram inicialmente identificados com o Indigenato, instituto jurídico que, em contraposição ao "marco temporal" e ao "renitente esbulho", serve de alicerce a respaldar as legítimas reivindicações dos povos indígenas "sobre as terras que tradicionalmente ocupam". João MENDES Jr. (1912), em sua célebre 3ª Conferência aos consócios da Sociedade de Etnografia e Civilização dos Índios, relata trechos da Memória do General AROUCHE, antigo Diretor Geral das aldeias, publicada em 1823, nos quais se pode ver a indignação do memorialista, bem como do conferencista, com as condições as quais eram submetidos os indígenas "livres" e residentes em aldeias na Província de São Paulo. Ele indica, inclusive, a promoção de casamentos de indígenas "com pretas e pretos, batizando os filhos como servos" (MENDES Jr., 1912, p. 44), como um dos elementos justificadores de sua indignação. Em seguida, passa a demonstrar que a legislação colonial, em alguma medida, reconhecia a primariedade da posse indígena, do direito surgido da simples presença, com desejo de permanência, em determinadas terras *antes* da presença dos colonizadores:

> [O] indígena primariamente estabelecido, tem a *sedun positio,* que constitui o fundamento da posse, segundo o conhecido texto do jurisconsulto PAULO (...); mas o indígena, além desse *jus possessionis,* tem o *jus possidendi,* que já lhe é reconhecido e preliminarmente legitimado, desde o Alvará de 1º de Abril de 1680, como *direito congênito.* Ao *indigenato*, é que melhor se aplica o texto do jurisconsulto Paulo: *quia naturaliter tenetur ab eo qui isistit* (1912, p. 58-59) [Investigações mais modernas indicam que o Alvará de 1º de abril de 1680, em realidade, era uma Provisão da mesma data (MARCHINI, 2011, p. 38 nota 126)].

> [...] E para que os ditos Gentios, que assim descerem, e os mais, que há de presente, melhor se conservem nas Aldeias: *hei por bem que senhores de suas fazendas, como o são no Sertão, sem lhe poderem ser tomadas,* nem sobre elas se lhe fizer moléstia. E o Governador com parecer dos ditos Religiosos assinará aos que descerem do Sertão, lugares convenientes para neles lavrarem, e cultivarem, *e não poderão ser mudados dos ditos lugares contra sua vontade, nem serão obrigados a pagar foro, ou tributo algum das ditas terras, que ainda estejam dados em Sesmarias* e pessoas particulares, porque na concessão destas se reserva sempre o prejuízo de terceiro, e muito mais se entende, e quero que se entenda ser reservado o prejuízo, e direito os Índios, primários e naturais senhores delas.

> As leis portuguesas dos tempos coloniais apreenderam perfeitamente estas distinções: dos índios aborígenes organizados em hordas, pode-se formar um *aldeamento,* mas não uma *colônia;* os índios só podem ser constituídos em *colônia,* quando não são aborígenes do lugar, isto é, quando são *emigrados* de uma zona para serem *imigrados* em outra.

O texto supra reconhece a ocupação como título legítimo ostentado pelos indígenas. Sabemos que a legislação colonial foi contraditória, parcial e, em essência, voltada para suprimir direitos dos povos autóctones. Entretanto, justamente em função das contradições, é que se pode reconhecer a legitimidade dos títulos indígenas. A pesquisa histórica nos mostrará se o reconhecimento do Indigenato correspondeu a um momento de grave ataque aos direitos indígenas, fazendo com que o Estado necessitasse "reafirmá-los" tendo em vista as constantes violações. Fato é que a norma foi positivada e, como declarado por João Mendes Jr., não se tem notícia de sua revogação.

Vale o registro de que a discussão travada por MENDES Jr. estava no contexto da Lei nº 601, de 18 de setembro de 1850, que proibiu a aquisição de terras devolutas "por outro título que não seja o de compra". Ao examinar o regulamento da lei, instituído pelo Decreto nº 1318, de 30 de janeiro de 1854, que, no § 1º do artigo 24, sujeitava à legitimação "as posses que se acharem em poder do *primeiro ocupante,* não tendo outro título senão a sua ocupação". João Mendes Jr. afirma que as posses indígenas são perfeitamente legitimáveis, pois o Indigenato é título legítimo, visto que retrata a ocupação primeira.

Conforme o argumento desenvolvido por MENDES Jr., o primeiro ocupante somente poderia ser o indígena que tinha como título o Indigenato, a posse aborígene, expressão de um direito congênito que nasce com a primeira ocupação. Segundo MENDES Jr., o regulamento de 1854, no particular, limitou-se a reproduzir o Alvará de 1º de abril de 1680. Acrescenta, ainda, que a Lei nº 601/1850 traz outras reservas que não "supõem posse originária ou congênita" que seriam as terras devolutas destinadas à (1) colonização; (2) abertura de estradas; (3) fundação de povoações e quaisquer outras servidões púbicas. E mais: para MENDES Jr. (1912, p. 60):

> A *colonização* de indígenas, como já ficou explicado, supõe, como qualquer outra *colonização*, uma emigração para *imigração*; e o próprio regulamento n. 1318 de 30 de janeiro de 1854, no art. 72, declara reservadas as terras devolutas, não só as terras destinadas à *colonização dos indígenas*, como as terras dos *aldeamentos onde existem hordas selvagens*. Em suma, quer da letra, quer do espírito da Lei de 1850, se verifica que essa Lei nem mesmo considera devolutas as terras possuídas por hordas selvagens *estáveis*: essas terras são tão particulares como as possuídas por ocupação, legitimável, isto é, são *originariamente reservadas da devolução*, nos expressos termos do Alvará de 1º de Abril de 1680, que as reserva até na concessão de sesmaria.

O Indigenato, como instituto jurídico, tem sido reconhecido pelo STF em algumas decisões, como a ACO 312, tendo sido reconhecido que ele constitui o direito de os indígenas possuírem a terra como habitat.

Entretanto, não se pode desconhecer que, como já vimos, *a legislação colonial não tratava igualmente* a todos os indígenas. A propósito, MIRANDA e BANDEIRA (1992, p. 30) afirmam que não causa admiração que, já em 1511, a nau Bretôa tivesse levado para Portugal "para cima de 30 índios cativos" e que o regimento de 1548 tivesse legalizado a escravidão até a morte dos índios inimigos.

O fato de que algumas regras jurídicas considerassem que, nos sertões, os indígenas eram senhores de suas terras não significa que a sociedade "civilizada", ao marchar em direção aos "sertões", fosse, necessariamente, respeitar os diretos sobre ditas terras. Aliás, a marcha histórica dos acontecimentos demonstrou que as terras do "sertão" não foram respeitadas, sendo os territórios indígenas seguidamente invadidos e expropriados. Também, não nos parece que o Alvará fosse, de fato, um reconhecimento inequívoco das posses indígenas sobre suas terras. É importante registrar que o Alvará se dirige "para que os ditos Gentios, que *assim descerem*, e os mais, que há de presente, melhor se conservem nas Aldeias: *hei por bem que senhores de suas fazendas, como o são no Sertão, sem lhe poderem ser tomadas*, nem sobre elas se lhe fizer moléstia".

Havia um reconhecimento que para os indígenas que "assim descerem", isto é que se dirigissem para as aldeias, vilas ou cidades, ser-lhes-ia reconhecida a condição de senhores de suas fazendas, sem lhes poderem ser tomadas. Entretanto, não nos parece que houve um reconhecimento tácito de que os indígenas tiveram totalmente reconhecidas as suas posses "no Sertão". Era uma situação de fato que a Coroa Portuguesa não conseguia reverter inteiramente e mais, mesmo a partir de tal Alvará, as terras indígenas continuaram a ser incorporadas à colônia e posteriormente ao Estado Nacional Brasileiro.

Contudo, a objetividade da norma ultrapassa os desejos do seu autor. Reconheceram-se os direitos dos índios aldeados e, em relação aos que habitavam os "sertões", foi declarado: "hei por bem que senhores de suas fazendas, como o são no Sertão". Ou seja, a ocupação primária dos sertões pelos indígenas foi legalmente reconhecida e aceita. Não há dúvida de que, diante das idas e vindas legislativas, não é fácil, nem tranquila, uma conclusão jurídica definitiva sobre a legislação colonial. Na oportunidade, convém relembrar a lição de Izidoro Martins Jr. (1979, p. 139), para quem: "Foi esta que aí fica, na sua singularíssima feição de labirinto, de caos, de Proteu administrativo, a extravagante legislação portuguesa sobre os índios da colônia brasileira".

Conclusão

Resumidamente e a título de conclusão, é possível se afirmar que, do ponto de vista formal, os direitos indígenas estão amplamente reconhecidos no direito brasileiro e, em especial, na Constituição Federal. Entretanto, a jurisprudência firmada por Raposa Serra do Sol dá interpretação restritiva aos direitos outorgados aos indígenas pela Constituição Federal de 1988, pois estabelece limites à sua aplicação que não podem ser extraídos do Texto Constitucional e mais: a decisão faz tábula rasa da história constitucional e legislativa do País, bem como própria jurisprudência pregressa do próprio Supremo Tribunal Federal.

Referências

ALMEIDA, M. R. C. 2010. Os Índios na História do Brasil. Rio de janeiro, Fundação Getúlio Vargas, 167p.

ALMEIDA, R. H. 1997. O Diretório dos Índios – Um projeto de "Civilização" no Brasil do Século XVIII. Brasília, Editora da Universidade de Brasília, 150p.

ANTUNES, p. B. 1985. A Propriedade Rural no Brasil. Rio de Janeiro, OAB/RJ, 150p.

ANTUNES, p. B. 1998. Ação Civil Pública, Meio Ambiente e Terras Indígenas. Rio de Janeiro, Lúmen Juris, 187p.

ANTUNES, p. B. 2019. A Convenção 169 da Organização Internacional do Trabalho na América do Sul. Rio de janeiro: Lúmen Juris, 173p.

ASCENSÃO. J. O. 1984. O Direito – Introdução e Teoria Geral. Lisboa, Calouste Gulbenkian. 3ª edição, 569p.

BOXER, C.R. 2000. A Idade de Ouro do Brasil: Dores de Crescimento de uma Sociedade Colonial (tradução de Nair de Lacerda). Rio de Janeiro, Nova Fronteira. 3ª edição, 405p.

CLASTRES, p. 1974. La Societé contre L`Etat. Lonrai, Les Éditions de Minuit, 186p.

CUNHA, M. C. 1987. Os Direitos do Índio, São Paulo, Brasiliense, 230p.

CUNHA, M. C. 2012. Índios no Brasil – História, Direitos e Cidadania. São Paulo, Claro enigma, 158p.

JOHNSON, H. B. 2018. A Colonização Portuguesa no Brasil, 1500-1580. In: BETHELL, L. (organizador). História da América Latina – América Latina Colonial (Tradução Maria Clara Cescatto), Volume I. São Paulo, EDUSP/FUNAG, p. 241-280.

MALHEIRO, A. M. p. 1867. A Escravidão no Brasil – Ensaio Histórico-Jurídico-Social. Parte 2. Rio de Janeiro, Typographia Nacional, 160p.

MARCHINI, R. S. M. 2011. A Proteção Constitucional das Terras Indígenas Brasileiras no Período Republicano: Evolução e Estagnação. São Paulo. Dissertação de Mestrado. Universidade de São Paulo – USP, 128p.

MENDES JR., J. 1912. Os Indígenas do Brasil, seus Direitos Individuais e Políticos. São Paulo, Typ. Hennes Irmãos, 86p.

MIRANDA, M.; BANDEIRA, A. 1992. Memorial Acerca da Antiga e Moderna Legislação indígena. In, SOUZA F, C. F. M. Textos clássicos sobre o direito dos povos indígenas. Curitiba, Juruá, pp. 29-58.

PERRONE-MOISÉS, B. 1998. Índios Livres e Índios Escravos – Os princípios da legislação indigenista do período colonial (séculos XVI a XVIII). In: CUNHA, M. C. (organização). História dos Índios no Brasil. São Paulo, Cia das Letras, p. 115-132.

RAMOS, A. R. 1986. Sociedades Indígenas, São Paulo, Ática, 96p.

SILVA, J. A. 2018. Parecer. In: CUNHA, M. C.; BARBOSA, S. (organizadores). Direitos dos Povos Indígenas em Disputa. São Paulo, UNESP, p. 17-42.

SOBRINHO, O. 1992. Os Silvícolas Brasileiros e a legislação Pátria – O Decreto Legislativo nº 5.484, de 1928. In: SOUZA FILHO, C. F. M. Textos clássicos sobre o direito dos povos indígenas. Curitiba, Juruá, p. 93-124.

TORRES, J. C. O. 2018. O positivismo no Brasil [recurso eletrônico]. Brasília, Câmara dos Deputados, Edições Câmara, 300p.

POLÍTICA NACIONAL DE RECURSOS HÍDRICOS

LUCIANA CORDEIRO DE SOUZA[1]

SUMÁRIO: Introdução. 1. Breve histórico da legislação de águas no Brasil. 2. Fundamentos da Política Nacional de Recursos Hídricos – PNRH. 3. Princípios da Política Nacional de Recursos Hídricos. 4. Objetivos da Política Nacional de Recursos Hídricos. 5. Instrumentos da Política Nacional de Recursos Hídricos. 5.1. Os Planos de Recursos Hídricos (art. 5º, I). 5.2. O enquadramento dos corpos d'água em classes, segundo os usos preponderantes da água (art. 5º, II). 5.3. A outorga dos direitos de uso de recursos hídricos (art. 5º, III). 5.4. Cobrança pelo uso da água (art. 5º, IV). 5.5. O Sistema de Informações sobre Recursos Hídricos – SIRH. 6. Os Comitês de Bacia Hidrográfica. 7. Das infrações e penalidades prevista na LPNRH. 7.1. Proposta de alteração da Lei 9.433/97. 8. Conclusão. 9. Bibliografia.

Introdução

Escrever sobre água[2] significa falar de vida, e a proposta deste trabalho é apresentar a legislação de recursos hídricos e seus instrumentos para conservação e proteção das águas doces brasileiras, como forma de garantia de acesso a todos a esse inestimável bem ambiental, propiciando a sadia qualidade de vida conferida pelo artigo 225 da Constituição Federal.

O Brasil possui aproximadamente 13,7% de toda água doce do planeta, distribuídas irregularmente na superfície e subsolo do vasto território nacional, que necessitam de cuidado e de um maior conhecimento técnico das características de suas inúmeras fontes, pois estamos a comprometer esta imensa riqueza hídrica.[3]

Entretanto, é fundamental esclarecer que, embora tenhamos um imenso potencial hídrico no Brasil, posto que o rio mais caudaloso do mundo e os maiores aquíferos em volume de água e em extensão territorial encontram-se em território brasileiro[4], a água

---

1. Doutora e Mestre em Direito pela Pontifícia Universidade Católica de São Paulo. Professora de Direito da UNICAMP, nas Faculdades de Ciências Aplicadas, de Tecnologia e no Instituto de Economia. Sócia Fundadora da APRODAB. Foi Coordenadora dos cursos de pós-graduação em Direito Ambiental e em Direito Imobiliário na UNIANCHIETA. Atuou como Assessora Executiva da Diretoria Jurídica da CDHU. Participou como especialista legal no Projeto Sistema Aquífero Guarani (PSAG), desenvolvido em cooperação pelo Brasil, Uruguai, Argentina e Paraguai na sede do Mercosul em Montevidéu, Uruguai, representando o estado de São Paulo. Autora das obras *Águas e sua proteção* e *Águas subterrâneas e a legislação brasileira*, ambas pela Editora Juruá.
2. Neste trabalho as expressões *água* e *recursos hídricos* são utilizadas como sinônimos, pois nem a Lei 9.433/97 distingue os termos, apesar de muitos autores diferenciá-los.
3. ANA. Agência Nacional de Águas. Disponível em: [www.ana.gov.br]. Acesso em: 08.12.2013.
4. Rio Amazonas, Aquífero Alter do Chão e Aquífero Guarani, respectivamente.

não deve ser vista como bem infinito, conforme determina a legislação que passaremos a discutir: Lei Federal 9.433, de 08 de janeiro de 1997[5], a qual institui a Política Nacional de Recursos Hídricos – PNRH, criando o Sistema Nacional de Gerenciamento de Recursos Hídricos – SNRH, ao regulamentar o inciso XIX do art. 21 da CF/88.

Afinal, não basta ter quantidade de água, importa que tenha qualidade, por isso é necessário prover segurança hídrica.

1. Breve histórico da legislação de águas no Brasil

Antes de iniciarmos a análise da referida lei que instituiu a Política Nacional de Recursos Hídricos, apresentaremos um breve histórico legislativo do direito ambiental no Brasil relativo ao assunto em debate.

O tema "águas", antes do Código Civil de 1916, somente apareceu, de forma tímida, no Brasil Colônia, em legislações esparsas como nas Ordenações Afonsinas e Filipinas – bastante avançadas para sua época, pois foram elaboradas para a Península Ibérica, que convivia com escassez de água, as quais vigoraram no Brasil à época. Assim, como tivemos a proibição, pelos holandeses, do lançamento de bagaço de cana nos rios e açudes pelos senhores de engenho; as Cartas Régias de 1796 e 1799, a primeira criando a figura do "juiz conservador das matas", e a segunda proibindo o corte da floresta e a derrubada de algumas espécies madeireiras de valor comercial; a Ordem de 09 de abril de 1809, que prometia liberdade aos escravos que denunciassem os contrabandistas de madeira (pau-brasil e tapinhoã); a Lei 317, de 1843, que previa multa e apreensão das embarcações que fossem encontradas com contrabandos de pau-brasil; e a Lei 601, chamada "Lei das Terras", que estabelecia pena de prisão de dois a seis meses e multa de "cem mil-réis" pela derrubada e queimada das matas.[6]

Sabemos que a flora é fator determinante para água em quantidade e qualidade, por isso destacamos os primórdios da legislação da flora. Dizemos que não há floresta sem água e não há água sem floresta!

O Código Civil de 1916[7] já continha dispositivos concernentes ao uso da água, visando a garantir suas qualidades naturais, contando até com a previsão de pena de indenização a quem se viu prejudicado pela sua alteração (artigos 563 e seguintes).

Em 10 de julho de 1934, tivemos o Decreto 26.643, conhecido como Código das Águas, de certa forma, inadequado para a realidade brasileira, pois seguia modelo europeu, com normas não destinadas aos interesses dos brasileiros.

Esse diploma legal revogou parte o disposto no Código Civil, classificando as águas em públicas (seriam as chamadas de uso comum e dominicais), comuns e particulares.

---

5. Disponível em: [www.planalto.gov.br/ccivil_03/leis/L9433.HTM]. Acesso em: 14.01.2014.
6. WAINER. Ann Helen. Legislação ambiental brasileira: evolução histórica do direito ambiental. São Paulo, *Revista de Direito Ambiental,* v. 0, p. 158-169, jan.-dez. 1996.
7. O tema *Das águas* era estabelecido tanto na Parte Geral, Livro II (Dos bens), Título Único (Das diferentes classes de bens), Capítulo III (Dos bens públicos e particulares) como na Parte Especial, Livro II (Direito das coisas), Título II (Da propriedade), Capítulo II (Da propriedade imóvel), Seção V (Das águas – artigos 563 a 568, e Do direito de construir – artigos 584 e 585).

Essa Lei já tratava da poluição dos recursos hídricos. Cabe-nos anotar que inúmeros artigos do Código de Águas não foram recepcionados pela atual Constituição Federal, e apesar de não terem sido expressamente revogados, carecem de constitucionalidade.

Já o Código Penal estabeleceu, em seus artigos 270 e 271, a ocorrência de crime para o caso de envenenamento, corrupção ou poluição de água potável. Ressaltamos que, quando o Código Penal foi elaborado em 1945, todos os rios tinham águas límpidas, então poderiam ser facilmente caracterizadas como potáveis, porém hoje não se poderia aplicar esses artigos pela falta do tipo penal, já que os nossos cursos d'água se encontram poluídos e/ou semipoluídos. No entanto, no que tange as águas subterrâneas, dada a potabilidade da maioria de suas fontes, há possibilidade de conferir aplicabilidade a esses dispositivos penais.

Nesta esteira, a Lei 10.406, de 10 de janeiro de 2002, ao instituir o novo Código Civil brasileiro, que entrou em vigor em 11 de janeiro de 2003, trata do tema *águas* tanto na Parte Geral[8] como na Parte Especial.[9] Porém, infelizmente, esse Diploma repetiu a

> [...] visão do século passado (que tinha como substrato ideológico o século XIX), como se as normas do século XXI, principalmente para o Brasil e em face de sua estrutura de águas, pudessem continuar adstritas a valores bem como a concepções pensadas e criadas em momento histórico e dentro de uma cultura absolutamente diferente do momento e cultura dos dias atuais.[10]

Complementa o autor,

> [...] é de causar estranheza o "retorno" do tratamento da água na "evolução legislativa", superadas as visões do Código Civil de 1916 e do Código de Águas (Decreto 26.643/34), para o "Direito Civil das Coisas", desconsiderando, inclusive a importância desse precioso bem ambiental inclusive como produto em face das relações jurídicas de consumo existentes em países de estrutura jurídica capitalista como o Brasil (art. 3º, § 1º, da Lei 8.078/90).[11]

Assim, devemos assinalar a inconstitucionalidade dos referidos artigos do Código Civil, tendo em vista a natureza jurídica do bem ambiental água.

Com o advento da Constituição Federal de 1988[12], o meio ambiente foi erigido à cláusula pétrea, abarcando todos os seus aspectos e criando a responsabilização penal, civil e administrativa do poluidor, ainda que pessoa jurídica. Dessa forma, tutelou o *bem*

---

8. Livro II (Dos bens), Título Único (Das diferentes classes de bens), Capítulo III (Dos bens públicos) – artigos 99, I, e 100.
9. Livro III (Direito das coisas), Título III (Da propriedade), Capítulo V (Dos direitos de vizinhança), Seção V (Das águas) e Seção VII (do direito de construir) – artigos 1.288 a 1.296, 1.309 e 1.310.
10. FIORILLO, Celso Antonio Pacheco. Águas no Novo Código Civil (Lei 10.406/02). In: *Direito, Água e Vida*, p. 402.
11. FIORILLO, Celso Antonio Pacheco. Op. cit., p. 407.
12. Art. 225. Todos têm direito ao meio ambiente ecologicamente equilibrado, bem de uso comum do povo e essencial à sadia qualidade de vida, impondo-se ao Poder Público e à coletividade o dever de defendê-lo e preservá-lo para as presentes e futuras gerações.
    § 1º – Para assegurar a efetividade desse direito, incumbe ao Poder Público:
    I – preservar e restaurar os processos ecológicos essenciais e prover o manejo ecológico das espécies e ecossistemas;
    II – preservar a diversidade e a integridade do patrimônio genético do País e fiscalizar as entidades dedicadas à pesquisa e manipulação de material genético;

ambiental água em toda a sua amplitude, posto que o art. 21, XIX, disciplina a competência da União para legislar as águas e o art. 26, I, lista as águas subterrâneas como bens dos Estados, no sentido de conferir atribuição constitucional a esses entes federados no legislar e gerir as águas subterrâneas.

Quanto à natureza jurídica do bem ambiental ou dos bens ambientais, como prefere dizer a doutrina brasileira dominante, não há divergências. Trata-se de um bem difuso, um bem protegido por um direito que visa a assegurar um interesse transindividual, de natureza indivisível, de que sejam titulares pessoas indeterminadas e ligadas por circunstâncias de fato.[13]

Assim, frisamos que a água doce, onde quer que se encontre – na superfície, no subsolo ou na atmosfera – em razão do ciclo hidrológico, *é um bem difuso, sua titularidade é indivisível, ou seja, é um bem que pertence a todos e a ninguém em especial.*

2. Fundamentos da Política Nacional de Recursos Hídricos – PNRH

A Política Nacional de Recursos Hídricos[14], ao regulamentar o inciso XIX do art. 21 da Constituição Federal baseia-se nos seguintes fundamentos constantes do seu artigo 1º: a água é um bem de domínio público; a água é um recurso natural limitado, dotado de valor econômico; em situações de escassez, o uso prioritário dos recursos hídricos é o

---

III – definir, em todas as unidades da Federação, espaços territoriais e seus componentes a serem especialmente protegidos, sendo a alteração e a supressão permitidas somente através de lei, vedada qualquer utilização que comprometa a integridade dos atributos que justifiquem sua proteção;

IV – exigir, na forma da lei, para instalação de obra ou atividade potencialmente causadora de significativa degradação do meio ambiente, estudo prévio de impacto ambiental, a que se dará publicidade;

V – controlar a produção, a comercialização e o emprego de técnicas, métodos e substâncias que comportem risco para a vida, a qualidade de vida e o meio ambiente;

VI – promover a educação ambiental em todos os níveis de ensino e a conscientização pública para a preservação do meio ambiente;

VII – proteger a fauna e a flora, vedadas, na forma da lei, as práticas que coloquem em risco sua função ecológica, provoquem a extinção de espécies ou submetam os animais a crueldade.

§ 2º – Aquele que explorar recursos minerais fica obrigado a recuperar o meio ambiente degradado, de acordo com solução técnica exigida pelo órgão público competente, na forma da lei.

§ 3º – As condutas e atividades consideradas lesivas ao meio ambiente sujeitarão os infratores, pessoas físicas ou jurídicas, a sanções penais e administrativas, independentemente da obrigação de reparar os danos causados.

§ 4º – A Floresta Amazônica brasileira, a Mata Atlântica, a Serra do Mar, o Pantanal Mato-Grossense e a Zona Costeira são patrimônio nacional, e sua utilização far-se-á, na forma da lei, dentro de condições que assegurem a preservação do meio ambiente, inclusive quanto ao uso dos recursos naturais.

§ 5º – São indisponíveis as terras devolutas ou arrecadadas pelos Estados, por ações discriminatórias, necessárias à proteção dos ecossistemas naturais.

§ 6º – As usinas que operem com reator nuclear deverão ter sua localização definida em lei federal, sem o que não poderão ser instaladas.

13. PIVA, Rui Carvalho. *Bem Ambiental*, p. 114-116.
14. A LPNRH foi inspirada na Lei Francesa de Águas, sobre a construção desta Lei, consulte nossa obra *Águas e sua proteção*, da editora Juruá.

consumo humano e a dessedentação de animais; a gestão dos recursos hídricos deve sempre proporcionar o uso múltiplo das águas; a bacia hidrográfica é a unidade territorial para implementação da Política Nacional de Recursos Hídricos e atuação do Sistema Nacional de Gerenciamento de Recursos Hídricos; e a gestão dos recursos hídricos deve ser descentralizada e contar com a participação do Poder Público, dos usuários e das comunidades.

Listados os fundamentos, cabe-nos apresentar uma breve discussão sobre cada um deles para que possamos entender as bases estruturantes desta importante lei ambiental.

Inicialmente cabe observar que, ao considerar *a água como um bem de domínio público*[15], tendo em vista a sua natureza jurídica de bem difuso, poderíamos até considerar a inconstitucionalidade do inciso I, do artigo 1º, desta Lei[16], *in verbis*, pois a expressão *domínio*, no caso, corresponde *a propriedade*, tanto em direito civil (que, predominantemente, refere-se às relações entre particulares) como em direito administrativo (que rege as relações referentes ao Poder Público, a Administração Pública). Inclusive, o atual Código Civil substituiu a expressão domínio pela expressão propriedade.

> "Art. 1º A Política Nacional de Recursos Hídricos baseia-se nos seguintes fundamentos:
> I – a água é um bem de domínio público"

Para a expressão domínio público, utilizada no inciso supracitado da Lei em discussão, encontramos a seguinte definição jurídica: "É a propriedade das coisas das pessoas de Direito Público, isto é, da União, dos Estados e Municípios"[17].

Destacamos ainda, a definição existente na obra do Prof. Hely Lopes Meirelles[18]:

> O conceito de domínio público não é uniforme na doutrina, mas os administrativistas concordam em que tal domínio, como direito de propriedade, só é exercido sobre os bens pertencentes às entidades públicas e, como poder de Soberania interna, alcança tanto os bens públicos como as coisas particulares de interesse coletivo.

Decerto que a dominialidade pública da água, afirmada na Lei 9.433/97, não transforma o Poder Público federal e/ou estadual em proprietário da água, mas, no interesse de todos, torna-os *gestores* desse bem.

Entretanto, ao compulsarmos a Lei da Política Nacional de Recursos Hídricos,

> [...] concluímos pela existência de uma inconstitucionalidade no art. 1º, inciso I, da Lei 9.433/97, tendo em vista que a *água* é um bem difuso, sua titularidade é indivisível, é um bem que pertence a todos e a ninguém em especial, o que significa total e absoluta incompatibilidade com a natureza jurídica que a referida lei lhe concedeu. Um bem ambiental, ou seja, difuso, não pode ser tratado como público. Acreditamos, sim, que faltou ao legislador técnica jurídica para a construção desse artigo, pois, ao longo da lei, pudemos perceber que o legislador na verdade referia-se à administração do bem difuso pelo Estado; o uso deve ser gerido para ser racional[19].

---

15. Idem.
16. Lei 9.433/97: Art. 1º A Política Nacional de Recursos Hídricos baseia-se nos seguintes fundamentos:
    I – a água é um bem de domínio público.
17. NAÚFEL, José. *Novo Dicionário Jurídico Brasileiro*, p. 493.
18. MEIRELLES, Hely Lopes. *Direito Administrativo Brasileiro*, p. 476-477.
19. SOUZA, Luciana Cordeiro de. *Águas e sua proteção*, p. 110.

Tendo em vista a conceituação da água como "bem de uso comum do povo", conforme dispõe a CF/88, afirma Machado[20] que

> [...] o uso da água não pode ser apropriado por uma só pessoa física ou jurídica, com exclusão absoluta dos outros usuários em potencial; o uso da água não pode significar a poluição ou a agressão desse bem; o uso da água não pode esgotar o próprio bem utilizado e a concessão ou a autorização (ou qualquer tipo de outorga) do uso da água deve ser motivada ou fundamentada pelo gestor público.

Ao declarar que a *água é um recurso natural limitado, dotado de valor econômico* (inciso II), o legislador, na verdade, afirma a finitude e a vulnerabilidade do bem ambiental água, bem como reconhece seu valor econômico, para além de servir como indutor do uso racional, possibilitar a cobrança pelo uso da água[21]. Sendo essa declaração apropriada, uma vez que a distribuição da água no território nacional se mostra de forma desigual e irregular, apresentando quadros de estresse e de escassez de água[22].

O legislador estabelece que *em situações de escassez, o uso prioritário dos recursos hídricos é para o consumo humano e a dessedentação de animais* (inciso III), destacando, assim, os usos mais nobres da água, posto que a vida é o maior dos direitos. Dessa forma não predominou a visão antropocêntrica presente no direito ambiental brasileiro, mas uma visão biocêntrica no estabelecimento desse fundamento ao priorizar seu uso para tais finalidades.

No entanto, cabe anotar que, por diversas vezes, acompanhamos os noticiários sobre situações de escassez no país e verificamos que essa priorização não é respeitada, as indústrias e outras atividades produtivas continuam sendo abastecidas em detrimento da população que deixa de receber água para seu consumo e de seus animais[23].

A gestão dos recursos hídricos deve sempre proporcionar o uso múltiplo das águas (inciso IV), a priorização nessa gestão é o consumo humano e a dessedentação animal, porém diversos são os usos que podemos atribuir a água, e a gestão a ser proporcionada deve contemplar usos múltiplos além do abastecimento humano e a dessedentação animal, como irrigação na agricultura, hidroeletricidade, abastecimento industrial, recreação e turismo, navegação, pesca e aquicultura, entre outras tantas atividades que requerem o uso da água. Aliás, se pararmos para pensar, tudo e para tudo há necessidade de água.

Conforme informações da Agência Nacional de Águas[24], as demandas por água para os mais variados usos vêm aumentando, e com isso o número de conflitos de interesses

---

20. MACHADO, Paulo Affonso Leme. *Direito Ambiental Brasileiro*, p. 351-353.
21. A cobrança pelo uso da água é uma das ferramentas de gestão que será estudada.
22. Dados comprovam que menos de 1000 m³ per capita/ano já representa uma condição de *estresse de água*, e que menos de 500 m³/hab/ano já significa *escassez de água*, e que, em 1990, em 18 países a disponibilidade social de água nos rios já era inferior a 1000 m³, e que essa situação de estresse de água nos rios deverá atingir 30 países em 2025, afirma REBOUÇAS, Aldo. *Águas Doces no Brasil*, p. 19.
23. E sobre isso não encontramos ações judiciais!
24. Para garantir os usos múltiplos da água, a Agência Nacional de Águas trabalha para prevenir ou minimizar os efeitos de secas e inundações, por meio de sua Sala de Situação. Disponível em: [www2.ana.gov.br/Paginas/institucional/SobreaAna/UsosMultiplos.aspx]. Acesso em: 13.01.2014.

envolvendo a água também cresceu, fazendo com que a ANA atue para mediar tais conflitos no Brasil, que podem contrapor diversos setores, como: elétrico e hidroviário, saneamento e turismo, irrigação e elétrico etc. Os dados de 2020 revelam 223 "zonas de tensão" permanentes de disputa por recursos hídricos em todo o país, sendo que em 2010, eram apenas 30 localidades com registro semelhante.

Em outro levantamento[25], constatou-se 63 mil Boletins de Ocorrência (BOs) abertos em delegacias nos últimos cinco anos, relacionados diretamente por conflitos pela água. As desavenças se multiplicam e estão presentes em áreas no Amazonas, Bahia, Goiás, Mato Grosso, Mato Grosso do Sul, Minas Gerais, São Paulo, Pará, Paraíba, Pernambuco, Tocantins e Distrito Federal.

Neste sentido, um alerta da Organização para a Cooperação e Desenvolvimento Econômico (OCDE) aponta aumento de 55% da demanda mundial por água até 2050 diante de mais de 9,1 bilhões de habitantes no planeta, sendo que 40% dessas pessoas viverão em regiões com situação de estresse hídrico[26].

Por isso, a gestão dos recursos hídricos e a implementação do saneamento precisam ganhar impulso e se tornar uma política de Estado permanente, pois a falta de água não afeta apenas as populações mais pobres. A água é um recurso essencial para o desenvolvimento econômico e social de um país.

A bacia hidrográfica é a unidade territorial para implementação da Política Nacional de Recursos Hídricos e atuação do Sistema Nacional de Gerenciamento de Recursos Hídricos (inciso V), numa proposta de descentralização desta gestão aliada ao fato dos componentes ambientais territoriais, a bacia hidrográfica passa a ter um papel fundamental para efetivação desta Lei.

A bacia hidrográfica é a região limitada pelos divisores de água, formada por um rio principal e seus afluentes. Bacia hidrográfica, bacia de drenagem ou bacia fluvial é o conjunto das terras drenadas por um rio e por seus afluentes[27].

---

25. Publicado em fevereiro de 2020 pelo jornal O Estado de S. Paulo. Inclusive, durante o colapso de água na região sudeste no período de 2013-2014 em São Paulo houve até registro de B.O. por ocorrência por furto de água de caixas d'água em residências.
26. OECD. *Environment at a glance*, 2020, p. 33 - 40. Disponível em https://www.oecd.org/environment/environment-at-a-glance/.
27. *Novo Dicionário Aurélio da Língua Portuguesa*. 2. ed. Editora Nova Fronteira, p. 276.

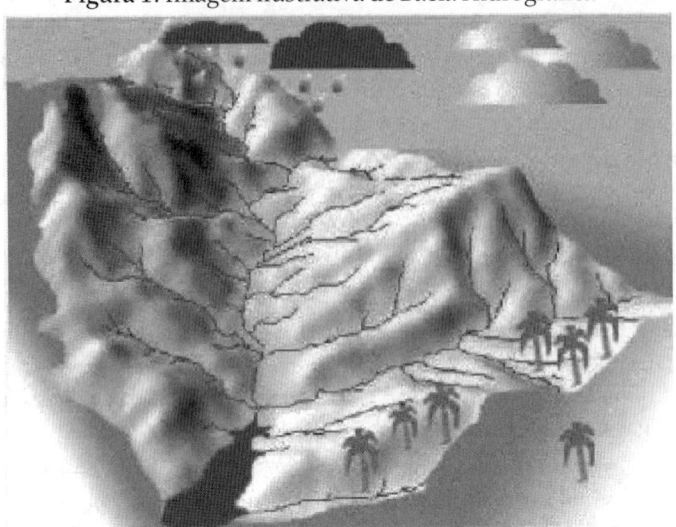

Figura 1. Imagem ilustrativa de Bacia Hidrográfica[28]

Tendo-se os limites da bacia como o que define o perímetro da área a ser planejada, fica mais fácil fazer o confronto entre as disponibilidades e as demandas, essenciais para o estabelecimento do balanço hídrico.[29]

Ao conhecer a disponibilidade da água superficial e subterrânea, é possível planejar seu uso para os mais diversos fins, bem como implantar medidas de proteção, preservação e conservação no território da bacia hidrográfica.

A gestão dos recursos hídricos deve ser descentralizada e contar com a participação do Poder Público, dos usuários e das comunidades (inciso VI): significa que as decisões e as ações devem ocorrer no âmbito da Bacia Hidrográfica, tanto que o artigo 38, inciso II, indica que os conflitos pelo uso da água têm sua 1ª Instância no Comitê da Bacia Hidrográfica respectiva, ou seja, o Judiciário é acionado depois de esgotadas as esferas administrativas. Quanto à gestão participativa, a legislação que estamos estudando traz textualmente a composição dos Comitês de Bacia Hidrográfica, constituindo um método que enseja aos usuários, a sociedade civil organizada, as ONGs e outros agentes interessados a possibilidade de influenciar no processo de tomada de decisões, permitindo um efetivo controle social na gestão das águas do Brasil, ou seja, possibilita que todos segmentos da sociedade se tornem protagonistas neste processo.

3. Princípios da Política Nacional de Recursos Hídricos

Os fundamentos anteriormente explicitados constituem-se em princípios dessa Lei, assim temos:

– Adoção da bacia hidrográfica como unidade de planejamento;
– Usos múltiplos da água;

---

28. Disponível em: [www.eco.unicamp.br/nea/Gestao_Bacia/]. Acesso em: 23.11.2011.
29. SETTI, Arnaldo (et al.). *Introdução ao Gerenciamento de Recursos Hídricos*, p. 78.

– Reconhecimento da água como bem finito e vulnerável; e
– Gestão descentralizada e participativa.

Cabe salientar que no Brasil, apesar da legislação ter reconhecido que a água é um recurso natural limitado e vulnerável, dotado de valor econômico, ainda predomina a cultura da água como bem infinito, fazendo com que a demanda de água aumente rapidamente, sendo largamente consumida nos diferentes usos. Segundo a ANA[30], a irrigação consome 46%; os usos urbanos 11%; o uso animal 11%, o uso industrial 7%; e o uso rural consome 2%. Entretanto, vale ressalvar que estes números representam a média nacional, pois há bacias hidrográficas nas quais a vilã é a indústria, e não a irrigação; como é o caso da bacia hidrográfica do Alto Tietê, no estado de São Paulo.

4. Objetivos da Política Nacional de Recursos Hídricos

O artigo 2º da Lei traça os objetivos almejados também pela Política Nacional do Meio Ambiente – Lei 6.938/81, quais sejam:

– Assegurar à *atual e às futuras gerações* a necessária disponibilidade de água, em padrões de qualidade adequados aos respectivos usos;

– A utilização racional[31] e integrada dos recursos hídricos, incluindo o transporte aquaviário, com vistas ao *desenvolvimento sustentável*[32];

– *A prevenção e a defesa* contra eventos hidrológicos críticos de origem natural ou decorrentes do uso inadequado dos recursos naturais.

E, nos artigos 3º e 4º, *in verbis*, encontram-se as diretrizes para implementação da Política proposta e a necessária integração dos entes federativos (União e estados) para este fim.

Art. 3º Constituem diretrizes gerais de ação para implementação da Política Nacional de Recursos Hídricos:

I – a gestão sistemática dos recursos hídricos, sem dissociação dos aspectos de quantidade e qualidade;

II – a adequação da gestão de recursos hídricos às diversidades físicas, bióticas, demográficas, econômicas, sociais e culturais das diversas regiões do País;

III – a integração da gestão de recursos hídricos com a gestão ambiental;

IV – a articulação do planejamento de recursos hídricos com o dos setores usuários e com os planejamentos regional, estadual e nacional;

V – a articulação da gestão de recursos hídricos com a do uso do solo;

VI – a integração da gestão das bacias hidrográficas com a dos sistemas estuarinos e zonas costeiras.

Art. 4º A União articular-se-á com os Estados tendo em vista o gerenciamento dos recursos hídricos de interesse comum.

---

30. ANA. *Relatório de Disponibilidade e Demandas de Recursos Hídricos no Brasil*, p. 26.
31. Há uma corrente que critica a palavra *racional*, apontando que o correto seria a expressão *adequada*, pois esta utilização deve-se *adequar* às normas técnicas e jurídicas para atingir o almejado desenvolvimento sustentável, enquanto que racional vem de razão.
32. Desenvolvimento sustentável: a defesa do meio ambiente é um dos princípios que norteiam a ordem econômica (CF, art. 170, *caput*, IV).

5. Instrumentos da Política Nacional de Recursos Hídricos

O estabelecimento de cinco instrumentos da Política para a consecução dos objetivos e diretrizes propostos devem ser considerados como os aspectos mais relevantes dessa Lei, e esses são encontrados no art. 5º, *in verbis*, a seguir descritos:

> Art. 5º São instrumentos da Política Nacional de Recursos Hídricos:
> I – os Planos de Recursos Hídricos;
> II – o enquadramento dos corpos de água em classes, segundo os usos preponderantes da água;
> III – a outorga dos direitos de uso de recursos hídricos;
> IV – a cobrança pelo uso de recursos hídricos;
> V – a compensação a municípios; (VETADO)
> VI – o Sistema de Informações sobre Recursos Hídricos.

5.1. Os Planos de Recursos Hídricos (art. 5º, I)

Os planos de recursos hídricos são planos diretores que visam a fundamentar e orientar a implementação da Política Nacional de Recursos Hídricos e o gerenciamento dos recursos hídricos, e são elaborados por bacia hidrográfica, por estado e para o país.

O conteúdo mínimo encontra-se estabelecido na PNRH, sendo obrigatório que apresente o diagnóstico da situação atual dos recursos hídricos; a análise de alternativas de crescimento demográfico, de evolução de atividades produtivas e de modificações dos padrões de ocupação do solo; o balanço entre disponibilidades e demandas futuras dos recursos hídricos, em quantidade e qualidade, com identificação de conflitos potenciais; as metas de racionalização de uso, aumento da quantidade e melhoria da qualidade dos recursos hídricos disponíveis; as medidas a serem tomadas, programas a serem desenvolvidos e projetos a serem implantados, para o atendimento das metas previstas; prioridades para outorga de direitos de uso de recursos hídricos; as diretrizes e critérios para a cobrança pelo uso dos recursos hídricos; e, as propostas para a criação de áreas sujeitas a restrição de uso, com vistas à proteção dos recursos hídricos.

Tecnicamente, são documentos programáticos para o setor no espaço de cada bacia hidrográfica. Trata-se de trabalho de profundidade, não só de atualização das informações regionais que influenciam a tomada de decisão na região da bacia hidrográfica, mas também que procura definir, com clareza, a repartição das vazões entre os usuários[33].

O Plano Nacional de Recursos Hídricos é um processo que deve ser conduzido de forma progressiva, em fases de gradativo aperfeiçoamento. Deve buscar oferecer subsídios para defesa e prevenção contra eventos hidrológicos[34].

É importante anotar que o Plano Nacional de Recursos Hídricos se traduz numa somatória dos planos estaduais, que por sua vez contemplam os planos de bacias hidrográficas, ou seja, representa o mapeamento mais fidedigno dos recursos hídricos no país.

O objetivo geral do Plano é

> [...] estabelecer um pacto nacional para a definição de diretrizes e políticas públicas voltadas para a melhoria da oferta de água, em quantidade e qualidade, gerenciando as demandas e considerando

---

33. SETTI, Arnaldo (et al.). *Introdução ao Gerenciamento de Recursos Hídricos*, p. 79.
34. Disponível em: [pnrh.cnrh-srh.gov.br]. Acesso em: 28.11.2011.

ser a água um elemento estruturante para a implementação das políticas setoriais, sob a ótica do desenvolvimento sustentável e da inclusão social.

Os objetivos específicos são assegurar:

1) a melhoria das disponibilidades hídricas, superficiais e subterrâneas, em qualidade e quantidade;
2) a redução dos conflitos reais e potenciais de uso da água, bem como dos eventos hidrológicos críticos; e
3) a percepção da conservação da água como valor socioambiental relevante.

O Ministério do Meio Ambiente é responsável pela coordenação do PNRH, sob acompanhamento da Câmara Técnica do Plano Nacional de Recursos Hídricos (CTPNRH/-CNRH). Contudo, para que o instrumento seja implementado, deve antes ser pactuado entre o Poder Público, o setor usuário[35] e a sociedade civil.

Devido a seu caráter nacional, o PNRH é adequado periodicamente às realidades das Regiões Hidrográficas, por revisões que aperfeiçoam e aprofundam temas a partir de análises técnicas e de consultas públicas. Assim, a elaboração do Plano configura um processo de estudo, diálogo e pactuação contínuos, o que resulta em "retratos" da situação dos recursos hídricos em diferentes momentos históricos.[36]

5.2. O enquadramento dos corpos d'água em classes, segundo os usos preponderantes da água (art. 5º, II)

O enquadramento dos corpos de água em classes visa a assegurar qualidade compatível com os usos mais exigentes a que forem destinados, bem como diminuir os custos de combate à poluição das águas, mediante ações preventivas permanentes.

No artigo 10 da PNRH destaca-se que as classes de corpos de água serão estabelecidas pela legislação ambiental. No entanto, conforme a Lei 6.938/81, foi atribuído ao CONAMA, por meio de Resoluções, disciplinar tais questões[37]. E, no presente caso, a Resolução CONAMA 357/05 (alterada pela CONAMA 396/08) dispõe sobre a classificação dos corpos de água e diretrizes ambientais para o seu enquadramento, bem como estabelece as condições e padrões de lançamento de efluentes, para as águas superficiais. E a Resolução CONAMA 396/08 dispõe sobre a classificação e diretrizes ambientais para enquadramento das águas subterrâneas.

Conforme a Resolução CONAMA 357/05[38], as águas doces são classificadas em cinco categorias: classe especial, classe 1, classe 2, classe 3 e classe 4, a partir do uso mais nobre, conforme descrito a seguir:

---

35. Setor usuário é o termo utilizado para os que utilizam da água para fins econômicos (atividades da indústria, de irrigação, do setor de abastecimento de água, de geração de energia etc.).
36. MMA. Disponível em: [www.mma.gov.br/agua/recursos-hidricos/plano-nacional-de-recursos-hidricos]. Acesso em: 18.01.2014.
37. Muito se discute a respeito da competência do CONAMA para edição de tais Resoluções e seu valor, em razão do caráter normativo. A discussão tem sido resolvida em favor da validade dessa competência, em função de diversos fundamentos, notadamente no que se refere ao disposto no art. 8º, VII, da Lei 6.938/81 (Lei da Política Nacional do Meio Ambiente), que dispõe ser competência do CONAMA "estabelecer normas, critérios e padrões relativos ao controle e à manutenção da qualidade do meio ambiente com vistas ao uso racional dos recursos ambientais, principalmente os hídricos". Verifique a constitucionalidade do CONAMA na Apelação 715.388-5/6-00, da Comarca de Fartura, relator Desembargador Samuel Júnior, v.u., julgamento em 09.10.2008. Disponível em: [www.tjsp.gov.br].
38. Disponível em: [www.mma.gov.br/port/conama/res/res05/res35705.pdf]. Acesso em: 24.01.2014.

Art. 4º As águas doces são classificadas em:

I – classe especial: águas destinadas:

a) ao abastecimento para consumo humano, com desinfecção;

b) à preservação do equilíbrio natural das comunidades aquáticas; e,

c) à preservação dos ambientes aquáticos em unidades de conservação de proteção integral.

II – classe 1: águas que podem ser destinadas:

a) ao abastecimento para consumo humano, após tratamento simplificado;

b) à proteção das comunidades aquáticas;

c) à recreação de contato primário, tais como natação, esqui aquático e mergulho, conforme Resolução CONAMA n.274, de 2000;

d) à irrigação de hortaliças que são consumidas cruas e de frutas que se desenvolvam rentes ao solo e que sejam ingeridas cruas sem remoção de película; e

e) à proteção das comunidades aquáticas em Terras Indígenas.

III – classe 2: águas que podem ser destinadas:

a) ao abastecimento para consumo humano, após tratamento convencional;

b) à proteção das comunidades aquáticas;

c) à recreação de contato primário, tais como natação, esqui aquático e mergulho, conforme Resolução CONAMA n. 274, de 2000;

d) à irrigação de hortaliças, plantas frutíferas e de parques, jardins, campos de esporte e lazer, com os quais o público possa vir a ter contato direto; e

e) à aquicultura e à atividade de pesca.

IV – classe 3: águas que podem ser destinadas:

a) ao abastecimento para consumo humano, após tratamento convencional ou avançado;

b) à irrigação de culturas arbóreas, cerealíferas e forrageiras;

c) à pesca amadora;

d) à recreação de contato secundário; e

e) à dessedentação de animais.

V – classe 4: águas que podem ser destinadas:

a) à navegação; e

b) à harmonia paisagística.

E a Resolução CONAMA 396/08[39] disciplina as águas subterrâneas em seis classes distintas a seguir descritas:

Art. 3º As águas subterrâneas são classificadas em:

I – Classe Especial: águas dos aquíferos, conjunto de aquíferos ou porção desses destinadas à preservação de ecossistemas em unidades de conservação de proteção integral e as que contribuam diretamente para os trechos de corpos de água superficial enquadrados como classe especial;

II – Classe 1: águas dos aquíferos, conjunto de aquíferos ou porção desses, sem alteração de sua qualidade por atividades antrópicas, e que não exigem tratamento para quaisquer usos preponderantes devido às suas características hidrogeoquímicas naturais;

III – Classe 2: águas dos aquíferos, conjunto de aquíferos ou porção desses, sem alteração de sua qualidade por atividades antrópicas, e que podem exigir tratamento adequado, dependendo do uso preponderante, devido às suas características hidrogeoquímicas naturais;

IV – Classe 3: águas dos aquíferos, conjunto de aquíferos ou porção desses, com alteração de sua qualidade por atividades antrópicas, para as quais não é necessário o tratamento em função dessas

---

39. Disponível em: [www.mma.gov.br/port/conama/legiabre.cfm?codlegi=562]. Acesso em: 29.01.2014.

alterações, mas que podem exigir tratamento adequado, dependendo do uso preponderante, devido às suas características hidrogeoquímicas naturais;

V – Classe 4: águas dos aquíferos, conjunto de aquíferos ou porção desses, com alteração de sua qualidade por atividades antrópicas, e que somente possam ser utilizadas, sem tratamento, para o uso preponderante menos restritivo; e

VI – Classe 5: águas dos aquíferos, conjunto de aquíferos ou porção desses, que possam estar com alteração de sua qualidade por atividades antrópicas, destinadas a atividades que não têm requisitos de qualidade para uso.

Outrossim, no que tange a água para consumo humano, deve-se observar a Portaria 2.914[40], de 14 de dezembro de 2011, do Ministério da Saúde, que dispõe sobre os procedimentos de controle e de vigilância da qualidade da água para consumo humano e seu padrão de potabilidade.

5.3. A outorga dos direitos de uso de recursos hídricos (art. 5º, III)

A outorga de direito de uso dos recursos hídricos é um mecanismo pelo qual o usuário recebe autorização ou concessão para fazer uso da água. A outorga de direito, juntamente com a cobrança pelo uso da água, constitui relevante elemento para o controle do uso dos recursos hídricos, contribuindo também para a disciplina desse uso[41].

O regime de outorga de direitos de uso de recursos hídricos tem como objetivos assegurar o controle quantitativo e qualitativo dos usos da água e o efetivo exercício dos direitos de acesso à água.

A PNRH lista os usos de recursos hídricos sujeitos a outorga pelo Poder Público: derivação ou captação de parcela da água existente em um corpo de água para consumo final, inclusive abastecimento público, ou insumo de processo produtivo; extração de água de aquífero subterrâneo para consumo final ou insumo de processo produtivo; lançamento em corpo de água de esgotos e demais resíduos líquidos ou gasosos, tratados ou não, com o fim de sua diluição, transporte ou disposição final; aproveitamento dos potenciais hidrelétricos; outros usos que alterem o regime, a quantidade ou a qualidade da água existente em um corpo de água.

Entretanto, o uso de recursos hídricos para a satisfação das necessidades de pequenos núcleos populacionais, distribuídos no meio rural, as derivações, captações e lançamentos considerados insignificantes e as acumulações de volumes de água consideradas insignificantes independem de outorga pelo Poder Público.

A outorga e a utilização de recursos hídricos para fins de geração de energia elétrica estarão subordinadas ao Plano Nacional de Recursos Hídricos, obedecida a disciplina da legislação setorial específica.

É importante frisar que toda outorga estará condicionada às prioridades de uso estabelecidas nos Planos de Recursos Hídricos e deverá respeitar a classe em que o corpo de água estiver enquadrado e a manutenção de condições adequadas ao transporte

---

40. Apesar de todos os parâmetros trazidos nessa Portaria, verificamos que inúmeros contaminantes presentes nas águas não constam da relação, e, portanto, não são analisados, comprometendo a qualidade da água e a saúde humana.
41. SETTI, Arnaldo (et al.). *Introdução ao Gerenciamento de Recursos Hídricos*, p. 80.

aquaviário, quando for o caso. E que a outorga de uso dos recursos hídricos deverá preservar o uso múltiplo destes.

A efetivação da outorga se dará por ato da autoridade competente do Poder Executivo Federal, dos Estados ou do Distrito Federal, podendo o Poder Executivo Federal delegar aos Estados e ao Distrito Federal competência para conceder outorga de direito de uso de recurso hídrico de domínio da União.

De acordo com o inciso IV do art. 4º da Lei Federal 9.984, de 17 de junho de 2000, compete à Agência Nacional de Águas (ANA) outorgar, por intermédio de autorização, o direito de uso de recursos hídricos em corpos de água de domínio da União, bem como emitir outorga preventiva. Também é competência da ANA a emissão da reserva de disponibilidade hídrica para fins de aproveitamentos hidrelétricos e sua consequente conversão em outorga de direito de uso de recursos hídricos.

Outrossim, por ser a outorga um direito de uso de recursos hídricos, essa poderá ser suspensa parcial ou totalmente, em definitivo ou por prazo determinado, nas seguintes circunstâncias: não cumprimento pelo outorgado dos termos da outorga; ausência de uso por três anos consecutivos; necessidade premente de água para atender a situações de calamidade, inclusive as decorrentes de condições climáticas adversas; necessidade de se prevenir ou reverter grave degradação ambiental; necessidade de se atender a usos prioritários, de interesse coletivo, para os quais não se disponha de fontes alternativas; necessidade de serem mantidas as características de navegabilidade do corpo de água.

Toda outorga de direitos de uso de recursos hídricos far-se-á por prazo não excedente a trinta e cinco anos, que poderá ser renovado em conformidade como a disponibilidade de água apurada no respectivo Plano da Bacia Hidrográfica. Importante anotar que a outorga não implica a alienação parcial das águas, que são inalienáveis, representando o simples direito de seu uso.

5.4. Cobrança pelo uso da água (art. 5º, IV)

Trata-se de instrumento essencial para criar as condições de equidade entre as forças de oferta (disponibilidade de água) e da demanda, promovendo, em consequência, a harmonia entre os usuários competidores, ao mesmo tempo em que também promove a redistribuição dos custos sociais, a melhoria da qualidade dos efluentes lançados, além de ensejar a formação de fundos financeiros para o setor[42].

De acordo com artigo 19 da PNRH, a cobrança pelo uso de recursos hídricos tem por objetivos reconhecer a água como bem econômico e dar ao usuário uma indicação de seu real valor; incentivar a racionalização do uso da água; e, obter recursos financeiros para o financiamento dos programas e intervenções contemplados nos planos de recursos hídricos.

A cobrança incidirá sobre todos aqueles usuários que, de alguma forma, alteram o regime, na quantidade e na qualidade da água existente em um corpo hídrico quer seja superficial ou subterrâneo e encontra-se intimamente atrelada à outorga.

---

42. SETTI, Arnaldo (et al.). *Introdução ao Gerenciamento de Recursos Hídricos*, p. 80.

Segundo o artigo 20 da Lei, todos os usuários sujeitos à outorga serão cobrados. Portanto, a base de cálculo para a cobrança é a vazão outorgada. Uma das vantagens da integração entre a cobrança e a outorga é a facilidade de controle, a colaboração dos usuários na fiscalização e a facilidade de aceitação da cobrança pelos usuários. Não sendo, porém, cobrado aqueles usos considerados insignificantes definidos pelo Comitê da respectiva bacia ou região hidrográfica.

A fixação dos valores a serem cobrados pelo uso dos recursos hídricos deve ser observada, entre outros, nas derivações, captações e extrações de água, o volume retirado e seu regime de variação; e, nos lançamentos de esgotos e demais resíduos líquidos ou gasosos, o volume lançado e seu regime de variação e as características físico-químicas, biológicas e de toxidade do afluente.

Os recursos arrecadados com a cobrança serão aplicados na bacia de origem na implementação das obras estruturais e não estruturais contidas no programa de investimento do respectivo Plano de Recursos Hídricos da bacia hidrográfica, fomentado, dessa forma, o desenvolvimento econômico-social sustentável e melhorias no bem-estar da população da bacia[43].

5.5. O Sistema de Informações sobre Recursos Hídricos – SIRH

O SIRH tem um importante papel na gestão das águas, pois, conforme determina a PNRH, esse Sistema objetiva coordenar a gestão integrada das águas; arbitrar administrativamente os conflitos relacionados com os recursos hídricos; implementar a Política Nacional de Recursos Hídricos; planejar, regular e controlar o uso, a preservação e a recuperação dos recursos hídricos; e promover a cobrança pelo uso de recursos hídricos.

Assim, podemos enfatizar que o Sistema de Informações sobre Recursos Hídricos destina-se a coletar, organizar, criticar e difundir a base de dados relativa aos recursos hídricos, seus usos, o balanço hídrico de cada manancial e de cada bacia, provendo os gestores, os usuários, a sociedade civil e outros segmentos interessados, com as condições para opinar no processo decisório ou mesmo para tomar suas decisões[44].

Constituem-se princípios básicos para o funcionamento desse Sistema a descentralização da obtenção e produção de dados e informações, a coordenação unificada do sistema, e o acesso aos dados e informações garantido a toda a sociedade.

A seguir, apresentamos a representação do Sistema e o papel de cada um dos seus componentes:

---

43. Baseado em: [www.inga.ba.gov.br/modules/pico/index.php?content_id=35]. Acesso em: 07.05.2009.
44. SETTI, Arnaldo (et al.). *Introdução ao Gerenciamento de Recursos Hídricos*, p. 80.

Figura 2. Sistema Nacional de Gerenciamento de Recursos Hídricos[45]

[Diagrama: Formulação da Política / Implementação dos Instrumentos de Política — Âmbito / Organismos Colegiados / Administração Direta / Poder Outorgante / Entidade da Bacia. Nacional: CNRH — MMA/SRH — ANA — Comitê de Bacia — Agência de Bacia. Estadual: CERH — Secretaria de Estado — Entidades Estaduais — Comitê de Bacia — Agência de Bacia.]

- Conselhos (Nacional[46] e estadual): subsidiar a formulação da Política de Recursos Hídricos e dirimir conflitos;
- MMA/SRH: formular a Política Nacional de Recursos Hídricos e subsidiar a formulação do Orçamento da União;
- ANA: implementar o Sistema Nacional de Recursos Hídricos, outorgar e fiscalizar o uso de recursos hídricos de domínio da União;
- Órgão Estadual: outorgar e fiscalizar o uso de recursos hídricos de domínio do Estado;
- Comitê de Bacia Hidrográfica: tipo de organização inteiramente nova na administração de bens, conta com a participação dos usuários, prefeituras, sociedade civil organizada, demais níveis de governo (estaduais e federal), e destinados a agir como fórum de decisão de cada bacia hidrográfica. Tem o papel de decidir

---

45. Disponível em: [www.mma.gov.br/agua/recursos-hidricos/sistema-nacional-de-gerenciamento-de-recursos-hidricos]. Acesso em: 24.01.2014.
46. O Conselho Nacional de Recursos – CNRH – desenvolve atividades desde junho de 1998, ocupando a instância mais alta na hierarquia do Sistema Nacional de Gerenciamento de Recursos Hídricos, instituído pela Lei 9.433/97. É um colegiado composto por representantes dos Ministérios e Secretarias da Presidência da República com atuação no gerenciamento ou no uso de recursos hídricos; representantes indicados pelos Conselhos Estaduais de Recursos Hídricos; representantes dos usuários dos recursos hídricos; e representantes das organizações civis de recursos hídricos, que desenvolve regras de mediação entre os diversos usuários da água sendo, assim, um dos grandes responsáveis pela implementação da gestão dos recursos hídricos no País. Por articular a integração das políticas públicas no Brasil, é reconhecido pela sociedade como orientador para um diálogo transparente no processo de decisões no campo da legislação de recursos hídricos. O CNRH é gerido por um Presidente, que será o Ministro titular do Ministério do Meio Ambiente, dos Recursos Hídricos e da Amazônia Legal; e um Secretário Executivo, que será o titular do órgão integrante da estrutura do Ministério do Meio Ambiente, dos Recursos Hídricos e da Amazônia Legal, responsável pela gestão dos recursos hídricos.

sobre o Plano de Recursos Hídricos (quando, quanto e para que cobrar pelo uso de recursos hídricos);

- Agência de Água[47]: organismo inteiramente novo, destinado a gerir os recursos oriundos da cobrança pelo uso da água. Verdadeiro escritório técnico do comitê de Bacia.

6. Os Comitês de Bacia Hidrográfica

Os Comitês de Bacia Hidrográfica são os fóruns de debates para efetivação da gestão centralizada dos recursos hídricos no país e, conforme disciplina a PNRH, são compostos por representantes da União, dos Estados e do Distrito Federal cujos territórios se situem, ainda que parcialmente, em suas respectivas áreas de atuação; dos Municípios situados, no todo ou em parte, em sua área de atuação; dos usuários das águas de sua área de atuação; e das entidades civis[48] de recursos hídricos com atuação comprovada na bacia. E serão dirigidos por um Presidente e um Secretário, eleitos entre seus membros.

Os Comitês de Bacia Hidrográfica terão como área de atuação a totalidade de uma bacia hidrográfica; a sub-bacia hidrográfica de tributário do curso de água principal da bacia, ou de tributário desse tributário; ou grupo de bacias ou sub-bacias hidrográficas contíguas. Sendo que a instituição de Comitês de Bacia Hidrográfica em rios de domínio da União será efetivada por ato do Presidente da República.

A competência trazida pela PNRH confere aos Comitês de Bacia Hidrográfica, no âmbito de sua área de atuação, promover o debate das questões relacionadas a recursos hídricos e articular a atuação das entidades intervenientes; arbitrar, em primeira instância administrativa, os conflitos relacionados aos recursos hídricos; aprovar o Plano de Recursos Hídricos da bacia; acompanhar a execução do Plano de Recursos Hídricos da bacia e sugerir as providências necessárias ao cumprimento de suas metas; propor ao Conselho Nacional e aos Conselhos Estaduais de Recursos Hídricos as acumulações, derivações, captações e lançamentos de pouca expressão, para efeito de isenção da obrigatoriedade de outorga de direitos de uso de recursos hídricos, de acordo com os domínios desses; estabelecer os mecanismos de cobrança pelo uso de recursos hídricos e sugerir os valores a serem cobrados; e estabelecer critérios e promover o rateio de custo das obras de uso múltiplo, de interesse comum ou coletivo.

Convém destacar que, das decisões dos Comitês de Bacia Hidrográfica, caberá recurso ao Conselho Nacional ou aos Conselhos Estaduais de Recursos Hídricos, de acordo com sua esfera de competência.

---

47. As Agências de Água exercerão a função de secretaria executiva do respectivo ou respectivos Comitês de Bacia Hidrográfica. A criação das Agências de Água será autorizada pelo Conselho Nacional de Recursos Hídricos ou pelos Conselhos Estaduais de Recursos Hídricos mediante solicitação de um ou mais Comitês de Bacia Hidrográfica.
48. São consideradas, para os efeitos da LPNRH, organizações civis de recursos hídricos: os consórcios e associações intermunicipais de bacias hidrográficas; as associações regionais, locais ou setoriais de usuários de recursos hídricos; as organizações técnicas e de ensino e pesquisa com interesse na área de recursos hídricos; as organizações não governamentais com objetivos de defesa de interesses difusos e coletivos da sociedade; bem como outras organizações reconhecidas pelo Conselho

Outro ponto importante a anotar é de que as Agências de Água exercerão a função de secretaria executiva do respectivo ou respectivos Comitês de Bacia Hidrográfica.

A criação das Agências de Água será autorizada pelo Conselho Nacional de Recursos Hídricos ou pelos Conselhos Estaduais de Recursos Hídricos mediante solicitação de um ou mais Comitês de Bacia Hidrográfica. E, entre as diversas atribuições legais das Agências de Água, destaca-se a cobrança pelo uso da água.

7. Das infrações e penalidades prevista na LPNRH

Diversas são as situações que constituem infração das normas de utilização de recursos hídricos superficiais ou subterrâneos, como derivar ou utilizar recursos hídricos para qualquer finalidade, sem a respectiva outorga de direito de uso; iniciar a implantação ou implantar empreendimento relacionado com a derivação ou a utilização de recursos hídricos, superficiais ou subterrâneos, que implique alterações no regime, quantidade ou qualidade dos mesmos, sem autorização dos órgãos ou entidades competentes; utilizar-se dos recursos hídricos ou executar obras ou serviços relacionados com os mesmos em desacordo com as condições estabelecidas na outorga; perfurar poços para extração de água subterrânea ou operá-los sem a devida autorização; fraudar as medições dos volumes de água utilizados ou declarar valores diferentes dos medidos; infringir normas estabelecidas no regulamento dessa Lei e nos regulamentos administrativos, compreendendo instruções e procedimentos fixados pelos órgãos ou entidades competentes; e obstar ou dificultar a ação fiscalizadora das autoridades competentes no exercício de suas funções.

O cometimento de qualquer das infrações listadas sujeitará o infrator, a critério da autoridade competente, às seguintes penalidades, independentemente de sua ordem de enumeração: advertência por escrito, na qual serão estabelecidos prazos para correção das irregularidades; multa, simples ou diária, proporcional à gravidade da infração, de R$ 100,00 (cem reais) a R$ 10.000,00 (dez mil reais); embargo provisório, por prazo determinado, para execução de serviços e obras necessárias ao efetivo cumprimento das condições de outorga ou para o cumprimento de normas referentes ao uso, controle, conservação e proteção dos recursos hídricos; embargo definitivo, com revogação da outorga, se for o caso, para repor *incontinenti*, no seu antigo estado, os recursos hídricos, leitos e margens, nos termos dos artigos 58 e 59 do Código de Águas[49] ou tamponar os poços de extração de água subterrânea.

Sempre que da infração cometida resultar prejuízo a serviço público de abastecimento de água, riscos à saúde ou à vida, perecimento de bens ou animais, ou prejuízos de qualquer natureza a terceiros, a multa a ser aplicada nunca será inferior à metade do valor máximo cominado em abstrato.

Da aplicação das sanções previstas neste título caberá recurso à autoridade administrativa competente, nos termos do regulamento. E em caso de reincidência, a multa será aplicada em dobro.

Nacional ou pelos Conselhos Estaduais de Recursos Hídricos. Para integrar o Sistema Nacional de Recursos Hídricos, as organizações civis de recursos hídricos devem ser legalmente constituídas.

49. Decreto 24.643/34. Disponível em: [www.planalto.gov.br]. Acesso em: 14.01.2014.

O fato da Política Nacional de Recursos Hídricos prever sanções penais e administrativas não afasta a aplicação da Lei 9.605/98 – Lei dos crimes ambientais, que, embora não possua uma seção específica sobre o tema, dispõe, no art. 54, a respeito dos crimes de poluição de qualquer natureza, notadamente o inciso III que se refere à questão hídrica.

> Art. 54. Causar poluição de qualquer natureza em níveis tais que resultem ou possam resultar em danos à saúde humana, ou que provoquem a mortandade de animais ou a destruição significativa da flora:
> Pena – reclusão, de um a quatro anos, e multa.
> § 1º Se o crime é culposo:
> Pena – detenção, de seis meses a um ano, e multa.
> [...]
> *III – causar poluição hídrica que torne necessária a interrupção do abastecimento público de água de uma comunidade;* (grifo nosso)
> [...]
> V – ocorrer por lançamento de resíduos sólidos, líquidos ou gasosos, ou detritos, óleos ou substâncias oleosas, em desacordo com as exigências estabelecidas em leis ou regulamentos:
> Pena – reclusão, de um a cinco anos.
> § 3º Incorre nas mesmas penas previstas no parágrafo anterior quem deixar de adotar, quando assim o exigir a autoridade competente, medidas de precaução em caso de risco de dano ambiental grave ou irreversível.

7.1. Proposta de alteração da Lei 9.433/97

Encontra-se em discussão na Câmara dos Deputados o Projeto de Lei 7.915/10[50], que dispõe sobre a criminalização de condutas envolvendo recursos hídricos, por meio de inclusão de tipos penais na Lei 9.433/97, de forma a acrescer o artigo 50-A, com diversos incisos, voltados também à proteção das águas subterrâneas, como perfurar poço de captação de água subterrânea sem autorização da autoridade competente; extrair água de poço de captação sem autorização da autoridade competente; lançar efluente líquido não tratado em mananciais superficiais sem autorização da autoridade competente; lançar efluente sólido, líquido ou gasoso, em poço de captação; deixar de efetuar o tamponamento de poço de captação de acordo com as normas técnicas aplicáveis, após esgotado o prazo concedido pela autoridade competente; deixar o proprietário de edificação permanente urbana de conectar seu imóvel às redes de abastecimento de água e de esgotamento sanitário disponíveis, após esgotado o prazo concedido pela autoridade competente; adotar o agente público providência contrária a deliberação do Comitê de Bacia ou do Conselho de Recursos Hídricos. Com penas que variam de seis meses a cinco anos de reclusão e multa.

8. Conclusão

Como vimos a LPNRH é voltada às águas doces do Brasil e possui diversos instrumentos que garantem sua efetividade. Nos fundamentos da Lei encontramos uma grande

---

50. Referido Projeto de Lei encontra-se em tramitação na Câmara dos Deputados, porém em seu histórico de pareceres das diversas Comissões apresenta votos de rejeição ao PL. Disponível em [www.camara.gov.br/proposicoesWeb/prop_pareceres_substitutivos_votos;jsessionid=5F--1FB573E1E5E7E6B91F4B3CFA8093EA.node2?idProposicao=486909]. Acesso em: 29.01.2014.

inovação legal com a gestão descentralizada e participativa, por meio da obrigatoriedade de que cada bacia hidrográfica desse país se torne unidade de planejamento e, por meio dos Comitês dessas bacias, ocorre a participação democrática e paritária no planejamento sobre os usos da água no seu território, bem como nas decisões para proteção e conservação dos recursos hídricos locais. No entanto, cabe ressaltar que o foco desta Lei é voltado às águas superficiais, deixando ao largo as águas subterrâneas[51] que ficam a cargo dos estados federados, mas muitos sequer legislaram sobre o tema, e que somente encontramos menção aos recursos hídricos subterrâneos nos planos de bacia hidrográfica quando se discute o instrumento da outorga.

A LPNRH é muito rica e autoexplicativa e podemos afirmar que se trata de uma das poucas leis ambientais brasileiras que possui plena efetividade.

9. Bibliografia

ANA. Panorama Nacional dos Recursos Hídricos. In: *Panorama da água no Brasil* – ANA. Disponível em: [www.ana.gov.br]. Acesso em: 08.04.2011.

ANA. *Relatório de Disponibilidade e Demandas de Recursos Hídricos no Brasil*. Brasília: ANA, 2007.

ANA. *Usos Múltiplos*. Disponível em: [www2.ana.gov.br/Paginas/institucional/SobreaAna/Usos-Multiplos.aspx]. Acesso em: 13.01.2014.

ECOUNICAMP. Disponível em: [www.eco.unicamp.br/nea/Gestao_Bacia/]. Acesso em: 23.11.2011.

FIORILLO, Celso Antonio Pacheco. Águas no novo Código Civil (Lei n. 10.406/2002). In: BENJAMIN, Antonio Herman (Org.). *Direito, Água e Vida*. São Paulo: Imprensa Oficial, 2005.

FIORILLO, Celso Antonio Pacheco. *Curso de Direito Ambiental Brasileiro*. São Paulo: Saraiva, 2010.

MACHADO, Paulo Affonso Leme. *Direito Ambiental Brasileiro*. 7. ed. São Paulo: Malheiros, 1998.

MEIRELLES, Helly Lopes. *Direito Administrativo Brasileiro*. 26. ed. atualizada por Eurico de Andrade Azevedo, Décio Balestero Aleixo e José Emmanuel Burle Filho. São Paulo: Malheiros, 2001.

MINISTÉRIO DO MEIO AMBIENTE. *Plano Nacional de Recursos Hídricos*. Disponível em: [www.mma.gov.br/agua/recursos-hidricos/plano-nacional-de-recursos-hidricos]. Acesso em: 18.01.2014.

MINISTÉRIO DO MEIO AMBIENTE. *Sistema Nacional de Gerenciamento de Recursos Hídricos*. Disponível em: [www.mma.gov.br/agua/recursos-hidricos/sistema-nacional-de-gerenciamento-de-recursos-hidricos]. Acesso em: 24.01.2014.

NAÚFEL, José. *Novo Dicionário Jurídico Brasileiro*. 7. ed. São Paulo: Parma, 1984. v. II.

PIVA, Rui. *Bem Ambiental*. São Paulo: Editora Max Limonad, 2000.

REBOUÇAS, Aldo. *Águas Doces no Brasil*. São Paulo: Escrituras, 2002.

SERPA, Flavio de Carvalho. Água. Brasil, potência hídrica do século 21. *Revista National Geographic*, edição especial, p. 52-65, abril 2011.

SETTI, Arnaldo (et al.). *Introdução ao Gerenciamento de Recursos Hídricos*. Brasília: ANEEL, ANA, 2001.

SOUZA, Luciana Cordeiro de. *Águas e sua proteção*. Curitiba: Juruá, 2004.

SOUZA, Luciana Cordeiro de. *Águas subterrâneas e a legislação brasileira*. Curitiba: Juruá, 2009.

WAINER, Ann Helen. Legislação ambiental brasileira: evolução histórica do direito ambiental. *Revista de Direito Ambiental*, São Paulo, v. 0, p. 158-169, jan.-dez. 1996.

---

51. Sobre o tema, nossa obra: *Águas subterrâneas e a legislação brasileira*, da Editora Juruá.

A POLÍTICA NACIONAL DE SANEAMENTO BÁSICO SOB O IMPACTO DO NOVO MARCO DO SANEAMENTO

José Irivaldo Alves Oliveira Silva[1]

Sumário: 1. Introdução. 2. Água como resultado de um ciclo e a crise hídrico-sanitária. 3. Bases da Política Nacional de Saneamento Básico. 4. Bases do novo marco do saneamento. 5. Algumas possibilidades acerca da inconstitucionalidade do novo marco do saneamento. 6. Considerações finais. 7. Referências.

1. Introdução

A atual quadra histórica não representa uma das melhores da humanidade. Vivencia-se um momento de profundas incertezas e crises, cujas respostas são difíceis e colocam a invenção moderna do Estado sob foco. Neste contexto tem-se o que se pode classificar como macrocrises. São três. A primeira sendo a crise ambiental, a segunda uma crise da água e a terceira uma crise sanitária. Na verdade, colocam-se as três separadamente para fins didáticos. Porém, elas estão intrinsecamente ligadas, interconectadas e umbilicalmente "amarradas". Isso justificar-se-á mais adiante.

Os habitantes da cidade e do campo sentem diretamente o efeito da crise da água e da crise sanitária, ambas influenciadas pela crise ambiental. Tem-se um problema a ser enfrentado, o acesso à água e ao saneamento. Propositadamente separa-se água de saneamento para que se possa destacar a relevância do primeiro elemento, mais básico, em todo o processo ambiental chamado de ciclo hidrológico, ou ciclo da água, ou ciclo hídrico. Mesmo que juridicamente se saiba que saneamento inclui acesso à água potável, ao esgoto tratado, à limpeza urbana, à drenagem e à disposição correta dos resíduos.

Dessa forma, o presente capítulo centra-se no seguinte problema: o novo marco do saneamento básico (Lei 14.026/2020) é uma ferramenta jurídica hábil para concretizar a universalização do acesso ao saneamento? Agora já se sabe que o saneamento que se está mencionando aqui considera simultaneamente acesso à água de boa qualidade e esgotamento tratado, cujos vértice tocam outras questões extremamente importantes para todos, como a saúde e o meio ambiente equilibrado. É importante deixar claro que se entende a discussão da água e do saneamento de forma geral conectada ao direito ambiental, como

---

1. Pós-doutor em Direito Ambiental pela UFSC, Pós-doutor em Gestão de Águas pela Universidade de Alicante, Espanha, Pós-doutor em Desenvolvimento Regional pela UEPB, Doutor em Direito pela UFPB e Doutor em Ciências Sociais pela UFCG. Pesquisa produtividade do CNPq e Professor efetivo do curso de Gestão Pública na UFCG.

matriz sociojurídica essencial para compreensão de problemas que são socioambientais e que não possuem uma natureza eminentemente técnica.

Para esse intento, elegeu-se como objetivo geral o estudo da crise hídrico-sanitária, tendo como objetivos específicos analisar o marco jurídico do saneamento; verificar que mudanças foram procedidas com a aprovação da nova lei; demonstrar de que forma essas mudanças incidirão sobre a maior parte dos municípios brasileiros. O método utilizado foi o dedutivo, seguido de pesquisa documental e bibliográfica.

O capítulo apresenta-se formado por uma parte de apresentação de dados secundários que dão conta de uma crise de acesso ao saneamento, que se classificou como crise hídrico-sanitária. Posteriormente, apresentam-se e analisam-se as bases da Política Nacional de Saneamento Básico e suas diretrizes. Apresenta-se o novo marco do saneamento e suas possíveis repercussões atreladas à extensão do município. Por fim, dedica-se uma parte do capítulo à apresentação de experiências internacionais e ao debate acerca da concessão de serviços públicos essenciais a entidades públicas e privadas, bem como às possibilidades de arguição de inconstitucionalidade da lei.

2. Água como resultado de um ciclo e a crise hídrico-sanitária

O planeta é composto essencialmente de água, sendo 97% que está nos oceanos e os 3% restantes na superfície em forma de água doce. Isso compõe uma atividade cíclica chamada de ciclo da água ou ciclo hidrológico. Mas para entendermos esse ciclo é preciso visualizar que a água é o único composto químico do Planeta a estar na Terra em três formas: gasosa (as nuvens), sólida (os glaciares) e líquida (oceanos, rios e água subterrânea) (ALLÉGRE e REIS, 1996). Essa é uma informação fundamental para pensar a água em forma cíclica no planeta e não numa forma dada. Assim define Miranda et al. (2010, p. 110) o ciclo hidrológico:

> (...) se constitui de uma sucessão de vários processos na natureza pelos quais a água inicia o seu caminho indo de um estágio inicial até retornar a posição primitiva. Este fenômeno global de circulação fechada da água entre a superfície terrestre e a atmosfera, é impulsionado fundamentalmente pela energia radiante e associado à gravidade e à rotação terrestre. Estima-se que cerca de 10% do total de vapor seja reciclado diariamente. (...).

Lima e Hanai (2017, p. 7) assim se referem ao ciclo hidrológico: "consiste no transporte e na movimentação da água entre os compartimentos ambientais, principalmente entre a superfície terrestre e a atmosfera". Faz parte dessa crise a ausência de abordagem e geração de conhecimento sobre ele revertido em políticas públicas sistêmicas. Cirelli (2012, p. 149) corrobora com a necessidade de fazer uma leitura da política ambiental a partir do ciclo da água, quando afirma que:

> (...) para ello, es necesario no solo velar por la utilización y la distribución eficiente del agua dulce sino también salvaguardar el estado de la cuenca de captación y las aguas subterráneas (antes del consumo), así como el tratamiento y la eliminación adecuada de las aguas de desecho (después del consumo). Es necesario privilegiar el conocimiento del vínculo existente entre el uso del agua y los ecosistemas que la abastecen.[2]

---

2. "(...) Para isso, é necessário não apenas garantir o uso e a distribuição eficientes da água doce, mas também salvaguardar o estado da bacia hidrográfica e das águas subterrâneas (antes do consumo), bem como o tratamento e descarte adequados da água e resíduos (após consumo). É necessário

Porém, transcreve-se uma definição, que está disponível no sítio[3] de um organismo ambiental, e retrata a beleza e complexidade desse ciclo, e como é frágil seu equilíbrio do ponto de vista das dinâmicas da própria natureza e de ações antrópicas. A figura 1 representa graficamente esse ciclo.

El ciclo del agua no se inicia en un lugar específico pero, para esta explicación, asumimos que comienza en los océanos. El sol, que dirige el ciclo del agua, calienta el agua de los océanos, la cual sube hacia la atmósfera como vapor de agua. Corrientes ascendentes de aire llevan el vapor a las capas superiores de la atmósfera, dondo la menor temperatura causa que el vapor de agua se condense y forme las nubes. Las corrientes de aire mueven las nubes sobre el globo, las partículas de nube colisionan, crecen y caen en forma de precipitación. Parte de esta precipitación cae en forma de nieve, que se llega a acumular en capas de hielo y en los glaciares -que pueden almacenar agua congelada por millones de años. En los climas más cálidos, la nieve acumulada se funde y derrite cuando llega la primavera. La nieve derretida corre sobre la superficie del terreno como agua de deshielo. La mayor parte de la precipitación cae en los océanos o sobre la tierra donde, debido a la gravedad, corre sobre la superficie como escorrentía superficial. Una parte de esta escorrentía alcanza los ríos en las depresiones del terreno; en la corriente de los ríos el agua se transporta de vuelta a los océanos. El agua de escorrentía y el agua subterránea que brota hacia la superficie se acumula y almacena en los lagos de agua dulce.[4]

Chama atenção nessa última definição a importância que o ciclo possui para a manutenção da vida nos diversos ecossistemas e para a viabilidade da vida urbana, não sendo possível proteger esse ciclo sem uma ação sistêmica no âmbito da gestão pública tendo o direito ambiental como substrato de proteção essencial e que atua nos elementos que são essenciais para a manutenção desse ciclo, especialmente protegendo e realizando a gestão correta nas bacias hidrográficas. O problema é justamente que nessas bacias têm-se as principais regiões metropolitanas conhecidas sendo onde as atividades econômicas acontecem, notadamente indústria e agricultura.

---

       privilegiar o conhecimento da ligação entre o uso da água e os ecossistemas que a abastecem. (...)" (Tradução livre).
3. Disponível em https://agua.org.mx/que-es/.
4. O ciclo da água não inicia em um local específico, mas, para essa explicação, assumimos que ele começa nos oceanos. O sol, que dirige o ciclo da água, aquece a água dos oceanos, que sobe na atmosfera como vapor de água. As correntes crescentes de ar transportam vapor para as camadas superiores da atmosfera, onde a temperatura mais baixa faz com que o vapor de água se condense e forme nuvens. As correntes de ar movem as nuvens sobre o globo, as partículas das nuvens colidem, crescem e caem na forma de precipitação. Parte dessa precipitação cai sob a forma de neve, que se acumula em camadas de gelo e geleiras – que podem armazenar água congelada por milhões de anos. Em climas mais quentes, a neve acumulada derrete quando a primavera chega. A neve derretida corre na superfície do solo como água derretida. A maior parte da precipitação cai nos oceanos ou na terra onde, devido à gravidade, corre sobre a superfície como escoamento superficial. Uma parte desse escoamento atinge os rios nas depressões da terra; no fluxo dos rios a água é transportada de volta aos oceanos. A água de escoamento e as águas subterrâneas que fluem para a superfície se acumulam e armazenam em lagos de água doce (Tradução livre).

Figura 1. Ciclo da água (ou ciclo hidrológico)
Acesse para conferir
imagem colorida

Fonte: https://agua.org.mx/que-es/.

Porém, a realidade extremamente urbanizada permite falar em ciclo urbano da água que necessita ser bem planejado e fechado. Isso significa dizer que desde a tomada da água produzida pelo ciclo hídrico gerado na natureza, por meio de chuvas que abastecem rios, aquíferos, represas e evaporação dos mares e das florestas como a amazônica, e daí essa água passa a ser recurso, dotada de valor econômico, mesmo que tenha sido concebida gratuitamente do céu, sendo represada e transferidas às casas, indústrias e outras atividades que estão conectadas com uma rede de fornecimento de água ou não. A partir daí tem-se o descarte da água utilizada, ou servida, que de alguma forma é lançada na natureza, retornando ao ciclo da água.

Essa terminologia é amplamente empregada na gestão do ciclo da água nas cidades segundo Costa Dias *et al.* (2018). Porém, segundo esses autores, embora a gestão da água dessas cidades parta do conceito de ciclo urbano da água, é preciso atentar para todas as fases deste ciclo, pois é nas cidades que esse processo realizado na natureza poderá ser comprometido, uma vez que a água utilizada retornará de algum modo ao meio ambiente precisando ser tratada eficazmente. Thomas (2016) aponta a utilização racional do ciclo da água para aproveitamento nas múltiplas atividades humanas e que foi intensamente explorado na formação de grandes aglomerados urbanos e rurais, o que resultou na necessidade de se regular um ciclo urbano[5] da água, marcado, principalmente, pelo uso de tecnologia para captação e fornecimento às cidades.

Até aqui se pode atestar uma crise de distribuição racional da água, na medida em que há um bem escasso para realizar a gestão por meio de regulação legal e por meio de outros instrumentos, num contexto de mudanças da dinâmica do próprio ciclo da água seja pela ação do homem seja pela própria natureza, resultante das mudanças nos padrões de clima, e, certamente, agravado pelo modelo existente em face do ciclo urbano da água.

O relatório da UNICEF (Fundo das Nações Unidas para as Crianças) de 2017 aponta para um quadro de crise na implementação de um satisfatório ciclo urbano da água, o que significa dar acesso adequado ao saneamento básico que inclui água potável e esgotamento sanitário, devendo ter tratamento, sem mencionar ainda a possibilidade muito distante de reuso da água (UNICEF, 2017). Foram elencados os seguintes itens principais:

- Muitos países carecem de dados sobre a qualidade dos serviços de água e saneamento. O relatório inclui estimativas para 96 países sobre água potável administrada de forma segura e 84 países com saneamento gerenciado de forma segura;
- Nos países que enfrentam conflitos ou distúrbios, as crianças têm quatro vezes menos probabilidade de usar serviços básicos de água e são duas vezes menos propensas a usar os serviços básicos de saneamento do que crianças em outros países;
- Existem grandes lacunas no serviço entre áreas urbanas e rurais. Duas em cada três pessoas com água potável gerenciada com segurança e três em cada cinco pessoas com serviços de saneamento gerenciados de forma segura e que vivem em áreas urbanas. Das 161 milhões de pessoas que utilizam águas superficiais não tratadas (de lagos, rios ou canais de irrigação), 150 milhões vivem em zonas rurais.

Portanto, ainda é uma realidade no mundo a falta de acesso à água segura para consumo e ao esgoto tratado, especialmente nas regiões mais pobres e notadamente no campo. É importante dizer que essa perspectiva de crise não é exclusiva de países mais pobres, porém, talvez seja mais aguda nesses, sendo possível constatar que mesmo em países que atingiram uma certa maturidade e organização ainda existem camadas substanciais da população que não têm acesso a esses serviços fundamentais (CASTRO, 2013). É importante atentar para a análise de Castro (2013, p. 57), pois, apesar desta ter sido baseada no relatório de 2006, no de 2017 a situação se repete.

> Os relatórios de monitoramento afirmaram que componentes políticos, institucionais e financeiros são os principais fatores explicativos dessa falha. Por exemplo, o relatório final do grupo de trabalho que monitorou os ODM[6] entre 2000 e 2005 destacou alguns problemas, tais como o descompromisso político, a fragilidade das estruturas institucionais, a lentidão nas reformas, a manipulação e clientelismo políticos e as restrições financeiras, particularmente nos países mais pobres, onde os governos não dispõem de recursos para investir e os serviços são economicamente inviáveis para grandes parcelas da população (...).

Quando se fala em crise hídrico-sanitária, remete-se a uma questão que não se restringe à água. Não se pode negar que existe uma má distribuição da água, sendo escassa

---

5. O ciclo urbano da água é formado por etapas, desde a captação de um determinado corpo de água, seja um rio ou água subterrânea ou represa, o tratamento da água, o transporte dessa água até os usuários, o descarte da água e o reuso, reincorporando-a ao ciclo urbano dessa água (MARSALEK et al., 2006).

6. Objetivos de Desenvolvimento do Milênio.

em diversas regiões do planeta, ora em razão do próprio clima, ora por problema de gestão. Essa crise é agravada pelo atual modelo de desenvolvimento que requer uma demanda cada vez maior de água.

A crise da água não tem como causas apenas fatores que estão além do alcance da racionalidade planificadora humana, tendo em consideração a ação climática existente no planeta desde sua formação. Entretanto, há fatores que são de exclusiva responsabilidade dessa racionalidade no que se refere à água. Diz respeito, justamente, à ação do homem quando intervém na natureza, seja desviando um rio, construindo represas, transportando a água em tubulações, canalizando rios, transpondo bacias hidrográficas, entre outras. A crise da água deve ser analisada sob um prisma sociopolítico e jurídico, a partir da noção de territórios hidrossociais, como uma primeira premissa para pensar a crise (Swyngedouw, 2009). Não se pode, ingenuamente, analisar a água apenas como o conjunto de rios, mares, lagos. É preciso considerar que há uma ação sócio-política e jurídica que determina sua distribuição para usos múltiplos.

Segundo Swyngedouw (2004), a distribuição de água faz parte do processo de circulação do capital, compondo a economia política que estrutura relações de poder, interferindo diretamente na organização do espaço urbano. Partindo dessa ideia, mecanismos que dificultam o acesso à água e ao saneamento ambiental poderiam ser explicados por meio da exclusão hidrossocial, uma espécie de chave para a análise social, política e jurídica. Assim, novos mecanismos de decisão, de regulação e de participação poderiam ser pensados. A abordagem hidrossocial entende a circulação da água como um processo físico e social, combinados. Seria um fluxo hibridizado em que a natureza e a sociedade se fundem de maneira inseparável, dando uma noção mais holística do fenômeno (Swyngedouw, 2004). Não seria possível compreender o processo de urbanização, desconsiderando-se os elementos citados.

Um exemplo de exclusão ao acesso à água potável e ao saneamento básico ocorre em relação às populações rurais do Brasil, sendo esses serviços ofertados a apenas 32% dessas populações (HELLER, 2016, p. 624). Essa distorção cria uma legião de pessoas excluídas em uma espécie de subcidadania. Souza (2003) aponta para a construção social de uma subcidadania periférica ou estratificada e não isonômica, atingindo diversos grupos de pessoas. Essa desigualdade alimenta o acesso diferenciado da água conforme a população seja urbana ou rural, inclusive se são brancos ou negros.

No Brasil, essa crise pode ser melhor visualizada quando se apresenta o mapa do seu território dividido com base nas bacias hidrográficas existentes pelo país, figura 2. Em seguida pode-se apresentar a figura 3 com essa mesma divisão demonstrando a eficiência da diluição dos resíduos nessas bacias, uma vez que ainda é bastante utilizado o procedimento de lançar os resíduos em corpos d'água, sendo possível segundo a legislação pátria, especificamente as resoluções do Conselho Nacional de Meio Ambiente (CONAMA), o que demonstra que não se pode falar apenas numa crise da água, mas uma crise hídrico-sanitária em virtude da inadequação das etapas do ciclo urbano da mesma.

A POLÍTICA NACIONAL DE SANEAMENTO BÁSICO | 239

Figura 2. Mapa das regiões hidrográficas brasileiras

Acesse para conferir
imagem colorida

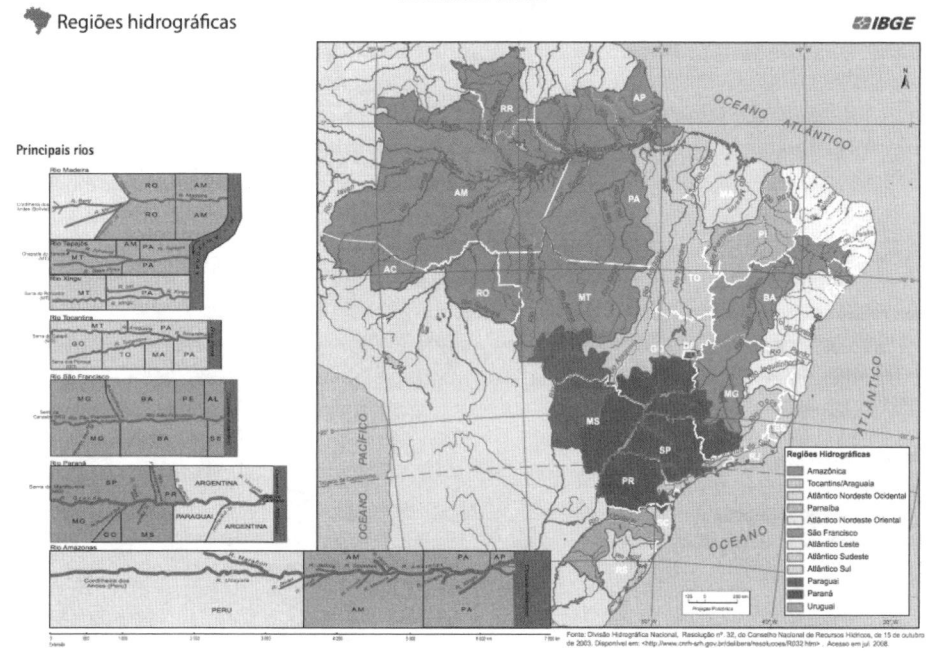

Fonte: https://atlasescolar.ibge.gov.br/images/atlas/mapas_brasil/brasil_bacias.pdf.

Figura 3. Remoção de carga de esgoto por região hidrográfica

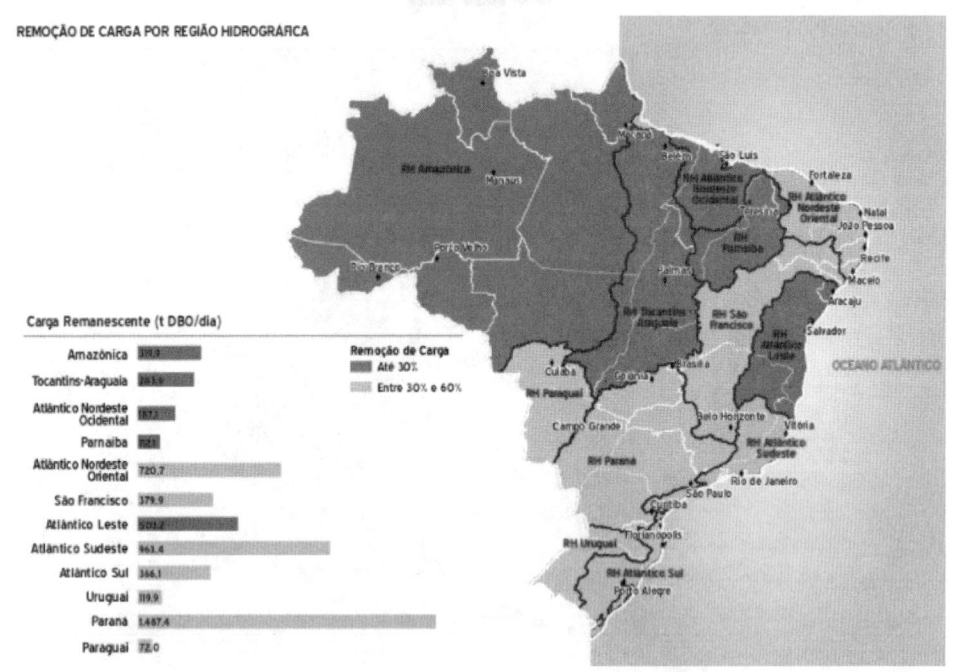

Fonte: BRASIL, ANA, 2017.

A situação não é alvissareira para o Brasil, principalmente quando se tem a intenção de cumprir as metas dos Objetivos de Desenvolvimento Sustentável (ODS), especificamente a meta 6 da universalização da água potável e esgoto tratado até 2030. A figura 3 apresenta a ineficiência do ciclo urbano da água, impactando diretamente na água advinda do ciclo natural, ou seja, das chuvas formadas pela evapotranspiração das florestas e evaporação dos mares. Vai muito além do ciclo urbano, na verdade, na medida em que o campo é deficiente no acesso à água potável, também o é em face do saneamento básico, notadamente em relação ao esgoto tratado e reutilização das águas residuais, completando assim o ciclo. Em áreas extremamente relevantes no contexto ambiental, como a bacia amazônica, a bacia do Paraná e a bacia do São Francisco, a remoção da carga de esgoto não é eficiente, comprometendo a potencialidade dos serviços ambientais fornecidos por essas bacias, em especial o fornecimento de água para as regiões metropolitanas.

Portanto, tem-se um problema que é sistêmico por essência, na medida em que se considera a água como uma só, produto do ciclo hidrológico ou ciclo da água, havendo uma interconexão bem clara entre diversas dimensões, tais como: solo, floresta, temperatura, planejamento urbano e planejamento sobre as bacias hidrográficas. Dessa forma, um planejamento mínimo sobre o saneamento deve ter como condição primordial a interconexão entre a Política Nacional de Meio Ambiente (PNMA), os Planos de Bacias Hidrográficas (PBHs), os Planos Municipais de Saneamento (PMSs), os Planos Diretores (PD, quando aplicável, os Planos Integradores das Regiões Metropolitanas (PIRM), o Plano Nacional de Recursos Hídricos (PNRH), o Plano Estadual de Recursos Hídricos (PERH) e os Planos de Saneamento Federal (PSF) e Estadual (PSE). Essas são ferramentas de planejamento e jurídicas relevantes para se pensar na elaboração de uma planificação hídrico-sanitária conectada com o meio ambiente, que deve ser a matriz de onde devem sair todas as ações para preservação da vida, que deve ser o foco de qualquer marco jurídico do saneamento. Na próxima seção abordar-se-á quais seriam as bases de uma Política Nacional de Saneamento.

A Pesquisa Nacional de Saneamento Básico realizada pelo Instituto Brasileiro de Geografia e Estatística (IBGE) atesta que se avançou no Brasil quanto ao fornecimento de água potável para as cidades e mais de 70% dos domicílios possuem acesso à rede de distribuição de água (BRASIL, 2020). O acesso à água no campo ainda é um grande gargalo e não tem sido prioridade. O relatório comprova que se coleta muito esgoto, porém, trata-se pouco. Para se ter uma ideia, a maioria das empresas de saneamento não tem a menor noção do volume de esgoto que produz, apenas estimam, ou seja, não medem sua carga de material na entrada das Estações de Tratamento (ETEs). Segundo o IBGE, pouco mais de 50% do esgoto gerado nacionalmente é tratado, e a variação regional é considerável, a exemplo da região norte que chega a pífios 16% de tratamento, sendo um território estratégico para a preservação ambiental, com destaque para a principal bacia hidrográfica da América Latina, e uma das principais do mundo.

3. Bases da Política Nacional de Saneamento Básico

Está-se abordando aqui políticas públicas consolidadas em diplomas legais já bastante conhecidos. Para além disso, embora estejam em leis separadas, não se pode tratar a Política Nacional de Meio Ambiente (Lei nº 6.938/1981), a Política Nacional de Recursos Hídricos (Lei nº 9.433/1997) e a Política Nacional de Saneamento Básico (Lei nº 11.445/2007) como áreas estanques e separadas, muito pelo contrário. O que se tem é uma sinergia legislativa muito forte que pode não se concretizar no âmbito da gestão pública, porém deve ser interpretada de modo sistêmico.

Pensa-se que a melhor interpretação desse sistema sócio, político e jurídico é a partir de uma matriz ecológica. O legislador pátrio já havia instituído na PNMA, em 1981, que um dos fundamentos da política ambiental nacional seria justamente a racionalização do uso da água (Lei nº 6.938/1981, art. 2º, inc. II). Essa, por sua vez, foi alçada à categoria de recurso ambiental, sendo as águas interiores, superficiais e subterrâneas enquadradas nessa categoria jurídico-ambiental (art. 3º, V, da PNMA). Portanto, aí tem-se a base jurídica para a compreensão do valor essencial da água como substrato da vida no planeta.

A despeito das constituições nacionais não terem em seu texto o direito à água e, por conseguinte, ao saneamento, como direito fundamental da pessoa humana, em 1988 o constituinte pátrio inaugurou uma nova ordem que formou, segundo Benjamin (2007), o Estado Constitucional Ambiental Brasileiro. Destaque-se o texto do art. 225[7] da Constituição Federal de 1988, já exaustivamente tratado no mundo jurídico nacional, especificamente as expressões "ambiente ecologicamente equilibrado" e "essencial à sadia qualidade de vida" como fundamentos de um direito ambiental com foco no desenvolvimento sustentável para as atuais e futuras gerações. Mesmo que não exista explicitamente o direito à água e ao saneamento, estas expressões garantem a essencialidade da água e do esgotamento sanitário tratado, bem como todo o processo de saneamento, no que está posto no parágrafo primeiro, inciso I: "preservar e restaurar os processos ecológicos essenciais e prover o manejo ecológico das espécies e ecossistemas". Estes processos ecológicos essenciais e o manejo ecológico necessitam primeiramente de água com qualidade apropriada.

Segundo Demange (2016), tais processos se revelam como as dinâmicas empreendidas pela própria natureza em busca de sua sobrevivência, garantindo o funcionamento dos ecossistemas e contribuindo para a salubridade e higidez do meio ambiente, sendo obrigação do poder público somar esforços no sentido de preservar a resiliência ecológica, ou seja, a capacidade da natureza de se adaptar e se recuperar de distúrbios e seguir se desenvolvendo.

Esta é a melhor interpretação *in dubio pro naturae*, uma vez que, ao preservar a água, é possível desencadear um efeito que tem repercussões nas demais dimensões do saneamento, bem como na qualidade ambiental e na saúde da sociedade. A Lei n. 11.445/2007 prevê princípios para a PNSB que têm relação direta com as outras macropolíticas aqui mencionadas, quais sejam: a universalização do acesso; integralidade, compreendida como o conjunto de atividades e componentes de cada um dos diversos serviços de saneamento que propicie à população o acesso a eles em conformidade com suas necessidades e maximize a eficácia das ações e dos resultados; disponibilidade, nas áreas urbanas, de serviços de drenagem e manejo das águas pluviais, tratamento, limpeza e fiscalização preventiva das redes, adequados à saúde pública, à proteção do meio ambiente e à segurança da vida e do patrimônio público e privado; adoção de métodos, técnicas e processos que considerem as peculiaridades locais e regionais; articulação com as políticas de desenvolvimento urbano e regional, de habitação, de combate à pobreza e de sua erradicação, de proteção ambiental, de promoção da saúde, de recursos hídricos e outras de interesse social relevante, destinadas à melhoria da qualidade de vida, para as quais o saneamento básico seja fator determinante; eficiência e sustentabilidade econômica; transparência das ações, baseada em sistemas de informações e processos decisórios institucionalizados; segurança, qualidade, regularidade e continuidade; integração das infraestruturas e dos serviços com a gestão eficiente dos recursos hídricos; redução e controle das perdas de água, inclusive na distribuição de água tratada, estímulo à racionalização de seu consumo pelos usuários; e fomento à eficiência energética, ao reuso de efluentes sanitários e ao aproveitamento de águas de chuva.

Entende-se que estas bases são a essência do saneamento básico, apesar de já ter-se a inserção de elementos no novo marco do saneamento, Lei n. 14.026/2020, cuja a

---

7. Todos têm direito ao meio ambiente ecologicamente equilibrado, bem de uso comum do povo e essencial à sadia qualidade de vida, impondo-se ao Poder Público e à coletividade o dever de defendê-lo e preservá-lo para as presentes e futuras gerações.

importância é incontestável, tais como a inserção da proteção ambiental e da conservação dos recursos naturais, a efetiva prestação do serviço para além da universalização do saneamento; a melhoria da qualidade com ganhos de eficiência e redução dos custos para os usuários. Portanto, estes são alguns elementos que incrementaram os princípios da política de saneamento. Entretanto, haverá outros a serem abordados na próxima seção quando falar-se-á dos novos parâmetros que foram inseridos por essa nova Lei, incluindo itens mais polêmicos e de eficácia incerta.

Além dessas diretrizes principiológicas da lei, é importante asseverar que o saneamento básico é considerado juridicamente como: abastecimento de água potável, esgotamento sanitário, limpeza urbana e manejo de resíduos sólidos e drenagem, incluindo o manejo das águas pluviais urbanas. Essa deve ser a compreensão jurídico-integral da atividade complexa de saneamento básico no Brasil. Segundo Purvin (2017), ainda é bastante difícil falar em eficiência das atividades componentes do saneamento básico, uma vez que a integração com a gestão de recursos hídricos não ocorre a contento, e os desastres nas bacias hidrográficas ocorrem com frequência, comprometendo mais ainda as águas dos rios já tão poluídas.

Na ótica dessa abordagem, a água é uma só e, a partir dela, se deve traçar a política conjunta de recursos hídricos e saneamento. Entretanto, como mencionado supra, o direito à água não se encontra explicitamente inserido na Constituição Federal de 1988. Daí ser necessário para o campo jurídico-ambiental extrair do texto constitucional princípios que remetam à preservação da água para a manutenção da vida. Isso também ocorre com o saneamento. Porém, no art. 196 do texto da Carta Magna, na seção II sobre a saúde, o texto tem relação direta com a imperiosa necessidade de universalização do saneamento como prevenção das condições de vida da população: a saúde é direito de todos e dever do Estado, garantido mediante políticas sociais e econômicas que visem à redução do risco de doença e de outros agravos e ao acesso universal e igualitário às ações e serviços para sua promoção, proteção e recuperação. No art. 200, da mesma seção, fica estabelecido que caberá ao Sistema Único de Saúde (SUS) participar da formulação da política e da execução das ações de saneamento básico (inc. IV, art. 200). Dessa forma, fica clara a transição de uma visão de saneamento apenas como algo relacionado com a área de infraestrutura, para uma visão ligada às medidas necessárias e estruturantes da política de saúde nacional (COÊLHO, 2017).

Segundo Coêlho (2017), o constituinte originário transferiu o saneamento para o âmbito da saúde pública, dando a ele caráter de direito constitucional voltado à promoção de melhorias na qualidade de vida da população e na qualidade do meio ambiente. Na visão de Leite *et al.* (2015), é possível perceber que essas políticas se interligam conjuntamente pela proteção do meio ambiente como base para se pensar numa Política de Recursos Hídricos que não seja isolada, mas integrada com as demais, a exemplo de uma política de ordenamento territorial, uma política do clima, uma gestão de florestas, uma política de resíduos sólidos, entre outras.

4. Bases do novo marco do saneamento

O ano de 2020 foi marcado por diversos acontecimentos importantes e impactantes nas vidas dos brasileiros. No campo jurídico, pode-se indicar a edição da Lei nº 14.026/2020 como sendo a mais relevante e que tem relação direta com o cotidiano de cada habitante desse vasto território nacional. Já foram apresentadas as diretrizes do saneamento básico que constam no marco anterior e no atual. Aqui serão destacadas as mudanças e os gargalos que podem ser indicados e que podem colocar em dúvida a aplicabilidade futura desse novo diploma legal. Para se visualizar melhor as mudanças principais, o quadro 1 apresenta as duas redações legais, a anterior e a atual.

Quadro 1. Mudanças nas diretrizes do saneamento básico nacional, art. 2º:

Redação anterior	Redação dada pelo novo marco
Universalização do acesso.	Universalização do acesso **e efetiva prestação do serviço**.
Integralidade, compreendida como o conjunto de todas as atividades e componentes de cada um dos diversos serviços de saneamento básico, propiciando à população o acesso na conformidade de suas necessidades e maximizando a eficácia das ações e resultados.	Integralidade, compreendida como o conjunto de atividades e componentes de cada um dos diversos serviços de saneamento que propicie à população o acesso a eles em conformidade com suas necessidades e maximize a eficácia das ações e dos resultados.
Abastecimento de água, esgotamento sanitário, limpeza urbana e manejo dos resíduos sólidos realizados de formas adequadas à saúde pública e à proteção do meio ambiente.	Abastecimento de água, esgotamento sanitário, limpeza urbana e manejo dos resíduos sólidos realizados de forma adequada à saúde pública, **à conservação dos recursos naturais e à proteção do meio ambiente**.
Disponibilidade, em todas as áreas urbanas, de serviços de drenagem e manejo das águas pluviais, limpeza e fiscalização preventiva das respectivas redes, adequados à saúde pública e à segurança da vida e do patrimônio público e privado.	Disponibilidade, nas áreas urbanas, de serviços de drenagem e manejo das águas pluviais, **tratamento**, limpeza e fiscalização preventiva das redes, adequados à saúde pública, **à proteção do meio ambiente** e à segurança da vida e do patrimônio público e privado.
Articulação com as políticas de desenvolvimento urbano e regional, de habitação, de combate à pobreza e de sua erradicação, de proteção ambiental, de promoção da saúde e outras de relevante interesse social voltadas para a melhoria da qualidade de vida, para as quais o saneamento básico seja fator determinante.	Articulação com as políticas de desenvolvimento urbano e regional, de habitação, de combate à pobreza e de sua erradicação, de proteção ambiental, de promoção da saúde, **de recursos hídricos** e outras de interesse social relevante, destinadas à melhoria da qualidade de vida, para as quais o saneamento básico seja fator determinante.
Utilização de tecnologias apropriadas, considerando a capacidade de pagamento dos usuários e a adoção de soluções graduais e progressivas.	**Estímulo à pesquisa, ao desenvolvimento** e à utilização de tecnologias apropriadas, consideradas a capacidade de pagamento dos usuários, a adoção de soluções graduais e progressivas e a melhoria da qualidade **com ganhos de eficiência e redução dos custos para os usuários**.
Segurança, qualidade e regularidade.	Segurança, qualidade, regularidade e **continuidade**.
Integração das infraestruturas e serviços com a gestão eficiente dos recursos hídricos.	**Redução e controle das perdas de água**, inclusive na distribuição de água tratada, estímulo à **racionalização de seu consumo** pelos usuários e **fomento à eficiência energética**, ao **reuso de efluentes sanitários** e ao **aproveitamento de águas de chuva**.

Redação anterior	Redação dada pelo novo marco
Não tinha correspondente.	Prestação regionalizada dos serviços, com vistas à geração de ganhos de escala e à garantia da universalização e da viabilidade técnica e econômico-financeira dos serviços.
Não tinha correspondente.	Seleção competitiva do prestador dos serviços.
Não tinha correspondente.	Prestação concomitante dos serviços de abastecimento de água e de esgotamento sanitário.

Fonte: elaboração própria.

O quadro 1 apresenta de forma mais clara como se procedeu à mudança no núcleo da lei. Assim se chamam os princípios inseridos explicitamente no marco legal, em relação aos quais gravitam todos os demais dispositivos. Compreende-se que o legislador fez avançar a ênfase ambiental na Lei da PNSB em termos de proteção ambiental dos recursos naturais. Entretanto, apesar de ter inserido o reuso como princípio da PNSB, como consta no quadro 1, ainda não aprofundou esta dimensão, reconhecendo-o como um dos pilares do saneamento, apesar de tê-lo inserido no conceito de esgotamento sanitário. Entende-se que, considerando a modificação do caráter renovável da água, ou seja, sua crescente escassez e diminuição da qualidade, é preciso ser mais audacioso em políticas de reuso, inserindo dispositivos que obriguem especialmente as indústrias e o setor agrícola a reutilizarem a água, uma vez que eles são os maiores consumidores.

Segundo Lima (2017) é fundamental pensar na quantidade e na qualidade da água em tempos de mudanças climáticas e que, diante da distribuição irregular deste líquido no planeta, é preciso tomar medidas de gestão para poder disponibilizar o mínimo possível de água para todos e que ela seja adequada, especialmente não causando mais danos à saúde humana ou poluindo os ecossistemas. Silva (2020) coloca o reuso de água como uma forma de mitigar os efeitos da poluição, porém adotando-se todos os cuidados de monitoramento para que ela seja compatível com as necessidade ecológicas e para o consumo humano, sendo fundamental que seja mais um "braço" do saneamento. Silva e Farias (2020) apontam que existe um ciclo urbano da água que precisa ser preservado a partir da proteção do ciclo natural, sendo importante que a água utilizada seja tratada e retorne para as suas múltiplas atividades.

O legislador, para além disso, estabeleceu que os serviços componentes do saneamento básico devem ser seguros, de qualidade, regulares e acrescentou que devem possuir continuidade, isso na esteira do que o próprio judiciário já vem decidindo acerca do corte de fornecimento de energia elétrica e água como situações que podem prejudicar os hipossuficientes da sociedade e os serviços essenciais como os hospitais. Isso está, portanto, em consonância com o art. 22[8] da Lei n. 8.078/90, que já estabelecia em sua parte final a cogência da continuidade dos serviços essenciais, nos quais se enquadram os que fazem

---
8. "(...) os órgãos públicos, por si ou suas empresas, concessionárias, permissionárias ou sob qualquer outra forma de empreendimento, são obrigados a fornecer serviços adequados, eficientes, seguros e, quanto aos essenciais, contínuos." (g.n.).

parte do saneamento (BRASIL, 2012). Agora, o novo marco do saneamento deixa isso firmado taxativamente.

Ademais, nesse campo principiológico, o legislador tornou a redação mais precisa, por exemplo, quando aborda a imperiosa necessidade de universalização dos serviços adicionando a efetiva prestação deste, uma vez que não basta o acesso, é preciso pensar em como ele se dá, como a água é disponibilizada. Em relação à pesquisa, ampliou a expressão existente, "utilização de tecnologias apropriadas", para adotar o "estímulo à pesquisa, ao desenvolvimento de novas tecnologias", já estabelecendo o resultado pretendido, "ganho de eficiência e redução dos custos para os usuários". É importante fazer uma observação a este dispositivo, especialmente em face do resultado que se espera como eficiência e redução de custos, pois, tomando-se como exemplo o processo de privatização das empresas de telefonia no Brasil na década de 1990, estava-se diante de um ambiente de plena viabilidade de concorrência. Esta questão reaparece quando se insere novos dispositivos ao texto.

Dois pontos são bastante polêmicos em face dos serviços de saneamento, o primeiro é a "prestação regionalizada" e o segundo o estabelecimento de um "ambiente de competição" para o fornecimento do serviço. Entretanto, é importante frisar que o processo de concessão de execução dos serviços públicos ao setor privado é matéria disposta na Constituição, sendo a atuação do Estado na atividade econômica uma excepcionalidade, como dispõe o art. 173 da Carta Política: "Ressalvados os casos previstos nesta Constituição, a exploração direta de atividade econômica pelo Estado só será permitida quando necessária aos imperativos da segurança nacional ou a relevante interesse coletivo, conforme definidos em lei". E o art. 175 complementa a compreensão acerca do Estado na ordem econômica: "Incumbe ao Poder Público, na forma da lei, diretamente ou sob regime de concessão ou permissão, sempre através de licitação, a prestação de serviços públicos". Uma questão que chama atenção é quanto ao grau de essencialidade dos serviços públicos a ser prestado e ao relevante interesse da coletividade que deve ser apontado pelos governos em suas políticas públicas.

O constituinte também, no sentido de melhorar a execução compartilhada de serviços públicos, inseriu a possibilidade de formação de consórcios públicos (art. 241), qual seja: "A União, os Estados, o Distrito Federal e os Municípios disciplinarão por meio de lei os consórcios públicos e os convênios de cooperação entre os entes federados, autorizando a gestão associada de serviços públicos, bem como a transferência total ou parcial de encargos, serviços, pessoal e bens essenciais à continuidade dos serviços transferidos". Portanto, a Constituição insere um modelo mais equilibrado de fornecimento de serviços públicos, estabelecendo que esses serviços, mesmo que executados pelo poder público, precisam ser eficientes e se submeterem às mesmas regras do mercado e à possibilidade de associação para o fornecimento de serviços entre os entes federados. É importante lembrar que o art. 23, em seu inc. IX, estabeleceu que são de competência comum de todos os entes federativos: "promover programas de construção de moradias e a melhoria das condições habitacionais e de saneamento básico". Portanto, o desenvolvimento de uma política de saneamento dependerá também de uma cooperação interfederativa madura e voltada para a coletividade. Dados da Confederação Nacional de Municípios (2018) dão conta que temos 1.826 experiências de consórcios no país, sendo apenas 19% na área de saneamento.

Segundo Nascimento (2019), no caso brasileiro, o tipo de consórcio que tem apresentado melhores resultados é o de saúde.

Diante do que foi abordado já na segunda seção deste capítulo, é possível perceber a essencialidade do fornecimento de água e dos serviços de saneamento para a sobrevivência em sociedade, a vida humana e dos ecossistemas. Segundo D'Isep (2017), é preciso pensar que a água faz parte da concretização do direito à vida e, portanto, não será possível falar em vida digna se não houver acesso à água em quantidade e qualidade mínima para a sobrevivência humana e manutenção dos ecossistemas. A grande questão é: seria possível dar o mesmo tratamento em termos de concessão pública aos entes privados em face do fornecimento de água e das demais dimensões do saneamento, destacando-se a coleta e tratamento do esgoto? Ou melhor dito, é possível conceder à iniciativa privada qualquer tipo de serviço público, ou existiria uma faixa de serviços públicos que deveria ficar sob a responsabilidade do estado diante da fragilidade do poder regulatório e as experiências vivenciadas pelo país desde o processo de privatizações da década de 1990 e a criação de agências reguladoras?

Como forma de atenuar essa dificuldade, ou impossibilidade de competição, no campo do saneamento, o legislador estabeleceu os parâmetros da prestação regionalizada dos serviços e a seleção competitiva de quem vai prestar o serviço. A preocupação quanto à efetividade desses princípios é justamente se é possível que todos os municípios da federação sejam atrativos para esse processo de competição ou ter-se-á municípios com serviços de primeira classe e outros com serviços ruins ou, até mesmo, inexistência desses serviços. Outro ponto que não pode ser esquecido é quanto ao saneamento rural, cuja abordagem é muito vaga no novo marco do saneamento, não sendo factível que se terá a universalização do acesso ao saneamento no campo.

Segundo Rouse (2013) é possível dizer que as experiências desenvolvidas mundialmente podem atestar que o sistema público municipal de saneamento apresentou insucessos principalmente porque não adotou pressupostos como a eficiência, uma vez que, embora não tivesse acionistas como em uma empresa privada, os usuários cumprem bem esse papel a quem essas empresas públicas deveriam prestar contas e apresentar serviços a contento. Segundo o referido autor, os modelos municipais bem sucedidos adotaram princípios de mercado em seu funcionamento e mesmo sendo públicas a água não poderia ser gratuita, mas deveria possuir uma política tarifária que tornasse o sistema sustentável financeiramente. Ele elencou algumas características das empresas públicas bem sucedidas:

- a separação entre funções públicas e operacionais, para não haver interferências políticas na gestão operacional;
- a substituição de subsídios gerais por tarifas de água, fixadas em um nível que proporcione plena recuperação dos custos numa operação eficiente;
- subsídios orientados para os pobres, com ênfase em sistemas de pagamento fácil;
- introdução de alguma forma de concorrência comparativa;
- a aplicação de princípios eficazes de aprovisionamento à preparação de contratos privados ou ao estabelecimento de contratos internos no governo local;
- algum tipo de órgão independente (regulador) que cuide dos processos de planejamento e fixação de tarifas e garanta o realismo na feitura de contratos, e, acima de tudo, transparência e participação popular.

Castro (2013) vai em sentido oposto, argumentando que a adoção de critérios neoliberais focados em corporações de serviços de saneamento não estarão aptas a servirem às finalidades sociais do direito à água e ao saneamento, como fundamentais e direitos humanos por excelência, pois as mesmas visam o lucro. Segundo ele, isso só seria possível com modelos de gestão que priorizassem o atendimento das necessidades humanas, por meio da amalgamação de uma aliança ampla e universalista de forças sociais. Entretanto, salienta que não há uma receita padrão para todas as situações e que a padronização seria um equívoco.

Castro (2016, p. 181) apresenta o exemplo do processo de privatização no País de Gales, Grã Bretanha, em 1989, que, em sua visão, apresenta características que indicam que não foi bem sucedido, percebendo-se que o órgão regulador criado à época pouco defendeu os interesses dos usuários, ficando tendenciosamente mais do lado das empresas privadas de saneamento, o que resultou em falhas de regulação, tais como: as empresas privadas gozaram de uma extrema flexibilidade na aplicação da lei e dos regulamentos, o que lhes permitiu acumular ganhos extraordinários e pagar salários milionários a seus diretores ao mesmo tempo em que se fazia evidente a falta de investimento na renovação da infraestrutura (uma das razões esgrimidas para justificar a privatização) e de planejamento estratégico, em um contexto de elevado aumento das tarifas para os usuários acompanhado de um grave processo de exclusão do acesso aos serviços por meio do corte por falta de pagamento que alcançou percentuais elevados no começo da década de 1990.

Segundo Castro (2016, p. 183): "(...) as empresas de saneamento foram o objeto de críticas permanentes pela sua falta de eficiência e, inclusive, a piora de sua performance, por exemplo, em relação ao impacto ambiental". Essa percepção desmontava o discurso de competitividade dos defensores do modelo de mercado para o setor de saneamento. Importante destacar o que Castro (2016, p. 185) elenca como prioridade para que países que estão nesse processo de transição não incorram em erros:

> a) o papel histórico do setor público na organização, regulação e universalização dos serviços; b) a existência de fatores internos e externos ao setor de saneamento, verdadeiros condicionantes sistêmicos, estruturais, que constituem elementos chaves no desenvolvimento desses processos e que são em grande medida independentes da ação racional dos atores envolvidos (governos, empresários, grupos sociais organizados, usuários individuais etc.); c) a necessidade de promover estudos críticos, não contemporizadores, sobre os processos de regulação e de organização dos serviços de saneamento em geral, e especialmente desnudar os mitos criados em torno de diferentes questões, como o mito do regulador "independente" ou "tecnicamente neutro" que pode ser muito atrativo por um número compreensível de razões, mas que não sobrevive à análise rigorosa da evidência empírica sobre o funcionamento concreto da regulação na prática.

Parece que é, no mínimo, arriscado defender como sendo perfeito um e outro sistema, seja ele público ou privado. Porém, é difícil crer que as empresas estarão interessadas em cidades que hoje têm seu saneamento mantido pelo subsídio cruzado, ou seja, as maiores cidades sustentam o custo do saneamento das cidades menores. A figura 4 pode deixar o leitor no mínimo em dúvida sobre a eficiência dos serviços de saneamento que foram privatizados pelo mundo, uma vez que se vê um processo de reestatização dos serviços de água e esgoto em vários países.

Figura 4. Mapa de reestatizações dos serviços de água e esgoto pelo mundo

Acesse para conferir
imagem colorida

Países que mais reestatizaram serviços, entre 2000 e 2017

1. Alemanha 348
2. França 152
3. Estados Unidos 67
4. Reino Unido 65
5. Espanha 56

Mapa das reestatizações
■ Países que reestatizaram serviços

Fonte: Transnational Institute (TNI)   Arte/UOL

Fonte: TNI, Kishimoto e Petit Jean (2017).

Segundo o relatório da Transnational Institute (TNI) elaborado por Kishimoto e Petit Jean (2017), apontam-se os seguintes motivos para a reestatização, ou remunicipalização como se referem no estudo que gerou o relatório, de serviços de água e esgoto pelo mundo:

- muitas vezes as empresas não seguiram valores públicos e empregaram a lógica de mercado em suas atividades;
- representam a falha das políticas de austeridade;

- em muitos casos as empresas privadas não entregaram a qualidade que se esperava;
- serviços gerenciados publicamente são geralmente mais focados em qualidade, acesso universal e acessibilidade econômica e na entrega de objetivos sociais e ambientais mais amplos;
- os prestadores públicos são muitas vezes mais inovadores e mais eficientes do que os operadores privados;
- as empresas privadas têm mais interesse em fornecer os serviços para os locais mais lucrativos;
- o serviço privado diminuiu a transparência e a responsividade no sistema;
- há a necessidade de democratizar os serviços públicos, por meio da participação de trabalhadores e usuários e de um maior controle por funcionários e cidadãos eleitos, o que foi diminuído com as empresas privadas;
- a preocupação com as mudanças climáticas e transformações ambientais, que tem ocorrido com mais constância, não faz parte da agenda dessas corporações.

Portanto, esses são alguns dos motivos relacionados com essa mudança de curso em muitos países, que primou por soluções mais locais. Entretanto, é interessante ressaltar que o setor privado em alguns casos não foi totalmente afastado, mas o controle retornou às "mãos" públicas. O quadro 2 apresenta as mudanças conceituais presentes na Lei do novo marco do saneamento, especificamente no art. 3º, sendo outra parte fundamental.

Quadro 2. Mudanças nas diretrizes do saneamento básico nacional, art. 3º:

Redação anterior	Redação dada pelo novo marco
I – saneamento básico: conjunto de serviços, infra-estruturas e instalações operacionais de: a) abastecimento de água potável: constituído pelas atividades, infra-estruturas e instalações necessárias ao abastecimento público de água potável, desde a captação até as ligações prediais e respectivos instrumentos de medição; b) esgotamento sanitário: constituído pelas atividades, infraestruturas e instalações operacionais de coleta, transporte, tratamento e disposição final adequados dos esgotos sanitários, desde as ligações prediais até o seu lançamento final no meio ambiente; c) limpeza urbana e manejo de resíduos sólidos: conjunto de atividades, infra-estruturas e instalações operacionais de coleta, transporte, transbordo, tratamento e destino final do lixo doméstico e do lixo originário da varrição e limpeza de logradouros e vias públicas; d) drenagem e manejo das águas pluviais urbanas: conjunto de atividades, infra-estruturas e instalações operacionais de drenagem urbana de águas pluviais, de transporte, detenção ou retenção para o amortecimento de vazões de cheias, tratamento e disposição final das águas pluviais drenadas nas áreas urbanas; d) drenagem e manejo das águas pluviais, limpeza e fiscalização preventiva das respectivas redes urbanas: conjunto de	I – saneamento básico: conjunto de serviços públicos, infraestruturas e instalações operacionais de: a) abastecimento de água potável: constituído pelas atividades e pela disponibilização e manutenção de infraestruturas e instalações operacionais necessárias ao abastecimento público de água potável, desde a captação até as ligações prediais e seus instrumentos de medição; b) esgotamento sanitário: constituído pelas atividades e pela disponibilização e manutenção de infraestruturas e instalações operacionais necessárias à coleta, ao transporte, ao tratamento e à disposição final adequados dos esgotos sanitários, desde as ligações prediais até sua destinação final para produção de água de reuso ou seu lançamento de forma adequada no meio ambiente; c) limpeza urbana e manejo de resíduos sólidos: constituídos pelas atividades e pela disponibilização e manutenção de infraestruturas e instalações operacionais de coleta, varrição manual e mecanizada, asseio e conservação urbana, transporte, transbordo, tratamento e destinação final ambientalmente adequada dos resíduos sólidos domiciliares e dos resíduos de limpeza urbana; e d) drenagem e manejo das águas pluviais urbanas: constituídos pelas atividades, pela

Redação anterior	Redação dada pelo novo marco
atividades, infraestruturas e instalações operacionais de drenagem urbana de águas pluviais, de transporte, detenção ou retenção para o amortecimento de vazões de cheias, tratamento e disposição final das águas pluviais drenadas nas áreas urbanas.	infraestrutura e pelas instalações operacionais de drenagem de águas pluviais, transporte, detenção ou retenção para o amortecimento de vazões de cheias, tratamento e disposição final das águas pluviais drenadas, contempladas a limpeza e a fiscalização preventiva das redes. (g.n.)
II – gestão associada: associação voluntária de entes federados, por convênio de cooperação ou consórcio público, conforme disposto no art. 241 da Constituição Federal.	II – gestão associada: associação voluntária entre entes federativos, por meio de consórcio público ou convênio de cooperação, conforme disposto no art. 241 da Constituição Federal.
III – universalização: ampliação progressiva do acesso de todos os domicílios ocupados ao saneamento básico.	III – universalização: ampliação progressiva do acesso de todos os domicílios ocupados ao saneamento básico, em todos os serviços previstos no inciso XIV do *caput* deste artigo, incluídos o tratamento e a disposição final adequados dos esgotos sanitários. (g.n.)
IV – controle social: conjunto de mecanismos e procedimentos que garantem à sociedade informações, representações técnicas e participações nos processos de formulação de políticas, de planejamento e de avaliação relacionados aos serviços públicos de saneamento básico.	IV – controle social: conjunto de mecanismos e procedimentos que garantem à sociedade informações, representações técnicas e participação nos processos de formulação de políticas, de planejamento e de avaliação relacionados com os serviços públicos de saneamento básico.
VI – prestação regionalizada: aquela em que um único prestador atende a 2 (dois) ou mais titulares.	VI – prestação regionalizada: modalidade de prestação integrada de um ou mais componentes dos serviços públicos de saneamento básico em determinada região cujo território abranja mais de um Município, podendo ser estruturada em: a) região metropolitana, aglomeração urbana ou microrregião: unidade instituída pelos Estados mediante lei complementar, de acordo com o § 3º do art. 25 da Constituição Federal, composta de agrupamento de Municípios limítrofes e instituída nos termos da Lei nº 13.089, de 12 de janeiro de 2015 (Estatuto da Metrópole); b) unidade regional de saneamento básico: unidade instituída pelos Estados mediante lei ordinária, constituída pelo agrupamento de Municípios não necessariamente limítrofes, para atender adequadamente às exigências de higiene e saúde pública, ou para dar viabilidade econômica e técnica aos Municípios menos favorecidos; c) bloco de referência: agrupamento de Municípios não necessariamente limítrofes, estabelecido pela União nos termos do § 3º do art. 52 desta Lei e formalmente criado por meio de gestão associada voluntária dos titulares.
VII – subsídios: instrumento econômico de política social para garantir a universalização do acesso ao saneamento básico, especialmente para populações e localidades de baixa renda;	VII – subsídios: instrumentos econômicos de política social que contribuem para a universalização do acesso aos serviços públicos de saneamento básico por parte de populações de baixa renda;

Redação anterior	Redação dada pelo novo marco
VIII – localidade de pequeno porte: vilas, aglomerados rurais, povoados, núcleos, lugarejos e aldeias, assim definidos pela Fundação Instituto Brasileiro de Geografia e Estatística – IBGE;	VIII – localidades de pequeno porte: vilas, aglomerados rurais, povoados, núcleos, lugarejos e aldeias, assim definidos pela Fundação Instituto Brasileiro de Geografia e Estatística (IBGE);
Não possuía correspondente.	IX – contratos regulares: aqueles que atendem aos dispositivos legais pertinentes à prestação de serviços públicos de saneamento básico; (g.n.)
Não possuía correspondente.	X – núcleo urbano: assentamento humano, com uso e características urbanas, constituído por unidades imobiliárias com área inferior à fração mínima de parcelamento prevista no art. 8º da Lei nº 5.868, de 12 de dezembro de 1972, independentemente da propriedade do solo, ainda que situado em área qualificada ou inscrita como rural; (g.n.)
Não possuía correspondente.	XI – núcleo urbano informal: aquele clandestino, irregular ou no qual não tenha sido possível realizar a titulação de seus ocupantes, ainda que atendida a legislação vigente à época de sua implantação ou regularização; (g.n.)
Não possuía correspondente.	XII – núcleo urbano informal consolidado: aquele de difícil reversão, considerados o tempo da ocupação, a natureza das edificações, a localização das vias de circulação e a presença de equipamentos públicos, entre outras circunstâncias a serem avaliadas pelo Município ou pelo Distrito Federal; (g.n.)
Não possuía correspondente.	XIII – operação regular: aquela que observa integralmente as disposições constitucionais, legais e contratuais relativas ao exercício da titularidade e à contratação, prestação e regulação dos serviços. (g.n.)
Não possuía correspondente.	XIV – serviços públicos de saneamento básico de interesse comum: serviços de saneamento básico prestados em regiões metropolitanas, aglomerações urbanas e microrregiões instituídas por lei complementar estadual, em que se verifique o compartilhamento de instalações operacionais de infraestrutura de abastecimento de água e/ou de esgotamento sanitário entre 2 (dois) ou mais Municípios, denotando a necessidade de organizá-los, planejá-los, executá-los e operá-los de forma conjunta e integrada pelo Estado e pelos Municípios que compartilham, no todo ou em parte, as referidas instalações operacionais. (g.n.)
Não possuía correspondente.	XV – serviços públicos de saneamento básico de interesse local: funções públicas e serviços cujas infraestruturas e instalações operacionais atendam a um único Município; (g.n.)
Não possuía correspondente.	XVI – sistema condominial: rede coletora de esgoto sanitário, assentada em posição viável no interior dos

Redação anterior	Redação dada pelo novo marco
	lotes ou conjunto de habitações, interligada à rede pública convencional em um único ponto ou à unidade de tratamento, utilizada onde há dificuldades de execução de redes ou ligações prediais no sistema convencional de esgotamento; (g.n.)
Não possuía correspondente.	XVII – sistema individual alternativo de saneamento: ação de saneamento básico ou de afastamento e destinação final dos esgotos, quando o local não for atendido diretamente pela rede pública; (g.n.)
Não possuía correspondente.	XVIII – sistema separador absoluto: conjunto de condutos, instalações e equipamentos destinados a coletar, transportar, condicionar e encaminhar exclusivamente esgoto sanitário; (g.n.)
Não possuía correspondente.	XIX – sistema unitário: conjunto de condutos, instalações e equipamentos destinados a coletar, transportar, condicionar e encaminhar conjuntamente esgoto sanitário e águas pluviais.

Fonte: elaboração própria.

Assim sendo, o quadro 2 apresenta comparativamente o que mudou do texto anterior para o texto atual com o novo diploma legal. Desse modo, continua a tônica de protagonismo da questão ambiental nas demais esferas do saneamento. Trouxe no inciso primeiro a possibilidade de reuso, entretanto, não foi mais enfático ao torná-lo obrigatório, mas apenas colocando a possibilidade de produzi-lo. A destinação final dos resíduos passa a ter uma importância em conexão com a Política Nacional de Resíduos Sólidos (PNRS), bem como a limpeza e verificação das redes passa a ser uma ação contida na compreensão de saneamento básico. Outra mudança chama a atenção, qual seja a questão do subsídio que deixa de ser uma garantia e passa a ser uma contribuição para universalização do saneamento, portanto, aponta para sua diminuição ou extinção.

Porém, reputa-se que a maior mudança no âmbito conceitual da órbita jurídica do saneamento básico se concentra na expressão "prestação regionalizada" dividida em região metropolitana (RM), unidade regional de saneamento básico (UR) e no bloco de referência (BR). No caso da região metropolitana, tem-se um entrave político que muitas vezes dificulta a realização do que o novo marco chamou de "serviços públicos de saneamento básico de interesse comum". Pensa-se que este interesse comum não se coaduna com os interesses do governante de plantão, e as ações em uma governança metropolitana exigem muito mais desprendimento político e noção acerca do interesse público do que outros modelos menores de administração. Daí a dificuldade em consolidar os serviços públicos comuns em regiões metropolitanas. Tem-se dificuldade em consolidar a própria região metropolitana por meio do tratamento de problemas comuns de forma comum e, principalmente, dialogada. A região metropolitana, como já estabelecido em lei específica que trata desta matéria, deve ser criada por lei estadual.

O legislador criou outra possibilidade de atuação dos parlamentos estaduais, sendo a unidade regional de saneamento básico, a UR, dependente de lei estadual. O grande entrave que se vê é justamente em criar um bloco de municípios que seja viável economicamente, isso converge com os resultados do relatório da TNI que dão conta do insucesso desse modelo. Essa será a operação mais delicada e complexa, pois demandará uma grande compreensão do parlamento acerca das necessidades públicas e não apenas das necessidades das empresas ou corporações empresarias no ramo do saneamento.

Outrossim, é importante ter-se em mente que a maioria esmagadora dos municípios brasileiros são de pequeno porte. No Brasil são 5.565 municípios, destes cerca de 4.957 têm até 50 mil habitantes, o que representa 89% do total, sendo apenas 38 municípios com mais de 500 mil habitantes (CALVO *et al.*, 2016). Estes dados tornam a questão do modelo proposto pelo novo marco mais complexa de ser viabilizada, demandando um desenho bastante difícil de ser realizado na prática. Portanto, pode-se ter um processo de repercussões diferenciadas quanto a essa nova Lei do saneamento, conforme o tamanho do município e, portanto, sua atratividade diante das empresas que se propuserem a fornecer serviços de saneamento na fase de licitação.

Um ponto positivo do marco também foi dar maior clareza ao que significa limpeza urbana e manejo urbano de águas pluviais, arts. 3ºC e 3ºD, dois setores que são os mais negligenciados e que têm relação direta com um saneamento de boa qualidade sobre a bacia hidrográfica, que é um ente sociojurídico onde a Política Nacional de Recursos Hídrico deve ser realizada por meio do Sistema Nacional de Gerenciamento de Recursos Hídricos (SINGREH) (SILVA e LEITE, 2019). Isso traz mais elementos para se reforçar a necessidade de integração dessas duas macropolíticas. Os recursos hídricos, enfaticamente, continuam separados da prestação de serviços de saneamento, continuando a dominialidade da água prevista na Constituição entre as atribuições dos Estados, Distrito Federal e União (art. 4º).

Outro ponto importante que tem repercussão jurídica é a titularidade do serviço público. Na verdade o novo marco do saneamento regulamenta a possibilidade de conceder serviços públicos de saneamento a pessoas jurídicas de direito público ou privado, dependendo de certame licitatório. O art. 8º dispõe o seguinte:

> Art. 8º Exercem a titularidade dos serviços públicos de saneamento básico:
> I – os Municípios e o Distrito Federal, no caso de interesse local;
> II – o Estado, em conjunto com os Municípios que compartilham efetivamente instalações operacionais integrantes de regiões metropolitanas, aglomerações urbanas e microrregiões, instituídas por lei complementar estadual, no caso de interesse comum. (g.n.)

Os municípios poderão estar reunidos em regiões metropolitanas ou outro formado aqui já mencionado. Lembrando que, com o novo marco, a possibilidade de estabelecer contrato de programa com sociedade de economia mista ou empresa pública fica vedado, pois a escolha da prestadora passará por concorrência pública (art. 10º). O parágrafo segundo do art. 8º dispõe que "as unidades regionais de saneamento básico devem apresentar sustentabilidade econômico-financeira e contemplar, preferencialmente, pelo menos 1 (uma) região metropolitana, facultada a sua integração por titulares dos serviços de saneamento". Essa obrigatoriedade mais parece o reconhecimento de que é preciso ter um sustentáculo para a manutenção da saúde financeira das empresas envolvidas, sejam públicas ou privadas. O art. 8º-B estabelece a possibilidade de estruturas de saneamento locais aderirem às estruturas regionalizadas, bem como em seguida fica sinalizado que a responsabilidade civil, penal e administrativa dos serviços regionalizados será dos titulares supra expostos (art. 8º-C).

Segundo Amaral (2017), a discussão (é uma privatização ou não) é estéril na medida em que o titular do serviço continua sendo um ente público, cabendo a ele a fiscalização, o controle, a regulação de tarifas, entre outras atribuições. Ainda, o mesmo autor entende que o fornecimento de água e coleta e tratamento de esgotos são passíveis de concessão tendo em vista que são serviços públicos específicos, divisíveis e remuneráveis total ou parcialmente pelo usuário.

Os titulares dos serviços públicos de saneamento continuam sendo os responsáveis pela elaboração das políticas públicas se saneamento, entretanto, o novo marco detalha melhor o elemento da eficiência, sendo que estabelecidos indicadores e metas a serem atingidas em determinados prazos numa gestão focada em resultados (art. 9º). Isso continua dependendo de uma boa transparência, com a geração de informações claras que possam ser auditadas, bem como reguladas pelas agências responsáveis pela regulação desses serviços. Essa é uma grande questão, a atuação de uma agência de regulação e sua efetividade, uma vez que ela dependerá de quadros funcionais capacitados, autonomia normativa e legal para o exercício do seu poder de polícia. Essas agências precisam atuar de forma equilibrada e ciente de que há uma relação por natureza desequilibrada, uma vez que temos usuários múltiplos, e muitos deles não têm poder econômico, e se está diante de uma relação de consumo clássica (CHERMANN, 2017).

Além dos itens necessários e que dão condição para o fornecimento dos serviços de saneamento, é indispensável para isso a presença do Plano de Saneamento Básico (PSB), que deverá conter metas e cronograma de forma clara. O art. 21 do novo marco aglutinou os textos dos incisos I e II da Lei da PNSB, estabelecendo que: "a função de regulação, desempenhada por entidade de natureza autárquica dotada de independência decisória e autonomia administrativa, orçamentária e financeira, atenderá aos princípios de transparência, tecnicidade, celeridade e objetividade das decisões". No âmbito federal será de responsabilidade da Agência Nacional de Águas a elaboração de normas de referência para a atuação das agências reguladoras do setor (art. 25-A). Ressalve-se que as parcerias poderão ser de natureza público privada, como estabelecido na Lei nº 11.079/2004, sendo possível a subdelegação da execução do contrato até o patamar de 25%.

A modicidade tarifária continua sendo um princípio da PNSB, porém ela choca-se com a sustentabilidade financeira de empresas do setor e a atuação das agências públicas de regulação. Entretanto, será necessário que os concorrentes detalhem seus custos e a evolução tarifária ao longo do tempo. Segundo Miguel e Bertoccelli (2017), o princípio da modicidade tarifária não implica em gratuidade, mas em cuidados para que não se empreguem mecanismos de mercado para a estipulação de seu patamar e que este seja estabelecido pelo poder concedente, no sentido de atender aspectos econômicos e sociais relevantes. Neste caso, segundo o autor, o saneamento básico é um monopólio natural que necessitará de intensa regulação, uma vez que será praticamente impossível que o usuário possa escolher qual prestador de serviços irá lhe atender.

Diferentemente das empresas de telefonia, no caso do saneamento não será factível ter-se duas ou mais prestadores em uma mesma região, por obstáculos técnicos e por falta de viabilidade do negócio que teria que diluir, ou dividir, a demanda com outras empresas. Os critérios de fixação de tarifas devem estar postos de forma clara e discutida. Portanto, é preciso ter cuidado com os pressuposto do mercado e a natureza essencial do serviço de saneamento. Ainda quanto à remuneração dos serviços componentes do saneamento, o art. 29 da PNSB foi modificado, sendo agora a cobrança pela limpeza urbana, drenagem e manejo de resíduos sólidos obrigatório, retirando a expressão "sempre que possível" do texto.

O legislador destinou um capítulo para tratar da prestação regionalizada do serviço de saneamento (capítulo III). Para que isso ocorra, eis que surge a necessidade primeira de um Plano Regionalizado de Saneamento (PRS), que deverá ser seguido pelo prestador, podendo abranger uma dimensão ou mais daquelas componentes do saneamento (art. 17). Se houver a formação de uma região para o fornecimento de serviços de saneamento, o PRS dispensará a exigência dos planos municipais de saneamento das cidades que façam parte do território de abrangência. Como já mencionado, a ANA cria normas gerais, e os sistemas locais e regionais poderão estar sob a supervisão de agências reguladoras também locais e regionais.

Quanto à participação da sociedade, dos usuários do sistema, assim como na PNSB anterior, o novo marco inova apenas na preferência da participação do Conselho Nacional de Recursos Hídricos, atualmente ligado ao Ministério do Desenvolvimento Regional (MDR), e que teve recentemente, em 2019, a sua composição alterada (SILVA, 2020). O controle social é fundamental e imperativo legal. Porém sua formação ainda é muito imprecisa, embora o art. 47 apresente parâmetros que auxiliam no desenho institucional.

5. Algumas possibilidades acerca da inconstitucionalidade do novo marco do saneamento

Após uma ampla análise do significado da relação da água com o saneamento, e da importância deste para a qualidade da saúde e as implicações do novo marco no campo jurídico, gestão e governança de ambas as políticas interligadas, passa-se agora a elencar algumas questões que podem ser apontadas como possibilidades de arguição de inconstitucionalidade da lei. É importante dizer que a Lei n. 14.026/2020 teve o escopo de atualizar o marco legal do saneamento básico, alterando a Lei nº 9.984, de 17 de julho de 2000, a Lei nº 11.107, de 6 de abril de 2005, a Lei nº 11.445, de 5 de janeiro de 2007, a Lei nº 12.305, de 2 de agosto de 2010, a Lei nº 13.089, de 12 de janeiro de 2015 (Estatuto da Metrópole), e a Lei nº 13.529, de 4 de dezembro de 2017.

Uma primeira questão que chama a atenção a partir da leitura da Lei n. 14.026/2020 é justamente a dúvida em face do cumprimento do desiderato maior deste diploma, o fornecimento de um serviço de qualidade à coletividade, uma vez que é isso que se espera, no mínimo, de um serviço público. A adoção de princípios de mercado por si só não terá o condão de melhorar o serviço de fornecimento de água, coleta e tratamento de esgotos.

O dilema entre o público e o privado perpassa o mundo moderno e chega até os dias atuais sem uma solução apaziguadora ou definitiva. Quem é melhor, o público ou o privado? Existe uma questão que precede a anterior, por que se busca o repasse de serviços públicos para o setor privado? Entre as respostas, o governo poderia elencar que seria para melhorar a eficiência, para diminuir a corrupção e, até mesmo, para resolver o problema fiscal do Estado. Quanto à corrupção, um dos principais argumentos para adoção desse modelo de negócio para o setor de saneamento, Oliveira Júnior *et al.* (2016) coloca em dúvida essa compreensão, entendendo que o fenômeno é muito mais complexo do que apenas rotular que "ser público é sinal de problemas com a corrupção", bem como "ser privado seria a panaceia que solucionaria esse traço do comportamento humano". A privatização em si não resolve a corrupção, mas a adoção de instituições que possam ser capazes de investigar e coibir essas práticas em qualquer cenário, seja no setor público ou na seara privada.

Além desse, outro gargalo que pode ser apontado é o da eficiência. Pelo novo marco o serviço continuaria público, porém, o Estado teria que submeter sua concessão à licitação, ficando os contratos diretos com empresas públicas estaduais ou municipais proibidos. Entretanto, a questão que se coloca é a coexistência entre o princípio da supremacia do interesse público, que é indeclinável em caso de serviços públicos, e a necessidade de sustentabilidade econômico-financeira das empresas, incluindo as políticas tarifárias, os dividendos e os resultados. Estes resultados serão para quem, para empresa ou para os usuários? Os estudos apresentados neste capítulo apontam que se buscam outros modelos mais justos pelo mundo a fora, sendo uma discussão que vai além da velha dicotomia entre público e privado.

A CF de 1988 é um documento político-programático baseado na concepção de um Estado Social, como se pode verificar no art. 3º, III, com o objetivo fundamental de erradicar a pobreza e a marginalização e reduzir as desigualdades sociais e regionais. Entretanto, isso não poderá ser alcançado se não for observado o disposto no art. 170, que estabelece como diretriz de uma ordem econômica a valorização do trabalho humano e a livre-iniciativa, tendo por fim assegurar a todos existência digna, conforme os ditames da justiça social. Portanto, não é razoável pensar-se numa sociedade totalmente liberal sob a égide desse padrão constitucional.

Para o apontamento de uma visão mais holística dessa questão, é preciso mirar na compreensão de serviço público, apesar de que na doutrina jurídica brasileira não seja tarefa fácil extrair um conceito aplicável a todos os casos (CEZNE, 2005). Porém, o fornecimento de um serviço essencial à sobrevivência humana e manutenção dos ecossistemas pode ser uma "luz" nessa compreensão, pois a finalidade seria o bem-estar da coletividade e também a conservação da natureza que também beneficiará a humanidade. Essas são conclusões atinentes aos próprios dispositivos analíticos e extensos da Constituição Federal brasileira, que está mais para modelo misto com foco na função social dos serviços, buscando uma convivência equilibrada com o setor privado. Portanto, dessa forma é preciso que se pense na regularidade, continuidade, eficiência, segurança, atualidade, generalidade, cortesia na sua prestação e modicidade de tarifas.

Além da preservação do interesse coletivo, também é importante pensar na titularidade do serviço. E, certamente, é um dos maiores problemas do novo marco do saneamento. Diz-se isso, porque, como foi exposto supra, o referido diploma legal modificou a titularidade do serviço se sobrepondo à autonomia dos entes federados como o município, uma vez que o modelo federativo brasileiro é cooperativo. A Ação Direita de Inconstitucionalidade (ADI) 2.340, que atesta a competência constitucional municipal para os serviços de saneamento, assim menciona:

AÇÃO DIRETA DE INCONSTITUCIONALIDADE. ESTADO DE SANTA CATARINA. DISTRIBUIÇÃO DE ÁGUA POTÁVEL. LEI ESTADUAL QUE OBRIGA O SEU FORNECIMENTO POR MEIO DE CAMINHÕES-PIPA, POR EMPRESA CONCESSIONÁRIA DA QUAL O ESTADO DETÉM O CONTROLE ACIONÁRIO. DIPLOMA LEGAL QUE TAMBÉM ESTABELECE ISENÇÃO TARIFÁRIA EM FAVOR DO USUÁRIO DOS SERVIÇOS. INADMISSIBILIDADE. INVASÃO DA ESFERA DE COMPETÊNCIA DOS MUNICÍPIOS, PELO ESTADO-MEMBRO. INTERFERÊNCIA NAS RELAÇÕES ENTRE O PODER CONCEDENTE E A EMPRESA CONCESSIONÁRIA. INVIABILIDADE DA ALTERAÇÃO, POR LEI ESTADUAL, DAS CONDIÇÕES PREVISTAS NO CONTRATO DE CONCESSÃO DE SERVIÇO PÚBLICO LOCAL. AÇÃO JULGADA PROCEDENTE. I – Os Estados-membros não podem interferir na esfera das relações jurídico-contratuais estabelecidas entre o poder concedente local e a empresa concessionária, ainda que esta esteja sob o controle acionário daquele. II – Impossibilidade de alteração, por lei estadual, das condições que se acham formalmente estipuladas em contrato de concessão de distribuição de água. III – Ofensa aos arts. 30, I, e 175, parágrafo único, da Constituição Federal. IV – Ação direta de inconstitucionalidade julgada procedente (ADI 2.340, Relator(a): Min. Ricardo Lewandowski, Tribunal Pleno, julgado em 06/03/2013, DJe-087 DIVULG 09-05-2013 PUBLIC 10-05-2013) (BRASIL, 2013).

A ADI 1.842 reforça essa compreensão, quando assevera que a concentração decisória em questões de interesse comum em um único ente também não cumpre o desenho institucional brasileiro previsto na Constituição. Dessa forma estabelece:

Inconstitucionalidade da transferência ao estado-membro do poder concedente de funções e serviços públicos de interesse comum. O estabelecimento de região metropolitana não significa simples transferência de competências para o estado. O interesse comum é muito mais que a soma de cada interesse local envolvido, pois a má condução da função de saneamento básico por apenas um município pode colocar em risco todo o esforço do conjunto, além das consequências para a saúde pública de toda a região. O parâmetro para aferição da constitucionalidade reside no respeito à divisão de responsabilidades entre municípios e estado. É necessário evitar que o poder decisório e o poder concedente se concentrem nas mãos de um único ente para preservação do autogoverno e da autoadministração dos municípios. Reconhecimento do poder concedente e da titularidade do serviço ao colegiado formado pelos municípios e pelo estado federado. A participação dos entes nesse colegiado não necessita de ser paritária, desde que apta a prevenir a concentração do poder decisório no âmbito de um único ente. A participação de cada Município e do Estado deve ser estipulada em cada região metropolitana de acordo com suas particularidades, sem que se permita que um ente tenha predomínio absoluto. Ação julgada parcialmente procedente para declarar a inconstitucionalidade da expressão "a ser submetido à Assembleia Legislativa" constante do art. 5º, I; e do § 2º do art. 4º; do parágrafo único do art. 5º; dos incisos I, II, IV e V do art. 6º; do art. 7º; do art. 10; e do § 2º do art. 11 da Lei Complementar n. 87/1997 do Estado do Rio de Janeiro, bem como dos arts. 11 a 21 da Lei n. 2.869/1997 do Estado do Rio de Janeiro (Ação Direta de Inconstitucionalidade 1.842, Rio de Janeiro, j. 06.03.2013, Rel. Min. Luiz Fux, Rel. do acórdão Min. Gilmar Mendes, STF) (BRASIL, 2013).

É possível apresentar algumas interferências em competências de outro ente, que estão demarcadas na presente lei ora em análise. Por exemplo, a ANA foi estabelecida como agência reguladora com a incumbência de elaboração de normas de referência. Porém, tal ação poderá se apresentar de fato como se sobrepondo às competências municipais. É uma linha bastante tênue entre sua atividade de regulação e a referência citada na lei. Ou melhor, o que seria essa ação de referenciar? Ela existe de fato? Ou o que ocorre, na verdade, trata-se de uma regulação? Regulamentação tarifária e a padronização dos instrumentos negociais não seria uma espécie de regulação? Essa parte ficou deveras confusa. Vejam-se os seguintes dispositivos:

Art. 23. A entidade reguladora, observadas as diretrizes determinadas pela ANA, editará normas relativas às dimensões técnica, econômica e social de prestação dos serviços públicos de saneamento básico, que abrangerão, pelo menos, os seguintes aspectos:

(...)

Art. 25-A. A ANA instituirá normas de referência para a regulação da prestação dos serviços públicos de saneamento básico por seus titulares e suas entidades reguladoras e fiscalizadoras, observada a legislação federal pertinente. (g.n.)

Estabelece-se uma nova modalidade de regulação, a referenciação? Aqui não se tece nenhuma crítica à atuação desta agência, que tem sido a contento na regulação dos recursos hídricos. Porém, o que se está a observar é a possibilidade de se ultrapassar os limites constitucionais. Para além disso, foram criadas novas despesas em desacordo com o disposto no art. 113 dos Atos das Disposições Transitórias da CF, que firma o seguinte: "A proposição legislativa que crie ou altere despesa obrigatória ou renúncia de receita deverá ser acompanhada da estimativa do seu impacto orçamentário e financeiro". Cria-se uma nova estrutura pública para o cumprimento do desidratado de regular o setor de saneamento, embora afirme-se que se trata apenas de referenciar e não regular.

6. Considerações finais

Os dados e informações apresentadas neste capítulo dão conta da grave crise hídrico-sanitária que se vivencia mundialmente. O Brasil está bem atrasado notadamente em relação ao saneamento, não sendo possível atingir, por exemplo, as metas de universalização estabelecidas no Objetivo de Desenvolvimento Sustentável n. 6 até 2030.

Ademais, sabe-se, principalmente quem milita no campo do direito, que o ordenamento jurídico não tem o condão suficiente de resolver questões cruciais para promoção do bem-estar social. Precisa-se de uma ação articulada e integral no sentido de atingir metas estabelecidas para um fenômeno sistêmico composto pelo ciclo da água, o ciclo urbano da água e os resíduos gerados por essa operação. Isso tudo considerando um panorama de mudanças climáticas e grande repercussão sobre o estoque de águas do Planeta.

Dessa forma, foi possível verificar a importância dos governos frente aos desafios postos pela Política Nacional de Recursos Hídricos e pela Política Nacional de Saneamento Básico em conexão direta com a Política Nacional do Meio Ambiente. O novo marco tenta trazer uma nuance mais mercadológica para o setor de saneamento, incorrendo na velha premissa de que privatizar resolverá. Seria interessante se um ambiente de concorrência fosse possível.

Pensa-se que a real aplicabilidade das intencionalidades postas na norma num país complexo como o Brasil, e considerando as experiências mundiais, será um pouco difícil. É preciso ter-se a compreensão de se estar lidando com um elemento especial, renovável, porém mal distribuído pelo mundo, e que tem como característica basilar sustentar a vida no planeta. Portanto, tem-se duas realidades que se opõem, primeiro, o que o mercado espera obter com o sistema de saneamento básico do país, e segundo, o que esse sistema efetivamente deve alcançar para o bem-estar da população.

A grande dúvida que permanece é se será possível ampliar para todos os benefícios de um saneamento de qualidade que gere e mantenha um meio ambiente equilibrado, como prevê o art. 225 da Constituição Federal, e satisfazendo também as demandas da economia. Como funcionarão de fato as regiões de interesse comum, e como se comportarão as regiões metropolitanas. Enfim, tem-se um novo modelo e velhos problemas para serem resolvidos.

Novamente, o país se apega à ilusão de que privatizar resolverá todos os problemas, quando, na verdade, as pesquisas apontam que não se trata de ser privado ou público, mas de estar calcado nos fundamentos corretos e, evidentemente, sendo possível implementar um acompanhamento de metas e indicadores para que se possa efetivamente ter água, em quantidade e qualidade, e tratamento de esgoto sanitário, e não apenas coleta que o lança diretamente em rios e no solo, infiltrando-se e contaminando as água subterrâneas.

Isso posto, além das possibilidades de arguição de inconstitucionalidade, é necessário estabelecer que com o saneamento não se pode errar, e, caso isso ocorra, que se corrija imediatamente, pois o que está em jogo é a vida no meio ambiente planetário. Portanto, qualquer planejamento para corrigir as falhas existentes precisa começar por uma matriz amplamente ecológica, o que significa uma nova visão acerca do Estado, do mercado e da sociedade.

7. Referências

ALLÉGRE, C.; Reis, M. J. **Écologie des villes, écologie des champs**. Lisboa: Insl. Piaget, D.L., 1996.

AMARAL, A. C. C. do. Contrato de concessão de saneamento como um contrato fim. In: LUNA, G. G.; GRAZIANO, L. F. p. L.; BERTOCCELLI, R. de p. **Saneamento básico: temas fundamentais, propostas e desafios**. Rio de Janeiro: Editora Lumen Juris, 2017.

BENJAMIN, A. H. **Direito Constitucional Ambiental brasileiro**. In: CANOTILHO, J. J. G.; LEITE, J. R. M. Direito constitucional ambiental brasileiro. São Paulo: Revista dos Tribunais, 2007.

BRASIL. Agência Nacional de Águas (Brasil). **Atlas esgotos: despoluição de bacias hidrográficas / Agência Nacional de Águas, Secretaria Nacional de Saneamento Ambiental**. Brasília: ANA, 2017.

BRASIL. Código de Proteção e Defesa do Consumidor (1990). Código de proteção e defesa do consumidor e legislação correlata. 5. ed. Brasília: Senado Federal, subsecretaria de Edições técnicas, 2012.

BRASIL. Supremo Tribunal Federal. Ação direta de inconstitucionalidade. Estado de Santa Catarina. Distribuição de Água potável. Lei estadual que obriga o seu fornecimento por meio de caminhões-pipa, por empresa concessionária da qual o Estado detém o controle acionário. Diploma legal que também estabelece isenção tarifária em favor do usuário dos serviços, inadmissibilidade. Invasão da esfera de competência dos municípios. Ação julgada improcedente. ADI 2.340, Relator(a): Min. Ricardo Lewandowski, Tribunal Pleno, julgado em 06/03/2013, DJe-087 DIVULG 09-05-2013 PUBLIC 10-05-2013.

BRASIL. Supremo Tribunal Federal. Inconstitucionalidade da transferência ao estado-membro do poder concedente de funções e serviços públicos de interesse comum. O estabelecimento de região metropolitana não significa simples transferência de competências para o estado. O interesse comum é muito mais que a soma de cada interesse local envolvido, pois a má condução da função de saneamento básico por apenas um município pode colocar em risco todo o esforço do conjunto, além das consequências para a saúde pública de toda a região. O parâmetro para aferição da constitucionalidade reside no respeito à divisão de responsabilidades entre municípios e estado. É necessário evitar que o poder decisório e o poder concedente se concentrem nas mãos de um único ente para preservação do autogoverno e da autoadministração dos municípios. Reconhecimento do poder concedente e da titularidade do serviço ao colegiado formado pelos municípios e pelo estado federado. A participação dos entes nesse colegiado não necessita de ser paritária, desde que apta a prevenir a concentração do poder decisório no âmbito de um único ente. A participação de cada Município e do Estado deve ser estipulada em cada região metropolitana de acordo com suas particularidades, sem que se permita que um ente tenha predomínio absoluto. Ação julgada parcialmente procedente para declarar a inconstitucionalidade da expressão "a ser submetido à Assembleia Legislativa" constante do art. 5º, I; e do § 2º do art. 4º; do parágrafo único do art. 5º; dos incisos I, II, IV e V do art. 6º; do art. 7º; do art. 10; e do § 2º do art. 11 da Lei Complementar n. 87/1997 do Estado do Rio de Janeiro, bem como dos arts. 11 a 21 da Lei n. 2.869/1997 do Estado do Rio de Janeiro. Ação direta de inconstitucionalidade, 1.842, Partido Democrático Trabalhista contra Estado do Rio de Janeiro e Assembleia do Estado do Rio de Janeiro. ADI 1.842, 2013.

BRASIL. Instituto Brasileiro de Geografia e Estatística. Pesquisa nacional de saneamento básico 2017: abastecimento de água e esgotamento sanitário / IBGE, Coordenação de População e Indicadores Sociais. Rio de Janeiro: IBGE, 2020.

CALVO, M. C. M. et al. Estratificação de municípios brasileiros para a avaliação de desempenho em saúde. **Epidemiol. Serv. Saúde**, Brasília, v. 25, n. 4, p. 767-776, Dec. 2016. Available from <http://www.scielo.br/scielo.php?script=sci_arttext&pid=S2237-96222016000400767-&lng=en&nrm-iso>. Access on 30 July 2020. https://doi.org/10.5123/s1679-49742016000400010.

CASTRO, J. E. Políticas **Públicas de saneamento e condicionantes sistêmicas**. In CASTRO, J. E., HELLER, L. Políticas públicas e gestão de serviços de saneamento. Belo Horizonte: Ed. UFMG; Rio de Janeiro: Ed. FioCruz, UFMG, 2013.

CASTRO, J. E. A normatização da prestação dos serviços de água e esgoto, a experiência de Inglaterra e Gales. In: CASTRO, J. E. (Org.). **Água e democracia na América Latina [online]**. Campina Grande: EDUEPB, 2016, pp. 160-201. ISBN 978-85-7879-486-6. Available from: doi: 10.7476/9788578794866.0007.

CEZNE, A. N. O conceito de serviço público e as transformações do Estado contemporâneo. *Revista de Informação Legislativa*, RIL, Brasília, a. 42, n. 167, jul./set. 2005.

CHERMANN, Y. C. **A atuação das agências reguladoras perante conflitos consumeristas por meio da administração concertada: análise pautada no princípio da eficiência**. Brasília: UniCeub, 2017.

CIRELLI, A. F. El agua: un recurso esencial. *Revista QuímicaViva*, Número 3, año 11, diciembre 2012.

COÊLHO, M. V. F. Saneamento básico como direito constitucional. In: LUNA, G. G.; GRAZIANO, L. F. p. L.; BERTOCCELLI, R. de p. **Saneamento básico: temas fundamentais, propostas e desafios**. Rio de Janeiro: Editora Lumen Juris, 2017.

CONFEDERAÇÃO NACIONAL DE MUNICÍPIOS. **Mapeamento dos consórcios públicos brasileiros**. Brasília: CNM, 2018.

COSTA DIAS, S.; MACHADO, A.; TEIXEIRA, C. e BODALO, A. A. **Urban Estuarine Beaches and Urban Water Cycle Seepage: The Influence of Temporal Scales**. Water 2018, 10, 173.

DEMANGE, L. H. M. de L. Teoria Geral e Proteção ao Meio Ambiente. *Revista de Direto Ambiental*, RDA, v. 82, junho de 2016.

D'ISEP, C. F. M. O direito hídrico: um olhar jurídico tridimensional. In: PURVIN, G. (Coord.). **Direito ambiental, recursos hídricos e saneamento: estudos em comemoração aos 20 anos da Política Nacional de Recursos Hídricos e aos 10 anos da Política Nacional de Saneamento**. São Paulo, Letras jurídicas, 2017.

HELLER, L., GOMES, U. A. F. **Acesso à água proporcionado pelo Programa de Formação e Mobilização Social para Convivência com o Semiárido: Um Milhão de Cisternas Rurais: combate à seca ou ruptura da vulnerabilidade?** In Eng Sanit Ambiental, v.21, n.3, jul./set. 2016, p. 623-633.

KISHIMOTO, S.; PETIT, J. **Reclaiming Public Services: How cities and citizens are turning back privatisation**. TNI: Amsterdam e Paris, 2017.

LEITE, J. R. M. (Org.). **Manual de direito ambiental**. São Paulo: Saraiva, 2015.

LIMA, R. S. de; HANAY, F. Y. Abrangência do conceito de ciclo hidrológico e abordagens das relações humanas com a água na pesquisa científica. *Revista ESPACIOS*. Vol. 38 (Nº 09), Año 2017.

LIMA, E. F. A política nacional de recursos hídricos e a adaptação aos efeitos do aquecimento global sobre a disponibilidade de água. In: LUNA, G. G.; GRAZIANO, L. F. p. L.; BERTOCCELLI, R. de p. **Saneamento básico: temas fundamentais, propostas e desafios**. Rio de Janeiro: Editora Lumen Juris, 2017.

MARSALEK, J.; CISNEROS, P. A. J.; MALMQUIST, M.; KARAMOUZ, J. G., CHOCAT, B. Urban water cycle processes and interactions. Technical Documents in Hydrology, No. 78, UNESCO, Paris, 2006.

MIGUEL, L. F. H.; BERTOCCELLI, R. de p. Saneamento básico à luz do princípio da modicidade tarifária. In: LUNA, G. G.; GRAZIANO, L. F. p. L.; BERTOCCELLI, R. de p. **Saneamento básico: temas fundamentais, propostas e desafios**. Rio de Janeiro: Editora Lumen Juris, 2017.

MIRANDA, R. A. C. de; OLIVEIRA, M. V. S. de; SILVA, D. F. da. **Ciclo hidrológico planetário: abordagens e conceitos**. Geo UERJ, Ano 12, v. 1, n. 21, 1º semestre de 2010.

NASCIMENTO, A. B. F. M. do. **Cooperação Intermunicipal no Brasil: os efeitos dos consórcios públicos de saúde à luz do Institutional Colletive Action**. 2019. 142f. Tese (Doutorado em Administração) – Centro de Ciências Sociais Aplicadas, Universidade Federal do Rio Grande do Norte, Natal, 2019.

OLIVEIRA JÚNIOR, T. M.; COSTA, F. J. L. da; MENDES, A. p. Perspectivas teóricas da corrupção no campo da administração pública brasileira: características, limites e alternativas. *Revista do Serviço Público, RSP*, Brasília 67 (Especial), p. 111-138, 2016.

PURVIN, G. Justiça ambiental, acesso à água e ao saneamento: algumas considerações por ocasião dos vinte anos da Lei n. 9.433/1997 e dos dez anos da Lei n. 11.445/2007. In: PURVIN, G. (Coord.). **Direito ambiental, recursos hídricos e saneamento: estudos em comemoração aos 20 anos da Política Nacional de Recursos Hídricos e aos 10 anos da Política Nacional de Saneamento**. São Paulo, Letras jurídicas, 2017.

ROUSE, M. Paradigma centrado no papel do setor privado. In: HELLER, L.; CASTRO, J. E. (Orgs.). **Política pública e gestão de serviços de saneamento**. Belo Horizonte: Ed. UFMG; Rio de Janeiro: Ed. FioCruz, UFMG, 2013.

SILVA, J. I. A. O. **Segurança Hídrica Ecológica: fundamentos para um conceito jurídico. Tese de Doutorado**. Programa de Pós-graduação em Ciências Jurídicas. Universidade Federal da Paraíba, Brasil, 2020.

SILVA, J. I. A. O.; FARIAS, T. Q. A tutela jurídica do ciclo urbano da água: linhas preliminares. *Revista de Direito da Cidade*, [S.l.], v. 12, n. 1, p. 366-389, maio 2020. ISSN 2317-7721. Disponível em: <https://www.e-publicacoes.uerj.br/index.php/rdc/article/view/39551>. Acesso em: 30 jul. 2020. doi: https://doi.org/10.12957/rdc.2020.39551.

SILVA, J. I. A. O.; LEITE, J. R. M. A releitura ecológica da política de água: bacia hidrográfica e sua relevância jurídica. *Revista de Direito Ambiental, RDA*, v. 94, junho de 2019.

SOUZA, J. A **construção social da subcidadania: para uma sociologia política da modernidade periférica**. Belo Horizonte, Editora da UFMG, 2003.

SWYNGEDOUW, E. **Social Power and the Urbanisation of Water**. Flows of Power. Oxford: Oxford University Press, 2004.

SWYNGEDOUW, E. **The Political Economy and Political Ecology of the Hydro-Social Cycle**. In Journal of Comtemporary Water Research & Education, Issue 142, p. 56-60, august, 2009.

THOMAS, A. M. P. **Sistematización de Tecnologías para una gestión sostenible del ciclo urbano del agua. Tesis Doctoral**. Departamento Construcciones Arquitectónicas, 2016.

United Nations Children's Fund (UNICEF). **Progress on Drinking Water, Sanitation and Hygiene: 2017 Update and SDG Baselines**. Geneva: World Health Organization (WHO) and the United Nations Children's Fund (UNICEF), 2017.

POLÍTICA NACIONAL DE RESÍDUOS SÓLIDOS

TELMA BARTHOLOMEU SILVA[1]
FABIANO MELO GONÇALVES DE OLIVEIRA[2]

SUMÁRIO: 1. Introdução. 2. Destinatários da PNRS. 3. Inaplicabilidade da PNRS. 4. Definições importantes. 5. Resíduos e rejeitos. 6. Princípios da PNRS. 6.1. Princípios da prevenção e da precaução. 6.2. Princípio do poluidor-pagador. 6.3. Princípio do protetor-recebedor. 6.4. Princípio do desenvolvimento sustentável. 6.5. Princípio da visão sistêmica na gestão dos resíduos sólidos. 6.6. Princípio da Ecoeficiência. 6.7 Princípio do reconhecimento do resíduo sólido reutilizável e reciclável como um bem econômico e de valor social, gerador de trabalho e renda e promotor de cidadania. 6.8. Outros princípios. 7. Objetivos. 8. Instrumentos da Política Nacional de Resíduos Sólidos. 9. Os Planos de gerenciamento de Resíduos Sólidos. 10. A responsabilidade compartilhada pelo Ciclo de Vida dos Produtos. 11. A Logística reversa. 12. Instrumentos econômicos. 13. Proibições previstas na Lei 12.305/2010. 14. Responsabilidade Ambiental. Bibliografia.

1. Introdução

Após duas décadas em análise no Congresso Nacional, foi aprovada, em 02 de agosto de 2010, a Lei 12.305/2010, que instituiu a Política Nacional de Resíduos Sólidos (PNRS), com regulamentação por meio do Decreto Federal 7.404/2010.

Com efeito, até o ano de 2010, os Estados-membros e Municípios possuíam leis próprias sobre temas como coleta seletiva, gerenciamento e disposição de resíduos, com liberdade para legislar, em face da inexistência de norma geral dispondo sobre a obrigatoriedade em caráter nacional. A legislação desses entes federativos decorre do sistema de repartição de competências constitucionais em matéria ambiental, pelo qual, de acordo com o art. 24 da Constituição de 1988, compete à União, aos Estados e ao Distrito Federal legislar concorrentemente sobre a proteção do meio ambiente. A competência dos Municípios, por sua vez, decorre do art. 30, II, da Constituição de 1988.

Com a publicação da Lei da Política Nacional de Resíduos Sólidos, foi estabelecida e estruturada uma política de gestão e gerenciamento dos resíduos para todo o país. Em

---

1. Advogada. Especialista em Meio Ambiente pela Escola Superior do Ministério Público de São Paulo. Mestre em Direito Econômico e Financeiro pela USP. Auditora Ambiental Internacional. Conselheira do Conselho Superior de Meio Ambiente COSEMA – FIESP/SP, escritora, palestrante e consultora de projetos de sustentabilidade.
2. Advogado. Professor dos cursos de graduação e pós-graduação em Direito e Administração da PUC/Minas e de Direito Ambiental e Direito Urbanístico da Rede de Ensino LFG. Doutor em Urbanismo (PUCC). Autor de Direito Ambiental, pela Editora GEN/Método, entre outras obras jurídicas. Diretor do Instituto "O Direito por um Planeta Verde". Redes Sociais: fabianomelooficial.

aspectos fundamentais, esse é um diploma legal de conteúdo amplo e com implicações imediatas nas questões econômicas. Além das previsões e obrigações para os diversos *players* do mercado (indústria, comércio, prestadores de serviços e Poder Público), como abordar-se-á, a PNRS interagiu com outras normas, como a Lei 9.605/98, conhecida como Lei dos Crimes Ambientais, ao prever que condutas lesivas ao meio ambiente, oriundas de uma incorreta gestão de resíduos sólidos, são punidas como crimes contra o meio ambiente. No mesmo sentido, relacionou-se com a Lei 11.445/2007 (Saneamento Básico), a Lei 9.974/2000 (Agrotóxicos), a Lei 9.966/2000 (Poluição em águas sob jurisdição nacional) e com as normas estabelecidas pelos órgãos dos seguintes sistemas: Sistema Nacional do Meio Ambiente (Sisnama), do Sistema Nacional de Vigilância Sanitária (SNVS), do Sistema Unificado de Atenção à Sanidade Agropecuária (Suasa) e do Sistema Nacional de Metrologia, Normalização e Qualidade Industrial (Sinmetro). Ademais, a educação ambiental é um componente inescusável da Política Nacional de Resíduos Sólidos, com o objetivo de aprimoramento do conhecimento, dos valores, dos comportamentos e do estilo de vida relacionados com a gestão e o gerenciamento ambientalmente adequado dos resíduos sólidos, constituindo importante instrumento de concretização desta política (art. 8º, VIII, da Lei 12.305/2010 c/c o art. 77 do Decreto 7.404/2010).

A Política Nacional de Resíduos Sólidos consagra-se como um conjunto de princípios, diretrizes, objetivos, instrumentos, metas e ações adotados pelo Governo Federal, isoladamente ou em regime de cooperação com os Estados, o Distrito Federal, os Municípios ou os particulares, e possui como objeto a gestão integrada e o gerenciamento ambientalmente adequado dos resíduos sólidos. Entre os seus principais dispositivos destacam-se: a proibição de lixões (áreas de depósito de lixo a céu aberto); a inclusão social das organizações de catadores; a consagração da responsabilidade compartilhada pelo ciclo de vida dos produtos; o instrumento da logística reversa; a participação do consumidor; entre outros.

Não obstante a aplicabilidade imediata, um número relevante de ações e procedimentos da PNRS seguiram o modelo de implementação progressiva, com prazos e metas para sua concretização. Nesse sentido, ficou estabelecido que a disposição final ambientalmente adequada dos rejeitos deveria ser implantada em até quatro anos após a data de sua publicação (art. 54 da Lei 12.305/2010) ou ainda que os Planos Estaduais e Municipais de Resíduos Sólidos deveriam ser elaborados no prazo de dois anos após a publicação da lei (art. 55, c/c os arts. 16 e 18 da Lei 12.305/2010). No mesmo sentido, a logística reversa, também deveria ser implementada progressivamente, segundo cronograma específico (art. 56 da Lei 12.305/2010). Esses são alguns exemplos da progressividade em importantes aspectos e instrumentos da PNRS.

2. Destinatários da PNRS

Estão sujeitas à observância da PNRS as pessoas físicas ou jurídicas, de direito público ou privado, responsáveis, direta ou indiretamente, pela geração de resíduos sólidos e as que desenvolvam ações relacionadas à gestão integrada ou ao gerenciamento de resíduos sólidos (art. 1º, § 1º, da Lei 12.305/2010).

Outrossim, pessoas físicas (consumidores, catadores, empresários individuais, prestadores de serviços e funcionários) ou jurídicas (empresas, indústrias, comércio, cooperativas e Poder Público) responsáveis direta ou indiretamente pela geração de resíduos sólidos, e as que desenvolvam ações relacionadas à gestão integrada ou ao gerenciamento de resíduos sólidos, sujeitam-se às determinações da PNRS.

3. Inaplicabilidade da PNRS

É necessário consignar que a Lei da Política Nacional de Resíduos Sólidos não se aplica aos rejeitos radioativos, que são regulados por legislação específica (art. 1º, § 2º, da Lei 12.305/2010).

Nesse sentido, a União, por meio da Comissão Nacional de Energia Nuclear (CNEN), é a responsável pelo destino final dos rejeitos radioativos, conforme a Lei 10.308/2001, que dispõe sobre a seleção de locais, a construção, o licenciamento, a operação, a fiscalização, os custos, a indenização, a responsabilidade civil e as garantias referentes aos depósitos de rejeitos radioativos.

4. Definições importantes

O art. 3º da PNRS consigna definições importantes para a compreensão e cumprimento de seus dispositivos.

Para tanto, analisar-se-á as definições mais relevantes.

Entende-se como *resíduos sólidos* o

"[...] material, substância, objeto ou bem descartado resultante de atividades humanas em sociedade, a cuja destinação final se procede, se propõe proceder ou se está obrigado a proceder, nos estados sólido ou semissólido, bem como gases contidos em recipientes e líquidos cujas particularidades tornem inviável o seu lançamento na rede pública de esgotos ou em corpos d'água, ou exijam para isso soluções técnica ou economicamente inviáveis em face da melhor tecnologia disponível (art. 3º, XVI, da Lei 12.305/2010)."

Os *rejeitos*, por sua vez, são os resíduos sólidos que, depois de esgotadas todas as possibilidades de tratamento e recuperação por processos tecnológicos disponíveis e economicamente viáveis, não apresentem outra possibilidade que não a disposição final ambientalmente adequada (art. 3º, XV, da Lei 12.305/2010).

Já *gestão integrada de resíduos sólidos* é o

"[...] conjunto de ações voltadas para a busca de soluções para os resíduos sólidos, de forma a considerar as dimensões política, econômica, ambiental, cultural e social, com controle social e sob a premissa do desenvolvimento sustentável (art. 3º, XI, da Lei 12.305/2010)."

O *gerenciamento dos resíduos sólidos* pode ser entendido como o

"[...] conjunto de ações exercidas direta ou indiretamente, nas diferentes etapas de coleta, transporte, transbordo, tratamento e destinação final ambientalmente adequada dos resíduos sólidos e disposição final ambientalmente adequada dos rejeitos, de acordo com o plano municipal de gestão integrada de resíduos sólidos ou com o plano de gerenciamento de resíduos sólidos, exigidos na forma na lei (art. 3º, X, da Lei 12.305/2010)."

É necessário diferenciar gestão integrada e gerenciamento de resíduos sólidos. Para tanto, Suely Araújo e Ilídia Juras[3] consignam que:

"[...] o gerenciamento diz respeito às etapas de coleta, transporte, transbordo, tratamento e destinação final ambientalmente adequada dos resíduos sólidos e disposição final ambientalmente adequada

---

3. ARAÚJO, Suely Mara Vaz de; JURAS, Ilídia da Ascenção Martins. *Comentários à Lei de Resíduos Sólidos*. São Paulo: Pillares, 2011. p. 49.

dos rejeitos. Apresenta, assim, lógica processual ou operacional. O gerenciamento pode dizer respeito apenas a tipo determinado de resíduo. Por sua vez, a gestão integrada engloba o planejamento e a coordenação de todas as etapas insertas no gerenciamento e, também, a inter-relação das dimensões política, econômica, ambiental, cultural e social envolvidas."

Ou seja, a gestão é mais ampla que o gerenciamento.

A *coleta seletiva* é a segregação prévia dos resíduos sólidos conforme sua constituição ou composição (art. 3º, V, da Lei 12.305/2010). Constitui importante mecanismo para concretização de uma destinação final ambientalmente adequada e nada mais é do que a separação dos resíduos conforme sua constituição ou composição, seguindo regras de segregação estabelecidas em normas técnicas, com padrão de separação em recipientes por cores, conforme a Resolução CONAMA 275/2001.

A *destinação final ambientalmente adequada* envolve várias possibilidades de reaproveitamento dos resíduos, de modo a levar para os aterros somente o que não for mais passível de aproveitamento (art. 3º, VII, da Lei 12.305/2010).

Entre as várias possibilidades de destinação dos resíduos encontra-se: reutilização, reciclagem, compostagem, recuperação e aproveitamento energético e, se for o caso, também a disposição final em aterro, quando se tratar de um rejeito.

A *reutilização* é prevista e regulamentada pela PNRS e em normas técnicas. Entende-se por reutilização o processo de aproveitamento dos resíduos sólidos sem sua transformação biológica, física ou físico-química, observadas as condições e os padrões estabelecidos pelos órgãos competentes do SISNAMA (Sistema Nacional do Meio Ambiente) e, se couber, do SNVS (Sistema Nacional de Vigilância Sanitária) e do SUASA (Sistema Unificado de Atenção à Sanidade Agropecuária) (art. 3º, XVIII, da Lei 12.305/2010).

Exemplos bem sucedidos de *reuso* da água nos processos produtivos acabam servindo de solução para duas vertentes diferentes: de um lado, o cumprimento da Lei de resíduos, e de outro lado, economia com o pagamento pela captação do recurso como insumo do processo produtivo ou utilização como depósito de efluentes desse processo, isso porque em algumas bacias hidrográficas a cobrança está implementada e, como tal, importa em custo ao processo produtivo, que todavia pode ser minimizado com o sistema de *reuso*.

A *reciclagem*, por outro lado, é o

"[...] processo de transformação dos resíduos sólidos que envolve a alteração de suas propriedades físicas, físico-químicas ou biológicas, com vistas à transformação em insumos ou novos produtos, observadas as condições e os padrões estabelecidos pelos órgãos competentes do Sisnama e, se couber, do SNVS e do Suasa (art. 3º, XIV, da Lei 12.305/2010)."

O Brasil ocupa posição de destaque na reciclagem de alguns tipos de materiais, como as latas de alumínio.

Já a *compostagem*, outra forma de destinação, é um processo biológico em que os microrganismos transformam a matéria orgânica, como estrume, folhas, papel, e restos de alimentos num material semelhante ao solo, a que se chama composto e que pode ser utilizado como adubo.[4] Quanto à recuperação e aproveitamento energético, a PNRS nada dispõe. Contudo, para exemplificar, o aproveitamento energético é a possibilidade de geração

---

4. A Resolução CONAMA 481/2017 estabelece critérios e procedimentos para garantir o controle e a qualidade ambiental do processo de compostagem de resíduos orgânicos, e dá outras providências.

de energia elétrica em um aterro controlado direto do gás de lixo, digestão anaeróbica ou ainda por meio de incineração.[5]

Desse conjunto, será possível vislumbrar em um cenário futuro um *mix* de possibilidades conjuntas: reuso e reciclagem de certos materiais; utilização do potencial energético (tal como acontece com a energia produzida da biomassa), entre outros, em movimento de valorização crescente e irreversível dos resíduos diante do imperativo de racionalização dos recursos naturais.

Já a *disposição final ambientalmente adequada* é a distribuição ordenada dos rejeitos em aterros, observando normas específicas de modo a evitar danos ou riscos à saúde pública e à segurança e minimizar os impactos ambientais adversos (art. 3º, VIII, da Lei 12.305/2010). Com esse conceito nota-se a diferença entre *destinação ambientalmente correta*, mecanismo que pode levar a um reaproveitamento do resíduo, e *disposição final ambientalmente adequada* do rejeito, em que se encontra esgotado o ciclo de utilização do resíduo.

O art. 3º da PNRS apresenta outras definições que serão relacionadas ao longo deste capítulo, tais como: responsabilidade compartilhada pelo ciclo de vida dos produtos, acordos setoriais, logística reversa, padrões sustentáveis de produção e consumo, entre outros.

5. Resíduos e rejeitos

A partir da definição legal de "resíduo sólido" é possível evidenciar o extenso campo de aplicação da PNRS.

Nesse sentido, *resíduo sólido* é todo material, substância, objeto ou bem descartado que se apresente no estado sólido, líquido ou gasoso, resultante de atividades humanas em sociedade.

Para Édis Milaré[6], tudo o que é descartado em decorrência de atividades sociais humanas é considerado resíduo sólido.

A PNRS caracteriza *resíduo* e *rejeito* com conceitos próprios, ao definir *rejeito* como o *resíduo sólido* em que foram esgotadas todas as possibilidades de tratamento e recuperação pelos meios e processos tecnológicos conhecidos. Significa dizer, o *rejeito* é algo que necessariamente deve ser disposto corretamente em face do esgotamento de suas possibilidades de reutilização, seja porque está contaminado, seja pela ausência de tecnologia disponível.

A PNRS determina que só será destinado para aterro o que for *rejeito* (art. 54 da Lei 12.305/2010), ou seja, aqueles resíduos que não apresentem outra possibilidade que não a disposição final ambientalmente adequada. Quando a PNRS menciona "aterro", trata-se de referência ao aterro sanitário, que é a área preparada para o depósito de "lixo", que será disposto em camadas intercaladas com terra, em um processo de disposição de resíduos sólidos no solo, sem causar danos à saúde pública e à sua segurança, de forma a minimizar os impactos ambientais. Aliás, a PNRS proíbe os lixões, "que são áreas destinadas ao armazenamento sem qualquer controle ambiental e de proteção à saúde humana[7]".

---

5. MELO, Fabiano. *Direito Ambiental*. 2. ed. São Paulo: Método, 2017. p. 617.
6. MILARÉ, Édis. *Direito do Ambiente*. 7. ed. São Paulo: Ed. RT, 2011. p. 861.
7. DONATO, Vitório. *Logística Verde*. Rio de Janeiro: Ciência Moderna, 2008. p. 121.

Na gestão e no gerenciamento dos *resíduos sólidos*, a PNRS procura incentivar uma ordem de prioridade: não geração, redução, reutilização, reciclagem e tratamento dos resíduos sólidos, bem como a disposição final ambientalmente adequada dos rejeitos.

A valorização dos *resíduos* é um aspecto central na Lei da Política Nacional de Resíduos Sólidos, com fito de alterar uma forma de produção linear para um modelo cíclico, no qual os *resíduos* das empresas são rentabilizados e o que é *resíduo* de alguns pode vir a ser matéria prima de outros. Na prática, esse movimento poderá ocorrer a partir das diferentes formas de *destinação final ambientalmente correta* dos resíduos e dos incentivos previstos pela própria PNRS e seu Decreto regulamentador.

Atento à questão dos *resíduos*, o Instituto Brasileiro do Meio Ambiente e Recursos Naturais Renováveis (IBAMA) publicou a Lista Brasileira de Resíduos Sólidos (Instrução Normativa IBAMA 13, de 18 de dezembro de 2012), com a padronização de terminologia e linguagem. Essa lista contribui para que seja possível identificar a procedência, a tipologia e a destinação final do resíduo, com o consequente controle e, principalmente, estatísticas sobre o estado dos *resíduos* no país, o que só é possível com a necessária padronização. Além disso, inspirada na Lista Europeia de Resíduos Sólidos (*Commission Decision* 2000/532/EC), a Lista Brasileira também serve para a implementação do Cadastro Nacional de Operadores de Resíduos Perigosos (art. 38 da PNRS), coordenado pelo órgão federal competente do Sisnama e implantado de forma conjunta pelas autoridades federais, estaduais e municipais, com a função de monitorar empreendimentos ou atividades que gerem ou operem com resíduos perigosos no Brasil.

6. Princípios da PNRS

Princípios podem ser entendidos como mandamentos, que ordenam algo a ser realizado. Princípios e regras são, na verdade, espécies de um gênero maior que é a norma jurídica. Os princípios impõem um mandamento a ser cumprido diante das possibilidades jurídicas e reais existentes e as regras determinam algo, permitem ou taxativamente proíbem certas condutas.

O Direito Ambiental, enquanto ramo autônomo, possui um conjunto de princípios e regras próprios, voltados para a concretização da proteção ao meio ambiente.

Nesse sentido, são princípios da PNRS (art. 6º):

(a) A prevenção e a precaução;

(b) O poluidor-pagador e o protetor-recebedor;

(c) A visão sistêmica, na gestão dos resíduos sólidos, que considere as variáveis ambiental, social, cultural, econômica, tecnológica e de saúde pública;

(d) O desenvolvimento sustentável;

(e) A ecoeficiência, mediante a compatibilização entre o fornecimento, a preços competitivos, de bens e serviços qualificados que satisfaçam as necessidades humanas e tragam qualidade de vida e a redução do impacto ambiental e do consumo de recursos naturais a um nível, no mínimo, equivalente à capacidade de sustentação estimada do planeta;

(f) A cooperação entre as diferentes esferas do poder público, o setor empresarial e demais segmentos da sociedade;

(g) A responsabilidade compartilhada pelo ciclo de vida dos produtos;

(h) O reconhecimento do resíduo sólido reutilizável e reciclável como um bem econômico e de valor social, gerador de trabalho e renda e promotor de cidadania;

(i) O respeito às diversidades locais e regionais;
(j) O direito da sociedade à informação e ao controle social;
(l) A razoabilidade e a proporcionalidade.

Entre esses princípios, alguns são inerentes ao Direito Ambiental como os princípios da prevenção, precaução, poluidor-pagador e do desenvolvimento sustentável. Outros, por sua vez, estão voltados à questão da gestão dos resíduos propriamente dita, como o princípio da ecoeficiência, da visão sistêmica ou o princípio do reconhecimento do resíduo sólido reutilizável e reciclável como um bem econômico e de valor social, gerador de trabalho e renda e promotor de cidadania.

Com esses apontamentos, necessário adentrar em alguns dos princípios da PNRS.

6.1. Princípios da prevenção e da precaução

Prevenir significa agir antecipadamente e constitui um dos pilares do Direito Ambiental, sobretudo diante da complexidade da reparação dos danos ao meio ambiente, decorrência da dificuldade de reestabelecer o *status quo ante* em uma área degradada. Não obstante os danos ambientais serem compensáveis, sob a visão técnica, são de difícil ou impossível reparação, o que impõe a adoção de medidas preventivas.

O *princípio da prevenção* é invocado nos casos em que se conhece os possíveis impactos ambientais de determinado empreendimento e, como tal, impõe atuação antecipada. Trata-se do princípio do risco conhecido. Segundo Fabiano Melo[8]:

"[...] entende-se por *risco conhecido* aquele identificado por meio de pesquisas, dados e informações ambientais ou ainda porque os impactos são conhecidos em decorrência dos resultados de intervenções anteriores, como a degradação das atividades de mineração, em que as consequências para o meio ambiente são de conhecimento geral. É a partir do *risco* ou *perigo conhecido* que se procura adotar medidas antecipatórias de mitigação dos possíveis impactos ambientais."

O *princípio da prevenção* está presente na Constituição de 1988, em especial no art. 225, § 1º, IV, ao determinar a necessidade de realização do Estudo Prévio de Impacto Ambiental (EIA/RIMA) para obras ou atividades potencialmente causadoras de significativa degradação do meio ambiente ou ainda no art. 225, § 1º, V, que prevê o controle da produção, comercialização e emprego de técnicas que comportem risco para vida, qualidade de vida e meio ambiente.

A Lei 6.938/81, que instituiu a Política Nacional do Meio Ambiente, ao cuidar dos instrumentos de sua efetivação relaciona, entre outros, a avaliação de impacto ambiental e o licenciamento ambiental, que demonstram clara preocupação em prevenir a ocorrência de danos ambientais.

O *princípio da prevenção* está consagrado igualmente em outros diplomas na legislação esparsa. Como exemplo a Lei 11.428/2006, que possui como objeto a utilização e proteção da vegetação nativa do Bioma Mata Atlântica, dispondo expressamente sobre os princípios ambientais e, entre eles, se refere à prevenção e à precaução, tratando-os, inclusive, como princípios distintos.

---

8. MELO, Fabiano. *Direito Ambiental*. 2. ed. São Paulo: Método, 2017. p. 108.

A prevenção, segundo Ana Reveilleau[9], "é a melhor forma de tratar os problemas desencadeados pelos resíduos sólidos, sendo indispensável que todos realizem ações que tenham o caráter preventivo". Para tanto, os instrumentos da PNRS são formas de materializar ações de índole preventiva, como os planos de resíduos sólidos, os incentivos econômicos, o licenciamento ambiental, entre outros. O *princípio da precaução*, por sua vez, será invocado no caso de riscos ou impactos desconhecidos. Nas hipóteses de incerteza científica, caberá ao interessado provar que as intervenções pretendidas no ambiente não trarão consequências indesejáveis à saúde pública e ao meio ambiente.

Conforme Fabiano Melo[10],

"[...] no princípio da precaução o que se configura é a ausência de informações ou pesquisas científicas conclusivas sobre a potencialidade e os efeitos de determinada intervenção no meio ambiente e na saúde humana. Atua como um mecanismo de gerenciamento de riscos ambientais, notadamente para as atividades e empreendimentos marcados pela ausência de estudos e pesquisas objetivas sobre as consequências para o meio ambiente e a saúde humana."

Esse princípio está presente em duas convenções internacionais promulgadas pelo Brasil: a Convenção da Diversidade Biológica e a Convenção-Quadro das Nações Unidas sobre as Mudanças do Clima. Encontra-se igualmente previsto na legislação infraconstitucional, na Lei 11.105/2005, que estabelece a Política Nacional de Biossegurança, e prevê o princípio da precaução em seu artigo inicial.

Na PNRS, o princípio da precaução deverá ser invocado nas análises, processos e atuações econômicas que envolvam riscos potenciais ainda sem identificação ou estudos conclusivos, incerteza científica na gestão e gerenciamento de resíduos sólidos.

6.2. Princípio do poluidor-pagador

O princípio, conhecido internacionalmente como *polluter pays principle*, é expressão máxima da internalização das externalidades negativas no processo produtivo.

É possível identificar no princípio do poluidor-pagador duas faces, a saber: de um lado, a conotação preventiva, que significa que cabe ao poluidor arcar com as despesas de prevenção dos impactos ambientais decorrentes de sua atividade e, de outro, a repressiva, que impõe, no caso de ocorrer o dano, arcar com a recomposição e/ou indenização previstas e determinadas para o evento ocorrido.

Segundo Marcel Bursztyn e Maria Augusta Bursztyn[11], o princípio do poluidor-pagador

"[...] não visa a punir os poluidores, mas sim modificar os comportamentos dos produtores e dos consumidores. Uma vez que os produtos poluentes tendem a ficar mais caros que os não poluentes, os consumidores passam a ter interesse em comprar esses últimos e a qualidade do meio ambiente tende a ser preservada."

---

9. REVEILLEAU, Ana Célia Alves de Azevedo. *Gestão compartilhada de resíduos sólidos e a proteção ambiental: uma abordagem jurídica da responsabilidade socioambiental*. Erechim: Habilis, 2008. p. 106.
10. MELO, Fabiano. *Direito Ambiental*. 2. ed. São Paulo: Método, 2017. p. 109.
11. BURSZTYN, Marcel; BURSZTYN, Maria Augusta. *Fundamentos de Política e Gestão Ambiental*. Rio de Janeiro: Garamond, 2013. p. 189.

O Princípio 16 da Declaração do Rio, de 1992, se reporta ao princípio do poluidor-pagador nos seguintes termos:

> "[...] as autoridades nacionais devem procurar promover a internalização dos custos ambientais e o uso de instrumentos econômicos, tendo em vista a abordagem segundo a qual o poluidor deve, em princípio, arcar com o custo da poluição, com a devida atenção ao interesse público e sem provocar distorções no comércio e nos investimentos internacionais."

Em nível constitucional, é possível relacionar o princípio do poluidor pagador ao art. 225, § 3º, que determina que as condutas e atividades consideradas lesivas ao meio ambiente sujeitarão os infratores, pessoas físicas ou jurídicas, a sanções penais e administrativas, independentemente da obrigação de reparar os danos causados.

A Lei 6.938/81, que instituiu a Política Nacional do Meio Ambiente, cuida do princípio em seu art. 4º, VII, ao dispor que aquele que polui terá de arcar com os custos da reparação do dano causado.

Na aplicação da Lei da Política Nacional de Resíduos Sólidos, esse princípio assume relevância, uma vez que o gerador é o responsável pelos danos que forem causados pelo gerenciamento inadequado de seus resíduos e/ou rejeitos. É o que dispõe a PNRS, em seu art. 27, § 1º, ao determinar que a contratação de serviços de coleta, armazenamento, transporte, transbordo, tratamento ou destinação final de resíduos sólidos, ou disposição final de rejeitos, não isenta as pessoas físicas ou jurídicas elencadas no art. 20 (sujeitas à elaboração de plano de gerenciamento de resíduos sólidos) da responsabilidade por danos que vierem a ser provocados pelo gerenciamento inadequado dos respectivos resíduos ou rejeitos.

6.3. Princípio do protetor-recebedor

O princípio do protetor-recebedor reconhece a necessidade de incentivos em benefício daquele que adote medidas e procedimentos de estímulo à proteção do meio ambiente e é interpretado como a outra face do princípio do poluidor-pagador.

Em linhas gerais, esse princípio traz em si a concepção de que pessoas físicas e/ou jurídicas que desenvolvam ações de preservação ambiental ou se abstenham ou deixem de utilizar algum recurso ambiental devem ser reconhecidas com a concessão de benefícios econômicos, fiscais ou tributários, uma vez que estão colaborando com a coletividade na proteção de um bem que é de fruição coletiva, qual seja, o patrimônio ambiental.

6.4. Princípio do desenvolvimento sustentável

A expressão desenvolvimento sustentável foi cunhada pelo Relatório "Nosso Futuro Comum", também conhecido como Relatório Brundtland, apresentado pela Comissão Mundial sobre Meio Ambiente e Desenvolvimento, como resultado dos trabalhos convocados pela ONU em 1983 e concluídos em 1987.

Desde então, o desenvolvimento sustentável passou a ser identificado como aquele que atende às necessidades do presente sem comprometer a possibilidade de as gerações futuras atenderem suas próprias necessidades.

O princípio do desenvolvimento sustentável traz em si a concepção de que, para se alcançar o desenvolvimento sustentável, a proteção do meio ambiente deve constituir parte integrante do processo de desenvolvimento e não pode ser considerada isoladamente dele.

Trata-se de princípio assente tanto no âmbito internacional, quanto em nível nacional em diversos dispositivos.

A Declaração do Rio/92, por exemplo, possui menção precipuamente nos princípios 3 e 4, a saber:

> *"Princípio 3:* O direito ao desenvolvimento deve ser exercido de modo a permitir que sejam atendidas equitativamente as necessidades de desenvolvimento e de meio ambiente das gerações presentes e futuras.
>
> *Princípio 4:* Para alcançar o desenvolvimento sustentável, a proteção ambiental constituirá parte integrante do processo de desenvolvimento e não pode ser considerada isoladamente deste."

A Constituição de 1988, em seu art. 170, VI, contempla, como um dos princípios norteadores da ordem econômica, a defesa do meio ambiente e o tratamento diferenciado conforme o impacto ambiental dos produtos e serviços e de seus processos de elaboração e prestação. O Supremo Tribunal Federal, na ADI 3.540, decidiu que

> "[...] o princípio do desenvolvimento sustentável, além de impregnado de caráter eminentemente constitucional, encontra suporte legitimador em compromissos internacionais assumidos pelo Estado brasileiro e representa fator de obtenção do justo equilíbrio entre as exigências da economia e as da ecologia, subordinada, no entanto, a invocação desse postulado, quando ocorrente situação de conflito entre valores constitucionais relevantes, a uma condição inafastável, cuja observância não comprometa nem esvazie o conteúdo essencial de um dos mais significativos direitos fundamentais: o direito à preservação do meio ambiente, que traduz bem de uso comum da generalidade das pessoas, a ser resguardado em favor das presentes e futuras gerações."

O art. 4º, I, da Lei 6.938/81 dispõe que a Política Nacional do Meio Ambiente visará: "à compatibilização do desenvolvimento econômico-social com a preservação da qualidade do meio ambiente e do equilíbrio ecológico".

Quanto à relação e aplicabilidade desse princípio com a Política Nacional de Resíduos Sólidos, destacam-se os padrões sustentáveis de produção e consumo, de forma a atender as necessidades das atuais gerações e permitir melhores condições de vida, sem comprometer a qualidade ambiental e o atendimento das necessidades das gerações futuras, assim como a adoção de novas tecnologias para que se obtenha um modo de produção que gere menos resíduos e/ou consiga uma melhor aproveitamento dos resíduos gerados (art. 3º, XIII, da Lei 12.305/2010).

6.5. *Princípio da visão sistêmica na gestão dos resíduos sólidos*

Pela visão sistêmica, se faz necessário contemplar e conjugar as variáveis ambiental, social, cultural, econômica, tecnológica e de saúde pública na gestão dos resíduos sólidos. Em síntese, a conjugação dessas variáveis converge com o imperativo do desenvolvimento sustentável na implementação da gestão e gerenciamento dos resíduos no país.

6.6. *Princípio da Ecoeficiência*

A ecoeficiência é alcançada mediante a compatibilização entre o fornecimento, a preços competitivos, de bens e serviços qualificados que satisfaçam as necessidades humanas e tragam qualidade de vida e a redução do impacto ambiental e do consumo de recursos naturais a um nível, no mínimo, equivalente à capacidade de sustentação estimada do planeta.

Entende-se que, como princípio da Política Nacional de Resíduos Sólidos, a ecoficiência busca estabelecer uma produção e um consumo desde o início voltados para a menor geração de resíduos. Até mesmo porque na gestão e gerenciamento de resíduos sólidos, deve ser observada a ordem de prioridade estabelecida na PNRS, a saber: não geração, redução, reutilização, reciclagem, tratamento dos resíduos sólidos e disposição final ambientalmente adequada dos rejeitos.

6.7 Princípio do reconhecimento do resíduo sólido reutilizável e reciclável como um bem econômico e de valor social, gerador de trabalho e renda e promotor de cidadania

Esse princípio se assenta na constatação de que o resíduo sólido possui valor econômico, isto é, pode ser inserido na cadeia de produção e consumo novamente, desde que reutilizável e reciclável.

Como se viu, a reciclagem e a reutilização são importantes possibilidades para uma eficaz gestão e gerenciamento dos resíduos sólidos. Entre as vantagens do reaproveitamento dos resíduos sob o aspecto econômico, destaca-se que, com a reciclagem e/ou reutilização, se reduz as perdas e as agressões ao meio ambiente, com a manutenção do *stock* dos recursos naturais e também a utilização do resíduo como gerador de energia, notadamente por meio do aproveitamento do potencial energético dos resíduos em sistemas de cogeração de energia, por exemplo, nos quais se produz simultaneamente energia elétrica e calor útil.

É possível relacionar igualmente o caráter econômico dos resíduos na compostagem, processo biológico em que os microrganismos transformam a matéria orgânica, como estrume, folhas, papel e restos de comida num material semelhante ao solo, que se denomina composto e que pode ser comercializado como adubo.

Em relação ao valor social dos resíduos e seu papel como gerador de trabalho e renda e promotor de cidadania, a PNRS prevê que os planos de gerenciamento de resíduos devem estabelecer metas para eliminação e recuperação dos lixões, associadas à inclusão social e à emancipação econômica de catadores de materiais (art. 15, V; art. 17, V e art. 18, II). Além disso, a integração dos catadores de materiais reutilizáveis e recicláveis nas ações que envolvam a responsabilidade compartilhada pelo ciclo de vida dos produtos é um dos objetivos (art. 7º, XII), assim como instrumento da PNRS o incentivo à criação e ao desenvolvimento de cooperativas ou de outras formas de associação de catadores de materiais reutilizáveis e recicláveis (art. 8º, IV)

6.8. Outros princípios

Além desses, o art. 6º da PNRS elenca como princípios a serem observados para a concretização dos objetivos da Política Nacional de Resíduos Sólidos: a razoabilidade e a proporcionalidade; a cooperação entre as diferentes esferas do Poder Público, o setor empresarial e demais segmentos da sociedade; a responsabilidade compartilhada pelo ciclo de vida dos produtos; o respeito às diversidades locais e regionais; o direito da sociedade à informação e ao controle social.

Quanto aos princípios da *razoabilidade* e da *proporcionalidade*, a PNRS elenca-os conjuntamente. Entende-se *razoabilidade* como coerência lógica nas decisões e nas medidas administrativas e *proporcionalidade* como a amplitude ou intensidade nas medidas restritivas e sancionadoras adotadas. Na implementação e efetivação dos objetivos e instrumentos da PNRS não se pode olvidar a observância dos princípios em comento.

A *cooperação entre as diferentes esferas do Poder Público, o setor empresarial e demais segmentos da sociedade* é o reconhecimento que a efetividade da PNRS demanda a atuação conjunta de todos os setores, haja vista sua amplitude e alcance.

A *responsabilidade compartilhada pelo ciclo de vida dos produtos* é o

"[...] conjunto de atribuições individualizadas e encadeadas dos fabricantes, importadores, distribuidores e comerciantes, dos consumidores e dos titulares dos serviços públicos de limpeza urbana e de manejo dos resíduos sólidos, para minimizar o volume de resíduos sólidos e rejeitos gerados, bem como para reduzir os impactos causados à saúde humana e à qualidade ambiental decorrentes do ciclo de vida dos produtos, nos termos desta Lei (art. 3º, XVII, da Lei 12.305/2010)."

O *respeito às diversidades locais e regionais* decorre das dimensões geográficas e das peculiaridades e singularidades das regiões brasileiras.

O *direito da sociedade à informação e ao controle social* são garantias para a concretização de um Estado democrático. É um direito da sociedade e do cidadão ser informado sobre planos, programas e empreendimentos que afetem a qualidade do meio ambiente e a saúde pública. O controle social, por seu turno, possibilita a participação do cidadão na formulação, acompanhamento e fiscalização nas ações da Administração Pública. O controle social significa que, "ao invés de se submeter à decisões formuladas em gabinetes fechados, necessário a participação popular nas políticas públicas ambientais, desde a discussão, formulação, execução, acompanhamento e fiscalização[12]". Por evidente, a PNRS demandará o controle social sobre as ações e procedimentos do Poder Público em sua implementação.

7. Objetivos

Os *objetivos* da Política Nacional de Resíduos Sólidos estão relacionados no art. 7º da Lei 12.305/2010, a saber:

"(I) Proteção da saúde pública e da qualidade ambiental;

(II) Não geração, redução, reutilização, reciclagem e tratamento dos resíduos sólidos, bem como disposição final ambientalmente adequada dos rejeitos;

(III) Estímulo à adoção de padrões sustentáveis de produção e consumo de bens e serviços;

(IV) Adoção, desenvolvimento e aprimoramento de tecnologias limpas como forma de minimizar impactos ambientais;

(V) Redução do volume e da periculosidade dos resíduos perigosos;

(VI) Incentivo à indústria da reciclagem, tendo em vista fomentar o uso de matérias-primas e insumos derivados de materiais recicláveis e reciclados;

(VII) Gestão integrada de resíduos sólidos;

(VIII) Articulação entre as diferentes esferas do poder público, e dessas com o setor empresarial, com vistas à cooperação técnica e financeira para a gestão integrada de resíduos sólidos;

(IX) Capacitação técnica continuada na área de resíduos sólidos;

(X) Regularidade, continuidade, funcionalidade e universalização da prestação dos serviços públicos de limpeza urbana e de manejo de resíduos sólidos, com adoção de mecanismos gerenciais e econômicos que assegurem a recuperação dos custos dos serviços prestados, como forma de garantir sua sustentabilidade operacional e financeira, observada a Lei 11.445, de 2007;

---

12. OLIVEIRA, Fabiano Melo Gonçalves de; Oliveira, Fernanda Fabiana Fuentes Bruzzone. O Licenciamento Ambiental e a Lei Complementar 140/2011. In: *Magistratura*: Temas Polêmicos. Salvador: Juspodivm, 2013. p. 309.

(XI) Prioridade, nas aquisições e contratações governamentais, para:

a) produtos reciclados e recicláveis;

b) bens, serviços e obras que considerem critérios compatíveis com padrões de consumo social e ambientalmente sustentáveis;

(XII) Integração dos catadores de materiais reutilizáveis e recicláveis nas ações que envolvam a responsabilidade compartilhada pelo ciclo de vida dos produtos;

(XIII) Estímulo à implementação da avaliação do ciclo de vida do produto;

(XIV) Incentivo ao desenvolvimento de sistemas de gestão ambiental e empresarial voltados para a melhoria dos processos produtivos e ao reaproveitamento dos resíduos sólidos, incluídos a recuperação e o aproveitamento energético;

(XV) Estímulo à rotulagem ambiental e ao consumo sustentável."

Esse conjunto de objetivos pode ser dividido em: (a) objetivo geral; (b) objetivos específicos, que incluem disposições ambientais, econômicas, sociais e de atuação governamental.

Como *objetivo geral*, destaca-se a proteção da saúde pública e da qualidade ambiental.

Com efeito, a proteção ao meio ambiente relaciona-se com a saúde pública, uma vez que o meio ambiente ecologicamente equilibrado é essencial para a sadia qualidade de vida. O STF, na ADI 4.029, adentrou nessa questão, a saber:

"[...] o meio ambiente é um conceito hoje geminado com o de saúde pública, saúde de cada indivíduo, sadia qualidade de vida, diz a Constituição, é por isso que estou falando de saúde, e hoje todos nós sabemos que ele é imbricado, é conceitualmente geminado com o próprio desenvolvimento."

Essa relação é evidenciada quando se perquire os desdobramentos de uma incorreta destinação e disposição final dos resíduos, que podem ocasionar inúmeros problemas de saúde, com a proliferação de inúmeros vetores, sem olvidar, é claro, da contaminação ambiental.

Além do objetivo geral, a PNRS elenca *objetivos específicos ambientais* a serem concretizados, tais como:

(a) a não geração, redução, reutilização, reciclagem e tratamento dos resíduos sólidos, bem como disposição final ambientalmente adequada dos rejeitos;

(b) o estímulo à adoção de padrões sustentáveis de produção e consumo de bens e serviços;

(c) a adoção, desenvolvimento e aprimoramento de tecnologias limpas como forma de minimizar impactos ambientais;

(d) a redução do volume e da periculosidade dos resíduos perigosos;

(e) incentivo ao desenvolvimento de sistemas de gestão ambiental e empresarial voltados para a melhoria dos processos produtivos e ao reaproveitamento dos resíduos sólidos, incluídos a recuperação e o aproveitamento energético;

(f) estímulo à implementação da avaliação do ciclo de vida do produto;

(g) estímulo à rotulagem ambiental e ao consumo sustentável.

Em articulação com a não geração e/ou redução dos resíduos encontra-se a produção e o consumo sustentável de bens e serviços e o estímulo ao consumo sustentável, como objetivos a serem atingidos (art. 7º, II, III, XV, da Lei 12.305/2010).

Em relação à adoção de padrões sustentáveis de produção e consumo de bens e serviços, é necessário pontuar que a Política Nacional do Meio Ambiente determina a compatibilização do desenvolvimento econômico-social com a preservação da qualidade do meio ambiente e do equilíbrio ecológico (art. 4º, I, da Lei 6.938/81). Essa diretriz reflete, na prática, na adoção do princípio do desenvolvimento sustentável, como se viu alhures.

A produção sustentável pode ser resumida na economia e uso racional de energia e matéria-prima, conservando-se os recursos naturais. O consumo pode ser reconhecido como "sustentável" quando o adquirente do produto consegue optar por uma escolha ambientalmente correta, tanto na aquisição de um produto de menor impacto ambiental, quanto dispondo de modo correto o resíduo eventualmente produzido, já na fase do pós-consumo.[13]

A necessidade de adoção de padrões de produção e consumo sustentáveis está igualmente prevista na Lei 10.257/2001 (Estatuto da Cidade), que expressamente estabelece como diretriz geral da política urbana a adoção de padrões de produção e consumo de bens e serviços e de expansão urbana compatíveis com os limites da sustentabilidade ambiental, social e econômica do Município e do território sob sua área de influência (art. 2º, VIII, da Lei 12.507/2001).

A adoção, desenvolvimento e aprimoramento de tecnologias limpas como forma de minimizar impactos ambientais impõe que o setor produtivo crie sistemas de tratamento dos resíduos gerados. Conforme Maria Elizabete Bernardini Seiffert[14],

"[...] no processo de implementação de tecnologias limpas, a inovação é o fator crítico para o sucesso contínuo de qualquer empresa. A inovação amplia o espectro de oportunidades para as empresas: nos produtos em si; nas tecnologias para extrair, refinar ou fabricar; e nos mecanismos que entregam esses produtos e serviços no mercado de maneira cada vez mais eficiente e eficaz."

No caso dos resíduos sólidos, por sua amplitude, a adoção de tecnologias limpas e a observância dos constantes avanços tecnológicos, é imperativo para a redução e minimização dos efeitos sobre o meio ambiente e a saúde pública.

No tocante aos *resíduos perigosos*, o objetivo é a redução do volume e da periculosidade dos mesmos (art. 7º, V, da Lei 12.305/2010).

Segundo a classificação dos resíduos prevista no art. 13, II, "a", da PNRS, os *resíduos perigosos* são aqueles que, em razão de suas características de inflamabilidade, corrosividade, reatividade, toxicidade, patogenicidade, carcinogenicidade, teratogenicidade e mutagenicidade, apresentam significativo risco à saúde pública ou à qualidade ambiental, de acordo com a lei, regulamento ou norma técnica.

A *periculosidade* é a característica apresentada pelo resíduo que, em função de suas propriedades físicas, químicas ou infectocontagiosas, pode apresentar risco à saúde pública, provocando mortalidade, incidência de doenças ou acentuando seus índices; riscos ao meio ambiente, se gerenciado de forma inadequada (conforme a norma técnica ABNT NBR 10004, que trata da classificação dos resíduos sólidos).

Devido à importância do correto gerenciamento desses resíduos, a Lei 12.305/2010 e o Decreto 7.404/2010 cuidam especialmente desse tipo de resíduo, determinando que os estabelecimentos comerciais e de prestação de serviços que os produzem estão sujeitos à

---

13. OLIVEIRA, Fabiano Melo Gonçalves de; SILVA, Telma Bartolomeu. *Direitos Difusos e Coletivos*: Direito Ambiental. São Paulo: Saraiva, 2012. v. 39. p. 134.
14. SEIFFERT, Maria Elizabete Bernardini. *Gestão Ambiental*. São Paulo: Atlas, 2007. p. 223.

elaboração de Plano de Gerenciamento de Resíduos Sólidos (art. 20, II, da Lei 12.305/2010 c/c o art. 65 do Decreto 7.404/2010).

Entende-se por *ciclo de vida do produto*, por sua vez, a "série de etapas que envolvem o desenvolvimento do produto, a obtenção de matérias-primas e insumos, o processo produtivo, o consumo e a disposição final (art. 3º, IV, da Lei 12.305/2010)". Nota-se a importância de se conhecer o ciclo de vida do produto, para que se adote soluções sustentáveis em todas as etapas, desde a concepção, o *design*, o processo de obtenção de matérias-primas ecológicas e/ou recicladas, as formas de produção aprumadas na ecoeficiência até o processo de inserção no mercado como um produto *eco-friendly*.

Já a *rotulagem ambiental*, também conhecida como rotulagem ecológica ou selo verde, constitui, nas palavras de Maria Elizabete Bernardini Seiffert[15],

> "[...] ferramenta determinante para o processo de certificação de produtos que provocam impactos ambientais durante o seu ciclo de vida. Esses selos são marcas ou símbolos para orientar o consumidor final sobre a qualidade ambiental de um produto."

Outros objetivos de *natureza ambiental e econômica* relacionam-se com o incentivo à indústria da reciclagem, tendo em vista o fomento ao uso de matérias-primas e insumos derivados de materiais recicláveis e reciclados; a gestão integrada de resíduos sólidos; a articulação entre as diferentes esferas do poder público, e dessas com o setor empresarial, com vistas à cooperação técnica e financeira para a gestão integrada de resíduos sólidos; a capacitação técnica continuada na área de resíduos sólidos; regularidade, continuidade, funcionalidade e universalização da prestação dos serviços públicos de limpeza urbana e de manejo de resíduos sólidos, com adoção de mecanismos gerenciais e econômicos que assegurem a recuperação dos custos dos serviços prestados, como forma de garantir sua sustentabilidade operacional e financeira, observada a Lei 11.445/2007. Dessa forma, para a concretização desses objetivos, tanto a Lei 12.305/2010 quanto o seu Decreto regulamentador, preveem uma série de instrumentos econômicos e financeiros, que serão estudados no tópico 12.

No que tange à atuação governamental, o objetivo direcionado ao Poder Público é a prioridade, nas aquisições e contratações governamentais, para produtos reciclados e recicláveis e bens, serviços e obras que considerem critérios compatíveis com padrões de consumo social e ambientalmente sustentáveis (art. 7º, XI, "a", "b", da Lei 12.305/2010).

A licitação é o procedimento administrativo adotado pela Administração Pública para selecionar, entre as participantes, a proposta mais vantajosa, visando à aquisição de bens e serviços. No contexto da Política Nacional de Resíduos Sólidos, o que se procura propugnar é que os certames contemplem critérios de sustentabilidade.

Conforme previsão do art. 3º da Lei 8.666/93,

> "[...] a licitação destina-se a garantir a observância do princípio constitucional da isonomia, a seleção da proposta mais vantajosa para a Administração e a promoção do desenvolvimento nacional sustentável e será processada e julgada em estrita conformidade com os princípios básicos da legalidade, da impessoalidade, da moralidade, da igualdade, da publicidade, da probidade administrativa, da vinculação ao instrumento convocatório, do julgamento objetivo e dos que lhes são correlatos."

---

15. SEIFFERT, Maria Elizabete Bernardini. *Gestão Ambiental*. São Paulo: Atlas, 2007. p. 215.

Em consonância com a promoção do desenvolvimento nacional sustentável, as licitações sustentáveis correspondem ao dever de inserção de critérios ambientais e sociais nos editais para as compras e contratações realizadas pela Administração Pública. De igual forma, a Lei de Licitações prevê que, nos projetos básicos e projetos executivos de obras e serviços, serão considerados, entre outros requisitos, o impacto ambiental (art. 12, VII, da Lei 8.666/93).

A regulamentação do art. 3º da Lei 8.666/93 ocorreu com o Decreto 7.746/2012, posteriormente alterado pelo Decreto 9.178/2017 ao estabelecer critérios e práticas gerais para a promoção do desenvolvimento nacional sustentável por meio das contratações realizadas pela Administração Pública federal direta, autárquica e fundacional e pelas empresas estatais dependentes, e instituiu à época a Comissão Interministerial de Sustentabilidade na Administração Pública, atualmente desconstituída pelo Decreto 10.179/2019. Nas licitações, a adoção de critérios e práticas de sustentabilidade deverá ser justificada nos autos e preservar o caráter competitivo do certame e serão veiculados como especificação técnica do objeto ou como obrigação da contratada. São diretrizes de sustentabilidade, entre outras: (I) baixo impacto sobre recursos naturais como flora, fauna, ar, solo e água; (II) preferência para materiais, tecnologias e matérias-primas de origem local; (III) maior eficiência na utilização de recursos naturais como água e energia; (IV) maior geração de empregos, preferencialmente com mão de obra local; (V) maior vida útil e menor custo de manutenção do bem e da obra; (VI) uso de inovações que reduzam a pressão sobre recursos naturais; e (VII) origem sustentável dos recursos naturais utilizados nos bens, serviços e obras (art. 4º do Decreto 7.746/2012). O decreto regulamentador dispõe, ainda, que a Administração Pública Federal direta, autárquica e fundacional e as empresas estatais dependentes poderão exigir no instrumento convocatório para a aquisição de bens que esses sejam constituídos por material renovável, reciclado, atóxico ou biodegradável, entre outros critérios de sustentabilidade (art. 5º do Decreto 7.746/2012).

Ainda no âmbito da Administração Pública Federal, a Secretaria de Logística e Tecnologia da Informação do Ministério do Planejamento, Orçamento e Gestão, atenta à importância do tema da sustentabilidade, expediu a Instrução Normativa 01/2010 (IN SLTI/MPOG 01/2010), com a definição de regras das compras governamentais sustentáveis que envolvem os processos de extração ou fabricação, utilização e o descarte de produtos e matérias-primas.

A Instrução Normativa IN SLTI/MPOG 01/2010 já consignava, por exemplo, no caso de obras públicas, a utilização de sistemas de reuso de água e energia, procedimentos para reduzir o consumo de energia, utilização de materiais reciclados, reutilizáveis e biodegradáveis e redução da necessidade de manutenção, além do uso de energia solar. Outra exigência é a comprovação da origem da madeira para obstar o emprego de madeira ilegal na execução de obras ou serviços. Enumeram-se nessa Instrução Normativa outros aspectos importantes, tais como a definição de critérios objetivos de sustentabilidade ambiental relativamente ao fator técnico no julgamento das propostas (art. 3º); rol exemplificativo de medidas para que se obtenha a economia no consumo de energia e água, além da utilização de tecnologias que contribuam para a redução do impacto ambiental (art. 4º); obrigatoriedade na divulgação de materiais ociosos para doação a outros órgãos e entidades da

Administração Pública (art. 9º); e aplicabilidade das providências relativas às medidas de caráter sustentável aos convênios e ajustes (art. 10).

Por fim, de natureza social, constitui objetivo da PNRS a integração dos catadores de materiais reutilizáveis e recicláveis nas ações que envolvam a responsabilidade compartilhada pelo ciclo de vida dos produtos (art. 7º, XII, da Lei 12.305/2010). Desse modo, além de objetivo, é instrumento o incentivo à criação e ao desenvolvimento de cooperativas ou de outras formas de associação de catadores de materiais reutilizáveis e recicláveis (art. 8º, IV, da Lei 12.305/2010).

8. Instrumentos da Política Nacional de Resíduos Sólidos

A Política Nacional de Resíduos Sólidos consagra-se como um conjunto de princípios, objetivos, instrumentos, diretrizes, metas e ações que devem ser adotados tanto pelo setor público como o setor privado, visando à gestão integrada e ao gerenciamento ambientalmente adequado dos resíduos sólidos.

Neste sentido, o art. 8º da Lei 12.305/2010 elenca os instrumentos da Política Nacional de Resíduos Sólidos, a saber:

(I) Os planos de resíduos sólidos;

(II) Os inventários e o sistema declaratório anual de resíduos sólidos;

(III) A coleta seletiva, os sistemas de logística reversa e outras ferramentas relacionadas à implementação da responsabilidade compartilhada pelo ciclo de vida dos produtos;

(IV) O incentivo à criação e ao desenvolvimento de cooperativas ou de outras formas de associação de catadores de materiais reutilizáveis e recicláveis;

(V) O monitoramento e a fiscalização ambiental, sanitária e agropecuária;

(VI) A cooperação técnica e financeira entre os setores público e privado para o desenvolvimento de pesquisas de novos produtos, métodos, processos e tecnologias de gestão, reciclagem, reutilização, tratamento de resíduos e disposição final ambientalmente adequada de rejeitos;

(VII) A pesquisa científica e tecnológica;

(VIII) A educação ambiental;

(IX) Os incentivos fiscais, financeiros e creditícios;

(X) O Fundo Nacional do Meio Ambiente e o Fundo Nacional de Desenvolvimento Científico e Tecnológico;

(XI) O Sistema Nacional de Informações sobre a Gestão dos Resíduos Sólidos (Sinir);

(XII) O Sistema Nacional de Informações em Saneamento Básico (Sinisa);

(XIII) Os conselhos de meio ambiente e, no que couber, os de saúde;

(XIV) Os órgãos colegiados municipais destinados ao controle social dos serviços de resíduos sólidos urbanos;

(XV) O Cadastro Nacional de Operadores de Resíduos Perigosos;

(XVI) Os acordos setoriais;

(XVII) No que couber, os instrumentos da Política Nacional de Meio Ambiente, entre eles:

(a) os padrões de qualidade ambiental;

(b) o Cadastro Técnico Federal de Atividades Potencialmente Poluidoras ou Utilizadoras de Recursos Ambientais;

(c) O Cadastro Técnico Federal de Atividades e Instrumentos de Defesa Ambiental;

(d) A avaliação de impactos ambientais;

(e) O Sistema Nacional de Informação sobre Meio Ambiente (Sinima);

(f) O licenciamento e a revisão de atividades efetiva ou potencialmente poluidoras;
(XVIII) Os termos de compromisso e os termos de ajustamento de conduta;
(XIX) O incentivo à adoção de consórcios ou de outras formas de cooperação entre os entes federados, com vistas à elevação das escalas de aproveitamento e à redução dos custos envolvidos.

Alguns dos instrumentos da PNRS são instrumentos previstos na Política Nacional do Meio Ambiente (Lei 6.938/81), como se vê no art. 8º, XVII, alíneas "a" até "f", entre eles: utilização dos padrões de qualidade ambiental; os cadastros técnicos federais de atividades potencialmente poluidoras ou utilizadoras de recursos ambientais e o de instrumentos de defesa ambiental; avaliação de impactos ambientais; licenciamento e revisão de atividades efetiva ou potencialmente poluidoras e sistema nacional de informações sobre meio ambiente.

Pela amplitude desses instrumentos, optou-se pelo estudo singular somente dos mais específicos para a compreensão da PNRS, como os planos de gerenciamento de resíduos sólidos, a coleta seletiva, os sistemas de logística reversa e outras ferramentas relacionadas à implementação da responsabilidade compartilhada pelo ciclo de vida dos produtos.

9. Os Planos de gerenciamento de Resíduos Sólidos

Os Planos de Gerenciamento de Resíduos Sólidos são documentos elaborados para análise da situação dos resíduos sólidos produzidos, incluindo a quantidade, a qualidade e relacionando as medidas de armazenamento (se for o caso) e destinação ambientalmente correta, com previsão de metas e instrumentos para fiscalização, a implementação e operacionalização das regras da Política Nacional de Resíduos Sólidos.

A PNRS contempla seis modalidades de *planos,* que se diferenciam quanto aos responsáveis pela elaboração e em relação à amplitude de sua aplicabilidade.

Quantos aos responsáveis, os planos devem ser elaborados tanto pelo Poder Público, União, Estados, Distrito Federal e Municípios, como pelo setor econômico gerador, notadamente para certas atividades previstas na própria PNRS, conforme será analisado.

No que tange à amplitude de aplicabilidade, os planos serão nacional, estadual, regional, municipal, intermunicipal ou de atividade econômica específica.

O *Plano Nacional de Resíduos Sólidos* elaborado, sob a coordenação do Ministério do Meio Ambiente, mediante processo de mobilização e participação social, incluindo a realização de audiências e consultas públicas, terá vigência por prazo indeterminado e horizonte de 20 anos, devendo ser atualizado a cada quatro anos (art. 15, *caput,* da Lei 12.305/2010). Como conteúdo mínimo deve contemplar, entre outros aspectos, um diagnóstico da situação atual dos resíduos sólidos; a proposição de cenários, incluindo tendências internacionais e macroeconômicas; medidas para incentivar e viabilizar a gestão regionalizada dos resíduos sólidos; normas e diretrizes para a disposição final de rejeitos e, quando couber, de resíduos, devendo prever, também, os meios a serem utilizados para o controle e a fiscalização, no âmbito nacional, de sua implementação e operacionalização, assegurado o controle social (art. 15 da Lei 12.305/2010).

O *Plano Estadual de Resíduos Sólidos* será elaborado para vigência por prazo indeterminado, abrangendo todo o território do Estado, com horizonte de atuação de 20 anos e revisões a cada quatro anos, e tendo como conteúdo mínimo regras semelhantes ao determinado para o Plano Nacional (art. 17 da Lei 12.305/2010).

A elaboração do *Plano Estadual de Resíduos Sólidos*, nos termos previstos pela PNRS, é condição para os Estados terem acesso a recursos da União, ou entidades por ela controladas, destinados a empreendimentos e serviços relacionados à gestão de resíduos sólidos, ou para serem beneficiados por incentivos ou financiamentos de entidades federais de crédito ou fomento para tal finalidade (art. 16, *caput*, da Lei 12.305/2010), com vigência prevista para dois anos após a data de publicação da PNRS (art. 55 da Lei 12.305/2010).

Importante ressaltar que não obstante o *Plano Estadual de Resíduos Sólidos*, os Estados poderão elaborar *Planos Microrregionais de Resíduos Sólidos*, assim como planos específicos direcionados às regiões metropolitanas ou às aglomerações urbanas (art. 17, § 1º, da Lei 12.305/2010).

Quanto aos Municípios, a elaboração do *Plano Municipal de Gestão Integrada de Resíduos Sólidos*, observado prioritariamente o período de vigência do plano plurianual municipal, é condição para terem acesso a recursos da União, ou por entidades por ela controladas, destinados a empreendimentos e serviços relacionados à limpeza urbana e ao manejo de resíduos sólidos, ou para serem beneficiados por incentivos ou financiamentos de entidades federais de crédito ou fomento para tal finalidade (art. 18 da Lei 12.305/2010), com vigência prevista para dois anos após a data de publicação da PNS (art. 55 da Lei 12.305/2010).

O conteúdo do *Plano Municipal* está previsto no art. 19 da PNRS e deve contemplar basicamente: um diagnóstico da situação dos resíduos sólidos gerados no respectivo território, a identificação de áreas favoráveis para disposição final ambientalmente adequada de rejeitos, observado o plano diretor (art. 182, § 1º, da CF/88) e o zoneamento ambiental, se houver. Constituem de igual forma conteúdo do Plano Municipal: programas e ações de educação ambiental que promovam a não geração, a redução, a reutilização e a reciclagem de resíduos sólidos, além de programas e ações para a participação dos grupos interessados, em especial das cooperativas ou outras formas de associação de catadores de materiais reutilizáveis e recicláveis formadas por pessoas físicas de baixa renda, se houver.

Do conteúdo exposto, no Plano Municipal devem ser contempladas ainda ações preventivas e corretivas, incluindo programa de monitoramento e identificação dos passivos ambientais relacionados aos resíduos sólidos, incluindo áreas contaminadas, e respectivas medidas saneadoras (art. 19 e incisos da Lei 12.305/2010).

Segundo o que determina a PNRS, o *Plano Municipal de Gestão Integrada de Resíduos Sólidos* pode estar inserido no plano de saneamento básico previsto no art. 19 da Lei 11.445/2007, respeitado o conteúdo mínimo (art. 19, § 1º, da Lei 12.305/2010).

Para Municípios com menos de 20 mil habitantes, o *Plano Municipal de Gestão Integrada de Resíduos Sólidos* terá conteúdo simplificado. Contudo, essa prerrogativa não é aplicável aos seguintes municípios com menos de vinte mil habitantes: (a) integrante de áreas de especial interesse turístico; (b) inserido na área de influência de empreendimentos ou atividades com significativo impacto ambiental de âmbito regional ou nacional; ou (c) cujo território abranja, total ou parcialmente, Unidades de Conservação (art. 19, §§ 2º e 3º, da Lei 12.305/2010).

Por fim, importante destacar que a existência de *Plano Municipal de Gestão Integrada de Resíduos Sólidos* não exime o Município ou o Distrito Federal do licenciamento ambiental de aterros sanitários e de outras infraestruturas e instalações operacionais integrantes do serviço público de limpeza urbana e de manejo de resíduos sólidos pelo órgão competente do Sisnama.

Além dos planos dos entes federativos, os geradores de resíduos sólidos enumerados no art. 20, I, da Lei 12.305/2010, são obrigados a elaborar *Planos de Gerenciamento de Resíduos Sólidos*, que serão parte integrante do processo de licenciamento ambiental. Nesse rol encontram-se os geradores dos resíduos dos serviços públicos de saneamento básico (excetuados os resíduos domiciliares e de limpeza urbana), os geradores de resíduos industriais, entendidos como os gerados nos processos produtivos e instalações industriais; os geradores dos resíduos dos serviços de saúde e os geradores dos resíduos de mineração (os gerados nas atividades de pesquisa, extração e/ou beneficiamento dos minérios).

De igual forma, são responsáveis pela elaboração e aprovação dos Planos de Gerenciamento de Resíduos Sólidos os estabelecimentos comerciais e de prestação de serviços que gerem resíduos perigosos ou que gerem resíduos que, mesmo caracterizados como não perigosos, por sua natureza, composição ou volume, não sejam equiparados aos resíduos domiciliares pelo Poder Público municipal (art. 20, II, "a" e "b"), as empresas de construção civil (art. 20, III); os responsáveis pelos terminais e outras instalações que gerem resíduos de serviços de transportes (art. 20, IV) e os responsáveis por atividades agrossilvipastoris (art. 20, V), se exigido pelo órgão competente do Sisnama (Sistema Nacional do meio Ambiente) e, se couber, do SNVS (Sistema Nacional de Vigilância sanitária) e do SUASA (Sistema Unificado de Atenção à Sanidade Agropecuária).

10. A responsabilidade compartilhada pelo Ciclo de Vida dos Produtos

A Política Nacional de Resíduos Sólidos tem como ponto central a efetiva participação de todos os integrantes da cadeia produtiva e de consumidores dos produtos em geral, visando uma correta disposição final dos resíduos e/ou rejeitos gerados no processo de produção e consumo.

Desta forma, como importante instrumento de concretização da Política Nacional de Resíduos Sólidos, concebeu-se a *responsabilidade compartilhada* entre Poder Público, setor econômico e consumidores finais pelo ciclo de vida dos produtos.

Conforme a PNRS, *responsabilidade compartilhada* pelo ciclo de vida dos produtos é o

> "[...] conjunto de atribuições individualizadas e encadeadas dos fabricantes, importadores, distribuidores e comerciantes, dos consumidores e dos titulares dos serviços públicos de limpeza urbana e de manejo dos resíduos sólidos, para minimizar o volume de resíduos sólidos e rejeitos gerados, bem como para reduzir os impactos causados à saúde humana e à qualidade ambiental decorrentes do ciclo de vida dos produtos (art. 3º, XVII, da Lei 12.305/2010)."

Suely Araújo e Ilidia Juras[16], ao abordar o conceito de responsabilidade compartilhada, destacam que "todos têm tarefas a desenvolver no que diz respeito à minimização do

---

16. ARAÚJO, Suely Mara Vaz de; JURAS, Ilídia da Ascenção Martins. *Comentários à Lei de Resíduos Sólidos*. São Paulo: Pillares, 2011. p. 51.

volume de resíduos sólidos e rejeitos gerados, bem como na redução dos impactos causados à saúde humana e à qualidade ambiental decorrentes do ciclo de vida dos produtos".

O *ciclo de vida do produto* é a série de etapas que envolvem o desenvolvimento do produto, a obtenção de matérias-primas e insumos, o processo produtivo, o consumo e a disposição final (art. 3º, IV, da Lei 12.305/2010).

Entre os objetivos da *responsabilidade compartilhada*, destacam-se:

(I) Compatibilizar interesses entre os agentes econômicos e sociais e os processos de gestão empresarial e mercadológica com os de gestão ambiental, desenvolvendo estratégias sustentáveis;

(II) Promover o aproveitamento de resíduos sólidos, direcionando-os para a sua cadeia produtiva ou para outras cadeias produtivas;

(III) Reduzir a geração de resíduos sólidos, o desperdício de materiais, a poluição e os danos ambientais;

(IV) Incentivar a utilização de insumos de menor agressividade ao meio ambiente e de maior sustentabilidade;

(V) Estimular o desenvolvimento de mercado, a produção e o consumo de produtos derivados de materiais reciclados e recicláveis;

(VI) Propiciar que as atividades produtivas alcancem eficiência e sustentabilidade;

(VII) Incentivar as boas práticas de responsabilidade socioambiental.

A *responsabilidade compartilhada* prevê uma atuação conjunta do Poder Público e da sociedade na proteção do meio ambiente na medida em que as responsabilidades estarão divididas entre todos os atores sociais de forma individualizada, isto é, cada qual na sua esfera de atuação e de forma encadeada (art. 8º, III c/c o art. 30 da Lei 12.305/2010).

Após traçar as diretrizes da *responsabilidade compartilhada* em geral (art. 30), a PNRS dispõe sobre as iniciativas específicas dos fabricantes, importadores, distribuidores e comerciantes e que abrange: (I) investimento no desenvolvimento, na fabricação e na colocação no mercado de produtos: (a) que sejam aptos, após o uso pelo consumidor, à reutilização, à reciclagem ou a outra forma de destinação ambientalmente adequada; (b) cuja fabricação e uso gerem a menor quantidade de resíduos sólidos possível; (II) divulgação de informações relativas às formas de evitar, reciclar e eliminar os resíduos sólidos associados a seus respectivos produtos; (III) recolhimento dos produtos e dos resíduos remanescentes após o uso, assim como sua subsequente destinação final ambientalmente adequada, no caso de produtos objeto de sistema de logística reversa; (IV) compromisso de, quando firmados acordos ou termos de compromisso com o Município, participar das ações previstas no plano municipal de gestão integrada de resíduos sólidos, no caso de produtos ainda não inclusos no sistema de logística reversa (art. 31 da Lei 12.305/2010).

Nas palavras de Suely Araújo e Ilídia Juras[17],

"[...] a responsabilidade dos fabricantes, importadores, distribuidores e comerciantes abarca todo o ciclo de vida do produto. Começa com o planejamento, de forma a assegurar que os produtos

---

17. ARAÚJO, Suely Mara Vaz de; JURAS, Ilídia da Ascenção Martins. *Comentários à Lei de Resíduos Sólidos*. São Paulo: Pillares, 2011. p. 134.

fabricados e colocados no mercado sejam aptos, após o uso pelo consumidor, à reutilização, à reciclagem ou a outra qualquer forma de destinação ambientalmente adequada e que, no processo de fabricação e uso, o mínimo possível de resíduos sólidos seja gerado. A seguir, vem a obrigação de divulgar as formas de evitar, reciclar e eliminar os resíduos sólidos associados a seus respectivos produtos. Por fim, são apresentadas as obrigações após o uso pelo consumidor, ou seja, a responsabilidade pós-consumo."

Aliás, entende-se a *responsabilidade pós-consumo* como o recolhimento dos produtos e dos resíduos remanescentes após o uso, assim como sua subsequente destinação final ambientalmente adequada, no caso de produtos sujeitos ao sistema de *logística reversa*, que será abordado no próximo tópico, ou no caso de produtos ainda não inclusos nesse instrumento da PNRS, o compromisso de, quando firmados acordos ou termos de compromisso com o Município, participar das ações previstas no plano municipal de gestão integrada de resíduos sólidos.

11. A Logística reversa

A *logística reversa* é um dos mais importantes instrumentos de concretização dos objetivos e princípios da Política Nacional de Resíduos Sólidos. Configura-se como um instrumento de desenvolvimento econômico e social para viabilizar a coleta e a restituição de resíduos sólidos ao setor empresarial para reaproveitamento, em seu ciclo ou em outros ciclos produtivos, ou outra destinação final ambientalmente adequada. Reveste-se em uma das ferramentas para a implementação da responsabilidade compartilhada pelo ciclo de vida dos produtos.[18]

Com efeito, a *logística reversa* caracteriza-se como um conjunto de ações, procedimentos e meios para facilitar a coleta e retorno dos produtos após o uso pelo consumidor e/ou do resíduo produzido em casos específicos, independente do serviço público de limpeza urbana e de manejo dos resíduos sólidos.

A *logística reversa*, por exemplo, é o que ocorre nos locais de devolução de pilhas e baterias em shopping centers em algumas cidades. Caberá ao consumidor depositar suas pilhas e baterias no local indicado, com a consequente restituição ao setor empresarial para a destinação correspondente.[19]

A *logística reversa* deve ser estruturada pelos *fabricantes, importadores, distribuidores e comerciantes*, e a sua formalização ocorre mediante quatro formas:

(a) Previsão legal;

(b) Acordos setoriais;

(c) Regulamento;

(d) Termos de compromisso.

Em primeiro plano, a PNRS relaciona, em seu art. 33, os segmentos que devem implementar a logística reversa. Nesse sentido, são obrigados a estruturar e implementar sistemas de logística reversa, mediante retorno dos produtos após o uso pelo consumidor, de forma independente do serviço público de limpeza urbana e de manejo dos resíduos sólidos, os fabricantes, importadores, distribuidores e comerciantes de:

---

18. MILARÉ, Édis. *Direito do Ambiente*. 7. ed. São Paulo: Ed. RT, 2011. p. 878.
19. MELO, Fabiano. *Direito Ambiental*. 2. ed. São Paulo: Método, 2017. p. 636.

(I) Agrotóxicos, seus resíduos e embalagens, assim como outros produtos cuja embalagem, após o uso, constitua resíduo perigoso, observadas as regras de gerenciamento de resíduos perigosos previstas em lei ou regulamento, em normas estabelecidas pelos órgãos do Sisnama, do SNVS e do Suasa, ou em normas técnicas;

(II) Pilhas e baterias;

(III) Pneus;

(IV) Óleos lubrificantes, seus resíduos e embalagens;

(V) Lâmpadas fluorescentes, de vapor de sódio e mercúrio e de luz mista;

(VI) Produtos eletroeletrônicos e seus componentes.

Trata-se de rol não taxativo, passível de ampliação. Significa dizer, na forma do disposto em regulamento ou em acordos setoriais e termos de compromisso firmados entre o Poder Público e o setor empresarial, o sistema de *logística reversa* poderá ser estendido a produtos comercializados em embalagens plásticas, metálicas ou de vidro, e aos demais produtos e embalagens, considerando, prioritariamente, o grau e a extensão do impacto à saúde pública e ao meio ambiente dos resíduos gerados (art. 34, § 2º, da Lei 12.305/2010).

Como se vê, a ampliação poderá ocorrer por meio de acordos setoriais, regulamentos ou termos de compromisso.[20]

Os *acordos setoriais* são atos de natureza contratual, firmados entre o Poder Público e os fabricantes, importadores, distribuidores ou comerciantes, visando à implantação da responsabilidade compartilhada pelo ciclo de vida do produto (art. 3º, I, da Lei 12.305/2010). Os acordos setoriais podem ter abrangência nacional, regional, estadual ou municipal.

A *logística reversa* poderá ainda ser implantada diretamente por regulamento, veiculado por meio de decreto editado pelo Chefe do Poder Executivo. Antes da edição do regulamento, o Comitê Orientador para Implantação de Sistemas de Logística Reversa deverá avaliar a viabilidade técnica e econômica da *logística reversa* (art. 30 do Decreto 7.404/2010). Os sistemas de *logística reversa* estabelecidos diretamente por decreto deverão ser precedidos de consulta pública, cujo procedimento será estabelecido pelo Comitê Orientador (art. 31 do Decreto 7.404/2010).

Por fim, o Poder Público poderá celebrar *termos de compromisso* com os fabricantes, importadores, distribuidores ou comerciantes visando ao estabelecimento de sistema de *logística reversa* quando não houver, em uma mesma área de abrangência (nacional, regional, estadual ou municipal), acordo setorial ou regulamento específico, ou, ainda, para a fixação de compromissos e metas mais exigentes que os previstos em acordo setorial ou regulamento (art. 32 do Decreto 7.404/2010).

Os *acordos setoriais* ou *termos de compromissos* podem ter abrangência nacional, regional, estadual ou municipal, sendo que os *acordos setoriais* e *termos de compromisso* firmados em âmbito nacional têm prevalência sobre os firmados em âmbito regional ou

---

20. Para maiores informações sobre sistemas de logística reversa implantados e acordos setoriais já firmados consultar o Sistema Nacional de Informações sobre a Gestão dos Resíduos Sólidos: [www.sinir.gov.br].

estadual, e esses sobre os firmados em âmbito municipal (art. 33 c/c o art. 34, § 1º, da Lei 12.305/2010).

A PNRS ressalta que os acordos firmados com menor abrangência geográfica podem ampliar, mas não abrandar, as medidas de proteção ambiental constantes nos *acordos setoriais* e *termos de compromisso* firmados com maior abrangência geográfica (art. 34, § 2º, da Lei 12.305/2010).

Para assegurar a implementação e operacionalização do sistema, cabe aos fabricantes, importadores, distribuidores e comerciantes dos produtos sob regime de *logística reversa* adotarem, sob seu encargo, as seguintes medidas:

(I) Implantar procedimentos de compra de produtos ou embalagens usados;

(II) Disponibilizar postos de entrega de resíduos reutilizáveis e recicláveis;

(III) Atuar em parceria com cooperativas ou outras formas de associação de catadores de materiais reutilizáveis e recicláveis.

Na estrutura da *logística reversa* cada ator deve cumprir sua parcela da responsabilidade compartilhada de modo que:

(a) Os consumidores deverão efetuar a devolução após o uso, aos comerciantes ou distribuidores, dos produtos e das embalagens objeto de logística reversa. Devem também acondicionar adequadamente e de forma diferenciada os resíduos sólidos gerados e disponibilizar adequadamente os resíduos sólidos reutilizáveis e recicláveis para coleta ou devolução;

(b) Os comerciantes e distribuidores deverão efetuar a devolução aos fabricantes ou aos importadores dos produtos e embalagens reunidos ou devolvidos;

(c) Os fabricantes e os importadores darão destinação ambientalmente adequada aos produtos e às embalagens reunidos ou devolvidos, sendo o rejeito encaminhado para a disposição final ambientalmente adequada, na forma estabelecida pelo órgão competente do Sisnama (Sistema Nacional do Meio Ambiente) e, se houver, pelo Plano Municipal de Gestão Integrada de Resíduos Sólidos.

Em destaque à importância da informação, a PNRS determina também que, com exceção dos consumidores, todos os participantes dos sistemas de *logística reversa* manterão atualizadas e disponíveis ao órgão municipal competente e a outras autoridades informações completas sobre a realização das ações sob sua responsabilidade.

Conforme o art. 33, § 7º, da Lei 12.305/2010, se o titular do serviço público de limpeza urbana e de manejo de resíduos sólidos, por acordo setorial ou termo de compromisso firmado com o setor empresarial, encarregar-se de atividades de responsabilidade dos fabricantes, importadores, distribuidores e comerciantes nos sistemas de logística reversa dos produtos e embalagens, as ações do Poder Público serão devidamente remuneradas, na forma previamente acordada entre as partes.

Não obstante todo esse arcabouço, ações de *logística reversa* já estavam em execução em alguns setores. Exemplo bem-sucedido é o caso dos agrotóxicos, em que empresas, produtores rurais, distribuidores comerciais, sindicatos, cooperativas e associações apoiaram as disposições da Lei 9.974/2000, que estabeleceu a obrigatoriedade das empresas fabricantes de recolherem as embalagens dos produtos vendidos aos agricultores. Em 2001 foi criado o Instituto Nacional de Processamento de Embalagens Vazias (INPEV), entidade destinada a gerenciar o sistema, avançando pioneiramente na agenda da *logística reversa* no segmento dos agrotóxicos. Essa iniciativa contribuiu para minimizar a situação de vulnerabilidade ambiental que se verificava, uma vez que alguns produtores rurais, sem saber como proceder com as embalagens vazias de agrotóxicos, enterravam, queimavam, jogavam e até inadvertidamente as reutilizavam como recipientes de água, em riscos à saúde dos animais, dos trabalhadores, além de eventuais contaminações ao meio ambiente. Com essa solução, articulados com as cooperativas e com os revendedores, os agricultores fizeram a adesão a esse sistema de *logística reversa*. Atualmente os agricultores utilizam os produtos, fazem a chamada "tríplice lavagem" dos recipientes vazios – necessária para eliminar resíduos tóxicos – e os retornam para unidades de recolhimento espalhadas pelo território nacional que, por sua vez, direcionam as embalagens usadas para centrais de reciclagem.

Por fim, os consumidores são fundamentais para o sucesso dos programas de *logística reversa*. Com o intuito de reforçar este papel, o Decreto regulamentador da Lei da Política Nacional de Resíduos Sólidos, no art. 84, ao tratar das alterações do art. 62 do Decreto 6.514/08, incluiu o § 2º, que determina que os consumidores que descumprirem as respectivas obrigações previstas nos sistemas de *logística reversa* e de coleta seletiva estarão sujeitos à penalidade de advertência (a responsabilidade administrativa será abordada no tópico 14).

12. Instrumentos econômicos

A Lei da Política Nacional de Resíduos Sólidos traz uma série de instrumentos econômicos, com o intuito de incentivar o cumprimento dos seus objetivos.

Poderá o Poder Público instituir medidas indutoras e linhas de financiamento para atender à várias iniciativas, todas elas voltadas em linhas gerais para prevenção e redução da geração de resíduos sólidos no processo produtivo; desenvolvimento de produtos com menores impactos à saúde humana e à qualidade ambiental em seu ciclo de vida; implantação de infraestrutura física e aquisição de equipamentos para cooperativas ou outras formas de associação de catadores de materiais reutilizáveis e recicláveis formadas por pessoas físicas de baixa renda (art. 42 da Lei 12.305/2010).

Essas iniciativas serão fomentadas por determinadas medidas indutoras, tais como: incentivos fiscais, financeiros e creditícios; cessão de terrenos públicos; destinação dos resíduos recicláveis descartados pelos órgãos e entidades da Administração Pública federal às associações e cooperativas dos catadores de materiais recicláveis, subvenções econômicas; fixação de critérios, metas, e outros dispositivos complementares de sustentabilidade ambiental para as aquisições e contratações públicas; pagamento por serviços ambientais, nos termos definidos na legislação; e apoio à elaboração de projetos no âmbito do Mecanismo de Desenvolvimento Limpo (MDL) ou quaisquer outros mecanismos decorrentes da Convenção Quadro de Mudança do Clima das Nações Unidas (art. 80 do Decreto 7.404/2010).

Ressalta-se, ademais, observadas as respectivas competências, que a União, os Estados, o Distrito Federal e os Municípios poderão instituir normas com o objetivo de conceder incentivos fiscais, financeiros ou creditícios, respeitadas as limitações da Lei Complementar 101/2000 (Lei de Responsabilidade Fiscal).

13. Proibições previstas na Lei 12.305/2010

A Lei da Política Nacional de Resíduos Sólidos proibiu certas formas de destinação ou disposição final de resíduos sólidos ou rejeitos, assim como a proibição da importação de resíduos sólidos perigosos e rejeitos ou de resíduos sólidos cujas características causem dano ao meio ambiente, à saúde pública e animal e à sanidade vegetal, ainda que para tratamento, reforma, reuso, reutilização ou recuperação (art. 47 c/c os arts. 48 e 49 da Lei 12.305/2010).

No que tange à proibição da importação de resíduos sólidos perigosos e rejeitos ou de resíduos sólidos cujas características causem dano ao meio ambiente, à saúde pública e animal e à sanidade vegetal, a regulamentação internacional encontra-se na Convenção de Basiléia sobre o Controle de Movimentos Transfronteiriços de Resíduos Perigosos e seu Depósito, ratificada pelo Brasil e internalizada por meio do Decreto 875/1993 e do Decreto 4.581/2003 (com as emendas à Convenção). No Brasil, a lista das proibições está disciplinada em Instrução Normativa do IBAMA, a partir de definição na Resolução CONAMA 452/2012.

Além desses óbices, a PNRS elenca outras proibições, como o lançamento de resíduos e/ou rejeitos em:

(a) praias, no mar ou em quaisquer corpos hídricos;

(b) o lançamento *in natura* a céu aberto, excetuados os resíduos e mineração;

(c) a queima a céu aberto ou em recipientes, instalações e equipamentos não licenciados para essa finalidade; e

(d) outras formas vedadas pelo Poder Público.

Quanto à queima de resíduos a céu aberto, é possível a sua realização em casos de emergência sanitária, desde que autorizada e acompanhada pelos órgãos competentes do Sistema Nacional do Meio Ambiente (Sisnama), Sistema Nacional de Vigilância Sanitária (SNVS) e o Sistema Unificado de Atenção à Sanidade Agropecuária (SUASA).

Outrossim, conforme previsão do art. 48 da Lei 12.305/2010, para resguardar as áreas de disposição final de resíduos ou rejeitos e também evitar formas de poluição e/ou contaminação nessas áreas foram proibidas as seguintes atividades:

(a) utilização dos rejeitos ali dispostos como alimentação;

(b) catação;

(c) criação de animais domésticos;

(d) fixação de habitações temporárias ou permanentes e outras atividades que venham a ser vedadas pelo Poder Público.

14. Responsabilidade Ambiental

O Poder Público, o setor empresarial e a coletividade são responsáveis pela efetividade das ações voltadas para assegurar a observância da Política Nacional de Resíduos Sólidos e das diretrizes e demais determinações estabelecidas na Lei 12.305/2012 e em seu regulamento, o Decreto 7.404/2010. Portanto, todos são responsáveis pela observância das disposições da PNRS.

Cabe ao Poder Público atuar, subsidiariamente, com vistas a minimizar ou cessar o dano, logo que tome conhecimento de evento lesivo ao meio ambiente ou à saúde pública relacionado ao gerenciamento de resíduos sólidos (art. 29). Contudo, os responsáveis pelo dano ressarcirão integralmente o Poder Público pelos gastos decorrentes das ações empreendidas com vistas a minimizar ou cessar o dano ao meio ambiente ou à saúde pública (art. 29, parágrafo único).

No tocante à responsabilização pelo descumprimento da Lei 12.305/2010, o art. 51 dispõe que,

> "[...] sem prejuízo da obrigação de, independentemente da existência de culpa, reparar os danos causados, a ação ou omissão das pessoas físicas ou jurídicas que importe inobservância aos preceitos da Lei da Política Nacional de Resíduos Sólidos ou de seu regulamento, sujeita os infratores às sanções previstas em lei, em especial às fixadas na Lei 9.605/98 e em seu regulamento."

Em primeiro plano, configura-se a responsabilidade civil objetiva. Significa dizer, é aplicável no caso de danos causados ao meio ambiente decorrentes de resíduos sólidos o regime comum da responsabilidade objetiva, nos termos do art. 14, § 1º, da Lei 6.938/81. Portanto, independentemente de uma postura ambientalmente correta por opção, se faz necessário que o gerador destine de modo adequado seus resíduos, consoante as determinações da PNRS, sob pena de responsabilidade. Como o gerador é sempre responsável pelo seu resíduo, é de fundamental importância o conhecimento da destinação do resíduo (para evitar que seja colocado em lugares impróprios) e se gerido e transportado, que seja por uma empresa devidamente autorizada pelos órgãos competentes. É o que dispõe o art. 27, § 1º, da Lei 12.305/2010, ao determinar que a contratação de serviços de coleta, armazenamento, transporte, transbordo, tratamento ou destinação final de resíduos sólidos, ou disposição final de rejeitos, não isenta as pessoas físicas ou jurídicas elencadas no art. 20 (sujeitas à elaboração de plano de gerenciamento de resíduos sólidos) da responsabilidade por danos que vierem a ser provocados pelo gerenciamento inadequado dos respectivos resíduos ou rejeitos.

Já a Lei 9.605/98, por seu turno, decorre do art. 225, § 3º, da Constituição de 1988, que dispõe que as condutas e atividades consideradas lesivas ao meio ambiente sujeitarão os infratores, pessoas físicas ou jurídicas, à sanções penais e administrativas, independentemente da obrigação de reparar os danos causados. Não obstante ser denominada como Lei de Crimes Ambientais, a Lei 9.605/98 não disciplina somente os tipos penais, mas igualmente as infrações administrativas praticadas contra o meio ambiente, que, por sua vez, são regulamentadas pelo Decreto 6.514/2008.

É necessário relacionar a abrangência da Lei 9.605/98, ao contemplar a tríplice responsabilidade ambiental (penal, administrativa e civil). Além disso, a possibilidade de uma pluralidade de autores no eventual cometimento de crimes ambientais, com a punição de todo aquele que, de qualquer forma, concorrer para a prática dos crimes tipificados, seja por ação ou mesmo por omissão. É o previsto no art. 2º da Lei 9.605/98, ao determinar que

> "[...] quem, de qualquer forma, concorre para a prática dos crimes previstos nesta Lei, incide nas penas a estes cominadas, na medida da sua culpabilidade, bem como o diretor, o administrador, o membro de conselho e de órgão técnico, o auditor, o gerente, o preposto ou mandatário de pessoa jurídica, que, sabendo da conduta criminosa de outrem, deixar de impedir a sua prática, quando podia agir para evitá-la."

Este é um exemplo da atenção que dirigentes e mandatários de pessoas jurídicas devem observar para não serem incluídos no rol de sujeitos ativos de um crime ambiental.

Um dos pontos polêmicos da Lei 9.605/98 é a responsabilização penal da pessoa jurídica pelo cometimento de crimes contra o meio ambiente, como se vê no seu art. 3º, *in verbis*:

> "As pessoas jurídicas serão responsabilizadas administrativa, civil e penalmente conforme o disposto nesta Lei, nos casos em que a infração seja cometida por decisão de seu representante legal ou contratual, ou de seu órgão colegiado, no interesse ou benefício da sua entidade. Parágrafo único. A responsabilidade das pessoas jurídicas não exclui a das pessoas físicas, autoras, co-autoras ou partícipes do mesmo fato."

Sem adentrar em discussões e polêmicas doutrinárias, é de se reconhecer que o STF e o STJ admitem hoje a responsabilidade penal da pessoa jurídica, que culmina com a aplicação de sanções como multas, penas restritivas de direitos e de prestação de serviços à comunidade (art. 21 da Lei 9.605/98).

No que se refere aos tipos penais ambientais relacionados à área de resíduos sólidos, destaque inicial para o crime de poluição do art. 54 da Lei 9.605/98, que prevê várias condutas delituosas, como o lançamento de resíduos sólidos, líquidos ou gasosos, ou detritos, óleos ou substâncias oleosas, em desacordo com as exigências estabelecidas em leis ou regulamentos.

A PNRS trouxe reflexos na Lei de Crimes Ambientais, ao prever novas condutas como tipos penais e, em especial, por explicitar os contornos da obrigação de relevante interesse ambiental consignada no art. 68 da Lei 9.605/98.

Com efeito, a PNRS incluiu no art. 56, § 1º, da Lei 9.605/98, novas possibilidades de crimes de poluição. Dessa forma, comete crime ambiental aquele que abandona no meio ambiente ou utiliza os produtos ou substância tóxica, perigosa ou nociva à saúde humana ou ao meio ambiente em desacordo com as normas ambientais ou de segurança. Portanto, é crime ambiental produzir, processar, embalar, importar, exportar, comercializar, fornecer, transportar, armazenar, guardar, ter em depósito ou usar produto ou substância tóxica, perigosa ou nociva à saúde humana ou ao meio ambiente, em desacordo com as exigências estabelecidas em leis ou nos seus regulamentos (art. 56, *caput*, da Lei 9.605/98). Nas mesmas penas incorre quem abandona os produtos ou substâncias referidos ou os utiliza em desacordo com as normas ambientais ou de segurança e também quem manipula, acondiciona, armazena, coleta, transporta, reutiliza, recicla ou dá destinação final a resíduos perigosos de forma diversa da estabelecida em lei ou regulamento (art. 56, § 1º, com a redação dada pelo art. 53 da Lei 12.305/2010).

Por sua vez, o não cumprimento de obrigação de relevante interesse ambiental também pode ensejar aplicação da Lei de Crimes Ambientais, conforme se vê no art. 68, *in verbis*:

> "[...] deixar, aquele que tiver o dever legal ou contratual de fazê-lo, de cumprir obrigação de relevante interesse ambiental. Pena: detenção, de 1 (um) a 3 (três) anos, e multa. Parágrafo único: Se o crime é culposo, a pena é de três meses a um ano, sem prejuízo da multa."

Trata-se de crime de omissão de dever. Neste sentido, a Lei da Política Nacional de Resíduos Sólidos considera, por exemplo, obrigação de relevante interesse ambiental, a manutenção atualizada das informações dos planos de gerenciamento de resíduos sólidos (art. 23, *caput*) e o cumprimento de certos deveres pelas pessoas jurídicas que operam com resíduos perigosos (art. 39, § 2º). Significa dizer, se não cumpridas essas obrigações, é possível a incidência do tipo penal ambiental do art. 68 da Lei 9.605/98.

Já no âmbito da responsabilidade administrativa ambiental, o Decreto 7.404/2010, que regulamenta a PNRS, efetuou modificações no Decreto 6.514/2008, que dispõe sobre as infrações e sanções administrativas ambientais.

Nesse sentido, as seguintes condutas foram inseridas ao art. 62 do Decreto 6.514/2008 como infrações administrativas, a saber:

"(IX) lançar resíduos sólidos ou rejeitos em praias, no mar ou quaisquer recursos hídricos;

(X) lançar resíduos sólidos ou rejeitos in natura a céu aberto, excetuados os resíduos de mineração;

(XI) queimar resíduos sólidos ou rejeitos a céu aberto ou em recipientes, instalações e equipamentos não licenciados para a atividade;

(XII) descumprir obrigação prevista no sistema de logística reversa implantado nos termos da Lei 12.305, de 2010, consoante as responsabilidades específicas estabelecidas para o referido sistema;

(XIII) deixar de segregar resíduos sólidos na forma estabelecida para a coleta seletiva, quando a referida coleta for instituída pelo titular do serviço público de limpeza urbana e manejo de resíduos sólidos;

(XIV) destinar resíduos sólidos urbanos à recuperação energética em desconformidade com o § 1º do art. 9º da Lei 12.305, de 2010, e respectivo regulamento;

(XV) deixar de manter atualizadas e disponíveis ao órgão municipal competente e a outras autoridades informações completas sobre a realização das ações do sistema de logística reversa sobre sua responsabilidade;

(XVI) não manter atualizadas e disponíveis ao órgão municipal competente, ao órgão licenciador do SISNAMA e a outras autoridades, informações completas sobre a implementação e a operacionalização do plano de gerenciamento de resíduos sólidos sob sua responsabilidade; e

(XVII) deixar de atender às regras sobre registro, gerenciamento e informação previstos no § 2º do art. 39 da Lei 12.305, de 2010."

Além disso, as multas de que tratam as condutas dos incisos I a XI do artigo 62 em questão serão aplicadas após laudo de constatação. As condutas, a saber:

(I) tornar uma área, urbana ou rural, imprópria para ocupação humana;

(II) causar poluição atmosférica que provoque a retirada, ainda que momentânea, dos habitantes das áreas afetadas ou que provoque, de forma recorrente, significativo desconforto respiratório ou olfativo devidamente atestado pelo agente autuante;

(III) causar poluição hídrica que torne necessária a interrupção do abastecimento público de água de uma comunidade;

(IV) dificultar ou impedir o uso público das praias pelo lançamento de substâncias, efluentes, carreamento de materiais ou uso indevido dos recursos naturais;

(V) lançar resíduos sólidos, líquidos ou gasosos ou detritos, óleos ou substâncias oleosas em desacordo com as exigências estabelecidas em leis ou atos normativos;

(VI) deixar, aquele que tem obrigação, de dar destinação ambientalmente adequada a produtos, subprodutos, embalagens, resíduos ou substâncias quando assim determinar a lei ou ato normativo;

(VII) deixar de adotar, quando assim o exigir a autoridade competente, medidas de precaução ou contenção em caso de risco ou de dano ambiental grave ou irreversível;

(VIII) provocar pela emissão de efluentes ou carreamento de materiais o perecimento de espécimes da biodiversidade; e

(IX) lançar resíduos sólidos ou rejeitos em praias, no mar ou quaisquer recursos hídricos;

Já os consumidores que descumprirem as respectivas obrigações previstas nos sistemas de logística reversa e de coleta seletiva estarão sujeitos à penalidade de advertência. No caso de reincidência no cometimento da infração, decorrente das obrigações da logística reversa e da coleta seletiva pelo consumidor, poderá ser aplicada a penalidade de multa, no valor de R$ 50,00 (cinquenta reais) a R$ 500,00 (quinhentos reais). Essa multa simples, contudo, pode ser convertida em serviços de preservação, melhoria e recuperação da qualidade do meio ambiente (art. 62, §§ 2º, 3º e 4º, do Decreto 6.514/2008).

Por fim, acrescentou o art. 71-A ao Decreto 6.514/2008, a saber:

"[...] importar resíduos sólidos perigosos e rejeitos, bem como os resíduos sólidos cujas características causem dano ao meio ambiente, à saúde pública e animal e à sanidade vegetal, ainda que para tratamento, reforma, reuso, reutilização ou recuperação: Multa de R$ 500,00 (quinhentos reais) a R$ 10.000.000,00 (dez milhões de reais)."

Esse dispositivo decorre da proibição do art. 49 da PNRS, sendo que a lista de resíduos sólidos perigosos e rejeitos proibidos de importação está disciplinada em Instrução Normativa do IBAMA, conforme disposições âmbito da Convenção de Basiléia e da Política Nacional de Resíduos Sólidos.

Bibliografia

ARAÚJO, Suely Mara Vaz de; JURAS, Ilídia da Ascenção Martins. *Comentários à Lei de Resíduos Sólidos*. São Paulo: Pillares, 2011.

BURSZTYN, Maecel; BURSZTYN, Maria Augusta. *Fundamentos de Política e Gestão Ambiental*. Rio de Janeiro: Garamond, 2013.

DONATO, Vitório. *Logística Verde*. Rio de Janeiro: Ciência Moderna, 2008.

MELO, Fabiano. *Direito Ambiental*. 2. ed. São Paulo: Método, 2017.

MILARÉ, Édis. *Direito do Ambiente*. 7. ed. São Paulo: Ed. RT, 2011.

OLIVEIRA, Fabiano Melo Gonçalves de; OLIVEIRA, Fernanda Fabiana Fuentes Bruzzone. O licenciamento ambiental e a Lei Complementar 140/2011. In: *Magistratura*: Temas Polêmicos. Salvador: JusPodivm, 2012.

OLIVEIRA, Fabiano Melo Gonçalves de; SILVA, Telma Bartolomeu. *Direitos Difusos e Coletivos*: Direito Ambiental. São Paulo: Saraiva, 2012. v. 39.

OLIVEIRA, Fabiano Melo Gonçalves de. *Direito Ambiental*. 3. ed. Niterói: Impetus, 2012.

REVEILLEAU, Ana Célia Alves de Azevedo. *Gestão compartilhada de resíduos sólidos e a proteção ambiental: uma abordagem jurídica da responsabilidade socioambiental*. Erechim: Habilis, 2008.

SEIFFERT, Maria Elizabete Bernardini. *Gestão Ambiental*. São Paulo: Atlas, 2007.

SILVA, Telma Bartholomeu. *Resíduos sólidos. Lei 12.305/2010 – Política Nacional de Resíduos sólidos comentada artigo por artigo*. São Paulo: Nova Onda, 2016.

SISTEMA NACIONAL DE UNIDADES DE CONSERVAÇÃO (SNUC)

José Eduardo Ramos Rodrigues
(in memoriam)[1]

Sumário: 1. Unidades de proteção integral. 1.1. Estação ecológica. 1.2. Reserva biológica. 1.3. Parque nacional. 1.4. Monumento natural. 1.5. Refúgio da vida silvestre. 2. Unidades de uso sustentável. 2.1. Área de proteção ambiental. 2.2. Área de relevante interesse ecológico. 2.3. Floresta nacional. 2.4. Reserva extrativista. 2.5. Reserva de fauna. 2.6. Reserva de desenvolvimento sustentável. 2.7. Reserva particular do patrimônio natural. 3. Reserva da biosfera. 4. Criação e gestão das unidades de conservação. Bibliografia.

Espaços territoriais especialmente protegidos são aqueles instituídos por ato normativo específico do poder público, em razão da necessidade de proteger determinado ecossistema dotado de peculiaridades e atributos, nos termos do artigo 222, § 1º, inc. III, da Constituição Federal. Nesses casos, as florestas e demais formas de vegetação só poderão ser utilizadas e exploradas desde que não se contrariem as disposições do Código Florestal e não se comprometam os atributos que justifiquem a especial proteção desses espaços, observadas as disposições pertinentes ao seu regime jurídico estabelecido por ato normativo específico (RODRIGUES, 2005. p. 333).

Ao contrário dos espaços territoriais especialmente protegidos, definidos na própria Constituição, as unidades de conservação, embora reguladas por diplomas especiais, não tinham uma verdadeira definição legal. A Resolução CONAMA 11, de 03.12.1987, por exemplo, limitou-se a elencar algumas categorias de espaços protegidos, denominando-os unidades de conservação sem qualquer justificativa. Até mesmo a Lei 9.605, de 12 de fevereiro de 1998 (Crimes Ambientais), em seu artigo 40, § 1º, na redação original, informava genericamente serem unidades de conservação as reservas biológicas, estações ecológicas, parques nacionais, estaduais e municipais, florestas nacionais, estaduais e municipais, áreas de proteção ambiental, áreas de relevante interesse ecológico e reservas extrativistas ou outras a serem criadas pelo poder público, sem oferecer qualquer definição a respeito. Isso permitia à doutrina elaborar conceitos dos mais variados, sem nenhuma conclusão definitiva (RODRIGUES, 2005. p. 333-334).

---

1. Mestre e Doutor em Saúde Pública pela USP. Especialista em Gestão Ambiental (USP). Professor de Direito Ambiental em pós-graduação. Bacharel em Direito pela USP. Diretor do Instituto Direito por um Planeta Verde. Diretor Sócio Honorário da Associação Brasileira do Ministério Público de Meio Ambiente – ABRAMPA. Membro Emérito da Comissão de Meio Ambiente da OAB/SP. Advogado da Fundação Florestal do Estado de São Paulo.

Porém, em 18 de julho de 2000, foi promulgada a Lei 9.985, que cria o Sistema Nacional de Unidades de Conservação (Lei do SNUC). Surgiu, então, a definição de unidade de conservação, entendida como espaço territorial e seus recursos ambientais, incluindo as águas jurisdicionais, com características naturais relevantes, legalmente instituídas pelo Poder Público, com objetivos de conservação e limites definidos, sob o regime especial de administração, ao qual se aplicam garantias adequadas de proteção (inc. I do art. 2º da Lei do SNUC).

A estrutura do Sistema Nacional de unidades de Conservação (SNUC) compreende os seguintes órgãos (art. 6º, incs. I a III):

I – Órgão consultivo e deliberativo: o Conselho Nacional do Meio Ambiente (CONAMA), ao qual cabe acompanhar a implantação do sistema;

II – Órgão central: o Ministério do Meio Ambiente, coordenador do sistema;

III – Órgãos executores: o Instituto Chico Mendes de Conservação e Biodiversidade (criado pela Lei 11.516 de 28.08.2007), os órgãos ambientais estaduais e municipais, a quem cabe implementar o SNUC, subsidiar as propostas de criação e administrar as unidades de conservação nas respectivas esferas de atuação. Embora a Lei não mencione, por erro técnico, deve ser incluído entre os órgãos executores o órgão ambiental do Distrito Federal (RODRIGUES, 2005. p. 334).

As unidades de conservação integrantes do SNUC dividem-se em dois grupos (art. 7º, incs. I e II, da Lei do SNUC):

I – Unidades de Proteção Integral;

II – Unidades de Uso Sustentável.

As *unidades de proteção integral* são aquelas destinadas a preservar a natureza, sendo admitido apenas o uso indireto, isto é, aquele que não envolve consumo, coleta, dano ou destruição dos recursos naturais. Incluem as seguintes categorias (art. 8º, incs. I a V):

I – Estação ecológica;

II – Reserva biológica;

III- Parque nacional:

IV – Monumento natural;

V – Refúgio da vida silvestre.

As *unidades de uso sustentável* são aquelas destinadas a compatibilizar a conservação da natureza com o uso sustentável, isto é, aquele que implica a exploração do ambiente de maneira a garantir a perenidade dos recursos ambientais renováveis e dos processos ecológicos, mantendo a biodiversidade e os demais atributos ecológicos, de forma socialmente justa e economicamente viável. Incluem as seguintes categorias (art. 14, incs. I a VII):

I – Áreas de proteção ambiental;

II – Área de relevante interesse ecológico;

III – Floresta nacional;

IV – Reserva extrativista;

V – Reserva de fauna;

VI – Reserva de desenvolvimento sustentável;

VII – Reserva particular do patrimônio natural.

A integração ao SNUC de categorias de unidades de conservação estaduais e municipais que não se enquadrem nas categorias citadas somente poderá ocorrer em caráter excepcional, por deliberação do CONAMA (art. 6º, parágrafo único, do SNUC).

1. Unidades de proteção integral

1.1. Estação ecológica

Área de posse e domínio público que tem por objetivo a preservação da natureza e a realização de pesquisas científicas. A visitação pública é proibida, exceto com o objetivo educacional, de acordo com o que dispuser o plano de manejo. A pesquisa científica depende de autorização previa do órgão responsável pela sua administração (art. 9º e §§ da Lei do SNUC).

Plano de manejo é definido pelo SNUC como sendo um documento técnico mediante o qual, com fundamento nos objetivos gerais de uma unidade de conservação, se estabelecem as zonas ou setores e respectivos usos neles permitidos, como também o manejo dos recursos naturais, inclusive a implantação das estruturas físicas necessárias à gestão da unidade. Por sua vez, *manejo* é todo procedimento que vise a assegurar a conservação da diversidade biológica e dos ecossistemas (inc. XVII do art. 2º).

1.2. Reserva biológica

Área de posse e domínio público que tem por objeto a preservação integral da biota e demais atributos naturais existentes em seus limites, sem interferência humana ou modificações ambientais, excetuando-se as medidas de recuperação de seus ecossistemas alterados e as ações de manejo necessárias para recuperar o equilíbrio natural, a diversidade biológica e os processos ecológicos naturais. A visitação é proibida, exceto com o objetivo educacional. A pesquisa científica depende de autorização prévia do órgão responsável pela administração da unidade (art. 10 e §§).

1.3. Parque nacional

Área de posse e domínio público que tem por objetivo a preservação de ecossistemas naturais de grande relevância ecológica e beleza cênica, possibilitando a pesquisa científica, atividades de educação ambiental, de recreação em contato com a natureza e turismo ecológico. A visitação pública está sujeita às normas do plano de manejo. A pesquisa científica depende de autorização prévia do órgão administrador da unidade (art. 11 e §§).

1.4. Monumento natural

Área que tem por objetivo preservar sítios naturais raros, singulares ou de grande beleza cênica. Seu domínio pode ser particular desde que haja compatibilidade entre os objetivos da unidade com o uso que lhe for dado pelo proprietário. Caso contrário, a área deverá ser desapropriada. A visitação pública está sujeita às regras estabelecidas no plano de manejo e às normas estabelecidas pelo órgão administrador da unidade (art. 12 e §§).

1.5. Refúgio da vida silvestre

Área que tem por objetivo proteger ambientes naturais onde se assegurem condições para a existência ou reprodução de espécies ou comunidades da flora local e da fauna residente ou migratória. Seu domínio pode ser particular desde que haja compatibilidade entre os objetivos da unidade com o uso que lhe for dado pelo proprietário. Caso contrário, a área deverá ser desapropriada. A visitação pública está sujeita às regras estabelecidas no plano de manejo e às normas estabelecidas pelo órgão administrador da unidade, cuja autorização também é necessária para a realização de pesquisas científicas (art. 13 e §§).

Cada unidade de conservação de proteção integral disporá de um conselho consultivo, presidido pelo órgão responsável por sua administração e constituído por representantes de órgãos públicos, entidades da sociedade civil, de proprietários de terras localizadas em *refúgios da vida silvestre* ou *monumento natural,* quando for o caso, de populações tradicionais residentes, se existentes, enquanto não forem reassentadas fora da unidade (art. 29 da Lei do SNUC).

2. Unidades de uso sustentável

2.1. *Área de proteção ambiental*

Área de domínio público ou privado, em geral extensa, com um certo grau de ocupação humana, dotada de atributo abióticos, bióticos, estéticos ou culturais especialmente importantes para a qualidade de vida e o bem-estar das populações humanas, tendo como objetivos básicos proteger a diversidade biológica, disciplinar o processo de ocupação e assegurar a sustentabilidade do uso dos recursos naturais. Nas áreas de domínio público, as condições para a pesquisa e a visitação pública serão estabelecidas pelo gestor da unidade. No caso das áreas privadas, cabe ao proprietário estabelecer as normas para pesquisa e visitação, observadas as restrições legais (art. 15, §§ 1º a 4º, da Lei do SNUC).

Cada APA disporá de um conselho presidido pelo órgão responsável pela sua administração e constituído por representantes dos órgãos públicos, de organizações da sociedade civil e da população residente, conforme disposto no regulamento da Lei do SNUC (§ 5º do art. 15).

2.2. *Área de relevante interesse ecológico*

Área de domínio público ou privado, em geral de pequena extensão, com pouca ou nenhuma ocupação humana, com características naturais extraordinárias ou que abriga exemplares raros da biota regional, tendo como objetivo manter os ecossistemas naturais de importância regional ou local e regular o uso admissível dessa área, de modo a compatibilizá-lo com os objetivos de conservação da natureza (art. 16 e §§).

2.3. *Floresta nacional*

Área de posse e domínio públicos, com cobertura vegetal de espécies predominantemente nativas, que tem como objetivo o uso múltiplo sustentável dos recursos florestais e a pesquisa científica, com ênfase em métodos para a exploração sustentável de florestas nativas. Nela admite-se a permanência de populações tradicionais que a habitam quando de sua criação, de acordo com as normas estabelecidas para o manejo da área. A pesquisa é permitida e incentivada, mediante previa autorização do órgão responsável pela sua administração (art. 17, §§ 1º a 4º).

Cada floresta nacional deve dispor de um conselho consultivo presidido pelo órgão responsável pela administração da unidade constituído por representantes de órgãos públicos, de entidades da sociedade civil e, quando for o caso, das populações tradicionais residentes (§ 5º do art. 17).

2.4. Reserva extrativista

Área de domínio público utilizada por populações extrativistas tradicionais, cuja subsistência baseia-se no extrativismo e, complementarmente, na agricultura de subsistência e na criação de animais de pequeno porte, tendo por objetivos básicos proteger meios de vida e cultura dessas populações, assegurando o uso sustentável dos recursos naturais da unidade. A posse e o uso das áreas ocupadas por populações tradicionais serão regulados por contrato de concessão de uso. Essas populações ficam obrigadas a participar da preservação, recuperação, defesa e manutenção da unidade de conservação. A visitação pública é permitida, desde que de acordo com o plano de manejo (art. 18, §§ 1º e 3º, e art. 23 da Lei do SNUC).

A pesquisa científica é permitida e incentivada, sujeita à prévia autorização do órgão gerenciador da unidade (§ 4º do art. 18).

Cada reserva extrativista será gerida por um conselho deliberativo presidido pelo órgão responsável por sua administração e constituído por representantes de órgãos públicos, de organizações da sociedade civil e das populações tradicionais residentes na área. Esse mesmo conselho será responsável pela aprovação do plano de manejo da área (§§ 2º e 5º do art. 18).

É proibida a exploração de recursos minerais e a caça amadorística ou profissional. A exploração de recursos madeireiros só será admitida em bases sustentáveis e em situações especiais e complementares às demais atividades desenvolvidas na unidade, de acordo com seu plano de manejo (§ 6º do art. 18).

2.5. Reserva de fauna

Área natural de posse e domínio públicos, com populações animais de espécies nativas, terrestres ou aquáticas, residentes ou migratórias, adequadas a estudos técnico-científicos sobre o manejo econômico de recursos faunísticos. Nela a visitação pública pode ser permitida, desde que compatível com o manejo da unidade, sendo ainda proibida a caça, seja amadorística ou profissional (art. 19 e §§).

2.6. Reserva de desenvolvimento sustentável

Área de domínio público que tem como objetivo básico preservar a natureza e, ao mesmo tempo, assegurar as condições e os meios necessários para a reprodução e a melhoria dos modos e da qualidade de vida exploração dos recursos naturais das populações tradicionais, bem como valorizar, conservar, aperfeiçoar o conhecimento e as técnicas de manejo do ambiente desenvolvidas por essas populações (§§ 1º e 2º do art. 20 da Lei do SNUC).

A posse e o uso das áreas ocupadas pelas populações tradicionais são regulados de forma análoga à das reservas extrativistas. Também é gerida por um conselho deliberativo com as mesmas atribuições e composição daquele da reserva extrativista (§§ 3º e 4º do art. 20).

A visitação pública é permitida e incentivada, desde que compatível com o plano de manejo. É permitida e incentivada a pesquisa científica voltada à conservação da natureza, à melhor relação das populações residentes com seu meio e à educação ambiental (inc. I do § 5º do art. 20).

Admite-se a exploração de componentes dos ecossistemas naturais em regime de manejo sustentável e a substituição da cobertura vegetal por espécies cultiváveis, desde que de acordo com as limitações legais e do plano de manejo (inc. IV do § 5º do art. 20).

2.7. Reserva particular do patrimônio natural

Trata-se de área privada, gravada com perpetuidade, com o objetivo de conservar a diversidade biológica. Nela somente é permitida a pesquisa científica e a visitação com objetivos turísticos, recreativos e educacionais (art. 21 e §§).

Na verdade, essa categoria está deslocada, já que nela somente se permitem atividades de uso indireto. Deveria a reserva particular do patrimônio natural situar-se entre aquelas classificadas como unidades de proteção integral (RODRIGUES, 2005. p. 340).

Ocorre que a proposta original da Lei do SNUC previa a possibilidade de extração de recursos naturais, exceto madeira, desde que não colocasse em risco as espécies ou os ecossistemas que justificaram a criação da unidade. Essa disposição constava do inciso III do § 2º do artigo 21, que foi vetado pelo Presidente da República quando da promulgação da Lei 9.985/2000. Daí resultou a incoerência mencionada (RODRIGUES, 2005. p. 340-341).

3. Reserva da biosfera

Como categoria isolada da Lei do SNUC, não integrante de nenhum dos dois grupos, encontramos a reserva da biosfera. Trata-se de categoria internacional, reconhecida pelo programa intergovernamental "O Homem e a Biosfera – MAB", estabelecido pela Unesco, agência das Nações Unidas de que o Brasil é membro (§ 5º do art. 41 da Lei do SNUC).

A reserva da biosfera é legalmente definida como modelo, adotado internacionalmente, de gestão integrada, participativa e sustentável dos recursos naturais, tendo como objetivos básicos de preservação a diversidade biológica, o desenvolvimento sustentável e a melhoria da qualidade de vida das populações (art. 41, *caput*).

Pode essa categoria ser constituída por áreas de domínio público, inclusive por outras unidades de conservação já existentes. Deve possuir uma ou várias áreas-nicho e uma ou várias zonas de transição, sem limites rígidos, onde o processo de ocupação e o manejo dos recursos naturais devem ser planejados de modo participativo e em bases sustentáveis (§§ 1º a 3º do art. 41).

As reservas da biosfera devem ser geridas cada uma por um conselho deliberativo (§ 4º do art. 41). Seu gerenciamento é coordenado pela Comissão Brasileira para o Programa "O Homem e a Biosfera" (COBRAMAB), criada pelo Decreto Federal s/nº de 21.09.1999.

4. Criação e gestão das unidades de conservação

As unidades de conservação podem ser criadas por qualquer ato do poder público. Tal criação deve ser precedida de estudos técnicos e consulta pública que permita identificar a localização, dimensão e os limites mais adequados para a unidade. Nesse processo, o poder público deve fornecer informações adequadas e inteligíveis à população local e outros interessados. Apenas em caso de criação de estação ecológica e reserva biológica é que tal consulta pública não é obrigatória (art. 22, §§ 2º a 4º, da Lei do SNUC). O IBAMA vem adotando o entendimento de que a escolha da categoria da unidade de conservação a ser implantada não deve ser objeto de consulta, mas sim de deliberação técnica (RODRIGUES, 2005. p. 342).

O poder público ainda poderá decretar limitações administrativas provisórias ao exercício de atividades e empreendimentos, efetiva ou potencialmente causadores de degradação ambiental para a realização de estudos com vistas à criação de unidade de conservação quando, a critério do órgão ambiental competente, houver risco de dano grave aos recursos naturais ali existentes (art. 22-A, *caput,* da Lei do SNUC, inserido pela Lei 11.132 de 04.07.2005).

Tais limitações administrativas não devem impedir atividades agropecuárias e outras atividades econômicas em andamento, nem obras licenciadas na forma da lei. Mas nas áreas a elas sujeitas não serão permitidas atividades que importem em exploração a corte raso de floresta e demais formas de vegetação nativa (art. 22-A, *caput* e § 1º).

A destinação final das áreas submetidas a limitações administrativas deve ser definida no prazo improrrogável de sete meses, findo o qual estarão extintas as restrições (§ 2º do art. 22-A). Tal prazo, que não pode sequer ser prorrogado, parece muito limitado para a realização de estudos razoavelmente aprofundados, considerando as áreas comumente extensas necessárias à implantação de uma unidade de conservação, além do normalmente difícil acesso às mesmas.

As unidades do grupo de uso sustentável podem ser transformadas total ou parcialmente em unidades do grupo de proteção integral, por instrumento normativo do mesmo nível do que criou a unidade original, desde que obedecido o procedimento de consulta. Igualmente quando se trata de ampliação dos limites de uma unidade de conservação. Já a desafetação ou redução de seus limites só pode ser feita por lei específica (§§ 5º a 7º do art. 22).

O subsolo e o espaço aéreo, sempre que influírem na estabilidade do ecossistema, devem integrar os limites das unidades de conservação (art. 24).

A Lei do SNUC permite que as unidades de conservação sejam geridas por organizações da sociedade civil de interesse público com objetivos afins aos da unidade, mediante instrumento a ser firmado com o órgão responsável por sua gestão (art. 30 da Lei do SNUC). Esse instrumento é o chamado "termo de parceria" e essa entidade deve ser uma "Organização da Sociedade Civil de Interesse Público" (OSCIP), nos termos da Lei Federal 9.790, de 23.03.1999 (art. 21 do Dec. 4.340 de 22.08.2002).

A seleção da OSCIP para tornar-se gestora compartilhada deve ser precedida pela publicação de edital em jornal de grande circulação na região da unidade de conservação a ser gerida e no Diário Oficial, com no mínimo 60 dias de antecedência, obedecida a Lei de Licitações e Contratos (Lei 8.666, de 21.06.1993) (art. 23 do Dec. 4.340/2002).

As populações tradicionais residentes em unidades de conservação nas quais sua permanência não seja permitida deverão ser indenizadas ou compensadas pelas benfeitorias existentes e devidamente reinstaladas pelo poder público em local e condições acordados pelas partes (art. 42 da Lei do SNUC). O grande problema é que nem a lei, nem seu regulamento conceituaram o que seriam "populações tradicionais".

O conceito de população tradicional somente surgiria com o Decreto 6.040 de 07.02.2007. E, ainda sim, de modo bastante vago e impreciso, na forma de *povos e comunidades tradicionais*, definidos como grupos culturalmente diferenciados e que se reconhecem como tais, que possuem formas próprias de organização social, que ocupam e usam territórios e recursos naturais como condição para sua reprodução cultural, social, religiosa, ancestral e econômica, utilizando conhecimentos, inovações e práticas geradas e transmitidas pela tradição (art. 3º, inc. I, do Decreto). E o mesmo Diploma regulamentar ainda definiu *territórios tradicionais* como sendo os espaços necessários à reprodução cultural, social e econômica dos povos e comunidades tradicionais, sejam eles utilizados de forma permanente ou temporária, observado, no que diz respeito aos povos indígenas e quilombolas, respectivamente, o que dispõem os arts. 231 da Constituição e 68 do Ato das Disposições Constitucionais Transitórias e demais regulamentações (art. 3º, inc. II, do mesmo Decreto). Por outro lado, as "populações tradicionais" beneficiadas são apenas aquelas preexistentes à criação das unidades, não admitindo a lei benefícios ou estímulos a invasores (RODRIGUES, 2005. p. 342-343).

Todas as categorias de unidades de conservação, exceto área de proteção ambiental e reserva de proteção ao patrimônio natural, devem possuir uma zona de amortecimento e, quando conveniente, corredores ecológicos (art. 25, *caput*).

Zona de amortecimento é o entorno da unidade de conservação onde as atividades humanas estão sujeitas a normas e restrições específicas, com o propósito de minimizar os impactos negativos sobre a unidade (inc. XVIII do art. 2º).

Corredores ecológicos são porções de ecossistemas, ligando unidades de conservação, que possibilitam entre elas o fluxo genético e o movimento da biota, facilitando a dispersão de espécies e a recolonização de áreas degradadas, bem como a manutenção de populações que demandam para sua sobrevivência aéreas com extensão maior do que aquelas das unidades individuais (inc. XIX do art. 2º).

A Lei do SNUC denomina *mosaico* o conjunto de unidades de conservação de categorias diferentes ou não, próximas, justapostas ou sobrepostas à outras áreas protegidas. Nesse caso a sua gestão deve ser feita de forma integrada e participativa, considerando os seus distintos objetivos de conservação (art. 26 da Lei do SNUC). Assim, deve cada mosaico dispor de um *conselho de mosaico* com caráter consultivo e função de atuar como instância de gestão integrada das unidades que o compõem (art. 9º do Dec. 4.340 de 22.08.2002).

Todas as unidades de conservação devem dispor de plano de manejo (art. 27, *caput*, da Lei do SNUC). Plano de manejo é um documento técnico mediante o qual, com fundamento nos objetivos gerais de uma unidade de conservação, são estabelecidos o seu zoneamento e normas que devem presidir o uso da área e o manejo dos recursos naturais, inclusive a implantação das estruturas físicas necessárias à gestão da unidade (inc. XVII do art. 2º da mesma Lei).

Por sua vez, zoneamento é a definição de setores ou zonas em uma unidade de conservação com objetivos de manejo e normas específicas, com o propósito de proporcionar os meios e as condições para que todos os objetivos da unidade possam ser alcançados de uma forma harmônica e eficaz (inc. XVI do art. 2º da mesma Lei).

O plano de manejo deve abranger não apenas a área da unidade de conservação, mas também a sua zona de amortecimento e os corredores ecológicos, incluindo medidas com o fim de promover sua integração à vida econômica e social das comunidades vizinhas (art. 27, § 1º).

São proibidas nas unidades de conservação, quaisquer alterações, atividades ou modalidades de utilização em desacordo com os objetivos, plano de manejo e seus regulamentos. Enquanto não tiver sido elaborado o plano de manejo, as atividades e obras desenvolvidas nas unidades devem limitar-se àquelas destinadas a garantir a integridade dos recursos que elas objetivam proteger. Devem também ficar assegurados os meios necessários à satisfação das necessidades materiais, sociais e culturais às populações tradicionais porventura residentes na área (art. 28).

Na elaboração, atualização e implementação do plano de manejo das reservas extrativistas, das reservas de desenvolvimento sustentável, das áreas de proteção ambiental e, quando for o caso, das florestas nacionais e das áreas de relevante interesse ecológico deve ser assegurada ampla participação da população residente (§ 2º do art. 27).

O plano de manejo de uma unidade de conservação deve ser elaborado no prazo de cinco anos a partir da data de criação (§ 3º do art. 27).

Nos casos de licenciamento ambiental de empreendimentos de significativo impacto ambiental, assim considerado pelo órgão ambiental competente, com fundamento em EIA/RIMA, o empreendedor fica obrigado a apoiar a implantação e manutenção de unidades de conservação do grupo de proteção integral. O montante de recursos não pode ser inferior a meio por cento dos custos totais previstos para a implantação do empreendimento, sendo o percentual fixado pelo órgão ambiental licenciador, de acordo com o grau de impacto ambiental do empreendimento (art. 36, § 1º).

O órgão ou empresa, público ou privado, responsável pelo abastecimento de água, que faça uso de recursos hídricos, ou pela geração e distribuição de energia elétrica, beneficiário da proteção proporcionada por uma unidade de conservação, deve contribuir financeiramente para proteção e implementação da unidade, de acordo com regulamentação específica, que lamentavelmente não foi efetuada até hoje (arts. 47 e 48).

A regulamentação da Lei do SNUC foi efetuada pelo Decreto Federal 4.340, de 22.08.2002. Este Decreto buscou detalhar melhor os aspectos legais referentes à criação de unidades de conservação, subsolo e espaço aéreo, mosaico, plano de manejo da composição dos conselhos, gestão compartilhada com OSCIP, exploração de bens de serviços, compensação por significativo impacto ambiental, reassentamento de populações tradicionais, reavaliação de categorias de unidades não previstas no sistema de gestão das reservas da biosfera.

Bibliografia

RODRIGUES, J. E. R. Sistema nacional de unidades de conservação (SNUC) (Lei 9.985 de 18 de julho de 2000). In: MORAES, R. J. et al. (Coord.). *As leis federais mais importantes de proteção ao meio ambiente comentadas*. Rio de Janeiro: Renovar, 2005.

TUTELA JURÍDICA DAS FLORESTAS

Pedro Curvelo Saavedra Avzaradel[1]

Sumário: 1. O conceito e a importância das florestas. 2. Breve histórico da proteção florestal e marco atual. 3. As áreas de preservação permanente (APPs). 3.1. APPs em razão da lei. 3.1.1. As faixas marginais de cursos d'água. 3.1.2. Entorno de lagos e lagoas naturais. 3.1.3. Lagos e Reservatórios Artificiais e geração de energia. 3.1.4. O entorno das nascentes e dos olhos d'água. 3.1.5. Encostas com declividade acima de 45 graus. 3.1.6. As restingas, como fixadoras de dunas ou estabilizadoras de mangues, e os mangues, em toda sua extensão. 3.1.7. As bordas dos tabuleiros ou chapadas. 3.1.8. O topo de morros, montes, montanhas e serras. 3.1.9. Áreas em altitude superior a 1.800 metros. 3.1.10. As veredas. 3.2. APPs definidas por ato do Poder Público. 3.3. Intervenção e supressão em APPs. 3.4. O regime temporário e a regularização de intervenções em APP. 3.4.1. A recuperação de APPs em áreas rurais. 3.4.2. A recuperação de APPs em áreas urbanas. 4. A Reserva Legal Florestal (RLF). 4.1. Delimitação nas posses e propriedades rurais. 4.2. Localização e o Cadastro Ambiental Rural. 4.3. Intervenções e supressões na RLF. 4.4. Regime temporário e a regularização de intervenções em RLF. 5. Instrumentos econômicos. 5.1. O pagamento por serviços ambientais. 5.2. Instrumentos compensatórios, tributários e fontes de custeio. 5.3. A Cota de Reserva Ambiental (CRA). 6. Infrações penais e administrativas e os Programas de Recuperação Ambiental.

1. O conceito e a importância das florestas

Desde o primeiro Código Florestal, de 1934, até a Lei 12.651/2012 existe uma lacuna no que se refere ao conceito legal de floresta. Por exemplo, embora o senso comum possa nos levar à ideia de que flora e floresta são sinônimos, esse raciocínio parece equivocado. Ao analisar a Constituição Federal de 1988, José Afonso da Silva faz a seguinte observação:

"A Constituição distingue entre flora e floresta. Menciona-as em um único dispositivo apenas uma vez, quando prevê a competência comum da União, Estados, Distrito Federal e Municípios para preservar as florestas, a fauna e a flora (art. 23, VII). Quando trata da legislação concorrente entre União e Estados apenas menciona as florestas, não fala na flora. Já no art. 225, § 1º, VII, incumbe ao Poder Público Proteger a fauna e a Flora, não se refere destacadamente à floresta. Note-se, por importante à compreensão conceitual, que "flora" é termo sempre empregado no singular, enquanto a palavra "floresta" está sempre no plural. Vem daí a ideia de que flora é um coletivo que se refere ao conjunto das espécies vegetais do país ou de determinada localidade.[2] Merece destaque na doutrina o conceito de floresta adotado por Hely Lopes Meirelles: "forma de vegetação, natural ou

---

1. Pós-Doutor pela Universidade Paris I. Doutor em Direito da Cidade pela Universidade do Estado do Rio de Janeiro (UERJ). Mestre em Sociologia e Direito pela Universidade Federal Fluminense (UFF). Professor Adjunto da Universidade Federal Fluminense (UFF). Membro líder do Grupo de Estudos em Meio Ambiente e Direito (GEMADI/UFF).
2. SILVA, José Afonso da. *Direito Ambiental Constitucional*. São Paulo: Malheiros, 2004. p. 160-161.

plantada, constituída por um grande número de árvores, com o mínimo de espaçamento entre si"[3]. Outras várias definições são possíveis.[4]"Pode-se chamar de floresta a área de tamanho significativo (ex. um hectare) na qual o solo está coberto por árvores e arbustos em quantidade considerável e uma altura mínima (ex. 3 a 5 metros, nos casos de árvores adultas). As florestas podem ser mais ou menos densas, plantadas ou naturais, primárias (sem intervenção humana) ou secundárias (com tais intervenções)."

Por essa razão, com bem adverte José Afonso da Silva, a floresta é diferente da flora, que pode ser conceituada como o conjunto de espécies que "compõe a vegetação de um território com dimensões consideráveis".[5] Entre as várias funções ecológicas desempenhadas pelas florestas – chamadas hoje também de serviços[6] – estão o fornecimento de frutos, alimentos, fibras e madeira; o auxílio no ciclo da água e de minerais; a manutenção do habitat para várias espécies, inclusive as migratórias; a criação de estoques naturais de carbono, com impacto positivo nas questões climáticas; o controle de processos erosivos; a atenuação de enchentes e inundações, o controle natural de pragas etc. Mesmo com tantas qualidades e funções, as florestas estão sendo progressivamente dizimadas, dando lugar a grandes plantações comerciais, pastagens, edificações, estradas, entre outras formas de ocupação do solo. Por essa razão, desde o direito florestal até os dias de hoje, em que estudamos o Direito Ambiental, procura-se estabelecer mecanismos jurídicos para a sua proteção.

No plano internacional, podemos citar a Declaração sobre Princípios para Gestão, Conservação e Desenvolvimento Sustentável das Florestas, produto da conferência das Nações Unidas realizada no Rio de Janeiro, em 1992. Duas décadas depois, a conferência chamada de Rio+20 trouxe um item específico sobre a proteção de florestas.[7] Podemos

---

3. MEIRELLES, Hely Lopes. *Direito Administrativo Brasileiro*. 16. ed. São Paulo: Ed. RT, 1991. p. 471.
4. De acordo com o Serviço Florestal Brasileiro (SFB), cotidianamente, denomina-se "floresta" qualquer vegetação que apresente predominância de indivíduos lenhosos, onde as copas das árvores se tocam formando um dossel. Sinônimos populares para florestas são: mata, mato, bosque, capoeira, selva. Para tratar de florestas no meio acadêmico, científico e governamental, necessita-se de uma definição mais técnica e objetiva, que possibilite a estimativa de área de florestas do país e também atendam a regulamentos e normas, nacionais ou internacionais, que não podem permitir dúvidas de interpretação. Existem diversas definições, criadas para atender objetivos específicos (SERVIÇO FLORESTAL BRASILEIRO. *Definição de Floresta*. Disponível em: [www.florestal.gov.br/snif]. Acesso em: 13.07.2014).
5. Vide os conceitos de Floresta e flora em IBGE. *Vocabulário Básico de Recursos Naturais e Meio Ambiente*. Rio de janeiro, 2004.
6. Conforme o IBGE (Ob. cit.), o conceito de serviços ambientais está "associado à tentativa de valoração dos benefícios ambientais que a manutenção de áreas naturais pouco alteradas pela ação humana traz para o conjunto da sociedade. Entre os serviços ambientais mais importantes estão a produção de água de boa qualidade, a depuração e a descontaminação natural de águas servidas (esgotos) no ambiente, a produção de oxigênio e a absorção de gases tóxicos pela vegetação, a manutenção de estoques de predadores de pragas agrícolas, de polinizadores, de exemplares silvestres de organismos utilizados pelo homem (fonte de gens usados em programas de melhoramento genético), a proteção do solo contra a erosão, a manutenção dos ciclos biogeoquímicos etc.
7. ONU. *Declaração final da Conferência das Nações Unidas sobre Desenvolvimento Sustentável* (Rio + 20), item 193. Versão traduzida para o português por Júlia Crochemore Restrepo. Disponível em: [riomais20sc.ufsc.br/files/2012/07/O-Futuro-que-queremos1.pdf]. Acesso em: 17.07.2012).

citar, ainda, o Instrumento das Nações Unidas para Florestas[8]. Esse capítulo trará uma breve notícia histórica das leis que foram e são conhecidas como "códigos florestais". Mesmo que alguns dos bens tutelados não se enquadrem com perfeição no conceito de floresta visto acima, é certo que possuem funções ecológicas extremamente relevantes para a manutenção do equilíbrio ambiental, seja em áreas rurais ou urbanas.

2. Breve histórico da proteção florestal e marco atual

O Decreto 23.793/1934[9], aprovou o primeiro Código Florestal Brasileiro. Como bem ressalta Guilherme José Purvin de Figueiredo, "sua preocupação verdadeira era com a exploração florestal, com a utilização racional e adequada dos 'recursos florestais' para fins econômicos"[10].Manteve-se no Código de 1934 o instituto das florestas protetoras, antecessor das atuais áreas de preservação permanente[11], já previsto no Decreto 4.421/1921[12], norma que criou, pela primeira vez, o Serviço Florestal Brasileiro (SFB), no âmbito do Ministério da Agricultura.[13] O segundo Código Florestal – Lei 4.771/1965, foi resultado dos debates envolvendo o Projeto de Lei 2.874[14], de iniciativa da Presidência da República, cuja exposição de motivos fora feita pelo então Ministro da Agricultura, o Sr. Hugo Leme. Diversas foram as alterações[15] processadas na Lei 4.771/1965 desde sua entrada em vigor no ano de 2012, muitas delas com o intuito de aumentar a proteção das florestas. Contudo, a partir de 1999, a reforma do segundo Código Florestal de 1965 entrou na pauta no Congresso Nacional. Na Câmara dos Deputados, alguns projetos de lei (PL) foram apresentados nesse sentido, com destaque para o PL 1.876/1999.[16] Em julho

---

8. Confira-se, nesse sentido, AVZARADEL, Pedro Curvello Saavedra. Direito Internacional Ambiental e florestas no contexto das mudanças climáticas: primeiras impressões. *Conpedi Law Review*, v. 3, p.20-40, 2017.
9. BRASIL. *Decreto 23.793*, de 23 de janeiro de 1934. Aprova o Código Florestal. Rio de Janeiro: 1934.
10. FIGUEIREDO, Guilherme José Purvin de. *Curso de Direito Ambiental*. 5. ed. São Paulo: Ed. RT, 2012. p. 321.
11. Confira-se, nesse sentido, AVZARADEL, Pedro Curvello Saavedra. Das Florestas Protetoras às Áreas de Preservação Permanente: considerações sobre os retrocessos na legislação florestal atual Direito Ambiental II. *XXII Encontro Nacional do CONPEDI/UNICURITIBA*. Florianópolis: FUNJAB, 2013. p.164-184.
12. BRASIL. *Decreto 4.421*, de 28 de dezembro de 1921. Cria o Serviço Florestal do Brasil. Rio de Janeiro: 1921.
13. Cumpre destacar que, décadas após sua extinção, o Serviço Florestal Brasileiro foi novamente criado por meio da Lei 11.284, de 2 de março de 2006, desta vez vinculado ao Ministério do Meio Ambiente, com competências para gerir, regular e fiscalizar a exploração das florestas públicas federais.
14. BRASIL. *Projeto de Lei 2.874*. Diário do Congresso Nacional de 9 de junho de 1965. p. 8-9. Disponível em: [www.senado.gov.br]. Acesso em: 21.09.2012.
15. O texto original de 1965 e o histórico completo das alterações processadas estão disponíveis no portal do Senado Federal: [www.senado.gov.br]. Acesso em: 03.08.2012.
16. BRASIL. *Projeto de Lei 1.876*, de 20 de novembro de 1999. Dispõe sobre Áreas de Preservação Permanente, Reserva Legal. Exploração florestal e dá outras providências. Diário da Câmara dos Deputados de 20 de novembro de 1999. p. 55.793-55.796. Disponível em: [www.camara.gov.br]. Acesso em: 13.08.2012.

de 2010, a Comissão Especial criada para proferir parecer sobre o citado PL e demais projetos apensos, aprovou o relatório apresentado pelo relator Aldo Rebelo. A partir desse momento o debate sobre o novo marco florestal teve seu ritmo acelerado no Congresso, até a aprovação do texto final da Lei 12.651 e sanção, com alguns vetos, pela Presidência da República. Buscando preencher as lacunas criadas com os dispositivos vetados, a Presidente Dilma Rousseff editou a Medida Provisória (MP) 571, publicada em 28.05.2012, juntamente com a Lei 12.651/2012. Revogava-se, expressamente, a Lei 4.771/1965. Posteriormente, a citada MP 571 foi convertida na Lei 12.727/2012.

O Diploma que cuida atualmente das florestas sofreu sérios questionamentos do ponto de vista constitucional, tendo sido ajuizadas no Supremo Tribunal Federal (STF) quatro Ações Diretas de Inconstitucionalidade (ADIs) buscando a nulidade da Lei 12.651/2012 e seus acréscimos. Desse total, três (ADIs 4.901, 4.902 e 4.903) foram propostas pela Procuradoria-Geral da República e uma (ADI 4.937) pelo Partido Socialismo e Liberdade (PSOL).

Em agosto de 2013, o STF negou o pedido de suspensão cautelar da Lei 12.651/2012 e de suas alterações, formulado nos autos das ADIs 4.901, 4.902 e 4.903, todas sob a relatoria do Ministro Luiz Fux.[17] Quase cinco anos mais tarde, em 2018, após longos debates, houve o julgamento em definitivo dessas ações. Apesar de alguns "retoques" importantes, a Lei 12.651 foi considerada, em linhas, constitucional. Optou nossa egrégia e suprema corte por prestigiar o princípio democrático e por reconhecer como legítimas as opções feitas pelo legislador. Contudo, como veremos, do ponto de vista ambiental, notamos diversos retrocessos, mesmo que juridicamente tenham sido validados. Veremos, ao longo do capítulo, os pontos mais importantes do referido julgado, nos quais alguns dispositivos foram declarados inconstitucionais ou sofreram interpretação conforme a Constituição.

O atual marco legal florestal, conforme seu primeiro artigo, tem como objetivo alcançar o desenvolvimento sustentável. Traz

> [...] "normas gerais sobre a proteção da vegetação, áreas de Preservação Permanente e as áreas de Reserva Legal; a exploração florestal, o suprimento de matéria-prima florestal, o controle da origem dos produtos florestais e o controle e prevenção dos incêndios florestais, e prevê instrumentos econômicos e financeiros para o alcance de seus objetivos."

Trata-se de uma norma aplicável, em princípio, a todo tipo de vegetação. Contudo, não afasta, tampouco se sobrepõe a leis editadas para biomas específicos, cuja primazia garante-se pela especificidade. Podemos citar aqui a Lei que cuida do Bioma da Mata Atlântica (Lei 11.428/2006). Nesses casos, a aplicação do Código Florestal apenas será válida para suprir eventuais lacunas, sem contrariar a lei específica em questão[18].

---

17. STF. *Decisões monocráticas publicadas nos diários de justiça DJ 161 e 162*, de 19 e 20 de agosto de 2013. Disponíveis em: [www.stf.jus.br]. Acesso em: 13.11.2013.
18. Confira-se, a respeito. ANTUNES, Paulo de Bessa. Lei da Mata Atlântica ou Lei nº 12.651/2012? Disponível em http://genjuridico.com.br/2020/05/12/lei-da-mata-atlantica-ou-lei-12-651-2012/?fbclid=IwAR2As0-7Xq8rWfZbbWOkDFMdr0owtaqbCY_xV_CM2wZvYIqX5IzkJEgXW_o. Acesso em 27 jun. 2020.

A Lei 12.651/2012 elenca vários itens como princípios[19], incluindo a afirmação e a reafirmação de compromissos e valores, de deveres constitucionais e oriundos de tratados internacionais. Apresenta um útil rol de conceitos (sobretudo no artigo 3º) e institutos, podendo-se destacar (i) as áreas de preservação permanente; (ii) as áreas de reserva legal florestal; e os (iii) instrumentos econômicos como o pagamento por serviços ambientais. A Legislação Florestal vigente consagrou o entendimento de que as obrigações decorrentes da preservação e recuperação das florestas são observadas e transmitidas juntamente com o bem imóvel, independentemente de quem tenha causado o dano, como autêntica obrigação de natureza própria do bem, *propter rem* ou real.[20] O entendimento do caráter real de tais obrigações já era adotado pelo Superior Tribunal de Justiça (STJ), com base no Código de 1965, em relação às áreas de preservação permanente (APP) e de reserva legal florestal (RLF), não existindo o direito adquirido de poluir ou degradar as florestas. Podermos citar, entre os vários precedentes, os Recursos Especiais 343.741/PR[21] e 948.921/SP.[22] Guilherme José Purvin de Figueiredo, em obra coletiva de comentários à Lei 12.651/2012, conclui sobre o § 2º do artigo 2º, que "decorre daí a imprescritibilidade do direito de exigir o cumprimento desta obrigação por quem estiver no domínio do bem".[23] Por outro lado, Leonardo Papp analisa de forma crítica a previsão legal. Segundo o autor, as sanções da natureza criminal e administrativas (ex. multas) não seriam transmissíveis, "eis que os princípios como a intransmissibilidade e a culpabilidade incidem em todas as esferas de atuação do *ius puniendi* estatal".[24] Por se tratar de lei extensa (com 84 artigos) e altamente complexa, analisaremos, neste momento, apenas os pontos e institutos centrais retromencionados.

3. As áreas de preservação permanente (APPs)

A Lei 12.651/2012, com as alterações trazidas pela Lei 12.727, manteve em seu artigo 3º, inciso II, em linhas gerais, o conceito das áreas de preservação permanente. Ainda, ampliou o rol daquelas protegidas pelo simples efeito da Lei, mantendo a possibilidade da declaração de outras pelo Poder Público. O instituto é conceituado como a:

> "Área protegida, coberta ou não por vegetação nativa, com a função ambiental de preservar os recursos hídricos, a paisagem, a estabilidade geológica e a biodiversidade, facilitar o fluxo gênico de fauna e flora, proteger o solo e assegurar o bem-estar das populações humanas."

Ao comentar o instituto, ainda com base no Código Florestal de 1965, Paulo Affonso Leme Machado destaca a razão de ser do termo "área":

---

19. Embora o estudo dos princípios não seja o objetivo deste capítulo, vale destacar que se trata de termo que necessita de definição jurídica coerente à natureza do instituto.
20. BRASIL. *Lei 12.651*, de 25 de maio de 2012. Brasília: 2012. Disponível em: [www.planalto.gov.br/ccivil_03/_Ato2011-2014/2012/Lei/L12651compilado.htm]. Acesso em: 31.08.2014.
21. STJ, REsp 343.741/PR, Segunda Turma, Rel. Ministro Franciulli Netto, j. 04.06.2002.
22. STJ, REsp 948.921/SP, Segunda Turma, Rel. Ministro Herman Benjamin, j. 23.10.2007.
23. FIGUEIREDO, Guilherme José Purvin de. In: MACHADO, Paulo Afonso Leme; MILARÉ, Édis (Coord.). *Novo Código Florestal*: comentários à Lei 12.651, de 25 de maio de 2012, e à Med. Prov. 571, de 25 de maio de 2012. São Paulo: Ed. RT, 2012. p. 44.
24. PAPP, Leonardo. *Comentários ao novo Código Florestal Brasileiro*: Lei 12.651. Campinas: Millennium Editora, 2012. p. 46.

"Espaço territorial em que a floresta ou vegetação devem estar presentes. Se a floresta aí não estiver, ela deve ser plantada. A ideia da permanência não está vinculada só à floresta, mas também ao solo, no qual ela está ou deve ser inserida, e à fauna (micro ou macro). Se a floresta perecer ou for retirada, nem por isso a área perderá sua normal vocação florestal.

A vegetação, nativa ou não, e a própria área são objeto da preservação não só por si mesmas, mas pelas funções protetoras das águas, do solo, da biodiversidade (aí compreendido o fluxo gênico de fauna e flora), da paisagem e do ser humano. A área de preservação permanente – APP não é um favor da lei, é um ato de inteligência social e de fácil adaptação às condições ambientais.[25] Ao comentar o conceito atual, Yara Maria Gomide Gouvêa acrescenta as seguintes considerações:

Ao se referir às áreas "cobertas ou não por vegetação nativa", a definição de APP acaba por alcançar, também, aquelas áreas que, por suas características, como acontece com as áreas rochosas, contam apenas com vegetação esparsa emergindo de falhas ou frestas nessas rochas. Nesses casos, mesmo praticamente não existindo vegetação em razão de causas naturais, a área continua sendo considerada de preservação permanente, até porque pode cumprir algumas das funções ambientais relacionadas no inc. II do art. 3º da Lei comentada. Lembre-se que a nova Lei, a exemplo do que já vinha ocorrendo com resoluções do CONAMA, não se limita referências à supressão de vegetação em APP, mas alcança também intervenções nessa área.[26] Algumas razões de extrema relevância justificam esse instituto. De início, podemos destacar o bem-estar e a segurança dos seres vivos. O fato de não se poder ocupar e construir em áreas de preservação permanente representa uma forma de diminuir os riscos de perdas materiais e de vidas em razão de extremos climáticos. Outro argumento é que as APPs são fundamentais para garantia do ciclo da água, desde a infiltração no solo até a proteção de nascentes, cursos d'água, lagos e lagoas."

Como vimos, as obrigações da Lei 12.651/2012 possuem natureza *propter rem*, sendo transmitidas aos adquirentes. Ao que tudo indica, há um equívoco na redação do § 2º do artigo 7º, já que menciona apenas a "transferência de domínio ou posse do imóvel rural" ao tratar das APPs. Isso se revela contraditório com o *caput* do artigo 4º da mesma Lei, que define as APPs pelo simples efeito da lei, e com o já citado artigo 2º, § 2º, que não fizeram distinção entre as zonas rurais e urbanas. Eis os aspectos iniciais qualificadores da motivação e dos contornos jurídicos da proteção conferida às APP. Parassem aqui as observações e as comparações entre o Código Florestal de 1965 e a legislação que o revogou (Lei 12.651/2012), uma leitura desatenta desses diplomas poderia nos levar ao engano de que o nível de proteção manteve-se intacto, ou, quiçá, reforçado. Não obstante, a leitura e a comparação atentas demonstram que a legislação atual fragiliza sobremaneira a proteção jurídica desses espaços quando comparada com a antecedente.

3.1. APPs em razão da lei

Ao contrário do que sucedia com o Código de 1934, a Lei 4.771/1965, desde sua primeira[27] redação, elencou áreas que seriam protegidas como de preservação permanente

---

25. MACHADO, Paulo Afonso Leme. *Direito Ambiental Brasileiro*. São Paulo: Malheiros, 2012. p. 863. C.F. GRANZIERA, Maria Luiza Machado. *Direito Ambiental*. São Paulo: Atlas, 2011. p. 451.
26. GOUVÊA, Yara Maria Gomide. In: MACHADO, Paulo Afonso Leme; MILARÉ, Édis. *Novo Código Florestal*: comentários à Lei 12.651, de 25 de maio de 2012, e à Med. Prov. 571, de 25 de maio de 2012. São Paulo: Ed. RT, 2012. p. 61.
27. BRASIL. *Lei 4.771*, de 15 de setembro de 1965. Institui o Código Florestal. Diário Oficial da União, Brasília, 15.09. 1965. Disponível em: [www.senado.gov.br]. Acesso em: 22.09.2012. O texto original de 1965 e o histórico completo das alterações processadas estão disponíveis no portal do Senado Federal: [www.senado.gov.br]. Acesso em: 03.08.2012.

pelo simples efeito da lei, sem a necessidade de qualquer ato declaratório e sem ensejar, em regra qualquer direito à indenização[28], por tratar-se de limitação administrativa[29], sem distinção entre as matas e áreas localizadas em propriedades públicas ou privadas. Ao comentar as APPs pelo simples efeito da Lei, com base no Diploma atualmente em vigor, Paulo Afonso Leme Machado esclarece que "há autoaplicabilidade da própria lei, não se exigindo regulamentação para sua efetividade nos casos deste artigo"[30]. A proteção mínima das APPs, vale dizer, o regime estabelecido pelo Código Florestal, é o mesmo para as áreas rurais e urbanas. Se esta era, ainda, nos termos do Código Florestal de 1965, a tese defendida pela doutrina majoritária, agora a Lei 12.651/2012 é clara ao dizer que são consideradas APPs aquelas "em zonas rurais ou urbanas"[31]. Contudo, em alguns poucos casos, a proteção difere conforme o caráter predominante da zona que abriga algumas APPs específicas, por exemplo, no artigo 5º. Passamos agora a ver as APPs assim reconhecidas pelo simples efeito da Lei Florestal atual:

3.1.1. As faixas marginais de cursos d'água

Nos termos do artigo 4º, inciso I, são áreas de preservação permanente pelo simples efeito da lei:

> "I – as faixas marginais de qualquer curso d'água natural perene e intermitente, excluídos os efêmeros, desde a borda da calha do leito regular, em largura mínima de:
>
> a) 30 (trinta) metros, para os cursos d'água de menos de 10 (dez) metros de largura;
>
> b) 50 (cinquenta) metros, para os cursos d'água que tenham de 10 (dez) a 50 (cinquenta) metros de largura;
>
> c) 100 (cem) metros, para os cursos d'água que tenham de 50 (cinquenta) a 200 (duzentos) metros de largura;
>
> d) 200 (duzentos) metros, para os cursos d'água que tenham de 200 (duzentos) a 600 (seiscentos) metros de largura;
>
> e) 500 (quinhentos) metros, para os cursos d'água que tenham largura superior a 600 (seiscentos) metros."

---

28. Leonardo Papp ressalva a possibilidade de indenização quando o instituto das APP esvaziar todo o conteúdo econômico de determinada propriedade: "Nesses casos, em que a aplicação dos parâmetros que delimitam as APPs alcançar (praticamente) toda a área do imóvel privado, certamente estará esvaziado o conteúdo do direito de propriedade, não havendo que se falar, nessas situações específicas, na imposição de mera limitação administrativa" (PAPP, Leonardo. *Comentários ao novo Código Florestal Brasileiro*: Lei 12.651. Campinas: Millennium Editora, 2012. p. 84).
29. Conforme Hely Lopes Meirelles, "limitação administrativa é toda imposição geral, gratuita, unilateral e de ordem pública condicionadora do exercício de direitos ou de atividades particulares às exigências do bem-estar social. [...]. Derivam, comumente, do poder de polícia inerente e indissociável da Administração e se exteriorizam em imposições unilaterais e imperativas, sob a tríplice modalidade positiva (fazer), negativa (não fazer) ou permissiva (deixar fazer)" (MEIRELLES, Hely Lopes. *Direito Administrativo Brasileiro*. 16. ed. São Paulo: Ed. RT, 1991. p. 529).
30. MACHADO, Paulo Afonso Leme. In: MACHADO, Paulo Afonso Leme; MILARÉ, Édis (Coord.). *Novo Código Florestal*: comentários à Lei 12.651, de 25 de maio de 2012, e à Med. Prov. 571, de 25 de maio de 2012. São Paulo: Ed. RT, 2012. p. 143.
31. Art. 4º da Lei 12.651, de 25 de maio de 2012.

Em obra específica sobre o Direito das Águas, Maria Luiza Machado Granziera, ao tratar do conceito de curso de água, assim o define:

> "Trata-se de canal natural ou artificial em que a água escoa continua ou intermitentemente. Rio natural mais ou menos importante, não totalmente dependente do escoamento superficial da vizinhança imediata, correndo em leito entre margens visíveis, com vazão contínua ou periódica, desembocando em ponto determinado numa massa de água corrente (curso de água ou rio maior) ou imóvel (lago, mar) que pode também desaparecer sob a superfície do solo[32].Muito embora se tenham mantido em linhas gerais a metragem mínima fixa estabelecida no Código de 1965, no que se refere às APPs das margens de rios e outros cursos d'água, houve significativa e preocupante diminuição da proteção conferida em razão de estarem agora qualificadas como tal apenas as margens de cursos d'água entendidos como naturais, a partir da borda da calha do leito regular."

Parte da doutrina critica com acerto o atual dispositivo, podendo-se citar, entre outros, Guilherme José Purvin Figueiredo[33] e Maria Luiza Machado Granziera[34]. Ocorre que, muitos cursos d'água são desviados por obras de engenharia, canalizados pelo próprio Poder Público, tornando as áreas ao redor mais vulneráveis à inundações e enchentes. Nesses casos, seria mister manter as APPs; contudo, optou o legislador por retirar tal proteção.

O leito regular é definido pela própria Lei 12.651/2012 (art. 3º, XI) como sendo "a calha por onde correm regularmente as águas do curso d'água durante o ano". Contudo, apesar de reconhecida sua constitucionalidade nos autos da ADI 4903, a ausência de dados históricos sobre cursos d'água torna o dispositivo de árdua aplicação. Igualmente, foi declarada constitucional, nos imóveis rurais com até 15 módulos fiscais[35], atendidas algumas condições, a presença nessas áreas, de atividades de aquicultura e da infraestrutura física associada. Por fim, vale destacar que foram categoricamente excluídas do conceito de APP as faixas marginais dos cursos d'água efêmeros. Conforme Guilherme Alencar, tais cursos possuem duração de alguns dias após eventos chuvosos[36]. Essa exclusão pode significar prejuízos para o clima, a agricultura e as atividades humanas, especialmente onde não existem outros cursos perenes ou intermitentes.

3.1.2. Entorno de lagos e lagoas naturais

Conforme o artigo 4º, inciso II, são APPs as

> [...] "áreas no entorno dos lagos e lagoas naturais, em faixa com largura mínima de: a) 100 (cem) metros, em zonas rurais, exceto para o corpo d'água com até 20 (vinte) hectares de superfície, cuja faixa marginal será de 50 (cinquenta) metros; b) 30 (trinta) metros, em zonas urbanas."

Esse é um dos dispositivos que diferencia a extensão das APPs conforme a localização ocorra em zona rural ou urbana. Nesse primeiro momento, parece ter havido certa

---

32. GRANZIERA, Maria Luiza Machado. *Direito de águas*: disciplina jurídica das águas doces. São Paulo: Atlas, 2006. p. 30.
33. FIGUEIREDO, Guilherme José Purvin de. *Curso de Direito Ambiental*. São Paulo: Ed. RT, 2013. p. 344.
34. GRANZIERA, Maria Luiza Machado. *Direito Ambiental*. São Paulo: Atlas, 2014. p. 471.
35. O conceito de módulo fiscal será visto adiante em detalhes, quando tratarmos do regime chamado de temporário pela Lei 12.651/2012.
36. ALENCAR, Guilherme Viana de. Novo Código Florestal Brasileiro: ilustrado e de fácil entendimento. Vitória: Ed. Do Autor, 2016, p. 121.

continuidade do regime anterior[37]. Porém, o § 4º do mesmo artigo dispensa a proteção para os lagos e lagoas com menos de um hectare (10 mil metros quadrados) de superfície, desde que não haja "nova supressão de áreas de vegetação nativa" – e mesmo isso pode ser autorizado pelo órgão ambiental. Esse dispositivo parece deixar completamente desprotegida boa parte dos lagos e das lagoas existentes.

O parágrafo seguinte permite que a pequena propriedade familiar faça o plantio de culturas temporárias e sazonais na

> [...] "faixa de terra que fica exposta no período de vazante dos rios ou lagos, desde que não implique supressão de novas áreas de vegetação nativa, seja conservada a qualidade da água e do solo e seja protegida a fauna silvestre."

E o § 6º permite que, em imóveis rurais com até 15 módulos fiscais[38], atendidas algumas condições, ocorra nessas áreas "a prática da aquicultura e a infraestrutura física". A norma também se aplica, como vimos, às APPs de cursos d'água[39]. Nos parece que os usos permitidos nas APPs de lagos e lagoas naturais e a proteção apenas daqueles com superfície maior que 1 hectare tornam a aplicação do instituto insuficiente. Contudo, cabe ressaltar que o Supremo Tribunal Federal reconheceu a constitucionalidade desse dispositivo, bem como dos usos autorizados pelos §§ 5º e 6º acima aludidos, ao decidir sobre a constitucionalidade da Lei 12.651/2012, nos autos das ADIs 4901, 4902, 4903 e 4637.

3.1.3. Lagos e Reservatórios Artificiais e geração de energia

Define o artigo 4º, inciso III, como APPs "as áreas no entorno dos reservatórios d'água artificiais, decorrentes de barramento ou represamento de cursos d'água naturais, na faixa definida na licença ambiental do empreendimento".

A legislação atual ratifica, confirma que reservatórios artificiais planejados e construídos pelo homem a partir de cursos d'água canalizados ou retificados estão dispensados de proteção no seu entorno. Conforme o § 1º, "não será exigida Área de Preservação Permanente no entorno de reservatórios artificiais de água que não decorram de barramento ou represamento de cursos d'água naturais".

O regime atual, além de excluir uma parte dos reservatórios da observância das APPs, confere aos órgãos e entidades ambientais licenciadores a atribuição para definir a citada

---

37. Vale lembrar que no regime jurídico anterior, a Lei 4.771/1965 não definia as metragens mínima e máxima para os lagos e reservatórios naturais e artificiais. Contudo, a matéria era disciplinada pelo Conselho Nacional do Meio Ambiente, por meio da Resolução 303, de 20 de março de 2002. De acordo com a citada Resolução (art. 3º, inc. III), os lagos naturais teriam APPs com a metragem mínima de 30 metros em áreas urbanas consolidadas. Em áreas rurais, a regra era a faixa mínima de 100 metros, ressalvados os casos de lagos com até 20 hectares de superfície, com faixa de 50 metros.
38. O conceito de módulo fiscal será visto adiante em detalhes, quando tratarmos do regime chamado de temporário pela Lei 12.651/2012.
39. § 6º Nos imóveis rurais com até 15 (quinze) módulos fiscais, é admitida, nas áreas de que tratam os incisos I e II do *caput* deste artigo, diretamente a ela associada, desde que: I – sejam adotadas práticas sustentáveis de manejo de solo e água e de recursos hídricos, garantindo sua qualidade e quantidade, de acordo com norma dos Conselhos Estaduais de Meio Ambiente; II – esteja de acordo com os respectivos planos de bacia ou planos de gestão de recursos hídricos; III – seja realizado o licenciamento pelo órgão ambiental competente; IV – o imóvel esteja inscrito no Cadastro Ambiental Rural – CAR; V – não implique novas supressões de vegetação nativa.

faixa, sem, contudo, estabelecer metragens mínimas ou procedimentos como a oitiva do Comitê de Bacia Hidrográfica em que se pretende localizar o empreendimento. O § 4º do mesmo artigo dispensa as APPs para os reservatórios artificiais com menos de um hectare (10 mil metros quadrados) de superfície, desde que não haja "nova supressão de áreas de vegetação nativa". E aqui, novamente, mesmo a intervenção pode ser autorizada pelo órgão ambiental.

Ocorre que as ocupações (ex. lavouras e moradias) no entorno de reservatórios artificiais, pela inexistência de APPs, podem se tornar vulneráveis no caso de extremos climáticos, o que deve ser avaliado pelo órgão ou entidade responsável pelo licenciamento da atividade.

Parece haver certo paradoxo na legislação atual. Isso porque reservatórios artificiais são criados justamente pela utilidade dos recursos hídricos para certas finalidades (ex. agricultura e geração de energia). E as APPs, como vimos, possuem como uma de suas finalidades mais marcantes favorecer o ciclo de renovação das águas. Não obstante, as exceções à aplicação do inciso III do artigo 4º foram consideradas constitucionais pelo Supremo Tribunal Federal, no julgamento supracitado, ocorrido em 2018.

Por sua vez, o artigo 5º traz disposições específicas para reservatórios d'água artificiais destinados à produção de energia ou ao serviço público de abastecimento de água. Por se tratar de artigo e regime específicos, entendemos que não se aplicam a esses reservatórios os §§ 1º e 4º do artigo anterior.

Nos casos previstos no *caput* do artigo 5º,

[...] "é obrigatória a aquisição, desapropriação ou instituição de servidão administrativa pelo empreendedor das Áreas de Preservação Permanente criadas em seu entorno, conforme estabelecido no licenciamento ambiental, observando-se a faixa mínima de 30 (trinta) metros e máxima de 100 (cem) metros em área rural, e a faixa mínima de 15 (quinze) metros e máxima de 30 (trinta) metros em área urbana."

O § 1º do mesmo artigo 5º autoriza o uso de até 10% (dez por cento) do total da APP, desde que seja aprovado, dentro do licenciamento ambiental da atividade, um "Plano Ambiental de Conservação e Uso do Entorno do Reservatório"[40], observadas as diretrizes técnicas expedidas pelo órgão ou entidade responsável pela avaliação e expedição das licenças. Todos esses dispositivos, questionados pela Procuradoria-Geral da República nos autos da ADI 4903, foram declarados constitucionais no julgamento pelo Supremo Tribunal Federal. Conforme o entendimento que prevaleceu, foram escolhas legítimas por parte do legislador.

3.1.4. O entorno das nascentes e dos olhos d'água

As nascentes e os olhos d'água têm por característica comum serem afloramentos[41] do lençol freático, com a diferença de que o legislador qualificou como nascentes apenas

---

40. Esse plano já era exigido no regime jurídico florestal anterior, com base no artigo 4º da Resolução 303 do CONAMA.
41. O IBGE define tanto as nascentes como os olhos d'água como espécies do gênero fonte. A definição de fonte é "surgência natural de água a partir de uma camada aquífera. Nascente ou olho d'água" (Ob. cit.).

aqueles que dão origem a cursos d'água.[42] Todos os demais enquadram-se no conceito jurídico de olhos d'água. As águas que infiltram o solo podem ir para os reservatórios naturais, chamados de lençóis freáticos. Caso não estejam contaminados, acumularão água limpa (filtrada pelo solo) que, após atingir certo nível, irá aflorar a partir das nascentes e olhos d'água.

Estabelecia o artigo 4º, inciso IV, como áreas de preservação permanente aquelas "no entorno das nascentes e dos olhos d'água **perenes**, qualquer que seja sua situação topográfica, no raio mínimo de 50 (cinquenta) metros" (grifamos).

Apesar de mantida a metragem mínima definida no Código Florestal anterior (Lei 4.771/65), a Lei 12.651/12 simplesmente havia excluído a proteção do entorno das nascentes e olhos d'água intermitentes. Isso foi corretamente criticado pela doutrina autorizada, entre outros, por Paulo Afonso Leme Machado[43] e Maria Luiza Machado Granziera[44]). Nós, igualmente, sustentamos de forma veemente, o absurdo que seria tal exclusão[45]. E, com muita honra, fomos citados no voto-vista da Exma. Ministra Cármen Lúcia, que referendou os argumentos apresentados pela doutrina especializada. Louvável foi a decisão da Suprema Corte de garantir a plena proteção dos olhos d'água e das nascentes, sejam perenes ou intermitentes. Como consta da ementa, parcialmente reproduzida a seguir:

> "A proteção das nascentes e olhos d'água é essencial para a existência dos cursos d'água que deles se originam, especialmente quanto aos rios intermitentes, muito presentes em áreas de seca e de estiagem"[46].

Como nem tudo são flores e florestas, a conversão da Medida Provisória 571 em lei trouxe a recomposição gradual das nascentes já degradadas, nos termos do artigo 61-A. E esse dispositivo, como tantos outros do controverso regime transitório, foi julgado constitucional na mesma ocasião.

3.1.5. Encostas com declividade acima de 45 graus

Conforme o artigo 4º, inciso V, da Lei 12.651/2012, alterada pela Lei 12.727/2012, a definição das APPs pelo simples efeito da Lei compreende "as encostas ou partes destas com declividade superior a 45°, equivalente a 100% (cem por cento) na linha de maior declive".

Ao comparar as redações do Código Florestal de 1965 e da Lei 12.651/2012, com sua redação atualmente em vigor, percebemos que, nesse ponto, manteve-se o regime jurídico anterior.

---

42. A nascente é definida no artigo 3º, inciso XVII, da Lei 12.651/12 como "afloramento natural do lençol freático que apresenta perenidade e dá início a um curso d'água". Já o conceito de olho d'água (inc. XVIII do art. 3º) é o de "afloramento natural do lençol freático, mesmo que intermitente".
43. MACHADO, Paulo A. Leme. *Direito Ambiental Brasileiro*. São Paulo: Malheiros, 2014. p. 878.
44. GRANZIERA, Maria Luiza Machado. Ob. cit., p. 466.
45. AVZARADEL, Pedro Cuervello Saavedra. Novo Código Florestal: enchentes e crise. Rio de Janeiro: Lumen Juris, 2016. p. 93.
46. BRASIL. Supremo Tribunal Federal. Ação Direta de Inconstitucionalidade 4903. Julgado pelo Pleno em 28 de fev. de 2018.

Conforme o Ministério das Cidades e o Instituto de Pesquisas Tecnológicas, em estudo específico sobre o mapeamento de áreas de risco,

> [...] "as encostas constituem uma conformação natural do terreno, originadas pela ação de forças externas e internas por meio de agentes geológicos, climáticos, biológicos e humanos, os quais, por meio dos tempos esculpem a superfície da Terra.[47] Luis Carlos da Silva de Moraes, ao comentar o artigo 2º, alínea e, da Lei 4.771/1965, explica a seguinte situação:
>
> A lógica é de um compasso. Utilizando como ponto central o término da declividade acima de 45 graus (≥ 45°), busca-se a extremidade da quebra de declive (ruptura positiva), que na maioria das vezes será coincidente com o próprio topo ou com a escarpa (nos casos de tabuleiros, chapadas e planalto). Encontrada essa medida, "gira-se" esse "compasso imaginário" na direção contrária (sopé) até se atingir o chão, estipulando-se a "linha" de maior declive em 100%, onde será o limite inferior da APP.[48] No que tange às encostas cuja inclinação seja entre 25° e 45°, consideram-se de uso restrito pela legislação atual, nos termos do artigo 11[49], sendo permitidos [...] o manejo florestal sustentável e o exercício de atividades agrossilvipastoris, bem como a manutenção da infraestrutura física associada ao desenvolvimento das atividades, observadas boas práticas agronômicas, sendo vedada a conversão de novas áreas, excetuadas as hipóteses de utilidade pública e interesse social.[50] A manutenção do regime de proteção das encostas com inclinação acima de 45 graus é um dos pontos positivos da Lei 12.651/2012. Não obstante, esse regime, aparentemente estável, é fragilizado sobremaneira nesse Diploma quando são disciplinadas as ocupações consolidadas, tratadas mais adiante."

3.1.6. As restingas, como fixadoras de dunas ou estabilizadoras de mangues, e os mangues, em toda sua extensão

Conforme a definição legal, são áreas de preservação permanente as restingas, como fixadoras de dunas ou estabilizadoras de mangues. Eis os conceitos de restinga e de mangue trazidos pela própria Lei 12.651/2012:

> "– Restinga: depósito arenoso paralelo à linha da costa, de forma geralmente alongada, produzido por processos de sedimentação, onde se encontram diferentes comunidades que recebem influência marinha, com cobertura vegetal em mosaico, encontrada em praias, cordões arenosos, dunas e depressões, apresentando, de acordo com o estágio sucessional, estrato herbáceo, arbustivo e arbóreo, esse último mais interiorizado;
>
> – manguezal: ecossistema litorâneo que ocorre em terrenos baixos, sujeitos à ação das marés, formado por vasas lodosas recentes ou arenosas, às quais se associa, predominantemente, a vegetação natural conhecida como mangue, com influência fluviomarinha, típica de solos limosos de regiões

---

47. MINISTÉRIO DAS CIDADES; INSTITUTO DE PESQUISAS TECNOLÓGICAS. *Mapeamento de Riscos em Encostas e Margem de Rios*. Brasília: Ministério das Cidades; Instituto de Pesquisas Tecnológicas, 2007. p. 31-32.
48. MORAES, Luis Carlos da Silva de. *Código Florestal Comentado*. São Paulo: Atlas, 2009. p. 73-74.
49. O dispositivo em tela teve sua constitucionalidade afirmada pelo Supremo Tribunal Federal em 2018 nos autos da ADI 4903.
50. O dispositivo da Lei 12.651 permite mais atividades nessas áreas do que o Código de 1965. A revogada Lei de 1965 vedava "a derrubada de florestas, situadas em áreas de inclinação entre 25 a 45 graus, só sendo nelas tolerada a extração de toros, quando em regime de utilização racional...". Voltando à legislação atual, outro exemplo dessas áreas de uso restrito são os pantanais e suas planícies. Nos termos do artigo 10 da Lei 12.651, "nos pantanais e planícies pantaneiras, é permitida a exploração ecologicamente sustentável, devendo-se considerar as recomendações técnicas dos órgãos oficiais de pesquisa, ficando novas supressões de vegetação nativa para uso alternativo do solo condicionadas à autorização do órgão estadual do meio ambiente, com base nas recomendações mencionadas neste artigo".

estuarinas e com dispersão descontínua ao longo da costa brasileira, entre os Estados do Amapá e de Santa Catarina.[51] Não apenas a restinga é considerada como de preservação permanente enquanto estabilizadoras de mangue. Também o são os próprios mangues, em toda sua extensão."

Considerados por muitos cientistas como berçários da vida, também auxiliam na contenção de marés. Por essas razões, andou bem o legislador pátrio ao protegê-los como APPs diretamente, pelo simples efeito da lei e agora de forma expressa no texto legal.[52] De outro lado, ficaram de fora da definição de mangue os salgados e os apicuns, que para muitos integram o ecossistema em questão. E, nessas áreas, foi autorizada por lei a criação de camarão, atividade com potencial lesivo não somente para as zonas de salgado e apicum, mas para a vida nos mangues como um todo.

Ainda nos aspectos controversos, o artigo 8º, § 2º, possibilita que os manguezais já degradados (grande parte dos que ainda existem) sejam utilizados para outras finalidades. A previsão também atinge as restingas que fixam os mangues nessas condições. Vejamos o dispositivo:

"A intervenção ou a supressão de vegetação nativa em Área de Preservação Permanente de que tratam os incisos VI e VII do *caput* do art. 4º poderá ser autorizada, excepcionalmente, em locais onde a função ecológica do manguezal esteja comprometida, para execução de obras habitacionais e de urbanização, inseridas em projetos de regularização fundiária de interesse social, em áreas urbanas consolidadas ocupadas por população de baixa renda."

Dada a importância dos mangues e o seu já atual estágio de degradação, não poderia o legislador facilitar, sem maiores critérios, a intervenção nesses ecossistemas.

Outro ponto é que a lei perversamente possibilita que pessoas de baixa renda venham a morar em um ecossistema comprometido e, possivelmente, à margem de serviços sociais como o de saneamento básico.[53] A despeito desses argumentos, o dispositivo (art. 8º, § 2º) foi julgado constitucional pelo Supremo Tribunal Federal. Cumpre destacar o seguinte trecho da ementa, de acordo com o qual os empreendimentos "devem sempre vir acompanhados de estudos de impacto ambiental e medidas compensatórias, além das medidas de fiscalização administrativa, consoante a determinação constitucional"[54].

3.1.7. As bordas dos tabuleiros ou chapadas

De acordo com o inciso VIII do artigo 4º, "as bordas dos tabuleiros ou chapadas, até a linha de ruptura do relevo, em faixa nunca inferior a 100 (cem) metros em projeções horizontais" são APPs. Um exemplo conhecido de chapada é a Diamantina, no Estado da Bahia.

---

51. Artigo 3º, incisos XIII e XVI, da Lei 12.651/2012.
52. O Código Florestal anterior não mencionava de forma clara o bastante a questão dos mangues. Por isso, o citado ecossistema foi reconhecido como APP pela Resolução 303, de 20 de março e 2002, do Conselho Nacional do Meio Ambiente (CONAMA), precisamente no artigo 3º, inciso X.
53. Em igual sentido é a conclusão de Guilherme J. Purvin de Figueiredo. Para ele, "é espantoso o desrespeito para com os princípios basilares da justiça ambiental: em lugar de se conceder habitação em locais adequados à população de baixa renda, prefere-se liquidar de vez a função ecológica do manguezal que se achava apenas comprometida" (FIGUEIREDO, Guilherme J. Purvin de. *Curso de Direito Ambiental*. São Paulo: Ed. RT, 2013. p. 353).
54. Idem.

O conceito do que venham a ser chapadas ou tabuleiros não consta da Lei 12.651/2012. Embora acreditemos que a Resolução 303/2002 não seja mais aplicável no atual regime jurídico florestal, é lá que encontramos um conceito possível:

> [...] "paisagem de topografia plana, com declividade média inferior a dez por cento, aproximadamente seis graus e superfície superior a 10 hectares [cem mil metros quadrados], terminada de uma forma abrupta em escarpas, caracterizando-se e a chapada por grandes superfícies a mais de seiscentos metros de altitude.[55] Quando a lei se refere às bordas dos tabuleiros e chapadas, está fazendo alusão, precisamente, ao local em que o relevo elevado termina de forma abrupta nas chamadas escarpas."

3.1.8. O topo de morros, montes, montanhas e serras

A Lei 12.651/2012 estabeleceu um novo conceito para topo de morro, com uma série de qualificações não existentes antes na Lei 4.771/1965.[56] Segundo o artigo 4º, inciso IX, consiste em APP, pelo simples efeito da Lei, o [...] topo de morros, montes, montanhas e serras, com altura mínima de 100 (cem) metros e inclinação média maior que 25°, as áreas delimitadas a partir da curva de nível correspondente a 2/3 (dois terços) da altura mínima da elevação sempre em relação à base, sendo essa definida pelo plano horizontal determinado por planície ou espelho d'água adjacente ou, nos relevos ondulados, pela cota do ponto de sela mais próximo da elevação.

Eis a posição do geólogo Álvaro Rodrigues dos Santos:

> "Topo de morro refere-se à calota superior de uma elevação do relevo. Seu ponto culminante, mais alto, é o pico ou cume do morro, sendo sua base definida pela curva topográfica correspondente à ruptura de relevo positiva a partir da qual se inicia a encosta. Ainda que os termos legais não sejam precisos nessa caracterização, os topos de morros foram considerados áreas de especial interesse ambiental pelo papel que cumpririam na realimentação do lençol freático e na proteção das encostas contra processos erosivos. A ruptura de declive consiste em uma nítida variação de declividade observada ao longo de uma linha ortogonal às curvas de nível. Será uma ruptura de declive positiva ao se passar para uma declividade maior e uma ruptura de declive negativa ao se passar para uma declividade menor.
>
> Do ponto de vista morfológico, distinguem-se diversos elementos em um morro ou montanha: o cume, o topo de morro, a encosta (ou vertente), a base, assim como os parâmetros geométricos da altura e declividade.[57] Cumpre acrescentar que, durante a vigência do Código de 1965, o Conselho Nacional do Meio Ambiente (CONAMA) regulamentou esse tema. A Resolução CONAMA 303/2002[58], aparentemente, é inaplicável após a Lei 12.651/2012. Contudo, essa mesma Resolução traz, em seu art. 2º, conceitos que podem elucidar o dispositivo legal em análise: Art. 2º Para os efeitos desta Resolução, são adotadas as seguintes definições:
>
> [...]

---

55. Artigo 3º, inciso XI, da Resolução 303, de 20 de março de 2002, do CONAMA.
56. Lei 4.771, de 15 de setembro de 1965: "Art. 2º Consideram-se de preservação permanente, pelo só efeito desta Lei, as florestas e demais formas de vegetação natural situadas: [...] d) no topo de morros, montes, montanhas e serras".
57. SANTOS, Álvaro Rodrigues dos. In: MACHADO, Paulo Afonso Leme; MILARÉ, Édis. *Novo Código Florestal*: comentários à Lei 12.651, de 25 de maio de 2012, e à Med. Prov. 571, de 25 de maio de 2012. São Paulo: Ed. RT, 2012. p. 53.
58. Conforme essa Resolução, são APPs aqueles "no topo de morros e montanhas, em áreas delimitadas a partir da curva de nível correspondente a dois terços da altura mínima da elevação em relação à base" (art. 3º, inc. V).

IV – morro: elevação do terreno com cota do topo em relação a base entre cinquenta e trezentos metros e encostas com declividade superior a trinta por cento (aproximadamente dezessete graus) na linha de maior declividade;

V – montanha: elevação do terreno com cota em relação a base superior a trezentos metros;

VI – base de morro ou montanha: plano horizontal definido por planície ou superfície de lençol d`água adjacente ou, nos relevos ondulados, pela cota da depressão mais baixa ao seu redor;

VII – linha de cumeada: linha que une os pontos mais altos de uma sequência de morros ou de montanhas, constituindo-se no divisor de águas.[59] Ao que parece, como bem esclarece Guilherme J. Purvin de Figueiredo, o simples estabelecimento de uma altura mínima para que se protejam morros e montes, retira daqueles com menos de 100 metros de altura qualquer proteção.[60] Semelhante posicionamento crítico é adotado pelo geólogo Álvaro Rodrigues dos Santos.[61] Ao comentar o artigo 2º, alínea *d*, da Lei 4.771/1965, Luis Carlos da Silva de Moraes expõe raciocínio segundo o qual

[...] independentemente do tamanho ou altura da estrutura geológica (morro, monte, montanha e serras), se houver declividade acima de 45° (quarenta e cinco graus), aplica-se a disposição da alínea *e* já comentada, que é a regra sobre APP por declividade.[62] Embora diga respeito a raciocínio ainda com base na legislação revogada, sua lógica persiste válida, diante da maior facilidade de se caracterizar as APPs de encostas em razão da declividade, cujo regime já fora visto."

3.1.9. Áreas em altitude superior a 1.800 metros

Nos termos do artigo 4º, inciso X, são consideradas áreas de preservação permanente aquelas localizadas "em altitude superior a 1.800 (mil e oitocentos) metros, qualquer que seja a vegetação".

Nesse ponto, manteve-se a regra estabelecida no Código Florestal de 1965, especificamente no artigo 2º, alínea "h". Essas áreas possuem importância do ponto de vista da preservação de recursos hídricos (abrigando nascentes e auxiliando a recarga dos aquíferos).

---

59. Conforme o IBGE, é morro a "elevação que apresenta encostas suaves, com declividade menor do que 15%, e altitudes que variam entre 100 e 300m". Por sua vez, as montanhas são elevações com encostas íngremes, declividade acima de 15% e altitude superior a 300 metros. Ainda segundo o mesmo Instituto, consiste na curva de nível a "linha que se apresenta em um mapa ou carta, destinada a retratar matematicamente uma forma de relevo, unindo todos os pontos de igual altitude, situados acima ou abaixo de uma superfície de referência, em geral o nível médio do mar" (BGE. *Vocabulário Básico de Recursos Naturais e Meio Ambiente*. Rio de Janeiro: IBGE, 2004).
60. FIGUEIREDO, Guilherme José Purvin de. *Curso de Direito Ambiental*. São Paulo: Ed. RT, 2013. p. 354.
61. Para Santos, "as alterações promovidas no novo Código ampliam as possibilidades de ocupação dos topos de morro, montes, montanhas e serras, caso dos aumentos de altura mínima (antes 50, agora 100 metros) e da declividade limite (antes 30% na linha de maior declividade, agora 46,6%) para que uma elevação de relevo deva ser objeto de uma delimitação de APP de Topo de Morro. Caso também da determinação pela qual a declividade superior ao limite deverá ser a média das declividades da elevação e da mudança definida para a medição da altura da elevação de relevo, antes formada pelo ponto de máxima altitude ao ponto de mínima altitude da elevação, agora do ponto de máxima altitude (cume) à altitude da sela topográfica mais próxima. Entendendo-se aqui sela como a depressão topográfica entre duas elevações. Todas essas elevações de terreno, uma vez atendidas as referidas características geométricas, serão objeto de delimitação da APP de topo de morro em seu terço superior" (SANTOS, Álvaro Rodrigues dos. In: MACHADO, Paulo Afonso Leme; MILARÉ, Édis (Coord.). *Novo Código Florestal*: comentários à Lei 12.651, de 25 de maio de 2012, e à Med. Prov. 571, de 25 de maio de 2012. São Paulo: Ed. RT, 2012. p. 54-55).
62. MORAES, Luis Carlos da Silva de. *Código Florestal Comentado*. São Paulo: Atlas, 2009. p. 75.

3.1.10. As veredas

Conforme o inciso XI do artigo 4º, são APPs – em veredas, a faixa marginal, em projeção horizontal, com largura mínima de 50 (cinquenta) metros, a partir do espaço permanentemente brejoso e encharcado.

Conforme o Instituto Brasileiro de Geografia e Estatística (IBGE), cuida-se de

> [...] "zona deprimida, com forma que pode ser ovalada, linear ou dirigida dentro de uma área estruturalmente plana ou aplanada pela erosão. Resulta de processos epidérmicos de exsudação do lençol freático, cujas águas geralmente convergem para um talvegue de drenagem concentrada, assinalada por um renque arbustivo e/ou arbóreo, caracterizado por palmeiras de diferentes espécies, particularmente buritis.[63] A própria Lei traz o conceito jurídico de vereda no artigo 3º, inciso XII, como sendo a 'fitofisionomia de savana, encontrada em solos hidromórficos, usualmente com a palmeira arbórea Mauritia flexuosa – buriti emergente, sem formar dossel, em meio a agrupamentos de espécies arbustivo-herbáceas'."

São importantes no ecossistema do cerrado, servindo de abrigo para espécies de fauna e flora nos períodos de estiagem.[64]

3.2. APPs definidas por ato do Poder Público

Diferentes das APPs vistas acima, essas precisam ser concretizadas, não se aplicando direta e imediatamente a previsão legal. Por essa razão, são confundidas, por vezes, com outros institutos. O Código de 1965, após estabelecer a regra geral do artigo 2º, também consagrou no artigo 3º, desde sua primeira[65] redação, a possibilidade de outras áreas serem declaradas como de preservação permanente pelo Poder Público. Como exemplo, podemos citar o Decreto Federal 98.181/1989.[66]Essa modalidade de constituição de APP requer, por incidir especificamente sobre determinadas propriedades, a indenização dos proprietários pelas perdas e prejuízos comprovados.

A possibilidade de declarar APP por ato do Poder Público permanece na Lei 12.651/2012 nos seguintes termos:

> "Art. 6º Consideram-se, ainda, de preservação permanente, quando declaradas de interesse social por ato do Chefe do Poder Executivo, as áreas cobertas com florestas ou outras formas de vegetação destinadas a uma ou mais das seguintes finalidades:
> I – conter a erosão do solo e mitigar riscos de enchentes e deslizamentos de terra e de rocha;
> II – proteger as restingas ou veredas;

---

63. IBGE. *Vocabulário Básico de Recursos Naturais e Meio Ambiente*. Rio de Janeiro, 2004.
64. ALENCAR, Guilherme Viana de. Ob. Cit., p. 135.
65. Art. 3º. Consideram-se, ainda, de preservação permanentes, quando assim declaradas por ato do Poder Público, as florestas e demais formas de vegetação natural destinadas: a) a atenuar a erosão das terras; b) a fixar as dunas; c) a formar faixas de proteção ao longo de rodovias e ferrovias; d) a auxiliar a defesa do território nacional a critério das autoridades militares; e) a proteger sítios de excepcional beleza ou de valor científico ou histórico; f) a asilar exemplares da fauna ou flora ameaçados de extinção; g) a manter o ambiente necessário à vida das populações silvícolas; h) a assegurar condições de bem-estar público".
66. Decreto 98.181, de 26 de setembro de 1989. Conforme o artigo 1º desse Decreto, "fica declarada de preservação permanente a floresta e demais formas de vegetação autóctone, situada na região conhecida como Mata do Buraquinho, no município de João Pessoa, Estado da Paraíba, dentro do perímetro descrito no artigo 2º desse Decreto, com o objetivo de proteger os mananciais ali existentes e conservar amostra da flora e fauna da Mata Atlântica daquela região".

III – proteger várzeas;
IV – abrigar exemplares da fauna ou da flora ameaçados de extinção;
V – proteger sítios de excepcional beleza ou de valor científico, cultural ou histórico;
VI – formar faixas de proteção ao longo de rodovias e ferrovias;
VII – assegurar condições de bem-estar público;
VIII – auxiliar a defesa do território nacional, a critério das autoridades militares.
IX – proteger áreas úmidas, especialmente as de importância internacional."

Vale lembrar que, em relação às APPs definidas por lei, essas são subsidiárias ou complementares. Somente cabe a constituição de APPs por ato declaratório do Poder Público quando não aplicáveis àquelas que existem pelo simples efeito da Lei (art. 4º).

Ao que parece, o regime atual traz uma restrição inconveniente, ao exigir que, na área a ser declarada de preservação permanente, exista vegetação. Isso porque pode ser que a aplicação do artigo 6º da Lei atual seja, justamente, a forma de permitir que uma área degradada seja recuperada e, dessa forma, cumpra com sua finalidade ecológica.

3.3. Intervenção e supressão em APPs

Desde a primeira redação da Lei 4.771/1965, admitia-se, excepcionalmente, a supressão de áreas de preservação permanente. Tratava-se de última alternativa para compatibilizar situações que envolviam outros valores e interesses além da preservação ambiental, igualmente legítimos e amparados por leis e constituições vigentes entre a edição do segundo Código Florestal e sua revogação no ano de 2012.

No ano 2000, a Medida Provisória n. 1.956-50[67] deu nova redação ao artigo 4º da Lei 4.771/1965, estabelecendo o regime jurídico detalhado de supressão de vegetação em APP, aplicável tanto às decorrentes da lei como àquelas criadas por ato do Poder Público. Juraci Perez Magalhães, analisando esse regime assim concluiu:

> "Assim, o atual art. 4º, em seu *caput*, permite, excepcionalmente a supressão da vegetação nessas áreas, mas estabelece uma série de exigências para que isso possa ocorrer. Isso porque os casos que justificam essa supressão são situações excepcionais e devem ser rigorosamente avaliadas para o seu atendimento. Em razão disso, a autorização da autoridade competente só pode ser concedida mediante a formalização de um procedimento administrativo em que os casos de utilidade pública ou interesse social estejam bem caracterizados e motivados. Além disso, mesmo ocorrendo situações de utilidade pública ou interesse social, é preciso que se demonstre que não há outra alternativa técnica e locacional ao empreendimento proposto.[68] Como bem destaca Maria Luiza Machado Granziera, por se tratar de hipótese excepcional prevista em lei de supressão autorizada, não decorrem dos danos ambientais gerados a responsabilização do empreendedor.[69] Esse regime, reiterado pelas MPs seguintes e consolidado pela EC 32/2001, seria questionado junto ao STF nos autos da ADI 3.540 MC/DF, por meio da qual se questionou o artigo 4º da Lei 4.771/1965, com a redação conferida pela citada MP 2.166-67/2001."

---

67. Medida Provisória 1.956-50, de 26 de maio de 2000: "Altera os arts. 1º, 4º, 14, 16 e 44, e acresce dispositivos à Lei 4.771, de 15 de setembro de 1965, que institui o Código Florestal, bem como altera o art. 10 da Lei 9.393, de 19 de dezembro de 1996, que dispõe sobre o Imposto sobre a Propriedade Territorial Rural – ITR, e dá outras providências".
68. MAGALHÃES, Juraci Perez. *Comentário ao Código Florestal*: doutrina e jurisprudência. 2. ed. (pela Medida Provisória 1.956, de 21.09.2000). São Paulo: Juarez de Oliveira, 2001. p. 87-88.
69. GRANZIERA, Maria Luiza Machado. *Direito Ambiental*. São Paulo: Atlas, 2011. p. 459.

Em sede cautelar, decidiu o STF, em setembro de 2005, por seu colegiado, por rever a decisão monocrática[70] proferida pelo Ministro Nelson Jobim, indeferindo o pedido cautelar e assegurando a validade da norma até a decisão final da demanda. Destacamos, abaixo, o seguinte trecho da ementa do julgado:

> [...] "O Art. 4º do Código Florestal e a Medida Provisória 2.166-67/2001: um avanço expressivo na tutela das áreas de preservação permanente. A Medida Provisória 2.166-67, de 24.08.2001, na parte em que introduziu significativas alterações no art. 4º do Código Florestal, longe de comprometer os valores constitucionais consagrados no art. 225 da Lei Fundamental, estabeleceu, ao contrário, mecanismos que permitem um real controle, pelo Estado, das atividades desenvolvidas no âmbito das áreas de preservação permanente, em ordem a impedir ações predatórias e lesivas ao patrimônio ambiental, cuja situação de maior vulnerabilidade reclama proteção mais intensa, agora propiciada, de modo adequado e compatível com o Texto Constitucional, pelo Diploma normativo em questão. Somente a alteração e a supressão do regime jurídico pertinente aos espaços territoriais especialmente protegidos qualificam-se, por efeito da cláusula inscrita no art. 225, § 1º, III, da Constituição, como matérias sujeitas ao princípio da reserva legal. É lícito ao Poder Público, qualquer que seja a dimensão institucional em que se posicione na estrutura federativa (União, Estados-membros, Distrito Federal e Municípios), autorizar, licenciar ou permitir a execução de obras e/ou a realização de serviços no âmbito dos espaços territoriais especialmente protegidos, desde que, além de observadas as restrições, limitações e exigências abstratamente estabelecidas em lei, não resulte comprometida a integridade dos atributos que justificaram, quanto a tais territórios, a instituição de regime jurídico de proteção especial (CF, art. 225, § 1º, III) [...]."[71] O regime jurídico "provisório" consolidado pela EC 32/2001 e cautelarmente ratificado pelo STF vigorou até a revogação do Código de 1965 e suas alterações pela Lei 12.651/2012."

Da leitura da norma atualmente em vigor, depreende-se que a anterior excepcionalidade das possibilidades de supressão de vegetação e intervenção em APP restou totalmente descaracterizada.

Muito embora o artigo 7º da Lei 12.651/2012 enuncie a regra da manutenção e recuperação das APPs, o § 1º desde mesmo artigo ressalva "os usos autorizados previstos nesta Lei". Como já vimos e seguiremos vendo, esses usos estão previstos em diversas hipóteses. Antes mesmo de analisarmos o artigo 8º da Lei 12.651/2012, que trata especificamente do tema – com as alterações produzidas pela Lei 12.727/2012, vimos algumas exceções no próprio artigo 4º, que define as APPs pelo efeito da lei (ex. §§ 4º a 6º).

Já de acordo com o artigo 52, também nos casos das posses ou propriedades previstas no artigo 3º, inciso V (e das legalmente equiparadas no parágrafo único do mesmo artigo), as intervenções e a supressões eventuais ou de baixo impacto ambiental em APP "dependerão de simples declaração ao órgão ambiental competente, desde que esteja o imóvel devidamente inscrito no CAR [, Cadastro Ambiental Rural]"[72], com as seguintes exceções: (i) "implantação de instalações necessárias à captação e condução de água e efluentes tratados", com a outorga de recursos hídricos cabível; (ii) "pesquisa científica relativa a recursos ambientais", observados os demais requisitos legais. Entre as equiparadas, estão as "propriedades e posses rurais com até 4 (quatro) módulos fiscais que

---

70. STF, ADI 3.540 MC/DF, Rel. Min. Celso de Mello, decisão proferida pelo Ministro Nelson Jobim em 25.07.2005, *DJe* 02.08.2005.
71. STF, ADI 3.540 MC/DF, Rel. Min. Celso de Mello, j. 01.09.2005, *DJe* 03.02.2006.
72. O Cadastro Ambiental Rural está previsto no artigo 29 da Lei 12.651/12 e será melhor analisado adiante.

desenvolvam atividades agrossilvipastoris".[73] Dessa forma, ao tratar da agricultura familiar, a Lei 12.651/2012 garante a essas propriedades a realização de diversas atividades de baixo impacto mediante simples apresentação de declaração ao órgão ambiental, desde que inscrito o imóvel no Cadastro Ambiental Rural – CAR.[74]Ao começarmos a leitura do disposto no artigo 8º da Lei 12.651/2012, percebemos que, em linhas gerais, mantiveram-se as hipóteses excepcionais de utilidade pública, interesse social e de baixo impacto ambiental. No caso das vegetações protetoras de nascentes, dunas e restingas, contudo, apenas os casos de utilidade pública poderão justificar sua supressão (§ 1º). Ou essa, esse tipo de vegetação possui uma proteção reforçada.

Exceto pelas exceções previstas no regime transitório ou temporário (como veremos, aplicáveis até 22/07/2008), não admite a lei nenhuma nova regularização. Isso significa dizer que sua aplicação deve ser rigorosa no sentido de visar à regeneração de tudo o que for feito em desacordo com o regime visto a seguir. Essa é a orientação do artigo 7º, ratificada pelo § 4º do artigo 8º: "Não haverá, em qualquer hipótese, direito à regularização de futuras intervenções ou supressões de vegetação nativa, além das previstas nesta Lei"[75].Consta do mesmo artigo 8º uma exceção à regra da autorização prévia: o dispositivo dispensa de autorização os casos de intervenção em APP "em caráter de urgência, de atividades de segurança nacional e obras de interesse da defesa civil destinadas à prevenção e mitigação de acidentes em áreas urbanas". Ao que tudo indica, os casos sujeitos à autorização devem observar as competências estabelecidas na Lei Complementar 140/2011, que disciplina o artigo 23 da Constituição e trata dos casos de "supressão de vegetação, de florestas e formações sucessoras" e a competência para autorização de acordo com: (i) localização dentro dos limites de UCs federais, estaduais ou municipais (ressalvadas as

---

73. A chamada pequena propriedade ou posse rural familiar está prevista no art. 3º, inc. V, da Lei 12.651/12 como "aquela explorada mediante o trabalho pessoal do agricultor familiar e empreendedor familiar rural, incluindo os assentamentos e projetos de reforma agrária, e que atenda ao disposto no art. 3º da Lei 11.326, de 24 de julho de 2006". Já o parágrafo único do art. 3º traz a seguinte regra: "Para os fins desta Lei, estende-se o tratamento dispensado aos imóveis a que se refere o inciso V deste artigo às propriedades e posses rurais com até 4 (quatro) módulos fiscais que desenvolvam atividades agrossilvipastoris, bem como às terras indígenas demarcadas e às demais áreas tituladas de povos e comunidades tradicionais que façam uso coletivo do seu território". A Lei 11.326/2006, à qual faz referência a Lei 12.651/2012, considera "agricultor familiar e empreendedor familiar rural aquele que pratica atividades no meio rural, atendendo, simultaneamente, aos seguintes requisitos: I – não detenha, a qualquer título, área maior do que 4 (quatro) módulos fiscais; II – utilize predominantemente mão de obra da própria família nas atividades econômicas do seu estabelecimento ou empreendimento; III – tenha percentual mínimo da renda familiar originada de atividades econômicas do seu estabelecimento ou empreendimento, na forma definida pelo Poder Executivo; IV – dirija seu estabelecimento ou empreendimento com sua família; V – dirija seu estabelecimento ou empreendimento com sua família" (Lei 11.326, de 24 de julho de 2006: "Estabelece as diretrizes para a formulação da Política Nacional da Agricultura Familiar e Empreendimentos Familiares Rurais". Disponível em: [www.planalto.gov.br/ccivil_03/_Ato2004-2006/2006/Lei/L11326.htm]. Acesso em: 03.08.2012).
74. Art. 52. O Cadastro Ambiental rural é o instrumento previsto para monitorar aspectos ambientais na utilização da propriedade rural estando previsto no artigo 29 da Lei 12.651. Veremos mais detalhes sobre o CAR adiante.
75. Art. 8º, *caput*, §§ 3º e 4º.

APAs); ou (ii) o ente responsável pelo licenciamento da atividade.[76] Manteve-se no artigo 9º a garantia do acesso às APPs de pessoas e animais para obtenção de água, contudo, não mais se exigindo a ausência de supressão e danos à vegetação existente. Novamente, a leitura rasa e desatenta desse dispositivo isolado escamoteia as profundas rupturas existentes entre o regime atual e o anterior. Ainda no artigo 8º, parece pouco provável garantir que não haverá regularizações de intervenções futuras, uma vez que a Lei 12.651/2012 não foi precedida do necessário e prévio mapeamento das APPs existentes no território nacional.

Não obstante a manutenção nos incisos VIII a X das três hipóteses gerais de supressão e/ou intervenção em APP, a forma como a Lei 12.651/2012 elenca atividades de utilidade pública, interesse social e baixo impacto é significativamente mais ampla e flexível daquela da Lei 4.771/1965, o que pode ser percebido na comparação entre ambas.

Foram enquadradas como de utilidade pública, por exemplo, "instalações necessárias à realização de competições esportivas estaduais, nacionais ou internacionais".[77] Essas hipóteses foram consideradas inconstitucionais pelo Supremo Tribunal Federal. Infelizmente, na conclusão do julgado, em 2018, o Brasil já havia sediado a Copa do Mundo e as Olimpíadas. Outros casos de eventos e atividades esportivas e de lazer podem ser enquadrados, ainda, como de interesse social.[78] Outra atividade considerada inconstitucional foi a gestão de resíduos nas APPs[79]. Os casos de baixo impacto estão disciplinados no artigo 3º, inciso X, da Lei 12.651/2012, que deixou aos conselhos nacional e estaduais de meio ambiente a possibilidade de reconhecer outros casos.[80] Inexplicavelmente, ficaram excluídos os Conselhos Municipais do dispositivo, o que pode gerar questionamentos em razão dos artigos 23, 24, 30 e 225 da CF.A Lei 12.651/2012, além do amplo rol exemplificativo de atividades listadas no artigo 3º, traz a possibilidade de haver a definição de outros casos de utilidade pública (inciso VIII) e interesse social (inciso IX) por "ato do Chefe do Poder Executivo federal".[81] Como lembra Maria Luiza Granziera Machado[82], tais atribuições existiam no regime anterior (Código de 1965) do Conselho Nacional do Meio Ambiente (CONAMA). Eduardo de Carvalho Lages afirma: "uma vez que veiculação desse decreto está sujeita ao juízo de conveniência e oportunidade da autoridade, melhor teria andado a lei em desde logo fixar parâmetro de melhor e mais objetiva aferição da legalidade do ato".[83]

---

76. Lei Complementar 140, de 8 de dezembro de 2011: "Fixa normas, nos termos dos incisos III, VI e VII do *caput* e do parágrafo único do art. 23 da Constituição Federal, para a cooperação entre a União, os Estados, o Distrito Federal e os Municípios nas ações administrativas decorrentes do exercício da competência comum relativas à proteção das paisagens naturais notáveis, à proteção do meio ambiente, ao combate à poluição em qualquer de suas formas e à preservação das florestas, da fauna e da flora, art. 7º, inc. XV; art. 8º, inc. XVI; 9º, XV; art. 13; art. 15".
77. Art. 3º, inciso VIII, alínea *b*.
78. Art. 3º, inciso IX, alínea *c*.
79. BRASIL. Supremo Tribunal Federal. Ação Direta de Inconstitucionalidade 4903. Julgado pelo Pleno em 28 de fev. de 2018.
80. Art. 3º, inc. X, alínea *k*.
81. Art. 3º, inc. VIII, alínea *e*; inciso IX, alínea *g*.
82. MACHADO, Maria Luiza Granziera. *Direito Ambiental*. São Paulo: Atlas, 2014. p. 474.
83. LAGES, Eduardo de Carvalho. In: MACHADO, Paulo Afonso Leme; MILARÉ, Édis. *Novo Código Florestal*: comentários à Lei 12.651, de 25 de maio de 2012, e à Med. Prov. 571, de 25 de maio de 2012. São Paulo: Ed. RT, 2012. p. 82.

Em sua redação original (e inconstitucional), apenas nessas hipóteses "adicionáveis" por decreto ou atos administrativos secundários (baixo impacto), a lei previu a necessidade de motivação e caracterização em "procedimento administrativo próprio, quando inexistir alternativa técnica e locacional".[84] Felizmente, o Supremo Tribunal Federal, ao julgar a conformidade da Lei 12.651/2012 com a Constituição, interpretou os incisos VIII e IX da Constituição conforme nosso diploma maior "de modo a se condicionar a intervenção excepcional em APP, por interesse social ou utilidade pública, à inexistência de alternativa técnica e/ou locacional à atividade proposta"[85]. Reestabeleceu-se, destarte, a lógica que vigia desde o final do século XX. Da mesma forma, sem ressalvas, exigia-se no regime jurídico anterior a adoção de medidas mitigatórias e compensatórias a serem assumidas pelo empreendedor no caso da autorização. Cumpre recordar que essa sistemática foi avaliada pelo Supremo Tribunal Federal em sede cautelar.[86] Ao comentar o silêncio da lei a respeito de tais medidas, Édis Milaré afirma que, a despeito disso,

> [...] "certo é que a compensação não poderá deixar de ser exigida pelo órgão ambiental, mormente porque todo impacto ao meio ambiente deverá ser devidamente compensado de forma a ser mantido o equilíbrio ecológico, direito constitucionalmente consagrado a todos."[87] A despeito de alguns ajustes constitucionais feitos pelo Supremo Tribunal Federal em 2018, tudo indica que o novo regime consagrou um retrocesso inaceitável na proteção das áreas de preservação permanente, espaços espaciais especialmente protegidos, desde 2012 juridicamente mais frágeis diante das novas regras de intervenção e supressão."

3.4. O regime temporário e a regularização de intervenções em APP

Chama atenção a extensa parte relativa às disposições "transitórias", permissivas quanto às ocupações realizadas em APP consideradas consolidadas até a data de 22 de julho de 2008. Ocorre, repita-se, que não se tem conhecimento da existência de um mapeamento e/ou inventário fotográfico e georreferenciado *prévio, público e confiável* dessas áreas e de seu estado de preservação (ou degradação) até a data escolhida.

A simples ausência desses registros confiáveis e, diga-se, indispensáveis coloca em risco todo o sistema de proteção do artigo 4º da Lei 12.651/2012, já fragilizado diante do amplo e fluido elenco de casos de utilidade pública e interesse social trazido pelo artigo 3º.

Não obstante, todas essas disposições foram julgadas constitucionais pelo Supremo Tribunal Federal, no aludido julgamento, ocorrido em 2018.

3.4.1. A recuperação de APPs em áreas rurais

Este ponto da Lei 12.651/2012 constava inicialmente do artigo 61, objeto de veto presidencial. A matéria passou a ser disciplinada pela MP 571, posteriormente convertida na Lei 12.727/2012, chegando-se à atual redação do artigo 61-A. O *caput* e os 17 parágrafos desse artigo trazem regras diferenciadas e que garantem "a continuidade das

---

84. Lei 4.771/1965.
85. BRASIL. Supremo Tribunal Federal. Ação Direta de Inconstitucionalidade 4903. Julgado pelo Pleno em 28 de fev. de 2018.
86. STF, ADI 3.540 MC/DF, Rel. Min. Celso de Mello, j. 01.09.2005, *DJe* 03.02.2006.
87. MILARÉ, Edis. *Direito do Ambiente*. São Paulo: Ed. RT, 2014. p. 1294.

atividades agrossilvipastoris, de ecoturismo e de turismo rural em áreas rurais consolidadas até 22 de julho de 2008".

Perceba-se que o legislador trouxe uma "regularização" questionável sob vários aspectos. De antemão, o parâmetro utilizado para a dita regularização não é a Lei 4.771/1965, vigente em 2008, mas, ao contrário, a norma de 2012, que retroage para permitir a "regularização" de situações pretéritas que impunham à época a obrigação civil de reparação integral, além de configurar, muitas vezes, infrações administrativas e penais, sendo que somente em relação às últimas existe o consenso de que podem retroagir de forma benéfica.[88] Conforme o § 11 desse artigo, serão observados critérios técnicos de conservação do solo e dos recursos hídricos indicados no Plano de Recuperação Ambiental (PRA) previsto na Lei[89], "sendo vedada a conversão de novas áreas para uso alternativo do solo nesses locais". O conceito de área rural consolidada consta do artigo 3º, inciso XIV, como sendo aquela "de imóvel rural com ocupação antrópica preexistente a 22 de julho de 2008, com edificações, benfeitorias ou atividades agrossilvipastoris, admitida, neste último caso, a adoção do regime de pousio"[90] – definido no inciso XXIV do mesmo artigo como [...] prática de interrupção temporária de atividades ou usos agrícolas, pecuários ou silviculturais, por no máximo 5 (cinco) anos, para possibilitar a recuperação da capacidade de uso ou da estrutura física do solo.

O artigo 61-A[91] estabelece, nos casos de áreas rurais consolidadas, que a obrigação de recompor a APP não é integral, mas sim parcial e gradual, de acordo com o tamanho

---

88. Esse parece ser o melhor entendimento do artigo 5º, inciso XL, da Constituição: "a lei penal não retroagirá, salvo para beneficiar o réu".
89. O início do Capítulo XIII da Lei 12.651/2012 traz a previsão dos Programas de Regularização Ambiental (PRA), já regulamentados pelo Decreto 7.830/2012. O PRA possui como um de seus requisitos o Cadastro Ambiental Rural (CAR), disciplinado no mesmo Diploma e tratado mais adiante.
90. O engenheiro João Evangelista de Melo Neto, ao comentar o conceito de área rural consolidada, argumenta que "o pousio permite que o solo, uma vez em descanso, recupere suas características físicas, químicas e biológicas. Em geral, o pousio é utilizado com o sistema de corte e queima alternados, quando o período de cultivo dura de um a dois anos, dependendo do tipo de cultura perene, e o tempo de descanso pode variar até 5 anos, conforme o limite agora imposto. [...] Existe também o pousio com a alternância de culturas, quando um cultivo principal é alternado por outros de menor importância econômica, também servindo de período para a recuperação da fertilidade do solo. [...] Paralelamente às críticas, o pousio, também conhecido como agricultura caiçara apresenta muitos defensores, os quais ressaltam a substancial economia de fertilizantes advinda dessa prática nômade de cultivo, bem como a mínima intervenção sobre as camadas do solo, reduzindo-se, assim, os processos erosivos (NETO, João Evangelista de Melo. In: MACHADO, Paulo Afonso Leme; MILARÉ, Édis. *Novo Código Florestal*: comentários à Lei 12.651, de 25 de maio de 2012, e à Med. Prov. 571, de 25 de maio de 2012. São Paulo: Ed. RT, 2012. p. 72-73).
91. Art. 61-A. Nas Áreas de Preservação Permanente, é autorizada, exclusivamente, a continuidade das atividades agrossilvipastoris, de ecoturismo e de turismo rural em áreas rurais consolidadas até 22 de julho de 2008. § 1º Para os imóveis rurais com área de até 1 (um) módulo fiscal que possuam áreas consolidadas em Áreas de Preservação Permanente ao longo de cursos d'água naturais, será obrigatória a recomposição das respectivas faixas marginais em 5 (cinco) metros, contados da borda da calha do leito regular, independentemente da largura do curso d'água. § 2º Para os imóveis rurais com área superior a 1 (um) módulo fiscal e de até 2 (dois) módulos fiscais que possuam áreas consolidadas em Áreas de Preservação Permanente ao longo de cursos d'água naturais, será obrigatória a recomposição das respectivas faixas marginais em 8 (oito) metros, contados da borda da

da propriedade (em módulos fiscais), contrariando, a nosso ver, salvo melhor juízo, o artigo 225 da CRFB, especialmente o § 3º, que não faz qualquer restrição ao dever de reparação integral decorrente de atos lesivos ao ambiente. Não obstante, cumpre lembrar que o dispositivo foi validado como constitucional pelo Supremo Tribunal Federal. Conforme o § 16 do artigo 61-A, as várias flexibilizações que veremos não se aplicam às APPs "localizadas em imóveis inseridos nos limites de Unidades de Conservação de Proteção Integral criadas por ato do poder público até a data de publicação desta Lei", a menos que haja previsão no plano de manejo respectivo, aprovado pelo órgão competente conforme regulamentação em Decreto oriundo da esfera na qual tenha sido criada e seja administrada a Unidade em questão. Ou seja, nesses casos, como regra geral, devem as APPs lesadas ser recuperadas integralmente.

De acordo com o § 1º do artigo 61-A, por exemplo, para imóveis rurais com área de até um módulo fiscal que ocupem APP ao longo de cursos d'água naturais, "será obrigatória a recomposição das respectivas faixas marginais em 5 (cinco) metros, contados da borda da calha do leito regular, independentemente da largura do curso d´água". Conforme os §§ 2º a 4º, os imóveis com mais de um e até dois módulos deverão recuperar oito metros. Para aqueles com área entre dois e quatro módulos, exige-se a APP de 15 (quinze metros). Possuindo o imóvel rural mais de quatro módulos, conforme definido no Plano de Recuperação Ambiental, será observada uma faixa entre 20 e 100 metros.

Similar é o tratamento conferido às nascentes e olhos d'água, permitindo-se "a manutenção de atividades agrossilvipastoris, de ecoturismo ou de turismo rural, sendo obrigatória a recomposição do raio mínimo de 15 (quinze) metros". Por sua vez, os §§ 6º e 7º cuidam, respectivamente, de estabelecer a recomposição parcial das APPs de lagos e veredas em áreas rurais consolidadas, novamente conforme o tamanho da propriedade[92].

---

calha do leito regular, independentemente da largura do curso d'água. § 3º Para os imóveis rurais com área superior a 2 (dois) módulos fiscais e de até 4 (quatro) módulos fiscais que possuam áreas consolidadas em Áreas de Preservação Permanente ao longo de cursos d'água naturais, será obrigatória a recomposição das respectivas faixas marginais em 15 (quinze) metros, contados da borda da calha do leito regular, independentemente da largura do curso d'água. § 4º Para os imóveis rurais com área superior a 4 (quatro) módulos fiscais que possuam áreas consolidadas em Áreas de Preservação Permanente ao longo de cursos d'água naturais, será obrigatória a recomposição das respectivas faixas marginais: I – (VETADO); e II – nos demais casos, conforme determinação do PRA, observado o mínimo de 20 (vinte) e o máximo de 100 (cem) metros, contados da borda da calha do leito regular.

92. Art. 61-A, § 6º Para os imóveis rurais que possuam áreas consolidadas em Áreas de Preservação Permanente no entorno de lagos e lagoas naturais, será admitida a manutenção de atividades agrossilvipastoris, de ecoturismo ou de turismo rural, sendo obrigatória a recomposição de faixa marginal com largura mínima de: I – 5 (cinco) metros, para imóveis rurais com área de até 1 (um) módulo fiscal; II – 8 (oito) metros, para imóveis rurais com área superior a 1 (um) módulo fiscal e de até 2 (dois) módulos fiscais; III – 15 (quinze) metros, para imóveis rurais com área superior a 2 (dois) módulos fiscais e de até 4 (quatro) módulos fiscais; e IV – 30 (trinta) metros, para imóveis rurais com área superior a 4 (quatro) módulos fiscais. § 7º Nos casos de áreas rurais consolidadas em veredas, será obrigatória a recomposição das faixas marginais, em projeção horizontal, delimitadas a partir do espaço brejoso e encharcado, de largura mínima de: I – 30 (trinta) metros, para imóveis rurais com área de até 4 (quatro) módulos fiscais; e II – 50 (cinquenta) metros, para imóveis rurais com área superior a 4 (quatro) módulos fiscais.

Em nossa humilde opinião, a violação do princípio constitucional da reparação integral é reforçada quando a lei garante, no artigo 61-B, que recomposição de APP em áreas rurais consolidadas em imóveis com até quatro módulos fiscais não excederá o percentual máximo de 20% da propriedade.[93] A nosso ver, instaura insegurança jurídica e fragiliza o regime jurídico das áreas de preservação permanente que a recomposição não integral das APPs em áreas rurais consolidadas ocorra conforme o tamanho da propriedade, estabelecido por meio do conceito de módulo fiscal. Como ressalta Walter José Senise, "considerando que a dimensão do módulo fiscal varia de um município para outro, poderá haver diferentes faixas de Áreas de Preservação Permanente respectivas à margem de um mesmo rio que atravessa diversos municípios".[94] A despeito desses argumentos, o Supremo Tribunal Federal entendeu pela constitucionalidade dessa lógica. Cumpre, logo, destacar, observar e respeitar o aludido julgado, cuja ementa reproduzimos parcialmente a seguir,

> "O tamanho do imóvel é critério legítimo para definição da extensão da recomposição das Áreas de Preservação Permanente, mercê da legitimidade do legislador para estabelecer os elementos norteadores da política pública de proteção ambiental, especialmente à luz da necessidade de assegurar minimamente o conteúdo econômico da propriedade em obediência aos artigos 5º, XXII, e 170, II, da Carta Magna, por meio da adaptação da área a ser recomposta conforme o tamanho do imóvel rural[95]."

Cumpre destacar que o § 12 do artigo 61-A admite a

> [...] "manutenção de residências e da infraestrutura associada às atividades agrossilvipastoris, de ecoturismo e de turismo rural, inclusive o acesso a essas atividades, independentemente das determinações contidas no *caput* e nos §§ 1º a 7º, desde que não estejam em área que ofereça risco à vida ou à integridade física das pessoas."

Ou seja, nesses espaços com residência e estrutura associada não se exigirá qualquer recomposição de APP. Ainda que garantida a integridade física das pessoas, tal permissividade legal certamente colabora para o assoreamento dos cursos d'água, a piora da qualidade da água, entre outras externalidades negativas.

Contradições reveladoras da fragilidade das atuais regras sobre APP constam do § 14 do artigo 61-A. Veja-se:

> "Em todos os casos previstos neste artigo, o poder público, verificada a existência de risco de agravamento de processos erosivos ou de inundações, determinará a adoção de medidas mitigadoras que garantam a estabilidade das margens e a qualidade da água, após deliberação do Conselho Estadual de Meio Ambiente ou de órgão colegiado estadual equivalente."

---

93. Art. 61-B. Aos proprietários e possuidores dos imóveis rurais que, em 22 de julho de 2008, detinham até 10 (dez) módulos fiscais e desenvolviam atividades agrossilvipastoris nas áreas consolidadas em Áreas de Preservação Permanente é garantido que a exigência de recomposição, nos termos desta Lei, somadas todas as Áreas de Preservação Permanente do imóvel, não ultrapassará: I – 10% (dez por cento) da área total do imóvel, para imóveis rurais com área de até 2 (dois) módulos fiscais; II – 20% (vinte por cento) da área total do imóvel, para imóveis rurais com área superior a 2 (dois) e de até 4 (quatro) módulos fiscais.
94. SENISE, Walter José. In: MACHADO, Paulo Afonso Leme; MILARÉ, Édis (Coord.). *Novo Código Florestal*: comentários à Lei 12.651, de 25 de maio de 2012, e à Med. Prov. 571, de 25 de maio de 2012. São Paulo: Ed. RT, 2012. p. 424.
95. BRASIL. Supremo Tribunal Federal. Ação Direta de Inconstitucionalidade 4902. Julgado pelo Pleno em 28 de fev. de 2018.

Ao que tudo indica, as medidas que deveriam ser tomadas seriam justamente relacionadas com o respeito do regime jurídico principal das APPs estabelecido no artigo 4º da Lei 12.651/2012. Como a ocupação dessas áreas, por si só, na maioria das vezes, já é capaz de gerar o risco previsto no § 14.

Em igual diapasão, o § 17 traz a possibilidade da adoção de critérios mais rígidos por ato do Poder Executivo nas áreas tratadas no Capítulo XIII da Lei em "bacias hidrográficas consideradas críticas" desde que "ouvidos o Comitê de Bacia Hidrográfica e o Conselho Estadual de Meio Ambiente".

A leitura do dispositivo nos remete a um novo paradoxo. O legislador prefere esperar situações críticas de renovação e disponibilidade dos recursos hídricos para a adoção de critérios mais rígidos nas áreas consolidadas, como se tais medidas, adotadas após o início da crise, fossem capazes de restaurar imediata e magicamente nossas águas ao patamar que existiria caso fossem preservadas as APPs.

O Capítulo XIII da Lei possui, não obstante o artigo 61-A, disposições transitórias específicas para as encostas e os topos de morros, montes, montanhas e serras, caso localizadas em áreas rurais consolidadas.

Conforme o artigo 63, nesses casos,

> [...] "será admitida a manutenção de atividades florestais, culturas de espécies lenhosas, perenes ou de ciclo longo, bem como da infraestrutura física associada ao desenvolvimento de atividades agrossilvipastoris, vedada a conversão de novas áreas para uso alternativo do solo, [...] condicionada à adoção de práticas conservacionistas do solo e da água indicadas pelos órgãos de assistência técnica rural."

Sob o pretexto de "regularizar" atividades rurais em encostas e topos de morros, a Lei 12.651/2012 praticamente retirou a incidência das regras de proteção de APP desses locais, visto que não fez qualquer menção à proteção de metragens ou porções mínimas nesses espaços.

3.4.2. A recuperação de APPs em áreas urbanas

A Lei 12.651, com as alterações processadas pela Lei 12.727, estabelece uma série de possibilidades de regularização fundiária[96] nas chamadas áreas urbanas consolidadas, definidas no artigo 3º, inciso XXVI, como aquelas "de que trata o inciso II do *caput* do art. 47 da Lei 11.977, de 7 de julho de 2009".[97] Contudo, todo o Capítulo III dessa lei, em que estava o citado artigo 47, foi revogado pela Medida Provisória 759/2016, posteriormente convertida na Lei 13.465/2017. E foi dessa mesma forma que a Lei 12.651 foi alterada, nos seus artigos 64 e 65, que tratam das possibilidades de regularização fundiária para as atividades consolidadas em áreas urbanas.

---

96. A recuperação de APPs em áreas urbanas possui conexão com outros temas igualmente relevantes, como a conceituação e o objeto das políticas públicas de regularização fundiária e a ponderação entre os direitos à moradia e ao ambiente equilibrado. Cf. AVZARADEL, Pedro C. Saavedra. Legislação Florestal e Regularização Fundiária em áreas urbanas: retrocesso diante de extremos climáticos. In: AIETA, Vânia Siciliano (Coord.). *Cadernos de Direito da Cidade*. Série II. Rio de Janeiro: Lumen Juris, 2014. p. 103-142.

97. Lei 11.977, de 7 de julho de 2009: "Dispõe sobre o Programa Minha Casa, Minha Vida – PMCMV, e a regularização fundiária de assentamentos localizados em áreas".

"Art. 47. Para efeitos da regularização fundiária de assentamentos urbanos, consideram-se: I – área urbana: parcela do território, contínua ou não, incluída no perímetro urbano pelo Plano Diretor ou por lei municipal específica; II – área urbana consolidada: *parcela* da área urbana com densidade demográfica superior a 50 (cinquenta) habitantes por hectare e malha viária implantada e que tenha, no mínimo, 2 (dois) dos seguintes equipamentos de infraestrutura urbana implantados: a) drenagem de águas pluviais urbanas; b) esgotamento sanitário; c) abastecimento de água potável; d) distribuição de energia elétrica; ou e) limpeza urbana, coleta e manejo de resíduos sólidos; [...]" (grifamos). Conforme a disciplina trazida pela Lei 11.977/2009, o projeto de regularização fundiária deve trazer, entre seus elementos mínimos e indispensáveis, "medidas necessárias para a promoção da sustentabilidade urbanística, social e ambiental da área ocupada", bem como "as condições para promover a segurança da população em situações de risco, considerado o disposto no parágrafo único do art. 3º da Lei 6.766, de 19 de dezembro de 1979". "Parágrafo único – Não será permitido o parcelamento do solo: I – em terrenos alagadiços e sujeitos a inundações, antes de tomadas as providências para assegurar o escoamento das águas; II – em terrenos que tenham sido aterrados com material nocivo à saúde pública, sem que sejam previamente saneados; III – em terrenos com declividade igual ou superior a 30% (trinta por cento), salvo se atendidas exigências específicas das autoridades competentes; IV – em terrenos onde as condições geológicas não aconselham a edificação; V – em áreas de preservação ecológica ou naquelas onde a poluição impeça condições sanitárias suportáveis, até a sua correção".

Essa vedação consta igualmente do artigo 40 da Lei 6.766/1979, que prevê a possibilidade de regularização fundiária pelo ente municipal. No que tange aos casos de interesse social, a Lei 11.977/2009 estabeleceu que a aprovação do projeto de regularização fundiária corresponderá aos licenciamentos ambiental e urbanístico, desde que o ente local possua conselho de meio ambiente e órgão ambiental capacitado.

Disciplina o artigo 64 da Lei 12.651/2012 a regularização fundiária urbana (Reurb) de interesse social (S) em APP, a partir de avaliação com base num estudo técnico específico que comprove a melhoria no ambiente local e preveja mecanismos para o controle de deslizamentos e inundações. Conforme o artigo 13, inciso I, da Lei 13.465/2017, essa espécie de regularização é "aplicável aos núcleos urbanos informais ocupados predominantemente por população de baixa renda, assim declarados em ato do Poder Executivo municipal"[98]. Aqueles que não se enquadrem nessa definição serão tratados com casos de interesse especial. Dessa forma, o artigo 65 disciplina a regularização fundiária nos casos de interesse específico, ou seja, desprovidos de interesse social relevante, desde que, entre outros requisitos, não se trate de área de risco e que seja mantida uma faixa marginal de proteção de 15 (quinze) metros para os cursos d'água existentes. Além disso, o artigo 3º, em seu inciso IX, alínea "d", da Lei 12.651/12, consagrou como de interesse social, para fins de intervenção em APP,

> [...] "a regularização fundiária de assentamentos humanos ocupados predominantemente por população de baixa renda em áreas urbanas consolidadas, observadas as condições estabelecidas na Lei 11.977, de 7 de julho de 2009."

---

98. BRASIL. Lei 13.465, de 11 de julho de 2017. Dispõe sobre a regularização fundiária rural e urbana, sobre a liquidação de créditos concedidos aos assentados da reforma agrária e sobre a regularização fundiária no âmbito da Amazônia Legal. Disponível em http://www.planalto.gov.br/ccivil_03/_Ato2015-2018/2017/Lei/L13465.htm#art109. Acesso em 31 mai. 2020.

Permite-se, inclusive, que ocorra em APP compostas por manguezais, cuja função ecológica esteja comprometida.[99] Ou seja, não apenas se admite regularizar fundiariamente os assentamentos humanos existentes em APP nas áreas urbanas consolidadas, mas também implementar novos empreendimentos desse tipo nessas áreas, lembre-se, geralmente frágeis, vulneráveis aos extremos climáticos.

O novo Diploma exige interpretações e aplicação extremamente restritivas e cautelosas sob este aspecto. A ausência de risco para a vida das pessoas deve ser a preocupação maior do Poder Público, ao que se conjuga a necessidade de proteção das APPs, especialmente em áreas urbanas e densamente habitadas.

4. A Reserva Legal Florestal (RLF)

O instituto da Reserva Legal também já existia no segundo Código Florestal (Lei 4.771/1965)[100], possuindo, assim, como as áreas de preservação permanente, um instituto antecessor no Código de 1934.[101] Também no que se refere a esse instituto, pode-se dizer que o atual marco jurídico das florestas trouxe mudanças significativas, que vão desde os usos possíveis dessa área, até as formas de sua definição, delimitação, registro e controle. E também nessa seara temos questionáveis "disposições transitórias".

O conceito de Área de Reserva legal Florestal consta do inciso III do artigo 3º da Lei 12.651/2012, como sendo aquela em posse ou propriedade rural,

> [...] "com a função de assegurar o uso econômico de modo sustentável dos recursos naturais do imóvel rural, auxiliar a conservação e a reabilitação dos processos ecológicos e promover a conservação da biodiversidade, bem como o abrigo e a proteção de fauna silvestre e da flora nativa."

Sobressai no conceito mencionado, em comparação com o adotado pelo regime anterior[102], a ênfase conferida ao "uso econômico", confirmada pelos vários dispositivos legais que autorizam diversas atividades com fins comerciais nesses espaços. Por fim, o critério utilizado pelo legislador, ao que tudo indica, para a aplicação do instituto da Reserva Legal consiste na atividade predominante rural exercida na propriedade. Nessa esteira, nos parece ilustrativo o artigo 19, de acordo com o qual o simples fato de estar o imóvel situado em localidade que venha a ser qualificada como urbana em Plano Diretor não descaracteriza a obrigação de se manter a área de reserva legal florestal. Para tanto, faz-se também necessária a aprovação, pelo ente local, do parcelamento do terreno de acordo com as leis locais de uso do solo, autorizando-se outro uso de natureza urbana (ex. construção de um edifício).

4.1. Delimitação nas posses e propriedades rurais

Atualmente, a disciplina das áreas de reserva legal florestal (RLF) é estabelecida pelo artigo 12 da Lei 12.651/2012, expressamente ressalvas as regras transitórias, e por outros dispositivos esparsos do mesmo Diploma, que passamos a analisar a seguir.

---

99. O artigo 8º, § 2º, que trata dessa previsão, já foi abordado acima.
100. Lei 4.771/1965, art. 16.
101. Confira-se o artigo 23 do Decreto 23.793, de 23 de janeiro de 1934.
102. Veja-se a revogada Lei 4.771/1965, precisamente o artigo 1º, § 2º.cuja

Nos termos do atual Marco Legal Florestal, a manutenção da RLF deve ser feita com vegetação nativa e nos seguintes percentuais, conforme a localização da posse ou propriedade rural:

"I – localizado na Amazônia Legal:

a) 80% (oitenta por cento), no imóvel situado em área de florestas;

b) 35% (trinta e cinco por cento), no imóvel situado em área de cerrado;

c) 20% (vinte por cento), no imóvel situado em área de campos gerais;

II – localizado nas demais regiões do País: 20% (vinte por cento).[103] Não obstante, a regra geral vista comporta diversas exceções. Cumpre aqui, novamente, destacar, observar e respeitar a decisão do Supremo Tribunal Federal que, nos autos da ADI 4901, declarou constitucionais todas essas exceções[104]. Por exemplo, conforme o § 4º do artigo 12, nos casos da alínea *a* do inciso I (florestas na Amazônia Legal)[105], o poder público poderá diminuir o percentual em até 50%, "*para fins de recomposição*[106], quando o Município tiver mais de 50% da área ocupada por unidades de conservação da natureza de domínio público e por terras indígenas homologadas" (grifamos). Ainda no que se refere à Amazônia Legal, autoriza-se no § 5º o poder público estadual, ouvido o respectivo Conselho de Meio Ambiente, a realizar a redução em até 50%, caso tenha aprovado o seu Zoneamento Ecológico-Econômico e tenha mais de 65% do território ocupado por unidades de conservação e terras indígenas, nos moldes do parágrafo anterior."

Primeiramente, o critério não parece garantir a segurança jurídica dos proprietários e possuidores, uma vez que as Unidades de Conservação (UCs) podem ser criadas por ato do poder público, mas também diminuídas, extintas ou reenquadradas por lei, conforme o artigo 22 da Lei 9.985/2000.[107] E o Código não traz uma solução para o caso dessas alterações. Deve-se esclarecer que nem todas as Unidades de Conservação serão, necessariamente, constituídas por terras públicas. Isso vai depender do tipo de unidade e da compatibilidade, nos limites da mesma, entre a existência de propriedades privadas, quando admissíveis, e os objetivos da UC.[108] Ademais, deve-se aqui levar em conta que as UCs precisam estar implementadas e operantes. Caso contrário, não representarão nenhuma restrição efetiva ao desenvolvimento de atividades. O próprio dispositivo legal nos indica isso quando exige que as citadas UCs devam estar "devidamente regularizadas".

---

103. Lei 12.651/2012, art. 12.
104. BRASIL. Supremo Tribunal Federal. Ação Direta de Inconstitucionalidade 4901. Julgado pelo Pleno em 28 de fev. de 2018.
105. O conceito jurídico de Amazônia Legal consta do artigo 3º, inciso I, da Lei 12.651/2012 como sendo "os Estados do Acre, Pará, Amazonas, Roraima, Rondônia, Amapá e Mato Grosso e as regiões situadas ao norte do paralelo 13º S, dos Estados de Tocantins e Goiás, e ao oeste do meridiano de 44º W, do Estado do Maranhão".
106. Consta do Decreto 7.830/2012 (art. 2º, inc. VIII) conceito vago do que seja recomposição como a "restituição de ecossistema ou de comunidade biológica nativa degradada ou alterada a condição não degradada, que pode ser diferente de sua condição original", sem definição quanto à forma como tal restituição deve ocorrer. Nesse ponto, Maria Luiza Machado Granziera (*Direito Ambiental*. São Paulo: Atlas, 2014. p. 492-493), ao interpretar sistematicamente a Lei 12.651/2012, chega a conclusão, por nós aqui partilhada, de que a recomposição pressupõe o plantio de espécies nativas.
107. Lei 9.985, de 18 de julho de 2000: "Regulamenta o art. 225, § 1º, incisos I, II, III e VII da Constituição Federal, institui o Sistema Nacional de Unidades de Conservação da Natureza e dá outras providências".
108. Vide a Lei 9.985/2000, nos artigos 9º a 21.

Ao analisar as exceções previstas nos parágrafos do artigo 12, o Supremo Tribunal Federal entendeu que:

> "A redução excepcional e facultativa da área de Reserva Legal em face de existência de unidades de conservação da natureza de domínio público e terras indígenas homologadas acomoda o atendimento de diversos interesses igualmente salvaguardados pela Carta Magna, como a proteção do meio ambiente (art. 225), o reconhecimento dos direitos dos índios (art. 231), o desenvolvimento nacional (art. 3º, II), a redução das desigualdades regionais (art. 3º, III) e a preservação dos entes federativos menores (art. 18)."

Voltando-nos ao texto legal, logo em seguida, no artigo 13 do mesmo Diploma, existe outra possibilidade de redução, aberta a todos os Estados da federação, da reserva legal florestal (novamente voltada para as florestas na Amazônia legal), desde que aprovado o Zoneamento Ecológico Econômico[109]:

> "I – reduzir, exclusivamente para fins de regularização, mediante recomposição, regeneração ou compensação da Reserva Legal de imóveis com área rural consolidada, situados em área de **floresta localizada na Amazônia Legal**, para até 50% (cinquenta por cento) da propriedade, excluídas as áreas prioritárias para conservação da biodiversidade e dos recursos hídricos e os corredores ecológicos;
>
> II – ampliar as áreas de Reserva Legal em até 50% (cinquenta por cento) dos percentuais previstos nesta Lei, para cumprimento de metas nacionais de proteção à biodiversidade ou de redução de emissão de gases de efeito estufa." (Grifamos).

Da comparação entre os artigos 12, § 5º, e 13, inciso I, percebemos que, na Amazônia Legal, as "áreas prioritárias para conservação da biodiversidade e dos recursos hídricos e os corredores ecológicos" possuem maior proteção caso as áreas de Unidades de Conservação constituídas por áreas de domínio público regularizadas e as reservas indígenas homologadas não representem mais do que 65% do território de um estado-membro.

Conforme o § 1º do artigo 13, sendo reduzidos os percentuais exigíveis para as reservas legais florestais, os proprietários que mantiverem inalteradas tais áreas em suas propriedades (logo, em percentual acima do legalmente exigido) poderão instituir servidão ambiental ou, ainda, obter as chamadas Cotas de Reserva Ambiental.[110] Os §§ 6º, 7º e 8º trazem regras que *excluem*, em certos casos, a obrigação de constituir e manter a área de reserva legal florestal, que não será exigida: (i) "para empreendimentos de abastecimento público de água e tratamento de esgoto"; (ii) nas "[...] áreas adquiridas ou desapropriadas por detentor de concessão, permissão ou autorização para exploração de potencial de energia hidráulica, nas quais funcionem empreendimentos de geração de energia elétrica, subestações ou sejam instaladas linhas de transmissão e de distribuição"; (iii) nas "áreas adquiridas ou desapropriadas com o objetivo de implantação e ampliação de capacidade de rodovias e ferrovias".

Conforme visto acima, o Supremo Tribunal Federal, no julgamento da ADI 4901, validou constitucionalmente essas exceções (§§ 6º a 8º). Contudo, nossa egrégia corte ressaltou, sabiamente, que permanecem em tais casos as obrigações constitucionais de realização do licenciamento ambiental e, sendo o caso de significativa degradação ambiental (efetiva ou

---

109. Nos termos do *caput* e do § 2º do artigo 13, o Zoneamento Ecológico Econômico deverá ser aprovado com base em metodologia unificada aprovada em norma federal e os estados que não o possuem deverão providenciá-lo no prazo de 5 (cinco) anos, contados da publicação da Lei 12.651/2012.

110. O instituto da Cota de Reserva Florestal (CRA), previsto em vários dispositivos da lei, será analisado no item 5 desde Capítulo.

potencial), de realização do Estudo Prévio de Impacto Ambiental (EIA/RIMA)[111]. Já as propriedades e posses exploradas de forma familiar e as com ela legalmente equiparadas (com até quatro módulos fiscais) poderão utilizar para compor sua área de reserva legal florestal "os plantios de árvores frutíferas, ornamentais ou industriais, compostos por espécies exóticas, cultivadas em sistema intercalar ou em consórcio com espécies nativas da região em sistemas agroflorestais".[112] Permite-se, no artigo 15, o cômputo[113] das áreas de preservação permanente no cálculo da ARLF desde que atendidos os seguintes requisitos: (i) não haja conversão de novas áreas para o uso alternativo do solo; (ii) "a área a ser computada esteja conservada ou em processo de recuperação"; (iii) o tenha sido requerida a inclusão do imóvel no Cadastro Ambiental Rural – visto no item seguinte. Contudo, a proibição de "conversão de novas áreas para o uso alternativo do solo", fica dispensada, nos termos do § 4º, inciso I, do mesmo artigo, caso a soma das APPS "conservadas ou em processo de recuperação" e "demais florestas e outras formas de vegetação nativa existentes" superarem "80% (oitenta por cento) do imóvel rural localizado em áreas de floresta na Amazônia Legal".

Restou reconhecida a constitucionalidade das regras de cômputo trazida pelo atual Código Florestal. Nesse ponto, conforme pode-se ler na ementa, o Supremo Tribunal Federal reiterou a legitimidade do Poder Legislativo para ponderar entre os diversos interesses, direitos e valores envolvidos. Buscou, dessa forma, assegurar o conteúdo econômico da propriedade rural[114]. Manteve o legislador a regra geral de que o regime jurídico não se altera em decorrência da admissão do cômputo dessas áreas no cálculo da reserva legal florestal. Isso, na prática, como sublinha Maria Luiza Machado Granziera[115], faz com que as APPs continuem sujeitas às hipóteses de supressão de vegetação e intervenção previstas na lei. Por fim, manteve-se no artigo 16 da Lei 12.651/2012 a possibilidade de se estabelecer a área de reserva legal florestal em regime de condomínio, respeitadas as regras e percentuais em relação a cada um dos imóveis vizinhos integrantes.

4.2. Localização e o Cadastro Ambiental Rural

De acordo com a Lei 12.651/2012, a localização exata da área de reserva legal florestal dentro de uma posse ou propriedade rural levará em conta uma série de fatores e será analisada pelo órgão ambiental a partir dos dados inseridos no Cadastro Ambiental Rural (CAR) pelos proprietários ou possuidores de terras rurais.

---

111. BRASIL. Supremo Tribunal Federal. Ação Direta de Inconstitucionalidade 4901. Julgado pelo Pleno em 28 de fev. de 2018.
112. Lei 12.651/2012, arts. 3º, V, parágrafo único, e 54.
113. No regime jurídico florestal antecedente, admitia-se "o cômputo das áreas relativas à vegetação nativa existente em área de preservação permanente no cálculo do percentual de reserva legal", desde que não implicasse na "conversão de novas áreas para o uso alternativo do solo", e "quando a soma da vegetação nativa em área de preservação permanente e reserva legal" excedesse a: "I – oitenta por cento da propriedade rural localizada na Amazônia Legal; (Incluído pela Medida Provisória 2.166--67, de 2001; II – cinquenta por cento da propriedade rural localizada nas demais regiões do País; III – vinte e cinco por cento da pequena propriedade definida pelas alíneas "b" e "c" do inciso I do § 2º do art. 1º" (Lei 4.771/1965, artigo 16, § 6º).
114. BRASIL. Supremo Tribunal Federal. Ação Direta de Inconstitucionalidade 4901. Julgado pelo Pleno em 28 de fev. de 2018.
115. GRANZIERA, Maria Luiza Machado. *Direito Ambiental*. São Paulo: Atlas, 2014. p. 496.

Nos termos do § 2º do artigo 14,

> [...] "protocolada a documentação exigida para a análise da localização da área de Reserva Legal, ao proprietário ou possuidor rural não poderá ser imputada sanção administrativa, inclusive restrição a direitos, por qualquer órgão ambiental competente integrante do Sisnama, em razão da não formalização da área de Reserva Legal."

Nos termos do artigo 14, deve-se levar em conta os seguintes estudos e critérios: (i) o plano de bacia hidrográfica; (ii) o Zoneamento Ecológico-Econômico; (iii) os corredores ecológicos possíveis com outras RLFs, APPs e UCs; (iv) as áreas mais importantes para a conservação da biodiversidade e as ambientalmente mais frágeis.[116] Esse registro é obrigatório para todos os imóveis rurais, nos termos do § 3º do artigo 29 da Lei 12.651/2012. Após inúmeras prorrogações, atualmente o prazo para inscrição no CAR encerrou-se no final de 2020, mais de 8 anos após a entrada em vigor do diploma. Aqueles que observarem citado prazo terão direito de aderir aos Programas de Recuperação Ambiental, que serão vistos em detalhes mais adiante[117]. Conforme definição legal, o CAR consiste num

> [...] "registro público eletrônico de âmbito nacional, obrigatório para todos os imóveis rurais, com a finalidade de integrar as informações ambientais das propriedades e posses rurais, compondo base de dados para controle, monitoramento, planejamento ambiental e econômico e combate ao desmatamento.[118]Apesar de ser facultativo o auxílio técnico no preenchimento do cadastro[119], responde o proprietário ou possuidor pelas informações falsas inseridas no CAR, podendo sofrer sanções penais e administrativas.[120]Por isso, considerando a natureza dessas informações, mostra-se mais do que aconselhável que qualquer inserção ou alteração de dados nesse Cadastro seja orientada por profissionais das áreas técnica e jurídica, devidamente especializados na matéria."

No caso das chamadas pequenas propriedades ou posses rurais familiares e das equiparadas, o registro da Reserva Legal será gratuito e contará com o apoio técnico e jurídico do Poder Público, a quem caberá, por exemplo, obter as coordenadas geográficas. Por seu turno, o agricultor familiar (ou o legalmente a ele equiparado) observará um procedimento simplificado.[121] Aderir ao aludido Cadastro é condição para: (i) o ingresso nos Programas de Recuperação Ambiental (PRA) – vide artigo 59; (ii) o requerimento de supressão para o uso alternativo do solo em propriedades rurais, previsto nos artigos 26 a 28. Esse Cadastro passa a ser, no regime atual, a principal forma de registro e monitoramento das áreas de reserva legal florestal.

---

116. Ficaram de fora alguns documentos previstos na legislação antecedente, tais como o plano diretor municipal e as outras categorias de zoneamento ambiental que abranjam a área do imóvel rural em questão (Lei 4.771/1965, art. 16, § 4º).
117. Quando da revisão deste capítulo, estava em vigor a redação dos §§ 3º e 4º do artigo 29 da Lei 12.651 conferida pela Lei 13.887/2019. Considerando o histórico de prorrogações desse prazo, sugere-se que o leitor confirme sempre se não houve uma nova prorrogação após a edição desta obra.
118. Lei 12.651/2012, art. 29, *caput*.
119. Decreto 8.235, de 5 de maio de 2014: "Estabelece normas gerais complementares aos Programas de Regularização Ambiental dos Estados e do Distrito Federal, de que trata o Decreto 7.830, de 17 de outubro de 2012, institui o Programa Mais Ambiente Brasil, e dá outras providências". Vide o artigo 3º, § 5º.
120. Decreto 7.830, de 17 de outubro de 2012. Vide o artigo 6º, § 1º.
121. Lei 12.651/2012, arts. 3º, V, parágrafo único; 53 e 55. No que tange ao procedimento simplificado, determina o artigo 55 que "será obrigatória apenas a apresentação dos documentos mencionados nos incisos I e II do § 1º do art. 29 e de croqui indicando o perímetro do imóvel, as Áreas de Preservação Permanente e os remanescentes que formam a Reserva Legal".

Em consonância com o artigo 78-A da Lei em cotejo, a inscrição no CAR já é requisito, desde 2017, para a concessão de crédito agrícola por instituições financeiras.[122] Esse dispositivo foi constitucionalmente validado pelo Supremo Tribunal Federal – no já diversas vezes aludido julgamento sobre a Lei 12.651/2012, ocorrido em 2018. Criou-se, por meio do Decreto 7.830/2012[123], o Sistema de Cadastro Ambiental Rural (SICAR), no qual serão gerenciados e integrados os dados do CAR de todos os entes federativos, devendo contemplar[...] os dados do proprietário, possuidor rural ou responsável direto pelo imóvel rural, a respectiva planta georreferenciada do perímetro do imóvel, das áreas de interesse social e das áreas de utilidade pública, com a informação da localização dos remanescentes de vegetação nativa, das Áreas de Preservação Permanente, das Áreas de Uso Restrito, das áreas consolidadas e da localização das Reservas Legais.[124] Nos termos do referido Decreto,

> [...] "o Ministério do Meio Ambiente disponibilizará imagens destinadas ao mapeamento das propriedades e posses rurais para compor a base de dados do sistema de informações geográficas do SICAR, com vistas à implantação do CAR.[125] Além da União Federal[126], os estados-membros também devem criar os próprios portais para realização do CAR, integrados ao SICAR, que poderão trazer outras informações adicionais sobre os imóveis rurais. Substitui-se no atual regime jurídico florestal a outrora obrigatória averbação no registro de imóveis[127] (agora facultativa)[128], por um cadastro obrigatório. No que tange às posses rurais, manteve-se o Termo de Compromisso como instrumento garantidor da reserva legal. Por mais que seja o CAR um cadastro inserido no Sistema Nacional de Informações Ambientais, não é comparável, em termos de segurança jurídica, a um registro na matrícula do imóvel no RGI, especialmente por se tratar de uma obrigação de natureza real *propter rem*."

Outro ponto que nos chama atenção é a necessidade de verificação, pelo órgão ambiental que verificar dos dados registrados[129]. Isso porque nem sempre as imagens e mapas apresentados ou disponíveis estarão atualizados ou nítidos o bastante. Por isso, devem os órgãos e entidades ambientais e florestais investir em infraestrutura, pessoal e tecnologia, sem abrir mão de vistoriar os imóveis inscritos no CAR. Uma vez inscrita no CAR, nos

---

122. Nesse aspecto consideramos negativa a alteração produzida pela conversão em lei da Medida Provisória 571. Isso porque o artigo 78-A, com a redação introduzidas pela MP, exigia como requisito para o crédito agrícola, além da inscrição no CAR, a comprovação da "regularidade nos termos da lei".
123. Decreto 7.830, de 17 de outubro de 2012: "Dispõe sobre o Sistema de Cadastro Ambiental Rural, o Cadastro Ambiental Rural, estabelece normas de caráter geral aos Programas de Regularização Ambiental, de que trata a Lei 12.651, de 25 de maio de 2012, e dá outras providências".
124. Art. 5º.
125. Art. 3º, § 4º.
126. No portal da União [www.car.gov.br] é possível fazer o cadastro dos imóveis rurais. Alguns estados já possuem sua plataforma própria, como o Pará [car.pa.gov.br].
127. . Nos casos de posse, o Código de 1965 determinava que fosse assegurada a Reserva Legal por meio de Termo de Ajustamento de Conduta (TAC). Atento a essas situações, o legislador estabeleceu, no artigo 30 da Lei 12.651/12, uma regra de transição, de acordo com a qual "nos casos em que a Reserva Legal já tenha sido averbada na matrícula do imóvel e em que essa averbação identifique o perímetro e a localização da reserva, o proprietário não será obrigado a fornecer ao órgão ambiental as informações relativas à Reserva Legal previstas no inciso III do § 1º do art. 29". Nesses casos, conforme o parágrafo único do mesmo artigo, bastará "apresentar ao órgão ambiental competente a certidão de registro de imóveis onde conste a averbação da Reserva Legal ou termo de compromisso já firmado nos casos de posse".
128. Lei 12.651/2012, art. 18.
129. Vide nesse sentido o artigo 7º, § 3º, do Decreto 7.830/2012.

termos do artigo 18, veda-se a alteração na destinação da mesma. Reforça-se aqui o caráter real da obrigação de manutenção da área com suas características marcantes e no percentual definido em lei.

Contudo, excepcionalmente, pode-se cogitar a alteração da localização da reserva legal florestal, desde que tal alteração seja comprovada como mais vantajosa ambientalmente[130]. Impossibilidade da alteração de sua destinação significa conservar o percentual estipulado por lei para cada imóvel a título de reserva legal, sem implicar, necessariamente, na imutabilidade ou congelamento da área, caso exista outra área que melhor atenda aos objetivos legitimados no ordenamento jurídico.

4.3. Intervenções e supressões na RLF

De acordo com o artigo 17 da Lei 12.651/2012, "a Reserva Legal deve ser conservada com cobertura de vegetação nativa pelo proprietário do imóvel rural, possuidor ou ocupante a qualquer título". De acordo com o § 3º deste artigo, determina-se a suspensão imediata das atividades em áreas desmatadas irregularmente até 22/07/2008 (data-base para o regime temporário ou transitório). Esse dispositivo foi validado pelo Supremo Tribunal Federal no citado julgado de 2018.

Acreditamos que o termo "conservada", utilizado no *caput* do artigo 17, parece ter sido adequadamente empregado, pois já se admite "a exploração econômica da Reserva Legal mediante manejo sustentável"[131], sujeita à aprovação prévia de um Plano de Manejo Florestal Sustentável (PMFS) pelo órgão ou entidade ambiental competente. Conforme o artigo 20, esse plano poderá ou não contemplar propósitos comerciais. A aprovação do PMFS deve ser simplificada no caso das pequenas propriedades rurais havendo diferenças conforme a existência[132] ou não[133] de tais propósitos. No atual regime, "é livre a coleta

---

130. Confira-se, nesse sentido, D'OLIVEIRA, Rafael Lima Daudt; PEREIRA, Márcio Silva. Comentários ao artigo 18 da Lei 12.651/2012. In: MACHADO, Paulo Afonso Leme; Milaré, Edis (Coord.). *Novo Código Florestal*: Comentários à Lei 12.651, de 25 de maior de 2012 e à Med. Prov. 571, de 25 de maio de 2012. São Paulo: Ed. RT, 2012. p. 253.
131. O termo manejo sustentável é definido pela Lei 12.651/2012, no artigo 3º, inciso VII, como a "administração da vegetação natural para a obtenção de benefícios econômicos, sociais e ambientais, respeitando-se os mecanismos de sustentação do ecossistema objeto do manejo e considerando-se, cumulativa ou alternativamente, a utilização de múltiplas espécies madeireiras ou não, de múltiplos produtos e subprodutos da flora, bem como a utilização de outros bens e serviços".
132. Art. 56 [...] § 1º O manejo sustentável da Reserva Legal para exploração florestal eventual, sem propósito comercial direto ou indireto, para consumo no próprio imóvel a que se refere o inciso V do art. 3º, independe de autorização dos órgãos ambientais competentes, limitada a retirada anual de material lenhoso a 2 (dois) metros cúbicos por hectare. § 2º O manejo previsto no § 1º não poderá comprometer mais de 15% (quinze por cento) da biomassa da Reserva Legal nem ser superior a 15 (quinze) metros cúbicos de lenha para uso doméstico e uso energético, por propriedade ou posse rural, por ano. § 3º Para os fins desta Lei, entende-se por manejo eventual, sem propósito comercial, o suprimento, para uso no próprio imóvel, de lenha ou madeira serrada destinada a benfeitorias e uso energético nas propriedades e posses rurais, em quantidade não superior ao estipulado no § 1º deste artigo. § 4º Os limites para utilização previstos no § 1º deste artigo no caso de posse coletiva de populações tradicionais ou de agricultura familiar serão adotados por unidade familiar. § 5º As propriedades a que se refere o inciso V do art. 3º são desobrigadas da reposição florestal se a matéria-prima florestal for utilizada para consumo próprio.

de produtos florestais não madeireiros". Igualmente, permite-se, independentemente de qualquer autorização, o "manejo sustentável para exploração florestal eventual sem propósito comercial, para consumo no próprio imóvel". Entretanto, em ambos os casos, devem ser observados alguns parâmetros.[134] Caso seja o caso da aprovação de um Plano de Manejo Florestal Sustentável com propósitos comerciais, exige-se a autorização do órgão ou entidade competente, bem como a observância dos requisitos trazidos pelo artigo 22:

"I – não descaracterizar a cobertura vegetal e não prejudicar a conservação da vegetação nativa da área; II – assegurar a manutenção da diversidade das espécies; III – conduzir o manejo de espécies exóticas com a adoção de medidas que favoreçam a regeneração de espécies nativas."

Como bem asseveram Márcio Silva Pereira e Rafael Lima Daudt D'Oliveira, com o atual Marco Florestal, "na prática, foi relativizada a vedação de supressão de vegetação ou de corte raso em área de reserva legal, até então vigente".[135] Sob esse aspecto, ao analisar a Lei 12.651, Paulo Afonso Leme Machado entende ser "razoável interpretar que a não descaracterização da vegetação da Área de Reserva Legal consiste em propiciar a essa área a manutenção da predominância de vegetação nativa – predominância que é sua característica ou nota marcante".[136] Tal interpretação, por nós compartilhada, mostra-se importante, pois, caso contrário, a aprovação de um Plano de Manejo possibilitaria, na prática, a inobservância do regime jurídico das reservas legais.

Trata-se de hipótese de controle prévio, por meio da autorização, com base nos critérios estabelecidos no artigo 22. Segundo Paulo Afonso Leme Machado, terá o requerente (proprietário ou possuidor) "direito de obter a autorização se provar que cumpre os requisitos do mencionado artigo da Lei Florestal".[137] Ainda, por se tratar de autorização, como ressalta o citado autor[138], deve-se dar a publicidade exigida pela

---

133. Art. 57. Nos imóveis a que se refere o inciso V do art. 3º, o manejo florestal madeireiro sustentável da Reserva Legal com propósito comercial direto ou indireto depende de autorização simplificada do órgão ambiental competente, devendo o interessado apresentar, no mínimo, as seguintes informações: I – dados do proprietário ou possuidor rural; II – dados da propriedade ou posse rural, incluindo cópia da matrícula do imóvel no Registro Geral do Cartório de Registro de Imóveis ou comprovante de posse; III – croqui da área do imóvel com indicação da área a ser objeto do manejo seletivo, estimativa do volume de produtos e subprodutos florestais a serem obtidos com o manejo seletivo, indicação da sua destinação e cronograma de execução previsto.

134. "Art. 21. É livre a coleta de produtos florestais não madeireiros, tais como frutos, cipós, folhas e sementes, devendo-se observar: I – os períodos de coleta e volumes fixados em regulamentos específicos, quando houver; II – a época de maturação dos frutos e sementes; III – técnicas que não coloquem em risco a sobrevivência de indivíduos e da espécie coletada no caso de coleta de flores, folhas, cascas, óleos, resinas, cipós, bulbos, bambus e raízes". No caso do manejo eventual para consumo próprio, conforme o art. 23, devem ser comunicados "previamente ao órgão ambiental a motivação da exploração e o volume explorado, limitada a exploração anual a 20 (vinte) metros cúbicos".

135. D'OLIVEIRA, Rafael Lima Daudt; PEREIRA, Márcio Silva. Comentários ao artigo 17 da Lei 12.651/2012. In: MACHADO, Paulo Afonso Leme; Milaré, Edis (Coord.). *Novo Código Florestal*: Comentários à Lei 12.651, de 25 de maior de 2012 e à Med. Prov. 571, de 25 de maio de 2012. São Paulo: Ed. RT, 2012. p. 246.

136. MACHADO, Paulo Afonso Leme. *Direito Ambiental Brasileiro*. São Paulo: Malheiros, 2014. p. 913.

137. Idem.

138. MACHADO, Paulo Afonso Leme. Op. cit., p. 920.

Lei 10.650/2003[139], sem prejuízo da aplicação da Lei Geral de Acesso à Informação.[140] Conforme o artigo 52, nos caso das propriedades e posses rurais familiares (e das legalmente equiparadas), as intervenções e a supressões de vegetação eventuais ou de baixo impacto ambiental em áreas de Reserva Legal "dependerão de simples declaração ao órgão ambiental competente, desde que esteja o imóvel devidamente inscrito no CAR", com as seguintes exceções: (i) "implantação de instalações necessárias à captação e condução de água e efluentes tratados", com a outorga de recursos hídricos cabível; (ii) "pesquisa científica relativa a recursos ambientais", observados os demais requisitos legais.

4.4. Regime temporário e a regularização de intervenções em RLF

De forma semelhante à prevista para as áreas de preservação permanente, aplica-se também o expediente regularizador às reservas legais florestais, definindo-se o mesmo marco temporal: 22 de julho de 2008. Cumpre destacar, observar e respeitar que o Supremo Tribunal Federal entendeu serem constitucionais tais dispositivos temporários, a exemplo do que ocorreu com aqueles relativos às APPs[141]. Repita-se, novamente, que não existe o necessário mapeamento prévio à data escolhida, público e confiável das áreas de reserva legal florestal e de preservação permanente, fato que, por si só, torna a aplicação da lei passível de obscuridades. Diante desse quadro, infelizmente, poderá prevalecer o que quiser aquele que informar o que desejar com as provas que apresentar. De outro lado, o Poder Público deve realizar detido e cuidadoso exame de todas as provas da situação consolidada e autorizadora do regime temporário previsto na lei.

Nos termos do artigo 66, os proprietários ou possuidores que, na citada data, tivessem a ARLF com extensão menor do que a exigida no artigo 12 da Lei atual[142], poderão regularizar tal fato recompondo, compensando a reserva legal ou permitindo a regeneração natural da vegetação existente. Feita essa importante ressalva, caso o proprietário ou possuidor de imóvel com mais de quatro módulos fiscais, optar pela recomposição da área, terá que obter autorização do órgão ou entidade ambiental competente com os critérios a serem observados. O prazo para recompor a RLF será de "até 20 (vinte) anos, abrangendo, a cada 2 (dois) anos, no mínimo 1/10 (um décimo) da área total necessária", podendo-se, ainda, utilizar o plantio de espécies exóticas ou frutíferas, exploráveis economicamente, em até metade da área (§§ 3º e 4º).[143] No julgamento sobre a constitucionalidade da Lei 12.651/2012, o Supremo Tribunal Federal entendeu pela constitucionalidade do uso das espécies exóticas, conforme o trecho a ementa parcialmente transcrita

---

139. Lei 10.650, de 16 de abril de 2003: "Dispõe sobre o acesso público aos dados e informações existentes nos órgãos e entidades integrantes do Sisnama". Conforme o artigo 4º dessa Lei, "deverão ser publicados em Diário Oficial e ficar disponíveis, no respectivo órgão, em local de fácil acesso ao público, listagens e relações contendo os dados referentes aos seguintes assuntos: [...] II – pedidos e licenças para supressão de vegetação".
140. Lei 12.527, de 18 de novembro de 2011.
141. BRASIL. Supremo Tribunal Federal. Ação Direta de Inconstitucionalidade 4901. Julgado pelo Pleno em 28 de fev. de 2018.
142. Perceba-se que não se está, novamente, utilizando como parâmetro para a "regularização" a Lei 4.771/1965, vigente à época dos fatos (2008), mas sim lei posterior, de 2012.
143. Lei 12.651/2012, art. 66, §§ 2º a 4º.

a seguir: "É defeso ao Judiciário, sob pena de nociva incursão em tarefa regulatória especializada, impor ao Administrador espécies de plantas a serem aplicadas em atividades de reflorestamento"[144].

Já a compensação, conforme o § 5º do mesmo artigo, pressupõe a inscrição do imóvel no Cadastro Ambiental Rural e poderá ocorrer das seguintes formas:

I – aquisição de Cota de Reserva Ambiental – CRA;

II – arrendamento de área sob regime de servidão ambiental ou Reserva Legal;

III – doação ao poder público de área localizada no interior de Unidade de Conservação de domínio público pendente de regularização fundiária[145];

IV – cadastramento de outra área equivalente e excedente à Reserva Legal, em imóvel de mesma titularidade ou adquirida em imóvel de terceiro, com vegetação nativa estabelecida, em regeneração ou recomposição, desde que localizada no mesmo bioma.

Na sequência, o parágrafo seguinte exige que sejam as áreas utilizadas para compensação da mesma extensão faltante na RFL deficitária, preferencialmente no mesmo Estado e pertencente ao mesmo bioma. Aceita-se a utilização de áreas em outros Estados, desde que sejam consideradas prioritárias pelo Poder Público.[146] Consoante a decisão do Supremo Tribunal Federal no julgamento da ADI 4901, esses dois parágrafos (5º e 6º) do artigo 66 foram declarados constitucionais. Já o § 2º do artigo 48, que cuida das CRAs, deve ser interpretado conforme a Constituição para que seja garantida a identidade ecológica entre as áreas faltante e utilizada na compensação[147]. De acordo com o § 9º do mesmo artigo, "as medidas de compensação previstas neste artigo não poderão ser utilizadas como forma de viabilizar a conversão de novas áreas para uso alternativo do solo".

Ao que parece, deveria ser exigida, para efeitos da compensação trazida na atual legislação florestal, não apenas a inscrição no CAR, mas também a aprovação do cadastro pelo órgão ambiental. Isso porque, sem a verificação, pelo Poder Público, das informações inseridas no CAR, ou seja, sem o necessário aval estatal, restará fragilizada a segurança jurídica do proprietário quanto à adequação à legislação florestal, bem como a dos eventuais adquirentes, considerando-se o caráter real das obrigações previstas. Vale lembrar que, embora altamente recomendável, a assistência técnica e jurídica não é exigida legalmente para a inserção de informações no referido cadastro.

---

144. BRASIL. Supremo Tribunal Federal. Ação Direta de Inconstitucionalidade 4901. Julgado pelo Pleno em 28 de fev. de 2018.
145. Essa hipótese é reforçada, no § 8º do mesmo artigo: "quando se tratar de imóveis públicos, a compensação de que trata o inciso III do *caput* poderá ser feita mediante concessão de direito real de uso ou doação, por parte da pessoa jurídica de direito público proprietária de imóvel rural que não detém Reserva Legal em extensão suficiente, ao órgão público responsável pela Unidade de Conservação de área localizada no interior de Unidade de Conservação de domínio público, a ser criada ou pendente de regularização fundiária".
146. Lei 12.651/2012, art. 66, § 7º: "A definição de áreas prioritárias de que trata o § 6º buscará favorecer, entre outros, a recuperação de bacias hidrográficas excessivamente desmatadas, a criação de corredores ecológicos, a conservação de grandes áreas protegidas e a conservação ou recuperação de ecossistemas ou espécies ameaçados".
147. BRASIL. Supremo Tribunal Federal. Ação Direta de Inconstitucionalidade 4901. Julgado pelo Pleno em 28 de fev. de 2018.

Sem prejuízo das hipóteses de regularização com a recomposição parcial das áreas de reserva legal florestal, a lei prevê situações em que nem essa será levada a cabo. Assim, estão isentos de qualquer regularização, nos termos do artigo 67, os "imóveis rurais que detinham, em 22 de julho de 2008, área de até 4 (quatro) módulos fiscais e que possuam remanescente de vegetação nativa em percentuais inferiores" ao exigido pelo artigo 12 da Lei 12.651/2012, desde que não haja "novas conversões para uso alternativo do solo". Esse dispositivo foi igualmente reconhecido como constitucional no aludido julgado de 2018.

Considerando-se que o conceito de módulo fiscal comporta grandes variações dependendo de cada município e que é definido por ato normativo secundário do INCRA, a previsão nos parece seriamente questionável, tanto do ponto de vista ambiental quanto da própria segurança jurídica dos proprietários e possuidores de imóveis rurais.[148] Tendo havido a supressão de vegetação nativa em RLF de acordo com a legislação à época em vigor, ficam os proprietários ou possuidores "dispensados de promover a recomposição, compensação ou regeneração para os percentuais exigidos" atualmente.[149] Para Édis Milaré, "não faz o dispositivo em comento, é importante registrar, qualquer exigência que não a de que a supressão de vegetação tenha obedecido a legislação vigorante à época, em respeito ao ato jurídico perfeito e ao direito adquirido".[150] E, no sentido oposto, defende Maria Luiza Machado Granziera que os dispositivos da parte transitória somente se aplicam às áreas de reserva legal formalmente instituídas, ou seja, devidamente registradas na matrícula do imóvel no RGI. De acordo com a autora,

[...] "nos casos em que a propriedade rural possuía mata nativa correspondente ao percentual devido de reserva legal, porém sem averbação em 22 de julho de 2008, como foi o caso de muitas propriedades pelo Brasil, tais disposições não se aplicam.[151]"

Por fim, os excedentes[152] de reserva legal florestal, assim considerados de acordo com as regras do atual regime, poderão ser comercializados por meio das chamadas Cotas de Reserva Ambiental. Conforme a decisão do Supremo Tribunal Federal, ao julgar o artigo 68 constitucional, a aplicação da norma sob a regra *tempus regit actum* para fins de definição do percentual de área de Reserva Legal encarta regra de transição com vistas à preservação da segurança jurídica (art. 5º, *caput*, da Constituição). O benefício legal para

---

148. Confira-se, nesse sentido, AHRENS, Sério. Código Florestal: os quatro módulos fiscais e a (in)segurança jurídica. In: AYALA, Patryck de Araújo (Coord.). *Direito Ambiental e Sustentabilidade*: desafios para a proteção jurídica da sociobiodiversidade. Curitiba: Juruá, 2012. p. 99-112.
149. Lei 12.651/2012, art. 68. Prevê o § 1º do artigo 68 que será possível provar tais "situações consolidadas por documentos tais como a descrição de fatos históricos de ocupação da região, registros de comercialização, dados agropecuários da atividade, contratos e documentos bancários relativos à produção, e por todos os outros meios de prova em direito admitidos".
150. MILARÉ, Edis. *Direito do Ambiente*. São Paulo: Ed. RT, 2014. p. 1307.
151. MANZIERA, Maria Luiza Machado. Ob. cit., p. 502.
152. Lei 12.651/2012, art. 68, § 2º: "os proprietários ou possuidores de imóveis rurais, na Amazônia Legal, e seus herdeiros necessários que possuam índice de Reserva Legal maior que 50% (cinquenta por cento) de cobertura florestal e não realizaram a supressão da vegetação nos percentuais previstos pela legislação em vigor à época poderão utilizar a área excedente de Reserva Legal também para fins de constituição de servidão ambiental, Cota de Reserva Ambiental – CRA e outros instrumentos congêneres previstos nesta Lei".

possuidores e proprietários que preservaram a vegetação de seus imóveis em percentuais superiores ao exigido pela legislação anterior, consistente na possibilidade de constituir servidão ambiental, Cota de Reserva Ambiental e outros instrumentos congêneres, traduz formato de política pública inserido na esfera de discricionariedade do legislador[153]. Inserem as aludias cotas dentro daquilo que se costuma chamar de instrumentos econômicos ou soluções baseadas na lógica de mercado. Veremos a seguir um pouco mais sobre tais instrumentos.

5. Instrumentos econômicos

Recentemente, por conta das dificuldades encontradas na efetivação da tutela ambiental a partir de regras de comando e controle (ex. autorizações e sanções), consagraram-se instrumentos econômicos que traduzem estímulos para o cumprimento de obrigações ambientais.

Por exemplo, em 2006, a Lei da Política Nacional de Meio Ambiente teve acrescentado no rol de instrumentos do artigo 9º o inciso XIII, que prevê "instrumentos econômicos, como concessão florestal, servidão ambiental, seguro ambiental e outros".

Cristalinas são a natureza exemplificativa do dispositivo e a possibilidade de outras formas de incentivo utilizáveis pelo legislador. Entre os instrumentos econômicos em sentido amplo podemos citar a função extrafiscal ambiental de certos tributos[154] e os mercados de permissões com quantidades máximas permitidas.[155] No mesmo sentido das previsões anteriores, a Lei 12.651/2012 estabelece como um de seus princípios, no parágrafo único do art. 1º-A, a "criação e mobilização de incentivos econômicos para fomentar a preservação e a recuperação da vegetação nativa e para promover o desenvolvimento de atividades produtivas sustentáveis". Passamos a analisar os institutos e dispositivos trazidos nesse sentido.

Conforme consignou o Supremo Tribunal Federal ao tratar desse assunto no julgamento das ADIS 4901, 4902, 4903 e 4937:

> "As soluções de mercado (market-based) para questões ambientais são amplamente utilizadas no Direito Comparado e com sucesso, a exemplo do sistema de permissões negociáveis de emissão de carbono (European Union Permission Trading System – ETS)[156]. Esta temática está desenvolvida no

---

153. BRASIL. Supremo Tribunal Federal. Ação Direta de Inconstitucionalidade 4901. Julgado pelo Pleno em 28 de fev. de 2018.
154. Nesse ponto, podemos citar o exemplo do Imposto sobre a Propriedade Territorial Urbana (IPTU). Além da previsão do artigo 182, § 4º, nos casos de descumprimento da função social, determinada com base no Plano Diretor, o artigo 156, § 1º, com a redação conferida pela Emenda Constitucional 29/00, prevê a possibilidade de alíquotas diferenciadas de acordo com a "localização e o uso do imóvel" e a compatibilidade desses com o citado plano. Cf. AVZARADEL, Pedro C. Saavedra; QUINTANILHA, Gabriel. IPTU – Progressividade e Política Urbana: uma defesa da extrafiscalidade. In: *Revista Brasileira de Direito Tributário e Finanças Públicas*, São Paulo, Magister, v. 32, maio/jun. 2012. p. 34-45.
155. Os instrumentos de mercado são geralmente abordados a partir do princípio do poluidor-pagador. Cf. AVZARADEL, Pedro C. Saavedra. Princípios do Direito Ambiental e mudanças climáticas. In: *Revista Custos Legis*, v. 1, ano I, p. 1-25, 2009.
156. BRASIL. Supremo Tribunal Federal. Ação Direta de Inconstitucionalidade 4901. Julgado pelo Pleno em 28 de fev. de 2018.

Capítulo X do Código Florestal atual, nos artigos 41 a 50. Veremos adiante os institutos mais relevantes nesta seara, com destaque para o pagamento por serviços ambientais (PSA) e cota de reserva ambiental (CRA)."

5.1. O pagamento por serviços ambientais

O Diploma também traz em seu Capítulo X a previsão de Programas de Apoio e Incentivo à conservação ambiental e à adoção de "tecnologias e boas práticas que conciliem a produtividade agropecuária e florestal, com redução dos impactos ambientais, como forma de promoção do desenvolvimento ecologicamente sustentável".[157] Constam dos incisos do artigo 41 as chamadas linhas de ação que serão utilizadas por esses programas. Passamos a ver algumas delas com maior destaque. A primeira delas consiste no chamado "pagamento ou incentivo a serviços ambientais" (PSA).

Em linhas gerais, o PSA consiste na retribuição dada àqueles que adotam medidas para preservar e/ou conservar os chamados serviços ambientais/ecológicos. São exemplos mais notórios desses serviços ambientais a recuperação/purificação do ar que respiramos e da água que utilizamos. Na opinião de Alexandre Autmann, o PSA envolveria um contrato voluntário entre as partes, com a participação ou intervenção do Poder Público, onde a figura do provedor seria equiparada à daquele que realiza benfeitorias úteis e necessárias.[158] Nos termos da Lei 12.651/2012, a contrapartida oferecida pelo Poder Público pode ou não ser monetária (o que viabiliza o oferecimento de outras vantagens). O aludido Diploma traz critérios próprios para qualificar tais serviços e as atividades desejáveis para gerá-los ou incrementá-los.

Destarte, seria elegível para efeitos dos mecanismos de PSA estabelecidos na Lei Florestal "a manutenção de Áreas de Preservação Permanente, de Reserva Legal e de uso restrito".[159] Vale sublinhar que as áreas de preservação permanente, como vimos, são fundamentais para a garantia de diversos serviços ambientais, especialmente aqueles relacionados com o armazenamento e geração de água doce potável, contribuindo para outros vários de forma relevante. Somente, diga-se, a observância das obrigações estabelecidas em lei para a proteção dessas áreas impactaria positivamente e de forma decisiva em questões como as seguranças hídrica, energética e até alimentar.

---

157. Art. 41.
158. ALTMANN, Alexandre. Princípio do Preservador-Receptor: Contribuições para a consolidação de um novo princípio de direito ambiental a partir do sistema de pagamento por serviços ambientais. In: SILVEIRA, Clóvis Eduardo Malinverni da (Org.). *Princípios do Direito Ambiental*: atualidades. Caxias do Sul (RS), EDUCS, 2012. p. 145-146.
159. Art. 41, inciso I: "[...] pagamento ou incentivo a serviços ambientais como retribuição, monetária ou não, às atividades de conservação e melhoria dos ecossistemas e que gerem serviços ambientais, tais como, isolada ou cumulativamente: a) o sequestro, a conservação, a manutenção e o aumento do estoque e a diminuição do fluxo de carbono; b) a conservação da beleza cênica natural; c) a conservação da biodiversidade; d) a conservação das águas e dos serviços hídricos; e) a regulação do clima; f) a valorização cultural e do conhecimento tradicional ecossistêmico; g) a conservação e o melhoramento do solo; h) a manutenção de Áreas de Preservação Permanente, de Reserva Legal e de uso restrito". Sobre essas últimas atividades, a Lei reforça, no § 4º do mesmo artigo que "são elegíveis para quaisquer pagamentos ou incentivos por serviços ambientais, configurando adicionalidade para fins de mercados nacionais e internacionais de reduções de emissões certificadas de gases de efeito estufa".

Podem ser vislumbradas algumas dificuldades e paradoxos na implementação dos sistemas de pagamento por serviços ambientais. A principal dificuldade que percebemos é a valoração econômica dos serviços em questão. Ao que tudo indica, tais sistemas podem, caso não sejam corretamente estruturados, paradoxalmente, acabar por estimular a negligência e o descumprimento proposital de obrigações atualmente não valoráveis, até que se pague por elas ou que sejam rentáveis, sujeitando a proteção ambiental de forma desastrosa e exagerada ao critério da conveniência econômica.

Nesse aspecto, contribuindo para evitar distorções, a própria lei trouxe dispositivo de acordo com o qual a prioridade dos mecanismos de PSA será dada aos agricultores familiares.[160] Contudo, o elogiável dispositivo nos remete, novamente, à equiparação das propriedades e posses rurais com até quatro módulos fiscais às previstas no artigo 3º, inciso V, da Lei 12.651/2012, e, em sequência, à insegurança jurídica trazida pela adoção dessa unidade fiscal em questões ambientais.

5.2. Instrumentos compensatórios, tributários e fontes de custeio

O inciso II do artigo 41 traz instrumentos de "compensação pelas medidas de conservação ambiental necessárias para o cumprimento dos objetivos" que a lei estabelece. Estão condicionadas as formas de compensação, em regra, à inscrição no Cadastro Ambiental Rural e ao cumprimento das obrigações assumidas por proprietários ou possuidores rurais em Termos de Ajustamento de Conduta e/ou Planos de Recuperação Ambiental.[161] Nem todos os itens listados nas alíneas desse inciso parecem traduzir, verdadeiramente, mecanismos compensatórios.[162] A principal vantagem trazida nesse dispositivo já existia no regime anterior[163]: a "dedução das Áreas de Preservação Permanente, de Reserva Legal e de uso restrito da base de cálculo do Imposto sobre a Propriedade Territorial Rural – ITR".[164] Contudo, outros incentivos de natureza tributária importantes constam da lei ou podem, com base nela, ser definidos.[165] Ilustrativa é a possibilidade de se estabelecer a [...] dedução da base de cálculo do imposto de renda do proprietário ou possuidor de imóvel

---

160. Art. 41, § 7º.
161. Art. 41, § 3º. A exceção prevista no próprio parágrafo está na alínea *e* do inciso II.
162. É o caso, salvo melhor juízo, da obtenção de crédito e da contratação de seguro agrícola em condições especiais; das linhas de financiamento específicas "para atender iniciativas de preservação voluntária de vegetação nativa, proteção de espécies da flora nativa ameaçadas de extinção, manejo florestal e agroflorestal sustentável realizados na propriedade ou posse rural, ou recuperação de áreas degradadas" (Art. 41, II, alíneas *a*, *b* e *e*).
163. Lei 9.393, de 19 de dezembro de 1996: "Dispõe sobre o Imposto sobre a Propriedade Territorial Rural – ITR, sobre pagamento da dívida representada por Títulos da Dívida Agrária e dá outras providências". Conforme o artigo 10, desde sua redação original, não eram consideráveis áreas tributáveis para fins do ITR as de "preservação permanente e de reserva legal".
164. Art. 41, II, alínea *c*. No que se refere aos aspectos tributários, da alínea *f* do mesmo inciso consta a "isenção de impostos para os principais insumos e equipamentos, tais como: fios de arame, postes de madeira tratada, bombas d'água, trado de perfuração de solo, dentre outros utilizados para os processos de recuperação e manutenção das Áreas de Preservação Permanente, de Reserva Legal e de uso restrito".
165. Cf. por exemplo, o art. 41, § 2º, segundo o qual, "o programa previsto no *caput* poderá, ainda, estabelecer diferenciação tributária para empresas que industrializem ou comercializem produtos

rural, pessoa física ou jurídica, de parte dos gastos efetuados com a recomposição das Áreas de Preservação Permanente, de Reserva Legal e de uso restrito cujo desmatamento seja anterior a 22 de julho de 2008.[166]Equivocadamente enquadrada como mecanismo de incentivo, está a previsão da

> [...] "destinação de parte dos recursos arrecadados com a cobrança pelo uso da água, na forma da Lei 9.433, de 8 de janeiro de 1997, para a manutenção, recuperação ou recomposição das Áreas de Preservação Permanente, de Reserva Legal e de uso restrito na bacia de geração da receita."

No que tange a essa previsão, a Política Nacional de Recursos Hídricos[167] dispõe, em seu artigo 19, inciso III, que a cobrança pelo uso de recursos hídricos tem como um de seus objetivos "obter recursos financeiros para o financiamento dos programas e intervenções contemplados nos planos de recursos hídricos".

Parece-nos que qualquer gasto de valores arrecadados com a cobrança em cotejo somente será legal caso contemple projetos e programas aprovados no Plano de Recursos Hídricos. Esses planos serão elaborados para determinada bacia hidrográfica, determinado estado e para todo o país, sendo aprovados, respectivamente, pelos Comitês de Bacia Hidrográfica, pelos Conselhos Estaduais e pelo Conselho Nacional de Recursos Hídricos.

O último inciso do artigo 41 prevê:

> "III – incentivos para comercialização, inovação e aceleração das ações de recuperação, conservação e uso sustentável das florestas e demais formas de vegetação nativa, tais como:
>
> a) participação preferencial nos programas de apoio à comercialização da produção agrícola;
>
> b) destinação de recursos para a pesquisa científica e tecnológica e a extensão rural relacionadas à melhoria da qualidade ambiental."

Criticáveis são os incisos I e III do § 1º do artigo 41. O primeiro, prevê, como "forma de financiamento" possível a "destinação de recursos para a pesquisa científica e tecnológica e a extensão rural relacionadas à melhoria da qualidade ambiental".

Ao que tudo indica, o melhor entendimento é de que esses projetos de pesquisa e extensão não se confundem com ações de financiamento, nem tampouco podem substituir a obrigação legal dos proprietários e possuidores de recompor áreas de preservação permanente e/ou reserva legal. Nesse diapasão, seriam possíveis ações de auxílio técnico voltadas, preferencialmente, para a agricultura familiar.

Por sua vez, o terceiro inciso prevê a

> [...] "utilização de fundos públicos para concessão de créditos reembolsáveis e não reembolsáveis destinados à compensação, recuperação ou recomposição das Áreas de Preservação Permanente, de Reserva Legal e de uso restrito cujo desmatamento seja anterior a 22 de julho de 2008."

Nesse ponto particular, não nos parece razoável que alguém que descumpra a legislação, além das questionáveis obrigações parciais de recuperação e isenções previstas no regime temporário, ainda receba créditos não reembolsáveis para cumprir com suas obrigações legais e, recorde-se, de natureza *propter rem*.

---

originários de propriedades ou posses rurais que cumpram os padrões e limites estabelecidos nos arts. 4º, 6º, 11 e 12 desta Lei, ou que estejam em processo de cumpri-los".
166. Art. 41, § 1º, II.
167. Lei 9.433, de 8 de janeiro de 1997.

5.3. A Cota de Reserva Ambiental (CRA)

Outro instrumento trazido pela Lei 12.651/2012 para incentivar, dinamizar e, de certa forma, flexibilizar o cumprimento de obrigações ambientais é a chamada Cota de Reserva Ambiental (CRA).

O instituto foi antecedido, no regime jurídico anterior, pela Cota de Reserva Florestal (CRF).[168] Na Lei 4.771/65, o CRF era o "título representativo de vegetação nativa sob regime de servidão florestal, de Reserva Particular do Patrimônio Natural ou reserva legal instituída voluntariamente sobre a vegetação que excedesse os limites então estabelecidos".[169] Não estamos, logo, diante de nenhuma novidade, ao menos no plano jurídico.

A legislação atualmente em vigor manteve as hipóteses da legislação antiga (servidão ambiental, RPPN e RLF excedente)[170], acrescentando a hipótese de área "existente em propriedade rural localizada no interior de Unidade de Conservação de domínio público que ainda não tenha sido desapropriada". Não traz a Lei 12.651/2012, nessa última e nova hipótese, solução para quando for efetivada a necessária desapropriação pelo Poder Público.

Trata-se de título negociável, gratuita ou onerosamente, expresso em hectares e utilizável, no regime atual, para compensar déficits de reserva legal em propriedades e posses rurais.[171] Entretanto, são estabelecidos certos limites à utilização das Cotas com essa finalidade.[172]

De acordo com o Supremo Tribunal Federal, ao decidir sobre a constitucionalidade desse instrumento da Lei 12.651:

> "A Cota de Reserva Ambiental (CRA) consiste em mecanismo de incentivos em busca da proteção ambiental, não se limitando às tradicionais e recorrentemente pouco efetivas regras de imposições e proibições (command-and-control), por meio da criação de ativos correspondentes à preservação dos recursos ecológicos, de modo que qualquer tipo de degradação da natureza passa também a ser uma agressão ao próprio patrimônio[173]."

Concluiu, assim, o STF, pela constitucionalidade da CRA que atenderia, simultaneamente, aos comandos do artigo 225 e ao princípio da eficiência, previsto no artigo 37, ambos da Constituição de 1988.[174]

---

168. Conforme o artigo 44, § 3º, "a Cota de Reserva Florestal – CRF emitida nos termos do art. 44-B da Lei 4.771, de 15 de setembro de 1965, passa a ser considerada, pelo efeito desta Lei, como Cota de Reserva Ambiental".
169. Art. 44-B, com redação incluída pela Medida Provisória 2.166-67, de 2001.
170. Lei 12.651/2012, art. 44, inciso IV e § 2º. Veda-se a emissão da CRA "com base em vegetação nativa localizada em área de RPPN instituída em sobreposição à Reserva Legal do imóvel".
171. Lei 12.651/2012, arts. 46 a 48.
172. Lei 12.651/2012, art. 48: "§ 2º A CRA só pode ser utilizada para compensar Reserva Legal de imóvel rural situado no mesmo bioma da área à qual o título está vinculado. § 3º A CRA só pode ser utilizada para fins de compensação de Reserva Legal se respeitados os requisitos estabelecidos no § 6º do art. 66. § 4º A utilização de CRA para compensação da Reserva Legal será averbada na matrícula do imóvel no qual se situa a área vinculada ao título e na do imóvel beneficiário da compensação". Como visto acima, o STF acrescentou, ao interpretar a Lei 12.651 conforme a Constituição, a exigência da identidade ecológica (BRASIL, Ob. Cit.).
173. BRASIL. Supremo Tribunal Federal. Ação Direta de Inconstitucionalidade 4901. Julgado pelo Pleno em 28 de fev. de 2018.
174. Idem.

Diferentemente do que ocorre com as áreas de reserva legal, as Cotas de Reserva Ambiental (CRA) deverão ser registradas na matrícula do imóvel no Registro Geral (RGI). É de gerar certa perplexidade que se exija a averbação de uma CRA numa Reserva Legal – ainda que exceda os limites legais por vontade do proprietário, sem que seja exigida a inscrição do todo da reserva legal propriamente dita, da qual a cota representa, nesse caso, apenas uma parte. Por essa razão, melhor seria, para maior segurança jurídica das negociações, que, ao menos nesses casos, fosse obrigatória a averbação também da Reserva Legal, e não apenas da cota.

Para que possa ser emitida uma Cota de Reserva Ambiental, fazem-se necessários: (i) o requerimento do interessado ao órgão ou entidade ambiental competente; (ii) a inscrição no Cadastro Ambiental Rural (CAR); (iii) a obtenção de "laudo comprobatório emitido pelo próprio órgão ambiental ou por entidade credenciada". O procedimento está disciplinado, em linhas gerais, pela própria Lei 12.651/2012.[175] Para que possa ser expedido o laudo comprobatório, devem as informações serem verificadas. Contudo, não é clara a legislação atual sobre quem será o órgão ou entidade responsável pela emissão das cotas.

Deverão constar da CAR, por exigência legal, as seguintes informações: (i) identificação do título (numérica) e do proprietário; (ii) "a dimensão e a localização exata da área vinculada ao título, com memorial descritivo contendo pelo menos um ponto de amarração georreferenciado", especificando o bioma em que está inserida a vegetação, se essa é primária, secundária ou resultante de ações de reflorestamento com espécies nativas.

Com a exceção das áreas existentes no interior de Unidade de Conservação de domínio público, ainda não desapropriadas, as demais (servidão ambiental, RPPN e RLF excedente) poderão ser utilizadas em regime de manejo florestal sustentável, desde que incluídas em plano aprovado pelo órgão ou entidade competente.

Em todos os casos, cabe ao proprietário manter as áreas incluídas na Cota de Reserva Ambiental com as mesmas características, sob pena de cancelamento da CRA e das sanções cabíveis.[176]

Outras hipóteses de cancelamento previstas na Lei 12.651/2012 são: (i) o pedido do proprietário da área incluída na cota; e (ii) o decurso do prazo da servidão ambiental por tempo determinado. Qualquer que seja o caso, em havendo o cancelamento, deve-se averbar tal acontecimento na matrícula do imóvel a cuja área estava vinculada ao título.[177]

---

175. Art. 45. A CRA será emitida pelo órgão competente do Sisnama em favor de proprietário de imóvel incluído no CAR que mantenha área nas condições previstas no art. 44. § 1º O proprietário interessado na emissão da CRA deve apresentar ao órgão referido no *caput* proposta acompanhada de: I – certidão atualizada da matrícula do imóvel expedida pelo registro de imóveis competente; II – cédula de identidade do proprietário, quando se tratar de pessoa física; III – ato de designação de responsável, quando se tratar de pessoa jurídica; IV – certidão negativa de débitos do Imposto sobre a Propriedade Territorial Rural – ITR; V – memorial descritivo do imóvel, com a indicação da área a ser vinculada ao título, contendo pelo menos um ponto de amarração georreferenciado relativo ao perímetro do imóvel e um ponto de amarração georreferenciado relativo à Reserva Legal.
176. Lei 12.651/2012, art. 49.
177. Idem.

6. Infrações penais e administrativas e os Programas de Recuperação Ambiental

Por fim, veremos como as responsabilidades administrativa e penal em matéria ambiental podem auxiliar na proteção das florestas. Cumpre sublinhar aqui as normas definidoras de infrações administrativas e penais impositivas de sanções por condutas que afetem ou violem regras específicas relativas às áreas de preservação permanente e de reserva legal, muito embora também sejam objeto de sanções condutas contra as florestas praticadas fora desses espaços.[178]

Genericamente conceituadas no artigo 70 da Lei 9.605/1998[179], as infrações administrativas possuem disciplina infralegal no Decreto 6.514/2008[180], que tipifica, entre outras condutas sujeitas a multa, "cortar árvores", "destruir, "danificar", "florestas ou demais formas de vegetação natural" em APP; sua utilização "com infringência das normas de proteção, sem autorização do órgão competente"; bem como delas "extrair sem prévia autorização, quaisquer minerais".[181]

Igualmente tipificam-se na esfera administrativa as condutas de "impedir ou dificultar a regeneração" de vegetação natural ou outras formas de florestas em áreas protegidas como Unidades de Conservação, áreas de preservação permanente ou reserva legal, todas sujeitas a multa.[182]

"Destruir ou danificar florestas ou qualquer tipo de vegetação nativa" que não possam ser suprimidas; ou, quando legalmente suprimíveis, fazê-lo em desrespeito às regras vigentes ou sem autorização, também consistem em ilícitos administrativos.[183]

Existem algumas infrações específicas acerca das Reservas Legais Florestais que tipificam condutas similares.[184]

Outra infração que se aplica às áreas de reserva legal florestal é a realização de manejo sem autorização ou em desacordo com a obtida ou disciplinada no plano de manejo florestal sustentável aprovado.[185]

Extremamente controversa é a situação do artigo 55 do Decreto 6.514/2008, que considera infração administrativa sujeita à multa simples de até R$ 100.000 (cem mil

---

178. Na esfera administrativa podemos citar os artigos 52 e 53 do Decreto Federal 6.514, de 22 de julho de 2008.
179. Lei 9.605, de 12 de fevereiro de 1998: "Art. 70. [...] considera-se infração administrativa ambiental toda ação ou omissão que viole as regras jurídicas de uso, gozo, promoção, proteção e recuperação do meio ambiente".
180. Decreto 6.514, de 22 de julho de 2008: "Dispõe sobre as infrações e sanções administrativas ao meio ambiente, estabelece o processo administrativo federal para apuração destas infrações, e dá outras providências".
181. Ibidem, arts. 43, 44, 45 e 48.
182. Ibidem, art. 49.
183. Idem.
184. Ibidem Art. 51: "destruir, desmatar, danificar ou explorar floresta ou qualquer tipo de vegetação nativa ou de espécies nativas plantadas, em área de reserva legal ou servidão florestal, de domínio público ou privado, sem autorização prévia do órgão ambiental competente ou em desacordo com a concedida: Multa de R$ 5.000,00 (cinco mil reais) por hectare ou fração".
185. Ibidem, art. 51-A.

reais) a não averbação da reserva legal florestal. Trata-se de dispositivo alterado e, no momento atual, algo desconfigurado.

Isso porque, no regime jurídico florestal vigente, como vimos, a averbação da reserva legal no Registro de Imóveis deixou de ser a única forma possível de registro, podendo, contudo, ser informada no âmbito do CAR.

Ocorre que, após a aprovação da Lei 12.651/2012, o dispositivo não foi mais alterado e nem adequado à atual conjuntura das normas em vigor, o que vem provocando posicionamentos opostos na doutrina.

De um lado, Maria Luiza Machado Granziera[186], Edis Milaré[187], Márcio Silva Pereira e Rafael Lima Daudt D'Oliveira[188] (os dois últimos em trabalho conjunto) sustentam que o citado artigo 55 perdeu sua razão de ser, não sendo mais aplicável com a superveniência da Lei 12.651/2012.

De outro, Paulo Afonso Leme Machado sustenta a vigência do artigo 55 do Decreto 6.514/2008, argumentando que "a inscrição da Área de Reserva Legal é uma obrigação legal, e seu descumprimento constitui ilicitude administrativa".[189]

Tendo em vista o fato de não fazer o dispositivo em cotejo a menção expressa ao registro de imóveis, compartilharmos o entendimento pela sua aplicabilidade no presente. Assim, na redação atual, ao que tudo indica, aplica-se a advertência, com o prazo de 120 (cento e vinte dias) para que inicie a regularização da RLF atualmente prevista, sob pena da incidência de multa diária a partir da data em que fora constatada a irregularidade.

Já as infrações penais são definidas no texto da própria Lei 9.605/1998. Nessa seara existem tipos criminais que protegem as florestas em geral e outros direcionados especificamente às áreas de preservação permanente.

Em relação aos artigos de espectro mais amplo, podemos citar os crimes de provocar incêndio em floresta, "impedir ou dificultar a regeneração natural de florestas e demais formas de vegetação".[190] Aqui vale ressaltar que a interpretação do tipo deve-se dar em consonância com as disposições sobre uso de fogo trazidas pela Lei 12.651/2012.[191]

---

186. GRANZIERA, Maria Luiza Machado. Ob. cit., p. 518.
187. MILARÉ, Edis. Ob. cit., p. 1314.
188. D'OLIVEIRA, Rafael Lima Daudt; PEREIRA, Márcio Silva. Comentários ao artigo 18 da Lei 12.651/2012. In: MACHADO, Paulo Afonso Leme; Milaré, Edis (Coord.). *Novo Código Florestal*: Comentários à Lei 12.651, de 25 de maior de 2012 e à Med. Prov. 571, de 25 de maio de 2012. São Paulo: Ed. RT, 2012. p. 252.
189. MACHADO, Paulo Afonso Leme. Ob. cit., p. 918.
190. Arts. 41 e 48.
191. Art. 38. É proibido o uso de fogo na vegetação, exceto nas seguintes situações: I – em locais ou regiões cujas peculiaridades justifiquem o emprego do fogo em práticas agropastoris ou florestais, mediante prévia aprovação do órgão estadual ambiental competente do Sisnama, para cada imóvel rural ou de forma regionalizada, que estabelecerá os critérios de monitoramento e controle; II – emprego da queima controlada em Unidades de Conservação, em conformidade com o respectivo plano de manejo e mediante prévia aprovação do órgão gestor da Unidade de Conservação, visando ao manejo conservacionista da vegetação nativa, cujas características ecológicas estejam associadas evolutivamente à ocorrência do fogo; III – atividades de pesquisa científica vinculada a projeto de pesquisa devidamente aprovado pelos órgãos competentes e realizada por instituição

Já com relação às disposições direcionadas às áreas de preservação permanente, condutas como a lesão, a destruição, a utilização em desconformidade com a legislação ambiental, o corte de árvores e a extração de minerais sem autorização são tipificadas, assim como impedir ou dificultar a regeneração de vegetação nessas áreas.[192]

Com a revogação da Lei 4.771/1965, algumas contravenções penais que subsistiam válidas no artigo 26[193] daquele Diploma, por não contrariar os tipos penais criados pela Lei 9.605, foram retiradas de nosso ordenamento jurídico.

A nosso ver, a Lei 12.651/2012 criou autênticos obstáculos à aplicação das sanções administrativas e penais em matéria florestal ao tratar das ocupações em áreas urbanas e rurais consideradas consolidadas até 22 de julho de 2008, data da edição do Decreto 6.514. Isso por não haver um mapeamento público e prévio à data.

Ainda, constam da Lei os Programas de Regularização Ambiental (PRA), espécie de acordo que se aproxima dos Termos de Ajustamento de Conduta. Esses acordos, acreditamos, apenas se justificam quando se revelam a solução capaz de garantir de forma mais célere a reparação de um dano ou de uma lesão ao ambiente[194].

Os Programas de Regularização Ambiental (PRA) estão disciplinados nos artigos 59 e 60 da atual Lei Florestal. Embora não seja a lei sistemática a respeito, o PRA de cada ente não equivale à reunião de vários termos de compromisso ou ajustamento de conduta.

Devem os programas de Regularização Ambiental ser, primeiramente, instrumentos de planejamento florestal, com a definição de áreas e biomas prioritários, estratégias e metas de curto, médio e longo prazo, entre outros conteúdos mínimos, como informações e estimativas para o setor florestal etc. Essa é orientação presente no artigo 75 da Lei 12.651/2012:

> "Os PRAs instituídos pela União, Estados e Distrito Federal deverão incluir mecanismo que permita o acompanhamento de sua implementação, considerando os objetivos e metas nacionais para florestas, especialmente a implementação dos instrumentos previstos nesta Lei, a adesão cadastral dos proprietários e possuidores de imóvel rural, a evolução da regularização das propriedades e posses rurais, o grau de regularidade do uso de matéria-prima florestal e o controle e prevenção de incêndios florestais."

---

de pesquisa reconhecida, mediante prévia aprovação do órgão ambiental competente do Sisnama. § 1º Na situação prevista no inciso I, o órgão estadual ambiental competente do Sisnama exigirá que os estudos demandados para o licenciamento da atividade rural contenham planejamento específico sobre o emprego do fogo e o controle dos incêndios. § 2º Excetuam-se da proibição constante no *caput* as práticas de prevenção e combate aos incêndios e as de agricultura de subsistência exercidas pelas populações tradicionais e indígenas. § 3º Na apuração da responsabilidade pelo uso irregular do fogo em terras públicas ou particulares, a autoridade competente para fiscalização e autuação deverá comprovar o nexo de causalidade entre a ação do proprietário ou qualquer preposto e o dano efetivamente causado. § 4º É necessário o estabelecimento de nexo causal na verificação das responsabilidades por infração pelo uso irregular do fogo em terras públicas ou particulares.

192. Arts. 38, 39 e 44.
193. BRASIL, ob cit.
194. Confira-se, a respeito, AVZARADEL, Pedro C. Saavedra. Termo de Ajuste de Conduta e meio ambiente: em busca de parâmetros legislativos e judiciais. In: Revista Direito Ambiental e sociedade, v. 1, n. 2, 2011 (p. 229-254).

No que se refere às adesões individuais, possuem como requisito inicial a inscrição no Cadastro Ambiental Rural (CAR). O prazo para essa adesão, consoante o § 2º, é de 2 anos, remetendo tal dispositivo ao § 4º do artigo 29, este último já comentado acima (com o prazo limite para inscrição no CAR).

Com o requerimento, o proprietário e o órgão ou entidade ambiental competente poderão assinar um termo de compromisso, com natureza de título extrajudicial. Esse termo deve estar alinhado com o Programa de Regularização Ambiental (PRA) do ente federado que estiver responsável por avaliar o requerimento e fiscalizar o cumprimento do acordo. Também aqui se exige a publicidade prevista no artigo 4º da Lei 10.650/2003.

Estabelece o § 1º uma hierarquia na regulamentação do PRA, cabendo à União regulamentar aspectos gerais e aos Estados disciplinar em seus regulamentos suas peculiaridades. Por fazer menção ao artigo 24 da Constituição, acreditamos que essa regulamentação seja feita por lei em sentido *stricto*.

Nos termos do § 4º, até a implantação desses programas e, após isso, enquanto vigentes os termos de compromisso, não poderão ser autuados os proprietários ou possuidores por infrações administrativas relacionadas à supressão ou intervenção irregular em áreas de preservação permanente, de reserva legal florestal ou de uso restrito ocorridas até 22 de julho de 2008. Como vimos, a prova desse marco temporal será árdua, tendo em vista a inexistência de um mapeamento prévio à data escolhida das APP e das RLFs.

Ainda, conforme o § 5º do artigo 59, a assinatura do Termo de Compromisso suspende a exigibilidade das multas impostas por infrações cometidas até julho de 2008. Cumprido o termo, com a recuperação nele acordada, consideram-se os valores das multas impostas automaticamente convertidos nas ações de recuperação empreendidas (mesmo que consistam apenas em deixar que o local se regenere naturalmente).

No que se refere especificamente à esfera penal, consoante o artigo 60 da Lei 12.651/2012, a assinatura do mesmo termo gera efeitos semelhantes: a suspensão da punibilidade, restrita e especificamente no que tange aos artigos 38, 39 e 48 da Lei 9.605/1998 (vistos acima), enquanto estiver em cumprimento o termo de acordo com as disposições nele consagradas. Durante esse lapso, interrompe-se a prescrição. Ao final, cumprido o termo em sua integralidade, diga-se, de forma satisfatória, dá-se a punibilidade penal por extinta.

Esses artigos foram questionados quanto sua compatibilidade com a Constituição por meio das ADIs 4902 e 4937 (apreciadas em conjunto com as ADIs 4901 e 4903). Ao cabo do julgamento (múltiplas vezes aludido neste capítulo), consignou-se na ementa que:

> "Os Programas de Regularização Ambiental (PRAs) promovem transição razoável entre sistemas legislativos, revelando técnica de estabilização e de regularização das situações jurídicas já utilizada em outras searas do Direito brasileiro que igualmente envolvem a proteção de bens jurídicos igualmente indisponíveis. Eventual mora dos entes federados na regulamentação dos PRAs deverá ser combatida pelas vias próprias, não fulminando de inconstitucionalidade a previsão do novo Código Florestal[195]."

---

195. BRASIL. Supremo Tribunal Federal. Ação Direta de Inconstitucionalidade 4902 e 4937. Julgadas pelo Pleno em 28 de fev. de 2018.

Ainda, interpretou nossa Suprema Corte os dispositivos em cotejo para, em conformidade com a Constituição,

"[...] a afastar, no decurso da atuação de compromissos subscritos nos Programas de Regularização Ambiental, o risco de decadência ou prescrição, seja dos ilícitos ambientais praticados antes de 22.07.2008, seja das sanções dele decorrentes, aplicando-se extensivamente o disposto no §1º do art. 60 da Lei 12.651/2012 [...]"[196].

Mesmo que tenham sido validadas enquanto constitucionais, tais regras não deixam de ser problemáticas. Buscam regularizar situações anteriores a 22/07/2008, em haver um mapeamento prévio, público e confiável, o que, *per se*, gera insegurança jurídica. Nas entrelinhas, a aprovação dessa transição, que possui como parâmetro do regime transitório analisado e criticado acima, sinaliza que a implementação da legislação ambiental seguirá tortuosa.

Lamentavelmente, faz-se mister lembrar que, na prática, o valor recolhido efetivamente das multas aplicadas pelos órgãos ambientais representa um percentual mínimo que não alcança sequer dois dígitos e se aproxima de zero. Para mudar esse quadro, é preciso que haja um consistente e constante investimento nos órgãos e nas autarquias ambientais[197]. A seu turno, a responsabilização penal em matéria ambiental mostra-se igualmente pouco efetiva, seja pelas baixas penas cominadas aos delitos (habilitando a substituição das penas privativas de liberdade), seja pelas dificuldades técnicas (ex. periciais) que emergem dos crimes ambientais, num quadro geral de insuficiente ou inexistente estruturação das forças policiais e do próprio Poder Judiciário para lidar com o assunto, tão específico e complexo. E, mesmo sendo constitucional, a nova legislação florestal não parece ter contribuído de forma significativa para a superação dessas dificuldades.

---

196. Idem.
197. Confira-se, nesse sentido, AVZARADEL, Pedro C. S.; CAMATTA, Camila Graça; Guttierrez, Bruna. Reflexões sobre a responsabilidade administrativa ambiental no Brasil: entre o ideal pedagógico e a prática retórica. In: AVZARADEL, Pedro C. S.; AYDOS, Elena; CARLI, Ana Alice (Orgs.). O Estado Regulador no Cenário Ambiental. São Paulo: Inst. O direito por um Planeta Verde, 2017.

DIREITO DA FAUNA

EDNA CARDOZO DIAS[1]

SUMÁRIO: 1. Conceito. 2. Natureza jurídica da fauna. 3. Fauna silvestre na legislação brasileira. 4. Criadouros conservacionistas da fauna nativa. 5. Criadouros conservacionistas da fauna exótica. 6. Criadouros comerciais da fauna brasileira e exótica. 7. Criadouros científicos. 8. Fiscalização dos criadouros. 9. Importação e exportação da fauna silvestre brasileira e da fauna exótica. 10. Caça. 11. Sanções administrativas. 12. Crimes contra a fauna. 13. ADI 5772/DF. 14. Divisão de competências. 15. Considerações finais. 16. Referências.

1. Conceito

Grande parte da doutrina conceitua fauna como o conjunto de animais próprios de certa região, localidade, ecossistema ou período geológico do planeta.

Nas palavras de Celso Antônio Fiorillo, "conceitua-se fauna como o coletivo de animais de uma determinada região".[2]

Para Maria Luiza Machado Granziera:

"A fauna é um dos recursos ambientais assim definidos na Lei 6.938/81 e constitui 'toda vida animal em uma área, um habitat ou um estrato geológico num determinado tempo, com limites espacial e temporal arbitrários'. (Glossário ecologia, 2. ed. Academia de ciências do Estado de são Paulo. Publicação ACIESP, n183, 1997, pg.113). O conjunto da vida animal localizada em determinado espaço, em um determinado tempo, caracteriza a fauna, o que significa cabível indicar essas duas variáveis – tempo e espaço – para identificar com exatidão, a que fauna está se referindo.[3]"

Continua a autora: "A rigor, todas as espécies animais constituem fauna. Todavia a tutela jurídica desse recurso ambiental é mais restritiva e se aplica fundamentalmente à fauna silvestre – terrestre ou aquática".[4]

Já para Danielle Tetu Rodrigues:

[...] "o termo fauna tem sido alvo de grande discussão devido à falta de unidade conceitual também entre as diversas leis. Repare-se que além da acepção constitucional a Lei 5.197 em seu art. 1º, definiu a fauna silvestre como 'os animais de quaisquer espécies, em qualquer fase do seu desenvolvimento e que vivem naturalmente fora do cativeiro'.

---

1. Advogada. Doutora em Direito pela UFMG. Consultora Jurídica. Professora universitária na graduação e pós-graduação. Conselheira Seccional da OAB/MG.
2. FIORILLO, Celso Antonio Pacheco. *Curso de Direito Ambiental*. 14. ed. São Paulo: Saraiva, 2013. p. 302.
3. GRANZIERA, Maria Luiza Machado. *Direito Ambiental*. São Paulo: Editora Atlas, 2009. p. 121.
4. GRANZIERA, Maria Luiza Machado. *Direito Ambiental*. São Paulo: Editora Atlas, 2009. p. 121.

Já o art. 29, § 3º da Lei 9.605/98, Lei de crimes ambientais, dispõe que 'são espécies da fauna silvestre todos aqueles pertencentes às espécimes nativas, migratórias e quaisquer outras aquáticas ou terrestre, que tenham todo ou parte de seu ciclo de vida ocorrendo dentro dos limites do território brasileiro, ou águas jurisdicionais brasileiras.' Válido lembrar que essa mesma lei prevê a existência da categoria de animais 'nocivos', quando são assim declarados por autoridade administrativa competente.[5"]

Sob o ponto de vista legal, os animais, sem qualquer discriminação de categoria, estão inseridos no capítulo do Meio Ambiente da Constituição da República Federativa do Brasil de 1988 (CRFB/88), cujos preceitos asseguram sua total proteção pelo Poder Público e pela comunidade.

"Art. 225. Todos têm direito ao meio ambiente ecologicamente equilibrado, bem de uso comum do povo e essencial à sadia qualidade de vida, impondo-se ao poder público e à coletividade o dever de defendê-lo e preservá-lo para as presentes e futuras gerações.

§ 1º Para assegurar a efetividade desse direito, incumbe ao poder público:

[...]

VII – proteger a fauna e a flora, vedadas, na forma da lei, as práticas que coloquem em risco sua função ecológica, provoquem a extinção de espécies ou submetam os animais a crueldade.[6]

§ 7º Para fins do disposto na parte final do inciso VII do § 1º deste artigo, não se consideram cruéis as práticas desportivas que utilizem animais, desde que sejam manifestações culturais, conforme o § 1º do art. 215 desta Constituição Federal, registradas como bem de natureza imaterial integrante do patrimônio cultural brasileiro, devendo ser regulamentadas por lei específica que assegure o bem-estar dos animais envolvidos. (EMC – de 06.06.2017"

O § 7º foi introduzido no art. 225 em 29 de novembro de 2016, depois que o Supremo Tribunal Federal (STF) julgou procedente a Ação Direta de Inconstitucionalidade (ADI) 4.983/CE[7], ajuizada pelo Procurador-Geral da República contra a Lei 15.299/13, do Estado do Ceará, que regulamentava a vaquejada como prática desportiva e cultural nesse estado. Não foi ouvido o Instituto Nacional do Patrimônio Histórico e Artístico Nacional (IPHAN), que é o órgão competente para declarar se um bem é ou não patrimônio material ou imaterial. Em sessão realizada em 6 de junho de 2017, a Mesa do Congresso Nacional promulgou a Emenda Constitucional 96, que libera práticas como as vaquejadas e os rodeios em todo o território brasileiro.[8]

De acordo com a EC 96, não se consideram cruéis as práticas desportivas que utilizem animais, desde que sejam manifestações culturais, conforme dispõe o § 1º do art. 215 da CRFB/88, registradas como bem de natureza imaterial integrante do patrimônio cultural brasileiro. Ora, essas atividades deveriam ser regulamentadas por lei específica que assegurasse o bem-estar dos animais envolvidos; não por emenda constitucional. Os direitos

---

5. RODRIGUES, Danielle Tetu. *O Direito & animais*: uma abordagem ética, filosófica e normativa. Curitiba: Juruá, 2003. p. 68.

6. BRASIL. *Constituição de República Federativa do Brasil de 1988*. Disponível em: [www.planalto.gov.br/ccivil_03/constituicao/constituicaocompilado.htm]. Acesso em: 25.05.2013.

7. BRASIL. Supremo Tribunal Federal. *Acórdão na ADI 4.983/CE*. Reqte: Procurador-Geral de República. Intdo: Governador do Estado do Ceará. Intdo: Assembleia Legislativa do Estado do Ceará. Rel: Min. Marco Aurélio. J. 06.10.2016. Disponível em: [http://redir.stf.jus.br/paginadorpub/paginador.jsp?docTP=TP&docID=12798874]. Acesso em: 25.10.2019.

8. JANOT, Rodrigo. [Propositura da ADI n. 227.175/2017]. *Revista Brasileira de Direito Animal*, Salvador, v. 12, n. 3, 2017. Disponível em: [https://portalseer.ufba.br/index.php/RBDA/article/view/24399/15025]. Acesso em: 26.03.2018.

dos animais foram flagrantemente suprimidos com essa emenda. Ademais, apenas os dispositivos vinculados ao sistema de governo podem ser revisados, salvo nova Assembleia Constituinte, uma vez que o capítulo do meio ambiente é constituído por cláusulas pétreas e não enseja emenda constitucional.[9]

O constituinte, apesar de não ter conceituado fauna, deixou claro que não restringiu esse conceito à fauna silvestre, como o faz a Lei 5.197/67 em seu art. 1º.[10]

Posicionamento acorde com a referida lei possui o renomado professor José Afonso da Silva, segundo o qual "não é de se incluírem os animais domésticos ou domesticados, nem os de cativeiro, criatórios ou zoológicos particulares, devidamente legalizados" no conceito de fauna.[11]

Podemos encontrar, ainda, o conceito de fauna na Portaria 93 do Instituto Brasileiro do Meio Ambiente e dos Recursos Naturais Renováveis (IBAMA), de 07.07.1998, que normatiza a importação e a exploração de espécimes vivos, produtos e subprodutos da fauna silvestre brasileira e da fauna silvestre exótica:

"Art. 2º Para efeito desta Portaria, considera-se:

I – Fauna Silvestre Brasileira: são todos aqueles animais pertencentes às espécies nativas, migratórias e quaisquer outras, aquáticas ou terrestres, que tenham seu ciclo de vida ocorrendo dentro dos limites do Território Brasileiro ou águas jurisdicionais brasileiras.

II – Fauna Silvestre Exótica: são todos aqueles animais pertencentes às espécies ou subespécies cuja distribuição geográfica não inclui o Território Brasileiro e as espécies ou subespécies introduzidas pelo homem, inclusive domésticas em estado asselvajado ou alçado. Também são consideradas exóticas as espécies ou subespécies que tenham sido introduzidas fora das fronteiras brasileiras e suas águas jurisdicionais e que tenham entrado em território brasileiro.

III – Fauna Doméstica: Todos aqueles animais que através de processos tradicionais e sistematizados de manejo e/ou melhoramento zootécnico tornaram-se domésticas, apresentando características biológicas e comportamentais em estreita dependência do homem, podendo apresentar fenótipo variável, diferente da espécie silvestre que os originou.[12]"

Já a Lei da Política Nacional do Meio Ambiente (Lei 6.938, de 31.08.81) conceitua a fauna como bem integrante do meio ambiente, juntamente com os demais recursos ambientais, deixando claro que se aplicam a ela as leis protetoras do meio ambiente:

"Art. 3º Para os fins previstos nesta Lei, entende-se por:

[...]

V – recursos ambientais: a atmosfera, as águas interiores, superficiais e subterrâneas, os estuários, o mar territorial, o solo, o subsolo, os elementos da biosfera, a fauna e a flora. (Redação dada pela Lei 7.804, de 1989)[13]"

---

9. JANOT, Rodrigo. [Propositura da ADI n. 227.175/2017]. *Revista Brasileira de Direito Animal*, Salvador, v. 12, n. 3, 2017. Disponível em: [https://portalseer.ufba.br/index.php/RBDA/article/view/24399/15025]. Acesso em: 26.03.2018.
10. BRASIL. *Lei 5.197, de 3 de janeiro de 1967*. Dispõe sobre a proteção à fauna e dá outras providências. Disponível em: [www.planalto.gov.br/ccivil_03/leis/l5197.htm]. Acesso em: 25.05.2013.
11. SILVA, José Afonso da. *Direito Ambiental Constitucional*. São Paulo: Malheiros, 1994. p. 129.
12. BRASIL. Instituto Brasileiro do Meio Ambiente e dos Recursos Naturais Renováveis. *Portaria 93, de 7 de julho de 1998*. Disponível em: [http://servicos.ibama.gov.br/ctf/manual/html/042200.htm]. Acesso em: 23.05.2013.
13. BRASIL. *Lei 6.938, de 31 de agosto de 1981*. Dispõe sobre a Política Nacional do Meio Ambiente, seus fins e mecanismos de formulação e aplicação, e dá outras providências. Disponível em: [www.planalto.gov.br/ccivil_03/leis/L6938compilada.htm]. Acesso em: 25.05.2013.

É patente que todos os animais, de todas as espécies, estão compreendidos na palavra fauna, termo esse que designa toda vida animal.

Os animais em suas diversas categorias – silvestres, nativos ou exóticos, domésticos ou domesticados – fazem parte da ampla variedade de seres vivos integrantes da biosfera. O meio ambiente é constituído de seres vivos (bióticos) e não vivos (abióticos), que se inter-relacionam para manter o equilíbrio dos ecossistemas. Entre os elementos bióticos temos a fauna como parte integrante do meio ambiente.

2. Natureza jurídica da fauna

Em relação à natureza jurídica da fauna, convivemos com uma sobreposição de conceitos, pois, enquanto a Constituição a considera como bem de uso comum do povo, na concepção civilista os animais domésticos são passíveis de direitos reais.

Os animais domésticos podem ser propriedade de seus donos e os abandonados estão sujeitos à apropriação. No caso de lesão a animal doméstico, seu dono pode exigir indenização ou ressarcimento do dano, no Juízo Cível, a todo aquele que, por ação ou omissão voluntária, negligência ou imprudência, agredir seu animal ou lhe causar prejuízo.

À luz da CRFB/88, a propriedade está condicionada à sua função social e à defesa do meio ambiente. Conforme já tivemos oportunidade de afirmar, para a Lei 6.938/81, a fauna – nela compreendidos todos os animais – é meio ambiente.

Entretanto, de acordo com o Direito Civil, os animais, sendo despersonalizados, podem, exceto os silvestres, ser enquadrados como bens móveis, nos termos dos arts. 82 e 83 do Código Civil.[14] Esse mesmo diploma, ao dispor sobre a propriedade em geral (art. 1.228, § 1º), limita o direito de propriedade ao determinado em leis especiais sobre a flora, fauna, belezas naturais, o equilíbrio ecológico e o patrimônio histórico e artístico. Entretanto não veda a propriedade e outros direitos reais sobre os animais domésticos.

Em relação aos animais da fauna silvestre brasileira, antes considerados *res nullius*, passaram ao *status* de propriedade da União a partir da Lei 5.197, de 03.01.1967, pacificando-se o entendimento de que constituem bens de uso comum do povo. Esse entendimento foi consolidado com a promulgação da Constituição de 1988, que passou a considerar todos os animais 'bens de uso comum do povo" (CRFB/88, art. 225, *caput*).

Maria Sylvia Zanella Di Pietro define o bem de uso comum:

> [...] "como aquele pertencente a todos os membros da coletividade em igualdade de condições, independentemente do consentimento expresso e individualizado por parte da administração pública, embora o uso esteja sujeito ao poder de polícia, pois compete ao Estado regulamentá-lo, fiscalizá-lo e aplicar as medidas coercitivas que assegurem a sua conservação.[15]"

Explica José de Santana Gordilho que:

> [...] "de fato, todo membro da coletividade tem um interesse difuso sobre o meio ambiente e, embora esse interesse não possa se constituir em direito privado – pois nem todo interesse protegido pode se constituir em um direito –, essas normas de direito público protegem o interesse particular de maneira reflexa.[16]"

---

14. BRASIL. *Lei 10.406, de 10 de janeiro de 2002*. Institui o Código Civil. Disponível em: [www.planalto.gov.br/ccivil_03/leis/2002/L10406compilada.htm]. Acesso em: 30.05.2013.
15. DI PIETRO, Maria Sylvia Zanella. *Direito Administrativo*. São Paulo: Atlas, 1999. p. 451.
16. GORDILHO, José de Santana. *Abolicionismo animal*. Salvador: Evolução Editora, 2009. p. 136.

Luis Paulo Sirvinkas entende que "a fauna é um bem ambiental e integra o meio ambiente ecologicamente equilibrado previsto no art. 225 da CF. Trata-se de um bem difuso. Esse bem não é público e nem privado. É de uso comum do povo".[17]

O conceito de bem difuso nasceu na segunda metade do século XX, quando também se começou a falar em sociedade de massa. Estamos, pois, falando de um bem que não é público nem privado, mas um bem difuso. Assim é o interesse da proteção da fauna; pertence a um e a todos ao mesmo tempo, não sendo possível identificar seu titular.

Elucida Celso Antônio Pacheco Fiorillo que o abismo entre o público e o privado fez surgir os direitos metaindividuais, de onde emergiram os denominados bens de natureza difusa. Assim o autor se expressa sobre o tema:

> "Dessa forma, em contraposição ao Estado e aos cidadãos, ao público e ao privado, iniciou-se no Brasil, com a Constituição Federal de 1988, uma nova categoria de bens: os bens de uso comum do povo e essenciais à sadia qualidade de vida.[18]"

Édis Milaré nos apresenta novas subdivisões de fauna:

> "Entre as muitas subdivisões da fauna, encontramos as seguintes especificações: terrestre, que habita as superfícies sólidas do Planeta, incluindo a fauna silvestre e a fauna alada, ou avifauna, que se desloca pelo espaço atmosférico; aquática, a população animal cujo habitat é o meio líquido (oceânico, fluvial e lacustre), em cuja abrangência encontram-se os peixes, que constituem a ictiofauna.[19]"

As faunas terrestre e alada estão protegidas especialmente pela Lei 5.197, de 03.01.1967; a aquática, pelo Código de Pesca, Decreto-Lei 221, de 28.02.1967, e pela Lei 7.643, de 18.12.1987, que proíbe a pesca de cetáceos nas águas jurisdicionais brasileiras. A Lei de Crimes Ambientais (Lei 9.605/98) protege igualmente toda a categoria de fauna terrestre ou aquática (independentemente de ser silvestre, doméstica, domesticada ou exótica).

Atualmente, cresce o número de doutrinadores brasileiros, entre eles esta autora, que defende a ideia de que os animais sejam considerados sujeitos de direitos constitucionais e legais a serem representados em Juízo pelo Ministério Público, doutrina que tem sido intitulada "abolicionismo".

Nesse sentido, Tagore Trajano de Almeida Silva afirma que:

> [...] "partindo da premissa de que animais sejam efetivamente sujeitos de direitos, ainda que não-personificados, nada mais natural que lhes seja assegurada também legitimidade ativa ad causam para pleitear, em juízo, a garantia e proteção de seu patrimônio jurídico.[20]"

Alinha-se ao mesmo entendimento Daniel Braga Lourenço:

> "A teoria dos entes despersonalizados, baseando-se na distinção conceitual entre 'pessoa' e 'sujeito de direito', conforme se verificou permite, portanto, que se prescinda da qualificação do ente como 'pessoa' para que ele venha a titularizar direitos subjetivos.[21]"

Alguns países europeus avançaram em sua legislação e já alteraram seu Código Civil fazendo constar expressamente que os animais não são coisas ou objetos, embora regidos,

---

17. SIRVINSKA, Luis Paulo. *Manual de Direito Ambiental*. São Paulo: Editora Saraiva, 2003. p. 210.
18. FIORILLO, Celso Antônio Pacheco. *Curso de Direito Ambiental*. São Paulo: Saraiva, 2013. p. 154.
19. MILARÉ, Édis. *Direito do ambiente: A gestão ambiental em foco*. São Paulo: Ed. RT, 2011. p. 301-302.
20. SILVA, Tagore Trajano de Almeida. *Animais em juízo*. Salvador: Editora Evolução, 2012. p. 127.
21. LOURENÇO, Daniel Braga. *Direito dos animais*. Porto Alegre: Sergio Antônio Fabris, 2008. p. 509.

caso não haja lei específica, pelo regime dos bens. Isso já é um avanço, pois essa medida simbólica pode ser considerada um primeiro passo em direção à evolução do status jurídico dos animais.

Os países pioneiros na alteração da natureza jurídica dos animais em seus códigos civis são a Suíça (desde 2002, Livro IV, Título 18, art. 164), a Alemanha (desde 2 de janeiro de 2002, Livro 1, seção 90ª), a Áustria (desde 1º de junho de 1888, artigo 285 A do Allgemeines Bürgerliches Gesetzbuch (ABGB), e a França (28 de janeiro de 2015, Livro II, art. 515-14). Os três primeiros fazem constar de seu Código Civil que os animais não são coisas ou objetos, e que, quando não houver leis específicas, será aplicado o regime de bens. O Código Civil francês reconhece os animais como seres sensíveis, mas admite aplicação do regime de bens se não houver lei específica.[22]

Mais recentemente, Portugal, através da Lei 8/2017, de 03.03.2017, estabeleceu um estatuto jurídico dos animais, alterando, entre outras normas, o Código Civil e o Código Penal desse país. Em vigor desde 1º de maio de 2017, a referida lei deixa de considerar os animais como "coisas", que passam a ser reconhecidos como "seres vivos dotados de sensibilidade e objeto de proteção jurídica". A nova legislação abrange todos os animais, em especial os de estimação.[23]

A natureza jurídica dos animais depende da política legislativa adotada, pois só pode definida por lei. Já o reconhecimento de que os animais são sujeitos de direitos e não objetos de direito, como já ocorre com os incapazes e pessoas morais, é questão que tem que ser consolidada pela doutrina. Depende da construção de um novo paradigma jurídico, que precisamos e podemos construir com nossos discursos, pareceres e jurisprudência.

As descobertas científicas sobre consciência em humanos e animais teve influência na abordagem jurídica de países desenvolvidos, e fatalmente o Brasil deverá seguir a nova tendência. Em 7 de julho de 2012, um grupo internacional de especialistas das áreas de neurociência cognitiva, neurofarmacologia, neurofisiologia, neuroanatomia e neurociência computacional reuniu-se para reavaliar os substratos neurobiológicos da experiência consciente e comportamentos relacionados a ela, tanto em animais humanos como não humanos. Com base nos debates realizados, proclamaram a chamada "Declaração de Cambridge sobre a Consciência".[24]

Na Declaração de Cambridge, os cientistas concluem:

"A ausência de um neocórtex não parece impedir que um organismo experimente estados afetivos. Evidências convergentes indicam que animais não humanos têm os substratos neuroanatômicos, neuroquímicos e neurofisiológicos dos estados de consciência juntamente com a capacidade de exibir comportamentos intencionais. Consequentemente, o peso das evidências indica que os humanos não são os únicos a possuir os substratos neurológicos que geram a consciência. Animais não

---

22. DIAS, Edna Cardozo. O animal e o Código Civil brasileiro. Fórum de Direito Urbano e Ambiental. *FDUA*, Belo Horizonte, ano 14, n. 81, mai.-jun. 2015.
23. ÉTICA ANIMAL. *Declaração sobre a Consciência de Cambridge*. Disponível em: [www.animal-ethics.org/declaracao-consciencia-cambridge/]. Acesso em: 18.05.2018.
24. ÉTICA ANIMAL. *Declaração sobre a Consciência de Cambridge*. Disponível em: [www.animal-ethics.org/declaracao-consciencia-cambridge/]. Acesso em: 18.05.2018.

humanos, incluindo todos os mamíferos e aves, e muitas outras criaturas, incluindo os polvos, também possuem esses substratos neurológicos. (THE CAMBRIDGE DECLARATION..., 2012)."

No Brasil tramitam dois projetos de lei para alterar nosso Código Civil. O do Senador Antônio Augusto Anastasia para determinar que os animais não sejam considerados coisas, mas bens móveis para os efeitos legais, salvo o disposto em lei especial. O projeto de lei está fundado na premissa de que no Brasil, juridicamente, "bem" está ligado à ideia de direitos, sem necessariamente caráter econômico, ao passo que "coisa" está diretamente ligada à ideia de utilidade patrimonial Foi aprovado no Senado Federal e na Câmara de Deputados, mas com o pedido de vista não apreciado aguarda aprovação do plenário.[25]

O projeto de lei do Deputado Ricardo Izar pretende inserir alteração na Lei de Crimes Ambientais (LCP) para estabelecer que os animais não humanos possuem natureza jurídica *sui generis* e são sujeitos de direitos despersonificados, dos quais devem gozar e obter tutela jurisdicional em caso de violação, vedado seu tratamento como coisa. Entretanto uma emenda estatui que a tutela jurisdicional prevista não se aplica aos animais produzidos pela atividade agropecuária e aos que participam de manifestações culturais registradas como bem de natureza imaterial integrante do patrimônio cultural brasileiro, ou usados em experimentos. Com isso separa direito de propriedade e patrimônio dos crimes contra a fauna.

Por razões de coerência e em respeito ao princípio da proporcionalidade, bem como mantendo-se a devida distância dos seres humanos na hierarquia de valores, uma mudança da categoria no *status* jurídico dos animais no Código Civil brasileiro é necessária e urgente, se não quisermos deixar o Brasil fora desta grande revolução teórica que já chegou aos países adiantados em relação ao *status* jurídico do animal.

Os animais, ainda que continuem a ser classificados como bens, merecem uma proteção especial em relação às outras espécies de bens, uma vez que a ciência os reconhece como seres vivos sencientes.[26]

3. Fauna silvestre na legislação brasileira

A fauna silvestre brasileira está protegida pela Lei 5.197/67, que determina pertencerem os animais à União, regulamenta sua posse e proíbe a utilização, perseguição, destruição, caça ou apanha dos animais silvestres sem autorização do órgão competente.

A referida lei incentiva o Poder Público a autorizar criadouros particulares, de acordo com regulamentação por portarias do Instituto Brasileiro de Recursos Naturais Renováveis (IBAMA). Além dos instrumentos normativos federais, os Estados podem editar normas dentro de sua jurisdição e competência, nos termos da Lei Complementar 140/11. Essa lei veio estabelecer normas de cooperação entre os entes federativos de ações administrativas relativas à proteção do meio ambiente, e transferir as seguintes competências sobre a fauna– antes da União – para o Estado:

---

25. CCJ da Câmara aprova projeto de Anastasia que determina que animais não são coisas. *Antonio Anastasia*, Notícias, 8 ago. 2017. Disponível em: [http://anastasia.com.br/ccj-da-camara-aprova--projeto-de-anastasia-que-determina-que-animais-nao-sao-coisas/]. Acesso em: 13.04.2020.
26. DIAS, Edna Cardozo. Os animais no Código Civil no Brasil e no Direito Comparado. Revista Magister de *Direito Ambiental e Urbanístico*, Porto Alegre, v. 13, n. 77, p. 19-46, abr.-maio 2018. p. 30-31.

"Art. 8º São ações administrativas dos *Estados*:

XVIII – controlar a apanha de espécimes da fauna silvestre, ovos e larvas *destinadas* à *implantação de criadouros* e à pesquisa científica, ressalvado o disposto no inciso XX do art. 7º;

XIX – *aprovar o funcionamento de criadouros* da fauna silvestre." (grifos nossos)[27]

O IBAMA instituiu três espécies de criadouros (áreas especialmente delimitadas e cercadas, dotadas de instalações capazes de possibilitar a reprodução, a criação ou a recria de espécies da fauna silvestre): os conservacionistas, os científicos e os comerciais. Os criadouros conservacionistas e os comerciais podem ser criadouros tanto de fauna nativa como de fauna exótica, com regras diferenciadas para cada um. Os criadouros precisam ser autorizados pelo órgão competente. Depreende-se da leitura da Lei Complementar 140/11 que a aprovação de funcionamento dos criadouros e o controle da apanha de espécimes abrangem todas as espécies instituídas pelo IBAMA.

4. Criadouros conservacionistas da fauna nativa

Os criadouros conservacionistas estão regulamentados pela Portaria 139-N/93, do IBAMA, transferindo-se ao Estado a competência para aprovar seu funcionamento, segundo a Lei Complementar 140/11. De acordo com o art. 1º da Portaria, criadouros conservacionistas são "as áreas especialmente delimitadas e preparadas, dotadas de instalações capazes de possibilitar a criação racional de espécies da fauna silvestre brasileira, com assistência adequada".[28]

A mencionada portaria determina que só estão aptos a receber autorização do IBAMA os criadouros que preencherem os requisitos determinados no *caput* do art. 1º, sendo necessário, ainda, que os interessados cumpram as seguintes exigências: ter a assistência de, pelo menos, um biólogo ou de um veterinário; possuir instalações adequadas a misteres da alimentação animal; possuir, pelo menos, um tratador contratado em regime de tempo integral; ter capacidade financeira devidamente comprovada; manter arquivo de registro através de fichas individuais por animal; manter contato com laboratório para análises clínicas para auxiliar no diagnóstico e tratamento de doenças; apresentar um sistema de marcação dos animais; sexar todos os espécimes; necropsiar todos os animais que morrerem e fazer constar as informações na ficha individual do animal.

---

27. BRASIL. *Lei Complementar 140, de 8 de dezembro de 2011*. Fixa normas, nos termos dos incisos III, VI e VII do *caput* e do parágrafo único do art. 23 da Constituição Federal, para a cooperação entre a União, os Estados, o Distrito Federal e os Municípios nas ações administrativas decorrentes do exercício da competência comum relativas à proteção das paisagens naturais notáveis, à proteção do meio ambiente, ao combate à poluição em qualquer de suas formas e à preservação das florestas, da fauna e da flora; e altera a Lei 6.938, de 31 de agosto de 1981. Disponível em: [www.planalto.gov.br/ccivil_03/leis/lcp/Lcp140.htm]. Acesso em: 30.05.2013.

28. BRASIL. Instituto Brasileiro do Meio Ambiente e dos Recursos Naturais Renováveis – IBAMA. *Portaria 139-N, de 29 de dezembro de 1993*. Disponível em: [www.google.com.br/url?sa=t&rct=j&q=&esrc=s&source=web&cd=1&cad=rja&ved=0CC0QFjAA&url=http%3A%2F%2Fwww.ibama.gov.br%2Findex.php%3Foption%3Dcom_phocadownload%26view%3Dcategory%26download%3D1199%3Ap-_139_93.p%26id%3D49%3A_-_%26Itemid%3D331&ei=o9vBUdnJGYmI9QTVs4GwBA&usg=AFQjCNG1k7KeSUSt7sw8xJx-oHTVRv5kxQ&sig2=Ii8BpiJV7fIiFq69CuD-WTQ]. Acesso em: 30.05.2013.

DIAS, Edna Cardozo. *Tutela Jurídica dos Animais*. Amazon.com. 2018. p. 128.

Os espécimes do plantel dos criadouros conservacionistas não poderão ser objeto de venda, sob pena de cancelamento imediato de seu registro.

5. Criadouros conservacionistas da fauna exótica

A fauna silvestre exótica é constituída de todas as espécies que não ocorrem naturalmente no território, possuindo ou não populações livres na natureza.

Segundo conceituação do IBAMA, animais exóticos são aqueles cuja distribuição geográfica não inclui o território brasileiro. As espécies ou subespécies introduzidas pelo homem, inclusive domésticas, em estado selvagem, também são consideradas exóticas. Outras espécies consideradas exóticas são aquelas que tenham sido introduzidas fora das fronteiras brasileiras e de suas águas jurisdicionais e que tenham entrado espontaneamente em território brasileiro.[29]

A Portaria 108/94 explicita que as pessoas físicas ou jurídicas que possuem felídeos do gênero *panthera*; família *ursidae*; primatas das famílias *ponogidae* e *cercopithecidae*; família *hippopotamidae* e ordem *prosbocidea* deverão ser registradas no IBAMA como mantenedores de fauna silvestre exótica. Determina também que o registro somente será dado após autorização do órgão municipal e estadual para a referida posse e mediante apresentação de croqui da área e detalhes do viveiro, em conformidade com as instruções normativas do IBAMA. Os criadores da fauna exótica deverão manter, obrigatoriamente, a assistência permanente de um veterinário, sexar todas as espécies, necropsiar todos os animais e manter ficha dos animais.[30]

6. Criadouros comerciais da fauna brasileira e exótica

Não existe proibição para a comercialização de animais exóticos, mas sua criação e manutenção estão disciplinadas nas Portarias do IBAMA 108/94 (regulamenta a obrigatoriedade e registro no IBAMA dos mantenedores de fauna silvestre exóticas) e 102/98 (normatiza os criadores comerciais de fauna silvestre exótica).[31]

---

29. BRASIL. Instituto Brasileiro do Meio Ambiente e dos Recursos Naturais Renováveis – IBAMA. *Portaria 93, de 7 de julho de 1998.* Disponível em: [http://servicos.ibama.gov.br/ctf/manual/html/042200.htm]. Acesso em: 30.05.2013.
30. BRASIL. Instituto Brasileiro do Meio Ambiente e dos Recursos Naturais Renováveis – IBAMA. *Portaria 108, de 6 de outubro de 1994.* Disponível em: [www.google.com.br/url?sa=t&rct=j&q=&esrc=s&source=web&cd=1&cad=rja&ved=0CC0QFjAA&url=http%3A%2F%2Fwww.ibama.gov.br%2Findex.php%3Foption%3Dcom_phocadownload%26view%3Dcategory%26download%3D1191%3Ap-_108_94.p%26id%3D49%3A_-_%26Itemid%3D331&ei=HuHBUbqmG5Ti8gTN1oC4DQ&usg=AFQjCNGGVp67zRF4P4xdtQBKW4VUHffH7w&sig2=drjfH1oHEw3aQGNw1YVF_g]. Acesso em: 01.06.2013.
31. BRASIL. Instituto Brasileiro do Meio Ambiente e dos Recursos Naturais Renováveis – IBAMA. *Portaria 102, de 15 de julho de 1998.* Normatiza os Criadores Comerciais de Fauna Silvestre Exótica. Disponível em: [www.google.com.br/url?sa=t&rct=j&q=&esrc=s&source=web&cd=1&cad=rja&ved=0CC0QFjAA&url=http%3A%2F%2Fwww.ibama.gov.br%2Findex.php%3Foption%3Dcom_phocadownload%26view%3Dcategory%26download%3D5572%3A1998_portaria-102-98-Criador_Comercial_Fauna_Exotica%26id%3D77%3ALegisla%25C3%25A7%25C3%25A3o_Fauna&ei=YuDBUZzAMYvm8wSq4YHAAw&usg=AFQjCNGJOi_HVSFIoeNu2S-fQBCg6wYEApA&sig2=_umW812Y6OOpoFuH55b6ww]. Acesso em: 01.06.2013.

Os criadouros comerciais e espécimes da fauna silvestre brasileira e exótica podem ser tanto de pessoa física como jurídica.

A doação, a permuta, o empréstimo ou a venda dos citados animais só poderão ser concretizados entre zoológicos registrados, ou em processo de registro, e mantenedores da fauna silvestre devidamente registrados no IBAMA (Portaria 108/94).[32] A renovação do registro de mantenedores de animais silvestres depende de relatório anual, não sendo permitida a visitação pública para esse tipo de criadouro.

Quanto à importação de fauna exótica, é igualmente permitida, desde que de acordo com Portaria 93/98 do IBAMA.[33] Para a importação de animais silvestres vivos, produtos e subprodutos listados nos Apêndices I e II da Convenção Internacional sobre Comércio das Espécies da Flora e Fauna Selvagens em Perigo de Extinção (CITES),[34] é necessária a emissão prévia de licença pelo referido órgão, além da licença de exportação do país de origem e da licença do Ministério da Agricultura, do Abastecimento e da Reforma Agrária quanto às exigências zoossanitárias do país de procedência.

Ficam isentas da referida licença de importação as espécies possuidoras de características biológicas e comportamentais em estreita dependência do homem. No caso de importação sem a devida autorização de espécies da fauna exótica listadas nos anexos da CITES, o importador será multado e as espécies serão devolvidas ao país exportador.

7. Criadouros científicos

Os criadouros científicos são constituídos tanto para realizar experiências sobre o estudo das espécies, como para experimentos nos animais, com fins comprovadamente científicos. Os criadouros de animais silvestres brasileiros para pesquisa científica estão regulamentados pela Portaria 16/94 do IBAMA,[35] bem como pela Lei Complementar 140/11. A legislação afirma que, além da obrigatoriedade do registro, os experimentadores terão de manter sistema de controle de fuga dos animais, prestar informações sobre o local, firmar termo de compromisso assegurando a manutenção dos animais e encaminhar ao IBAMA cópia dos trabalhos decorrentes da pesquisa a serem publicados. Ao final da experiência, os animais poderão ser transferidos para instituições afins.

---

32. BRASIL. Instituto Brasileiro do Meio Ambiente e dos Recursos Naturais Renováveis – IBAMA. *Portaria 108, de 6 de outubro de 1994*. Disponível em: [www.google.com.br/url?sa=t&rct=j&q=&esrc=s&source=web&cd=1&cad=rja&ved=0CC0QFjAA&url=http%3A%2F%2Fwww.ibama.gov.br%2Findex.php%3Foption%3Dcom_phocadownload%26view%3Dcategory%26download%3D1191%3Ap-_108_94.p%26id%3D49%3A_-_%26Itemid%3D331&ei=HuHBUbqmG5Ti8gTN1oC4DQ&usg=AFQjCNGGVp67zRF4P4xdtQBKW4VUHffH7w&sig2=drjfH1oHEw3aQGNw1YVF_g]. Acesso em: 01.06.2013.
33. BRASIL. Instituto Brasileiro do Meio Ambiente e dos Recursos Naturais Renováveis – IBAMA. *Portaria n. 93, de 7 de julho de 1998*. Disponível em: [http://servicos.ibama.gov.br/ctf/manual/html/042200.htm]. Acesso em: 23.05.2013.
34. Promulgada pelo Decreto 76.623/75 (BRASIL. *Decreto 76.623, de 17 de novembro de 1975*. Promulga a Convenção sobre Comércio Internacional das Espécies da Flora e Fauna Selvagens em Perigo de Extinção. Disponível em: [www.planalto.gov.br/ccivil_03/decreto/Antigos/D76623.htm]. Acesso em: 20.06.2013).
35. BRASIL. Instituto Brasileiro do Meio Ambiente e dos Recursos Naturais Renováveis – IBAMA. *Portaria 16, de 4 de março de 1994*. Disponível em: [www.ibama.gov.br/fauna/legislacao/port_16_94.pdf]. Acesso em: 20.06.2013.

A coleta de material biológico para fins científicos precisa de autorização da Administração Pública, de acordo com a Lei Complementar 140/11, e só pode ser concedida a instituições científicas públicas ou privadas por ele credenciadas. O cientista que pode obter autorização para possuir um criadouro científico é o profissional que exerce atividade de pesquisa, utilizando-se de método científico.

Atualmente essa autorização pode ser requerida *on-line* pelo Sistema de Autorização e Informação em Biodiversidade (SISBIO), sistema automatizado, interativo e simplificado de atendimento a distância e de informação. Por meio do preenchimento *on-line* de formulários eletrônicos, pesquisadores poderão solicitar, via Internet, autorizações para atividades com finalidade científica ou didática (no âmbito do ensino superior).

8. Fiscalização dos criadouros

O IBAMA deve manter constante controle dos criadouros, impondo-se a estes remeter relatórios anuais, bem como manter a segunda via das notas fiscais. Independentemente disso, o órgão poderá vistoriar o criadouro, a qualquer tempo. Se houver denúncia de irregularidades nos criadouros ou caso se constate deficiência operacional, o IBAMA deverá reformular projeto.

Não sendo as irregularidades sanadas dentro do prazo legal, será lavrado Termo de Apreensão e Depósito dos animais e assinado Termo de Compromisso concedendo novo prazo. Esgotado este, caberá cancelamento do registro, além das sanções civis e penais, se as irregularidades persistirem. O destino dos animais, nessa hipótese, será a transferência para outro criadouro, indicado pelo IBAMA.

9. Importação e exportação da fauna silvestre brasileira e da fauna exótica

A importação e a exportação da fauna silvestre brasileira e da fauna exótica estão normatizadas na Portaria do IBAMA 29, de 24.03.1994.[36]

Ela determina que somente podem ser objeto de exportação definitiva os animais da fauna silvestre brasileira provenientes de criadouros comerciais.

O IBAMA pode, entretanto, autorizar a saída temporária de espécies da fauna silvestre brasileira para participação em exposições especiais, para eventos de cunho científico e educativo, e em cumprimento a acordos conservacionistas internacionais. Nas duas últimas hipóteses, a critério do órgão, os animais importados e seus descendentes continuam a pertencer ao governo brasileiro.

A exportação de animais obedece às normas da CITES.[37] Quando se tratar de fauna silvestre exótica, não há restrição quanto ao qualitativo para a exportação e reexportação, desde que obedecidas as regras da referida Convenção.

---

36. BRASIL. Instituto Brasileiro do Meio Ambiente e dos Recursos Naturais Renováveis – IBAMA. *Portaria 29, de 24 de março de 1994*. Disponível em: [http://licenciamento.cetesb.sp.gov.br/legislacao/federal/portarias/1994_Port_IBAMA_29.pdf]. Acesso em: 28.06.2013.
37. Convention on International Trade in Endangered Species of Wild Fauna and Flora – CITES (em português: Convenção sobre o Comércio Internacional das Espécies da Fauna e da Flora Selvagens Ameaçadas de Extinção, ou Convenção sobre o Comércio Internacional das Espécies da Fauna e da Flora Silvestres Ameaçadas de Extinção no Brasil). Também conhecida por Convenção de Washington, é um acordo multilateral assinado em Washington DC, Estados Unidos, a 3 de março

O IBAMA mantém registro das pessoas físicas e jurídicas que praticam regularmente a exportação. Já a importação depende de licença do IBAMA e do Ministério da Agricultura, quanto às exigências sanitárias.

Só estão isentos de licença os animais da fauna doméstica listados em anexo da Portaria do IBAMA 29/94. Todos os portos e aeroportos devem conter a referida lista afixada. Entre os animais considerados domésticos para o efeito da Portaria, citam-se: cachorro, gato, coelho, cobaia, rato, camundongo, chinchila, cavalo, jumento, porco, gado bovino, gado zebuíno, búfalo, ovelha, cabra, marreco, ganso, ganso canadense, galinha, codorna, faisão-de-coleira, pavão, galinha-d'angola, peru, pombo doméstico, lhama, alpaca, camelo, dromedário, cisne negro ou cisne branco, perdiz-chucar, ganso-do-nilo, pato-mandarim, pato-carolina, rouxinol-do-japão, tadorna, periquito *ring neck* ou *agaponis*, amandine, degolado, melba, granatina-violeta ou *purpur*, *cordon bleu*, peito celeste ou *menister*, laranjinha, *sparrow*, *phaecton*, *star finch*, diamante modesto ou *bichenovii* ou mandarim, bavete masqué ou cauda-curta ou cauda-longa, quadricolor, tricolor, bicolor, diamante de *gould*, calafate ou calafate-timor, *manon*, catarinas, canário-do-reino, pomba-diamante, pomba-máscara-de-ferro, calopsita e periquito-australiano.

Em 25 de junho de 2013, foi publicada a Resolução CONAMA 457, que dispõe sobre o depósito e a guarda provisórios de animais silvestres apreendidos ou resgatados pelos órgãos ambientais integrantes do Sistema Nacional do Meio Ambiente (Sisnama), como também oriundos de entrega espontânea, quando houver justificada impossibilidade das destinações previstas no § 1º do art. 25, da Lei 9.605, de 12.02.1988.

A Resolução, que vem causando muitos protestos no meio ambientalista, estabeleceu a possibilidade de o órgão ambiental firmar um Termo de Depósito de Animal Silvestre (TDAS), ou um Termo de Depósito de Guarda de Animal Silvestre (TGAS), nos casos de animal apreendido, animal oriundo de entrega espontânea ou animal resgatado.

A Resolução CONAMA 457/13 assim define o TDAS e o TGAS em seu art. 2º:

[...]

"V – Termo de Depósito de Animal Silvestre – TDAS: termo de caráter provisório pelo qual o autuado assume voluntariamente o dever de prestar a devida manutenção e manejo do animal apreendido, objeto da infração, enquanto não houver a destinação nos termos da lei;

VI – Termo de depósito preliminar: termo de caráter provisório, pelo qual o agente fiscalizador, no momento da lavratura do Auto de Infração, mediante justificativa, confia excepcionalmente o animal ao autuado, até outra destinação, nos termos desta Resolução;

VII – Termo de Guarda de Animal Silvestre – TGAS: termo de caráter provisório pelo qual o interessado, que não detinha o espécime, devidamente cadastrado no órgão ambiental competente, assume voluntariamente o dever de guarda do animal resgatado, entregue espontaneamente ou apreendido, enquanto não houver destinação nos termos da lei;[38]"

---

de 1973, agrupando um grande número de Estados, tendo como objetivo assegurar que o comércio de animais e plantas selvagens, e de produtos deles derivados, não ponha em risco a sobrevivência das espécies nem constitua um perigo para a manutenção da biodiversidade. (WIKIPÉDIA. *CITES* – Convenção sobre o Comércio Internacional das Espécies da Fauna e da Flora Selvagens Ameaçadas de Extinção, Disponível em: [http://pt.wikipedia.org/wiki/Cites]. Acesso em: 30.05.2013.)

38. BRASIL. Conselho Nacional do Meio Ambiente – CONAMA. *Resolução 457, de 25 de junho de 2013*. Dispõe sobre o depósito e a guarda provisórios de animais silvestres apreendidos ou resgatados pelos órgãos ambientais integrantes do Sistema Nacional do Meio Ambiente, como também oriundos

Essas hipóteses só são permitidas no caso do grupo de anfíbios, répteis, aves e mamíferos da fauna brasileira, ou os espécimes autorizados para criação e comercialização como animal de estimação de acordo com a Resolução CONAMA 394, de 06.11.2007. Esclareça-se que a lista de animais permitidos como de estimação ainda não foi elaborada pelo IBAMA.

10. Caça

A Lei 5.197/67 incentiva a criação de clubes de caça e parques de caça, e prevê três formas de caça: a esportiva ou amadora, a comercial e a científica. A caça comercial está proibida (2º). As demais estão regulamentadas pela lei e podem ser autorizadas pelo órgão competente, obedecidos os requisitos da lei e portarias.

Esse posicionamento da legislação brasileira levou a jurista Anaiva Oberst Cordovil a assim se manifestar:

> "A nossa legislação referente à preservação da fauna curiosamente não tem por objeto a sua proteção. Sua razão de existir reside no antropocentrismo humano apenas, seja quando tutela o bem 'cala', para que o ser humano não fique privado de seu lazer, quando faz uma caricatura de benestarista animal, maquiando suas ações sempre lesivas aos animais não humano, criando regras, que sequer são observadas, com a finalidade de parecer uma forma digna de se usar e dispor da vida dos animais senscientes.[39]"

A caça, conforme definida no art. 7º da Lei 5.197/67, é a utilização, perseguição, destruição, caça ou apanha de espécimes da fauna silvestre, quando consentidas na forma da referida lei.[40]

A caça amadorista está permitida quando autorizada pelo IBAMA. A lei previu, ainda, a formação de clubes de caça. Portarias do IBAMA devem estabelecer a área onde pode ocorrer a caça, a época de temporada de caça, as espécies que podem ser caçadas, o local e a quantidade de animais a serem caçados. Todos os caçadores devem ser registrados no IBAMA. Cite-se por oportuno o posicionamento da advogada Luciana Caetano da Silva sobre a caça amadorista:

> "A caça esportiva, amadorista ou recreativa, é uma prática de caráter competitivo ou simplesmente recreativo, para testar a capacidade do caçador amador para capturar sua presa, com o auxílio mormente de instrumentos de caça (armas, flechas, armadilhas), mas sem finalidade de auferir lucros com a captura das espécies.[41]"

Ressalte-se que a caça de subsistência não é mencionada expressamente na referida lei.

---

de entrega espontânea, quando houver justificada impossibilidade das destinações previstas no § 1º do art. 25, da Lei 9.605, de 12 de fevereiro de 1998, e dá outras providências. Disponível em: [www.editoramagister.com/legis_24562269_RESOLUCAO_N_457_DE_25_DE_JUNHO_DE_2013.aspx]. Acesso em: 28.06.2013.

39. CORDOVIL, Anaiva Oberst. *Direito Animal*. Rio de Janeiro: Lumen Juris. 2012. p. XIII.
40. BRASIL. Instituto Brasileiro do Meio Ambiente e dos Recursos Naturais Renováveis – IBAMA. *Lei 5.197, de 3 de janeiro de 1967*. Dispõe sobre a proteção à fauna e dá outras providências. Disponível em: [www.planalto.gov.br/ccivil_03/Leis/L5197.htm]. Acesso em: 28.06.2013.
41. SILVA, Luciana Caetano da. *Fauna terrestre no Direito Penal Brasileiro*. Belo Horizonte: Mandamentos, 2001. p. 51.

Outra modalidade de caça permitida com a devida licença é a caça científica. Essa permissão encontra-se prevista no art. 14 da Lei:

> "Art. 14. Poderá ser concedida a cientistas, pertencentes a instituições científicas, oficiais ou oficializadas, ou por estas indicadas, licença especial para a coleta de material destinado a fins científicos, em qualquer época.[42]"

A caça não deve ser jamais autorizada sem estudos preliminares. Essa é a posição do consagrado doutrinador ambiental Paulo Affonso Leme Machado:

> [...] "a inexistência desses estudos preliminares ou sua execução de maneira incompleta representam um dano ou lesão potencial à fauna silvestre. Ora, esse bem público natural pode ser defendido através de ação popular, inclusive com a concessão de medida liminar, para que não se efetive o prejuízo ao patrimônio público.[43]"

A Lei permite a "destruição de animais silvestres considerados nocivos", como caça de controle, devendo essa permissão ser expressamente motivada pelo Poder Público.

Existem algumas restrições à caça previstas em lei. Também o comércio de espécimes da fauna silvestre e de produtos e objetos que impliquem sua caça, perseguição, destruição ou apanha é proibido pelo ordenamento jurídico, excetuados os casos de espécimes provenientes de criadouros devidamente legalizados (Lei 5.197/67, art. 3º, § 1º).

11. Sanções administrativas

As sanções administrativas para as infrações contra a fauna, seja ela silvestre, nativa, exótica ou doméstica, estão previstas na Lei 9.605/98, regulamentada pelo Decreto 6.514/08, em seus arts. 24 a 42 (Seção III, Das Infrações Administrativas Cometidas contra o Meio Ambiente, Subseção I, Das Infrações contra a Fauna).[44]

Prescreve em cinco anos a ação da Administração objetivando apurar a prática de infrações contra o meio ambiente, contada da data da prática do ato, ou, no caso de infração permanente ou continuada, do dia em que esta tiver cessado (art. 21 do Decreto 6.514/08).

Considera-se infração administrativa ambiental toda ação ou omissão que viole as regras jurídicas de uso, gozo, promoção, proteção e recuperação do meio ambiente.

A responsabilidade administrativa tem por objeto a aplicação das penas, que não fazem parte do Direito Penal, porque são aplicadas pelo Estado em sua função administrativa. O art. 72 da Lei 9.605/98 enumera os tipos de sanções aplicáveis às infrações administrativas:

> "Art. 72. As infrações administrativas são punidas com as seguintes sanções, observado o disposto no art. 6º:
> I – advertência;
> II – multa simples;

---

42. BRASIL. Instituto Brasileiro do Meio Ambiente e dos Recursos Naturais Renováveis – IBAMA. *Lei 5.197, de 3 de janeiro de 1967.* Dispõe sobre a proteção à fauna e dá outras providências. Disponível em: [www.planalto.gov.br/ccivil_03/Leis/L5197.htm]. Acesso em: 28.06.2013.
43. MACHADO, Paulo Affonso Leme. *Direito Ambiental brasileiro.* São Paulo: Ed. RT, 1991. p. 414.
44. BRASIL. *Decreto 6.514, de 22 de julho de 2008.* Dispõe sobre as infrações e sanções administrativas ao meio ambiente, estabelece o processo administrativo federal para apuração destas infrações, e dá outras providências. Disponível em: [www.planalto.gov.br/ccivil_03/_ato2007-2010/2008/decreto/D6514.htm]. Acesso em: 28.06.2013.

III – multa diária;

IV – apreensão dos animais, produtos e subprodutos da fauna e flora, instrumentos, petrechos, equipamentos ou veículos de qualquer natureza utilizados na infração;

V – destruição ou inutilização do produto;

VI – suspensão de venda e fabricação do produto;

VII – embargo de obra ou atividade;

VIII – demolição de obra;

IX – suspensão parcial ou total de atividades;

X – (Vetado)

XI – restritiva de direitos.[45"]

As autoridades competentes para lavrar auto de infração ambiental e instaurar processo administrativo são os fiscais de órgãos do Sisnama. Qualquer pessoa que constate a infração poderá dirigir representação a essas autoridades, que, ao tomarem conhecimento, são obrigadas a promover apuração imediata, sob pena de corresponsabilidade.

A forma de apurar as infrações é o processo administrativo, assegurado o direito de ampla defesa. O infrator tem o prazo de vinte dias para oferecer sua defesa, e mais vinte da decisão condenatória à instância superior do Sisnama. Já a autoridade tem o prazo de trinta dias da data da lavratura do auto de infração para julgar o processo, independentemente de haver defesa ou impugnação.

Quando condenado ao pagamento de multa, o infrator tem o prazo de cinco dias para fazê-lo. A imposição da multa se baseia na unidade, hectare, metro cúbico, quilograma ou outra medida pertinente do objeto jurídico lesado, bem como na situação econômica do infrator.

A multa simples pode ser convertida em serviços de preservação, melhoria e recuperação da qualidade do meio ambiente.

As sanções restritivas de direito são a suspensão de registro, licença ou autorização; cancelamento do registro; perda ou restrição de benefícios fiscais; perda ou suspensão da participação em linhas de financiamento em estabelecimento oficiais de crédito; e proibição de contratar com a Administração Pública pelo período de até três anos. Se o infrator cometer mais de uma infração, as penas serão cumulativas.

Na lição dos irmãos juristas Vladimir e Gilberto Passos de Freitas em obra conjunta:

"A Lei 5.197/67, conhecida como Lei de Proteção à Fauna, trouxe ao ordenamento jurídico a forma de proteção dos animais silvestres. Foram muitas as suas inovações. Por exemplo a propriedade passou a ser do Estado (art. 1º), e não do caçador, como previa o art. 595 do antigo código Civil de 1916, dispositivo não repetido no Código Civil de 2002. Foi proibida a caça profissional (art. 3º) e disciplinada a atividade dos cientistas (art. 14). No art. 27 (hoje revogado pela Lei 9.605/98), em 1988 elevou à categoria de crime algumas condutas.[46"]

A pessoa que transgredir a legislação de proteção à fauna responderá administrativamente (processo administrativo), civilmente reparando o dano (ação civil pública) e penalmente (ação penal).

---

45. BRASIL. *Lei 9.605, de 12 de fevereiro de 1998*. Dispõe sobre as sanções penais e administrativas derivadas de condutas e atividades lesivas ao meio ambiente, e dá outras providências. Disponível em: [www.planalto.gov.br/ccivil_03/leis/l9605.htm]. Acesso em: 28.06.2013.

46. FREITAS, Vladimir Passos de; FREITAS, Gilberto Passos de. *Crimes contra a natureza*: de acordo com a Lei 9.605/98. São Paulo: Ed. RT, 2006. p. 87.

12. Crimes contra a fauna

A Lei 9.605, de 12.02.1988,[47] subdividiu os crimes ambientais em cinco seções, a saber: dos crimes contra a fauna (arts. 29-37); dos crimes contra a flora (arts. 38-53); da poluição e outros crimes (arts. 54-61); dos crimes contra o ordenamento urbano e patrimônio cultural (arts. 62-65); e dos crimes contra a Administração Ambiental (arts. 66-69).

O sujeito ativo das infrações penais ambientais pode ser qualquer pessoa física ou jurídica. O sujeito passivo, atualmente, é toda coletividade, depois que o Superior Tribunal de Justiça (STJ) cancelou a Súmula 91/93.[48] A ação penal é de iniciativa exclusiva do Ministério Público, por ser o delito de ação penal pública.[49]

As principais referências à fauna na Lei 9.605/98 estão nos seguintes artigos:

- Agravante na aplicação da pena

"Art. 15: São circunstâncias que agravam a pena, quando não constituem ou qualificam o crime:
[...]
m) com emprego de métodos cruéis para abate e captura de animais."

- Crimes contra a fauna silvestre

"Art. 29: Matar, perseguir, caçar, apanhar, utilizar espécimes da fauna silvestre, nativos ou em rota migratória, sem a devida permissão, licença ou autorização da autoridade competente, ou em desacordo com a obtida.
Pena: detenção de seis meses a um ano, e multa.

---

47. BRASIL. *Lei 9.605, de 12 de fevereiro de 1998*. Dispõe sobre as sanções penais e administrativas derivadas de condutas e atividades lesivas ao meio ambiente, e dá outras providências. Disponível em: [www.planalto.gov.br/ccivil_03/leis/l9605.htm]. Acesso em: 28.06.2013.
48. BRASIL. Superior Tribunal de Justiça. *Súmula 91, de 21/10/1993*. Compete à Justiça Federal processar e julgar os crimes praticados contra a fauna. DJ 26.10.1993 – Cancelada em 08.11.2000. Disponível em: [www.dji.com.br/normas_inferiores/regimento_interno_e_sumula_stj/stj__0091a0120.htm]. Acesso em: 28.06.2013.
49. No Conflito de Competência 114.798/RJ, o STJ assim decidiu em relação à competência para crime contra a fauna. Eis o voto da rel. a Min. Maria Thereza de Assis Moura: "Primeiramente, conheço do conflito, eis que nos termos do art. 105, I, "d", da Constituição Federal, compete ao Superior Tribunal de Justiça julgar, originariamente, os conflitos de competência entre juízes vinculados a tribunais diversos, como ocorre no caso em questão. O presente conflito versa sobre a competência para processar e julgar o crime tipificado no art. 29, § 1º, III, da Lei n. 9.605/98, em razão da apreensão, na casa do autor do fato, de um espécime da fauna silvestre (oryzoborus angolensis, nome vulgar: curió). O Juízo de Direito do Primeiro Juizado Especial de Nova Iguaçu/RJ determinou o encaminhamento dos autos ao Juizado Especial Federal com fulcro no disposto no enunciado n° 91 da Súmula desta Corte. No entanto, mister destacar que, conforme decisões reiteradas da Terceira Seção desta Corte, o mencionado enunciado, editado com base na Lei 5.197/67, foi cancelada com a entrada em vigor da Lei n. 9.605/98. [...] Afastado o disposto no citado enunciado, resta definir, à luz do caso concreto, a competência para processamento e julgamento do feito em questão. [...] Diante do exposto, conheço do conflito para declarar competente o Juízo do Primeiro Juizado Especial Criminal da Comarca de Nova Iguaçu/RJ, ora suscitado." (BRASIL. Superior Tribunal de Justiça. *Conflito de Competência 114.798/RJ*. Suste: Juízo Federal do Primeiro Juizado Especial de Nova Iguaçu – SJ/RJ. Susdo: Juízo de Direito do Primeiro Juizado Especial Criminal de Nova Iguaçu – RJ. rel. Min. Maria Thereza de Assis Moura. J. 14.03.2001. Disponível em: [ww2.stj.jus.br/revistaeletronica/Abre_Documento.asp?sLink=ATC&sSeq=14442727&sReg=201002032280&sData=20110321&sTipo=91&formato=PDF]. Acesso em: 26.06.2013.)

§ 1º: Incorre nas mesmas penas:

I – quem impede a procriação da fauna, sem licença, autorização ou em desacordo com a obtida:

II – quem modifica, danifica ou destrói ninho, abrigo ou criadouro natural;

III – quem vende, expõe à venda, exporta ou adquire, guarda, tem em cativeiro ou depósito, utiliza ou transporta ovos, larvas ou espécimes da fauna silvestre, nativa ou em rota migratória, bem como produtos e objetos dela oriundos, provenientes de criadouros não autorizados ou sem a devida permissão, licença ou autorização da autoridade competente.

§ 2º: No caso da guarda doméstica de espécie silvestre não considerada ameaçada de extinção, pode o Juiz, considerando as circunstâncias, deixar de aplicar a pena.

§ 3º: São espécimes da fauna silvestre todos aqueles pertencentes às espécies nativas, migratórias e quaisquer outras, aquáticas ou terrestres, que tenham todo ou parte de seu ciclo de vida ocorrendo dentro dos limites do território brasileiro, ou águas jurisdicionais brasileiras."

- Aumento de pena

"§ 4º: A pena é aumentada da metade, se o crime é praticado:

I – contra espécie rara ou considerada ameaçada de extinção, ainda que somente no local da infração;

II – em período proibido à caça;

III – durante a noite;

IV – com abuso de licença;

V – em unidade de conservação;

VI – com emprego de métodos ou instrumentos capazes de provocar a destruição em massa.

§ 5º: a pena é aumentada até o triplo se o crime decorre de caça profissional.

§ 6º: as disposições deste artigo não se aplicam aos atos de pesca."

Na visão dos Passos de Freitas, o § 2º do art. 29, da Lei 9.605/98, tem ensejado certa liberalidade da jurisprudência com a guarda doméstica:

"O § 2º do art. 29 da Lei 9.605/98 tem relação direta com o *caput*. Admite, em caso de guarda doméstica de espécime (a lei por engano usa a palavra espécie) silvestre, não considerado ameaçado de extinção que o juiz deixe de aplicar a pena. Procurou o legislador resolver antigo problema: o de milhares de animais, principalmente aves, que são utilizadas em residências como bichos de estimação.[50]"

No entendimento de Luiz Régis Prado:

"As expressões "sem a devida permissão, licença ou autorização da autoridade competente" e "em desacordo com a obtida" constituem elementos normativos do tipo, concernentes à ausência de uma causa de exclusão da ilicitude que, presentes, tornam a conduta lícita.[51]"

A Polícia Ambiental só pode autuar o infrator se tiver delegação de poder do órgão ambiental, caso contrário só pode lavrar o Boletim de Ocorrência (BO). Quando possui delegação de poder, lavra o Auto de Infração (AI), aplica a multa correspondente e, conforme o caso, pode deixar o posseiro como depositário fiel do animal, tendo em vista a dificuldade de um local para abrigar o animal apreendido ou de proceder à soltura.

Os doutrinadores ambientalistas Passos de Freitas nos relatam que:

"Não é raro que o agente seja surpreendido praticando ato de caça com arma de fogo sem possuir a necessária autorização. Nesta hipótese, além do crime ambiental, incorre o infrator nas sanções do art. 14 da Lei 10.826, de 22.12.2003, ou seja, porte ilegal de arma de fogo, crime este inafiançável.[52]"

---

50. FREITAS, Vladimir Passos de; FREITAS, Gilberto Passos de. *Crimes contra a natureza*: de acordo com a Lei 9.605/98. São Paulo: Ed. RT, 2006. p. 99.
51. PRADO, Luiz Régis. *Direito Penal do ambiente*. São Paulo: Ed. RT, 2005. p. 231.
52. FREITAS, Vladimir Passos de; FREITAS, Gilberto Passos de. *Crimes contra a natureza*: de acordo com a Lei 9.605/98. São Paulo: Ed. RT, 2006. p. 97.

No sentido da incidência da causa de aumento, transcreve-se trecho da decisão do Tribunal Regional Federal da 4ª Região (TRF4):

"Penal. Crime contra a fauna. Art. 29 da Lei 9.605/98. Caça de animais silvestres. Ratões do banhado. Prova plena. Autoria demonstrada. Majorante. § 5º. Atividade profissional. Intuito lucrativo. Sentença condenatória integralmente mantida.

1. O conjunto probatório demostrou que os réus promoviam caça predatória quando foram flagrados pela fiscalização ambiental na posse de 36 carcaças de ratões do banhado, 96 peles extraídas dos animais, munição calibre 22 e 14 armadilhas (ratoeiras). 2. Inexistência de dúvida com relação à autoria do delito, tendo em conta a farta prova documental e testemunhal. 3. Restando evidenciado que a atividade visava à obtenção de lucro financeiro, correta a incidência da causa de aumento prevista no § 5º do art. 29 da Lei 9.605/98. 4. Apelo desprovido.[53]"

- Exportação e introdução de animais

"Art. 30: Exportar para o exterior peles e couros de anfíbios e répteis em bruto, sem a autorização da autoridade ambiental competente:

Pena: reclusão, de um a três anos, e multa.

Art. 31: Introduzir espécime animal no País, sem parecer técnico favorável e licença expedida por autoridade competente.

Pena: detenção de três meses a um ano, e multa.[54]"

A expressão "em bruto" significa peles e couros ainda não manufaturados pela indústria. Luiz Régis Prado ensina que esse crime "prevalece sobre o delito previsto no artigo 334 do Código Penal, em razão de sua especificidade".[55]

A introdução no país quer dizer introdução dentro da jurisdição nacional, seja na superfície terrestre, como águas territoriais e espaço aéreo, por embarcação ou aeronave.

- Maus tratos

A primeira legislação de proteção aos animais, o Decreto 24.645/34, definiu 31 figuras típicas de maus-tratos em seu art. 3º.[56] A Lei das Contravenções Penais, em seu

---

53. BRASIL. Tribunal Regional Federal da 4ª Região. *Apelação Criminal 2003.04.01.030669-0/RS*. Apte: Antonio Renato Martins Costa. Apdo: Ministério Público Federal. Rel. Élcio Pinheiro de Castro. DJU 12.11.2003, p. 606. Disponível em: [www2.trf4.jus.br/trf4/controlador.php?acao=consulta_processual_resultado_pesquisa&txtValor=200304010306690&selOrigem=TRF&chkMostrarBaixados=&todasfases=S&selForma=NU&todaspartes=&hdnRefId=a3649b0c95657ea707fe-622614745c1d&txtPalavraGerada=hzwd&txtChave=]. Acesso em: 26.06.2013.
54. BRASIL. *Lei 9.605, de 12 de fevereiro de 1998*. Dispõe sobre as sanções penais e administrativas derivadas de condutas e atividades lesivas ao meio ambiente, e dá outras providências. Disponível em: [www.planalto.gov.br/ccivil_03/leis/l9605.htm]. Acesso em: 28.06.2013.
55. PRADO, Luiz Régis. *Direito Penal do ambiente*. São Paulo: Ed. RT, 2005. p. 243.
56. "A primeira legislação brasileira relativa à crueldade contra os animais foi o Decreto n. 16.590, de 1924, que regulamentava as Casas de Diversões Públicas. Proibia as corridas de touros, garraios e novilhos, e de galos e canários, dentre outras diversões que causavam sofrimento aos animais.

Em 10 de julho de 1934, por inspiração do então ministro da Agricultura, Juarez Távora, o presidente Getúlio Vargas, chefe do Governo Provisório, promulgou o Decreto Federal 24.645, que estabelecia medidas de proteção aos animais. Tinha força de lei, uma vez que o Governo Central avocou a si a atividade legiferante. Em 3 de outubro de 1941, foi baixado o Decreto-Lei 3.688, Lei das Contravenções Penais (LCP), que, em seu art. 64, proibia a crueldade contra os animais. Na época levantou-se uma polêmica em torno do fato de a LCP ter ou não revogado o decreto de Getúlio. A jurisprudência firmou-se no sentido de que em síntese, os preceitos contidos no art. 64 compreendem na sua quase totalidade, todas aquelas modalidades de crueldade contra animais contidas no art. 3º do Decreto 24.645/34.

art. 64 (revogada), fala da crueldade e dos trabalhos excessivos, sem, contudo, defini-los. O Decreto 6.514/08, que regulamentou a Lei de Crimes Ambientais (Lei 9.605/08), não conceituou o que é *maus-tratos* ou *abuso*. Por essa razão, defendo a ideia de que o Decreto 24.645/34 ficou revogado apenas em parte, e que devemos buscar em seu art. 3º essas definições. Embora o site do Planalto informe que esse decreto está revogado, discordo dessa revogação sob o argumento de que lei (decreto com força de lei) não pode ser revogada por decreto (isso ocorreu na era Collor – *vide* nota de rodapé).[57]

No âmbito penal, a Lei não faz distinção entre fauna silvestre, exótica ou doméstica, ao estabelecer seu âmbito de proteção, ao se falar em crueldade. Isso ficou expresso na lei.

"Art. 32: Praticar ato de abuso, maus-tratos, ferir ou mutilar animais silvestres, domésticos ou domesticados, nativos ou exóticos:
Pena: detenção, de três meses a um ano, e multa.
§ 1º: incorre nas mesmas penas quem realiza experiência dolorosa ou cruel em animal vivo, ainda que para fins didáticos ou científicos, quando existirem recursos alternativos.
Aumento de pena:
§ 2º: a pena é aumentada de um sexto a um terço, se ocorre a morte do animal.[58]"

Com a marcha ascensional da cultura e do progresso no Brasil, e estando a proteção animal ligada a vários ministérios, novas leis se fizeram necessárias, como o Código de Pesca (Lei 221, de 28 fevereiro de 1967), Lei de Proteção à Fauna (Lei 5.197, de 3 de janeiro de 1967, alterada e pela Lei 7.653, de 12 de fevereiro 1988), Lei da Vivissecção (lei n. 11.794, de 8 de outubro de 2008.), Lei dos Zoológicos (Lei 7.173, de 14 de dezembro de 1983), Lei dos Cetáceos (Lei 7.643, de 18 de dezembro de 1987), Lei da Inspeção de Produtos de Origem Animal (Lei 7.889, de 23 de novembro de 1989), Lei de Crimes Ambientais (Lei 9.605, de 12 de fevereiro de 1998). Com a marcha ascensional da cultura e do progresso no Brasil, e estando a proteção animal ligada a vários ministérios, novas leis se fizeram necessárias, como o Código de Pesca (Lei 221, de 28 fevereiro de 1967), Lei de Proteção à Fauna (Lei 5.197, de 3 de janeiro de 1967, alterada e pela Lei 7. 653, de 12 de fevereiro de 1988), Lei da Vivissecção (Lei n. 11.794, de 8 de outubro de 2008.), Lei dos Zoológicos (Lei 7.173, de 14 de dezembro de 1983), Lei dos Cetáceos (Lei 7.643, de 18 de dezembro de 1987), Lei da Inspeção de Produtos de Origem Animal (Lei 7.889, de 23 de novembro de 1989), Lei de Crimes Ambientais (Lei 9.605, de 12 de fevereiro de 1998)." (DIAS, Edna Cardozo. *Tutela jurídica dos animais*. Belo Horizonte: Mandamentos, 2000. p. 155).

57. Inicialmente, os atentados contra os animais eram tipificados como contravenção penal, e os perpetradores, geralmente, ficavam impunes, protegidos que estavam pelo Decreto 24.645/34 e pelo art. 64 da LCP.
O Decreto 24.645/34, único diploma legal regulamentador da crueldade contra os animais, sempre teve existência polêmica e nunca teve a força necessária para coibir os delitos. Inicialmente, era alegada a sua revogação pelo art. 64 da LCP, tese rechaçada pela doutrina. Posteriormente, foi revogado pelo ex-Presidente Collor, no infeliz Decreto 11, de 18.01.1991. Apesar de esse decreto ter sido revogado pelo Decreto 761, em 19.02.1993, o § 3º, do art. 2º, do Código Civil suscita dúvidas sobre a sua vigência. Não obstante entendermos que o mesmo argumento que levou a jurisprudência e a doutrina a concluírem que o art. 64 da LCP não revogou o Decreto 24.645/34, uma vez que uma lei não pode ser revogada por um decreto, tornou-se cada vez mais urgente um novo diploma, cuja vigência fosse pacífica e que estabelecesse penas mais eficazes. Hoje temos a Lei 9.605/98.
Quando, por fim, o Congresso Nacional aprovou a Lei de Crimes Ambientais – Lei 9.605, de 12.02.1998 –, acolheu-se a proteção indistinta dos animais, em seu art. 32, além de manter a proteção dos animais silvestres.

58. BRASIL. *Lei 9.605, de 12 de fevereiro de 1998*. Dispõe sobre as sanções penais e administrativas derivadas de condutas e atividades lesivas ao meio ambiente, e dá outras providências. Disponível em: [www.planalto.gov.br/ccivil_03/leis/l9605.htm]. Acesso em: 28.06.2013.

Em 8 de outubro de 2008, foi promulgada a lei sobre uso de animais em experimentos, a Lei 11.794, que regulamenta o inciso VII do § 1º do art. 225 da CRFB/88, estabelecendo procedimentos para o uso científico de animais e revogando a Lei 6.638, de 08.05.1979. A criação e a utilização de animais em atividades de ensino e pesquisa científica, em todo o território nacional, devem obedecer aos critérios estabelecidos nessa lei.

Segundo a Lei 11.794/08, são consideradas atividades de pesquisa científica todas aquelas relacionadas com ciência básica, ciência aplicada, desenvolvimento tecnológico, produção e controle da qualidade de drogas, medicamentos, alimentos, imunobiológicos, instrumentos, ou quaisquer outros testados em animais, conforme definido em regulamento próprio. Dessa forma, para se mover uma ação penal no caso de experimentos com os animais, necessário se faz descrever o experimento realizado e comprovar a existência de métodos alternativos correspondentes.

Em decisão pioneira, na Ação Civil Pública 5009684-86.2013.404.7200/SC, movida pelo Instituto Abolicionista Animal, representado pela advogada Danielle Tetu Rodrigues, a Universidade Federal de Santa Catarina (UFSC) não poderá usar animais em aulas práticas do curso de Medicina, sob pena de multa de R$ 100 mil por uso indevido de animal. A determinação é do juiz Marcelo Krás Borges, da Vara Federal Ambiental de Florianópolis. O juiz sentenciou que a UFSC não pode alegar falta de recursos para aquisição e emprego de meios alternativos.

Segundo o juiz Krás Borges, em decisão proferida em 27.05.2013, "O princípio da reserva do possível somente pode ser aplicado quando existente um bem jurídico a ser preservado". Para ele "no caso concreto, a universidade está a economizar seus recursos para, em troca, dar tratamento cruel aos animais, utilizando-os em experiências científicas ou terapêuticas". O juiz citou, ainda, a jurisprudência referente às rinhas de galo e espetáculos de circo com animais.[59]

Em sua defesa, a UFSC alegou que estaria substituindo os animais por outros equipamentos, mas que dependeria de dotação orçamentária. No Agravo de Instrumento interposto pela Universidade no TRF4, em Porto Alegre, a relatora Des. Fed. Vivian Josete Pantaleão Caminha decidiu que:

> "Assim, atenta às regras orçamentárias, mas sensível à necessidade de promover-se a proteção à fauna, em seus aspectos mais amplos, *mantenho a determinação de que a utilização de animais vivos seja substituída por métodos alternativos em aulas práticas e pedagógicas no Curso de Medicina, porém defiro o prazo de 90 (noventa) dias para o cumprimento da ordem judicial, após o que incidirá multa de R$ 5.000,00 (cinco mil reais) por cada animal indevidamente utilizado, porquanto excessivo o valor anteriormente arbitrado.* (grifo no original).[60]"

---

59. SANTA CATARINA. Justiça Federal do Estado de Santa Catarina. Vara Ambiental Federal de Florianópolis. *Ação Civil Pública 5009684-86.2013.404.7200/SC*. Autor: Instituto Abolicionista Animal. Réu: Universidade Federal de Santa Catarina – UFSC. Juiz Federal Marcelo Krás Borges. D. 27.05.2013. Disponível em: [https://eproc.jfsc.jus.br/eprocV2/controlador.php?acao=acessar_documento_publico&doc=721369689470923160240000000001&evento=721369689470923160240000000001&key=899e7e741429d9ff52b7f88c924b3e14a18d81bfe188f049444072e609432656]. Acesso em: 26.06.2013.

60. SANTA CATARINA. Tribunal Regional Federal da 4ª Região. *Agravo de Instrumento 5012997-24.2013.404.0000*. Agte: Universidade Federal do Rio Grande do Sul (UFRS). Agdo: Instituto

Outra ocorrência que vem se tornando comum nas faculdades é requerer o direito de objeção de consciência para se desobrigar de praticar experimentos com animais em diversos cursos que o praticam. Objeção de consciência é o direito que cada um tem de não cumprir obrigações ou praticar atos que conflitem com sua consciência.

A primeira ação de que se teve notícia sobre objeção de consciência (Ação Ordinária 2007.71.00.0198820) foi movida por um estudante de biologia da Universidade Federal do Rio Grande do Sul (UFRGS). Essa foi a decisão, em sede de recurso de apelação, do TRF4:

> "Ementa: Curso de ciências biológicas. Participação em aulas práticas com uso de animais. Objeção de consciência.
>
> Não é razoável que, no curso de ciências biológicas, deva a Universidade dispensar tratamento diferenciado aos acadêmicos que possuírem objeção de consciência no curso em que matriculados, e adaptar o currículo de acordo com as convicções pessoais dos alunos, sob pena de inviabilizar a instituição de ensino, sobretudo, quando não há notícias de abuso na utilização de animais para uso acadêmico, apenas e tão-só a obrigação legal do ensino, da pesquisa e formação competente do profissional egresso das classes de universidades conceituadas como a recorrente.[61]"

No que diz respeito à pesca, sua criminalização está prevista na Lei 9.605/98 e se dá nos seguintes casos:

> "Art. 33. Provocar, pela emissão de efluentes ou carreamento de materiais, o perecimento de espécimes da fauna aquática existentes em rios, lagos, açudes, lagoas, baías ou águas jurisdicionais brasileiras:
>
> Pena – detenção, de um a três anos, ou multa, ou ambas cumulativamente.
>
> Parágrafo único. Incorre nas mesmas penas:
>
> I – quem causa degradação em viveiros, açudes ou estações de aqüicultura de domínio público;
>
> II – quem explora campos naturais de invertebrados aquáticos e algas, sem licença, permissão ou autorização da autoridade competente;
>
> III – quem fundeia embarcações ou lança detritos de qualquer natureza sobre bancos de moluscos ou corais, devidamente demarcados em carta náutica.
>
> Art. 34. Pescar em período no qual a pesca seja proibida ou em lugares interditados por órgão competente:
>
> Pena – detenção de um ano a três anos ou multa, ou ambas as penas cumulativamente.
>
> Parágrafo único. Incorre nas mesmas penas quem:
>
> I – pesca espécies que devam ser preservadas ou espécimes com tamanhos inferiores aos permitidos;
>
> II – pesca quantidades superiores às permitidas, ou mediante a utilização de aparelhos, petrechos, técnicas e métodos não permitidos;
>
> III – transporta, comercializa, beneficia ou industrializa espécimes provenientes da coleta, apanha e pesca proibidas.

Abolicionista Animal. Rel: Des. Fed. Vivian Josete Pantaleão Caminha. D. 21.06.2013. Disponível em: [https://eproc.trf4.jus.br/eproc2trf4/controlador.php?acao=acessar_documento_publico&doc=41372263488859941110000000358&evento=41372263488859941110000000202&key=4f6f36050b30621160e45d0f5d151e7c3985b1f500d94943dee02c0c81fc742a]. Acesso em: 27.06.2013.

61. SANTA CATARINA. Tribunal Regional Federal da 4ª Região. *Apelação/Reexame necessário 2007.71.00.0198820*. Apte: Universidade Federal do Rio Grande do Sul (UFRS). Apdo: Róber Freitas Bachinski. Rel: Des. Federal Jorge Antonio Maurique. 4ª Turma. D. 08.11.2010. Disponível em: [www2.trf4.gov.br/trf/processos/visualizar_documento_gedpro.php?local=trf4&documento=3787484&hash=5a4c520b588edee3326da5a69b57478f]. Acesso em: 24.05.2013.

Art. 35. Pescar mediante a utilização de:

I – explosivos ou substâncias que, em contato com a água, produzam efeito semelhante;

II – substâncias tóxicas, ou outro meio proibido pela autoridade competente:

Pena – reclusão de um ano a cinco anos.[62]"

Por pesca entende-se (art. 36, Lei 9.605/98) todo ato tendente a retirar, extrair coletar, apanhar, apreender ou capturar espécies dos grupos de peixe, crustáceos, moluscos, vegetais hidróbios. Não importa se são ou não susceptíveis de aproveitamento econômico.

De acordo com o disposto no art. 2º do Decreto 221/67, Código de Pesca, a pesca pode ser comercial, desportiva ou científica. Pesca comercial é a que tem por finalidade atos comerciais. A desportiva é aquela praticada com linha de mão, mergulho ou outros meios permitidos; a científica se realiza unicamente com fins de pesquisa por instituições ou pessoas autorizadas.

As penas para a pesca com explosivos e substâncias tóxicas são mais severas, já que esses crimes podem aniquilar a fauna e a saúde humana, devido às graves consequências ambientais.

Luiz Régis Prado cita a seguinte jurisprudência relativa a crimes de pesca:

"Crimes contra o meio ambiente – art. 34 da Lei 9.605/1998. Acusado que, em período proibido, utilizando-se de tarrafa, e surpreendido com apenas cinco peixes equivalentes a meio quilo. Configuração. Reconhecimento do princípio da insignificância – Impossibilidade: – configura o delito do art. 34 da Lei 9.605/98, a conduta do acusado que, utilizando-se de tarrafa, é surpreendido em período proibido, com apenas cinco peixes equivalentes a meio quilo, sendo impossível o reconhecimento do princípio da insignificância, uma vez que em tal hipótese pratica o agente crime contra o meio ambiente, não importando a quantidade de peixes pescados, nem mesmo a captura. (TACrimSP-AC 1334243/5 – 2ª Cam. rel. Oliveira Passos – j. 30.01.2003).[63]"

A complementar os crimes de pesca, o seguinte julgado:

"Penal. Crime ambiental. Pesca predatória em período e local proibidos. art. 34, *caput*, e incisos I e II do Par. único, da Lei n. 9.605/98. Mar territorial. Competência da Justiça Federal. Princípio da insignificância. Inaplicabilidade.

1. Os crimes praticados junto aos Molhes da Barra de Rio Grande/RS, os quais estão situados na faixa litorânea do mar territorial brasileiro, por afetarem bem da União, estão compreendidos na competência da Justiça Federal, nos termos do art. 109, IV, da CF/88 e art. 1º da Lei n. 8.617/93.

2. A pesca predatória praticada em período e local proibidos independe da quantidade de espécimes capturados, ou seja, da relevância do resultado, tendo em vista que o dano ambiental não pode ser quantificado, sendo inaplicável o Princípio da Insignificância.[64]"

O abate do animal não é considerado crime nos seguintes casos:

"Art. 37: Não é crime o abate de animal, quando realizado:

I – em estado de necessidade, para saciar a fome do agente ou de sua família;

---

62. BRASIL. Lei 9.605, de 12 de fevereiro de 1998. Dispõe sobre as sanções penais e administrativas derivadas de condutas e atividades lesivas ao meio ambiente, e dá outras providências. Disponível em: [www.planalto.gov.br/ccivil_03/leis/l9605.htm]. Acesso em: 28.06.2013.
63. PRADO, Luiz Régis. *Direito Penal do ambiente*. São Paulo: Ed. RT, 2005. p. 287.
64. RIO GRANDE DO SUL. Tribunal Regional Federal da 4ª Região. *Apelação Criminal 200471010027670/RS*. Apte: Ministério Público Federal. Apdo: Marco Antonio Fagundes de Araújo. Rel: Luiz Fernando Wowk Penteado. 8ª T. D. 29.06.2005, p. 831. Disponível em: [www2.trf4.gov.br/trf4/processos/visualizar_documento_gedpro.php?local=trf4&documento=669020&hash=bc58f927ec5eda-7cd8bfee16c209836d]. Acesso em: 25.05.2013.

II – para proteger lavouras, pomares e rebanhos da ação predatória ou destruidora de animais, desde que legal e expressamente autorizado pela autoridade competente;

III – vetado

IV – por ser nocivo o animal, desde que assim caracterizado pelo órgão competente.[65]"

- Mortandade de animais

"Art. 54: Causar poluição de qualquer natureza em níveis tais que resultem ou possam resultar em danos à saúde humana, ou que provoquem a mortandade de animais ou a destruição significativa da flora.

Pena: reclusão, de um a quatro anos, e multa.

Crime culposo:

Pena: detenção, de seis meses a um ano, e multa."

- Disseminar doença ou praga

"Art. 61: Disseminar doença ou praga ou espécies que possam causar dano à agricultura, à pecuária, à fauna, à flora ou aos ecossistemas.

Pena: reclusão, de um a quatro anos, e multa."

As decisões mais importantes a mencionar foram as proferidas pelo Supremo Tribunal Federal. Após a promulgação da CRFB/88, o STF se pronunciou sobre a "Farra do Boi", as rinhas de galo, as vaquejadas; dentre outros temas relevantes sobre direito dos animais.

Em 1997, o caso que ficou conhecido como "Farra do Boi" foi o primeiro a chegar aos tribunais brasileiros. A "Farra do Boi" é uma das maiores atrocidades cometidas contra os animais no Brasil. Todos os anos, durante a Semana Santa, no Estado de Santa Catarina, descendentes de açorianos, associando o boi a entidades pagãs, supliciam este animal até a morte, representando seu linchamento a vitória do cristianismo sobre os mouros.

O referido caso chegou ao STF na forma do Recurso Extraordinário nº 153.531/SC, interposto pela Associação dos Amigos de Petrópolis – Património, Proteção aos Animais e Defesa da Ecologia (Apande) e outros, tendo como relator o Ministro Francisco Resek.[66] E teve o seguinte julgamento:

Ementa

"Costume – Manifestação cultural – Estímulo – Razoabilidade – Preservação da fauna e da flora – Animais – Crueldade. A obrigação de o Estado garantir a todos o pleno exercício de direitos culturais, incentivando a valorização e a difusão das manifestações, não prescinde da observância da norma do inciso VII do art. 225 da Constituição Federal, no que veda prática que acabe por submeter os animais à crueldade. Procedimento discrepante da norma constitucional denominado "farra do boi."

Acórdão

Vistos, relatados e discutidos estes autos, acordam os Ministros do Supremo Tribunal Federal, em segunda turma, na conformidade da ata do julgamento e das notas taquigráficas, por maioria de votos, em conhecer do recurso e lhe dar provimento, nos termos do voto do relator, vencido o Senhor Ministro Maurício Corrêa. Brasília, 3 de junho de 1997. Néri da Silveira.[67]"

---

65. BRASIL. *Lei 9.605, de 12 de fevereiro de 1998*. Dispõe sobre as sanções penais e administrativas derivadas de condutas e atividades lesivas ao meio ambiente, e dá outras providências. Disponível em: [www.planalto.gov.br/ccivil_03/leis/l9605.htm]. Acesso em: 28.06.2013.

66. BRASIL. Supremo Tribunal Federal. Jurisprudência. *Recurso Extraordinário nº 153.531 – Diário da Justiça – 13/03/1998*. Disponível em: [http://www2.stf.jus.br/portalStfInternacional/cms/verConteudo.php?sigla=portalStfJurisprudencia_pt_br&idConteudo=185142&modo=cms]. Acesso em: 23.10.2019.

67. BRASIL. Supremo Tribunal Federal. *Recurso Extraordinário* 153.531/SC. Recte: APANDE-Associação Amigos de Petrópolis Patrimônio Proteção aos Animais e Defesa da Ecologia e outros. Recdo:

A questão das brigas de galo chegou ao STF depois que três diferentes Estados brasileiros promulgaram legislação permitindo e regulando a briga de galo.

Proposta pelo então Procurador-Geral da República, Geraldo Brindeiro, em 2001, a ADI 2.514-7/SC foi ensejada pela edição da Lei 11.344/00 do Estado de Santa Catarina, que regulamentava a briga de galo. A ação teve como relator o Ministro Eros Grau, sendo declarada, por unanimidade, a inconstitucionalidade da lei estadual:

> EMENTA
> "AÇÃO DIRETA DE INCONSTITUCIONALIDADE. LEI 11.366/00 DO ESTADO DE SANTA CATARINA. ATO NORMATIVO QUE AUTORIZA E REGULAMENTA A CRIAÇÃO E EXPOSIÇÃO DE AVES DE RAÇA E A REALIZAÇÃO DE "BRIGAS DE GALO"
> A sujeição da vida animal a experiência de crueldade não é compatível com a Constituição do Brasil. Precedentes da Corte. Pedido de declaração de inconstitucionalidade julgado procedente.[68"]

Outra ação sobre o mesmo tema foi também proposta pelo PGR. Desta vez, a Lei 2.895/98 do Estado do Rio de Janeiro, autorizando brigas de galo e disciplinando a realização de competição entre "galos combatentes", ensejou a propositura de um ADI no STF.[69]

Na ADI 1856/RJ, o Plenário do STF considerou inconstitucional a referida lei estadual:

> "CONSTITUCIONAL. MEIO-AMBIENTE. ANIMAIS: PROTEÇÃO:CRUELDADE. "BRIGA DE GALOS". I. – A Lei 2.895, de 20.03.98, do Estado do Rio de Janeiro, ao autorizar e disciplinar a realização de competições entre "galos combatentes", autoriza e disciplina a submissão desses animais a tratamento cruel, o que a Constituição Federal não permite: C.F., art. 225, § 1º, VII. II. – Cautelar deferida, suspendendo-se a eficácia da Lei 2.895, de 20.03.98, do Estado do Rio de Janeiro. (STF-ADIMC-1856 / RJ – Relator Ministro Carlos Velloso – DJ 22-09-00 pág.00069)[70"]

Mais recentemente, a questão da vaquejada foi apreciada pelo STF na ADI 4.983/CE, proposta pelo então Procurador-Geral da República, Rodrigo Janot[71], que motivou a edição da Emenda Constitucional 96/17, anteriormente mencionada.

As vaquejadas têm origem nos Estados do Nordeste. Espetáculo genuinamente brasileiro, a vaquejada nasceu na cidade de Santo Antão, em Pernambuco. Nela, dois vaqueiros, um denominado puxador e o outro esteireiro, montados em cavalos, acompanham um

---

Estado de Santa Catarina. Rel: Min. Francisco Rezek. Rel. p/ Acórdão: Min. Marco Aurélio. 2ª T. J. 03.06.1997. Disponível em: [http://reBriga de glodir.stf.jus.br/paginadorpub/paginador.jsp?docTP=AC&docID=211500]. Acesso em: 29.05.2013. p. 388.

68. BRASIL. Supremo Tribunal Federal. *ADI 2.514-7/SC*. Reqte: Procurador-Geral da República. Reqdo: Assembleia Legislativa do Estado de Santa Catarina. Rel: Min. Eros Grau. J. 29.06.2005. Disponível em: [http://redir.stf.jus.br/paginadorpub/paginador.jsp?docTP=AC&docID=266833]. Acesso em: 26.10.2019.

69. BRASIL. Supremo Tribunal Federal. Notícias. *Lei fluminense que regula briga de galo é inconstitucional, decide STF*. 26 maio 2011. Disponível em: [http://www.stf.jus.br/portal/cms/verNoticiaDetalhe.asp?idConteudo=180541]. Acesso em: 13.04.2020.

70. BRASIL. Supremo Tribunal Federal. *ADI 1856/RJ*. Reqte: Procurador-Geral da República. Reqdo: Assembleia Legislativa do Estado do Rio de Janeiro. Rel: Min. Celso de Mello. J. 26.05.2011. Disponível em: [http://portal.stf.jus.br/processos/downloadTexto.asp?id=2783767&ext=RTF]. Acesso em: 13.04.2020.

71. JANOT, Rodrigo. [Propositura da ADI n. 227.175/2017]. *Revista Brasileira de Direito Animal*, Salvador, v. 12, n. 3, 2017. Disponível em: [https://portalseer.ufba.br/index.php/RBDA/article/view/24399/15025]. Acesso em: 26.03.2018.

boi desde a saída da sangra (*box* feito para a largada da rês) até a faixa de julgamento. Ali, devem tombar o boi ao chão, arrastando-o brutalmente, até que mostre as quatro patas.[72]

Em 06.10.2016, o STF julgou como inconstitucional a Lei 15.299/13 do Estado do Ceará que reconhecia a vaquejada como esporte e patrimônio cultural:

> "VAQUEJADA – MANIFESTAÇÃO CULTURAL – ANIMAIS – CRUELDADE MANIFESTA – PRESERVAÇÃO DA FAUNA E DA FLORA – INCONSTITUCIONALIDADE. A obrigação de o Estado garantir a todos o pleno exercício de direitos culturais, incentivando a valorização e a difusão das manifestações, não prescinde da observância do disposto no inciso VII do artigo 225 da Carta Federal, o qual veda prática que acabe por submeter os animais à crueldade. Discrepa da norma constitucional a denominada vaquejada.
>
> Vistos, relatados e discutidos estes autos, acordam os Ministros do Supremo Tribunal Federal em julgar procedente o pedido formulado para declarar a inconstitucionalidade da Lei nº 15.299/2013, do Estado do Ceará, nos termos do voto do relator e por maioria, em sessão presidida pela Ministra Cármen Lúcia, na conformidade da ata do julgamento e das respectivas notas taquigráficas. Brasília, 6 de outubro de 2016.[73]"

No entanto, essa decisão não colocou fim à prática cruel das vaquejadas. Conforme se verá no próximo item, normas posteriores selaram um retrocesso não somente nessa, mas também em outras práticas, dita esportivas, que envolvem animais, ensejando, menos de um ano depois, a propositura da ADI 5772/DF.

Retomando as decisões mais importantes proferidas pelo STF na seara do Direito Animal, em 22.07.2004, o governo do Rio Grande do Sul promulgou a Lei 12.131/04, que acrescentou parágrafo único ao art. 2º da Lei 11.915/13 – do Código Estadual de Proteção aos Animais – para excluir da tutela legal prevista os animais sacrificados em ritos religiosos.

O tema chegou ao STF por meio do Recurso Extraordinário 494.601/RS, interposto pelo Ministério Público do Rio Grande do Sul (MP-RS) contra decisão do Tribunal de Justiça estadual (TJ-RS), que negou pedido de declaração de inconstitucionalidade da Lei estadual 12.131/04. No STF, entre outros argumentos, o MP-RS sustentou que a lei estadual trata de matéria de competência privativa da União, além de restringir a exceção às religiões de matriz africana. O STF proferiu a seguinte decisão:

> "Decisão: O Tribunal, por maioria, negou provimento ao recurso extraordinário, nos termos do voto do Ministro Edson Fachin, Redator para o acórdão, vencidos, em parte, os Ministros Marco Aurélio (Relator), Alexandre de Moraes e Gilmar Mendes, que também admitiam a constitucionalidade da lei, dando-lhe interpretação conforme. Em seguida, por maioria, fixou-se a seguinte tese: "É constitucional a lei de proteção animal que, a fim de resguardar a liberdade religiosa, permite o sacrifício ritual de animais em cultos de religiões de matriz africana", vencido o Ministro Marco Aurélio. Não participaram da fixação da tese os Ministros Ricardo Lewandowski e Gilmar Mendes. Ausente, justificadamente, o Ministro Celso de Mello. Presidência do Ministro Dias Toffoli. Plenário, 28.03.2019.[74]"

---

72. DIAS, Edna Cardozo. *Tutela jurídica dos animais*. Belo Horizonte: Mandamentos, 2000. p. 201.
73. BRASIL. Supremo Tribunal Federal. *ADI 4.983/CE*. Reqte: Procurador-Geral da República. Intdo: Governador do Estado do Ceará. Intdo: Assembleia Legislativa do Estado do Ceará. Rel: Min. Marco Aurélio. J. 06.10.2016. Disponível em: [http://redir.stf.jus.br/paginadorpub/paginador.jsp?docTP=TP&docID=12798874]. Acesso em: 25.10.2019.
74. BRASIL. Supremo Tribunal Federal. *Recurso Extraordinário 494.601/RS*. Recte: Ministério Público do Estado do Rio Grande do Sul. Recdo: Governador do Estado do Rio Grande do Sul. Rel: Min. Marco Aurélio. J. 28.03.2019. Disponível em: [http://portal.stf.jus.br/processos/detalhe.asp?incidente=2419108]. Acesso em: 13.04.2020.

A questão do racismo foi o argumento de peso para a decisão. Conquanto a questão do racismo seja de suma relevância, entendo que a Constituição tem que ser examinada como um todo, e o capítulo da cultura (art. 215) deve ser cotejado com o capítulo do meio ambiente (art. 225), o que me leva a discordar da decisão do STF, uma vez que fere direitos fundamentais individuais dos animais de não serem submetidos a crueldade.[75]

13. ADI 5772/DF

Por se insurgir contra uma emenda constitucional e duas leis, optamos por tratar, em item apartado, da ADI 5772/DF.

Conforme visto no item anterior, em 06.10.2016, na ADI 4.983/CE, proposta pelo então Procurador-Geral da República, Rodrigo Janot, o STF julgou como inconstitucional a Lei 15.299/13 do Estado do Ceará que reconhecia a vaquejada como esporte e patrimônio cultural:

Não obstante a decisão do STF na ADI 4.983/CE, em 06.10.2016, reconhecendo a inconstitucionalidade da referida lei estadual, no mês seguinte, em 29.11.2016, o Congresso Nacional editou a Lei 13.364/16, que eleva a prática de vaquejada à condição de patrimônio cultural imaterial.

O texto original da Lei 13.364/16 estabelece o seguinte:

> "Eleva o Rodeio, a Vaquejada, bem como as respectivas expressões artístico-culturais, à condição de manifestação cultural nacional e de patrimônio cultural imaterial.
>
> Art. 1º Esta Lei eleva o Rodeio, **a Vaquejada**, bem como as respectivas expressões artístico-culturais, à condição de **manifestações da cultura nacional e de patrimônio cultural imaterial**.
>
> Art. 2º O Rodeio, a Vaquejada, bem como as respectivas expressões artístico-culturais, passam a ser consideradas manifestações da cultura nacional.
>
> Art. 3º Consideram-se patrimônio cultural imaterial do Brasil o Rodeio, a Vaquejada e expressões decorrentes, como:
>
> I – montarias;
>
> II – provas de laço;
>
> III – apartação;
>
> IV – bulldog;
>
> V – provas de rédeas;
>
> VI – provas dos Três Tambores, Team Penning e Work Penning;
>
> VII – paleteadas; e
>
> VIII – outras provas típicas, tais como Queima do Alho e concurso do berrante, bem como apresentações folclóricas e de músicas de raiz.
>
> Art. 4º Esta Lei entra em vigor na data de sua publicação[76]" (grifos nossos).

---

75. DIAS, Edna Cardozo. 30 anos de direito dos animais o plano jurisprudencial. *Fórum de Direito Urbano e Ambiental – FDUA*, Belo Horizonte, ano 18, n. 108, p. 9-15, nov.-dez. 2019.
76. BRASIL. *Lei 13.364, de 29 de novembro de 2016*. Reconhece o rodeio, a vaquejada e o laço, bem como as respectivas expressões artísticas e esportivas, como manifestações culturais nacionais; eleva essas atividades à condição de bens de natureza imaterial integrantes do patrimônio cultural brasileiro; e dispõe sobre as modalidades esportivas equestres tradicionais e sobre a proteção ao bem-estar animal. (Redação dada pela Lei nº 13.873, de 2019). Disponível em: [http://www.planalto.gov.br/ccivil_03/_ato2015-2018/2016/lei/L13364.htm]. Acesso em: 14.04.2020.

Ainda, em 06.06.2017, o Congresso Nacional editou a Emenda Constitucional 96, em cujo texto excetua as práticas desportivas que utilizem animais quando essas forem consideradas "manifestações culturais" e que forem "registradas como bem de natureza imaterial integrante do patrimônio cultural brasileiro".

A EC 96/17, de 06.06.17 estabelece o seguinte:

> "Acrescenta § 7º ao art. 225 da Constituição Federal para determinar que práticas desportivas que utilizem animais não são consideradas cruéis, nas condições que especifica.
>
> As Mesas da Câmara dos Deputados e do Senado Federal, nos termos do § 3º do art. 60 da Constituição Federal, promulgam a seguinte Emenda ao texto constitucional:
>
> **Art. 1º O art. 225 da Constituição Federal passa a vigorar acrescido do seguinte § 7º:**
>
> "Art. 225. ....
>
> ....
>
> § 7º Para fins do disposto na parte final do inciso VII do § 1º deste artigo, **não se consideram cruéis as práticas desportivas que utilizem animais, desde que sejam manifestações culturais**, conforme o § 1º do art. 215 desta Constituição Federal, registradas como bem de natureza imaterial integrante do patrimônio cultural brasileiro, devendo ser regulamentadas por lei específica que assegure o bem-estar dos animais envolvidos." (NR)
>
> Art. 2º Esta Emenda Constitucional entra em vigor na data de sua publicação. Brasília, em 6 de junho de 2017[77] (grifos nossos)."

Pelo disposto na EC 96/17, a vaquejada, conceituada como "manifestação cultural" pela Lei 13.364/16, não seria considerada prática que "submeta[m] os animais a crueldade", conforme vedação contida no inc. VII do § 1º do art. 225 da CRFB/88.

Em face da edição de ditas normas, o então Procurador-Geral da República, Rodrigo Janot, propôs Ação Direta de Inconstitucionalidade (ADI 5772/DF) contra a Emenda Constitucional 96, de 06.06.2017; contra a expressão "Vaquejada", nos arts. 1º, 2º e 3º da Lei 13.364, de 29.11.2016; e também contra a expressão "as vaquejadas", no art. 1º, parágrafo único, da Lei 10.220, de 11.04.2001. Veja-se a inicial:

> "O **Procurador-Geral da República**, com fundamento nos artigos 102, inciso I, alíneas a e p, 103, inc. VI, e 129, inc. IV, da Constituição da República, no art. 46, parágrafo único, inc. I, da Lei Complementar 75, de 20 de maio de 1993 (Lei Orgânica do Ministério Público da União), e na Lei 9.868, de 10 de novembro de 1999, propõe **ação direta de inconstitucionalidade, com pedido de medida cautelar**, em face da (i) **Emenda Constitucional 96, de 6 de junho de 2017**, segundo a qual práticas desportivas que utilizem animais não são consideradas cruéis, nas condições que especifica; (ii) **expressão "Vaquejada", nos artigos 1º, 2º e 3º da Lei 13.364, de 29 de novembro de 2016**, que eleva a prática de vaquejada à condição de patrimônio cultural imaterial brasileiro; e (iii) **expressão "as vaquejadas", no art. 1º, parágrafo único, da Lei 10.220, de 11 de abril de 2001**, que institui normas gerais relativas à atividade de peão de rodeio e o equipara a atleta profissional.[78] (grifos no original)"

A Lei 10.220, de 11.04.2001, foi incluída no pedido por considerar o peão de rodeio atleta profissional que participa entre outras práticas, das vaquejadas:

---

77. BRASIL. *Emenda Constitucional 96, de 6 de junho de 2017*. Acrescenta § 7º ao art. 225 da Constituição Federal para determinar que práticas desportivas que utilizem animais não são consideradas cruéis, nas condições que especifica. Disponível em: [http://www.planalto.gov.br/ccivil_03/constituicao/Emendas/Emc/emc96.htm]. Acesso em: 14.04.2020.

78. JANOT, Rodrigo. Nº 227.175/2017-AsJConst/SAJ/PGR [Propositura de ADI]. *Revista Brasileira de Direito Animal*, Salvador, v. 12, n. 3, 2017. Disponível em: [https://portalseer.ufba.br/index.php/RBDA/article/view/24399/15025]. Acesso em: 26.03.2018.

"Art. 1º Considera-se atleta profissional o peão de rodeio cuja atividade consiste na participação, mediante remuneração pactuada em contrato próprio, em provas de destreza no dorso de animais equinos ou bovinos, em torneios patrocinados por entidades públicas ou privadas.

Parágrafo único. **Entendem-se como provas de rodeios as montarias em bovinos e equinos, as vaquejadas** e provas de laço, promovidas por entidades públicas ou privadas, além de outras atividades profissionais da modalidade organizadas pelos atletas e entidades dessa prática esportiva.[79] (grifo nosso)"

Na peça inicial, o PGR afirma que a "Emenda Constitucional 96/2017 fere direitos fundamentais e um dos objetivos centrais da República Federativa do Brasil. Em consequência, afronta a cláusula pétrea do art. 60, § 4º, IV, da lei fundamental brasileira e sujeita-se a controle concentrado de constitucionalidade".

Depois, destaca que "A estreita associação entre a tutela constitucional do ambiente (aí incluída, naturalmente, a proteção da flora e da fauna), os direitos fundamentais e a dignidade humana foi bem percebida por diferentes ministros no voto que proferiram na ADI 4.983/CE."

E recorda, "[...] por oportuno, a observação que fez o eminente Ministro Néri da Silveira, quando do julgamento do RE 153.531/SC".

Ao final de sua fundamentação, Rodrigo Janot conclui:

"Não há dúvida de que **costumes cruéis como vaquejadas**, brigas de galo, a farra do boi e atividades análogas **colidem com a Constituição da República, principalmente com o art. 225, § 1º, VII**. A jurisprudência do Supremo Tribunal Federal é pacífica em que a preservação do ambiente deve prevalecer sobre práticas e esportes que subjuguem animais em situações indignas, violentas e cruéis. Essas manifestações, não obstante sua importância cultural, devem ceder passo ao estágio civilizatório mais elevado (ao menos em alguns aspectos), que a Constituição de 1988 busca construir.[80]"

E, apontando a existência de "precedentes do Supremo Tribunal Federal em prol da tese que fundamenta a inconstitucionalidade da admissão legal de vaquejadas e outras práticas de maltrato a animais", faz seu pedido:

"Urge a **suspensão cautelar** da eficácia das normas da emenda constitucional e das leis federais aqui apontadas, pois **permitem e incentivam manutenção de prática extremamente cruel aos animais**, consoante reconheceu em recente julgado o Supremo Tribunal Federal (ADI 4.983/CE).[81]"

Proposta em 06.09.2017, a ADI 5772/DF aguarda, há mais de dois anos, por julgamento.[82]

---

79. BRASIL. *Lei 10.2020, de 11 de abril de 2001*. Institui normas gerais relativas à atividade de peão de rodeio, equiparando-o a atleta profissional. Disponível em: [http://www.planalto.gov.br/ccivil_03/leis/leis_2001/L10220.htm]. Acesso em: 14.04.2020.

80. JANOT, Rodrigo. Nº 227.175/2017-AsJConst/SAJ/PGR [Propositura de ADI]. *Revista Brasileira de Direito Animal*, Salvador, v. 12, n. 3, 2017. Disponível em: [https://portalseer.ufba.br/index.php/RBDA/article/view/24399/15025]. Acesso em: 26.03.2018. p. 195.

81. JANOT, Rodrigo. Nº 227.175/2017-AsJConst/SAJ/PGR [Propositura de ADI]. *Revista Brasileira de Direito Animal*, Salvador, v. 12, n. 3, 2017. Disponível em: [https://portalseer.ufba.br/index.php/RBDA/article/view/24399/15025]. Acesso em: 26.03.2018. p. 196.

82. BRASIL. Supremo Tribunal Federal. ADI 5772/DF com medida liminar. Reqte: Procurador-Geral da República. Reqdos: Presidente da República, Congresso Nacional, Mesa da Câmara dos Deputados, Mesa do Senado. Rel: Min. Roberto Barroso. Aj.: 06.09.2017. Disponível em: [http://www.stf.jus.br/portal/peticaoInicial/verPeticaoInicial.asp?base=ADIN&s1=vaquejada&processo=5772]. Acesso em: 14.04.2020.

14. Divisão de competências

A CRFB/88 definiu em seu art. 23, VII, que a competência material para proteger a fauna é comum da União, Estados, Distrito Federal e Municípios. Competência comum significa que os órgãos devem agir conjuntamente. As competências privativas da União estão previstas no art. 21, as do Estado no art. 25, § 1º, e as do Município no art. 30, todos da CRFB/88.

A competência para legislar sobre fauna, caça e pesca é concorrente, conforme o art. 24, VI, da CRFB/88.

No art. 225, § 1º, a Constituição elenca as incumbências do Poder Público com a finalidade de proteger o meio ambiente, entre as quais a de proteger a fauna (inc. VII).

A divisão de competências está regulamentada na Resolução 237, de 19 de dezembro de 1997[83] e na Lei Complementar 140, de 08.12.2011.[84]

A Lei Complementar 140/11 fixa normas, nos termos dos incisos III, VI e VII do *caput* e do parágrafo único do art. 23 da CRFB/88, para a cooperação entre a União, os Estados, o Distrito Federal e os Municípios nas ações administrativas decorrentes do exercício da competência comum relativas à proteção das paisagens naturais notáveis, à proteção do meio ambiente, ao combate à poluição em qualquer de suas formas e à preservação das florestas, da fauna e da flora; e altera a Lei 6.938, de 31.08.1981.

Em relação à fauna, assim dispõe a Lei Complementar 140/11:

"Art. 7º São ações administrativas da União:

XVI – elaborar a relação de espécies da fauna e da flora ameaçadas de extinção e de espécies sobre-explotadas no território nacional, mediante laudos e estudos técnico-científicos, fomentando as atividades que conservem essas espécies *in situ*;

XVII – controlar a introdução no País de espécies exóticas potencialmente invasoras que possam ameaçar os ecossistemas, *habitats* e espécies nativas;

XVIII – aprovar a liberação de exemplares de espécie exótica da fauna e da flora em ecossistemas naturais frágeis ou protegidos;

XIX – controlar a exportação de componentes da biodiversidade brasileira na forma de espécimes silvestres da flora, micro-organismos e da fauna, partes ou produtos deles derivados;

XX – controlar a apanha de espécimes da fauna silvestre, ovos e larvas;

XXI – proteger a fauna migratória e as espécies inseridas na relação prevista no inciso XVI;

XXII – exercer o controle ambiental da pesca em âmbito nacional ou regional;

Art. 8º São ações administrativas dos Estados:

XVII – elaborar a relação de espécies da fauna e da flora ameaçadas de extinção no respectivo território, mediante laudos e estudos técnico-científicos, fomentando as atividades que conservem essas espécies *in situ*;

---

83. BRASIL. Conselho Nacional do Meio Ambiente – CONAMA. *Resolução 237, de 19 de dezembro de 1997*. Disponível em: [www.mma.gov.br/port/conama/res/res97/res23797.html]. Acesso em: 28.06.2013.
84. BRASIL. *Lei Complementar n. 140, de 8 de dezembro de 2011*. Fixa normas, nos termos dos incisos III, VI e VII do caput e do parágrafo único do art. 23 da Constituição Federal, para a cooperação entre a União, os Estados, o Distrito Federal e os Municípios nas ações administrativas decorrentes do exercício da competência comum relativas à proteção das paisagens naturais notáveis, à proteção do meio ambiente, ao combate à poluição em qualquer de suas formas e à preservação das florestas, da fauna e da flora; e altera a Lei 6.938, de 31 de agosto de 1981. Disponível em: [www.planalto.gov.br/ccivil_03/leis/lcp/Lcp140.htm]. Acesso em: 30.05.2013.

XVIII – controlar a apanha de espécimes da fauna silvestre, ovos e larvas destinadas à implantação de criadouros e à pesquisa científica, ressalvado o disposto no inciso XX do art. 7º; [85]

XIX – aprovar o funcionamento de criadouros da fauna silvestre;

XX – exercer o controle ambiental da pesca em âmbito estadual;[86]"

Destaque-se o ensinamento de Paulo Affonso Leme Machado sobre a competência dos entes federativos em relação à fauna:

"Fauna: Na apanha de espécimes constata-se que a União tem a atribuição de: controlar a apanha de espécimes da fauna silvestre, ovos e larvas (Art. 7º XX) e os estados têm a tarefa de "controlar a apanha de espécimes da fauna silvestre, ovos e larvas destinadas à implantação de criadouros e à pesquisa científica, ressalvado o disposto no inciso XX 7º (art. 8º, XVIII). A atribuição administrativa da União para controlar a apanha de espécimes da fauna silvestre não tem limites e, sendo limitada, pode até abranger a pesquisa científica. Estão indicadas duas finalidades específicas para a ação administrativa dos Estados: o controle deve objetivar a implantação de criadouros e a pesquisa científica.

A Lei complementar 140/2011 impôs uma ressalva na competência dos Estados, visando à observância da competência mais ampla da União. A ressalva ou a limitação imposta tem a função de alertar as ações estaduais, para que respeitem as ações já tomadas pela União".[87]

15. Considerações finais

1. O Brasil, desde 1965, é signatário de convenções e acordos internacionais, como a Convenção para a Proteção da Flora, da Fauna e das Belezas Cênicas Naturais dos Países da América (ratificada pelo Decreto Legislativo 3, de 1948, em vigor no Brasil desde 16.11.1965, promulgado pelo Decreto 58.054, de 23.03.1966); a Convenção de Washington sobre o Comércio Internacional das Espécies da Flora e da Fauna Selvagens em Perigo de Extinção (CITES), ratificada pelo Decreto Legislativo 54, de 24.06.1975, e promulgada pelo Decreto 76.623, de 18.11.1957; e a Convenção sobre Diversidade Biológica (CDB), ratificada pelo Brasil por meio do Decreto Legislativo 2, de 08.02.1994.

2. Os direitos dos animais reconhecidos pelo Brasil em tratados internacionais foram incorporados pela nossa Constituição e fazem parte de suas cláusulas pétreas. São pétreos os dispositivos que impõem a irremovibilidade de determinados preceitos, bem como as disposições insuscetíveis de serem abolidas com emendas, constituindo núcleo irreformável da Constituição. Esses preceitos possuem supremacia sobre os demais interesses. Constituem cláusulas pétreas não só os direitos individuais, mas também os

---

85. "Art. 7º São ações administrativas da União: [...] VII – promover a articulação da Política Nacional do Meio Ambiente com as de Recursos Hídricos, Desenvolvimento Regional, Ordenamento Territorial e outras;" (BRASIL. *Lei Complementar 140, de 8 de dezembro de 2011*. Fixa normas, nos termos dos incisos III, VI e VII do *caput* e do parágrafo único do art. 23 da Constituição Federal, para a cooperação entre a União, os Estados, o Distrito Federal e os Municípios nas ações administrativas decorrentes do exercício da competência comum relativas à proteção das paisagens naturais notáveis, à proteção do meio ambiente, ao combate à poluição em qualquer de suas formas e à preservação das florestas, da fauna e da flora; e altera a Lei 6.938, de 31 de agosto de 1981. Disponível em: [www.planalto.gov.br/ccivil_03/leis/lcp/Lcp140.htm]. Acesso em: 30.05.2013.)

86. BRASIL. *Lei 9.605, de 12 de fevereiro de 1998*. Dispõe sobre as sanções penais e administrativas derivadas de condutas e atividades lesivas ao meio ambiente, e dá outras providências. Disponível em: [www.planalto.gov.br/ccivil_03/leis/l9605.htm]. Acesso em: 28.06.2013.

87. MACHADO, Paulo Affonso Leme. *Legislação Florestal (Lei 12.651/2012) e Competência e Licenciamento Ambiental (Lei Complementar 140/2011)*. São Paulo: Malheiros, 2012. p. 68-69.

direitos sociais nela contidos. Tanto que o § 2º do art. 5º da CRFB/88 dispõe: "Os direitos e garantias expressos nesta Constituição não excluem outros decorrentes do regime e dos princípios por ela adotados, ou dos tratados internacionais em que a República Federativa do Brasil seja parte".

3. Todos os animais são constitucionalmente protegidos e, portanto, titulares de direitos fundamentais, sejam eles nativos ou não, silvestres ou aquáticos, bem como os domesticados, impondo-se ao Poder Público (União, Estados, DF, Municípios, órgãos públicos) e a coletividade o dever de defendê-los e de preservá-los, no interesse das presentes e futuras gerações. Todos os animais silvestres, terrestres, aéreos ou aquáticos são de propriedade do Estado e são de domínio público, integrantes do patrimônio indisponível, no interesse de todos. Eles estão sujeitos a regime excepcional, pois fazem parte do seguro coletivo da humanidade, das gerações presentes e das futuras. Nesse regime jurídico de proteção especial também se incluem os animais silvestres e aquáticos migratórios e os animais exóticos, em consonância com os acordos internacionais assinados e ratificados pelo Brasil.

4. Para a maioria dos doutrinadores, as leis devem ser examinadas sob o ponto de vista antropocêntrico, daí a habitual atenção dirigida aos animais silvestres visando ao equilíbrio dos ecossistemas, em detrimento dos domésticos. O extermínio da vida de um animal doméstico é aceito pelo sistema que prioriza os direitos econômicos. Não existe uma vontade política para a proteção dos animais domésticos, além de haver descaso com a proteção dos silvestres. Enquanto a lei considera os animais silvestres como bem de uso comum do povo, ou seja, um bem difuso, indivisível e indisponível, os domésticos são considerados pelo Código Civil como semoventes passíveis de direitos reais. Assim, é permitida a apropriação dos animais domésticos para integrar o patrimônio individual, diferentemente do que ocorre com o bem coletivo.

5. Ao se examinar o texto da Lei de Crimes Ambientais, depreende-se que a matança, perseguição, apanha, utilização de espécimes da fauna silvestre, nativos ou em rota migratória, sem a devida permissão, autorização ou licença, ou em desacordo com estas, é crime punível com a pena de seis meses de detenção e multa. É um crime afiançável. Fica como circunstância agravante a caça profissional, cuja pena subirá ao triplo. Não existe uma figura típica para o tráfico de animais.

6. A pesca ilegal, isto é, a que causa perecimento das espécies, a realizada fora da época permitida ou com instrumentos proibidos, bem como a destruição de açudes, o comércio e a comercialização ilegais de espécimes da fauna aquática contam com penas mais severas: um a três anos de detenção e multa. A pesca com explosivos e substâncias tóxicas é crime inafiançável.

7. Após a edição da Lei 9.605, de 12.02.1998, qualquer abuso ou maus-tratos aos animais, bem como o ato de feri-los ou mutilá-los passou a ser crime punível com pena de detenção e multa, sejam eles domésticos, domesticados, silvestres ou exóticos. Essa mudança não só acompanha a legislação de países mais adiantados, como adequa a legislação ordinária à CRFB/88, que veda as práticas que submetem os animais a crueldade. No caso de a mortandade de animais ser causada por poluição, a pena é mais severa, prevendo a reclusão.

8. Não obstante a edição da Lei de Crimes Ambientais (Lei 9.605/98), foi aprovada a Lei 13.873, em 17.09.2019, reconhecendo o rodeio, a vaquejada e o laço como manifestações culturais nacionais, bens de natureza imaterial integrantes do patrimônio cultural brasileiro, em sentido contrário à disposição constitucional. Em sentido favorável à proteção contra práticas cruéis envolvendo animais, houve tentativa, mas não aprovação de edição de normas sobre rinhas de gala e a "Farra do Boi".

9. Os experimentos com animais estão regulamentados pela Lei 11.794, de 08.10.2008, não obstante exista crescente movimento para sua proibição.

10. Resta claro que a alteração do *status* jurídico dos animais no ordenamento jurídico brasileiro – como o têm feito diversos países, entre eles Suíça, Alemanha, Áustria, França e Portugal – é urgente e necessária para que eles sejam tratados como seres vivos que são; seja por meio de uma proteção afirmativa, reconhecendo que os animais são seres vivos sensíveis, seja por meio de uma proteção negativa, afirmando que os animais não são coisas e que possuem natureza jurídica *sui generis*. Já o reconhecimento de que os animais são sujeitos de direito despersonalizados virá descartar definitivamente a interpretação de que são eles objeto de direito. A ciência reconhece a senciência dos animais e a ciência jurídica deve acompanhar a evolução das demais ciências.

16. Referências

CCJ da Câmara aprova projeto de Anastasia que determina que animais não são coisas. *Antonio Anastasia*, Notícias, 8 ago. 2017. Disponível em: [http://anastasia.com.br/ccj-da-camara-aprova--projeto-de-anastasia-que-determina-que-animais-nao-sao-coisas/]. Acesso em: 13.04.2020.

CORDOVIL, Anaiva Oberst. *Direito Animal*. Rio de Janeiro: Lumen Juris. 2012.

DI PIETRO, Maria Sylvia Zanella. *Direito Administrativo*. São Paulo: Atlas, 1999.

DIAS, Edna Cardozo. *Tutela jurídica dos animais*. Belo Horizonte: Mandamentos, 2000.

DIAS, Edna Cardozo. *Tutela jurídica dos animais*. Belo Horizonte. Amazon.com, 2018.

DIAS, Edna Cardozo. O animal e o código Civil brasileiro. Fórum de Direito Urbano e Ambiental. *FDUA*, Belo Horizonte, ano 14, n. 81, p. 65–73, mai.-jun. 2015.

DIAS, Edna Cardozo. Os animais no Código Civil no Brasil e no Direito Comparado. *Revista Magister de Direito Ambiental e Urbanístico*, Porto Alegre, v. 13, n. 77, p. 19-46, abr.-maio 2018.

DIAS, Edna Cardozo. Maus-tratos a animais em rodeios. *Revista do Ministério Público do Estado de Minas Gerais*, Belo Horizonte, ed. Defesa da Fauna, p. 48-53, 2016.

ÉTICA ANIMAL. *Declaração sobre a Consciência de Cambridge*. Disponível em: [www.animal-ethics.org/declaracao-consciencia-cambridge/]. Acesso em: 18.05.2018.

FIORILLO, Celso Antonio Pacheco. *Curso de Direito Ambiental*. 14. ed. São Paulo: Saraiva, 2013.

FREITAS, Vladimir Passos de; FREITAS, Gilberto Passos de. *Crimes contra a natureza*: de acordo com a Lei 9.605/98. São Paulo: Ed. RT, 2006.

GORDILHO, José de Santana. *Abolicionismo animal*. Salvador: Evolução Editora, 2009.

GRANZIERA, Maria Luiza Machado. *Direito Ambiental*. São Paulo: Editora Atlas, 2009.

JANOT, Rodrigo. [Propositura da ADI n. 227.175/2017]. *Revista Brasileira de Direito Animal*, Salvador, v. 12, n. 3, 2017. Disponível em: [https://portalseer.ufba.br/index.php/RBDA/article/view/24399/15025]. Acesso em: 26.03.2018.

LOURENÇO, Daniel Braga. *Direito dos animais*. Porto Alegre: Sergio Antônio Fabris, 2008.

MACHADO, Paulo Affonso Leme. *Direito Ambiental brasileiro*. São Paulo: Ed. RT, 1991.

MACHADO, Paulo Affonso Leme. Legislação Florestal (Lei 12.651/2012) e Competência e Licenciamento Ambiental (Lei Complementar 140/2011). São Paulo: Malheiros, 2012.

MILARÉ, Édis. *Direito do ambiente*: A gestão ambiental em foco. São Paulo: Ed. RT, 2011.

PRADO, Luiz Régis. *Direito Penal do ambiente*. São Paulo: Ed. RT, 2005.

RODRIGUES, Danielle Tetu. *O Direito & animais:* uma abordagem ética, filosófica e normativa. Curitiba: Juruá, 2003.

SILVA, José Afonso da. *Direito Ambiental Constitucional*. São Paulo: Malheiros, 1994.

SILVA, Luciana Caetano da. *Fauna terrestre no Direito Penal Brasileiro*. Belo Horizonte: Mandamentos, 2001.

SILVA, Tagore Trajano de Almeida. *Animais em juízo*. Salvador: Editora Evolução, 2012.

SIRVINSKA, Luis Paulo. *Manual de Direito Ambiental*. São Paulo: Editora Saraiva, 2003.

WIKIPÉDIA. *CITES – Convenção sobre o Comércio Internacional das Espécies da Fauna e da Flora Selvagens Ameaçadas de Extinção*. Disponível em: [http://pt.wikipedia.org/wiki/Cites]. Acesso em: 30.05.2013.

AGROTÓXICOS E AFINS

Frederico Amado[1]

Os tóxicos de uso agrícola,[2] legalmente intitulados de agrotóxicos, são substâncias que agem para combater as pragas que afetam a agricultura ou pecuária. São também conhecidos como defensores agrícolas, praguicidas ou pesticidas.

Segundo Washington Mendonça Moragas e Marilena de Oliveira Schneider (2003):

> Com o término da Segunda Grande Guerra seu uso militar se torna ocioso, mas aproveita-se as estruturas laboratoriais e o conhecimento na manipulação de substâncias químicas letais. Basicamente os mesmos princípios ativos passam a ser direcionados para combater insetos causadores de quebra na produção agrícola.
>
> O crescimento populacional e econômico do pós-guerra fez aumentar a demanda por alimentos e matéria primas. Já na década de 1950, em todo mundo, especialmente nos países fornecedores de produtos agrícolas, ocorre um expressivo aumento das áreas agrícolas.

São substâncias necessárias à produção de alimentos, pois objetivam controlar as pragas que podem prejudicar as lavouras e os rebanhos. No entanto, também são extremamente agressivas ao ambiente e também podem gerar graves danos à saúde humana, de modo que devem ser utilizados apenas no limite do necessário e com a menor agressividade possível, com largo controle estatal.

Determina o artigo 225, § 1º, V, da Constituição Federal, que para assegurar a efetividade do direito fundamental ao meio ambiente ecologicamente equilibrado, incumbe ao Poder Público controlar a produção, a comercialização e o emprego de técnicas, métodos e substâncias que comportem risco para a vida, a qualidade de vida e o meio ambiente.

Nesse sentido, é competência material entre todos os entes federativos controlar a produção, a comercialização e o emprego de técnicas, métodos e substâncias que comportem risco para a vida, a qualidade de vida e o meio ambiente, na forma da lei, consoante previsto na Lei Complementar 140/2011.

Nesse sentido, veja-se o julgamento pelo STF do Recurso Extraordinário 286.789, de 8 de março de 2005, em que foi validada a ação de fiscalização estadual de agrotóxicos:

> Recurso extraordinário. Competência estadual e da União. Proteção à saúde e ao meio ambiente. Lei estadual de cadastro de agrotóxicos, biocidas e produtos saneantes domissanitários. Lei 7.747/2-RS. RP 1135. 1. A matéria do presente recurso já foi objeto de análise por esta Corte no julgamento da

---

1. Doutorando em Planejamento Territorial e Desenvolvimento Social pela Universidade Católica do Salvador – UCSAL. Mestre em Planejamento Ambiental pela Universidade Católica do Salvador – UCSAL. Especialista em Direito do Estado pelo Instituto de Educação Superior Unyahna Salvador – IESUS. Coordenador e Professor de curso preparatório. Procurador Federal.
2. Texto publicado originalmente em *Curso de direito e prática ambiental*, São Paulo: JusPodivm, 2018, do mesmo autor.

RP 1.135, quando, sob a égide da Carta pretérita, se examinou se a Lei 7.747/82-RS invadiu competência da União. Neste julgamento, o Plenário definiu o conceito de normas gerais a cargo da União e aparou as normas desta lei que superavam os limites da alçada estadual. 2. As conclusões ali assentadas permanecem válidas em face da Carta atual, porque as regras remanescentes não usurparam a competência federal. A Constituição em vigor, longe de revogar a lei ora impugnada, reforçou a participação dos estados na fiscalização do uso de produtos lesivos à saúde. 3. A lei em comento foi editada no exercício da competência supletiva conferida no parágrafo único do artigo 8º da CF/69 para os Estados legislarem sobre a proteção à saúde. Atribuição que permanece dividida entre Estados, Distrito Federal e a União (art. 24, XII da CF/88). 4. Os produtos em tela, além de potencialmente prejudiciais à saúde humana, podem causar lesão ao meio ambiente. *O Estado do Rio Grande do Sul, portanto, ao fiscalizar a sua comercialização, também desempenha competência outorgada nos artigos 23, VI e 24, VI da Constituição atual.* 5. Recurso extraordinário conhecido e improvido.

Logo, em decorrência dessa imposição constitucional, foi promulgada a Lei 7.802/1989, regulamentada pelo Decreto 4.074/2002, que dispõe sobre a pesquisa, a experimentação, a produção, a embalagem e rotulagem, o transporte, o armazenamento, a comercialização, a propaganda comercial, a utilização, a importação, a exportação, o destino final dos resíduos e embalagens, o registro, a classificação, o controle, a inspeção e a fiscalização de *agrotóxicos, seus componentes e afins*.

Demais disso, a competência legiferante sobre agrotóxicos é concorrente entre as esferas de governo, tendo a União editado as regras gerais através da Lei 7.802/89, sem prejuízo da competência regional e local dos demais entes federativos.

Nesse sentido, há muito o Estado de São Paulo publicou a Lei 4.002/1984, que dispõe sobre a distribuição e comercialização de produtos agrotóxicos e outros biocidas no território do Estado de São Paulo.

No entanto, o STF não vem admitindo a edição de leis estaduais que restrinjam o comércio de produtos agrícolas importados pelos estados mesmo objetivando a proteção da saúde pelo uso indevido de agrotóxicos por ofensa ao artigo 22, inciso VIII, da Constituição, que aduz ser competência privativa da União legislar sobre comércio exterior e interestadual.

Veja-se o julgamento da Ação Direta de Inconstitucionalidade 3.852, em 7 de outubro de 2015:

> Ação direta de inconstitucionalidade. Lei estadual (SC) 13.922/07. Restrições ao comércio de produtos agrícolas importados no Estado. Competência privativa da União para legislar sobre comércio exterior e interestadual (CF, art. 22, inciso VIII). 1. É formalmente inconstitucional a lei estadual que cria restrições à comercialização, à estocagem e ao trânsito de produtos agrícolas importados no Estado, ainda que tenha por objetivo a proteção da saúde dos consumidores diante do possível uso indevido de agrotóxicos por outros países. A matéria é predominantemente de comércio exterior e interestadual, sendo, portanto, de competência privativa da União (CF, art. 22, inciso VIII). 2. É firme a jurisprudência do Supremo Tribunal Federal no sentido da inconstitucionalidade das leis estaduais que constituam entraves ao ingresso de produtos nos estados da Federação ou sua saída deles, provenham esses do exterior ou não (cf. ADI 3.813/RS, rel. Min. Dias Toffoli, *DJ* 20.04.2015; ADI 280, rel. Min. Francisco Rezek, *DJ* 17.06.1994; e ADI 3.035, rel. Min. Gilmar Mendes, *DJ* 14.10.2005). 3. Ação direta julgada procedente.

Deveras, consideram-se *agrotóxicos* os produtos e os agentes de processos físicos, químicos ou biológicos, destinados ao uso nos setores de produção, no armazenamento e beneficiamento de produtos agrícolas, nas pastagens, na proteção de florestas, nativas ou implantadas, e de outros ecossistemas e também de ambientes urbanos, hídricos e industriais, *cuja finalidade seja alterar a composição da flora ou da fauna, a fim de preservá-las da ação danosa de seres vivos considerados nocivos.*

Já os *afins* são definidos como substâncias e produtos, empregados como desfolhantes, dessecantes, estimuladores e inibidores de crescimento.

A Lei 7.802/1989 também regula os *componentes* dos agrotóxicos e substâncias afins, assim considerados os princípios ativos, os produtos técnicos, suas matérias-primas, os ingredientes inertes e aditivos usados na fabricação de agrotóxicos e afins.

Conforme notícia o *site* do Ministério do Meio Ambiente[3],

> Desde a Revolução Verde, na década de 1950, o processo tradicional de produção agrícola sofreu drásticas mudanças, com a inserção de novas tecnologias, visando a produção extensiva de *commodities* agrícolas. Estas tecnologias envolvem, quase em sua maioria, o uso extensivo de agrotóxicos, com a finalidade de controlar doenças e aumentar a produtividade.
>
> Segundo a legislação vigente, agrotóxicos são produtos e agentes de processos físicos, químicos ou biológicos, utilizados nos setores de produção, armazenamento e beneficiamento de produtos agrícolas, pastagens, proteção de florestas, nativas ou plantadas, e de outros ecossistemas e de ambientes urbanos, hídricos e industriais.
>
> O agrotóxico visa alterar a composição da flora ou da fauna, a fim de preservá-las da ação danosa de seres vivos considerados nocivos. Também são considerados agrotóxicos as substâncias e produtos empregados como desfolhantes, dessecantes, estimuladores e inibidores de crescimento.
>
> Os agrotóxicos podem ser divididos em duas categorias:
>
> 1. *Agrícolas*, destinados ao uso nos setores de produção, no armazenamento e beneficiamento de produtos agrícolas, nas pastagens e nas florestas plantadas – cujos registros são concedidos pelo Ministério da Agricultura, Pecuária e Abastecimento, atendidas as diretrizes e exigências dos Ministérios da Saúde e do Meio Ambiente.
>
> 2. *Não-agrícolas:*
>
> – destinados ao uso na proteção de florestas nativas, outros ecossistemas ou de ambientes hídricos – cujos registros são concedidos pelo Ministério do Meio Ambiente/Ibama, atendidas as diretrizes e exigências dos Ministérios da Agricultura, Pecuária e Abastecimento e da Saúde.
>
> – destinados ao uso em ambientes urbanos e industriais, domiciliares, públicos ou coletivos, ao tratamento de água e ao uso em campanhas de saúde pública – cujos registros são concedidos pelo Ministério da Saúde/Anvisa, atendidas as diretrizes e exigências dos Ministérios da Agricultura e do Meio Ambiente.

Coube à Portaria Normativa IBAMA 131/1997 estabelecer procedimentos a serem adotados junto ao Instituto Brasileiro do Meio Ambiente e dos Recursos Naturais Renováveis – IBAMA, para efeito de registro e avaliação ambiental de agentes biológicos empregados no controle[4] de uma população ou de atividades biológicas de um outro organismo vivo considerado nocivo, visando a defesa fitossanitária, sendo o controle feito pela Diretoria de Controle e Fiscalização do IBAMA.

---

3. Ministério do Meio Ambiente. *Segurança química.* Disponível em: [www.mma.gov.br/seguranca--quimica/agrotóxicos].

4. Aqueles que contenham agentes microbianos vivos de ocorrência natural, bem como aqueles resultantes de técnicas que impliquem na introdução direta, num organismo, de material hereditário, desde que não envolvam a utilização de moléculas de ácido desoxirribonucleico (ADN) e/ou de ácido ribonucleico (ARN) recombinante ou organismo geneticamente modificado (OGM).

Outrossim, a Portaria Normativa IBAMA 149/1996 estabelece procedimentos para registro de agrotóxicos, seus componentes e afins, destinados ao uso na proteção de florestas.

No âmbito da ANVISA, existem diversas Portarias regulamentando os agrotóxicos:

– Portaria 121, de 9 de outubro de 1997 – Considera que o uso de produtos semioquímicos (feromônio, alomônio e cairomônio) é indispensável na adoção de práticas de manejo integrado de pragas na agricultura reduzindo o consumo de agrotóxicos.

– Portaria 120 de 1º de outubro de 1997 – Considera que as culturas hortícolas, frutíferas e ornamentais são economicamente importantes para várias regiões agrícolas brasileiras.

– Portaria 321 de 8 de agosto de 1997 – Considera o interesse e a importância de atualizar as normas específicas referentes ao registro de produtos desinfestantes domissanitários.

– Portaria 322, de 28 de julho de 1997 – Considera o interesse e a importância de estabelecer normas específicas referentes ao registro de produtos destinados ao uso em jardinagem amadora;

– Portaria 160 de 31 de dezembro de 1996 – Dispõe que, para efeito de obtenção de registro e reavaliação técnica de agrotóxicos, seus componentes e afins, e em complementação às Portarias 45, de 10 de dezembro de 1994 e 84 de nove de maio de 1994, o requerente deverá fornecer ao Ministério da Agricultura e do Abastecimento as seguintes informações adicionais no relatório técnico I.

– Portaria 138 de 21 de novembro de 1996 – Dispõe sobre o credenciamento de entidades privadas de ensino e de pesquisa para desenvolver pesquisas e ensaios experimentais com agrotóxicos.

– Portaria 84, de 15 de outubro de 1996 – Estabelece os procedimentos a serem adotados pelo Instituto Brasileiro do Meio Ambiente e Recursos Renováveis – IBAMA, para efeitos de registro e avaliação do potencial de periculosidade ambiental (PPA).

– Portaria 95, de 31 de julho de 1996 – Institui o cadastro de estabelecimentos registrados, formuladores, fabricantes, exportadores e importadores de agrotóxicos, seus componentes e afins.

– Portaria 67, de 30 de maio de 1995 – Considera que a prática de mistura de agrotóxicos ou afins em tanque constitui técnica agronômica utilizada mundialmente com êxito.

– Portaria 93, de 30 de maio de 1994 – Dispõe sobre as recomendações técnicas aprovadas para rotulagem deverão estar contidas na bula e no rótulo de embalagem unitária, conforme legislação vigente.

– Portaria 03, de 16 de janeiro de 1992 – Ratifica os termos das "Diretrizes e orientações referentes à autorização de registros, renovação de registro e extensão de uso de produtos agrotóxicos e afins – n. 1, de 9 de dezembro de 1991.

– Portaria 14, de 24 de janeiro de 1992 – Considera a necessidade de estabelecer normas para a avaliação toxicológica preliminar dos produtos agrotóxicos e afins destinados à pesquisa e experimentação.

– Portaria 45, de 10 de dezembro de 1990 – Dispõe que, para efeito de obtenção de registro, renovação de registro e extensão de uso de agrotóxicos seus componentes e afins, de acordo com o capítulo III, Seção I, art. 8º do Decreto 98.816/90, o requerente deverá encaminhar ao Ministério da Agricultura e Reforma Agrária os documentos relacionados.

– Portaria 01, de 30 de novembro de 1990 – Considera a necessidade da utilização na agricultura brasileira dos óleos minerais e vegetais como adjuvantes, prática esta recomendada e sustentada pela pesquisa brasileira.

– Portaria 329, de 2 de setembro de 1985 – Proíbe a comercialização, uso e distribuição de produtos agrotóxicos organoclorados destinados à agropecuária.

No âmbito do CONAMA, foi editada a Resolução 465/2014, que revogou a Resolução 334/2003, que dispõe sobre os requisitos e critérios técnicos mínimos necessários para o licenciamento ambiental de estabelecimentos destinados ao recebimento de embalagens de agrotóxicos e afins, vazias ou contendo resíduos.

De efeito, a localização, construção, instalação, modificação e operação de posto[5] e central[6] de recebimento de embalagens vazias de agrotóxicos e afins dependerão de prévio licenciamento do órgão ambiental competente, sem prejuízo de outras licenças legalmente exigíveis.

O órgão ambiental competente exigirá para o licenciamento ambiental de posto e central, no mínimo, os itens relacionados abaixo, exigindo-os, a seu critério, em cada uma de suas etapas:

I – projeto básico que deverá seguir as especificações de construção que constam do anexo II da Resolução 465/2014, destacando o sistema de drenagem;

II – declaração da Prefeitura Municipal ou do Governo do Distrito Federal, de que o local e o tipo de empreendimento estão de acordo com o Plano Diretor ou similar;

III – croqui de localização dos postos e centrais, locando o mesmo dentro da bacia hidrográfica, ou sub-bacia, com rede de drenagem, áreas de preservação permanente, edificações, vegetação, em um raio mínimo de quinhentos metros;

IV – contrato ou convênio firmado entre o solicitante da licença ambiental e a empresa registrante de agrotóxicos e afins, ou com sua entidade representativa, garantindo o recolhimento, transporte e destinação final ambientalmente adequada das embalagens de agrotóxicos e afins, vazias ou contendo resíduos, recebidas;

V – identificação de possíveis riscos de contaminação e medidas de controle associadas;

VI – programa de capacitação de todos os agentes envolvidos na operação da Central, mesmo aqueles que desempenhem atividades não diretamente ligadas ao manuseio de embalagens e resíduos de agrotóxicos;

VII – programa prevenção de riscos ambientais, assim como, de monitoramento periódico da saúde de todos os trabalhadores de acordo com as normas vigentes do Ministério do Trabalho e Emprego e Ministério da Saúde;

VIII – programa de monitoramento de solo e da água nas áreas de postos e centrais de recebimento;

IX – programa de comunicação social interno e externo alertando sobre os riscos ao meio ambiente e à saúde humana;

X – sistema de controle de recebimento e de destinação de embalagens vazias ou contendo resíduos;

XI – responsável técnico pelo funcionamento dos postos e centrais de recebimento; e

XII – Plano de gerenciamento de resíduos perigosos.

Ademais, não será permitida a instalação de postos e centrais em áreas de mananciais, a fim de se prevenir a contaminação das águas e proteger as áreas de preservação permanente.

Eis os critérios técnicos mínimos exigidos para o licenciamento ambiental de postos e centrais de recebimentos em embalagens vazias de agrotóxicos:

I – Localização: preferencialmente em zona rural ou zona industrial, em área de fácil acesso, a qualquer tempo, observadas as restrições e critérios estabelecidos na legislação e pelo órgão ambiental licenciador.

---

5. Unidade que se destina ao recebimento, controle e armazenamento temporário das embalagens vazias de agrotóxicos e afins, até que as mesmas sejam transferidas à central, ou diretamente à destinação final ambientalmente adequada.

6. Unidade que se destina ao recebimento, controle, redução de volume, acondicionamento e armazenamento temporário de embalagens vazias de agrotóxicos e afins, que atenda aos usuários, estabelecimentos comerciais e postos, até a retirada das embalagens para a destinação final, ambientalmente adequada.

II – A escolha do local e do projeto deverá obedecer aos critérios de redução do risco de extravasamento ou carreamento dos agrotóxicos para o meio ambiente ou de exposição das populações de entorno, adotando medidas hábeis a suportar as condições climáticas características da região, em terrenos não sujeitos a enchentes, desmoronamentos ou erosão.

III – A área escolhida para a construção do posto ou central de recebimento de embalagens de agrotóxicos e afins, vazias ou contendo resíduos deve estar ou dispor:

a) distante de corpos hídricos, tais como: lagos, rios, nascentes, pontos de captação de água, áreas inundáveis etc., de forma que os mesmos não sejam contaminados em casos de eventuais acidentes;

b) distância segura de residências, escolas, postos de saúde, hospitais, abrigo de animais domésticos e depósitos de alimentos, de forma que os mesmos não sejam contaminados em casos de eventuais acidentes;

c) devidamente identificada com placas de sinalização, alertando sobre o risco e o acesso restrito a pessoas autorizadas; e

d) de pátio que permita a manobra dos veículos transportadores das embalagens.

IV – O empreendedor ou responsável pelo posto ou central deve apresentar um plano de gerenciamento, estabelecendo e providenciando, no mínimo:

a) programa educativo visando à conscientização da comunidade do entorno sobre as operações de recebimento, armazenamento temporário e recolhimento para destinação final das embalagens de agrotóxicos e afins, vazias ou contendo resíduos, devolvidas pelos usuários;

b) programa de capacitação de todos os operadores ou manuseadores envolvidos, com certificação, relativo às atividades previstas nestes locais;

c) programa de prevenção de riscos ambientais, assim como, de monitoramento periódico da saúde de todos os trabalhadores, de acordo com as normas vigentes do Ministério do Trabalho e Emprego e Ministério da Saúde;

d) plano de ação preventiva e de controle para possíveis acidentes; e

e) sistema de controle de entrada e saída das embalagens de agrotóxicos e afins, vazias ou contendo resíduos recebidos, capaz de emitir relatórios periódicos com a identificação do proprietário das embalagens, quantidade, tipo e destino final.

V – O empreendedor estabelecerá, juntamente com o responsável técnico do posto ou da central, um Manual de Operações contendo os procedimentos a serem adotados para o recebimento, triagem, armazenamento temporário e recolhimento para destinação final das embalagens de agrotóxicos e afins, vazias ou contendo resíduos.

VI – O empreendedor ou responsável deverá fornecer ao usuário, no momento da devolução, um comprovante de recebimento das embalagens vazias ou contendo resíduos, devendo constar, no mínimo, os seguintes dados:

a) nome do proprietário das embalagens;

b) nome do imóvel/endereço; e

c) quantidade e tipo (plástico, vidro, ou metal) de embalagens recebidas de agrotóxicos e afins, vazias ou contendo resíduos.

VII – A prática da inspeção visual é necessária e deve ser realizada, por profissional treinado, nas embalagens rígidas, para separar as lavadas das contaminadas, devendo essas últimas ser armazenadas separadamente.

VIII – O empreendedor ou o responsável pela unidade de recebimento deverá fornecer aos seus funcionários e colaboradores equipamentos de proteção individual adequados para a manipulação das embalagens de agrotóxicos e afins, vazias ou contendo resíduos e cuidar da manutenção dos mesmos.

IX – Condições mínimas necessárias de segurança para a instalação e a operação de postos e centrais de recebimento de embalagens vazias de agrotóxicos e afins.

X – A área dedicada para o acondicionamento e armazenamento temporário de embalagens contendo resíduos de agrotóxicos deve:

a) ser um espaço exclusivo na área destinada à estocagem de embalagens não lavadas, com segregação física das demais embalagens vazias (gaiola);

b) possuir piso impermeável e bacia de contenção (barreira física);

c) possuir kit de emergência, contendo: extintor de pó químico, saco de vermiculita, areia, barrica de 50 l plástica, vassoura e pá, placa de instrução de uso; e

d) dispor de embalagens para o acondicionamento de embalagens fechadas e sem vazamento e sacos de plástico grosso (*liner*) para acondicionar embalagens com vazamentos.

Embora necessários à agricultura, os agrotóxicos somente devem ser utilizados quando necessários, devendo ser priorizados os menos agressivos ao ambiente, mesmo que haja um maior custo econômico.

Isso porque o seu potencial lesivo ao ambiente e a saúde humana é imenso, gerando especialmente a contaminação do solo e das águas, conforme pronuncia o sítio do Ministério do Meio Ambiente,

> O comportamento do agrotóxico no ambiente é bastante complexo. Quando utilizado um agrotóxico, independentemente do modo de aplicação, possui grande potencial de atingir o solo e as águas, principalmente devido aos ventos e à água das chuvas, que promovem a deriva, a lavagem das folhas tratadas, a lixiviação e a erosão. Além disso, qualquer que seja o *caminho* do agrotóxico no meio ambiente, invariavelmente o homem é seu potencial receptor.
>
> A complexidade da avaliação do comportamento de um agrotóxico, depois de aplicado deve-se à necessidade de se considerar a influência dos agentes que atuam provocando seu deslocamento físico e sua transformação química e biológica. As substâncias sofrem processos físicos, ou químicos ou biológicos, os quais podem modificar as suas propriedades e influenciar no seu comportamento, inclusive com a formação de subprodutos com propriedades absolutamente distintas do produto inicial e cujos danos à saúde ou ao meio ambiente também são diferenciados.

Infelizmente, o Brasil é o maior usuário de agrotóxicos no mundo, com crescimento de uso de 190% nos últimos dez anos. Pesquisa elaborada pela OMS, INCA e IARC apontam que cada brasileiro, em média, consome cinco livros de veneno (agrotóxico) por ano.

Nesse sentido, se colaciona notícia publicada no sítio do El País, em 30 de abril de 2015[7]:

> O "alarmante" uso de agrotóxicos no Brasil atinge 70% dos alimentos
>
> Imagine tomar um galão de cinco litros de veneno a cada ano. É o que os brasileiros consomem de agrotóxico anualmente, segundo o Instituto Nacional do Câncer (INCA). "Os dados sobre o consumo dessas substâncias no Brasil são alarmantes", disse Karen Friedrich, da Associação Brasileira de Saúde Coletiva (Abrasco) e da Fundação Oswaldo Cruz (Fiocruz).
>
> Desde 2008, o Brasil ocupa o primeiro lugar no ranking mundial de consumo de agrotóxicos. Enquanto nos últimos dez anos o mercado mundial desse setor cresceu 93%, no Brasil, esse crescimento foi de 190%, de acordo com dados divulgados pela Anvisa. Segundo o Dossiê Abrasco – um alerta sobre o impacto dos agrotóxicos na saúde, publicado nesta terça-feira no Rio de Janeiro, 70% dos alimentos *in natura* consumidos no país estão contaminados por agrotóxicos. Desses, segundo a Anvisa, 28% contêm substâncias não autorizadas. "Isso sem contar os alimentos processados, que são feitos a partir de grãos geneticamente modificados e cheios dessas substâncias químicas", diz Friederich. De acordo com ela, mais da metade dos agrotóxicos usados no Brasil hoje são banidos em países da União Europeia e nos Estados Unidos. Segundo a Organização Mundial da Saúde (OMS), entre os países em desenvolvimento, os agrotóxicos causam, anualmente, 70.000 intoxicações agudas e crônicas.

---

7. El País. *O "alarmante" uso de agrotóxicos no Brasil atinge 70% dos alimentos*. Disponível em: [http://brasil.elpais.com/brasil/2015/04/29/politica/1430321822_851653.html].

O uso dessas substâncias está altamente associado à incidência de doenças como o câncer e outras genéticas. Por causa da gravidade do problema, na semana passada, o Ministério Público Federal enviou um documento à Agência Nacional de Vigilância Sanitária (Anvisa) recomendando que seja concluída com urgência a reavaliação toxicológica de uma substância chamada glifosato e que a agência determine o banimento desse herbicida no mercado nacional. Essa mesma substância acaba de ser associada ao surgimento de câncer, segundo um estudo publicado em março deste ano pela Organização Mundial da Saúde (OMS) juntamente com o Inca e a Agência Internacional de Pesquisa sobre o Câncer (IARC). Ao mesmo tempo, o glifosato foi o ingrediente mais vendido em 2013 segundo os dados mais recentes do Ibama.

Em resposta ao pedido do Ministério Público, a Anvisa diz que em 2008 já havia determinado a reavaliação do uso do glifosato e outras substâncias, impulsionada pelas pesquisas que as associam à incidência de doenças na população. Em nota, a Agência diz que naquele ano firmou um contrato com a Fiocruz para elaborar as notas técnicas para cada um dos ingredientes – 14, no total. A partir dessas notas, foi estabelecida uma ordem de análise dos ingredientes "de acordo com os indícios de toxicidade apontados pela Fiocruz e conforme a capacidade técnica da Agência".

Enquanto isso, essas substâncias são vendidas e usadas livremente no Brasil. O 24D, por exemplo, é um dos ingredientes do chamado 'agente laranja', que foi pulverizado pelos Estados Unidos durante a Guerra do Vietnã, e que deixou sequelas em uma geração de crianças que, ainda hoje, nascem deformadas, sem braços e pernas. Essa substância tem seu uso permitido no Brasil e está sendo reavaliada pela Anvisa desde 2006. Ou seja, faz quase dez anos que ela está em análise inconclusa.

O que a Justiça pede é que os ingredientes que estejam sendo revistos tenham o seu uso e comércio suspensos até que os estudos sejam concluídos. Mas, embora comprovadamente perigosos, existe uma barreira forte que protege a suspensão do uso dessas substâncias no Brasil. "O apelo econômico no Brasil é muito grande", diz Friedrich. "Há uma pressão muito forte da bancada ruralista e da indústria do agrotóxico também». Fontes no Ministério Público disseram ao EL PAÍS que, ainda que a Justiça determine a suspensão desses ingredientes, eles só saem de circulação depois que os fabricantes esgotam os estoques.

O consumo de alimentos orgânicos, que não levam nenhum tipo de agrotóxico em seu cultivo, é uma alternativa para se proteger dos agrotóxicos. Porém, ela ainda é pouco acessível à maioria da população. Em média 30% mais caros, esses alimentos não estão disponíveis em todos os lugares. O produtor Rodrigo Valdetaro Bittencourt explica que o maior obstáculo para o cultivo desses alimentos livres de agrotóxicos é encontrar mão de obra. "Não é preciso nenhum maquinário ou acessórios caros, mas é preciso ter gente para mexer na terra", diz. Ele cultiva verduras e legumes em seu sítio em Juquitiba, na Grande São Paulo, com o irmão e a mãe. Segundo ele, vale a pena gastar um pouco mais para comprar esses alimentos, principalmente pelos ganhos em saúde. "O que você gasta a mais com os orgânicos, você vai economizar na farmácia em remédios", diz. Para ele, porém, a popularização desses alimentos e a acessibilidade ainda levarão uns 20 anos de briga para se equiparar aos produtos produzidos hoje com agrotóxico.

Bittencourt vende seus alimentos ao lado de outras três barracas no Largo da Batata, zona oeste da cidade, às quartas-feiras. Para participar desse tipo de feira, é preciso se inscrever junto à Prefeitura e apresentar todas as documentações necessárias que comprovem a origem do produto. Segundo Bittencourt, há uma fiscalização, que esporadicamente aparece nas feiras para se certificar que os produtos de fato são orgânicos.

No mês passado, o prefeito de São Paulo Fernando Haddad (PT) sancionou uma lei que obriga o uso de produtos orgânicos ou de base agroecológica nas merendas das escolas municipais. A nova norma, porém, não tem prazo para ser implementada e nem determina o percentual que esses alimentos devem obedecer.

Segundo um levantamento da Anvisa, o pimentão é a hortaliça mais contaminada por agrotóxicos (segundo a Agência, 92% pimentões estudados estavam contaminados), seguido do morango (63%), pepino (57%), alface (54%), cenoura (49%), abacaxi (32%), beterraba (32%) e mamão (30%). Há diversos estudos que apontam que algumas substâncias estão presentes, inclusive, no leite materno.

No ano passado, a pesquisadora norte-americana Stephanie Seneff, do MIT, apresentou um estudo anunciando mais um dado alarmante: "Até 2025, uma a cada duas crianças nascerá autista", disse ela, que fez uma correlação entre o Roundup, o herbicida da Monsanto feito a base do glifosato, e o estímulo do surgimento de casos de autismo. O glifosato, além de ser usado como herbicida no Brasil, também é uma das substâncias oficialmente usadas pelo governo norte-americano no Plano Colômbia, que há 15 anos destina-se a combater as plantações de coca e maconha na Colômbia.

Em nota, a Anvisa afirmou que aguarda a publicação oficial do estudo realizado pela OMS, Inca e IARC para "determinar a ordem prioritária de análise dos agrotóxicos que demandarem a reavaliação".

Salta aos olhos saber que cerca de 70% dos alimentos consumidos no Brasil estão contaminados por agrotóxicos e que mais da metade dos agrotóxicos usados no Brasil hoje são banidos em países da União Europeia e nos Estados Unidos, por serem muito agressivos ao meio ambiente e à saúde humana.

A negligência da ANVISA em permitir o uso de agrotóxicos comprovadamente agressivos à saúde humana é lastimável, a exemplo da continuidade das vendas do 24D, que é um dos ingredientes do chamado 'agente laranja', que foi pulverizado pelos Estados Unidos durante a Guerra do Vietnã, e que deixou sequelas em uma geração de crianças que, ainda hoje, nascem deformadas, sem braços e pernas.

Aqui, deve(ria) incidir o Princípio da Precaução, aplicando-se à máxima do *in dubio pro natura ou salute*, a fim de que a sua comercialização seja suspensa até a finalização dos estudos sobre este agrotóxico.

No entanto, a força do poder econômico ruralista comumente e absurdamente vem se sobrepondo à proteção do ambiente e da saúde pública e agrotóxicos mais baratos e extremamente lesivos continuam sendo de uso permitido neste país, embora existam substitutos com menor potencial lesivo, pois mais caros.

Conforme pronunciado por Neice Müller Xavier Faria, Ana Claudia Gastal Fassa e Luiz Augusto Facchini (2004),

> No Brasil, o consumo de agrotóxicos cresceu bastante nas últimas décadas, transformando o país em um dos líderes mundiais no consumo de agrotóxicos. Entre 1972 e 1998, a quantidade de ingrediente ativo vendido cresceu 4,3 vezes, passando de 28.043 toneladas para 121.100 toneladas/ano. A importância econômica deste mercado é evidente: segundo a ABIFINA (Associação Brasileira das Indústrias de Química Fina, Biotecnologia e suas Especialidades), o faturamento do segmento agroquímico saltou de 1,2 bilhão em 2002 para 4,4 bilhões em 2004. Em relação às classes de uso, em 2004, 40% dos produtos vendidos eram herbicidas, 31% fungicidas, 24% inseticidas e 5% outros.

Uma saída para atenuar o impacto dos agrotóxicos na saúde humana é partir para o consumo de alimentos orgânicos, mas apenas as classes sociais com maior poder econômico possuem renda para adquiri-los, pois são em média 30% mais caros.

De acordo com Antônio Elísio Garcia Sobreira e Paulo José Adissi (2003),

> Os gastos em saúde pública decorrentes das contaminações por agrotóxicos são elevados e totalmente assumidos pelo Estado e pela sociedade. No Brasil, seguindo-se a estimativa proposta pela Organização Pan-Americana de Saúde (OPAS), que indica que para cada caso registrado de intoxicação por agrotóxicos outros 50 casos de intoxicação ocorreram sem notificação ou com notificações errôneas, podemos inferir que, em 1993, os 6 mil casos notificados indicam a ocorrência de 306 mil casos de intoxicação por agrotóxicos. Segundo o *Guia de Vigilância Epidemiológica* (1998) do Ministério da Saúde, o Sistema Único de Saúde (SUS) despende, aproximadamente, R$150,00 para recuperar cada paciente vítima de intoxicação por agrotóxico. Assim sendo, podemos estimar as despesas médicas para o atendimento dos intoxicados de 1993 em cerca de 46 milhões de reais. Esses gastos poderiam ter sido bastante reduzidos se as medidas de controle e de vigilância fossem mais ativas, o que

demandaria maiores investimentos governamentais. No entanto, a comercialização de agrotóxicos no Brasil, que no ano de 1998 movimentou mais de 2,5 bilhões de dólares no País, está, desde 1992, isenta do Imposto sobre Circulação de Mercadorias e Serviços (ICMS). Deste modo, os recursos que poderiam ser arrecadados pelos estados são perdidos, ficando a União responsável por cobrir todos os outros gastos referentes ao controle e reparação dos danos decorrentes do uso de agrotóxicos, tal como os dispensados para a saúde do trabalhador, montagem de equipes e funcionamento dos poucos e saturados laboratórios clínicos e de análise de resíduos de agrotóxicos existentes no Brasil. Se, ao contrário, os agrotóxicos fossem taxados em 12% de ICMS, como ocorre com a maioria dos alimentos brasileiros, a arrecadação gerada, algo em torno de um bilhão de reais por ano, seria suficiente para cobrir essas despesas e financiar pesquisas de tecnologias mais limpas que a agroquímica.

Os agrotóxicos são também classificados de acordo com a Dose Letal 50 (DL50). Trata-se da dose de uma substância química que provoca a morte de 50% de um grupo de animais da mesma espécie, quando administrada pela mesma via, e devem legalmente apresentar no rótulo uma faixa colorida indicativa de sua classe toxicológica.

Os produtos agrotóxicos, seus componentes e afins que comprovarem, através de dados validados, serem teratogênicos, carcinogênicos ou mutagênicos não receberão classificação toxicológica.

Os produtos agrotóxicos e afins que, formulados, provocarem corrosão, ulceração ou opacidade na córnea, irreversível dentro de 07 dias após a aplicação nas conjuntivas dos animais testados, serão submetidos a estudo especial pela Anvisa para concessão ou não de classificação toxicológica.

Conforme publicado no sítio da ANVISA, enquadram-se como produtos agrotóxicos da classe I – Extremamente Tóxico:

a) as formulações líquidas que apresentam DL 50 oral, para ratos, igual ou inferior a 20 mg/kg;

b) as formulações sólidas que apresentam DL 50 oral, para ratos, igual ou inferior a 5 mg/kg;

c) as formulações líquidas que apresentam DL 50 dérmica, para ratos, igual ou inferior a 40 mg/kg;

d) as formulações sólidas que apresentam DL 50 dérmica, para ratos, igual ou inferior a 10 mg/kg;

e) as formulações que provocam opacidade na córnea reversível ou não dentro de sete dias ou irritação persistente nas mucosas oculares dos animais testados;

f) as formulações que provocam ulceração ou corrosão na pele dos animais testados;

g) os produtos, ainda em fase de desenvolvimento, a serem pesquisados ou experimentados no Brasil;

h) as formulações que possuam CL 50 inalatória para ratos igual ou inferior a 0,2 mg/L de ar por uma hora de exposição.

Enquadram-se como produtos agrotóxicos da classe II – Altamente Tóxico:

a) as formulações líquidas que apresentam DL 50 oral, para ratos, superiores a 20 mg/kg e até 200 mg/kg, inclusive;

b) as formulações sólidas que apresentam DL 50 oral, para ratos, superiores a 5 mg/kg e até 50 mg/kg, inclusive;

c) as formulações líquidas que apresentam DL 50 dérmica para ratos superior a 40 mg/kg e até 400 mg/kg, inclusive;

d) as formulações sólidas que apresentam DL 50 dérmica, para ratos, superior a 10 mg/kg e até 100 mg/kg, inclusive;

e) as formulações que não apresentam de modo algum, opacidade na córnea, bem como aquelas que apresentam irritação reversível dentro de 7 (sete) dias nas mucosas oculares de animais testados;

f) as formulações que provocam irritação severa, ou seja, obtenham um escore igual ou superior a 5 (cinco) segundo o método de Draize e Cols na pele de animais testados;

g) as formulações que possuam CL 50 inalatória, para ratos, superior a 0,2 mg/L de ar por uma hora de exposição e até 2 mg/L de ar por uma hora de exposição, inclusive.

Enquadram-se como produtos agrotóxicos da classe III – Medianamente Tóxico:

a) as formulações líquidas que apresentam DL 50 oral, para ratos, superior a 200 mg/kg e até 2.000 mg/kg, inclusive;

b) as formulações sólidas que apresentam DL 50 oral, para ratos, superior a 50 mg/kg e até 500 mg/kg, inclusive;

c) as formulações líquidas que apresentam DL 50 dérmica, para ratos, superior a 400 mg/kg e até 4.000 mg/kg, inclusive;

d) as formulações sólidas que apresentam DL 50 dérmica, para ratos, superior a 100 mg/kg e até 1.000 mg/kg, inclusive;

e) as formulações que não apresentam, de modo algum, opacidade na córnea e aquelas que apresentam irritação reversível dentro de 72 (setenta e duas) horas nas mucosas oculares dos animais testados;

f) as formulações que provocam irritação moderada ou um escore igual ou superior a 3 (três) e até 5 (cinco), segundo o método de Draize e Cols, na pele dos animais testados;

g) as formulações que possuem CL 50 inalatória, para ratos, superior a 2 mg/L de ar por uma hora de exposição e até 20 mg/L de ar por uma hora de exposição, inclusive.

Enquadram-se como produtos agrotóxicos da classe IV – Pouco Tóxico:

a) as formulações líquidas que apresentam DL 50 oral, para ratos, superior a 2000 mg/kg;

b) as formulações sólidas que apresentam DL 50 oral, para ratos, superior a 500 mg/kg, inclusive;

c) as formulações líquidas que apresentam DL 50 dérmica, para ratos, superior a 4000 mg/kg;

d) as formulações sólidas que apresentam DL 50 dérmica, para ratos superior a 1.000 mg/kg;

e) as formulações que não apresentam de modo algum, opacidade na córnea e aquelas que apresentam irritação leve, reversível dentro de 24 (vinte e quatro) horas, nas mucosas oculares dos animais testados;

f) as formulações que provocam irritação leve ou um escore inferior a 3 (três), segundo o método de Draize e Cols, na pele dos animais testados;

g) as formulações que possuem CL 50 inalatória, para ratos, superior a 20 mg/L de ar por hora de exposição.

A classificação de uma substância ou formulação em uma das classes toxicológicas previstas não depende de todos os dados toxicológicos estarem na mesma classe. O dado mais agravante será utilizado para classificar o produto.

No caso de classificação toxicológica de formulações, deve também ser levada em conta, junto com os dados toxicológicos, a modalidade de emprego, considerando a seguinte gradação decrescente de riscos:

a) fumigação de ambientes fechados para o tratamento de grãos;

b) pulverização de partes aéreas de culturas altas por via terrestre;

c) pulverização de partes de culturas altas por avião;

d) pulverização de culturas baixas;

e) tratamento do solo.

Os agrotóxicos, seus componentes e afins, só poderão ser produzidos, exportados, importados, comercializados e utilizados, se previamente registrados em órgão *federal* (Ministério da Agricultura), de acordo com as diretrizes e exigências dos órgãos federais responsáveis pelos setores da saúde, do meio ambiente e da agricultura, nos termos do artigo 3º da Lei 7.802/1989.

Na hipótese de pesquisa e experimentação, foi criado o *Registro Especial Temporário – RET*. O RET para produtos técnicos, pré-misturas, agrotóxicos e afins que possuam ingredientes ativos já registrados no Brasil será concedido automaticamente pelo órgão registrante, mediante inscrição em sistema informatizado integrado ao Sistema de Informações sobre Agrotóxicos – SAI, conforme autoriza o artigo 25-A do Regulamento.

De acordo com o Manual de Procedimentos para Registros de Agrotóxicos publicado em 2012 pelo Ministério da Agricultura, Pecuária e Abastecimento,

> Existem diferentes modalidades de requerimento de RET. No entanto, existem algumas exigências em comum, conforme segue:
>
> I. Os documentos, quando não originais, devem ser apresentados em cópia autenticada ou acompanhada do original para autenticação pelo MAPA. Os documentos deverão ser atualizados conforme a data de vencimento ou quando houver alterações dos mesmos que mereçam comunicação.
>
> II. Quando da informação de fabricantes e formuladores, o requerimento deve ser feito de acordo com o tipo de apresentação do produto (Produto Técnico ou Produto Formulado) e a origem do produto a ser utilizado. Dessa forma, não deverão constar formuladores em requerimentos de RET para produtos técnicos, assim como, em requerimentos de RET para produtos formulados, deverão constar apenas os formuladores dos países nos quais o produto a ser utilizado na experimentação seja formulado e/ou importado.
>
> III. A quantidade do produto deve ser informada em 3 campos: i) quantidade de produto a ser utilizada (quantidade total do produto); ii) quantidade de produto a ser formulada e/ou fabricada; (por empresas nacionais) e iii) quantidade de produto a ser importada (por empresas estrangeiras).
>
> IV. Os locais definitivos onde serão realizadas as pesquisas deverão ser informados ao MAPA até 15 (quinze) de janeiro e 15 (quinze) de julho de cada ano. Deverá ser juntado ao documento o contrato de arrendamento, termo de cessão ou de cooperação técnica para pesquisa e experimentação em áreas de terceiros, quando for o caso.
>
> V. Os fabricantes e/ou formuladores que efetivamente forneceram o produto para experimentação deverão ser informados ao MAPA até 15 (quinze) de janeiro e 15 (quinze) de julho de cada ano. Os fabricantes e formuladores devem ser informados separadamente, mesmo quando uma mesma empresa é o fabricante e também o formulador, e devem ser os mesmos do certificado de registro do produto.

O artigo 5º, do Decreto 4.074/2002, *declarou competente o Ministério da Agricultura, Pecuária e Abastecimento para conceder o registro, inclusive o RET*, de agrotóxicos, produtos técnicos, pré-misturas e afins para uso nos setores de produção, armazenamento e beneficiamento de produtos agrícolas, nas florestas plantadas e nas pastagens, atendidas as diretrizes e exigências dos Ministérios da Saúde e do Meio Ambiente.

Eis o número de registros concedidos pelo Ministério da Agricultura entre os anos de 2005 e 2015, conforme publicado no seu sítio:

Ministério da Agricultura, Pecuária e Abastecimento – MAPA
Secretaria de Defesa Agropecuária – SDA
Departamento de Fiscalização de Insumos Agrícolas – DFIA
Coordenação-Geral de Agrotóxicos e Afins – CGAA

Resumo de Registro de Agrotóxicos e Afins											
	2005	2006	2007	2008	2009	2010	2011	2012	2013	2014	2015
PTE	2	12	33	41	27	35	62	64	45	80	43
PT	27	25	21	11	8	3	2	1	3	4	2
PF	62	66	130	137	52	32	20	15	24	24	14

Resumo de Registro de Agrotóxicos e Afins											
	2005	2006	2007	2008	2009	2010	2011	2012	2013	2014	2015
PF/PTE	0	6	19	2	49	28	49	72	28	33	49
Pré-Mistura	0	1	0	0	0	2	0	0	0	0	0
Biológicos	0	0	0	0	1	4	10	4	5	0	5
Extrato/Org											1
Biológicos/Orgânicos							3	12	5	7	21
SOMA	91	110	203	191	137	104	146	168	110	148	135
Total Biológicos	0	0	0	0	1	4	13	16	10	7	27
Total Químicos Formulados	62	72	149	139	101	60	69	87	52	57	63
Emergencial Biológico									24	23	
Emergencial Químico									4	2	
Total Emergencial									28	25	

LEGENDA			
	PT – Produto Técnico	PF – Produto Formulado	Biológicos/Org – Produtos Aprovados para a Agricultura Orgânica
	PTE – Produto Técnico Equivalente	Pré-Mistura	
	PF/PTE – Produto formulado a base de produto técnico equivalente		

Fonte: http://www.agricultura.gov.br/assuntos/insumos-agropecuarios/insumos-agricolas/agrotoxicos/registros concedidos20052017.xlsx/view. Acesso em: 15.10.2018.

Com o intuito de evitar o registro de agrotóxicos mais agressivos ao ambiente, o registro para novo produto agrotóxico, seus componentes e afins, será concedido se a sua ação tóxica sobre o ser humano e o meio ambiente for comprovadamente igual ou menor do que a daqueles já registrados, para o mesmo fim.

Em razão do grau de *perigo ambiental*, em aplicação ao Princípio da Precaução, foi *proibido o registro de agrotóxicos, componentes e afins*:

   a) para os quais o Brasil não disponha de métodos para desativação de seus componentes, de modo a impedir que os seus resíduos remanescentes provoquem riscos ao meio ambiente e à saúde pública;

   b) para os quais não haja antídoto ou tratamento eficaz no Brasil;

   c) que revelem características teratogênicas, carcinogênicas ou mutagênicas, de acordo com os resultados atualizados de experiências da comunidade científica;

d) que provoquem distúrbios hormonais, danos ao aparelho reprodutor, de acordo com procedimentos e experiências atualizadas na comunidade científica;

e) que se revelem mais perigosos para o homem do que os testes de laboratório, com animais, tenham podido demonstrar, segundo critérios técnicos e científicos atualizados;

f) cujas características causem danos ao meio ambiente.

Da mesma forma, a Lei 11.936/2009 proibiu, em todo o território nacional, a fabricação, a importação, a exportação, a manutenção em estoque, a comercialização e o uso de diclorodifeniltricloretano (DDT).

Há também um controle estatal sobre as pessoas físicas e jurídicas que prestem serviços na aplicação de agrotóxicos, seus componentes e afins, ou que os produzam, importem, exportem ou comercializem. Todos deverão promover registros nos órgãos competentes, do Estado ou do Município, atendidas as diretrizes e exigências dos órgãos federais responsáveis que atuam nas áreas da saúde, do meio ambiente e da agricultura.

Por sua vez, a **Portaria 43, de 21 de fevereiro de 2020**, da lavra do Ministério da Agricultura, Pecuária e Abastecimento/Secretaria de Defesa Agropecuária, estabeleceu os prazos para **aprovação tácita** para os atos públicos de liberação de responsabilidade da Secretaria de Defesa Agropecuária, do Ministério da Agricultura, Pecuária e Abastecimento – MAPA, conforme *caput* do artigo 10 do Decreto nº 10.178, de 18 de dezembro de 2019, de agrotóxicos e outros produtos químicos, dispensada a análise pelos órgãos competentes.

Como o controle estatal dos agrotóxicos por ato tácito é um risco enorme ao meio ambiente e a saúde pública, o Ministro Ricardo Lewandowski prudentemente deferiu liminar na **ADPF 656-DF**:

"DEFIRO A MEDIDA CAUTELAR PLEITEADA para suspender a eficácia dos itens 64 a 68 da Tabela 1 do art. 2º da Portaria 43, de 21 de fevereiro de 2020, do Ministério da Agricultura, Pecuária e Abastecimento/Secretaria de Defesa Agropecuária, até a devolução da vista do Ministro Roberto Barroso e a conclusão do julgamento virtual já iniciado, de modo a resguardar a utilidade da medida que propus ao Plenário da Corte. Comunique-se. Publique-se."

Em decorrência do Princípio da Participação Comunitária ou Cidadã, as entidades de classe, representativas de profissões ligadas ao setor, os partidos políticos, com representação no Congresso Nacional, e as entidades legalmente constituídas para defesa dos interesses difusos relacionados à proteção do consumidor, do meio ambiente e dos recursos naturais foram legitimadas *para requerer o cancelamento ou a impugnação, em nome próprio, do registro de agrotóxicos e afins*, arguindo prejuízos ao meio ambiente, à saúde humana e dos animais, cabendo aos Ministérios da Agricultura, Pecuária e Abastecimento, da Saúde e do Meio Ambiente avaliar esses pedidos de cancelamento ou de impugnação de registro.

A Lei 7.802/1989, visando à proteção ambiental e da saúde pública, instituiu regras para a fabricação das embalagens de agrotóxicos e afins, que devem ser projetadas e fabricadas de forma a impedir qualquer vazamento, evaporação, perda ou alteração de seu conteúdo e de modo a facilitar as operações de lavagem, classificação, reutilização e reciclagem.

Da mesma forma, os materiais de que forem feitas devem ser insuscetíveis de serem atacados pelo conteúdo ou de formar com ele combinações nocivas ou perigosas, devendo ser suficientemente resistentes em todas as suas partes, de forma a não sofrer enfraquecimento e a responder adequadamente às exigências de sua normal conservação.

Há ainda a exigência legal de um lacre que seja irremediavelmente destruído ao ser aberto pela primeira vez, apenas podendo as empresas produtoras ou estabelecimentos credenciados promover o fracionamento e a reembalagem de agrotóxicos e afins com o objetivo de comercialização.

Considerando o passivo ambiental gerado pelo descarte descuidado das embalagens vazias de agrotóxicos, o artigo 6º, §§ 2º, 3º, 4º e 5º, da Lei 7.802/1989 criou deveres ambientais para os usuários, fabricantes e importadores de agrotóxicos e afins.

Com efeito, *os usuários de agrotóxicos, seus componentes e afins deverão efetuar a devolução das embalagens vazias dos produtos aos estabelecimentos comerciais em que foram adquiridos*, de acordo com as instruções previstas nas respectivas bulas, no prazo de até um ano, contado da data de compra, ou prazo superior, se autorizado pelo órgão registrante, podendo a devolução ser intermediada por postos ou centros de recolhimento, desde que autorizados e fiscalizados pelo órgão competente.

Em decorrência do Princípio do Poluidor-pagador, *as empresas produtoras e comercializadoras de agrotóxicos, seus componentes e afins, são responsáveis pela destinação das embalagens vazias dos produtos por elas fabricados e comercializados, após a devolução pelos usuários*, e pela dos produtos apreendidos pela ação fiscalizatória e dos impróprios para utilização ou em desuso, com vistas à sua reutilização, reciclagem ou inutilização, obedecidas as normas e instruções dos órgãos registrantes e sanitário-ambientais competentes, sendo o tema regulamentado pela Resolução CONAMA 465/2014.

No mesmo sentido pontifica a Lei 12.305/2010, que aprovou a Política Nacional de Resíduos Sólidos, ao pronunciar no seu artigo 33 que são obrigados a estruturar e implementar sistemas de logística reversa, mediante retorno dos produtos após o uso pelo consumidor, de forma independente do serviço público de limpeza urbana e de manejo dos resíduos sólidos, os fabricantes, importadores, distribuidores e comerciantes de agrotóxicos, seus resíduos e embalagens.

A logística reversa é o instrumento de desenvolvimento econômico e social caracterizado por um conjunto de ações, procedimentos e meios destinados a viabilizar a coleta e a restituição dos resíduos sólidos ao setor empresarial, para reaproveitamento, em seu ciclo ou em outros ciclos produtivos, ou outra destinação final ambientalmente adequada.

Vale ressaltar que a nação brasileira tem um eficaz sistema de coleta de embalagens vazias de agrotóxicos, conforme notícia publicada no sítio Ecodebate.com.br, em 30.03.2009 e abaixo colacionada:

> O Brasil já recolheu mais de 100 mil toneladas de embalagens de agrotóxicos usados pelos agricultores desde que entrou em operação o Instituto Nacional de Processamento de Embalagens Vazias (Inpev), em março de 2002. A taxa de retorno chegou, em 2008, a 95%, bem superior à de outros países que têm programas semelhantes.
>
> Segundo o coordenador de agrotóxicos do Ministério da Agricultura, Luís Carlos Rangel, o Canadá, o Japão e os Estados Unidos têm taxa de retorno entre 20% e 30% das embalagens. O diferencial brasileiro, segundo ele, é o sistema de fiscalização aplicado aqui, no qual o revendedor e o comprador são identificados e a devolução das embalagens monitorada, inclusive com punições previstas.
>
> 'Esse é o sistema que o Brasil identificou como sendo o mais inteligente e que estamos conseguindo ensinar para o resto do mundo para que eles também possam agregar esse conhecimento para o

sistema de recolhimento de embalagens deles', afirmou Rangel.

O Inpev, uma entidade sem fins lucrativos criada para gerir a destinação final de embalagens vazias de agrotóxicos, foi criado no fim de 2001 e conta, entre seus associados, com 99% das empresas fabricantes de defensivos agrícolas do Brasil e as sete principais entidades de classe do setor. Os recursos para seu funcionamento vêm das contribuições que cada empresa dá ao instituto, proporcionais ao seu faturamento.

Cerca de 95% das embalagens recolhidas são recicladas e as restantes, incineradas. O ganho ambiental gerado pelo volume reciclado em seis anos do programa equivale, segundo o instituto, ao plantio de 491 mil árvores, ou 98 mil toneladas de gás carbônico – o principal gás do efeito estufa – a menos na atmosfera. O sistema gera mais de 2,5 mil empregos diretos e indiretos.[8]

Uma outra maneira de internalizar os prejuízos ambientais e de saúde pública pelo uso de agrotóxicos é a tributação ambiental, a fim de reduzir ou isentar de impostos ou taxas ambientais o não uso de agrotóxicos em lavouras ou de substâncias menos impactantes ao ambiente, embora mais caras.

Por outro lado, é possível sobretaxar o uso de substâncias permitidas mais agressivas, em que o Estado ainda não tenha disposição para a proibição de produção e de uso, com recursos que podem ser revertidos ao meio ambiente, à saúde pública ou mesmo à previdência social, pois há elevação de gastos previdenciários especialmente dos benefícios por incapacidade laboral.

Sobre o tema, se posicionam com Antônio Elísio Garcia Sobreira e Paulo José Adissi (2003),

> As ações de inibição deverão se estruturar a partir da mobilização da sociedade para efetivação da legislação pertinente, enfraquecendo os *lobbies* dos fabricantes através de campanhas de esclarecimento sobre os impactos negativos dos agrotóxicos. Outra linha de ação seria a criação de instrumentos econômicos na forma de ecotaxas que compensassem os custos sociais e ambientais decorrentes desta opção tecnológica.
>
> Associada à ecotaxa, deve-se restabelecer os impostos sobre agrotóxicos ou ampliar o conceito de impostos ambientais promovendo tributação que sirva como instrumentos econômicos para gestão ambiental equivalentes aos que são adotados em países da Europa como apontam Mota & Young (1997).
>
> A justificativa para esta cobrança é a mesma que serve de base para a cobrança de taxas do álcool e dos cigarros no Brasil, quer dizer, se os agrotóxicos são reconhecidamente substâncias que provocam lesões crônicas, tal como álcool e o cigarro, os impostos fortaleceriam a previdência nacional no sentido de ampliar os benefícios concedidos aos trabalhadores lesionados, inválidos e familiares de trabalhadores mortos. A cobrança deste imposto também é importante para que existam informações sobre a circulação destas mercadorias visto que com a isenção vigente não é possível verificar o consumo de agrotóxicos nos estados e municípios, senão através das informações disponibilizadas pela Associação Nacional de Defesa Vegetal (ANDEF), órgão de representação das indústrias produtoras de agrotóxicos. Além de servir para a previdência, a cobrança de ecotaxa sobre agrotóxico serviria também para a criação de fundos para o estabelecimento de programas de conversão tecnológica para a produção limpa. A superação da agroquímica só será possível mediante uma política agrícola que privilegie o investimento em pesquisa em agroecologia e sua difusão apoiada em créditos agrícolas diferenciados.

Em decorrência do Princípio da Informação, é condição para a venda ou exposição de agrotóxicos a exibição de rótulos próprios visíveis em condições normais e bulas redigidos em português, que obrigatoriamente deverão conter indicações para a identificação do produto, instruções para a sua utilização, informações referentes aos perigos potenciais

---

8. Disponível em: [www.ecodebate.com.br/2009/03/30/brasil-recolhe-95-das-embalagens-de-agrotoxicos/].

e recomendação para que o usuário leia o rótulo antes de utilizá-lo.

Há um rígido controle legal sobre as propagandas a respeito de agrotóxicos. Consoante determina o artigo 8º, da Lei 7.802/1989, a *propaganda comercial de agrotóxicos, componentes e afins, em qualquer meio de comunicação, conterá, obrigatoriamente, clara advertência sobre os riscos do produto* à *saúde dos homens, animais e ao meio ambiente.*

Demais disso, deverá a propaganda estimular os compradores e usuários a ler atentamente o rótulo e, se for o caso, o folheto, ou a pedir que alguém os leia para eles, se não souberem ler, além de não conter nenhuma representação visual de práticas potencialmente perigosas, tais como a manipulação ou aplicação sem equipamento protetor, o uso em proximidade de alimentos ou em presença de crianças.

Não poderá a propaganda induzir em erro o consumidor, perpetrando comparações falsas ou inserindo afirmações como "não tóxico" ou "seguro", não devendo ainda aduzir que há recomendação governamental para a sua utilização.

Para que haja a aquisição de agrotóxicos, exige o artigo 13, da Lei 7.802/1989, o *receituário próprio* prescrito por profissionais legalmente habilitados, salvo casos excepcionais que forem previstos no Regulamento, que prevê apenas a possibilidade de dispensa do receituário para agrotóxicos de baixa periculosidade, devendo constar no rótulo ou bula.

Por sua vez, o Superior Tribunal de Justiça, através da sua Primeira Seção, firmou orientação no sentido de que os técnicos agrícolas de segundo grau possuem habilitação legal para expedir receitas de agrotóxicos[9].

A receita deverá ser expedida em no mínimo duas vias, destinando-se a primeira ao usuário e a segunda ao estabelecimento comercial, que a manterá à disposição dos órgãos fiscalizadores pelo prazo de dois anos, contados da data de sua emissão.

Deverá a receita conter o nome do usuário, da propriedade e sua localização; diagnóstico; recomendação para que o usuário leia atentamente o rótulo e a bula do produto; recomendações técnicas e data, nome, CPF e assinatura do profissional que a emitiu, além do seu registro no órgão fiscalizador do exercício profissional.

O artigo 14, da Lei 7.802/1989, de acordo com a conduta de todos aqueles que participam da cadeia dos agrotóxicos e afins, desde a sua produção até a destinação final, apontou as hipóteses de responsabilização civil, administrativa e criminal pelos danos causados ao ambiente ou à saúde humana, quando a produção, comercialização, utilização, transporte e destinação de embalagens vazias de agrotóxicos, seus componentes e afins, não cumprirem as suas disposições.

Deveras, atribuiu-se o seguinte regime de responsabilidades:

a) ao profissional, quando comprovada receita errada, displicente ou indevida;

b) ao usuário ou ao prestador de serviços, quando proceder em desacordo com o receituário ou as recomendações do fabricante e órgãos registrantes e sanitário-ambientais;

c) ao comerciante, quando efetuar venda sem o respectivo receituário ou em desacordo com a receita ou recomendações do fabricante e órgãos registrantes e sanitário-ambientais;

d) ao registrante que, por dolo ou culpa, omitir informações ou fornecer informações incorretas;

e) ao produtor, quando produzir mercadorias em desacordo com as especificações constantes do

---

9. AgRg no REsp 1457431/CE, de 26.08.2014.

registro do produto, do rótulo, da bula, do folheto e da propaganda, ou não der destinação às embalagens vazias em conformidade com a legislação pertinente;

f) ao empregador, quando não fornecer e não fizer manutenção dos equipamentos adequados à proteção da saúde dos trabalhadores ou dos equipamentos na produção, distribuição e aplicação dos produtos.

Por sua vez, nos termos do artigo 17, sem prejuízo das responsabilidades civil e penal cabíveis, a infração de disposições da Lei 7.802/89 acarretará, isolada ou cumulativamente, independente das medidas cautelares de estabelecimento e apreensão do produto ou alimentos contaminados, a aplicação das seguintes sanções:

I – advertência;

II – multa de até 1000 (mil) vezes o Maior Valor de Referência – MVR, aplicável em dobro em caso de reincidência;

III – condenação de produto;

IV – inutilização de produto;

V – suspensão de autorização, registro ou licença;

VI – cancelamento de autorização, registro ou licença;

VII – interdição temporária ou definitiva de estabelecimento;

VIII – destruição de vegetais, partes de vegetais e alimentos, com resíduos acima do permitido;

IX – destruição de vegetais, partes de vegetais e alimentos, nos quais tenha havido aplicação de agrotóxicos de uso não autorizado, a critério do órgão competente.

Ademais, dispõe o artigo 15, da Lei 7.802/1989, com redação dada pela Lei 9.974/2000:

Artigo 15. Aquele que produzir, comercializar, transportar, aplicar, prestar serviço, der destinação a resíduos e embalagens vazias de agrotóxicos, seus componentes e afins, em descumprimento às exigências estabelecidas na legislação pertinente estará sujeito à pena de reclusão, de dois a quatro anos, além de multa.

Entende-se que este delito não foi revogado pelo artigo 56, da Lei 9.605/1998, por aplicação ao Princípio da Especialidade, tendo em conta a existência da elementar "agrotóxicos, competentes e afins", ao passo que o referido artigo se refere genericamente a substâncias tóxicas, perigosas ou nocivas à saúde humana ou ao meio ambiente.

Eis o tipo genérico da Lei 9.605/98:

Artigo 56. Produzir, processar, embalar, importar, exportar, comercializar, fornecer, transportar, armazenar, guardar, ter em depósito ou usar produto ou substância tóxica, perigosa ou nociva à saúde humana ou ao meio ambiente, em desacordo com as exigências estabelecidas em leis ou nos seus regulamentos:

Pena – reclusão, de um a quatro anos, e multa.

Ademais, a redação do artigo 15, da Lei 7.802/1989, foi alterada pela Lei 9.974/2000, editada posteriormente à Lei de Crimes Ambientais, o que demonstra que o legislador presumiu a sua vigência, entendimento que vem sendo seguido pelo STJ.[10]

Nesse sentido decidiu expressamente o Tribunal Regional Federal da 3ª Região, no julgamento da ACR 60095, em 11 de maio de 2015:

Penal. Apelação criminal. Artigo 15 da Lei 7.802/89. Transporte de agrotóxicos sem registro no Ministério da Agricultura. Origem estrangeira. Descumprimento às exigências estabelecidas na legislação pertinente. Materialidade e autoria delitivas comprovadas. Dolo configurado. Ausência de alegado

---

10. HC 142.526, de 04.02.2010.

erro de proibição. Dosimetria regular da pena. Circunstância judicial desfavorável (consequências do crime) e agravante da reincidência mantidas. Recurso improvido.

1. Inicialmente, convém esclarecer que a conduta de transportar agrotóxicos, em descumprimento às exigências estabelecidas na legislação pertinente (Lei 7.802/89 e Decreto 4.074/2002), amolda-se, pelo princípio da especialidade, ao tipo penal descrito na legislação específica de agrotóxicos (artigo 15 da Lei 7.802/89), afastando-se, desse modo, a tese defensiva que pugnava pela aplicação do artigo 56 da Lei 9.605/98, no caso em concreto.

2. Os elementos de cognição demonstram que "JOSÉ LUIZ", de forma livre e consciente, em 21.10.2013, transportava aproximadamente 860 (oitocentos e sessenta) quilogramas de agrotóxicos de origem paraguaia, sem o devido registro no Ministério da Agricultura, Pecuária e Abastecimento (MAPA), mediante veículo automotor por ele próprio conduzido de placas HQQ-9071, quando veio a ser abordado e preso em flagrante delito por policiais rodoviários federais, em fiscalização de rotina, na BR-463, altura do Km 030, no Município de Dourados/MS: Auto de Prisão em Flagrante (fls. 02/07); Auto de Apresentação e Apreensão (fls. 08/09); Laudo de Química Forense (fls. 74/84); Laudo Veicular (fls. 124/130); depoimentos das testemunhas (fls. 2/5 e 96-mídia) e interrogatório do acusado (06/07 e 111-mídia), em sedes policial e judicial.

3. A alegação da defesa de que o apelante teria incorrido em suposto erro de proibição, nos moldes do artigo 21 do Código Penal, encontra-se isolada nos autos, não sendo verossímil que o réu desconhecesse, na hipótese, as exigências legais mínimas relativas ao transporte de agrotóxicos de origem estrangeira.

4. Dosimetria da pena privativa de liberdade e da pena de multa mantida, considerando a circunstância judicial desfavorável (consequências do crime) e a agravante da reincidência, na forma do artigo 68 do Código Penal.

O STJ vem pronunciando, em regra, a competência da Justiça Estadual para processar e julgar este crime, que somente será deslocado para a Justiça Federal nas situações previstas no artigo 109, da Constituição:

Penal. Conflito de competência. Art. 15 da Lei n. 7.802/1989 ou art. 56 da Lei n. 9.605/1998. Manter em depósito agrotóxico de procedência estrangeira. Transnacionalidade do delito. Não caracterização. Competência da justiça estadual.

1. Constitui crime: a) "produzir, comercializar, transportar, aplicar, prestar serviço, dar destinação a resíduos e embalagens vazias de agrotóxicos, seus componentes e afins, em descumprimento às exigências estabelecidas na legislação pertinente" (Lei 7.802/1989, art. 15); b) "produzir, processar, embalar, importar, exportar, comercializar, fornecer, transportar, armazenar, guardar, ter em depósito ou usar produto ou substância tóxica, perigosa ou nociva à saúde humana ou ao meio ambiente, em desacordo com as exigências estabelecidas em leis ou nos seus regulamentos" (Lei 9.605/1998, art. 56). *Tão somente o fato de o produto (agrotóxico) encontrado na propriedade do investigado ter procedência estrangeira não atrai a competência da Justiça Federal para processar e julgar a ação penal que, em razão dele, eventualmente vier a ser instaurada, salvo se houver provas ou fortes indícios da transnacionalidade da conduta delitiva ou de conexão probatória.*

2. Conflito conhecido para declarar a competência do Juízo de Direito da Vara Criminal da Comarca de Ponta Porã/MS, ora suscitado.

Tratou-se do julgamento do Conflito de Competência 127.183 pela 3ª Seção do STJ em que a Corte Superior definiu que a mera procedência estrangeira de um agrotóxico, por si só, não se trata de causa de atração de competência da Justiça Federal para processar o delito ambiental.

Referências

AMADO, Frederico. *Direito Ambiental*. São Paulo: JusPodivm, 2020.

FARIA, Neice Müller Xavier; FASSA, Ana Claudia Gastal; FACCHINI, Luiz Augusto. Intoxicação por agrotóxicos no Brasil: os sistemas oficiais de informação e desafios para realização de estudos epidemiológicos. *Ciência & Saúde Coletiva* 12.1, 2007.

MORAGAS, Washington Mendonça; SCHNEIDER, Marilena de Oliveira. Biocidas: suas propriedades e seu histórico no Brasil. *Caminhos de Geografia* 4.10, 2003.

SOBREIRA, Antônio Elísio Garcia; ADISSI, Paulo José. Agrotóxicos: falsas premissas e debates. *Ciência & Saúde Coletiva* 8.4, 2003.

A BIODIVERSIDADE DO BRASIL E O DIREITO

VLADIMIR GARCIA MAGALHÃES
(in memoriam)[1]

SUMÁRIO: 1. Introdução. 2. Conceito de biodiversidade. 2.1. Conceitos biológicos. 2.2. Conceito legal. 3. A agrobiodiversidade. 4. Importância da biodiversidade. 4.1. Para o equilíbrio ecológico. 4.2. Para a economia. 5. A tutela legal da biodiversidade. 5.1. Direito internacional. 5.2. Direito brasileiro. 6. Conclusões. Referências bibliográficas.

1. Introdução

A evolução da sociedade humana, notadamente com a primeira e segunda Revolução Industrial, provocou grandes impactos nos ecossistemas que constituem o meio ambiente, pelo grande aumento ao longo dos anos do uso dos recursos naturais existentes nestes ecossistemas e pela emissão de resíduos industriais, domésticos, além de outras atividades humanas, como a atividade agrária que converteu gigantescas áreas de florestas e demais formas de vegetação natural em áreas de cultivo e criação de animais.

A percepção destes impactos somente foi possível devido à evolução histórica da ciência, notadamente na área da Biologia e, dentro desta, na área da Ecologia, ciência muito recente do séc. XX e que se desenvolveu mais a partir do final dos anos sessenta.

Uma das consequências do desenvolvimento da Biologia em geral, e da Ecologia em particular, foi a percepção da existência de grande variedade da vida no planeta e a importância da manutenção desta variedade para a manutenção do equilíbrio mínimo nos ecossistemas e para a vida humana. Isso resultou no desenvolvimento do conceito de Biodiversidade.

Por outro lado, a percepção desta importância da biodiversidade para a humanidade resultou na percepção da necessidade de uma gestão pelos Estados adequada, ou seja, que protegesse esta biodiversidade. O mais importante instrumento para os Estados gerirem o meio ambiente em seus territórios são as normas jurídicas nacionais.

Além disso, o conhecimento proporcionado pela Ecologia de que todos os ecossistemas do planeta estão interligados e são interdependentes resultou na compreensão pelos cientistas, e muitos políticos dos diversos países, da necessidade de se gerir em conjunto o meio ambiente do planeta, inclusive das áreas internacionais onde nenhum país tem

---

1. Biólogo. Advogado. Mestre e Doutor em Direito. Professor do programa de mestrado – Área de Concentração Direito Ambiental e do programa de doutorado em Direito Ambiental Internacional da Universidade Católica de Santos (UNISANTOS).

soberania, e assim gerir também os mais expressivos problemas ambientais existentes que afetam mais de um país ou mesmo todos os países, como o aquecimento global.

Esta gestão mundial do meio ambiente da Terra somente poderia se dar pela cooperação entre os países. Ocorre que esta cooperação se efetiva melhor através de acordos internacionais em que os países podem assumir obrigações em relação ao meio ambiente.

Assim, em decorrência desses fatos, surge uma nova área do Direito: o Direito Ambiental, que abrange o direito nacional dos países e o direito ambiental internacional.

Este capítulo vai analisar criticamente a relação entre o Direito e a Biodiversidade, abrangendo o Direito Ambiental brasileiro e o Direito Ambiental Internacional.

Isso é necessário para os operadores do Direito terem uma melhor compreensão das normas que têm por objeto, direta ou indiretamente, a biodiversidade.

É também necessário para que os profissionais do Estado brasileiro ou empresas que atuam com a gestão ambiental e, consequentemente, com a biodiversidade possam entender corretamente a legislação ambiental brasileira que trata direta ou indiretamente da biodiversidade, podendo assim atuar de modo a dar maior e melhor efetividade para essa legislação.

Inicialmente, será conceituada a biodiversidade e demonstrada sua importância para os ecossistemas e seres humanos, depois serão analisados os acordos internacionais que tratam da biodiversidade e, finalmente, será analisada a legislação ambiental brasileira que tutela a biodiversidade.

2. Conceito de biodiversidade

2.1. Conceitos biológicos

O termo "biodiversidade" é relativamente novo. Tornou-se conhecido a partir de um livro organizado em 1988 pelo ecólogo Edward O. Wilson, da Universidade de Harvard, nos Estados Unidos. O conceito de biodiversidade de Wilson procura integrar toda a variedade existente de organismos vivos, nos mais diferentes níveis.

Existem dois conceitos diferentes de biodiversidade: um *quantitativo*, criado por Andy Dobson da Universidade de Princeton (EUA), que se refere à soma total de organismos em um espaço geográfico sem se referir a espécies, e um *qualitativo*, criado por Edward O. Wilson, que se refere à diversidade desses organismos. Segundo estes dois conceitos, biodiversidade é:

> "A soma de todos os diferentes tipos de organismos que habitam uma região tal como o planeta inteiro, o continente africano, a Bacia Amazônica, ou nossos quintais (Andy Dobson)[2].
>
> Toda a variação baseada em hereditariedade em todos os níveis de organização, dos genes existentes em uma simples população local ou espécies, as espécies que compõem toda ou parte de uma comunidade local, e finalmente, as próprias comunidades que compõem a parte viva dos multivariados ecossistemas existentes no mundo (Edward O. Wilson)[3]."

---

2. DOBSON, Andrew P. *Conservation and biodiversity*. New York: Scientific American Library, 1996. p. 132.
3. REAKA-KUDLA, Marjorie L.; WILSON, Don E.; WILSON, Edward O. (eds.) – *Biodiversity II: understanding and protecting our biological resources*. Washington: Joseph Henry Press, 1997. p. 1.

A palavra biodiversidade se origina da conjunção da palavra grega *bio*, que significa vida, com a palavra diversidade, significando assim "diversidade de vida".

Assim, considero a definição de Wilson mais coerente com o significado da palavra biodiversidade que a definição de Dobson, sendo por isso mais adequada e correta que esta.

A biodiversidade abrange diferentes níveis de organização da vida, abrangendo desde os *genes*, os *organismos*, as *populações* destes organismos que pertencem à *espécies* até os conjuntos de espécies que formam *comunidades* que fazem parte dos *ecossistemas*.

2.2. Conceito legal

A Convenção sobre a Diversidade Biológica (CDB) define a Biodiversidade do seguinte modo:

> "*Diversidade biológica* significa a *variabilidade de organismos vivos de todas as origens*, compreendendo, dentre outros, os *ecossistemas* terrestres, marinhos e outros ecossistemas aquáticos e *os complexos ecológicos* de que fazem parte; compreendendo ainda a diversidade *dentro de espécies*, entre espécies e de *ecossistemas*." (CDB, artigo 2º). (grifamos)

Se compararmos a definição jurídica com as definições técnicas, poderemos observar que nem Dobson nem Wilson se referem aos ecossistemas como integrantes da biodiversidade. Assim, a definição de biodiversidade do artigo 2º da CDB é tecnicamente incorreta, pois se refere à *diversidade de ecossistemas* como parte da biodiversidade. Ocorre que os ecossistemas são constituídos por uma parte *biótica*, integrada pelos organismos vivos deste ecossistema e por outra *abiótica*, correspondente ao meio físico em que estes organismos habitam.

Como o termo *bio* da palavra biodiversidade significa *vida* em grego e o componente físico dos ecossistemas não faz parte da vida, a inclusão de ecossistemas e, portanto, dos seus componentes abióticos nesta definição de biodiversidade é errada do ponto de vista técnico-biológico, pois somente o componente *biótico* dos ecossistemas é vivo[4].

Por isso, a definição de biodiversidade do artigo 2º da CDB deveria ter a redação abaixo:

> "Diversidade biológica significa a variabilidade de organismos vivos de todas as origens, compreendendo, dentre outros, *os organismos que compõem a parte viva dos* ecossistemas terrestres, marinhos e outros ecossistemas aquáticos e complexos ecológicos de que fazem parte; compreendendo ainda a diversidade dentro de espécies, entre espécies e de ecossistemas[5]."

Um possível motivo para esta inserção dos ecossistemas como componente da biodiversidade na definição do artigo 2º da CDB seria a intenção de proteção aos ecossistemas. Assim, a expressão biodiversidade incluiria tudo o que queria se proteger. Porém, a incorreção no uso de termos técnicos biológicos por qualquer legislador, inclusive os autores dos textos de acordos internacionais, como a CDB, é prejudicial pois pode gerar uma confusão desnecessária quando se comparar as definições legais com as definições técnicas corretas.

---

4. MAGALHÃES, Vladimir Garcia. *Propriedade Intelectual, Biotecnologia e Biodiversidade*. São Paulo: Ed. Fiuza, 2011. p. 30-31.
5. Idem, ibidem, p. 31.

Apesar de tecnicamente incorreta, esta definição de biodiversidade da CDB tem valor legal, pois foi incorporada no *Decreto 2.519 de 1998*, que promulgou esta convenção no Brasil.

3. A agrobiodiversidade

A agrobiodiversidade é a diversidade genética das plantas e animais que servem de alimentação ao ser humano. Uma das maiores ameaças ao homem relacionada à biodiversidade é a perda da agrobiodiversidade. Segundo Frances Peter, aproximadamente 80% do suprimento alimentar do mundo está baseado em pouco mais que duas dúzias de espécies de plantas e animais[6], e estamos diminuindo cada vez mais a diversidade genética dos cultivos utilizados pela agricultura em todos os países[7].

Evidências científicas indicam que a diversidade biológica em todos os níveis é um fator crítico para a manutenção dos ecossistemas naturais e dos ecossistemas agrícolas. Porém, ainda não se sabe quais níveis de diversidade são necessários para esta manutenção[8].

A agrobiodiversidade é constituída pela diversidade de espécies utilizadas na agricultura, e também pelas espécies silvestres que tenham relações com as espécies domesticadas, como insetos e pássaros silvestres que atuam como agentes polinizadores nas plantações. A relação entre biodiversidade e agricultura é tão importante, que se estima que 35% da produção mundial de alimentos são originadas dos recursos genéticos somente da região andina e amazônica[9].

Os recursos da agrobiodiversidade abrangem as espécies domesticadas utilizadas na agricultura e seus parentes selvagens; as espécies animais de propriedades agrícolas; as espécies utilizadas pela aquicultura e outras espécies de animais como abelhas e bichos-da-seda; os fungos e outros microrganismos, inclusive os existentes no solo e que desempenham algum papel para a agricultura; os recursos abióticos que afetam a agrobiodiversidade e, finalmente, os recursos econômicos, culturais e sociais[10].

Estabelecendo esta relação biodiversidade-agricultura, destacamos que a própria CDB em seu artigo 7º, alínea "a", determina às partes contratantes, identificarem componentes da sua diversidade biológica, entre outros, de valor agrícola, para fins de conservação *in situ* (no seu *habitat*) e *ex situ* (fora do seu *habitat*).

Além disso, a atividade de *bioprospecção* para pesquisas científicas e para fornecimento de matéria-prima para a indústria de *biotecnologia* moderna é uma coleta de exemplares de animais, plantas e microrganismos para identificação de moléculas biológicas

---

6. CEQ – Council on Environmental Quality; US. DEPARTAMENT OF STATE. 1981. *apud* NATIONS, James D. – Deep Ecology Meets the Developing World, p. 81. In: WILSON, E. O. (ed.); PETER, Frances M. (ed.) – *Biodiversity*. Washington: National Academy Press, 1988. p. 79-82.
7. NATIONS, James D. – Deep Ecology Meets the Developing World, p. 81. In: WILSON, E. O. (ed.); PETER, Frances M. (ed.) – *Biodiversity*. Washington: National Academy Press, 1988. p. 79-82.
8. SHULZE, E. D.; MOONEY, A. H. – *Biodiversity and Ecosystem Function*. New York: Springer Ed., 1994. p. 509.
9. Cf. Anexo da Decisão 523 da CAN – Comunidade Andina, sem numeração de página.
10. Cf. Anexo da Decisão 523 da CAN – Comunidade Andina, sem numeração de página;

de valor científico e/ou comercial. Esta coleta é uma *atividade extrativista qualitativa* e as atividades extrativistas são *atividades agrárias*[11].

Vandana Shiva aponta que a matéria-prima da agricultura são os vegetais existentes na biodiversidade dos ecossistemas. A origem de todos os cultivos utilizados na agricultura se encontra nas espécies selvagens que contribuem até a atualidade com material genético para o constante melhoramento das plantas utilizadas na agricultura. Porém, a agricultura é a atividade humana com mais impacto sobre a biodiversidade pela destruição das florestas e demais formas de vegetação dos ecossistemas. Além disso, a produção agrícola moderna capitalista é baseada na monocultura de cultivos. Onde a agricultura moderna é implementada, desaparecem as variedades vegetais cultivadas tradicionalmente pelas comunidades nestes locais, eliminando os recursos genéticos que necessita para o melhoramento das monoculturas vegetais, prejudicando assim a si mesma[12].

4. Importância da biodiversidade

4.1. Para o equilíbrio ecológico

A biodiversidade não é apenas uma coleção de componentes, em vários níveis. Tão importante como esses componentes é a maneira como eles estão organizados, como interagem entre si e os processos resultantes, que fazem os organismos, as populações e os ecossistemas preservarem sua estrutura e funcionarem harmonicamente em conjunto.

O ecossistema foi definido pioneiramente por Tansley, em 1935, como sendo a combinação das comunidades animais, de plantas e o seu meio físico.

A diminuição de espécies em experimentos reproduzindo ecossistemas alterou algumas de suas funções, como a produtividade das plantas e a absorção de CO_2, que declinaram com esta diminuição[13]. Isso indica que, de acordo com o grau de diminuição de biodiversidade de um ecossistema, suas funções e serviços poderiam ficar comprometidos até um grau em que a sua própria existência pode ficar comprometida.

Os serviços que os ecossistemas prestam estão relacionados à manutenção do sistema de vida no planeta. Assim, esses serviços são tão importantes quanto os produtos que exploramos diretamente da biodiversidade. As florestas e outros sistemas naturais controlam o clima, tornando-o adequado à vida; comunidades bênticas sequestram substâncias tóxicas impedindo que elas cheguem ao ser humano, com danos para a sua saúde; plantas subaquáticas também fazem isso e estabilizam o habitat e recifes de coral e algas,

---

11. Na *atividade extrativista qualitativa*, importa a qualidade do que está sendo coletado e não a quantidade. Para maiores detalhes sobre este assunto e sobre a natureza de atividade agrária do extrativismo, consultar MAGALHÃES, Vladimir G. Contratos de Prospecção de Biodiversidade: Natureza Jurídica. *Revista do Instituto de Pesquisas e Estudo s- Divisão Jurídica da Instituição Toledo de Ensino.* Bauru, n. 16, p. 97-228, nov./1996 a mar./1997.
12. SHIVA, Vandana et al – *Biodiversity – social & ecological perspectives.* 2. ed. London: Zed Books, 1995. p. 46.
13. REYNOLDS, Colin S. – Biodiversity and Ecological Function, p. 220. In: ABE, Takuya; LEVIN, Simon A.; HOGASHI, Masahiko (ed.s) – *Biodiversity – An Ecological Perspective.* New York: Springer Ed., 1997. p. 167-228.

protegem as costas marítimas de danos potenciais decorrentes da dinâmica dos oceanos. A diversidade biológica tem grande importância relacionada ao modo com que os ecossistemas naturais respondem a mudanças bruscas e violentas, naturais ou decorrentes de ação antrópica (de origem humana). Mas estamos somente começando a compreender a magnitude desta influência[14].

Os serviços prestados pelos ecossistemas variam conforme o tipo de ecossistema. Entre estes serviços se encontram a proteção das bacias hidrográficas, a estabilização do solo e o controle da poluição diminuindo o seu impacto sobre a saúde humana, assim como o fornecimento do contexto ambiental no qual as espécies existem. Assim a manutenção da diversidade de ecossistemas é fundamental para a manutenção dos serviços ecossistêmicos necessários a manutenção da vida digna dos seres humanos. Além disso, o funcionamento contínuo dos ecossistemas depende das espécies neles existentes e de sua distribuição, assim como da variação genética dentro destas espécies e da dinâmica das interações existentes entre as diferentes espécies e entre elas e o seu ambiente físico[15].

Algumas espécies parecem ter um papel mais importante nos ecossistemas. Outras espécies parecem ser redundantes, por exercerem as mesmas funções no ecossistema porém são importantes por manterem as funções do ecossistema em situações de eventos extremos, como impacto por poluentes, que resultam no desaparecimento de espécies[16].

Isso ocorre, porque essas espécies que aparentavam ser redundantes assumem as funções ecológicas de uma espécie impactada ou desaparecida e o ecossistema pode continuar funcionando normalmente. Assim, a redução da diversidade biológica em um ecossistema reduz igualmente a sua habilidade para resistir impactos. Inclusive os antrópicos[17].

Assim, todas as espécies de organismos são importantes, contribuindo para a capacidade dos ecossistemas em suportar e se recuperar de grandes impactos. Ao diminuir a biodiversidade, estamos tornando os ecossistemas mais frágeis aos impactos naturais ou de origem antrópica[18].

A variedade genética em uma espécie também lhe confere, maior capacidade para resistir a impactos[19], por aumentar a sua capacidade de adaptação. Isto decorre do fato de um impacto, de origem humana ou não, atuar como fator de seleção da espécie mais apta e quanto maior a variabilidade genética maior a probabilidade de algum indivíduo da espécie ter as características necessárias para sobreviver a determinado impacto, garantindo assim, a continuidade da sua espécie[20].

---

14. LEVIN, Simon A. – Biodiversity: Interfacing Populations and Ecosystems, p. 278. In: ABE, Takuya; LEVIN, Simon A.; HOGASHI, Masahiko (ed.s). Op. cit., p. 277- 288.
15. HEYWOOD, V. H. et al. Introducing biodiversity, p. 12. In: HEYWOOD, V. H. (exec. ed.); WATSON, R. T. (ed.). *Global biodiversity assessment*. Cambridge: Cambridge University Press, 1995. p. 5-19.
16. REYNOLDS, Colin S. – Biodiversity and Ecological Function, p. 221. In: ABE, Takuya; LEVIN, Simon A.; HOGASHI, Masahiko (ed.s). Op. cit., p. 167-228.
17. LEVIN, Simon A. Op. cit, p. 281-282.
18. MAGALHÃES, Vladimir G. *Propriedade Intelectual, Biotecnologia e Biodiversidade*, p. 58.
19. LEVIN, Simon A. – *Biodiversity*: Interfacing Populations and Ecosystems, p. 285. In: ABE, Takuya; LEVIN, Simon A.; HOGASHI, Masahiko (ed.s) loc. cit.
20. MAGALHÃES, Vladimir G. *Propriedade Intelectual, Biotecnologia e Biodiversidade*, p. 58.

4.2. Para a economia

As espécies de organismos que integram a biodiversidade dos ecossistemas têm sido utilizados pela Humanidade, desde as suas origens, para alimentação e vestuário e continuam sendo em quantidades crescentes. Esse é um dos fatores de impacto negativo sobre o meio ambiente e a biodiversidade global[21].

A agricultura iniciou-se na história da Humanidade com o ser humano selecionando e plantando vegetais selvagens além selecionar, domesticar e criar espécies animais selvagens apropriadas para a alimentação e vestuário e que integravam a biodiversidade existente naquele meio ambiente[22].

Se estima que nos EUA, variedades selvagens de plantas, contribuíram com *U$ 340 milhões ao ano* para a economia agrícola deste país, no período entre 1976 e 1980. O total da contribuição das espécies vegetais selvagens para a economia daquele país foi de *U$ 66 bilhões*. Um valor maior que a dívida externa do México e Filipinas somadas. Significativa parte dessas variedades selvagens foi trazida do Terceiro Mundo sem nenhuma contrapartida financeira ou de outra natureza pelos EUA e por suas empresas[23].

O grande desenvolvimento da *biologia molecular* ocorrido a partir dos anos 50 e o desenvolvimento da *tecnologia do DNA recombinante*, popularmente chamada de *engenharia genética*, ocorrido nos anos 70 revolucionaram a biotecnologia tradicional e geraram a *moderna biotecnologia*. Com este desenvolvimento da biotecnologia, as *moléculas biológicas* sintetizadas pelos diversos seres vivos, passaram a ter também grande importância econômica potencial, como matéria prima para a indústria de biotecnologia[24].

A agricultura utiliza muito o material genético das espécies selvagens para desenvolver novas variedades vegetais e fazer o aperfeiçoamento genético dos animais criados. Os recursos genéticos existentes nos diversos organismos selvagens, são também importantes fontes de matéria-prima para a indústria farmacêutica. Em 1984, cerca de 44% dos produtos farmacêuticos nos EUA continham um ou mais componentes derivados de substâncias naturais retiradas de organismos selvagens[25].

A tendência é que deve ter aumentado o percentual de produtos farmacêuticos que utilizam substâncias retiradas da biodiversidade dos ecossistemas nos EUA. Estima-se ainda que pelo menos metade do aumento da produtividade agrícola do século 20 é diretamente relacionado à seleção artificial, procedimentos de recombinação e transferência de genes também retirados de diferentes espécies de organismos selvagens[26] tendo assim a biodiversidade desempenhado um papel fundamental neste aumento de produtividade agrícola e, portanto, para a segurança alimentar da Humanidade.

---

21. MAGALHÃES, Vladimir G. *Propriedade Intelectual, Biotecnologia e Biodiversidade*, p. 61.
22. Idem, ibidem.
23. SHIVA, Vandana et al. – *Biodiversity – social & ecological perspectives*. 2. ed. London: Zed Books, 1995. p. 56-57.
24. MAGALHÃES, Vladimir G. *Propriedade Intelectual, Biotecnologia e* Biodiversidade, p. 61.
25. BARLOW, B. A. et al. Biotecnologia, p. 869. In: HEYWOOD, V. H. (executive editor); WATSON, R. T. (ed.). *Global biodiversity assessment*. Cambridge: Cambridge University Press, 1995. p. 671-710.
26. BARLOW, B. A. et al. Biotecnologia, p. 869. In: HEYWOOD, V. H. (executive editor); WATSON, R. T. (ed.). *Global biodiversity assessment*. Cambridge: Cambridge University Press, 1995. p. 671-710.

As empresas farmacêuticas dos EUA pesquisam plantas selvagens, inclusive em outros países, há anos em busca de novos medicamentos e para isso importam *milhões de dólares* em plantas medicinais, usando-as para produzir *bilhões de dólares* em novos medicamentos[27] obtendo, portanto, gigantescos lucros com o uso da biodiversidade de outros países.

Em 1985, a indústria farmacêutica americana gastou $ 4.1 bilhões em pesquisa e desenvolvimento. Um aumento de 11.6% em relação a 1984. Nesse mesmo ano, o consumidor americano gastou mais de $ 8 bilhões em remédios cujos princípios ativos são extraídos das plantas existentes nos ecossistemas de vários países[28].

Somente uma parcela extremamente pequena dos organismos selvagens existentes foram coletados na natureza em atividades de bioprospecção e pesquisados em laboratório para isolamento e identificação de moléculas biológicas para uso como remédios ou na agricultura.

Para ilustrar a utilidade potencial da biodiversidade, que está sendo destruída em grande e crescente escala no mundo inteiro, há alguns anos, dois compostos foram descobertos em plantas tropicais comuns da Ilha de Madagascar, na costa da África, a *vinblastina* e *vincristina*. Descobriu-se que essas moléculas biológicas podiam ser utilizadas no tratamento de leucemia, reduzindo a mortalidade de *90% para 10%*, em certas formas da doença[29].

Em uma espécie de planta (*Putterkia sp.*) da região tropical da África, foi isolado outro composto, o *maytensene*, que se descobriu ter atividade redutora do crescimento de certas formas do câncer de mama. Pode-se imaginar o que ainda pode ser descoberto se considerarmos, por exemplo que somente 4.000 espécies de microrganismos existentes foram descritas e classificadas pela ciência, de um total estimado em mais de 1 milhão de espécies[30]. Isto se as espécies selvagens com moléculas biológicas úteis não forem extintas antes destas moléculas e seus usos serem descobertos pela ciência e biotecnologia.

Em 1995, BARLOW afirmou que o "capital" genético deixa os países detentores de biodiversidade livre e gratuitamente e retorna sob a forma de novas e caras sementes, remédios e outros produtos patenteáveis[31]. Acrescentamos que isto ocorre não apenas com o capital genético, ou seja os genes, mas também com outras moléculas biológicas, que constituem um *capital biológico*, que será proporcional à biodiversidade existente. Assim, quanto mais rico em biodiversidade for um país, maior será seu capital biológico[32].

---

27. CEQ. Council on Environmental Quality e US DEPARTAMENT OF STATE. 1981. *apud* NATIONS, James D. – Deep Ecology Meets the Developing World, p. 81. In: WILSON, E. O.(ed.); PETER, Frances M. (ed.) *Biodiversity*. Washington: National Academy Press, 1988. p. 79-82.
28. FARNSWORTH, Norman R. – Screening Plants for New Medicines, p. 83. In: WILSON, E. O. (ed.); PETER, Frances M. (ed.) – *Biodiversity*. Washington: National Academy Press, 1988. p. 83-97.
29. BARTHLOT, W.; WINIGER, M. (eds) *Biodiversity – A challenge for development Research and policy*. 2. ed. New York: Springer, 2001. p. 5.
30. BARTHLOT, W.; WINIGER, M. (eds). Op. cit., p. 5.
31. BARLOW, B. A. et al. – Biotecnologia, p. 872. In: HEYWOOD, V. H. (executive editor); WATSON, R. T. (ed.). *Global biodiversity assessment*. Cambridge: Cambridge University Press, 1995. p. 671-710.
32. MAGALHÃES, Vladimir G. *Propriedade Intelectual, Biotecnologia e Biodiversidade*, p. 64.

Existe ainda nos países detentores de grande biodiversidade como o Brasil, um *capital intelectual*, não mencionado por BARLOW, constituído pelos *conhecimentos tradicionais*, que são os conhecimentos das comunidades tradicionais, sobre os possíveis usos desta biodiversidade, e que permitem uma bioprospecção mais direcionada e por isso, mais eficiente e rápida, pelas indústrias de biotecnologia. Esse capital acompanha o fluxo do capital biológico, saindo via de regra *gratuitamente* dos países em desenvolvimento onde ele foi gerado, para os países desenvolvidos, retornando na forma de novos e caros produtos patenteados, como sementes e remédios. Entre outros[33].

As comunidades tradicionais são definidas pelo Decreto 6.40/07, que instituiu em seu anexo a Política Nacional de Desenvolvimento Sustentável dos Povos e Comunidades Tradicionais – PNPCT, em seu art. 3º, inc. I, como sendo:

"grupos culturalmente diferenciados e que se reconhecem como tais, que possuem formas próprias de organização social, que ocupam e usam territórios e recursos naturais como condição para sua reprodução cultural, social, religiosa, ancestral e econômica, utilizando conhecimentos, inovações e práticas gerados e transmitidos pela tradição."

Este fluxo de capital genético, biológico e intelectual, dos países possuidores de grande biodiversidade para os países desenvolvidos pode ocorrer legalmente, conforme a legislação nacional do país que os fornece e conforme o direito internacional, principalmente a CDB e seu Protocolo de Nagoia, ou se dar ainda em desconformidade com eles. Neste caso, estará ocorrendo a *biopirataria*.

5. A tutela legal da biodiversidade

5.1. Direito internacional

O principal acordo internacional para tutelar a biodiversidade é a Convenção da Diversidade Biológica (CDB). Os protocolos internacionais criados no âmbito desta convenção quadro e as decisões das Conferências das Partes da CDB são também muito importantes.

A CDB foi adotada na Conferência das Nações Unidas sobre o Meio Ambiente e o Desenvolvimento, também conhecida como Cúpula da Terra ou simplesmente ECO-92, realizada em 1992, entre os dias 3 e 14 de junho, na cidade do Rio de Janeiro.

O Brasil assinou a CDB em 5 de junho de 1992 e tornou-se parte desta Convenção por meio do depósito do instrumento de ratificação em 28 de fevereiro de 1994, após sua aprovação interna pelo Decreto Legislativo nº 2 promulgado em 3 de fevereiro de 1994, o qual também aprovou a Agenda 21. A CDB foi promulgada no Brasil pelo Decreto 2.519, de 16 de março de 1998.

Os EUA assinaram a CDB em 6 de junho de 1993, mas não a ratificaram até o momento não estando ainda, portanto, vinculados a essa Convenção[34].

Aliás, é interessante notar que dos 194 países que integram a ONU somente os EUA e Andorra não ratificaram a CDB sendo que os EUA são sede de grande parte das empresas farmacêuticas e demais empresas de biotecnologia que utilizam as moléculas biológicas existentes na biodiversidade mundial.

---

33. Idem.
34. Disponível em: [www.cbd.int/convention/parties/list/]. Acesso em: 06.04.2014.

Os objetivos da CDB são definidos pelo seu art. 1º como sendo:

(...) "a conservação da diversidade biológica, a utilização sustentável de seus componentes e a repartição justa e eqüitativa dos benefícios derivados da utilização dos *recursos genéticos*, mediante, inclusive, o acesso adequado aos *recursos genéticos* e a transferência adequada de tecnologias pertinentes, levando em conta todos os direitos sobre tais recursos e tecnologias, e mediante financiamento adequado." (grifamos).

Deve-se salientar que este texto do art. 1º da CDB contraria os interesses dos países com maior biodiversidade pois os recursos genéticos são constituídos pelos genes e a maior parte das moléculas biológicas utilizadas ou com potencial de serem utilizadas pela indústria de biotecnologia não tem a natureza de genes[35].

Diante do valor econômico da biodiversidade e da sua importância para equilíbrio ecológico dos ecossistemas e diante do fato de que todos os ecossistemas do planeta estão em maior ou menor grau interligados e são interdependentes uma importante questão que surge é a soberania sobre a biodiversidade.

Antes da CDB ser adotada, a tendência era se considerar a biodiversidade como herança comum da humanidade. Uma *res nullius* que poderia ser apropriada por quem tivesse a capacidade econômica e tecnológica para isso. Assim, os países desenvolvidos e suas empresas, poderiam acessar e utilizar tais recursos com enormes lucros sem qualquer contrapartida para os países em desenvolvimento.

Contudo, a CDB estabeleceu claramente a soberania dos Estados sobre os seus recursos biológicos, nos dispositivos transcritos abaixo:

"Preâmbulo – Reafirmando que os Estados têm direitos soberanos sobre os seus próprios *recursos biológicos*, (grifamos).

Artigo 3

Princípio

Os Estados, em conformidade com a Carta das Nações Unidas e com os princípios de Direito internacional, têm o direito soberano de explorar seus próprios recursos segundo suas políticas ambientais e a responsabilidade de assegurar que atividades sob sua jurisdição ou controle, não causem dano ao meio ambiente de outros Estados ou de áreas além dos limites da jurisdição nacional.

Artigo 15

Acesso a Recursos Genéticos

1. Em reconhecimento dos *direitos soberanos* dos Estados sobre seus *recursos naturais*, a autoridade para determinar o acesso a recursos genéticos pertence aos governos nacionais e está sujeita à legislação nacional." (grifamos)

Ao reconhecer no art. 15 a soberania dos países sobre seus recursos naturais a CDB está reconhecendo também neste dispositivo a soberania dos países sobre a sua biodiversidade pelo fato desta integrar os recursos naturais. O acesso e uso das moléculas biológicas da biodiversidade brasileira e conhecimentos tradicionais associados em desacordo com a CDB e legislação nacional configura ato de *biopirataria*.

Além da CDB, outros acordos internacionais como a Convenção sobre o Comércio Internacional de Espécies da Fauna e Flora Ameaçadas de Extinção, mais conhecida pela sua sigla em inglês CITES, e a Convenção sobre Espécies Migratórias também conhecida

---

35. MAGALHÃES, Vladimir G. *Propriedade Intelectual, Biotecnologia e Biodiversidade*. p. 162-163.

como Convenção de Bonn e pela sua sigla em inglês CMS também protegem *diretamente* a biodiversidade.

Contudo, deve-se salientar que qualquer acordo internacional que tenha por objetivo a proteção do meio ambiente protege também, mas de modo indireto, a biodiversidade pois ao se proteger o habitat dos organismos se está também protegendo eles como é o caso da Convenção Ramsar sobre Zonas Úmidas.

A CITES protege em diferentes graus mais de 35.000 espécies de animais e de plantas. Seu texto foi adotado em 3 de março de 1973 em um encontro de representantes de 80 países em Washington/DC nos EUA. Em 1º de julho de 1975 esta convenção entrou em força internacional[36] e atualmente ela está em vigor em 180 países[37].

A CITES foi aprovada no Brasil pelo Decreto Legislativo 54 de 24 de junho de 1975 e promulgada pelo Decreto 76.623 de 15 de novembro de 1975 tendo entrado em força em nosso país em 4 de dezembro de 1975.

A CMS protege as espécies migratórias terrestres, aquáticas e de aves assim como seus habitats e rotas de migração. É uma convenção quadro que estimula a celebração de acordos mais específicos para determinadas espécies e acordos regionais.

Foi assinada pelo Brasil em 23 junho de 1979 em Bonn. Somente em 5 de junho de 2012 a Presidência da República encaminhou ao Congresso Nacional através da Mensagem 246 o texto da convenção para aprovação. Esta ocorreu em 15 de outubro de 2013 através do Decreto Legislativo 387 não tendo sido ainda editado o decreto para promulgar no Brasil seu texto. Além disso, ainda não foi depositado pelo Brasil no secretariado da CMS o instrumento de ratificação. Assim, o Brasil ainda não é Parte da mesma, nos termos da Convenção de Viena sobre o Direito dos Tratados, estando porém em vias de se tornar.

Contudo, apesar de até o momento não ter se tornado Parte o Brasil é considerado pelo Secretariado da CMS como "Estado da área de distribuição" por ter informado ao mesmo a ocorrência de espécies migratórias elencadas nos Anexos I e II da CMS, no território sob a sua jurisdição (CMS, art. 1.4.h).

5.2. Direito brasileiro

Do mesmo modo que no Direito Internacional, toda legislação ambiental brasileira que protege o meio ambiente protege o habitat das espécies nativas do nosso país, assim como as migratórias, protegendo deste modo toda biodiversidade brasileira.

A lei mais importante existente no Brasil para a proteção da biodiversidade como um todo é o Código Florestal. Pelo fato de além de proteger diretamente as espécies vegetais dos ecossistemas (biodiversidade vegetal) proteger também indiretamente a fauna e microrganismos que tem nas florestas e demais formas de vegetação silvestre nativa o seu habitat sem o qual não podem sobreviver.

Além disto, a proteção desta vegetação protege também os recursos hídricos e, portanto, os ecossistemas de água doce e mesmo os ecossistemas marinhos a medida que estes sofrem significativa influência dos rios que desaguam no mar.

---

36. Disponível em: [www.cms.int/en/legalinstrument/cms]. Acesso em: 06.05.2014.
37. Disponível em: [www.cites.org/eng/disc/parties/chronolo.php]. Acesso em: 06.05.2014.

O atual Código Florestal foi instituído pela Lei 12.651 de 25 de maio de 2012 que revogou integralmente o Código Florestal anterior instituído pela Lei 4.771 de 15 de setembro de 1965. Deve-se salientar que a Lei 12.651 diminuiu muito a proteção que a Lei 4.771 conferia às florestas e demais formas de vegetação nativa, permitindo um grande aumento do desflorestamento legal e, portanto, um grande aumento na destruição da biodiversidade brasileira.

Ocorre que felizmente diversos dispositivos da Lei 12.651, relacionados às Áreas de Preservação Permanente (APP), Reserva Legal e anistia para degradadores das florestas, tiveram a sua constitucionalidade questionada no Supremo Tribunal Federal (STF) por três Ações Diretas de Inconstitucionalidade (ADIs 4901, 4902 e 4903) ajuizadas pela Procuradoria-Geral da República em 21 de janeiro de 2013.

Além disso, em 4 de abril de 2013 o Partido Socialismo e Liberdade (PSOL) também ajuizou no Superior Tribunal Federal uma Ação Direta de Inconstitucionalidade (ADI 4937) questionando também a constitucionalidade de diversos dispositivos da Lei 12.651/12.

Todas as ADIs foram julgadas pelo Supremo e foi mantida a redação da Lei 12.651 de 25 de maio de 2012.

A fauna é também protegida, mas de modo direto, pela Lei 5.197 de 3 de janeiro de 1967 que dispõe sobre a proteção da fauna brasileira, proibindo a caça profissional (art. 2°) e a utilização, perseguição, destruição, caça ou apanha de quaisquer espécies de animais (art. 1°) prevendo contudo a possibilidade de concessão de licença para a caça esportiva de algumas espécies (art. 8°). A caça sem a devida licença da autoridade competente ou em desacordo com esta é crime ambiental com pena de seis meses e multa (Lei 9.605/98, art. 29, *caput*).

A Política Nacional do Meio Ambiente, instituída pela Lei 6.938 de 31 de agosto de 1981, protege a biodiversidade ao proteger o meio ambiente como um todo, deve-se destacar que além dela, o Decreto 4.339 de 22 de agosto de 2002 instituiu a Política Nacional de Biodiversidade (PNB) estabelecendo critérios de gestão específica da biodiversidade pelo Estado brasileiro tendo em vista a sua proteção.

A PNB define no art. 5° seu objetivo geral como:

> [...] "a promoção, de forma integrada, da conservação da biodiversidade e da utilização sustentável de seus componentes, com a repartição justa e eqüitativa dos benefícios derivados da utilização dos recursos genéticos, de componentes do patrimônio genético e dos conhecimentos tradicionais associados a esses recursos."

A PNB estabelece também em seu art. 2° que ela será aplicada segundo princípios específicos para a biodiversidade derivados da CDB e da Declaração do Rio, adotados na ECO-92, e também derivados da Constituição Federal e de toda a legislação ambiental brasileira sobre a matéria.

Ela é integrada por componentes referentes ao conhecimento e conservação da biodiversidade; sua utilização sustentável; prevenção, monitoramento, avaliação e mitigação de impactos sobre a biodiversidade; acesso aos recursos genéticos e aos conhecimentos tradicionais associados e repartição de benefícios; educação, sensibilização pública, informação e divulgação sobre biodiversidade; e fortalecimento jurídico e institucional para a gestão da biodiversidade (PNB, art. 9°).

Deve-se mencionar ainda o Decreto 7.794 de 22 de agosto de 2012 que institui a Política Nacional de Agroecologia e Produção Orgânica que conceitua a produção de base agroecológica como sendo aquela que procura otimizar a integração entre capacidade produtiva, uso e *conservação* da *biodiversidade* e dos demais recursos naturais, equilíbrio ecológico, eficiência econômica e justiça social (art. 2º, inc. III).

Finalmente, deve-se mencionar a Medida Provisória 2.186-16 de 23 de agosto de 2001 que dispõe sobre o acesso ao patrimônio genético, a proteção e o acesso ao conhecimento tradicional associado, a repartição de benefícios e o acesso à tecnologia e transferência de tecnologia para sua conservação e utilização.

Esta norma dispõe sobre a transferência de tecnologia para a conservação desta biodiversidade (art. 1º, inc. IV) e no processo de acesso às moléculas biológicas dos organismos da biodiversidade brasileira determina a suspensão da atividade de acesso que resulte em dano grave e irreversível à esta biodiversidade (art. 6º).

6. Conclusões

A biodiversidade brasileira tem papel fundamental para a manutenção do equilíbrio dos ecossistemas brasileiros e simultaneamente tem grande valor econômico como fonte de recursos genéticos para a agricultura e de moléculas biológicas para a indústria de biotecnologia.

O Direito Internacional e o Direito Brasileiro protegem direta e indiretamente a biodiversidade brasileira através de acordos internacionais e legislação nacional de proteção em geral ao meio ambiente e de acordos internacionais e legislação brasileira específicos para a proteção da biodiversidade sendo o Código Florestal a norma jurídica mais importante para a proteção da biodiversidade brasileira.

Contudo, infelizmente está em processo no Brasil um retrocesso na legislação ambiental em geral bem exemplificado com a revogação do antigo Código Florestal pela Lei 12.651/12 que diminuiu bastante a proteção das florestas e demais formas de vegetação nativa diminuindo assim proporcionalmente a proteção legal da biodiversidade brasileira.

Referências bibliográficas

ABE, Takuya; LEVIN, Simon A.; HOGASHI, Masahiko (Eds.). *Biodiversity – An Ecological Perspective*. New York: Springer Ed., 1997.

DOBSON, Andrew P. *Conservation and biodiversity*. New York: Scientific American Library, 1996.

HEHEYWOOD, V. H. (Exec. Ed.); WATSON, R. T. (Ed.). *Global biodiversity assessment*. Cambridge: Cambridge University Press, 1995.

MAGALHÃES, Vladimir Garcia. *Propriedade Intelectual, Biotecnologia e Biodiversidade*. São Paulo: Ed. Fiuza, 2011.

MAGALHÃES, Vladimir Garcia. Contratos de Prospecção de Biodiversidade: Natureza Jurídica. *Revista do Instituto de Pesquisas e Estudos – Divisão Jurídica – da Instituição Toledo de Ensino*. Bauru, n. 16, nov./1996 a mar./1997.

REAKA-KUDLA, Marjorie L.; WILSON, Don E.; WILSON, Edward O. (Eds.) – *Biodiversity II: understanding and protecting our biological resources*. Washington: Joseph Henry Press, 1997.

SHIVA, Vandana et al. *Biodiversity – social & ecological perspectives*. 2. ed. London: Zed Books, 1995.

SHULZE, E. D. e MOONEY, A. H. *Biodiversity and Ecosystem Function*. New York: Springer Ed., 1994.

WILSON, E. O. (Ed.) e PETER, Frances M. (Ed.). – *Biodiversity*. Washington: National Academy Press, 1988.

MINERAÇÃO E MEIO AMBIENTE

TALDEN FARIAS[1]
PEDRO ATAÍDE[2]

SUMÁRIO: 1. Introdução. 2. O tratamento constitucional do meio ambiente, do licenciamento ambiental e da atividade minerária. 2.1. Meio ambiente e licenciamento ambiental. 2.2. A atividade minerária. 3. Atividade minerária em APP. 4. Licenciamento ambiental da mineração. 4.1. Aspectos gerais do licenciamento ambiental. 4.2. Licenciamento ambiental da mineração. 4.2.1. Competência do licenciamento ambiental e conceitos elementares da mineração. 4.2.2. Resolução 009/1990 do CONAMA. 4.2.3. EIA/RIMA e compensação ambiental do art. 36 – Lei 9.985/2000. 4.2.4. Resolução 010/1990 do CONAMA. 4.2.5. PRAD. 5. Mineração em mata atlântica. 6. Mineração em UCs. 7. Mineração em zona de amortecimento. 8. Considerações finais. 9. Referências.

1. Introdução

Entre as atividades econômicas, a mineração é uma das que mais apresenta impactos ambientais negativos, pois é desenvolvida mediante a extração de recursos naturais não renováveis. Após a realização da lavra mineral, o espaço degradado dificilmente poderá retornar à posição original, pois o material extraído não será colocado de volta no solo. Além disso, é comum que as jazidas estejam localizadas em ecossistemas protegidos, como leito de rio e áreas de elevada declividade, o que acentua o caráter degradador da atividade minerária.

Por outro lado, os recursos minerais são indispensáveis ao ser humano, razão pela qual a atividade é necessária (mesmo diante de impactos ambientais negativos). A maior parte dos bens de consumo possuem minérios em seus materiais. As casas, prédios e demais edificações são erigidas a partir de minérios conhecidos como agregados da construção civil, a exemplo da areia e da brita. Por sua vez, os automóveis, computadores, aparelhos celulares, televisores, medicamentos, fertilizantes agrícolas, talheres, adereços pessoais, enfim, quase tudo depende de minérios.

A mineração é caracterizada pela rigidez locacional, segundo a qual o empreendimento minerário só pode ser instalado no lugar de ocorrência natural da jazida. Ou seja, os órgãos ambientais e os empreendedores não possuem a faculdade de escolher os locais de menor impacto em que pode ser desenvolvida a mineração.

---

1. Advogado. Professor da UFPB. Doutor em Direito da Cidade pela UERJ. Doutor em Recursos Naturais pela UFCG. Mestre em Direito Econômico pela UFPB.
2. Mestre em Direito Econômico pela UFPB. Graduado em Ciências Jurídicas e Sociais pela mesma instituição.

Em virtude de tais características, o impacto ambiental causado pela mineração possui peculiaridades quando comparado com outras atividades. Por conseguinte, os institutos de Direito Ambiental devem ser adequados às particularidades do setor.

Nesse sentido, este capítulo possui o objetivo de analisar o tratamento jurídico do licenciamento ambiental da mineração, os estudos ambientais pertinentes, a possibilidade de realizar atividade minerária em áreas de preservação permanente (APPs), mata atlântica, unidades de conservação (UCs) e zonas de amortecimento. Como vertente metodológica, a pesquisa será qualitativa, com procedimento de estudo bibliográfico e documental; o método de abordagem, por sua vez, será dedutivo.

2. O tratamento constitucional do meio ambiente, do licenciamento ambiental e da atividade minerária

2.1. Meio ambiente e licenciamento ambiental

O licenciamento ambiental não é mencionado expressa e diretamente pela Constituição Federal (nem nos princípios nem nas regras).[3] Contudo, funciona como evidente instrumento de concretização dos valores ambientais constitucionais.

O licenciamento ambiental está relacionado a quase totalidade do conteúdo constante no art. 225 da Constituição Federal, cujo *caput* determina que o Poder Público e a coletividade têm a obrigação de atuar na defesa e na preservação do meio ambiente, tendo em vista o direito das gerações presentes e futuras. Nesse sentido, o licenciamento ambiental tem o objetivo de impor limites às atividades potencial ou efetivamente poluidoras. Há, pois, obrigações dirigidas tanto ao Poder Público (exigir licenciamento ambiental em tais casos, ou cumprir as exigências deste nas obras e empreendimentos estatais), quanto à coletividade (que possui o dever de respeitar os limites impostos na licença ambiental).

Por sua vez, o § 1º do art. 225 da Constituição Federal, elenca, em seus incisos, algumas incumbências ao Poder Público, com vistas a assegurar a efetividade do direito ao meio ambiente ecologicamente equilibrado.

Segundo o inciso I, deve o Estado "preservar e restaurar os processos ecológicos essenciais e prover o manejo ecológico das espécies e ecossistemas". Logo, as atividades que ponham em risco os processos ecológicos essenciais, por óbvio, não poderão receber licença ambiental, exceto se medidas de precaução forem adotadas.[4]

Já o inciso II cuida da preservação do patrimônio genético do Brasil, assim como do dever de fiscalizar as pesquisas com manipulação de material genético. Ou seja, o licenciamento ambiental não deve chancelar empreendimentos que comprometam a diversidade/integridade genética das espécies de seres vivos; as pesquisas de entidades dedicadas à manipulação de material genético, isto é, que promovam a transformação das características genéticas básicas dos seres vivos,[5] devem receber ampla fiscalização dos órgãos ambientais licenciadores.

---

3. FARIAS, Talden. *Licenciamento ambiental*: aspectos teóricos e práticos. 5. ed. Belo Horizonte: Fórum, 2015. p. 32.
4. Ibidem, p. 33.
5. BARACHO JÚNIOR, José Alfredo de Oliveira. *Proteção do meio ambiente na Constituição da República*. Belo Horizonte: Fórum, 2008. p. 101.

O inciso III trata do dever de instituir espaços territoriais especialmente protegidos. Dessa forma, o licenciamento ambiental deverá verificar se empreendimentos que interfiram em áreas protegidas (como UCs e zonas de amortecimento, APPs, corredores ecológicos etc.) podem ser concebidos, ou quais as condições de instalação e funcionamento.

O inciso IV é dedicado a uma das etapas do licenciamento ambiental das atividades consideradas de significativo impacto ambiental, qual seja, a necessidade de exigir Estudo de Impacto Ambiental e o respectivo relatório (EIA/RIMA). Tal dispositivo será objeto de análise pormenorizada no decorrer do presente texto.

A função de controlar as atividades efetiva ou potencialmente poluidoras está expressamente estabelecida pelo inciso V do § 1º do art. 225 da Constituição Federal, segundo o qual para assegurar a efetividade do direito ao meio ambiente equilibrado, incumbe ao Poder Público "controlar a produção, a comercialização e o emprego de técnicas, métodos e substâncias que comportem risco para a vida, a qualidade de vida e o meio ambiente". O sistema de licenciamento ambiental tem por finalidade assegurar que o meio ambiente seja respeitado quando do planejamento, da instalação ou do funcionamento dos empreendimentos e obras referidos.

Já os incisos VI e VII tratam dos deveres de promover a educação ambiental e de proteger a fauna e a flora. No âmbito federal, o IBAMA editou a Instrução Normativa 02/2012, que disciplina as bases técnicas dos programas de educação ambiental apresentados pelos empreendedores como medidas mitigadoras/compensatórias, os quais devem constar como condicionantes das licenças ambientais emitidas pela mencionada entidade. Por sua vez, o licenciamento ambiental também possui a função de proteger a fauna e a flora, já que controla os impactos ambientais de atividades que utilizam recursos naturais.

Ademais, é de se destacar que a única atividade econômica mencionada diretamente pelo art. 225 da Constituição Federal é a mineração. O § 2º desse artigo possui o seguinte conteúdo: "aquele que explorar recursos minerais fica obrigado a recuperar o meio ambiente degradado, de acordo com solução técnica exigida pelo órgão público competente, na forma da lei".

É que as atividades minerárias, necessariamente, provocam degradação ambiental, o que justifica a necessidade de tratamento constitucional expresso.[6] Ainda que o empreendedor adote todas as medidas mitigadoras indicadas pelo órgão ambiental licenciador, bem como promova a recuperação ambiental da área degradada, as perdas ambientais subsistirão. Essa é uma característica que diferencia a mineração das demais atividades econômicas, pois quando ocorre a extração do minério, jamais o local poderá retomar as feições originais, já que a substância mineral não será colocada de volta no local da jazida.[7]

---

6. Ibidem, p. 114.
7. Em outras palavras, "a mineração, contudo, apresenta uma peculiaridade: uma vez retirado de seu local de ocorrência natural, em hipótese alguma o minério pode ser reconstruído ou retorna à sua origem, da mesma maneira como se encontrava no estágio anterior da exploração, motivo pelo qual a mineração impõe ao ambiente em geral uma característica de degradação irreversível" (STIFELMAN, Anelise Grehs. Alguns aspectos sobre o licenciamento ambiental da mineração no Brasil. In: BENJAMIN, Antônio Herman (Org.). *Paisagem, natureza e direito*. São Paulo: Imprensa Oficial, 2005. v. 5. p. 533).

Ocorrem alterações na paisagem, no solo, na flora etc., já que os minérios constituem recursos naturais não renováveis, isto é, são encontrados em quantidades fixas no planeta, cuja renovação só ocorrerá por meio de processos geológicos após centenas de milhões de anos.[8]

Na preleção de Hildebrando Herrmann, "a mineração é uma atividade que atua sobre a natureza e, nesse sentido, ela só pode ser desenvolvida modificando a paisagem, exatamente porque seu objeto é a rocha de onde se extrai o mineral desejado".[9]

É por tais motivos que a Constituição Federal determina que o responsável pelo empreendimento minerário ficará obrigado a recuperar o meio ambiente degradado, segundo a solução técnica exigida pela Administração Pública, na forma da lei. Atualmente, a ordem jurídica brasileira determina a apresentação e execução de PRAD, conforme será tratado no decorrer do presente trabalho.

Não é ocioso destacar que a necessidade de exigir do minerador a recuperação do ambiente degradado está em consonância com o princípio da ordem econômica constante no art. 170, VI, da Constituição Federal, o qual assegura a "defesa do meio ambiente, inclusive mediante tratamento diferenciado conforme o impacto ambiental dos produtos e serviços e de seus processos de elaboração e prestação". Conforme já salientado, a peculiaridade de tornar impossível o retorno ao *statu quo* exige tratamento diferenciado do impacto ambiental da mineração.

2.2. A atividade minerária

Os recursos minerais constituem bens da União, segundo o art. 20, IX, da Constituição Federal.[10] Tal disposto consagra a adoção do sistema dominial republicano, ao realizar a diferenciação entre os proprietários do solo e do subsolo.

É de se destacar que os minérios podem estar tanto no subsolo quanto aflorados na superfície terrestre, ambos insertos no domínio da União. Além disso, a atividade minerária sempre estará relacionada com a superfície, ainda que a jazida esteja no subsolo, pois a extração mineral necessita de servidões do solo para garantir o acesso à mina, assim como permitir o tratamento do minério e depositar os rejeitos etc.[11]

Observe-se, para fins de dominialidade da União, que a separação não é entre subsolo e solo, mas entre este e a jazida.[12] Isso porque os arts. 1.229 e 1.230 do CC determinam que a propriedade do solo abrange a do subsolo e do espaço aéreo correspondentes, exceto as

---

8. POVEDA, Eliane Pereira Rodrigues. *A eficácia legal da desativação de empreendimentos minerários*. São Paulo: Signus Editora, 2007. p. 5.
9. HERRMANN, Hildebrando. Direito minerário: avaliação e perspectivas. *Revista Areia & Brita*, São Paulo, n. 52, nov.-dez. 2010. p. 18.
10. Eis o disposto na Constituição Federal: "Art. 20. São bens da União: [...] IX – – os recursos minerais, inclusive os do subsolo".

    É de se destacar a imprecisão técnica na redação do texto, pois os recursos minerais podem ser encontrados tanto no subsolo quanto na superfície terrestre. O subsolo, por óbvio, constitui bem da União; logo, a redação do dispositivo deve ser lida da seguinte forma: são bens da União – os recursos minerais, inclusive os da superfície.
11. RIBEIRO, Carlos Luiz. *Tratado de direito minerário*. Belo Horizonte: Del Rey, 2005. p. 18.
12. ATAÍDE, Pedro. *Direito minerário*. Salvador: JusPodivm, 2017.

jazidas minerais, potenciais de energia hidráulica, monumentos arqueológicos e outros bens definidos em lei especial. Portanto, é errôneo afirmar que o subsolo pertence à União.

A dominialidade pública dos recursos minerais trouxe diversas consequências ao modelo de extração e aproveitamento dos minérios, entre as quais é possível destacar a concentração de competências na União, bem como a necessidade de anuência do Poder Público federal para o aproveitamento dos recursos minerais. Tal sistema dominial foi concebido em consonância com as noções de nacionalidade e de soberania,[13] já que os minérios são bens de interesse estratégico ao desenvolvimento econômico de qualquer Estado.

Nessa senda, a Constituição Federal, no Título dedicado à Ordem Econômica e Financeira (art. 176), traz disposição expressa de que as jazidas e os demais recursos minerais são bens de domínio distinto do solo, cuja pesquisa ou lavra depende de autorização ou concessão da União, as quais deverão ter como prisma o interesse nacional.

Tal anuência da União ocorre em virtude de esta ser a titular do domínio sobre os recursos minerais; ocorre, pois, o exercício da chamada regulação minerária. Contudo, tal assunto não será pormenorizado, pois o objeto do presente artigo é a regulação ambiental incidente sobre a mineração.

Por sua vez, o § 1º do art. 176 da Constituição Federal brasileira, determina que a pesquisa e a lavra dos recursos naturais só poderão ser autorizados/concedidos pela União aos brasileiros[14] ou à empresa constituída na forma da lei brasileira, com sede e administração no país. Ainda, o § 1º estabelece que a lei trará condições específicas quando a mineração se desenvolver em faixa de fronteira ou em terras indígenas.

O Brasil ainda não possui tal lei, mas o Senado Federal já aprovou a versão substitutiva ao Projeto de Lei 1610/1996, o qual aguarda tramitação na Câmara dos Deputados.

Além da possibilidade de a lei estabelecer requisitos, o próprio texto constitucional, no art. 231, § 3º, assegura que a lavra de minérios em terras indígenas depende de autorização do Congresso Nacional, que deve realizar a oitiva das comunidades afetadas, as quais farão jus à participação nos resultados da lavra.

Por sua vez, o § 2º do art. 176 da Constituição Federal, assegura ao proprietário do solo (também chamado de superficiário) a participação nos resultados da lavra, cujo

---

13. BARBOSA, Alfredo Ruy. A natureza jurídica da concessão minerária. In: SOUZA, M. G. *Direito minerário aplicado*. Belo Horizonte: Mandamentos, 2003. p. 76.
14. Na hipótese de a mineração ser desenvolvida por pessoa física, é de se destacar que o § 1º do art. 176 da Constituição Federal de 1988 exige que essa apresente nacionalidade brasileira, e não apenas cidadania. É que a nacionalidade diz respeito "ao vínculo que a pessoa tem com determinada comunidade política organizada soberana e estatalmente num dado território", enquanto cidadania se refere "ao exercício de determinados direitos e deveres, dentro e fora do espaço estatal" (SORTO, Fredys Orlando. Cidadania e nacionalidade: institutos jurídicos de Direito interno e de Direito internacional. *Verba Juris: Anuário da Pós-Graduação em Direito*, João Pessoa, ano 8, n. 8, jan.-dez. 2009. p. 42).
    É o que ocorre, por exemplo, com os portugueses que possuam residência permanente no Brasil, em que a Constituição os assegura os direitos de cidadania – se houver reciprocidade de Portugal em relação aos brasileiros –, mas eles continuam como portugueses, isto é, não terão o vínculo com a comunidade política brasileira.

procedimento e valores são definidos por lei, atualmente, nos arts. 11 e 12 do Código de Mineração (Decreto-Lei 227/1967).

Por fim, o § 3º do supramencionado dispositivo determina que a autorização de pesquisa será sempre temporária, assim como qualquer título minerário não poderá ser objeto de cessão ou transferência sem prévia anuência do poder concedente.

3. Atividade minerária em APP

Inicialmente, deve-se destacar que a mineração é atividade de suma importância para o desenvolvimento econômico, humano e social. Basta dizer que praticamente todos os setores dependem dos recursos minerais, a exemplo das edificações da construção civil (que utilizam areia, brita, cascalho etc.). Além disso, diversos instrumentos utilizados na indústria são fabricados a partir de recursos minerais metálicos, como ferro e aço.

Dessa forma, não é difícil perceber que os utensílios domésticos, a indústria, as edificações, o calçamento das ruas, enfim, "a vida da sociedade moderna está pautada na utilização dos recursos minerais".[15] Em outras palavras, os minérios são imprescindíveis à realização da maior parte das atividades humanas.

Ocorre que, muitas vezes, os minérios são encontrados em áreas protegidas. Nesse sentido:

> "É de se ressaltar, por conseguinte, contrariamente ao que alguns imaginam, que as jazidas minerais existentes na superfície estão quase sempre localizadas em Áreas de Preservação Permanente (APP), especialmente em topo de morros, montes, montanhas e serras ou no próprio maciço, e também nas várzeas dos corpos d'água. Nos primeiros casos, em função da movimentação tectônica da crosta terrestre; e, no segundo caso, causadas pelo transbordamento do rio, lago, ou curso d'água. Por isso mesmo é que boa parte das jazidas minerais está, direta ou indiretamente, localizada em áreas de preservação permanente ou no seu entorno.[16]"

Mas qual seria a definição de APP? De acordo com o art. 3º, II, do Código Florestal brasileiro, APP constitui a

> "área protegida, coberta ou não por vegetação nativa, com a função ambiental de preservar os recursos hídricos, a paisagem, a estabilidade geológica e a biodiversidade, facilitar o fluxo gênico de fauna e flora, proteger o solo e assegurar o bem-estar das populações humanas."

Nessa senda, o mesmo Código, no art. 4º, considera como APPs as faixas marginais dos cursos d'água, o entorno dos lagos e lagoas naturais, a área circundante dos reservatórios artificiais oriundos do barramento dos cursos d'água, o entorno das nascentes, as encostas com declividade superior a 45º, as restingas, os manguezais, as bordas de tabuleiros ou chapadas, parte dos morros/montanhas/montes/serras, áreas de altitude superior a 1.800 metros e a faixa marginal das veredas. Como destacado anteriormente, tais áreas são as que normalmente apresentam jazidas, sobretudo nos cursos d'água, nos morros e montanhas e nas chapadas.

Percebe-se, desde já, que as APPs possuem a função de proteger os ecossistemas sensíveis e as características ambientais mais relevantes. Por tal motivo, o Código Florestal

---

15. SILVESTRE, Mariel. *Mineração em área de preservação permanente*: intervenção possível e necessária. São Paulo: Signus Editora, 2007. p. 8.
16. HERRMANN, Hildebrando; POVEDA, Eliane Pereira Rodrigues; SILVA, Marcus Vinicius Lopes da. Código de Mineração de A a Z. Campinas: Millenium Editora, 2008. p. 11.

considera essa modalidade de área protegida como *non aedificandi*, isto é, o espaço no qual não se pode construir ou realizar qualquer supressão.

O Código Florestal, no art. 8º, *caput*, só permite intervenção em APP nas hipóteses restritas e taxativas, são elas: utilidade pública, interesse social ou baixo impacto ambiental, cujas atividades assim caracterizadas estão previstas no mesmo diploma. Vale dizer, o regime jurídico das APPs é da quase intocabilidade.

Dessa forma, observa-se o seguinte problema: se os recursos minerais normalmente são encontrados nas APPs, e estas são regidas pela quase intocabilidade, como realizar a atividade minerária?

Antes de responder, é preciso destacar que a mineração possui algumas características peculiares, entre as quais estão os seguintes pressupostos naturais ou físicos: a rigidez locacional e a singularidade das minas e jazidas.[17]

Em virtude da rigidez locacional, a atividade minerária só poderá ser efetuada no local de formação natural da jazida. Em outras palavras, a extração mineral só ocorrerá na área em que a jazida é encontrada. A singularidade diz respeito ao fato de que cada jazida é única, isto é, possui formação diferente das demais encontradas no globo terrestre. Não há jazidas idênticas, pois a concentração e a forma de distribuição da substância mineral sempre serão diferentes.

Nesse diapasão, o Decreto 9.406/2018 (regulamento do Código de Mineração) prevê, no art. 2º, parágrafo único, incisos I a III, que "as jazidas minerais são caracterizadas por sua rigidez locacional, por serem finitas e por possuírem valor econômico".

Outras características peculiares da atividade minerária são a raridade e a indispensabilidade. De acordo com a primeira, a ocorrência de processos geológicos com alto teor do minério, ao ponto de justificar a viabilidade econômica, são raros.[18] Vale dizer, é possível encontrar determinado minério em inúmeros lugares, mas apenas em poucos haverá a alta concentração da substância que torne viável a extração. Já a indispensabilidade diz respeito ao fato de a atividade minerária ser indispensável ao desenvolvimento humano, social, político e econômico.

Em virtude da rigidez locacional e da singularidade, o minerador não possui a faculdade de escolher o local em que será instalada a indústria extrativa ou de explotação. É por tais motivos que se admite a mineração nas APPs. Situação diferente ocorre com a instalação do prédio de um estabelecimento comercial qualquer, que pode ocorrer na avenida X ou Y.

Por tais motivos, o Código Florestal autoriza expressamente a intervenção em APPs nas atividades minerárias. O art. 3º, VIII, *b*, de tal diploma, considera a mineração como hipótese de utilidade pública, com exceção da areia, argila, saibro e cascalho. Por sua vez,

---

17. HERRMANN, Hildebrando. Marco regulatório da mineração brasileira. In: MARTINS, J.; LIMA, P. C. R.; QUEIROZ FILHO, A. P.; SCHÜLER, L. C.; PONTES, R. C. M. *Setor mineral rumo a um novo marco legal*. Brasília: Câmara dos Deputados, 2011. p. 227.
18. BUSTAMANTE, L. A. C.; CAVALCANTE FILHO, J. T.; BIATO, M. F.; GOMES, C. J. V. *Análise do Projeto de Lei de Marco Regulatório da Mineração do Brasil*. Brasília: Núcleo de Estudos e Pesquisas/CONLEG/Senado, set. 2013 (Texto para Discussão n. 137). p. 20. Disponível em: [www.senado.leg.br/estudos]. Acesso: 12 abr. 2021.

o art. 3º, IX, f, determina que a pesquisa e explotação dessa classe de minérios constitui atividade de interesse social. Conforme já mencionado, nos casos de utilidade pública, interesse social ou baixo impacto, o Código Florestal (art. 8º, *caput*) permite a intervenção em APP.

À primeira vista, não haveria diferença entre a mineração dos agregados da construção civil (areia, argila, saibro e cascalho) e das demais classes de jazidas. Ocorre que nas APPs de vegetação nativa protetora de nascentes, dunas e restingas, o Código Florestal (art. 8º, § 1º) só admite a intervenção em caso de utilidade pública.

Tal proibição ocorre em virtude do alto consumo dos agregados da construção civil, notadamente a areia, que constitui o bem mineral em maior abundância no planeta.[19] Além disso, em decorrência do baixo valor desses minérios e do elevado custo de transporte, a atividade normalmente é desenvolvida ou nas proximidades ou no próprio território dos centros urbanos, o que acarreta consideráveis impactos socioambientais.

Portanto, a pesquisa/extração dos agregados da construção civil em área que contenha vegetação nativa protetora de nascentes, dunas e restingas constitui exceção à regra de intervenção em APP por atividade minerária.

4. Licenciamento ambiental da mineração

4.1. Aspectos gerais do licenciamento ambiental

A Lei Complementar 140/2011, no art. 2º, I, definiu o licenciamento ambiental como sendo o "procedimento administrativo destinado a licenciar atividades ou empreendimentos utilizadores de recursos ambientais, efetiva ou potencialmente poluidores ou capazes, sob qualquer forma, de causar degradação ambiental". A partir desse conceito legal é possível inferir que o licenciamento não é um ato administrativo isolado, mas uma sucessão de atos (procedimento).

Já a licença ambiental constitui o ato administrativo final do licenciamento ambiental, em que a Administração Pública concede o direito de exercer determinada atividade.

O licenciamento ambiental pode ocorrer no âmbito federal, estadual, distrital ou municipal, de acordo com as regras de competências administrativas ambientais fixadas na Lei Complementar 140/2011. É de se destacar que esse diploma estabeleceu a regra do licenciamento uno,[20] ou seja, apenas um ente federado possui a atribuição de licenciar determinada atividade. Não existe, pois, licenciamento ambiental múltiplo.

---

19. FARIAS, Talden. Plano de recuperação de área degradada na atividade mineral de extração de areia: análise de sua efetividade na Região Metropolitana de João Pessoa/PB. Tese (Doutorado em Recursos Naturais) – Universidade Federal de Campina Grande, Campina Grande, 2011. p. 18.

20. Por consequência, o órgão ambiental do ente federado competente para o licenciamento também possuirá a atribuição de lavrar auto de infração e instaurar processo administrativo para apurar infração, de acordo com o art. 17, *caput*, da Lei Complementar 140/2011. Contudo, o § 2º desse dispositivo trouxe a seguinte possibilidade: "nos casos de iminência ou ocorrência de degradação da qualidade ambiental, o ente federativo que tiver conhecimento do fato deverá determinar medidas para evitá-la, fazer cessá-la ou mitigá-la, comunicando imediatamente ao órgão competente para as providências cabíveis".

Em geral, as atividades econômicas estão submetidas a três modalidades sucessivas de licença ambiental, de acordo com o seguinte dispositivo da Resolução 237/1997 do Conselho Nacional do Meio Ambiente (CONAMA):

"Art. 8º O Poder Público, no exercício de sua competência de controle, expedirá as seguintes licenças:

I – Licença Prévia (LP) – concedida na fase preliminar do planejamento do empreendimento ou atividade aprovando sua localização e concepção, atestando a viabilidade ambiental e estabelecendo os requisitos básicos e condicionantes a serem atendidos nas próximas fases de sua implementação;

II – Licença de Instalação (LI) – autoriza a instalação do empreendimento ou atividade de acordo com as especificações constantes dos planos, programas e projetos aprovados, incluindo as medidas de controle ambiental e demais condicionantes, da qual constituem motivo determinante;

III – Licença de Operação (LO) – autoriza a operação da atividade ou empreendimento, após a verificação do efetivo cumprimento do que consta das licenças anteriores, com as medidas de controle ambiental e condicionantes determinados para a operação."

Como se vê, cada modalidade de licença segue, em geral, as etapas de efetivação dos empreendimentos/atividades: concepção e planejamento (LP), instalação (LI) e funcionamento (LO). É de se destacar que o art. 12 da aludida Resolução possibilita que os órgãos ambientais definam procedimentos específicos para as licenças ambientais, de acordo com as peculiaridades de cada atividade; por sua vez, o § 1º do mesmo dispositivo permite a realização de procedimento simplificado para atividades de pequeno potencial de impacto ambiental. Em outras palavras, pode existir licenciamento ambiental que não esteja pautado no modelo tríplice de licenças.

Mas quais empreendimentos estão sujeitos ao licenciamento ambiental? Em regra, qualquer atividade utilizadora de recursos ambientais que seja considerada, pelo órgão licenciador, como efetiva ou potencialmente poluidora.

Contudo, o Anexo 1 da mencionada Resolução traz rol exemplificativo de empreendimentos cujo caráter de efetivo ou potencialmente poluidor é presumido. Isto é, estão submetidas ao licenciamento ambiental independente das considerações do órgão licenciador.

A extração mineral e a pesquisa mineral com guia de utilização constam entre as atividades d aludido Anexo 1. O Anexo VIII da Lei 6.938/1981 possui redação idêntica.

Destarte, é mister concluir que os empreendimentos minerários na fase de lavra estão sujeitos ao licenciamento ambiental, até porque a degradação ambiental é ínsita à mineração, como já ressaltado anteriormente.

No Direito Administrativo, é comum classificar os atos de licença e autorização a partir do grau de liberdade conferido ao administrador. A licença seria uma atividade vinculada na qual o agente público deve concedê-la ao administrado sempre que preenchidas as exigências legais; ou seja, é um ato administrativo vinculado.[21] Já a autorização designaria um ato administrativo discricionário, na qual o agente público possui certa margem de liberdade para concedê-la, desde que o ato esteja protegido pelo interesse público.

Ou seja, quando houver a iminência de degradação ambiental, qualquer órgão ambiental, ainda que pertença a ente federado incompetente para licenciar determinada atividade, poderá exercer o poder de polícia ambiental para autuá-la.

21. BANDEIRA DE MELLO, Celso Antônio. *Curso de direito administrativo*. 27. ed. São Paulo: Malheiros, 2010. p. 439.

Mas a denominada "licença ambiental" não segue à risca os ditames do instituto administrativo. Esse ato pode existir tanto de forma discricionária quanto de forma vinculada. Na LI e na LO, por exemplo, o agente público possui certa margem de liberdade para concedê-las; já a LP pode ser considerada como ato vinculado, pois, como preleciona Andreas Krell, "as leis ambientais costumam definir as condições da concessão da licença prévia com mais densidade conceitual".[22]

Isso ocorre porque os critérios técnicos de concessão de licenças ambientais não são estabelecidos por leis em sentido estrito, ou seja, não decorrem de normas emanadas do poder legislativo. São raras, no Brasil, "regras materiais sobre o licenciamento nas diferentes áreas setoriais da proteção ambiental".[23] A maior parte da normatização advém do Poder Executivo, a exemplo dos Decretos e das Resoluções do CONAMA.

4.2. Licenciamento ambiental da mineração

4.2.1. Competência do licenciamento ambiental e conceitos elementares da mineração

Entre os instrumentos de controle sobre a atividade minerária, duas anuências estatais são destacadas: uma em virtude da utilização de bem público (processo minerário) e outra em decorrência da utilização de recursos ambientais (licenciamento ambiental).

A primeira está concentrada na União, por meio do Ministério de Minas e Energia – MME, e da Agência Nacional de Mineração (ANM), que substituiu o Departamento Nacional de Produção Mineral – DNPM. A ANM é autarquia federal em regime especial (agência reguladora) e vinculada ao MME. De acordo com o Código de Mineração, o aproveitamento das substâncias minerais pode ser realizado por meio dos regimes de (i) concessão, (ii) autorização, (iii) licenciamento, (iv) permissão de lavra garimpeira e (v) monopolização.[24] Em tais regimes, o título minerário é concedido ou pela ANM ou pelo MME, com exceção do regime de licenciamento, no qual a licença é exarada pelo poder local (município) e posteriormente registrada na ANM.

A escolha do regime minerário irá depender da substância mineral e das possibilidades de aproveitamento. Por conseguinte, o licenciamento ambiental poderá variar de acordo com o regime minerário adotado.

Os regimes mais comuns são os de autorização e concessão, pois podem ser utilizados em todas as substâncias minerais, exceto aquelas sujeitas ao regime de monopólio (a exemplo das substâncias radioativas).

O procedimento dos aludidos regimes ocorre da seguinte forma (art. 16 do Código de Mineração): o empreendedor apresentará requerimento de pesquisa endereçado ao Diretor-Geral do DNPM (atualmente ANM), acompanhado, entre outros documentos, de

---

22. KRELL, Andreas J. *Discricionariedade administrativa e conceitos legais indeterminados*: limite do controle judicial no âmbito dos interesses difusos. 2. ed. Porto Alegre: Livraria do Advogado, 2013. p. 168.
23. Ibidem, p. 173.
24. Além dos regimes mencionados no Código de Mineração, é possível encontrar os regimes especiais, que possuem previsão em leis esparsas, a exemplo da lavra de águas minerais.

memorial descritivo da área e de plano de trabalho. Caso seja autorizada a pesquisa, por meio de alvará da mencionada autoridade administrativa, será iniciada a fase de pesquisa ou exploração mineral, na qual serão desenvolvidos trabalhos para a definição da jazida, assim como a análise de sua viabilidade econômica.[25]

Convém observar que jazida significa, nos termos do art. 4º do Código de Mineração, "toda massa individualizada de substância mineral ou fóssil, aflorando à superfície ou existente no interior da terra, e que tenha valor econômico". Em outras palavras, para receber a caracterização de jazida, deve existir o conhecimento prévio do minério existente (individualização) e a viabilidade econômica.

Realizada a pesquisa, o empreendedor deverá apresentar relatório circunstanciado dos trabalhos relativos à identificação da jazida e da demonstração a respeito da viabilidade técnica e econômica de eventual lavra. Caso a ANM aprove tal relatório, o empreendedor poderá requerer, pelo regime de concessão a lavra, que deverá ser acompanhado de Plano de Aproveitamento Econômico (PAE) da jazida. A atividade de lavra consiste no "conjunto de operações coordenadas objetivando aproveitamento industrial da jazida". Ou seja, é a extração (ou explotação)[26] do minério e o aproveitamento para fins industriais.

Não é ocioso destacar que o Código de Mineração, no art. 22, § 2º, admite que o DNPM (atual ANM), em situações excepcionais, poderá anuir a lavra de substâncias minerais antes da outorga da concessão de lavra. Em tais casos, a ANM irá expedir o documento denominado Guia de Utilização, segundo a Portaria 144/2007.

Diferente da anuência minerária, no licenciamento ambiental da mineração, a competência não está centrada na União.

De acordo com o art. 7º, XIV, da Lei Complementar 140/2011, a União promoverá o licenciamento ambiental das seguintes atividades: desenvolvidas ou localizadas no Brasil ou em país limítrofe, no mar territorial, na plataforma continental ou na zona econômica exclusiva, em terras indígenas, em UCs instituídas pelo Poder federal (com exceção das Áreas de Proteção Ambiental – APAs), em dois ou mais Estados; também estarão insertas em tal competência as atividades que apresentem caráter militar, ou que envolvam material radioativo, ou que atentam a tipologia estabelecida pelo Poder Executivo.

Já aos Municípios, nos termos do art. 9º, XIV, da mesma Lei, compete promover o licenciamento ambiental das atividades de impacto local, de acordo com tipologia definida pelos respectivos Conselhos Estaduais de Meio Ambiente, ou nas UCs instituídas pela edilidade, com exceção das APAs.

Por fim, os Estados, nos termos do art. 8º, XIV e XV, realizarão o licenciamento ambiental de todas as atividades que não foram elencadas expressamente à União ou aos Municípios, nos arts. 7º e 9º, respectivamente; além disso, deverão licenciar as atividades que interfiram em UCs estaduais, com exceção das APAs.

---

25. Considerando-se que o impacto ambiental é ínsito à atividade minerária, a União (titular do domínio) só poderá anuir atividades que possuam viabilidade econômica.
26. Os trabalhos de pesquisa são também chamados de exploração. Os trabalhos de lavra, por sua vez, são conhecidos como explotação.

Verifica-se que a competência da União e dos Municípios se dirige a atividades em circunstâncias específicas, enquanto a atribuição dos Estados é residual. Logo, é forçoso perceber que o licenciamento ambiental da grande maioria dos empreendimentos minerários é realizado pelos Estados.

4.2.2. Resolução 009/1990 do CONAMA

A normatização do licenciamento ambiental que especifica a atividade minerária é dada pelas Resoluções do CONAMA 009/1990 e 010/1990.

A Resolução 009/1990 diz respeito à extração dos minérios de classes I, III a IX,[27] isto é, de todas as jazidas com exceção dos agregados da construção civil. Já a Resolução 010/1990 cuida das substâncias minerais de emprego direto na construção civil. No presente subcapítulo, será abordada apenas a primeira.

De acordo com o art. 4º da mencionada Resolução, a primeira licença ambiental – LP – será requerida ao órgão competente acompanhada de EIA/RIMA. Se o órgão licenciador constatar a viabilidade ambiental, a localização e concepção do empreendimento, será concedida a LP. Em tal etapa, serão previstos os impactos ambientais que irão advir com a atividade, os quais estarão previstos no EIA/RIMA.

Posteriormente, o empreendedor irá requerer a LI, cujo pleito será acompanhado de Plano de Controle Ambiental – PCA, o qual deverá prevê o projeto de execução dos impactos ambientais previstos na fase de LP, conforme art. 5º da Resolução. Vale dizer, o PCA trará o modelo de implantação das medidas mitigadoras da degradação ambiental previsto no EIA/RIMA; é a partir da análise desse estudo que o órgão ambiental terá subsídios técnicos para analisar se eventual LP será compatível com a localização do empreendimento.[28]

Convém relembrar que a concessão de LP constitui ato vinculado, no qual o órgão ambiental deve licenciar a atividade se satisfeitos os requisitos. Porém, é possível perceber certa margem da discricionariedade administrativa na LI e na LO, pois a maior parte dos pressupostos estão enumerados em normas infralegais, ou são exigidos de acordo com o

---

27. A redação anterior do Código de Mineração, no art. 5º, previa que as jazidas eram classificadas em nove classes:
    "Art. 5º Classificam-se as jazidas para efeito dêste Código, em 9 (nove) classes:
    Classe I – jazidas de substâncias, minerais metalíferas;
    Classe II – jazidas de substâncias minerais de emprêgo imediato na construção civil;
    Classe III – jazidas de fertilizantes;
    Classe IV – jazidas de combustíveis fósseis sólidos;
    Classe V – jazidas de rochas betuminosas e pirobetuminosas;
    Classe VI – jazidas de gemas e pedras ornamentais;
    Classe VII – jazidas de minerais industriais, não incluídas nas classes precedentes;
    Classe VIII – jazidas de águas minerais;
    Classe IX – jazidas de águas subterrâneas".
    Em virtude da Lei 9.314/1996, tal disposição foi revogada, extinguindo a classificação das jazidas em classes. Contudo, as aludidas Resoluções do CONAMA foram editadas antes da alteração legislativa, por isso ainda mencionam como parâmetro a divisão das jazidas em classes.
28. OLIVEIRA, Antonio Inagê de Assis. *Introdução à legislação ambiental brasileira e licenciamento ambiental*. Rio de Janeiro: Editora Lumen Juris, 2005. p. 655.

entendimento do próprio órgão ambiental. Nesse aspecto, o EIA/RIMA, que possui previsão constitucional, é exigido na fase da LP, o que corrobora o caráter vinculante do ato administrativo concessivo.

Outra questão a ser ressaltada é que a Resolução 009/1990 do CONAMA, no art. 6º, determina que a concessão da Portaria de lavra só irá ocorrer se o DNPM (atual ANM) receber do empreendedor cópia da LI. Ou seja, caso o órgão ambiental aprove o PCA e exare a LI, o minerador poderá requerer a concessão de lavra.

Alguns autores criticam a exigência do art. 6º, sob o argumento de que representa o completo descompasso entre os processos minerários e o licenciamento ambiental. De acordo com essa ideia, na concessão de lavra o empreendimento estará efetivamente operando, isto é, realizando a extração da substância mineral; nessa fase, não deveria ser exigida apenas a LI, mas a LO. Esta deve ser prévia à efetiva operação do empreendimento. Em respeito aos princípios da precaução e da prevenção, o licenciamento ambiental deveria ser prévio, como dispõe o art. 10 da Lei 6.938/1981. Nesse sentido, Carlos Luiz Ribeiro assevera que representa contrassenso

> "a antecipação da concessão da Portaria de Lavra ao requerimento da LO, novamente apontando o desentrosamento entre a legislação ambiental e minerária. Eis que a Lei 6.938/81, no art. 10, exige *prévio licenciamento ambiental*.[29]"

Discorda-se dessa posição, pois a instalação do empreendimento de lavra só ocorre após a concessão de lavra. Por sua vez, o funcionamento (ou operação) dependerá da prévia instalação. Se a LO fosse exigida antes da concessão de lavra (como defende Carlos Luiz Ribeiro), o empreendimento extrativo já teria ultrapassado a etapa de instalação (pois a LI é anterior a LO).

Apenas seria crível exigir LO antes da portaria de lavra se houvesse licença única para as fases de instalação e operação (LIO), semelhante ao que ocorre no licenciamento simplificado de Sistemas de Esgotamento Sanitário (Resolução CONAMA 377/2006). Mesmo assim, não seria razoável que o CONAMA possibilitasse o licenciamento simplificado para a totalidade das atividades minerárias, pois estas, normalmente, são causadoras de significativo impacto ambiental e sujeitas à elaboração de EIA/RIMA.

Ademais, nos casos excepcionais em que é possível efetuar lavra ainda na fase de pesquisa, em que a ANM exara a Guia de Utilização, há a necessidade de o empreendedor requerer LO do órgão ambiental competente, segundo o art. 1º da Resolução 009/1990. Tal requerimento será acompanhado de plano de avaliação da área e de medidas mitigadoras.

Outro aspecto a ser destacado é que a Resolução 009/1990 do CONAMA não traz qualquer incentivo à produção do chamado minério verde. Este é obtido pelo processo de transformação dos materiais constantes nos rejeitos da mineração, inicialmente destituídos de valor econômico.[30]

Ou seja, os rejeitos são transformados em produtos equivalentes ou até de melhor qualidade que os obtidos pela mineração comum. Tal atividade proporciona a diminuição

---

29. RIBEIRO, Carlos Luiz. Op. cit., p. 263.
30. RODAS, João Grandino. "Minério verde" será parte do futuro da mineração no Brasil. *Consultor Jurídico*. 13 ago. 2015. Disponível em: [www.conjur.com.br/2015-ago-13/olhar-economico-minerio-verde-parte-futuro-mineracao-brasil]. Acesso: 12 abr. 2021.

considerável de perdas ambientais, visto que não é preciso poluir outro ambiente com o depósito de rejeitos, evitando minerar outras áreas para obter os mesmos recursos.

4.2.3. EIA/RIMA e compensação ambiental do art. 36 – Lei 9.985/2000

Conforme já destacado, as atividades potencial ou efetivamente poluidoras estão sujeitas ao licenciamento ambiental. No entanto, entre esse grupo de atividades, existem aquelas que, além do caráter poluidor, são consideradas de significativo impacto ambiental.

Em tais casos, o licenciamento ambiental terá como uma das etapas a apresentação de EIA/RIMA por parte do empreendedor. A dicção constitucional (art. 225, § 1º, IV) é no sentido de que tais estudos serão realizados em caráter prévio. Por esse motivo, o art. 4º, *caput*, da Resolução 009/1990 do CONAMA exige que o EIA/RIMA seja apresentado juntamente com o requerimento de LP.

O EIA/RIMA consiste num "instrumento de planejamento que visa quantificar e qualificar, o máximo possível, de forma antecipada, os impactos ambientais oriundos de uma determinada atividade".[31] É modalidade de Avaliação de Impacto Ambiental (AIA). Tal estudo conterá, pelo menos, o diagnóstico ambiental da área de influência, verificação de possíveis impactos ambientais, respectivo programa de acompanhamento e medidas mitigadoras, de acordo com o art. 6º da Resolução 001/1986 do CONAMA.

Mas quais os empreendimentos estão submetidos à elaboração de EIA/RIMA? Inicialmente, todos aqueles que o órgão ambiental licenciador caracterizar como aptos a causar significativa degradação ambiental. No entanto, assim como ocorreu com a exigibilidade de licença ambiental, a Resolução 001/1986 do CONAMA trouxe, no art. 2º, rol exemplificativo de atividades cujo caráter de significativo impacto ambiental é presumido.

Entre o rol, o inciso IX do mesmo dispositivo menciona a "extração de minério, inclusive os da classe II, definidas pelo Código de Mineração". Nessa senda, até mesmo os agregados da construção civil estariam submetidos à apresentação obrigatória de EIA/RIMA.

Posteriormente, o CONAMA editou a Resolução 009/1990 confirmando a necessidade de apresentação de EIA/RIMA quando do requerimento de LP. Contudo, a Resolução 10/1990, relativa apenas à classe II de substâncias minerais, trouxe a previsão, no art. 3º, de que o órgão ambiental poderá dispensar a apresentação de EIA/RIMA, em decorrência da natureza, da localização e das peculiaridades do empreendimento.

Dessa forma, a regra é a exigência de EIA/RIMA para todas as atividades minerárias, com exceção dos agregados da construção civil.

Ocorre que os empreendimentos sujeitos à elaboração de EIA/RIMA possuem uma peculiaridade: o dever de pagar compensação ambiental para as UCs, na forma do art. 36 da Lei 9.985/2000.

Tal dispositivo legal determina que no licenciamento ambiental de atividades sujeitas à elaboração de EIA/RIMA, o empreendedor estará obrigado a apoiar a implantação/

---

31. GUERRA, Sidney; GUERRA, Sérgio. *Intervenção estatal ambiental: licenciamento e compensação de acordo com a Lei Complementar n. 140/2011.* São Paulo: Atlas, 2012. p. 129.

manutenção de Unidades de Conservação da Natureza, que pertençam, preferencialmente, ao Grupo de Proteção Integral. A Lei 13.668/2018 – que acrescentou o § 4º ao art. 36 da Lei 9.985/2000 – determina que a compensação ambiental "poderá, em virtude do interesse público, ser cumprida em unidades de conservação de posse e domínio públicos do grupo de Uso Sustentável, especialmente as localizadas na Amazônia Legal".

Tal apoio consiste na prestação não inferior a meio por cento dos custos totais de implantação do empreendimento, de acordo com o § 1º do aludido dispositivo. Ocorre que o Supremo Tribunal Federal, no julgamento da ADI 3.378, declarou a inconstitucionalidade da alíquota mínima de meio por cento. De acordo com tal julgamento, o percentual será proporcional ao impacto a ser perpetrado pelo empreendimento.

É de se ressaltar que a compensação é vinculada às UCs, não podendo as ações (ou recursos) serem aplicadas em outras finalidades, como na aquisição de equipamentos pela Administração Pública. O objetivo desse instituto é impedir que as UCs fiquem à mercê das dotações orçamentárias.[32]

De acordo com o § 3º do art. 36, quando a atividade afetar determinada UC ou sua zona de amortecimento, esta será necessariamente beneficiária dos recursos da compensação ambiental.

Caso não haja UC afetada, o art. 9º, II, da Resolução 371/2006 do CONAMA, preleciona que a compensação será dirigida à criação ou manutenção de UCs localizadas no mesmo bioma e na mesma bacia hidrográfica do local em que funciona a atividade. Essa determinação é louvável, pois não seria razoável, por exemplo, que a degradação no bioma marinho fosse compensada no bioma caatinga.

Destarte, a atividade de lavra mineral deverá pagar a compensação ambiental em comento, pois está sujeita (com exceção dos agregados da construção civil) à necessidade de elaboração de EIA/RIMA.

Logo, a degradação ambiental que será perpetrada pela atividade minerária deverá ser compensada em UCs pertencentes ao mesmo bioma e bacia hidrográfica. É bastante comum a extração de minérios no leito dos rios, o qual deverá receber a devida compensação se contiver UC localizada em sua extensão.

A compensação representa importante instrumento de preservação ambiental. Portanto, faz-se mister a observância da aplicação exclusiva nas UCs, sobretudo as afetadas pelo empreendimento, ou aquelas localizadas no mesmo bioma e na mesma bacia hidrográfica.

4.2.4. Resolução 010/1990 do CONAMA

A Resolução em comento é destinada ao licenciamento ambiental de atividades em jazidas de substâncias minerais de emprego imediato na construção civil. Como essas substâncias estão sujeitas ao regime de licenciamento mineral, é preciso distingui-lo do licenciamento ambiental.

---

32. FARIAS, Talden; ATAÍDE, Pedro Henrique Sousa de. A compensação ambiental do art. 36 da Lei 9.985/2000: um instituto brasileiro em prol das UCs. In: BRAVO, A. S.; CERVI, J. R. *Multiculturalismo, tecnología y medio ambiente*. Sevilla: Punto Rojo Libros, 2015. p. 343.

Licenciamento mineral é o regime minerário em que a ANM registra licenças minerais exaradas pela autoridade municipal, permitindo a extração de areia, saibro, brita, argila, rochas para paralelepípedos e os calcários utilizados como corretivo de solo agricultável. Ou seja, é um processo que ocorre na regulação minerária, da mesma forma que os processos de autorização de pesquisa e concessão de lavra comentados alhures. Já o licenciamento ambiental é o processo em que o órgão do SISNAMA permite a realização de atividade efetiva ou potencialmente poluidora; pertence ao âmbito da regulação ambiental. A mineração depende dos dois instrumentos: o título minerário, que decorre da atividade em patrimônio da União (regulação minerária), e o título ambiental, que é necessário pela ocorrência de uso de recursos ambientais.

A principal diferença entre a explotação das jazidas de emprego imediato na construção civil (regidas pela Resolução 010/1990) e as demais (regidas pela Resolução 009/1990) é que nestas o caráter de significativo impacto ambiental é presumido. Isto é, o órgão ambiental necessariamente deverá exigir EIA/RIMA do empreendedor.

Já na lavra de substâncias de emprego imediato da construção civil, a exigência de EIA/RIMA ficará a critério do órgão ambiental licenciador, de acordo com o art. 3º, *caput*, da Resolução 010/1990 do CONAMA. Se o órgão licenciador decidir pela dispensa de EIA/RIMA, o parágrafo único do mesmo dispositivo determina que será exigido do minerador a apresentação de Relatório de Controle Ambiental (RCA), que constitui estudo ambiental mais simplificado e que não traz o encargo de pagar a compensação ambiental do art. 36 da Lei 9.985/2000.

Como se vê, a dispensa de EIA/RIMA traz diversas benesses ao empreendedor, pois o estudo a ser exigido (RCA) não apresenta o mesmo grau de complexidade inferior, o que torna sua elaboração menos custosa (levando-se em conta que ambos os estudos são apresentados e financiados pelo minerador). Além disso, não haverá o dever de apoiar a criação/manutenção de UCs, cujo valor relativo à compensação ambiental é calculado com base nos custos totais do empreendimento, podendo apresentar valores consideráveis.

Algumas normativas dos órgãos estaduais têm fixado a exigência de EIA/RIMA, para as substâncias de emprego imediato na construção civil, a partir do tamanho da área objeto do licenciamento. Exemplo disso é a Deliberação 3577 do Conselho de Proteção Ambiental (COPAM) da Paraíba, alterada pela reunião de 29.12.2016,[33] no seguinte dispositivo:

"Art. 9º Será exigido EIA/RIMA nos seguintes casos:

I – quando a área de extração solicitada para licenciamento ambiental for superior a 5 (cinco) hectares, à exceção de justificativa técnica circunstanciada aprovada pelo COPAM.

II – quando houver risco, tecnicamente justificado, de danos ao patrimônio público, a comunidades urbana ou rural, ou a unidade de conservação da natureza.

III – nas situações em que a legislação federal, estadual ou municipal assim exigir."

Entende-se que a utilização do critério da área não é o mais adequado, pois nem sempre será o indicativo do caráter de significativo impacto ambiental. É possível, por exemplo, que a extração mineral de áreas superiores a 50 hectares não possua o mesmo grau de impacto

---

33. PARAÍBA. COPAM. Deliberação 3577, alterada após a reunião extraordinária 091, de 29 dez. 2016. Publicada no Diário Oficial da Paraíba de 05 jan. 2017, f. 3-5. Disponível em: [http://static.paraiba.pb.gov.br/2017/01/Diario-Oficial-05-01-2017.pdf]. Acesso em: 12 abr. 2021.

ambiental do que uma lavra realizada em cinco hectares, dependendo das técnicas a serem utilizadas e dos ecossistemas atingidos. Além disso, após a vigência da mencionada normativa no Estado da Paraíba, a maior parte dos requerimentos de licença ambiental para extração de agregados da construção civil englobam áreas de até cinco hectares, cujo objetivo é tão somente dispensar o empreendedor dos encargos advindos da exigência de EIA/RIMA.

Após a apresentação do requerimento de licença acompanhado de EIA/RIMA ou de RCA, o órgão ambiental decidirá sobre a concessão da LP. Se esta for outorgada, o empreendedor poderá efetuar a concepção e localização do empreendimento. Após esse período, deverá ser solicitada a LI acompanhada de PCA, o qual deverá conter "os projetos executivos de minimização dos impactos ambientais avaliados na fase da LP", nos termos do art. 5º, *caput*, da Resolução 010/1990. Vale dizer, o PCA deverá trazer as medidas de mitigação dos impactos identificados no EIA/RIMA ou no RCA.

Exarada a LI, realizada a etapa de instalação do empreendimento com a implantação dos projetos previstos no PCA, assim como obtido o registro da licença mineral junto à ANM, o minerador poderá requerer a LO para realizar a efetiva lavra.

Ressalte-se que a ANM só irá promover o registro da licença mineral exarada pela autoridade municipal se o empreendedor apresentar cópia da LI, nos termos do art. 6º da Resolução 010/1990.

4.2.5. PRAD

O PRAD é decorrência direta do art. 225, § 2º, da Constituição Federal, que impõe o dever de recuperar o meio ambiente degradado, nas atividades minerárias. Em outras palavras:

> "O Plano de Recuperação de Área Degradada – PRAD é o instrumento técnico-gerencial e legal que estabelece o conjunto de métodos e técnicas aplicáveis à contenção da degradação em cada área específica, bem como a preparação para um novo uso, após o término da atividade extrativa. Considera as particularidades locais relacionadas ao tipo de mineração e ao ambiente físico, biológico e antrópico no qual se insere cada empreendimento.[34]"

Logo, o PRAD designa o instrumento que busca minorar a degradação ambiental ínsita à atividade minerária. Entretanto, deve-se destacar que é difícil ou mesmo impossível o retorno ao *statu quo*, dada a natureza extrativa da mineração.[35]

Além da Constituição Federal, o art. 2º, VIII traz a recuperação da área degradada como um dos princípios da Política Nacional do Meio Ambiente. Para regulamentar essa disposição, o Decreto 97.632/1989, dispõe, no art. 1º, que os empreendimentos minerários deverão, quando da apresentação de EIA/RIMA, submeter PRAD ao órgão ambiental. Dessa forma, esses dois instrumentos deverão ser apresentados conjuntamente.

A definição, sobre como e quando a recuperação ambiental ocorrerá, pertence ao órgão ambiental competente para fazer o licenciamento ambiental, nos moldes do que reza

---

34. BITAR, Omar Yazbek; VASCONCELOS, Maria Marta. Recuperação de áreas degradadas. In: TANNO, Luiz Carlos; SINTONI, Ayrton. *Mineração e municípios*: bases para planejamento e gestão dos recursos minerais. São Paulo: Instituto de Pesquisas Tecnológicas, 2003. p. 114.
35. FARIAS, Talden. A atividade minerária e a obrigação de recuperar a área degradada. *Revista de Direito Ambiental*, São Paulo, v. 79, ano 20, jul.-set. 2015. p. 176.

o art. 17 da Lei Complementar 140/2011. É claro que essa decisão deve ser justificada tanto jurídica quanto tecnicamente, na medida em que a discricionariedade administrativa é mitigada pelo critério da melhor técnica disponível.

Nada impede, todavia, que o empreendedor ou responsável contribua com sugestões, que poderão ser ou não acatadas. Na verdade, em homenagem ao princípio da participação, qualquer cidadão ou instituição pode se manifestar a esse respeito, sendo recomendável que a população do entorno seja instada a apresentar as suas considerações.

Por se tratar de uma determinação constitucional, tal recuperação deve ser a mais efetiva possível, seja do ponto de vista qualitativo ou quantitativo. Isso implica dizer que a área a ser recuperada deve corresponder exatamente à área que sofreu a degradação.

A área degradada não pode ser confundida com o local da lavra, pois muitas vezes os impactos ambientais negativos afetam também a circunvizinhança. Nesse sentido, é importante destacar os conceitos de área minerada e de área impactada da Portaria 12/02 do DNPM, que alterou o Anexo I da Portaria n. 237/2001:

[...]

"21.2.1 Entende-se por área minerada para efeito desta Norma, toda área utilizada pela atividade mineira, seja a área da própria mina, as áreas de estocagem de estéril, minérios e rejeitos, de vias de acesso e demais áreas de servidão.

21.2.2 Entende-se por área impactada para efeito desta Norma, toda área com diversos graus de alteração tanto dos fatores bióticos quanto abióticos causados pela atividade de mineração."

Isso significa que, além da área de lavra propriamente dita, a recuperação da área degradada pode abranger qualquer local que a atividade minerária em questão tenha degradado. Com efeito, a interpretação restritiva nesse caso deve ser repelida, pois não guarda a mínima consonância com os desígnios constitucionais.

É evidente que o planejamento da recuperação ambiental deve ocorrer antes da pesquisa ou da lavra, pois o empreendedor tem de se comprometer a executá-lo antes de sua liberação – até porque se trata de um pré-requisito para isso. Porém, é possível que o PRAD sofra alterações quando chegado o momento de sua execução, como ressalta Marcelo Gomes de Souza:

"Com base nos princípios do direito administrativo que regem a atuação da Administração na busca do bem-estar da coletividade, entendemos que o PRAD aprovado pela Administração, na ocasião do licenciamento, poderá ser revisto ou substituído posteriormente, de maneira a possibilitar a adoção de novas tecnologias ou alternativas mais alinhadas com a realidade do momento de sua implantação. Isso porque, na maioria das vezes, os empreendimentos minerários são de longa duração, o que pode tornar inadequada para o momento de sua efetiva implantação a solução técnica aprovada. Nesse caso, o minerador deverá apresentar à Administração novo PRAD, com os motivos que justifiquem a revisão ou substituição daquele aprovado. A comunidade atingida deverá ser ouvida no caso de alteração, total ou parcial, do PRAD.[36]"

Isso se dá, sobretudo, em função das inovações técnicas e tecnológicas que precisam ser incorporadas ao instituto[37], com o intuito de torná-lo mais eficiente. Por conseguinte, a atualização do PRAD poderá ocorrer para facilitar a atuação do empreendedor ou

---

36. SOUZA, Marcelo Gomes de. *Direito minerário e meio ambiente*. Belo Horizonte: Del Rey, 1995. p. 141.
37. POVEDA, Eliane Pereira Rodrigues. Op. cit., p. 121.

responsável, desde que não comprometa a eficiência ecológica, bem como para aumentar a qualidade ambiental do trabalho.

Na hipótese de identificação de lavra clandestina a obrigação remanesce, não obstante a incidência sobre os responsáveis das demais cominações legais. O texto constitucional é claro no sentido de que toda área degradada por mineração deve ser recuperada, independentemente de qualquer coisa, cabendo ao órgão administrativo de meio ambiente apenas definir a escolha técnica mais pertinente.

Na realidade, a mineração ilegal exige ainda maiores cuidados, porquanto a degradação tendo a ser maior em função da ausência de planejamento e de controle. Na hipótese de não identificação do minerador, o proprietário do solo será responsabilizado por omissão, dado que a responsabilidade civil por danos ambientais é objetiva e *propter rem* quando se versa questões imobiliárias.

No que tange ao momento de execução, a prática demonstra que na maioria dos casos a recuperação da área degradada só começa quando da finalização completa da lavra. Contudo, não é prudente aguardar o esgotamento da jazida ou a interrupção das atividades, conquanto nessa fase o empreendedor ou responsável deixe de auferir lucros e, por isso, muitas vezes se sente tentado a simplesmente abandonar a mina.

É por essa razão que Paulo Affonso Leme Machado[38] defende que a recuperação deve ocorrer de forma simultânea à própria explotação da área. No mesmo norte, Roberto de Divitiis[39] afirma que a prática mais adequada é a divisão da lavra em módulos, de maneira que a exploração/explotação de um novo módulo ocorra em paralelo à recuperação do anterior.

De fato, à exceção de minerações territorialmente muito restritas, não faz mesmo sentido esperar o encerramento da lavra para começar a recuperação, especialmente porque são atividades de longa duração temporal. Isso implica dizer que a demora somente se justifica se a recuperação ambiental impedir ou dificultar a atividade minerária, uma vez que os valores ambientais não podem ser relegados ao segundo plano quando não houver uma justificativa de força maior.

A ANM ou os órgãos administrativos de meio ambiente poderão paralisar a atividade durante a lavra caso a recuperação da área degradada não esteja ocorrendo, não precisando aguardar o final da lavra para tomar medidas mais efetivas. Nessa situação o prejuízo à coletividade e ao meio ambiente será definitivamente menor, pois o empreendedor que não segue o cronograma durante a lavra dificilmente o fará depois.

Quanto à natureza jurídica, impende dizer que o PRAD é um estudo ambiental que deve ser utilizado como meio de se atingir o cumprimento de uma obrigação constitucional de relevante interesse ambiental. Cuida-se, portanto, de uma modalidade de avaliação

---

38. MACHADO, Paulo Affonso Leme. *Direito ambiental brasileiro*. 16. ed. São Paulo: Malheiros, 2009. p. 693.
39. DIVITIIS, Roberto de. Exploração mineral (Lei 7.805, de 18 de julho de 1989). In: MORAES, Rodrigo Jorge; AZEVÊDO, Mariângela Garcia de Lacerda; DELMANTO, Fábio Machado de Almeida. *As leis federais mais importantes de proteção ao meio ambiente comentadas*. Rio de Janeiro: Renovar, 2005. p. 199.

de impactos ambientais – AIA típica (mas não exclusiva) da atividade minerária, e que deve prever como e quando a área degradada deve ser recuperada[40].

Não é pertinente classificar o PRAD como condição de validade da licença ambiental na atividade minerária, já que a condicionante é a execução e não o estudo em si. Ademais, a exigência é cabível mesmo se a lavra nunca foi legalizada, seja do ponto de vista da legislação ambiental ou minerária.

5. Mineração em mata atlântica

A atividade minerária é permitida no bioma mata atlântica tão somente nas áreas de vegetação secundária em estágio avançado e médio de regeneração, nos termos do art. 32, *caput*, da Lei 11.428/2006.

> "Art. 32. A supressão de vegetação secundária em estágio avançado e médio de regeneração para fins de atividades minerárias somente será admitida mediante:
>
> I – licenciamento ambiental, condicionado à apresentação de Estudo Prévio de Impacto Ambiental/Relatório de Impacto Ambiental – EIA/RIMA, pelo empreendedor, e desde que demonstrada a inexistência de alternativa técnica e locacional ao empreendimento proposto;
>
> II – adoção de medida compensatória que inclua a recuperação de área equivalente à área do empreendimento, com as mesmas características ecológicas, na mesma bacia hidrográfica e sempre que possível na mesma microbacia hidrográfica, independentemente do disposto no art. 36 da Lei 9.985, de 18 de julho de 2000."

É interessante destacar que se exige licenciamento ambiental acompanhado de EIA/RIMA em qualquer hipótese, não havendo discricionariedade para o órgão licenciador decidir pela dispensa.[41] Além disso, deve-se provar a falta de alternativa técnica e locacional para o empreendimento, ou seja, demonstrando que não há possibilidade de instalá-lo em localidade diversa.

Como a rigidez locacional é característica da mineração, em tese, todo empreendimento minerário só poderá ser instalado no local de ocorrência natural das jazidas. Logo, poder-se-ia argumentar que a exigência legal é desnecessária, pois toda atividade minerária não possui alternativa locacional. Contudo, entende-se que o inciso II do supramencionado dispositivo possui o intuito de exigir do empreendedor o ônus argumentativo de mostrar que nas proximidades da jazida pleiteada não existe outra, da mesma substância mineral, com viabilidade econômica na extração, e que não esteja localizada em mata atlântica.

---

40. FARIAS, Talden. *Plano de recuperação de área degradada na atividade mineral de extração de areia*: análise de sua efetividade na Região Metropolitana de João Pessoa/PB. Tese (Doutorado em Recursos Naturais) – Universidade Federal de Campina Grande, Campina Grande, 2011. p. 64.

41. Em sentido contrário: "dessa forma, ainda que em fragmentos florestais secundários o art. 32 da Lei condicione as atividades minerárias ao licenciamento ambiental suportado em EIA/RIMA, deve este dispositivo legal, além de confrontado de maneira sistemática com o art. 15, ser entendido em face do texto constitucional, dispensando implicitamente aquele estudo sempre que os impactos negativos da extração não puderem ser classificados como de elevada magnitude" (CARNEIRO, Ricardo. Mineração no Bioma da Mata Atlântica: novas diretrizes da Lei 11.428, de 22/12/2016. In: SOUZA, M. M. G. (Coord.). *Direito minerário em evolução*. Belo Horizonte: Mandamentos, 2009. p. 132).

Ademais, o licenciamento ambiental deverá conter medida compensatória equivalente à área do empreendimento, com as mesmas características naturais, e sempre que possível, na mesma bacia e microbacia hidrográfica. Tal disposição é interessante porque visa compensar a degradação ambiental em ambiente similar ao impactado pelo empreendimento, com o fito de preservar o bioma mata atlântica preferencialmente na mesma bacia hidrográfica afetada.

Por sua vez, o inciso II supramencionado é taxativo no sentido de que a medida compensatória em comento não poderá ser confundida com a compensação ambiental do art. 36 da Lei 9.985/2000, que é exigida dos empreendimentos de significativo impacto ambiental sujeitos à elaboração de EIA/RIMA. Considerando-se que esse estudo é obrigatório em qualquer hipótese de mineração em mata atlântica, não havendo discricionariedade para o órgão licenciador decidir pela dispensa, é forçoso concluir que tais empreendimentos deverão cumprir, ao menos, duas medidas compensatórias: *(i)* a do art. 36 da Lei 9.985/2000, e *(ii)* a do art. 32, II, da Lei 11.428/2006. A primeira deverá ser necessariamente destinada às UCs, conforme visto acima. Já a segunda, poderá ser desenvolvida em UCs ou mesmo em qualquer outro espaço, desde que seja mata atlântica.

6. Mineração em UCs

Conforme aponta José Eduardo Ramos Rodrigues,[42] durante muito tempo foi difícil conceituar UC no direito brasileiro. A questão só ficou parcialmente pacificada com o advento da Lei 9.985/2000 (Lei do Sistema Nacional de UCs da Natureza), a qual trouxe a seguinte definição:

> "Art. 2º Para os fins previstos nesta Lei, entende-se por:
> I – unidade de conservação: espaço territorial e seus recursos ambientais, incluindo as águas jurisdicionais, com características naturais relevantes, legalmente instituído pelo Poder Público, com objetivos de conservação e limites definidos, sob regime especial de administração, ao qual se aplicam garantias adequadas de proteção;"

Verifica-se que UC é o espaço territorial no qual o Poder Público resolve protegê-lo em decorrência de características ambientais relevantes, como biodiversidade, beleza cênica, corpos hídricos etc. Da mencionada definição legal, Antônio Herman Benjamin enxerga cinco pressupostos imprescindíveis à configuração jurídico-ecológica das UCs: *(i)* relevância natural, *(ii)* oficialismo, *(iii)* delimitação territorial, *(iv)* objetivo conservacionista e *(v)* regime especial de proteção e administração.[43]

Demais disso, a Lei 9.985/2000, dividiu as UCs em dois grupos: as unidades de proteção integral (cujo objetivo é preservar a natureza, admitindo tão somente o uso indireto dos recursos naturais) e as unidades de uso sustentável (com o intuito de harmonizar a conservação do meio ambiente e o uso sustentável dos recursos naturais).[44]

Segundo o mesmo diploma, pertencem ao grupo de proteção integral as seguintes categorias de UCs: estação ecológica, reserva biológica, parque nacional, monumento

---

42. RODRIGUES, José Eduardo Ramos. *Sistema nacional de UCs*. São Paulo: Ed. RT, 2005. p. 23.
43. BENJAMIN, Antônio Herman. Introdução à Lei do Sistema Nacional de UCs. In: BENJAMIN, A. H. *Direito ambiental das áreas protegidas*: o regime jurídico das UCs. Rio de Janeiro: Forense Universitária, 2001. p. 291.
44. Art. 7º.

natural e refúgio da vida silvestre.⁴⁵ Por sua vez, o grupo de uso sustentável é composto pelas seguintes categorias: área de proteção ambiental, área de relevante interesse ecológico, floresta nacional, reserva extrativista, reserva de fauna, reserva de desenvolvimento sustentável e reserva particular do patrimônio natural.

Conforme aponta José Eduardo Ramos Rodrigues,⁴⁶ embora a Lei 9.985/2000 tenha conceituado de forma clara e atual as UCs, excluiu do Sistema Nacional uma série de categorias, principalmente as que possuem a função de proteger a biodiversidade fora de seu hábitat natural (*ex situ*), a exemplo dos hortos florestais, dos jardins zoológicos e dos jardins botânicos. Por tal razão, alguns autores⁴⁷ passaram a considerar a existência de unidades típicas (previstas no mencionado diploma) e atípicas (as que, embora não estejam contempladas no texto legal, possuem os pressupostos imprescindíveis à configuração jurídico-ecológica das UCs).

Diante das considerações acima, vê-se claramente que as UCs do Grupo de Proteção Integral não admitem a realização da atividade minerária, pois seu objetivo é de preservação da natureza, permitindo-se apenas o uso indireto dos recursos naturais.

Já as UCs pertencentes ao Grupo de Uso Sustentável não possuem a proibição legal *a priori* de ser objeto de atividade minerária. Diz-se *a priori* porque a mineração não é terminantemente proibida pela lei. Contudo, nada impede que o plano de manejo proíba a atividade minerária, se esta for incompatível com as características específicas e concretas da unidade.⁴⁸

Ademais, é importante mencionar que existem duas categorias, pertencentes ao Grupo de Uso Sustentável, em que a Lei 9.985/2000 proíbe expressamente a realização de atividade minerária, quais sejam: a Reserva Particular do Patrimônio Natural e a Reserva Extrativista.

Na primeira, o art. 21, § 2º, só admite a realização de atividades de pesquisa científica e a visitação para fins turísticos, recreativos e educacionais. "Embora tenha sido enquadrada no rol do Uso Sustentável, na prática a RPPN tem características de Unidade de Conservação de Proteção Integral", em virtude das limitações impostas pelo dispositivo em comento.⁴⁹

Quanto à Reserva Extrativista, o art. 18, § 6º, da Lei 9.985/2000, determina que "são proibidas a exploração de recursos minerais e a caça amadorística ou profissional".

7. Mineração em zona de amortecimento

Zona de amortecimento, por sua vez, segundo o art. 2º, XVIII, da Lei 9.985/2000, constitui "o entorno de uma unidade de conservação, onde as atividades humanas estão

---

45. Art. 8º.
46. RODRIGUES, José Eduardo Ramos. Op. cit., p. 37-38.
47. Nesse sentido: ANTUNES, Paulo de Bessa. *Direito ambiental*. 14. ed. São Paulo: Atlas, 2012. p. 739--741; BENJAMIN, Antônio Herman. Op. cit., p. 299-302; MILARÉ, Édis. *Direito do ambiente*. 8. ed. São Paulo: Ed. RT, 2013. p. 1250-1251.
48. AGU. Procuradoria-Geral Federal. Departamento de Consultoria. *Parecer 22/2013/DEPCONSU/PGF/AGU*. 31 jul. 2013, p. 10.
49. FARIAS, Talden. Reserva particular do patrimônio natural: análise de seu regime jurídico. *Revista Direito e Liberdade*, Natal, ano 5, v. 11, n. 2, 2009. p. 290.

sujeitas a normas e restrições específicas, com o propósito de minimizar os impactos negativos sobre a unidade". Tal conceito jurídico deixa claro que a zona de amortecimento é a área que circunda a UC, que possui o objetivo de amortecer ou mitigar os impactos nessa última.

Vê-se claramente que as zonas de amortecimento não podem ser consideradas como partes integrantes das unidades, mas apenas como o zoneamento obrigatório dessas, em que se estabelece regramento às atividades econômicas.[50] Enquanto a UC busca proteger o meio ambiente constante no seu próprio território, a zona de amortecimento possui o objetivo de proteger o bioma inserto na área da respectiva UC.[51]

Vale dizer, a zona de amortecimento não possui existência *per si*, na medida em que é concebida como parte acessória da respectiva UC. Isso significa que os objetivos, a formação, enfim, todos os seus elementos devem estar atrelados à unidade.

Demais disso, o conceito brasileiro de zona de amortecimento, estabelecido pela Lei 9.985/2000 está em consonância com a doutrina do direito comparado. Nesse sentido, Sayer[52] conceitua zona tampão[53] como a área periférica a parque nacional ou qualquer reserva de igual valor, em que se estabelece restrições sobre a utilização de recursos com o fito de valorizar a área protegida.

Perceba-se que nesse entorno as atividades humanas são permitidas, até mesmo nas UCs de proteção integral; no entanto, alguns regramentos específicos deverão ser impostos, sempre no intuito de compatibilizar o aspecto ambiental protegido pela UC e as atividades econômicas. Assim, por exemplo, numa UC criada para proteger determinada espécie animal ameaçada de extinção, a respectiva zona de amortecimento poderá limitar a criação de cães domésticos, os quais são transmissores de doenças como raiva e parvovírus, além de atuar na predação, muitas vezes mais severos que os animais silvestres predadores.[54]

Nesse palmilhar, a zona de amortecimento possui o condão de compatibilizar a conservação dos bens ambientais da UC ao desenvolvimento das atividades humanas desenvolvidas pela população do local. Ressalte-se, contudo, que tal harmonização sempre deve

---

50. MILARÉ, Édis. Op. cit., p. 1231.
51. SMOLENTZOV, Daniel. *Zona de amortecimento de unidade de conservação da natureza*. Dissertação (Mestrado em Direitos Difusos e Coletivos) – Pontifícia Universidade Católica de São Paulo, São Paulo, 2013. p. 60.
52. SAYER, Jeffrey. *Rainforest buffer zones*: guidelines for protected area managers. Gland: IUCN-the World Conservation Union, Forest Conservation Programme, 1991. p. 2.
53. Não é ocioso destacar que a segunda palavra da expressão zona tampão (*buffer zone*) aludida por Sayer possui a mesma ideia do termo amortecimento; o tampo visa proteger determinado objeto. Ademais, assim como na química tampão diz respeito à solução que impede a variação brusca de pH (LIMA, Viviani Alves de *et. al*. Demonstração do efeito tampão de comprimidos efervescentes com extrado de repolho roxo. *Química Nova na Escola*, n. 1, maio 1995. p. 34), a zona tampão (ou de amortecimento) possui o objetivo de minorar os impactos externos sobre a Unidade de Conservação.
54. PERELLO, Luís Fernando Carvalho. *Roteiro metodológico para o planejamento de zona de amortecimento em UCs*. Tese (Doutorado em Ecologia e Recursos Naturais) – Universidade Federal de São Carlos, São Carlos, 2011. p. 56-57.

dispensar primazia à proteção da biodiversidade, pois todas as intervenções na zona de amortecimento dizem respeito à conservação.[55] Vale dizer, na zona de amortecimento a proteção do bem ambiental deve prevalecer em relação às atividades econômicas.

O art. 25 da Lei 9.985/2000 estabeleceu que todas as categorias de UCs devem possuir zona de amortecimento, exceto a área de proteção ambiental e a reserva particular do patrimônio natural. É que a primeira diz respeito a unidades de área bastante extensa, com certo grau de ocupação humana, nos termos do *caput* do art. 15 da mencionada lei; logo, o zoneamento dessa categoria deve separar, pelo menos, as áreas em que predomina a vida silvestre das áreas de ocupação humana.[56] Dessa forma, a área que deve "amortecer" a interferência nos ecossistemas está inserta na própria unidade.

A reserva particular do patrimônio natural, por sua vez, "é caracterizada pela voluntariedade de seu proprietário, que decide transformar sua propriedade rural em espaço territorial ecologicamente protegido".[57] Por essa razão, os proprietários do entorno não poderiam receber restrições em suas atividades em decorrência de ato de vontade de particular.

É possível perceber que o objetivo maior da zona de amortecimento é impedir que as atividades externas interfiram, de forma negativa, na respectiva unidade de conservação. Em outras palavras, as zonas de amortecimento possuem o condão de reduzir os chamados efeitos de borda. Como o próprio nome indica, o efeito ocorre quando a área adjacente da unidade (borda) passa a atingir seu interior.

Ante as considerações acima, verifica-se que a lei não proíbe, *a priori*, a mineração nas zonas de amortecimento de UCs de Proteção Integral ou de Uso Sustentável, pois possuem o objetivo de proteger o entorno para evitar o efeito de borda. Tanto é que, em regra, as atividades humanas são permitidas até mesmo nas UCs de Proteção Integral. O que ocorre é apenas o regramento das ações que possam prejudicar o ecossistema protegido pela UC.

Embora não haja a proibição legal *a priori*, nada impede que o regulamento da zona de amortecimento proíba a realização de atividade minerária, se for incompatível com o aspecto ambiental protegido pela UC. Assim, por exemplo, se determinada UC possui o fim precípuo de proteger as águas de determinado rio, pode ser proibida a mineração na zona de amortecimento se houver emissão de efluentes no curso d'água.

8. Considerações finais

A degradação ambiental é ínsita ao exercício da atividade minerária, pois está pautada na extração de recursos naturais não renováveis. Por esse motivo, a mineração ocupa lugar de destaque no estudo das áreas protegidas e dos instrumentos de controle ambiental.

---

55. MARTINO, Diego. Buffer zones around protected areas: a brief literature review. *Electronic Green Journal*, Califórnia, v. 1, issue 15, 2001. p. 5-6.
56. NOGUEIRA-NETO, Paulo. Evolução histórica das ARIEs e APAs. In: BENJAMIN, A. H. *Direito ambiental das áreas protegidas*: o regime jurídico das UCs. Rio de Janeiro: Forense Universitária, 2001. p. 368.
57. FARIAS, Talden. Reserva particular do patrimônio natural: análise de seu regime jurídico. *Revista Direito e Liberdade*, Natal, ano 5, v. 11, n. 2, 2009. p. 293.

À primeira vista, não seria possível o exercício da atividade minerária nas APPs, a qual está submetida ao regime jurídico da quase intocabilidade. Contudo, o Código Florestal permite a intervenção em nesses espaços por meio dos empreendimentos minerários, que são considerados de utilidade pública; a mineração dos agregados da construção civil constitui atividade de interesse social, que também possibilita a intervenção em APP, exceto quando se tratar de vegetação de nascentes ou fixadoras de dunas.

Quanto ao bioma mata atlântica, apenas é permitida nas áreas de vegetação secundária em estágio avançado e médio de regeneração. Além disso, todo licenciamento ambiental só irá ocorrer mediante apresentação de EIA/RIMA por parte do empreendedor. Nesse caso, não há espaço para a discricionariedade do órgão ambiental acerca da exigência ou não do aludido estudo. Além disso, o empreendedor terá o ônus argumentativo de explicar a não existência de alternativa locacional, isto é, deverá mostrar que nas proximidades da jazida pleiteada não existe outra, da mesma substância mineral, com viabilidade econômica na extração, e que não esteja localizada em mata atlântica. Na mineração realizada nesse bioma, além da compensação ambiental do art. 36 da Lei 9.985/2000, dirigida exclusivamente às UCs, o minerador terá que promover medida compensatória equivalente à área do empreendimento, com as mesmas características naturais, e sempre que possível, na mesma bacia e microbacia hidrográfica.

Ademais, a Lei 9.985/2000 traz a proibição *a priori* de realizar atividade minerária nas UCs pertencentes ao Grupo de Proteção Integral e em duas categorias de UCs do Grupo de Uso Sustentável, quais sejam, a Reserva Particular do Patrimônio Natural e a Reserva Extrativista. Ressalte-se que mesmo nas categorias em que a Lei não fixa proibição *a priori*, nada impede que o ato criador ou o Plano de Manejo impeçam a realização de atividade minerária, quando for incompatível com os objetivos específicos pelos quais a UC foi concebida.

A respeito das zonas de amortecimento, até mesmo das UCs de Proteção Integral, não há vedação *a priori* de realizar atividade minerária, pois o objetivo desses espaços é tão somente proteger o entorno para evitar a interferência na área interna da UC, evitando o chamado efeito de borda. Por outro lado, o regulamento da zona de amortecimento poderá trazer limitações quanto à atividade minerária, quando esta trouxer graves efeitos negativos aos aspectos naturais relevantes que são objeto de proteção pela UC.

O PRAD, por sua vez, representa modalidade de estudo ambiental que visa mitigar a degradação perpetrada pela atividade mineradora, revigorando algumas características ambientais relevantes. Importante ressaltar que é difícil ou praticamente impossível resgatar a plenitude do ambiente degradado, já que o recurso natural não renovável jamais será colocado de volta no local explotado. Essa situação só destaca a necessidade de apresentar e executar PRAD. Além disso, as APPs representam os ecossistemas de maior relevância, os quais devem merecer as medidas de recuperação do ambiente degradado.

Por fim, o licenciamento ambiental da mineração possui, em regra, três licenças, quais sejam: LP, LI e LO. Na primeira, o empreendedor deverá apresentar o requerimento acompanhado de EIA/RIMA (quando se tratar da extração da maior das substâncias minerais e em qualquer hipótese quando a área contiver bioma de mata atlântica) ou RCA (quando se tratar da lavra de jazidas de minérios de emprego imediato na construção civil, desde que dispensado o EIA/RIMA pelo órgão licenciador). Por sua vez, o requerimento de

LI deverá ser acompanhado de PCA, o qual deverá conter o projeto executivo das medidas mitigadoras previstas no EIA/RIMA ou no RCA.

9. Referências

AGU. Procuradoria-Geral Federal. Departamento de Consultoria. *Parecer 22/2013/DEPCONSU/ PGF/AGU*. 31 jul. 2013.

ANTUNES, Paulo de Bessa. *Direito ambiental*. 14. ed. São Paulo: Atlas, 2012.

ATAÍDE, Pedro. *Direito minerário*. Salvador: JusPodivm, 2017.

BANDEIRA DE MELLO, Celso Antônio. *Curso de direito administrativo*. 27. ed. São Paulo: Malheiros, 2010.

BARACHO JÚNIOR, José Alfredo de Oliveira. *Proteção do meio ambiente na Constituição da República*. Belo Horizonte: Fórum, 2008.

BARBOSA, Alfredo Ruy. A natureza jurídica da concessão minerária. In: SOUZA, M. G. *Direito minerário aplicado*. Belo Horizonte: Mandamentos, 2003.

BENJAMIN, Antônio Herman. Introdução à Lei do Sistema Nacional de UCs. In: BENJAMIN, A. H. *Direito ambiental das áreas protegidas*: o regime jurídico das UCs. Rio de Janeiro: Forense Universitária, 2001.

BITAR, Omar Yazbek; VASCONCELOS, Maria Marta. Recuperação de áreas degradadas. *In* TANNO, Luiz Carlos; SINTONI, Ayrton. *Mineração e municípios*: bases para planejamento e gestão dos recursos minerais. São Paulo: Instituto de Pesquisas Tecnológicas, 2003.

BUSTAMANTE, L. A. C.; CAVALCANTE FILHO, J. T.; BIATO, M. F.; GOMES, C. J. V. *Análise do Projeto de Lei de Marco Regulatório da Mineração do Brasil*. Brasília: Núcleo de Estudos e Pesquisas/CONLEG/Senado, set. 2013 (Texto para Discussão 137). Disponível em: [www.senado.leg.br/estudos]. Acesso: 12 abr. 2021.

CARNEIRO, Ricardo. Mineração no Bioma da Mata Atlântica: novas diretrizes da Lei n. 11.428, de 22/12/2016. In: SOUZA, M. M. G. (Coord.). *Direito minerário em evolução*. Belo Horizonte: Mandamentos, 2009.

DIVITIIS, Roberto de. Exploração mineral (Lei 7.805, de 18 de julho de 1989). In: MORAES, Rodrigo Jorge; AZEVÊDO, Mariângela Garcia de Lacerda; DELMANTO, Fábio Machado de Almeida. *As leis federais mais importantes de proteção ao meio ambiente comentadas*. Rio de Janeiro: Renovar, 2005.

FARIAS, Talden. A atividade minerária e a obrigação de recuperar a área degradada. *Revista de Direito Ambiental*, São Paulo, v. 79, ano 20, p. 157-187, jul.-set. 2015.

FARIAS, Talden. *Licenciamento ambiental*: aspectos teóricos e práticos. 5. ed. Belo Horizonte: Fórum, 2015.

FARIAS, Talden. *Plano de recuperação de área degradada na atividade mineral de extração de areia*: análise de sua efetividade na Região Metropolitana de João Pessoa/PB. Tese (Doutorado em Recursos Naturais) – Universidade Federal de Campina Grande, Campina Grande, 2011.

FARIAS, Talden. Reserva particular do patrimônio natural: análise de seu regime jurídico. *Revista Direito e Liberdade*, Natal, ano 5, v. 11, n. 2, p. 285-298, 2009.

FARIAS, Talden; ATAÍDE, Pedro Henrique Sousa de. A compensação ambiental do art. 36 da Lei 9.985/2000: um instituto brasileiro em prol das UCs. In: BRAVO, A. S.; CERVI, J. R. *Multiculturalismo, tecnologia y medio ambiente*. Sevilla: Punto Rojo Libros, 2015.

GUERRA, Sidney; GUERRA, Sérgio. *Intervenção estatal ambiental*: licenciamento e compensação de acordo com a Lei Complementar 140/2011. São Paulo: Atlas, 2012.

HERRMANN, Hildebrando. Direito minerário: avaliação e perspectivas. *Revista Areia & Brita*, São Paulo, n. 52, p. 16-25, nov.-dez. 2010.

HERRMANN, Hildebrando. Marco regulatório da mineração brasileira. In: MARTINS, J.; LIMA, P. C. R.; QUEIROZ FILHO, A. P.; SCHÜLER, L. C.; PONTES, R. C. M. *Setor mineral rumo a um novo marco legal*. Brasília: Câmara dos Deputados, 2011.

HERRMANN, Hildebrando; POVEDA, Eliane Pereira Rodrigues; SILVA, Marcus Vinicius Lopes da. *Código de mineração de A Z*. Campinas: Millenium Editora, 2008.

KRELL, Andreas J. *Discricionariedade administrativa e conceitos legais indeterminados*: limite do controle judicial no âmbito dos interesses difusos. 2. ed. Porto Alegre: Livraria do Advogado, 2013.

LIMA, Viviani Alves de et. al. Demonstração do efeito tampão de comprimidos efervescentes com extrado de repolho roxo. *Química Nova na Escola*, n. 1, p. 33-34, maio 1995.

MACHADO, Paulo Affonso Leme. *Direito ambiental brasileiro*. 16. ed. São Paulo: Malheiros, 2009.

MARTINO, Diego. Buffer zones around protected areas: a brief literature review. *Electronic Green Journal*, Califórnia, v. 1, issue 15, p. 1-15, 2001.

MILARÉ, Édis. *Direito do ambiente*. 8. ed. São Paulo: Ed. RT, 2013.

NOGUEIRA-NETO, Paulo. Evolução histórica das ARIEs e APAs. In: BENJAMIN, A. H. *Direito ambiental das áreas protegidas*: o regime jurídico das UCs. Rio de Janeiro: Forense Universitária, 2001.

OLIVEIRA, Antonio Inagê de Assis. *Introdução à legislação ambiental brasileira e licenciamento ambiental*. Rio de Janeiro: Editora Lumen Juris, 2005.

PARAÍBA. COPAM. Deliberação 3577, alterada após a reunião extraordinária 091, de 29 dez. 2016. Publicada no Diário Oficial da Paraíba de 05 jan. 2017, f. 3-5. Disponível em: [http://static.paraiba.pb.gov.br/2017/01/Diario-Oficial-05-01-2017.pdf]. Acesso em: 12 abr. 2021.

PERELLO, Luís Fernando Carvalho. *Roteiro metodológico para o planejamento de zona de amortecimento em UCs*. Tese (Doutorado em Ecologia e Recursos Naturais) – Universidade Federal de São Carlos, 2011.

POVEDA, Eliane Pereira Rodrigues. *A eficácia legal da desativação de empreendimentos minerários*. São Paulo: Signus Editora, 2007.

RIBEIRO, Carlos Luiz. *Tratado de direito minerário*. Belo Horizonte: Del Rey, 2005.

RODAS, João Grandino. "Minério verde" será parte do futuro da mineração no Brasil. *Consultor Jurídico*. 13 ago. 2015. Disponível em: [www.conjur.com.br/2015-ago-13/olhar-economico--minerio-verde-parte-futuro-mineracao-brasil]. Acesso: 12 abr. 2021.

RODRIGUES, José Eduardo Ramos. *Sistema nacional de UCs*. São Paulo: Ed. RT, 2005.

SAYER, Jeffrey. *Rainforest buffer zones*: Guidelines for protected area managers. Gland: IUCN-the World Conservation Union, Forest Conservation Programme, 1991.

SILVESTRE, Mariel. *Mineração em área de preservação permanente*: intervenção possível e necessária. São Paulo: Signus Editora, 2007.

SMOLENTZOV, Daniel. *Zona de amortecimento de unidade de conservação da natureza*. Dissertação (Mestrado em Direitos Difusos e Coletivos) – Pontifícia Universidade Católica de São Paulo, 2013.

SORTO, Fredys Orlando. Cidadania e nacionalidade: institutos jurídicos de Direito interno e de Direito internacional. *Verba Juris: Anuário da Pós-Graduação em Direito*, João Pessoa, ano 8, n. 8, p. 41-64, jan.-dez. 2009.

SOUZA, Marcelo Gomes de. *Direito minerário e meio ambiente*. Belo Horizonte: Del Rey, 1995.

STIFELMAN, Anelise Grehs. Alguns aspectos sobre o licenciamento ambiental da mineração no Brasil. In: BENJAMIN, Antônio Herman (Org.). *Paisagem, natureza e direito*. São Paulo: Imprensa Oficial, 2005.

MUDANÇAS CLIMÁTICAS

Rubens Harry Born[1]

Sumário: 1. Panorama geral de mudanças de clima. 1.1. Abordagens em mudanças climáticas. 1.2. Mudanças ambientais globais e aquecimento global. 1.3. Panorama das emissões globais de gases de efeito estufa. 1.4. Emissões de gases de efeito estufa no Brasil. 1.5. Comentários sobre elaboração, implementação e análise de medidas e normas em mudanças climáticas. 2. Direito, políticas públicas e mudanças climáticas. 2.1. Base constitucional para normas sobre mudanças de clima. 2.2. O regime multilateral sobre mudanças climáticas. 2.2.1. Convenção-Quadro da ONU sobre Mudanças do Clima (UNFCCC). 2.2.2. Protocolo de Quioto (KP). 2.2.3. O Acordo de Paris e a Decisão 1 da CoP-21. 2.3. Brasil: política e legislação nacional. 2.3.1. Política Nacional sobre Mudança de Clima e seus instrumentos. 2.3.2. Instrumentos financeiros: o Fundo Clima e o Fundo Amazônia. 2.3.3. Políticas e normas sobre mudanças de clima dos demais entes federativos. 2.3.4. Governança das iniciativas e dos desafios sobre mudanças climáticas. 3. Conclusão. Bibliografia.

1. Panorama geral de mudanças de clima

Mudanças climáticas[2] e seus impactos constituem complexo e inadiável desafio de transformações dos paradigmas, valores e normas que regem a sociedade contemporânea. Tais mudanças e seus impactos são consequências do fenômeno do aquecimento global, cujas causas estão inequivocamente associadas às atividades humanas. O enfrentamento

---

1. Advogado (2013). Engenheiro civil (1977), com especialização em engenharia ambiental (1983). Mestre (1992) em Saúde Pública e Ambiental, na área de conservação de recursos hídricos e saneamento. Doutor (1998) em Regimes Multilaterais e Tratados em Desenvolvimento Sustentável. Pesquisador associado à Fundação Grupo Esquel Brasil em políticas de meio ambiente, mudanças do clima e objetivos de desenvolvimento sustentável. Coordenador interino da organização 350. org América Latina (setembro a dezembro 2018). Foi coordenador do Vitae Civilis Instituto para o Desenvolvimento, Meio Ambiente e Paz (1989-2009). Atuou como coordenador interino da organização 350.org América Latina entre setembro 2018 a outubro 2019. É integrante da Rede Internacional de Ações Climáticas / Climate Action NGOs International Network desde 1990. Membro (2011-2014) do Comitê Gestor do Fundo Nacional de Mudanças do Clima. Membro do Fórum Brasileiro de Mudanças do Clima. Coordenador do Grupo de Trabalho de Mudanças de Clima do Fórum Brasileiro de ONGs e Movimentos Sociais para Meio Ambiente e Desenvolvimento – FBOMS. Coordenou a delegação do FBOMS nas conferências da ONU Rio-92, Joanesburgo-2002 e Rio+20. Membro da Comissão Nacional para a Rio+20 e integrante da Comissão de Políticas de Desenvolvimento Sustentável e Agenda 21 Brasileira. Atuou como assessor técnico-legislativo no processo da Assembleia Nacional Constituinte, entre 1987 e 1988.
2. Este texto tem base em livro do seu autor, intitulado Mudanças climáticas: direitos, legislação e políticas públicas. São Paulo: da Editora Livros da Eco, 2016. Texto atualizado em maio de 2020.

de tal desafio implica na transição, urgente e justa, para novos padrões civilizatórios de sustentabilidade ambiental, de solidariedade e justiça social, de economia lastreada na ecoeficiência e na menor "pegada ecológica".

Essas transformações de paradigmas requerem um sentido de responsabilidade com o futuro, com as próximas gerações, bem como com milhões de pessoas da atual geração que ainda não tiveram acesso aos bens e serviços básicos que vivem em situações de vulnerabilidade social, econômica e ambiental, visto estarem submetidas aos riscos inerentes a um modelo de "desenvolvimento" cuja perversidade reside na concentração de poder, riqueza e bem-estar para parcela minoritária da sociedade à custa da exploração predatória e degradação ambiental planetária.

As normas e as políticas elaboradas e inseridas nas duas últimas décadas, desde quando, em 1992, foi assinada a Convenção-Quadro das Nações Unidas sobre Mudanças de Clima, são passos iniciais cuja efetividade, razoabilidade e adequação devem ser avaliadas e comprovadas, pois tais passos decorrem de contextos marcados pela tensão entre os que pleiteiam sociedades sustentáveis, por um lado, e forças econômicas e políticas, por outro.

Segundo John Gummer (2014), presidente da organização não governamental que articula parlamentares em todo o mundo, as respostas legislativas são ainda insuficientes para evitar a elevação da temperatura média global acima de 2 °C até 2100, quando comparada com a temperatura no período pré-industrial, em meados do século XIX. Esse parâmetro foi considerado vetor fundamental para as políticas e programas que minimizem efeitos dos impactos negativos já considerados inevitáveis ou irreversíveis das mudanças climáticas[3].

Importante considerar que os desafios das mudanças climáticas, percebidos pelos seus efeitos ambientais e consequentes impactos sociais e econômicos, demandam conhecimentos de várias disciplinas, articuladas em abordagens integradas e multidisciplinares. Esses conhecimentos devem estar disponíveis à sociedade e, sobretudo, aos formuladores, gestores e avaliadores de políticas públicas e de normas jurídicas apropriadas para a justa, rápida e necessária transição para padrões de condutas individuais, coletivas, institucionais compatíveis com princípios da Ética da Vida, do Estado Democrático de Direito e de Sustentabilidade Ambiental.

A governança democrática das políticas públicas e a elaboração de normas inovadoras para a construção de um futuro sustentável alicerçam-se tanto nos princípios da democracia participativa, consagrados na Constituição Federal e legislação infraconstitucional, como também no Princípio 10 da Declaração do Rio de Janeiro sobre Meio Ambiente e Desenvolvimento[4], assinada em 1992. Esse Princípio é a fonte principal de direito para

---

3. NACHMANY, M.; FANKHAUSER, S.; TOWNSHEND, T., Collins; M. LANDESMAN, T.; MATTHEWS, A.; PAVESE, C.; RIETIG, K.; SCHLEIFER, P.; SETZER, J. The GLOBE Climate Legislation Study: A Review of Climate Change Legislation in 66 Countries, London, p. xi, 2014. Disponível em: [www.globeinternational.org/studies/legislation/climate]. Acesso em: 01.03.2014.
4. O Princípio 10 declara que "a melhor maneira de tratar as questões ambientais é assegurar a participação, no nível apropriado, de todos os cidadãos interessados. No nível nacional, cada indivíduo terá acesso adequado às informações relativas ao meio ambiente de que disponham as autoridades públicas, inclusive informações acerca de materiais e atividades perigosas em suas comunidades,

o Acordo de Escazú[5] sobre Direitos de Acesso à Informação, à Participação e à Justiça em Assuntos de Meio Ambiente, adotado em março de 2018 por 24 países da América Latina e do Caribe.

No mesmo sentido, a Carta da Terra, documento elaborado posteriormente à Conferência da ONU Rio-92 em processo que reuniu lideranças e ativistas de vários campos que militam em prol de um mundo justo e sustentável, afirmou, em seu princípio IV.13, que para a concretização da democracia, da não violência e da paz é necessário: "fortalecer as instituições democráticas em todos os níveis e proporcionar-lhes transparência e prestação de contas no exercício do governo, participação inclusiva na tomada de decisões e acesso à justiça".

Para tanto, a Carta da Terra recomenda "defender o direito de todas as pessoas no sentido de receber informação clara e oportuna sobre assuntos ambientais e todos os planos de desenvolvimento e atividades que poderiam afetá-las ou nos quais tenham interesse".

Nessa mesma direção, da democracia participativa, a Lei 12.187/2009, que instituiu a política nacional sobre mudanças de clima, estabeleceu em seu art. 3º, I, que "todos têm o dever de atuar, em benefício das presentes e futuras gerações, para a redução dos impactos decorrentes das interferências antrópicas sobre o sistema climático", denotando que a responsabilidade intergeracional deve pautar as condutas, e, portanto, as normas relativas aos desafios que nos trazem as mudanças de clima.

Essa lei nacional determina ainda, no inciso IV do citado artigo, que o desenvolvimento sustentável é a condição para enfrentar as alterações climáticas e para conciliar o atendimento às necessidades comuns e particulares de populações e comunidades nas diversas regiões do território nacional.

Ora, fica claro que tais dispositivos dos documentos internacionais e da lei nacional ressaltam que efetivas ações para minimizar e prevenir as causas e os efeitos das mudanças de clima devem necessariamente ser consistentes com políticas e condutas de desenvolvimento sustentável, por um lado, e com a efetivação dos direitos fundamentais, por outro. Medidas, que permitam a continuidade de padrões atuais de produção e consumo, mediante uma diminuição relativa das emissões, ou ainda aquelas que meramente compensam, de forma contábil, emissões em outros países ou setores sem uma devida contribuição para a diminuição da concentração dos gases na atmosfera, não serão capazes de evitar efeitos deletérios às futuras gerações, que arcarão com ônus decorrente do prolongamento, mesmo que em escala mitigada, das condições do atual modelo insustentável de nossas economias.

Mudanças climáticas são reflexos de sociedades que admitem, ainda que implicitamente, a exploração e a degradação como parte da sua engrenagem econômica, em vez de fomentar a solidariedade, a justiça social e a sustentabilidade. Vivemos sob a globalização

---

bem como a oportunidade de participar dos processos decisórios. Os Estados irão facilitar e estimular a conscientização e a participação popular, colocando as informações à disposição de todos. Será proporcionado o acesso efetivo a mecanismos judiciais e administrativos, inclusive no que se refere a compensação e reparação de danos".

5. Versão em português disponível em https://repositorio.cepal.org/bitstream/handle/11362/43611/S1800493_pt.pdf (acesso em 25.5.2020).

dos problemas socioambientais e a interdependência crescente das economias, com complexos riscos resultantes também do uso, por vezes desregrado ou abusivo, de tecnologias que podem causar adversidades à saúde humana e ao equilíbrio das espécies vivas e dos ecossistemas. Nesse contexto, o direito ambiental e as normas associadas aos desafios ambientais globais, como os de mudanças climáticas, da biodiversidade e da conservação dos processos ecológicos essenciais, são e devem ser veículos portadores da evolução civilizatória em direção à sustentabilidade, à não violência, à justiça e à paz.

Mais especificamente, o direito ambiental, no que se refere ao tema de mudanças climáticas, deverá ser capaz de articular conjuntos normativos específicos em diversos temas e regiões, para que o "todo possa ser mais que a soma das partes", ou seja, implica no desafio da elaboração, aplicação e interpretação de normas distintas, considerando a precaução e a prevenção de causas e efeitos de mudanças de clima, de tal maneira a proporcionar, progressivamente, as melhores condições de sustentabilidade socioambiental para a presente e para as futuras gerações.

Assim, com a perspectiva de abordar o que possa ser relevante para a formação e aplicação do direito e de normas legais, esse texto[6] apontará algumas questões principais sobre mudanças climáticas. O tema envolve aspectos de diversas áreas, tais como: geração e uso de energia; edificações; infraestrutura urbana; mobilidade e transporte de pessoas e cargas; e agricultura e pecuária, planejamento territorial, tecnologias e conservação de florestas.

Mudanças climáticas trazem também desafios no campo legal e jurídico, pertinentes ao aprimoramento e, quiçá, até a criação de normas de cunho material ou processual do direito, pois as mudanças de clima atiçam os ventos das responsabilidades da geração atual com as gerações futuras. Isso sem desmerecer o dever de zelar pelo direito à dignidade de vida de cada ser, e, portanto, o dever de todos pela progressiva proteção da integridade e qualidade ambiental em todas as regiões do planeta.

Isso, como se verá mais adiante, tem forte alicerce constitucional e não dispensa vínculos com princípios do direito ambiental. Pelo contrário, é a partir dos princípios de direito ambiental e da dignidade da pessoa humana que as políticas e normas para mudanças climáticas devem ser cotejadas.

1.1. Abordagens em mudanças climáticas

Lidar com mudanças de clima requer uma compreensão do fenômeno do aquecimento global, de suas causas e consequências, para que possam ser encontradas as adequadas respostas às questões de restauração do equilíbrio do sistema climático em níveis e condições que não sejam perigosas à vida no planeta e, notadamente, à dos seres humanos. A formulação e a implementação de respostas, inclusive normas de direito, articulam-se com possíveis perspectivas para melhor conhecer a realidade.

Graças aos estudos científicos em diversas regiões do mundo, em parte sintetizados e relatados nos informes periódicos do Painel Intergovernamental de Mudanças de Clima (IPCC) nas últimas duas décadas, há suficientes explicações, mensurações e modelos que

---

6. BORN, Rubens Harry. Mudanças climáticas: direitos, legislação e políticas públicas. São Paulo: Editora Livros da Eco, 2016.

permitiram comprovar a influência das atividades antrópicas, por um lado, e projetar e estimar os impactos das mudanças de clima, por outro.

Fundamental conhecer as leituras que as ciências da física, da química, da engenharia, entre outras, fazem sobre o papel das cidades, de suas edificações e dinâmicas; das formas de geração e uso de energia; das tecnologias e modos do exercício das atividades agrícolas, pastoris, aquicultura e de silvicultura; e do transporte, em seus vários modos, para as mudanças climáticas. Conhecer a origem e os fluxos de gases de efeito estufa, atualizando as informações em inventários de fontes de emissões ou sumidouros, aferindo os modelos e estudos científicos e tornando pública a comunicação sobre o conhecimento mais recente, é fundamental para a adequada adoção, ajustes ou revisão de normas e políticas. Tanto assim que a realização de inventários e de comunicações nacionais é compromisso de todos os países partes da Convenção-Quadro de Mudanças do Clima (UNFCCC), conforme seu artigo 4.1, alínea "a".

Destarte, por meio de uma abordagem das ciências da atmosfera, sabemos quais são os principais gases de efeito estufa que se originam de atividades promovidas pelos seres humanos (gás carbônico – CO_2; metano – CH_4; óxido nitroso – N_2O; hidrofluorcarbonos – HFC; perfluorcarbonos – PFC e o hexafluoreto de enxofre – SF_6, além de outros gases com papel indireto para o efeito estufa). Sabe-se em que setores e atividades econômicas e sociais se originam esses gases, e, assim, pode-se afirmar que são relevantes as emissões oriundas da queima de combustíveis fósseis (nas indústrias, na agropecuária, no transporte, na construção etc.), na conversão de áreas de florestas para usos urbanos, periurbanos e em atividades rurais clássicas, como agricultura, pecuária, aquicultura, entre outras atividades. O registro socioeconômico dessas atividades permite, por métodos internacionalmente definidos pelo IPCC, determinar ou estimar a quantidade de emissões por gases, por setores ou em cada região e país. Essa informação é fundamental para se aferir responsabilidades, em um dado período, dos agentes privados e do Poder Público que possam estar associadas a tais emissões.

Tal perspectiva, em síntese, correlaciona atividades produtivas e produção (emissão) de gases de efeito estufa, inserindo-as nos contextos socioeconômicos e territoriais, a fim de recomendar condutas (políticas, tecnologias etc.). Por exemplo, para o Brasil, contam as emissões de metano oriundas da pecuária realizada no Pará, independentemente se parte razoável da produção de carne se destine ao mercado interno ou externo. Analogamente, na agricultura, por exemplo, as emissões de gás carbônico com a lavoura da soja, sendo seus grãos consumidos no Brasil ou na Holanda.

Essa é uma das perspectivas que funcionam como um pilar das normas internacionais e nacional em mudanças de clima. O regime multilateral não adotou o critério de alocação de emissões antrópicas de gases de efeito estufa em razão do local do consumo de bens e serviços, pois se trata de tarefa tecnicamente mais complexa e politicamente mais desafiadora. Mas considerar a dimensão de bens e serviços que, na sua cadeia, geram emissões significativas de gases de efeito estufa poderia ensejar estímulos para a transformação dos padrões de consumo e, assim, lograr consciências e condutas responsáveis para consumos de baixo carbono.

Há, entretanto, outras razões, além ou subjacentes às intensas atividades produtivas e serviços que explicam o aumento exacerbado de emissões de gases de efeito estufa, entre as quais se destacam: os fatores relativos à expansão do consumo de bens e serviços, tanto como consequência do crescimento demográfico como do aumento do poder aquisitivo de parcelas da população que superam a miséria ou pobreza. Essa expansão do desperdício é também reflexo de uma cultura de desperdício, de esbanjamento, de obsolescência programada e da publicidade – ferramenta útil ao sistema de mercado que opera com base na ilimitação do crescimento e do consumismo para auferir aquilo que é tido como seu maior fim, o lucro.

Alguns desdobramentos podem sobressair para uma cuidadosa reflexão. Como articular respostas e normas que sejam justas e equitativas entre indivíduos, segmentos econômicos e nações, para distribuir os ônus e as responsabilidades de diminuir emissões de gases de efeito estufa (GEE)? E como tornar exequíveis (*enforcement*) novas normas que deveriam impor a internalização dos custos negativos do ambiente na economia sem ampliar ainda mais as desigualdades entre pessoas e países?

Entretanto, em face do crescimento populacional, por um lado, e a superação da pobreza, por outro, as próximas décadas podem trazer demandas muito maiores de acesso a bens e serviços, o que pode significar aumento de emissões de gases de efeito estufa e contribuir ainda mais para o aquecimento global. Por exemplo, a FAO – Organização Mundial de Agricultura e Alimentos estimou que será necessário aumentar em 70% a produção agrícola para poder alimentar a população de nove bilhões de seres humanos, contingente que será alcançado em meados do século XXI.

Esse é um dos motivos para os debates, seja nos foros sobre mudanças climáticas, seja sobre o desenvolvimento sustentável, em torno de novos paradigmas tecnológicos e valorativos para a produção de bens que possam ir além das iniciativas de ecoeficiência. Enfim, buscar melhor aproveitamento de energia e insumos materiais na fabricação de mercadorias e de disponibilização de serviços. Trata-se de desacoplar a distribuição e a ampliação do desenvolvimento (aqui entendido como acesso aos bens e serviços essenciais para uma digna e sadia qualidade de vida) da ampliação da produção e consumo do ponto de vista material, ou seja, da demanda e pressão crescente sobre os "recursos naturais". Ora, como bilhões de pessoas no mundo ainda não usufruem do acesso a tais bens e serviços, como água potável, saneamento, alimentação adequada e suficiente, haverá ainda uma demanda de ampliação na exploração de uso de recursos ambientais, sobretudo nos chamados países em desenvolvimento.

Resulta que propostas para desacoplar a produção de bens com o aumento da intensidade de uso de recursos naturais são questionadas por alguns representantes de Estados e segmentos empresariais nas negociações internacionais, ainda que esses declarem optar por medidas para diminuir a intensidade de gases de efeito estufa emitidos por cada bem ou serviço disponibilizado, ou ainda para diminuir a intensidade de carbono em relação ao PIB – Produto Interno Bruto. Desacoplar a produção e aumentar a ecoeficiência são formas de redução da pegada de carbono, uma variação da noção da pegada ecológica, sendo esta uma medida para aferir o uso do ambiente na disponibilização de produtos e bens, e aquela para se referir às emissões líquidas de gases de efeito estufa na mesma produção.

É em função da perspectiva escolhida que são construídos e colocados à disposição os critérios, as ferramentas e os parâmetros técnicos e institucionais que se inserem em marcos legais, multilaterais e nacionais. E, para o regime multilateral e para política nacional brasileira, a perspectiva adotada é a da aferição de emissões de gases de efeito estufa (GEE) por causa dos territórios e das atividades produtivas neles existentes, conferindo aos Estados nacionais as atribuições que lhes são características na presente ordem internacional.

Essa reflexão é relevante na medida em que ganha atenção crescente a perspectiva de respeito aos direitos humanos fundamentais, notadamente o direito à dignidade de vida, como elemento para balizar decisões de cunho político e normativo no regime multilateral com repercussão nos ordenamentos jurídicos de cada país. Nesse sentido, não estão ausentes do debate internacional sobre mudanças de clima propostas fundadas no direito ao desenvolvimento sustentável, veiculadas, sobretudo, por governos de países não industrializados e por movimentos e grupos da sociedade, que se valem de noções de "justiça climática"[7], de equidade no uso do "espaço disponível e seguro" de carbono na atmosfera (concentração de gases de efeito estufa), entre outras perspectivas.

Nesse sentido, de avaliar tendências e demandas para aprimoramento de políticas e normas em prol do direito ao meio ambiente e dignidade de vida diante das mudanças globais, é importante estar atento aos esforços de crescente conscientização e mobilização da sociedade em todo o mundo, notadamente de comunidades vulneráveis e de jovens, que consideram que as mudanças de clima já impactam seus direitos a um mundo justo e sustentável. A título de exemplo, na semana de 20 a 27 de setembro de 2019, registraram-se 6.100 eventos em 185 países, divulgados por e fazendo uso de 8.500 páginas na internet, promovidos por 820 organizações da sociedade civil, 73 confederações sindicais de trabalhadores, cerca de 3.000 empresas, que mobilizaram mais de 7,6 milhões de pessoas[8]. Considerado como um dos maiores protestos globais da história recente, o movimento, resultado de iniciativa inicial de jovem adolescente que desencadeou movimentos juvenis (FFF Fridays for Future) e de pessoas de outras faixas etárias (por exemplo, Parents for Future, no Brasil denominado de Famílias pelo Clima), as manifestações demandam por efetiva implementação de acordos internacionais e políticas de mudanças de clima, pela transição rápida para sistemas de energia renovável e abandono de uso de combustíveis fósseis, entre outras reinvindicações.

1.2. Mudanças ambientais globais e aquecimento global

Na atmosfera, existem vários gases que desempenham função importante no sistema climático do planeta. Há gases, denominados de gases de efeito estufa, que têm a capacidade de reter a radiação solar infravermelha, ocasionando o aquecimento das camadas mais inferiores da atmosfera e da superfície do planeta. Trata-se de fenômeno natural.

Embora presentes em concentrações relativamente baixas (0,04% e 1%, respectivamente), o vapor de água e o dióxido de carbono são os principais gases de efeito estufa na

---

7. Não há conceito consensual sobre a expressão justiça climática, a qual tem sido utilizada por distintos grupos e movimentos da sociedade para ressaltar, sobretudo, como as causas e as consequências das mudanças de clima estão associadas aos déficits de justiça e ao bem-estar social.
8. https://globalclimatestrike.net/7-million-people-demand-action-after-week-of-climate-strikes/ (acesso em 28.05.2020).

Terra. Sem esses gases, a temperatura média da superfície terrestre seria aproximadamente de -18 °C (dezoito graus Celsius negativos), ou seja, 33 °C menos que a temperatura média global de 15 °C [9].

O aumento acelerado da concentração de alguns gases de efeito estufa por decorrência de atividades antrópicas foi constatado como tendo iniciado a partir de meados do século XIX, momento considerado como marco do surgimento da Revolução Industrial.

Os gases de efeito estufa permanecem na atmosfera por tempos diversos, anos ou até décadas, e para cada um deles é conhecida a sua respectiva forçante radioativa[10], ou seja, seu potencial de aquecimento global (GWP), o montante de energia adicionada ao planeta, medido em watts por metro quadrado (W/m2). O potencial de aquecimento global (GWP) é a medida mais usada para estimar a contribuição de cada país para a mudança do clima, mediante o cálculo de emissões equivalentes de gás carbônico com base em fatores de equivalência de demais gases de efeito estufa para um determinado período (cem anos). Por exemplo, metano e óxido nitroso têm permanência média na atmosfera de 12 e 120 anos, respectivamente, e suas forçantes radioativas equivalem, respectivamente, a 21 e 310 vezes o potencial de aquecimento do dióxido de carbono – conforme o Segundo Relatório de Avaliação (SAR) do IPCC (1995). Enfim, o GWP funda-se na importância relativa dos gases de efeito estufa. O Quinto Relatório de Avaliação (AR5) do IPCC (IPCC, 2014) apresentou valores de equivalência de gases diferenciados em relação aos apresentados no Segundo Relatório, e é desejável, do ponto de vista técnico, que dados e análises explicitem a base utilizada para cálculo: se GWP-SAR ou GWP-AR5.

Outra métrica tem sido usada: a do Potencial de Temperatura Global (*Global Temperature Potential* – GTP), que relaciona a emissão de determinado gás com a mudança da temperatura média na superfície global do planeta, em determinado período.

Pela métrica do GWP, segundo Meira Filho, a contribuição das emissões de GEE do Brasil para o aquecimento global em 2005 era de 4,4%; mas, se avaliada pelo GTP, seria um pouco inferior, 3,3%, pois parte considerável das emissões nacionais era então de metano, com menor tempo de permanência (meia-vida) na atmosfera do que o gás carbônico, mas com maior potencial de aquecimento. Porém, se mensurada pelo efeito no aumento da temperatura média global da superfície planetária, a contribuição do Brasil seria de somente 1,9% em 2005, de acordo com tal autor[11].

O Brasil considerou as duas métricas ao apresentar para a Conferência CoP-21, em 2015, suas contribuições pretendidas nacionalmente determinadas (INDC) de controle

---

9. FBMC – Fórum Brasileiro de Mudanças Climáticas. Curso de capacitação em mudança climática. Módulo 1 – A ciência da mudança do clima. Rio de Janeiro, 2010. p. 23.
10. Segundo o IPCC, forçamento radiativo refere-se à contribuição de uma substância ao aquecimento ou resfriamento da atmosfera, enquanto nela presente. O potencial de aquecimento global – GWP – global warming potential – é o forçamento radiativo do presente até determinada data causado por uma unidade de massa de GEE emitida, mas expresso em relação ao gás de referência, o dióxido de carbono.
11. MEIRA FILHO, Luiz Gylvan. As várias histórias da responsabilidade histórica. 25/11/2015 Disponível em: [www.observatoriodoclima.eco.br/as-varias-historias-da-responsabilidade-historica/]. Acesso em: 29.11.2015.

de emissões de GEE, e reiterou, em sua Terceira Comunicação Nacional, o argumento do IPCC (2014) de que "a métrica e o horizonte de tempo mais adequados dependerão de quais aspectos da mudança do clima são considerados mais importantes a um uso em particular. Nenhuma métrica é capaz de comparar, de maneira precisa, todas as consequências de diferentes emissões e todas têm limitações e incertezas"[12].

Nessa Terceira Comunicação Nacional[13], lançada em maio de 2016, o Poder Executivo federal valeu-se do entendimento do IPCC pelo qual o GTP é a melhor métrica para adoção de metas em políticas públicas, pois a métrica do GWP não se associa diretamente a um limite desejado para o aumento da temperatura média global (2 °C) em relação à temperatura média no período pré-industrial.

Compreender a existência de uma diversidade de métricas e contar com o aporte de especialistas é relevante para quem tem o dever ou quer se engajar na avaliação política, legal e jurídica do cumprimento de normas e programas, públicos ou privados, de controle de emissões de gases de efeito estufa. A aferição da responsabilidade de cada país nos problemas da mudança do clima, e eventualmente na fixação, legal ou judicial, de responsabilidades por perdas e danos (ainda que convencionados politicamente) dos impactos decorrentes é tema que se relaciona com a escolha de metodologia e critérios de mensuração.

É corrente a prática de se buscar indicar as quantidades de emissões de diversos gases de efeito estufa pela quantidade equivalente de gás carbônico, em toneladas ou gigatoneladas de gás carbônico equivalente (GtCO2e), considerando-se a relação das forçantes radioativas (potencial de aquecimento global). Por vezes, usa-se também a medida em gigagramas de gás carbônico equivalente (GgCO2e). Por isso, convém estar atento para os indicadores apresentados em estudos ou normas, evitando confusão entre quantidades de gás carbônico (CO2) e quantidades de emissões de gases representadas por gás carbônico equivalente (CO2e) ou total de carbono. A concentração dos gases na atmosfera é mensurada em partes por milhão (ppm) ou partes por bilhão (ppb).

A expressão "linha de base", muito usada em planos, documentos e até em normas sobre mudança do clima, refere-se à projeção das emissões de gases de efeito estufa oriundas das atividades antrópicas em determinada região e período para um cenário de referência (como exemplo, a continuidade de políticas e práticas correntes). O Decreto 9.578/2018, que regulamenta alguns artigos da lei que instituiu a Política Nacional sobre Mudanças do Clima – PNMC, contempla, em seu artigo 18, uma linha de base que projeta

---

12. IPCC, 2013: Summary for Policymakers. In: Climate Change 2013: The Physical Science Basis. Contribution of Working Group I to the Fifth Assessment Report of the Intergovernmental Panel on Climate Change. STOCKER, T. F., QIN D.; PLATTNER, G.-K.; TIGNOR, M. B.; ALLEN, S. K.; BOSCHUNG, J.; NAUELS, A; XIA, Y.; BEX, V.; MIDGLEY, P. M. (Eds.). Cambridge, United Kingdom and New York, NY, USA: Cambridge University Press. SPM D.2. p. 15.

13. BRASIL. Ministério da Ciência, Tecnologia e Inovação. Secretaria de Políticas e Programas de Pesquisa e Desenvolvimento. Coordenação-Geral de Mudanças Globais de Clima. Terceira Comunicação Nacional do Brasil à Convenção-Quadro das Nações Unidas sobre Mudança do Clima. Ministério da Ciência, Tecnologia e Inovação. Brasília: Ministério da Ciência, Tecnologia e Inovação, 2016. v. III, p. 55.

as emissões brasileiras de gases de efeito estufa, em 2020, no montante de 3,236 GtCO2e (3.236 milhões de toneladas de gás carbônico equivalente), parâmetro em relação ao qual foram estabelecidos planos e metas, adiante comentados.

Com base em tais projeções, estimam-se os cenários possíveis, desde aqueles resultantes da omissão em relação ao problema, ou seja, nada fazer e continuar com o mesmo padrão de "desenvolvimento" (na literatura internacional, nomeado como *business as usual*, com a sigla BAU) ou cenários diversos resultantes de graus variados de respostas políticas, econômicas, tecnológicas e institucionais de nossas sociedades. Os estudos analisados pelo IPCC – Painel Intergovernamental de Mudança do Clima e por seu equivalente nacional, o PBMC – Painel Brasileiro de Mudança do Clima estão baseados em modelagens científicas e dados observacionais que sustentam diversos cenários.

Decorre que o planeta continuará aquecendo por muitos anos, ainda que, na hipótese teórica, não possível na prática, de corte de todas as emissões de origem antrópica desses gases. A combinação de tempo de permanência na atmosfera da forçante radioativa e da letargia na adoção de políticas e normas para mitigação das emissões faz realçar a importância da urgente implementação de respostas adequadas, ainda mais quando se consideram os imperativos de justiça e equidade social, dado que os impactos da mudança do clima atingem de forma relativamente mais danosa os que se encontram em situações sociais e ambientais mais vulneráveis.

No entanto, em função do "tempo de permanência" de gases de efeito estufa emitidos na atmosfera, o planeta continuará aquecendo por muitos anos: a combinação de tempo de permanência na atmosfera, da forçante radioativa, da letargia na adoção de políticas e normas para mitigação das emissões fazem realçar a importância da urgente implementação de respostas adequadas, ainda mais quando se consideram os imperativos de justiça e equidade social, visto que os impactos das mudanças de clima atingem de forma relativamente mais danosa os que se encontram em situações sociais e ambientais mais vulneráveis.

Para as respostas de nossas sociedades aos desafios das mudanças de clima, importa considerar os gases de efeito estufa para os quais seja possível o controle preventivo e corretivo das suas emissões, evitando assim a exacerbação do efeito estufa. Maiores temperaturas promoverão maior evaporação nos oceanos, rios, lagos e ocasionarão maiores precipitações na forma de chuvas ou neves. O vapor de água também se origina da evapotranspiração de vegetais. O controle da evaporação de água não é considerado como parte das respostas antrópicas que compõem a regulação e os objetivos de políticas públicas, mas compreende um elemento de compreensão do sistema climático, do ponto de vista científico.

O consumo de combustíveis fósseis e o desmatamento são dois fatores de maior relevância nos processos que geram as emissões de dióxido de carbono. A agricultura intensiva contribui com a emissão de metano e os clorofluorcarbonos (CFCs) originam-se do setor industrial e de bens de consumo industrializados (geladeiras, ar-condicionado etc.; não há produção natural de CFCs). Pode-se dizer que as emissões dos gases de efeito estufa decorrem principalmente do uso de energia a partir de combustíveis fósseis (média global de aproximadamente 75% das emissões de gases de efeito estufa), do desflorestamento, das atividades agropecuárias e da produção e utilização de CFCs. Sendo conhecidas as fontes de emissões de GEE, cabe então rever, alterar ou até evitar os processos e as tecnologias de produção de bens e serviços que gerem tais gases. Assim, por exemplo, poderão compor políticas e planos para enfrentar as mudanças de clima as medidas de fomento para atividades menos intensivas na emissão de GEE, as políticas e iniciativas para a geração e uso de energia fotovoltaica ou termosolar, acompanhadas por ações de desincentivo do uso de energia obtida por meio da combustão de combustíveis fósseis.

Cientistas costumam agrupar as emissões em setores ou fontes. As cinco principais: (i) emprego de combustíveis fósseis; (ii) aproveitamento do solo, mudança de uso do solo (conversão de vegetação natural em agricultura, pastagens, áreas urbanas; no Brasil, o desmatamento é a fonte mais notória) e atividades florestais; (iii) agropecuária (uso de fertilizantes, fermentação entérica de animais); (iv) indústrias e seus processos (fabricação de cimento, produção de papel e celulose etc.); e (v) manejo, tratamento e disposição de resíduos (com geração de metano e gás carbônico, por exemplo).

1.3. Panorama das emissões globais de gases de efeito estufa

O Quinto Relatório de Avaliação do Painel Intergovernamental de Mudanças de Clima (IPCC)[14], divulgado no início de 2014, apresentou relevantes conclusões, entre as quais sobressaem as seguintes:

- nas últimas três décadas, as temperaturas na superfície da Terra foram sucessivamente mais quentes quando comparadas a qualquer década anterior desde 1850; no hemisfério norte, o período de 30 anos entre 1983 a 2012 foi provavelmente o intervalo mais quente nos últimos 1.400 anos;
- houve aumento de 0,85 °C [faixa de 0,65 a 1,06 °C] da temperatura média global das superfícies terrestres e oceânicas no período de 1880 a 2012;
- o nível médio do mar aumentou 0,19 m (0,17 a 0,21 m) entre 1901 e 2010, e a elevação do nível do mar desde meados do século XIX tem sido bem superior à taxa observada durante os dois milênios anteriores;
- nas últimas quatro décadas ocorreu aproximadamente metade das emissões antropogênicas acumuladas de gás carbônico entre 1750 e 2010;
- entre 1970 e 2010, triplicaram as emissões, acumuladas desde 1750, de CO2 oriundo do uso de combustíveis fósseis e produção de cimentos, que passaram de 420±35 gigatoneladas de gás carbônico (GtCO2) para 1300±110 GtCO2. Nesses 40 anos, as emissões de gás carbônico associadas ao desmatamento, aos usos da terra e de florestas passaram de 490±180 GtCO2e para 680±300 GtCO2, sem contar as emissões e remoções de gás carbônico da agricultura;
- na primeira década do século XXI, as emissões antropogênicas de gases de efeito estufa aumentaram em 10 GtCO2e. Para esse aumento, os setores que mais contribuíram diretamente foram: energia (47%), indústria (30%), transportes (11%) e construção (3%);
- em 2010, foram emitidas aproximadamente 49 gigatoneladas de gás carbônico equivalente (GtCO2e) no mundo, oriundos principalmente do setor de energia (35%), da agricultura, de atividades florestais e demais usos do solo (24%), da indústria (21%) e do transporte (14%);
- a contribuição da expansão demográfica para o aumento das emissões de CO2 originárias do uso de combustíveis fósseis permaneceu entre 2000 e 2010 em níveis praticamente idênticos aos das

---

14. IPCC, 2013: Summary for Policymakers. In: Climate Change 2013: The Physical Science Basis. Contribution of Working Group I to the Fifth Assessment Report of the Intergovernmental Panel on Climate Change. STOCKER, T. F., QIN D.; PLATTNER, G.-K.; TIGNOR, M. B.; ALLEN, S. K.; BOSCHUNG, J.; NAUELS, A; XIA, Y.; BEX, V.; MIDGLEY, P. M. (Eds.). Cambridge, United Kingdom and New York, NY, USA: Cambridge University Press, Cambridge, United Kingdom and New York, NY, USA. SPM D.2. p. 15.

três décadas anteriores. Entre 2000 e 2010, as emissões associadas aos crescimentos econômico e populacional basicamente anularam ganhos de redução de emissões relativos às melhorias na intensidade e na eficiência do uso de energia;
- cenários baseados na ausência de esforços adicionais para redução das emissões atuais de GEE apontam para a persistência do aquecimento global, com elevação da temperatura média, em 2100, de 3,7 °C a 4,8 °C em relação à temperatura terrestre no período pré-industrial. Mas, se consideradas incertezas científicas sobre o sistema climático, a elevação pode ficar entre 2,5 a 7,8 °C.

Entretanto, o Relatório Executivo para Tomadores de Decisões do Grupo de Trabalho 3 do IPCC[15] afirma que a concentração de GEE não deveria ultrapassar 450 ppm CO2e com o fim de obter a limitação mais provável do aquecimento global médio a não mais que 2 °C em 2100. Os fatos demonstram tendência de aumento das emissões e, como a concentração de GEE já ultrapassou 400 ppm (eram aproximadamente 260-280 ppm em meados do século XIX), tornam-se mais urgentes as medidas de mitigação, bem como as ações de adaptação aos efeitos irreversíveis, por causa das emissões já realizadas e acumuladas na atmosfera. Para ser provável a limitação do aquecimento até 2 °C em 2100, estima-se que as emissões anuais, neste século, não deveriam superar a média de 18 GtCO2. Ressalta-se que em 2010 as emissões foram de 49 GtCO2.

Além disso, estamos distantes da adequação das medidas políticas, econômicas, legislativas e culturais que possam colocar a humanidade no rumo da segurança climática e ambiental. Washington Novaes, ex-secretário de meio ambiente do Distrito Federal e jornalista, que tem acompanhado a evolução da UNFCCC, noticiou, em meados de 2014, que seriam necessários 48 trilhões de dólares estadunidenses em 21 anos para investimento em energia não poluente de forma a atender a demanda (crescimento populacional e econômico). Todavia, segundo dados da Agência Internacional de Energia, os investimentos não ultrapassariam 1,6 bilhões, bem abaixo dos mais de 2 bilhões anuais necessários[16]. Para Azevedo, no período de 2000 a 2013, a demanda de energia aumentou 38%, com o crescimento do consumo das fontes fósseis na mesma proporção, embora maior para o carvão (70%) e pouco menor para o petróleo (acréscimo de 17%). Por outro lado, segundo Azevedo (2014), "as energias renováveis tiveram crescimento de 81% no mesmo período, com destaque para a solar (+ 14.000%), a eólica (+ 2.000%) e os biocombustíveis (622%)"[17].

Desde o seu primeiro relatório, o IPCC assegura que há interferência antrópica no sistema climático. Essa conclusão é fortalecida a cada nova versão dos estudos e análises que buscam corroborar decisões políticas nos foros da ONU e dos países que buscam criar leis e políticas sobre o assunto. Enfim, não há dúvidas de que o aquecimento da temperatura do planeta tem sido potencializado por atividades humanas.

Com a tendência de aumento das concentrações de gases na atmosfera, quanto mais cedo forem tomadas medidas para redução das emissões, menor tempo (anos ou décadas) será necessário para desacelerar o aquecimento planetário.

---

15. IPCC. Final Draft Summary for Policymakers. IPCC WGIII AR5, 2014.
16. NOVAES, Washington. E ainda precisamos perguntar o que fazer. O Estado de S. Paulo, p. 3, 13.06.2014.
17. AZEVEDO, Tasso. Matriz energética global. Disponível em: [http://planetasustentavel.abril.com.br/blog/blog-do-clima/]. Acesso em: 26.06.2014.

1.4. Emissões de gases de efeito estufa no Brasil

Com base no Primeiro Relatório de Avaliação Nacional – RAN1, elaborado pelo Painel Brasileiro de Mudanças do Clima, divulgado em meados de 2013, sabe-se sobre as emissões brasileiras[18] que:

- em 2011 as emissões e gases de efeito estufa totalizaram 1,58 GtCO2e, uma diminuição de 35% quando comparada ao total de 2,43 GtCO2e emitidos em 2005; anos antes, em 1995, as emissões atingiram 2,85 GtCO2e, pico resultante do desmatamento e mudanças de uso do solo, setores responsáveis por 80% e 65% das emissões brasileiras em 1995 e 2005;
- no período entre 2005 e 2011, somente o setor de mudanças de uso do solo e desmatamento teve queda significativa de emissões; as emissões nacionais associadas ao uso de energia aumentaram 33%, representando, respectivamente, 14% e 27% das emissões totais em 2005 e 2011;
- não obstante a crescente contribuição relativa do setor de energia, a degradação e queima da vegetação associada ao desmatamento foi e é ainda a principal origem dos gases emitidos no Brasil, desde 1990; a segunda fonte foi o setor agropecuário, em virtude especialmente do metano originário dos dejetos e fermentação entérica dos animais;
- desconsideradas as emissões oriundas da mudança de uso do solo, as emissões brasileiras cresceram 18% no período, praticamente duas vezes mais que a média de aumento das emissões globais.

No início de maio de 2016, o governo federal, por intermédio do Ministério de Ciência, Tecnologia e Inovação, que coordena a realização periódica do Inventário Nacional, divulgou a Terceira Comunicação Nacional do Brasil (TCN) à Convenção-Quadro das Nações Unidas sobre Mudança do Clima (UNFCCC, na sigla em inglês), obrigação periódica prevista no art. 12 da Convenção, e apresentada em abril do mesmo ano para a ONU[19]. A primeira Comunicação Nacional foi divulgada em 2004, a segunda, em 2010 e a Terceira, em 2016.

Além de apresentar dados e informações do Inventário Brasileiro de Emissões Antrópicas por Fontes e Remoções por Sumidouros de Gases de Efeito Estufa não Controlados pelo Protocolo de Montreal, a Comunicação Nacional deve descrever as principais medidas tomadas pelo país para implementar os compromissos do regime multilateral, e compartilhar informações relevantes para a consecução dos objetivos da convenção e as que podem servir de base para a avaliação das tendências de emissões globais[20]. Diversas instituições contribuem para a elaboração do Inventário Nacional, com destaque para a Rede Brasileira de Pesquisas sobre Mudanças Climáticas Globais (Rede Clima).

Também, em maio de 2016, foi divulgado o Sistema de Registro Nacional de Emissões (Sirene), uma ferramenta de informática[21] para facilitar o acesso aos resultados e às informações do Inventário. Trata-se de mecanismo que contribui para a transparência dos dados e informações do inventário e, assim, apoia a gestão e o aprimoramento de políticas públicas de relevância para a mitigação das emissões brasileiras. Pelo Sirene, é possível

---

18. AZEVEDO, Tasso. Um olhar sobre as emissões brasileiras de Gases de Efeito Estufa (1990-2011). Disponível: [http://planetasustentavel.abril.com.br/blog/blog-do-clima/2013/09/06/um-olhar-sobre-as-emissoes-brasileiras-de-gases-de-efeito-estufa-1990-2011/]. Acesso em: 06.09.2013.
19. Disponível em: [www.mcti.gov.br/noticia/-/asset_publisher/epbV0pr6eIS0/content/mcti-lanca-terceira-comunicacao-nacional-do-brasil-sobre-mudanca-do-clima]. Acesso em: 15.06.2016.
20. Art. 12 da Convenção-Quadro de Mudanças do Clima.
21. Disponível em: [http://sirene.mcti.gov.br]. Acesso em: 15.06.2016.

acessar dados por unidade federativa e para os seguintes setores de emissões de gases: agropecuária, energia, processos industriais, tratamento de resíduos, uso de solventes e outros produtos e, também, para o "setor" de uso da terra, mudança do uso da terra e atividades florestais. Este, que é conhecido no regime multilateral pela sua sigla em inglês – LULUCF (*Land Use, Land-Use Change and Forestry*), tem grande relevância na história das emissões brasileiras, sobretudo em razão do desmatamento de áreas da Amazônia e do cerrado, notadamente para a criação de pastagens e áreas de agricultura.

As emissões brasileiras em 2010, segundo dados do Sirene, totalizaram 1.271.399 GgCO2e (Gigagramas de equivalente em dióxido de carbono, mensuração pelo GWP-SAR), sendo aproximadamente 68% do total atribuído a emissões de gás carbônico, 13,7% para óxido nitroso, 27% em metano e o restante em outros gases. A agropecuária foi responsável por 32% das emissões, com maior parcela oriunda da fermentação entérica do gado (18,4%) e emissões diretas (7%) e indiretas de solos agrícolas (4,2%), além de outras fontes desse setor. O setor de energia contribuiu com 29%, sendo o uso (queima) de combustíveis a principal fonte (27,7%). No setor de "uso da terra, mudanças de uso da terra e florestas", originaram-se 28% do total equivalente de emissões, notadamente em razão de desmatamento (26,7%) nos diversos biomas: Amazônia (14.1%), Mata Atlântica (6,3%), Cerrado (5,3%) e demais (1%). Processos industriais contribuíram com 7%, sendo quase metade da produção de ferro-gusa (3,1%) e parte considerável na produção de cimento (1,7%). O tratamento de resíduos somou 4% das emissões, sendo 2,2% por conta de resíduos sólidos e o restante de efluentes[22]. No ano de 2015, segundo o mesmo sistema SIRENE, as emissões totais foram de 1,368 milhões de toneladas de CO2e, sendo 33% atribuídos ao setor de energia, 7% para atividades industriais, 5% em resíduos sólidos e líquidos, 31% na agropecuária, 24% decorrentes de mudanças de uso da terra e de florestas[23].

Segundo dados divulgados em novembro de 2019 pelo Sistema de Emissões de Gases de Efeito Estufa – SEEG, do Observatório do Clima, as emissões brutas brasileiras em 2018 foram de 1,939 bilhões de toneladas de CO2e, pouco acima (0,3%) do registrado em 2017[24]. A relativa estabilização das emissões teria sido decorrente da redução de desmatamento de quase 10% no Cerrado, compensando a alta de 8,5% na Amazônia, gerando um aumento de emissões de 3,6% na categoria de emissões por uso da terra e de florestas. Houve queda de 5% de emissões no setor de transporte, decorrente da ampliação de uso de etanol no transporte coletivo de passageiros, adição compulsória de biodiesel ao diesel, entre outros fatores. A distribuição das emissões de 2018, por setor, segundo esse SEEG, foram de 21% no setor de energia, 5% em atividades industriais, 5% em resíduos sólidos e líquidos, 25% na agropecuária, 44% decorrentes de mudanças de uso da terra e de florestas. O Observatório de Clima, em maio de 2020, estimou a previsão de redução potencial de emissões de gases de efeito estufa em decorrência da pandemia Covid-19: enquanto em

---

22. Sirene – Sistema de Registro Nacional de Emissões. Disponível em: [www.youtube.com/watch?v=foh96n1gItE]. Acesso em: 14.06.2016.
23. Sirene – Sistema de Registro Nacional de Emissões. Disponível em: [http://sirene.mctic.gov.br/portal/export/sites/sirene/backend/galeria/fotos/2018/09/26/Infografico__Estimativas_V8_FINAL.png]. Acesso em 28.05.2020.
24. Observatório do Clima. Brasil tem emissões estáveis em 2018. Disponível em [http://www.observatoriodoclima.eco.br/brasil-tem-emissoes-estaveis-em-2018/]. Acesso em 28.05.2020.

outros países há nítida evidência e comprovação de diminuição das emissões (redução global estimada em 6% no ano de 2020), no Brasil, as emissões projetadas podem ser de 10% a 20% maiores em relação ao total de 2018, a depender da trajetória do desmatamento na Amazônia e da recuperação das atividades econômicas. Segundo a Nota Técnica dessa aliança de grupos da sociedade, a redução relativa de emissões nos setores de energia, resíduos e indústria serão compensados pelo aumento de emissões de GEE na pecuária e do desmatamento[25].

Ora, inalterada a estrutura econômica atual e mantido o crescimento das emissões de gases, associado à inércia das transformações produtivas, tecnológicas e institucionais, por um lado, e o aumento do poder aquisitivo e da expansão populacional, por outro, poderemos ter que lidar nos anos vindouros com eventual agravamento dos efeitos do aquecimento global e das mudanças climáticas. Será necessário ir além da efetiva implementação de acordos (como o Acordo de Paris), e buscar robustas e ambiciosas políticas a fim de assegurar a transição para perfis de baixa produção de gases de efeito estufa. Além disso, o agravamento poderá ampliar a distribuição e ou a intensidade de efeitos deletérios para as pessoas e para regiões com maior vulnerabilidade social, ambiental, econômica ou com menor capacidade financeira, cultural, institucional, tecnológica para se adaptar aos impactos decorrentes.

Estudos indicavam que, para uma probabilidade razoável de se limitar o aquecimento do planeta em até 2 °C no final do corrente século, as emissões globais deveriam ser reduzidas em 50% a 60% até 2050. Em outubro de 2018, o IPCC publicou o Relatório Especial[26] Aquecimento Global de 1,5 °C para apresentar conclusões de pesquisas científicas sobre possíveis impactos do aumento da temperatura média global acima de tal parâmetro e sobre as ações que corresponderiam à consecução dessa meta, incluída no objetivo do Acordo de Paris. Os cientistas do IPCC afirmam[27] que as emissões globais de GEE devem ser reduzidas em 45% até 2030, em relação aos níveis de 2010 e que em 2050 o mundo deveria zerar as emissões líquidas para que o aquecimento global não supere 1,5 °C até 2100.

Esperava-se que os países industrializados tivessem acordado, em 2009 na CoP-15 em Copenhague, reduzir suas emissões entre 25% a 40% até o período de 2020 a 2030. Isso daria alguma margem para os demais países promoverem as obras e os serviços necessários ao seu desenvolvimento, aumentando relativamente os gases emitidos, mas em taxa menor do que a usual, com o pressuposto de que seguiriam medidas de desenvolvimento sustentável. Tal compartilhamento de ônus e limites corresponderia a uma visão compartilhada, um dos cinco elementos do Plano de Ação de Bali, preparatório da Conferência

---

25. Observatório do Clima. Nota Técnica: Impactos da Pandemia de Covid-19 nas Emissões de Efeito Estufa no Brasil. Disponível em [https://seeg-br.s3.amazonaws.com/OC_nota_tecnica_FINAL.pdf]. Acesso em 28.05.2020.

26. IPCC, 2018. Global Warming of 1.5 °C: an IPCC special report on the impacts of global warming of 1.5 °C above pre-industrial levels and related global greenhouse gas emission pathways, in the context of strengthening the global response to the threat of climate change, sustainable development, and efforts to eradicate poverty. Disponível em: [www.ipcc.ch/report/sr15/]. Acesso em: 14.10.2018.

27. Disponível em: [www.dw.com/en/ipcc-15-c-degree-report-points-to-high-stakes-of-climate-inaction/a-45791882]. Acesso em: 14.10.2018.

de Copenhague, em 2009. Entretanto, tal conferência não resultou em um acordo ambicioso, justo e legalmente vinculante, como demandavam organizações da CAN – *Climate Action Network*[28] e do GT Clima – grupo de trabalho de mudanças de clima, vinculado ao FBOMS – Fórum Brasileiro de ONGs e Movimentos Sociais para o Meio Ambiente e Desenvolvimento[29]. Esse GT Clima é a mais antiga rede de organizações da sociedade civil brasileira para o tema e, desde 1992, demanda do governo brasileiro a formulação e a implementação de política nacional sobre mudanças de clima. Neste século, outros agrupamentos da sociedade civil têm se posicionado sobre os desafios nacionais e globais, entre eles o Observatório do Clima e o Fórum Mudanças Climáticas e Justiça Social.

1.5. Comentários sobre elaboração, implementação e análise de medidas e normas em mudanças climáticas

Pensar em e adotar medidas efetivas para diminuir as causas e os efeitos do aquecimento global e das mudanças climáticas resultantes, ou até se adaptar a estes, dependerá da ousadia em adotar medidas robustas, algumas inovadoras em diversos campos, inclusive para o Direito. Esse é o primeiro alerta que fica aqui registrado para abrir a reflexão sobre legislação e regulamentos a respeito do tema de mudanças do clima para enfrentar desafios da inovação e da segurança ambiental planetária.

Um segundo alerta é sobre a urgência para a adoção de medidas políticas, econômicas e institucionais, para as quais o respaldo em adequada legislação é fundamental, dada a gravidade das mudanças de clima, tendo em vista seus impactos na produção de alimentos, no abastecimento de águas e energia e na ocorrência de desastres e eventos causadores de prejuízos econômicos e sociais. O que está em jogo e risco não é somente a economia, mas também a sobrevivência e a dignidade de vida de milhões de pessoas, por um lado, e a capacidade do próprio planeta em prover os serviços e bens ecossistêmicos fundamentais para todos os seres, por outro.

Daí, o terceiro alerta, antes de se aprofundar na análise da legislação em mudanças de clima, é necessário conciliar as perspectivas antropocêntricas, para assegurar o direito humano fundamental de dignidade de vida, com a perspectiva ecocêntrica, para proteger e assegurar o equilíbrio dos processos ecológicos essenciais e promover a integridade ambiental, sem a qual, até em uma perspectiva antropocêntrica e utilitarista, o ser humano não sobrevive. Os princípios da precaução e da prevenção, bem como o princípio *in dubio, pro natura* (na dúvida, em favor do ambiente), devem alicerçar a elaboração e a aplicação (inclusive na interpretação para equacionar demandas judiciais) de políticas e normas de relevância para mudança do clima. Não será possível assegurar bens e serviços ecossistêmicos com integridade e qualidade para as gerações futuras. Esses bens e serviços formam um dos elementos fundamentais para a noção de sustentabilidade do desenvolvimento social, se os seres humanos e suas instituições tomarem medidas e valores insuficientes para proteger o meio ambiente em todas as esferas, global, nacional e local.

Esses alertas iniciais não devem inibir a adoção de medidas factíveis, as quais devem servir, no mínimo, de estímulo e plataforma para ações posteriores, em um encadeamento

---

28. Disponível em: [www.climatenetwork.org].
29. Disponível em: [www.fboms.org.br].

de crescente efetividade. Como exemplo, o Protocolo de Quioto, cujo primeiro período entre 2008 e 2012, tinha metas insuficientes para lidar com o agravamento do aquecimento global. Porém, mesmo na perspectiva de organizações ambientalistas da sociedade civil, esse Protocolo oferecia instrumentos e oportunidades para ampliar o debate e engajar novos atores em iniciativas para corte ou compensação das emissões de gases de efeito estufa de origem antropogênica.

Não obstante, esse mesmo exemplo do Protocolo de Quioto traz-nos dois alertas adicionais quando o desafio é a elaboração e a implementação de normas legais, associadas a políticas públicas e iniciativas privadas. Primeiro, a importância do senso de realidade quanto aos limites dos instrumentos e opções políticas e legislativas no que tange aos resultados efetivos para debelar o fenômeno do aquecimento global e as mudanças climáticas. O segundo, a necessidade de construção de vontades políticas que possam dar segurança na adoção, global, nacional e local de programas e de marcos legais consentâneos ao mundo, no qual a interdependência fica cada vez mais evidente pela propagação dos efeitos de crises ambientais, sociais ou econômicas.

A Encíclica *Laudato Si'*[30], apresentada pelo Papa Francisco, e a *Declaração Islâmica sobre Mudança do Clima Global*[31], ambos os documentos de meados de 2015 e divulgados inclusive para incidir publicamente sobre as negociações do Acordo de Paris, fazem profundos chamados éticos sobre os desafios a serem enfrentados pela humanidade para lidar com a crise ambiental planetária. Dias antes da abertura do período de assinatura do Acordo de Paris, em abril de 2016, lideranças religiosas e de espiritualidade divulgaram a *Declaração Inter-religiosa de Mudança do Clima*[32], na qual se afirma que: "cuidar da Terra é uma responsabilidade compartilhada, e que cada pessoa tem a responsabilidade moral de agir." Ao demandar ações para lograr limitar o aquecimento do planeta a 1,5 °C, a Declaração diz que a mudança do clima apresenta-se como oportunidade de se "embarcar em um caminho de renovação espiritual definido por uma mais profunda consciência e maior ação ecológica", pois cada ato de "proteção de todos os seres nos conecta uns aos outros".

Assim, a consistência de políticas e leis domésticas com marcos multilaterais é desejável, por um lado, mas, por outro, dada a responsabilidade dos Estados e das sociedades, tais políticas e leis domésticas não devem ficar reféns ou limitadas ao regime internacional, notadamente se esse se mostrar insuficiente para respaldar iniciativas robustas.

2. Direito, políticas públicas e mudanças climáticas

Estudo divulgado, no início de 2014, indicou que há leis e políticas voltadas a lidar com mudanças climáticas em 52 países, entre os 66 que tiveram suas legislações analisadas e os quais respondem por 88% das emissões globais de gases de efeito estufa. Na análise feita pela organização Globe que articula parlamentares, as quase 500 leis aprovadas nos anos recentes ainda não são suficientes para mitigar as emissões de gases de efeito estufa

---

30. Disponível em: [http://w2.vatican.va/content/francesco/pt/encyclicals/documents/papa-francesco_20150524_enciclica-laudato-si.html]. Acesso em: 20.03.2016.
31. Disponível em: [http://islamicclimatedeclaration.org/islamic-declaration-on-global-climate-change/].
32. GREENFAITH et al. Interfaith Climate Change Statement. 18.04.2016. Disponível em: [www.interfaithstatement2016.org/statement]. Acesso em: 23.04.2016.

ao ponto necessário para evitar um aquecimento global médio acima de 2 °C, em relação à temperatura média planetária do período pré-industrial, até o final do século XXI.

Esse estudo, em sua quarta edição, indicou que em 61 países há leis ou programas públicos para a promoção de eficiência energética e geração de energia limpa, ou para a criação de programas e planos nacionais, entre os quais se incluem iniciativas para a redução de emissões associadas ao desmatamento e degradação florestal e para as medidas de adaptação aos impactos das mudanças de clima. O referido estudo destacou ainda a precificação do carbono com a incidência de tributos, uma opção que consta da legislação em 27 países[33].

A análise da *Globe* ilustra distintos graus de evolução de marcos normativos e programáticos nacionais e locais para o enfrentamento dos desafios do aquecimento global. A tendência de ampliação e consolidação de tais referenciais legais e de políticas públicas poderá ser influenciada pelo Acordo de Paris, o novo acordo global com vigência desde novembro de 2016, por um lado, e pelo agravamento dos impactos das mudanças do clima em diversos países, por outro. Essa tendência, embora tardia (quando se considera que o regime da Convenção-Quadro de Mudança do Clima entrou em vigência internacional no início de 1994), exigirá dos gestores públicos e dos operadores de Direito um acompanhamento permanente e sistemático. Esse acompanhamento deve considerar também a efetividade das medidas preconizadas e regulamentadas, à luz dos desafios de equidade entre países ou internamente a cada um, e entre segmentos populacionais e de caráter intergeracional.

Tais cuidados no acompanhamento e análise das medidas e normas em mudanças de clima, inclusive nos desdobramentos em doutrina e jurisprudência, são apropriados. Sabe-se que programas e leis elaborados refletem, sobretudo, opções políticas no contexto de confluência e conflitos de interesses que permeiam toda a sociedade. Por exemplo, na maioria dos países, as medidas não contemplam, de forma robusta, a gradual eliminação de subsídios à exploração e ao uso de combustíveis fósseis. Contraditoriamente, persistem políticas para continuidade e até ampliação do uso da energia fóssil. E, no caso do Brasil, são ainda muito incipientes quanto à adoção de programas de mobilidade sustentável.

Conceitos legais

Algumas expressões e conceitos de base técnica e científica presentes na literatura sobre o tema de mudanças do clima foram inseridos nas normas mais importantes do regime multilateral e na legislação nacional, oferecendo assim referência legal para a interpretação e aplicação do conjunto normativo. Desde o início e ao longo desta obra, já utilizamos algumas dessas expressões, mas vale destacar alguns dos conceitos estabelecidos, antes mesmo de se abordar a legislação internacional e nacional que será vista adiante.

O art. 1º da Convenção-Quadro sobre Mudança do Clima define nove conceitos[34], dos quais destaco os seguintes:

---

33. NACHMANY, M.; FANKHAUSER, S.; TOWNSHEND, T.; COLLINS, M.; LANDESMAN, T.; MATTHEWS, A.; PAVESE, C.; RIETIG, K.; SCHLEIFER, P.; SETZER, J. The GLOBE Climate Legislation Study: A Review of Climate Change Legislation in 66 Countries, London. 2014. Disponível em: [www.globeinternational.org/studies/legislation/climate]. Acesso em: 01.03.2014.
34. Art. 1º – Disponível em: [www.planalto.gov.br/ccivil_03/decreto/D2652.htm]. Acesso em: 10.11.2015.

- *"Mudança do clima"* significa uma mudança de clima que possa ser direta ou indiretamente atribuída à atividade humana que altere a composição da atmosfera mundial e que se some àquela provocada pela variabilidade climática natural observada ao longo de períodos comparáveis;
- *"Efeitos negativos da mudança do clima"* correspondem às mudanças no meio ambiente físico ou biota resultantes da mudança do clima, que tenham efeitos deletérios significativos sobre a composição, resiliência ou produtividade de ecossistemas naturais e administrados, sobre o funcionamento de sistemas socioeconômicos ou sobre a saúde e o bem-estar humanos;
- *"Emissões"* significa a liberação de gases de efeito estufa e/ou seus precursores na atmosfera numa área específica e num período determinado;
- *"Reservatório"* refere-se a um componente ou mais componentes do sistema climático no qual fica armazenado um gás de efeito estufa ou um precursor de um gás de efeito estufa;
- *"Sumidouro"* é qualquer processo, atividade ou mecanismo que remova um gás de efeito estufa, um aerossol ou um precursor de um gás de efeito estufa da atmosfera;
- *"Fonte"* é qualquer processo ou atividade que libere um gás de efeito estufa, um aerossol ou precursor de gás de efeito estufa na atmosfera.

A Convenção-Quadro não apresentou conceitos legais de mitigação, adaptação, impacto e vulnerabilidade, mas estes estão presentes em nosso ordenamento jurídico no art. 2º da Lei 12.187, de 2009, que estabeleceu a Política Nacional sobre Mudança do Clima – PNMC (artigo que reproduziu também conceitos da convenção), conforme segue:
- *adaptação*: iniciativas e medidas para reduzir a vulnerabilidade dos sistemas naturais e humanos frente aos efeitos atuais e esperados da mudança do clima (inciso I);
- *impacto*: os efeitos da mudança do clima nos sistemas humanos e naturais (inciso VI);
- *mitigação*: mudanças e substituições tecnológicas que reduzam o uso de recursos e as emissões por unidade de produção, bem como a implementação de medidas que reduzam as emissões de gases de efeito estufa e aumentem os sumidouros (inciso VII);
- *vulnerabilidade*: grau de suscetibilidade e incapacidade de um sistema, em função de sua sensibilidade, capacidade de adaptação, e do caráter, magnitude e taxa de mudança e variação do clima a que está exposto, de lidar com os efeitos adversos da mudança do clima, entre os quais a variabilidade climática e os eventos extremos (inciso X).

Há outros conceitos apresentados em decisões (não vinculantes) de órgãos subsidiários e das Conferências das Partes da UNFCCC ou em relatórios do IPCC. Por exemplo, para atividades associadas ao uso da terra, mudanças de uso da terra e atividades florestais (LULUCF), seja em projetos do Mecanismo de Desenvolvimento Limpo (MDL), seja em projetos de Implementação Conjunta (IC) do Protocolo de Quioto (ler mais adiante), a meu ver aplicáveis, no que couber, para atividades de redução de emissões de desmatamento e degradação florestal (REDD), são oportunos os conceitos de reflorestamento, desmatamento, florestamento, gestão (manejo) florestal, entre outros, trazidos no Anexo da Decisão 11 da CoP-7 (2011)[35]. Assim, por esse Anexo, estabeleceram-se, entre outras, as seguintes definições:
- reflorestamento (em inglês, *reforestation*): é a conversão, por iniciativa humana, novamente em florestas de áreas desmatadas no máximo há 50 anos e até certa data- limite (para as metas do primeiro

---

35. United Nations. UNFCCC. Report of the Conference of the Parties on its Seventh Session, held at Marrakesh from 29 October to 10 November 2001. Addendum, Part two: Action taken by the Conference of the Parties. FCCC/CP/2001/13/Add.1. Disponível em: http://unfccc.int/resource/docs/cop7/13a01.pdf]. Acesso em: 26.11.2015.

período do Protocolo de Quioto a data-limite foi de 31.12.1989), para evitar uso perverso do instrumento e beneficiar eventualmente responsáveis pelo desmatamento recente;
- desmatamento (deflorestação, em inglês, *deforestation*): a conversão antrópica de áreas florestais em áreas sem florestas (tanto em cidades como no meio rural);
- florestamento (em inglês, *afforestation*): a conversão de territórios sem florestas há mais de 50 anos, induzida por atividades humanas, para ampliar o estoque de carbono mediante o estabelecimento de cobertura florestal.

Expressões e jargões específicos têm sido aplicados para a operacionalização de diversos compromissos e instrumentos do regime multilateral de mudança do clima. Por exemplo, há um amplo glossário de definições aplicadas para a operacionalização do Mecanismo de Desenvolvimento Limpo e demais instrumentos do Protocolo de Quioto[36]. Entre as muitas expressões, as seguintes são também relevantes para a implementação de normas e programas sobre mudança do clima:
- vazamento: o deslocamento de atividades emissoras de GEE para áreas fora do território no qual se implementa algum projeto ou ação de mitigação;
- adicionalidade: a condição de superveniência de projeto ou atividade que não ocorreria na situação de políticas, práticas e normas vigentes (BAU – *Business as usual*);
- cenários de linha de base: é a situação estimada, em determinado ano, resultante de emissões antropogênicas que ocorreriam na ausência de determinado projeto ou atividade de desenvolvimento limpo.

A aplicação das normas e políticas sobre mudança de clima requer, como já mencionado, a contribuição de conhecimentos de várias disciplinas. Dessa forma, caberá ao aplicador e ao intérprete das normas buscar conhecer conceitos técnicos, ainda que não necessariamente de consenso entre especialistas, e que ainda estão fora dos textos normativos e jurídicos como os conceitos de eventos extremos e variabilidade climática.

2.1. *Base constitucional para normas sobre mudanças de clima*

A Constituição de 1988 oferece base suficiente para normas, políticas e ações efetivas para lidar com mudanças climáticas, embora esse tema não tenha sido de pleno conhecimento pelo público e pelos constituintes quando da elaboração de nossa Lei Maior. De fato, sequer a expressão mudanças de clima aparece no texto constitucional.

Não obstante, os mandamentos inscritos no art. 225 já oferecem alicerce expressivo para iniciativas, mesmo que, por hipótese, não houvesse um acordo global ou um marco legal infraconstitucional específico para o tema. Os dispositivos desse artigo, combinados com outros que se encontram no texto constitucional, que tratam dos princípios fundamentais, dos direitos e das garantias individuais e coletivos, dos que definem competências dos entes federativos, bem como dos princípios e das regras da ordem econômica, compõem um conjunto de normas constitucionais que determinam deveres e direitos relativos a um sistema climático compatível com um meio ambiente ecologicamente equilibrado.

Ora, é fundamental promover a dignidade da pessoa humana, o que exige a observância dos direitos e dos deveres da Constituição. O *caput* do art. 225 traz um duplo comando: o do direito de todos ao meio ambiente sadio e equilibrado que deve ser exercido conjuntamente com o dever de defendê-lo e preservá-lo, inclusive para as futuras

---

36. Disponível em: [http://cdm.unfccc.int/Reference/Guidclarif/glos_CDM.pdf]. Acesso em: 26.11.2015.

gerações. Isso já nos indica uma postura quando se trata de enfrentar as causas conhecidas e os efeitos previsíveis das mudanças climáticas, ou seja, o dever de todos – do Estado, das pessoas, naturais e jurídicas, e dos despersonalizados – de buscar progressivamente a melhor qualidade e integridade do ambiente, a fim de assegurar a dignidade de vida de todos.

Sendo o aquecimento global e as mudanças de clima fenômenos que podem se agravar no tempo, o dever de proteger precisa ser exercido com rigor e em momentos oportunos para evitar as consequências negativas. Diversos incisos do § 1º do artigo em comento respaldam firme atuação do Estado, notadamente dos Poderes Executivo e Legislativo, respectivamente, para a operacionalização de programas e desenvolvimento de normas específicas e gerais de Direito que sejam consistentes com a busca da manutenção e melhoria das condições ambientais e do sistema climático. Por exemplo, pode-se interpretar que os incisos I e III, do § 1º, do art. 225, apontam para a proteção de reservatórios e sumidouros de gases de efeito estufa, mediante políticas e regras adequadas, voltadas a restaurar e a preservar a resiliência de processos ecológicos essenciais (I) e de instituir espaços territoriais especialmente protegidos (III). Tais dispositivos fundamentam, portanto, medidas e instrumentos que possam manter e garantir o equilíbrio do fluxo natural de carbono, preservando as funções ambientais de sumidouros de gás carbônico e protegendo os reservatórios, notadamente florestas e outras formas de vegetação.

O inciso IV, do § 1º, do art. 225, constitucionalizou o instrumento de estudo prévio de impactos ambientais, ferramenta relevante para o controle de atividades potencialmente causadoras de significativa degradação ambiental. Esse instrumento encontra-se regulamentado na legislação infraconstitucional e, assim, é de se esperar que empreendimentos sejam planejados pela realização e disponibilização de seus inventários de fontes de emissões e sumidouros de remoção de gases de efeito estufa como forma de se cotejar seus impactos para o aquecimento global.

Da mesma forma, empreendedores, no seu dever geral de proteção ambiental, precisam atender aos requisitos administrativos, com o procedimento do licenciamento, quando suas contribuições para as emissões possam ser significativas. É evidente que os empreendimentos dos quais se exige o estudo prévio de impactos ambientais e respectivo licenciamento deverão realizar seus inventários de fontes e sumidouros de gases de efeito estufa, e assim gerir os planos específicos de mitigação e adaptação aprovados na licença ambiental.

O inciso V desse primeiro parágrafo do art. 225 traz de forma implícita os princípios da precaução e da prevenção. Tais princípios estão inscritos explicitamente na Convenção-Quadro da ONU e na Lei 12.187/09 que instituiu a política nacional sobre mudanças de clima. Em decorrência do disposto em tal inciso, o Poder Público está incumbido de controlar a produção, a comercialização e o emprego de técnicas, métodos e substâncias que comportem risco para a vida, a qualidade de vida e o meio ambiente. Portanto, a Constituição Federal dá respaldo constitucional ao Poder Público para controlar e limitar atividades intensivas no uso de combustíveis fósseis e no uso inadequado da terra para produção agropecuária, se tais usos puderem resultar em riscos à vida e à qualidade de vida como decorrência do agravamento do desequilíbrio ambiental e climático.

Milaré (2005), em sua relação de dez princípios, destaca o "princípio do direito ao ambiente ecologicamente equilibrado como direito fundamental da pessoa humana", e cita também o "princípio da consideração da variável ambiental no processo decisório". Antunes (2006) e Fiorillo (2007) também destacam a dignidade da pessoa humana como princípio basilar do direito ambiental constitucional no Brasil. Fiorillo e Ferreira (2012) lembram que, não obstante ser a pessoa humana o destinatário do direito constitucional brasileiro, "o direito à vida em todas as suas formas é garantido no plano constitucional de maneira ecologicamente equilibrada".

Machado (2006), Sirvinskas (2006) e Milaré (2005) apontam igualmente os princípios da precaução e da prevenção, que compõem o conjunto no qual se incluem os princípios do desenvolvimento sustentável, o da participação, da informação, o da responsabilidade, o do poluidor pagador e o do usuário-pagador. Destaque também deve ser dado ao princípio da obrigatoriedade da atuação estatal, ou seja, da natureza pública da proteção ambiental, decorrente não somente do mencionado duplo comando do *caput* do art. 225, quando se menciona o direito e dever de todos, mas expressamente do § 1º desse artigo que relaciona deveres e princípios que são impostos ao Poder Público no trato do direito ao meio ambiente sadio e ecologicamente equilibrado.

Canotilho (2010), ao analisar o direito ambiental na Constituição de Portugal e nas normas da União Europeia, afirma que, para o desenvolvimento do Estado Democrático e Ambiental, há que se considerar a responsabilidade de longa duração, a qual se assenta em quatro princípios: (i) do desenvolvimento sustentável; (ii) do aproveitamento racional dos recursos; (iii) da salvaguarda da capacidade de renovação e estabilidade ecológica; e (iv) da solidariedade entre gerações. Esse autor, ao analisar o direito português e o ordenamento jurídico europeu, diz ser apropriado reconhecer um "núcleo essencial de um direito fundamental ao ambiente e qualidade de vida", o que pressupõe a "procura do nível mais adequado de ações", embora o texto constitucional lusitano não exigir, porém, a proteção máxima do ambiente. Não obstante, para Canotilho, há que se observar o princípio da proibição de retrocesso para que as políticas ambientais do Estado tenham como objetivo "melhorar o nível de proteção já assegurado pelos vários complexos normativo-ambientais (Constituição, tratados internacionais, direito comunitário europeu, leis e diretivas" (CANOTILHO, 2010, p. 27).

Esse autor discorre ainda sobre o princípio do risco ambiental proporcional, o qual se desdobra no princípio da melhor defesa possível, da obrigatoriedade da precaução e da proteção dinâmica do direito ao ambiente equilibrado e de todos os direitos fundamentais. Aragão (2010) ressalta que "o princípio do nível elevado de proteção ecológica é um princípio tipicamente hierarquizador", o qual deve ser aplicado no direito ambiental e para a proteção de "bens jurídicos emergentes que reclame a prevalência destes sobre outros bens jurídicos clássicos conflituosos". Os bens jurídicos emergentes surgem em virtude de avanços do conhecimento científico ou de outras características e valores da civilização contemporânea. Diz a autora ainda que a obrigação de nível elevado de proteção ecológica, embora não sendo absoluta, é garantidora do direito humano ao ambiente, de cumprimento progressivo, e daí decorre também a relevância de se coibir retrocesso ambiental (ARAGÃO, 2010, p. 51).

Tais comentários têm a finalidade de ressaltar que os princípios de direito ambiental que se extraem do texto constitucional já seriam suficientes, em tese, para deflagrar condutas que busquem o nível mais elevado de proteção do sistema climático. Associado a tais princípios, a proibição de retrocessos nos campos administrativo e normativo, material ou processual, da tutela do meio ambiente faz parte dos referenciais que devem guiar legisladores, gestores públicos e magistrados. E, em tratando da construção e evolução normativa em matérias que nos auxiliem na obtenção da segurança climática, será importante considerar, como afirmamos em outro trabalho, a proibição de retrocesso ambiental no processo legislativo, notadamente como princípio para alicerçar o controle preventivo da constitucionalidade e da convencionalidade das normas internas do país (BORN, 2013)[37].A doutrina, assim, reconhece também que, para a tutela do ambiente, devem ser observados os direitos e os princípios fundamentais, explícitos ou implícitos, no texto constitucional.

Não obstante, tramita no Congresso Nacional, desde o final de 2019, uma proposta de emenda constitucional para trazer a temática para a Carta de 1988, mediante a inclusão, entre os princípios da ordem econômica (art. 170), a manutenção da estabilidade climática, com a adoção de ações de mitigação e de adaptação aos efeitos adversos, e inserção de inciso (art. 225, § 1º) para imposição ao Poder Público da incumbência dessas ações[38].

2.2. O regime multilateral sobre mudanças climáticas

O regime multilateral[39] de mudanças climáticas ficou conhecido pelos dois instrumentos político-jurídicos que o estruturam, até 2015: a *Convenção-Quadro das Nações Unidas de Mudanças do Clima* (CQMC ou conhecida por sua sigla internacional UNFCCC) e o *Protocolo de Quioto* (PQ ou KP). O *Acordo de Paris* (AP), concluído no final de 2015, resultou de negociações multilaterais que se desdobraram depois do fracasso em 2009 da Conferência de Copenhague, quando se pretendia obter novas metas para a segunda fase de compromissos do Protocolo de Quioto. A Convenção-Quadro é fundamentalmente um conjunto de obrigações (tanto comuns como diferenciadas por grupos de países) de comportamento dos Estados Nacionais. O PQ introduziu obrigações vinculantes de resultados (metas quantificáveis) de redução de emissões líquidas de emissões de GEE para países industrializados, e o Acordo de Paris alicerçou-se sobre a adoção de metas nacionais para emissões de gases, determinadas nacionalmente, conciliando-as com outros compromissos internacionais de comportamento.

A Convenção-Quadro da ONU sobre Mudanças do Clima foi negociada entre 1991 e 1992, assinada durante a Rio-92, e entrou em vigor em março de 1994. A primeira

---

37. BORN, Rubens Harry. O princípio da proibição de retrocesso ambiental. Aspectos doutrinários e limite ao legislador. 2013. Trabalho de Conclusão de Curso (Bacharel em Direito) – Faculdade Anhanguera, Taboão da Serra, 2013.
38. SENADO FEDERAL. Proposta de Emenda à Constituição nº 233, de 2019. Disponível em [https://www25.senado.leg.br/web/atividade/materias/-/materia/140340]. Acesso em 28.05.2020.
39. Uma formulação, entre várias, entende um regime internacional como o conjunto de objetivos, princípios, regras, processos decisórios e instâncias operativas que buscam articular ações e políticas dos diversos atores em torno de um problema ou desafio para obter resultados que beneficiem todas as partes envolvidas (BORN, 1998).

conferência das partes (CoP-1) dessa Convenção ocorreu em Berlin, em março de 1995, quando alguns países liderados pelos EUA questionaram, com fundamento em dispositivo inserido no texto convencional, a adequabilidade do Acordo. Esses países consideravam a Convenção demasiadamente exigente e enfrentavam a crítica sobre a fragilidade desse acordo decorrente da ausência de metas para redução das emissões. O impasse foi superado com a decisão de se buscar a negociação de um instrumento adicional para a fixação de metas. Assim surgiu a formação do Grupo *ad hoc* do Mandato de Berlin no âmbito do qual, entre 1995 e 1997, se negociou o Protocolo de Quioto. Este só entrou em vigência internacional em 16 de fevereiro de 2005, quando ficou preenchida a condição do seu artigo 25 sobre número de países com ratificação depositada junto à ONU.

Pelo Protocolo de Quioto (KP), os países industrializados e os em economia em transição (países que formavam o bloco do leste europeu sintonizados com a então União Soviética), listados no Anexo I da Convenção, assumiram metas obrigatórias de redução de suas emissões no primeiro período de compromissos, de 2007 a 2012, em relação aos níveis que existiam em 1990.

Outros períodos de compromissos dariam sequência a uma esperada trajetória de corte de emissões. As metas para o segundo período, nos termos do KP, deveriam ter sido negociadas a partir da CoP-11, em 2005. Entretanto, somente em 2007, na CoP-13, houve consenso quanto às diretrizes para a negociação. Essas diretrizes, reunidas em cinco eixos articulados, foram estabelecidas no Plano de Ação de Bali. Por consenso, governos decidiram aprimorar o regime com negociações baseadas em dois "trilhos": de um lado, formas e instrumentos de fortalecer a UNFCCC, mediante apoio aos países não relacionados no Anexo I, para a adoção de medidas nacionais de mitigação e adaptação e, em outro trilho, a fixação de metas para o segundo período de compromissos dos países do Anexo I.

Um dos cinco eixos do Plano de Bali foi denominado de visão compartilhada (*shared vision*). Pretendia-se obter consenso sobre o cenário das mudanças climáticas em 2050 e assim deduzir a distribuição de responsabilidades e esforços entre os diversos países, observando-se os princípios do regime multilateral. O Plano de Bali considerou a inclusão no regime multilateral de Ações Nacionais Apropriadas de Mitigação (NAMAS, na sigla em inglês). Essas ações e os compromissos dos países industrializados deveriam estar apresentados como medidas quantificáveis, passíveis de serem verificadas e informadas (conhecidas pela sigla em inglês MRV – *measurable, reportable and verifiable*). NAMAs e MRVs configuravam-se como instrumentos para, por um lado, atender às aspirações dos países em desenvolvimento de obter apoio financeiro dos países do Anexo I, previsto na UNFCCC, e, por outro, dar a estes a devida transparência das ações e resultados obtidos.

Foi no contexto dos preparativos para a CoP-15 que vários países em desenvolvimento elaboraram suas políticas, planos e leis nacionais, como foi o caso do Brasil.

Entretanto, a CoP-15, realizada em Copenhague no final de 2009, com a presença de líderes de Estado e de Governo, frustrou a expectativa de um acordo ambicioso, justo e legalmente vinculante em termos de metas quantificáveis para um segundo período do Protocolo de Quioto. Para salvar as aparências, os representantes governamentais na CoP-15 propuseram um "Acordo de Copenhague", sem caráter vinculante e sem consenso, para o qual os países informaram suas metas e medidas voluntárias em relação às mudanças de clima. Ainda, em Copenhague, aprovou-se a criação de um Fundo Internacional para financiar ações de mitigação e adaptação em mudanças de clima, com a pretensão de que tal mecanismo pudesse contar com 30 bilhões de dólares nos seus três primeiros anos, e ter até 100 bilhões em 2020. Depois de cinco anos daquela conferência, esse Fundo ainda não havia logrado o aporte dos recursos iniciais prometidos.

Nas CoPs seguintes, notadamente as realizadas em Cancun e Durban, buscou-se rearticular medidas para dar prosseguimento e permitir a evolução do regime. Para tanto, decisões das conferências avançaram na regulamentação de instrumentos para registro dos NAMAS, para operacionalização do Fundo Verde de Mudanças Climáticas e para fomentar reduções de emissões por desmatamento e degradação florestal nos países em desenvolvimento (REDD+).

Esperança de evolução surgiu na CoP-17, em Durban (2011), quando se adotou a Plataforma de Durban para Ação Avançada (conhecida pela sigla em inglês ADP), mediante a qual se pretende obter um novo instrumento jurídico para o regime até 2015, com a expectativa de que esse novo acordo possa ter vigência antes de 2020.

A CoP-18, realizada em 2012 em Doha, indicou um segundo período de compromisso do Protocolo de Quioto, considerando elementos do Plano de Ação de Bali. Nessa CoP-18, decidiu-se por criar um mecanismo do regime para enfrentar as questões de perdas e danos ocorridos nos países em desenvolvimento especialmente vulneráveis aos impactos das mudanças de clima. Aliás, esse ponto deverá ser objeto de muita atenção no futuro próximo, com o agravamento de tais impactos, por suscitar questões de responsabilidades internacionais por danos. Ressalta-se que sobre o tema de responsabilidade internacional por danos ambientais e impactos sociais ainda não está devidamente equacionado na esfera global. Tais danos e impactos possibilitam o aumento de refugiados climáticos, uma espécie de refugiados ambientais, ou seja, pessoas que, em virtude da degradação ambiental e dos eventos climáticos extremos e para garantir sua sobrevivência, abandonam seus locais de residência e buscam outros territórios para maior segurança. Nesse sentido, nos próximos anos, haverá intensificação de debates internacionais e no ambiente doméstico sobre normas relativas às perdas e danos decorrentes das mudanças climáticas.

A CoP-21 em Paris (dezembro de 2015) estabeleceu o Acordo de Paris, vigente já na ocorrência da CoP-22, em Marraquexe, quando se abriram negociações sobre regulamentações e normas globais a serem elaboradas para permitir a implementação desse novo instrumento.

A Decisão 1/CP21[40] e o Acordo de Paris, o qual foi negociado com expectativa de entrada em vigência até 2020, mas que logrou cumprir seus requisitos para vigorar a partir de novembro de 2016, ambos os resultados formais da conferência (CoP-21) realizada na capital francesa em dezembro de 2015. Para a implementação do Acordo, regras operacionais foram objeto de impasse e negociações internacionais nas CoPs seguintes, sendo que na CoP-24, em Katowicz, Polônia, foi aprovado o chamado "Livro de Regras"[41]. São objeto de tais regras questões de transparência e de comunicações sobre os planos nacionais

---

40. Disponível em: [http://unfccc.int/resource/docs/2015/cop21/eng/10a01.pdf#page=2].
41. VEJA. Países chegam a consenso e aprovam 'livro de regras' sobre acordo de Paris. Disponível em [https://veja.abril.com.br/mundo/paises-chegam-a-consenso-e-aprovam-livro-de-regras-sobre-a-cordo-de-paris/]. Acesso em 28.05.2020.

associados (NDCs) ao Acordo de Paris, o conteúdo mínimo e padrões metodológicos de tais planos, inclusive sobre a atualização e a avaliação quinquenal desse instrumento (NDC – Contribuições Nacionalmente Determinadas), esforços de adaptação e de superação de perdas e danos decorrentes de riscos e vulnerabilidades[42].

A evolução das regras no regime multilateral implica, *mutatis mutandis*, atualização de normas e legislação no campo doméstico, para facilitar o cumprimento de obrigações e condições para os ajustes de programas e políticas consistentes com o regime multilateral.

O regime multilateral também é composto por decisões adotadas pelas diversas Conferências das Partes (CoP), instância superior da UNFCCC, que se reúne anualmente, e Reuniões das Partes (MoP), que são as instâncias superiores e de decisões do PQ e do AP. Existem também regras que se originam dos órgãos subsidiários da UNFCCC como normas para padronizar metodologias de inventários de fontes e de sumidouros de gases de efeito estufa ou, ainda, fixar diretrizes para os conteúdos de comunicações nacionais. Esses são relatórios que cada país parte deve apresentar ao secretariado da Convenção.

As decisões nas CoP são, em geral, adotadas por consenso. Algumas delas são de natureza administrativa e operacional das instâncias operativas, como as das instâncias subsidiárias (SBI – órgão subsidiário de implementação e SBSTA – órgão subsidiário de aconselhamento técnico e científico); outras são de caráter regulamentador de institutos como o Comitê Executivo para o MDL – Mecanismo de Desenvolvimento Limpo ou, ainda, referem-se aos esquemas de registro e mensuração, relatoria e verificação (MRV) de Ações Nacionais Apropriadas de Mitigação (NAMAs) e de critérios e salvaguardas de direitos nos esforços de REDD – Redução de Emissões por Desmatamento e Degradação Florestal. Há ainda decisões (CoP ou MoP) de caráter jurídico e político quanto à evolução do regime, para aprovação de emendas ou novos protocolos e acordos específicos.

Oportuno lembrar que o regime multilateral de mudança do clima e, particularmente, a Convenção-Quadro não deveriam ser tomados e aplicados isoladamente dos demais instrumentos estabelecidos. São fontes também para o direito internacional e o direito interno, instrumentos *soft law*, sem natureza jurídica vinculante, negociados de boa-fé entre os Estados Nacionais, para viabilizar condutas, inclusive financeiras, que viabilizem o desenvolvimento sustentável, tais como a Agenda 2030 com 17 Objetivos de Desenvolvimento Sustentável – ODS (definidos a partir da Rio+20); da Agenda 21 (um ambicioso plano de ações para a sustentabilidade) e da Declaração do Rio de Janeiro sobre Meio Ambiente e Desenvolvimento (instrumentos adotados na Rio-92)

2.2.1. Convenção-Quadro da ONU sobre Mudanças do Clima (UNFCCC)

O *objetivo* final da UNFCCC e de instrumentos jurídicos adotados pelas CoPs é alcançar a estabilização na atmosfera da concentração de gases de efeito estufa, em nível que se evite uma interferência antrópica perigosa no sistema climático e permita aos ecossistemas adaptarem-se naturalmente às mudanças de clima sem ameaçar a produção

---

42. COGSWELL, n. & DAGNET, Y. Por que o Acordo de Paris precisa de um livro de regras? 7 perguntas e respostas. WRI Brasil, 10.07.2019 Disponível em [https://wribrasil.org.br/pt/blog/2019/07/7-razoes-pelas-quais-o-acordo-de-paris-precisa-de-um-livro-de-regras]. Acesso em 28.05.2020.

de alimentos e sem criar obstáculos para o "desenvolvimento econômico de maneira sustentável"[43].

Não há definição jurídica ou política para avaliar o nível de interferência antrópica perigosa, mas, com base em estudos científicos analisados pelo IPCC, as negociações internacionais têm reconhecido que tal nível adviria de um aumento da temperatura média acima de 2 °C em 2100, da superação da concentração de gases de efeito estufa além de 450 ppm CO_2 e de acréscimo da forçante radioativa em 3 W/m2.

O artigo 4° da Convenção é um dos seus pilares básicos, pois ali estão definidos os *compromissos* dos países signatários. As obrigações de todos os países estão descritas, de forma geral, nas dez alíneas do art. 4.1, destacando-se as seguintes:

a) elaboração, atualização periódica e disponibilização de inventários nacionais de emissões antrópicas por fontes e das remoções por sumidouros de todos os gases de efeito estufa não controlados pelo Protocolo de Montreal[44]. Tais inventários, elaborados segundo metodologias técnicas e científicas previamente aprovadas e compatíveis, devem ser disponibilizados para a Conferência das Partes na forma de "Comunicações Nacionais", cujas normas estão indicadas no artigo 12 da Convenção;

b) formulação, implementação e atualização regular de programas (planos) para mitigar as mudanças de clima e medidas para adaptação adequada;

c) promoção e cooperação para o desenvolvimento de práticas, processos e tecnologias que controlem, reduzam ou previnam as emissões de gases de efeito estufa em todos os setores pertinentes, inclusive nos setores de energia, transportes, indústria, agricultura, silvicultura e administração de resíduos;

d) promoção da gestão sustentável e da conservação de sumidouros e reservatórios[45] de todos os gases de efeito estufa, salvo os sob controle do Protocolo de Montreal, incluindo a biomassa, as florestas e os oceanos, como também outros ecossistemas terrestres, costeiros e marinhos;

e) cooperação para os preparativos para a adaptação aos impactos da mudança do clima, com a elaboração de planos integrados para a gestão de zonas costeiras, recursos hídricos e agricultura, além da proteção e recuperação de regiões afetadas por seca, desertificação e inundações.

Fica evidente, pela mera leitura do dispositivo da alínea *d* do art. 4.1, que a diminuição do desmatamento e a conservação de florestas e demais ecossistemas que atuam como sumidouros e reservatórios de carbono é obrigação que deveria ter sido observada

---

43. Artigo 2 da UNFCCC
44. Protocolo de Montreal sobre Substâncias que Destroem a Camada de Ozônio (de 1987, ajustado e emendado em 1990), instrumento complementar à Convenção de Viena sobre a Proteção da Camada de Ozônio (1985).
45. Pelo art. 1 da UNFCCC, sumidouro significa qualquer processo, atividade ou mecanismo que remova um gás de efeito estufa, um aerossol ou um precursor de um gás de efeito estufa da atmosfera. Reservatório significa um componente, ou componentes, do sistema climático no qual fica armazenado um gás de efeito estufa ou um precursor de um gás de efeito estufa. Outros termos técnicos foram conceituados juridicamente no art. 1 da UNFCCC e no art. 2° da Lei 12.187/09.

pelo Brasil desde a sua vigência para o país⁴⁶. Muito embora o país não estivesse sujeito à limitação das emissões de gases de efeito estufa, a boa-fé na aplicação dos compromissos assumidos deveria implicar, além de maior conservação ambiental, uma desaceleração do crescimento das emissões, independentemente de produção de legislação ordinária.

Os principais compromissos exclusivos de países desenvolvidos e com economia em transição mencionados no Anexo I da Convenção-Quadro estão relacionados no art. 4º, § 2º. Pela sua alínea *a*, cada país deve adotar políticas nacionais e medidas para mitigar a mudança do clima, limitando as suas emissões antrópicas e aumentando seus sumidouros e reservatórios de gases de efeito estufa. Essas iniciativas nacionais deveriam modificar as tendências de longo prazo das emissões antrópicas e contribuir, até o final da última década do século XX, para a volta das emissões aos níveis anteriores (o ano de 1990 foi adotado como referência de ano-base para a maioria dos países). Também é mencionado nesse longo parágrafo que as Partes do Anexo I podem implementar políticas e medidas conjuntamente com outras Partes e podem auxiliar essas outras a contribuírem para que se alcance o objetivo da Convenção. Tal norma foi o fundamento para a criação de mecanismos de flexibilização do Protocolo de Quioto (ler adiante).

Outros dispositivos do artigo 4º da UNFCCC estabelecem compromissos para os países industrializados e determinam atenção especial às necessidades específicas de países em desenvolvimento resultantes dos efeitos deletérios das mudanças de clima, tendo em vista suas características de serem países insulares; com zonas costeiras de baixa altitude, regiões propensas a desastres naturais, áreas sujeitas à seca e desertificação, regiões com ecossistemas frágeis⁴⁷. A educação, o treinamento e a conscientização pública devem ser promovidos⁴⁸ como forma de complementar e facilitar a implementação por todos os países dos seus compromissos previstos no artigo 4.1 da Convenção.

O artigo 3 traz, em seus cinco incisos, os *princípios* do regime multilateral, quais sejam:

1) o princípio das responsabilidades comuns, mas diferenciadas (na literatura internacional conhecido pela sigla CBDR – *common but differentiated responsibilities*) entre os países para a proteção do sistema climático, com base na equidade e em benefício das gerações presentes e futuras;

2) o cuidado e a solidariedade com países mais vulneráveis aos efeitos das mudanças de clima, considerando as necessidades específicas e as circunstâncias especiais dos países em desenvolvimento;

3) o princípio da precaução, mediante o qual a falta de plena certeza científica não deve ser usada como razão para postergar medidas para prever, evitar ou mitigar as causas da mudança do clima e mitigar seus efeitos (inciso 3, parte inicial);

---

46. Conforme o Decreto 2.652, de 1º de julho de 1998, que promulgou a Convenção-Quadro das Nações Unidas sobre Mudança do Clima, esta passou a vigorar para o Brasil em 29 de maio de 1994, considerando que o governo brasileiro depositou o instrumento de ratificação da Convenção-Quadro das Nações Unidas, em 28 de fevereiro de 1994, em função de ter sido aprovada pelo Decreto Legislativo 1, de 3 de fevereiro de 1994.
47. Art. 4.8 da UNFCCC.
48. Art. 6 da UNFCCC.

4) o princípio da abrangência e integralidade – pelo qual as políticas e medidas, ainda que considerem os diferentes contextos socioeconômicos, devem ser abrangentes, cobrindo todos os setores econômicos, fontes, sumidouros e reservatórios significativos (inciso 3, parte final);
5) o desenvolvimento sustentável, como direito e como dever de ser promovido pelos países partes;
6) a cooperação internacional para o enfrentamento dos desafios de mudanças do clima, evitando-se a discriminação arbitrária, velada ou injustificável, ao comércio internacional em decorrência de medidas adotadas para combater a mudança de clima.

O princípio de equidade e das responsabilidades comuns, mas diferenciadas, deve, segundo nosso entendimento, ser operado de forma articulada com os princípios poluidor-pagador e usuário-pagador, já aceitos, inclusive internacionalmente, no direito ambiental. Esse princípio algumas vezes é interpretado ou apresentado como princípio de responsabilidades históricas pelas emissões acumuladas dos países industrializados desde meados do século XIX. Daí receber críticas por determinar ônus (responsabilidades) a tais países ainda que as condutas e políticas anteriores tivessem prevalecido antes de se conhecer o fenômeno do aquecimento global e mudanças de clima de origem antrópica. A polêmica funda-se, por um lado, na alegação dos países industrializados de que não se pode impor ônus para condutas cujas consequências (degradação ambiental planetária) não eram conhecidas ou socialmente reprováveis, e, por outro, no argumento dos países em desenvolvimento de que as nações desenvolvidas lograram níveis de bem-estar e riqueza à custa da degradação ambiental e exploração social em todo o planeta, tendo assim o dever moral de contribuir, de forma diferenciada, para a superação dos desafios decorrentes. Em outras palavras, os negociadores dos países em desenvolvimento argumentam que o princípio não implica em sanção, mas sim da aplicação de princípio da equidade e de distribuição de justiça e bem-estar: aqueles que mais progrediram materialmente à custa da degradação ambiental planetária devem arcar com maior parcela do ônus. Tal polêmica motivou a inércia de alguns países, industrializados e em desenvolvimento, entre os quais Brasil, China e Índia, a postergar ou evitar a adoção de medidas de corte das suas emissões de gases de efeito estufa.

Ainda, segundo os críticos, o princípio das responsabilidades comuns, mas diferenciadas, estaria servindo a países em desenvolvimento com significativas emissões, como Brasil e China, a evitarem obrigações legais de mitigar as suas contribuições de gases de efeito estufa. De fato, durante as duas primeiras décadas do regime, o princípio serviu como um escudo para evitar a adoção de compromissos obrigatórios de redução de emissões, tese que levou o Brasil a incluir a expressão "compromisso nacional voluntário" na legislação nacional ao se referir às medidas consideradas nos instrumentos recentes[49].

O fato é que o regime multilateral, antes do Acordo de Paris, distribuiu os países partes em três grupos distintos para o atendimento de compromissos específicos, salvo os de redução de emissões (foco do Protocolo de Quioto): países em desenvolvimento, países

---

49. Art. 12 da Lei 12.187/09, Decreto 9.578/18 e os planos nacional e setoriais sobre mudança do clima.

desenvolvidos e países com economia em transição. Daí a distribuição diferenciada de obrigações nos vários parágrafos do art. 4 da Convenção.

2.2.2. Protocolo de Quioto (KP)

O Protocolo de Quioto estabeleceu compromissos quantificados de limitação e redução de emissões para países industrializados, relacionados no Anexo I da Convenção, com o objetivo de reduzir as suas emissões totais em pelo menos 5% abaixo dos níveis de 1990 no período de compromisso entre 2008 e 2012. Também indicou rol exemplificativo de políticas e medidas a serem implementadas ou aprimoradas por esses países.

Em função do princípio de responsabilidades comuns, mas diferenciadas, as partes países em desenvolvimento não receberam limitação ou obrigação de redução de emissões de GEE. Não obstante, entendo que a trajetória de crescimento de suas emissões deveria ser desacelerada, ou seja, ser inferior à linha de base das emissões na ausência de obrigações da UNFCCC.

As metas quantificadas de redução ou limitação de cada Parte citada no Anexo I da UNFCCC estão indicadas no Anexo B do Protocolo, e estão apontadas em porcentagens em relação às emissões do ano-base ou período. Adotou-se, como regra geral, o ano-base de 1990 (ano em que ocorreu a decisão política de se iniciar a negociação da Convenção) para gás carbônico, metano e óxido nitroso. Para gases HFCs, PFCs e SF6, o ano-base pode variar entre 1990 e 1995, conforme escolha da Parte.

A *Emenda de Doha ao Protocolo de Quioto*[50] trouxe novas metas de redução de gases de efeito estufa para os países relacionados no Anexo B do Protocolo para o período de 2012 a 2020. Entretanto, considerando elementos do *Plano de Ação de Bali*[51], houve questionamentos de organizações da sociedade civil sobre a insuficiência de tais metas consideradas, na perspectiva de se evitar aquecimento global acima de 2 °C em 2100, além de forte crítica à opção de deixar os países escolherem datas do segundo período para a execução das suas medidas. A Emenda de Doha não havia entrado em vigência em meados de 2016, por não ter ainda atingido o número mínimo de ratificações por Partes do Protocolo. Por outro lado, a Decisão 1/CP21 da CoP-21(Paris) lida com ações a serem implementadas por todas as Partes, no âmbito da Convenção, antes de 2020 e da vigência do Acordo de Paris.

Característica fundamental do Protocolo de Quioto foi a adoção de três instrumentos de flexibilização, mediante os quais os países do Anexo I puderam contabilizar, de forma complementar, como se fossem suas as reduções obtidas em outros países desenvolvidos ou em desenvolvimento. Entre as Partes do Anexo I, foram utilizados os mecanismos de Implementação Conjunta – IC (art. 4°) e de comércio (transferência) de emissões – CE (arts. 6° e 17 do KP). O terceiro instrumento, previsto no artigo 12, foi o MDL – Mecanismo

---

50. Disponível em: [http://unfccc.int/files/kyoto_protocol/application/pdf/kp_doha_amendment_english.pdf]. Acesso em: 20.11.2015.
51. UNFCCC. Decision 1/CP.13. In: UNFCCC. Report of the Conference of the Parties on its thirteenth session, held in Bali from 3 to 15 December 2007 Addendum Part Two: Action taken by the Conference of the Parties at its thirteenth session. FCCC/CP/2007/6/Add.1*. Disponível em: [http://unfccc.int/resource/docs/2007/cop13/eng/06a01.pdf].

de Desenvolvimento Limpo[52], pelo qual Partes do Anexo I contabilizaram como suas reduções, para efeito do art. 3º, as reduções certificadas ou emissões evitadas em projetos implementados em países em desenvolvimento, observadas: a condição de adicionalidade e as finalidades de desenvolvimento sustentável.

A Implementação Conjunta (IC) envolve necessariamente um projeto de redução de emissões ou aumento de remoções antrópicas por sumidouros de GEE em algum país Parte do Anexo I, o qual poderá transferir para outro país do mesmo Anexo as Unidades de Redução de Emissões – URE, expressas em toneladas de dióxido de carbono equivalente.

Por meio do Comércio de Emissões (CE), de caráter suplementar às ações domésticas (art. 17) para atender às metas de limitação e redução de emissões previstas no Anexo B, as Partes do Anexo I podem transacionar "cotas" de emissão atribuídas a um país para outro país que não logrou atingir suas próprias metas de redução de emissões. Essas "cotas" são mensuradas pela Unidade de Quantidade Atribuída.

Para atender requisitos do art. 12 do Protocolo de Quioto sobre o MDL, o empreendimento deve necessariamente ser consistente com o desenvolvimento sustentável, ter participação voluntária e aprovada pelas Partes envolvidas, além de ser adicional. A regra de adicionalidade (art. 12, § 5º, alínea *c*) torna elegível para o MDL somente o empreendimento que não se concretizaria na situação de políticas e programas correntes que fundamentam a linha de base estabelecida para as projeções das emissões no país hospedeiro. Em outras palavras, empreendimentos devem contemplar atividades que representam ação adicional e voluntária às exigências previstas em programas ou normas públicas. O empreendedor pode transferir para o credor do apoio financeiro uma parte ou todo o montante de emissões de GEE evitadas, ou de aumento de remoção por conta de iniciativas antrópicas (por exemplo, reflorestamento), ou seja, a diferença entre as emissões do empreendimento e aquelas que ocorreriam sem a ação adicional.

A mensuração da redução de emissões no âmbito do MDL ocorre pela Redução Certificada de Emissões (RCE), ora também denominada de Certificados de Emissões Reduzidas (CER), tendo como unidade a tonelada de dióxido de carbono equivalente. Estas devem ser verificadas por organizações operacionais independentes, as quais devem ser previamente aprovadas por decisão de instância superior (*v. g.*, uma CoP atuando como MoP). Por exemplo, um projeto adicional pode diminuir emissões com a substituição ou reforma de fornos na produção de cimento ou com o aproveitamento energético de metano em aterros sanitários (foi o caso de um projeto de MDL na cidade de São Paulo). Projetos de MDL podem ser executados por instituições privadas ou públicas, inclusive na forma de ações programáticas – desde que possíveis a mensuração e a certificação de CERs.

Os projetos de MDL devem contemplar um cenário de referência, a sua linha de base, para se conhecer a trajetória das emissões na ausência de tal iniciativa e, assim, poder estimar a redução projetada de emissões. Os projetos devem ter prazos previamente fixados, os quais são distintos conforme a atividade projetada (i) até 20 anos, com duas renovações, ou 30 anos, sem renovação, para projetos de reflorestamento e florestamento; (ii) até sete anos, com no máximo duas renovações, ou dez anos sem renovação do prazo para outros tipos de ações (por exemplo, em energia).

---

52. Art. 12 do KP.

Para a governança do MDL foi instituído um Comitê Executivo (CDM *Executive Board*), que supervisiona os procedimentos, credencia as Entidades Operacionais Designadas (EOD) e valida os CERs de projetos aprovados. No âmbito doméstico, deve haver uma Autoridade Nacional Designada (AND) para fazer a apreciação e a aprovação nacional dos projetos de MDL, além da atribuição de autorizar a cessão dos CERs dos projetos aprovados. No Brasil, as funções da AND são desempenhadas pela Comissão Interministerial de Mudança Global do Clima – CIGMC, criada por Decreto[53] (sem número), de 07.07.1999.

Por conta das normas de instrumentos de flexibilização do Protocolo e dos compromissos previstos no art. 4º, § 1º, da Convenção, surgiu o debate, crescente desde meados da primeira década do século XXI, no sentido do reconhecimento dos esforços de conservação e manejo sustentável de florestas, notadamente aquelas com risco de sofrerem desmatamento e degradação ambiental se mantidas as políticas e práticas correntes (BAU – *business as usual*). Esse debate propiciou, não sem polêmicas, a formulação de noções associadas aos benefícios do "desmatamento evitado" ou "emissões evitadas de carbono florestal", alicerce para o mecanismo de REDD – Redução de Emissões de Desmatamento e Degradação Florestal.

O mecanismo de REDD – Redução de Emissões de Desmatamento e Degradação Florestal foi internalizado no Acordo de Paris e na legislação nacional (ler adiante), após anos de debates nos foros multilaterais, sobretudo depois da CoP-11 (Montreal), como resultado de estudos e propostas oriundas de alianças que incluíam países em desenvolvimento e organizações da sociedade civil. A proposição do mecanismo de REDD levou em conta a abordagem de "desmatamento evitado" e correspondentes emissões evitadas de GEE. A proposta defendida por alguns países e organizações da sociedade buscavam a mobilização de recursos financeiros para evitar e diminuir (em relação a uma linha de base) o desmatamento e a degradação florestal. Tais recursos seriam aportados depois de verificadas a efetividade do controle e a diminuição do desmatamento e das emissões evitadas.

Tais instrumentos de flexibilização deram origem ao denominado "mercado de carbono" associado ao Protocolo de Quioto. Concomitante à evolução deste, desenvolveu-se um mercado "paralelo" (mercado não Quioto), por causa de iniciativas, ainda que também voluntárias, sem a submissão do projeto aos critérios e procedimentos previstos no Protocolo de Quioto. O mercado voluntário ou paralelo também conta com formas de mensuração e verificação, por exemplo, por meio de Redução de Emissões Verificadas (REVs). Fala-se também no "mercado de permissões", baseado na limitação de emissões de GEE em determinado território para que os agentes emissores (indústrias, usinas de energia, etc.) lá existentes possam transacionar eventuais "excedentes" emitidos com outras empresas que estão com perfil reduzido de emissões a fim de cumprir os limites.

Há entendimentos de que os CERs (ou RCE) dos projetos de MDL têm natureza jurídica de títulos mobiliários. Mas há também a argumentação de que tais certificados são meras autorizações, limitadas no tempo, para facilitar a gestão de atividades que podem, no devido prazo, reduzir emissões de GEE ou ampliar sumidouros de gás carbônico.

---

53. Disponível em: [www.planalto.gov.br/ccivil_03/dnn/Anterior%20a%202000/Dnn07-07-99-2.htm].

O Protocolo de Quioto (KP) reiterou em seu art. 10 os compromissos de todos os países para a adoção de políticas e medidas previstas no artigo 4.1 da Convenção e incluiu a possibilidade de rever periodicamente o Protocolo "à luz das melhores informações e avaliações científicas disponíveis sobre mudanças de clima e seus impactos, bem como de informações técnicas, sociais e econômicas relevantes"[54].

2.2.3. O Acordo de Paris e a Decisão 1 da CoP-21

A Conferência de Paris (CoP-21) foi registrada como evento histórico e relevante para a humanidade graças a um novo pacto global em mudanças climáticas. A avaliação de seus resultados, mais imediatos ou de longo prazo, deve considerar o processo político de negociação e o conteúdo das decisões e compromissos multilaterais assumidos para uma etapa de cumprimento e de superação de causas e consequências das mudanças de clima. Mas, com base no conhecimento científico disponível, deve-se considerar também o que precisa ser feito com maior efetividade para salvaguardar o equilíbrio ecológico e as condições de vida digna para todos os seres.

Em geral, o conteúdo de qualquer acordo reflete oportunidades e limitações conferidas pelo processo de negociação. O processo molda-se, em parte, conforme a abordagem e os princípios para lidar com os desafios que devem compor o conteúdo do pacto. No tocante ao processo específico da CoP-21, tendo em vista o contexto internacional e os lamentáveis eventos terroristas em Paris duas semanas antes da Conferência, dois elementos influenciaram no que foi obtido: a presença de grande número de chefes de Estado e de governo nos dois primeiros dias da Conferência e, também, a apresentação das intenções nacionais de ações para mitigação e adaptação às mudanças climáticas.

A tarefa de elaboração e apresentação das intenções de contribuições nacionalmente determinadas (INDCs, na sigla em inglês) foi cumprida por mais de 180 países e resultou de diretrizes do Plano de Ação de Durban (ADP) da CoP-17. Com a vigência do Acordo de Paris, esses compromissos nacionais passaram a ser identificados como NDCs – contribuições nacionalmente determinadas. Esse processo global contribuiu para maior transparência das promessas de redução de emissão antrópica de gases de efeito estufa e, igualmente, permitiu a realização, antes da CoP-21, de avaliações científicas do efeito global agregado de tais contribuições nacionais. A conclusão técnico-científica dessas avaliações foi que o aquecimento global, até o final do século XXI, poderá ser de 2,7 °C a 3,5 °C, ainda que tais NDCs sejam plenamente implementadas. Isso repercutiu globalmente, por meio da mídia, semanas antes da CoP-21. Assim, as intenções das contribuições dessas nações são insuficientes para evitar efeitos perigosos ao equilíbrio dos ecossistemas e às dinâmicas ecológicas, bem como para prevenir impactos econômicos, sociais, demográficos das mudanças de clima. Vale ressaltar que, desde a CoP-15, já se adotava o parâmetro de limitar o aquecimento global médio a 2 °C.

O hiato entre as intenções e as necessidades de controle de emissões refletiu no segmento de encontro de chefes de Estado e de Governo, o qual na CoP-21 ocorreu no início da conferência, diferente de outras CoPs. Nesse segmento, com a presença de mais de 150 chefes de Estado e de Governo, ficou evidente a importância política de se obter um novo

---

54. Art. 9 do KP.

pacto global em mudanças climáticas. Predominou a retórica da necessidade de maior ambição, da urgência e da resolutividade das políticas governamentais e das condutas empresariais.

Esse contexto político foi também fortalecido com a ampliação da participação e da presença pública de segmentos da sociedade, que lidam com temas como direitos humanos, combate à pobreza, empregabilidade e condições de trabalho. Foram também determinantes as iniciativas de alianças governamentais, como a Coalizão por Alta Ambição (o Brasil aderiu a esta no último dia da conferência) e do Fórum de Vulnerabilidade Climática, o qual apresentou à CoP-21 a Declaração Manila-Paris[55], documento que fortaleceu a demanda para a adoção da referência de 1,5 °C como limite a ser perseguido para estancar o aquecimento global.

Em relação ao conteúdo do pacto obtido na Conferência de Paris, destacam-se alguns elementos.

O primeiro refere-se à abordagem adotada para lidar com as mudanças climáticas globais: na perspectiva subjacente à UNFCCC e ao Protocolo de Quioto, os deveres e os compromissos das diversas partes são deduzidos das necessidades globais, ou seja, uma abordagem de cima para baixo (*top-down*); enquanto o pacto da CoP-21 assenta-se em uma mirada de baixo para cima, na qual cada país declara suas possíveis ações políticas unilaterais, e dessas busca-se, então, aferir o resultado global. Assim, a abordagem *pledge and review* (promessa e revisão) entra no lugar da perspectiva *cap and trade* (teto-limite e trocas) presente no Protocolo de Quioto.

O segundo elemento refere-se à noção de "universalização dos compromissos" para superar a repartição dual entre países desenvolvidos e países em desenvolvimento, que caracterizam a Convenção-Quadro e o Protocolo de Quioto, bem como a sua Emenda de Doha (2011)[56]. A "universalização" no pacto da CoP-21 não eliminou o princípio de responsabilidades comuns, mas diferenciadas, a qual se caracteriza sobretudo, pela ideia presente no Art. 4, § 1°, do Acordo de Paris (AP), em que todos os "países contribuam para que as emissões globais atinjam um pico o mais rápido possível, ainda que para os países em desenvolvimento o respectivo pico possa ser mais tardio, e que a seguir ocorram rápidas reduções, com base no melhor e disponível conhecimento científico a fim de obter, na segunda metade desse século, um balanço entre emissões antropogênicas e remoções por sumidouros, com base na equidade e no contexto do desenvolvimento sustentável e da erradicação da pobreza".

Foi publicado na mídia que o Acordo de Paris é o primeiro tratado universal em mudanças de clima. Essa visão desconsiderou que os instrumentos legalmente vinculantes do regime multilateral em mudanças de clima também são universais: a Convenção-Quadro tem 196 Partes (165 países a assinaram em 1992); o Protocolo de Quioto conta com 192 países (83 assinaram e os demais aderiram posteriormente); e a Emenda de Doha tinha 58 ratificações à época da CoP-21.

---

55. Disponível em: [www.thecvf.org/the-manila-paris-declaration]. Acesso em: 02.12.2015.
56. Disponível em: [https://unfccc.int/files/kyoto_protocol/application/pdf/kp_doha_amendment_english.pdf]. Acesso em 18.12.2015.

O ambiente político do processo da CoP-21 também inovou ao formatar o conteúdo do pacto desse regime multilateral de maneira bem singular, pois reuniu os compromissos assumidos em uma decisão da CoP, que não vincula os países e, em seu anexo, apresentou o Acordo de Paris (AP), elaborado para ser juridicamente vinculante. Ambos os textos cobrem aspectos relevantes sobre mitigação, adaptação, perdas e danos, finanças, capacitação, desenvolvimento e transferência de tecnologias, cooperação, avaliação periódica, entre outros. Esse arranjo buscou conciliar, de um lado, a resistência à adoção de compromissos vinculantes de metas de redução de emissões, notadamente por parte dos EUA e China, e, por outro, a demanda, especialmente por parte de alguns países industrializados, para a articulação de procedimentos vinculantes de transparência sobre mensuração, informação e avaliação de cumprimento das INDCs. Assim, as contribuições nacionalmente determinadas (NDCs), definidas unilateralmente pelos países, não assumem caráter legalmente vinculante na esfera multilateral, mas podem ter caráter mandatório se assim for estabelecido na legislação interna.

O conteúdo do documento de Decisão 1 da CoP-21[57], distribuído em 140 parágrafos e em 7 seções (capítulos), trata dos procedimentos de adoção do Acordo de Paris; do reconhecimento da recepção e insuficiência[58] das INDCs; do conjunto de decisões para dar efetividade ao AP e da ampliação de ações antes de 2020, entre outras deliberações. A seção de finanças traz a decisão de continuar a mobilização coletiva de recursos financeiros para se atingir o patamar de 100 bilhões de dólares estadunidenses por ano para apoiar ações em mudanças de clima. Esse montante, definido na CoP-15 para alimentar o Fundo Verde do Clima, deverá ser ampliado a partir de 2025 por futura CoP. A Decisão estabelece (parágrafo 7) um Grupo *ad hoc* de Trabalho para o Acordo de Paris que, a partir de 2016, deverá propor normas, critérios e metodologias técnicas que permitam a regulamentação dos compromissos e instrumentos do Acordo, sem prejuízo das funções dos demais órgãos subsidiários da Convenção-Quadro.

Esperava-se que o Acordo de Paris entrasse em vigência em 2020, mas já em outubro de 2016 haviam sido preenchidos os requisitos para a entrada em vigor a partir de novembro do mesmo ano. O Acordo de Paris contempla 29 artigos e Preâmbulo negociados sob elevada tensão, a qual foi revelada nos impasses sobre palavras e formulações das normas e compromissos e na edição de diversas versões do documento nos últimos dias da CoP-21.

O art. 2° trata da finalidade e das metas do Acordo de Paris para fortalecer a resposta global às ameaças das mudanças climáticas, no contexto do desenvolvimento sustentável e da erradicação da pobreza, indicando, em relação exemplificativa, três objetivos:

a) limitar o aquecimento global médio bem abaixo de 2 °C, envidando esforços para limitar o aumento a 1,5 °C acima da temperatura antes do início da industrialização, reconhecendo que isso poderia reduzir significativamente os riscos

---

57. Disponível em: [http://unfccc.int/resource/docs/2015/cop21/eng/l09r01.pdf]. FCCC/CP/2015/L.9/Rev.1.Rascunho de Decisão _/CP.21 aprovado na CoP-21, versão sem numeração. Acesso em 12.12.2015.
58. Parágrafos 16 e 17, Rascunho de Decisão _/CP.21 aprovado na CoP-21, versão sem número, bem como Artigo 20 do Acordo de Paris. FCCC/CP/2015/L.9/Rev.1. Disponível em: [http://unfccc.int/resource/docs/2015/cop21/eng/l09r01.pdf]. Acesso em 12.12.2015.

e os impactos das mudanças de clima; ressalta-se que decisões anteriores não usavam a expressão bem abaixo;

b) ampliar a capacidade de adaptação aos impactos adversos das mudanças de clima, promover a resiliência e o desenvolvimento de baixas emissões de GEE de forma a não ameaçar a produção de alimentos;

c) proporcionar fluxos financeiros consistentes com trajetória de baixas emissões de GEE e de desenvolvimento resiliente às mudanças climáticas.

A referência ao parâmetro de 1,5 °C (alínea *a*, do art. 2°, do AP), saudada como um dos sinais de êxito da CoP-21, já constava de decisão da CoP-16 (CANCUN, 2010). Não obstante, resultou certamente da pressão dos países que integram o Fórum de Vulnerabilidade Climática, das solicitações da Aliança dos Países Insulares (Aosis) e das demandas oriundas de grupos da sociedade, que atuam na proteção do ambiente, promoção de direitos humanos e justiça climática, respeito aos povos indígenas, entre outros.

Muitos desses grupos também atuaram para a inclusão – no art. 2, parágrafo 2, do AP – de linguagem que sinalizasse que as políticas e medidas para os desafios das mudanças de clima deveriam ser realizadas com observância aos direitos humanos, à equidade, à transição justa e ao trabalho decente. O texto do parágrafo, entretanto, não contemplou tais menções, salvo a de equidade e de aplicação do princípio de responsabilidades comuns, mas diferenciadas, levando em conta as distintas circunstâncias nacionais. No entanto, o preâmbulo do Acordo de Paris menciona tais questões, como a de considerar as obrigações referentes aos direitos humanos; direito à saúde; direito de povos indígenas, de comunidades locais, de migrantes, de pessoas com deficiências e em situações vulneráveis, bem como o direito ao desenvolvimento, à igualdade entre gêneros, ao fortalecimento das mulheres e à equidade intergeracional.

O art. 3° do AP diz que os esforços dos Países Partes devem ser progressivos e ambiciosos, contemplando o previsto nos artigos 4° (mitigação), 7° (adaptação), 9° (apoio financeiro), 10 (desenvolvimento e transferência de tecnologia) e 11 (capacitação).

O art. 5° reafirma o compromisso previsto no art. 4.1, alínea *d*, da Convenção-Quadro, sobre a conservação, a ampliação, quando apropriado, de sumidouros e reservatórios de gases de efeito estufa, inclusive florestas. O art. 5 diz ainda que os países devem estar encorajados para adotar política de incentivos positivos para atividades que permitam a redução de emissões do desmatamento e degradação florestal (REDD), inclusive mediante pagamentos com base em resultados mensurados.

A cooperação voluntária na implementação das contribuições nacionalmente determinadas (NDCs) é tratada no art. 6°, o qual estabelece também a fungibilidade internacional de resultados de mitigação (art. 6°, § 2°), desde que autorizado pelas Partes. Haverá um órgão designado por futura CoP para atuar no estabelecimento de mecanismo de promoção da mitigação e do desenvolvimento sustentável. As reduções de emissões na aplicação de tal mecanismo não poderão ser usadas pelo país hospedeiro da iniciativa como demonstração de atendimento das suas NDCs se foram usadas para contabilizar o cumprimento de NDC de outra parte (art. 6°, § 6°). Enfim, trata-se de mecanismo de flexibilização que substitui ou transforma os três instrumentos do Protocolo de Quioto que permitiram um "mercado oficial" de trocas de títulos de carbono. Os §§ 8° e 9° do art. 6°

mencionam abordagens não baseadas no mercado para servir de promoção na implementação das NDCs.

Apesar de resistências de alguns países industrializados, o Acordo de Paris incluiu dispositivos (art. 8º) para lidar com perdas e danos decorrentes dos efeitos adversos e irreversíveis, ou seja, para aquilo que não pode ser equacionado com medidas de adaptação. Nesse sentido, o artigo reitera o Mecanismo Internacional de Varsóvia de Perdas e Danos, estabelecido na CoP-19, que estará sob a autoridade das CoPs que funcionem como Reunião das Partes do Acordo, nas quais se estabelecerão os detalhes de sua operacionalização.

Os desafios de transparência no cumprimento dos compromissos, mediante um sistema de mensuração e verificação dos esforços e resultados na trajetória das emissões tornaram-se mais importantes com a abordagem de *pledge and review* do pacto de Paris. O art. 13 do AP menciona uma plataforma com diversos instrumentos (comunicações nacionais, relatórios bienais, avaliações internacionais etc.) que se articula com medidas para padronizar elementos de conteúdo mínimo das NDCs, e com as métricas a serem usadas (com base em metodologias recomendadas pelo IPCC e acordadas nas CoPs). Os §§ 85 a 99 da Decisão da CoP-21 também apresentam adicionais instrumentos e iniciativas para dar transparência às ações e ao apoio da implementação dos compromissos de cada Parte. Estipulou-se o estabelecimento de uma Iniciativa de Capacitação para Transparência além do desenvolvimento de modalidades, de procedimentos e de diretrizes para os relatórios e revisões periódicas de acompanhamento da implementação do acordo.

Na quadra da transparência, o pacto da CoP-21 introduz a realização de balanços quinquenais do progresso coletivo para a consecução do propósito do Acordo de Paris (AP) e de seus objetivos de longo prazo, inclusive no que se refere às ações de adaptação, meios de implementação e financiamento, à luz de equidade e da melhor ciência disponível (art. 14 do AP e §§ 100 a 101 da Decisão da CoP). O art. 14 do AP diz que em 2023 deve ser feito o primeiro balanço global na CoP que servirá como "Reunião das Partes" do Acordo de Paris. Pelo parágrafo 20 da Decisão da CoP-21, prevê-se a facilitação de diálogo para um balanço voluntário em 2018 dos esforços relativos aos progressos pelas Partes com vistas à consecução do estabelecido no art. 4º, § 1º, do AP. Esse diálogo também contemplará a transparência e a adequação das informações das NDCs (art. 4º, § 8º).

Os artigos 15 a 28 lidam com meios de implementação, governança, órgãos subsidiários, entrada em vigência, entre outros aspectos. A vigência ocorreu depois de dias do depósito da 55ª ratificação pelas Partes que correspondam pelo menos a 55% das emissões globais de gases de efeito estufa. Esse porcentual pode ser atendido com EUA, China e União Europeia, mas o número exigido de Partes busca dar maior "universalidade" à vigência do AP. O Acordo de Paris não admite reservas, mas permite que uma Parte se retire um ano depois do recebimento, pela ONU, da sua notificação escrita de retirada e desde que cumpridos pelo menos três anos de vigência do Acordo para tal Parte (art. 28).

O AP, em seu artigo 4º, parágrafo 1º, traz a indicação, genérica e sem meta ou ano de referência, de alcançar o mais breve possível o pico das emissões globais e subsequentes reduções das emissões de GEE, a fim de alcançar o equilíbrio de emissões antropogênicas e remoções de gases da atmosfera na segunda metade deste século. Entusiastas e defensores do Acordo de Paris destacaram, ao final da CoP-21, que esse dispositivo é um exemplo do conjunto de medidas que permitirá o mundo transitar para a sociedade de baixo carbono, e que impulsionará a promoção das fontes renováveis de energia, a eliminação gradual das indústrias e subsídios associados ao uso de combustíveis fósseis, a conservação e a recuperação de áreas florestais, entre outros.

Para os críticos do AP, não se pode inferir, a partir desse artigo 4º e do art. 2º, que haverá seguramente uma trajetória de mitigação que permita limitar o aquecimento global nos parâmetros estabelecidos. De alguma forma, reconheceu-se essa possibilidade de ultrapassar os limites quando se menciona no parágrafo 17 da Decisão da CoP-21 que "nota-se com preocupação" que os níveis estimados das emissões agregadas em 2025 e 2030 resultantes da implementação das INDCs não se inserem nos cenários de menor custo de limitação do aquecimento não superior a 2 °C, mas projetam emissões de 55 Gigatoneladas em 2030, e assim demandarão esforços muito maiores do que as INDCs para reduzir emissões a 40 Gigatoneladas naquele ano.

De fato, até o então Secretário-geral da ONU, Ban Ki-Moon, afirmou que as INDCs "deixam-nos com um aumento da temperatura, inaceitavelmente perigoso, de 3 °C", embora tenha afirmado que "o Acordo de Paris é um triunfo para as pessoas, para o meio ambiente e para o multilateralismo. É um seguro de saúde para o planeta. Pela primeira vez, todos os países do mundo se comprometeram a reduzir suas emissões, reforçar a capacidade de resiliência e agir internacionalmente e internamente para enfrentar a mudança climática"[59].

A CoP-21 foi qualificada como uma vitória para a ciência e uma derrota para a indústria dos combustíveis fósseis[60]. Lobistas de associação do segmento de exploração de petróleo externalizaram preocupações com o Acordo, e reclamaram que a ONU tenha identificado esse setor como inimigo público número um[61]. O Presidente da CoP-21, Laurent Fabius, ministro de Relações Exteriores da França, disse ao final da Conferência que "o texto do pacto constitui o melhor equilíbrio possível, poderoso, mas delicado"[62].

Não faltaram críticas de cientistas ao pacto de Paris. Alguns deles afirmaram que já se perderam as chances de limitar o aquecimento a 1,5 °C, e que o limite de 2 °C será provavelmente ultrapassado diante das promessas e dinâmicas governamentais[63]. James Hansen, cientista que atuou na NASA – agência espacial estadunidense e considerado patrono da conscientização sobre o aquecimento global, rotulou como fraude o Acordo de Paris, dizendo são "só promessas, sem ações". Mencionou ainda ser necessário taxar as emissões de gases de efeito estufa, como exemplo de uma das ações mais efetivas[64].

---

59. Disponível em: [www1.folha.uol.com.br/opiniao/2015/12/1721023-uma-nova-era-de-oportunidades.shtml]. Acesso em: 20.12.2015.
60. Disponível em: [www.theguardian.com/environment/planet-oz/2015/dec/12/paris-agreement-a--victory-for-climate-science-and-ultimate-defeat-for-fossil-fuels]. Acesso em: 18.122015.
61. Disponível em: [www.euractiv.com/sections/energy/coal-lobby-chief-cop21-means-we-will-be--hated-slave-traders-320424]. Acesso em: 15.12.2015.
62. Disponível em: [www.lemonde.fr/cop21/article/2015/12/12/cop21-les-points-cles-du-premier-accord-universel-sur-le-climat_4830606_4527432.html]. Acesso em: 13.12.2015.
63. Disponível em: [www.observatoriodoclima.eco.br/tarde-demais-para-o-acordo-do-clima/]. Acesso em: 14.12.2015.
64. Disponível em: [www.theguardian.com/environment/2015/dec/12/james-hansen-climate-change-paris-talks-fraud]. Acesso em: 14.12.2015.

A CoP-21 é, não obstante, um marco na história do regime multilateral de mudanças do clima. Mas, certamente, faz aumentar a responsabilidade dos países para a urgente concretização de políticas e ações, de todos os segmentos, para a redução das emissões de GEE e para a transição rumo à economia e sociedade sustentáveis. Além disso, é um marco tendo em vista a abordagem, as inovações, as lacunas e as fragilidades dos compromissos inseridos no Acordo de Paris e na Decisão da Conferência das Partes. Por outro lado, não pode ser negligenciada a insuficiência das INDCs. No Brasil, a conservação e restauração florestal, a integração lavoura-pecuária-floresta, a redução das emissões associadas ao transporte e uso industrial de energia, o fomento de tecnologias e políticas urbanas e edificacionais mais eficientes no uso de recursos ambientais, entre outras, são medidas que requerem a definição de metas, em várias escalas, além da cooperação e sinergia entre iniciativas dos entes federativos.

O Acordo de Paris também oferece oportunidades para aprimorar a governança da sustentabilidade socioambiental e econômica do desenvolvimento, bem como requererá revisão e adequação da legislação, seja das normas específicas sobre mudanças do clima, seja daquelas que tratam de políticas setoriais, entre outras. O compromisso de balanços periódicos a cada cinco anos para aferição do progresso de cada país em relação ao objetivo global de limitar o aquecimento planetário pode servir de oportunidade para normas que façam inserir práticas, regras e critérios que determinem igual periodicidade e escopo de revisões de políticas e planos em mudanças de clima dos entes federativos. Enfim, políticas públicas e normas sobre mudanças climáticas serão objeto de contínua atualização e ajustes ao longo dos próximos anos.

2.3. Brasil: política e legislação nacional

Como antes comentado, a política e legislação nacional para mudança de clima surgiram em decorrência e no contexto do regime multilateral e, por vezes, alguns fatos e atos apareceram como respostas do Governo Federal às negociações internacionais recentes. A análise dos conteúdos da legislação federal específica, consubstanciada nas Leis 12.187 e 12.114, ambas de dezembro de 2009, bem como em resoluções interministeriais, em portarias e nos decretos federais, permite vislumbrar que as medidas nacionais se fazem "consistentes" formalmente com o regime multilateral, mas não vão além dos compromissos que o Governo federal entendeu, até o momento, que o Brasil deva cumprir. Do ponto de vista material, poderiam ir além das ambições do regime, e fazer o Brasil avançar mais rapidamente a uma sociedade de baixo carbono.

A Convenção foi aprovada, em 2 de fevereiro de 1994, pelo Congresso Nacional, conforme determina o artigo 49 da Constituição Federal. O Brasil depositou o seu instrumento de ratificação em 29 de fevereiro. Nos termos do artigo 23.2 da UNFCCC, a sua vigência no Brasil ocorreu 90 dias depois do depósito, ou seja, em 29 de maio daquele ano. Entretanto, segundo entendimento jurisprudencial e doutrinário, a incorporação de tratado internacional ao ordenamento jurídico pátrio ocorreu somente com a sua promulgação pela Presidência da República, que ocorreu em 01 de julho de 1998, quando foi publicado o Decreto 2.652.

No caso do Protocolo de Quioto, também houve lapso temporal, embora menor. A aprovação pelo Congresso deu-se pelo Decreto Legislativo 144, de 20 de junho de 2002, e somente em 12 de maio de 2005 ocorreu a promulgação do Decreto Presidencial 5.445. O inciso 1, do artigo 25, do Protocolo, determina a sua vigência para o país 90 dias depois do depósito de sua ratificação, e a ratificação pelo Brasil em 23 de agosto de 2002.

Visível e intolerável a inércia brasileira na incorporação de tais acordos legalmente vinculantes. Como antes mencionado, somente no contexto dos preparativos da CoP-15, a Conferência de Copenhague, é que se deu o estabelecimento da *política nacional para mudança do clima*, pela Lei 12.187/2009. Tal fato resultou tanto das cobranças, no Brasil e em outros países, de um tratamento adequado aos compromissos que o país assumira sob a UNFCCC, como também para configurar resposta diplomática e posicionamento nacional junto aos demais atores do regime multilateral.

O *Plano Nacional de Mudanças de Clima*, um dos instrumentos da lei citada, surgiu ainda um ano antes, e foi apresentado na CoP-14, realizada em Poznam, em 2008, também como "resposta" brasileira aos desafios que são decorrentes do artigo 4.1 da Convenção. Decorreu da criação, pelo Decreto 6.263, de 21 de novembro de 2007, do Comitê Interministerial sobre Mudanças do Clima (CIM), ato divulgado pouco antes da CoP-13, denotando uma conduta perceptível do governo em produzir fatos pouco antes das conferências internacionais. A demanda por plano e política nacional vinha sendo feita por organizações da sociedade civil, pelo citado GT Clima FBOMS, desde a década anterior; em 2007, tais organizações elaboraram um documento[65] com propostas para medidas e programas, que foi apresentado, em novembro daquele mesmo ano, ao Poder Executivo e à Comissão Mista do Congresso Nacional criada para o tema de mudanças de clima.

Outro marco normativo e instrumental é a Lei 12.114, de 9 de dezembro de 2009, regulamentada inicialmente pelo Decreto 7.343, de 26 de outubro de 2010, o qual foi substituído pelo Decreto 9.578, de 22 de novembro de 2018, com a criação do *Fundo Nacional sobre Mudança de Clima*, comentado adiante. O Decreto 10.143, de 28 de novembro de 2019, fez diversas alterações na composição do Comitê Gestor e atribuições desse Fundo.

2.3.1. Política Nacional sobre Mudança de Clima e seus instrumentos

A Lei 12.187/2009 da Política Nacional sobre Mudança de Clima fixa objetivos, princípios, diretrizes e instrumentos e tem, sobretudo, um caráter programático. Seu art. 3º reitera os *princípios* inseridos na Convenção-Quadro de Mudança do Clima, e acrescenta a integração entre as ações nacionais e as ações promovidas nos âmbitos estaduais e municipais, tanto as realizadas por entidades públicas como por entidades privadas.

Em seu art. 4º, são fixados os diversos *objetivos* específicos, entre os quais (i) a consolidação e expansão as áreas legalmente protegidas; e (ii) o incentivo aos reflorestamentos e à recomposição da cobertura vegetal em áreas degradadas. Esses objetivos específicos são consistentes com a obrigação internacional prevista no artigo 4.1, alínea *d*, da Convenção de Mudança de Clima. Não obstante, a Lei 12.651/2012, o novo "Código Florestal", permite a não recomposição de vegetação suprimida ilicitamente, representando assim grave

---

65. FBOMS. GT Clima. Mudanças climáticas e o Brasil. Contribuições e diretrizes para incorporar questões de mudanças de clima em políticas públicas. FBOMS & Vitae Civilis, Brasília e São Lourenço da Serra, 57p., 2007.

retrocesso ambiental e conflito com a obrigação prevista na norma internacional adotada pelo país.

Outro objetivo específico trata da promoção e do desenvolvimento de um Mercado Brasileiro de Redução de Emissões, o que pressupõe a adoção de mecanismos lastreados em títulos negociáveis sobre direitos ou unidades de redução de gases de efeito estufa. Embora a lei da política nacional de mudanças de clima, em seu art. 9º, apontar para a existência de tal Mercado Brasileiro de Redução de Emissões – MBRE, no qual se negociarão os títulos representativos de emissões de GEE evitadas e certificadas, há ainda questões que, em virtude da existência de distintas perspectivas jurídicas e interesses político-econômicos, suscitam maior aprofundamento.

Nesse mercado, a cada título, corresponderá uma emissão evitada ou reduzida, o qual será negociado para contabilizar outra emissão que continuará a persistir (permanente ou por período determinado), com o uso de um bem comum (a atmosfera) para finalidades privadas de cunho social ou econômico.

Treze diretrizes gerais para a PNMC são fixadas pelo art. 5º da Lei 12.187/2009, destacando-se:

- os compromissos assumidos pelo Brasil na Convenção-Quadro das Nações Unidas sobre Mudança do Clima, no Protocolo de Quioto e em outros instrumentos que seja signatário;
- as ações de mitigação da mudança do clima e as "medidas de adaptação para reduzir os efeitos adversos da mudança do clima e a vulnerabilidade dos sistemas ambiental, social e econômico";
- "as estratégias integradas de mitigação e adaptação à mudança do clima nos âmbitos local, regional e nacional";
- "o estímulo e o apoio à participação dos governos federal, estadual, distrital e municipal, assim como do setor produtivo, do meio acadêmico e da sociedade civil organizada, no desenvolvimento e na execução de políticas, planos, programas e ações relacionados à mudança do clima";
- "a promoção e o desenvolvimento de pesquisas científico-tecnológicas, e a difusão de tecnologias, processos e práticas orientados a":
  a) redução das incertezas nas projeções nacionais e regionais futuras da mudança do clima;
  b) identificação de vulnerabilidades;
- "a promoção da disseminação de informações, a educação, a capacitação e a conscientização pública sobre mudança do clima";
- o estímulo e o apoio à manutenção e à promoção de práticas, atividades e tecnologias de baixas emissões de gases de efeito estufa, bem como de padrões sustentáveis de produção e consumo".

O art. 6º da Lei 12.187/09 relaciona os *instrumentos* da Política Nacional sobre Mudança do Clima. São eles:

I – o *Plano Nacional sobre Mudança do Clima*: trata-se de complexo conjunto de programas de ações e políticas setoriais; o primeiro plano foi apresentado ainda em 2008 e em 2013 foi objeto de uma primeira revisão;

II – o *Fundo Nacional sobre Mudança do Clima*: criado pela Lei 12.114/09, que começou a operar em 2011, mas cuja principal fonte de recursos ficou prejudicada por causa da alteração, em 2013, da lei que define destinação dos *royalties* da exploração de petróleo;

III – os *Planos* de Ação *para a Prevenção e Controle do Desmatamento* nos biomas;

IV – a *Comunicação Nacional* do Brasil à Convenção-Quadro das Nações Unidas sobre Mudança do Clima;

V – as resoluções da Comissão Interministerial de Mudança Global do Clima;

VI – as *medidas fiscais e tributárias* destinadas a estimular a redução das emissões e remoção de gases de efeito estufa, incluindo alíquotas diferenciadas, isenções, compensações e incentivos, a serem estabelecidos em lei específica;

VII – as *linhas de crédito e financiamento* específicas de agentes financeiros públicos e privados;

VIII – o desenvolvimento de linhas de *pesquisa* por agências de fomento;

IX – as *dotações específicas* para ações em mudança do clima no *orçamento da União*;

X – os *mecanismos financeiros e econômicos* referentes à mitigação da mudança do clima e à adaptação aos efeitos da mudança do clima que existam *no âmbito da Convenção-Quadro* das Nações Unidas sobre Mudança do Clima e *do Protocolo de Quioto*;

XI – os *mecanismos financeiros e econômicos no âmbito nacional*, referentes à mitigação e à adaptação à mudança do clima;

XII – as medidas existentes, ou a serem criadas, que estimulem o *desenvolvimento de processos e tecnologias*, que contribuam para a redução de emissões e remoções de gases de efeito estufa, bem como para a adaptação, entre as quais o *estabelecimento de critérios de preferência nas licitações e concorrências públicas*, compreendidas aí as parcerias público-privadas e a autorização, permissão, outorga e concessão para exploração de serviços públicos e recursos naturais, para as propostas que propiciem maior economia de energia, água e outros recursos naturais e redução da emissão de gases de efeito estufa e de resíduos;

XIII – os *registros, inventários, estimativas, avaliações* e quaisquer outros estudos *de emissões de gases de efeito estufa e de suas fontes*, elaborados com base em informações e dados fornecidos por entidades públicas e privadas;

XIV – as medidas de *divulgação, educação e conscientização*;

XV – o *monitoramento* climático nacional;

XVI – os *indicadores de sustentabilidade*;

XVII – o estabelecimento de *padrões ambientais e de metas, quantificáveis e verificáveis*, para a redução de emissões antrópicas por fontes e para as remoções antrópicas por sumidouros de gases de efeito estufa;

XVIII – a *avaliação de impactos ambientais* sobre o microclima e macroclima.

O artigo 7º traz rol exemplificativo de instrumentos institucionais para a atuação da Política Nacional de Mudança do Clima, a saber: (i) o Comitê Interministerial sobre Mudança do Clima; (ii) a Comissão Interministerial de Mudança Global do Clima; (iii) o Fórum Brasileiro de Mudança do Clima – FBMC; (iv) a Rede Brasileira de Pesquisas sobre Mudanças Climáticas Globais – Rede Clima; e (v) a Comissão de Coordenação das Atividades de Meteorologia, Climatologia e Hidrologia.

Não obstante essa longa relação de instrumentos, as ações governamentais decorrem, em tese, do Plano Nacional sobre Mudanças de Clima, de planos setoriais, incluindo os Planos de Ação para a Prevenção e Controle do Desmatamento nos diversos biomas, e de medidas fiscais e tributárias (por exemplo, isenções, incentivos, alíquotas diferenciadas, a serem estabelecidas em lei específica) para estimular a redução das emissões e remoções dos gases de efeito estufa. O Decreto 7.390, de 09 de dezembro de 2010, fixara prazo para a elaboração dos planos setoriais iniciais, bem como para os planos de prevenção e controle de desmatamento na Amazônia Legal (PPCDAm) e no Cerrado (PPCerrado), para os planos de redução de emissões na siderurgia, para o plano de agricultura de baixo carbono (plano ABC) e para o plano decenal de expansão de energia. O Decreto 9.578, de 22 de novembro de 2018, ao revogar os Decretos 7.390/10 e 7.343/10 cita tais planos em seu art. 17, mas eliminou referências aos seus conteúdos mínimos. Entretanto, em 2019, como desdobramento das diretrizes da Presidência da República e medidas do titular do MMA, o desmatamento, sobretudo na Amazônia, voltou a crescer, reflexo da suspensão de atividades do PPCDAm, conforme constatado inclusive pela Comissão de Meio Ambiente do Senado Federal no âmbito da avaliação da Política Nacional de Mudança do Clima[66].

A meta geral, considerada de "compromisso voluntário" nos termos do artigo 12 da Lei 12.187/09, foi de "reduzir" entre 36.1% e 38,9% as emissões projetadas até 2020 mediante ações de mitigação das emissões lastreadas nos diversos planos. Ressalta-se que não se trata de redução absoluta, real e efetiva das emissões existentes, mas de uma estimativa de "desaceleração" do crescimento projetado das emissões ao longo da década até 2020. A projeção legal das emissões nacionais de gases de efeito estufa para o ano de 2020, segundo o artigo 18 do Decreto 9.578/18, é de 3.236 milhões tonCO2eq, "composta pelas projeções para os seguintes setores:

I – mudança de uso da terra – 1.404 milhões de tonCO2eq;

II – energia – 868 milhões de tonCO2eq;

III – agropecuária – 730 milhões de tonCO2eq; e

IV – processos industriais e tratamento de resíduos – 234 milhões de tonCO2eq."

Para alcançar a "redução" das emissões brasileiras projetadas para 2020, o Decreto 9.578/2018 determina, em seu artigo 19, que sejam consideradas inicialmente as seguintes ações contidas nos planos setoriais:

I – redução de oitenta por cento dos índices anuais de desmatamento na Amazônia Legal em relação à média verificada entre os anos de 1996 a 2005;

II – redução de quarenta por cento dos índices anuais de desmatamento no Bioma Cerrado em relação à média verificada entre os anos de 1999 a 2008;

III – expansão da oferta hidroelétrica, da oferta de fontes alternativas renováveis, notadamente centrais eólicas, pequenas centrais hidroelétricas e bioeletricidade, da oferta de biocombustíveis e incremento da eficiência energética;

IV – recuperação de 15 milhões de hectares de pastagens degradadas;

V – ampliação do sistema de integração lavoura-pecuária-floresta em quatro milhões de hectares;

VI – expansão da prática de plantio direto na palha em oito milhões de hectares;

VII – expansão da fixação biológica de nitrogênio em cinco vírgula cinco milhões de hectares de áreas de cultivo, em substituição ao uso de fertilizantes nitrogenados;

VIII – expansão do plantio de florestas em três milhões de hectares;

IX – ampliação do uso de tecnologias para tratamento de quatro vírgula quatro milhões de m3 de dejetos de animais; e

X – incremento da utilização na siderurgia do carvão vegetal originário de florestas plantadas e melhoria na eficiência do processo de carbonização.

Até o início de 2016, não havia ainda a regulamentação do mercado brasileiro de carbono, prevista no art. 9º da Lei 12.187/09.

Segundo a legislação (art. 3º do Decreto 9.578 e art. 11 da Lei 12.187), os planos setoriais devem contemplar ações de adaptação, inclusive aquelas para a redução de

---

66. SENADO FEDERAL. COMISSÃO DE MEIO AMBIENTE. Avaliação da Política Nacional de Mudança do Clima. Sumário Executivo do Relatório. Brasília, Senado Federal, dezembro de 2019. Disponível em: http://legis.senado.leg.br/sdleg-getter/documento/download/28c64663-f9c0-43cf-9c7d-7b88c6283746?. Acesso em: 28.05.2020.

vulnerabilidades dos sistemas humanos e naturais ante os impactos esperados das mudanças do clima.

O *Plano Nacional de Adaptação* (PNA) foi instituído em 10.05.2016 pela Portaria MMA 150, posteriormente ao processo de consulta pública com a sociedade. Nos termos do art. 1º de tal Portaria, o PNA visa "promover a gestão e redução do risco climático no país frente aos efeitos adversos associados à mudança do clima, de forma a aproveitar as oportunidades emergentes, evitar perdas e danos e construir instrumentos que permitam a adaptação dos sistemas naturais, humanos, produtivos e de infraestrutura".

O Plano Nacional sobre Mudança de Clima (PNMC) foi dividido em quatro eixos norteadores, a saber: (i) Oportunidades de Mitigação; (ii) Impactos, Vulnerabilidade e Adaptação; (iii) Pesquisa e Desenvolvimento; e (iv) Capacitação e Divulgação. Em 2013, o governo federal desenvolveu processo para a primeira revisão e atualização do plano. A atualização do PNMC deve ocorrer em período não superior a dois anos, previamente à elaboração dos Planos Plurianuais (PPA), conforme determina o artigo 3º, § 1º, do Decreto 9.578/18.

Intenções de Contribuições Nacionalmente Determinadas (INDC) e o Plano Nacional de Mudança do Clima

O documento[67] que o Brasil elaborou no âmbito do processo preparatório da CoP-21, *Pretendidas Contribuições Nacionalmente Determinadas (INDC*[68]*)*, apresentou o compromisso de se reduzir, até 2025, as emissões de gases de efeito estufa em 37% abaixo dos níveis de 2005 e, no período até 2030, chegar a 43% de redução, também com referência ao ano de 2005, valendo-se da métrica do Potencial de Aquecimento Global em 100 anos (GWP-100) com base nos valores do IPCC AR5.

A meta de mitigação absoluta para o conjunto da economia brasileira considera atingir níveis de emissão de 1,3 GtCO2e (GWP-100; IPCC AR5) em 2025 e 1,2 GtCO2e (GWP-100; IPCC AR5) em 2030, correspondendo, respectivamente, a reduções de 37% e 43%, com base no nível de emissões em 2005 de 2,1 GtCO2e (GWP-100; IPCC AR5). Conforme já citado, o SIRENE – Sistema Nacional de Registro de Emissões, lançado em 2016, aponta que em 2010 as emissões brasileiras chegaram a 1,27 GtCO2e.

Assim, não obstante ter sido considerada ousada a meta de redução absoluta apresentada, houve questionamentos, pois as emissões nos anos recentes já estariam próximas da meta pretendida para 2025, notadamente, em razão da diminuição de emissões do desmatamento verificadas nos últimos anos. Por outro lado, estabilizar as emissões e lograr promover o desenvolvimento era um enorme desafio, e este foi outro argumento utilizado na defesa da INDC brasileira. O compromisso incluiu os gases CO2, CH4, N2O, perfluorcarbonos, hidrofluorcarbonos e SF6.

---

67. BRASIL. Pretendida contribuição nacionalmente determinada para consecução do objetivo da Convenção-Quadro das Nações Unidas sobre Mudança do Clima. Disponível em: [http://redd.mma.gov.br/images/Publicacoes/BRASIL%20iNDC%20portugus%20FINAL.pdf]. Acesso em: 14.04.2016.
68. A partir da adoção do Acordo de Paris as INDCs passaram a ser simplesmente denominadas de NDCs – Contribuições Nacionalmente Determinadas. Doravante, preferencialmente, o uso de NDC designará tal plano e conjunto de metas de redução de emissões.

No documento, divulgado antes da CoP-21, foi explicitada a reserva do governo federal quanto à utilização de mecanismos de mercado que seriam negociados na Conferência de Paris, e reiterou que eventuais transferências de créditos (de carbono) associadas a atividades de mitigação no país dependeriam do consentimento prévio e formal do Governo. Foi reiterado que não se reconhecerá o uso de unidades de redução de emissões vinculadas a instrumentos que não façam parte do regime multilateral, ou seja, que ocorram no "mercado voluntário". O papel das unidades de conservação ambiental e de territórios indígenas, bem como de áreas com manejo sustentável de florestas, foi considerado na INDC brasileira.

No aspecto setorial, a meta da NDC brasileira contempla literalmente o que segue[69]:

- *aumentar a participação de bioenergia sustentável na matriz energética brasileira para aproximadamente 18% até 2030, expandindo o consumo de biocombustíveis, aumentando a oferta de etanol, inclusive por meio do aumento da parcela de biocombustíveis avançados (segunda geração), e aumentando a parcela de biodiesel na mistura do diesel;*

- *no setor da energia, alcançar uma participação estimada de 45% de energias renováveis na composição da matriz energética em 2030, incluindo: expandir o uso de fontes renováveis, além da energia hídrica, na matriz total de energia para uma participação de 28% a 33% até 2030; expandir o uso doméstico de fontes de energia não fóssil, aumentando a parcela de energias renováveis (além da energia hídrica) no fornecimento de energia elétrica para ao menos 23% até 2030, inclusive pelo aumento da participação de eólica, biomassa e solar; alcançar 10% de ganhos de eficiência no setor elétrico até 2030;*

- *no setor industrial, promover novos padrões de tecnologias limpas e ampliar medidas de eficiência energética e de infraestrutura de baixo carbono;*

- *no setor de transportes, promover medidas de eficiência, melhorias na infraestrutura de transportes e no transporte público em áreas urbanas.*

Para o setor florestal e uso da terra, a NDC inclui as seguintes promessas de ações:

- *fortalecer o cumprimento do Código Florestal, em âmbito federal, estadual e municipal;*

- *fortalecer políticas e medidas com vistas a alcançar, na Amazônia brasileira, o desmatamento ilegal zero até 2030 e a compensação das emissões de gases de efeito de estufa provenientes da supressão legal da vegetação até 2030;*

- *restaurar e reflorestar 12 milhões de hectares de florestas até 2030, para múltiplos usos;*

- *ampliar a escala de sistemas de manejo sustentável de florestas nativas, por meio de sistemas de georreferenciamento e rastreabilidade aplicáveis ao manejo de florestas nativas, com vistas a desestimular práticas ilegais e insustentáveis*[70].

No setor agrícola, a NDC brasileira pretende "fortalecer o Plano de Agricultura de Baixa Emissão de Carbono (Plano ABC) como a principal estratégia para o desenvolvimento sustentável na agricultura, inclusive por meio da restauração adicional de 15 milhões de hectares de pastagens degradadas até 2030 e pelo incremento de cinco milhões de hectares de sistemas de integração lavoura-pecuária-florestas (iLPF) até 2030"[71].

Nesse quadro, a implementação do Planaveg – Plano Nacional de Recuperação da Vegetação Nativa é fator relevante, seja no cumprimento das metas brasileiras para o

---

69. BRASIL. Pretendida contribuição nacionalmente determinada para consecução do objetivo da Convenção-quadro das Nações Unidas sobre Mudança do Clima. Disponível em: [http://redd.mma.gov.br/images/Publicacoes/BRASIL%20iNDC%20portugus%20FINAL.pdf]. Acesso em: 14.04.2016.
70. Disponível em: [www.itamaraty.gov.br/images/ed_desenvsust/BRASIL-iNDC-portugues.pdf].
71. Disponível em: [www.itamaraty.gov.br/images/ed_desenvsust/BRASIL-iNDC-portugues.pdf].

Acordo de Paris em mudança do clima, seja para a articulação de iniciativas com benefícios múltiplos (proteção da biodiversidade, proteção de mananciais, promoção do ecoturismo e da cultura, etc.) condizentes com o desenvolvimento sustentável.

Mediante a Lei 13.576, de 26 de dezembro de 2017, ficou instituída a Política Nacional de Biocombustíveis (RenovaBio), parte integrante da política energética, mas visando, entre seus objetivos (art. 1º), contribuir para o atendimento aos compromissos do País no âmbito do Acordo de Paris sob a Convenção-Quadro das Nações Unidas sobre Mudança de Clima; contribuir para aprimoramento da relação entre redução de emissões de GEE e eficiência energética na produção, comercialização e uso de biocombustíveis, e expansão da participação desses na matriz energética nacional. Metas compulsórias anuais de redução de emissões de GEE na comercialização e uso de combustíveis objetos da RenovaBio foram regulamentadas pelo Decreto 9.888, de 27 de junho de 2019. A RenovaBio foi considerada como uma relevante medida, não obstante alguns considerarem ainda pequeno o impacto potencial no total de emissões brasileiras de GEE. Essa política criou instrumentos administrativos e de dimensão econômica, a fim de estimular a participação crescente de biocombustíveis, entre os quais (i) a certificação de biocombustíveis, para avaliar a conformidade em função de eficiência energética e redução de emissões; (ii) certificado de produção eficiente de biocombustíveis; (iii) Crédito de descarbonização (CBIO), "instrumento registrado de forma escritural para fins de comprovação da meta individual do distribuidor de combustíveis"[72]. A ANP – Agência Nacional de Petróleo ficou com a incumbência de estabelecer critérios, procedimentos para regulação e fiscalização da certificação de Biocombustíveis e do lastro do Crédito de Descarbonização, conforme Decreto 9.888, em redação dada pelo Decreto 9.964, de 8 de agosto de 2019.

Espera-se, em função do Acordo de Paris, a revisão das metas da NDC do Brasil, bem como a atualização de planos setoriais e revisão periódica do PNMC – Plano Nacional de Mudanças do Clima e, se necessário, da Lei 12.187/2009 que estabeleceu a Política Nacional de Mudanças do Clima. A ratificação do Acordo de Paris, assinado pelo Brasil em abril de 2016, ocorreu depois de sua aprovação pelo Congresso Nacional e da publicação[73] em agosto de 2016 do Decreto Legislativo 140/2016. Com a promulgação, pelo Decreto 9.073, de 5 de junho de 2017, o Acordo de Paris ingressou no ordenamento legal nacional. Os planos governamentais para mudanças do clima e instrumentos de suporte, como os inventários de fontes antrópicas de emissão, sumidouros e reservatórios de gases de efeito estufa, deveriam ter sua frequência de atualização ajustada para facilitar a contribuição brasileira às avaliações globais (*global stocktake*) sobre o progresso de cumprimento das medidas previstas pelo Acordo de Paris, que serão realizadas a cada cinco anos a partir de 2023, conforme seu artigo 14.

No fim de 2019, após a divulgação do relevante Relatório de Avaliação da Política Nacional de Mudanças de Clima[74], em processo de consultas públicas e debates entre

---

72. Lei 13.576, art. 5º. Disponível em [http://www.planalto.gov.br/ccivil_03/_ato2015-2018/2017/lei/L13576.htm]. Acesso em 28.05.2020
73. Disponível em: [http://legis.senado.leg.br/legislacao/ListaTextoIntegral.action?id=250832&norma=270240].
74. Disponível em [https://legis.senado.leg.br/comissoes/arquivos?ap=766&codcol=50]

parlamentares da Comissão de Meio Ambiente do Senado Federal, conduzido pelo Senador Fabiano Contarato, foi iniciada a tramitação de Projeto de Lei nº 6539/2019[75], para a atualização da Lei 12.187, de 2009, com vistas à inclusão dos compromissos assumidos no âmbito do Acordo de Paris, dar base legal e conceitual à NDC brasileira, definir o Comitê Interministerial de Mudança do Clima como instância máxima de coordenação da política, além de dispor sobre plano de ação para prevenção e controle do desmatamento. Em fevereiro de 2020 outra proposição legislativa foi discutida[76] no Senado Federal: Projeto de Lei nº 4816, de 2019, para determinar a avaliação anual e quinquenal de plano de ação para prevenção e controle de desmatamento nos biomas e do plano nacional de mudanças do clima, com a publicidade dos respectivos relatórios. Tais proposições legislativas não haviam sido aprovadas até a atualização deste texto[77], mas é de se esperar que essas e eventualmente outras sejam deliberadas em futuro próximo.

Redução de Emissões do Desmatamento e Degradação Florestal (REDD)

Na história recente das emissões do Brasil, parcela considerável está associada ao desmatamento, atividades florestais e mudanças do uso da terra (LULUCF). O regime multilateral e a política nacional elegeram critérios e mecanismos para promover a redução das emissões de carbono resultantes do desmatamento e da degradação florestal, inclusive por meio de incentivos (pagamentos) por reduções realizadas e confirmadas, em diversas atividades e projetos.

Pelo Decreto 8.576, de 26 de novembro de 2015, foi criada a CONAREDD+, a Comissão Nacional para Redução das Emissões de Gases de Efeito Estufa Provenientes do Desmatamento e da Degradação Florestal, Conservação dos Estoques de Carbono Florestal, manejo Sustentável de Florestas e Aumento de Estoques de Carbono Florestal – REDD+ (doravante designada Comissão Nacional para REDD+), e a aprovação da Estratégia Nacional de REDD+ (ENREDD+) foi delegada ao titular do Ministério do Meio Ambiente (MMA). Tal Estratégia foi estabelecida pela Portaria 370, de 2 de dezembro de 2015, e foi publicada no início de 2016, em seguida ao período de consulta para comentários, incluindo também premissas acordadas entre MMA e Funai para projetos de REDD em terras indígenas. Tais ações relacionam-se com a possibilidade de haver reconhecimento internacional dos esforços de redução de emissões associadas à redução do desmatamento na Amazônia entre 2006 e 2010, avaliada pelo MMA na ordem de 2,91 Gt CO_2eq[78]. Entretanto, o Decreto 10.144, de 28 de novembro de 2019, revogou o Decreto de 2015, alterou atribuições e a composição da Comissão Nacional para REDD+, vinculando a duração de sua existência ao prazo de vigência das metas (NDC) no Acordo de Paris. Diminuiu-se

---

75. Senado Federal, Comissão de Meio Ambiente. Disponível em [https://legis.senado.leg.br/sdleg-getter/documento?dm=8059259&ts=1584720152913&disposition=inline]. Acesso em 28.05.2020.
76. Senado Federal. *Proposta de avaliação anual do plano sobre mudança do clima é destaque na pauta das comissões*. Disponível em [https://www12.senado.leg.br/noticias/videos/2020/02/proposta-de-avaliacao-anual-do-plano-sobre-mudanca-do-clima-e-destaque-na-pauta-das-comissoes]. Acesso em 28.05.2020.
77. Março de 2021.
78. Disponível em: [http://redd.mma.gov.br/index.php/pt/informma/item/242-decreto-n%C2%BA-8-576-institui-a-comiss%C3%A3o-nacional-para-redd]. Acesso em: 15.06.2016.

a representação de órgãos estaduais (de 2 para 1 membro, agora escolhido por sorteio entre os indicados pelos Estados) e municipais (de 1 para nenhum) de meio ambiente, e dois titulares (e suplentes) de organizações da sociedade civil para somente um a ser necessariamente representado pelo secretário executivo do Fórum Brasileiro de Mudança do Clima[79]. Para o governo federal, a ENREDD+ tem a função de "coordenar e promover sinergias entre a Política Nacional sobre Mudança do Clima (PNMC, Lei n. 12.187/2009), a Lei de Proteção da Vegetação Nativa (Novo Código Florestal), os planos de prevenção e combate ao desmatamento e outras leis, políticas e regulamentos que têm como objetivo reverter a perda de florestas"[80].

Para os pagamentos (subvenções) aos resultados de REDD – redução de emissões do desmatamento e degradação florestal, o Poder Executivo Federal considera como fontes o Fundo Amazônia (Decreto 6.527/2008), o Fundo Nacional de Mudança de Clima (Lei 12.114/2009), e outros instrumentos de financiamento, tais como o Fundo Nacional do Meio Ambiente (Lei 7.797/1989), o Fundo Nacional de Desenvolvimento Florestal (Lei 11.284/2006) e o Fundo de Áreas Protegidas do Programa de Áreas Protegidas da Amazônia[81].

Nos debates internacionais no âmbito do regime multilateral de mudanças climáticas, foram apontadas razões para a criação de diretrizes e instrumentos que, por um lado, potencializem resultados ambientais e sociais positivos e, por outro, evitem impactos negativos de eventuais iniciativas de REDD+, por receio de que em algumas delas possa haver predominância de interesses empresariais em detrimento e em função da hipossuficiência de comunidades indígenas, tradicionais e populações vulneráveis. Na CoP-16, Cancun, México, em 2010, deliberou-se que os países devem buscar a implementação de um conjunto de *salvaguardas socioambientais*[82], que incluam:

- ações consistentes ou complementares com outros acordos internacionais e objetivos de programas florestais nacionais;
- instituições de governança de florestas que sejam eficazes e transparentes, considerando legislação nacional e soberania;
- respeito ao conhecimento e direitos de populações indígenas e de comunidades locais, considerando as obrigações internacionais e legislação nacional, inclusive a Declaração da ONU sobre Direitos dos Povos Indígenas;
- participação efetiva e plena dos interessados, notadamente de interlocutores de povos indígenas e comunidades locais, nas ações previstas nos parágrafos 70 e 72 da Decisão UNFCCC/CP/2010/7/Add.1 da CoP-16;

---

79. http://www.planalto.gov.br/ccivil_03/_ato2019-2022/2019/decreto/D10144.htm. Acesso em 28.05.2020.
80. BRASIL. Ministério da Ciência, Tecnologia e Inovação. Secretaria de Políticas e Programas de Pesquisa e Desenvolvimento. Coordenação-Geral de Mudanças Globais de Clima. Terceira Comunicação Nacional do Brasil à Convenção-Quadro das Nações Unidas sobre Mudança do Clima – Ministério da Ciência, Tecnologia e Inovação. Brasília: Ministério da Ciência, Tecnologia e Inovação. v. II, 2016. Disponível em: [http://sirene.mcti.gov.br/documents/1686653/1706739/Volume+2.pdf/29f793f9-ca31-45f8-b0af-c9d0838070de]. Acesso em: 15.06.2016.
81. Disponível em: [http://midiaeamazonia.andi.org.br/sites/default/files/enredd_1.pdf]. Acesso em: 15.06.2016.
82. Vide art. 2º, do Anexo I, do FCCC/CP/2010/7/Add.1. Disponível em: [http://unfccc.int/resource/docs/2010/cop16/eng/07a01.pdf]. Acesso em: 15.06.2016.

- ações consistentes com a conservação da diversidade biológica e de florestas naturais e evitar a conversão de florestas naturais por decorrência de medidas previstas em tais parágrafos, de forma a incentivar a conservação das florestas e de seus serviços ecossistêmicos;
- ações de gestão de riscos de reversões de resultados de REDD+;
- ações para redução de "vazamentos" (deslocamentos) de emissões de gases de efeito estufa para outras áreas.

De acordo com a 3ª Comunicação Nacional do Brasil para a UNFCCC, um *Sistema Nacional de Informações de Salvaguardas REDD+* (SIS REDD+) está sendo desenvolvido. Entretanto, para suprir a lacuna, o governo preparou um sumário executivo com informações sobre a implementação das salvaguardas pelo Fundo Amazônia desde 2009, no caso de pagamentos de REDD+ recebidos[83].

Surgiram também programas e leis estaduais sobre REDD em algumas unidades federativas. Interessante registrar que, em diversos estados, há o desenvolvimento de programas governamentais que reconhecem e estimulam PSA – pagamentos por serviços ambientais, notadamente para recuperação ou conservação de cobertura vegetal, inclusive em áreas e com focos prioritários de conservação de mananciais e de biodiversidade, e várias dessas iniciativas (São Paulo[84], Paraná e Amazonas, por exemplo) desdobram-se ou estão associadas às legislações estaduais sobre mudanças climáticas[85].

2.3.2. Instrumentos financeiros: o Fundo Clima e o Fundo Amazônia

Instituído pela Lei 12.114/2009, o *Fundo Nacional sobre Mudança do Clima* – FNMC é um fundo de natureza contábil, cuja regulamentação mais recente está inserida nos artigos 5º a 16 do Decreto 9.578, de 22 de novembro de 2018, vinculado ao Ministério do Meio Ambiente, com a finalidade de assegurar recursos para apoio a projetos ou estudos e financiamento de empreendimentos que visem à mitigação da mudança do clima e à adaptação à mudança do clima e aos seus efeitos. O Decreto 10.143, de 28 de novembro de 2019, entretanto, introduziu algumas alterações significativas na regulamentação do Fundo, inclusive na composição e nas atribuições de seu Comitê Gestor. Nos termos da supramencionada lei, os recursos do Fundo Clima são constituídos por até 60% (sessenta por cento) da cota-parte (10%) do Ministério do Meio Ambiente dos recursos da participação especial aplicada sobre a receita bruta da produção de energia, deduzidos os *royalties*, os investimentos, previstos no inciso II do § 2º do artigo 50 da Lei 9.478/97 (lei de política energética e das atividades relativas ao monopólio do petróleo). Entretanto, em 2013, houve alteração da lei dos *royalties*, para privilegiar investimentos em educação no País. Também podem constituir recursos do Fundo (i) as dotações consignadas na lei

---

83. BRASIL. Ministério da Ciência, Tecnologia e Inovação. Secretaria de Políticas e Programas de Pesquisa e Desenvolvimento. Coordenação-Geral de Mudanças Globais de Clima. Terceira Comunicação Nacional do Brasil à Convenção-Quadro das Nações Unidas sobre Mudança do Clima – Ministério da Ciência, Tecnologia e Inovação. Brasília: Ministério da Ciência, Tecnologia e Inovação. v. II, 2016. Disponível em: [http://sirene.mcti.gov.br/documents/1686653/1706739/Volume+2.pdf/29f793f9-ca31-45f8-b0af-c9d0838070de p. 183]. Acesso em: 15.06.2016.
84. Disponível em: [www.ambiente.sp.gov.br/programanascentes/]. Acesso em: 09.05.2016.
85. Disponível em: [www.planetaverde.org/arquivos/biblioteca/arquivo_20140425110842_667.pdf]. Acesso em: 17.05.2016.

orçamentária anual da União e em seus créditos adicionais; (ii) os recursos decorrentes de acordos, ajustes, contratos e convênios celebrados com órgãos e entidades da administração pública federal, estadual, distrital ou municipal; (iii) as doações realizadas por entidades nacionais e internacionais, públicas ou privadas; (iv) os empréstimos de instituições financeiras nacionais e internacionais; (v) a reversão dos saldos anuais não aplicados; e (vi) os recursos oriundos de juros e amortizações de financiamentos.

Os recursos do FNMC devem ser aplicados (i) em apoio financeiro reembolsável mediante concessão de empréstimo, por intermédio do agente operador; e (ii) em apoio financeiro, não reembolsável, a projetos relativos à mitigação da mudança do clima ou à adaptação à mudança do clima e aos seus efeitos, aprovados pelo Comitê Gestor do FNMC, conforme diretrizes previamente estabelecidas pelo seu Comitê Gestor. Esse Comitê, pelo Decreto 10.143, de 2019, continua com a atribuição de aprovar o plano anual de aplicação de recursos do Fundo, mas não mais de aprovar a proposta orçamentária, cuja elaboração é de responsabilidade do MMA. Cabe ao Comitê Gestor do FNMC definir, anualmente, a proporção de recursos a serem aplicados em cada uma das modalidades, empréstimos e doações, dado que estas podem ser aplicadas diretamente pelo Ministério do Meio Ambiente ou transferidos por convênios, termos de parceria, acordos, ajustes ou outros instrumentos previstos em lei.

Nos termos da Lei 12.114/2009, o Comitê Gestor, vinculado ao Ministério do Meio Ambiente, é composto com representantes do Poder Executivo Federal e de setores da sociedade. Sua composição foi redefinida pelo Decreto 10.143, de 2019: houve redução de representantes de ministérios e entidades da União, de doze para seis membros (incluindo representação do BNDES); eliminação da participação de representantes de trabalhadores, de organização da sociedade civil atuante em mudança de clima e de representantes de Estados, municípios e do Distrito Federal; ampliação da participação de representantes do setor empresarial de dois para cinco (com a explicitação das Confederações nacionais dos setores da agricultura, indústria, comércio, serviços e transporte) e mantido uma vaga para representante do Fórum Brasileiro de Mudança do Clima. Tal alteração associa-se às alterações promovidas pelo Governo Federal em dezenas de outras instâncias colegiadas, para eliminar ou diminuir significativamente a participação de representantes de organizações da sociedade civil e de instituições científicas.

Ainda, em 2008, em razão do interesse internacional na redução das emissões brasileiras associadas ao desmatamento na Amazônia, por um lado e, por outro, na oferta da Noruega em contribuir com alguns milhões de dólares para esforços efetivos, o que sinalizava oportunidades de alcançar volumes ainda maiores de recursos, o Governo federal criou o *Fundo Amazônia*, pelo Decreto 6.527/2008. As doações recebidas são geridas pelo BNDES, com o apoio de um Comitê Orientador do Fundo Amazônia (COFA), para, conforme o art. 1o do Decreto 6.527/2008, realizar aplicações não reembolsáveis em ações de prevenção, monitoramento e combate ao desmatamento e de promoção da conservação e do uso sustentável no bioma amazônico, contemplando as seguintes áreas: I – gestão de florestas públicas e áreas protegidas; II – controle, monitoramento e fiscalização ambiental; III – manejo florestal sustentável; IV – atividades econômicas desenvolvidas a partir do uso sustentável da floresta; V – Zoneamento Ecológico e Econômico, ordenamento territorial e regularização fundiária; VI – conservação e uso sustentável da biodiversidade;

e VII – recuperação de áreas desmatadas. Até vinte por cento dos recursos do Fundo Amazônia podem ser aplicados no desenvolvimento de sistemas de monitoramento e controle do desmatamento em outros biomas brasileiros e em outros países tropicais.

Entretanto, mesmo se considerarmos outros instrumentos financeiros e de fomento para ações no campo ambiental (ex.: FNMA – Fundo Nacional do Meio Ambiente, fundos estaduais etc.), ainda seria relativamente pouco o que se poderia obter em termos de redução efetiva de emissões de GEE, por mais relevantes que possam ser os projetos apoiados no campo de proteção ambiental e inclusão social, visto que os recursos desses fundos foram uma pequena porcentagem dos investimentos públicos e privados em setores produtivos com alta intensidade em emissões de gases de efeito estufa. Portanto, torna-se necessário considerar também a responsabilidade das instituições financeiras no que se refere aos impactos ambientais dos projetos apoiados, ainda mais tendo em vista entendimentos de existir vínculo de responsabilidade entre financiadores e empreendedores quanto aos danos e impactos ambientais dos empreendimentos realizados, com base na legislação vigente.

Em que pese a importância da mobilização de recursos financeiros, e em especial dos dois mecanismos, Fundo Amazônia e Fundo Nacional de Mudança do Clima, o governo federal, iniciado em janeiro de 2019, paralisou as operações do FNMC, sequer nomeando seu Comitê Gestor, segundo relato da Comissão de Meio Ambiente do Senado Federal. Houve a paralisação das operações do Fundo Amazônia, também por determinação do titular de então do MMA, com críticas infundadas que os recursos estavam dirigidos majoritariamente para organizações da sociedade civil e tentativa de alocar recursos para outros fins (a exemplo da efetiva criação de Unidades de Conservação – Ucs). Em meados de 2019, com as repercussões globais do aumento de desmatamento e queimadas na Amazônia, por um lado, e afirmações reiteradas de autoridades do governo federal de que o país não precisaria de auxílio financeiro e de que os recursos do fundo deveriam ter outros destinatários, os governos da Noruega e da Alemanha, principais doadores dos recursos para o Fundo Amazônia, suspenderam novos aportes de recursos. Somente no final de maio de 2020, por iniciativa do Vice-Presidente da República, que no início do ano recebeu a atribuição de presidir o reabilitado e reconfigurado Conselho Nacional da Amazônia legal, houve tentativa de se restabelecer o apoio daqueles países para o Fundo[86]. O Vice-presidente também passou a presidir o Comitê Orientador do Fundo, o qual fora objeto de paralisação e eliminação da participação de representantes da sociedade civil. Quanto ao Conselho Nacional da Amazônia Legal, cuja reativação formal ocorreu no início de 2020, em resposta às críticas internacionais ao Brasil diante do descontrole das atividades degradadoras na Amazônia, sua nova composição foi estabelecida em meados de abril desse ano, sem a participação de representantes da FUNAI, do IBAMA, de comunidades tradicionais e de governos estaduais[87].

---

86. https://www.terra.com.br/noticias/brasil/mourao-recria-fundo-amazonia-mas-alemanha-e-noruega-nao-garantem-recursos,d9a076a6170a410f511fbb661b75b97dh4t1t9b6.html#:~:text=O%20vice%2Dpresidente%20da%20Rep%C3%BAblica,do%20Meio%20Ambiente%2C%20Ricardo%20Salles. Acesso em 30.05.2020.
87. VALENTE, R. Mourão forma Conselho da Amazônia com 19 militares e sem Ibama e Funai. 18.04.2020. Disponível em [https://noticias.uol.com.br/colunas/rubens-valente/2020/04/18/conselho-amazonia-mourao.htm]. Acesso em 28.05.2020.

Mudança do clima em leis específicas

No âmbito nacional, devem ser consideradas as normas inscritas em leis específicas e relevantes para respaldar ações de prevenção ou mitigação de fontes de emissão ou promoção dos sumidouros e reservatórios. Assim, destacam-se as seguintes leis e suas respectivas regulamentações, as quais devem ser apreciadas por aqueles que militam na área de mudanças do clima quando da análise de programas e iniciativas, públicas e privadas.

Para ações no setor de mudanças de uso da terra, conservação de ecossistemas e áreas territoriais especialmente protegidas, destacam-se, na legislação pátria, as normas a seguir:

- Lei 9.985, de 2000, que cria o Sistema Nacional de Unidades de Conservação;
- Lei 11.284, de 2006, que dispõe sobre a gestão de florestas públicas e institui o Serviço Florestal Brasileiro e o Fundo Nacional de Desenvolvimento Florestal;
- Lei 11.428, de 2006, que trata da utilização e proteção da vegetação nativa do Bioma Mata Atlântica: os planos municipais de conservação e recuperação da Mata Atlântica, previstos no art. 38, e, com conteúdo mínimo determinado pelo art. 43 do Decreto 6.660/2008, pode ser oportuno instrumento para alavancar recursos do Fundo de Restauração da Mata Atlântica em ações relevantes para mitigar emissões e promover a resiliência dos ecossistemas desse bioma diante das mudanças do clima;
- Lei 12.512, de 2011, que cria a iniciativa Bolsa Verde, um programa de apoio financeiro à população de baixa renda que vive em áreas de interesse para a proteção ambiental;
- Lei 12.651, de 2012, que dispõe sobre a proteção da vegetação nativa, e as regulamentações de seus dispositivos, especialmente as que tratam do Programa de Regularização Ambiental (PRA) e do Programa de Apoio e Incentivo à Preservação e Recuperação do Meio Ambiente (artigos 41 a 50 da lei). Será necessário compatibilizar o uso de instrumentos e parâmetros de pagamentos por serviços ambientais consequentes a tais dispositivos com a previsão das leis da política e do fundo nacional sobre mudanças do clima e com eventual lei específica, se aprovado projeto de lei que tramita sobre essa categoria de instrumento econômico de gestão ambiental;
- Lei 12.805, de 2013, que institui a Política Nacional de Integração Lavoura-Pecuária-Floresta;
- Lei 10.257, de 2001, denominada O Estatuto da Cidade, estabelece as diretrizes gerais da política urbana, tem relevância também para a inserção nos planos diretores de desenvolvimento urbano de medidas que possam mitigar emissões nos setores de transporte e energia, além de poder alavancar iniciativas para adaptação do ambiente artificial urbano aos efeitos das mudanças do clima.

Para os setores de transporte, de mobilidade, de resíduos e de energia, caberá considerar a seguinte legislação quando se buscar conhecer o alcance de medidas relativas à mitigação e adaptação às mudanças do clima:

- Lei 10.295, de 2001, que dispõe sobre a Política Nacional de Conservação e Uso Racional de Energia;
- Lei 10.438, de 2002, que estabelece o PROINFA – Programa de Incentivo às Fontes Alternativas de Energia, com prazo de sua operacionalização;
- Lei 11.097, de 2005, que fixa metas de composição de biodiesel;
- Lei 12.305, de 2010, que cria a Política Nacional de Resíduos Sólidos;
- Lei 12.587, de 2012, que institui a Política Nacional de Mobilidade Urbana.

Eventos extremos e desastres

Em relação aos efeitos de eventos climáticos extremos para o ambiente e para as populações, a Lei 12.608, de 2012, que instituiu a Política Nacional de Proteção e Defesa Civil – PNPDEC, dispõe sobre o Sistema Nacional de Proteção e Defesa Civil – SINPDEC e o sobre o Conselho Nacional de Proteção e Defesa Civil – CONPDEC, e autoriza a criação de sistema de informações e monitoramento de desastres.

Destaque deve ser dado aos dispositivos (da Lei 12.608/12) que introduziram alterações na Lei 12.340/2010, que dispõe sobre o Fundo Especial para Calamidades Públicas e sobre as transferências de recursos da União aos órgãos e entidades dos Estados, Distrito Federal e Municípios para a execução de ações de resposta e recuperação nas áreas atingidas por desastre, e na Lei 10.257/2001 (Estatuto das Cidades).

Na Lei 12.340/2010, merecem destaque (i) a instituição, pelo governo federal, de cadastro nacional de municípios com áreas suscetíveis à ocorrência de deslizamentos de grande impacto, inundações bruscas ou processos geológicos ou hidrológicos correlatos (art. 3º-A); e (ii) a obrigação de adoção, pelos municípios, de providências para redução do risco, entre as quais a execução de plano de contingência e de obras de segurança e, quando necessário, a remoção de edificações e o reassentamento dos ocupantes em local seguro se verificada a existência de ocupações em áreas suscetíveis à ocorrência de deslizamentos de grande impacto, inundações bruscas ou processos geológicos ou hidrológicos correlatos.

O Estatuto das Cidades passou a exigir dos municípios incluídos no cadastro nacional de municípios com áreas suscetíveis à ocorrência de deslizamentos de grande impacto, inundações bruscas ou processos geológicos ou hidrológicos correlatos que seus planos diretores contemplem adicionalmente (art. 42-A, incisos I a V), entre outros, o "mapeamento contendo as áreas suscetíveis à ocorrência de deslizamentos de grande impacto, inundações bruscas ou processos geológicos ou hidrológicos correlatos" e "medidas de drenagem urbana necessárias à prevenção e à mitigação de impactos de desastres".

Convém observar que tais determinações para considerar riscos de desastres se aplicam para qualquer que seja a modalidade ou causa, não necessariamente decorrente de comprovação de efeito de mudanças do clima. No entanto, tais disposições podem contribuir para maior capacidade de atuação do Poder Público e da sociedade na prevenção e na gestão de riscos e efeitos associados a eventos climáticos extremos, especialmente em áreas de maior vulnerabilidade ambiental ou social, inclusive no que concerne às medidas de adaptação aos efeitos irreversíveis das mudanças do clima.

No cenário institucional para lidar com os desastres e efeitos catastróficos adversos associados à mudança do clima, conta-se, além da Defesa Civil presente em diversos entes da Federação, com o Centro Nacional de Monitoramento e Alertas de Desastres Naturais (CEMADEN), criado pelo Decreto 7.513. Vinculado ao Ministério da Ciência, Tecnologia, Inovações e Comunicações (MCTIC), tem a missão de "desenvolver, testar e implementar um sistema de previsão de ocorrência de desastres naturais em áreas suscetíveis de todo o Brasil e emitir alertas de desastres naturais". Também atua para "identificar vulnerabilidades no uso e ocupação do solo, com destaque para o planejamento urbano e a instalação de infraestruturas" e para indução de "ações efetivas e antecipadas de prevenção e redução de danos"[88].

Normas tributárias podem ter também papel relevante para mitigar ou ampliar as fontes de emissões ou conservar reservatórios e sumidouros que removam gases de efeito

---

88. Disponível em: [www.cemaden.gov.br/apresentacao/]. Acesso em: 21.06.2016.

estufa. Por exemplo, a redução de alíquotas do Imposto sobre Produtos Industrializados (IPI) incidentes sobre automóveis e sobre sistemas de aquecimento solar de água tem efeitos antagônicos: pode se aumentar a frota circulante e o consumo de combustíveis, no caso da redução do IPI para veículos automotores, no primeiro caso; no segundo, fomenta-se o uso de energia solar em edificações, promovendo-se menor demanda sobre o sistema elétrico nacional. Esse efeito, no segundo caso, é ainda mais relevante quando se considera a conjuntura de escassez hídrica e de aumento do consumo de energia elétrica, a qual tem levado ao acionamento das usinas termoelétricas a gás natural ou carvão. A utilização de tais combustíveis fósseis ocasiona emissões de gases de efeito estufa, como já antes mencionado.

2.3.3. Políticas e normas sobre mudanças de clima dos demais entes federativos

Em decorrência de nossa estrutura federativa, um dos desafios será a harmonização de normais legais e planos dos diversos entes federativos no campo ou de relevância para mudanças de clima. Esse tema já foi suscitado pela Comissão Mista Permanente sobre Mudanças de Clima (CMMC) do Congresso Nacional. Segundo estudo da CMMC[89], 22 estados e cinco municípios, capitais de estados, já contavam, em meados de 2013, com alguma iniciativa normativa ou de governança e participação em mudança de clima.

Alguns estados, como São Paulo, Goiás, Amazonas e Tocantins, e municípios editaram normas e programas específicos antes da edição da Lei Federal 12.187/2009 ou da elaboração do primeiro PNMC em 2008. Reconhecendo a importância do engajamento dos diversos setores da sociedade, diretriz também positivada no art. 6º, alínea *a*, do inciso III, da UNFCCC, diversos entes criaram fóruns, assemelhados ao Fórum Brasileiro de Mudanças de Clima (FBMC), para promover o diálogo e a participação na formulação de programas e normas. O Acre conta com legislação que contempla sistema de incentivos por serviços ambientais, sobretudo para a redução das emissões por desmatamento e degradação florestal (REDD). Nesse tema, há quem defenda a possibilidade jurídica da criação de sistemas subnacionais para REDD[90], tendo em vista que o Governo Federal possui estratégia que considera a linha de base para o país e não isoladamente por projeto ou por unidade federativa.

Embora a Constituição Federal tenha reservado à União a competência privativa (art. 22) para legislar sobre energia, e sobre minas, jazidas e outros recursos minerais, há diversas iniciativas municipais e estaduais, com base na disposição de competências para legislar de forma concorrente sobre defesa do solo e dos recursos naturais, proteção do meio ambiente e controle da poluição (art. 24, VI), com vistas a proibir a extração de gás de xisto mediante técnicas de fraturamento hidráulico (*fracking*), que são altamente impactantes e perigosas para o ambiente local e para as águas superficiais e subterrâneas, além da emissão associada à exploração e uso desse combustível fóssil. O Estado do Paraná,

---

89. CONGRESSO NACIONAL. Comissão Permanente sobre Mudanças Climáticas. Legislação Brasileira sobre Mudanças Climáticas. Brasília, DF, 2013. Disponível em: [www.congressonacional.leg.br/portal]. Acesso em: 30.11.2013.
90. LUDOVINO, Lopes. REDD+: Estudo jurídico sobre a possibilidade de criação de sistemas subnacionais nos Estados Brasileiros. Manaus, IDESAM, 2013.

primeira unidade federativa a proibir o fraturamento hidráulico, por meio da Lei 19.878, de 3 de julho de 2019, havia antes estabelecido a moratória (suspensão) da exploração do gás de folhelho com a Lei 18.947, de 2016. Em Santa Catarina, a Lei estadual 17.776, de 13 de agosto de 2019, proíbe a exploração de óleo e gás de xisto pelo método de *fracking* ou mineração convencional, ou outros métodos que tragam riscos à qualidade ambiental e à saúde humana.

Em nível subnacional, as ações climáticas têm sido bastante relevantes e sinérgicas no contexto das escolhas de desenvolvimento local. Leis e programas estaduais e municipais podem, em tese, ser até mais robustos e ambiciosos que iniciativas federais para mudanças de clima, mas deverão ser considerados aspectos como o já comentado "vazamento", ou seja, a fuga para territórios de outros entes de atividades que não logrem cumprir adequadamente as normas estabelecidas. Ainda, na esfera dos municípios e do Distrito Federal, oportunidades para inserção de medidas e normas relativas à mitigação de causas de mudanças de clima deveriam ser exploradas nos planos municipais de desenvolvimento urbano e de resíduos sólidos. Esses podem detalhar com maior precisão metas e iniciativas que só serão mencionadas genericamente em planos de envergadura nacional.

Além de observar as competências constitucionais, as normas, existentes ou a serem elaboradas, de estados, de municípios e do Distrito Federal devem levar em conta as peculiaridades locais, ou seja, os ecossistemas abrangidos, as atividades sociais e econômicas mais adequadas para a sustentabilidade e a dignidade do desenvolvimento humano, as atividades em curso e os instrumentos (inclusive os de necessário respaldo legal, como os fiscais) a fim de acelerar a transição para uma sociedade de baixo carbono e resiliente aos impactos das mudanças de clima. Assim, é compreensível que, em determinadas unidades da federação, os vários tipos (espécies) de pagamentos por serviços ambientais possam ser conciliados para promover a conservação e a redução de emissões associadas ao desflorestamento e à conversão de áreas naturais, enquanto que em regiões metropolitanas o foco e o acervo de instrumentos concentrar-se-ão nos desafios de mobilidade urbana, na eficiência do uso de energia, nos padrões construtivos e urbanísticos, de tal modo a diminuir a "pegada de carbono" e adaptar os assentamentos humanos urbanos aos impactos do aquecimento global.

É razoável também pressupor que certas regras para a transição para uma sociedade de baixo carbono poderão ser diferenciadas, com base no princípio da equidade, mas sem prejuízo aos princípios da precaução e da prevenção. Essa diferenciação pode ser fruto das diferenças regionais ou por outro critério, como a vulnerabilidade ambiental ou socioeconômica, ou ainda por critério assentado na avaliação dos riscos perante os impactos previsíveis.

2.3.4. Governança das iniciativas e dos desafios sobre mudanças climáticas

A governança de regimes multilaterais, de políticas e de programas nacionais, estaduais e locais vincula-se, em uma primeira vista, aos esquemas institucionais, historicamente construídos, que permitam concretizar os princípios da democracia participativa e de direitos de acesso à informação.

Na esfera federal, foram criados espaços para lidar com aspectos diretamente relacionados com a UNFCCC ou com a política e plano nacional, como também os colegiados e órgãos setoriais cuja ação ou omissão pode ser relevante na consecução de programas e metas nacionais em mitigação e adaptação às mudanças de clima. A Lei 12.187/2009, em seu art. 7º, apresenta um rol exemplificativo de instrumentos institucionais para a governança da política nacional, a saber: (i) o Comitê Interministerial sobre Mudança do Clima; (ii) a Comissão Interministerial de Mudança Global do Clima; (iii) o Fórum Brasileiro de Mudança do Clima; (iv) a Rede Brasileira de Pesquisas sobre Mudanças Climáticas Globais – Rede Clima; e (v) a Comissão de Coordenação das Atividades de Meteorologia, Climatologia e Hidrologia.

Entretanto, vale lembrar que outras instâncias de caráter deliberativo ou consultivo, tais como Conselho Nacional do Meio Ambiente, Conselho Nacional de Política Energética e Conselho Nacional de Cidades, têm papéis significativos para estimular, propor ou induzir práticas e normas, nos seus campos de atribuições, para um país de baixo carbono. Analogamente, nas esferas dos demais entes federativos, há instâncias com a função potencial, diria o dever, de internalizar mudanças de clima nas suas áreas de atividades. Em geral, tais instituições lidam com temas e desafios mais facilmente compreensíveis pela sociedade e gestores públicos locais, como os ligados à mobilidade, ao planejamento e ocupação do território, à habitação. Por isso, não devem ser menosprezadas as possibilidades desses órgãos não especializados em mudanças de clima de contribuírem para a regulamentação de práticas e condutas que internalizam desafios de mitigação e de adaptação.

Não obstante, diversas dessas instâncias foram eliminadas ou tiveram sua composição alterada, para reduzir a participação de setores específicos da sociedade, em geral os representativos de trabalhadores, comunidades vulneráveis, organizações sem finalidades econômicas atuantes na defesa de direitos coletivos e difusos, no bojo das medidas governamentais no primeiro semestre de 2019, por determinação da Presidência da República. Paralelamente, no início daquele ano, o governo federal resolveu também eliminar as áreas de mudanças de clima que congregavam quadro técnico e atribuições no MMA e, em parte, no MRE – Ministério de Relações Exteriores. Tais decisões, no contexto de evidências de abordagem negacionista de mudanças do clima por titulares de tais ministérios, por um lado, e de pressões de forças interessadas no aproveitamento de dinâmicas de desmatamento e de expansão da indústria de energia fóssil, por outro, geraram reações, no Brasil e no exterior, mas que foram incapazes de reverter o quadro de desmonte institucional dos órgãos e das instâncias federais para mudanças de clima e meio ambiente.

Pelo Decreto, sem número, de 07.07.1999, o Governo Federal havia criado a CIMC – Comissão Interministerial de Mudança Global do Clima, presidida pelo Ministério de Ciência e Tecnologia (MCT), com o objetivo de articular as ações de governo voltadas à implementação no país das suas obrigações junto à Convenção-Quadro de Mudanças de Clima. Essa comissão é integrada por representantes de 11 ministérios, com atribuições de opinar sobre políticas setoriais e leis, fornecer subsídios ao governo e sugerir critérios a serem adotados pelo Brasil para a mitigação e para a adaptação às mudanças de clima, de acordo com as estratégias nacionais de desenvolvimento sustentável e os compromissos da UNFCCC. No entanto, a atribuição que mais se efetivou desta CIMGC foi a de regulamentar e operacionalizar os procedimentos nacionais do MDL – Mecanismo de Desenvolvimento Limpo, emitindo pareceres sobre projetos preparados segundo as regras do regime multilateral e consoante o estabelecido pelo art. 12 do Protocolo de Quioto. Para tanto, a CIMGC publicou em 2003 a Resolução 001, com diretrizes gerais do MDL para o Brasil.

Pelo Decreto 10.223, de 5 de fevereiro de 2020, revogou-se, entre centenas de atos, o Decreto de 1999 que versava sobre a CIMC.

O Decreto 3.515, de 20.06.2000, criou o FBMC – Fórum Brasileiro de Mudança de Clima, ligado à Presidência da República, para servir de espaço de interlocução entre os vários setores da sociedade e instituições governamentais nas várias esferas de governo nas questões de mudança de clima no Brasil. O Fórum é formalmente presidido pelo Presidente da República e suas sessões solenes contam com a participação de autoridades do Poder Legislativo e de governos estaduais e municipais, e de representantes da sociedade civil. O secretário executivo desse Fórum é nomeado pela Presidência da República. As atividades do FBMC têm proporcionado disseminação de conhecimentos científicos, elaboração de subsídios para políticas nacionais e locais, além de consultas com a sociedade nos processos de elaboração e revisão do Plano Nacional de Mudanças do Clima.

O Comitê Interministerial sobre Mudança do Clima (CIM), criado pelo Decreto 6.263, de 21 de novembro de 2007, era formado por 16 ministérios e pelo Núcleo de Assuntos Estratégicos da Presidência e coordenado pela Casa Civil da Presidência da República. Tinha a função de articular e de supervisionar a elaboração e a implementação do Plano Nacional sobre Mudança do Clima (PNMC), e promover sua disseminação e revisão periódica, para assim alinhar as diversas iniciativas governamentais no tema. O FBMC era convidado a participar das reuniões do CIM, conforme previa o decreto. As atividades do CIM eram operacionalizadas por um Grupo Executivo (GEx), coordenado pelo Ministério do Meio Ambiente. No entanto, pouco antes da CoP25, em Madri, Espanha, em novembro de 2019, mediante o Decreto 10.145, o governo havia redefinido a composição e as atribuições do Comitê Interministerial sobre Mudança do Clima – CIM. Suas novas atribuições, com a "finalidade de estabelecer diretrizes, articular e coordenar a implementação das ações e políticas públicas do país relativas à mudança do clima", incluem, conforme seu artigo 2°, o que segue:

"I – definir as diretrizes para a ação do Governo brasileiro nas políticas relacionadas à mudança do clima, incluindo a atuação do Governo brasileiro na Convenção-Quadro das Nações Unidas sobre Mudanças do Clima – **UNFCCC**, promulgada pelo Decreto n° 2.652, de 1° de julho de 1998, e seus instrumentos relacionados;

II – coordenar e orientar as políticas dos órgãos federais que tenham impacto, direta ou indiretamente, nas emissões e absorções nacionais de gases de efeito estufa e na capacidade do País de se adaptar aos efeitos da mudança do clima, resguardadas as respectivas competências institucionais;

III – deliberar sobre as estratégias do País para a elaboração, a implementação, o financiamento, o monitoramento, a avaliação e a atualização das políticas, planos e ações relativos à mudança do clima, dentre os quais as sucessivas Contribuições Nacionalmente Determinadas – **NDC** do Brasil no âmbito do Acordo de Paris, promulgado pelo Decreto n° 9.073, de 5 de junho de 2017, e suas eventuais atualizações;

IV – acompanhar a execução da **NDC** apresentada pelo País no contexto do Acordo de Paris, e de atividades de transparência e provimento de informações, em cumprimento às decisões da **UNFCCC**;

V – propor atualizações da Política Nacional sobre Mudança do Clima – PNMC;

VI – estabelecer diretrizes e elaborar propostas para mecanismos econômicos e financeiros a serem adotados para viabilizar a implementação das estratégias integrantes das políticas relativas à mudança do clima, com a finalidade de promover a eficiência e efetividade da aplicação dos recursos e maximizar os benefícios e resultados da política;

VII – promover a coerência entre a PNMC e as ações, medidas e políticas que tenham impacto, direta ou indiretamente, nas emissões e absorções nacionais de gases de efeito estufa, e na capacidade do País de se adaptar aos efeitos da mudança do clima, sem prejuízo das respectivas competências institucionais; e

VIII – promover a disseminação das políticas, planos e ações relativos à mudança do clima, dentre os quais as sucessivas **NDC** do Brasil na sociedade brasileira."

O Painel Brasileiro de Mudanças Climáticas é um organismo científico criado pelos Ministérios da Ciência, Tecnologia, Inovações e Comunicações (MCTI) e do Meio Ambiente (MMA), pela Portaria Interministerial MCT-MMA 356, de 25 de setembro de 2009, com o "objetivo de reunir, sintetizar e avaliar informações científicas sobre aspectos relevantes das mudanças de clima"[91]. Inspirado no IPCC – o Painel Intergovernamental sobre Mudanças de Clima, criado pela Organização Meteorológica Mundial (OMM), conduz suas análises por meio de uma força tarefa sobre metodologia de inventários de gases de efeito estufa e três grupos de trabalho: 1 – base científica das mudanças climáticas; 2 – impactos, vulnerabilidades e adaptação; e 3 – mitigação das mudanças climáticas.

Para a governança e a participação da sociedade, importante destacar dois dispositivos do Decreto 6.263/07, revogado pelo Decreto 10.223, de 05 de fevereiro de 2020, ambos referentes à participação e à transparência na elaboração, implementação e atualização do PNMC. O seu art. 6º determinava a realização de consultas públicas, para manifestação dos movimentos sociais, das instituições científicas e de todos os demais agentes interessados. O art. 10 obrigava as instituições públicas federais, quando solicitadas e justificadas pelo GEx – Grupo Executivo da CIM, a fornecer informações necessárias à elaboração e à implementação do PNMC.

Algumas instituições que articulam interesses privados da indústria, do comércio, da agricultura e dos serviços têm estado presentes nos debates e nas instâncias nacionais relativas ao Plano Nacional e ao Fundo Clima. Confederações setoriais empresariais articulam os segmentos da indústria, do comércio, da agricultura e da pecuária, trazendo as perspectivas das empresas para o PNMC.

No campo da sociedade civil, é crescente o número de organizações que se voltam para tarefas de incidência ou monitoramento do cumprimento de programas públicos em mudanças de clima. Desde 1992, o Grupo de Trabalho sobre Mudanças de Clima (GT Clima) do FBOMS – Fórum Brasileiro de ONGs e Movimentos Sociais para o Meio Ambiente e Desenvolvimento, criado em 1990, articula perspectivas sobre a sustentabilidade e os desafios climáticos, sobretudo para a concretização de políticas e normas nacionais em mudanças de clima, com demandas nesse sentido desde meados dos anos 1990. Em 2002 e 2007, esse GT Clima demandou do governo federal a criação de políticas e programas para lidar com mudanças de clima.

O Observatório do Clima, criado em 2002 para articular grupos de conservação da natureza em torno de oportunidades de projetos de MDL, tem dado atenção também aos desafios da PNMC. Coalizões como o Fórum Mudanças de Clima e Pobreza, o Observatório

---

91. Disponível em: [www.pbmc.coppe.ufrj.br]. Acesso em: 02.12.2013.

de REDD do GTA – Grupo de Trabalho Amazônico, o movimento Carta de Belém, a ASA – Articulação do Semiárido Brasileiro, a Rede Brasil sobre Instituições Financeiras Multilaterais, a Rede de ONGs da Mata Atlântica são alguns exemplos de alianças de grupos da sociedade civil que lidam com questões específicas ou regionais associadas às mudanças de clima. O Observatório de REDD é instigante iniciativa voltada a avaliar programas públicos e projetos privados referentes aos instrumentos de redução de emissões associadas ao desmatamento e à degradação de florestas.

Tais organizações adicionalmente contribuem para a formação da agenda nacional em mudanças de clima, ou seja, apontam demandas, desafios, critérios e procedimentos que julgam mais justos e adequados para a consecução de interesses difusos e coletivos, constituindo-se assim em personagens importantes para a evolução do conjunto de normas legais e programas de ações governamentais e privadas para mudanças de clima. De fato, várias dessas redes têm sido chamadas, por instâncias como o FBMC, a CIM ou CIMGC, para participar de consultas públicas e para se engajar em processos de elaboração e revisão do PNMC e dos planos setoriais. Vale salientar que a participação e informação do público é determinação positivada na Convenção (art. 6º) e na Lei 12.187/2009 (art. 5º, V).

3. Conclusão

Para concluir, destacamos que as mudanças climáticas ensejam ainda evolução no campo das políticas estatais e das atividades corporativas e individuais e, em virtude da ocorrência de efeitos cada vez mais perceptíveis e graves, as normas e os programas deverão ser objeto de atualização e aprimoramento. Assim, aos formuladores e aplicadores de legislação, aos gestores públicos e aos operadores do Direito caberá a tarefa de sua contínua atualização para que o Estado Democrático de Direito e Sustentabilidade Socioambiental possa ser fortalecido.

Entretanto, as alterações normativas e de políticas públicas federais relativas aos temas de mudanças do clima, meio ambiente, entre outros assuntos, introduzidas desde o início de 2019, são sinais e fatos preocupantes para a sociedade brasileira e para o mundo para a significativa diminuição da capacidade e do interesse do Estado Brasileiro em lidar com urgência e seriedade os desafios de mitigação das causas e adaptação aos efeitos da crise climática global.

Enfim, relevante assim reiterar que se trata do imperativo de fazer avançar e assegurar o conjunto de direitos e normas que permitam, com o auxílio de políticas públicas e condutas voluntárias, a construção de sociedades sustentáveis, assentadas na integridade ambiental e na justiça.

Bibliografia

ANTUNES, Paulo de Bessa. *Direito Ambiental*. Rio de Janeiro: Lumen Juris, 2006.

ARAGÃO, Alexandra. Direito constitucional do Ambiente da União Européia. In: CANOTILHO, José Joaquim Gomes; LEITE, José Rubens Morato (Org.). *Direito Constitucional ambiental brasileiro*. 3. ed. rev. São Paulo: Saraiva, 2010.

AZEVEDO, Tasso. *Matriz energética global*. Disponível em: [http://planetasustentavel.abril.com.br/blog/blog-do-clima/]. Acesso em: 26.06.2014.

AZEVEDO, Tasso. *Um olhar sobre as emissões brasileiras de Gases de Efeito Estufa (1990-2011)*. Disponível em: [http://planetasustentavel.abril.com.br/blog/blog-do-clima/2013/09/06/um-olhar-sobre-as-emissoes-brasileiras-de-gases-de-efeito-estufa-1990-2011/]. Acesso em: 06.09.2013.

BARBOSA, Haroldo Camargo. Meio Ambiente, direito fundamental e da personalidade: da conexão às consequências na reparação. In: *Revista de Direito Ambiental*, n. 68, p. 49-74, out. 2012.

BORN, Rubens Harry. *Mudanças climáticas*: direitos, legislação e políticas públicas. São Paulo: Editora Livro da Eco, 2016.

BORN, Rubens Harry. Democracia, regimes internacionais e políticas de mudanças do clima. In: FERREIRA, Maria Augusta Soares de Oliveira; FARIAS, Talden; CIRNE, Lúcio Flávio Ribeiro (Org.). *Direito Ambiental*: uma perspectiva ambientalista: homenagem aos 30 anos da ASPAN. Recife: Fundação Antônio dos Santos Abranches, 2011.

BORN, Rubens Harry. Mudanças do clima e verdades inconvenientes. *Le Monde Diplomatique Brasil*, São Paulo, 05.07.2009. Disponível em: [www.diplomatique.org.br/artigo.php?id=532]. Acesso em: 30.11.2013.

BORN, Rubens Harry. *O princípio da proibição de retrocesso ambiental. Aspectos doutrinários e limites ao legislador*. 2013. Trabalho de Conclusão de Curso (Bacharel em Direito) – Faculdade Anhanguera, Taboão da Serra, 2013.

BORN, Rubens Harry. *Os regimes internacionais da Rio-92 (Agenda 21 e Convenções de Clima e de Biodiversidade): a participação de atores não governamentais, novos valores e instrumentos para a gestão do desenvolvimento humano*. Tese (Doutorado em Saúde Pública (Ambiental) junto ao Departamento de Saúde Ambiental) – Faculdade de Saúde Pública da Universidade de São Paulo, São Paulo, 1998.

BRASIL. MCTI Sirene – Sistema de Registro Nacional de Emissões. Disponível em: [http://sirene.mctic.gov.br/portal/export/sites/sirene/backend/galeria/fotos/2018/09/26/Infografico__Estimativas_V8_FINAL.png]. Acesso em 28.05.2020.

BROWN, Oli. Migration and Climate Change. In: International Organization for Migration. *IOM Migration Research Series*, Geneva, n 31, 2008. Disponível em: [www.iom.cz/files/Migration_and_Climate_Change_-_IOM_Migration_Research_Series_No_31.pdf]. Acesso em: 20.03.2016.

CANOTILHO, José Joaquim Gomes. Direito Constitucional ambiental português: tentativa de compreensão de 30 anos das gerações ambientais no direito constitucional português. In: CANOTILHO, José Joaquim Gomes; LEITE, José Rubens Morato (Org.). *Direito Constitucional ambiental brasileiro*. 3. ed. rev. São Paulo: Saraiva, 2010.

CONGRESSO NACIONAL. Comissão Permanente sobre Mudanças Climáticas. *Legislação Brasileira sobre Mudanças Climáticas*. Brasília, DF, 2013. Disponível em: [www.congressonacional.leg.br/portal]. Acesso em: 30.11.2013.

FBMC – Fórum Brasileiro de Mudanças Climáticas. *Curso de capacitação em mudança climática*. Módulo 1 – A ciência da mudança do clima, Rio de Janeiro, p. 23, 2010.

FBOMS. GT Clima. Mudanças climáticas e o Brasil. Contribuições e diretrizes para incorporar questões de mudanças do clima em políticas públicas. *FBOMS & Vitae Civilis*, Brasília e São Lourenço da Serra, 57 p., 2007.

FIORILLO, Celso Antonio Pacheco; FERREIRA, Renata Marques. Fundamentos constitucionais do Direito Ambiental Brasileiro. In: *Revista do Instituto de Direito Brasileiro*, Lisboa, ano 1, n. 2, p. 867-910, 2012. Disponível em: [www.idb-fdul.com/uploaded/files/2012_02_1127_1174.pdf.]. Acesso em: 30.04.2013.

FIORILLO, Celso Antonio Pacheco. *Curso de Direito Ambiental*. 8. ed. São Paulo: Saraiva, 2007.

GREENFAITH et al. *Interfaith Climate Change Statement*. 18.04.2016. Disponível em: [www.interfaithstatement2016.org/statement]. Acesso em: 23.04.2016.

GLOBAL CLIMATE STRIKE. *7.6 million people demand action after week of climate strikes*. Disponível em [https://globalclimatestrike.net/7-million-people-demand-action-after-week-of-climate-strikes/]. Acesso em 28.05.2020.

IPCC, 2018. Global Warming of 1.5 °C: an IPCC special report on the impacts of global warming of 1.5 °C above pre-industrial levels and related global greenhouse gas emission pathways, in the context of strengthening the global response to the threat of climate change, sustainable development, and efforts to eradicate poverty. Disponível em: [www.ipcc.ch/report/sr15/]. Acesso em: 14.10.2018.

IPCC, 2013. Summary for Policymakers. In: *Climate Change 2013*: The Physical Science Basis. Contribution of Working Group I to the Fifth Assessment Report of the Intergovernmental Panel on Climate Change. STOCKER, T. F., QIN D.; PLATTNER, G.-K.; TIGNOR, M. B.; ALLEN, S. K.; BOSCHUNG, J.; NAUELS, A; XIA, Y.; BEX, V.; MIDGLEY, P. M. (Eds.). Cambridge, United Kingdom and New York, NY, USA.

IPCC. *Final Draft Summary for Policymakers*. IPCC WGIII AR5, 2014.

LUDOVINO, Lopes. *REDD+*: Estudo jurídico sobre a possibilidade de criação de sistemas subnacionais nos Estados Brasileiros. Manaus: IDESAM, 2013.

LUTES, Mark; BORN, Rubens. *Brasil e os desafios em mudanças do clima*. Disponível em: [www.energiasur.com/cambioclimatico/LutesBornBrasilCambioClima.htm]. Acesso em: 30.11.2013.

MACHADO, Paulo Afonso Leme. *Direito Ambiental Brasileiro*. 14. ed. São Paulo: Malheiros, 2006.

MARGULIS, Sergio; DUBEUX, Carolina (Ed.); MARCOVITCH, Jacques (Coord.). *Economia da mudança de clima no Brasil*: custos e oportunidades. São Paulo: IBEP Gráfica. Disponível em: [www.scribd.com/fullscreen/34595160?access_key=key-o7i2sr431843t6irzyp]. Acesso em: 30.11.2013.

MILARÉ, Édis. *Direito do Ambiente*. 8. ed. rev., atual. e ampl. São Paulo: Ed. RT, 2013.

MORATO LEITE, J. Rubens; AYALA, Patrick de Araújo. *Dano ambiental*: do individual ao coletivo extrapatrimonial – teoria e prática. 5. ed. rev., atual. e ampl. São Paulo: Ed. RT, 2012.

NACHMANY, M.; FANKHAUSER, S.; TOWNSHEND, T.; COLLINS, M.; LANDESMAN, T.; MATTHEWS, A.; PAVESE, C.; RIETIG, K.; SCHLEIFER, P.; SETZER, J. *The GLOBE Climate Legislation Study*: A Review of Climate Change Legislation in 66 Countries, London, p. XI, 2014. Disponível em: [www.globeinternational.org/studies/legislation/climate]. Acesso em: 01.03.2014.

NOVAES, Washington. E ainda precisamos perguntar o que fazer. *O Estado de S.Paulo*, p. 3, 13.06.2014.

OBSERVATÓRIO DO CLIMA. Brasil tem emissões estáveis em 2018. Disponível em [http://www.observatoriodoclima.eco.br/brasil-tem-emissoes-estaveis-em-2018/]. Acesso em 28.05.2020.

OBSERVATÓRIO DO CLIMA. Nota Técnica: Impactos da Pandemia de Covid-19 nas Emissões de Efeito Estufa no Brasil. Disponível em [https://seeg-br.s3.amazonaws.com/OC_nota_tecnica_FINAL.pdf]. Acesso em 28.05.2020.

PESTON, Roberto. *Relatório faz alerta sobre danos "imensos" do aquecimento global*. Disponível em: [www.bbc.co.uk/portuguese/reporterbbc/story/2006/10/061030_analise_relatorio_crg.shtml]. Acesso em: 30.11.2013.

REIS, Alessandra Nogueira. *Responsabilidade internacional do Estado por Dano Ambiental*. Rio de Janeiro: Elsevier, 2010.

SALES, Rodrigo; KWON, Viviane Otsubo; FREDERIGHI, Patrícia Vidal. Aspectos jurídicos do Projeto de Carbono dos Suruí. In: VALLE, Raul Silva Telles do (Org.). *Desmatamento evitado (REDD) e povos indígenas*: experiências, desafios e oportunidades no contexto amazônico. São Paulo/Brasília: Instituto Socioambiental e Forest Trends, 2010.

SIRVINSKAS, Luís Paulo. *Manual de Direito ambiental*. 4. ed. São Paulo: Saraiva, 2006.

SENADO FEDERAL. COMISSÃO DE MEIO AMBIENTE. Avaliação da Política Nacional de Mudança do Clima. Sumário Executivo do Relatório. Brasília, Senado Federal, dezembro de 2019. Disponível em: http://legis.senado.leg.br/sdleg-getter/documento/download/28c64663-f9c-0-43cf-9c7d-7b88c6283746?. Acesso em 28.05.2020.

SPITZCOVSKY, Débora. *Desafios para mitigar emissões brasileiras de GEE*. Disponível em: [http://planetasustentavel.abril.com.br/blog/blog-do-clima/2013/09/09/como-estao-as-emissoes-no-brasil/]. Acesso em: 15.11.2013.

SPITZCOVSKY, Débora. *Novo perfil das emissões brasileiras de gases de efeito estufa*. Disponível em: [http://planetasustentavel.abril.com.br/blog/blog-do-clima/2013/11/07/como-estao-as-e-missoes-brasileiras-de-gee/]. Acesso em: 15.11.2013.

STEIGLEDER, Annelise Monteiro. *Responsabilidade civil ambiental*: as dimensões do dano ambiental no direito brasileiro. 2. ed. rev., atual. e ampl. Porto Alegre: Livraria do Advogado Editora, 2011.

TARTUCE, Flávio. *Manual de direito civil*. 3. ed. rev., atual. e ampl. Rio de Janeiro: Forense; São Paulo: Método, 2013. volume único.

UNITED NATIONS. Framework Convention on Climate Change. Conference of the Parties. Report of the Conference of the Parties on its twenty-first session, held in Paris from 30 November to 13 December 2015. Addendum Part Two: Action taken by the Conference of the Parties at its twenty-first session. Decisions adopted by the Conference of the Parties. Decision 1/CP.21 Adoption of the Paris Agreement. FCCC/CP/2015/10/Add.1. Disponível em: [http://unfccc.int/resource/docs/2015/cop21/eng/10a01.pdf#page=2]. Acesso em: 15.07.2016.

UNITED NATIONS. Resolution adopted by the Human Rights Council* 18/22. *Human rights and climate change*. A/HRC/RES/18/22. Disponível em: [www.ohchr.org/Documents/Issues/ClimateChange/A.HRC.RES.18.22.pdf]. Acesso em: 20.03.2016.

UNITED NATIONS. UNFCCC. Report of the Conference of the Parties on its Seventh Session, held at Marrakesh from 29 October to 10 November 2001. Addendum, Part Two: Action taken by the Conference of the Parties. FCCC/CP/2001/13/Add.1. Disponível em: [http://unfccc.int/resource/docs/cop7/13a01.pdf]. Acesso em: 26.11.2015.

UNITED NATIONS. UNFCCC. Report of the Conference of the Parties on its sixteenth session, held in Cancun from 29 November to 10 December 2010 Addendum Part Two: Action taken by the Conference of the Parties at its sixteenth session. FCCC/CP/2010/7/Add.1. Disponível em: [http://unfccc.int/resource/docs/2010/cop16/eng/07a01.pdf]. Acesso em: 26.11.2015.

VALENTE, R. Mourão forma Conselho da Amazônia com 19 militares e sem Ibama e Funai. 18.04.2020. Disponível em [https://noticias.uol.com.br/colunas/rubens-valente/2020/04/18/conselho-amazonia-mourao.htm]. Acesso em 28.05.2020.

MEIO AMBIENTE URBANO

Daniela Campos Libório[1]

Sumário: 1. Considerações introdutórias. 2. Interesse urbano: elementos jurídicos caracterizadores. 3. Natureza e meio ambiente. 4. Intersecção da matéria ambiental perante o direito urbanístico. 5. A incidência da legislação ambiental na cidade. 6. Meio Ambiente urbano. 7. O Estatuto da Cidade e o meio ambiente. 8. Considerações finais. Bibliografia.

> *"Nas sociedades ocidentais do fim do século, o desejo de cidade é contrariado pelo desejo de natureza. A cidade perdeu definitivamente seus atrativos? Não creio. Mas os urbanos do século XXI, decidirão eles viver, como desejam, numa cidade não-poluída e, portanto, abandonar seu automóvel nas portas da cidade ou nos estacionamentos? Na Idade Média, a cidade possuía uma beleza viva, mas estou convencido de que ela está prestes a conceber novos encantos que irão renovar sua sedução."*
> (Por amor às cidades – Jacques Le Goff, p. 153)

1. Considerações introdutórias

Este é o grande desafio de todos nós: tornar a vida coletiva saudável, possível de realizar sonhos e expectativas de cada um. Mas o que se tem visto é que os imensos aglomerados em que as cidades se tornaram é uma demonstração de desorientação e confusão generalizada. Há uma enorme dificuldade em se estabelecer ações prioritárias, em sequenciar valores e assumir responsabilidades. A vida de todo ser humano no planeta depende do que acontece nas cidades. O ritmo e a eficiência das cidades afetam o ritmo e a realização de cada um, mesmo que não habite em área urbana. Portanto, é possível afirmar que a gestão urbana é finalidade para uns e instrumento para outros. Uma parte depende da gestão urbana para viver, outros para viver melhor. O assunto já é tratado como problema de ordem global e a ONU possui setor especializado para debater o tema e fomentar ações que resgatem o equilíbrio das áreas urbanas e seus habitantes[2].

---

1. Doutora em Direito Urbanístico Ambiental. Professora da PUC-SP. Advogada, Presidente da Comissão Especial de Direito Urbanístico do CFOAB, 2019-2021.
2. UNHABITAT e SAFE CITIES são exemplos de programas das Nações Unidas referentes à gestão das cidades. Disponível em: [www.unhabitat.org].

Para o Direito, é uma provocação a uma reflexão permanente. O Direito contemporâneo encontra seu espaço dentro da realização e da realidade social. A partir desses focos, novas teorias jurídicas têm sido estruturadas, umas mais, outras menos aceitas. O fato é que urge uma revisão estrutural do Direito. Isso porque as urgências sociais têm demonstrado que o sistema jurídico aplicado, atualmente, é ineficiente e insuficiente diante da realidade posta. Seria reducionismo indicar um fator como responsável pela "inadequação contemporânea" do Direito.

No que tange à gestão urbana, normas de cunho urbanístico, que versam sobre estruturação e ordenação das cidades, existem há mais de 2000 anos. Com preocupações estéticas, de segurança e higiene, tais normas pouco evoluíram quanto ao debate encontrando seu espaço apenas diante de decisões estratégicas dos governantes. A população que ora habitava tais espaços era considerada em razão de sua utilidade perante o sistema (como na estrutura feudal). Entretanto, apenas no Estado pós-industrial é que emergiu uma problemática diferenciada à questão ordenadora. O intenso e rápido deslocamento da população do campo para as áreas urbanas inaugurou um fenômeno social irreversível: a urbanização do planeta (o Brasil tornou-se urbano na década de 60 e o mundo em 2009)[3].

O adensamento populacional sobre uma mesma área provoca, por si só, desafios de toda ordem (ambientais, sociais, políticos e econômicos). Quando agravado por intensa desigualdade sócio econômica faz emergir o melhor e o pior de nossa humanidade, pois a cidade tem sido o cenário da alma humana. Portanto, há que se separar, nem que seja pela busca à eficiência (o que não é pouco!) os objetos a serem trabalhados na ciência jurídica de forma a se delinear sistemas mínimos que garantam um caminho (procedimento) às soluções possíveis e desejáveis.

A situação das cidades (amplo senso) envolve questões de direitos humanos, direito previdenciário, economia (e mercado informal), direito processual (garantia do processo legal para população com baixo grau de instrução), questões de gênero (as mulheres são majoritariamente as chefes nas famílias de baixíssima renda), problemas de infância e juventude (vitimizadas e criminalizadas, cidadãos de rua), infraestrutura, políticas públicas entre outras abordagens possíveis. Fica claro que o direito à cidade vai além do Direito Urbanístico e isso não significa reduzi-lo, mas esclarecer seu objeto para que possa atingir sua eficiência máxima, planificadora e ordenadora dos espaços habitáveis. É por isso que a questão urbana está se tornando um problema de Estado a tornar efetivo o direito já garantido, de cidades mais justas, equilibradas, democráticas e sustentáveis.

Para que isso seja viável, o Direito como um todo, e o Direito Urbanístico, em particular, deverão enfrentar seus antagonismos, seus anacronismos e sintetizar seus objetivos a um só lugar: os objetivos da República, tão magistralmente insculpidos no artigo 3º da nossa Constituição Federal.

---

3. Segundo dados do IBGE [www.ibge.gov.br], a população brasileira conta com 211.600.686 pessoas distribuídas em 5.570 municípios. A região mais urbana é o Sudeste, com 93% da população vivendo em cidades e a menos urbana é o Nordeste, com 73%.

2. Interesse urbano: elementos jurídicos caracterizadores

A discussão acerca dos elementos que compõe a matéria urbanística traz o debate sobre competências além da inserção de uma terminologia que o Direito não tem acompanhado junto a outras ciências que estudam o fenômeno urbano. A deficiência jurídica terminológica resvala na manutenção de certas compreensões sobre o papel de cada ente federativo e a atribuição de suas responsabilidades, o que tem dificultado um melhor resultado na aplicação do próprio sistema jurídico.

O Direito brasileiro reconhece uma distinção entre área urbana e área rural (e.g. Constituição Federal, artigos 182 e 184). Os critérios mais aceitos para estabelecer essa distinção resumem-se na utilidade da área a ser categorizada (atividade agropecuária ou tipicamente urbana) ou nos elementos de expansão da infraestrutura urbana, apontados classicamente pelo art. 32 do Código Tributário Nacional.

Ocorre que o Estatuto da Cidade, Lei 10.257/01, dispõe que o Plano Diretor deve englobar todo o território municipal. Significaria, então, eliminar a classificação de áreas rurais, pois todas seriam urbanas? Significaria que o Plano Diretor é o instrumento adequado para determinar que o Município é todo urbano e será gerido por suas disposições e pela autoridade municipal (inclusive no que tange às questões tributárias)?

Tais entendimentos foram encontrados país afora. Sem dúvida, há a possibilidade de o Município demarcar área de expansão urbana e áreas urbanizáveis de forma a trazer um processo gradual de ocupação sobre certa área que antes possuía a característica de rural. Mas e os núcleos distantes, aqueles ocupados por populações tradicionais, ou áreas que ainda não receberam classificação de vila ou distrito. Aliás, vila distante da cidade é área urbana? Se o movimento centrífugo de expansão de uma cidade já traz dificuldades na aplicação do sistema jurídico, o que dizer das áreas ocupadas em territórios isolados?

Uma definição da classificação das áreas consideradas como urbanas traria a delimitação de responsabilidades não só com relação à efetivação dos direitos mínimos que parte da população brasileira necessita, mas também esclareceria as competências para tratar o avanço das ocupações de áreas ambientalmente protegidas e que são indissociadas de planos diretores ou políticas ambientais.

O problema não se restringe a um dilema pátrio. Fernando Alves Correia reflete sobre o assunto, invocando novas terminologias e uma necessária abertura de fontes para um melhor esclarecimento do assunto:

> "A ausência de um conceito uniformizado de população urbana leva a que o fenômeno da urbanização assuma aspectos muito variados de país para país e de região para região. Além disso, os quantitativos populacionais de cada cidade isolada ou de cada área metropolitana dependem das fronteiras que forem delineadas. Assim, os valores de população são substancialmente diferentes consoante se por esta e pelos seus arredores – que alguns autores designam por periurbana. Acresce que a separação entre espaços urbanos e rurais tende a esbater-se, devido ao fenômeno da "rurbarização", caracterizado por conjuntos de habitações dispersas por um espaço ainda parcialmente agrícola. Seja como for, e não obstante as dificuldades apontadas, tem sido possível proceder ao tratamento da informação fornecida por diversas fontes, históricas e estatísticas, no sentido de dispormos de uma idéia aproximada sobre a forma como tem evoluído, em diferentes países, a concentração as populações urbanas." (CORREIA, Fernando Alves. *Manual de Direito do urbanismo*, p. 30)

Em tais condições, cabe reconhecer que a cidade não é uma entidade com vida própria, independente e separada do território sobre o qual se levanta. Pelo contrário, insere-se nele como em um tecido coerente cuja estruturação e funcionamento resultam inseparáveis da cidade moderna. O objeto do urbanismo amplia-se, desse modo, até incluir não somente a cidade, mas todo o território, tanto no setor urbano como no rural.

Na evolução do processo de urbanização desde o século XVIII, as funções da cidade foram consagradas durante o século XX, delimitadas, pelo urbanismo e Direito Urbanístico, seus objetos de preocupação (lazer, moradia, circulação e trabalho) e a área de atuação (cidade). Entretanto, as transformações sociais ocorridas durante essas últimas décadas fizeram evoluir esse enfoque. Houve acréscimo de valores além da inserção de novos elementos na coordenação de espaços habitáveis. Meio ambiente e qualidade de vida, atualmente, estão necessariamente no rol das preocupações do Poder Público e da sociedade, e às cidades dão espaço para a consideração de núcleos urbanos, mesmo que não inseridos na área urbana consolidada.

3. Natureza e meio ambiente

O ser humano sempre usufruiu da natureza e dispôs do seu meio da forma que lhe fosse mais conveniente e, em geral, trouxesse satisfação imediata. Contudo, nessas últimas décadas, houve uma profunda mudança de enfoque, originada em descobertas científicas que comprovaram o exaurimento dos recursos naturais pelo sistema vigente de fruição com profundo risco de sobrevivência de incontáveis espécies (inclusive a humana) o que levou a considerar a natureza como passível de direitos. Nessa discussão, que tratou do processo de degradação da natureza, inseriu-se o ser humano como integrante da natureza. É o que esclarece ANTUNES, Paulo de Bessa. *Direito Ambiental*. 11. ed. Rio de Janeiro: Lúmen Júris, 2008:

> [...] "as raízes da compreensão de que a raça humana é parte integrante da natureza podem ser encontradas nos primórdios da era moderna e, em grande parte, são decorrências de descobertas científicas que foram os primeiros abalos significativos na ideologia da confrontação entre o homem e a natureza. [...].
>
> [...] O reconhecimento do diferente e dos direitos equânimes que estes devem ter é um relevante fator para assegurar uma existência mais digna para todos os seres vivos, especialmente para os humanos."

Assim, entender o ser humano como integrante da natureza é reconhecer uma necessidade de respeito mútuo para que se consiga atingir um equilíbrio. A conexão entre meio ambiente, qualidade de vida e desenvolvimento ficou definitivamente consagrada com a Declaração da Conferência das Nações Unidas sobre o meio ambiente, em 1972, conhecida como Declaração de Estocolmo[4].

Se o Direito sempre procurou normatizar a propriedade, a posse, uso e gozo que as pessoas dispunham sobre o solo e a natureza em geral, com esse enfoque o Direito tornou-se o instrumento adequado e necessário para traduzir essas novas necessidades, quais sejam, do direito que a própria natureza tem em ser protegida, do direito que o ser humano pode ter em usufruir da natureza e, na medida em que esses dois primeiros "direitos" forem atingidos (da natureza e sobre a natureza), alcançar-se-á o direito ao meio ambiente equilibrado e saudável (direito à natureza saudável e equilibrada).

A efetivação do direito ao meio ambiente ecologicamente equilibrado, essencial à sadia qualidade de vida, preconizado no artigo 225 da Constituição Federal Brasileira, só

---

4. https://legal.un.org/avl/pdf/ha/dunche/dunche_s.pdf.

é possível na medida em que o ser humano respeita o meio ambiente e respeita a forma e o limite do uso que dele possa fazer. Esse direto constitucionalmente assegurado é resultado de um comportamento social na qual o Poder Público, em todas as suas instâncias, bem como a sociedade, de maneira geral, é responsável.

Ocorre que transferir tais anseios para o mundo jurídico não é fácil, tendo em vista que o Direito se estruturou sobre o pilar do antropocentrismo e essas novas abordagens trouxeram uma ruptura com essa estrutura. Foi necessário estruturar conceitos jurídicos para expressões até então utilizadas apenas em linguagem metajurídica. O Supremo Tribunal Federal já se manifestou em diversos julgados sobre a visão biocêntrica, afastando uma visão exclusivamente antropocêntrica à aplicação do Direito, incorporando ao direito pátrio o respeito ao meio ambiente *per si*.[5]

Expressão fundamental dessa nova abordagem jurídica, o conceito de natureza pode ser descrito como "o conjunto de todos seres que formam o universo" e "essência e condição própria de um ser". Essas duas definições escolhidas por *Paulo de Bessa Antunes* resumem a totalidade de seres, seja uma vida ou todas elas conjuntamente consideradas.

Entretanto, quando se fala em meio ambiente significa incluir, além de todos os seres vivos, tudo aquilo que os envolver e for necessário para sua sobrevivência, considerando, inclusive, o lugar, o espaço em que estão adotando uma concepção bastante abrangente.

A definição de meio ambiente atualmente adotada no Direito Brasileiro também engloba um repertório mais amplo que a definição de natureza. Mesmo tendo sido criticada como redundante por parte da doutrina, essa expressão fixou-se como um conceito jurídico. A Lei Federal 6.938/81 dispôs em seu artigo 3º, I, o meio ambiente como um "conjunto de condições, leis, influências e interações de ordem física, química e biológica, que permite, abriga e rege a vida em todas as suas formas". O conceito do meio ambiente é, portanto, um conceito jurídico determinado.

4. Intersecção da matéria ambiental perante o direito urbanístico

Considerações – O meio ambiente tem sido objeto de estudo por parte da ciência jurídica na qual se consagrou chamar de Direito Ambiental. Contudo, todas as normas jurídicas referentes ao equilíbrio do meio ambiente serão de interesse público, fazendo com que sua compreensão e interpretação ocorram na seara do Direito Público.

O Direito Urbanístico é ramo jurídico de Direito Público e sempre seu interesse estará centrado na coletividade e as atividades urbanísticas serão, ao menos, fiscalizadas pelo Poder Público resolvendo-se, basicamente, dentro da esfera municipal: com iniciativa do Poder Executivo e participação da sociedade, o Poder Legislativo Municipal é quem deverá legislar a respeito dos interesses urbanísticos locais. Os problemas que ocorrem localmente deverão ser resolvidos na esfera local, conforme artigo 30, VIII e artigo 182 da Constituição Federal. Deve-se ressalvar, entretanto, que a instituição de regiões metropolitanas, aglomerações urbanas e microrregiões trazem um rearranjo institucional entre os municípios envolvidos e o Estado-membro, conforme art. 25 §3º da Constituição Federal e a lei federal nº 13.089/2015, o Estatuto da Metrópole.

---

5. E.g. ADC 42; ADI 4983; ADI 4901: ADI 4902; ADI 4903; ADI 4937.

Esse raciocínio também se estende parcialmente para as matérias ambientais, com relação a um critério espacial que determine das competências ambientais se a Constituição Federal não determinar diferentemente. Por consequência, se a norma jurídica foi elaborada em certa unidade federativa, o órgão executor será o seu equivalente. Nesse contexto, a inicial amplitude das matérias ambientais pode se reduzir a apenas uma parte para se adequarem aos limites do Direito Urbanístico.

Portanto, será mostrado, a seguir, através da estrutura metodológica proposta pela doutrina do Direito Ambiental, os pontos de intersecção entre o Direito Urbanístico e o Direito Ambiental.

Aspectos do meio ambiente – Perante a doutrina, o estudo do Direito Ambiental pode ser dividido em quatro aspectos: natural, artificial, cultural e do trabalho. O meio ambiente urbano é objeto de estudo do Direito Urbanístico e nele estão inseridos não só um, mas esses quatro aspectos do meio ambiente, senão, vejamos:

- Meio ambiente natural – Abrange todas as formas de vida, o meio em que vivem e os elementos responsáveis pelo seu equilíbrio. A fauna, a flora, seus ecossistemas, o solo, a água e o ar com a função ecológica que desempenham integram esse aspecto. A relação da inserção do meio ambiente natural no Direito Urbanístico ocorre por meio da proteção ao meio ambiente natural, inserido no contexto urbano seja isolando-o, dando acesso com uso limitado, proibindo o uso ou acesso e até estimulando o uso ou acesso adequados, delimitada por norma jurídica que proteja e resguarde certo aspecto ou o todo.

- Meio ambiente artificial – Abrange o meio ou os elementos que sofreram intervenção do ser humano, transformando seu aspecto, ou essência, dando-lhe utilidade diante das necessidades do ser humano. SILVA, José Afonso da. *Direito Ambiental Constitucional*, 6. ed. São Paulo: Malheiros, 2007. p. 21, adota a noção do todo, do coletivo para definir o meio ambiente artificial, pois o autor agrega ao conjunto de edificações os equipamentos públicos. Se adotarmos essa noção de meio ambiente artificial todo seu conteúdo se integrará ao objeto do Direito Urbanístico. Entretanto, se adotarmos postura mais extensiva, radicalizando a interpretação de meio ambiente artificial para todo o espaço que tenha sofrido intervenção modificadora do ser humano, desagregando a essa noção a ideia do conjunto a que se insere podendo ser pontuada de forma isolada, então nem todo meio ambiente artificial será objeto de tratamento pelo Direito Urbanístico. Dessa forma, o meio ambiente artificial pode-se expandir territorialmente para além do ambiente urbano que, para alguns juristas são expressões equivalentes.

Adotamos essa última noção na qual o meio ambiente artificial pode ser caracterizado face às intervenções e transformações provocadas pelo ser humano mesmo que em locais não urbanos, pois entendemos que uma estrada que atravesse uma floresta não deverá ser objeto de estudo do Direito Urbanístico e sim de normas jurídicas pertinentes ao meio ambiente artificial interferindo no natural. Ao mesmo tempo não conseguimos perceber como uma estrada dentro de uma floresta possa ser adequada dentro do meio ambiente natural.

Na verdade, houve ação modificadora pelo ser humano. Modificou-se o uso daquele espaço por meio da intervenção humana. Assim, o meio ambiente artificial pode estar em qualquer lugar, sendo caracterizado por ser fruto da intervenção do ser humano que acarrete a transformação de essência e uso do meio. Quanto às representações do meio ambiente artificial no meio ambiente urbano, podemos citar a construção, elaboração, a transformação ou extinção de edificações ou obras em qualquer de suas formas pelo Direito consagradas.

- Meio ambiente cultural – Esse aspecto se refere tanto ao meio ambiente natural como ao artificial desde que tenha ganhado especial relevo perante a sociedade. São elementos que adquiriram valor especial podendo alcançar esse significado diante da comunidade local, regional, nacional ou até internacional, recebendo um tratamento diferenciado perante a norma jurídica. O artigo 216 da Constituição Federal Brasileira indica o que vem a ser o meio ambiente cultural, referindo-se ao patrimônio cultural nacional. Esse artigo conceitua e delimita seu objeto. A proteção deve advir de todas as unidades federativas (art. 23, III e IV) e como remédio processual a Carta Suprema, indica o artigo 5º, LXXIII (ação popular), e o artigo 129, III (ação civil pública).

A preservação do patrimônio cultural é de suma importância. O passado nos serve de ponte entre o presente e o futuro ao ser recuperado pela memória. A memória, mais que um repertório funcional de dados, é um trabalho de construção do passado. Tais dados serão conformados no conteúdo, alterando-lhe, detalhando-lhe, simplificando-lhe, o que trará representações consensuais perante a memória grupal através de uma ideologia grupal. Por isso, a memória é transformada em instrumento de dominação ideológica. Adequa-se a narração do fato ocorrido às conveniências da atualidade. Há uma substituição de linguagem, da histórica para a formalística. Com isso, há perda da liberdade de pensar e agir.

De qualquer forma, reconhecer elementos como próprios, através do tempo, traz identidade. Essa é uma noção de conteúdo histórico. O ambiente em que crescemos e vivemos é o espaço por onde nossas lembranças reaparecerão. Assim, o espaço urbano traz as referências de identidade de um grupo social e somente serão compreendidas no ambiente histórico em que se produziram. Por isso devem ser categorizadas (valoradas) no território específico em que produzam tais sentimentos. Se assim forem feitos, uma postura de respeito poderá ser vivenciada pelos cidadãos.

O tombamento de móveis e imóveis, proteção de documentos, artes, traços culturais tudo isso recebe, desde longa data, proteção legislativa tendo, inclusive, medidas judiciais que inibem, cerceiam ou interrompem atos descaracterizadores desses elementos valorados pela sociedade. A cultura traduz os valores da sociedade. Se esta sociedade transforma seus valores, sua cultura também sofrerá interferência. Caberá à iniciativa do Poder Público detectar eventual ausência ou enfraquecimento dos valores necessários para a construção da cidadania responsável, estimulando, ensinando, informando a sociedade sobre, por exemplo, fatos históricos ou atuais, situações desejáveis que traduzam respeito, inibindo veementemente as atitudes que contrariem os valores sociais: respeito à privacidade, igualdade, valor do trabalho, saúde, educação (informação), família.

- Meio Ambiente do Trabalho – Na verdade, este aspecto é, em geral, um desdobramento do aspecto artificial que adquiriu relevo especial tendo em vista que o local do trabalho é o espaço em que o trabalhador passa boa parte da vida. Por isso, deve ser um ambiente saudável e equilibrado para proteger o trabalhador. A Constituição Federal destacou sua importância no artigo 200, VIII. Apesar de o meio ambiente do trabalho ser considerado distinto das relações estabelecidas pelo Direito do Trabalho, difícil é fazê-lo se considerarmos que ambos procuram neutralizar os aspectos perigosos e insalubres visando um ambiente estimulador e saudável.

Parece-nos que a característica diferenciadora se pauta pelo sujeito: ao meio ambiente do trabalho interessa que a coletividade esteja protegida, ao Direito do Trabalho busca-se a proteção de cada indivíduo, do interesse particular de cada trabalhador. A proteção da estrutura do ambiente do trabalho bem como sua boa conexão com as outras funções da cidade (habitação, transporte e lazer) podem trazer o bem-estar e o equilíbrio nas relações de trabalho e demonstra a ligação com o Direito Urbanístico.

5. A incidência da legislação ambiental na cidade

A Constituição Federal de 1988 atribuiu aos três níveis de governo competência administrativa em matéria ambiental, impondo-os à elaboração de políticas públicas nessa matéria. Isso implica em organização de pessoal técnico capacitado, além de orçamento específico para o cumprimento daquilo que estiver definido pelas políticas públicas. Vale destacar que Municípios e Estados não precisam de autorização da União para exercerem o poder de polícia administrativo ou organizarem seus serviços ambientais ou se utilizarem de instrumentos previstos na Lei federal 6.938/81, que define a Política Nacional do Meio Ambiente. Os incisos do § 1º do art. 225 da Constituição Federal definem ações, como preservar, restaurar, proteger, promover, direcionadoras das políticas públicas a serem implementadas. O artigo 23, detalhado pela Lei Complementar 140/2011, estabelece instrumentos, diretrizes e procedimentos para o exercício da competência comum ambiental.

Além do exercício da competência na elaboração de políticas públicas, e independentemente desta, o Poder Público não poderá se furtar a fiscalizar as ações predatórias ou ameaçadoras ao meio ambiente. Os incisos do § 1º e o § 2º do artigo 225 da Constituição Federal prescrevem ações fiscalizatórias mínimas, como controlar, exigir, submeter, complementadas pela legislação infraconstitucional.

Quanto à área de incidência da aplicação da legislação ambiental, esta se dá em todo o território nacional, bem como nas águas de competência de nosso Estado brasileiro. Portanto, não existe a exclusão de área, como na matéria urbanística. A questão controversa refere-se à eventual sobreposição de competência das duas matérias.

Inicialmente cumpre esclarecer que a legislação ambiental é aplicável em ambiente urbano. Não existe, em nosso sistema jurídico pátrio, qualquer elemento que indique uma interpretação diversa. Pelo contrário, todo o sistema jurídico converge para um sistema protetivo ao meio ambiente, em sua mais ampla concepção, que envolve o meio ambiente natural, o meio ambiente artificial, seus valores, seus elementos necessários para a boa qualidade de vida, numa perspectiva desenvolvimentista. O intérprete deverá harmonizar os diversos elementos, não priorizando valores além daqueles pactuados pelo Texto Constitucional.

O problema central ocorre no caso prático, quando existem duas ou mais esferas de Poder que, ao exercerem regularmente suas competências, demonstram-se antagônicas, derivando em comportamentos contraditórios de seus agentes públicos, prejudicando ou impedindo o exercício de um direito pelo cidadão. Como exemplo, citamos a exigência de expedição de licenças, ambiental e urbanística, que em muitos Municípios são excludentes entre si. Situações como essa empurram o cidadão para a ilegalidade, pois será impossível dar cumprimento exato às duas licenças, além de abrir espaço para ações de corrupção. Não foi o sistema jurídico que trouxe tal situação e sim sua má aplicação, o exercício inadequado das competências (como exemplo citamos o licenciamento de um posto de gasolina que exige licença ambiental e urbanística para seu funcionamento e, muitas vezes, critérios de cumprimentos divergentes e que são impossíveis de serem cumpridos simultaneamente).

A harmonização dos valores ambientais dentro do ambiente urbano é possível. Para isso, o Município deve ter seu plano urbanístico, sempre atualizado por um sistema de planejamento que dê, ao Poder Público local, condições de compreender e decidir com eficiência as diversas e complexas situações que ocorrem nos dias de hoje. Um plano urbanístico, respaldado por um sistema de planejamento traz credibilidade à decisão política, além de motivos que a sustentam juridicamente. Essa situação condicionará as demais esferas de Poder quando estas decidirem ações que possam interferir na dinâmica urbana.

Novamente trazemos a lição de Fernando Alves Correia ao identificar os mecanismos de planejamento como fundamentais para adequar e classificar o uso do solo:

> "Por último, os planos municipais de ordenamento do território devem definir o regime de uso do solo, através da classificação e qualificação do mesmo, assentando a classificação daquele bem na distinção, entre solo rural e solo urbano, sendo o primeiro 'aquele para o qual é reconhecida vocação para atividades agrícolas, pecuárias, florestais ou minerais, assim como o que integra os espaços naturais de proteção ou de lazer, ou que seja ocupado por infra-estruturas que não lhe confiram o estatuto de solo urbano', e processando-se a qualificação do solo rural través da sua integração em varias categorías, entre as quais de 'espaços agrícolas ou florestais afectos à produção ou à conservação".
>
> Verifica-se do exposto que existe uma relação muito estreita entre o regime jurídico das áreas florestais e o conteúdo prescritivos dos planos territoriais. Aliás, esta íntima ligação do regime jurídico das áreas florestais às disposições dos planos regionais e municipais de ordenamento do território constitui um dos pontos fundamentais do ordenamento e gestão florestal regulados na Lei de Bases da Política Florestal. (317-318)

O dano ambiental é indesejável pelos valores constitucionalmente apregoados. Por isso mesmo, estabelece uma escala que dimensiona o dano em seu aspecto territorial e qualitativo. Isso quer dizer que é possível haver alterações prejudiciais ao meio ambiente que sejam toleráveis pelo sistema jurídico, desde que previamente disposto pelas normas jurídicas. Se assim não fosse, seria impossível construir uma cidade, uma obra, uma ponte sobre um rio, pois sempre há a modificação do ambiente. A questão é estabelecer o quanto pode haver de modificação e o quanto estamos dispostos a suportar as alterações ao nosso meio ambiente.

6. Meio Ambiente urbano

De certa forma, sempre que for abordado o Direito Urbanístico, estar-se-á abordando algum aspecto do Direito Ambiental porquanto aquele sempre se refere ao meio em que as pessoas vivem e as relações nele estabelecidas. A relação entre o Direito Urbanístico e o Direito Ambiental não se restringe nem se refere à soma de dois conteúdos. Não é síntese. Na verdade, é a qualificação que o urbanismo moderno recebe ao transformar a dinâmica de seus objetivos às necessidades atuais.

Observe-se, contudo, que nem sempre tais aspectos ambientais são objeto de interesse do meio ambiente urbano: só o serão quando estiverem sendo considerados os núcleos urbanos. Significa dizer que sempre deverá estar presente o elemento humano, considerado na sua coletividade, com a ordenação dos espaços onde desenvolve suas atividades e a qualidade que se obtém das relações estabelecidas através desses elementos.

Portanto, estarão excluídas das considerações do meio ambiente urbano pessoas que vivam isoladas da comunidade, bem como elementos e aspectos ambientais que não estejam inseridos, pelo critério da territorialidade, na vida urbana. Assim, consideramos meio ambiente urbano como aquele representado por núcleos urbanos onde se desenvolvem e ordenam as funções urbanas e que pode abranger os diversos aspectos do meio ambiente, em conjunto ou isoladamente para que o ser humano possa obter qualidade de vida.

Considerando que a população mundial está, majoritariamente, em áreas urbanas, são urgentes as reações que os Estados devem ter para entender e tratar da relação entre meio ambiente e cidade, posicionando-se firmemente diante das pressões dos diversos segmentos sociais e econômicos que naturalmente ocorrem. Cabe, aos Estados, a visão de futuro e não abrir mão da possibilidade de garantir uma qualidade saudável para todas as formas de vida.

7. O Estatuto da Cidade e o meio ambiente

O desenvolvimento do direito urbanístico foi marcado por uma estruturação sistêmica que oportunizava a organização dos espaços privados (propriedades privadas) marcadamente imponente no crescimento de uma cidade. A vontade do Estado, nesse sentido, sequer era cogitada no que diz respeito à quantidade de solo que fosse sendo incorporado ao tecido urbano, servindo, quando muito, de gestor das vontades expansionistas urbanas.

A demanda por serviços públicos gerada desse crescimento não foi devidamente observada pelas autoridades pátrias, justificando a licença (inquestionável) das novas instalações no crescimento econômico e no direito à propriedade privada.

O resultado do tratamento fragmentado com que as cidades brasileiras tiveram foi a baixa qualidade de vida de seus habitantes com tráfegos caóticos, com resíduos sem tratamento, distribuição de água e energia deficitária entre outras mazelas no que deriva em um altíssimo custo para os recursos públicos e saúde e bem-estar da população. O Estatuto da Cidade consagra uma mudança fundamental no tratamento dos núcleos urbanos, inserindo diversos instrumentos novos, com características próprias.

A grande mudança a ser observada refere-se ao ponto de vista sobre a aplicação da legislação de temática urbana: mantém-se o direito à propriedade privada e o direito à livre iniciativa, mas como elementos de um conjunto maior a ser gerido pelo Estado na qual participam os interesses da coletividade urbana, o equilíbrio ambiental urbano, a sustentabilidade de consumo e uso da infraestrutura existente.

Portanto, o licenciamento de uma atividade ou obra não é mais uma questão estritamente privada a ser checada perante órgãos públicos, por meio de elementos vinculantes que consagrarão e confirmarão seu direito. Deverá ser observada a interferência que determinada obra ou atividade fará em seu entorno de maneira que possa haver um equilíbrio entre o aproveitamento individual da propriedade e o ônus que é "repartido" com a coletividade. Por exemplo, um supermercado gera um tráfego acentuado de caminhões e carros, produz ruídos em horários diversos (incluindo noturno) e atrai uma população que não é do bairro, gerando a circulação, um fluxo e uma dinâmica muito diferentes.

8. Considerações finais

A relação entre urbanismo e meio ambiente não pode ser mais negada. Nessa relação o melhor e o pior da sociedade aparecem: o respeito por todas as formas de vida e a degradação de valores que aniquila qualquer possibilidade de vida digna. A difícil tarefa de ordenar valores em cada caso prático oportuniza que elementos fundamentais sejam depreciados. Fundamentalmente, a questão econômica é o grande móvel que impulsiona as decisões. Ignorar o resultado financeiro que uma eventual licença ambiental ou urbanística pode trazer não resolverá os problemas.

A Constituição Federal consagra a livre inciativa e o direito de propriedade ao lado da proteção ambiental e dos direitos sociais. É papel fundamental de o Estado entender a gestão que deve fazer entre interesses tão complexos de serem compatibilizados. O poder público não deve assumir o tom de "autoridade", mas entender que é gestor de interesses múltiplos. Deve planejar suas políticas com base na realidade vigente, buscando viabilizar as pretensões trazidas no Plano Diretor, documento mestre da ordenação urbana.

O perfil de cada Município definirá a incidência da aplicação da legislação ambiental. Um Município agrícola deve ter um sistema jurídico que parcialmente se distingue de um Município industrial. Instrumentos urbanísticos serão usados diferentemente: no agrícola é fundamental um zoneamento ambiental, enquanto no industrial será necessária a instalação de ZEIS (zonas especiais de interesse social), pois o perfil do habitante de entorno de indústrias é de baixa renda. Aliás, áreas desocupadas sem vigilância perto de indústrias são alvos frequentes de invasão para moradia. As questões ambientais, nesse caso, focarão a poluição e o saneamento (ou falta dele). No Município agrícola a atividade rural poderá trazer prejuízos à saúde da população urbana, como no caso das queimadas, o uso de pesticidas ou a contaminação de lençol freático.

Fazer uma gestão democrática da cidade é obrigação do poder público municipal. Na verdade, o bom uso dos instrumentos democráticos, como consulta, debates, audiências e conselhos, traz um compartilhamento de responsabilidades, traz um processo de amadurecimento social em que a população toma ciência das questões que envolvem sua qualidade de vida e participam do processo decisório. Para o gestor público que age dessa forma, o ônus político é menor, pois todos os envolvidos participaram das decisões políticas urbano-ambientais. O quanto o meio ambiente deve estar preservado, quanto deve ser relativizado, quais bens ambientais são importantes para cada cidade. Por vezes é uma questão a ser decidida em âmbito democrático. Exemplo disso é a vocação, ou não, de um Município em se tornar estância turística, ou preservar certos prédios, ou fazer um parque. Casos prosaicos, como instalar ou não postes de iluminação considerando que podem atrapalhar a visão das estrelas, ou impedir que caminhões com alto-falantes possam passear pelas ruas por produzir barulho incômodo para os munícipes, são exemplos reais. Esses limites não estão definidos em lei federal, são limites da realidade local, regional. E quanto mais respeitados, mais equilibrado será o meio ambiente urbano.

Bibliografia

ÁLVAREZ, Luis Ortega. *Lecciones de Derecho del Medio Ambiente*. 4. ed. Espanha: Lex Nova, 2005.

ALFONSO, Luciano Parejo. *Derecho Urbanistico Instituciones Basicas*. Argentina: Ediciones Ciudad Argentina, 1986.

ANTUNES, Paulo de Bessa. *Direito Ambiental*. 11. ed. Rio de Janeiro: Lumen Juris, 2008.

BRAVO, Álvaro Sánchez. *Ordenación del Territorio Medioambiente*. Espanha: ArCibel Editores, 2009.

CARVALHO, José dos Santos. *Comentários ao Estatuto da Cidade*. 2. ed. Rio de Janeiro: Lumen Juris, 2006.

CORREIA, Fernando Alves. *Manual de Direito do Urbanismo*. Portugal: G.C. Gráfica de Coimbra, LDA, 2008.

DAIBERT, Arlindo. *Direito Ambiental Comparado*. Minas Gerais: Fórum, 2008.

DALLARI, Adilson Abreu; DI SARNO, Daniela Campos Libório. *Direito Urbanístico e Ambiental*. Minas Gerais: Fórum, 2011.

DALLARI, Adilson Abreu; FERRAZ, Sérgio. *Estatuto da Cidade (Comentários à Lei Federal 10.257/2001)*. 2. ed. São Paulo: Malheiros Editores, 2002.

DI SARNO, Danela Campos Libório. *Elementos de Direito Urbanístico*. São Paulo: Manole, 2004.

FERNANDES, Edésio; ALFONSI, Betânia. *Coletânea de Legislação Urbanística Normas Internacionais, Constitucionais e Legislação Ordinária*. Belo Horizonte: Fórun, 2010.

FIGUEIREDO, Diogo de; NETO, Moreira. *Introdução ao Direito Ecológico e ao Direito Urbanístico*. Rio – São Paulo: Forense, 1975.

FIGUEIREDO, Guilherme José Purvin de. *A Propriedade no Direito Ambiental*. 3. ed. Curitiba: Ed. RT, 2008.

FREITAS, Juarez. *Sustentabilidade:* Direito ao futuro. Belo Horizonte: Fórum, 2011.

GUEDDES, Patrick. *Cidades em Evolução*. Trad. Maria José Ferreira de Castilho. Campinas: Papirus, 1994.

LE GOFF, Jacques. *Por Amor às cidades*. São Paulo: Fundação Editora UNESP, 1998.

LEAL, Rogério Gesta. *A função social da propriedade e da cidade no Brasil*. Porto Alegre: Edusnic, 1998.

MACHADO, Paulo Affonso Leme. *Direito Ambiental Brasileiro*. 18. ed. São Paulo: Malheiros, 2010.

MEIRELLES, Hely Lopes. *Direito de Construir*. 8. ed. São Paulo: Malheiros Editores, 2000.

MOTA, Mauricio. *Fundamentos Teóricos do Direito Ambiental*. Rio de Janeiro: Elsevier, 2008.

MURGADAS, Enrique Argullol. *Estudios de Derecho Urbanístico*. Madrid: Instituto de Estudios de Administracion Local, 1984.

SILVA, José Afonso da. *Direito Urbanístico brasileiro*. 5. ed. São Paulo: Malheiros Editores Ltda., 2008.

SILVA, José Afonso da. *Direito Ambiental Constitucional*. 5. ed. São Paulo: Malheiros, 2004.

SOUZA, Demétrios Coelho. *O Meio Ambiente das cidades*. São Paulo: Editora Atlas S/A, 2010.

VARGAS, Heliana Comin; CASTILHO, Ana Luisa Howard de. *Intervenções em Centros Urbanos:* Objetivos, estratégias e resultados. Barueri–SP: Manole, 2006.

VIZZOTTO, Andrea Teichmann; PRESTES, Vanêsca Buzelato. *Direito Urbanístico*. Porto Alegre: Verbo Jurídico, 2009.

MEIO AMBIENTE CULTURAL

INÊS VIRGÍNIA PRADO SOARES[1]

SUMÁRIO: Introdução. 1. O percurso normativo do patrimônio cultural no século XX. 2. O encontro nada fortuito do patrimônio cultural com o patrimônio natural. 3. O meio ambiente como macrobem e sua tutela no ordenamento jurídico brasileiro. 4. Porque todos querem um lugarzinho para chamar de seu: princípios e instrumentos específicos para os bens ambientais culturais. 4.1. Bens culturais têm princípios para chamar de seus. Conclusão. Referências bibliográficas.

> *"Eu quero uma casa no campo*
> *Onde eu possa compor muitos rocks rurais*
> *E tenha somente a certeza*
> *Dos amigos do peito e nada mais*
> *[...]"*
> (Casa no Campo, José Rodrigues Trindade/Luiz Otavio de Melo Carvalho)

Introdução

Este capítulo tem por finalidade apresentar um aparato teórico para compreensão da proteção jurídica dos bens culturais sob a perspectiva do sistema protetivo ambiental brasileiro. O texto tem como pressuposto, e também como norte, a pergunta sobre o lugar (ou a casa) do patrimônio cultural no grande território do meio ambiente. A pergunta-pressuposto é um convite para pensarmos se já chegou o momento do meio ambiente cultural "ter um lugar para chamar de seu" ou se a hospitalidade e o acolhimento generoso do direito ambiental são suficientes para lhe garantir o merecido destaque no mundo jurídico.

Afinal, será que ter dúvida sobre "onde mora o meio ambiente cultural" seria um prejuízo para sua proteção ou acontece exatamente o contrário? Será que o "mobiliário" e estruturas que atendem às exigências dos elementos ecológicos do meio ambiente do trabalho ou do meio ambiente urbano na casa ambiental também atenderiam às necessidades dos bens culturais?

Organizei o texto em quatro tópicos: O percurso normativo do patrimônio cultural no século XX; O encontro nada fortuito do patrimônio cultural com o patrimônio natural;

---

[1]. Desembargadora Federal do TRF3. Mestre e Doutora em Direito pela Pontifícia Universidade Católica de São Paulo (PUC-SP). Realizou pesquisa em pós-doutorado no Núcleo de Estudos da Violência da Universidade de São Paulo (NEV/USP). Autora dos livros: Direito ao (do) patrimônio cultural brasileiro, Editora Fórum, 2009 e Crimes contra os bens culturais, selo Planeta Verde, 2017.

O meio ambiente como macrobem e sua tutela no ordenamento jurídico brasileiro; Porque todos querem um lugarzinho para chamar de seu: princípios específicos para tutela dos bens culturais.

Começo apresentando, dentro de um contexto cronológico, a evolução da tutela jurídica do patrimônio cultural no século XX, especialmente na última metade. Desde esse primeiro tópico, abordo a concepção atual de patrimônio cultural prevista na Constituição de 1988. As análises darão suporte ao desenvolvimento e à compreensão do tópico seguinte, que trata da convergência dos campos da cultura e da ecologia.

No *O encontro nada fortuito do patrimônio cultural com o patrimônio natural*, aponto a efervescência da junção dos elementos da cultura e da natureza em normas internacionais e locais. Nesse momento do texto, já é possível entender como e por que o uso do termo meio ambiente se consolidou, no plano jurídico, em um conjunto harmonioso de bens ecológicos/naturais e culturais (materiais e imateriais) merecedores de tutela, posto que essenciais para a dignidade do ser humano e para uma vida com qualidade.

No terceiro ponto do texto, refiro-me ao tratamento jurídico do meio ambiente como *macrobem*, inclusive no plano constitucional, no qual a tutela ambiental está atrelada à manutenção da sadia qualidade de vida, para a presente e para as futuras gerações (art. 225). Tratei os conceitos de meio ambiente cultural, desenvolvimento sustentável e socioambientalismo com a finalidade de realçar as especificidades dos bens culturais essenciais ao direito de viver dignamente e com qualidade. Para isso, tomei por base o art. 216 da Constituição, que oferece os subsídios centrais para a tutela do patrimônio cultural.

No último item, trouxe os pontos centrais para compreensão da tutela dos bens culturais ambientais a partir de um sistema principiológico específico, com a destinação de uma "casa só do meio ambiente cultural", uma moradia que contemple as peculiaridades desses bens que nem sempre se assemelham com as demandas protetivas dos bens ecológicos ou das outras categorias de bens culturais.

Embora os anos de pesquisa me permitam imaginar lugares para o meio ambiente cultural chamar de seu, não tenho uma resposta clara, única e definitiva para a pergunta-título do capítulo. Por isso, compartilho com vocês, leitoras e leitores, subsídios que me auxiliam a compreender a tutela do bem ambiental cultural no sistema de justiça brasileiro.

Oxalá surjam muitos textos com pistas sobre a localização do meio ambiente cultural! Alguns destes, com detalhes sobre seus quintais e jardins!

1. O percurso normativo do patrimônio cultural no século XX

O tratamento constitucional do patrimônio cultural ocorre no início do século XX, com realce para as Constituições Mexicana de 1917, Soviética de 1918 e Alemã de 1919. A da Alemanha teve influência sobre as Cartas produzidas entres as duas grandes Guerras Mundiais[2], inclusive na Constituição brasileira de 1934. No plano infraconstitucional europeu, podem-se mencionar o Decreto de 26 de maio de 1911 e o Decreto 20.985, de 7 de março de 1932, de Portugal[3]. E, também: a Lei 185, de 12.06.1902, da Itália; a Lei sobre

---

2. HERNÁNDEZ, Josep Ballart; TRESSERRAS, Jordi Juan i. Gestión del património cultural, p. 87.
3. NABAIS, José Casalta; TAVARES DA SILVA, Suzana. Direito do Patrimónío Cultural – Legislação. 2. ed. Coimbra: Almedina, 2006. p. 281.

os Monumentos Históricos, de 31.12.1913, da França; e o Decreto-lei de 09.08.1926, da Espanha[4]. A Constituição brasileira de 1934 abordou a defesa global do patrimônio histórico, reconhecendo sua titularidade pública[5] e contemplou os direitos sociais que passaram a integrar a base teórica e positiva do Estado Social brasileiro[6]. Em seu art. 10, III, atribuía à União e aos Estados a competência para proteger as belezas naturais e os monumentos de valor histórico ou artístico, cabendo ao Poder Público impedir a evasão de obras de arte. No art. 148, atribuiu à União, aos Estados e aos Municípios o dever de proteger os objetos de interesse histórico e o patrimônio artístico do país. Nos dispositivos da Constituição de 1934 e seguintes (de 1937, 1946 e de 1967 ou na EC 1/1969), apesar da menção à tutela de belezas naturais, ainda não há qualquer previsão a um direito fundamental ao acesso e à fruição dos bens ecológicos ou culturais, ao menos na dimensão que estes adquirem no Estado Democrático de Direito, como bens coletivos ou de interesse social/coletivo. Porém, todas as Cartas brasileiras antes de 1988 tratam da obrigação de proteção do patrimônio cultural (bens materiais, geralmente ligados ao patrimônio histórico) e dos recursos naturais pelo Poder Público, o que já gerava para os indivíduos e para a coletividade um direito subjetivo (que, a partir de 1965, podia ser exercido, por exemplo, via Ação Popular de 1965).

A previsão de tutela dos elementos intangíveis do patrimônio cultural também não está na Constituição de 1934, nem nas Cartas seguintes até a de 1988. Mas esse assunto também era presente desde a década de 1920, sendo tema de reflexão no meio intelectual e político nas discussões para elaboração do Decreto-lei 25/37, também conhecido como Lei do Tombamento.

As discussões que antecederam a edição do Decreto-lei 25/37 estavam sob influência do movimento modernista, em uma conjuntura sociocultural que buscava a valorização da identidade brasileira. A esse cenário, somaram-se a repercussão da crise econômica mundial na arena interna e a própria mudança socioeconômica, com o fortalecimento da elite industrial e comercial, que marcava nova fase do capitalismo em nosso País[7]. Foi nesse contexto que Mário de Andrade aceitou o convite para redigir um anteprojeto de lei para a proteção do patrimônio cultural brasileiro (que se transformou, com os ajustes,

---

4. Conforme citado por RODRIGUES, José Eduardo. O patrimônio Cultural nos Documentos Internacionais. In: Estudos de Direito do Patrimônio Cultural. RODRIGUES, José Eduardo; SOUZA MIRANDA, Marcos Paulo de. Belo Horizonte: Fórum, 2012. p. 290.
5. Ver SILVA, José Afonso da. Ordenação constitucional da cultura, p. 39 e ss.
6. Conforme BONAVIDES, Paulo. Curso de Direito Constitucional, p. 530.
7. Nas palavras de Maria Coeli Simões Pires: "Essa preocupação com os bens imateriais e com os demais elementos de identidade da cultura brasileira não emerge nova em nossos dias. A história registra que, na década de 30, o fortalecimento da elite industrial e comercial marcou nova fase do capitalismo em nosso País, com repercussão na cultura. O enfraquecimento dos laços de dependência com o exterior, ocasionado pela grave crise mundial, possibilitou a revalorização dos elementos constitutivos da identidade cultural nacional. Foi nesse período que o escritor Mário de Andrade foi convidado pelo então Ministro da Educação, Gustavo Capanema, a elaborar anteprojeto de lei que visasse à proteção estatal do patrimônio, consoante expusemos em capítulo próprio. E, já ali, para Mário de Andrade, as manifestações artísticas não se esgotavam nos objetos e monumentos." (PIRES, Maria Coeli Simões. Da Proteção ao Patrimônio Cultural, p. 85.)

no Decreto-lei 25/37). Naquele tempo, sua concepção de patrimônio já abarcava os bens culturais imateriais: as várias formas de expressão e manifestação do povo brasileiro; os elementos da identidade brasileira, mesmo que sem suporte físico (bens intangíveis em sentido estrito); as artes "não eruditas", entre outros[8]. Como em 1937 ainda não se falava em direito ambiental e em bens merecedores de tutela por integrarem o meio ambiente, o Decreto-lei 25/37 inova ao equiparar o meio ambiente natural ao "conjunto dos bens móveis e imóveis existentes no país e cuja conservação seja de interesse público, quer por sua vinculação a fatos memoráveis da história do Brasil, quer por seu excepcional valor arqueológico ou etnográfico, bibliográfico ou artístico" (art. 1º, *caput*). Essa previsão do art. 1º, § 2º, permitiria que os bens ambientais constituíssem o patrimônio histórico e artístico nacional:

> "§ 2º Equiparam-se aos bens a que se refere o presente artigo e são também sujeitos a tombamento os monumentos naturais, bem como os sítios e paisagens que importe conservar e proteger pela feição notável com que tenham sido dotados pelo natureza ou agenciados pelo indústria humana."

Além da edição da Lei de Tombamento no Brasil, foi promulgado também o Decreto-lei 4.146, de 1942, que protegia o patrimônio paleontológico do Brasil, indicando que os depósitos fossilíferos eram de propriedade da União e que a extração de fósseis dependia de autorização prévia. O tratamento de bens da natureza – como o patrimônio paleontológico, na seara cultural e museológica – é indicativo da percepção estatal da ligação entre bens ecológicos e culturais, desde a perspectiva do patrimônio cultural, já que a justificativa para a proteção dos fósseis é suma importância para compreensão da trajetória humana na terra.

No plano internacional, entre as décadas de 1930 a 1950, os movimentos políticos, sociais e econômicos nas diversas regiões do mundo e o surgimento de novos atores no quadro mundial trouxeram abordagens mais abrangentes de cultura e conduziram à busca de instrumentos efetivos para a salvaguarda dos recursos naturais e culturais essenciais para manutenção da qualidade de vida.

Podem-se mencionar, como exemplo dessa consolidação no âmbito normativo, três "Cartas de Atenas" que apresentam princípios válidos hoje na defesa dos bens culturais: a de 1931, produzida pelo Escritório Internacional dos Museus (Sociedade das Nações, órgão antecessor da Unesco); a de 1933, originária do Congresso Internacional de Arquitetura Moderna – CIAM; e a de 1937, originária da quarta edição do Congresso Internacional de Arquitetura Moderna – IV CIAM. Não cabe neste texto abordar o teor dessas Cartas, mas vale citar a menção do saudoso mestre José Eduardo Rodrigues sobre a noção já existente do princípio da precaução quando realça que a Carta de Atenas de 1931 "elenca, entre seus princípios gerais, item I, a necessidade de se evitar reconstituições integrais de monumentos, pela manutenção regular e permanente dos bens culturais, numa verdadeira antecipação do princípio da precaução hoje consagrado no Direito Ambiental Internacional"[9].

---

8. LEMOS, Carlos. O que é patrimônio histórico, p. 38 e 39.
9. Maria Cecília Londres da Fonseca enumera três condições específicas que levaram à formulação dos direitos culturais enquanto direitos humanos: "1. a extinção do colonialismo e o surgimento de Estados independentes em áreas de colonização europeia, que precisavam reconstruir uma cultura própria; 2. o aumento do consumo de bens culturais, em decorrência do maior acesso à educação

Apesar da previsão aos direitos culturais na Declaração Universal dos Direitos do Homem de 1948, que daria margem à abertura para incorporação de outros direitos e bens culturais[10] (especialmente, os bens imateriais: formas de expressão, modos de fazer e viver), a proteção naquele momento era voltada ao patrimônio cultural mais palpável/cotidiano, com a valorização de edificações e outros bens materiais que poderiam servir de referência para entender o passado e viver o presente. Foi um período marcado pela consolidação de alguns princípios e diretrizes para a tratativa do patrimônio cultural, até hoje balizadores das políticas públicas e da atuação para proteção dos bens culturais (e também para os ecológicos, embora nesse tempo ainda não existisse a menção ao direito ambiental). Uma das primeiras respostas normativas da comunidade internacional no pós-Segunda Guerra, foi a Convenção de Haia, de 1954[11], destinada especificamente à proteção de bens culturais em caso de conflito armado. Em 1970, a Unesco publicou a Convenção relativa às Medidas a Serem Adotadas para Proibir e Impedir a Importação, Exportação e Transferência de Propriedades Ilícitas dos Bens Culturais[12] com a nítida concepção de que a retirada de bens culturais materiais do seio da comunidade, causaria prejuízo também ao exercício dos direitos culturais e à formação ou consolidação dos bens imateriais. No âmbito local, desde a Lei do Tombamento, de 1937, já havia preocupação com a saída definitiva do país de bens culturais significativos: de objetos de interesse arqueológico, pré-histórico, histórico, numismático e artístico; obras de arte e de ofícios produzidos no Brasil até o fim do Período Monárquico, de livros antigos e acervos documentais (ver Decreto-lei 25/37, art. 14, Lei 3.924/61, art. 20, Lei 4.845/65, arts. 1º a 5º e Lei 5.471/68, arts. 1º a 3º). Posteriormente à Constituição de 1988, outras leis também trataram do assunto, valendo mencionar a art. 3º, inc. I, da Lei 8.394/91 (sobre os acervos documentais privados dos presidentes da República), art. 13 da Lei 8159/91 (lei de arquivos) e o art. 63 da Lei 11.904/09 (lei dos museus).

Na década de 60, surge a proteção do patrimônio arqueológico no cenário normativo brasileiro. A menção expressa aos bens arqueológicos no plano constitucional se deu na Constituição de 1967 que, em seu art. 172, parágrafo único, destacou que as jazidas arqueológicas ficavam sob a proteção especial da União. Mas, com base na Carta de 1946, foi editada a Lei 3.924/61, que tratava dos bens arqueológicos, dando-lhes a feição de bens de interesse público[13]. No art. 2º de referida Lei, que define os monumentos arqueológicos ou sítios pré-históricos, é apresentado um rol de elementos integrantes do meio ambiente natural, que passam a ser protegidos exatamente por serem locais que abrigam informações preciosas do ponto de vista arqueológico. Tomamos, como exemplo, a alínea *b* do citado

---

        formal e do desenvolvimento dos meios de reprodução técnica; 3. a antropologização do conceito de cultura, que passou a abranger a atividade humana em geral, e as manifestações de qualquer grupo humano, o que levou à consciência da necessidade de defender as culturas primitivas, ou de minoria, ameaçadas por culturas mais poderosas." (FONSECA, O patrimônio Cultural nos Documentos Internacionais... Ob. cit., p. 291.

10. FONSECA, Maria Cecilia Londres da. O Patrimônio em Processo: Trajetória da Política Federal de Preservação no Brasil. 3. ed. Rio de Janeiro: UFRJ, 2009. p. 73.
11. A Convenção foi promulgada pelo Decreto 48.551, de 11 de novembro de 1958.
12. A Convenção foi promulgada pelo Decreto 72.312, de 31 de maio de 1973.
13. PROUS, André. Arqueologia brasileira, p. 25.

art. 2°, que considera "os sítios nos quais se encontram vestígios positivos de ocupação pelos paleoameríndios tais como grutas, lapas e abrigos sob rocha, como bem arqueológico. No âmbito internacional, a percepção da necessidade de proteção do patrimônio cultural em face de projetos desenvolvimentistas ganha consistência, especialmente a partir da Carta de Veneza, de 1964[14], que traz uma nova abordagem para patrimônio histórico. Em seu artigo 1°, alarga a compreensão de monumento histórico para além da criação arquitetônica isolada, com a abrangência do ambiente urbano ou paisagístico que constitua o testemunho de uma civilização particular, de uma evolução significativa ou de um acontecimento histórico. Essa noção se aplica não somente às obras monumentais, mas também às obras modestas que, com o tempo, tenham adquirido um significado cultural. Nesta Carta de Veneza, é declarado que a conservação e a restauração dos bens históricos devem ter como objetivo a proteção não apenas do bem material, das obras de arte, mas também do testemunho histórico, já que a importância do monumento não está apenas na sua materialidade, mas naquilo que representa. Por isso, o monumento é inseparável da história de que é testemunho e do meio em que se situa.

No plano latino-americano, em 1967, sob a influência da Carta de Veneza, na Reunião sobre a Conservação e Utilização de Monumentos e Sítios de Valor Histórico e Artístico em Quito, foi produzido documento que afirma a percepção de que o bem histórico contribui para o desenvolvimento econômico de toda a região[15]. Mais que isso, aponta para a importância da proteção dos bens ambientais (ecológicos e culturais) por serem recursos sociais, culturais e econômicos com impacto positivo no desenvolvimento da região. Em 1972, a Convenção para a Proteção do Patrimônio Cultural e Natural Mundial da Unesco[16] foi aprovada em um contexto mundial no qual a necessidade de respeito à diversidade cultural e de contenção à devastação ambiental eram assuntos que estavam na ordem do dia. Como observa Luiz Oosterbeek: Em grande medida, a evolução do conceito de patrimônio cultural nas últimas décadas, deslocando-se progressivamente da esfera dos monumentos e sítios para a esfera das paisagens culturais, visou acomodar a crescente diversidade e divergência de interesses socioculturais, tentando oferecer a cada um deles o direito à coapropriação de um conjunto de marcadores territoriais, na esperança de que tal evitasse rupturas e novos conflitos de fronteira. A própria ideia de patrimônio mundial da Humanidade nasce, em 1972, com esse propósito globalizador e pacificador, combinando as preocupações de preservação que haviam emergido no quadro da Segunda Guerra Mundial com as novas inquietações sobre o meio ambiente e a lógica inelutável da globalização.[17] Apesar da intenção de prevenir rupturas e de pacificação, ao não incluir os bens

---

14. O documento que ficou conhecido como Carta de Veneza foi produzido pela União Internacional dos Arquitetos e é, em verdade, o registro das conclusões do II Congresso Internacional de Arquitetura e de Técnicos de Monumento Histórico, ocorrido em 1964, na Itália.
15. Capítulo VI, artigo primeiro, considerações inaugurais do documento: "Valorizar um bem histórico ou artístico equivale a habilitá-lo com as condições objetivas e ambientais que, sem desvirtuar sua natureza, ressaltem suas características e permitam seu ótimo aproveitamento. Deve-se entender que a valorização se realiza em função de um fim transcendente, que, no caso, da América Ibérica, seria o de contribuir para o desenvolvimento econômico da região."
16. Aprovada pela Conferência Geral na 17ª reunião da UNESCO em 1972.
17. OSTERBEEK, Luiz. Marcadores Territoriais. In: Patrimônio cultural, direito e meio ambiente: um debate sobre a globalização, cidadania e sustentabilidade, p. 17.

imateriais na definição de patrimônio cultural da humanidade, a Convenção da Unesco de 1972 provocou uma reação por parte de muitos países, especialmente dos países em desenvolvimento, que demandavam a necessidade de proteção da cultura tradicional e popular[18]. O grupo de países descontentes, liderado pela Bolívia, solicitou formalmente à Unesco a realização de estudos que apontassem formas jurídicas de proteção das manifestações da cultura tradicional e popular como um importante aspecto do Patrimônio Cultural da Humanidade[19]. Esse contexto permitiu a ampliação do conceito de patrimônio cultural, especialmente porque a busca de elementos imateriais na definição de patrimônio cultural refletia os interesses e os conflitos sociais dos povos menos favorecidos, com impactos positivos na tutela do conjunto de bens ambientais, não se restringindo aos culturais. Os recursos ecológicos, a começar pelo território, passam a ter maior importância, já que começam a ser vistos como imprescindíveis para a vida cultural das comunidades, especialmente de comunidades tradicionais, povos indígenas e outras minorias culturais. Desse modo, o meio ambiente natural é considerado um elemento para a garantia da diversidade cultural e vice-versa. Nas lições de Pedro Paulo Funari e Sandra Pelegrini:

> [...] "as sociedades foram, cada vez mais, interpretadas como compostas por diversos grupos sociais, eles próprios fluidos e em constante mutação, com interesses possivelmente conflitantes. Como consequência, os próprios conceitos de ambiente e cultura sofreram alterações. O meio ambiente e a cultura foram, muitas vezes, valorizados por seu caráter único e excepcional. Com o despertar para a importância da diversidade, já não fazia sentido valorizar apenas, e de forma isolada, o mais belo, o mais precioso ou o mais raro. Ao contrário, a noção de preservação passa a incorporar um conjunto de bens que se repetem, que são, em certo sentido, comuns, mas sem os quais não pode existir o excepcional. É nesse contexto que se desenvolveu a noção de imaterialidade do patrimônio.[20] A concepção de patrimônio cultural com novos elementos agregados, inclusive com bens não excepcionais ou "bens que se repetem", e as manifestações contemporâneas de cultura foram incorporadas pelos Estados Democráticos, tanto pelas Constituições como também na gestão administrativa ambiental e cultural."

O patrimônio cultural brasileiro, de acordo com a Constituição, é composto pelos bens de natureza material e imaterial, tomados individualmente ou em conjunto, portadores de referência à identidade, à ação, à memória dos diferentes grupos formadores da sociedade brasileira, nos quais se incluem: formas de expressão, modos de fazer, criar e viver, criações científicas, artísticas e tecnológicas, obras, objetos, documentos, edificações e demais espaços destinados às manifestações artístico-culturais e conjuntos urbanos e sítios de valor histórico, paisagístico, artístico, arqueológico, paleontológico, ecológico e científico (art. 216 da CF).

Assim, o direito ao meio ambiente cultural passa a figurar como direito fundamental: a) pela estrutura normativa dos dispositivos constitucionais como: a do artigo 215 ("O Estado garantirá a todos o pleno exercício dos direitos culturais e acesso às fontes da cultura nacional..."), a do artigo 216, § 1º (com a previsão do dever de proteção e promoção

---

18. Nesse sentido, Juliana Santilli indica a liderança da Bolívia em protestar, junto à UNESCO, sobre a exclusão das manifestações e expressões da cultura tradicional (SANTILLI, Patrimônio imaterial: proteção jurídica da cultura brasileira, p. 73-78).
19. SANT'ANNA, Marcia Genésia de. Relatório Final das Atividades da Comissão do Grupo de Trabalho Patrimônio Imaterial (Introdução), p. 15.
20. FUNARI, Pedro Paulo; PELEGRINI, Sandra C. A. Patrimônio histórico e cultural, p. 24-25.

dos bens culturais pelo Estado, com a colaboração da sociedade) e a do artigo 225 ("Todos têm direito ao meio ambiente..."); b) pela colocação do direito ao patrimônio cultural, tangível ou intangível, como pressuposto para o exercício dos outros direitos fundamentais, a começar pelo direito à vida digna e com qualidade (arts. 216, art. 215, § 1º, arts. 3º, 5º e 6º e arts. 205 e 220); e c) pela distribuição dos direitos fundamentais em todo texto constitucional, sendo o rol do art. 5º, por força do disposto em seus §§ 2º e 3º, meramente exemplificativo.

Ao mesmo tempo, o bem cultural ambiental surge no cenário constitucional lançando o desafio da compatibilização do seu inerente traço de interesse público com o seu atributo de bem portador de valor econômico. Nas palavras de Carlos Frederico Marés de Souza Filho:

> "Todos os bens culturais são gravados de um especial interesse público — seja ele de propriedade particular ou não. Aliás, isto ocorre não apenas com os bens culturais, mas também com os ambientais em geral. Esta nova relação de direito entre os bens de interesse cultural ou ambiental com o Estado e os particulares vem dando margem a uma nova categoria de bens, os bens de interesse público que não se reduz apenas a uma especial vigilância, controle ou exercício do poder de polícia da administração sobre o bem, mas é algo muito mais profundo e incide diretamente na sua essência jurídica. A limitação imposta aos bens de interesse público é de qualidade diferente da limitação geral imposta pela subordinação da propriedade privada ao uso social. [...].
>
> Ao mesmo tempo que a cidadania passa a ter direitos em relação ao bem cultural, como a visualização, a informação e o direito a exigir da Administração a sua manutenção e conservação, passa a ter obrigações em relação a ele, que estão diretamente ligados a sua proteção, constituindo crime qualquer agressão a ele cometida.[21] Enquanto país detentor de imensa biodiversidade ambiental e cultural e produtor de bens culturais, o Brasil precisa encontrar meios para alcançar a sustentabilidade social, econômica e cultural. Essa tarefa, embora possa ser dividida entre Estado e comunidade, é tipicamente estatal, já que vinculada ao dever de atender às demandas da cidadania cultural (direitos fundamentais culturais)."

Para avançarmos na reflexão, é importante compreendermos os marcos do encontro normativo entre meio ambiente e patrimônio cultural. É o que veremos a seguir.

2. O encontro nada fortuito do patrimônio cultural com o patrimônio natural

Especialmente, a partir da sua segunda metade do século XX, há um movimento internacional que passa a trabalhar para, em um consenso global, produzir normas destinadas à preservação, à promoção, à proteção e à manutenção da qualidade de vida em um cenário de desenvolvimento e de sustentabilidade.

Desde os anos de 1970, os recursos naturais e culturais passaram a ser vistos como merecedores de uma proteção normativa mais específica, que levasse em conta as peculiaridades dos bens e das pessoas que deles usufruíam diretamente ou que a eles estavam vinculadas. Esse ajuste na concepção protetiva tem seu marco em momento anterior, no pós-II Grande Guerra Mundial, quando se firma a concepção de que os povos têm direito à autodeterminação, que a garantia de todas as liberdades são fundamentais para o ser humano viver com dignidade e que os indivíduos tem o direito de participar dos processos decisórios que envolvam o acesso e fruição aos direitos e bens da vida, o direito ao desenvolvimento, numa perspectiva de sustentabilidade (inclusive ambiental). Essa

---

21. SOUZA FILHO, Carlos Frederico Marés de. Bens culturais e proteção jurídica, p. 21.

concepção é a base de diversos documentos internacionais de direitos humanos: na Declaração Universal dos Direitos Humanos (1948); a Declaração Americana dos Direitos e Deveres do Homem (1948); o Pacto Internacional dos Direitos Econômicos, Sociais e Culturais (1966) e o Pacto de São José da Costa Rica (1969). No que toca à busca de concretização dos direitos humanos no âmbito regional, vale destacar que Brasil é Estado Parte na Convenção Americana desde 1992 e que está submetido à competência contenciosa da Corte desde 1998, de acordo com o artigo 62 da Convenção.

Nas argumentações preambulares da Convenção para a Proteção do Patrimônio Cultural e Natural Mundial, Unesco, 1972, fica constatado que "o patrimônio cultural e o patrimônio natural estão cada vez mais ameaçados de destruição, não apenas pelas causas tradicionais de degradação, mas também pela evolução da vida social e econômica que as grava através de fenômenos de alteração ou destruição ainda mais importantes"[22]. Neste documento, o patrimônio cultural é composto por monumentos[23], conjuntos[24] e sítios[25] e o Patrimônio Natural, por monumentos naturais[26] e sítios naturais[27]. Foi criado o Comitê Intergovernamental de Proteção do Patrimônio Cultural para ser seu centro operacional[28] e duas características devem estar presentes conjuntamente para que o bem seja considerado patrimônio da humanidade: a monumentalidade e a excepcionalidade. Numa clara vinculação entre meio ambiente natural e cultural, o conceito de paisagem cultural está presente nesta Convenção de 1972 e tem como objetivo o reconhecimento de porções singulares dos territórios, onde a inter-relação entre a cultura e os elementos ecológicos confere à paisagem uma identidade singular. Seguindo essa concepção, a Convenção Europeia da Paisagem[29] constata, em seu preâmbulo, que: as evoluções das técnicas de produção agrícola, florestal, industrial e mineira e das técnicas de ordenamento do território, do urbanismo, dos transportes, das infraestruturas, do turismo, do lazer e, de modo mais geral, as alterações na economia mundial estão, em muitos casos, a acelerar a transformação da paisagem."

Também no ano de 1972 também se realizou, em Estocolmo, a Conferência das Nações Unidas para o Meio Ambiente, na qual se destacou a necessidade de um empenho

---

22. A Convenção se caracteriza, como disposto em seu preâmbulo, pela "criação de novas disposições estabelecendo um sistema eficaz de proteção coletiva do patrimônio natural de valor universal excepcional, organizado de modo permanente e segundo métodos científicos modernos".
23. Os monumentos podem ser: obras arquitetônicas, esculturas, pinturas, vestígios arqueológicos, inscrições, cavernas.
24. Conjuntos: grupos de construções.
25. Sítios: obras humanas e naturais de valor histórico, estético, etnológico ou científico.
26. Monumentos naturais: formações físicas e biológicas.
27. Sítios Naturais: áreas de valor científico ou de beleza natural.
28. Esse Comitê tem a função de gestão (art. 11), de divulgação (arts. 27 a 29) e de materialização da inscrição para a concessão de assistência técnica e financeira (arts. 24 a 26) da Lista do Patrimônio Mundial. O Comitê deve ser provocado pelos Estados, que apresentarão os bens candidatos ao título, cabendo-lhe decisão de aprovação dos bens e determinação da inclusão dos mesmos nas listas e inventários. Só são aprovados pelo Comitê os bens que tenham as características de atemporalidade e dentro da Lista do Patrimônio Cultural há outra lista, que é a dos bens em perigo.
29. Florença, 2000.

global para proteção do meio ambiente e de seu entorno como forma de preservação da vida humana, que estaria ameaçada pela destruição do meio ambiente[30]. A Convenção de Estocolmo[31] enunciou, como seu primeiro princípio, que "o homem tem o direito fundamental à liberdade, à igualdade e a condições satisfatórias de vida, em um meio ambiente cuja qualidade lhe permita viver com dignidade e bem-estar". A expressão *condições satisfatórias de vida* indicava a necessidade de fortalecimento e valorização dos bens materiais (naturais e culturais) e culturais imateriais que contribuíssem para o bem-estar da sociedade. Na América Latina, absorvidas as diretrizes da Reunião sobre a Conservação e Utilização de Monumentos e Sítios de Valor Histórico e Artístico de 1967, em Quito, o tratamento em conjunto da cultura e natureza se consolida na década de 70. A Carta de *Machu Picchu* (1977)[32] e o Tratado de Cooperação Amazônica (1978)[33] são documentos que já destacam a importância do uso dos bens naturais e culturais em uma perspectiva de sustentabilidade. Na Carta de *Machu Picchu*, foi referendada a incorporação de valores socioculturais nos processos de restauração dos monumentos e foram retomadas muitas das questões anteriormente abordadas na Convenção de Estocolmo (1972), com o olhar nas questões ambientais vinculadas às sociais[34]. No mesmo sentido, foram as diretivas estabelecidas no Tratado de Cooperação Amazônica, entre as quais vale destacar: a cooperação para o crescimento do turismo, sem prejuízo das disposições nacionais de proteção das culturas indígenas e dos recursos naturais (art. XIII), e a cooperação a fim de assegurar a eficácia de medidas para a conservação das riquezas etnológicas e arqueológicas da Região Amazônica (art. XIV).

Como já mencionado no tópico anterior, o Brasil incorporou a Convenção relativa às Medidas a Serem Adotadas para Proibir e Impedir a Importação, Exportação e Transferência de Propriedades Ilícitas dos Bens Culturais, da Unesco, de 1970, e editou diversas normas para proibir a saída definitiva do país dos bens culturais de relevância para a comunidade, desde o Decreto-Lei 25/37.

Portanto, no início da década de setenta, a concepção do desenvolvimento sustentável começava a se consolidar e as demandas para proteção dos bens ecológicos e culturais geravam a elaboração, pela Unesco, de Convenções sobre meio ambiente e sobre patrimônio cultural e natural mundial. Esses diplomas internacionais influenciaram o tratamento dos temas no Brasil.

No decorrer da década de 70 e início dos anos 80, além da consideração dos bens culturais (materiais) como bens ambientais, houve a consolidação do conceito de patrimônio cultural composto por bens culturais materiais e imateriais, com um olhar atento para as comunidades tradicionais e os povos indígenas cuja cultura era intrinsecamente ligada aos recursos ecológicos e ao território ocupado. A diversidade cultural ganhou espaço.

---

30. Como dito no preâmbulo da aludida Convenção.
31. Convenção de Estocolmo sobre Meio Ambiente e Desenvolvimento. Unesco, 1972.
32. Encontro Internacional de Arquitetos.
33. Brasília, 03.07.1978. Este Tratado tem como signatários as Repúblicas da Bolívia, do Brasil, da Colômbia, do Equador, da Guiana, do Peru, do Suriname e da Venezuela.
34. No entendimento de Pedro Paulo Funari, essa Carta foi um importante documento para as reflexões acerca da preservação dos bens culturais latino-americanos. Ver FUNARI, Pedro Paulo. Patrimônio Histórico Cultural, p. 36.

Embora a Recomendação sobre a Conservação dos Bens Culturais ameaçados pela execução das obras públicas ou privadas[35] (1968) já definisse bens culturais como *produto e testemunho das diferentes tradições e realizações intelectuais do passado*, constituindo um elemento essencial da personalidade dos povos, foi a *Recomendação de Nairóbi* (1976)[36] que forneceu a conceituação atual de patrimônio cultural, como "bens que sejam expressão e testemunho da criação humana e da evolução da natureza, que tenham ou possam ter valor e interesse histórico, artístico, científico ou técnico, segundo os organismos designados por cada Estado". Este documento apresentou características essenciais para a concepção atual de patrimônio cultural: a) ser escolhido/destacado pelos órgãos públicos ou privados indicados para esta função pelo Estado onde o bem se encontrava; b) ser o bem expressão e testemunho da criação humana ou da evolução da natureza; c) ser o bem referencial, ou seja, ter valor e interesse, real ou potencial, em um dos aspectos que se apresentava a cultura: histórico, artístico, científico ou técnico. Poucos anos depois da Carta de *Machu Picchu*, da *Recomendação de Nairóbi* e do Tratado de Cooperação Amazônica e, sob influência direta da Convenção de Estocolmo, foi promulgada no Brasil a Lei 6.938/81, conhecida como Lei de Política Nacional do Meio Ambiente (doravante LPNMA).

A partir da LPNMA, foi possível estruturar um sistema de proteção ambiental, no qual a relação entre atividade econômica e meio ambiente passou a ser regulada por normas que estabeleciam mecanismos e obrigações para os empreendedores e para o Poder Público. A possibilidade de participação da sociedade na defesa do meio ambiente e dos bens ambientais autonomamente considerados também assumiu maior consistência, principalmente em razão dos instrumentos legais previstos.

Também em 1981, mesmo ano da promulgação da LPNMA, surge, no âmbito internacional, a Carta Africana de Direitos Humanos e dos Povos. O direito ao desenvolvimento é um processo específico de desenvolvimento econômico, social e cultural que facilita e possibilita a realização de liberdades e direitos fundamentais[37] e visa expandir capacidades e habilidades básicas das pessoas para que usufruam seus direitos e tenham acesso aos bens da vida. No entanto, o desenvolvimento é não somente um direito: é um veículo para efetividade de dignidade da pessoa humana, um instrumento de ligação intra e intergerações, o qual requer a constante construção e manutenção das bases materiais para a vida com dignidade[38]. A Declaração sobre o Direito ao Desenvolvimento (ONU, 1986) surge como

---

35. Unesco, Paris.
36. Oficialmente, denominada Recomendação relativa ao Intercâmbio Internacional de Bens Culturais.
37. Para aprofundar o conceito e saber mais sobre a evolução do direito ao desenvolvimento, ver: SENGUPTA, Arjun K. On the Theory and Practice of the Right to Development. Human Rights Quarterly, v. 24, n. 4, p. 837-889, november 2002.
38. Flávia Piovesan destaca que a Carta Africana de Direitos Humanos e dos Povos se distingue dos demais instrumentos internacionais e regionais de proteção dos direitos humanos e desde seu preâmbulo podem ser notados quatro aspectos que demonstram sua feição própria e peculiar, os quais devem orientar a interpretação do documento: a) a atenção conferida às tradições históricas e aos valores da civilização africana; b) a gramática dos "direitos dos povos", os quais, segundo o preâmbulo, devem necessariamente garantir os direitos humanos numa perspectiva coletivista; c) a previsão não apenas de direitos civis e políticos, mas de direitos econômicos, sociais e culturais;

documento que redimensiona, confirma e formaliza a concepção de desenvolvimento como direito interdependente e indivisível dos demais direitos humanos. Sob esse enfoque, o documento destaca também a necessidade de cooperação internacional e de utilização de mecanismos, inclusive no âmbito local, que garantam as liberdades e promovam as capacidades dos povos e dos indivíduos[39]. Tendo como denominador comum a necessidade de se garantir um patamar mínimo de dignidade humana, com qualidade de vida, as normas e aportes doutrinários que declaram o desenvolvimento e a proteção do meio ambiente como direitos têm fundamentos semelhantes, que se retroalimentam. Esse indicador comum alcança e fortalece também os bens culturais, tanto como elementos do meio ambiente como enquanto bens autônomos. A aproximação fica muito clara quando pensamos no princípio do desenvolvimento sustentável, incorporado como princípio na Declaração do Rio de Janeiro/92, mas que tem sua construção e consolidação desde os anos de 1960.

A equidade intergeracional decorreu da constatação de que o desenvolvimento econômico dissociado da busca de uma melhoria da qualidade de vida traria consequências desastrosas a médio e longo prazo. Restou claro no plano mundial, a partir das décadas de 60/70, que o aproveitamento mal planejado (ou mesmo não planejado) dos recursos naturais e culturais acabaria "por liquidar as potencialidades de desenvolvimento oferecido pela base territorial, levando a um esgotamento e a uma esterilização feitos ao maior custo e ao menor benefício (social)"[40]. Essa percepção conduziu à construção do princípio do desenvolvimento sustentável, sistematizado no final dos anos 80, no Relatório de Brundtland, com base no tripé proteção ambiental, crescimento econômico e equidade social[41].Com a Constituição de 1988, a visão de meio ambiente como patrimônio uno, composto de bens naturais e culturais foi consolidada, havendo um maior compartilhamento dos instrumentos protetivos para os bens autonomamente considerados. Como diz o ministro Herman Benjamin:

> "saímos do estágio da miserabilidade ecológica constitucional, próprias das Constituições liberais anteriores, para um outro, que, de modo adequado, pode ser apelidado de opulência ecológica constitucional, pois o capítulo do meio ambiente nada mais é do que o ápice ou a face mais visível de um regime constitucional que, em vários pontos, dedica-se, direta ou indiretamente, à gestão dos recursos ambientais.[42] O art. 225 da Constituição direciona as condutas do Estado e da sociedade no sentido de compatibilização da ação humana no meio ambiente e da valorização da função dos bens ambientais. O Poder Público e a sociedade devem também tutelar autonomamente os bens que integram o *macrobem* ambiental, já que, somente com equilíbrio entre interesses humanos e proteção *per se* do meio ambiente, pode-se chegar à sadia qualidade de vida. Nesse sentido, as discussões

---

e d) a concepção do cumprimento dos deveres como ação interdependente e inter-relacionada ao gozo dos direitos e liberdades. (PIOVESAN, Flávia. Verbete Carta Africana de Direitos Humanos e dos Povos. In: Dicionário de Direitos Humanos. Disponível em: [www.esmpu.gov.br/dicionário]. Acesso em: 20.06.2010.

39. Nos termos dos arts. 1º e 2º da Declaração sobre o Direito ao Desenvolvimento. ONU (1986).
40. MILARÉ, Édis. Processo coletivo ambiental, p. 262.
41. Cf. SANTILLI. Socioambientalismo e novos direitos: proteção jurídica à diversidade biológica e cultural, p. 31.
42. BENJAMIN, Antonio Herman V. O meio ambiente na Constituição Federal de 1988. In: Kishi, Sandra Akemi Shimada; SILVA, Solange Teles da; SOARES, Inês Virgínia Prado (Org.). Desafios do Direito Ambiental no Século XXI. Estudos em homenagem a Paulo Affonso Leme Machado. São Paulo: Malheiros, 2005.

travadas sobre o uso de animais como recursos culturais, econômicos, sociais – em materiais publicitários, pratos culinários, rituais religiosos, espetáculos, festas ou obras de arte – apresentam situações bem diversas e desafiadoras. As posições adotadas por órgãos da administração ou pelo judiciário, inclusive pelo Supremo Tribunal Federal, também dependem do caso concreto e sempre exigem uma ponderação entre os direitos em jogo.[43] A perspectiva de proteção ambiental para as gerações futuras, prevista no citado dispositivo constitucional (art. 225), exige que os agentes públicos e privados adotem posição compatível com as metas de sustentabilidade e com os parâmetros legais estabelecidos para a política cultural e ambiental[44]. No que tange à participação da coletividade na preservação e na proteção do bem ambiental e de todos os seus elementos, a Constituição prevê não só a responsabilidade compartilhada entre Estado e sociedade, mas também a necessidade de respeito à diversidade cultural. Como em outros países, o sistema ambiental brasileiro adotou a visão de que somente é possível proteger o meio ambiente das agressões e antecipar medidas que evitem ou minimizem danos futuros, ainda desconhecidos, por meio da comunicação interdisciplinar e da adoção de medidas baseadas na prevenção e na precaução. A doutrina da conservação estática do patrimônio cultural cede espaço para a concepção dinâmica, com a consideração, no patrimônio cultural, também dos elementos intangíveis que representem as diversas formas de expressão e manifestação da cultura de um povo ou uma comunidade, com destaque para a diversidade."

Com isso, a relevância do meio ambiente e do seu entorno para a tutela efetiva dos bens culturais passa a ser incorporada nas normas ambientais. A concepção constitucional de patrimônio cultural brasileiro e de meio ambiente como direitos fundamentais resulta da soma da experiência e realidade jurídica, social e econômica da sociedade brasileira com a extração dos traços principais do patrimônio cultural e ambiental decorrentes dos debates internacionais e nacionais. Por consequência, o sistema ambiental brasileiro é fortemente marcado pelo caráter preventivo.

É possível afirmar que o encontro entre os patrimônios cultural e natural foi resultado de estradas anteriormente construídas que levaram os andarilhos a um caminho comum e inevitável, repleto de trocas ricas, apesar de assimétricas e por vezes desafiadoras.

3. O meio ambiente como macrobem e sua tutela no ordenamento jurídico brasileiro

Desde os anos 1980, no Brasil, a proteção ambiental não é tratada em função do interesse exclusivo do homem (e da geração presente), mas sim em função de outros valores importantes para a manutenção da humanidade na Terra.

A LPNMA trouxe a concepção jurídica de meio ambiente como *macrobem* (visão integrada dos aspectos ecológicos e culturais) e a previsão de instrumentos administrativos específicos para proteção ambiental. Além disso, instituiu o Sistema Nacional de Meio Ambiente (SISNAMA) e o Conselho Nacional do Meio Ambiente (CONAMA) que, logo em sua primeira Resolução, modificou a tutela do patrimônio cultural material atingido

---

43. Foi o que ocorreu no julgamento proferido em 1ª instância acerca dos rodeios, em espetáculos em que são infligidos aos animais tratamentos cruéis, pela utilização de instrumentos aptos a produzir sofrimento atroz e desnecessário, incompatíveis com a legislação em vigor (Proc. 326/1999-SP – j. 31.03.2000 – Juiz Substituto Fábio Marcelo Holanda), existe uma necessidade de compatibilização e ponderação dos valores constitucionais, prevalecendo o valor autônomo do bem ambiental como imprescindível para a valorização da sadia qualidade de vida.
44. No mesmo sentido, DERANI, Cristiane. Direito Ambiental Econômico, p. 168; e MACHADO Paulo Affonso Leme. Direito Ambiental Brasileiro, p. 66.

pelas obras e atividades de grande porte[45]. O artigo 3º, inciso I, da LPNMA[46], forneceu subsídios para que a doutrina tratasse o meio ambiente como um *macrobem*. Nas palavras de José Rubens Morato Leite, "esta conceituação não aponta os elementos corpóreos que compõem o meio ambiente, mas considerou-o um bem incorpóreo e imaterial"[47]. Assim, o *macrobem* chamado meio ambiente é composto por elementos corpóreos e incorpóreos que têm conceituação e regime próprios (florestas, flora, água, mineração, garimpo, caça, energia nuclear, patrimônio cultural, patrimônio arqueológico etc.). O meio ambiente passa a ser considerado instituto e instrumento realizador da dignidade da pessoa humana. Um veículo que, ao mesmo tempo, conduz e reflete a qualidade de vida[48]. Por isso, os elementos que o integram devem portar valores e características que, isoladamente ou em interação (ou em conjunto) com outras partes, possibilitem a realização da vida digna em um ambiente sadio: O meio-ambiente, embora como interesse (visto pelo prisma da legitimação para agir) seja uma categoria difusa, como *macrobem* jurídico é de natureza pública. Como bem – enxergado como verdadeira 'universitas corporalis'– é imaterial, não se confundindo com esta ou aquela coisa material (floresta, rio, mar, sítio histórico, espécie protegida etc.) que o forma, manifestando-se, ao revés, como o complexo de bens agregados que compõe a realidade ambiental.

> "Assim, o meio-ambiente é bem, mas bem como entidade que se destaca dos vários bens materiais em que se firma, ganhando proeminência, na sua identificação, muito mais valor relativo à composição, característica ou utilidade da coisa do que a própria coisa.
>
> Uma definição como esta de meio-ambiente, como *macrobem*, não é incompatível com a constatação de que o complexo ambiental é composto de entidades singulares (as coisas, por exemplo) que, em si mesmas, também são bens jurídicos: o rio, a casa de valor histórico, o bosque com apelo paisagístico, o ar respirável, a água potável.[49] A conceituação de meio ambiente nessa amplitude e sua inserção como bem de uso comum do povo, com a preponderância do interesse público, só é possível graças à previsão de instrumentos e princípios que garantam a tutela do meio ambiente – especialmente o estudo prévio de impacto ambiental, a responsabilidade civil objetiva, a participação e a informação nos processos decisórios ambientais e a legitimidade ativa do Ministério Público para a defesa do meio ambiente (desde 1985, com a Lei da Ação Civil Pública), os quais fortalecem e direcionam o sistema específico de proteção do patrimônio cultural brasileiro."

A abordagem constitucional de meio ambiente, insculpida no art. 225, pautou-se na dignidade da pessoa humana e no dever de busca constante de um patamar mínimo de sadia qualidade de vida para toda a população. O estabelecimento prévio dessa ligação entre dignidade da pessoa humana e da sadia qualidade de vida conduz à interdependência da matéria ambiental com as manifestações e bens culturais[50]. No mais, a perspectiva

---

45. Resolução CONAMA 001/86.
46. Este dispositivo define meio ambiente como "o conjunto de condições, leis, influências e interações de ordem física, química e biológica, que permite, abriga e rege a vida em todas as suas formas".
47. LEITE, José Rubens Morato. Introdução ao Conceito Jurídico de Meio Ambiente, p. 60.
48. Art 3º da Lei 6.938/81 define meio ambiente como "o conjunto de condições, leis, influências e interações de ordem física, química e biológica, que permite, abriga e rege a vida em todas as suas formas".
49. BENJAMIN, Antonio Herman V. Função Ambiental, p. 75.
50. Como aduzem José Rubens Morato Leite e Patryck de Araújo Ayala: "Cogita-se, aqui, qualificar a transdisciplinariedade (sic) do Direito Ambiental através do exercício de um discurso ecológico de integridade, que qualifica a juridicidade do discurso ambiental através do prévio estabelecimento

constitucional da proteção ambiental para as gerações futuras exige que os agentes públicos e privados adotem posição compatível com as metas de sustentabilidade e com os parâmetros legais estabelecidos para a política cultural e ambiental[51]. No que tange à participação da coletividade na preservação e na proteção do bem ambiental e de todos os seus elementos, a Constituição prevê não só a responsabilidade compartilhada entre Estado e sociedade, mas também a necessidade de respeito não apenas ao patrimônio cultural existente, como igualmente à diversidade cultural e à liberdade de expressão cultural, que possibilita a criação de novos bens culturais. Como destaca Lúcia Reisewitz, "a preservação dos bens culturais, além de essencial para a memória coletiva, é necessária também para construção da cidadania, da identidade nacional e da soberania"[52]. Nesse sentido, sob o enfoque cultural, a atuação da geração presente deve se dar no sentido de garantir minimamente às próximas gerações o acesso e a fruição à memória coletiva e aos valores fortalecedores da identidade dos grupos formadores da sociedade brasileira, especialmente dos grupos vulneráveis, com a finalidade de transmissão de valores e direitos culturais, sem rompimentos bruscos, involuntários ou até mesmo injustos. A justiça ambiental, inclusive na ótica dos bens culturais que a compõem, significa "que os humanos que vivem atualmente devem deixar às próximas gerações recursos naturais e outros, em quantidade e qualidade suficientes para assegurar que esses recursos possam satisfazer suas necessidades essenciais"[53]. Seguindo o mesmo raciocínio, Hugues de Varine, em seu livro *As raízes do futuro*, aborda, logo na introdução, "o desenvolvimento local visto da perspectiva do patrimônio". O autor faz referência ao patrimônio como:

> "um quadro, uma moldura para o desenvolvimento. Um território é o produto de toda uma história natural e humana, e as condições do desenvolvimento, em particular os conflitos que o agitarão, decorrerão dessa história. Todo território determinado sem o respeito por seus componentes patrimoniais não poderá servir de base para um desenvolvimento local equilibrado e sustentável. Esse quadro patrimonial compreende a paisagem, os fatores favoráveis ou desfavoráveis à vida dos homens e às suas atividades sociais e econômicas. Compreende também a linguagem, as crenças, os ritmos da vida cotidiana, a relação tradicional com os territórios vizinhos e as entidades de nível inferior e de nível superior, hierárquica e administrativamente.
>
> O patrimônio é ainda um recurso para o desenvolvimento. É na verdade o único recurso, juntamente com a população, que se encontra em toda parte e que basta procurar para encontrá-lo. [...] Os diferentes elementos de um patrimônio, tanto natural como cultural, são interdependentes, e toda

---

de relação de interdependência. Esta qualidade fundamental do novo modelo de relação prioriza o desenvolvimento da função de mediação, que é definida pelo princípio democrático e que privilegia seu poder de dialogicidade, de estabelecimento de vínculo de comunicação dialógica e aberta, relacionando homem e natureza, de forma essencialmente interativa e dinâmica. Dessa forma se permite que a abertura comunicacional proporcionada pelo discurso ecológico atue diretivamente na orientação de qualquer conduta e atividade de intervenção sobre o ambiente. Nessa leitura transdisciplinar, o Direito do Ambiente deixa de ser compreendido como um direito horizontal, para assumir as feições interativas de um direito transversal ('Querschnittsrecht')." (LEITE e AYALA, Direito ambiental na sociedade de risco, p. 92.)

51. No mesmo sentido, DERANI, Cristiane. Direito ambiental econômico. 3. ed. p. 168, e MACHADO, Paulo Affonso Leme. Direito ambiental brasileiro, p. 66.
52. REISEWITZ, Lúcia. Direito ambiental e patrimônio cultural: direito à preservação da memória, ação e identidade do povo brasileiro. São Paulo: Juarez de Oliveira, 2004. p. 59.
53. KISS, Alessander. Justiça Ambiental e Religiões Cristãs, p. 50-51.

ação sobre um deles provoca efeito e repercussões sobre os outros. É um recurso ao mesmo tempo não renovável (de modo idêntico) e eminentemente transformável e reprodutível, que se regenera e faz aparecer novas formas [...].[54]"Como mencionado no item anterior, a Constituição, no art. 216, estabelece que constituem o patrimônio cultural brasileiro os bens de natureza material e imaterial, tomados individualmente ou em conjunto, portadores de referência à identidade, à ação, à memória dos diferentes grupos formadores da sociedade brasileira, nos quais se incluem: as formas de expressão; os modos de fazer, criar e viver; as criações científicas, artísticas e tecnológicas; as obras, objetos, documentos, edificações e demais espaços destinados às manifestações artístico-culturais; os conjuntos urbanos e sítios de valor histórico, paisagístico, artístico, arqueológico, paleontológico, ecológico e científico[55]. Na perspectiva do patrimônio cultural, o sistema de proteção ambiental é um veículo para efetividade dos direitos culturais, como explica Humberto Cunha Filho, ao comentar o art. 216 da Constituição:

> O entendimento de que a norma definidora de patrimônio cultural também se presta a definir cultura não resulta de simples aproximação dos temas, mas do seguinte raciocínio silogístico, de múltiplas premissas: a definição constitucional diz que potencialmente e pelo critério da referencialidade constituem patrimônio cultural todos os bens de natureza material e imaterial; por seu turno, patrimônio é o conjunto de bens de um ser. Ademais, não se pode olvidar que a cultura é identificável tão somente por seu patrimônio; logo a cultura é, em última análise, igual ao patrimônio que a constitui.[56] Não cabe somente ao Poder Público a defesa dos bens ambientais culturais. Além da previsão do art. 225, *caput*, da Constituição, que indica o dever da comunidade de defender o meio ambiente e todos os seus elementos, o texto constitucional também estabelece a colaboração da comunidade na tutela do patrimônio cultural brasileiro, por meio da utilização de instrumentos nominados e inominados (art. 216, § 1º)."

Apesar da menção até agora feita apenas ao artigo 225 da Constituição, deve-se ressaltar que as manifestações e bens culturais são temas constitucionais previstos, respectivamente, nos arts. 215 e 216. Somados a estes dispositivos, direta e claramente relacionados com os elementos culturais e ecológicos, há, em toda Carta, artigos que sustentam a defesa dos valores ambientais, desde, por exemplo, a garantia das liberdades e direitos fundamentais, individuais e coletivos, até o funcionamento dos órgãos de justiça; desde os princípios que regem a ordem econômica até os dispositivos que tratam sobre o direito à saúde ou o direito dos povos indígenas.

Além das normas e dos valores estabelecidos pela Constituição, o sistema normativo de proteção do patrimônio cultural no Brasil é integrado pelos tratados internacionais dos quais nosso país é signatário, pela legislação específica sobre os bens que integram o patrimônio cultural, pelas Resoluções e Deliberações dos diversos Conselhos que tratam das questões culturais e da tutela dos bens culturais, por todo o sistema jurídico ambiental, especialmente pela Lei de Política Nacional do Meio Ambiente, pela Lei Complementar 140/2011, pela Lei de Crimes Ambientais, pelas Resoluções do CONAMA (em especial, as Resoluções 001/86 e 237/97) e pelo sistema processual que ampara a defesa dos direitos difusos e coletivos.

A doutrina percebeu a necessidade de sistematização da matéria ambiental para melhor proteção jurídica das entidades singulares que compõem o meio ambiente, abrigando

---

54. VARINE, Hugues de. As raízes do Futuro: o patrimônio a serviço do desenvolvimento local. Trad. Maria de Lourdes Parreira Horta. Porto Alegre: Medianiz, 2013. p. 19.
55. Art. 216, caput, e incisos.
56. CUNHA FILHO, Francisco Humberto. Teoria dos Direitos Culturais: fundamentos e finalidades, p. 25.

os bens culturais nesse guarda-chuva e a recíproca foi verdadeira: na área de direitos culturais, os pesquisadores, gestores públicos e as normas (legais e infralegais) têm incorporado valores e princípios ambientais no delineamento de políticas públicas, normas e reflexões acadêmicas sobre a proteção do patrimônio cultural.

Um excelente indicativo do afirmado é a recente Política de Patrimônio Cultural Material, instituída pela Portaria Iphan 375/2018, que, entre os seus 18 princípios, indica: o Princípio da Integração, sob a justificativa de porque "O meio ambiente é fruto da interação do conjunto de elementos naturais e culturais, que propiciam o desenvolvimento da vida em todas as suas formas"; o Princípio do Direito à Cidade, afirmando que "Todos têm direito a um ambiente urbano que garanta o usufruto da estrutura, dos serviços, equipamentos e espaços públicos e comunitários da cidade de forma equânime e inclusiva"; o Princípio do Acesso Equitativo, sob a justificativa que "Todos têm direito de utilizar, de forma equilibrada, os bens culturais materiais patrimonializados e os recursos do meio ambiente".

A jurisprudência também segue essa linha, adotando uma visão do todo e, a partir destas premissas, faz a ponderação dos valores e bens ecológicos e culturais, adotando ora normas do direito ambiental, ora normas do direito cultural, relativas ao patrimônio cultural. Há diversos exemplos na última década.

O primeiro que cito é o julgado do Recurso Especial 876.931, relatado pelo Ministro Mauro Campbell Marques, que versou sobre a legitimidade ativa da Associação de Moradores e Amigos do Jardim Botânico – AMAJB, em Ação Civil Pública – ACP que pedia a cessação imediata de toda atividade predadora e poluidora no conjunto arquitetônico "Mansão dos Lage" e a proibição de construção de anexos e de obras internas e externas nesse espaço[57]. A decisão (acórdão de 2010) foi pela legitimidade da Associação, com base na concepção do meio ambiente como *macrobem* (embora esse termo não seja utilizado), como se vê no trecho da Ementa:

> "4. Em segundo lugar, a legislação federal brasileira que trata da problemática da preservação do meio ambiente é expressa, clara e precisa quanto à relação de continência existente entre os conceitos de loteamento, paisagismo e estética urbana e o conceito de meio ambiente, sendo que este último abrange os primeiros."

Desse modo, a "Mansão dos Lage" foi considerada bem ambiental (*macrobem*) não apenas por integrar o Parque Lage, mas principalmente por portar valores paisagísticos e estéticos que justificam sua proteção autônoma como bem cultural ambiental e influenciam as condições de vida dos moradores do bairro Jardim Botânico a ponto de justificar a interposição de ACP pela Associação.

O tratamento do meio ambiente como *macrobem* também foi adotado pelo Superior Tribunal de Justiça em decisão de dezembro de 2017 (REsp 1.711.009). A Corte Especial do STJ entendeu que a obrigação da mineradora Samarco de fornecer água potável a um

---

57. Para saber mais sobre esse julgado, ver Legitimidade processual para exercício da Cidadania Cultural: REsp 876.931, Inês Virginia Prado Soares e Humberto Cunha Filho, Volumes temáticos n. 237 ao n. 239 organizados por Antonio Herman V. Benjamin, José Rubens Morato Leite e Silvia Capelli, v. 239, t. II, p. 940-947. Disponível em: [https://ww2.stj.jus.br/docs_internet/revista/eletronica/stj-revista-eletronica-2015_239_1.pdf]. Acesso em: 12.10.2018.

dos municípios atingidos pelo desastre ambiental de Mariana/MG (2015) se enquadra no rol de obrigações com o patrimônio ambiental como *macrobem* ("o meio ambiente como um todo, sua harmonia global e o equilíbrio ecológico", nos termos do voto relator). A questão de ordem foi levantada pelo ministro relator Marco Buzzi, que distinguiu as reparações ao *macrobem*, a serem julgadas pela Seção de Direito Público, das reparações ao *microbem* ambiental que ficam a cargo da Seção de Direito Privado.

Embora a decisão não verse sobre os bens culturais materiais e imateriais atingidos pelo desastre de Mariana (aliás, pouco se decidiu sobre a perda cultural nas ações judiciais nesse caso), é sempre válido realçar a importância e a necessidade da recuperação desses bens culturais para se atingir ou restaurar a harmonia e o equilíbrio ambiental. O oposto também é verdadeiro, ou seja, é possível se afastar certas práticas culturais, consideradas patrimônio cultural imaterial, por exemplo, para se restaurar o equilíbrio ambiental.

A jurisprudência do STF, ao ponderar entre elementos conflitantes do *macrobem* ambiental, manifestou-se pela preponderância dos direitos da fauna em relação aos direitos culturais. A decisão primeira foi na ação direta de inconstitucionalidade que suspendeu a eficácia de lei estadual carioca que autoriza e disciplina a realização de competições entre "galos combatentes, visto que submete referidos animais a tratamento cruel" (ADIn 1.856-6/RJ)[58]; e a segunda decisão, de 2016, que julgou inconstitucional a Lei cearense 15.299/2013, que regulamentava os espetáculos de vaquejada no estado. O entendimento do STF foi que a vaquejada, mesmo sendo uma prática cultural, é proibida por causar maus-tratos a animais. No entanto, em 2017, foi promulgada a Emenda Constitucional 96 que, ao acrescentar um parágrafo ao artigo 225 da Constituição Federal, prevendo que as práticas desportivas e manifestações culturais com animais não são consideradas cruéis, acabou por autorizar a prática da vaquejada no país. Embora a posição do judiciário seja no sentido de refutar as práticas de crueldade contra animais em práticas culturais como vaquejadas e brigas de galo, no caso do uso de animais em rituais religiosos, especificamente de matriz africana, o STF, decidiu, por unanimidade de votos, que a lei do Rio Grande do Sul que permite o sacrifício de animais em ritos religiosos é constitucional. A tese fixada pelo Supremo foi: "É constitucional a lei de proteção animal que, a fim de resguardar a liberdade religiosa, permite o sacrifício ritual de animais em cultos de religiões de matriz africana".[59] Nas decisões emblemáticas do STF sobre usos de animais, é importante chamar atenção para o fato de que os julgadores, com raras exceções, não enfrentam as peculiaridades jurídicas da proteção dos bens culturais numa ponderação entre bens naturais e culturais. Apesar dos bens culturais integrarem o conceito de *macrobem* ambiental e se beneficiarem das concepções protetivas do direito ambiental, é preciso que os traços característicos dos bens culturais sejam resguardados e valorizados:

> "Particularmente, uma grande preocupação que se tem, é com a confusão existente entre o tratamento jurídico dado aos bens culturais e aos bens naturais e que pode estar representada na utilização indiscriminada dos termos mencionados. [...] apesar da visão jurídico-holística predominante na doutrina nacional, que equipara bens culturais e bens naturais, tais objetos jurídicos não se confundem. Visto

---

58. ADIn 1.856-6/RJ (Medida Liminar), rel. Min. Carlos Velloso, TP, j. 03.09.1998.
59. Decisão proferida no Julgamento do Recurso Extraordinário (RE) 494601, de relatoria do Ministro Marco Aurélio, em março de 2019. Maiores informações em http://www.stf.jus.br/portal/cms/verNoticiaDetalhe.asp?idConteudo=407159, acesso em 01.06.2020.

que o código operativo próprio do Direito Ambiental, representado pelo binômio "equilíbrio/não equilíbrio ecológico", e que foi assim fixado pela Constituição Brasileira de 1988, não é compatível com o contexto comunicacional e os jogos de linguagem aplicáveis ao Direito do Patrimônio Cultural, onde o código operativo definidor do que seria ou não bem cultural, juridicamente considerado, é o binômio "valor/não valor cultural". Ou seja, cada um desses objetos jurídicos possuem especificidades distintas que precisam ser consideradas para garantir uma melhor eficácia e legitimidade das decisões jurídicas que o visam resguardar.

Apenas para ilustrar, basta dizer que enquanto o meio ambiente natural (bens naturais) possui valor em si mesmo, independente da sua relevância para o ser humano, o meio ambiente cultural (bens culturais) só merece ser protegido enquanto tiver alguma relevância (ainda que potencial) para uma dada comunidade [...][60]A jurisprudência recente do STJ incorporou de tal forma a amplitude do conceito do meio ambiente e de sua ligação com a sadia qualidade de vida intergeracional, que sumulou o entendimento de que "Não se admite a teoria do fato consumado em tema de direito ambiental" (Súmula 613). É certo que os precedentes da mencionada Súmula versavam sobre a proteção dos bens ecológicos impactados por edificações, mas é possível aplicar esse entendimento para a proteção dos bens culturais."

Em um dos precedentes, há trecho que afasta a teoria do fato consumado porque sua adoção seria "perenizar um suposto direito de poluir que vai de encontro, no entanto, ao postulado do meio ambiente equilibrado como bem de uso comum do povo essencial à sadia qualidade de vida" (REsp 1.491.027[61]). É válido destacar que a doutrina, bem antes da recente Súmula, já era consistente no sentido de repudiar a teoria do fato consumado. Muitas vezes o fazia deste a perspectiva da inexistência de direito adquirido a degradar o meio ambiente, oferecendo respaldo para exigência de conduta em prol do meio ambiente pelos órgãos fiscalizadores e gestores. Nas palavras de Talden Farias:

"Deve ser levando em consideração que, por ser um direito fundamental, o meio ambiente equilibrado é um interesse indisponível. É por isso que a licença ambiental pode ser revogada caso ocorra a superveniência de graves riscos ambientais e de saúde pública, independentemente de o titular da atividade licenciada ter cumprido à risca as condicionantes, tendo em vista a supremacia do interesse público sobre o particular."[62] Há dificuldades em adaptar o entendimento jurisprudencial do fato consumado para a seara patrimonial, já que, nos termos constitucionais, o patrimônio cultural é bem portador de referência à identidade, à ação, à memória dos diferentes grupos formadores da sociedade brasileira (art. 216). Ou seja, o patrimônio pode assumir outra feição e valor ao longo do tempo, incorporando e até ressignificando as agressões ou transformações decorrentes da ação que atualmente é identificada como geradora do fato consumado. Além disso, em matéria cultural, a atuação dos órgãos gestores e fiscalizadores parte de outra lógica, a da liberdade. E essa talvez seja uma diferença central entre os bens culturais ambientais e os demais bens culturais. O direito cultural, ao contrário do direito ao meio ambiente equilibrado, não pressupõe licenças nem que atividades culturais cumpram condicionantes impostas pelo Estado.

---

60. PAIVA, Carlos Magno de Souza. Comentário do Recurso Especial 808.708/RJ, j. 18.08.2009, rel. Min. Herman Benjamin. In RSTJ, ano 27, v. 239, t. 2, p. 678, jul.-set. 2015. Disponível em: [https://ww2.stj.jus.br/docs_internet/revista/eletronica/stj-revista-eletronica-2015_239_2.pdf]. Acesso em: 12.10.2018.
61. AgRg no REsp 1.491.027/PB, 2ª T., rel. Min. Humberto Martins, j. 13.10.2015.
62. FARIAS, Talden. Licenciamento Ambiental: aspectos teóricos e práticos, p. 186.

Por isso, é um desafio levar adiante a discussão sobre teoria do fato consumado ou sobre direito adquirido (ou a impossibilidade de se falar em direito adquirido) tratada pelos juristas do campo do direito ambiental para os direitos culturais. Do mesmo modo, é difícil adaptar essas teorias e conceitos protetivos do meio ambiente, tão consolidados na doutrina e na jurisprudência, para os bens culturais, considerando-os bens ambientais. Nessa ótica, a concepção meio ambiente como ente abstrato e coletivo (macrobem) permite avanços na construção das pontes.

A aplicação desta Súmula está estreitamente ligada à noção do meio ambiente como *macrobem* e pode ser utilizada para a fruição dos elementos que integram o meio ambiente e que estão presentes nas cidades. Portanto, o afastamento da teoria do fato consumado na discussão judicial do direito de viver no espaço urbano, com livre e amplo acesso aos bens culturais, é uma aplicação objetiva da Súmula 613 do STJ, valorizando e fortalecendo a identidade cultural e a memória coletiva da comunidade residente.

Nesse sentido, é interessante o voto relator do Ministro Herman Benjamin, no Recurso Especial 1.135.807/RS, julgado em 2010, que usa o fato consumado – a abertura de agência do INSS no local onde antes havia uma praça, para realçar o entendimento sedimentado no STJ da aplicação da Súmula 280 do STF (inadmissível discutir matéria de direito local).

Assim, embora na ementa deste recurso e no teor do voto seja possível extrair excelentes subsídios para a valorização das praças, jardins e bulevares como espaços públicos de valor cultural, não deixa de ser incômoda a menção ao fato consumado no corpo do voto. É certo que o julgado em comento data de 2010. Numa visão otimista, é possível dizer que atualmente se aplicaria a Súmula 613 do STJ e não caberia a menção à edificação num espaço com vocação intrínseca para o convívio cultural da comunidade. Por isso, vale trazer tópicos da Ementa do voto em comento:

[...]

"2. Praças, jardins, parques e bulevares públicos urbanos constituem uma das mais expressivas manifestações do processo civilizatório, porquanto encarnam o ideal de qualidade de vida da cidade, realidade físico-cultural refinada no decorrer de longo processo histórico em que a urbe se viu transformada, de amontoado caótico de pessoas e construções toscas adensadas, em ambiente de convivência que se pretende banhado pelo saudável, belo e aprazível.

3. Tais espaços públicos são, modernamente, objeto de disciplina pelo planejamento urbano, nos termos do *art. 2º, IV,* da Lei *10.257*/01 (Estatuto da Cidade), e concorrem, entre seus vários benefícios supraindividuais e intangíveis, para dissolver ou amenizar diferenças que separam os seres humanos, na esteira da generosa acessibilidade que lhes é própria. Por isso mesmo, fortalecem o sentimento de comunidade, mitigam o egoísmo e o exclusivismo do domínio privado e viabilizam nobres aspirações democráticas, de paridade e igualdade, já que neles convivem os multifacetários matizes da população: abertos a todos e compartilhados por todos, mesmo os "indesejáveis", sem discriminação de classe, raça, gênero, credo ou moda.

4. Em vez de resíduo, mancha ou zona morta – bolsões vazios e inúteis, verdadeiras pedras no caminho da plena e absoluta explorabilidade imobiliária, a estorvarem aquilo que seria o destino inevitável do adensamento –, os espaços públicos urbanos cumprem, muito ao contrário, relevantes funções de caráter social (recreação cultural e esportiva), político (palco de manifestações e protestos populares), estético (embelezamento da paisagem artificial e natural), sanitário (ilhas de tranquilidade, de simples contemplação ou de escape da algazarra de multidões de gente e veículos) e ecológico (refúgio para a biodiversidade local). Daí o dever não discricionário do administrador de instituí-los e conservá-los adequadamente, como elementos indispensáveis ao direito à cidade sustentável, que

envolve, simultaneamente, os interesses das gerações presentes e futuras, consoante o *art. 2º, I,* da Lei *10.257/*01 (Estatuto da Cidade).

5. [...][63]A Constituição destaca a necessidade de tutelar os valores cotidianos da cidade e a participação dos cidadãos na vida cultural urbana (artigos 182, 215 e 216). Na previsão constitucional, não há necessidade intrínseca de preservação do conjunto urbano em seu uso original, mas como memória de uma comunidade e dentro da perspectiva de adaptação de uso para atender às necessidades atuais da comunidade e do entorno. Como a cidade é, por excelência, o espaço de desenvolvimento das práticas culturais, o direito de participar da vida cultural da comunidade depende da proteção do *macrobem* ambiental, especialmente do patrimônio cultural inserido nos cenários urbanos.

É interessante notar que os bens culturais precisam e podem ser preservados mesmo no caso de destruição ou desaparecimento de uma cidade, seja em razão de um empreendimento, seja por causa de desastres naturais. Um exemplo interessante é o que lida sobre a busca de tutela efetiva aos direitos e bens culturais das comunidades atingidas pelo desastre de Mariana em 2015, caso Samarco[64]. Além de tombamentos de bens isolados e da decisão de 2016, do Conselho do Patrimônio de Mariana, de iniciar um processo de tombamento de bens ou das cidades atingidas com a discussão sobre a criação de um memorial nas comunidades destruídas, há um pedido de tombamento de toda Bento Rodrigues, cidade mineira da região que foi devastada pelo rompimento da barragem e que ficou inabitável e irreconhecível, coberta de lama e repleta de ruínas. Esse pedido foi respaldado por dossiê elaborado por pesquisadores da Escola de Arquitetura da UFMG (Universidade Federal de Minas Gerais), entregue ao Ministério Público de Minas Gerais em maio de 2019, propondo o tombamento do distrito como "sítio de memória sensível". Em matéria veiculada no site Nexus, é explicado que: "Na definição do professor Leonardo Castriota, o sítio de memória sensível corresponde a um lugar que tenha sido afetado por uma tragédia. 'O patrimônio sensível nos recorda a dor, a miséria, a vergonha. São lugares que devem ser mantidos para que sirvam de alerta para que essas coisas não se repitam', disse em entrevista à TV UFMG."

Ele destaca que 'o patrimônio sempre lidou com uma dimensão mais comemorativa – a história oficial, os grandes acontecimentos, coisas que se celebram – e nunca lidou muito bem com a dor'."[65] Por fim, vale destacar que um dos reflexos diretos da PNMA, lei na tutela dos bens culturais, é a previsão do licenciamento ambiental e da obrigatoriedade de contemplação da vertente cultural na análise da viabilidade do empreendimento feita pelos Estudos de Impacto Ambiental e relatórios (EIA/RIMA). Nas lições de Marcos Paulo Souza Miranda:

> "Tendo em vista que o patrimônio cultural integra o conceito amplo de meio ambiente, obviamente que todos os impactos sobre os bens culturais materiais (tais como cavernas, sítios arqueológicos e paleontológicos, prédios históricos, conjuntos urbanos, monumentos paisagísticos e geológicos) e imateriais (tais como os modos de viver, de fazer e se expressar tradicionais, os lugares e referenciais de memória) devem ser devidamente avaliados para se averiguar a viabilidade do empreendimento e para se propor as correspondentes medidas preventivas, mitigadoras e compensatórias. Em razão disso, podemos afirmar que o processo de licenciamento ambiental é um instrumento de acautelamento e de proteção também do patrimônio cultural [...][66]

---

63. STJ, REsp 1.135.807/RS (2009/0071647-2), 2ª T., rel. Min. Herman Benjamin, j. 15.04.2010.
64. Para saber mais, ver: [http://patrimoniocultural.blog.br/rompimentodabarragem/]. Acesso em: 12.10.2018.
65. Disponível em: https://www.nexojornal.com.br/expresso/2019/07/08/O-que-%C3%A9-patrim%-C3%B4nio-sens%C3%ADvel.-E-o-caso-de-Bento-Rodrigues, acesso em 02.06.2020.
66. MIRANDA, Marcos Paulo Souza. Análise dos Impactos ao Patrimônio Cultural no âmbito dos Estuados Ambientais. In: Estudos de Direito do Patrimônio Cultural. Ob. cit., p. 20.

Não se pode dizer que o patrimônio cultural teve uma atenção forte do órgão ambiental licenciador. Com a edição da Lei Complementar 140/2011 e das normas que regulamentam os procedimentos a serem adotados nos órgãos envolvidos (IPHAN, FUNAI, Fundação Palmares, entre outros), novas interpretações surgiram, aumentando a relevância dos operadores do direito e do IPHAN para a construção e aplicação de marcos, normativos e jurisprudenciais."

As normas decorrentes da LC 140/2011 são a Portaria Interministerial 60/2015[67], que normatizou procedimentos administrativos que disciplinam a atuação dos órgãos e das entidades da administração pública federal em processos de licenciamento ambiental de competência do IBAMA; e a Instrução Normativa IPHAN 001/2015[68], que estabeleceu procedimentos a serem observados quando o IPHAN for instado a se manifestar nos processos de licenciamento ambiental federal, estadual e municipal.

No art. 45 da Política do Patrimônio Cultural Material (PPMC), instituída pela Portaria Iphan n. 375/2018, é dito que:

> "Art. 45. O Iphan deve realizar ações e atividades de avaliação de impacto no patrimônio material no âmbito do Licenciamento Ambiental com as seguintes finalidades:
>
> 1. Preservar os bens materiais acautelados, passíveis de impactos causados por atividades ou empreendimentos em processos de Licenciamento Ambiental;
>
> 2. Compatibilizar procedimentos de preservação do patrimônio cultural material ao desenvolvimento socioeconômico; e
>
> 3. Efetivar os princípios da Precaução, da Prevenção e da Reparação de danos em processos de Licenciamento Ambiental."

Essa previsão e o estabelecido na IN IPHAN 001/2015 são importantes na reafirmação da posição do IPHAN como órgão gestor e protetor dos bens culturais no licenciamento ambiental. Desse modo, entendemos que o art. 13, § 1º, da LC 140/2011, aplica-se aos órgãos ligados à pasta da cultura, do ordenamento urbano, da ciência e tecnologia, entre outros, quando prevê a contribuição voluntária e não vinculante em matéria ambiental, de outros entes federativos que não o responsável pela condução do procedimento de licenciamento. A doutrina ainda se divide e há argumentos interessantes e consistentes em sentido oposto ao defendido aqui. Transcrevo trecho de Talden Farias, ao comentar o art. 13, § 1º, da LC 140/2011:

> "Por fim, calha lembrar que o parágrafo 1º do dispositivo transcrito dispôs sobre a participação não vinculante dos demais entes federativos, seja por meio dos órgãos ambientais ou de outros órgãos públicos interessados, que são os chamados órgãos intervenientes (Funai, ICMBio, Iphan etc.). Há autores que entendem que essa participação é vinculante, de forma que estaria a atuação do órgão licenciador condicionada aos demais órgãos. Entretanto, além de atentar contra a autonomia federativa, admitir a interferência vinculante seria invalidar a unicidade do licenciamento, premissa que permeia toda a lei em questão. Ademais, isso seria um estímulo à permanência dos conflitos federativos, exatamente a situação que se pretendeu combater, uma vez que o ente não licenciador poderia

---

67. Essa Portaria foi firmada em 24 de março de 2015, pelos Ministros de Estado do Meio Ambiente, da Justiça, da Cultura e da Saúde, e estabelece procedimentos administrativos que disciplinam a atuação dos órgãos e entidades da administração pública federal em processos de licenciamento ambiental de competência do Instituto Brasileiro do Meio Ambiente e dos Recursos Naturais Renováveis – IBAMA.

68. Essa norma revogou a Portaria IPHAN 230/2002, que tinha enorme relevância para proteção do patrimônio arqueológico afetado por obras e serviços licenciados.

tentar determinar o que poderia ou não poderia ser feito.[69]Ao mesmo tempo, é importante destacar a atuação dos Ministérios Públicos Federal e Estadual e da sociedade civil, em questões ambientais diversas do licenciamento ambiental que exigem a proteção de elementos culturais e ambientais, mas que não chegam a ser judicializadas. Fugirei de exemplos de atuações para proteção dos povos indígenas e de quilombolas em seus territórios, pois já há importante produção doutrinária a respeito. Para ilustrar, trago o exemplo da atuação do Ministério Público Federal – MPF em Sergipe para proteção do conhecimento tradicional de extração da fruta mangaba."

Esta atuação do MPF se desenvolve amparada pelo trabalho de outros órgãos públicos, com destaque para o mapeamento feito pela EMPRAPA (de 2010 a 2016) sobre a redução das áreas naturais de ocorrência de mangabeiras. A catação é desenvolvida precipuamente por mulheres, um detalhe interessante e que pode merecer atenção dos pesquisadores que estudam práticas culturais sob a perspectiva de gênero. As catadoras da fruta (mangaba) enfrentam uma série de barreiras que dificultam o acesso às fruteiras, que se localizam em propriedades privadas[70]. Num dos Encontros das Catadoras de Mangaba, em 2009, Maria Floraci Ramos Chagas (Isa) destacou "o sofrimento das catadoras de mangaba, devido à dificuldade de acesso às áreas com mangaba. As árvores estão sendo cortadas pelos novos proprietários para o plantio de eucaliptos na região e as catadoras estão perdendo o espaço"[71].

O MPF acompanha a situação sob a ótica da garantia do direito das comunidades tradicionais ao uso dos territórios necessários à sua atividade econômica e à preservação da sua cultura e história. Para isso, o MPF realiza reuniões tanto com as Catadoras de Mangaba de Sergipe como com as prefeituras e outros órgãos públicos, com o objetivo de discutir alternativas de ações públicas concretas para tentar frear a redução da fruteira no estado. Uma das importantes ações do MPF foi a expedição de Recomendação[72] à Superintendência do Patrimônio da União (SPU) para que "não efetive a cessão ou qualquer outro tipo de transferência da área federal onde está localizada a 'Invasão das Mangabeiras', no bairro 17 de Março, em Aracaju (SE), até que sejam garantidos os direitos da comunidade tradicional de catadores e catadoras de mangaba que realiza suas atividades no local há mais de 40 anos". Segundo estudo produzido por perícia técnica multiciplinar para subsidiar a investigação do MPF, a área em disputa, que é da União, tem catação de mangaba desde a década de 50. O projeto da municipalidade é implementar um projeto de urbanização e construção de moradias populares. Nessa recomendação também há menção expressa à necessidade de compatibilização entre meio ambiente e patrimônio cultural, material e imaterial:

---

69. FARIAS, Talden. Licenciamento ambiental em um único nível competência. 25 de junho de 2016, Disponível em: [www.conjur.com.br/2016-jun-25/ambiente-juridico-licenciamento-ambiental--unico-nivel-competencia#_ftn16]. Acesso em: 15.10.2018.
70. Disponível em: [www.embrapa.br/busca-de-noticias/-/noticia/21518793/mpf-e-prefeituras-discutem-acoes-para-frear-reducao-de-mangabeiras]. Acesso em: 14.10.2018.
71. RODRIGUES, Raquel Fernandes de Araújo. As catadoras de mangaba em defesa dos seus modos de vida. In; RODRIGUES, Raquel Fernandes de Araújo et al. Aracaju: Embrapa Tabuleiros Costeiros, 2015. p. 16. Disponível em: [https://ainfo.cnptia.embrapa.br/digital/bitstream/item/141804/1/DOC-192.pdf]. Acesso em: 14.10.2018.
72. Recomendação MPF-SE, expedida em 22.07.2019, disponível em http://www.mpf.mp.br/se/sala--de-imprensa/docs/RECSPUMangabeiras.PDF; acesso em 09.06.2020.

A recomendação afirma ainda que a manutenção da área e a garantia dos direitos dessa comunidade tradicional é um benefício não apenas para as famílias de catadores e catadoras, mas é também a garantia do direito transindividual de todos os cidadãos de Aracaju à preservação de seu patrimônio histórico e imaterial e a um meio ambiente ecologicamente equilibrado. Essa afirmação é precedida de um Considerando no qual se destaca:

"a necessidade de afirmar a relevância sociocultural e ambiental da prática tradicional de coleta da mangaba, da qual as catadoras e catadores de Santa Maria são os últimos representantes no perímetro urbano do Município de Aracaju, atuando como guardiões desse patrimônio cultural que é a sua atividade extrativista que constitui, simultaneamente, um trabalho de conservação da biodiversidade das mangabeiras e demais árvores frutíferas presentes em seu território: cajueiros, aricuris, coqueiros, mangueiras, jenipapeiros."

Por fim, vale destacar que a situação das catadoras de mangaba consta do Mapa de Conflitos envolvendo injustiça ambiental e saúde elaborado pela Fiocruz, e foi alertado que "Se nada for feito para desacelerar a expansão capitalista sobre os mangabais, a tendência geral será o desaparecimento das mangabeiras nativas e das catadoras, pondo fim à rica sociobiodiversidade relacionada à tradição do extrativismo desta árvore tipicamente brasileira."[73]

Outro exemplo interessante é o do Fandango, o registrado como patrimônio cultural brasileiro. O registro da prática cultural não foi suficiente para proteger os caiçaras, integrantes da comunidade tradicional detentora e praticante do bem cultural imaterial, que lutam por território para a sobrevivência e para o exercício de seus direitos fundamentais mais básicos. Nesse caso, são os próprios caiçaras que tentam encontrar um caminho jurídico para viabilizar a produção dos objetos essenciais para a prática do Fandango. A solução passa pelo complicadíssimo tema da presença humana em Unidades de Conservação (UC) e os caiçaras defendem a modificação da modalidade de UC de Proteção Integral para de Uso Sustentável para que possam manter suas tradições, especialmente, a confecção dos tamancos e da rabeca.

A doutrina não aprofunda a discussão sobre a natureza jurídica dos bens culturais imateriais e se eles podem se enquadrar como bens ambientais. Toda argumentação parte do pressuposto de que todos os bens culturais, sejam materiais ou imateriais, gozam do aparato protetivo ambiental, por serem essenciais para o desenvolvimento da vida humana em um patamar mínimo de dignidade[74]. Mas os casos práticos são desafiadores. A dificuldade maior, que ainda persiste, é na tutela dos bens culturais imateriais como bens ambientais.

Os princípios próprios dos bens culturais podem contribuir para soluções mais justas nas situações de embate. É o que veremos a seguir.

---

73. Disponível em: http://mapadeconflitos.ensp.fiocruz.br/conflito/se-catadoras-de-mangaba-lutam-pela-demarcacao-de-reservas-extrativistas/. Acesso em 22.03.2021.

74. "[...] pode-se afirmar que a higidez do patrimônio cultural representa uma faceta daquilo que se convencionou chamar de meio ambiente sadio. Com efeito, numa perspectiva antropocêntrica, não só os elementos constitutivos do meio ambiente natural são relevantes para a preservação da espécie humana. É necessário assegurar ao indivíduo um referencial histórico, cultural, revelador de sua identidade, vinculando o passado e garantindo, dessa forma, o embasamento indispensável à edificação do futuro da humanidade." (COSTA NETO, Nicolao Dino de Castro e, Proteção jurídica do meio ambiente, p. 349).

4. Porque todos querem um lugarzinho para chamar de seu: princípios e instrumentos específicos para os bens ambientais culturais

Os princípios ambientais que norteiam o sistema de proteção ambiental podem e devem ser aplicados na defesa dos bens culturais. Estes princípios estão insculpidos no art. 225 da Constituição, quais sejam: o princípio do direito à sadia qualidade de vida, o princípio da obrigatoriedade da intervenção do Poder Público, o princípio da precaução, o princípio da prevenção, o princípio do poluidor-pagador, o princípio da informação, o princípio da participação, o princípio do desenvolvimento sustentável, o princípio da responsabilidade objetiva e o princípio da equidade intergeracional[75].

Embora a aceitação da aplicação dos princípios ambientais para a tutela do patrimônio cultural seja uma unanimidade na doutrina pátria, Marcos Paulo de Souza Miranda atenta, com razão, que "a aplicação de tais princípios à temática patrimonial em determinadas circunstâncias demanda apenas pequenas adequações aos mandamentos nucleares do Direito Ambiental, que na maioria das vezes foram cunhados com vistas dirigidas preponderantemente para o aspecto natural do meio ambiente"[76]. Referido autor enumera princípios específicos para o tratamento do patrimônio cultural: 1) princípio da proteção; 2) princípio da função sociocultural da propriedade; 3) princípio da fruição coletiva; 4) princípio da prevenção de danos; 5) princípio da responsabilização; 6) princípio do equilíbrio; 7) princípio da participação popular; 8) princípio da vinculação dos bens culturais; 9) princípio da educação patrimonial; 10) princípio da solidariedade intergeracional; e 11) princípio da cooperação internacional[77].

Ainda, na doutrina nacional, Ana Maria Marchesan menciona como princípios específicos da tutela do meio ambiente cultural sob o enfoque ambiental: 1) o princípio da preservação no sítio e a proteção ao entorno; 2) o princípio do uso compatível com a natureza do bem; 3) o princípio do *in dubio pro monumento*; 4) o princípio da valorização sustentável; e 5) o princípio da participação popular.

Humberto Cunha Filho identifica como princípios constitucionais culturais:

> "princípio do pluralismo cultural; princípio da participação popular na concepção e gestão de políticas culturais; princípio da atuação do Estado no setor cultural como suporte logístico; princípio do respeito à memória coletiva; princípio da universalidade.[78]"

Em meu livro *Direito ao (do) Patrimônio Cultural Brasileiro* (Editora Fórum, 2009), apresento princípios específicos para a tutela dos bens culturais, inclusive dos imateriais.

---

75. Juliana Santilli destaca, entre os 27 princípios estabelecidos na Declaração do Rio de Janeiro sobre Meio Ambiente e Desenvolvimento (Rio/92), cinco que considera como referências fundamentais para a formulação das políticas públicas sociais e ambientais nacionais: princípio do desenvolvimento sustentável e do direito intergeracional ao meio ambiente ecologicamente equilibrado; princípio da precaução; princípio do poluidor-pagador; princípios da participação social na gestão ambiental e do acesso à informação ambiental; princípio da obrigatoriedade da intervenção estatal. (SANTILLI, Juliana. Ob. cit., p. 43/44.)
76. MIRANDA, Marcos Paulo de Souza. Ob. cit., p. 23/24.
77. MIRANDA, Marcos Paulo de Souza. Ob. cit., p. 21/48.
78. CUNHA FILHO, Humberto. Teoria dos Direitos Culturais: fundamentos e finalidades. Ob. cit., p. 67.

São eles: a) Princípio de Limitação do Estoque Patrimonial; b) Princípio da Conservação *in Situ*; c) Princípio da Educação Patrimonial; d) Princípio da Dinâmica Patrimonial; e) Princípio da Equidade Geracional; f) Princípio do Interesse Preponderante do Órgão Competente; g) Princípio da Gestão Patrimonial Cooperativa; e h) Princípio da Responsabilidade Cultural.

Em setembro de 2018, o Iphan instituiu, pela Portaria 375, a Política de Patrimônio Cultural Material (PPCM), que consolida princípios, premissas, objetivos, procedimentos e conceitos para a preservação do Patrimônio Cultural Brasileiro de natureza material. No *site* do Iphan, a finalidade "de promover a construção coletiva dos instrumentos de preservação", permeada nos dispositivos da norma que institui a PPCM, "decorre de diversos princípios, sobretudo da indissociabilidade entre os bens culturais e as comunidades, da participação ativa na elaboração de estratégias e da colaboração entre as esferas do Poder Público e a comunidade"[79].

No art. 2º da PPMC, são indicados os seguintes princípios: I. Princípio da Humanização; II. Princípio da Indissociabilidade; III. Princípio da Ressignificação; IV. Princípio da Responsabilidade Compartilhada; V. Princípio da Colaboração; VI. Princípio da Participação Ativa; VII. Princípio da Atuação em Rede; VIII. Princípio do Desenvolvimento Sustentável; IX. Princípio da Integração; X. Princípio do Direito à Cidade; XI. Princípio do Acesso Equitativo; XII. Princípio da Precaução; XIII. Princípio da Prevenção; XIV. Princípio da Reparação; XV. Princípio do Respeito às Diversidades Locais e Regionais; XVI. Princípio da Transversalidade; XVII. Princípio do Direito à Informação; e XVIII. Princípio do Direito ao Controle Social.

Tomarei por base os 18 princípios apresentados na nova PPCM, bem como os princípios e instrumentos que desenvolvi no meu livro *Direito ao (do) Patrimônio Cultural Brasileiro* para tratar do tema nos próximos itens.

4.1. Bens culturais têm princípios para chamar de seus

O *princípio da limitação do estoque patrimonial* é aplicável prioritariamente aos bens materiais e indica que a atuação do Poder Público e dos particulares na preservação e na proteção dos bens deve partir da característica essencial do patrimônio cultural, que é a singularidade. Implica, também, agir sempre com base na precaução e na concepção do risco (ou do perigo), já que o impacto sobre os bens culturais materiais pode ser irreversível e irrecuperável, se não forem observados os mecanismos protetivos indicados para a conservação dos bens culturais ou se não forem registrados/documentados os dados relativos aos bens, antes de sua destruição ou uma intervenção que modifique ou altere sua essência.

É um princípio que está apoiado nos arts. 216, § 1º, e 225, § 1º, IV, ambos da Constituição. A precaução é, certamente, o fundamento do princípio da limitação do estoque patrimonial. Esse princípio está previsto também na PPCM (Decreto Iphan 373/2018) juntamente com o da prevenção. No glossário aludido no art. 105 da mesma PPCM, o termo preservação é definido como:

---

79. Disponível em: [http://portal.iphan.gov.br/noticias/detalhes/4829/politica-de-patrimonio-cultural-material-fortalece-acoes-de-preservacao-no-brasil]. Acesso em: 13.10.2018.

"(2) Ação que designa o conceito mais genérico do conteúdo do trabalho do Iphan em relação ao patrimônio cultural material. (3) Implica nos processos de identificar, reconhecer, proteger, normatizar, autorizar, avaliar, fiscalizar, conservar, interpretar, promover e difundir os bens culturais materiais."

A certeza da limitação e a da não renovação do estoque patrimonial estão sempre presentes, por isso, atividades ou obras no entorno ou em área de valor ou interesse cultural, potencial ou efetivo, exigem adoção de medidas eficazes para impedir o desaparecimento ou a degradação desse patrimônio.

O *princípio da conservação "in situ"* decorre da concepção de que o conhecimento de nossa pré-história (e história) e a formação e o enriquecimento da memória coletiva dos brasileiros dependem da disponibilidade de uma base representativa de recursos materiais e imateriais para as futuras gerações e da fixação de comunidades tradicionais em seus territórios. Na PPCM, está previsto no inc. II do art. 2°, com a nomenclatura de *princípio da indissociabilidade*, que: "Não deve haver separação entre os bens culturais materiais patrimonializados e as comunidades que os têm como referência."

A conservação desses elementos *in situ* atende à necessidade de releitura periódica – sob a ótica do avanço teórico, metodológico e tecnológico, ou mesmo em decorrência da sensibilidade interpretativa e criativa do ser humano em face de tais avanços – dos valores culturais da sociedade brasileira, de acordo com a diversidade de suas comunidades.

Por força de lei, alguns bens móveis, no entanto, não podem sair definitivamente do Brasil, mesmo que sejam de propriedade privada. Nesse sentido, o Decreto-lei 25/37 (art. 14) e as Leis 3.924/61 (art. 20), 4.845/65 (arts. 1° a 5°) e 5.471/68 (arts. 1° a 3°) preveem o controle ou proibição da saída do país de bens móveis tombados e de bens de interesse arqueológico (ou pré-histórico), histórico, numismático ou artístico e, ainda, outros bens com características especiais indicadas por lei. Já a Lei 3.924/61 estabelece que nenhum objeto de interesse arqueológico (ou pré-histórico), histórico, numismático ou artístico poderá ser transferido para o exterior sem licença do órgão cultural responsável.

O princípio em comento é realçado pela Convenção da UNIDROIT (sobre bens furtados ou ilicitamente exportados – Roma, 1995), que foi promulgada no país pelo Decreto 3.166/99. Assim, além de cuidar para que os bens culturais saiam e voltem ao país ilesos, cabe ao Poder Público combater as formas ilícitas de saída desses bens.

O *princípio da educação patrimonial* tem como núcleo central a interação do bem cultural à memória local – integrando as referências espaciais de memória coletiva, as práticas e conhecimentos dos ancestrais estudados, os artefatos resgatados e seus simbolismos –, às práticas cotidianas atuais e aos espaços públicos ou privados, em que a comunidade se reconhece, guarda imagens concretas e vivencia memórias. Este princípio encontra seu amparo nos arts. 215, *caput* e § 2°, 216, *caput* e §§ 1° e 3°, e 225, § 1°, inc. VI, da Constituição Federal, na Lei 9.795/99, que estabelece a Política Nacional de Educação Ambiental, e nos diversos documentos internacionais dos quais o Brasil é signatário.

Na PPCM, a educação patrimonial é um dos processos institucionais previstos e ganha capítulo próprio. Está regulamentada da seguinte forma:

"Art. 7° Entende-se por Educação Patrimonial todos os processos educativos formais e não formais, construídos de forma coletiva e dialógica, que tem como foco o Patrimônio Cultural socialmente apropriado como recurso para a compreensão sócio histórica (*sic*) das referências culturais, a fim de colaborar para sua preservação.

Parágrafo único. Os processos educativos devem primar pelo diálogo permanente entre os envolvidos e pela participação efetiva das comunidades.
Art. 8º A Educação Patrimonial, em função de seu caráter transversal, deve acompanhar todas as ações e atividades de preservação do patrimônio cultural material.
[...]
Art. 10. São instrumentos de Educação Patrimonial associados aos processos do patrimônio cultural material:
I. O Inventário Participativo;
II. As Redes do Patrimônio; e
III. O Projeto Integrado de Educação Patrimonial."

Além disso, a educação patrimonial está presente em vários princípios, valendo mencionar: da Humanização (A preservação do patrimônio cultural material deve considerar sua contribuição para garantir a cidadania e a dignidade da pessoa humana), da Colaboração; da Participação Ativa; da Atuação em Rede; do Desenvolvimento Sustentável; e do Direito à Informação.

Com a compreensão da importância do bem, a comunidade pode exercer direito à participação nos processos decisórios que influenciem em diversos aspectos de sua vida, não somente em matéria cultural, mas especialmente em aspectos socioeconômicos estritamente ligados ao seu desenvolvimento.

Nesse sentido, vale ressaltar a importância da implementação da Lei 10.639/2003, que torna obrigatória a inclusão no currículo oficial da Rede de Ensino da temática "História e Cultura Afro-Brasileira". Para cumprimento da lei, os estabelecimentos de ensino fundamental e médio, oficiais e particulares, devem incluir em seu conteúdo programático o estudo da História da África e dos Africanos, a luta dos negros no Brasil, a cultura negra brasileira e o negro e a formação da sociedade nacional, resgatando a contribuição do povo negro nas áreas social, econômica e política pertinentes à História do Brasil.[80] A Política Nacional de Desenvolvimento Sustentável dos Povos e Comunidades Tradicionais, de 2007[81], estabelece, entre seus princípios, o princípio do acesso em linguagem acessível à informação e ao conhecimento dos documentos produzidos e utilizados na elaboração e implementação dos programas e ações que compõem a política destinada às comunidades tradicionais[82]. A Lei 13.123/2015, que dispõe sobre o acesso ao patrimônio genético, sobre a proteção e o acesso ao conhecimento tradicional associado e sobre a repartição de benefícios para conservação e uso sustentável da biodiversidade, tem norteadores semelhantes, apresentando, no seu art. 2º, definição de mais de 30 termos necessários para compreensão do regramento e das relações em torno da biodiversidade e do acesso ao patrimônio genético e ao conhecimento tradicional associado ao patrimônio genético, entre os quais, o do conhecimento prévio informado (inc. VI).

O *princípio da equidade geracional* direciona a atuação do Estado e da sociedade no sentido de reservar parte do patrimônio para a geração futura, que exercerá parcela

---

80. Art. 1º, § 1º A Lei também determina a inclusão, no calendário escolar, do dia 20 de novembro como Dia Nacional da Consciência Negra.
81. Decreto 6.040/2007.
82. Art. 1º, IV, do Anexo do Decreto 6.040/2007.

decisória acerca de sua destinação, podendo, inclusive, decidir novamente pela reserva (de modo intacto) para as vindouras gerações. Nesse enfoque, é um princípio que indica um caminho de resguardo para a humanidade da memória coletiva em suas formas material e intangível.

O princípio em comento deve ser lido juntamente com o Princípio da Ressignificação previsto na PPCM, que está lastreado na ideia de que "constantemente novos significados são atribuídos ao patrimônio cultural material que, em consequência, deve ser entendido para além de um registro do passado" (art. 2º, inc. III). Também é instigante a previsão do art. 3º que estabelece entre as premissas da PPCM a de que "as ações e atividades relacionadas com a preservação do patrimônio cultural material devem compreender e considerar o Presente". No entanto, nos considerandos desta PPCM, é mencionada a Declaração sobre as Responsabilidades das Gerações Presentes em relação às Gerações Futuras, de 1997, como um dos documentos inspiradores. Essa premissa deve ser entendida nessa perspectiva de preservação do patrimônio cultural para as próximas gerações.

O *princípio do interesse preponderante do órgão competente* significa que toda atividade que for potencialmente causadora de dano ou de modificação do estado atual do bem cultural, material ou imaterial deve ser conhecida pelo órgão competente pela regulação, gestão, fiscalização e promoção do patrimônio cultural.

O aludido princípio está pautado nas características dos bens culturais de singularidade e fragilidade. No caso dos bens arqueológicos, o princípio em tela indica que todo aquele (pessoa física ou jurídica) que encontrar, acidental ou intencionalmente, qualquer testemunho arqueológico fica vinculado ao bem, devendo obrigatoriamente comunicar o fato à autoridade pública, exercendo sua guarda, como depositário, até o cumprimento das obrigações estabelecidas pelo IPHAN[83].

Embora não haja um princípio correspondente na PPCM, há uma premissa da Política, prevista no art. 3º, inc. VI, que indica a adoção desse norte:

> "As ações e atividades devem buscar articular com os entes federados e demais órgãos e entidades componentes do Estado Brasileiro, na construção de instrumentos de compartilhamento e de delimitação de atribuições relativas à preservação dos bens protegidos."

Princípio da gestão patrimonial cooperativa determina que o Poder Público atue em cooperação entre si (com os outros órgãos da administração pública nos níveis federal, estadual e municipal), com as organizações privadas, organizações não governamentais, associações e com diversos grupos que integram a comunidade, no sentido de promover e proteger o patrimônio cultural. Essa comunidade pode ser a científica, nacional ou internacional ou mesmo a comunidade local leiga, que vive – sobre ou no entorno – do patrimônio cultural material ou a comunidade detentora dos conhecimentos tradicionais.

A Constituição adota esse princípio ao prever a competência material (ou executiva) aos Municípios, Estados, Distrito Federal e União para a proteção do patrimônio cultural

---

83. No caso de alguns dos bens culturais, como os sítios pré-históricos e arqueológicos serem propriedade da União, conforme art. 20, X. Por força constitucional, também os bens arqueológicos a serem descobertos já estão protegidos: são propriedade da União e devem ser geridos pelo Poder Público, como bens de interesse público. Por determinação infralegal, a tutela só é efetiva e válida juridicamente se for feita pelo IPHAN (ou por órgão no exercício de função delegada pelo IPHAN).

brasileiro (art. 23, III, IV, c/c art. 30, IX, arts. 215 e 216, *caput*). Sem mencionar expressamente o princípio em análise, o Supremo Tribunal Federal manifestou-se pela sua aplicação ao entender que a incumbência do dever de proteção e guarda dos bens arqueológicos é de natureza qualificadamente irrenunciável[84].

Na PPCM, vale mencionar os seguintes princípios: [...] IV. Princípio da Responsabilidade Compartilhada: é competência comum da União, dos Estados, do Distrito Federal e dos Municípios proteger o patrimônio cultural material; V. Princípio da Colaboração: a preservação do patrimônio cultural material exige a colaboração e cooperação entre as diferentes esferas do Poder Público e sociedade; e [...] VII. Princípio da Atuação em Rede: a gestão do patrimônio cultural material ganha escala e qualidade quando estabelece redes entre instituições, públicas e privadas, sociedade organizada e profissionais da área de preservação.

O *princípio da responsabilidade cultural* tem sua base na Constituição. O art. 170 e incisos combinados com os artigos 216, 218, 219 e 225 indicam que os agentes econômicos são responsáveis pelos danos que vierem causar aos bens culturais, independentemente de culpa. Da mesma forma, o texto constitucional atribui ao Poder Público, em colaboração com a comunidade, o dever de preservar o patrimônio cultural brasileiro (art. 23, III e IV, art. 30, IX, e art. 216) e indica que as pessoas jurídicas de direito público e as de direito privado prestadoras de serviço público responderão pelos danos que seus agentes acusarem (art. 37, § 6°). No plano infraconstitucional, o art. 14, § 1°, da Lei 6.938/81, fornece o respaldo legal para o princípio em discussão. Esse artigo permite, também, o enquadramento ao termo "na forma da lei" escrito no final do § 4°, do art. 216, da Constituição.

É, portanto, o princípio da responsabilidade objetiva atrelada às relações que giram em torno do patrimônio cultural e às suas características. A objetivação da culpa na lesão aos bens culturais atende ao problema da reparação dos danos a tais bens e visam à manutenção de sua existência, para fruição das próximas gerações.

Por conseguinte, qualquer dano aos bens culturais, materiais ou imateriais, deve ser reparado, independentemente da existência de dolo ou culpa. No mesmo sentido, destaca Marcos Paulo de Souza Miranda que:

"o direito de todos ao patrimônio cultural abrange não somente a guarda, preservação e proteção desse bem, mas também a sua promoção, nela se inserindo o direito de acesso e fruição pela coletividade em geral, diante de sua titularidade difusa. Dessa forma, àquele que de qualquer forma contribuir para a degradação dos bens culturais existentes em nosso país impõe, por força da responsabilização civil, a obrigação de reparar o dano, prioritariamente tornando-os ao *status quo ante*[85]."

O Princípio da Reparação, previsto na PPCM, explicado como "Todo dano sofrido por um bem cultural material patrimonializado, sempre que possível, deverá ser reparado", guarda pertinência com o princípio da responsabilidade cultural. No art. 105, da mesma PPMC, a Reparação "implica no conjunto de operações destinadas a corrigir danos, de forma a manter o bem cultural no estado em que se encontrava antes da ocorrência do dano".

---

84. STF, ADIn 2.544/RS, TP, rel. Min. Sepúlveda Pertence, j. 28.06.2006.
85. Ob. cit., p. 257.

A responsabilização sem culpa também atende aos interesses das gerações futuras. Por isso, como bem realça Paulo Affonso Leme Machado[86], a responsabilidade civil objetiva tem duas funções: a de prevenir e a de reparar, e essas funções devem ser incorporadas quando da aplicação do princípio em comento.

No entanto, a jurisprudência recente do Superior Tribunal de Justiça foi no caminho da responsabilidade subjetiva, como comentou Talden Farias:

> "No ano passado, a 2ª Turma dessa colenda corte decidiu no julgamento do REsp 1.401.500/PR que a responsabilidade administrativa em matéria ambiental é subjetiva. O ministro Herman Benjamin, relator do citado processo e inquestionavelmente um dos maiores estudiosos do Direito Ambiental no país, votou pelo provimento do recurso especial ao pugnar pela necessidade de comprovação de culpa, no que foi acompanhado pelos demais julgadores [...]
>
> [...]
>
> Sob o argumento de que a responsabilidade administrativa do poluidor seria objetiva e decorreria do risco gerado pela atividade, fazendo com que o poluidor indireto também pudesse ser responsabilizado, o Instituto Ambiental do Paraná (IAP) impôs multa simples no valor de mais de R$ 12 milhões à Hexion Química Indústria e Comércio Ltda. em razão de um dano cometido por outra empresa com quem esta firmou contrato.
>
> De fato, se o derramamento de metanol na Baía de Paranaguá foi causado pela Methanex Chile Ltda., não há sentido em responsabilizar a primeira empresa – ao menos nesse âmbito de competência, diga-se de passagem – de maneira que a sentença e o acórdão do Tribunal de Justiça do Paraná mereceram sim ser reformados.[87]"

Apesar dessa tendência jurisprudencial, o princípio da responsabilidade cultural tem outras peculiaridades, já expostas nesse trabalho, como a limitação do estoque patrimonial e a singularidade do bem cultural. Por isso, é possível continuar buscando decisões judiciais que adotem o princípio da responsabilidade objetiva com norte para exigir a reparação dos danos causados aos bens culturais e a punição dos agentes, independente de culpa.

Do supramencionado princípio, deriva o princípio da responsabilidade pós-licenciamento que indica a responsabilidade do empreendedor pela base de estoque cultural que deve ser repassada para as futuras gerações. Portanto, essa obrigação não fica limitada às operações de salvamento, registro, resgate, entre outras, determinadas no curso do licenciamento ambiental, mas perdura na manutenção do espaço de exposição e fruição do bem cultural pela comunidade.

Nesse enfoque, o princípio em destaque deve ser analisado em conjunto com o princípio do poluidor-pagador, já que o empreendedor deve considerar, para fins de previsão no orçamento do projeto, a variável cultural no empreendimento a ser realizado e incorporar aos seus custos a preservação pós-licenciamento do bem cultural que sofre o impacto do regular desempenho de sua atividade.

---

86. Direito Ambiental Brasileiro, p. 318/319.
87. FARIAS, Talden. A responsabilidade subjetiva na multa administrativa ambiental simples e o STJ. 01.04.2018. Disponível em: [www.conjur.com.br/2018-abr-01/ambiente-juridico-responsabilidade-subjetiva-multa-ambiental-simples]. Acesso em: 15.10.2018.

Conclusão

Como em outros países, o sistema de proteção ambiental brasileiro, desde a mencionada lei ambiental de 1981, adotou a visão de que somente é possível proteger o meio ambiente das agressões e antecipar medidas que evitem ou minimizem danos futuros, ainda desconhecidos, por meio da comunicação interdisciplinar e da adoção de medidas baseadas nos princípios da prevenção e da precaução.

Assim, a transversalidade adotada pela legislação ambiental brasileira tem repercussão ampla e atinge o sistema jurídico de proteção aos valores e bens essenciais para viver com dignidade em um ambiente sadio. Da mesma forma, há uma absorção de elementos de outros ramos do saber humano e uma forte influência na tutela dos bens culturais impactados em razão das obras e atividades com finalidade econômica ou desenvolvimentista, que passam a ser chamados pela doutrina de bens ambientais culturais.

A indicação constitucional (art. 216, incisos I a V) de que as formas de expressão, os modos de criar e fazer, as criações científicas, artísticas e tecnológicas e os bens (móveis e imóveis) e sítios de valor histórico e artístico são bens que integram o patrimônio cultural brasileiro tem por objetivo tutelar os elementos fundamentais para a preservação da cultura brasileira pelas próximas gerações. Por sua vez, a proteção intergeracional está prevista no art. 225 da Constituição.

Isso significa que a Constituição indica que os direitos da coletividade à memória coletiva e à identidade cultural devem ser acessíveis à presente geração e, ao mesmo tempo, constituem-se um legado a gerações futuras. Por isso, a justiça ambiental refletida no tempo futuro indica o dever de respeito e proteção à diversidade cultural e biológica.

Por isso, quando precisamos de uma resposta brevíssima para explicar o que é um bem ambiental cultural, podemos dizer: é um bem cultural (material ou imaterial) que integra a conceituação de *macrobem* chamado meio ambiente. Esse bem ambiental cultural tem uma proteção "qualificada" extraída diretamente do sistema jurídico ambiental, além da tutela advinda de legislações específicas e de normas administrativas que regulamentam e limitam o uso do bem cultural.

A doutrina, os órgãos gestores, as normas e a jurisprudência têm refletido o entendimento de que a melhor proteção jurídica do bem ambiental é pela tutela das entidades singulares que compõem o meio ambiente, abrigando os bens culturais nesse guarda-chuva. Ao mesmo tempo, a recíproca tem sido verdadeira, com a incorporação dos valores e princípios ambientais nas reflexões, nas atuações dos órgãos e nas normas protetivas do patrimônio cultural e nas decisões judiciais.

Até hoje, nas atividades econômicas que precisam se submeter a licenciamento ambiental ou a outro tipo de procedimento que exija emissão de autorizações pelo Poder Público para regular funcionamento, há um maior "desconforto" dos empreendedores, sejam estes da iniciativa privada ou do setor público, quando as exigências são pautadas na adequação do empreendimento ou serviço para a efetiva tutela dos bens culturais. Isso decorre de diversas causas, desde a pressão dos empreendedores, passando pela falta de conhecimento das especificidades para tutela do patrimônio cultural, e muitas vezes chegando à inércia do órgão responsável pela gestão e proteção dos bens culturais.

Os princípios ambientais, insculpidos no art. 225 da Constituição, norteadores do sistema de proteção ambiental, podem e devem ser aplicados na defesa dos bens culturais. Concomitantemente, a Política de Patrimônio Cultural Material (PPCM), instituída pelo IPHAN pela Portaria 375, de 2018, consolidou princípios, premissas, objetivos, procedimentos e conceitos para a preservação do Patrimônio Cultural Brasileiro de natureza material, conferindo maior clareza na atuação de gestão, proteção e fiscalização desses bens e permitindo um diálogo normativo com o direito ambiental.

Encerro com uma visão otimista. Vejo o bem ambiental cultural como um ente sábio, que tem vida própria e criatividade para viver em dois refúgios. Mas noto também que o bem cultural ainda precisa de muito mais para suas duas casas serem realmente lugares para lá de seguros e confortáveis. Os pilares, as paredes e os jardins já estão aí.

Referências bibliográficas

BALLART, Joseph; TRESSERRAS, Jordi Juan i. *Gestión del patrimônio cultural*. 2. ed. Barcelona: Ariel, 2005.

BENJAMIN, Antonio Herman V. Função ambiental. In: BENJAMIN, Antonio Herman V. (Coord.). *Dano ambiental*: prevenção, reparação e repressão. São Paulo: Ed. RT, 1993.

BENJAMIN, Antonio Herman V. O meio ambiente na Constituição Federal de 1988. In: Kishi, Sandra Akemi Shimada; SILVA, Solange Teles da; SOARES, Inês Virgínia Prado (Org.). *Desafios do Direito Ambiental no Século XXI*. Estudos em homenagem a Paulo Affonso Leme Machado. São Paulo: Malheiros, 2005.

BONAVIDES, Paulo. *Curso de Direito Constitucional*. São Paulo: Malheiros Editores.

CUNHA FILHO, Francisco Humberto. *Teoria dos Direitos Culturais*: fundamentos e finalidades. São Paulo: Edições Sesc São Paulo, 2018.

FARIAS, Talden. *Licenciamento Ambiental: aspectos teóricos e práticos*. 7.ed. Belo Horizonte: Editora Fórum

FARIAS, Talden. A responsabilidade subjetiva na multa administrativa ambiental simples e o STJ. 01.04.2018. Disponível em: [www.conjur.com.br/2018-abr-01/ambiente-juridico-responsabilidade-subjetiva-multa-ambiental-simples]. Acesso em: 15.10.2018.

FONSECA, Maria Cecília Londres da. *O Patrimônio em Processo*: Trajetória da Política Federal de Preservação no Brasil. 3. ed. Rio de Janeiro: UFRJ, 2009.

FUNARI, Pedro Paulo; PELEGRINI, Sandra C. A. *Patrimônio Histórico Cultural*. Rio de Janeiro: Jorge Zahar.

LEITE, José Rubens Morato; PILATTI, Luciana C.; JAMUNDÁ, Woldemar. Estado de Direito Ambiental no Brasil. In: Kishi, Sandra Akemi Shimada; SILVA, Solange Teles da; SOARES, Inês Virgínia Prado (Org.). *Desafios do Direito Ambiental no Século XXI*. Estudos em homenagem a Paulo Affonso Leme Machado. São Paulo: Malheiros, 2005.

LEMOS, Carlos A. C. *O que é patrimônio histórico*. 5. ed. São Paulo: Brasiliense, 1987.

MARCHESAN, Ana Maria Moreira. *A tutela do patrimônio cultural sob o enfoque do direito ambiental*. Porto Alegre: Livraria do Advogado, 2007.

MIRANDA, Marcos Paulo de Souza. *Tutela do Patrimônio Cultural Brasileiro*. Belo Horizonte: Del Rey, 2006.

MIRANDA, Marcos Paulo de Souza. Análise dos Impactos ao Patrimônio Cultural no âmbito dos Estuados Ambientais. In RODRIGUES, José Eduardo Ramos; MIRANDA, Marcos Paulo de Souza. *Estudos de Direito do Patrimônio Cultural*, Belo Horizonte: Fórum, 2012.

NABAIS, José Casalta; SILVA, Suzana Tavares da. *Direito do Patrimônio Cultural* – Legislação. 2. ed. Coimbra: Almedina, 2006.

OSTERBEEK, Luiz. Marcadores Territoriais. In: CAMPOS, Juliano Bitencourt; PREVE, Daniele Ribeiro; SOUZA, Ismael Francisco de (Orgs.). *Patrimônio cultural, direito e meio ambiente*: um debate sobre a globalização, cidadania e sustentabilidade. Curitiba: Multideia, 2015.

PAIVA, Carlos Magno de Souza. Comentário do Recurso Especial n. 808.708/RJ, j 18.08.2009, rel. Min. Herman Benjamin. In *RSTJ*, ano 27, v. 239, t. 2, p. 676-682, jul.-set. 2015. Disponível em: [https://ww2.stj.jus.br/docs_internet/revista/eletronica/stj-revista-eletronica-2015_239_2.pdf]. Acesso em: 12.10.2018.

PIRES, Maria Coeli Simões. *Da proteção ao patrimônio cultural*. Belo Horizonte: Del Rey, 1994.

REISEWITZ, Lúcia. *Direito ambiental e patrimônio cultural*: direito à preservação da memória, ação e identidade do povo brasileiro. São Paulo: Juarez de Oliveira, 2004.

RODRIGUES, José Eduardo Ramos. O patrimônio cultural nos Documentos Internacionais. In: RODRIGUES, José Eduardo e MIRANDA, Marcos Paulo de Souza. *Estudos de Direito do Patrimônio Cultural*. Belo Horizonte: Fórum, 2012.

RODRIGUES, Raquel Fernandes de Araújo. *As catadoras de mangaba em defesa dos seus modos de vida*. In: RODRIGUES, Raquel Fernandes de Araújo et al. Aracaju: Embrapa Tabuleiros Costeiros, 2015. Disponível em: [https://ainfo.cnptia.embrapa.br/digital/bitstream/item/141804/1/DOC-192.pdf]. Acesso em: 14.10.2018.

SANTILLI, Juliana. *Socioambientalismo e novos direitos*. Proteção jurídica à diversidade biológica e cultural. São Paulo: Peirópolis, 2005.

SILVA, José Afonso da. *Ordenação constitucional da cultura*. São Paulo: Malheiros, 2001.

SOUZA FILHO, Carlos Frederico Marés de. *Bens culturais e proteção jurídica*. Porto Alegre: Unidade Editorial, 1997.

VARINE, Hugues de. *As raízes do Futuro*: o patrimônio a serviço do desenvolvimento local. Trad. Maria de Lourdes Parreira Horta. Porto Alegre: Medianiz, 2013.

RESPONSABILIDADE ADMINISTRATIVA NO DIREITO AMBIENTAL

Curt Trennepohl[1]
Natascha Trennepohl[2]

Sumário: 1. A evolução dos objetivos do direito ambiental brasileiro. 2. Responsabilidade ambiental. 3. Responsabilidade administrativa. 4. Conversão de multas e reparação de danos ambientais.

1. A evolução dos objetivos do direito ambiental brasileiro

O Direito Ambiental brasileiro é relativamente jovem, razão pela qual está em constante evolução. Não somente novas normas o vêm aperfeiçoando constantemente e estratificando seus princípios e objetivos, como muitas decisões de tribunais superiores contribuem para a interpretação do sentido das leis, estabelecendo parâmetros para nortear sua aplicação.

Antes de analisarmos a responsabilidade nos casos de infrações contra o meio ambiente, é necessário fazer uma breve retrospectiva da própria legislação ambiental e das três esferas de responsabilização para entendermos sua evolução nas últimas décadas.

A primeira norma brasileira eminentemente de proteção ambiental foi a Lei 6.938/1981, que instituiu a Política Nacional do Meio Ambiente. Até então, diferentes estatutos continham dispositivos destinados à proteção de recursos naturais, mas com enfoque, preponderantemente, economicista e patrimonial. Os recursos naturais eram tratados muito mais como insumos de produção ou bens de uso imediato da sociedade do que como elementos integrantes de um intrincado e frágil equilíbrio ambiental.

Até mesmo a área de reserva legal, prevista no art. 16, da Lei 4.771/1965 (antigo Código Florestal), não apresentava maiores preocupações ambientais até a alteração procedida pela Medida Provisória 2.166-67/2001, que estabeleceu que sua localização deveria observar o plano de bacia hidrográfica, o zoneamento ecológico-econômico ou outras categorias de zoneamento ambiental e a proximidade com outras áreas legalmente protegidas.

---

1. Ex-Procurador Federal. Ex-Presidente do IBAMA, onde também foi Corregedor-Geral e Procurador-Geral Substituto. É autor das obras "Licenciamento Ambiental" e "Infrações Ambientais: Comentários ao Decreto 6.514/08". Advogado em São Paulo.
2. Doutoranda na Universidade Humboldt em Berlim, Alemanha. Mestre em Direito pela Universidade Federal de Santa Catarina (UFSC). Advogada em São Paulo.

Uma rápida passagem de olhos permite entender que o antigo Código Florestal – embora a sua inegável importância protegendo a vegetação de preservação permanente ao longo dos cursos d'água, nos topos de morros e montanhas, nas bordas de tabuleiros ou chapadas e nas encostas – trazia uma maior preocupação com a erosão das terras e o consequente prejuízo para as atividades produtivas do que a proteção do meio ambiente. Além da definição dessa vegetação especialmente protegida, a maior parte da lei tratava da utilização dos recursos florestais de forma racional, com a finalidade de garantir as atividades econômicas para as quais servem de insumo.[3]

A Lei 5.197/1967, destinada à proteção da fauna, tornou-se tristemente conhecida como "Lei da Caça", pois a sua redação demonstrava a finalidade precípua de regular o exercício da caça, a ponto de determinar ao Poder Público o estímulo para a formação e o funcionamento de clubes e sociedades amadoristas de caça e de tiro ao voo, classificando essas atividades como esporte. Indo ainda mais longe, a norma estabelecia que o Poder Público deveria criar parques de caça federais, estaduais e municipais, abertos total ou parcialmente ao público, com fins recreativos, educativos e turísticos.

O Decreto-lei 221, de 28 de fevereiro de 1967, destinado a proteger e estimular a pesca, era totalmente voltado para o ordenamento da atividade pesqueira sob o enfoque da produção, contentando-se em proibir a prática em lugares e épocas interditadas pelo órgão competente, nos locais onde o seu exercício pudesse causar embaraços à navegação, com o uso de explosivos ou substâncias tóxicas e nas proximidades de saídas de esgotos.

Os recursos hídricos tinham sua utilização regulada pelo vetusto Decreto 24.643, de 10 de julho de 1934, conhecido como "Código das Águas". Já nas justificativas introdutórias, consta que sua motivação era "permitir ao Poder Público controlar e incentivar o aproveitamento industrial das águas", deixando claro que não existia preocupação ambiental na norma.

Nosso ordenamento jurídico tinha como lastro a errônea concepção de que os recursos naturais estavam à disposição das necessidades do homem e o máximo que as normas buscavam era regular sua utilização para que não faltassem para o consumo imediato ou como insumos do processo produtivo de bens de consumo.

A Lei 6.938/1981 mudou esse enfoque, caracterizando-se como o primeiro texto legal nacional com visão estritamente ambiental, dispondo sobre os fins, os mecanismos de formulação e aplicação de uma Política Nacional do Meio Ambiente, tendo como objetivo a preservação, a melhoria e a recuperação da qualidade ambiental propícia à vida, visando assegurar, no país, condições ao desenvolvimento socioeconômico, aos interesses da segurança nacional e à proteção da dignidade da vida humana, declarando o meio ambiente patrimônio público de uso coletivo e estabelecendo a obrigação governamental de manter o equilíbrio ecológico.

A Política Nacional do Meio Ambiente estabeleceu como metas: compatibilizar o desenvolvimento econômico-social com a preservação da qualidade do meio ambiente;

---

3. O novo Código Florestal, a Lei 12.651/2012, trouxe alguns avanços importantes em termos de preocupação ambiental, como o Cadastro Ambiental Rural e a Cota de Reserva Ambiental, instrumentos que, bem aplicados, desempenharão importante papel na preservação e na recuperação do meio ambiente.

definir áreas prioritárias para a ação governamental, visando garantir a qualidade e o equilíbrio ecológico; estabelecer critérios e padrões de qualidade ambiental e ordenar o uso e o manejo dos recursos naturais; desenvolver pesquisas e tecnologias para o uso racional dos recursos ambientais; difundir informações e educar para conscientizar a coletividade; preservar e restaurar recursos ambientais e, com extrema pertinência, impor ao poluidor e ao predador a obrigação de recuperar ou indenizar os danos causados.

Embora tenha representado um salto gigantesco na defesa do meio ambiente, a Lei 6.938/1981 estabeleceu, em seu art. 14, sanções administrativas pífias pela inobservância das medidas necessárias à preservação ambiental, no limite máximo de 1.000 (mil) Obrigações Reajustáveis do Tesouro Nacional – ORTNs (inc. I).[4]

Não obstante todo o avanço trazido por essa norma, que representou um marco na defesa do meio ambiente no Brasil, é forçoso reconhecer que a legislação ambiental ainda era frágil e ineficaz para responder à crescente conscientização da sociedade, pois a maioria das atividades lesivas ao meio ambiente representava apenas contravenção penal e as sanções administrativas aplicáveis eram insignificantes em termos dissuasórios, mostrando-se ineficientes para desestimular atividades danosas ao equilíbrio ambiental.

O advento da Lei 9.605/1998, que elencou os crimes contra o meio ambiente, e do Decreto 3.179/1999 – posteriormente revogado pelo Decreto 6.514/2008, que regulamentou o regime de sanções administrativas aplicáveis às infrações contra o meio ambiente –, trouxeram ao cenário jurídico instrumentos mais contundentes para a repressão das práticas lesivas à natureza, em paralelo com a responsabilidade civil de reparação de danos causados ao meio ambiente. Neste cenário de tríplice responsabilização, considerando-se as esferas civil, penal e administrativa, faremos uma breve exposição dos tipos de responsabilidade ambiental para abordar com mais detalhes a responsabilidade administrativa.

2. Responsabilidade ambiental

É importante observar que o texto constitucional estabelece três diferentes tipos de responsabilidade: a penal, a administrativa e a civil, sendo a última independente das primeiras.[5]

A responsabilidade por danos ao meio ambiente está expressa no art. 225, § 3º, da Constituição Federal de 1988:

> "Art. 225. Todos têm direito ao meio ambiente ecologicamente equilibrado, bem de uso comum do povo e essencial à sadia qualidade de vida, impondo-se ao poder público e à coletividade o dever de defendê-lo e preservá-lo para as presentes e futuras gerações.
>
> [...]
>
> § 3º As condutas e atividades consideradas lesivas ao meio ambiente sujeitarão os infratores, pessoas físicas ou jurídicas, a sanções penais e administrativas, independentemente da obrigação de reparar os danos causados."

---

4. Em valores atuais, aproximadamente R$ 5.000,00 (cinco mil reais).
5. SAMPAIO, Francisco José Marques. *Responsabilidade Civil e Reparação de Danos ao Meio Ambiente.* Rio de Janeiro: Lumen Juris, 1998. p. 8. Francisco Sampaio menciona, ainda, a responsabilidade política, além da penal, administrativa e civil, o que é pertinente considerando o repúdio da sociedade aos crimes contra a natureza.

Temos, portanto, que as afrontas aos mandamentos ambientais são passíveis de sanções cumulativas, independentes entre si, em que a aplicação de uma pena pelo Poder Judiciário não inibe a imposição de multa administrativa pelos órgãos ambientais, nem o cumprimento dessas exclui a responsabilidade civil de reparar o dano causado ao meio ambiente.

Cite-se, por exemplo, a decisão da 2ª Turma do Superior Tribunal de Justiça no julgamento, em 2017, do AgRg no REsp 1.512.319/SE:

"PROCESSUAL CIVIL E ADMINISTRATIVO. DESTRUIÇÃO E DANIFICAÇÃO DE FLORESTA. ILÍCITO PUNIDO COMO CRIME E INFRAÇÃO ADMINISTRATIVA. AUTONOMIA DAS SANÇÕES. POSSIBILIDADE DE APLICAÇÃO DE MULTA SIMPLES PELO IBAMA. RECURSO PROVIDO PARA DETERMINAR O PROSSEGUIMENTO DA EXECUÇÃO FISCAL. HISTÓRICO DA DEMANDA. (...). AUTONOMIA DAS SANÇÕES PENAIS E ADMINISTRATIVAS 6. Enquanto a norma do art. 50 está inserida na Seção II do Capítulo V da Lei 9.605/1998, que trata dos crimes contra o meio ambiente, o art. 1º do Decreto 3.179/1999 esclarece que as condutas nele previstas constituem infração administrativa ambiental, razão pela qual estabelece as sanções administrativas previstas no art. 2º. 7. Conforme argumenta o recorrente, os arts. 70 e seguintes da Lei 9.605/1998 descrevem as infrações e respectivas penalidades administrativas, constituindo a base legal que fundamenta a regulamentação feita pelo Decreto 3.179/1999. 8. O STJ já teve a oportunidade de examinar o tema, concluindo pela possibilidade de a autoridade ambiental instaurar processo para apurar infração administrativa e impor a respectiva sanção, sem prejuízo da competência do Poder Judiciário para fixar sanção penal, dada a autonomia das responsabilidades criminal e administrativa. Precedente: REsp 1.245.094/MG, Rel. Min. Herman Benjamin, DJe 13/4/2012)."

O Superior Tribunal de Justiça inclusive, em sua Tese 5, explicita claramente o entendimento de independência de esferas sancionatórias, uma vez que a sanção administrativa não se confunde com a sanção penal; e, ainda que um fato configure infração penal e administrativa, ao órgão ambiental é vedado aplicar a sanção penal, sendo tal sanção de competência do Poder Judiciário.[6]

Ademais, como as esferas de responsabilização podem gerar a aplicação de sanções cumulativas e não alternativas, a imposição de uma sanção pecuniária imposta pela administração em razão do descumprimento de uma obrigação de *não fazer* não exime o autuado da reparação do equilíbrio ambiental prejudicado por sua ação ou omissão. Uma tem o objetivo de recuperar o *status quo ante*, traduzindo-se em uma garantia para a coletividade. A outra tem o objetivo de coibir ações ou omissões que possam vir a provocar a quebra desse equilíbrio. Uma é reparatória, outra é sancionatória. Para Edis Milaré, a multa administrativa "não é restauração do direito alheio, individual ou coletivo, mas é pena pela violação de um dever imposto pelo ordenamento administrativo"[7].

---

6. STJ. *Jurisprudência em Teses nº 30*. Secretaria de Jurisprudência, Brasília, 2015. A Tese número 5 está exposta da seguinte forma: "É defeso ao IBAMA impor penalidade decorrente de ato tipificado como crime ou contravenção, cabendo ao Poder Judiciário referida medida". Veja também: AgInt no AgRg no REsp 1.339.332/MG, Rel. Ministro Mauro Campbell Marques, 2ª Turma, DJe 27/06/2018; AgRg no REsp 1.284.780/ES, Rel. Ministro Napoleão Nunes Maia Filho, 1ª Turma, DJe 16/08/2016; AREsp 557.714/MG (decisão monocrática), Rel. Ministro Napoleão Nunes Maia Filho, 1ª Turma, DJe 03/02/2015; AREsp 574.512/RO, Rel. Ministro Humberto Martins, 2ª Turma, DJe 18/07/2014; AREsp 385.055/PA (decisão monocrática), Rel. Ministro Herman Benjamin, 2ª Turma, DJe 07/03/2014.

7. MILARÉ, Edis. Tutela jurídico-civil do ambiente. São Paulo, *Revista Direito Ambiental*, v. 0, 1996, p. 29.

A responsabilidade civil objetiva foi introduzida no direito ambiental brasileiro pelo art. 4º da Lei 6.453, de 17 de outubro de 1977, ao tratar de danos relacionados a atividades nucleares:

> "Art. 4º. Será exclusiva do operador da instalação nuclear, nos termos desta Lei, independentemente da existência de culpa, a responsabilidade civil pela reparação de dano nuclear causado por acidente nuclear:
>
> I – ocorrido na instalação nuclear;
>
> II – provocado por material nuclear procedente de instalação nuclear, quando o acidente ocorrer:
>
> a) antes que o operador da instalação nuclear a que se destina tenha assumido, por contrato escrito, a responsabilidade por acidentes nucleares causados pelo material;
>
> b) na falta de contrato, antes que o operador da outra instalação nuclear haja assumido efetivamente o encargo do material;
>
> III – provocado por material nuclear enviado à instalação nuclear, quando o acidente ocorrer:
>
> a) depois que a responsabilidade por acidente provocado pelo material lhe houver sido transferida, por contrato escrito, pelo operador da outra instalação nuclear;
>
> b) na falta de contrato, depois que o operador da instalação nuclear houver assumido efetivamente o encargo do material a ele enviado."

Posteriormente, a Lei 6.938, de 31 de agosto de 1981, voltou a tratar da responsabilidade objetiva na esfera civil, agora estendendo às demais atividades capazes de causar danos ao meio ambiente:

> "Art. 14. Sem prejuízo das penalidades definidas pela legislação federal, estadual e municipal, o não cumprimento das medidas necessárias à preservação ou correção dos inconvenientes e danos causados pela degradação da qualidade ambiental sujeitará os transgressores:
>
> [...]
>
> § 1º Sem obstar a aplicação das penalidades previstas neste artigo, é o poluidor obrigado, independentemente da existência de culpa, a indenizar ou reparar os danos causados ao meio ambiente e a terceiros, afetados por sua atividade. O Ministério Público da União e dos Estados terá legitimidade para propor ação de responsabilidade civil e criminal, por danos causados ao meio ambiente."

Segundo este dispositivo, é irrelevante a licitude da atividade exercida para caracterização da responsabilidade civil pelo dano ambiental, isto é, não importa se a atividade é lícita e até mesmo licenciada pelo Poder Público; se dela ocorrerem danos para o meio ambiente, o agente é responsável pela sua recomposição. Como bem resumido por Paulo Affonso Leme Machado, "a responsabilidade objetiva ambiental significa que quem danificar o ambiente tem o dever jurídico de repará-lo. Presente, pois, o binômio dano/reparação. Não se pergunta a razão da degradação para que haja o dever de indenizar e/ou reparar".[8]

Quanto à responsabilidade penal, guardando consonância com o dispositivo constitucional, a Lei 9.605/1998 foi categórica ao prever a responsabilidade das pessoas jurídicas, solidariamente com as pessoas físicas:

> "Art. 3º. As pessoas jurídicas serão responsabilizadas administrativa, civil e penalmente conforme o disposto nesta Lei, nos casos em que a infração seja cometida por decisão de seu representante legal ou contratual, ou de seu órgão colegiado, no interesse ou benefício da sua entidade.
>
> Parágrafo único – A responsabilidade das pessoas jurídicas não exclui a das pessoas físicas, autoras, co-autoras ou partícipes do mesmo fato."

---

8. MACHADO, Paulo Affonso Leme. *Direito Ambiental Brasileiro*. 26 edição. São Paulo, Malheiros, 2018. p. 421.

No entendimento de Fernando Noronha, o caminho que leva à responsabilidade solidária da pessoa jurídica é o princípio do risco-proveito (*ubi emolumentum ibi onus*). Se uma atividade econômica gera riquezas para alguém e possibilidade de danos para a sociedade, ocorrendo algum dano, o empreendedor deve ser responsabilidade pelo resultado adverso:

> [...] "quem exerce uma atividade econômica, organizada para a produção ou a circulação de bens ou serviços, deve arcar com todos os ônus resultantes de qualquer evento danoso inerente ao processo produtivo ou distributivo [...], quem se beneficia de uma atividade potencialmente perigosa (para outras pessoas ou para o meio ambiente), deve arcar com eventuais consequências danosas.[9]"

No entanto, um dos pilares da nossa legislação penal é a necessidade de comprovação da culpa ou do dolo para a aplicação de sanções penais, bem como o respeito ao devido processo legal e à ampla defesa.

No caso de sanções – e as multas administrativas também têm nítido caráter sancionatório, tanto que a Lei 9.605/1998 manda aplicar subsidiariamente a legislação penal, a comprovação da responsabilidade somente se consolida com o devido processo legal, norteado até então pela presunção de inocência que impera nesse ramo do Direito.

3. Responsabilidade administrativa

Quanto à responsabilidade administrativa, considera-se infração administrativa em matéria ambiental "toda ação ou omissão que viole as regras jurídicas de uso, gozo, promoção, proteção e recuperação do meio ambiente" (art. 70, *caput*, da Lei 9.605/1998). Percebe-se que a infração administrativa se caracteriza pela violação de uma regra jurídica e leva o Estado ao exercício do seu poder de polícia. As infrações, o processo de apuração em âmbito federal, bem como as sanções aplicáveis, encontram-se atualmente regulamentados no Decreto 6.514/2008. Em termos de competência, para a lavratura do auto de infração, são competentes os fiscais dos órgãos ambientais que compõem o SISNAMA (Sistema Nacional de Meio Ambiente) e os agentes das Capitanias dos Portos (art. 70, § 1º, da Lei 9.605/1998). Ademais, nos termos do § 3º, do art. 70, da Lei 9.605/1998, a autoridade ambiental que tiver ciência de uma infração ambiental deve imediatamente promover a sua apuração mediante de processo administrativo próprio, sob pena de corresponsabilidade.

A responsabilidade administrativa é a que apresenta a maior carga de controvérsias no Direito Ambiental, pois alguns órgãos públicos costumam estender a responsabilidade objetiva civil, que prescinde da comprovação da existência de dolo ou culpa, para a sustentação de suas autuações ou imposição de sanções.

A natureza jurídica da responsabilidade administrativa também aguça o debate entre doutrinadores, com defesas tanto do seu caráter objetivo[10], em que a responsabilidade decorreria do risco da atividade, quanto do seu caráter subjetivo. Posicionamentos contrários também são encontrados nos tribunais, como nas decisões da 1ª e da 2ª Turmas do Superior Tribunal de Justiça. Na 2ª Turma, o entendimento consolidado era o de que a

---

9. NORONHA, Fernando. Desenvolvimentos contemporâneos da responsabilidade civil. São Paulo, *Revista dos Tribunais*, v. 761, mar., 1999. p. 37.
10. Alguns autores entendem que a responsabilidade administrativa é objetiva, exceto a aplicação da multa simples no caso do § 3º do art. 72 da Lei 9.605/1998. Veja, por exemplo: MACHADO, 2018, p. 388.

responsabilidade administrativa em matéria ambiental seria subjetiva. Na 1ª Turma, por sua vez, prevalecia o entendimento de que tal responsabilidade seria objetiva.

Porém, em 2019, no julgamento dos Embargos de Divergência em REsp (nº 1.318.051 – RJ), a 1ª Seção do Superior Tribunal de Justiça uniformizou o entendimento da responsabilidade administrativa ambiental como subjetiva, fazendo referência ao entendimento já consolidado na 2ª Turma de que *"a aplicação de penalidades administrativas não obedece à lógica da responsabilidade objetiva da esfera cível (para reparação dos danos causados), mas deve obedecer à sistemática da teoria da culpabilidade, ou seja, a conduta deve ser cometida pelo alegado transgressor, com demonstração de seu elemento subjetivo, e com demonstração do nexo causal entre a conduta e o dano* (REsp 1.251.697/PR, Ministro Mauro Campbell, DJe de 17/4/2012)".

De fato, a responsabilidade objetiva de que trata a Lei 6.938/1981 é a civil, que obriga a reparação dos danos independentemente da existência de culpa, bastando que seja estabelecido um nexo de causalidade entre o fato danoso e o responsável. Por sua vez, a aplicação de sanções administrativas deve orientar-se pela teoria da culpabilidade, na qual o elemento subjetivo está presente. Assim, além do nexo de causalidade entre a ação e o resultado, também é necessário a demonstração de intenção do agente.

A imposição de sanções sem a comprovação de culpa ou dolo vai de encontro aos pilares do nosso sistema jurídico. A aplicação de sanções, e a multa determinada por uma infração administrativa se enquadra nessa categoria, deve obedecer às regras do direito sancionador, pois derivadas da Lei 9.605/1998, que dispõe sobre as sanções penais e administrativas aplicáveis às condutas e atividades lesivas ao meio ambiente. Quanto ao § 3º do artigo 72 da Lei 9.605/1998, este é claro ao dizer que, sempre que o agente, por negligência ou dolo, deixar de sanar irregularidades no prazo assinalado ou opuser embargos à fiscalização ambiental, a sanção aplicada será a multa simples. Vale dizer, nos casos em que há o descumprimento de uma determinação para corrigir uma irregularidade ou quando são opostos obstáculos para a atividade fiscalizadora do agente público competente, não cabe advertência, mas multa.

No Capítulo VI da Lei 9.605/1998, ao tratar das infrações administrativas, é utilizada a expressão "sanções" para tratar das punições. Vejamos:

"Art. 72. As infrações administrativas são punidas com as seguintes sanções, observado o disposto no art. 6º:

I – advertência;

II – multa simples;

III – multa diária;

IV – apreensão dos animais, produtos e subprodutos da fauna e flora, instrumentos, petrechos, equipamentos ou veículos de qualquer natureza utilizados na infração;

V – destruição ou inutilização do produto;

VI – suspensão de venda e fabricação do produto;

VII – embargo de obra ou atividade;

VIII – demolição de obra;

IX – suspensão parcial ou total de atividades;

X – (VETADO)

XI – restritiva de direitos". [...].

Ademais, em seu artigo 79, a referida norma faz referência à aplicação de forma subsidiária da legislação penal. Ainda que a mensuração das sanções administrativas tenha sido inicialmente detalhada no Decreto 3.179/1999 (posteriormente revogado pelo Decreto 6.514/2008), estas normas apenas o fizeram por força do Capítulo VI da Lei 9.605/1998. E, enquanto sanções, estão sujeitas aos princípios do Direito Penal, principalmente à presunção de inocência e à ampla defesa.

Seguindo essa linha – a de submissão da ação administrativa sancionadora aos princípios do Direito Penal –, vale a pena mencionar o julgamento do Superior Tribunal de Justiça no Recurso Ordinário em Mandado de Segurança, RMS 24.559/PR, cuja relatoria foi do ministro Napoleão Nunes Maia Filho:

> "DIREITO ADMINISTRATIVO. ATIVIDADE SANCIONATÓRIA OU DISCIPLINAR DA ADMINISTRAÇÃO PÚBLICA. APLICAÇÃO DOS PRINCÍPIOS DO PROCESSO PENAL COMUM. ARTS. 615, § 1º E 664, PARÁG. ÚNICO, DO CPP. NULIDADE DE DECISÃO PUNITIVA EM RAZÃO DE VOTO DÚPLICE DE COMPONENTE DE COLEGIADO. RECURSO PROVIDO. 1. Consoante precisas lições de eminentes doutrinadores e processualistas modernos, à atividade sancionatória ou disciplinar da Administração Pública se aplicam os princípios, garantias e normas que regem o Processo Penal comum, em respeito aos valores de proteção e defesa das liberdades individuais e da dignidade da pessoa humana, que se plasmaram no campo daquela disciplina (...). (STJ, ROMS 24.559 PR, 5ª Turma, DJe 01/02/2010)."

Acrescente-se que o processo de apuração da infração administrativa deve ser guiado pelos princípios da legalidade, finalidade, motivação, razoabilidade, proporcionalidade, moralidade, ampla defesa, contraditório, segurança jurídica, interesse público e eficiência, conforme explicitamente disposto no art. 95 do Decreto 6.514/2008.

O direito administrativo sancionador tem seu fundamento no "justo processo jurídico", conforme os ditames constitucionais, e tendo no Direito Penal e no Processo Penal seu balizamento. De fato, como bem resumido pelo ministro Napoleão Nunes:

> "(...) 'todos' os institutos jusprocessuais (tais como a anterioridade da norma incriminadora, a presunção de inocência, até o trânsito em julgado de decisão condenatória, o direito ao silêncio, a cláusula in dubio pro reo, a exclusão de provas ilícitas, o contraditório e os recursos, dentre outros) podem e devem ter aplicação em 'todos' os ramos do Direito Sancionador; isso quer dizer que o sancionamento de 'qualquer infração', seja de que natureza for, somente será juridicamente válido se atender as exigências do 'justo processo jurídico', pois sem a observância de seus requisitos a imposição da sanção será, apenas, um ato de força, não o resultado de um julgamento."[11]

Outro ponto que merece ênfase é a indispensável necessidade de demonstração do nexo de causalidade entre o ato do agente e o dano causado. A jurisprudência é vasta nesse sentido, podendo-se citar:

> "ADMINISTRATIVO E PROCESSUAL CIVIL. INSTITUTO BRASILEIRO DO MEIO AMBIENTE E DOS RECURSOS NATURAIS RENOVÁVEIS (IBAMA). AUTO DE INFRAÇÃO. USO DE FOGO EM ÁREA AGROPASTORIL. IMPOSIÇÃO DE MULTA. PRESUNÇÃO DE VERACIDADE E LEGITIMIDADE DO ATO ADMINISTRATIVO, ELIDIDA POR FALTA DE COMPROVAÇÃO DO DANO AMBIENTAL. 1. Apesar da presunção de legitimidade do ato administrativo, não há como se aplicar a multa imposta ao autor, por utilização de fogo, em área pastoril, sem a necessária autorização do Ibama, porque não comprovado, nos autos, o nexo de causalidade entre o comportamento do agente e o resultado danoso. 2. Sentença confirmada. 3. Apelação desprovida. (TRF 1ª Região, AC 0004065-43.2010.4.01.4100, Desembargador Federal Daniel Paes Ribeiro, DJe 02/07/2019).

---

11. MAIA FILHO, Napoleão Nunes (2012). Direito Sancionador. Disponível em: https://diariodonordeste.verdesmares.com.br/editorias/opiniao/direito-sancionador-1.322361.

APELAÇÃO CIVIL. IBAMA. AUTO DE INFRAÇÃO. NEXO DE CAUSALIDADE ENTRE A CONDUTA DO AGENTE E O EVENTO DANOSO. NÃO COMPROVADO. AUTO DE INFRAÇÃO. ANULADO. APELAÇÃO NÃO PROVIDA. SENTENÇA MANTIDA. 1. Cinge-se a controvérsia em apurar se o Auto de Infração nº 032646, série "D", lavrado pelo IBAMA, em desfavor do autor, impondo-lhe penalidade de multa no valor de R$30.000,00, foi expedido sem a devida observância da legislação de regência e da regularidade necessária, sendo passível de anulação. 2. A responsabilidade em matéria de preservação do meio ambiente é objetiva, o que exclui a necessidade de comprovação da culpa, mas não dispensa a comprovação do nexo de causalidade entre o evento danoso e a conduta do agente. 3. A própria área técnica do IBAMA reconhece as tentativas de contenção da erosão não apenas pelo autor, mas também pelos proprietários vizinhos e aponta uma série de eventos que, somados, configuram a causa do processo erosivo. Não há no Laudo do IBAMA nenhum elemento que aponte conduta do autor, seja do ponto de vista comissivo ou omissivo, que se possa adotar como justificativa para configurar o nexo de causalidade entre ela e o evento, ou eventos danosos que provocaram o dano ambiental. 4. Ao contrário disso, segundo o que concluíram os técnicos do IBAMA, as ações deram resultado positivo, pois afirmam que "embora, a voçoroca encontra-se em processo de estabilização, devido ao restabelecimento da vegetação em seu interior, tornam-se necessárias algumas intervenções que protejam a área de outras frentes de erosão" e segue com sugestões de providências que dizem respeito não apenas ao autor, mas também em relação aos proprietários vizinhos e ao responsável pela conservação da BR-158, assim como sugere o plantio de espécimes nativas e o acompanhamento dessas práticas, situação que, aliás, segundo se depreende da Carta CT/OAE?2148/2009, de 08/04/2008, da CESP, o autor se inscreveu no Programa de Fomento Florestal da CESP, para reflorestamento ciliar na margem esquerda do Rio do Pantano e lhe foram disponibilizadas, pelo programa, 700 mudas de espécies arbóreas nativas diversas, cabendo agora, como sugerido pelos técnicos do IBAMA, o acompanhamento dessas práticas. 5. Portanto, diante da verificada e comprovada ausência de elemento indispensável a justiçar a aplicação da sanção administrativa, qual seja, o nexo de causalidade entre o evento danoso e a conduta do agente, seja ela comissiva ou omissiva, é de se concluir pela insubsistência do Auto de Infração nº 032646 – série "D", expedido pelo IBAMA, em 27/05/2002, contra o autor. 6. Nega-se provimento à apelação do IBAMA, para manter a r. sentença, por seus próprios fundamentos (TRF 3ª Região, AC 0000741-15.2004.4.03.6003, Desembargadora Diva Malerbi, DJe 16/08/2019).

ADMINSTRATIVO E AMBIENTAL. AÇÃO SUMÁRIA. AUTO DE INFRAÇÃO LAVRADO PELO IBAMA. MULTA ADMINISTRATIVA. INCÊNDIO EM ÁREA DE PRESERVAÇÃO. RESPONSABILIDADE OBJETIVA. ART. 14, PARÁGRAFO 1º, DA LEI N.º 6.398/81. DANO AMBIENTAL. FATO DE TERCEIRO. COMPROVAÇÃO. NEXO DE CAUSALIDADE. ROMPIMENTO. SENTENÇA DE PROCEDÊNCIA. MANUTENÇÃO. 1. Apelo do IBAMA em face de sentença que julgou procedente o pedido formulado por particular para anular a multa objeto do Auto de Infração n.º 261269, lavrada em razão da constatação de queimada de vegetação nativa em área de preservação permanente. 2. "Nos termos da Lei nº 6.938/81, art. 14, parágrafo 1º, a responsabilidade civil por dano ambiental é objetiva, pois independe da comprovação de culpa do agente, salvo se o dano decorrer de culpa exclusiva de terceiro." (AC533190/RN, Rel. Des. Fed. Luiz Alberto Gurgel de Faria, TRF5 – 3ª Turma, DJE: 25/04/2012.) 3. No caso concreto, da análise das provas contidas nos autos, mais especificamente da prova testemunhal, não se permite chegar à conclusão de que o dano ambiental identificado pelo IBAMA no auto de infração em questão tenha sido provocado pelo proprietário do imóvel rural onde se deu o incêndio, mas sim por terceiros que por ali circulam para a prática ilegal de caça de animais e de extração de mel na área de preservação permanente. 4. Ainda que a exploração econômica da fazenda seja a de criação de gado bovino, não se pode dizer que a queimada da vegetação nativa se deu para preparar a área de pasto ou para aumentá-la, eis que além de a propriedade já contar com pastagens à época do ocorrido, o incêndio atingiu parte considerável das pastagens artificiais que eram cultivadas no mesmo imóvel, tendo, inclusive, o apelado apresentado noticia criminis junto à autoridade policial logo após os fatos que se deram em maio de 2008. 5. Demonstrado que o incêndio fora provocado por terceiros não identificados, não se pode imputar ao proprietário do imóvel rural a responsabilidade pelo evento danoso ensejador da multa, objeto do auto de infração em questão, eis que houve o rompimento do nexo causal entre o comportamento/atividade do autor e o dano causado ao meio ambiente, notadamente quando o próprio demandante também fora vítima do mesmo evento em decorrência da perda considerável de sua pastagem artificial que era cultivada em sua propriedade. 6. Apelação improvida (TRF 5ª Região, 0001246-77.2011.4.05.8501, Desembargador Francisco Wildo, DJe 22/11/2012)."

Em processos decorrentes de infrações contra o meio ambiente, é extremamente comum a afirmativa de que a lavratura do Auto de Infração, impondo sanções pecuniárias, goza dos benefícios da presunção de legalidade e de veracidade, pretendendo-se que o ato seja considerado verdadeiro e legal até que se prove o contrário. Destarte, o agente público não teria o ônus de provar que seus atos são legais e a situação que gerou a necessidade de sua prática realmente existiu, cabendo ao destinatário do ato o encargo de provar que o agente administrativo agiu de forma ilegítima.

No entanto, alguns tribunais têm entendido que o ônus da prova da infração é do Estado no exercício do *ius puniendi* e que a responsabilidade objetiva se aplica ao dano ambiental para efeito de indenização civil, não alcançando a responsabilidade por infração administrativo-penal.

Em voto proferido pelo Ministro Gurgel de Faria, do Superior Tribunal de Justiça, no REsp 1.443.173–PB (Dje 05/06/2018), fica claro o seu entendimento de que a responsabilidade administrativa ambiental é subjetiva e requer a demonstração de voluntariedade do agente, conforme se percebe nos trechos a seguir:

"Trata-se de recurso especial interposto pelo IBAMA com fundamento na(s) alínea(s) 'a' do permissivo constitucional contra acórdão do Tribunal Regional Federal da 5ª Região assim ementado:

'ADMINISTRATIVO. IBAMA. EMPRESA AUTUADA POR POSSUIR MADEIRA PARA COMERCIALIZAÇÃO COM ATPF FALSA. MULTA. NULIDADE. AUSÊNCIA DE MÁ-FÉ DO COMERCIANTE COMPRADOR. 1. Apelação interposta em face da sentença que julgou procedente o pedido de anulação da multa imposta pelo IBAMA, por ter recebido produtos de origem florestal acompanhada de Autorização de Transporte de Produto Florestal – ATPF falsificada. 2. A sentença considerou que, no caso em tela, não tendo sido imputada à autora a realização da falsidade documental, ela somente poderia ser qualificada como infratora se demonstrado que tinha conhecimento de que as ATPFs que acompanhavam os produtos de origem vegetal eram falsas. 3. Não obstante se tenha conhecimento de que alguns comerciantes compactuam com o comércio clandestino de produtos florestais, no caso em apreço, nada leva a crer que esta seja a situação da Recorrida. Além do mais, não há nos autos nada que possa atestar a sua má fé. 4. Cuida-se de empresa que comercializa esquadrias de madeira, e a quantidade encontrada no estabelecimento, e que gerou a autuação, não foi de grande vulto (52 m³). Também não se tem notícia de que seja uma infratora contumaz, pois não há notícia de que já tenha sido autuada por infração a lei ambiental. 5. Destarte, com a devida vênia aos que entendem em sentido contrário, penso que seria do órgão fiscalizador o ônus de provar que a Recorrida sabia da falsidade da ATPF, ou ainda, de que havia contribuído para a sua falsificação. No caso, o IBAMA não deixou claro como ela, a Recorrida, ou qualquer outro estabelecimento comercial, poderia, sem os seus meios técnicos (do IBAMA), ter conhecimento prévio da autenticidade do referido documento. Apelação não provida.'

O recorrente alega violação do disposto nos arts. 14, da Lei n. 6.938/1981; 46 da Lei n. 9.605/1998 e 32 do Decreto n. 3.179/1999. Defende, em síntese, a responsabilidade objetiva por infração ambiental, que independe de culpa para se configurar. Sem contrarrazões. Passo a decidir. Conforme estabelecido pelo Plenário do STJ, 'aos recursos interpostos com fundamento no CPC/1973 (relativos a decisões publicadas até 17 de março de 2016) devem ser exigidos os requisitos de admissibilidade na forma nele prevista, com as interpretações dadas até então pela jurisprudência do Superior Tribunal de Justiça' (Enunciado 2). Isso considerado, observo que a Corte Regional manteve a sentença que reconheceu a nulidade da sanção administrativa por dano ambiental, pela boa-fé da empresa/recorrida evidenciada pela falta de comprovação de que a autuada conhecia a falsidade da ATPF (e-STJ fls. 296/298):

'27. Por outro lado, sustenta a autora que a infração ambiental que motivou a autuação não pode lhe ser imputada, visto que não tinha conhecimento da falsidade das ATPFs que acompanham os produtos de origem florestal por ela transportados, tendo agido de boa-fé, razão pela qual não pode ser responsabilizada por comportamento ilícito de outrem (...). 36. Segundo Celso Antônio Bandeira de Mello, em matéria de infrações administrativas, **vige o princípio da exigência da voluntariedade para incursão na infração**, segundo o qual basta a voluntariedade para que fique caracterizada a infração administrativa, 'sem prejuízo, como é claro, de a lei estabelecer exigência maior perante a figura tal ou qual'. 37. **Tal exigência, vale salientar, não foi afastada pelo disposto no § 11 do art. 14 da Lei n. 6.938/81, que se aplica apenas às hipóteses de responsabilidade civil, ou seja, à obrigação de indenizar ou reparar os danos causados ao meio ambiente e a terceiros. O referido dispositivo não pode ser interpretado de forma extensiva, com vistas a alcançar as hipóteses de responsabilidade administrativa e criminal.** 38. Age voluntariamente quem ter perfeita representação da realidade em que se encontra. No caso em tela, não tendo sido imputada à autora a realização da falsidade documental, ela somente poderia ser qualificada como infratora se demonstrado que tinha conhecimento de que as ATPFs que acompanhavam os produtos de origem vegetal eram falsas. 39. **Não tendo sido demonstrada, no curso do procedimento administrativo, que a autora tinha conhecimento da contrafação, nem apontados, ao menos, indícios que autorizem tal conclusão, e não se tratando de falsificação grosseira, não há como lhe imputar a prática da infração administrativa, tendo em vista a falta de voluntariedade em sua conduta** (...).'

Nas razões do especial, o IBAMA defende que a responsabilidade, no direito ambiental, é objetiva e independe da demonstração de culpar por parte do infrator. Ocorre que esta Corte de Justiça tem entendido que, no campo do direito ambiental, 'a aplicação de penalidades administrativas não obedece à lógica da responsabilidade objetiva da esfera cível (para reparação dos danos causados), mas deve obedecer à sistemática da teoria da culpabilidade, ou seja, a conduta deve ser cometida pelo alegado transgressor, com demonstração de seu elemento subjetivo, e com demonstração do nexo causal entre a conduta e o dano' (REsp 1.401.500/PR, Rel. Ministro Herman Benjamin, Segunda Turma, julgado em 16/08/2016, DJe 13/09/2016)."

Além das sanções aplicáveis às infrações administrativas que estão previstas nos artigos 72 da Lei 9.605/1998 e 3º do Decreto 6.514/2008, os órgãos ambientais integrantes do Sistema Nacional de Meio Ambiente (SISNAMA) devem, trimestralmente, dar publicidade das sanções administrativas aplicadas, informando se os processos estão julgados em definitivo ou pendentes de recurso (art. 149, *caput* e § único, do Decreto 6.514/2008). Entendemos, no entanto, que a publicação das infrações ambientais deveria ser aplicável somente aos processos já julgados administrativamente em última instância, pois a lavratura do auto de infração imputa um ilícito, abrindo o prazo para a defesa do autuado e, somente após o contraditório e o exercício da ampla defesa, a sanção se consolida.

Em âmbito internacional, previsões similares conhecidas como "*naming and shaming*" são utilizadas em algumas normativas para desencorajar atitudes de não conformidade (*non-compliance*). Um exemplo dessas normas é a Diretiva 2003/87/CE do Parlamento Europeu que estabelece regras para o comércio de licenças de emissão de gases de efeito estufa na União Europeia e regula um dos principais mercados de carbono do mundo. A diretiva, inspirada nos mecanismos flexíveis previstos no Protocolo de Kyoto, estabeleceu um sistema de *cap-and-trade* com metas de emissão de CO_2 e respectivo comércio de licenças e créditos de carbono[12]. O **artigo 16** da Diretiva 2003/87/CE prevê que os Estados Membros, além de aplicarem sanções pecuniárias para os operadores que não submeteram

---

12. Inicialmente, muitos desses créditos foram provenientes de projetos de MDL (Mecanismos de Desenvolvimento Limpo) desenvolvidos no Brasil.

o número devido de licenças no prazo estipulado, também devem publicar os nomes desses operadores.

Quanto à prescrição para apuração de eventual prática de infração contra o meio ambiente, o artigo 21, *caput*, do Decreto 6.514/2008 estabelece que a administração possui o prazo de cinco anos, contado: a) da data da prática do ato; ou b) no caso de infração permanente ou continuada, do dia em que tiver cessado. É importante ressaltar que quando a infração também constituir crime ambiental, a prescrição rege-se pelo prazo previsto na legislação penal (art. 21, § 3º do Decreto 6.514/2008). A ação de apuração da infração considera-se iniciada com a lavratura do auto de infração (art. 21, § 1º do Decreto 6.514/2008), mas, caso o procedimento administrativo fique parado por mais de três anos pendente de julgamento ou despacho, incide a prescrição (art. 21, § 2º, do Decreto 6.514/2008).

Em termos de prescrição da ação de cobrança da multa administrativa, a Súmula 467 do STJ é clara ao dispor que "prescreve em cinco anos, contados do término do processo administrativo, a pretensão da Administração Pública de promover a execução da multa por infração ambiental", sintetizando o entendimento do tribunal exposto no julgamento do REsp 1.112.577/SP (DJe 08/02/2010), cuja relatoria foi do Ministro Castro Meira:

"ADMINISTRATIVO. EXECUÇÃO FISCAL. MULTA ADMINISTRATIVA. INFRAÇÃO À LEGISLAÇÃO DO MEIO AMBIENTE. PRESCRIÇÃO. SUCESSÃO LEGISLATIVA. LEI 9.873/99. PRAZO DECADENCIAL. OBSERVÂNCIA. RECURSO ESPECIAL SUBMETIDO AO RITO DO ART. 543-C DO CPC E À RESOLUÇÃO STJ N.º 08/2008. 1. A Companhia de Tecnologia e Saneamento Ambiental de São Paulo-CETESB aplicou multa à ora recorrente pelo fato de ter promovido a "queima da palha de cana-de-açúcar ao ar livre, no sítio São José, Município de Itapuí, em área localizada a menos de 1 Km do perímetro urbano, causando inconvenientes ao bem-estar público, por emissão de fumaça e fuligem" (fl. 28). 2. *A jurisprudência desta Corte tem reconhecido que é de cinco anos o prazo para a cobrança da multa aplicada ante infração administrativa ao meio ambiente, nos termos do Decreto n.º 20.910/32, o qual que deve ser aplicado por isonomia, à falta de regra específica para regular esse prazo prescricional*. 3. Não obstante seja aplicável a prescrição quinquenal, com base no Decreto 20.910/32, há um segundo ponto a ser examinado no recurso especial – termo inicial da prescrição – que torna correta a tese acolhida no acórdão recorrido. 4. A Corte de origem considerou como termo inicial do prazo a data do encerramento do processo administrativo que culminou com a aplicação da multa por infração à legislação do meio ambiente. A recorrente defende que o termo *a quo* é a data do ato infracional, ou seja, data da ocorrência da infração. 5. *O termo inicial da prescrição coincide com o momento da ocorrência da lesão ao direito, consagração do princípio universal da* actio nata. *Nesses termos, em se tratando de multa administrativa, a prescrição da ação de cobrança somente tem início com o vencimento do crédito sem pagamento, quando se torna inadimplente o administrado infrator. Antes disso, e enquanto não se encerrar o processo administrativo de imposição da penalidade, não corre prazo prescricional, porque o crédito ainda não está definitivamente constituído e simplesmente não pode ser cobrado.*" (grifo nosso).

Relembre-se que a prescrição desempenha papel fundamental na segurança jurídica e, como bem destacado por Paulo de Bessa Antunes, "não fulmina o direito ao meio ambiente ecologicamente equilibrado que continuará existindo, independentemente de ser acionável judicial ou administrativamente. Por outro lado, há que se observar que o princípio da actio nata determina que o dever de reparação nasce com o conhecimento da lesão e esta, em questões ambientais, nem sempre é imediata, fato que por si só amplia em muito a possibilidade de que o causador do dano seja acionado".[13]

---

13. ANTUNES, Paulo de Bessa. Direito Ambiental. 21 edição, São Paulo, Atlas, 2020. p. 259.

4. Conversão de multas e reparação de danos ambientais

As alterações introduzidas pelo Decreto 9.179, de 23 de outubro de 2017, elencam as possibilidades de conversão de multas simples em serviços de preservação, melhoria e recuperação da qualidade do meio ambiente. (art. 139, *caput* e § único, do Decreto 6.514/2008).

Na sequência, o Decreto 9.760, de 11 de abril de 2019, promoveu significativa alteração nos critérios para a concessão de desconto nas multas administrativas por ocasião de sua transformação em serviços ambientais.

Enquanto a norma anterior previa descontos diferenciados para a execução própria dos serviços ou para a adesão a projetos executados por terceiros, favorecendo estes últimos, a nova ordem priorizou o momento da adesão ao programa de conversão das multas, estabelecendo maiores vantagens para aqueles que abrissem mão dos recursos administrativos e aderissem numa audiência de conciliação (art. 143, § 2º).

Podem ser elegíveis as ações, atividades e obras incluídas em projetos, por exemplo, de: a) recuperação de áreas degradadas; b) proteção e manejo da flora nativa e da fauna silvestre; c) mitigação ou adaptação às mudanças climáticas; d) educação ambiental; e) saneamento básico, entre outros. Ademais, o Decreto 9.760, de 11 de abril de 2019, trouxe novas alterações ao Decreto 6.514/2008 e às conversões de multas em serviços ambientais, incentivando a conciliação ambiental em nível federal.

É importante ressaltar que as multas administrativas não podem ser convertidas na reparação do dano decorrente da própria infração ambiental (art. 141 do Decreto 6.514/2008) e que, como mencionado anteriormente, a obrigação de reparação integral de eventual dano ambiental causado independe da aplicação de multa e de seu valor (art. 143, § 1º, do Decreto 6.514/2008).

A recuperação dos danos causados ao meio ambiente deve ser prioridade. Como visto ao longo do artigo, as esferas de responsabilidade ambiental são independentes e as sanções aplicadas nas esferas penal e administrativa não substituem os desdobramentos em âmbito cível.

Em apertada síntese, a aplicação de multas administrativas previstas no Decreto 6.514/2008 têm efeito pedagógico e dissuasório, e a imposição da obrigação de reparar os danos causados ao meio ambiente, por sua vez, apresenta uma garantia de qualidade de vida da presente e das futuras gerações, como dispõe o preceito constitucional.

A RESPONSABILIDADE CIVIL EM MATÉRIA AMBIENTAL

Carolina Medeiros Bahia[1]

Sumário: 1. Elementos da responsabilidade civil ambiental. 1.1. Conduta ou atividade. 1.2. Dano. 1.2.1. Complexidade e peculiaridades do dano ambiental. 1.2.2. Dimensões do dano ambiental. 1.3. Nexo de causalidade. 1.3.1. Causalidade, paradigma da complexidade e "o fim das certezas". 1.3.2. Causalidade material e causalidade jurídica. 1.3.3. Teorias explicativas do nexo de causalidade. 1.3.4. Discussão em torno da teoria acolhida pelo ordenamento jurídico brasileiro. 2. Excludentes de causalidade e responsabilidade civil por dano ambiental. 3. A solidariedade entre os causadores. 4. Responsabilidade civil do Estado por danos ao meio ambiente. 5. A prescrição da pretensão reparatória do dano ambiental.

A responsabilidade civil exprime, em seu sentido etimológico, a ideia de obrigação, referindo-se ao dever de reparar decorrente da prática de um ato ilícito ou de uma atividade de risco com potencialidade de causar danos. Trata-se, assim, de um dever jurídico sucessivo decorrente da violação de outro dever jurídico originário (CAVALIERI FILHO, 2012) – de não causar danos – ou da prática de atividades de risco potencialmente lesivas.

Esse instituto se caracteriza por sua grande flexibilidade e sua constante tentativa de adequar-se às novas exigências sociais. Foi assim que, no século XIX, em face da emergência de situações de risco concreto, provenientes da Revolução Industrial e da consequente dificuldade que essas ameaças passaram a representar para a prova da culpa do agente, evoluiu-se para a flexibilização dessa comprovação até a formulação da teoria objetiva.

Atualmente, a escalada crescente dos avanços tecnocientíficos tem provocado a aparição de novos riscos, de natureza abstrata, e promovido uma nova qualidade de danos, que atingem, sobretudo, o meio ambiente e apresentam uma dimensão espacial e temporal antes desconhecida. Nesse quadro, a identificação dos possíveis agentes causadores dos danos tem sido o grande desafio da responsabilidade civil ambiental.

Em grande medida, os obstáculos que, hoje, se opõem a essa identificação decorrem das próprias peculiaridades da lesividade ambiental, pois o dano ambiental apresenta traços típicos, que o distanciam dos danos convencionais, exigindo do aplicador do direito, ao mesmo tempo, um espírito sagaz e sensível, necessário para compreender e lidar com as suas especificidades.

---

1. Professora da Universidade Federal de Santa Catarina. Mestre e Doutora em Direito Ambiental pela Universidade Federal de Santa Catarina. Autora do livro *Princípio da proporcionalidade nas manifestações culturais e na proteção da fauna* (Juruá, 2006). Diretora do Instituto "O Direito por um Planeta Verde" e membro do Grupo de Pesquisa Direito ambiental na sociedade de risco.

A doutrina ambientalista busca, na atualidade, alternativas para superar todos esses entraves que se opõem à efetividade da responsabilidade civil ambiental. Entre as medidas mais prestigiadas encontram-se os mecanismos de flexibilização da prova do nexo de causalidade.

Nesse caminho, o presente capítulo propõe-se a aprofundar os principais aspectos da responsabilidade civil por danos ao meio ambiente, analisando os seus elementos configuradores, as teorias a ela subjacentes, a solidariedade entre os causadores, a responsabilidade civil do Poder Público e as dificuldades enfrentadas atualmente para a sua efetivação.

1. Elementos da responsabilidade civil ambiental

No Brasil, a responsabilidade civil objetiva em matéria ambiental foi introduzida pelo art. 14, § 1º da Lei 6938/1981[2] (a Lei da Política Nacional do Meio Ambiente). Esse diploma legislativo fixou um regime específico e autônomo para a responsabilidade civil por danos causados ao meio ambiente que, mais tarde, foi recepcionado pelo texto constitucional de 1988[3].

Trata-se de um sistema de responsabilidade objetivo, orientado pela teoria do risco, e permeado por diversas normas de ordem pública.

A adoção da teoria do risco para a responsabilidade civil ambiental, de acordo com Krell (1998, p. 03), justifica-se pelo fato de que a maioria dos danos ambientais é causada por grandes corporações econômicas ou pelo próprio Estado, o que torna quase impossível a comprovação da culpa nessas hipóteses.

A partir de então, nosso ordenamento dispensou a comprovação do elemento subjetivo para a responsabilidade civil ambiental, exigindo como pressupostos: a prática de conduta (omissiva ou comissiva), a ocorrência de dano e a identificação de um nexo causal entre o comportamento e o resultado lesivo.

Desse modo, a responsabilidade civil por danos ao meio ambiente exige como elementos a presença de uma conduta ou atividade, a ocorrência de dano e a existência de nexo causal.

1.1. Conduta ou atividade

Com relação à conduta ou atividade abrangida pela responsabilidade civil ambiental, deve-se questionar a respeito da sua natureza, o que implica em determinar se ela se restringe às condutas e atividades consideradas perigosas ou alcança as demais (aquelas que não comportam perigo) e esclarecer se ela se aplica apenas às condutas e atividades ilícitas ou também incide sobre os comportamentos compatíveis com a legislação.

---

2. De acordo com o art. 14, § 1º da Lei 6.938/1981: "Sem obstar a aplicação das penalidades previstas neste artigo, é o poluidor obrigado, independentemente da existência de culpa, a indenizar ou reparar os danos causados ao meio ambiente e a terceiros, afetados por sua atividade [...]" (BRASIL, 2007, p. 790-791).

3. Segundo o § 3º do art. 225 da Constituição Federal: "§ 3º – As condutas e atividades consideradas lesivas ao meio ambiente sujeitarão os infratores, pessoas físicas ou jurídicas, a sanções penais e administrativas, independentemente da obrigação de reparar os danos causados" (BRASIL, 2010, p. 146).

No âmbito interno dos Estados, a definição das atividades sobre as quais deve incidir a responsabilização ambiental é bastante diversa. Ordenamentos jurídicos como o francês, o holandês e o italiano optaram por acolher a responsabilidade civil subjetiva como regra, adotando a teoria objetiva apenas para as substâncias e atividades perigosas. No entanto, é possível verificar certa tendência em direção à generalização da responsabilização objetiva (CATALÁ, 1998, p. 106).

Já no âmbito dos tratados internacionais, a maior parte deles ainda limita a responsabilidade objetiva por danos ambientais às atividades e substâncias que comportam perigo.

No caso do Brasil, pode-se dizer que o país optou por um sistema abrangente de responsabilidade civil ambiental que, entre outros méritos, não difere as atividades perigosas das demais e, por isso, faz prevalecer o risco evidenciado pela própria existência do dano sobre a periculosidade inerente da atividade ou substância considerada em si. De fato, para haver a incidência da responsabilidade civil ambiental, exige-se apenas que o dano ambiental decorra de atividade que, direta ou indiretamente, afete o meio ambiente.

Essa conclusão pode ser evidenciada pela leitura do art. 3º, inc. IV, da Lei 6.938/1981, que conceitua poluidor como "[...] a pessoa física ou jurídica, de direito público ou privado, responsável, direta ou indiretamente, por atividade causadora de degradação ambiental", alcançando todos aqueles que, por meio de suas atividades, não importando a qualificação da atividade como perigosa ou não, produzam dano ambiental.

Por conta disso, tanto respondem objetivamente por dano ambiental uma indústria que, ao produzir e comercializar uma substância perigosa, causa degradação ambiental, quanto um pequeno agricultor que, ao realizar uma queimada em sua propriedade, destrói áreas consideradas de preservação permanente.

Na discussão a respeito do caráter lícito ou ilícito da conduta, deve-se ter em mente que a ilicitude não se confunde com a culpabilidade, pois, muito embora a ilicitude seja um indício da culpabilidade, é perfeitamente possível haver comportamentos ilícitos e não culpáveis.

Dessa forma, pode-se entender como ilícito o comportamento que viola as normas de proteção ambiental, sejam elas emanadas do Poder Legislativo ou fixadas pela Administração.

Deve-se indagar, portanto, se o agente que exerce uma atividade em consonância com as normas ambientais ou de acordo com uma licença ou autorização administrativa, mas, ainda assim, causa degradação ambiental, pode ser responsabilizado civilmente.

A Lei italiana 349, de 8 de julho de 1986, que cria o Ministério do Meio Ambiente e estabelece normas sobre os danos ambientais, exige, em seu art. 18, como pressuposto para a responsabilização civil que o fato doloso ou culposo também viole disposições legais ou de provimentos adotados com base na lei. No entanto, a maior parte dos tratados internacionais e das normas internas dos Estados considera que o cumprimento das normas de proteção não configura excludente da responsabilidade civil ambiental.

No mesmo sentido, para a maior parte da doutrina brasileira, a discussão do caráter lícito ou ilícito da conduta não é relevante para a incidência da responsabilidade civil ambiental, uma vez que o dano ambiental sempre será reputado como ilegal, ilegítimo ou injusto, gerando para o causador o dever de ressarci-lo.

Essa compreensão é tributária das modernas teorias, que entendem que a injustiça do dano é mais relevante que a injustiça da ação danosa[4].

A responsabilização civil ambiental por comportamento lícito deflagrador de dano ambiental justifica-se uma vez que, além de lucrar com a atividade ou comportamento danoso, o agente degradador comumente repassa os custos da reparação para o preço final dos seus produtos. Por outro lado, é certo que os padrões de qualidade ambiental estabelecidos pelos Estados, além de muitas vezes obsoletos, não raro são incompletos, lançando muitas dúvidas quanto ao seu rigor científico e sobre as circunstâncias em que as licenças e as autorizações são concedidas.

Outro entendimento relevante que se consolidou doutrinariamente e que vem prevalecendo na jurisprudência do Superior Tribunal de Justiça, destaca a inexistência de direito adquirido de poluir ou de degradar o meio ambiente. Por isso, ainda que a atividade seja inicialmente licenciada ou autorizada pelo órgão ambiental, se posteriormente se revelar nociva, nada impede que a licença ou autorização sejam retiradas e que, em qualquer hipótese, haja responsabilização pelos danos ambientais causados. Esta é a linha seguida, dentre outros, pelo Resp 1172553/PR de 2014 e pelo REsp 1706625/RN de 2018.

1.2. Dano

De acordo com a teoria do interesse, o dano consiste em uma lesão a um interesse juridicamente tutelado. Ele normalmente se manifesta por meio de um prejuízo que uma pessoa ou uma coletividade suporta em seus bens materiais ou extrapatrimoniais, em razão de um determinado acontecimento.

Embora as expressões dano, lesão e prejuízo sejam frequentemente empregadas como sinônimas, conceitualmente, enquanto dano e lesão consistem no dado objetivo que causa o padecimento, o prejuízo seria a consequência que deles decorre (PASTORINO, 2005, p.165).

Apesar da imprescindibilidade desse elemento para a reparação, ainda hoje a doutrina debate em torno da definição e do dimensionamento do dano reparável. Nesse sentido, Moraes (2006b, p. 239) destaca que, embora o dano seja o fundamento unitário da responsabilização, diversamente do que ocorre no campo penal, o direito civil não tipifica os comportamentos danosos[5]. Ganha relevo, assim, a identificação dos eventos que de-

---

4. Apesar dessa compreensão, verifica-se, no direito brasileiro, o ressurgimento de uma função punitiva da responsabilidade civil, por meio da aplicação da doutrina anglo-saxônica do *punitive damages*, sobretudo nas hipóteses de responsabilização por danos extrapatrimoniais. Para Martins-Costa (2005, p. 22-23), considerando que o dano moral não deixa "lastros patrimoniais", a sua indenizabilidade termina adotando, como fundamento implícito, a noção de pena privada, na medida em que tem como objetivo a tarefa de não deixar o ofensor impune. Para aprofundamento do tema, leia-se: MARTINS-COSTA, Judith; PARGENDLER, Mariana Souza. Usos e abusos da função punitiva. *Revista CEJ*, Brasília, v. 9, n. 28, p. 15-32, jan.-mar. 2005. Disponível em: [www2.cjf.jus.br/ojs2/index.php/cej/article/view/643/823]. Acesso em: 31.01.2012 e VAZ, Carolina. *Funções da responsabilidade civil*: da reparação à punição e dissuasão: os *punitive damages* no direito comparado e brasileiro. Porto Alegre: Livraria do Advogado, 2009.

5. No caso brasileiro, essa obrigação decorre apenas da clausula geral prevista no art. 186 c/c art. 927 do Código Civil.

sencadeiam a obrigação de indenizar, de modo a evitar a "[...] propagação irracional dos mecanismos de tutela indenizatória" (MORAES, 2006b, p. 239).

Inicialmente, cumpre destacar que, embora todo dano apresente uma base naturalística, nem toda alteração no mundo exterior é considerada dano no sentido jurídico, pois sua configuração depende sempre de escolhas ético-políticas. Evidência disso é que a definição dos danos indenizáveis varia de um ordenamento jurídico para outro, demonstrando que essas categorias jurídicas dependem sempre das decisões tomadas por cada sociedade.

Por outro lado, constata-se que diversas atividades humanas, por serem indispensáveis para a manutenção da sociedade, são autorizadas pelo ordenamento jurídico, apesar da sua potencialidade de causar prejuízos a terceiros. Os danos dela decorrentes são considerados lícitos, pois aquele que deu causa aos prejuízos não se afastou das determinações legais impostas para a sua atuação.

Do mesmo modo que no direito civil em geral, também não há, na legislação brasileira, uma definição jurídica de dano ambiental. A doutrina tenta construí-la a partir do conceito legal de degradação ambiental e de poluição.[6]

Considerando que o art. 3º, inc. II da Lei 6.938/1981 conceitua degradação ambiental como "[...] a alteração adversa das características do meio ambiente" é fácil perceber que nem toda perturbação física do patrimônio natural configura dano ambiental.

Isso ocorre, primeiro, porque o dano ambiental não pode ser evitado de modo absoluto e completo, pois toda atividade humana produz, em maior ou menor medida, impactos no ambiente natural.

Assim, a concepção naturalística do dano ambiental é insuficiente para defini-lo, pois, enquanto conceito jurídico, sempre derivará de uma valoração operada pelo Direito. Além disso, a definição do alcance do dano ambiental também varia de acordo com as opções políticas de cada Estado.

Nesse sentido, Iturraspe (1999a, p. 67-68) percebe que, quando o país tem uma opção forte pelo desenvolvimento (como acontece em muitos países de terceiro mundo ou em vias de desenvolvimento), a noção de dano ressarcível tende a minimizar-se, diferente do que ocorre com os países que já alcançaram um nível alto de desenvolvimento e consideram a questão do meio ambiente como prioritária.

---

6. De acordo com o art. 3º da Lei 6938/81:
   Art. 3º – Para os fins previstos nesta Lei, entende-se por:
   [...]
   II – degradação da qualidade ambiental, a alteração adversa das características do meio ambiente;
   III – poluição, a degradação da qualidade ambiental resultante de atividades que direta ou indiretamente:
   a) prejudiquem a saúde, a segurança e o bem-estar da população;
   b) criem condições adversas às atividades sociais e econômicas;
   c) afetem desfavoravelmente a biota;
   d) afetem as condições estéticas ou sanitárias do meio ambiente;
   e) lancem matérias ou energia em desacordo com os padrões ambientais estabelecidos.

A legislação brasileira, ao definir poluição, oferece alguns parâmetros para a identificação do dano ambiental. De fato, o art. 3°, III, da Lei 6.938/1981, considera poluição como a degradação ambiental resultante de atividades que, direta ou indiretamente a) prejudiquem a saúde, a segurança e o bem-estar da população; b) criem condições adversas às atividades sociais e econômicas; c) afetem desfavoravelmente a biota; d) afetem as condições estéticas ou sanitárias do meio ambiente; e) lancem matérias ou energia em desacordo com os padrões ambientais estabelecidos.

Verifica-se que, embora não haja um conceito legal, a concepção de dano acolhida pelo nosso ordenamento é bastante abrangente, abarcando tanto as lesões ao patrimônio natural propriamente dito quanto aquelas que ameaçam valores culturais, sociais e econômicos relevantes para a coletividade (e que configuram o meio ambiente artificial, o meio ambiente cultural e o meio ambiente do trabalho).

No entanto, esses critérios não resolvem completamente o problema da identificação do dano ambiental, pois, por exemplo, nem todas as interferências causadas ao meio ambiente estão submetidas a padrões de qualidade e os padrões já definidos são muitas vezes defasados e incompatíveis com alguns danos.

Resta, então, ao aplicador do direito, analisar em cada caso concreto, a gravidade da degradação ambiental, levando em consideração, para tanto, além das perícias técnicas e demais provas existentes na ação de reparação de danos, as características do meio ambiente e de seus elementos (LEITE, 2010, p. 102, 193).

Dessa forma, embora os padrões de qualidade ambiental funcionem como parâmetros para a atuação do agente, eles não têm o condão de excluir a sua responsabilidade quando sua atividade desencadeia um dano ambiental. Deve-se recordar neste ponto que a responsabilidade por danos ao meio ambiente também alcança as atividades lícitas e que, de igual modo, o poder público não está autorizado a permitir que os particulares pratiquem atentados ao meio ambiente.

Outra dificuldade decorre da ambivalência da expressão dano ambiental, que pode significar tanto uma lesão ao meio ambiente quanto as consequências que essa lesão traz para a vida, a saúde e os interesses das pessoas afetadas. Assim, de estrutura bifronte ou bipolar, o dano ambiental pode tanto atentar: (a) contra a saúde e os bens das pessoas, configurando os chamados danos ambientais individuais, que se submetem ao âmbito do direito privado e ajustam-se ao mecanismo clássico de responsabilidade civil; (b) ou contra o patrimônio natural enquanto tal, dando origem ao dano ecológico puro, que não apresenta qualquer conotação pessoal, patrimonial ou econômica e demanda um sistema autônomo de responsabilização.

Em virtude das dificuldades de adaptação do dano ecológico puro ao mecanismo clássico de responsabilização, muitos ordenamentos jurídicos ainda optam por negar a especificidade dessa categoria de dano (CATALÁ, 1998, p. 64).

De acordo com Sendim (1998, p. 28), durante os primeiros anos em que a problemática da responsabilidade civil por danos ambientais foi objeto de tratamento por parte da doutrina, o dano ambiental foi encarado, essencialmente, como o dano causado às pessoas e às coisas pelo meio ambiente em que vivem.

A partir da década de 1970, porém, houve uma progressiva regulamentação jurídica do ambiente, a ponto de permitir-se a indenização dos danos causados ao ambiente enquanto bem jurídico, independentemente dos danos causados às pessoas ou à propriedade (SENDIM, 1998, p. 40).

Segundo Branca da Cruz (1997, p. 10), nesse período, o homem começou a se perceber como criatura dependente do equilíbrio ecossistêmico e, constatando a sua própria fragilidade diante dos atentados ao meio ambiente, transformou-o em um novo bem, objeto da tutela do Direito.

Dessa forma, pode-se afirmar que, apesar do destinatário final da tutela do meio ambiente continuar a ser a pessoa humana, o direito ao meio ambiente sadio integra o rol dos direitos personalíssimos ou direitos humanos, configurando o meio ambiente um bem jurídico autônomo.

O reconhecimento dessa autonomia, para Iturraspe (1999a, p. 76) apresenta consequências relevantes, significando que: (a) deve-se preservar o ambiente sadio, equilibrado, independentemente da existência de um dano pessoal, haja ou não vítimas atuais e (b) estão legitimados para a sua proteção tanto os titulares de direitos subjetivos afetados como os que invocam um interesse difuso ao ambiente puro.

No caso brasileiro, em face da redação do § 1º do art. 14 da Lei 6938/1981, ocorrido o dano, a obrigação de reparar abrange não apenas as lesões causadas ao meio ambiente como aquelas que afetem terceiros. Além disso, também não há qualquer vinculação do ato de poluir ao agente industrial ou a uma atividade considerada perigosa (LEITE; AYALA, 2010, p. 100).

Nesse sentido, o dano ambiental não afeta apenas as pessoas e os seus bens e não decorre apenas das atividades consideradas perigosas, também não se limita aos elementos materiais que compõem o meio ambiente (como a água, o ar, o solo, a fauna e a flora), envolvendo a sua própria qualidade enquanto bem incorpóreo e imaterial.

Dessa forma, pode-se compreender a ampla abrangência que o dano ambiental alcança no direito brasileiro hoje, não se restringindo aos componentes materiais, abarcando também elementos imateriais, como as condições, relações e interações entre os seus componentes, que dão suporte ao equilíbrio ecológico.

Por isso, costuma-se dividir o meio ambiente em macro e microbem ambiental.

O macrobem ambiental refere-se ao meio ambiente considerado em sua acepção coletiva. Nessa perspectiva, ele é considerado como bem jurídico autônomo, incorpóreo, inapropriável, indisponível e indivisível, distinto dos elementos corpóreos que o integram, cuja qualidade deve ser preservada com o objetivo de se assegurar a sua fruição coletiva (MARCHESAN et al., 2010, p. 34) (STEIGLEDER, 2004, p. 120).

Já os microbens ambientais são os elementos corpóreos que integram o meio ambiente. Eles podem ser apropriados de acordo com limites e critérios legais e desde que o seu uso não acarrete a apropriação individual (exclusiva) do meio ambiente, como bem imaterial (MARCHESAN et al., 2010, p. 34).

Nota-se, assim, que os bens corpóreos que compõem o meio ambiente submetem-se a um duplo regime jurídico, posto que o proprietário do bem ambiental não pode dispor de sua parcela intangível, já que as qualidades desse bem pertencem à coletividade indeterminada e interessam, inclusive, às futuras gerações.

Dessa forma, o particular não poderá exaurir as qualidades do bem ambiental ou comprometer as características essenciais do patrimônio natural que o integra, devendo sempre atuar em prol da sua conservação ou da sua recuperação, caso já se encontre degradado.

1.2.1. Complexidade e peculiaridades do dano ambiental

O dano ambiental apresenta traços peculiares, que o distanciam bastante dos danos convencionais, exigindo do aplicador do direito um espírito sagaz e sensível, necessário para compreender e lidar com as suas especificidades.

Várias características concorrem para esse entendimento.

Primeiro, por conta da complexidade do meio ambiente, verifica-se que:

a) a incerteza é reconhecidamente um elemento inerente aos danos ambientais. Por conta disso, a atuação na proteção do meio ambiente deve ser prioritariamente preventiva e precaucional;

b) uma característica básica do meio ambiente é a interdependência entre os elementos que o compõem, de modo que um desequilíbrio que afete um elemento pode afetar qualquer outro componente do sistema em que está integrado, gerando consequências em cadeia;

c) além disso, a maior parte das lesões ambientais são irreversíveis, pois, uma vez degradado, é quase impossível que o ambiente retorne ao estado anterior e as medidas de recuperação ambiental são difíceis do ponto de vista técnico e apresentam um custo elevado para a realização;

Todos esses fatores contribuem para que haja enormes dificuldades técnicas para a identificação, real dimensionamento e reversão do dano ambiental, assim como para o delineamento do percurso causal dessas lesões.

Por outro lado, diferentemente dos danos clássicos, que se desenvolvem num plano intersubjetivo, os danos ambientais são supraindividuais por excelência. De fato, o dano ambiental afeta um bem considerado de uso comum do povo e, por isso, pertencente a uma coletividade indeterminada.

Em sua dimensão difusa, a lesão ao meio ambiente causa prejuízo a um bem incorpóreo, imaterial, indivisível e insuscetível de apropriação individual. Além disso, os danos ambientais são, quase sempre, produtos de uma pluralidade de condutas ou de comportamentos sociais massificadas, não havendo clareza na determinação dos degradadores.

Os danos ambientais ainda apresentam um caráter repercussivo, pois as agressões ao ambiente natural também podem afetar, por rebote, direitos individuais.

Diferente dos danos tradicionais, as perturbações ambientais exigem certo período de latência para se manifestar, apresentam propriedades cumulativas e sinergéticas e geram consequências, muitas vezes, em locais distantes do foco gerador.

Consequentemente, em face do seu caráter difuso e da sua projeção no tempo e no espaço, existem enormes dificuldades tanto na constatação e delimitação do dano ambiental quanto na identificação das suas vítimas e causadores.

Ao ressaltarem os traços distintivos do dano ambiental, Leite e Ayala (2010, p. 95-96) resumem que: (a) as suas consequências, normalmente, são irreversíveis; (b) apresentam efeitos cumulativos e sinergéticos; (c) podem manifestar-se, muitas vezes, além das proximidades vizinhas; (d) são danos coletivos por suas próprias causas e seus efeitos; (e) são danos difusos em sua manifestação e no estabelecimento do nexo de causalidade; (f) também podem apresentar repercussão por rebote ou ricochete a interesses individuais.

No entanto, ainda que os danos ao meio ambiente fujam dos parâmetros que configuram os danos tradicionais, são eles portadores de um interesse jurídico autônomo, que se relaciona com a própria garantia da sobrevivência do planeta (e das gerações presentes e futuras), devendo sempre ser reparados.

Essa realidade e a constatação de que de nada vale a simples transposição da responsabilidade civil tradicional para a área ambiental têm forçado um aperfeiçoamento desse instituto no intuito de adaptá-lo à danosidade ambiental e conferir efetividade à reparação (BENJAMIN, 1998, p. 19-20).

A seguir, serão aprofundadas as singularidades do dano ambiental.

a) Propriedades cumulativas e caráter expansivo no tempo

Um dos graves obstáculos no enfrentamento dos danos ambientais decorre do fato de que os seus efeitos geralmente não são notados de maneira imediata. Normalmente, o dano ambiental não decorre de uma ação localizável em um único ponto temporal, sendo produto de todo um processo de acumulação dilatado no tempo.

Dessa forma, inicialmente marcadas por uma invisibilidade, que não é captada pela ciência e pelos sentidos humanos, as ameaças ambientais muitas vezes só são percebidas quando atingem um limite de saturação, que pode demorar décadas para ser alcançado. Além disso, quando esse limite é atingido, muitas vezes é tarde demais para adotar medidas que impeçam a concretização dessas ameaças.

Compreende-se, assim, que tanto a invisibilidade quanto as propriedades cumulativas desses fenômenos apresentam-se como verdadeiros desafios para a ciência, impondo para a geração do presente o dever de cautela na tomada de decisões que possam resultar em impactos para o meio ambiente.

Nessa perspectiva, importa aprofundar dois institutos relacionados com o tempo e que, em diversos aspectos, desafiam a dogmática tradicional: os chamados danos históricos, que originados no passado, continuam a produzir efeitos no presente e os danos futuros, que apesar de partirem de um evento realizado no presente, podem gerar novos danos ou ter seus efeitos prolongados para o futuro.

b) Os danos ambientais históricos

Compreendem-se como danos históricos aqueles danos ambientais que têm origem no passado, em um período em que não havia um sistema objetivo de responsabilidade civil por danos ao meio ambiente ou vigoravam padrões permissivos de qualidade ambiental e que continuam a gerar consequências relevantes no presente.

Como observa Catalá (1998, p. 112), esses danos ambientais normalmente são produzidos sob a égide de políticas de desenvolvimento pouco cuidadosas com o meio ambiente, de lacunas legislativas e da falta de conhecimentos científicos acerca do efeito cumulativo das intervenções ambientais. Eles também se caracterizam por decorrerem de uma poluição crônica ou acumulada, cujos efeitos nocivos prolongam-se no tempo e, a depender de suas características, podem ser classificados como danos permanentes (ou continuados), como danos que continuam no tempo ou como danos progressivos.

Os danos permanentes ou continuados são aqueles originados por uma sucessão de atos, de apenas um ou de vários agentes, praticados em épocas diversas, cujos efeitos perduram no tempo, produzindo um dano cada vez maior (PARKINSON, 2005, p. 206).

Os danos que continuam no tempo, por sua vez, são praticados por um único ato, perfeitamente localizável em um ponto temporal, mas cujos efeitos projetam-se no tempo (ITURRASPE, 1999a, p. 82).

Já os danos progressivos são provocados por uma série de atos sucessivos, de uma mesma pessoa ou de pessoa diversa, que promovem um resultado lesivo de nocividade maior que a simples soma dos repetidos agravos, de modo que se torna impossível identificar qual atividade originou o dano concreto (PARKINSON, 2005, p. 206).

A imputação da responsabilidade civil por esses danos é rodeada de dificuldades, que vão desde a discussão em torno da prescritibilidade da pretensão reparatória à identificação dos responsáveis por sua produção. Isso ocorre porque, muitas vezes, a atividade que gerou os danos ambientais históricos foi desenvolvida há muito tempo e, não raro, com obediência às determinações legais e aos padrões de qualidade ambiental vigentes na época.

Por conta do fator temporal, as dificuldades para comprovar o nexo de causalidade entre a atividade lesiva e o resultado danoso são ainda maiores. Além disso, frequentemente, não é possível localizar um responsável por essas lesões ou, quando possível, a propriedade, onde o dano foi produzido, foi transferida para um novo adquirente, que não tem qualquer relação direta com o fato.

Como observa Sendim (1998, p. 39), o dano ambiental histórico traz em seu bojo uma verdadeira tensão entre a dimensão garantística do direito, que protege a confiança e a segurança jurídica, de um lado, e a dimensão público-ingerente das decisões referentes à proteção jurídica do meio ambiente, de outro.

É fácil perceber que essa modalidade de dano traz indagações a respeito da possibilidade de aplicação retroativa da lei para fatos produzidos no passado, quando as consequências eram totalmente imprevisíveis, e para a possibilidade de se imputar o dever de reparação ao atual proprietário do lugar, quando este não coincide com o efetivo causador do dano. Essas questões são respondidas de modo diferente pelos Estados.

Dessa forma, enquanto o ordenamento norte-americano delineia um sistema de responsabilidade civil retroativa, que impõe aos responsáveis pelos danos ambientais históricos o dever de descontaminação, ainda quando as atividades lesivas tenham sido desenvolvidas antes da entrada em vigor da legislação ambiental, a maior parte dos Estados que integram a Comunidade Europeia acolhem um limite temporal, normalmente fixado na jurisprudência nacional, condicionando a responsabilização, ainda, à existência de uma mínima previsibilidade ou à ausência de diligência por parte dos seus causadores (CATALÁ, 199, p. 114-115).

No caso brasileiro, verifica-se que tanto a doutrina quanto a jurisprudência inclinam-se pela aplicação retroativa aos danos históricos do sistema de responsabilidade civil por danos ao meio ambiente criado pela Lei 6.938/1981.

Considera-se, assim, que, embora os danos históricos tenham se originado no passado, em razão da sua permanência ou continuidade, eles configuram danos atuais, passíveis de responsabilização de acordo com o sistema de responsabilidade civil vigente no presente.

Nesse sentido, Pinho salienta que:

> O dano histórico a ser perseguido é o que gerou comprometimento da capacidade de autorregeneração do ambiente em do seu poder de resiliência. A lesão, assim, perdura ao longo do tempo, com danos cada vez maiores, acumulados, posto que os danos não são estáticos, havendo agravamento da situação danosa. Assim, o dano histórico com reflexo no presente, é atual, e, se for grave, substancial, ultrapassando o limite de tolerabilidade, configura os nominados danos permanentes, continuados ou progressivos, com lesão permanente, ensejando reparação. (PINHO, 2010, p. 177).

Outro não foi o entendimento da Quarta Vara do Superior Tribunal de Justiça na apreciação do REsp 20645/SC, relatado pelo Min. Barros Monteiro e julgado em 24.04.2002, que teve a ementa assim redigida:

> Civil. Prescrição. Violação continuada. Inocorrência. A continuada violação do direito de propriedade dos recorridos por atos sucessivos de poluição praticados pela recorrente importa em que se conte o prazo prescricional do último ato praticado. Recurso não conhecido.

Tratava-se de uma ação cominatória cumulada com indenização proposta pelos proprietários de um imóvel localizado no Estado de Santa Catarina, contra "Carbonífera Próspera S.A.", sucedida pela "Companhia Siderúrgica Nacional – CSN".

Os autores alegaram que a ré estava realizando atividade de mineração de carvão em sua propriedade, com a construção de benfeitorias, tais como lavador, silo de carvão, casa de britagem etc. Afirmaram, também, que para a lavagem do carvão, a carbonífera edificou barragens em seu leito, inundando extensas áreas do seu terreno, e que realizava o depósito de rejeitos e efluentes líquidos não tratados no curso d'água, acarretando a poluição das águas por resíduos químicos. Tudo isso estava gerando imensos prejuízos para os proprietários que não apenas sofreram a destruição de seus imóveis, como a sua desvalorização por conta do problema ambiental.

Em resposta, a Companhia Siderúrgica Nacional arguiu a prescrição da ação, alegando que no momento da propositura da ação, em abril de 1985, já havia decorrido o lapso superior a cinco anos, de acordo com o disposto no art. 178, § 10, inc. IX, do Código Civil.

Ao apreciar o Recurso Especial, o relator, acompanhado pela maioria dos ministros presentes à votação, entendeu configurada a prescrição da pretensão reparatória.

No entanto, em sede de embargos infringentes, prevaleceu o entendimento do Ministro Cesar Asfor Rocha.

Segundo o ministro, não seria correto considerar a data de construção das barragens e dos aterros como marco inicial para o cômputo da prescrição, pois o pior mal causado pela ré não era o mero transbordo da água, mas a ação continuada, contínua e prolongada de lançar rejeitos e efluentes líquidos não tratados decorrente da sua atividade minerária. Considerou que cada ato desses praticado pela recorrente aumentava a abrangência da área inutilizada e configurava uma nova lesão às propriedades dos recorridos, concluindo que, em razão da continuidade da violação do direito de propriedade dos recorridos por atos sucessivos de poluição praticados pela recorrente, não justificava que se adotasse a construção da barragem como o *dies a quo* da contagem do prazo da prescrição, devendo-se considerar, para tanto, a data do último ato praticado.

Verifica-se que o entendimento majoritário nos embargos infringentes é o mais condizente com as peculiaridades do dano ambiental. De fato, havendo uma continuidade no desenvolvimento do ato lesivo, a contagem do prazo prescricional só pode se iniciar a partir da sua efetiva cessação, sob pena de o ordenamento jurídico ambiental consagrar, por vias transversas, uma espécie de direito adquirido de perpetuar a degradação do meio ambiente.

Mais recentemente, reafirmam esta tese, dentre outros, o AgInt no AREsp 928184/SP e o AREsp 1541506 do Superior Tribunal de Justiça, ambos relatados pelo Min. Antônio Herman Benjamin e julgados, respectivamente, em 15/12/2016 e em 21/11/2019.

c) Os danos ambientais futuros

Em razão das propriedades cumulativas e da progressividade do dano ambiental, as agressões ao meio ambiente, muitas vezes, apresentam um caráter elástico, projetando-se para o futuro. Dessa forma, é possível que uma lesão provocada no presente dê origem a danos consecutivos ou evolutivos, como um desdobramento natural do seu percurso causal. Nesses casos, embora esses danos ambientais não estejam completamente materializados no presente, é possível presumir, a partir da situação já existente, que eles devem se concretizar ou se agravar futuramente, como um prolongamento natural da lesão atual.

Assim, os danos ambientais futuros podem ser compreendidos como as lesões futuras ocasionadas por uma intervenção ambiental atual ou como as consequências futuras de uma lesão ambiental atual.

A discussão em torno do dano futuro torna-se muito mais complexa diante do dano ambiental coletivo, pois, como observa Steigleder (2004, p. 143), enquanto, na perspectiva individual, os impactos futuros limitam-se ao tempo de vida da vítima, em sua dimensão coletiva, os âmbitos espacial e temporal da lesão são bastante ampliados.

O dano futuro não é um instituto novo ou exclusivo do Direito Ambiental. Ele já é reconhecido no Direito Civil há bastante tempo, na figura dos lucros cessantes. No entanto, a doutrina civilista tradicional nunca se preocupou muito com o estudo dos efeitos que determinada ação poderia alcançar no futuro para a imposição de consequências jurídicas (CARVALHO, 2008, p. 125). Pode-se até afirmar que o grande enfoque do Direito sempre esteve no presente. Talvez por isso, a orientação do Direito Civil, em face do dano futuro, sempre foi a de esperar o fim do ciclo de consequência do dano para a busca do seu ressarcimento (o que é impossível no caso dos danos ambientais, pois o fechamento do processo causal pode levar décadas).

Outro cenário, porém, é inaugurado pelo Direito Ambiental, ramo jurídico que nasce preocupado com a proteção do meio ambiente e com a garantia da sadia qualidade de vida, não só para as gerações do presente, como para as que virão e propõe para a humanidade uma nova aliança com futuro.

A preocupação com o futuro passa a ser ainda mais relevante no quadro da Sociedade de Risco atual, marcada, como já aprofundado, pela existência de riscos globais, invisíveis e transtemporais, que surgem como produto da própria radicalização do processo industrial.

Nesse contexto, a valorização do futuro na definição do dano reparável e a criação de processos de tomada de decisão em contextos de risco, antecipando-se à concretização dos danos futuros, passam a ser fundamentais para o enfrentamento desses novos riscos.

No ordenamento jurídico brasileiro, a reparação do dano futuro encontra seu embasamento legal no texto do art. 225 da Constituição Federal, que prevê a proteção e a preservação do meio ambiente como um direito das presentes e das futuras gerações.

Por conta disso, o dano ambiental futuro pode ser compreendido como uma materialização do princípio da equidade intergeracional e dos princípios da precaução e da prevenção (CARVALHO, 2008, p. 125).

Muito embora a doutrina ainda majoritária exija a certeza dos prejuízos como requisito para a reparação do dano ambiental futuro, afastando a possibilidade de reparação de danos meramente eventuais, parece acertada a posição de Carvalho (2008, p. 123), no sentido de que essa exigência é demasiadamente restritiva quando aplicada em matéria jurídico-ambiental.

De fato, em virtude da complexidade, da incerteza e da imprevisibilidade das consequências ambientais, deve-se relativizar a exigência da certeza da concretização do dano futuro e do dogma da segurança jurídica, contentando-se, para a imputação da responsabilidade civil, com a alta probabilidade ou com a probabilidade determinante da sua ocorrência.

Segundo a classificação proposta por Carvalho (2008, p. 129), os danos ambientais futuros dividem-se em danos ambientais futuros propriamente ditos e as consequências futuras de danos ambientais já concretizados.

O dano ambiental futuro propriamente dito caracteriza-se pela existência de alta probabilidade ou de uma probabilidade determinante de ocorrência de lesões ambientais consecutivas, que se manifestam como um desdobramento natural de determinada conduta adotada no presente (CARVALHO, 2008, p. 129).

Já a segunda espécie consiste em danos evolutivos que, em razão do caráter cumulativo e progressivo das perturbações ambientais, materializam-se como resultados futuros de um dano atual (CARVALHO, 2008, p. 129).

O autor lembra que a incerteza científica é elemento constituinte do processo de tomada de decisão em ambas as espécies de dano ambiental futuro e, por essa razão, a sua avaliação só é possível a partir da aplicação do código probabilidade/improbabilidade (CARVALHO, 2008, p. 129).

Dessa forma, além de desencadear ações preventivas, o dano ambiental futuro pode ser incluído na reparação sempre que o juiz possa estimar no plano causal, a partir de um juízo de alta probabilidade científica, a possível ocorrência de um prolongamento ou agravamento futuro de um dano atual ou da produção de um dano novo e distinto, que surja como consequência do mesmo evento que deu origem à lesão atual.

Na determinação dos danos ambientais futuros, a realização de perícias e as técnicas de presunções e indícios jogam um papel primordial na sua identificação, pois é por meio delas que se chega a uma quase certeza, o que é juridicamente suficiente para estabelecer o direito ao ressarcimento.

d) Caráter expansivo no espaço

Já pelo prisma espacial, os danos ambientais podem ser originados pela atividade de diversos agentes, localizados em pontos diferentes do território e seus efeitos também podem extrapolar fronteiras de diversos Estados.

Dessa forma, a degradação do meio ambiente não respeita fronteiras políticas ou geográficas e os efeitos dela provenientes, normalmente, expandem-se sobre o território de mais de um país, sendo potencialmente globais.

Segundo Aragão (2008, p. 21), isso se deve ao progresso científico que, associado à intensificação da produção industrial e agrícola, à aceleração do consumo e à globalização do mercado dos produtos e serviços, gerou a uma massificação das ameaças ambientais, que passaram a adquirir uma dimensão planetária.

Em verdade, a percepção dos efeitos transfronteiriços da poluição foi o mecanismo propulsor do próprio nascimento do Direito Internacional do Meio Ambiente, cujo primeiro enunciado solene ocorreu no caso da Fundição Trail, no Canadá.

Mais tarde, no final dos anos 1960, início dos anos 1970, fenômenos transfronteiriços como as chuvas ácidas e as marés negras forçaram a realização de conferências e o desenvolvimento de declarações e tratados internacionais de meio ambiente. Em todos eles, restou evidente a interdependência dos fenômenos ambientais e a necessidade de uma atuação conjunta dos Estados.

De fato, por conta da indivisibilidade e unicidade do meio ambiente, os desafios propostos ao meio ambiente não podem ser adequadamente enfrentados sem a existência de uma verdadeira cooperação internacional entre as diversas nações.

Catástrofes passadas de grande magnitude também evidenciam o caráter expansivo no espaço dos danos ambientais, como foram os casos da contaminação da baía de Minamata, na década de 1950, o acidente nuclear de Chernobyl, em 1986 e o episódio da vaca louca no Reino Unido, no início da década de 1990. Muitos desses desastres continuam produzindo efeitos e fazendo novas vítimas ainda hoje.

A questão da projeção espacial dos danos ambientais é enfrentada, atualmente, por alguns diplomas normativos importantes, como é o caso da Diretiva 2004/35 da União Europeia, internalizada no ordenamento jurídico português por meio do Decreto-Lei 147, de 29.07.2008.

Essa diretiva dedicou uma seção inteira ao tema (Seção IV, art. 24), na qual propõe uma série de protocolos a serem seguidos em caso da ocorrência ou da ameaça de danos transfronteiriços entre os seus Estados membros.

Segundo o documento, sempre que ocorra um dano ambiental que afete ou possa afetar o território de outro Estado membro da União Europeia, a autoridade deverá informar imediatamente os membros do Governo responsáveis pelas áreas dos negócios estrangeiros, do ambiente e, quando se justifique, da saúde (PORTUGAL, 2008).

Nesses casos, o membro do Governo responsável pela área do ambiente, em colaboração com a autoridade competente e por meio dos serviços competentes do Ministério dos Negócios Estrangeiros, deverá: (a) disponibilizar para as autoridades competentes dos Estados membros afetados toda a informação relevante, para que possam adotar as medidas que considerem oportunas; (b) estabelecer os mecanismos de articulação com as autoridades competentes de outros Estados membros, para facilitar a adoção de todas as medidas de prevenção e reparação dos danos ambientais (PORTUGAL, 2008).

Já para a hipótese em que a ocorrência ou a ameaça iminente de dano ambiental, oriundo do território de outro Estado membro, é identificada em território nacional, a

Diretiva impõe à autoridade competente os deveres de: (a) informar a Comissão Europeia, bem como os demais Estados membros interessados; (b) formular recomendações de medidas de prevenção ou reparação dirigidas às autoridades competentes do Estado membro no qual se verifique a origem do dano ou da ameaça iminente dele e (c) iniciar procedimento de recuperação dos custos gerados pela adoção das medidas de prevenção ou reparação dos danos (PORTUGAL, 2008).

e) Irreversibilidade

Sem dúvidas, a irreversibilidade dos danos ambientais ainda é o grande desafio proposto pela natureza (BENJAMIN, 1998, p. 20). De acordo com Aragão (2008, p. 22), consideram-se como irreversíveis aqueles danos que, ao se concretizarem, apresentam consequências permanentes ou tão duradouras que podem ser consideradas irreversíveis à escala humana.

A reparação dos danos ambientais vincula-se à proteção da vida e da saúde, que deve ser garantida a toda a coletividade e à necessidade de se assegurar os interesses das gerações futuras, orientando-se pelo princípio do interesse público na conservação do ambiente. Por isso, diversamente dos outros direitos sociais, que pretendem tornar realidade o que ainda não existe, o direito ao meio ambiente tem como missão preservar o que ainda existe e recuperar o que deixou de existir. Consequentemente, o que orienta a responsabilidade civil ambiental é a ideia de prevenção e de restauração dos danos ambientais.

Ademais, os danos ambientais também não são suscetíveis de uma avaliação integral em dinheiro, o que termina por privilegiar outras formas de reparação desvinculadas do limite econômico imposto pela indenização pecuniária. Por conta disso, a maior parte dos ordenamentos jurídicos, além de prever a necessidade de adoção de medidas preventivas, enfatiza a primazia que se deve atribuir à restauração natural do dano ambiental.

No entanto, como destaca Mirra (2010, p. 440), dizer que os danos ambientais são irreversíveis não é a mesma coisa que afirmar que os danos causados à qualidade ambiental não são reparáveis, pois, embora um dano possa ser irreversível do ponto de vista ecológico ou ambiental, do ponto de vista jurídico, jamais será irreparável, sendo sempre possível estabelecer, de alguma forma, uma compensação, natural ou pecuniária, que recomponha, na medida do possível, o ambiente degradado.

Nesse caminho, a reparação do dano ambiental pretende adaptar o meio ambiente degradado e os seus elementos a uma situação mais próxima possível daquela anterior ao dano ou daquela em que o meio ambiente estaria caso o dano não tivesse ocorrido.

No caso brasileiro, tamanha foi a importância conferida à restauração natural que o art. 225 da Constituição Federal impôs, em mais de uma passagem, ao Poder Público e aos particulares o dever de restaurar o meio ambiente degradado.

A própria consagração da função socioambiental da propriedade autoriza o Poder Público a exigir a reparação em espécie ainda quando a lesão atinja bens ambientais inseridos na propriedade de um indivíduo. Dessa forma, mesmo nesses casos, não poderia o proprietário renunciar à reparação *in natura* em favor de uma indenização pecuniária.

No âmbito infraconstitucional, os arts. 4º e 14, § 1º da Lei 6.938/1981 reafirmam o dever que tem o degradador de restaurar e/ou indenizar os danos ambientais, indicando também que, em primeiro lugar, deve-se buscar a restauração do bem ambiental, recorrendo-se à compensação ecológica ou à substituição por equivalente em dinheiro apenas quando a reparação em espécie não for possível.

Do ponto de vista processual, o art. 461 do nosso antigo Código de Processo Civil generalizou, em nossa legislação processual, a possibilidade de tutela específica das obrigações de fazer ou não fazer.

Para Marinoni, a tutela específica pode ser compreendida como o contrário da tutela pelo equivalente ao valor da lesão ou da obrigação inadimplida. De acordo com o autor: "A tutela específica preocupa-se com a integridade do direito, impedindo a sua degradação em pecúnia. A tutela do equivalente implica na "monetarização dos direitos" e na aceitação de que os direitos são iguais e que podem ser convertidos em pecúnia" (MARINONI, 2008, p. 147).

Marinoni demonstra que a tutela pelo equivalente era típica de um Estado que não tinha capacidade de tratar os bens e as posições sociais de forma diferenciada, mas que, no contexto do Estado contemporâneo, além de assegurar a inserção do homem na comunidade em que vive, cumpre a ele também a tarefa de tutelar os direitos na forma específica, "[...] impedindo a sua violação e permitindo a sua recomposição ou a sua reparação na forma mais perto possível da anterior a violação ou a prática do dano" (MARINONI, 2008, p. 147).

Existem diversas modalidades de tutela específica, que variam conforme as necessidades e peculiaridades do direito material discutido, podendo ser inibitória, de remoção do ilícito, ressarcitória na forma específica, do adimplemento na forma específica e do cumprimento do dever legal.

Enquanto vigorou a "monetarização dos direitos", a tutela ressarcitória foi equiparada ao mero pagamento do valor equivalente ao dano. Contudo, com o passar do tempo, foi possível constatar que o ressarcimento não poderia ser identificado com a indenização em pecúnia, uma vez que o ressarcimento tem por finalidade eliminar as consequências negativas geradas pelo dano, podendo materializar-se por meio de um fazer.

No contexto atual, em que o nosso Estado constitucional assumiu a missão de elaborar políticas públicas para proteger os menos favorecidos e de garantir os direitos fundamentais, chamou para si também o dever de tutelar os direitos na forma específica, evitando a sua substituição pelo equivalente em dinheiro.

Marinoni define ressarcir como "[...] fazer algo para reparar o dano ou mesmo entregar coisa equivalente àquela que foi destruída" (MARINONI, 2008, p. 156). Para ele, essa forma de ressarcimento é considerada específica, ao contrário da forma ressarcitória "[...] que se expressa no valor equivalente ao dano" (MARINONI, 2008, p. 156).

No campo ambiental, podem-se vislumbrar três formas de ressarcimento do dano: a restauração ecológica, a compensação ecológica e a indenização pecuniária. Entre elas, apenas a restauração e a compensação ecológica configuram formas de restauração natural.

Como se verá mais adiante, existe uma relação de precedência e de complementaridade entre essas modalidades de ressarcimento, de maneira que o aplicador só deve recorrer à compensação ecológica quando a restauração for inviável ou incompleta e só poderá empregar a indenização pecuniária quando não for possível determinar a restauração e a compensação ou elas não repararem o dano de modo integral.

Além disso, a escolha de uma ou outra forma de ressarcimento deve ser precedida de estudos científicos que indiquem a sua viabilidade (LEITE; AYALA, 2010, p. 214).

A restauração ecológica é a forma de ressarcimento do dano ambiental considerada mais completa e que, por isso, recebe maior prestígio da doutrina e da jurisprudência. Ela pode ser compreendida como a tentativa de restituir o meio ambiente ao estado em que se encontrava antes da lesão ou, nas palavras de Leite, como a "[...] reintegração, recomposição ou recuperação *in situ* dos bens ambientais lesados" (LEITE, 2010, p.209).

A prioridade dessa modalidade de ressarcimento justifica-se na medida em que, diversamente do que ocorre com os danos corporais ou à propriedade, os danos ambientais não podem ser encarados a partir de um prisma eminentemente econômico. Para esses danos, a indenização pecuniária deverá ser sempre subsidiária em relação à recuperação do meio ambiente, não havendo qualquer margem de escolha para os titulares do direito à reparação.

No entanto, é imperioso notar que, apesar de consistir no objetivo central do sistema de responsabilização civil ambiental, a restauração ecológica jamais é alcançada de maneira integral, ocorrendo sempre de modo incompleto ou parcial, pois, do ponto de vista ecológico, a recomposição do equilíbrio rompido é praticamente impossível. Por isso, Ferreira conclui que a restauração não pode ser compreendida como limitada à restauração do *statu quo ante*, pretendendo, antes, "[...] reabilitar os recursos naturais afetados" (FERREIRA, 2004b, p. 60).

Além disso, o que orienta a restauração ecológica não é a tentativa de reposição da situação visual encontrada anteriormente ao dano, mas "[...] a busca de uma situação que seja funcionalmente similar àquela que existiria se não tivesse havido o dano ambiental" (MELO, 2008, p. 131).

No mesmo sentido, Sendim (2002, p. 51) destaca que a adequação da restauração natural não é aferida pela restituição da situação material anterior ao dano, mas pela recuperação da capacidade funcional ecológica e da capacidade de aproveitamento humano do bem ambiental, o que implica na recuperação do estado de equilíbrio dinâmico do sistema ecológico lesado.

No entanto, a imposição do dever de restaurar deve ser antecedida de uma série de cautelas para que ela não seja mais prejudicial ao meio ambiente que a própria lesão, pois, no período que se estende entre o dano e o início da restauração, é possível que o próprio ecossistema tenha buscado o restabelecimento de seu equilíbrio dinâmico, podendo a restituição, nesse caso, ocasionar um novo desequilíbrio ambiental (MELO, 2008, p. 131).

Por outro lado, os obstáculos que se opõem à realização da restauração ambiental vão desde a dificuldade de se inventariar o estado global do meio ambiente antes da agressão e de quantificar o grau necessário de reconstituição até o alto custo dessas intervenções.

Por isso, na prática, a restauração ecológica só é determinada quando possível do ponto de vista técnico e razoável economicamente, exigindo do julgador o emprego da proporcionalidade para avaliar a relação existente entre o custo da reparação *in natura* e o benefício que ela poderá promover para o meio ambiente.

Dessa forma, quando essa modalidade de reparação se mostrar evidentemente desproporcional ou não puder realizar-se plenamente, deve-se avaliar a possibilidade de sua substituição ou complementação pela compensação ecológica.

Em virtude das dificuldades técnicas e econômicas apresentadas pela restauração ecológica, em muitas situações, a saída mais adequada para o ressarcimento do dano ambiental será a compensação ecológica.

No entanto, só é possível substituir a restauração pela compensação ecológica quando a primeira for tecnicamente impossível e desde que as medidas compensatórias a serem empregadas mantenham uma vinculação estreita com o bem ambiental afetado.

A compensação ecológica consiste na substituição dos bens ambientais atingidos por outros funcionalmente equivalentes, mesmo que se encontrem em um local diferente e opera-se por meio da substituição das medidas de restauração por outras providências que apresentem um efeito ecológico similar, de modo que, no cômputo geral, o patrimônio natural resulte reconstituído tanto do ponto de vista quantitativo quanto qualitativo (FERREIRA, 2004b, p. 61).

Dessa forma, pode-se afirmar que a compensação ecológica sempre persegue a fixação de uma equivalência entre o que é perdido com o dano ao meio ambiente e o que é alcançado por meio da reposição da qualidade ambiental (MIRRA, 2002, p. 228).

A grande vantagem dessa forma de reparação em relação à indenização pecuniária é que ela pretende compensar a natureza com a natureza e não com valores monetários (SENDIM, 1998, p. 187).

As providências da compensação podem se materializar de maneiras variadas, podendo ir desde a recuperação de um ecossistema ecologicamente distinto, mas funcionalmente ligado àquele que foi degradado, até a criação de um novo ecossistema, distinto do anterior (CATALÁ, 1998, p. 264).

Diversamente da modalidade anterior, essa forma de reparação *in natura* é quase sempre possível, pois, se, por um lado, os ciclos da natureza dificultam a atuação sobre o objeto degradado, por outro, apresentam a vantagem de que a relação existente entre eles permite uma reparação compensatória em outro lugar. No entanto, não se deve olvidar a existência de bens ambientais únicos, que prestam serviços ambientais insubstituíveis e que, por isso, não podem ser objeto de compensação.

Apesar de sua inegável importância, a concretização da compensação também apresenta dificuldades, sendo que a maior delas é a delimitação do que se entende por bem ambiental equivalente, pois essa definição frequentemente passa pela avaliação utilitarista do meio ambiente, que não considera os valores intrínsecos dos bens afetados pela degradação ambiental. Daí o desafio proposto pela compensação ecológica, que é a tentativa de adoção de uma equivalência eminentemente ecológica, que assegure não só a capacidade de aproveitamento humano do meio ambiente, mas, antes de tudo, a capacidade funcional dos sistemas (MELO, 2008, p. 134-135).

A base jurídica para a imposição da compensação ecológica no ordenamento jurídico brasileiro encontra-se nos art. 83 e 84 do Código de Defesa do Consumidor, que autorizam o juiz, nas ações que tenham como objeto o cumprimento de obrigações de fazer e o não fazer, a determinar "[...] providências que assegurem o resultado prático equivalente ao do adimplemento".

Com essa determinação, esses dispositivos possibilitam que, em sede de uma demanda ambiental, o magistrado imponha ao degradador obrigações diversas da restauração ecológica, mas que apresentam funções ecológicas equivalentes.

Por fim, apenas quando inviável a adoção das duas formas anteriores de ressarcimento do dano, autoriza-se a sua substituição pelo equivalente em dinheiro.

Nota-se, assim, que em virtude das peculiaridades do dano ambiental, a indenização pecuniária é aceita, nesse sistema, apenas como remédio subsidiário ou complementar à recuperação ou à compensação ecológica.

No entanto, essa forma de ressarcimento também apresenta uma série de problemas relacionados com as dificuldades de valoração econômica do dano ao meio ambiente e com os questionamentos éticos em torno da sua avaliação monetária. De fato, o próprio enquadramento do meio ambiente como bem de uso comum do povo, difuso e essencial à sadia qualidade de vida, torna-o arredio a qualquer visão monetária ou patrimonialista.

Ademais, como esse bem se encontra fora do comércio, há grandes desafios na quantificação das lesões ambientais (como mensurar em dinheiro o valor correspondente à perda de um bioma ou a poluição de um lençol freático?).

Apesar disso, a indenização pecuniária dos danos ecológicos tem sim a sua importância e se ela não fosse possível, haveria uma clara incongruência no sistema de responsabilização, que permitiria a indenização de danos mais leves e impossibilitaria a reparação das lesões mais severas, consideradas irreversíveis e, por isso, impassíveis de restauração natural (SENDIM, 2002, p. 52).

Outra adaptação que a responsabilidade civil deve sofrer nesse campo diz respeito à aplicação da receita auferida a título de indenização monetária. Em se tratando de danos ao meio ambiente, não é possível dar aplicação ao princípio geral da não afetação da indenização por danos e prejuízos, pois as peculiaridades do bem ambiental e a sua titularidade difusa exigem que esses recursos sejam aplicados em ações voltadas para a recuperação do meio ambiente.

Atendendo a essa exigência, no Brasil, o art. 13 da Lei 7.347/1985, que disciplina a ação civil pública por danos causados ao meio ambiente e a outros bens difusos, coletivos e individuais homogêneos, determina que a indenização pelo dano deverá ser revertida a um fundo voltado à reconstituição dos bens lesados.

Dessa forma, verifica-se que, ainda quando a indenização pecuniária seja imposta ao causador do dano, de forma subsidiária ou complementar à reparação *in natura*, o valor arrecadado deve voltar-se para a recuperação do bem lesado, beneficiando o meio ambiente, afetado pela conduta danosa.

Apesar do avanço dessa previsão, observa-se que os fundos de reparação existentes no Brasil têm tido pouca eficiência na recuperação dos bens ambientais, além de ser necessário o fortalecimento do controle público na aplicação dos seus recursos.

Outra discussão, já pacificada pelos tribunais, diz respeito à possibilidade de cumulação entre a reparação *in natura* e a indenização pecuniária nas ações de responsabilização civil por danos ambientais.

Anteriormente, o Superior Tribunal de Justiça entendia pela impossibilidade de cumulação das obrigações de fazer e de dar quantia certa em razão de uma interpretação literal do art. 3º da Lei 7.347/1985 e sob o fundamento de que a aplicação conjunta dessas duas formas de ressarcimento configuraria *bis in idem*.

Esse entendimento contrariava um dos princípios fundamentais da responsabilidade civil ambiental, que é a reparação integral, pois, considerando que a reparação *in natura* quase sempre é incapaz de restituir o meio ambiente à situação anterior ao dano, necessariamente uma parcela da lesão ficaria irressarcida.

A partir de 2005, percebe-se uma alteração na direção adotada pelo tribunal, como se pode notar na ementa do acórdão do REsp. 605.323/MG, relatado pelo Ministro José Delgado:

> Processo civil. Direito ambiental. Ação civil pública para tutela do meio ambiente. Obrigações de fazer, de não fazer e de pagar quantia. Possibilidade de cumulação de pedidos art. 3º da lei 7.347/85. Interpretação sistemática. Art. 225, § 3º, da CF/88, arts. 2º e 4º da lei 6.938/81, art. 25, IV, da lei 8.625/93 e art. 83 do CDC. Princípios da prevenção, do poluidor-pagador e da reparação integral.

O acórdão considerou que, como instrumento processual voltado para a proteção do meio ambiente, a ação civil pública deveria se submeter ao princípio da adequação, efetivando a devida e integral proteção do direito material e que, em face disso, a partícula "ou" presente no texto do art. 3º da Lei 7.347/1985 deveria ser interpretada no sentido de adição.

Destacou ainda que exigir, para cada modalidade de prestação, uma ação civil pública autônoma, atentaria contra os princípios da instrumentalidade e da economia processual e traria o risco de sentenças contraditórias para demandas semelhantes, entre as mesmas partes, com a mesma causa de pedir e com finalidade comum.

Sem dúvidas, essa é a única orientação capaz de dar eficácia ao princípio da reparação integral e é a posição que prevalece atualmente, tendo sido inclusive sumulada pelo Superior Tribunal de Justiça em 2018, por meio da Súmula 629.

1.2.2. Dimensões do dano ambiental

A reparação ambiental tem como objetivo primordial reconduzir o meio ambiente, da maneira mais próxima possível, ao estado em que se encontrava antes da ocorrência da lesão. Por isso, o princípio que a orienta é o da reparação integral.

Segundo a reparação integral, qualquer lesão que afete o meio ambiente ou a coletividade deve ser reparada da maneira mais ampla possível, incluindo-se tanto os danos ambientais patrimoniais quanto os danos ambientais morais ou extrapatrimoniais.

Dessa forma, para dar concretude ao princípio da reparação integral, deve-se considerar a existência tanto de uma dimensão material, que abrange a perda e a diminuição das características essenciais dos ecossistemas, quanto de uma dimensão imaterial do dano ambiental, que interfere no interesse difuso e vincula-se ao valor de existência do próprio meio ambiente.

Paralelamente, a lesão ao ambiente pode, além de afetar o patrimônio natural e o estado de qualidade ambiental, acarretar prejuízos à saúde, a bens e a outros valores relevantes para os particulares, dando origem aos chamados danos individuais por intermédio do ambiente. Tratam-se de lesões autônomas, que estarão submetidas a mecanismos diversos de responsabilização.

No entanto, a distinção entre o dano ambiental coletivo e o dano ambiental individual nem sempre é muito fácil, pois essas lesões sempre derivam do mesmo fato, apresentando a mesma autoria.

De acordo com a classificação proposta por Leite e Ayala (2010, p. 93), o dano ambiental pode ser subdividido, adotando-se os critérios da amplitude do bem protegido, da reparabilidade do bem, da sua extensão ou dos interesses envolvidos.

Sob o prisma da amplitude do bem protegido, o dano ambiental pode ser classificado em dano ecológico puro, em dano ambiental *lato sensu* e em dano individual ambiental ou reflexo.

Para Sendim (2002, p. 35), o dano ecológico puro seria a perturbação do patrimônio natural (tido como o conjunto de recursos bióticos e abióticos e da sua interação) que afeta a capacidade funcional ecológica e a capacidade de aproveitamento humano de tais bens. Seriam exemplos dessa modalidade de dano a poluição atmosférica, a poluição hídrica, a degradação do solo e subsolo e a destruição da flora e da fauna.

Segundo o autor, a tutela contra o dano ambiental ecológico apresenta duas finalidades: a conservação da capacidade funcional ecológica dos bens naturais e imediata do patrimônio natural, de um lado, e a proteção de sua capacidade de aproveitamento humano, de outro (SENDIM, 2002, p. 32).

Já o dano ambiental *lato sensu* diz respeito à perturbação, por meio de um componente ambiental, do ambiente de vida humana sadio e ecologicamente equilibrado (SENDIM, 2002, p. 35).

O dano individual ambiental ou reflexo, por sua vez, traduz-se no dano às pessoas e aos bens, provocados pela perturbação ambiental. Trata-se, em verdade, de um dano individual, vez que o objetivo principal da reparação não é a salvaguarda do bem ambiental, mas de interesses próprios do lesado.

Sob a perspectiva da reparabilidade e do interesse envolvido, o dano ambiental pode ser de reparabilidade direta ou de reparabilidade indireta. No primeiro caso, o dano ambiental diz respeito a interesses reflexos ao meio ambiente, de caráter individual ou individual homogêneo e o próprio interessado, que suportou a lesão, é titular direto da indenização. No segundo, o dano ambiental refere-se a interesses difusos, coletivos ou individuais de dimensão coletiva e, por isso, a reparação volta-se, indiretamente, para o bem ambiental de interesse coletivo e não para interesses particulares (LEITE; AYALA, 2010, p. 93-94)

De acordo com a extensão, o dano ambiental pode ser patrimonial, quando atinge o patrimônio ambiental, causando-lhe lesões materiais, ou extrapatrimonial (ou moral), quando afeta interesses não patrimoniais, reportando-se a valores de ordem espiritual ou moral (LEITE; AYALA, 2010, p. 94).

Por fim, considerando os interesses objetivados, pode-se falar na existência de danos ambientais de interesse coletivo, que perturbam o meio ambiente na dimensão de macrobem ambiental, e de danos ambientais de interesse particular, que causam prejuízo à propriedade ou a interesses particulares de determinadas pessoas (microbens) (LEITE; AYALA, 2010, p. 95).

A diferenciação das diversas dimensões do dano ambiental é importante porque aspectos como o tipo de reparação exigida e a legitimação necessária para reclamá-la podem variar em função de o dano afetar a pessoa e seu patrimônio ou o meio ambiente propriamente dito, ou apresentar natureza patrimonial ou extrapatrimonial. É o que se verá a seguir.

a) Dano ambiental individual

Não raro, o dano ecológico puro desencadeia uma lesão à integridade psicofísica ou ao patrimônio de determinados indivíduos, dando origem a um dano certo, pessoal, de ordem patrimonial ou extrapatrimonial, lesivo a interesses juridicamente protegidos. Nesses casos, o fato causador do dano por meio do ambiente termina por atingir, de modo reflexo, situações jurídicas favoráveis do indivíduo, podendo causar prejuízos tanto a bens integrantes da sua personalidade (como danos morais ou danos estéticos) quanto a bens de ordem patrimonial.

Desse modo, compreende-se como dano ambiental individual o dano que o meio ambiente gera de rebote, por ricochete, aos interesses legítimos de pessoas determinadas, configurando danos particulares, que podem ser patrimoniais ou extrapatrimoniais. Em virtude dessas especificidades, esse dano também é conhecido como dano reflexo, indireto ou por ricochete.

Em razão do seu caráter reflexo, observa Sendim (1998, p. 41) que a tutela do dano ambiental individual só pode recair sobre bens ambientais, que podem estar associados a bens materiais suscetíveis de integrarem o objeto de direitos subjetivos, excluindo a tutela de bens naturais considerados *res nullius* como o ar, a vida selvagem e, principalmente, a qualidade global do ambiente.

Trata-se de dano privado, que se impõe a um ou mais indivíduos, que podem ser identificados e que afetam o seu patrimônio ou determinados valores vinculados a sua personalidade.

Em verdade, o ressarcimento dos danos ambientais individuais independe da tutela jurídica do meio ambiente, pois a sua reparação não tem como escopo o alcance de um ambiente ecologicamente equilibrado, mas a salvaguarda de bens e interesses individuais.

A reparação desses danos visa a recompor o patrimônio ou os valores dos atingidos pela lesão ao meio ambiente, e protege o meio ambiente apenas indiretamente e desde que exista um paralelismo entre os interesses individuais e os interesses ambientais envolvidos.

Por se tratar de lesão a interesses individuais, com vítimas identificáveis, quando a restauração natural não ressarcir de modo integral os prejuízos individuais, haverá necessidade de pagamento de uma indenização pecuniária aos lesados.

Esse dano é caracterizado pela divisibilidade dos direitos subjetivos e dos recursos ambientais envolvidos (que configuram microbens) e, em razão da sua pessoalidade, apenas o seu titular pode requerer a sua reparação e configurar-se como beneficiário de eventual indenização.

Apesar de almejar a proteção do meio ambiente apenas de modo indireto, a reparação do dano individual decorrente de um ato de poluição, degradação ou de risco ambiental, também se orienta pelo sistema autônomo de responsabilidade por danos ambientais, previsto no art. 225, § 3º da Constituição de 1988 e no art. 14, § 1º da Lei 6.938/1981 que, como exposto no capítulo anterior, rege-se pela responsabilidade civil objetiva.

Os afetados pelas lesões ao meio ambiente, na busca pela reparação do seu patrimônio ou de outros valores violados, podem socorrer-se das regras civis e processuais tradicionais; da ação popular, quando em defesa do seu direito ao meio ambiente ecologicamente equilibrado ou ainda da ação civil pública, quando estiver diante de interesse individual homogêneo.

b) Dano ambiental coletivo

O dano ambiental coletivo, diversamente do dano individual, consiste na lesão ao macrobem ambiental difuso. Ele transcende os interesses individuais porque atinge os recursos naturais e afeta o próprio equilíbrio ecossistêmico do meio, acarretando prejuízos para a qualidade ambiental e para a preservação da sadia qualidade de vida.

Trata-se do dano ao meio ambiente considerado em si mesmo, mas que se traduz muitas vezes em um dano social, em um ataque à coletividade, em um prejuízo para a sociedade em geral e apresenta natureza supraindividual, massificada, impessoal ou indiferenciada.

Consiste, em outras palavras, na ofensa ao meio ambiente, como bem de uso comum do povo, e na violação do direito de toda a coletividade ao meio ambiente ecologicamente equilibrado, consagrado constitucionalmente como direito fundamental.

Essa ofensa não coincide com uma simples soma dos danos individuais, configurando um dano concreto e atual à coletividade, que se vê obrigada a suportar a diminuição da qualidade de vida ocasionada pela perturbação ambiental.

O dano ambiental coletivo, seja material ou moral, afeta interesses que são insuscetíveis de apropriação, indivisíveis e que apresentam autonomia em relação aos danos individuais.

Nessa linha, Galdós (2009, p. 274) explica que o dano só pode ser considerado coletivo quando for ontologicamente diferenciado dos danos individuais ou pluri-individuais. Se, porventura, esse interesse for apropriado por um integrante da coletividade a título singular para invocá-lo para si, desprendendo-se dos demais titulares, estará excluído da concepção de dano coletivo.

Por isso, Steigleder conclui que esses danos consistem em "[...] situações que ultrapassam os limites das relações jurídicas de direito privado, pois a vítima é difusa e, frequentemente, a causa da degradação também possui origem difusa" (STEIGLEDER, 2004, p. 127).

Importante notar que, nessa dimensão, o dano ambiental não se restringe às perturbações causadas ao patrimônio natural (dano ecológico puro), alcançando também os prejuízos ocasionados aos aspectos antrópicos do meio ambiente, compostos pelos valores sociais e culturais protegidos pelas normas ambientais (meio ambiente artificial, meio ambiente cultural e do trabalho).

Esses danos surgem normalmente com o desenvolvimento de atividades cotidianas que implicam na deterioração do meio ambiente enquanto tal, como as emissões de instalações industriais e de veículos automotores, que contaminam a atmosfera, e os resíduos urbanos e rurais, que degradam as águas superficiais e subterrâneas. Muito embora as grandes catástrofes ecológicas, como a eliminação de resíduos ecológicos e o uso de agentes químicos de guerra, despertem maior atenção, elas constituem apenas uma pequena parcela dos danos ecológicos produzidos no mundo.

Diversamente dos danos convencionais, que podem ser produzidos por um ou vários sujeitos individualizados ou por coisas pertencentes a um ou vários agentes e desencadeiam a responsabilidade individual, os danos ambientais podem ser gerados por autores indeterminados dentro de um grupo determinado ou por autores indeterminados dentro de um grupo também indeterminado. Daí a enorme complexidade para a imputação da responsabilidade civil em face dos danos ambientais coletivos.

Dessa forma, Iturraspe (1999a, p. 81) observa que esses danos podem ser considerados coletivos em um duplo sentido, pois, de um lado, (a) eles normalmente se originam da ação de uma pluralidade de agentes, sendo, muitas vezes, difícil definir a relevância causal de cada uma delas para o resultado final e, de outro, (b) prejudicam uma pluralidade de pessoas, como vizinhos do estabelecimento industrial, moradores de uma região etc.

Em virtude de atingirem o meio ambiente, bem de uso comum do povo, indivisível e que pertence a titulares indetermináveis ou ligados por meras circunstâncias de fato, esses danos afetam o interesse público e são caracterizados como difusos.

Para Cafferatta (2009, p. 43), a proteção do meio ambiente, em sua dimensão coletiva, não decorre apenas da sua vinculação com a esfera social do indivíduo, mas da sua atuação como elemento do funcionamento social e grupal. Sob essa perspectiva, o meio ambiente também porta referência a uma série de crenças, costumes, valores espirituais ou morais, representados por meio de tradições, estimações, conhecimentos, apreciações de caráter coletivo, cultural ou social.

Enquanto bem difuso, o macrobem ambiental caracteriza-se pela indivisibilidade dos seus benefícios, pela sua fruição coletiva (sem a exclusão de beneficiários) e por possuir *status* constitucional. Consequentemente, a proteção do dano ambiental coletivo apresenta um caráter marcadamente objetivo, determinado pelos interesses da coletividade, apresentando também uma acentuada publicização no seu regime jurídico da responsabilidade.

Diversamente do que ocorre com os danos ambientais individuais, a finalidade desse regime de responsabilização não é obter um ressarcimento de uma pessoa em relação ao patrimônio de outra, mas a preservação do meio ambiente. Por isso, a reparação pretende restabelecer o estado anterior do ambiente, tem a restauração natural como regra e há a necessidade de soluções específicas e o cálculo da indenização pecuniária (já que esses bens estão fora do comércio).

Em razão do caráter coletivo (*lato sensu*) do bem ambiental em sua dimensão de macrobem, a sua tutela processual deve ser feita por meio de instrumentos processuais adequados, de índole coletiva, como a ação civil pública, o mandado de segurança coletivo, a ação popular e a ação coletiva de índole inibitória ou de remoção de ilícito.

c) Dano ambiental patrimonial

Como visto, uma das principais características do dano ambiental é a sua estrutura bifronte, já que a lesão causada ao meio ambiente tanto pode afetar o patrimônio ecológico e os valores relevantes para uma coletividade quanto atingir o patrimônio e os direitos personalíssimos de indivíduos identificáveis.

Diversamente dos danos morais ambientais, que atingem interesses extrapatrimoniais, prejudicando valores imateriais coletivos ou direitos personalíssimos, o dano patrimonial compromete bens ambientais materiais e seus efeitos podem se restringir ao meio ambiente ou estender-se para alcançar bens de determinados particulares.

Dessa forma, considera-se como patrimonial toda lesão que recai sobre bens ambientais materiais, trazendo uma perda ou a diminuição das características essenciais dos ecossistemas ou que acarreta, por ricochete, prejuízos ao patrimônio de particulares, atingidos reflexamente pelo dano.

Da feição bipolar ou bifronte do bem ambiental resulta que o regime de propriedade aplicável é variável a depender da perspectiva adotada. Assim, quando tomado como macrobem, a concepção de patrimônio deve se afastar da versão clássica de propriedade, pois o bem ambiental, em sua acepção coletiva, é qualificado como bem de uso comum do povo e, como tal, é unitário, imaterial, indivisível, indisponível, inalienável e imprescritível. Já em sua dimensão de microbem, considerado como conjunto de elementos corpóreos passíveis de apropriação, o meio ambiente orienta-se pelo instituto da propriedade clássica, seja de titularidade pública ou privada.

Além da variação no regime de propriedade que recai sobre o bem ambiental, a diferenciação entre o dano material individual e o dano material coletivo também traz reflexos para o seu sistema de reparação, pois sempre que a lesão compromete elementos do sistema ecológico, haverá a prevalência da restauração natural sobre as demais formas de reparação. Em razão da titularidade difusa desse bem e da sua indispensabilidade para a sadia qualidade de vida, não há qualquer margem de escolha para o magistrado ou para os legitimados para a ação reparatória.

Outro desafio proposto pelo dano ambiental patrimonial diz respeito às dificuldades na determinação da sua quantidade ou extensão.

Embora no Código Civil, em seu art. 944, faça expressa menção à extensão do dano como critério para fixação da indenização, a importância da valoração do dano ambiental vai muito além, sendo também indispensável para possibilitar a análise da proporcionalidade das medidas de restauração natural e para permitir a compensação dos usos humanos afetados durante o período da restauração natural. No entanto, em razão da incerteza científica que caracteriza os danos ambientais e da complexidade das interações entre os diversos elementos que integram os sistemas ecológicos, é muito difícil antecipar a amplitude de um prejuízo que poderá ocorrer em um futuro próximo ou mesmo mensurar a extensão das lesões já consumadas.

Segundo Hutchinson (1999b, p. 138), somente em casos excepcionais, o juiz é capaz de precisar a dimensão do dano ambiental e isso ocorre, normalmente, em face de degradações remediáveis, passíveis de restauração ecológica. Por isso, constata-se o recurso generalizado dos juízes à valoração equitativa do dano, na qual se considera não apenas o custo necessário para a restauração, como também a gravidade da culpa individual e o benefício conseguido pelo degradador em consequência de seu comportamento lesivo aos bens ambientais.

É certo, porém, que essas dificuldades devem estimular o aprofundamento de estudos e o desenvolvimento de novas metodologias e instrumentos voltados para a valoração desses danos.

De acordo com Sendim (1998, p. 176), o maior desafio está na construção de esquemas metodológicos flexíveis apropriados a cada tipo de dano e de métodos de avaliação sistemática dos bens ecológicos que não acarretem custos demasiadamente elevados.

Oyarzún (apud PERETTI, 2009, p. 375) classifica os métodos de avaliação econômica do bem ambiental em duas categorias: os métodos indiretos ou observáveis e o método direto ou hipotético.

O primeiro grupo promove a avaliação do bem ambiental por meio da análise do comportamento dos indivíduos, inferindo, por meio dessa observação, a valoração implícita que eles lhe outorgam. Esse método, por sua vez, subdivide-se em três modalidades.

De acordo com a primeira delas, o método dos custos evitados ou induzidos, os bens ambientais têm o seu valor inferido a partir do vínculo que apresentem com outros bens que possuem valor de mercado. Considera-se, por exemplo, se este bem constitui insumo no processo produtivo de outro bem ou se integra, ao lado de bens privados, a função de produção ou utilidade (OYARZÚN apud PERETTI, 2009, p. 375).

O método do custo da viagem, por sua vez, tem aplicação para as áreas naturais, que atendem a uma função de recreação ou desportiva e considera, para a valoração, o gasto que uma pessoa ou uma família realizaria para usufruir desse bem ambiental (OYARZÚN apud PERETTI, 2009, p. 375).

Já o método dos preços hedônicos pode ser utilizado quando o bem ambiental funciona como um complemento para um bem privado incluído no mercado (OYARZÚN apud PERETTI, 2009, p. 376). Segundo esse critério, uma casa localizada próxima a uma paisagem, por exemplo, tem o valor superior a outra que esteja inserida em uma região contaminada.

Por fim, de acordo com o método direto ou hipotético, a quantificação do bem ambiental pode ser alcançada por meio da consulta direta às pessoas a respeito do valor que elas atribuem às mudanças que a modificação da qualidade ambiental produz sobre o seu bem-estar (OYARZÚN apud PERETTI, 2009, p. 375).

Evidente que as atuais metodologias de avaliação econômica do bem ambiental ainda são bastante insuficientes e apresentam diversas limitações. Para Sendim (1998, p. 176-177) as principais delas são: (a) o fato de sempre se restringirem à capacidade de aproveitamento humano dos bens naturais, sendo incapazes de captar o valor da capacidade funcional ecológica dos bens naturais e (b) a impossibilidade de traduzirem, de modo rigoroso, os valores não associados diretamente ao consumo do bem natural.

Como consequência disso, torna-se praticamente impossível compensar o dano ambiental de modo integral por meio da substituição por equivalente em dinheiro, resultando na reparação *in natura* como única forma adequada para completa reparação do dano.

d) Dano ambiental extrapatrimonial ou moral

Ao lado do dano ambiental material, também é possível que a perturbação ao meio ambiente acarrete lesões a valores imateriais relevantes para uma dada coletividade ou, indiretamente, atinja direitos personalíssimos de determinados particulares, configurando, assim, danos ambientais extrapatrimoniais ou morais.

A reparação do dano moral ganhou um grande incremento com a Constituição Federal de 1988, que previu nos incisos V e X do art. 5º, a possibilidade de indenização pelo dano exclusivamente moral. A reparabilidade desse dano também está expressa no art. 186 do Código Civil brasileiro que dispõe que: "aquele que, por ação ou omissão voluntária, negligência ou imprudência, violar direito e causar dano a outrem, ainda que exclusivamente moral, comete ato ilícito".

Do mesmo modo, não há qualquer dúvida a respeito da possibilidade de sua reparação e da cumulação entre o dano patrimonial e o moral oriundos do mesmo fato. Esse entendimento encontra-se, inclusive, sumulado pelo Superior Tribunal de Justiça.

Muito embora a dogmática civil clássica tenha atrelado o dano moral à ideia de sofrimento individual, verifica-se que, na atualidade, a doutrina e a jurisprudência têm alterado essa concepção e estendido a sua aplicação para a pessoa jurídica e para grupos de pessoas. Prova disso é a redação do art. 52 do Código Civil pátrio que determina que: "Aplica-se às pessoas jurídicas, no que couber, a proteção dos direitos da personalidade" e a Súmula 227 do Superior Tribunal de Justiça, que preleciona que a pessoa jurídica também pode ser vítima de dano moral.

Embora a maior parte das definições de dano moral recorra à noção de sofrimento humano não gerado por uma perda pecuniária, essa compreensão tem sido encarada como excessivamente ampla, permitindo que quase todo incômodo ou desconforto configure dano moral. Essa constatação tem imposto uma revisão crítica do conceito dano moral, que indaga se, efetivamente, toda dor, tristeza ou constrangimento pode ser considerado como elemento concreto e adequado para legitimar a reparação de dano moral. Nessa reconstrução, destacam-se os trabalhos da Moraes, que enfatiza que:

> O fato é que a reparação dos danos morais não pode mais operar, como vem ocorrendo, no nível do senso comum. Sua importância no mundo atual exige que se busque alcançar um determinado grau de tecnicidade, do ponto de vista da ciência do direito, contribuindo-se para edificar uma categoria teórica que seja elaborada o suficiente para demarcar as numerosas especificidades do instituto. A ausência de rigor científico e objetividade na conceituação do dano moral têm gerado obstáculos ao adequado desenvolvimento da responsabilidade civil além de perpetrar, cotidianamente, graves injustiças e incertezas ao jurisdicionados. (MORAES, 2006b, p. 243).

Por conta da alta generalidade e das dificuldades apresentadas pelo conceito de dano moral, a doutrina mais moderna tem vinculado o dano moral aos direitos da personalidade, considerando-o como uma lesão a esses direitos, construindo, assim, uma acepção objetiva de dano moral, em contraposição a sua feição subjetiva e terminando por oferecer um critério mais técnico para a sua identificação (MORAES, 2006, p. 246).

Nesse novo cenário, e socorrendo-se de uma visão constitucionalizada de dano moral, Moraes (2006, p. 246) prefere conceituá-lo como a lesão à dignidade da pessoa humana.

Quanto ao dano moral ou extrapatrimonial ambiental, verifica-se que a sua reparação tem previsão expressa no art. 1º, *caput* da Lei 7347 de 1985 (Lei da Ação Civil Pública).

Esse dano se traduz em um prejuízo não patrimonial, decorrente de uma lesão ao meio ambiente, que afeta a coletividade ou o indivíduo, podendo-se falar, assim, tanto na existência de danos ambientais morais coletivos quanto de danos ambientais morais individuais.

Em sua dimensão individual, o dano ambiental moral configura uma violação a direitos personalíssimos pertencentes ao indivíduo, causada reflexamente por uma perturbação ao meio ambiente. Em razão do seu caráter individual, os valores auferidos a título de indenização devem ser destinados ao particular, de forma direta.

Na sua acepção coletiva, por sua vez, consiste em um dano extrapatrimonial que atinge vítimas plurais, deriva de um mesmo fato lesivo e apresenta uma feição social, na medida em que surge das relações que os membros da coletividade estabelecem com o meio ambiente ou de circunstâncias físico-temporais. Dessa forma, ele consiste em uma lesão na esfera social de um grupo de sujeitos pela ofensa a interesses não patrimoniais coletivos, que apresentam uma base fática comum, ainda que não exista uma prévia relação jurídica entre os seus membros.

Para Pastorino (2005, p. 177), o dano moral coletivo seria o padecimento geral da população pela perda sofrida pelo meio ambiente ou um objeto integrante do mesmo. Quando a restauração ou recomposição ambiental é viável, vincula-se ao tempo que transcorre desde o evento danoso até sua reparação, como compensação pelo tempo transcorrido sem poder gozar de um ambiente em seu máximo nível possível de qualidade.

Segundo Steigleder (2004, p. 164), o fundamento para a sua admissibilidade é a existência de valores que norteiam a coletividade, concebida como um conglomerado de pessoas que vivem em determinado território e encontram-se unidas por fatores comuns. Esses valores portam referência à comunidade, independentemente dos seus membros e, por isso, apresentam natureza autônoma e indivisível.

No entanto, o dano ambiental extrapatrimonial coletivo nem sempre foi interpretado dessa forma.

Em uma primeira aproximação, esse dano foi compreendido pela doutrina brasileira como uma lesão capaz de causar dor, sofrimento ou aflição a uma coletividade ou grupo de pessoas, afetivamente vinculados ao bem ambiental afetado.

Nesse sentido, era a definição de Mirra (2010, p. 438), para quem o dano moral ambiental, como dano coletivo, consistiria na dor ou no sentimento de frustração da sociedade decorrente da agressão a um determinado bem ambiental, ao qual a coletividade se sentisse especialmente vinculada, seja por laços de afeição, seja por algum vínculo especial a respeito.

Paccagnella (2010, p. 594) também acolheu esse entendimento, considerando que o objetivo da responsabilização pelo dano moral coletivo era o mesmo do dano moral individual, ou seja, reparar o sofrimento, a dor, o desgosto do ser humano. A única diferença era que o dano extrapatrimonial coletivo referia-se ao sofrimento de diversas pessoas dispersas em certa coletividade ou grupo social (dor difusa ou coletiva), em vista de certo dano ao patrimônio ambiental.

Dessa forma, a diminuição da qualidade de vida da população, o desequilíbrio ecológico, a lesão a um determinado espaço protegido, os incômodos físicos ou lesões à saúde, deveriam ser consideradas como lesões ao patrimônio ambiental. O dano moral, por sua vez, surgiria quando, além (ou independentemente) dessa repercussão física no patrimônio ambiental, houvesse ofensa ao sentimento difuso ou coletivo. Por conta disso, sempre que dano ambiental fosse alvo de comoção popular, com ofensa ao sentimento coletivo, também haveria dano moral ambiental indenizável (PACCAGNELLA, 2010, p. 596).

No entanto, a partir da nova compreensão conferida pela doutrina ao dano moral, é possível vincular o direito ambiental ao direito da personalidade. Essa possibilidade decorre da compreensão dos direitos da personalidade como categoria aberta, da equiparação entre o direito ao meio ambiente e os interesses relacionados à pessoa e da consagração desse direito no texto constitucional como direito da personalidade, de caráter autônomo e desvinculado de outros direitos, como o direito à vida ou à saúde (LEITE; AYALA, 2010, p. 278).

Nesse sentido, o direito ao meio ambiente deve ser compreendido como um direito da personalidade, autônomo em relação à saúde e aos direitos patrimoniais, pois a existência de um ambiente ecologicamente equilibrado representa uma condição indispensável para o completo desenvolvimento da personalidade humana. Para Leite (2010, p. 285), esse direito da personalidade tem caráter difuso e caracteriza-se pela união indeterminada dos sujeitos e pela existência de certa comunhão de interesses, pois esse dano atinge toda a coletividade, de forma indiscriminada.

Assim, por meio de uma visão renovada desse instituto, o dano extrapatrimonial ambiental dispensa a existência de dor como elemento essencial, bastando, para a sua configuração, a ocorrência de ofensa a valores coletivos, compreendidos como o conjunto de crenças, costumes, significados coletivos, sentimentos religiosos, valores espirituais ou morais, materializados por meio de tradições, conhecimentos ou saberes de caráter coletivo, cultural ou social.

Embora a sua aceitabilidade seja crescente, ainda existem, na doutrina, autores contrários à reparabilidade do dano moral coletivo. As principais objeções ao seu reconhecimento fundam-se no requisito da pessoalidade do dano, na ausência de sujeito individual lesado, na dificuldade de se identificar os lesados e para provar, quantificar e reclamar judicialmente a reparação (GALDÓS, 2009, p. 289).

É certo, porém, que, se problemas existem em torno do tema, a sua solução não passa pela mera negação da sua existência, cabendo, assim, aos juristas a tarefa de adaptar os mecanismos da responsabilidade civil às peculiaridades do dano moral coletivo, como forma de garantir o atendimento aos ditames do princípio da reparação integral.

Ademais, nesse cenário, parece, no mínimo, contraditório admitir-se a reparação do dano moral que afeta as pessoas jurídicas e negar a reparabilidade do dano que atinge os valores imateriais que regem a coletividade.

O dano moral pode ser classificado como objetivo ou subjetivo. Do ponto de vista objetivo, o agravo que se reveste de uma feição social, na medida em que nasce das relações da pessoa em seu ambiente ou circunstância físico-temporal e sua reparação tem por finalidade proteger o meio ambiente como bem autônomo pertencente à coletividade. Já sob a perspectiva subjetiva, o dano moral ambiental relaciona-se com as afeições íntimas, convicções e crenças e pretende assegurar um interesse particular pertencente a uma pessoa determinada.

De acordo com Steigleder (2004, p. 174), é possível identificar ainda algumas categorias de dano ambiental extrapatrimonial coletivo, na sua dimensão objetiva, que seriam: (a) o dano ambiental coletivo, caracterizado pela diminuição da qualidade de vida e do bem-estar da coletividade; (b) o dano social, que consiste na privação de microbens ambientais degradados e, por fim, (c) o dano ao valor intrínseco ao meio ambiente que seria o valor do meio ambiente considerado em si mesmo.

No entanto, como ocorre com os danos ambientais em geral, não é qualquer perturbação que pode configurar dano extrapatrimonial ambiental, mas apenas aquela que seja relevante, ultrapassando o limite de tolerabilidade.

Diversamente do dano ambiental moral individual, aqui o agravo é coletivo e não se traduz pessoalmente a seus membros, por conta disso, eventual indenização deve ser destinada ao Fundo de Defesa dos Direitos Difusos, voltando-se para a recomposição do ambiente afetado.

Do ponto de vista probatório, enquanto o dano ambiental moral individual atinge pessoas determinadas e pode ser comprovado com certa facilidade, o dano moral coletivo, em razão de afetar o meio social e o ambiente de uma coletividade, é menos evidente e tem uma prova mais difícil. Por conta disso, há no Brasil forte tendência doutrinária no sentido de que, em sede de dano ambiental moral coletivo, não se deve exigir a prova concreta de sua realização, presumindo a sua ocorrência em virtude da gravidade da lesão.

Com relação à quantificação, encontram-se aqui os mesmos problemas enfrentados na discussão do dano ambiental material.

O dano ambiental extrapatrimonial percorreu um longo caminho até ter a sua exigibilidade reconhecida pelos tribunais. São precedentes importantes para o seu reconhecimento jurisdicional as apelações cíveis 70001616895 e 2001.001.14586, do Tribunal de Justiça do Rio Grande do Sul e Tribunal de Justiça do Rio de Janeiro, respectivamente.

O primeiro acórdão, de 17.05.2001, foi relatado pelo Des. Jorge Alberto Pestana e cuidava de ação indenizatória proposta pelo proprietário de um imóvel localizado no Município de Santa Maria contra uma empresa de engenharia, que teria ingressado em sua propriedade sem sua autorização e degradado uma área de aproximadamente 2.470 m2, com o objetivo de ali instalar uma rede elétrica.

O julgado reconheceu expressamente a possibilidade de indenização por dano moral para aquele que tem sua propriedade agredida ecologicamente e foi assim ementado:

> Ação de indenização por danos patrimoniais e morais. Responsabilidade civil.
> Quando o dano ambiental foi ocasionado por terceiro, possível a indenização por dano moral pela lesão ocorrida. Inexiste pagamento de dano material caso houve acordo em outro processo, que tem como parte o Ministério Público, para a recomposição da área ao estado anterior ao evento. Deram provimento em parte. Decisão unânime.

A segunda apelação, de relatoria da Des. Maria Raimunda T. Azevedo, foi julgada em 07.08.2002 e teve a seguinte ementa:

> Ação civil pública. Poluição ambiental. Corte de árvore. Falta de autorização judicial. Construção sem licença. Ressarcimento dos danos. Dano moral. Fixação do valor. Recurso provido. Embargos de declaração. Acolhimento.
> Poluição Ambiental. Ação Civil Pública formulada pelo Município do Rio de Janeiro. Poluição consistente em supressão da vegetação do imóvel sem a devida autorização municipal. Cortes de árvores e

início de construção não licenciada, ensejando multas e interdição do local. Dano à coletividade com a destruição do ecossistema, trazendo consequências nocivas ao meio ambiente, com infringência, às leis ambientais, Lei Federal 4.771/65, Decreto Federal 750/93, artigo 2°, Decreto Federal 99.274/90, artigo 34 e inciso XI, e a Lei Orgânica do Município do Rio de Janeiro, artigo 477. Condenação a reparação de danos materiais consistentes no plantio de 2.800 árvores, e ao desfazimento das obras. Reforma da sentença para inclusão do dano moral perpetrado a coletividade. Quantificação do dano moral ambiental razoável e proporcional ao prejuízo coletivo. A impossibilidade de reposição do ambiente ao estado anterior justifica a condenação em dano moral pela degradação ambiental prejudicial a coletividade. Provimento do recurso.

A apelação foi interposta pelo Município do Rio de Janeiro e pretendia a revisão da sentença em ação civil pública que, apesar de condenar um particular na obrigação de recompor o ecossistema degradado (com a plantação de 2.800 espécies nativas, a demolição das obras realizadas e a retirada de entulho), indeferiu o pedido de condenação na obrigação de reparar os danos morais causados à coletividade.

O Tribunal seguiu o entendimento da relatora, segundo o qual a condenação imposta com o objetivo de restituir o meio ambiente ao estado anterior não impedia o reconhecimento da reparação do dano moral ambiental, reconhecendo, no caso concreto, a presença de lesão moral coletiva, consistente na perda de valores ambientais pela coletividade, que ficaria privada durante um período de 10 a 15 anos do acesso aos recursos naturais degradados.

O Superior Tribunal de Justiça analisou a exigibilidade do dano ambiental moral coletivo apenas em 2006, por meio do Recurso Especial 598.281/MG, relatado pelo Min. Luiz Fux.

Tratava-se de recurso extraordinário contra acórdão do Tribunal de Justiça de Minas Gerais, que entendeu pela impossibilidade de condenação de dano moral coletivo em sede de ação civil pública na qual se discute a reparação de danos ao meio ambiente.

Embora o voto do relator tenha sido favorável ao reconhecimento do dano ambiental moral coletivo, a primeira turma terminou perfilhando o entendimento do Min. Teori Zavascki.

Para esse ministro, apesar do dano ambiental ou ecológico poder, em tese, acarretar também o dano moral, a vítima do dano moral deve ser, necessariamente, uma pessoa, pois esse dano não seria compatível com a transindividualidade da lesão. A ementa foi elaborada da seguinte forma:

Processual civil. Ação civil pública. Dano ambiental. Dano moral coletivo. Necessária vinculação do dano moral à noção de dor, de sofrimento psíquico, de caráter individual. Incompatibilidade com a noção de transindividualidade (indeterminabilidade do sujeito passivo e indivisibilidade da ofensa e da reparação). Recurso especial improvido.

O equívoco dessa decisão está no não reconhecimento de que, ao lado das lesões individuais, no dano moral coletivo, existe a ofensa a valores relevantes para a sociedade que, em razão do seu caráter comum, não são usufruídos de maneira individual ou exclusiva. Nessas lesões, a vítima direta é a coletividade e não os indivíduos isoladamente considerados, ainda quando as consequências desses danos repercutam sobre eles (GALDÓN, 2009, p. 289).

Pouco tempo depois, a segunda turma teve oportunidade de apreciar a questão, por meio do Recurso Especial 1.057.274/RS, de relatoria da Min. Eliana Calmon.

O acórdão debateu a possibilidade de configuração de dano moral coletivo perpetrado por empresa de transporte que exigia procedimento de cadastramento de idosos para que estes pudessem gozar do benefício do passe livre, em aberta violação ao art. 39, § 1º do Estatuto do Idoso, que exige, para concessão da gratuidade, apenas a apresentação de documento de identidade. Eis a ementa do acórdão:

> Administrativo – Transporte – Passe livre – Idosos – Dano moral coletivo – Desnecessidade de comprovação da dor e de sofrimento – Aplicação exclusiva ao dano moral individual – Cadastramento de idosos para usufruto de direito – Ilegalidade da exigência pela empresa de transporte – Art. 39, § 1º do Estatuto do Idoso – Lei 10741/2003 viação não prequestionado.
>
> 1. O dano moral coletivo, assim entendido o que é transindividual e atinge uma classe específica ou não de pessoas, é passível de comprovação pela presença de prejuízo à imagem e à moral coletiva dos indivíduos enquanto síntese das individualidades percebidas como segmento, derivado de uma mesma relação jurídica-base.
>
> 2. O dano extrapatrimonial coletivo prescinde da comprovação de dor, de sofrimento e de abalo psicológico, suscetíveis de apreciação na esfera do indivíduo, mas inaplicável aos interesses difusos e coletivos.
>
> 3. Na espécie, o dano coletivo apontado foi a submissão dos idosos a procedimento de cadastramento para o gozo do benefício do passe livre, cujo deslocamento foi custeado pelos interessados, quando o Estatuto do Idoso, art. 39, § 1º exige apenas a apresentação de documento de identidade.
>
> 4. Conduta da empresa de viação injurídica se considerado o sistema normativo.
>
> 5. Afastada a sanção pecuniária pelo Tribunal que considerou as circunstâncias fáticas e probatória e restando sem prequestionamento o Estatuto do Idoso, mantém-se a decisão.
>
> 5. Recurso especial parcialmente provido.

Nesse julgado, importam, particularmente, os seguintes trechos do voto da relatora:

> O dano moral extrapatrimonial deve ser averiguado de acordo com as características próprias aos interesses difusos e coletivos, distanciando-se quanto aos caracteres próprios das pessoas físicas que compõem determinada coletividade ou grupo determinado ou indeterminado de pessoas, sem olvidar que é a confluência dos valores individuais que dão singularidade ao valor coletivo.
>
> O dano moral extrapatrimonial atinge direitos de personalidade do grupo ou coletividade enquanto realidade massificada, que a cada dia mais reclama soluções jurídicas para sua proteção. É evidente que uma coletividade de índios pode sofrer ofensa à honra, à sua dignidade, à sua boa reputação, à sua história, costumes e tradições. Isso não importa exigir que a coletividade sinta a dor, a repulsa, a indignação tal qual fosse um indivíduo isolado. Essas decorrem do sentimento coletivo de participar de determinado grupo ou coletividade, relacionando a própria individualidade à ideia do coletivo.

Verifica-se, a partir da análise desses acórdãos, que os tribunais nacionais têm amadurecido a ideia de dano moral ambiental coletivo, apontando para a tendência doutrinária que admite a sua reparabilidade integral, independentemente da possibilidade de mensuração individual da ofensa a interesses difusos ou coletivos da comunidade ou da existência de prova de que houve dor, sentimento ou lesão psíquica aos indivíduos.

Vencidas as resistências iniciais, atualmente a reparabilidade do dano ambiental extrapatrimonial é aceita de maneira ampla pela jurisprudência do Superior Tribunal de Justiça, como evidenciam o REsp 1198727 / MG, de relatoria do Min. Antônio Herman Benjamim, julgado em 14/08/2012 e, mais recentemente, o AgInt no AREsp 1239530 / RJ, relatado pelo Ministro Francisco Falcão, julgado em 16/10/2018.

1.3. Nexo de causalidade

O nexo de causalidade, elemento indispensável para a imputação da responsabilidade civil, pode ser compreendido como o elo estabelecido entre uma conduta antecedente e um resultado danoso. Ele vincula o dano diretamente ao fato e indiretamente ao elemento de imputação subjetiva ou de atribuição objetiva da responsabilidade (ALSINA, 2007, p. 267).

De inegável importância, esse elemento apresenta uma dupla função no campo da responsabilidade civil, pois, ao mesmo tempo em que permite, com rigor científico, a identificação do agente responsável pela produção do resultado, apresenta critérios objetivos para a aferição da dimensão do dano a ser reparado.

Desse modo, a consideração abstrata dos agentes potencialmente causadores de danos, assim como dos danos ou prejuízos causados, só pode dar origem à ideia de dano ressarcível quando for possível estabelecer uma relação entre certo comportamento ou atividade, praticada por alguém, e o dano que dela se originou (ALVIM, A., 1972, p. 340).

O nexo de causalidade pode ser considerado, de um modo geral, como o pressuposto mais relevante para a imputação da responsabilidade civil, pois ainda quando o agente tenha praticado uma conduta antijurídica, que tenha gerado risco ou ocasionado um dano, não haverá a imputação se não for possível comprovar a sua causa ou estiver presente algum dos excludentes da responsabilidade civil.

Desse modo, não basta que o dano coincida com a presença de uma culpa ou de um risco para dar origem ao dever de reparar, pois a coincidência não implica causalidade, devendo-se exigir a presença de um liame causal entre eles.

A importância do nexo causal tem aumentado, nos últimos tempos, uma vez que a teoria do risco prescinde da culpa, para fundamento da responsabilidade (ALVIM, A., 1972, p. 340). De fato, apesar de consistir em um requisito tanto para a responsabilidade civil subjetiva quanto para a responsabilidade objetiva, é nesse campo que o nexo de causalidade assume um destaque ainda maior, pois consiste em pressuposto quase único dessa responsabilidade, servindo de limite ou fronteira para a obrigação de indenizar.

Dois obstáculos destacam-se no contexto do nexo causal: as dificuldades quanto à identificação do evento que constitui a causa do dano ambiental e quanto à produção da sua prova. Este último aspecto será analisado mais adiante.

Todos os antecedentes que contribuem para que o evento ocorra do modo como aconteceu são considerados condições. A causa, por sua vez, é a condição que, destacada ou não das demais, é considerada como determinante para a produção do resultado. Ela seria, nas palavras de Battaglini (2003, p. 50) "[...] o antecedente que dá o ser ao evento, pela sua eficácia intrínseca, pelo seu influxo real e fecundo".

Na verdade, não existe uma diferença ontológica entre causa e condição e, como se verá a seguir, as diversas teorias explicativas do nexo de causalidade divergem quanto aos critérios para a identificação e seleção das causas dos eventos.

Para a teoria não individualizadora (a teoria da equivalência dos antecedentes causais), todas as condições que contribuem para a ocorrência do dano são consideradas como causas do evento. Já para as teorias que separam a causa das condições (teorias individualizadoras), o papel da condição, no evento, é o de permitir a atuação da causa, dispondo-a para a operação ou removendo-lhe os obstáculos.

Dessa forma, ao lado das causas, as condições também se encontram na origem dos danos e são consideradas elementos indispensáveis para que o resultado lesivo ocorresse da forma em que ocorreu.

A ocasião, por sua vez, é um acontecimento acidental (e por isso, não necessário), que apenas facilita ou favorece a realização do dano. Trata-se de um elemento objetivo que apenas atrai ou realiza um convite para a ação. Ela difere da causa e da condição por ser uma mera circunstância ou contingência que favorece, em maior ou menor medida, a intervenção da causa, sem, no entanto, condicioná-la ou apresentar alguma virtude produtiva de efeitos (BATTAGLINI, 2003, p. 50).

Os três conceitos podem ser sintetizados, considerando-se que enquanto a causa produz o efeito, a condição permite-o ou remove um obstáculo e a ocasião favorece a operatividade da causa.

Segundo Noronha (2003, p. 126), uma das maiores dificuldades na responsabilidade civil é a de identificar os danos gerados por um determinado fato. Isso ocorre porque além de não ser uma tarefa fácil saber se a contribuição de um fato para a ocorrência de um dano é suficiente para que ele seja reputado como seu fato gerador, pode ocorrer de um só dano ser produto de diversas causas ou de vários danos estarem relacionados a um mesmo fato ou a fatos diversos.

1.3.1. Causalidade, paradigma da complexidade e "o fim das certezas"

Além de indicar um vínculo de causa e efeito, sob o ponto de vista filosófico, a causalidade também pode apresentar outras acepções, significando: (a) o princípio causal ou (b) a doutrina do causalismo.

De acordo com Goldenberg (2000, p. 01), o princípio causal é o responsável pelo enunciado da lei da causalidade, segundo o qual "[...] a mesma causa produz sempre o mesmo efeito". Esse princípio é a emanação do princípio lógico de razão suficiente e, ao lado dos princípios da não contradição e da finalidade, compõe um dos axiomas fundamentais do pensamento humano (ALTERINI, 1999, p. 137) (COSTA JR., 2007, p. 76).

Já a doutrina do causalismo afirma a validez universal do princípio causal, resumindo-se na proposição segundo a qual "[...] tudo ocorre de acordo com a lei causal" (GOLDENBERG, 2000, p. 1). Ela consiste em um método filosófico-científico, que pretende alcançar o conhecimento ou a verdade sobre as coisas, por meio da investigação de suas causas. Segundo esse método, existem cadeias de relações causais que permitem, mediante a observação, uma explicação de tudo que pode ser explicado (GOLDENBERG, 2000, p. 02) Nesse sentido, o causalismo pode ser considerado como uma ação própria da inteligência humana, que realiza síntese de dois estados de coisas, de duas representações: causa e efeito (COSTA JR., 2007, p. 76).

A observação e a investigação da realidade sempre instigaram o homem que, ao longo da história, desenvolveu uma série de teorias em torno do princípio da causalidade, como um esforço para compreender os diversos fenômenos da vida. Muitos autores e filósofos, como Aristóteles, Galileu, Thomas Hobbes, Spinoza, David Hume, Descartes e Kant, deram a sua contribuição para a compreensão e a estruturação da investigação causal. Muitas das teorias explicativas do nexo de causalidade hoje existentes são tributárias dessas construções.

De fato, a crença na existência de leis naturais imutáveis e deterministas é bastante antiga no pensamento humano e sempre apareceu vinculada tanto à sabedoria e à serenidade quanto à dúvida e ao desespero, oferecendo aos homens uma visão capaz de escapar da "dor da mudança" (PRIGOGINE, 1996, p. 158).

Contudo, é mesmo possível alcançar a certeza? Essa tentativa orientou o trabalho de diversos filósofos e cientistas, como é o caso de Descartes. Segundo Prigogine (1996, p. 195), a busca de Descartes pela certeza científica pode ser explicada historicamente pelas circunstâncias que o pensador encontrou por volta do século XVII. Esse século foi marcado por uma grave instabilidade política e de guerras de religião e, diante dessas incertezas, Descartes dedicou-se a buscar outro tipo de certeza, que diferentemente da religião, pudesse ser compartilhada por todos os seres humanos. O seu programa foi resgatado por Leibniz, que se empenhou na construção de uma linguagem que permitisse o acesso a um consenso geral e, por fim, a consolidação da existência de "leis da natureza" foi alcançada pelas construções de Newton, que "[...] permaneceram como modelo para a física durante três séculos" (PRIGOGINE, 1996, p. 195).

No entanto, após séculos de vigência, o paradigma da causalidade e da imutabilidade das leis naturais tem sido abalado por conta de novas descobertas científicas, surgidas, sobretudo, a partir da década de 1970, que têm demonstrado que os sistemas vivos não funcionam de maneira linear, mas de acordo com um padrão de rede (autopoiese) e que se apresentam estruturalmente abertos e organizacionalmente fechados (CAPRA, 2002).

Estudos desenvolvidos por cientistas como Maturana, Varela e Ilya Prigogine têm demonstrado que uma das grandes marcas desses sistemas é a ausência de equilíbrio e a indeterminação. De acordo com Capra:

> A existência de bifurcações nas quais o sistema pode tomar vários caminhos diferentes implica o fato de que a indeterminação é outra característica da teoria de Prigogine. No ponto de bifurcação, o sistema pode escolher – o termo é empregado metaforicamente – dentre vários caminhos ou estados possíveis. Qual caminho ele tomará é algo que depende da história do sistema e de várias condições externas, e nunca pode ser previsto. (CAPRA, 2002, p. 151).

Ao lado da biologia, também os avanços da física quântica e da matemática da complexidade anunciam o fim do princípio causal, preconizando a vigência do acaso no mundo exterior. Consequentemente, não se pode afirmar, com segurança, quais os efeitos deverão advir de uma intervenção humana na natureza.

Como destaca Saux e Müller (2009, p. 229-230), o avanço das ciências físicas também tem demonstrado que há uma retroalimentação entre as condições. Também tem se verificado a necessidade da incorporação do azar dentro do conceito de causalidade, o que faz com que a ideia de causalidade linear seja substituída por uma causalidade complexa circular.

Todo esse cenário, tem desbancado a doutrina do causalismo, que anuncia que causas iguais produzem sempre as mesmas consequências. Ao revés, tem se compreendido que as mesmas causas não produzem, necessariamente, os mesmos efeitos e que existem ligações causais singulares.

No entanto, como observa Alterini (1999, p. 142), se a doutrina do causalismo, vinculada com a caracterização forçosa da relação de causa-efeito na universalidade de circunstâncias pode ser posta em xeque, o mesmo não ocorre com a causalidade, pois esta conserva boa medida de vigência e, quando menos, rege o mundo macroscópico que substancialmente preocupa o Direito.

Deve-se perceber, assim, que, diversamente da ciência clássica, que compreende a causalidade como um processo linear, no paradigma da complexidade, essa causalidade é substituída por uma causalidade circular, na qual tanto a causa precede ao efeito como ele gera a causa, havendo entre elas uma relação de retroalimentação. Com isso, as possibilidades de explicação a partir de uma causalidade complexa e circular são bastante ampliadas, pois: (a) as mesmas causas podem conduzir a efeitos diferentes; (b) causas diferentes podem conduzir aos mesmos efeitos; (c) pequenas causas podem gerar efeitos muito grandes e vice-versa; algumas causas são seguidas de efeitos contrários (causalidade invertida) e (d) os efeitos de causas antagônicas são incertos (GOLDENBERG; CAFFERATA, 2001, p. 50).

Toda essa realidade gera uma certeza: a convicção de que não há uma verdade científica absoluta e universal em termos de causalidade, existindo, no máximo, probabilidades. Por isso, para muitos estudiosos, só é possível reconhecer validade para as leis estatísticas, fundadas sobre o cálculo das probabilidades e válidas somente na escala macroscópica, pois, entre causa e efeito, há sempre um elemento de perturbação, de intervalo.

A percepção da ausência de certeza científica em torno das relações causais estabelecidas entre as atividades humanas e as ameaças para o meio ambiente deve ser, dessa forma, internalizada pelo Direito, que deve desenvolver novas soluções para lidar com a complexidade ambiental. No entanto, o que se verifica é que as normas de definição da causalidade e de imputação da responsabilidade civil ambiental, assim como as regras probatórias ainda estão apregoadas a uma visão excessivamente cartesiana e determinista, que exige um elevado nível de prova para o reconhecimento de relações causais.

1.3.2. Causalidade material e causalidade jurídica

Além de compreender que o estágio atual da ciência já proclama o fim das certezas, é importante reconhecer a existência de diferença fundamental entre a causalidade naturalística, que se dá no plano dos fatos, e a causalidade jurídica, que se processa por meio de uma filtragem normativa.

De fato, enquanto o fenômeno causal é apreendido, na realidade material, como um processo de investigação da origem de determinados efeitos e de suas inter-relações, na esfera jurídica, ela adquire certas peculiaridades, que a afastam daquelas próprias das ciências naturais. Isso ocorre porque, embora o fato causador e o fato gerado integrem a realidade natural, no âmbito jurídico, o processo causal é estabelecido, tendo como base uma norma jurídica dotada de um juízo de valor, que servirá como parâmetro para mensurar juridicamente esse encadeamento de eventos.

Na visão de Vilanova (1985, p. 36), embora, do ponto de vista causal-naturalístico, as séries causais sejam ininterruptas, o sistema jurídico corta-as, selecionando valorativamente uma delas como a inicial. Por isso, enquanto, do ponto de vista causal-natural, vários efeitos advenham da conduta, o sistema jurídico filtra, com base no critério de valoração nele adotado, os efeitos considerados juridicamente relevantes, para ingressarem no campo dos resultados (ou eventos do ponto de vista jurídico) (VILANOVA, 1985, p. 36).

Pode-se dizer, assim, que o Direito promove verdadeira correção da causalidade naturalística, pois, apesar de conservar, muitas vezes, o critério científico-natural de causa como ponto de partida para a averiguação do nexo de causalidade, restringe ou altera esse parâmetro por conta das valorações jurídicas em jogo, de modo que é plenamente possível haver causalidade naturalística sem a correspondente imputação jurídica e vice-versa.

Como percebe Costa Jr. (2007, 102), as distinções da causalidade no plano empírico e no jurídico explicam-se pelo fato de a causalidade jurídica não consistir em um princípio cognoscitivo, mas prático, que confere ao jurista o papel de selecionar, no emaranhado das causas que determinam um fenômeno, as causas que, de acordo com o seu entender, apresentam relevância.

Consequentemente, o mesmo fato nem sempre desencadeia as mesmas consequências sob o ponto de vista empírico e jurídico e, por sua vez, o ordenamento jurídico também pode imputar um resultado a uma ação que, ordinariamente, não constitua, no mundo natural, um fato antecedente. É o que ocorre, por exemplo, nas hipóteses de responsabilidade civil por ato de terceiro, previstas nos art.932 e 933 do Código Civil, quando o terceiro responde pelo dano ocasionado pelo agente, independentemente da demonstração da relevância causal do seu comportamento.

Em resumo, se, por um lado, o Direito só considera como causas as condições que reputa relevantes e que podem ser objeto de atribuição normativa, por outro, pode imputar o resultado lesivo a uma ação que, de acordo com o curso normal dos acontecimentos, não configura um fato antecedente.

O reconhecimento de que as duas dimensões da causalidade não são necessariamente coincidentes, de que a causalidade jurídica orienta-se por finalidades definidas pela norma e de que, consequentemente, a ausência de certeza causal no plano naturalístico nem sempre deve corresponder à ausência de imputação jurídica da responsabilidade também é essencial para que os problemas relacionados à causalidade ambiental sejam adequadamente equacionados.

1.3.3. Teorias explicativas do nexo de causalidade

Como dito anteriormente, ao vincular a causalidade à responsabilidade civil, o direito normalmente seleciona, no âmbito material, os antecedentes que considera como causa, limitando o seu conceito naturalístico. Também pode nomear como causa eventos que assim não seriam considerados sob uma perspectiva estritamente naturalística, como ocorre nas situações de relevância causal da omissão.

Para solucionar a dificuldade de escolher, entre os diversos antecedentes fáticos, aqueles reputados determinantes para a produção do evento lesivo, foram desenvolvidas, ao longo dos anos, uma série de teorias explicativas do nexo de causalidade.

No âmbito jurídico, consideram-se como causa os antecedentes que tiveram um papel determinante na produção do resultado e, como condição, os demais fatores que contribuíram em maior ou menor medida para a sua realização (do modo que ocorreu). Por isso, ontologicamente, não existe diferença entre causa e condição: todas configuram fatores que antecederam e contribuíram para a produção do dano. Essa diferenciação é feita apenas no plano normativo, com o intuito de selecionar os antecedentes mais relevantes, identificar os imputáveis responsáveis pela lesão e de evitar a imposição de uma responsabilização excessivamente ampla.

As teorias explicativas do nexo de causalidade desenvolveram-se, assim, em torno da indagação acerca de quais condições poderiam ser consideradas como causa jurídica do resultado lesivo. Da mesma forma que ocorre em relação à escolha dos danos considerados ressarcíveis, também a opção por uma ou outra teoria explicativa do nexo de causalidade sempre encobrirá escolhas ético-políticas dos Estados.

Nesse sentido, Alterini (1999, p. 143-147) identifica dois grupos de teorias sobre o nexo de causalidade: as teorias generalistas, que não fazem qualquer distinção entre as causas e as condições e as teorias individualizadoras, que diferenciam as condições, selecionando uma delas como a causa do resultado.

Existe, atualmente, um grande número de teorias explicativas do nexo de causalidade que, por sua vez, subdividem-se em diversas subteorias. Em face da impossibilidade de analisar todas elas, foram selecionadas as reputadas mais importantes.

a) Teoria da equivalência das condições (teoria dos antecedentes causais ou teoria da *conditio sine qua non*)

A teoria da equivalência das condições apresenta um caráter generalista porque não distingue as condições do evento, considerando que todos os antecedentes que contribuíram para a sua produção devem ser considerados como causa.

Por trás da negação da possibilidade de separação da condição de seus antecedentes para dotá-la de eficácia de causa única, está a compreensão de que o resultado lesivo é indivisível e de que é impossível atribuir a eles uma parcela ideal do resultado (COMPAGNUCCI DE CASO, 1984, p. 37). Por isso, essa teoria conclui que é somente a conjugação das diversas condições que brinda e gera o resultado lesivo e que, ocorrendo um dano, todos os antecedentes que contribuíram para a sua ocorrência devem ser reputados como sua causa.

A teoria da *conditio sine qua non* propõe, como procedimento de investigação causal, a adoção do método hipotético de eliminação, por meio do qual se constata que um fenômeno é causa do resultado quando a sua supressão mental levar à conclusão de que o evento não aconteceria do modo como ocorreu. Ao qualificar todos os antecedentes como causa do dano, a teoria da equivalência dos antecedentes causais afasta a possibilidade de interrupção do nexo de causalidade pela incidência de uma causa estranha.

Apesar de ser a teoria que mais se aproxime da concepção material de causa e que dê um sentido lógico para a investigação da causalidade, essa teoria padece de importantes falhas epistemológicas, na medida em que a identificação dos antecedentes que podem ter contribuído para a produção do evento – e que devem ser submetidos ao método de supressão mental – já encobre um pré-julgamento acerca da sua relevância.

Aplicada em sua inteireza, também abre espaço para uma responsabilização excessivamente ampla, que possibilita uma espécie de "regresso ao infinito" e pode levar a consequências absurdas, como a possibilidade de se condenar um fabricante de camas pelo adultério cometido por um adquirente ou de um amigo, por ter doado uma passagem de avião a uma vítima de acidente aéreo. Por outro lado, verifica-se que a sua incidência não oferece respostas adequadas para as hipóteses de causalidade concorrente ou alternativa, pois, nesses casos, suprimindo mentalmente uma ou outra ação, nem por isso o dano deixaria de ocorrer, o que poderia levar à conclusão, inadmissível do ponto de vista jurídico, de que nenhum dos agentes poderia ser civilmente responsável pela lesão.

Para mitigar os evidentes excessos, algumas limitações foram inseridas ao longo do tempo, sendo que a mais importante delas foi a sua associação à imputação subjetiva do resultado. De fato, a exigência de que a formulação do juízo de imputação leve em consideração a culpabilidade dos atos que configuraram condições do resultado final promove uma importante restrição na seleção das causas do evento (ALTERINI, 1999, p. 146).

Apesar das críticas, a teoria da equivalência das condições foi acolhida na Alemanha, influenciou o direito francês e é adotada, ainda hoje, pelo Código Penal brasileiro, que a incorporou em seu art. 13[7].

O seu emprego no direito penal, no entanto, não traz tantas controvérsias quanto na esfera cível, pois o princípio da tipicidade e a exigência da presença de dolo ou culpa, nesse campo, servem de filtro para a imputação da responsabilidade penal. Já no âmbito civil, nota-se que os corretivos da tipicidade e da culpabilidade não surtem qualquer efeito diante da responsabilidade civil objetiva, na qual a responsabilidade exige apenas a existência de uma relação de causalidade.

A sua importância, porém, não pode ser diminuída, pois a identificação da causa necessária ou da *conditio sine qua non*, remanesce como ponto de partida da investigação causal na maior parte das teorias explicativas do nexo de causalidade.

Com relação à responsabilidade civil ambiental, que se orienta no Brasil pelo sistema objetivo, apesar de a teoria da equivalência dos antecedentes causais permitir uma responsabilização mais abrangente, incluindo a possibilidade de sua imputação mesmo diante da presença de excludentes de responsabilidade, verifica-se que apresenta a desvantagem de se vincular a uma concepção demasiadamente naturalística de causalidade, o que, em um contexto de complexidade e incerteza, pode dificultar sobremaneira a identificação e a comprovação do nexo causal. Além disso, ao promover uma espécie de responsabilização de todos por tudo, diluindo o dever de reparar entre muitos agentes, essa teoria termina por enfraquecer a função preventiva da responsabilidade civil (MULHOLLAND, 2009, p. 149) que, como destacado, assume uma projeção ainda maior no campo ambiental.

b) Teoria da causalidade adequada

A teoria da causalidade adequada inaugura o elenco das teorias individualistas. Surge a partir das críticas dirigidas à excessiva amplitude da teoria da equivalência dos antecedentes causais e da tentativa de circunscrever a responsabilidade civil às consequências prováveis de determinado comportamento. É uma das teorias que possui maior prestígio no Brasil e no mundo.

Apesar de partir da análise dos antecedentes que configuram *conditio sine qua non* para a produção do resultado lesivo, a teoria da causalidade adequada acrescenta à investigação causal o critério da adequação da condição a probabilidade de um resultado, elegendo, entre os antecedentes constatados, um deles, que passa a ser considerado como a causa do evento.

---

7. De acordo com o art. 13 do Código Penal brasileiro:
   Art. 13. O resultado, de que depende a existência do crime, somente é imputável a quem lhe deu causa. Considera-se causa a ação ou omissão sem a qual o resultado não teria ocorrido.

A técnica empregada para a identificação da causa é chamada de prognose retrospectiva e consiste na realização de um juízo de probabilidade, com a determinação do cálculo de probabilidades, após a ocorrência do fato. Com isso, o julgador deverá retroceder no tempo, verificando, no momento da ocorrência do fato, a idoneidade da ação ou omissão do sujeito para a produção do dano (COMPAGNUCCI DE CASO, 1984, p. 47).

Em outras palavras, a causa adequada deve ser investigada, analisando-se, na pluralidade de casos, o que normalmente acontece em situações similares, tomando-se por base as regras ordinárias da experiência. Desse modo, uma condição deve ser considerada causa do evento quando, segundo o curso normal das coisas, tiver aptidão para produzi-lo[8] (NORONHA, 2003, p. 135).

Essa avaliação, porém, deve ser feita em abstrato e o juízo de probabilidade deve ser realizado, considerando-se a regularidade do acontecimento e a experiência. Isso ocorre porque, se apreciadas em um plano concreto, todas as condições serão consideradas necessárias e aptas à produção do resultado.

Discute-se em sede doutrinária se esse juízo de probabilidade deve levar em conta as condições pessoais do agente ou o critério do homem médio. Esse debate deu origem à construção, respectivamente: (a) da tese subjetiva da adequação, que aproxima a investigação da causalidade da própria aferição da culpabilidade individual e (b) da sua versão objetiva, que inclui nessa pesquisa apenas as circunstâncias conhecidas, previsíveis ou que deveriam ser previstas pelos homens comuns[9].

Prevalece, no entanto, uma terceira posição, considerada ultra objetiva, segundo a qual a investigação da causalidade deve considerar todas as condições conhecidas ou que poderiam ser conhecidas pelo agente, ainda que não tenham sido efetivamente previstas em concreto[10]. Essa posição certamente é a melhor do ponto de vista conceitual, pois exclui a análise de qualquer elemento subjetivo do agente da prognose retrospectiva, tornando a investigação da causalidade puramente abstrata.

Na investigação da causalidade, além de analisar se o dano é uma consequência provável do comportamento lesivo, o jurista deverá investigar se a lesão não decorreu de um fato irresistível (causa estranha) ou de outro processo causal (causa nova), que excluiriam a responsabilidade do agente.

Desse modo, o raciocínio empregado para a investigação da causalidade deve concluir que o fato que deu origem ao dano era capaz de lhe dar causa; se essa causalidade for explicada apenas por uma circunstância acidental, diz-se que a causa não é adequada (ALVIM, A., 1972, p. 345).

A teoria da causalidade adequada tem os méritos de dispensar a prova cabal da causalidade, contentando-se com a mera probabilidade para a identificação da condição

---

8. Por conta disso, Compagnucci de Caso (1984, p. 46) percebe, com propriedade, o equívoco da denominação "causa adequada", compreendendo que o correto seria empregar a expressão "condição adequada", já que toda causa seria, por si mesma, adequada.
9. Enquanto a primeira versão da causalidade adequada é atribuída à Von Kries, a segunda perspectiva foi formulada por Thon e Traeger (DE CASO, 1984, p. 48-49).
10. Esta terceira posição foi desenvolvida por Rumelim (DE CASO, 1984, p. 48-49) e é defendida, entre outros, por Compagnucci de Caso e pode Mauro Capecchi.

necessária do dano e de não excluir a responsabilidade dos agentes quando a conduta de cada um for suficiente para provocar, por si só, o resultado lesivo (MULHOLLAND, 2009, p. 161). Como ponto frágil, tem-se a impossibilidade da sua aplicação em situações novas ou inusitadas, uma vez que se exige a presença de certa regularidade nos acontecimentos, para que o dano seja reputado como uma consequência normal ou provável de um comportamento lesivo.

No entanto, essa teoria tem um importante papel a desempenhar no âmbito da danosidade ambiental, pois, ao basear-se em um critério probabilístico, oferece maior flexibilidade para a identificação e comprovação do nexo de causalidade, além de oferecer soluções mais adequadas em face das hipóteses de causalidade concorrente e alternativa.

c) Teoria do dano direto e imediato

A teoria do dano direto e imediato, também conhecida como teoria do nexo causal direto e imediato ou teoria da interrupção do nexo causal, determina que, produzida a lesão, a responsabilidade civil só pode ser imposta ao agente que lhe deu causa direta e imediata, excluindo-se da imputação as consequências danosas que só podem ser relacionadas ao seu comportamento por um vínculo distante e não necessário.

Verifica-se que, ao prescrever que somente os danos que forem consequência direta e imediata da conduta ou atividade imputada podem ser reparados, essa teoria procura superar tanto os exageros da teoria da equivalência das condições quanto a excessiva abstração da teoria da causalidade adequada. Desse modo, afastando-se de uma investigação puramente abstrata, essa teoria procura fixar critérios mais objetivos para a seleção das causas do evento, sem ter que recorrer às noções abertas de normalidade ou probabilidade. Também tem o mérito de restringir a investigação causal aos eventos mais próximos do dano, impedindo o recurso a regressões infinitas de causalidade.

Essa teoria apresenta, no entanto, duas dificuldades. A primeira diz respeito à própria compreensão do que seria "dano direto e imediato". A resposta a essa questão deu origem a algumas subteorias, entre elas, a que alcançou maior prestígio doutrinário foi a subteoria da necessariedade, desenvolvida no Brasil por Agostinho Alvim. Segundo a sua compreensão, considera-se como direto e imediato o dano que, ainda que distante, mantenha uma relação de necessariedade com o comportamento lesivo (ALVIM, A., 1972, p. 360-361).

Por outro lado, ao selecionar apenas os danos diretos e imediatos, essa teoria parece excluir a possibilidade de ressarcimento de qualquer dano indireto, inclusive o dano por ricochete. Foi a segunda dificuldade que impulsionou a construção evolutiva da subteoria da necessariedade da causa que, segundo Tepedino, "[...] considera sinônimas e reforçativas as expressões dano direto e dano imediato, ambas identificadas com a ideia da necessariedade do liame entre causa e efeito" (TEPEDINO, 2006, p. 69).

Essa subteoria exclui da imputação os danos posteriores, decorrentes de causas novas ou estranhas, quando não são originados como consequência necessária do comportamento do agente e terminou apresentando maior projeção na doutrina que a sua teoria geradora.

De acordo com a necessariedade, não importa que a causa do evento seja próxima ou distante, desde que ela se ligue direta e necessariamente ao dano. Desse modo, não é a distância entre o comportamento e o dano que interrompe o nexo de causalidade, mas o surgimento de outra causa que produza, com antecedência, o resultado (ALVIM, A., 1972, p. 360-361).

Embora bastante aceita pela doutrina e jurisprudência brasileiras, essa teoria também não está livre de críticas. Nesse sentido, Noronha destaca a sua insuficiência, pois:

> [...] mesmo que ficássemos apenas com a exigência da necessariedade, ou seja, se por necessário entendêssemos aquilo que é forçoso, inevitável, fatal, ainda assim teríamos de reconhecer a existência de danos não necessários, mas apenas possíveis, mas que devem ser ressarcidos (NORONHA, 2003, p. 133).

O autor exemplifica a ressalva nos arts. 399, 862 e 1218 do Código Civil, que determinam que o devedor em mora, o gestor de negócios e o possuidor de má-fé respondam por danos acidentais, salvo se provarem que estes teriam ocorrido da mesma forma se o bem estivesse em poder da pessoa com quem deveria estar (NORONHA, 2003, p. 133).

Quando transportada para o âmbito da responsabilidade civil por danos ao meio ambiente, verifica-se que essa teoria também não responde satisfatoriamente às dificuldades inerentes à causalidade ambiental, pois, ao exigir a demonstração da relação de necessariedade entre o comportamento lesivo e o dano (como pressuposto para a imputação), não dá o devido valor às causas acessórias, que contribuem indiretamente para a degradação ambiental. Ao pressupor a presença da causalidade material, também não se coloca à altura dos problemas decorrentes da incerteza científica e da complexidade ambiental.

1.3.4. Discussão em torno da teoria acolhida pelo ordenamento jurídico brasileiro

Uma simples análise da doutrina e jurisprudência recentes revela a inexistência de consenso quanto à teoria explicativa do nexo de causalidade acolhida pelo ordenamento jurídico brasileiro.

Essa indefinição pode ser explicada, em parte, pela ausência de uma adequada disciplina legal da matéria, prevista apenas no art. 403 do Código Civil,[11] que apresenta um texto muito genérico e confuso, equivocadamente situado no título reservado à responsabilidade civil contratual.

Apesar da localização topográfica do dispositivo, compreende-se atualmente que a sua aplicação estende-se, de igual modo, à responsabilidade extracontratual ou aquiliana. Contudo, em razão da imprecisão contida no art. 403, a doutrina debate-se entre duas correntes: a primeira[12], compreendendo que o nosso Código Civil filiou-se à teoria do dano direto e imediato e a segunda, que adotou a teoria da causalidade adequada[13].

A primeira posição tem Tepedino como um dos principais defensores. Para o autor, a teoria da causalidade direta e imediata é a que melhor se amolda à dicção do art. 403 do

---

11. De acordo com o art. 403 do Código Civil: Art. 403. Ainda que a inexecução resulte de dolo do devedor, as perdas e danos só incluem os prejuízos efetivos e os lucros cessantes por efeito dela direto e imediato, sem prejuízo do disposto na lei processual.
12. São adeptos dessa corrente, entre outros, Agostinho Alvim, Gustavo Tepedino e Carlos Roberto Gonçalves.
13. Seguem esta posição, entre outros, Aguiar Dias, Fernando Noronha e Sérgio Cavalieri Filho.

Código Civil, além dessa teoria ser adotada majoritariamente pelo Supremo Tribunal Federal desde a vigência da Constituição Federal de 1967 (TEPEDINO, 2006, p. 64).

Segundo seu entendimento, apesar das oscilações, a jurisprudência pátria sempre busca a justificativa da investigação do nexo de causalidade na ideia de necessariedade, de modo que o resultado danoso seja consequência direta do fato lesivo (TEPEDINO, 2006, p. 70).

Tepedino também ressalta que as teorias da equivalência dos antecedentes causais e da causalidade adequada, se acolhidas pelo nosso sistema jurídico, "[...] gerariam resultados exagerados e imprecisos, estabelecendo nexo de causalidade entre todas as possíveis causas de um evento danoso e os resultados efetivamente produzidos, – por se equivalerem ou serem abstratamente adequadas a produzi-los" (TEPEDINO, 2006, p. 68).

Em posição oposta, Noronha defende que a causalidade adequada é a teoria que permite uma interpretação mais razoável do art. 403, tornando possível explicar, por exemplo, por que razão, apesar de esse preceito falar em "danos [...] efeito direto e imediato", ele admite a responsabilização do agente pelos danos indiretos, "[...] que não são produzidos eles mesmos pelo fato gerador, mas em que estes desencadeiam outra condição, que os provoca, de acordo com o curso normal das coisas" (NORONHA, 2003, p. 141).

Os tribunais, por sua vez, apresentam decisões muito heterogêneas, acolhendo as mais variadas teorias do nexo de causalidade (incluindo a teoria da equivalência dos antecedentes causais) e valendo-se de critérios pouco técnicos para aferição do nexo de causalidade, chegando, inclusive, a confundir as bases teóricas de uma e outra teoria.

Investigando-se as decisões do Supremo Tribunal Federal e do Superior Tribunal de Justiça, constata-se que, apesar da ausência de previsão legal expressa e das grandes discussões doutrinárias acerca da teoria que melhor se ajusta ao texto do art. 403 do Código Civil brasileiro, têm predominado no julgamento destas cortes as teorias da causalidade direta e imediata e da causalidade adequada. É o que se extrai da análise das decisões a seguir.

O Supremo Tribunal Federal já optou pela teoria do dano direto e imediato no Recurso Extraordinário 130.764-1/PR, relatado pelo Ministro Moreira Alves, em 12. 05.1992.

Tratava-se de uma ação indenizatória, proposta contra o Estado do Paraná por vítimas de assalto praticado por um fugitivo de uma penitenciária. De acordo com a ementa do acórdão:

> Responsabilidade civil do Estado. Dano decorrente de assalto por quadrilha de que fazia parte preso foragido vários meses antes.
>
> – A responsabilidade do Estado, embora objetiva por força do disposto no artigo 107 da Emenda Constitucional 1/69 (e, atualmente, no parágrafo 6º do artigo 37 da Carta Magna), não dispensa, obviamente, o requisito, também objetivo, do nexo de causalidade entre a ação ou a omissão atribuída a seus agentes e o dano causado a terceiros.
>
> – Em nosso sistema jurídico, como resulta do disposto no artigo 1.060 do Código Civil, a teoria adotada quanto ao nexo de causalidade e a teoria do dano direto e imediato, também denominada teoria da interrupção do nexo causal. Não obstante aquele dispositivo da codificação civil diga respeito à impropriamente denominada responsabilidade contratual, aplica-se ele também a responsabilidade extracontratual, inclusive a objetiva, até por ser aquela que, sem quaisquer considerações de ordem subjetiva, afasta os inconvenientes das outras duas teorias existentes: a da equivalência das condições e a da causalidade adequada.

> – No caso, em face dos fatos tidos como certos pelo acórdão recorrido, e com base nos quais reconheceu ele o nexo de causalidade indispensável para o reconhecimento da responsabilidade objetiva constitucional, e inequívoco que o nexo de causalidade inexiste, e, portanto, não pode haver a incidência da responsabilidade prevista no artigo 107 da Emenda Constitucional 1/69, a que corresponde o parágrafo 6º do artigo 37 da atual Constituição. Com efeito, o dano decorrente do assalto por uma quadrilha de que participava um dos evadidos da prisão não foi o efeito necessário da omissão da autoridade pública que o acórdão recorrido teve como causa da fuga dele, mas resultou de concausas, como a formação da quadrilha, e o assalto ocorrido cerca de vinte e um meses após a evasão. Recurso extraordinário conhecido e provido.

No julgamento do recurso extraordinário, a turma compreendeu que, apesar de o assalto ter sido, comprovadamente, praticado por um fugitivo da penitenciária paranaense, em razão do grande lapso temporal entre a fuga e o evento danoso, inexistia nexo de causalidade direto e imediato entre os dois fatos.

Já no julgamento do Recurso Extraordinário 88.407/RJ, relatado pelo Min. Thompson Flores, de 07.08.1980, o Supremo optou pela adoção conjunta das teorias da causalidade direta e imediata e da causalidade adequada. Eis a ementa do acórdão:

> Civil. Responsabilidade civil do transportador. Assalto a ônibus suburbano. Passageiro que reage e é mortalmente ferido. Culpa presumida, afastada. Regra moral nas obrigações. Risco não coberto pela tarifa. Força maior. Causa adequada. Segurança fora do alcance do transportador. Ação dos beneficiários da vítima, improcedente contra a empresa transportadora. Votos vencidos.

Cuidava-se de uma ação de indenização proposta pela viúva e pelos filhos menores de um passageiro, em razão da sua morte durante um assalto a coletivo. Após intensos debates, a Corte, por maioria, entendeu que o assalto configurava evento de força maior, excluindo a responsabilidade civil do transportador.

Apesar de a ementa referir apenas à causalidade adequada, a teoria da causalidade direta e imediata também foi empregada na fundamentação do voto vencedor, como se pode extrair deste fragmento do voto do Ministro Soares Muñoz:

> Quer se adote essa teoria, do dano direto e imediato, quer a da causalidade adequada, não é possível, data vênia, concluir-se que a morte do marido da autora, resultante de tiroteio que ele manteve com os assaltantes de ônibus, constitua dano direto e imediato resultante do contrato de transporte.

Nos julgados mais recentes do Superior Tribunal de Justiça, tem prevalecido a teoria da causalidade adequada. É o que se constata, por exemplo, da ementa do REsp 1808079/PR, de relatoria da Ministra Nancy Andrighi, julgado em 06/08/2019:

> RECURSO ESPECIAL E AGRAVO EM RECURSO ESPECIAL. RESPONSABILIDADE CIVIL OBJETIVA. AQUISIÇÃO DE VEÍCULO. CARTA DE CRÉDITO. DANO MATERIAL. CULPA EXCLUSIVA DE TERCEIRO. REEXAME DE FATOS E PROVAS. INADMISSIBILIDADE. CAUSALIDADE ADEQUADA. PREPONDERÂNCIA CAUSAL. SUCESSIVIDADE DE CONDUTAS CULPOSAS. CONCORRÊNCIA DE CULPAS. ART. 945
> DO CC/02. AFASTAMENTO
> [...]
> 8. À luz da teoria da causalidade adequada, prevista expressamente no art. 403 do CC/02, somente se considera existente o nexo causal quando a conduta do agente for determinante à ocorrência do dano. Precedentes. [...][14]

---

14. BRASIL. Superior Tribunal de Justiça. Acórdão em recurso especial 1808079/PR. Relatora: Ministra Nancy Andrighi. Disponível em: [www.stj.jus.br]. Acesso em: 28.05.2020.

A despeito da prevalência das teorias do dano direto e imediato e da causalidade adequada, deve-se observar, na linha de Cavalieri Filho (2008, p. 47), que nenhuma das teorias explicativas do nexo de causalidade é capaz de oferecer soluções prontas e acabadas para as dificuldades oferecidas pelo nexo causal, limitando-se a oferecer apenas "um roteiro mental a seguir" (CAVALIERI FILHO, 2008, p. 47) na investigação da causalidade. Noronha (2007, p. 615) também reconhece os limites das teorias da causalidade, cujo valor está somente em demarcar até onde a responsabilidade do agente pode ir. Para o autor (NORONHA, 2007, p. 615), a identificação dos danos ressarcíveis sempre dependerá de outras considerações de ordem jurídica.

2. **Excludentes de causalidade e responsabilidade civil por dano ambiental**

Discute-se, em sede doutrinária, a incidência dos fatos excludentes de causalidade nas hipóteses de responsabilidade civil por danos ao meio ambiente.

A admissão ou não desses excludentes varia conforme a teoria do risco adotada, constatando-se uma verdadeira gradação do rigor da responsabilização civil entre as duas principais variações dessa teoria.

De acordo com a teoria do risco criado, verificando-se a presença de caso fortuito, de força maior, de fato exclusivo da vítima ou de fato terceiro, haverá a interrupção do nexo causal que vincula a atividade do agente ao dano ambiental, com a consequente exoneração da sua responsabilidade. Já para a teoria do risco integral, os fatos excludentes de causalidade jamais terão aplicação na responsabilidade civil ambiental, não havendo interrupção do nexo causal entre a atividade desenvolvida e o dano ao meio ambiente, em qualquer hipótese.

Vislumbra-se, assim, que a principal diferença entre as duas teorias diz respeito às soluções por elas apresentadas quando o dano ambiental revela-se como produto de acontecimentos inevitáveis, imprevisíveis e externos, que normalmente conduzem à interrupção do nexo de causalidade.

De acordo com Steigleder (2004, p. 211), a divergência entre as duas soluções encobre, na realidade, uma opção por determinada teoria explicativa do nexo de causalidade. Assim, enquanto a teoria do risco integral filia-se à equivalência dos antecedentes causais, considerando que a atividade degradadora constitui, em si mesma, causa do evento, a teoria do risco criado segue a causalidade adequada, realizando sempre um juízo de probabilidade na investigação causal.

Em razão do enorme rigor da teoria do risco integral, ela só é admitida em nosso ordenamento em hipóteses excepcionais, como no caso da responsabilidade civil por danos nucleares.

Embora haja certa divergência, prevalece o entendimento de que os fatos excludentes de causalidade não elidem a responsabilidade civil quando se trata de interesses difusos e de meio ambiente, pois estes escapam da concepção clássica do direito intersubjetivo.

Esta importante posição doutrinária ficou ainda mais fortalecida a partir de 2013, com a fixação da tese pelo Superior Tribunal de Justiça, de acordo com o rito dos recursos repetitivos, segundo a qual a responsabilidade civil por danos ao meio ambiente é orientada pela teoria do risco integral, sendo o nexo de causalidade, neste contexto, um fator aglutinante, que integra o risco à unidade do ato e torna inócua a alegação das excludentes de responsabilidade civil como forma de afastar o dever de reparar.

3. A solidariedade entre os causadores

Ao lado do estabelecimento e da comprovação do nexo de causalidade, outro grande desafio enfrentado pela responsabilidade civil ambiental é o fato dos danos ao meio ambiente serem normalmente ocasionados por múltiplos agentes.

Em face dessa autoria múltipla, cabe aos Estados a escolha entre uma responsabilização individualizada, que responsabiliza o agente apenas pela parcela de dano gerada concretamente pela sua atividade ou uma responsabilização solidária, que torna cada agente responsável pela totalidade da reparação.

Catalá (1998, p. 189) lembra que a opção por um ou outro modelo encobre a discussão em torno de quem deverá suportar o risco da insolvência de qualquer um dos agentes causadores do dano, pois, no primeiro caso, a vítima será obrigada a suportar a perda da reparação enquanto que, no segundo, a carga deverá ser arcada pelos demais autores.

A adoção de um sistema de responsabilidade individualizada em caso de autoria múltipla pode acarretar uma série de problemas probatórios, principalmente nos casos de contaminação acumulada, pois, nesses casos, é muito difícil definir a cota de participação de cada agente. Por conta disso, a maior parte dos ordenamentos opta, atualmente, pelo sistema de responsabilidade solidária (CATALÁ, 1998, p. 190).

Embora não haja disposição expressa na legislação ambiental brasileira a respeito da solidariedade passiva, há firme posição jurisprudencial nesse sentido.

A construção é feita com base no art. 3º, inc. IV da Lei 6.938/1981, que define poluidor como "a pessoa física ou jurídica, de direito público ou privado, responsável, direta ou indiretamente, por atividade causadora de degradação ambiental" e no art. 942 do Código Civil, que estabelece que para a responsabilidade civil extracontratual, "os bens do responsável pela ofensa ou violação do direito de outrem ficam sujeitos à reparação do dano causado; e, se a ofensa tiver mais de um autor, todos responderão solidariamente pela reparação".

Recentes julgados do Superior Tribunal de Justiça têm reafirmado esse entendimento, como se pode notar a partir da ementa dos Recursos Especiais 18.567/SP e 37.354/SP, ambos apreciados pela 2ª Turma do Tribunal.

O primeiro Recurso Especial foi relatado pela Ministra Eliana Calmon e teve a seguinte ementa:

Processo civil. Ação civil pública. Legitimidade passiva. Solidariedade.

1. A solidariedade entre empresas que se situam em área poluída, na ação que visa preservar o meio ambiente, deriva da própria natureza da ação.

2. Para correção do meio ambiente, as empresas são responsáveis solidárias e, no plano interno, entre si, responsabiliza-se cada qual pela participação na conduta danosa

3. Recurso especial não conhecido.[15]

---

15. BRASIL. Superior Tribunal de Justiça. Ementa. Acórdão em recurso especial 18.567/SP. Relator: Ministra Eliana Calmon. Disponível em: [www.stj.jus.br]. Acesso em: 01.08.2010.

O segundo teve a relatoria do Ministro Antônio de Pádua Ribeiro. A ementa foi redigida desta forma:

> Ação civil pública. Responsável direto e indireto pelo dano causado ao meio ambiente. Solidariedade. Hipótese em que se configura litisconsórcio facultativo e não litisconsórcio necessário.
>
> I – A ação civil pública pode ser proposta contra o responsável direto, contra o responsável indireto ou contra ambos, pelos danos causados ao meio ambiente. Trata-se de caso de responsabilidade solidária, ensejadora do litisconsórcio facultativo (C.P.C., art. 46, i) e não do litisconsórcio necessário (C.P.C, art. 47).
>
> II – Lei 6.898, de 31.8.91, arts. 3., IV, 14, par. 1., e 18, parágrafo único. Código Civil, arts. 896, 904 e 1.518. Aplicação.
>
> III – Recurso especial não conhecido.[16]

Assim, tem-se entendido que, se a degradação ambiental tiver mais de um agente, que tenha atuado direta ou indiretamente, todos devem responder de forma solidária e, por consequência, a reparação pode ser exigida, sem distinção de um, alguns ou de todos os causadores.

Importa notar que o art. 3º, inc. IV da Lei da Política Nacional do Meio Ambiente não difere entre a causa principal e secundária do evento danoso para reduzir ou eliminar a obrigação de reparar. Assim, qualquer causador, não importa se tenha contribuído de maneira mais ou menos significativa, pode ser demandado para responder integralmente pelo dano ambiental. A contribuição causal, como destaca o primeiro acórdão, só tem relevância no plano interno entre os causadores e pode ser apurada em posterior ação de regresso.

Sob o ponto de vista processual e como consequência da própria solidariedade, sendo a ação intentada contra mais de um causador, formar-se-á um litisconsórcio passivo facultativo.

Situação diversa ocorre, no entanto, quando a degradação é ocasionada por múltiplos agentes, mas em circunstâncias de modo e em locais diversos, não sendo possível vislumbrar um vínculo entre elas.

Essa questão foi analisada pelo Ministro João Otávio de Noronha, do Superior Tribunal de Justiça, ao examinar Recurso Especial 647.493/SC.

O Recurso Especial cuidava da responsabilização pela poluição ocasionada no município de Criciúma e adjacências, decorrente da extração de carvão mineral. Entre as diversas questões debatidas, enfrentou-se a possibilidade de imposição da responsabilidade solidária às carboníferas, que atuavam em diferentes municípios catarinenses.

Assim opinou o ministro relator:

> [...] havendo mais de um causador de um mesmo dano, devem responder solidariamente pela degradação ambiental. Todavia, se diversos forem os poluidores, mesmo que a poluição seja idêntica, mas perpetrada em lugares distintos e independentes, não há como atribuir-se a responsabilidade solidária, ante a falta de nexo causal entre o dano verificado em determinado local, ressalvado, por óbvio, as hipóteses de dano uno e indivisível, como se dá, v.g. na poluição dos recursos hídricos, subterrâneos e do ar.[17]

---

16. BRASIL. Superior Tribunal de Justiça. Ementa. Acórdão em recurso especial 37.354/SP. Relator: Ministro Antônio Pádua Ribeiro. Disponível em: [www.stj.jus.br]. Acesso em: 01.08.2010.
17. BRASIL. Superior Tribunal de Justiça. Voto. Acórdão em recurso especial 647.493/SC. Relator: Ministro João Otávio de Noronha. Disponível em: [www.stj.jus.br]. Acesso em: 01.08.2010.

Nesse caso, ausente a unidade e a indivisibilidade do dano ambiental, a solução mais adequada é mesmo a dissociação dessas condutas, considerando cada lesão como um dano independente.

4. Responsabilidade civil do Estado por danos ao meio ambiente

Embora diversas constituições, a exemplo da brasileira, reconheçam um importante papel para o Estado na proteção do meio ambiente, em muitas ocasiões, é o próprio ente estatal quem dá causa à degradação ambiental.

Esses prejuízos podem ser ocasionados de forma direta, como, por exemplo, os decorrentes de trabalhos ou obras públicas ou, indiretamente, em função do exercício irregular do poder de polícia pelo Estado.

Retomando o conceito de poluidor traçado pela Lei 6.938/81, verifica-se que a nossa legislação admite a responsabilização civil tanto da pessoa física quanto da pessoa jurídica, seja de direito público ou de direito privado, desde que tenha dado causa, direta ou indiretamente, à degradação ambiental.

Quando o Estado dá causa à degradação ambiental de modo direto, não há muitas controvérsias: deverá responder objetivamente à lesão.

Com relação às condutas omissivas, necessário se faz realizar uma distinção, pois a omissão pode violar um dever específico ou um dever genérico dirigido ao ente estatal.

Na primeira hipótese, a responsabilidade da Administração é direta, pois a omissão configura causa exclusiva ou, ao menos, principal do dano ocasionado.

Sem sombra de dúvidas, o ponto mais intrincado e ainda envolto de certa polêmica diz respeito à possibilidade de responsabilização do Poder Público nas hipóteses em que contribui apenas de maneira indireta para a produção de danos ambientais, como nos casos em que descumpre o seu dever genérico de fiscalizar o meio ambiente.

A principal objeção a essa responsabilização seria a constatação de que acionar o Estado solidariamente com o terceiro degradador, em razão da omissão de seu fiscalizar e impedir a concretização da lesão ambiental, implicaria, na prática, na transferência para a própria sociedade, vítima da degradação, do dever de reparação. Em razão disso, inclinam-se os tribunais e a doutrina brasileira pela exigência da presença de culpa para a responsabilização do Poder Público nessas hipóteses.

No entanto, a questão da transferência da responsabilidade de reparar o dano para a sociedade pode ser encarada sob outro enfoque, como aquele seguido pelo Min. João Otávio de Noronha, do Superior Tribunal de Justiça, na apreciação do já citado caso das mineradoras do sul de Santa Catarina (Recurso Especial 647.493/SC).

Nesse precedente, também se analisou a responsabilidade da União em razão da omissão do dever de administrar, fiscalizar e controlar as atividades extrativas minerais, decorrente do Decreto-Lei 227/67, da Lei 7.805/89 e do art. 225, §§ 1º, 2º e 3º da Constituição Federal.

Entre os argumentos apresentados em sua defesa, a União sustentou que, sendo condenada à reparação de danos, quem estaria arcando com os custos da indenização seria, na verdade, a própria população.

Em resposta, o relator invocou o princípio do poluidor pagador, para lembrar que ele também impõe que o utilizador do recurso suporte os custos da preservação ambiental e conclui que:

> [...] a diluição dos custos da reparação com a sociedade em geral, que se beneficiou com a produção das empresas poluidoras, apresenta-se consentânea com o princípio da equidade, até porque se trata de diluição indireta, efetivada via arrecadação tributária (o que já ocorre).[18]

Constata-se, no entanto, que a orientação pela responsabilidade subjetiva do Estado em caso de omissão é bastante antiga e defendida, inclusive, pelo Supremo Tribunal Federal, como se pode notar na ementa do acórdão no Recurso Extraordinário 369.820-6/RS:

> Ementa: Constitucional. Administrativo. Civil. Responsabilidade civil das pessoas públicas. Ato omissivo do poder público: latrocínio praticado por apenado fugitivo. Responsabilidade subjetiva: culpa publicizada: falta do serviço. C.F., art. 37, § 6°. I. – Tratando-se de ato omissivo do poder público, a responsabilidade civil por tal ato é subjetiva, pelo que exige dolo ou culpa, esta numa de suas três vertentes, a negligência, a imperícia ou a imprudência, não sendo, entretanto, necessário individualizá-la, dado que pode ser atribuída ao serviço público, de forma genérica, a falta do serviço.
> II. – A falta do serviço – *faute du service* dos franceses – não dispensa o requisito da causalidade, vale dizer, do nexo de causalidade entre a ação omissiva atribuída ao poder público e o dano causado a terceiro. III. – Latrocínio praticado por quadrilha da qual participava um apenado que fugira da prisão tempos antes: neste caso, não há falar em nexo de causalidade entre a fuga do apenado e o latrocínio. Precedentes do STF: RE 172.025/RJ, Ministro Ilmar Galvão, D.J. de 19.12.1996; RE 130.764/PR, Relator Ministro Moreira Alves, RTJ 143/270. IV. – RE conhecido e provido.[19]

Entendem os seus defensores que, caso a responsabilidade do Estado fosse objetiva nesses casos, ele atuaria como uma espécie de "segurador universal".

Contrário à aplicação desse entendimento no campo ambiental, Mirra (2004, p. 8) sustenta que, apesar de aceitável do ponto de vista político, a tese termina por contrariar frontalmente as previsões dos arts. 3°, IV e 14, § 1° da Lei 6.938/81, que consideram que o poluidor sempre responde objetivamente pela degradação ambiental, não importando se trata de pessoa de direito público ou de direito privado.

Esse foi o caminho trilhado pela segunda turma do Superior Tribunal de Justiça no julgamento do Recurso Especial 1.071.741/SP. Destacam-se os seguintes trechos da ementa:

> Ação civil pública. Dano causado ao meio ambiente. Legitimidade passiva do ente estatal. Responsabilidade objetiva. Responsável direto e indireto. Solidariedade. Litisconsórcio facultativo. Art. 267, IV do CPC. Prequestionamento. Ausência. Súmulas 282 e 356 do STF.
> [...]
> 5. Ordinariamente, a responsabilidade civil do Estado, por omissão, é subjetiva ou por culpa, regime comum ou geral esse que, assentado no art. 37 da Constituição Federal, enfrenta duas exceções principais. Primeiro, quando a responsabilização objetiva do ente público decorrer de expressa previsão legal, em microssistema especial, como na proteção do meio ambiente (Lei 6.938/1981,

---

18. BRASIL. Superior Tribunal de Justiça. Acórdão em recurso especial 153.531-8/SC. Relator: Ministra Eliana Calmon. Disponível em: [www.stj.jus.br]. Acesso em: 01.08.2010.
19. BRASIL. Supremo Tribunal Federal. Acórdão no Recurso Extraordinário 369.820-6/RS. Relator: Min. Carlos Veloso. Disponível em: [www.stf.jus.br]. Acesso em: 01.08.2010.

art. 3°, IV, c/c o art. 14, § 1°). Segundo, quando as circunstâncias indicarem a presença de um standard ou dever de ação estatal mais rigoroso do que aquele que jorra, consoante a construção doutrinária e jurisprudencial, do texto constitucional.

11. O conceito de poluidor, no Direito Ambiental brasileiro, é amplíssimo, confundindo-se, por expressa disposição legal, com o de degradador da qualidade ambiental, isto é, toda e qualquer "pessoa física ou jurídica, de direito público ou privado, responsável, direta ou indiretamente, por atividade causadora de degradação ambiental" (art. 3°, IV, da Lei 6.938/1981, grifo adicionado).

12. Para o fim de apuração do nexo de causalidade no dano urbanístico-ambiental e de eventual solidariedade passiva, equiparam-se quem faz, quem não faz quando deveria fazer, quem não se importa que façam, quem cala quando lhe cabe denunciar, quem financia para que façam e quem se beneficia quando outros fazem[20].

De acordo com o entendimento da turma, existem exceções à aplicação da responsabilidade civil subjetiva por atos omissivos do Estado, que seriam: a ressalva expressa em texto legal de microssistema especial e a previsão de um dever estatal mais rígido de proteção.

Assim, o julgado conclui que o microssistema de proteção do meio ambiente contempla normas específicas que afastam a incidência da responsabilidade civil subjetiva nas hipóteses de danos ambientais gerados por omissão estatal e, por isso, a responsabilização civil, nessas hipóteses, segue a regra da teoria objetiva e da solidariedade.

Em outra passagem, o acórdão determina que:

13. A Administração é solidária, objetiva e ilimitadamente responsável, nos termos da Lei 6.938/1981, por danos urbanístico-ambientais decorrentes da omissão do seu dever de controlar e fiscalizar, na medida em que contribua, direta ou indiretamente, tanto para a degradação ambiental em si mesma, como para o seu agravamento, consolidação ou perpetuação, tudo sem prejuízo da adoção, contra o agente público relapso ou desidioso, de medidas disciplinares, penais, civis e no campo da improbidade administrativa.

14. No caso de omissão de dever de controle e fiscalização, a responsabilidade ambiental solidária da Administração é de execução subsidiária (ou com ordem de preferência).

15. A responsabilidade solidária e de execução subsidiária significa que o Estado integra o título executivo sob a condição de, como devedor-reserva, só ser convocado a quitar a dívida se o degradador original, direto ou material (= devedor principal) não o fizer, seja por total ou parcial exaurimento patrimonial ou insolvência, seja por impossibilidade ou incapacidade, inclusive técnica, de cumprimento da prestação judicialmente imposta, assegurado, sempre, o direito de regresso (art. 934 do Código Civil), com a desconsideração da personalidade jurídica (art. 50 do Código Civil).

16. Ao acautelar a plena solvabilidade financeira e técnica do crédito ambiental, não se insere entre as aspirações da responsabilidade solidária e de execução subsidiária do Estado – sob pena de onerar duplamente a sociedade, romper a equação do princípio poluidor-pagador e inviabilizar a internalização das externalidades ambientais negativas – substituir, mitigar, postergar ou dificultar o dever, a cargo do degradador material ou principal, de recuperação integral do meio ambiente afetado e de indenização pelos prejuízos causados.

17. Como consequência da solidariedade e por se tratar de litisconsórcio facultativo, cabe ao autor da Ação optar por incluir ou não o ente público na petição inicial.

Pela leitura desse fragmento, percebe-se que o tribunal tenta superar as dificuldades apresentadas pela aplicação dos dispositivos da Lei 6.938/81, considerando que,

---

20. BRASIL. Superior Tribunal de Justiça. Acórdão em recurso especial 1.071.741/SP, j. 24.03.2009, rel. Ministro Herman Benjamin. Disponível em: [www.stj.jus.br]. Acesso em: 01.08. 2010.

apesar de solidária, a responsabilidade do Poder Público, nesses casos, é também subsidiária, de maneira que ele apenas integra o título executivo na condição de "devedor-reserva", que apenas é chamado para reparar o dano na hipótese de o degradador principal não o fizer.

Dessa forma, a tese contida nesse acórdão pode ser considerada bem avançada e apresenta o mérito de conciliar o argumento de ordem política, que pretende que o dever de reparação não seja transferido para a sociedade com as normas ambientais aplicáveis à espécie.

Por fim, é possível indagar se o Poder Público também responde de maneira objetiva e solidária por danos ambientais gerados por terceiros que desenvolvem atividades ou têm empreendimentos devidamente licenciados ou autorizados.

A priori, a redação do art. 3º, inc. IV da Lei 6.938/81 leva à conclusão afirmativa, uma vez que, nessas circunstâncias, o ente estatal estaria contribuindo de maneira indireta para a ocorrência do dano ambiental.

Sobre a temática, o Superior Tribunal de Justiça já se pronunciou no bojo do Recurso Especial, REsp. 295.797/SP, cuja ementa é transcrita a seguir:

> Processo civil – Ação civil pública – Dano ambiental.
> 1. É parte legítima para figurar no polo passivo da ação civil púbica, solidariamente, o responsável direto pela violação às normas de preservação do meio ambiente, bem assim a pessoa jurídica que aprova o projeto danoso.
> 2. Na realização e obras e loteamentos, é o município responsável solidário pelos danos ambientais que possa advir do empreendimento, juntamente com o dono do imóvel.
> [...][21].

No entanto, parece razoável a ponderação feita por Mirra (2004, p. 13) quando distingue a concessão ilegal de licença ou autorização ambiental pelo Poder Público da outorga regular ou lícita da licença ou autorização em que o empreendedor afasta-se das diretrizes traçadas pelo órgão licenciador. Sustenta corretamente o autor que apenas na primeira hipótese haverá a responsabilização solidária do Estado.

5. A prescrição da pretensão reparatória do dano ambiental

A controvérsia sobre a (im)prescritibilidade da pretensão reparatória do dano ambiental alimenta-se, em parte, pela ausência de disciplina legal. Não há na legislação brasileira qualquer dispositivo referente à prescrição dos direitos difusos e coletivos. Existe apenas a previsão geral de que a pretensão de reparação civil prescreve em três anos[22].

De acordo com Cristiano Farias (2005, p. 545), a prescrição, juntamente com a decadência, é instituto que decorre da projeção de efeitos jurídicos pelo decurso do tempo. A manutenção de situações jurídicas não solucionadas por longo período, além de favorecer a ocorrência de conflitos e de prejuízos, contraria a segurança jurídica.

---

21. BRASIL. Superior Tribunal de Justiça. Acórdão em recurso especial 295.797/SP. Relator: Ministra Eliana Calmon. Disponível em: [www.stj.jus.br]. Acesso em: 01.08.2010.
22. Art. 206, § 3º, inc.V da Lei 10406, de 10 de janeiro de 2002 (Código Civil).

Os dois institutos justificam-se pelo interesse social que existe em torno da estabilidade das relações jurídicas. Surgem como medidas de ordem pública para que a instabilidade do direito não se perpetue com o sacrifício da harmonia social. Por meio deles, o Estado remove a situação de desequilíbrio antijurídico, que deveria ter sido corrigida com o exercício da pretensão (ou do direito).

Atualmente, a doutrina distingue prescrição e decadência, tomando por base a modalidade de direitos com que se relacionam. Dessa forma, enquanto a prescrição vincula-se aos direitos a uma prestação, a decadência guarda proximidade com os direitos potestativos.

O direito a uma prestação, de acordo com Didier Jr., seria "[...] o poder jurídico, conferido a alguém, de exigir de outrem o cumprimento de determinada prestação" (2008, p. 192). É o que ocorre com os direitos absolutos, que apresentam sujeito passivo universal e, como conteúdo jurídico, uma prestação negativa e com as obrigações em geral. A lesão a esses direitos faz nascer, para o seu titular, uma pretensão.

Já o direito potestativo seria o poder conferido a alguém de submeter outrem a alteração, criação ou extinção de situações jurídicas (DIDIER JR., 2008, p. 196). Esses direitos se exercem com a simples manifestação de vontade do seu titular, sem exigir do sujeito passivo a prática de qualquer ação material. Por isso, eles não estão submetidos à violação ou inadimplência e não trazem consigo uma pretensão. Tome-se como exemplo o direito de anular um negócio jurídico.

Nessa linha, a prescrição pode ser definida como a perda da pretensão de um direito violado em virtude da inércia do seu titular, no curso de determinado espaço de tempo estipulado pela lei.

Pode-se constatar que, na prescrição, não é o direito subjetivo descumprido pelo sujeito passivo que desaparece com a inércia do titular, mas o direito de exigir em juízo a prestação inadimplida (THEODORO JR., 2003, p. 5).

Desse modo, apesar de desguarnecido da pretensão, o direito subjetivo persiste de maneira débil, porque não está mais amparado no poder jurídico de exigir o seu cumprimento pelas vias jurisdicionais. Contudo, caso o devedor esteja disposto a cumpri-lo, o pagamento será reputado válido e eficaz (THEODORO JR., 2003, p. 16-17).

Observa-se também que a prescrição é um acontecimento meramente acidental na vida do direito subjetivo, posto que só emerge do fato anormal do inadimplemento. Por isso, o prazo prescricional só se origina a partir do descumprimento da prestação e, dentro do seu curso, o credor poderá reagir, forçando a execução da prestação descumprida (THEODORO JR., 2003, p. 34).

É a comunhão destes dois fenômenos: a inércia (fenômeno subjetivo e voluntário) e o decurso do tempo (fenômeno objetivo) que atuam como agentes extintivos da pretensão.

A prescrição atua contra a inércia no exercício da pretensão, buscando restituir a estabilidade do direito e apagando "[...] o estado de incerteza resultante da perturbação, não removida pelo seu titular" (LEAL, 1982, p. 10).

Deve-se observar que, com o advento da prescrição, o direito continua a existir, o que se esvai é a possibilidade do titular exigir o seu cumprimento.

Diferentemente da prescrição, a decadência afeta o próprio direito potestativo, fulminando-o. Ela consiste no perecimento do próprio direito em virtude do seu não exercício dentro de um determinado prazo estabelecido por lei.

De acordo com Theodoro Jr. (2003, p. 34), na esfera dos direitos potestativos, surgem faculdades, com prazo marcado para o seu exercício e que deixam de valer quando, por qualquer motivo, o titular deixe transcorrer o tempo previsto. Por conta dessas particularidades, o prazo decadencial deve ser contado a partir do nascimento do direito potestativo (THEODORO JR., 2003, p. 35).

É possível notar que o instituto da prescrição apresenta uma feição bastante individualista. Como bem sintetiza Cristiano Farias, ele pretende "[...] que um determinado direito não seja exercitado indefinidamente, funcionando como uma espada de Dâmocles sobre aquele a quem se dirige a pretensão" (FARIAS, C., 2005, p. 546).

O seu principal fundamento é "[...] a segurança das relações jurídicas, cuja estabilidade se recomenda ainda quando não se ajusta com rigor e por inteiro ao ideal de justiça" (THEODORO JR., 2003, p. 18). Nesse sentido, cabe à prescrição o trabalho de consolidar situações de fato, que tenham perdurado por um longo período e que, em nome da segurança e da paz social, devem se tornar definitivas (THEODORO JR., 2003, p. 19).

Ele é bem justificado e aplicado quando se está diante de direitos individuais e disponíveis. Transportando a sua aplicação para o âmbito ambiental, encontram-se diversos entraves, pois, como observa Parkinson (2005, p. 207), os danos ambientais normalmente são duradouros e não resultam de uma única ação localizável no tempo, dependendo um lento processo para que se manifestem.

Outra dificuldade diz respeito à identificação do marco inicial para o cômputo do prazo prescricional, uma vez que o reconhecimento da existência do dano ambiental depende da realização de diversas perícias para que se identifique a origem, o mecanismo de produção e os agentes causadores. Não raro, existe um longo período de tempo entre o seu reconhecimento e a propagação das primeiras moléstias.

O principal argumento para a defesa da imprescritibilidade da pretensão de reparação do dano ambiental é o reconhecimento do direito ao meio ambiente ecologicamente equilibrado, na Constituição Federal de 1988, como direito fundamental e, como tal, irrenunciável, inalienável e imprescritível.

Essa conclusão parte de uma concepção material de direito fundamental que, com base no § 2º do art. 5º, compreende que além dos direitos consagrados no Título I da Constituição Federal, também gozam dessa prerrogativa outros direitos decorrentes do regime e dos princípios constitucionais adotados, ou dos tratados internacionais em que a República Federativa do Brasil seja parte.

Torna-se, então, inconteste o caráter fundamental do direito ao meio ambiente ecologicamente equilibrado, direito consagrado em diversos tratados internacionais, indispensável para a preservação do direito à vida e para a concretização do princípio fundamental da dignidade da pessoa humana. Esse é o caminho trilhado pelo Supremo Tribunal Federal em diversos acórdãos.[23]

---

23. Tome-se como exemplo os acórdãos do STF no Mandado de Segurança 22.164/SP e na Ação Direta de Inconstitucionalidade 3540/DF.

Pode-se afirmar, com segurança, que o caráter fundamental do direito ao meio ambiente ecologicamente equilibrado já se encontra pacificado na jurisprudência brasileira.

Em outra senda, é certo que, frequentemente, o dano ambiental não tem os seus efeitos circunscritos ao presente. Uma das características da sociedade de risco é a produção de riscos com projeções para o futuro, que podem comprometer a qualidade de vida e a própria existência das futuras gerações.

Dessa forma, como seria possível estabelecer um prazo determinado para o exercício da pretensão de reparação a partir da lesão do meio ambiente, se a invisibilidade dos seus efeitos e a sua projeção para o futuro escapam de uma delimitação temporal?

Aplicar a regra geral da prescrição aqui significaria o comprometimento da própria eficácia da responsabilidade civil ambiental. Seria legar ao Direito ambiental uma mera função simbólica na gestão dos riscos ambientais.

Nesse cenário, percebe-se que, no contexto do dano ambiental, existem dois valores contrapostos: de um lado, a necessidade de estabilidade das relações jurídicas e, de outro, a proteção do meio ambiente e a preservação do direito das futuras gerações.

Dessa forma, na solução dessa colisão, não se pode admitir a prevalência da segurança jurídica e dos interesses individuais sobre a possibilidade de reparação do dano ambiental, com prejuízos tanto para a geração presente quanto para os que virão.

Por conta disso, a jurisprudência brasileira tem se firmado no sentido de que a pretensão de reparação de danos ambientais está protegida pela imprescritibilidade. É o que se extrai deste trecho da ementa do Acórdão em Recurso Especial 647.493/SC, de relatoria do Ministro João Otávio de Noronha:

> Com relação à prescrição, em se tratando de pretensão que visa à recuperação de meio ambiente degradado, é imprescritível o direito de ação coletiva [...][24].

Em outro importante julgado, a segunda turma do Superior Tribunal de Justiça reiterou essa orientação no Recurso Especial 1.120.117/AC, julgado em 10.11.2009 e relatado pela Min. Eliana Calmon. Segundo fragmento da ementa:

> Administrativo e processo civil – Direito Ambiental – Ação civil pública – Competência da justiça federal – Imprescritibilidade da reparação do dano ambiental – Pedido genérico – Arbitramento do quantum debeatur na sentença: revisão, possibilidade – Súmulas 284/STF e 7/STJ.
>
> [...]
>
> 5. Tratando-se de direito difuso, a reparação civil assume grande amplitude, com profundas implicações na espécie de responsabilidade do degradador que é objetiva, fundada no simples risco ou no simples fato da atividade danosa, independentemente da culpa do agente causador do dano.
>
> 6. O direito ao pedido de reparação de danos ambientais, dentro da logicidade hermenêutica, está protegido pelo manto da imprescritibilidade, por se tratar de direito inerente à vida, fundamental e essencial à afirmação dos povos, independentemente de não estar expresso em texto legal.
>
> 7. Em matéria de prescrição cumpre distinguir qual o bem jurídico tutelado: se eminentemente privado seguem-se os prazos normais das ações indenizatórias; se o bem jurídico é indisponível,

---

24. BRASIL. Superior Tribunal de Justiça. Acórdão em recurso especial 647.493/SC. Relator: Ministro João Otávio de Noronha. Disponível em: [www.stj.jus.br]. Acesso em: 01.05.2008.

fundamental, antecedendo a todos os demais direitos, pois sem ele não há vida, nem saúde, nem trabalho, nem lazer, considera-se imprescritível o direito à reparação.

8. O dano ambiental inclui-se dentre os direitos indisponíveis e como tal está dentre os poucos acobertados pelo manto da imprescritibilidade a ação que visa reparar o dano ambiental.

[...][25].

O presente acórdão concebe a imprescritibilidade como decorrência lógica da fundamentalidade do direito ao meio ambiente ecologicamente equilibrado. Além disso, faz uma importante diferenciação, extensível a todos os direitos coletivos e difusos, destacando que quando o bem jurídico tutelado é privado, deve se orientar pelos prazos prescricionais comuns, mas se tratando de direito fundamental, indisponível, a pretensão reparatória sempre será imprescritível.

Este entendimento vem sendo mantido pelo Superior Tribunal de Justiça diversos julgados, como no AgResp 1541506 / SP, relatado pelo Min. Antônio Herman Benjamin em 21.11.2019.

Mais recentemente, em acórdão julgado em 20.04.2020, de relatoria do Ministro Alexandre de Morais, o Supremo Tribunal Federal julgou o RE 654.833/AC, com repercussão geral, o tema 999, que versava exatamente sobre a possibilidade de imprescritibilidade da pretensão reparatória do dano ambiental.

A demanda foi originada em ação civil pública, onde o Ministério Público Federal pleiteava a reparação de danos ambientais materiais e morais decorrentes de invasões em área indígena ocupada pela comunidade Ashaninka-Kampa, localizada no Acre entre os anos de 1981 a 1987, com o objetivo de extrair ilegalmente madeira de elevado valor econômico. Segundo a ementa:

RECURSO EXTRAORDINÁRIO. REPERCUSSÃO GERAL. TEMA 999. CONSTITUCIONAL. DANO AMBIENTAL. REPARAÇÃO. IMPRESCRITIBILIDADE.

1. Debate-se nestes autos se deve prevalecer o princípio da segurança jurídica, que beneficia o autor do dano ambiental diante da inércia do

Poder Público; ou se devem prevalecer os princípios constitucionais de proteção, preservação e reparação do meio ambiente, que beneficiam toda a coletividade.

2. Em nosso ordenamento jurídico, a regra é a prescrição da pretensão reparatória. A imprescritibilidade, por sua vez, é exceção. Depende, portanto, de fatores externos, que o ordenamento jurídico reputa inderrogáveis pelo tempo.

3. Embora a Constituição e as leis ordinárias não disponham acerca do prazo prescricional para a reparação de danos civis ambientais, sendo regra a estipulação de prazo para pretensão ressarcitória, a tutela constitucional a determinados valores impõe o reconhecimento de pretensões imprescritíveis.

4. O meio ambiente deve ser considerado patrimônio comum de toda humanidade, para a garantia de sua integral proteção, especialmente em relação às gerações futuras. Todas as condutas do Poder Público estatal devem ser direcionadas no sentido de integral proteção legislativa interna e de adesão aos pactos e tratados internacionais protetivos desse direito humano fundamental de 3ª geração, para evitar prejuízo da coletividade em face de uma afetação de certo bem (recurso natural) uma finalidade individual.

---

25. BRASIL. Superior Tribunal de Justiça. Acórdão em recurso especial 1.120.117/AC. Relator: Ministra Eliana Calmon. Disponível em: [www.stj.jus.br]. Acesso em: 01.05.2008.

5. A reparação do dano ao meio ambiente é direito fundamental indisponível, sendo imperativo o reconhecimento da imprescritibilidade no que toca à recomposição dos danos ambientais.

6. Extinção do processo, com julgamento de mérito, em relação ao Espólio de Orleir Messias Cameli e a Marmud Cameli Ltda, com base no art. 487, III, b do Código de Processo Civil de 2015, ficando prejudicado o Recurso Extraordinário. Afirmação de tese segundo a qual É imprescritível a pretensão de reparação civil de dano ambiental.[26]

Verifica-se, assim, que a tese da imprescritibilidade da pretensão reparatória do dano ambiental encontra-se atualmente consolidada nos tribunais superiores, o que representa um grande avanço para o sistema brasileiro de responsabilidade civil em matéria de meio ambiente e coaduna-se com o caráter fundamental deste direito, que configura patrimônio comum da humanidade e é imprescindível para as presentes e futuras gerações.

---

26. BRASIL. Supremo Tribunal Federal. Acórdão em recurso extraordinário 654.833/AC. Relator: Ministro Alexandre de Morais. Disponível em: [www.stf.jus.br]. Acesso em: 25.06.2020.

INTRODUÇÃO AO DIREITO PENAL AMBIENTAL BRASILEIRO

MATHEUS ALMEIDA CAETANO[1]

SUMÁRIO: 1. Introdução. 2. O bem jurídico-penal ambiental. 3. O injusto penal material ambiental. 4. Sobre o lugar do Direito Penal Ambiental: o Direito Penal Secundário. 5. A acessoriedade administrativa do Direito Penal Ambiental e as normas penais em branco. 5.1. Uma introdução à dimensão dos problemas relacionados à acessoriedade administrativa do Direito Penal Ambiental. 5.1.1. Os problemas políticos. 5.1.2. Os problemas dogmáticos. 5.2. As normas penais em branco e o Direito Penal Ambiental. 6. Algumas notas sobre o Direito Penal Ambiental brasileiro. 7. Conclusão.

1. Introdução[2]

A Lei 9.605/98 (ou Lei de Crimes Ambientais) foi uma tentativa de compilar os crimes ambientais existentes de forma esparsa no ordenamento jurídico-penal brasileiro (inicialmente ao unificar alusivamente os revogados Código Florestal Brasileiro, Lei 4.771/65 – hoje vigente sob a Lei 12.651/12 – e Código de Caça, Lei 5.197/67), mas o que se conseguiu fora apenas uma limitada harmonização das normas ambientais com conteúdo jurídico-penal, já que essa matéria também se faz presente, por exemplo, nas seguintes leis não revogadas por aquela, Lei 6.453/77 (danos nucleares), Lei 7.802/89 (agrotóxicos) e Lei 11.105/05 (biotecnologia).

Inicialmente se adverte que o presente capítulo não exaurirá todos os temas e aspectos inerentes aos crimes ambientais na ordem jurídica brasileira, nem se propõe a ser

---

1. Doutorando em Ciências Jurídico-Criminais pela Faculdade de Direito da Universidade de Coimbra. Mestre em Direito, Estado e Sociedade pela Universidade Federal de Santa Catarina. Especialista em Direito Penal Econômico e Europeu pela Universidade de Coimbra. É autor do livro *Os delitos de acumulação no direito penal ambiental* (Editora Pillares, 2016) e um dos coautores da obra *Repensando o Estado de Direito ambiental* (Fundação José Arthur Boiteux, 2012). Advogado.

2. Abreviaturas e siglas: *ADC* (ação declaratória de constitucionalidade); *ADIs* (ações diretas de inconstitucionalidade); *AAFDL* (Associação Académica da Faculdade de Direito de Lisboa); *ADPCP* (*Anuario de Derecho Penal y Ciencias Penales*); *AgRg no REsp.* (agravo regimental no recurso especial); *AP* (ação penal); *Bol. IBCCRIM* (*Boletim do Instituto Brasileiro de Ciências Criminais*); Câm. Crim. (Câmara Criminal); CC (Código Civil); CEDAM (*Casa Editrice Dott. Antonio Milani*); col. (coluna); CP (Código Penal); Des. (desembargador); *GA* (*Goltdammer's Archiv für Strafrecht*); ICPC (Instituto de Criminologia e Política Criminal); *JZ* (*JuristenZeitung*); *NJW* (*Neu Juristische Wochenschrift*); *NStZ* (*Neu Zeitschrift für Strafrecht*); *RPCC* (*Revista Portuguesa de Ciência Criminal*); *RBCCRIM* (*Revista Brasileira de Ciências Criminais*); *RDA* (*Revista de Direito Ambiental*); *REC* (*Revista de Estudos Criminais*); rel. (relator); Ed. RT (Editora Revista dos Tribunais); SAFE (Sérgio Antônio Fabris Editor); *StGB* (*Strafgesetzbuch*/Código Penal alemão); *TierSchG* (*Tierschutzgesetz*/Lei de Proteção Animal); *ZStW* (*Zeitschrift für die gesamte Strafrechtswissenschaft*); *ZWP* (*Zeitschrift für Wissenschaft und Praxis*).

um comentário à Lei de Crimes Ambientais. Pretende-se, tão só, expor e desenvolver os principais aspectos da dogmática jurídico-penal ambiental através de alguns institutos e exemplos presentes nas assim denominadas partes geral e especial da Lei 9.605/98, a saber: o bem jurídico-penal ambiental (2), o injusto penal material ambiental (3), o Direito Penal Secundário (4), a acessoriedade administrativa e as normas penais em branco do Direito Penal Ambiental (5) e alguns aspectos sobre a Lei de Crimes Ambientais (6). Antes da análise dessas características da dogmática jurídico-penal ambiental, bem como dos principais aspectos da legislação criminal ambiental, imprescindível se faz algumas notas sobre o complexo objeto de tutela envolvido: o meio ambiente e seus elementos.

2. O bem jurídico-penal ambiental

Antes de desenvolver os aspectos do bem jurídico-penal, é necessária uma introdução ao bem jurídico ambiental. Por sua natural complexidade, esse exige uma abordagem diferenciada ao se permitir uma fragmentação em pequenas parcelas independentes do todo que mantêm a qualidade de bens ambientais autônomos e dignos de proteção, sem que isso implique quebrar a sua caracterização global e indivisível. Portanto, trata-se, respectivamente, das categorias jurídico-ambientais de microbens e macrobem ambientais[3].

Sobre as relações entre os microbens e o macrobem, lembra-se que é o meio ambiente um sistema complexo[4], no qual as várias combinações entre os elementos bióticos (animais, plantas e homens) e os abióticos (água, solo, ar) possibilitam o surgimento de outras realidades dignas de proteção[5], por exemplo, os animais semelhantes (bem concreto,

---

3. Quiçá não exista um bem jurídico tão complexo como o meio ambiente, que pode ser contemplado tanto como uma pluralidade de componentes que conservam a sua própria autonomia e importância (meio ambiente em suas parcelas, os microbens) quanto como a unidade global e abstrata incorporadora (mas não apenas) daqueles elementos constituintes (meio ambiente em sentido *lato*, macrobem). Nesse último sentido, indispensável frisar que o todo não se reduz ao simples somatório daqueles elementos, demonstrando de forma clara as ideias de biodiversidade e de sistemas ambientais, (trata-se aqui de realidades complexas que incluem não apenas um conjunto apático de seres vivos e elementos abióticos; elas contemplam primordialmente as relações, interações e combinações desses seres e elementos). Logo, o bem ambiental é tratado em um duplo sentido: de micro e de macro (bem ambiental), para mais detalhes dessa concepção, *conforme* o nosso estudo: CAETANO, Matheus Almeida. *Os delitos de acumulação no direito penal ambiental*. São Paulo: Editora Pillares, 2016. p. 140-154.
4. O macrobem representa um verdadeiro sistema no qual o todo significa mais que a reunião de suas partes, é, antes, "a interação de todas elas", LORENZETTI, Ricardo Luis. *Teoria geral do direito ambiental*. Trad. de Fábio Costa Morosini e Fernanda Nunes Barbosa. São Paulo: Ed. RT, 2010. p. 26, "[...] manifestando-se, ao revés, como o complexo de bens agregados que compõem a realidade ambiental", BENJAMIN, Antonio Herman. Função ambiental. In: BENJAMIN, Antonio Herman (Coord.). *Dano ambiental*: prevenção, reparação e repressão. São Paulo: Ed. RT, 1993. p. 75. Essa noção aproxima-se do conceito legal de meio ambiente, artigo 3º, I, da Lei 6.938/81: "o conjunto de condições, leis, influências e interações de ordem física, química e biológica, que permite, abriga e rege a vida em todas as suas formas".
5. No âmbito jurídico-penal lusitano, são esses os termos de Costa Pinto: "O bem jurídico 'ambiente' é, ainda, caracterizado como um *bem complexo* ou de *síntese*, onde se unificam parcelas significativas e autonomizáveis (qualidade do solo, do ar, da água etc.)", COSTA PINTO, Frederico de Lacerda

corpóreo e material) quando reunidos formam a espécie daqueles (bem abstrato, incorpóreo e imaterial), já a soma de todas as espécies de animais constitui a fauna[6]. Dessa forma, as razões fáticas de proteção do macrobem e dos microbens – enquanto *bens jurídicos ambientais* – decorrem de que:

> [...] a proteção da integridade ecológica e dos bens naturais considerados individualmente não pode ser dissociada da proteção funcional do patrimônio natural globalmente considerado – i.e., dos bens naturais e do conjunto das suas relações. É o que resulta de uma das características básicas dos sistemas ecológicos: a interdependência dos bens naturais que compõem um dado sistema e dos sistemas ecológicos em si.[7]

Também assim, segundo Mirra, "o meio ambiente é um sistema de relações muito complexas, de uma grande sensibilidade à variação de um só desses fatores, que produz reações em cadeia"[8]. Portanto, toda a complexidade ecológica (o macrobem) depende dos microbens e vice-versa, de modo que "uma lesão num elemento do ecossistema possa vir a provocar um desequilíbrio global e irreversível"[9]. Note-se que é justamente sobre os microbens que recai, em primeira linha, a interferência do homem, o que deve implicar a tutela jurídica desses, que conduzirá, por sua vez, à do macrobem[10]. A complexidade do bem ambiental propicia o surgimento de uma heterogeneidade de deveres de proteção do ambiente ao protegê-lo como macrobem, no qual "o dever de proteção reparte-se igualmente por todos, embora o seu conteúdo possa variar consoante o potencial poluente da atividade desenvolvida"[11]. Por outro lado, na tutela da vertente material dos bens

---

   da. Sentido e limites da protecção penal do ambiente. *RPCC 10*, 2000. p. 375. Ou ainda, no sentido de aproximação dos microbens: "[...] todas as peças da Natureza têm valor, enquanto partes de um todo incindível". MENDES, Paulo de Sousa. *Vale a pena o direito penal do ambiente?*. Lisboa: AAFDL, 2000. p. 100. No Brasil, *Prado* menciona o caráter "multímodo – composto de vários elementos diversificados (v.g.: ar, água, solo, flora, fauna etc.)" do bem jurídico-penal meio ambiente na Lei 9.605/98. PRADO, Luiz Regis. *Crimes contra o ambiente*: anotações à Lei 9.605, de 12 de fevereiro de 1998. São Paulo: Ed. RT, 1998. p. 18.
6. Conforme observação de Mirra, os animais e as plantas constituem "[...] elementos corpóreos na sua individualidade específica, as espécies de fauna e da flora são uma abstração que não tem realidade física, caracterizando um bem incorpóreo, cuja proteção, de tal modo, se dá a partir dos seus elementos materiais". MIRRA, Álvaro Luiz Valery. *Ação civil pública e a reparação do dano ao meio ambiente*. São Paulo: Editora Juarez de Oliveira, 2002. p. 24. Lorenzetti considera a biodiversidade como um microbem que guarda "[...] relações internas com todos os aspectos que a integram, mas assim mesmo, é um assunto horizontal que influi e está presente em vários dos outros microbens, como a fauna e a flora". LORENZETTI, Ricardo Luis. *Teoria geral do direito ambiental*, p. 26-27.
7. SENDIM, José de Sousa Cunhal. *Responsabilidade civil por danos ambientais*: da reparação do dano através de restauração natural. Coimbra: Coimbra Editora, 1998. p. 119.
8. MIRRA, Álvaro Luiz Valery. *Ação civil pública e a reparação do dano ao meio ambiente*, p. 12.
9. GOMES, Carla Amado. O ambiente (direito do). In: GOMES, Carla Amado (Org.). *Textos dispersos de direito do ambiente*. Lisboa: AAFDL, vol. I, nov. 2008. p. 96.
10. SENDIM, José de Sousa Cunhal. *Responsabilidade civil por danos ambientais*, p. 76: "[...] estes elementos são como que as faces visíveis do ambiente enquanto objeto de direito. A razão da sua tutela jurídica está na sua específica aptidão para potenciarem um ambiente globalmente adequado ou, inversamente, na sua capacidade para, quando deteriorados, causarem uma perturbação do *environment*. Representam, neste ângulo, *o modo de o Direito proteger o ambiente*".
11. AMADO GOMES, Carla. *Risco e modificação do acto autorizativo concretizador de deveres de protecção do ambiente*. Coimbra: Coimbra Editora, 2007. p. 174-175.

ambientais, os microbens, "o dever de proteção recairá, em primeira linha, sobre o titular do direito de propriedade, porque só ele tem o acesso direto à coisa corpórea que envolve o bem"[12].

O macrobem "tem um grande conteúdo de abstração"[13], o que permite diferenciá-lo dos elementos reais da natureza (rios, animais, árvores, solo, ar, ou seja, os microbens)[14], apenas podendo ser compreendido enquanto categoria essencialmente axiológica[15] e normativa[16], sendo obrigatoriamente diferenciada (não estanque) dos bens ambientais concretos. Protege-se aqui um estado de equilíbrio ecológico dos suportes materiais do bem natural (condições ótimas físico, químico e biologicamente falando dos bens naturais), impondo a todos o dever de preservá-lo e o direito a usufruí-lo[17]. Suas características são: a incorporeidade e a imaterialidade[18]; é um bem indivisível[19], unitário[20], inalienável[21], além

---

12. Idem.
13. BENJAMIN, Antonio Herman. *Função ambiental*, p. 69.
14. A princípio, cabe lembrar as palavras de Mirra de que a definição do meio ambiente como macrobem não conflita com a composição do complexo ambiental pelos elementos singulares que também fazem jus à condição de bens jurídicos, por exemplo, o bosque, a floresta, a água potável, o ar limpo, entre tantos. MIRRA, Álvaro Luiz Valery. *Ação civil pública e a reparação do dano ao meio ambiente*, p. 14.
15. BENJAMIN, Antonio Herman. *Função ambiental*, p. 75.
16. Nesse sentido, Bennatti adverte que a Constituição e as leis ambientais contemplam "a consideração do espaço natural não como o somatório de elementos naturais estanques, mas como microbens que são partes integrantes de uma unidade superior, o meio ambiente". BENATTI, José Heder. O meio ambiente e os bens ambientais. In: RIOS, Aurélio Virgílio Veiga; IRIGARAY, Carlos Teodoro Hugueney. *O direito e o desenvolvimento sustentável*: curso de direito ambiental. São Paulo: Peirópolis/IEB, 2005. p. 222.
17. Não há um direito sobre a natureza (ou sobre os seus elementos) nessa acepção macro, o Direito refere-se aqui ao estado de higidez do meio ambiente. O que não deixa de demonstrar "[...] que tal estado traduz uma condição do bem natural – um estado de equilíbrio – e que é, portanto, indissociável dessa realidade" (SENDIM, José de Sousa Cunhal. *Responsabilidade civil por danos ambientais*, p. 113). Nessa ideia de qualidade ambiental onde se arvora o reconhecimento da noção macro e unitária de meio ambiente "identidade esta desvinculada das suas manifestações materiais". BENJAMIN, Antonio Herman. *Função ambiental*, p. 75.
18. Não é passível de apropriação no mundo real, pois se refere ao equilíbrio ecológico e a sua capacidade de perpetuação para as presentes e futuras gerações. Ao afastar a concepção privatista do Direito Ambiental, Canotilho destaca que "[...] tal como os bens culturais, o ambiente configura-se como um bem imaterial de natureza pública". CANOTILHO, José Joaquim Gomes. *Direito público do ambiente (direito constitucional e direito administrativo)*. Curso de Pós-Graduação, Cedoua/Faculdade de Direito de Coimbra, Coimbra, 1995-1996. p. 17. Também *conforme*: MIRRA, Álvaro Luiz Valery. *Ação civil pública e a reparação do dano ao meio ambiente*, p. 12.
19. BECHARA, Érika. *A proteção da fauna sob a ótica constitucional*. São Paulo: Juarez de Oliveira, 2003. p. 29, nota 65.
20. Unitário porque mantém contornos próprios e autônomos em relação aos microbens, embora se constitua (não só) pelo conjunto desses, ele guarda também a sua individualidade e unidade como macroconcepção do meio ambiente.
21. Não são passíveis de transação, podendo ser alienados apenas com autorização legal, por lei, e após a devida avaliação, licitação e desafetação do bem. BENATTI, José Heder. *O meio ambiente e os bens ambientais*, p. 206.

de não permitir qualquer tipo de penhora e/ou prescrição[22]; é também um bem público, cuja natureza é de uso comum do povo (indisponibilidade)[23].

Os microbens ambientais constituem a multifaceta real do meio ambiente[24], a concretização material dos elementos constituintes do macrobem, os quais "[...] em si mesmos, também são bens jurídicos: é o rio, a casa de valor histórico, o bosque com apelo paisagístico, o ar respirável, a água potável"[25]. Decorre dessa materialidade a importância de conceituá-los e protegê-los através do sistema normativo (seja ele o ambiental, seja o penal, sujeitos às respectivas peculiaridades e exigências de cada ramo jurídico), pois será justamente sobre eles (os microbens), conforme explicitado, que recairá a ação impactante do homem. Os microbens ambientais caracterizam-se pela sujeição ao duplo regime de titularidade dominial (o público, enquanto propriedade do Estado, e o privado)[26]; em regra, são corpóreos (como as florestas, os animais, as águas e os solos, por isso apropriáveis comercialmente pelo homem)[27]. Quanto a nós, parece que o Direito Penal Ambiental

---

22. *Conforme*: BENATTI, José Heder. *O meio ambiente e os bens ambientais*, p. 206; BENJAMIN, Antonio Herman. *Função ambiental*, p. 69, 71, 81 e 82.
23. Bem público em sentido objetivo, conferindo-o uma dominialidade coletiva, portanto não pode ser apropriado com exclusividade, é indisponível. BENJAMIN, Antonio Herman. *Função ambiental*, p. 71. Tal natureza jurídica dessa macroconcepção implica a sua não discriminação, ou seja, sendo público enquanto patrimônio da coletividade, todos podem usufruir dele, mas nunca o possuir. Por isso as indenizações provenientes de ações civis públicas destinam-se a um fundo (artigo 12 da Lei 7.347/85) e não aos cofres públicos propriamente ditos. Assim, a administração do montante é de responsabilidade de "um Conselho Federal ou por Conselhos Estaduais de que participarão necessariamente o Ministério Público e representantes da comunidade, sendo seus recursos destinados à reconstituição dos bens lesados" (artigo 13 daquela lei). Interessante ressaltar que esse caráter de não exclusão no uso (*a*) é um dos caracteres dos verdadeiros bens jurídico-penais coletivos, desenvolvidos a seguir.
24. Constituem "[...] partes do meio ambiente, que em si mesmos têm a característica de subsistemas, que apresentam relações internas entre suas partes e relações externas com o macrobem". LORENZETTI, Ricardo Luis. *Teoria geral do direito ambiental*, p. 26. Em termos jurídico-penais, quando os microbens são divisíveis faticamente, como uma floresta ou um conjunto de animais, denominamo-los de "real-verdadeiro divisível", o que faz com que o direito imponha uma indivisibilidade normativa aos microbens classificados como "real-construído indivisível", como a flora e a fauna, para que possam ser tutelados contra o perigo de esgotamento. Para mais detalhes da "analogia material dos lugares inversos" de Faria Costa aplicada ao bem jurídico-penal ambiental, cfr. CAETANO, Matheus Almeida. *Os delitos de acumulação no direito penal ambiental*, p. 193, nota 564.
25. BENJAMIN, Antonio Herman. *Função ambiental*, p. 75.
26. Ibidem, p. 79.
27. Em regra, porque o ar, por não ser passível de materialização, caracteriza-se pela indivisibilidade real, não sendo possível dividi-lo por uma "[...] impossibilidade material" (ideia compartilhada por BECHARA, Érika. *A proteção da fauna sob a ótica constitucional*, p. 29-30. nota 65). Constitui um microbem atípico, fugindo à regra dos demais elementos naturais que são materiais. Além disso, considera-se que algumas funções relacionadas a certos microbens também possuem uma dimensão imaterial, como a pureza do ar, a capacidade fertilizante do solo, a capacidade reprodutiva de espécies (imaterialidade valorativa). A doutrina ambiental tem postulado uma diferenciação em bem ambiental (macrobem) e recursos ambientais (microbens). PIVA, Rui Carvalho. *Bem ambiental*. São Paulo: Max Limonad, 2000. p. 138-142; BENATTI, José Heder. *O meio ambiente e os bens ambientais*, p. 208-209; tendo o ordenamento jurídico brasileiro tratado dos últimos no conceito legal de recursos ambientais, a saber: "V – recursos ambientais: a atmosfera, as águas interiores, superficiais

somente pode destinar-se à tutela subsidiária e fragmentária de microbens ambientais, uma vez que a amplitude do macrobem ambiental pode ensejar criminalizações de condutas insignificantes ou destituídas de ofensa ao bem jurídico-penal tutelado[28].

Apresentadas as categorias de macro e microbens ambientais, agora se passa às três formas básicas de compreensão do bem jurídico meio ambiente[29], a saber: (i) a ecocêntrica; (ii) a antropocêntrica pura; (iii) a ecoantropocêntrica. Essas compreensões ultrapassam o aspecto do bem jurídico-penal, pois envolvem temas da teoria geral do direito, como os sujeitos de direito, a capacidade jurídica, o conceito de pessoa em direito, de coisa, de objeto jurídico e de bem jurídico, além de constituírem as razões de fundo da proteção do meio ambiente, as quais acarretarão consequências diversas aos planos da normatividade ambiental e penal ambiental.

A compreensão ecocêntrica (i)[30] é inaceitável, pois, além de promover o translado de um universo antropocêntrico para um biocêntrico, ela acarreta, no plano jurídico, a

---

e subterrâneas, os estuários, o mar territorial, o solo, o subsolo, os elementos da biosfera, a fauna e a flora;" [Artigo 3º, V, da Lei 6.938/81 (com redação dada pela Lei 7.804/89)]. Os bens ambientais, tidos por microbens, são designados pela legislação como recursos ambientais, *conforme*: BENATTI, José Heder. *O meio ambiente e os bens ambientais*, p. 208.

28. Nesse ponto, manifestamos nossas sinceras dúvidas com relação a se a concepção do macrobem ambiental (bem jurídico *ambiental*) poderia ser também um bem jurídico-*penal* ambiental, *conforme*: CÂMARA, Guilherme Costa. *O direito penal do ambiente e a tutela das gerações futuras*: contributo ao debate sobre o delito cumulativo. Rio de Janeiro: Lumen Juris, 2016. p. 402-407. E isso porque já manifestamos no sentido de que "o Direito Ambiental protege, de forma ampla, as duas percepções do meio ambiente apontadas, enquanto a tutela penal se faz apenas sobre alguns microbens em razão dos princípios da *ultima ratio*, intervenção mínima e subsidiariedade; pois o fim do Direito Penal Ambiental não é protegê-lo como um todo e de forma ampla, mas tão só punir aquelas condutas mais ofensivas sobre alguns de seus elementos. Em síntese, em razão do sentido mais forte do princípio da fragmentariedade, além de apenas alguns dos microbens ambientais constituírem verdadeiros bens jurídico-penais, o Direito Penal Ambiental incide apenas sobre os ataques mais intensos". CAETANO, Matheus Almeida. *Os delitos de acumulação no direito penal ambiental*, p. 449.

29. Adverte-se que não se desconhece as várias classificações existentes na doutrina: Benjamin elenca o antropocentrismo puro (i), o (ii) antropocentrismo mitigado ou reformado (dividindo-o em antropocentrismo intergeracional, (ii.1) e (ii.2) antropocentrismo do bem-estar dos animais) e o não antropocentrismo (iii), *conforme*: BENJAMIN, Antonio Herman. A natureza no direito brasileiro: coisa, sujeito ou nada disso. In: CARLIN, Volnei Ivo (Org.). *Grandes temas de direito administrativo*: homenagem ao Professor Paulo Henrique Blasi. Campinas, Millenium, 2009. p. 49-68; Sendim trabalha com várias pré-compreensões ambientais, são elas: (i') a antropocêntrica-utilitarista, (ii') a ecocêntrica, (iii') o antropocentrismo alargado (antropocentrismo e equidade intergeracional, direitos dos animais e antropocentrismo alargado), *conforme*: SENDIM, José de Sousa Cunhal. *Responsabilidade civil por danos ambientais*, p. 85-104; Leite, Pilati e Jamundá traçam dois discursos principais: (i") o antropocentrismo (economicocentrismo e o antropocentrismo alargado) e a ecologia profunda (ii"), *conforme*: LEITE, José Rubens Morato; PILATI, Luciana Cardoso; JAMUNDÁ, Woldemar. Estado de direito ambiental no Brasil. In: KISHI, Sandra Akemi Shimada; SILVA, Solange Teles da; SOARES, Inês Virgínia Prado. *Desafios do direito ambiental no Século XXI*: estudos em homenagem a Paulo Affonso Leme Machado. São Paulo: Malheiros, 2005. p. 622-626. Cfr. também: CÂMARA, Guilherme Costa. *O direito penal do ambiente e a tutela das gerações futuras*, p. 392-402.

30. Termos como biocentrismo, ecocentrismo, igualitarismo ecológico, entre outros estão alinhados com a filosofia holístico-naturalista da ecologia profunda (*deep ecology*), a principal corrente de pensamento que "inspira um movimento cultural no sentido mais lato do termo". OST, François.

atribuição da condição de sujeito de direito à natureza e aos seus elementos[31]. Essa perigosa inversão de perspectiva ética faz com que o homem perca "o duplo privilégio de ser a

---

A natureza à margem da lei. A ecologia à prova do direito. Lisboa: Instituto Piaget, 1995. p. 177, contando com adeptos de vários setores da sociedade. O nome da corrente filosófica advém da utilização, pela primeira vez, do termo *deep ecology*, pelo filósofo norueguês Arne *Naess* em um pequeno artigo de 1972, no qual trazia uma distinção entre as tendências superficiais e profundas dos movimentos ecológicos. Naess constrói seu pensamento sobre duas "normas últimas": a autorrealização e a igualdade biocêntrica. A primeira consiste no afastamento do paradigma individualista-liberal de realização pessoal e defende a prática de "um eu ligado ao mundo humano e não humano, que lhe confere a possibilidade de existir" (Ibidem, p. 184). A segunda reconhece o valor intrínseco dos seres vivos, do meio ambiente, da biosfera, sem análise de vantagens para o homem. É aqui que a ecologia profunda se diferencia da ecologia rasa, pois não é uma teoria antropocêntrica que faz uma leitura do mundo através da lente do homem como a medida de todas as coisas, bem como não protege os ecossistemas por sua utilidade humana, e sim, enxerga em cada forma de vida um valor intrínseco. Compreende a vida como um único fluxo sem divisão entre o homem e o meio ambiente. AVELINE, Carlos Cardoso. Ecologia profunda: o direito natural à vida. *Meio Ambiente em jornal 63*, 1997. p. 9.

31. OST, François. *A natureza à margem da lei*, p. 177. Reconhecendo essa mesma consequência no âmbito jurídico-penal e rechaçando-a, *conforme*: KUHLEN, Lothar. Umweltstrafrecht: auf der Suche nach einer neuen Dogmatik. *ZStW 105*, 1993, p. 702 (esse autor não reconhece a plausibilidade dessa corrente no âmbito do Direito Penal Ambiental, a qual conta com elaborações fantasiosas que, se acatadas, levariam a uma ruptura significativa com os modos de vida da sociedade atual); MÜLLER-TUCKFELD, Jens Christian. Ensayo para la abolición del derecho penal del medio ambiente. Trad. de Elena Íñigo Corroza y Ramon Ragués i Vallès. *La insostenible situación del derecho penal*. Granada: Instituto de Ciencias Criminales de Frankfurt/Área de Derecho Penal de la Universidad Pompeu Fabra (Ed.), 2000. p. 509. Indissociável dessas três perspectivas está o debate praticamente ausente na literatura nacional sobre a aplicação das causas de justificação em favor de animais, nomeadamente da legítima defesa e do estado de necessidade. Exceção notável nesse âmbito é a seguinte obra: TEIXEIRA NETO, João Alves. *Tutela penal de animais*: uma compreensão onto-antropológica. Porto Alegre: Livraria do Advogado, 2017. p. 27 ss., na qual o autor defende a legítima defesa em favor de cada animal (ou do conjunto deles), uma vez que cada um poderia ser vítima de crime, portanto, titular de bens jurídicos passíveis de proteção pelo direito penal; também digno de menção são os recentes artigos publicados: GRECO, Luís. Legítima defensa de animales. *Nuevo Foro Penal 92 (2019)*, p. 23-50, embora seja um texto vincado no direito penal alemão, o autor apresenta argumentos dogmáticos relevantes no sentido do reconhecimento da possibilidade jurídica de animais serem amparados pelo direito à legítima defesa, pois, ao possuírem direitos (ainda que rudimentares), como de não ser morto nem lesionado sem motivo admissível, em síntese, de não sofrer dor sem justificativa (cfr. § 17 *TierSchG*), poderiam ser protegidos em seus interesses por um ser humano, que atuaria em legítima defesa de terceiro, portanto esses direitos básicos dos animais seriam exercidos pelos humanos; por fim, a partir do problema real em torno dessa problemática, a do alcance desse direito à legítima defesa em favor dos animais e não o de sua existência, Greco reconhece que se trata de um direito limitado em comparação ao da legítima defesa em favor de seres humanos, pois poderia alcançar apenas a causação de lesões graves em seres humanos, mas jamais o resultado morte do agressor para fazer valer os direitos dos animais; LOBATO, José Danilo Tavares. Legítima defesa e estado de necessidade em favor dos animais? Reflexões em torno de uma nova hermenêutica. *REC 76 (2020)*. p. 74, com destaque para a crítica do autor ao histórico tratamento das causas de justificação no direito penal brasileiro apenas no tocante aos direitos individuais, defendendo que "o marco legal em vigor encontra-se aberto à superação da hermenêutica vigente. Os direitos supraindividuais, tal como os individuais, são direitos que integram o conjunto de relações jurídicas 'de outrem', bem como o 'próprio ou alheio'. É, absolutamente, irrelevante se o outrem ou o alheio é singular, coletivo ou difuso. A lei não faz qualquer restrição. No entanto, mesmo que se

fonte exclusiva do valor e o seu fim"³², o que leva, por exemplo, a considerar em um mesmo plano valorativo a provocação da morte de um animal ou de um homem. Tal negação do dualismo homem-natureza instaura "o reino da imanência absoluta", no qual o curso dos astros, a cultura, o voo de um pássaro e os princípios da ética teriam um mesmo sentido³³. A fusão cultura-natureza, homem-meio ambiente, valor-fato provoca uma mitigação tanto do direito quanto da categoria sujeito de direito³⁴, uma vez que isso também *poderia* dar ensejo a uma escala valorativa entre os seres humanos.

Müller-Tuckfeld considera-a incompatível com o direito vigente, chamando atenção para a ausência da "condição de sujeito com capacidade jurídica (ainda que corporativa)"³⁵

---

      resigne diante das ponderações ora formuladas, pode-se discordar de que o animal seja um outrem e, sob uma perspectiva supraindividual, pôr em xeque que a proteção dos animais se constitua propriamente em um bem jurídico penal ou direito alheio."

32. OST, François. *A natureza à margem da lei*, p. 178. Chegar-se-ia, dessa forma, ao absurdo defendido pelo ecologista profundo Taylor, ao dizer que "o desaparecimento completo da raça humana não seria uma catástrofe moral, mas antes um acontecimento que o resto da comunidade da vida aplaudiria de bom grado". TAYLOR, P. W. apud OST, François. *A natureza à margem da lei*, p. 185. Ost, em tom de ironia, realça "a correta percepção de mundo" deste teórico e afirma que "efetivamente, o desaparecimento da espécie humana não seria uma catástrofe moral: deixaria de existir um único ser capaz de moralidade para o lamentar". Ibidem, p. 185, nota 31.

33. Ibidem, p. 180. Assim, a *deep ecology*, ao se caracterizar "por uma postura de fusão e osmose, naturalização do corpo e personalização da Natureza". SENDIM, José de Sousa Cunhal. *Responsabilidade civil por danos ambientais*, 1998. p. 94, instala uma verdadeira confusão "entre natureza e cultura, vida e história, facto e valor, ciência e direito, animal e homem". OST, François. *A natureza à margem da lei*, p. 210. Por isso não deve ela servir de modelo a qualquer teoria que se preze, pois, sob o ponto de vista lógico, a compreensão ecocêntrica incorre em uma falácia naturalista por retirar da natureza e de suas relações postulados normativos ["porque combinamos dois registros (o constatativo e o normativo) incomensuráveis" (Ibidem, p. 213)]. Trata-se da introdução inconsciente de uma norma no fato (e não a retirada de uma norma do fato), pois, de qualquer maneira, o homem teria *valorado* (de modo negativo ou positivo) aquele estado de coisas, o qual deveria ser modificado ou mantido segundo a sua finalidade, respectivamente.

34. Quanto tudo é tratado como tal, na realidade nada o é ou perde a significação de sê-lo, implicando isso em uma perda de crédito desses dois elementos, o Direito e o sujeito de direito, pois, de forma semelhante à "matéria de inflação monetária, a abundância de um signo implica, inevitavelmente, a sua desvalorização". OST, François. *A natureza à margem da lei*, p. 215. Portanto, a ampliação dos candidatos positivos à condição de sujeito de direito exige uma profunda, séria e responsável análise de cunho axiológico-jurídico, pois, caso contrário, o que entrará em perigo é toda uma civilização cultural humanista, cuja ausência será muito provavelmente mais prejudicial que as suas limitações e restrições atuais.

35. MÜLLER-TUCKFELD, Jens Christian. *Ensayo para la abolición del derecho penal del medio ambiente*, p. 509. O pensamento ecocêntrico, quando absoluto, torna-se tão inoperativo quanto o antropocêntrico, "porque é, além de irrealista, tecnicamente impossível (os recursos naturais, não tendo personalidade jurídica, não são sujeitos de direito)". GOMES, Carla Amado. O ambiente como objecto e os objectos do Direito do Ambiente. In: GOMES, Carla Amado (Org.). *Textos dispersos de direito do ambiente*. Lisboa: AAFDL, nov. 2008. v. I, p. 33. Sabe-se que a capacidade jurídica é um dos requisitos para existência da relação jurídica, sendo uma atribuição dada apenas aos seres humanos e às entidades fictícias dirigidas por homens. Outra dificuldade está onde, se os animais têm direitos, parece compreensível questionar quem assumiria as obrigações e, por conseguinte,

do meio ambiente[36]. É contraproducente fazer da natureza ou de seus elementos sujeitos de direito, o que geraria muitos problemas irresolúveis para a teoria geral do direito, atingindo o próprio direito penal[37]. Não seria estranha aqui a hipótese de incriminação de condutas que lesionassem qualquer forma de vida (seja uma formiga, seja uma hortaliça[38]), sendo possível vislumbrar, até mesmo, hipóteses de legítima defesa entre um animal e um homem; e de estado de necessidade entre as espécies. Um animal ao defender os membros de sua família ou de sua espécie do ataque de um predador não está a fazer justiça ou ciente de uma situação de legítima defesa ou de estado de necessidade, ele simplesmente age e reage para se defender através de um instinto de preservação da própria vida. Portanto, o núcleo da problemática dos animais serem titulares de direitos (ou bens jurídicos tutelados pelo direito penal) reside no plano dos valores, que, posteriormente, o direito moldará conforme os seus princípios, regras e axiomas.

Já a compreensão antropocêntrica pura (ii) faz do indivíduo o centro exclusivo de todos os interesses, "todas as coisas, os bens e inclusive a natureza são tidos como valiosos

---

quais seriam os sujeitos de ilícitos civis e penais, suscetíveis à indenização e outras consequências jurídicas. A questão axiológica inultrapassável aqui é a diferença entre o ser humano e os animais, inobstante a força do argumento de Greco no sentido de que "o fato de ser sujeito de direito não pressupõe que possuam a capacidade (sobretudo intelectual) de perceber tais direitos. Pensemos simplesmente no nascituro e nos comatosos. Esses sujeitos de direito precisam de alguém capaz, no pleno sentido da palavra, que perceba estes direitos por eles, por assim dizer". GRECO, Luís. Legítima defensa de animales. *Nuevo Foro Penal 92 (2019)*. p. 31.

36. A refutação dos animais como sujeitos de direito não implica necessariamente considerá-los como meros objetos das relações jurídicas; na realidade, cabe ao homem, como único titular de deveres de proteção da natureza, a obrigação de protegê-los e preservá-los, ele é o único (conscientemente) capaz de poluir e degradar o meio ambiente, embora seja também o principal a fazê-lo, nas palavras de Aragão, "o que é certo é que é a única espécie que tem consciência dela e meios para evitá-la". ARAGÃO, Maria Alexandra de Sousa. *O princípio do nível elevado de protecção e a renovação ecológica do direito do ambiente e dos resíduos*. Coimbra: Almedina, 2006. p. 127. Ou ainda, nos termos de Sendim, o homem "deverá agir, não só para o seu próprio bem, mas também para o bem das coisas extra-humanas, i.e., deverá reconhecer valor intrínseco a tais coisas". SENDIM, José de Sousa Cunhal. *Responsabilidade civil por danos ambientais*, p. 92.
37. Porém, destacando – a nosso ver, de forma equivocada – que os defensores do bem jurídico-penal ambiental fundado ecocentricamente "vislumbram nos elementos da natureza – a água, o ar, a fauna, a flora, o solo etc. – um valor intrínseco, alçando-os à qualidade de bem jurídico". COSTA, Helena Regina Lobo da. *Proteção penal ambiental*: viabilidade: efetividade: tutela por outros ramos do direito. São Paulo: Saraiva, 2010. p. 24. Conforme apontado pelos demais autores, a fundamentação ecocêntrica pode ou não alçá-los à condição de sujeito de direito, contudo, não de bens jurídicos, que verdadeiramente são, em nossa opinião, seja pela fundamentação ecocêntrica, seja pela antropocêntrica, seja até mesmo pela antropocêntrica pura, eles podem ser assim reconhecidos, cada um à sua maneira e intensidade.
38. Nos termos de Kindhäuser: "Entre os participantes no processo de formação da vontade democrática não existe a natureza. Os cavalos não concluem nenhum contrato de compra e venda. Caso seja adotada seriamente a ideia de que todo ser vivo tem direito à vida, por conseguinte, dever-se-ia proteger da mesma maneira o vírus da AIDS e uma orquídea. Tão razoável é proteger a natureza, como nos alegrarmos porque o vírus da varíola foi eliminado da face da terra". KINDHÄUSER, Urs. Elementos fundamentales del derecho penal medioambiental alemán. *Revista de Ciencias Penales*, n. 2, 1998. p. 502.

apenas enquanto produzam utilidade para os humanos"[39]. Seria, nesse sentido, indiferente a extinção de uma espécie, seja animal, seja vegetal[40]. O perigo desse antropocentrismo puro reside na opulência com que é visto o meio ambiente, funcionalizado exclusivamente conforme os interesses humanos; trata-se aqui da *teoria monista-pessoal do bem jurídico*[41]. A sua adoção implicaria uma mitigação do Direito Penal Ambiental, já que o meio ambiente e seus elementos seriam considerados, ou como manifestações do bem jurídico-propriedade, ou como instrumentos propícios a lesar a vida ou a integridade física da pessoa, constituindo os ataques àqueles em meras "modalidades especiais de crimes de lesões ou de danos"[42].

A compreensão ecoantropocêntrica (iii) apresenta-se como a mais equilibrada entre os exageros e os problemas das perspectivas anteriores, inclusive a ordem jurídica nacional caracteriza-se por uma mescla de correntes antropocêntricas e ecocêntricas, não sendo admissível falar-se nem em antropocentrismo puro nem em ecocentrismo absoluto[43].

---

39. LORENZETTI, Ricardo Luis. *Teoria geral do direito ambiental*, p. 30. Além disso, é notável a vinculação do antropocentrismo com a cultura ocidental e nomeadamente com a religião cristã (COSTA NETO, Nicolao Dino de Castro e. *Proteção jurídica do meio ambiente:* I. Florestas. Belo Horizonte: Del Rey, 2003. p. 18), marcada pelo monoteísmo e por absoluto irracionalismo científico.

40. Em outros termos, o "impacto zero na vida das pessoas, e muito menos na sua saúde" ou "a extinção de uma espécie é sempre lastimada, mas quase nunca por suas consequências sanitárias". BENJAMIN, Antonio Herman. Direito constitucional ambiental brasileiro. In: CANOTILHO, José Joaquim Gomes; LEITE, José Rubens Morato (Org.). *Direito constitucional ambiental brasileiro*. São Paulo: Saraiva, 2007. p. 91, nota 156.

41. É monista por considerar apenas os bens jurídicos pessoais (como a vida, a liberdade, a saúde individualizada, a propriedade, a integridade física pessoal, entre outros) como dignos de tutela penal. Para Hassemer e Muñoz Conde, o objetivo dessa teoria é a funcionalização de todos os interesses gerais a partir do ponto de vista da pessoa, sendo o meio ambiente considerado como "o conjunto das condições vitais das pessoas, e não como a pureza da água ou do ar como tais". HASSEMER, Winfried; MUÑOZ CONDE, Francisco. *Introducción a la criminología y al derecho penal*. Valencia: Tirant lo Blanch, 1989. p. 109. Portanto, ela não ignora a existência de bens jurídicos comuns ou universais dignos de proteção jurídica, porém, condiciona-os, no âmbito penal, à violação de interesses humanos individuais (os bens jurídicos pessoais). A consequência, no âmbito do Direito Penal, é a tutela apenas da vida e da saúde humanas, não sendo estranho que alguns problemas ecológicos – como a perda de uma paisagem natural, a extinção de uma espécie, um grau de poluição ainda não tão letal ou ofensivo à saúde humana – não mereçam uma tutela penal. A filiação político-filosófica ao modelo de Estado Liberal e ao Iluminismo desta postura monista-individual do bem jurídico permite considerá-la arraigada tão só aos direitos fundamentais de primeira geração.

42. KINDHÄUSER, Urs. *Elementos fundamentales del derecho penal medioambiental alemán*, p. 502. Também assim, ao indicar os entraves à proteção jurídico-penal do meio ambiente na Alemanha, que ocorria por meio de questionáveis estruturas de delitos representativos do direito penal clássico – como os de lesão corporal e de maus-tratos (§§ 223 *StGB*) e de perigo comum de contaminação de poços (o antigo § 324 *StGB*) –, o meio ambiente era tutelado quando se produzia uma ofensa à saúde individual das pessoas ou um perigo de ofensa a um grupo delas. Em síntese, apenas existia uma proteção indireta do meio ambiente. BACKES, Otto. Umweltstrafrecht, *JZ* 11/12, 1973. p. 337, 338 e 342.

43. *Leme Machado* defende que há um equilíbrio entre o antropocentrismo e o biocentrismo na Constituição da República de 1988, precisamente no artigo 225, §§ 4º e 5º, e nos incisos I, II, III e VII do § º desse dispositivo, demonstrando o intuito de harmonização e integração dos seres humanos com a

Sendo o Direito uma das esferas da cultura[44], é o homem o criador e o destinatário da norma (leia-se: a proteção do meio ambiente é de cunho antropocêntrico), mas tampouco se trata de um antropocentrismo puro, há bens jurídicos ambientais (e inclusive penais) sem aproveitamento humano conhecido ou *rentável* ou sem qualquer recondução aos bens jurídicos pessoais[45]. Essa compreensão é somente compatível com a *teoria dualista do bem jurídico*[46], pois transcende os bens pessoais, reconhecendo a mesma (dignidade e) legitimidade desses quanto dos coletivos, e, portanto, a autonomia desses em relação àqueles: "[...] uma teoria dualista não terá qualquer dificuldade em reconhecer o meio ambiente como um bem jurídico coletivo, nem sempre redutível a bens jurídicos individuais"[47].

---

biota. MACHADO, Paulo Affonso Leme. *Direito ambiental brasileiro*. 14. ed. São Paulo: Malheiros, 2006. p. 118. Antes mesmo da atual Constituição, com a Lei 6.938/81 já havia esse panorama misto na legislação ambiental brasileira, o que permitia a indenização por danos provocados ao meio ambiente, independentemente dos valores humanos atingidos (a saúde, a liberdade, o património, a vida, a segurança), consequência da "elevação do bem jurídico autonomamente tutelado". BENJAMIN, Antonio Herman. Responsabilidade civil pelo dano ambiental. *RDA*, v. 9, 1998. p. 36.

44. REALE, Miguel. *Lições preliminares de direito*. 25. ed. São Paulo: Saraiva, 2000. p. 25-26.
45. A título de exemplo, Figueiredo Dias expõe o caso de uma descarga de petróleo no mar, a qual causa a morte de milhares de aves marinhas não passíveis de fins alimentares, chegando-se a extinguir uma espécie rara entre elas, "[...] aí se verifica a lesão de um bem jurídico ecológico merecedor e carente de tutela penal [...] Não consigo descortinar aqui, ao menos em via de princípio, ofensa de um qualquer bem jurídico individual, possibilidade de referência a ele ou cadeia dedutiva que a ele conduza. E, todavia, as aves referidas, se bem que não 'utilizáveis' por quem quer que seja, já nascido ou ainda não nascido, constituem um patrimônio de todos. Se as não protegermos, as gerações futuras não terão a possibilidade de as apreciar, apesar de que nós tenhamos podido fazê-lo!". FIGUEIREDO DIAS, Jorge de. Sobre a tutela jurídico-penal do ambiente: um ponto de vista português. *A tutela jurídica do meio ambiente*: presente e futuro. Coimbra: Coimbra Editora, 2005. p. 192. Ou, nos termos de Kindhäuser, "[...] nas áreas protegidas, devem se conservar as condições naturais de vida de plantas e animais, ainda quando esses animais e plantas sejam irrelevantes para a saúde de pessoas concretas". KINDHÄUSER, Urs. *Elementos fundamentales del derecho penal medioambiental alemán*, p. 502.
46. Trata-se da doutrina majoritária na dogmática jurídico-penal (ambiental) brasileira, a saber: CAETANO, Matheus Almeida. *Os delitos de acumulação no direito penal ambiental*, p. 57-260; CÂMARA, Guilherme Costa. *O direito penal do ambiente e a tutela das gerações futuras*, 2016, p. 523; DAVID, Décio Franco. *Delitos de acumulação e proteção ambiental*. Belo Horizonte: Editora D'Plácido, 2017. p. 72-73, 320 (5.); D'AVILA, Fabio Roberto. Ofensividade e ilícito penal ambiental. In: D'AVILA, Fabio Roberto (Org.). *Ofensividade em direito penal*. Escritos sobre a teoria do crime como ofensa a bens jurídicos. Porto Alegre: Livraria do Advogado, 2009. p. 119-120, 123; D'AVILA, Fabio Roberto. Aproximações à teoria da exclusiva proteção de bens jurídicos no direito penal contemporâneo. In: GAUER, Ruth Maria Chittó (Org.). *Criminologia e sistemas jurídico-penais contemporâneos II*. Porto Alegre: EDIPUCRS, 2010. p. 208 e ss.; FREITAS, Gilberto Passos de; FREITAS, Vladimir Passos de. *Crimes contra a natureza*: de acordo com a Lei 9.605/98. 7. ed. São Paulo: Ed. RT, 2001. p. 39; GRECO, Luís. "Princípio da ofensividade" e crimes de perigo abstrato: uma introdução ao debate sobre o bem jurídico e as estruturas do delito. *RBCCRIM*, n. 49, 2004. p. 102-105; PRADO, Luiz Regis. *Crimes contra o ambiente*, p. 18; SOUZA, Paulo Vinícius Sporleder de. O meio ambiente (natural) como sujeito passivo dos crimes ambientais. *RBCCRIM*, v. 50, 2004. p. 70, e esse autor admite meio ambiente também na condição de sujeito passivo, assumindo os efeitos da compreensão ecocêntrica; SILVEIRA, Renato de Mello Jorge. *Direito penal supra-individual*: interesses difusos. São Paulo: Ed. RT, 2003. p. 56-57.
47. GRECO, Luís. *"Princípio da ofensividade" e crimes de perigo abstrato*, p. 104.

A adoção do posicionamento dual não implica desvalorização do homem diante do social; ao contrário, permite um fortalecimento dos laços humanos através do meio ambiente que, por sua vez, traz retornos ao próprio homem, já que o direito ao meio ambiente equilibrado está intimamente ligado à dignidade da pessoa humana. Porém, cabe à compreensão ecoantropocêntrica tornar visível a orientação filosófica que informará toda a arquitetura do bem jurídico (o sentido do meio ambiente para a proteção jurídico-penal) e, por consequência, dos tipos nos crimes ambientais[48].

Embora se reconheça as dificuldades de assimilação de um objeto tão polimórfico, bem como a necessidade de "tentar encontrar e definir, tanto quanto possível com rigor [...] o bem ou bens jurídicos que o direito do ambiente deve proteger"[49], ele(s) deve(m) atender indubitavelmente aos dois pressupostos de legitimidade: (1) a *generalidade* (os bens ou condições a serem protegidos devem interessar à maioria da sociedade, e não apenas a uma parcela dessa) e (2) a *relevância* – "[...] a intervenção penal apenas se justifica para tutelar bens essenciais para o homem e a sociedade, vitais. O contrário é um uso sectário ou frívolo do Direito Penal: a sua perversão"[50]. Isso colocado, apresenta-se as características dos verdadeiros bens jurídicos coletivos, a saber: (*a*) a de não exclusão no uso; (*b*) a de não rivalidade no consumo (aspecto semelhante a ideia de bem de uso comum mencionado acima ao ser tratado o bem ambiental); e (*c*) a de não distributividade (aspecto similar a indivisibilidade do bem ambiental)[51].

A não exclusão no uso (*a*) apresenta-se como a principal diferença em relação aos bens individuais, pois não afasta os indivíduos quanto ao uso do bem comum. Sobre aqueles, os titulares têm direitos subjetivos de oposição *erga omnes* em face de todas e quaisquer pessoas, o que não ocorre com o meio ambiente, bem coletivo de uso comum[52]. A não

---

48. CÂMARA, Guilherme Costa. *O direito penal do ambiente e a tutela das gerações futuras*, p. 406, sendo o ambiente natural, para fins de tutela penal, "uma *realidade construída*, portanto insuscetível de confundir-se com a natureza. Trata-se, inescapavelmente, de um conceito relacional: indissociável do elemento humano".
49. FARIA COSTA, José de. *O perigo em direito penal*. Contributo para a sua fundamentação e compreensão dogmáticas. Reimpressão. Coimbra: Coimbra Editora, 2000. p. 307.
50. GARCIA-PABLOS DE MOLINA, Antonio. *Introducción al derecho penal*. 4. ed. Madrid: Editorial universitária Ramón Areces, 2006. p. 541.
51. Trata-se de outra manifestação do intercâmbio entre o Direito Penal do Ambiente e o Direito Ambiental em função do objeto de estudo comum aos dois ramos (o bem jurídico ambiental): as características dos verdadeiros bens coletivos (gênero ao qual pertence a espécie "meio ambiente"). De Geus menciona apenas duas características no plano ambiental, a da indivisibilidade (*indivisible*) e da não exclusão (*not-excludable*), *conforme*: DE GEUS, Marius. The ecological restructuring of the State. In: DOHERTY, Brian; DE GEUS, Marius (Ed.). *Democracy and green political thought*. Sustainability, rights and citizenship. London: Routledge, 1996. p. 189.
52. Sobre esse meio ambiente, não há um mero direito subjetivo à exploração, em verdade, há uma expectativa de direito ao uso sustentável de seus elementos (os microbens), uma possibilidade de utilização que está "estreitamente aliada a um dever fundamental de *utilização racional*, numa perspectiva de solidariedade, quer com os restantes membros da comunidade atualmente considerada, quer com as gerações futuras [...]". GOMES, Carla Amado. *O ambiente como objecto e os objectos do direito do ambiente*, p. 22-23. Por essa razão, Gomes constrói seu pensamento em torno do direito ao ambiente como *direito-dever*, pois esse concomitante direito de uso e dever de preservação é "uma consequência da garantia de aproveitamento de um bem cuja fruição cabe a todos os membros da

rivalidade no consumo $(b)^{53}$ aconselha a não se compreender o bem jurídico "[...] como um puro valor ideal", pois ele é "vulnerável frente a um consumo contrário ao ordenamento e, portanto, pode ser reduzido ou destruído"⁵⁴. A não distributividade (c) fará com que um bem seja caracterizado como coletivo, quando se apresente real, conceitual ou juridicamente impossível fracioná-lo em partes e dividi-lo em porções individualizadas⁵⁵. Isso tem consequências significativas na aplicação do Direito Penal Ambiental, sobretudo pela redução de alguns âmbitos de aplicação das causas de exclusão da tipicidade e da ilicitude⁵⁶.

O bem ambiental tutelado é *"axiologicamente diferenciado* dos bens até agora objeto de tutela"⁵⁷, por exemplo, (o artigo 157 CP) o roubo de um animal silvestre (objeto da ação), cujo bem jurídico-penal tutelado é a propriedade sobre aquele ("coisa alheia móvel") era uma forma de proteção indireta daquele microbem⁵⁸. Por sua vez, por meio dos artigos 29 e 32 da Lei 9.605/98, protege-se, como bens jurídico-penais, a fauna em termos diretos no primeiro, e, no último, "a *integridade física* e o *bem-estar* dos animais [...] sustentando-se tratar de valores, de 'interesses-da-vida', que pertencem ao próprio animal" – embora a doutrina tenha perquirido qual(-is) seria(m) o(s) concreto(s) bem(-ns) jurídico--penal(-is)

---

comunidade e pela qual todos devem responsabilizar-se" (Ibidem, p. 23). Essa não exclusão no uso implica "[...] a utilização por quem quer que seja deve ser feita de modo a não provocar a sua degradação e a consequente impossibilidade de sua utilização por outrem". RUZ, Ana Paula Fernandes Nogueira da. *A culpabilidade nos crimes ambientais.* São Paulo: Ed. RT, 2008. p. 35.

53. Hefendehl menciona a segurança externa como exemplo relativamente claro de bem jurídico coletivo, pois "[...] ninguém (mais corretamente: ninguém que possa permanecer no território de que se trata) pode ser excluído de seu uso e, em segundo lugar, o desfrute por A não prejudica nem impede o uso por B". Para as características da não exclusão no uso e da não rivalidade no consumo, cfr.: HEFENDEHL, Roland. El bien jurídico como eje material de la norma penal. In: HEFENDEHL, Roland (Ed.). *La teoria del bien jurídico.* ¿Fundamento de legitimación del Derecho penal o juego de abalorios dogmático? Madrid: Marcial Pons, 2007. p. 188-189.
54. HEFENDEHL, Roland. *El bien jurídico como eje material de la norma penal,* p. 189.
55. *Conforme:* HEFENDEHL, Roland. *El bien jurídico como eje material de la norma penal,* p. 189; KORIATH, Heinz. Zum Streit um den Begriff des Rechtsguts. *GA,* v. 1, 1999. 561.
56. Essa não distributividade (ou a indivisibilidade do bem ambiental), por exemplo, não permite nem a aplicação do *consentimento do ofendido* – que se fundamenta na conduta da vítima, ou melhor, na capacidade de disposição do próprio bem jurídico pessoal – nem a *autocolocação em risco* – que pressupõe a disponibilidade do próprio bem jurídico pessoal e a capacidade do sujeito passivo em fazê-la – nos crimes contra o meio ambiente. Além disso, nesses há dificuldades enormes em individualizar as vítima, além de inexistir quaisquer possibilidades de disposição – ao menos total – do bem afetado.
57. SENDIM, José de Sousa Cunhal. *Responsabilidade civil por danos ambientais,* p. 118.
58. Segundo Bello Filho "delitos contra a fauna anteriormente eram apenas um capítulo dos crimes contra a propriedade". BELLO FILHO, Ney de Barros. A protecção da fauna através do direito penal. *Lusíada, Revista de Ciência e Cultura,* v. 1 e 2, 2001. p. 445; e, ainda em um passado recente, os delitos voltados à tutela desse bem jurídico constituíam um capítulo dos crimes contra a propriedade, demonstrando "uma tendência dogmática jurídica em perceber os crimes contra os seres vivos sob a ótica do direito de propriedade, sob o ângulo da agressão ao patrimônio de alguém, seja ele o Estado ou o particular". BELLO FILHO, Ney de Barros. Dos crimes contra a fauna. In: COSTA NETO, Nicolao Dino de Castro; BELLO FILHO, Ney de Barros; CASTRO E COSTA, Flávio no. *Crimes e infrações administrativas ambientais (Lei n. 9.605/98).* Brasília: Brasília Jurídica, 2000. p. 155-156.

tutelado(s) no tipo penal de crueldade contra animais, gerando discussões candentes na doutrina⁵⁹. Isso fez com que os animais não fossem considerados meros objetos dos homens

---

59. TEIXEIRA NETO, João Alves. *Tutela penal de animais*: 2. p. 223-224. (Conclusão *xxx*). Embora reconheçamos que o bem-estar animal, como um dos bens jurídico-penais tutelados pelo artigo 32 da Lei de Crimes Ambientais, exigiria maiores reflexões que aqui não podem ser realizadas (Ibidem, p. 222, conclusão *xxiv*), "não é sutil a diferença entre o animal, individualmente considerado, e a coletividade de animais, chamada de fauna. Trata-se de dois distintos âmbitos de intervenção jurídico-penal. Os *interesses* relacionados à tutela do animal, individualmente considerado, diferenciam-se sensivelmente dos *interesses* relacionados à tutela da fauna". Em nossa opinião, essa recente obra – com a profundidade que a temática exige – é a que melhor *desvelou* as questões em torno da tutela jurídico-penal de animais, nomeadamente, com profundas reflexões para uma melhor compreensão dos bens jurídico-penais tutelados no artigo 32 da Lei 9.605/98. Além de apontar a inexplicável "distorção" em não se reconhecer os animais enquanto titulares de interesses na esfera do direito penal, sendo que "apenas um falacioso argumento *especista* seria capaz de refutar a possibilidade de os animais serem titulares de bens jurídico-penais" (Ibidem, p. 223-224 e 224, conclusão *xxx*), considera "a capacidade de sofrimento do animal [...] a condição de possibilidade de um bem jurídico [...] a capacidade de sofrimento não seria um valor ou *interesse* em si, mas, sim, o fundamento de um valor ou interesse. Explicou-se que o 'poder sofrer' é um fundamento ontológico para a tutela penal de bens jurídicos dos animais" (Ibidem, p. 223, conclusão *xxix*). Por outro lado, Roxin admite a tutela penal dos animais contra maus-tratos como um dos raros exemplos de crime sem bem jurídico-penal definido. ROXIN, Claus. *Strafrecht*. AT1. Grundlangen. Der Aufbau der Verbrechenslehre. Band 1. 4.Auflage. München: Verlag C.H. Beck München, 2006. p. 30-31. § 2/nm., p. 55-59; ROXIN, Claus. ¿Es la protection de bienes jurídicos una finalidad del derecho penal? In: HEFENDEHL, Roland (Ed.). *La teoria del bien jurídico*. ¿Fundamento de legitimación del Derecho penal o juego de abalorios dogmático? Madrid: Marcial Pons, 2007. p. 456. Greco adere a tal posicionamento sem questionar a legitimidade da criminalização de maus-tratos a animais, considerando que: (i) achar um bem jurídico nessa criminalização pode criar um problema maior que admitir a sua inexistência, "o sentimento de solidariedade para com certos animais superiores" como o bem jurídico desse crime pode levar a que "o preço de se dilatar o conceito de bem jurídico para compreender também sentimentos superiores implica num abandono de qualquer função crítica" daquela categoria (Ibidem, p. 108-109), o que permitiria "declarar o homossexualismo uma conduta punível, vez que há muitíssimas pessoas que manifestam similar revolta diante de tal comportamento" (Ibidem ,p. 108); (ii) admitindo-se o bem-estar animal como bem jurídico, esta categoria seria de tal forma dilatada que perderia a sua indispensável capacidade crítica, o que permitiria criminalizar, por exemplo, a tentativa de retirar o Colégio Dom Pedro II da esfera federal (Ibidem, p. 110); (iii) conclui que se trata da solução "menos ruim" e que "mostra as coisas com maior clareza" (Ibidem, p. 111), porque o enfraquecimento do potencial crítico do bem jurídico "é, em verdade, um fortalecimento, porque a recusa de diluir o conceito de bem jurídico permite demarcar com precisão em que ponto se está utilizando o direito penal para tutelar interesses que já não são referíveis ao homem e ao sistema social existentes, impondo àquele que defende uma tal criminalização um forte ônus de fundamentação" (Ibidem, p. 110); (iv) o reconhecimento de situações excepcionais de inexistência de bem jurídico é uma garantia deste elemento, evitando que seu conceito dilua-se e perca sua importância para a dogmática penal. GRECO, Luís. *"Princípio da ofensividade" e crimes de perigo abstrato*; GRECO, Luís. Proteção de bens jurídicos e crueldade com animais. *Revista Liberdades*, v. 3, 2010. p. 47-59. Consideramos as considerações de Roxin e Greco um tanto quanto perigosas à teoria da exclusiva proteção de bens jurídicos, uma vez que "a inexistência de bem jurídico tutelado nos crimes contra animais não é uma hipótese verificável. Ao se reconhecer que a função do direito penal é a *exclusiva tutela subsidiária de bens jurídico-penais*, assume-se a necessidade, em nome da manutenção da legitimidade, de a norma penal sempre tutelar bens jurídicos. Nesse caminho, se houver uma norma penal que não tutele um bem jurídico, então ilegítima será tal intervenção jurídico-penal". TEIXEIRA NETO, João Alves. *Tutela penal de animais*, p. 222 (conclusão *xxvi*).

(o que não implica, por sua vez, a assunção de novos sujeitos de direitos, ou pelo menos não nos mesmos moldes dos seres humanos, caso assim fosse, o roubo de um cão ou outro animal seria passível de ser tratado como sequestro, constrangimento ilegal ou cárcere privado – dependendo das circunstâncias do caso e admitida uma inaceitável noção ecocêntrica pura)[60].

Reconhece-se, portanto, a *teoria dualista* por atribuir a mesma dignidade e legitimidade à tutela de bens jurídicos individuais e coletivos, como é o caso do meio ambiente; bem como a compreensão *ecoantropocêntrica* por ser a única capaz de promover uma tutela penal dos bens ambientais sem qualquer distorção ou limitação pessoal. Por fim, não se pretende abordar todas as teorias e as polêmicas circundantes ao bem jurídico-penal, tão só se arranca da forte e convicta proposta de que não há crime sem bem jurídico afetado, ofendido, e com isso passa-se ao desenvolvimento da ideia de *injusto penal material ambiental*.

3. O injusto penal material ambiental

O conceito material[61] de que se parte (caracterizado por *conceitos valorativos*) liga-se aos três elementos constitutivos do delito, respectivamente: o resultado (o princípio da

---

60. Importante destacar que, para Lobato, "o art. 32 da Lei de Crimes Ambientais trata os animais como o outro que sofre a agressão no crime de maus-tratos. A tutela penal, aqui, volta-se à proteção do próprio animal, e não às condições naturais de vida na terra em favor das gerações futuras, eis que até os animais domésticos, que nenhum serviço prestam em favor do equilíbrio ambiental, das pesquisas científicas, etc., são tratados como a vítima, ou seja, são eles 'o outro' que sofre a agressão humana". Além disso, desde a promulgação da Constituição da República "não se pode negar a existência, há 20 anos, de um marco legal reconhecendo uma subjetividade aos animais", portanto, "a CRFB cria o direito e indica seu titular; logo, não é possível negar a existência desse outro e nem do direito demandado pelo Código Penal como requisitos das duas mais famosas causas de justificação", a saber a legítima defesa e o estado de necessidade. LOBATO, José Danilo Tavares. Legítima defesa e estado de necessidade em favor dos animais? Reflexões em torno de uma nova hermenêutica. *REC*, v. 76, 2020. p. 74. Importante julgado do TJSC demonstra que ainda não se superou o tratamento dos animais como mera propriedade, a saber: em Florianópolis-SC, a acusada, com o auxílio de um chaveiro, adentrou uma residência alheia desabitada para resgatar um cão abandonado "visivelmente tomado por ectoparasitas [carrapatos] há mais de cinco meses", portanto, diante da "completa ausência do elemento subjetivo exigido pelo tipo penal – o dolo. *Animus furandi* não evidenciado", manteve-se a absolvição daquela (*TJSC*, AP 00050738420138240023, 3ª Câm. Crim., rel. Des. Leopoldo Augusto Brüggemann, j. 03.09.2019: "Apelação Criminal. Crime contra o patrimônio. Furto qualificado (art. 155, § 4.º, I, do Código Penal). Sentença absolutória. Irresignação do assistente de acusação. Pleito condenatório. Impossibilidade. Acusada que solicita o serviço de um chaveiro, em plena luz do dia, para abrir portão de residência desabitada, com a única intenção de resgatar cão que se encontrava em situação de descuido, porquanto visivelmente tomado por ectoparasitas [carrapatos] há mais de cinco meses. Versão da denunciada corroborada pela fala judicial da médica veterinária e de vizinhos da localidade. Completa ausência do elemento subjetivo exigido pelo tipo penal – o dolo. *Animus furandi* não evidenciado. Parecer da Procuradoria-Geral de Justiça em igual sentido. Pleito para aplicação da *emendatio libelli* prejudicado. Manutenção da absolvição que se impõe. Pretensa concessão dos benefícios da Justiça gratuita. Ausência de interesse recursal. Ação penal pública incondicionada. Isenção das custas processuais em relação ao autor da ação penal. Não conhecimento no ponto. Recurso parcialmente conhecido e não provido." Destaque que a denúncia foi julgada improcedente pela ausência de dolo e pelo reconhecimento da excludente de ilicitude do estado de necessidade nos termos do art. 386, VI, do CPP.
61. O conceito material de delito é "prévio ao código penal e subministra ao legislador um critério político criminal sobre o que o mesmo pode apenar e o que deve deixar impune". ROXIN, Claus.

ofensividade), a ação (o princípio da *materialidade*) e a culpabilidade (princípio da *responsabilidade pessoal*)[62]. As ideias de bem jurídico-penal e ofensividade amarram-se de tal maneira a constituírem o núcleo da antijuridicidade material[63] que, quanto a nós, apresenta-se como a mais compatível com o Estado Democrático de Direito[64].

Um *primeiro nível de valoração* para um legítimo injusto penal material é assim firmado: o Direito Penal Ambiental destina-se à tutela de alguns bens jurídico-penais ambientais[65]. A proteção dos bens jurídico-penais ambientais apresenta-se de modo que "não se

---

*Strafrecht I*⁴, 2006, p. 13-14, § 2, A, nm. 1. Justamente esta configuração "*acima* ou *atrás* – mas, em todo o caso, sempre fora – do direito penal legislado", apresenta-se como uma barreira crítica ao legislador. FIGUEIREDO DIAS, Jorge de. *Questões fundamentais do direito penal revisitadas*. São Paulo: Ed. RT, 1999. p. 55). Partir desse ponto de vista externo é, segundo D'Ávila, uma necessidade imprescindível em tempos de tamanha indiferença e crise do Direito Penal Contemporâneo, infelizmente marcado por meros formalismos positivistas, artificialismos politicamente orientados e tutelas de simples funções. D'AVILA, Fabio Roberto. Direito penal e direito sancionador. Sobre a identidade do direito penal em tempos de indiferença. *RBCCRIM*, v. 60, 2006. p. 9-35. Portanto, uma primeira consequência é a de que o conceito material de delito informará tanto *de lege lata* quanto *de lege ferenda* os caminhos e descaminhos do Direito Penal Ambiental de hoje e do amanhã, desvinculando-o do decisionismo legislativo.

62. FERRAJOLI, Luigi. *Direito e razão*: teoria do garantismo penal. Trad. de Ana Paula Zomer, Fauzi Hassan Choukr, Juarez Tavares et al. São Paulo: Ed. RT, 2002. p. 371-374.

63. *Conforme*: GUIRAO, Rafael Alcacer. ¿*Lesión de bien jurídico o lesión de deber?*. Apuntes sobre el concepto material del delito. Lima: Grijley, 2004. p. 15-21; HURTADO POZO, José. *Manual de derecho penal*. 3. ed. Lima: Grijley, 2005. Parte General I, p. 514-516; JESCHECK, Hans-Heinrich. *Tratado de derecho penal*. Trad. de la 4. ed. alemana por José Luis Manzanares Samaniego. Granada: Comares Editorial, 1993. Parte General, p. 210-212; MAURACH, Reinhart; ZIPF, Heinz. *Strafrecht*. AT1. Grundlehren des Strafrechts und Aufbau der Straftat. 8. Auflage. Heildelberg: C.F. Müller Juristischer Verlag Heildelberg, 1992. p. 338-339; MIR PUIG, Santiago. *Direito penal*: fundamentos e teoria do delito. Trad. de Cláudia Viana Garcia e José Carlos Nobre Porciúncula. São Paulo: Ed. RT, 2007. p. 128-147; PERSAK, Nina. *Criminalising Harmful Conduct*. The Harm Principle, its Limits and Continental Counterparts. New York: Springer, 2007. p. 97-101.

64. Importa destacar que o abandono de fundamentações materiais do injusto e também de uma justificação externa do Estado constituíram as vigas das doutrinas político-jurídicas do Nacional-Socialismo alemão, orientadas pelo irracional e decisionista *Führerprinzip*. Isso fez com que o direito positivo fosse naturalizado e as questões filosófico-políticas da justificação externa do Estado (bem como de seus limites e funções) fossem ignoradas, cujo saldo fora "[...] uma cultura jurídica acriticamente contemplativa" que teorizava apenas sobre o dever moral de obediência ou de fidelidade ao Estado e, quando não o fazia, aderia cegamente aos valores e interesses das leis (FERRAJOLI, Luigi. *Direito e razão*, 2002, p. 185). Em sentido semelhante, embora sem aprofundar o entrelaçamento entre os princípios e categorias jurídico-penais, Lobato afirma que "dentre os diversos princípios configuradores de um Direito Penal Liberal, isto é, de um Direito Penal voltado a tutelar bens jurídicos sem ser convertido em um mero instrumento de opressão estatal, podemos citar os seguintes que directamente interessam para refutar o emprego primário deste instrumental jurídico na tutela do ambiente: princípios da legalidade, subsidiariedade, exclusiva protecção de bens jurídicos e lesividade ou ofensividade". LOBATO, José Danilo Tavares. Direito penal e Constituição: breves notas sobre a principiologia axiológico-constitucional do direito penal enquanto instrumento de tutela do ambiente. *Julgar*, v. 7, 2009. p. 139.

65. Os dois níveis de valoração do bem jurídico são apontados por D´Ávila, de modo que, no primeiro deles dar-se-á um momento axiológico positivo, a afirmação do bem jurídico segundo os valores historicamente e socialmente consolidados. Ainda nessa primeira fase advém o "processo de

pode admitir que os delitos contra o ambiente possam ter por objeto o próprio controle ambiental e não bens jurídicos materiais, imediatamente lesados"[66]. Disso decorre o *segundo nível de valoração*, capitaneado pelo princípio da ofensividade (*nullum crimen sine iniuria*), ou seja, esse como elemento imprescindível do ilícito penal material[67], logicamente não o único, de modo a estabelecer que: não há crime sem *ofensa* a bem jurídico-penal[68]. Essa é "uma inafastável exigência para a legitimidade do ilícito-típico na ordem jurídico-penal brasileira, após a Constituição Federal de 1988"[69], a qual procura identificar o resultado da relação entre a prática da conduta típica e o objeto de tutela da norma.

Tamanha é a sua relevância para o Direito Penal que, nas palavras de Faria Costa, "[...] a ofensa a um bem jurídico é a pedra de toque que pode legitimar a intervenção do detentor do *ius puniendi* (o Estado), enquanto entidade suscetível de cominar males eticamente legitimados"[70]. Assim deve ser porque a ofensividade representa o divisor de águas entre o fato penalmente relevante e os demais fatos civil ou administrativamente significativos, ou seja, há situações reais de danos ou de perigos (ambientais) que não representam

---

concretização do bem jurídico", indispensável ao seu potencial crítico, principalmente quanto aos de caráter supraindividuais (O *segundo nível de valoração* consiste na determinação da "amplitude da tutela oferecida e as técnicas utilizadas para a sua implementação" (no qual se pretende "resgatar a validade jurídico-penal da proibição/determinação de uma precisa conduta, diante do fim de tutela a que se propõe a norma, *rectius*, da denominada relação de ofensividade" (D'AVILA, Fabio Roberto. *Aproximações à teoria da exclusiva proteção de bens jurídicos no direito penal contemporâneo*, p. 208, 212 e 213).

66. CRUZ, Ana Paula Fernandes Nogueira da. *A culpabilidade nos crimes ambientais*, p. 46. Esse aspecto está intrinsicamente relacionado com a problemática da acessoriedade administrativa na tutela jurídico-penal do meio ambiente, conforme desenvolvido a seguir no item 5 e seus respectivos subitens.
67. Mir Puig salienta que o fato antijurídico deve ser, antes de tudo, um fato comprometedor da existência dos bens jurídicos: "*o princípio da danosidade ou lesividade (nullum crimen sine iniuria)*, vinculado ao da exclusiva proteção de bens jurídicos [...], tem de ser o ponto de partida da antijuridicidade penal". MIR PUIG, Santiago. Antijuridicidad objetiva y antinormatividad en Derecho penal. ADPCP, v. 47, 1994. p. 10.
68. Já que a Constituição da República por si só não consegue estabelecer o significado de bem jurídico, é preciso recorrer a alguns "princípios axiológicos como são os da proporcionalidade, subsidiariedade (*ultima ratio*), ofensividade etc.". YACOBUCCI, Guillermo Jorge. Crise do conceito tradicional de bem jurídico penal. Trad. de Lauren Paoletti Stefanini. In: GOMES, Luiz Flávio (Coord.). *As grandes transformações do direito penal tradicional*. 2. ed. São Paulo: Ed. RT, 2005. p. 94-95. Reconhecendo o acolhimento do princípio da ofensividade no texto constitucional, cfr.: D'AVILA, Fabio Roberto. *Ofensividade e crimes omissivos próprios* (contributo à compreensão do crime como ofensa ao bem jurídico). Coimbra: Coimbra Editora, 2005. p 63-87; e a nota abaixo com maiores detalhes.
69. D'AVILA, Fabio Roberto. O modelo de crime como ofensa ao bem jurídico. Elementos para a legitimação do direito penal secundário. In: D'AVILA, Fabio Roberto; SOUZA, Paulo Vinicius Sporleder (Coord.). *Direito penal secundário*. São Paulo: Ed. RT, 2006. p. 71. Essa derivação constitucional da ofensividade pode ser construída a partir dos incisos IV, VI, VIII, IX e X do artigo 5º da Constituição da República. Por fim, segundo Lobato, "um sistema penal que não respeita o princípio da lesividade é inconstitucional, por não corresponder ao mínimo que se espera de um Estado Democrático de Direito". LOBATO, José Danilo Tavares. *Direito penal e Constituição*, p. 143 (embora discordamos de equiparação entre ofensividade e lesividade assumida por esse autor).
70. FARIA COSTA, José de. *O perigo em direito penal*, p. 626.

significado para o Direito Penal (Ambiental). Esse princípio tem uma dupla função: (i) em um primeiro patamar (*de lege ferenda* ou *de jure condendo* como limite ao *ius puniendi*) volta-se para o momento legiferante, de maneira a atuar como diretriz ao legislador[71]; (ii) em um segundo (*de lege lata* ou *de jure condito* como limite ao *ius poenale*) o destinatário é o aplicador da norma, o Judiciário e as demais instituições indispensáveis ao funcionamento da Justiça, tratando-se de uma diretriz interpretativa[72].

Assim, é significativo o potencial decorrente dessa última função da ofensividade, porque ela implica uma possível recuperação de normas jurídico-penais em vigor, cujo déficit – em termos da primeira função orientativo-legislativa – é grave, ou seja, as leis editadas sem arrimo algum na ofensa ao bem jurídico. Por fim, o princípio da lesividade (embora melhor seria falar-se em ofensividade, conforme já destacado) "atua como uma afiada navalha descriminalizadora, idônea para excluir, por injustificados, muitos tipos penais consolidados, ou para restringir sua extensão por meio de mudanças estruturais e profundas"[73].

A relevância do injusto material decorre de sua atuação como fundamento axiológico da natureza lesiva do resultado[74], admitindo-se três níveis de ofensa (os quais constituem respectivos desvalores de resultado): o dano/violação; o concreto pôr-em-perigo; e o cuidado-de-perigo; todos esses compactuando do fio condutor da "perversão da matricial e originária relação de cuidado-de-perigo"[75]. O desvalor de resultado não pode ser dispensado nem considerado como mera condição objetiva de punibilidade, advertindo-se que a proposta integrativa do injusto material não representa uma desconsideração do desvalor da ação e nem uma supervalorização do desvalor do resultado, mas antes uma perspectiva integrada desses dois desvalores como correta (leia-se legítima) apreensão do ilícito penal ambiental. O desvalor da ação e o desvalor do resultado constituem cumulativamente o resultado do injusto material, pois não é possível colocar a "falsa opção entre o desvalor do ato e desvalor do resultado", qualquer redução a uma ou outra esfera implica "reduzir a capacidade limitadora do discurso jurídico-penal"[76].

---

71. PALAZZO, Francesco C. *Valores constitucionais e direito penal.* Trad. de Gérson Pereira dos Santos. Porto Alegre: SAFE, 1989. p. 80.
72. Idem.
73. FERRAJOLI, Luigi. *Direito e razão,* p. 382.
74. Ibidem, p. 373.
75. FARIA COSTA, José de. *O perigo em direito penal,* p. 634. Para uma melhor compreensão desta original fundamentação do direito penal aplicada a tutela do meio ambiente, *cfr.*: CAETANO, Matheus Almeida. *Os delitos de acumulação no direito penal ambiental,* p. 381-386.
76. ZAFFARONI, Eugenio Raul. *Em busca das penas perdidas*: a perda da legitimidade do sistema penal. 5. ed. Trad. de Vania Romano Pedrosa e Amir Lopez da Conceição. Rio de Janeiro: Revan, 1991. p. 252. Além disso, "somente através da união de ambos, desvalor de ação e desvalor de resultado, é que o ilícito pode ser apreendido em toda a sua complexidade". D'AVILA, Fabio Roberto. *Ofensividade e crimes omissivos próprios* (contributo à compreensão do crime como ofensa ao bem jurídico), p. 44. Por fim, para uma compreensão desses desvalores sob a teoria onto-antropológica de cuidado-de-perigo, ou melhor, por meio das noções de valor e de desvalor de cuidado, valorar-se-á, "com minuciosa ponderação, o eixo que perpassa o desvalor da intenção e o desvalor de resultado", cfr.: FARIA COSTA, José de. *Noções Fundamentais de Direito Penal (Fragmenta iuris poenalis).* Introdução – A doutrina geral da infracção [a ordenação fundamental da conduta (facto) punível; a conduta

Afasta-se assim *o mero* desvalor da ação, exigindo-se para a configuração do injusto material um efetivo resultado jurídico, ora, a desobediência às diretrizes administrativas (seja em sua faceta de ato, seja de norma, conforme a espécie de acessoriedade administrativa envolvida no tipo penal, conforme desenvolvido *infra* no item 5 e ss.) não tem o condão de transformar o ilícito administrativo em penal pelo mero descumprimento, o que já afasta também a possibilidade de fundamentação desse grupo de casos em modelos delitivos de mera desobediência, de infração de dever ou de delitos de comportamento. Nesse sentido, seguem dois exemplos para exemplificar a relevância do injusto penal material na concretização das normas penais ambientais brasileiras.

O primeiro deles refere-se ao artigo 49 da Lei 9.605/98[77], um nítido caso de *atipicidade material* por não ser possível contemplar qualquer bem jurídico-penal[78], o que não suplanta nem o primeiro nível de valoração do injusto, conforme supramencionado. Esse tipo penal é flagrantemente inconstitucional, seja pela violação crassa do princípio penal constitucional de proteção de bens jurídicos[79], seja pela desproporcionalidade, irrazoabilidade, insignificância[80] e pela absoluta ausência de ofensa. A relevância prática disso está na possibilidade real de uma condenação a uma pena de detenção de três meses a um ano, ou, imaginando-se alguém em livramento condicional ou *sursis* penal que, caso realize essa (para além de questionável) conduta típica, poderia perder quaisquer dos benefícios[81], retornando ao cumprimento da pena privativa de liberdade[82] – por exemplo, um indivíduo apaixonado que presenteia a sua musa com uma rosa apanhada em praça pública ou em um jardim particular[83], ou até mesmo, "alguém [...] em sua caminhada matinal, imprudentemente,

---

típica (o tipo); a conduta ilícita (o ilícito); a conduta culposa (a culpa)]. 4. ed. Coimbra: Coimbra Editora, 2015. p. 180, § 43.

77. "Art. 49. Destruir, danificar, lesar ou maltratar, por qualquer modo ou meio, plantas de ornamentação de logradouros públicos ou em propriedade privada alheia: Pena – detenção, de três meses a um ano, ou multa, ou ambas as penas cumulativamente. Parágrafo único. No crime culposo, a pena é de um a seis meses, ou multa."

78. Conforme destaca Figueiredo Dias, o relevante é purificar a ordem jurídico-penal "de todas as infrações que não atentem contra bens-jurídicos ou cujo sancionamento não exiba o caráter de necessidade que é condição justificativa da aplicação de uma pena criminal". FIGUEIREDO DIAS, Jorge de. Para uma dogmática do direito penal secundário. Um contributo para a reforma do direito penal económico e social português. In: D'AVILA, Fabio Roberto; SOUZA, Paulo Vinicius Sporleder (Coord.). *Direito penal secundário*. São Paulo: Ed. RT, 2006. p. 23.

79. PRADO, Luiz Regis. *Direito penal do ambiente*: meio ambiente, patrimônio cultural, ordenação do território e biossegurança (com a análise da Lei 11.105/2005). São Paulo: Ed. RT, 2005. p. 347.

80. *Conforme* essas e outras críticas em: COSTA NETO, Nicolao Dino de Castro. Dos crimes contra a flora. In: COSTA NETO, Nicolao Dino de Castro; BELLO FILHO, Ney de Barros; CASTRO E COSTA, Flávio Dino. *Crimes e infrações administrativas ambientais (Lei n. 9.605/98)*, p. 228-229; REALE FILHO, Miguel. Meio ambiente e direito penal brasileiro. *Ciências Penais*, v. 2, 2005. p. 79-81.

81. Caso fosse condenado por sentença irrecorrível, seria o caso de revogação obrigatória do livramento condicional (nos moldes do artigo 86, I, do CP) e da suspensão condicional da pena (conforme artigo 81, I, do CP).

82. Exemplo semelhante encontrado em: COSTA NETO, Nicolao Dino de Castro. *Dos crimes contra a flora*, p. 229, nota 268.

83. Cfr. o mesmo exemplo em: CAETANO, Matheus Almeida. *Os delitos de acumulação no direito penal ambiental*, p. 174.

ou seja, sem intenção, vontade ou assunção do risco, pisado em algumas poucas plantas de ornamentação do logradouro público do local, onde se exercitava"[84].

O outro exemplo decorre do artigo 52 da Lei 9.605/98[85]. Considerando que o indivíduo "A", residente em um pequeno sítio localizado próximo a uma Unidade de Conservação "B" (UC "B"), ambos localizados em um local de difícil acesso e com recente infraestrutura instalada (por exemplo, estrada, telefone público, posto de combustível). "A" volta da pacata cidade "C" com alguns produtos destinados aos serviços de manutenção de seu sítio, mas abrupta e inesperadamente tem um problema com o seu veículo na estrada que circunda a UC "B". Tendo em vista as avançadas horas da noite e sem contato telefônico, "A" decide pegar os seus produtos (destaque aqui para a sua vara de pesca que costuma utilizar no pequeno riacho que passa por sua propriedade rural) e cortar caminho através da UC "B". Infortunadamente, o policial ambiental "E" o intercepta e dá-lhe voz de prisão. Eis o exemplo, nota-se que a conduta típica (formal) está (aparentemente) completa: "A" penetrou a UC "B" com os produtos destinados aos serviços de manutenção do sítio (a vara de pesca ou outro instrumento proibido pelo tipo), obviamente sem licença da autoridade competente[86].

Há crime a ser perseguido pelo Estado aqui? O que muda em face do princípio da culpabilidade e da ofensividade nesse caso? No modelo de injusto material proposto anteriormente – inspirado na ofensa a bens jurídicos – não ocorreria nenhum crime nesse hipotético caso, pois o indivíduo "A" que penetra na UC "B" com instrumentos de manutenção de seu sítio (sem qualquer intuito de caça ou de extração de recursos, produtos ou subprodutos florestais) não provoca nenhuma ofensa ao bem jurídico-penal tutelado em quaisquer dos três níveis possíveis. Não seria o caso aqui nem mesmo de uma hipótese de ato preparatório pela absoluta ausência de dolo, sem quaisquer ressonâncias jurídico-penalmente relevantes. Punir essa conduta seria responder com uma pena ao mero descumprimento da norma, ou seja, adentrar a Unidade de Conservação com instrumentos ou substâncias relacionados à caça ou à exploração florestal "sem licença da autoridade competente". Em termos jurídico-penais, não passaria o artigo 52 da Lei 9.605/98 de um crime de infração de dever, ou ainda, quando muito, a conduta a ser punida poderia representar um ato preparatório para algum outro ilícito-penal ambiental, o que também constituiria em uma ofensa à presunção de inocência (cfr. nota 290, *infra*), além de criticável pelas razões já apontadas.

A consequência dessa proposta é uma significativa restrição da tutela penal do meio ambiente, principalmente no tocante à aplicação da Lei 9.605/98, mas, *ainda que, em seu espaço diminuto, o Direito Penal Ambiental sai fortalecido ao se preservar dos problemas de*

---

84. LOBATO, José Danilo Tavares. *Direito penal e Constituição*, p. 143, o autor parece sugerir que esse artigo 49, assim como outros da Lei 9.605/98, coloca(m) "em concreto, de forma desproporcional, a liberdade do cidadão em risco em virtude da desconsideração da base axiológico-constitucional do Direito Penal do Estado Democrático de Direito pelos operadores jurídicos".
85. Art. 52. Penetrar em Unidades de Conservação conduzindo substâncias ou instrumentos próprios para caça ou para exploração de produtos ou subprodutos florestais, sem licença da autoridade competente: Pena – detenção, de seis meses a um ano, e multa.
86. CAETANO, Matheus Almeida. *Os delitos de acumulação no direito penal ambiental*, p. 209.

legitimidade dos modelos de injusto formais, pois ele acaba por manter os parâmetros de validade jurídico-penais que são exigidos pelo Estado de Direito. No próximo item passa-se ao sentido e às implicações do *Direito Penal Secundário* – terreno por excelência da proteção penal do meio ambiente – com suas características e diferenças (entendidas as últimas tanto no sentido formal quanto no material) em relação ao *Direito Penal Nuclear* – espaço do direito penal tradicional, conforme abordagem a seguir.

4. Sobre o lugar do Direito Penal Ambiental: o Direito Penal Secundário

Em termos diretos, pode-se afirmar que alusivamente o Direito Penal Material divide-se em *Direito Penal Nuclear*[87] e *Direito Penal Secundário*[88]. *Grosso modo*, tal classificação

---

87. O Direito Penal Nuclear refere-se àquele campo normativo originário do pensamento iluminista, marcado pela proteção primordial de bens jurídicos individuais, como a vida, a liberdade, a propriedade, a saúde individual, a incolumidade física e psicológica. Segundo Yacobucci, "[...] o direito penal do Iluminismo é fortemente formalizado como consequência lógica da existência de um modelo de Estado burocrático que centraliza o poder". ACOBUCCI, Guillermo Jorge. Crise do direito penal tradicional. Trad. de Lauren Paoletti Stefanini. In: GOMES, Luiz Flávio (Coord.). *As grandes transformações do direito penal tradicional*, p. 41. Também conhecido por *Direito Penal de Justiça, Comum, Liberal, Clássico ou Primário*, essa seara diz respeito aos crimes que estão inseridos nos Códigos Penais dos Estados (eis aqui o critério formal de identificação). Tanto é assim que Naucke trata o *StGB* como "a melhor demonstração do caráter substancial do direito", chegando a usá-lo claramente em alguns trechos de sua obra como sinônimo do Direito Penal Nuclear. NAUCKE, Wolfgang. *Derecho penal*: una introducción. Trad. de Leonardo Germán Brond. Buenos Aires: Editorial Astrea, 2006. p. 136. Por decorrência lógica, o Direito Penal Nuclear Adjetivo compõe-se das normas estabelecidas no Código de Processo Penal, acompanhando a regulamentação ordinária dessa ordem normativa, o que não afasta a incidência das normas de natureza penal e processual-penal contidas na Constituição e nos Tratados de Direitos Humanos devidamente ratificados. São suas características principais: (*i*) o voltar-se predominantemente à proteção de bens jurídicos individuais (a vida, o corpo, a integridade física e psicológica individualizada, a liberdade, a propriedade, a saúde individualizada, entre outros); (*ii*) o ancorar-se no modelo de Estado Liberal; (*iii*) a filiação ao modelo iluminista de codificação das normas; (*iv*) e, logo, os delitos dessa classe encontram-se exclusivamente nos Códigos Penais dos Estados; (*v*) as pessoas físicas ou naturais como os únicos sujeitos ativos de delitos (*societas delinquere non potest*); (*vi*) a manifestação do Direito Penal que leva em consideração a esfera individual do homem tão somente.

88. Já o Direito Penal Secundário – também conhecido pelos adjetivos *acessório, periférico, complementar ou extravagante* –, na perspectiva material de Figueiredo Dias, consiste na relação dos bens jurídicos com a ordenação jurídico-constitucional referente aos direitos sociais e à organização econômica. Trata-se aqui de proteger o homem em sua faceta social de atuação, ou seja, o homem como participante da sociedade. FIGUEIREDO DIAS, Jorge de. *Questões fundamentais do direito penal revisitadas*, p. 68. Não de outra forma, considerando o delito ecológico como o seu principal exemplo, Gregori e Costa Júnior manifestam-se no seguinte sentido, "ao contrário do direito penal clássico, o direito penal 'secundário' considera majoritariamente o aspecto social da pessoa humana do que o individual",. GREGORI, Giorgio; COSTA JÚNIOR, Paulo José da. *Problemi generali del diritto penale dell'ambiente*. Padova: CEDAM, 1992. p. 43. Em consonância com isso é possível invocar alguns dos efeitos do binômio principiológico do *Rechtsstaats-/Sozialstaatsprinzip* (princípio do Estado de Direito/princípio do Estado Social) no conteúdo do Direito Penal. PALAZZO, Francesco C. *Valores constitucionais e direito penal*, p. 26. E, para além disso, afirmar também o Direito Penal Secundário como reflexo e demonstração de uma evolução histórica do Estado nos ordenamentos jurídicos por assimilar também o Estado Ambiental. Sob um ponto de vista jurídico-formal, o Direito Penal Acessório caracteriza-se pelos delitos localizados nas legislações esparsas, não integrados aos Códigos

rege-se por critérios de ordem formal e material, por exemplo, o lócus da previsão legal (no CP para o *nuclear* e nas leis extracódigo no *secundário*) e a natureza do bem jurídico-penal protegido (o pessoal no *nuclear* e o coletivo no *secundário*) respectivamente. Ambos os critérios não fornecem unilateralmente uma resposta segura e operacional[89], o que levará à defesa de outros de ordem material e formal (sempre cumulativos) para a identificação dessas modalidades.

Destaca-se a necessidade de afastamento de quaisquer indícios ou efetivos juízos (apressados) de mitigação ou infravaloração do Direito Penal Secundário, pois ele "é tão importante como o direito penal nuclear"[90]. Embora se reconheça que, no sentido hierárquico-valorativo, "a introdução, no código penal, de um ou vários tipos legais de crime [...] arrasta um valor acrescentado, não só ao nível de símbolo, mas fundamentalmente na correspondência do seu tratamento dogmático"[91]. Em contrapartida, esse constante

---

Penais dos Estados, ou seja, as normas de Direito Penal fora do Código constituem o Direito Penal Secundário, chegando Naucke a assegurar que esse é construído "levando em consideração o termo 'código penal': direito penal material acessório ao *StGB*". NAUCKE, Wolfgang. *Derecho penal*, p. 136. Nota-se, portanto, que essa expressão é construída sob um raciocínio negativo. ASSEMER, Winfried; MUÑOZ CONDE, Francisco. *Introducción a la criminología y al derecho penal*, p. 131. Embora pareça que essa faceta do Direito Penal funcione como um mero satélite do polo normativo *nuclear*, os autores salientam claramente o seu destaque, sob um "ponto de vista quantitativo", responsável por disciplinar uma grande gama de matérias e um considerável volume de atividades da Justiça Penal. ASSEMER, Winfried; MUÑOZ CONDE, Francisco. *Introducción a la criminología y al derecho penal*, p. 131; NAUCKE, Wolfgang. *Derecho penal*, p. 137. Essa própria regulamentação extracódigo propicia um tratamento dogmático de suas categorias "com um maior espaço de manobra". FARIA COSTA, José de. *O perigo em direito penal*, p. 450. E, por isso, não raramente apresentam enormes dificuldades de compatibilização jurídico-dogmática. Por outro lado, isso é decorrência das complexas áreas de normatividade que surgem *eminentemente* (não necessariamente, como já advertido acima) no novo Direito Penal Moderno. YACOBUCCI, Guillermo Jorge. *Crise do direito penal tradicional*, p. 43.

89. A adoção do critério de classificação cronológico (Direito Penal Moderno, Direito Penal do período clássico ou do período iluminista) conjuntamente com as dificuldades e as lacunas da diferenciação impossibilitam qualquer forma de relação necessária, e, sobre isso, Silva Dias é categórico ao afirmar que "nem Direito Penal moderno coincide com Direito moderno, nem a dupla Direito Penal clássico/Direito Penal moderno é idêntica à dupla Direito Penal de justiça/Direito Penal complementar". SILVA DIAS, Augusto. *"Delicta in se" e "delicta mere prohibita"*: uma análise das descontinuidades do ilícito penal moderno à luz da reconstrução de uma distinção clássica. Coimbra: Coimbra Editora, 2008. p. 216, nota 507.

90. NAUCKE, Wolfgang. *Derecho penal*, p. 142. Na mesma esteira, Hassemer e Muñoz Conde também asseguram não ser possível diferenciar o Direito Penal Nuclear e o Direito Penal Secundário em função do critério da "importância", e, buscando assim diluir qualquer mal-entendido gerado pela terminologia deste último, eles afirmam que os termos secundário e acessório não devem ser compreendidos como de reduzida ou inexistente relevância. HASSEMER, Winfried; MUÑOZ CONDE, Francisco. *Introducción a la criminología y al derecho penal*, p. 131.

91. FARIA COSTA, José de. *O perigo em direito penal*, p. 450. Ideia questionada, em partes, por Silva Dias, que não considera a inserção de tipos no CP uma clarificação da sua danosidade social, já que isso não está comprovado empiricamente, além do desconhecimento da maioria da população sobre o Código Penal. SILVA DIAS, Augusto. *Ramos emergentes do direito penal relacionados com a proteção do futuro* (ambiente, consumo e genética humana). Coimbra: Coimbra Editora, 2008. p. 104.

afastamento do modelo jurídico-penal iluminista faz com que D'Ávila manifeste uma *preocupação* com os novos espaços de normatividade[92], em especial, com o direito penal ambiental, "[...] convertido em amplo campo de prova do que pode vir a ser o direito penal nos anos que seguem, muito tem a contribuir para a feição, ainda demasiadamente frágil, do direito penal que se deseja para este novo milênio"[93].

Além disso, ressalta-se que ambos os setores são compreendidos no sentido pleno do termo, mesmo o Direito Penal Secundário "é também 'direito penal', tanto do ponto de vista estrutural (norma, sanção, processo), quanto do conteúdo de seus elementos materiais e formais"[94]. Tanto que Naucke deixa expressa a existência de uma tripla manifestação de cada uma dessas facetas: (*i*) Direito Penal Nuclear – Direito Processual Penal Nuclear – Direito da Organização Judicial Penal; (*ii*) Direito Penal Acessório – Direito Processual Penal Acessório – Direito da Organização Judicial Acessória[95]. Destaca-se que a equânime relevância das duas esferas também se estende aos seus correspondentes níveis processuais e organizacionais.

É indispensável lembrar que não há qualquer diferença nos crimes provenientes dessas duas manifestações quanto ao desvalor do injusto e a incidência da culpabilidade[96], bem como reafirmar o Direito Penal Ambiental como uma das manifestações do Direito Penal Secundário, o que faz com que nele "a necessidade de atenção a ser dispensada, nos planos de *lege ferenda* e *lege lata*, à exigência constitucional de ofensividade aumenta significativamente" devido aos problemas das particularidades dos bens jurídicos supraindividuais, dos contextos de complexidade causal, prevalecendo uma tutela estruturada "muitas vezes através de crimes de perigo abstrato"[97].

Portanto, o Direito Penal Ambiental brasileiro[98] manifesta-se no seio do Direito Penal Secundário (sendo-lhe exigida a mesma responsabilidade e a coerência com as garantias jurídico-penais), porque (i) está localizado em Lei extravagante (Lei 9.605/98 e demais supracitadas na introdução), logo, os crimes dessa classe encontram-se frequentemente em leis penais esparsas; (ii) filia-se ao modelo de microssistemas normativos, ou

---

92. "Por estes dois questionamentos fundamentais, pela crítica responsável, juridicamente comprometida, da existência e estruturação do direito penal secundário, que passa o papel do direito penal no novo milênio", constituindo uma missão inafastável daqueles que responsável e dedicadamente se preocupam com os rumos do direito penal. D'AVILA, Fabio Roberto. O espaço do direito penal no século XXI. Sobre os limites normativos da política criminal. *RBCCRIM*, v. 64, 2007. p. 85.
93. D'ÁVILA, Fábio Roberto. Breves notas sobre o direito penal ambiental. *Bol. IBCCRIM*, v. 214, 2010. p. 16.
94. HASSEMER, Winfried; MUÑOZ CONDE, Francisco. *Introducción a la criminología y al derecho penal*, p. 131.
95. Para mais detalhes desta dualidade do Direito Penal com ênfase no ordenamento jurídico alemão, *conforme*: NAUCKE, Wolfgang. *Derecho penal*, p. 134-163.
96. HASSEMER, Winfried; MUÑOZ CONDE, Francisco. *Introducción a la criminología y al derecho penal*, p. 131.
97. D'AVILA, Fabio Roberto. Teoria do crime e ofensividade. O modelo de crime como ofensa ao bem jurídico. In: D'AVILA, Fabio Roberto (Org.). *Ofensividade em direito penal*, p. 75.
98. Acompanhando o raciocínio sobre ser o Direito Penal Secundário o espaço de tutela também de valores ambientais em Portugal, *conforme*: RODRIGUES, Anabela Miranda. Direito penal do ambiente: uma aproximação ao novo direito português. *RDA*. v. 2, 1996. p. 18.

seja, descodificador, com regulamentações processuais penais específicas (artigo 79 da Lei 9.605/98; artigos 61 e 89 da Lei 9.099[99]); (iii) tanto as pessoas físicas ou naturais quanto as jurídicas ou fictícias podem ser sujeitos ativos de delitos (*societas delinquere potest*), artigo 2º[100] da Lei 9.605/98; (iv) o predomínio de bens jurídicos coletivos ou supraindividuais; (v) a ancoragem no modelo de Estado Social ou do Bem-estar Social; (vi) a manifestação do Direito Penal que leva em consideração a esfera social do homem, decorrência do reconhecimento da participação constante dos cidadãos na esfera pública da sociedade[101].

Por fim, duas das características do Direito Penal Secundário presentes especialmente no Direito Penal Ambiental brasileiro são (vii) este último como *terreno privilegiado mas não exclusivo* da acessoriedade administrativa[102] do Direito Penal[103] e (viii) das normas penais em branco[104], temas a serem abordados no próximo item.

5. A acessoriedade administrativa do Direito Penal Ambiental e as normas penais em branco

Adentra-se agora em um tema amplamente discutido na Década de 1980 na Alemanha, o qual propiciou avanços dogmáticos incontestáveis, mas não definitivos e muito menos perfeitos, tanto que Schall considera-o como "ponto nevrálgico"[105] do Direito Penal Ambiental. Pode-se considerá-lo como a complexa relação entre o Direito Penal e o Direito Administrativo que acaba por reger – não só[106] – o Direito Penal Ambiental, podendo se manifestar em vários graus de vinculação[107], o que necessitará de algumas adequações e

---

99. AMARAL FILHO, Adilson Paulo Prudente do. Direito criminal ambiental: uma proposta de leitura. *Bol. IBCCRIM*, v. 176, 2007. p. 16.
100. "Art. 3º As pessoas jurídicas serão responsabilizadas administrativa, civil e penalmente conforme o disposto nesta Lei, nos casos em que a infração seja cometida por decisão de seu representante legal ou contratual, ou de seu órgão colegiado, no interesse ou benefício da sua entidade."
101. Trata-se, em partes, do raciocínio exposto por Amaral Filho ao reconhecer que o legislador, ao promover o microssistema de tutela penal do meio ambiente com a Lei 9.605/98, concretizou "os princípios da participação e do poluidor-pagador, então está-se a falar de algo totalmente novo, de uma forma de intervenção estatal que não mais se identifica com o Direito Penal clássico". Sob pena de distorção do pensamento do autor, adverte-se que ele reconhece todas as características mencionadas no parágrafo do texto, mas não faz menção ao Direito Penal Secundário, limitando-se a não aderir à filiação do Direito Penal Ambiental ao *Interventionsrecht*. Para mais detalhes, *conforme*: AMARAL FILHO, Adilson Paulo Prudente do. *Direito criminal ambiental:* uma proposta de leitura, p. 17.
102. ROXIN, Claus. *Strafrecht I*⁴, p. 814, 17/58.
103. GREGORI, Giorgio; COSTA JÚNIOR, Paulo José da. *Problemi generali del diritto penale dell'ambiente*, p. 82.
104. ALFLEN DA SILVA, Pablo Rodrigo. *Leis penais em branco e o direito penal do risco*: aspectos críticos e fundamentais. Rio de Janeiro: Lumen Juris, 2004. p. 56, nota 190.
105. SCHALL, Haro. Umweltschutz durch Strafrecht: Aanpruch und Wirklichkeit. *NJW*, 990, p. 1265. 2ª col. *Conforme* também em: KUHLEN, Lothar. *Umweltstrafrecht: auf der Suche nach einer neuen Dogmatik*, p. 706. *Conforme* também: FIGUEIREDO DIAS, Jorge de. *Sobre a tutela jurídico-penal do ambiente*, p. 193.
106. Essa figura é também notada no Direito Penal Econômico, de Tóxicos, Genético, Fiscal, Urbanístico (no último com regulamentos sobre as normas técnicas de construção).
107. Advertindo sobre uma perigosa dependência do Direito Administrativo que pode deixar o Direito Penal a reboque daquele, Rogall adverte sobre o papel atual da acessoriedade administrativa em

implicará respectivamente em diversas consequências. Em síntese, nas palavras de Câmara, trata-se, em sentido amplo, "[d]o condicionamento do direito penal a normas de colmatação de natureza administrativa"[108].

Através dessa acessoriedade administrativa do Direito Penal Ambiental (*Verwaltungsakzessorietät des Umweltstrafrechts*) abre-se um debate sobre a constante tensão entre a segurança dos cidadãos diante do *jus puniendi* e a necessidade de proteção do meio ambiente por meio das normas e dos atos administrativos emanados do Estado. Não se pretende esgotar aqui tema tão árduo e complexo, destarte seja possível apontar alguns dos muitos caminhos e descaminhos enfrentados pelo Direito Penal Ambiental em relação a ele. O principal problema nesse âmbito é a denominada *irresponsabilidade organizada*[109] que comprova o paradoxo movimento de simultâneo encolhimento do Estado com a assunção de novos encargos decorrentes da tutela e da gestão dos recursos ambientais, nas palavras de Domingues, "o avanço do Estado Ambiental trouxe consigo o alargamento da máquina administrativa"[110].

A tutela penal dos bens ambientais depende da – mas não se fundamenta na – concretude de licenças, permissões ou autorizações que buscam excluir as condutas mais perturbadoras (ofensivas) dos ecossistemas, não se dando a proteção daqueles apenas pela pena do legislador[111]: a acessoriedade administrativa do Direito Penal Ambiental é também um terreno de sopesamento de valores: a economia e o meio ambiente[112]. Eis que a dicotomia *proteção ambiental* versus *desenvolvimento econômico* passa a ser dirigida e conformada pela Administração, conforme salienta Faria Costa:

> [...] o centro do problema passa do domínio estritamente económico para a área do controle administrativo. [...] o Estado introduz a regulação da qualidade como meio idóneo a suster o aumento de conflito criado pelo meramente económico. Este, o jogo tão somente económico, gera um défice de normatividade que tem que ser preenchido.[113]

A tutela do meio ambiente passa a depender diretamente do aparato administrativo responsável pelas autorizações, somando-se a essa árdua tarefa os problemas da sucateada estrutura humana, logística e de aparatos tecnológicos e estruturais dos órgãos ambientais e das infindáveis situações de corrupção envolvidas (tudo isso sem contar o constante e

---

refratar desde sempre uma certa "sujeição do Direito Penal às exigências jurídico-administrativas". ROGALL, Klaus. Die Verwaltungsakzessorietät des Umweltstrafrechts: alte Streitfragen, neus Recht, *GA*, 1995, p. 300.

108. CÂMARA, Guilherme Costa. *O direito penal do ambiente e a tutela das gerações futuras*, p. 412.
109. A *irresponsabilidade organizada* constitui um dos elementos da teoria da sociedade de risco de Beck, sendo indispensável na compreensão da forma e dos motivos pelos quais as instâncias de poder da sociedade moderna admitiram o surgimento dos riscos enquanto – e, simultaneamente – negaram a sua existência, omitindo as suas origens e obstruindo o seu controle e gestão. BECK, Ulrich. *La sociedad del riesgo global*. Trad. de Jesús Alborés Rey. Madrid: Siglo XXI, 2006. p. 89-90.
110. DOMINGUES, Victor Hugo. Acessoriedade administrativa e delitos ambientais. *Revista de Crítica Jurídica*, v. 2, 2009. p. 57.
111. FIGUEIREDO DIAS, Jorge de. *O papel do direito penal na proteção das gerações futuras*, p. 607.
112. RODRIGUEZ MOURULLO, Gonzalo. Limitaciones del Derecho Penal del medio ambiente: alternativa politico-criminales. A tutela jurídica do meio ambiente: presente e futuro. *Boletim da Faculdade de Direito de Coimbra*, v. 81, 2005. p. 163.
113. FARIA COSTA, José de. *O perigo em direito penal*, p. 299.

convicto processo *político* de desmancho dos órgãos de fiscalização federal nos últimos dois anos) no cenário brasileiro. São três os modelos de relação entre o Direito Penal e o Direito Administrativo, eles guardam aproximações com as espécies analisadas a seguir – a saber, respectivamente α, β, γ e δ –, mas não implicam qualquer equivalência de conteúdo.

A dependência absoluta em relação à Administração está no *modelo 1*, que possui as seguintes finalidades básicas: garantir a execução administrativa e o cumprimento dos padrões administrativos, bem como a supervisão e o controle das autoridades administrativas. Heine deixa explícito que, nesse primeiro arquétipo, o Direito Penal não apenas se retrai, como "também se subordina completamente à função e aos objetivos do Direito Administrativo"[114]. Pode-se dizer que fica ainda mais perceptível a problemática tensão do discricionário pertinente ao administrativo com o estritamente legal e taxativo do penal (cf. subitem 5.1.1, a seguir, o primeiro problema político da acessoriedade administrativa, i). Em termos jurídico-penais, no *modelo 1* "a desobediência a estas prescrições constituirá, justamente, a ilicitude típica dos crimes ecológicos"[115], ou, nos termos de Kindhäuser, o delito está justamente no descumprimento de determinados deveres do Direito Administrativo, seja pela ausência de correspondência quanto ao seu conteúdo de determinação, seja pelas ações praticadas com a inexistência de quaisquer autorizações por parte das autoridades[116]. Trata-se aqui de uma verdadeira confusão entre os ilícitos administrativo e penal, de forma que isso "levaria a que o Direito Criminal assumisse o papel próprio de um direito de mera ordenação social"[117], sendo frequentes os denominados *crimes de mera desobediência* e *de infração de dever*. Essa forma delitiva reflete-se principalmente nos problemas da acessoriedade administrativa analisados, a seguir, no subitem 5.1.

O *modelo 2*, o de dependência relativa, destaca-se pelas seguintes finalidades: a proteção de específicos bens ambientais, da vida e da saúde humana perante os perigos. Consequência disso é a preferencial tutela penal dos elementos água, ar e solo, pois estes ligam-se diretamente aos interesses humanos. Destaca-se que não basta aqui o descumprimento das diretivas administrativas para determinar a tipicidade objetiva do crime ambiental, indispensável é também o resultado de perigo (concreto ou abstrato) ou de dano. Nesse sentido, o ilícito penal ecológico englobaria aqui os desvalores (jurídicos) de ação e de resultado, além da desobediência administrativa, sendo indispensável a consideração dos efeitos decorrentes daquelas (os resultados materiais nos microbens ambientais). Para Heine, os comportamentos puníveis no direito penal ambiental "requerem ações com consequências que (pelo menos potencialmente) possam prejudicar o meio ambiente"[118], ou melhor, a "ilicitude administrativa é condição necessária, mas não suficiente da punição"[119], prova disso é que "o tipo penal delimita a conduta proibida em um primeiro momento com independência do Direito Administrativo. Uma permissão da autoridade

---

114. HEINE, Günter. Acessoriedad administrativa en el derecho penal del medio ambiente. *ADPCP*, v. 46, 1993. p. 295.
115. RODRIGUES, Anabela Miranda. *Direito penal do ambiente*, p. 23.
116. KINDHÄUSER, Urs. *Elementos fundamentales del derecho penal medioambiental alemán*, p. 508.
117. MARQUES, Pedro Maia Garcia. Direito penal do ambiente: necessidade social ou fuga para a frente?: parte II. *Direito e justiça*, v. XIII, 1999. p. 101.
118. HEINE, Günter. *Acessoriedad administrativa en el derecho penal del medio ambiente*, p. 296.
119. RODRIGUES, Anabela Miranda. *Direito penal do ambiente*, p. 22.

atua aqui como causa de justificação"[120]. Por fim, segundo Eser, ao tratar da acessoriedade moderada em um direito penal ambiental, essa esfera de normatividade não deve procurar proteger especialmente os regulamentos e as normas administrativos e tampouco objetivos de governabilidade, mas sim, nomeadamente, tutelar "os elementos biológicos que constituem o 'invólucro' natural dentro do qual se desenrola a vida humana"[121].

O *modelo 3* – o de independência total do Direito Penal ou do Direito Penal Puro[122] – considera relevante jurídico-penalmente a colocação em perigo concreto da vida e do corpo humano, não existindo dependência alguma do Direito Administrativo. Nesse protótipo recorre-se, "em regra, a crimes de perigo concreto em que o bem jurídico protegido é a vida, a saúde ou o património e, só indiretamente, o 'ambiente'"[123], o que remete à extremamente limitada teoria monista-pessoal do bem jurídico (de traços puramente antropocêntricos), visto que considera como dignos de proteção penal apenas os bens jurídicos pessoais (vida, corpo, liberdade, propriedade etc.) lesionados ou colocados em perigo.

Tal independência total do Direito Penal em relação à Administração é clara naquelas irregularidades absolutamente graves, que jamais permitiriam autorizações, mas, nas questões ambientais, os limites são muito tênues e dependem do estado da arte dos conhecimentos científicos vigentes para apontar a perigosidade ou não aos elementos naturais e à saúde humana[124]. Nessa senda entram as polêmicas sobre os valores-limites – estandartes – que não evitam risco algum para a população, e "não são mais que decisões tecnicamente disfarçadas sobre riscos produzidos socialmente adequados e embora toleráveis – e, por isso, posteriormente são modificáveis no processo de harmonização"[125]. Conforme destaca Rodrigues, esse modelo não pode ser aceito para uma tutela penal eficaz do meio ambiente, pois "um direito penal autônomo em relação ao direito administrativo seria anacrônico e dificilmente aceitável"[126].

Expostos os três diferentes arquétipos de relação entre o Direito Penal e o Direito Administrativo, passa-se a apresentar cada uma das espécies do gênero acessoriedade administrativa, a saber: (α) a acessoriedade conceitual; (β) a acessoriedade ao ato administrativo (*Verwaltungsaktsakzessorietät*) formal/de ato/ou relativamente ao ato; (γ) a acessoriedade ao direito administrativo (*Verwaltungsrechtsakzessorietät*) material/de direito/ou relativamente à norma[127]; e (δ) a acessoriedade ao ato e à norma administrativa (acessoriedade mista ou relativamente à norma e ao ato).

---

120. KINDHÄUSER, Urs. *Elementos fundamentales del derecho penal medioambiental alemán*, p. 508.
121. ESER, Albin. La tutela penale dell'ambiente in Germania. *L'indice penale*, v. 23, 1989. p. 237.
122. HEINE, Günter. *Acessoriedad administrativa em el derecho penal del medio ambiente*, p. 293-299.
123. MARQUES, Pedro Maia Garcia. *Direito penal do ambiente*, p. 100.
124. Em verdade, a questão dos limites aceitáveis de poluição, de extração ou degradação de matérias orgânicas ou minerais depende de um sempre presente jogo entre a tecnologia ecológica disponível e o contexto fático sobre o qual ocorrem aquelas atividades. Para mais detalhes sobre isso, cfr.: cfr. CAETANO, Matheus Almeida. *Os delitos de acumulação no direito penal ambiental*, p. 409-413.
125. HEINE, Günter. *Acessoriedad administrativa em el derecho penal del medio*, p. 298.
126. RODRIGUES, Anabela Miranda. *Direito penal do ambiente*, p. 21.
127. Mencionando as três primeiras "formas de manifestação" da acessoriedade administrativa, cfr. SCHALL, Haro. Umweltschutz durch Strafrecht: Aanpruch und Wirklichkeit, p. 1265, 2 col.; p. 1266; GRECO, Luís. A relação entre o direito penal e o direito administrativo no direito penal

A primeira delas (α) consiste em "que o direito penal adotou conceitos do direito administrativo ambiental, como, por exemplo, os conceitos de 'resíduos' ou 'instalações nucleares'"[128]. O artigo 39 da Lei 9.605/98[129] faz menção às áreas de preservação permanente (APPs), que são definidas, em termos gerais, pelo Novo Código Florestal (uma norma administrativa, a saber, a Lei 12.651/12[130]), nos artigos 4º e 6º. É indispensável trazer à baila a observação de Greco no sentido de que "algumas vezes uma acessoriedade conceitual esconde um outro tipo de acessoriedade [...] herdando, em tais casos, os mesmos problemas que se apresentam nessas sedes"[131]. Tal é o caso da definição das APPs que, em certa medida, são determinadas, ora por atos da autoridade competente (assumindo também uma acessoriedade ao ato administrativo[132]), ora pela Lei 12.651/12 (refletindo

---

ambiental: uma introdução aos problemas da acessoriedade administrativa. *RBCCRIM*, v. 58, 2006. p. 159-163; com relação a acessoriedade – mista – ao ato e à norma administrativa, *conforme*: FIGUEIREDO DIAS, Jorge de. *Sobre a tutela jurídico-penal do ambiente*, p. 194.

128. SCHALL, Haro. *Umweltschutz durch Strafrecht:: anpruch und Wirklichkeit*, p. 1265, 2ª col. No mesmo sentido, afirmando a acessoriedade conceitual como quando a lei penal "toma emprestado conceitos do direito administrativo, empregando-os no sentido que lhes atribui este". GRECO, Luís. *A relação entre o direito penal e o direito administrativo no direito penal ambiental:* uma introdução aos problemas da acessoriedade administrativa, p. 159.

129. "Art. 39. Cortar árvores em floresta considerada de preservação permanente, sem permissão da autoridade competente: Pena – detenção, de uma três anos, ou multa, ou ambas as penas cumulativamente."

130. Apenas a título de menção, mediante o julgamento conjunto da *ADC* 42 e das *ADIs* de 4901, 4902, 4903 e 4937, em 28 de fevereiro de 2018, o *STF* decidiu pela constitucionalidade das normas referentes às áreas de preservação permanente, cujo o trecho da *Ementa* estabeleceu que "[...] ii) por maioria, dar interpretação conforme a Constituição ao art. 3º, VIII e IX, do Código Florestal, de modo a se condicionar a intervenção excepcional em APP, por interesse social ou utilidade pública, à inexistência de alternativa técnica e/ou locacional à atividade proposta, vencidos, em parte, os Ministros Gilmar Mendes e Celso de Mello; iii) por maioria, reconhecer a constitucionalidade do art. 3º, XIX, do Código Florestal, vencidos, em parte, os Ministros Cármen Lúcia (Presidente) e Ricardo Lewandowski, que declaravam inconstitucional, por arrastamento, o art. 4º, I, do Código Florestal; iv) por maioria, vencidos os Ministros Alexandre de Moraes e Gilmar Mendes, declarar a inconstitucionalidade das expressões '*demarcadas*' e '*tituladas*', contidas no art. 3º, parágrafo único, do Código Florestal; v) por unanimidade, reconhecer a constitucionalidade do art. 4º, III, do Código Florestal; vi) por maioria, dar interpretação conforme ao art. 4º, IV, do Código Florestal, para fixar a interpretação de que os entornos das nascentes e dos olhos d'água intermitentes configuram área de preservação ambiental, vencidos os Ministros Gilmar Mendes e, em parte, Marco Aurélio e Cármen Lúcia (Presidente); vii) por maioria, vencidos os Ministros Cármen Lúcia (Presidente) e Ricardo Lewandowski, reconhecer a constitucionalidade do art. 4º, § 1º, do Código Florestal; viii) por maioria, vencidos os Ministros Cármen Lúcia (Presidente) e Ricardo Lewandowski, reconhecer a constitucionalidade do art. 4º, § 4º, do Código Florestal; ix) por unanimidade, reconhecer a constitucionalidade do art. 4º, § 5º, do Código Florestal; x) por unanimidade, reconhecer a constitucionalidade do art. 4º, § 6º, e incisos; xi) por maioria, vencidos, em parte, os Ministros Marco Aurélio e Ricardo Lewandowski, reconhecer a constitucionalidade do art. 5º, do Código Florestal [...]" (STF, *ADIs 4901, 4902, 4903 e 4937/DF*, Tribunal Pleno, rel. Min. Luiz Fux, j. 28.02.2018). Por fim, apenas se realce que há significativos desdobramentos sobre o direito penal ambiental brasileiro decorrentes dessa decisão e, em especial, sobre os inquéritos e processos de natureza penal ambiental inseridos nesse contexto, mas sobre os quais não é possível desenvolver aqui mais reflexões.

131. GRECO, Luís. *A relação entre o direito penal e o direito administrativo no direito penal ambiental*, p. 160.

132. Trata-se das APP's que, além de "declaradas de interesse social por ato do Chefe do Poder Executivo", apresentem ao menos, uma das finalidades elencadas no artigo 6º do Novo Código Florestal.

uma acessoriedade à norma ou ao direito administrativo[133]). Segundo *Schall*, os problemas afloravam quando o conteúdo de certos conceitos jurídico-penais era compreendido de outro modo nas leis especiais, "aqui, com vistas ao princípio da clareza e da determinação das normas, está bem a pretender uma mais uniforme possível aplicação"[134].

A acessoriedade ao ato administrativo (β) é aquela onde "a ausência de autorização é a que converte o fato em, potencialmente, típico"[135], ou, ainda, na qual a punibilidade da contaminação ou degradação do meio ambiente decorre do descumprimento dos regulamentos e limites colocados pela Administração através dos atos autorizativos ou pela ausência destes. Portanto, nota-se a grande aproximação com o *modelo 1* supramencionado. Kuhlen trata-a como *concepção formal de acessoriedade*, na qual o caráter penal depende das ordens administrativas singulares[136]. Pode-se mencionar como manifestações dessa na Lei de Crimes Ambientais: os artigos 29[137], 30[138], 31[139], 34[140], 39[141] e 50-A[142].

Seriam as denominadas APPs determinadas por critérios de finalidade (Machado) ou APPs administrativas (Costa Neto). COSTA NETO, Nicolao Dino de Castro e. *Proteção jurídica do meio ambiente*, p. 204-207; MACHADO, Paulo Affonso Leme. *Direito ambiental brasileiro*, p. 722-723.

133. Trata-se das APP's determinadas por meio dos critérios de localização (*Machado*) ou APP's *ope legis* (*Costa Neto*), segundo a classificação da doutrina jurídico-ambiental nacional, positivamente refere-se às hipóteses legais previstas no artigo 4º. COSTA NETO, Nicolao Dino de Castro e. *Proteção jurídica do meio ambiente*, p. 204-207; MACHADO, Paulo Affonso Leme. *Direito ambiental brasileiro*, p. 722-723.

134. SCHALL, Haro. *Umweltschutz durch Strafrecht: Aanspruch und Wirklichkeit*, p. 1265,. 2ª col.

135. SILVA SÁNCHEZ, Jesús-Maria. *Delitos contra el medio ambiente*. Valencia: Tirant lo Blanch, 1999. p. 18.

136. KUHLEN, Lothar. *Umweltstrafrecht: auf der Suche nach einer neuen Dogmatik*, p. 706.

137. "Art. 29. Matar, perseguir, caçar, apanhar, utilizar espécimes da fauna silvestre, nativos ou em rota migratória, sem a devida permissão, licença ou autorização da autoridade competente, ou em desacordo com a obtida: Pena – detenção de seis meses a um ano, e multa. § 1º Incorre nas mesmas penas: I – quem impede a procriação da fauna, sem licença, autorização ou em desacordo com a obtida; II – quem modifica, danifica ou destrói ninho, abrigo ou criadouro natural; III – quem vende, expõe à venda, exporta ou adquire, guarda, tem em cativeiro ou depósito, utiliza ou transporta ovos, larvas ou espécimes da fauna silvestre, nativa ou em rota migratória, bem como produtos e objetos dela oriundos, provenientes de criadouros não autorizados ou sem a devida permissão, licença ou autorização da autoridade competente. § 2º No caso de guarda doméstica de espécie silvestre não considerada ameaçada de extinção, pode o juiz, considerando as circunstâncias, deixar de aplicar a pena. § 3º São espécimes da fauna silvestre todos aqueles pertencentes às espécies nativas, migratórias e quaisquer outras, aquáticas ou terrestres, que tenham todo ou parte de seu ciclo de vida ocorrendo dentro dos limites do território brasileiro, ou águas jurisdicionais brasileiras. § 4º A pena é aumentada de metade, se o crime é praticado: I – contra espécie rara ou considerada ameaçada de extinção, ainda que somente no local da infração; II – em período proibido à caça; III – durante a noite; IV – com abuso de licença; V – em unidade de conservação; VI – com emprego de métodos ou instrumentos capazes de provocar destruição em massa. § 5º A pena é aumentada até o triplo, se o crime decorre do exercício de caça profissional. § 6º As disposições deste artigo não se aplicam aos atos de pesca."

138. "Art. 30. Exportar para o exterior peles e couros de anfíbios e répteis em bruto, sem a autorização da autoridade ambiental competente: Pena – reclusão, de um a três anos, e multa."

139. "Art. 31. Introduzir espécime animal no País, sem parecer técnico oficial favorável e licença expedida por autoridade competente: Pena – detenção, de três meses a um ano, e multa."

140. "Art. 34. Pescar em período no qual a pesca seja proibida ou em lugares interditados por órgão competente: Pena – detenção de um ano a três anos ou multa, ou ambas as penas cumulativamente.

Trata-se daquelas hipóteses onde a lei penal faz remissão a um ato administrativo de alcance determinado (licença, autorização ou permissão). A sua vantagem está em fornecer uma concretização jurídica do que materialmente é proibido ao destinatário da norma através do ato autorizativo individualizado, pois "'a cartilha de bom comportamento ambiental' está toda vertida no ato administrativo permissivo e os seus termos são perfeitamente conhecidos pelo respectivo beneficiário [...]"[143], o que acarreta grandes avanços no tocante aos erros de proibição[144] e de tipo nesses crimes. Seus problemas são: (1) os vícios de constituição dos atos administrativos que podem arrastar-se até a declaração de sua nulidade; (2) para Figueiredo Dias, em sua forma pura, poder-se-ia acarretar, em certas ocasiões, para o destinatário da norma, "uma insegurança (quando não, da sua perspectiva, um arbítrio) inaceitável, por estar em larga medida posta em causa a determinabilidade do tipo, sob a forma de tipo de garantia"[145], lembrando que o tipo de garantia não deve ficar aquém do tipo de ilícito; (3) há o enfrentamento de problemas de legitimação político-jurídica aqui, pois, nessa espécie de acessoriedade administrativa, não seria estranho que um injusto administrativo formal viesse a penalizar, em última instância, meras desobediências à Administração[146].

Há crítica a esse modelo vinculado ao ato decorre das possibilidades de mitigação e, até mesmo, supressão do bem jurídico-penal, pois o objeto de proteção jurídico-penal passa a ser os atos de gestão e controle da Administração sobre os bens ambientais e as atividades envolvidas com eles, o que compromete o relevo do Direito Penal e sua máxima de *ultima ratio*[147]. Além de ser um modelo propício à justificação e à institucionalização de crimes de infração de dever ou de mera desobediência, figuras essas de legitimidade duvidosa

---

Parágrafo único. Incorre nas mesmas penas quem: I – pesca espécies que devam ser preservadas ou espécimes com tamanhos inferiores aos permitidos; II – pesca quantidades superiores às permitidas, ou mediante a utilização de aparelhos, petrechos, técnicas e métodos não permitidos; III – transporta, comercializa, beneficia ou industrializa espécimes provenientes da coleta, apanha e pesca proibidas."
141. Ver nota de número 137.
142. "Art. 50-A. Desmatar, explorar economicamente ou degradar floresta, plantada ou nativa, em terras de domínio público ou devolutas, sem autorização do órgão competente: Pena – reclusão de 2 (dois) a 4 (quatro) anos e multa. § 1º Não é crime a conduta praticada quando necessária à subsistência imediata pessoal do agente ou de sua família. § 2º Se a área explorada for superior a 1.000 ha (mil hectares), a pena será aumentada de 1 (um) ano por milhar de hectare."
143. MENDES, Paulo de Sousa. *Vale a pena o direito penal do ambiente?*, p. 150.
144. Lembrando, com Stratenwerth, que o Direito Penal Secundário constitui "um amplo campo para erros de proibição [...] quando se trata de preceitos sem relevância ético-social imediata", e menciona as infrações do regulamento de registro de veículos, de editais policiais e as violações das leis do sistema de crédito, da produção de vinho, do uso público de títulos acadêmicos, de cartéis ou de resíduos,. STRATENWERTH, Günter. *Derecho penal*: el hecho punible. Trad. de Manuel Cancio Meliá e Marcelo A. Sancinetti. Navarra: Thomson Civitas, 2007. Parte General I, p. 254.
145. FIGUEIREDO DIAS, Jorge de. *Sobre a tutela jurídico-penal do ambiente*, p. 194.
146. TIEDEMANN, Klaus. *Derecho penal ambiental alemán en su contexto europeo y mundial*: derecho penal y nuevas formas de criminalidad. Trad. de Manuel Abanto Vásquez. Lima: Grijley, 2007. p. 303-304.
147. DOMINGUES, Victor Hugo. *Acessoriedade administrativa e delitos ambientais*, p. 56.

para o modelo de injusto penal material de um Estado de Direito. Apenas seriam legítimas essas formas de crimes quando o valor a ser protegido representasse por si mesmo bem maior que o controle administrativo do Estado sobre as atividades intervencionistas no meio ambiente, a acessoriedade puramente administrativa se justificaria, de forma excepcional, naqueles casos de extrema relevância do bem protegido e cuja violação acarretaria danos incalculáveis, por exemplo, no crime previsto no artigo 21 da Lei 6.453/77[148].

Já a acessoriedade ao direito administrativo (γ) faz com que tão somente sejam típicos aqueles comportamentos não autorizados, mas tampouco passíveis de autorização[149], podendo-se mencionar, na legislação penal ambiental brasileira, os seguintes artigos que a incorporam: 38[150]; 38-A[151]; 45[152]; 54, V[153]; e 56[154]. Trata-se aqui dos casos onde a lei penal remete às normas administrativas (resoluções, portarias, decretos, regulamentos, normativas), cuja violação pressupõe a ilicitude penal, trata-se "de penalmente depender das

---

148. "Art. 21. Permitir o responsável pela instalação nuclear sua operação sem a necessária autorização. Pena: reclusão, de dois a seis anos."
149. SILVA SÁNCHEZ, Jesús-Maria. *Delitos contra el medio ambiente*, p. 18.
150. "Art. 38. Destruir ou danificar floresta considerada de preservação permanente, mesmo que em formação, ou utilizá-la com infringência das normas de proteção: Pena – detenção, de um a três anos, ou multa, ou ambas as penas cumulativamente. Parágrafo único. Se o crime for culposo, a pena será reduzida à metade."
151. "Art. 38-A. Destruir ou danificar vegetação primária ou secundária, em estágio avançado ou médio de regeneração, do Bioma Mata Atlântica, ou utilizá-la com infringência das normas de proteção: Pena – detenção, de 1 (um) a 3 (três) anos, ou multa, ou ambas as penas cumulativamente. Parágrafo único. Se o crime for culposo, a pena será reduzida à metade."
152. "Art. 45. Cortar ou transformar em carvão madeira de lei, assim classificada por ato do Poder Público, para fins industriais, energéticos ou para qualquer outra exploração, econômica ou não, em desacordo com as determinações legais: Pena – reclusão, de um a dois anos, e multa."
153. "Art. 54. Causar poluição de qualquer natureza em níveis tais que resultem ou possam resultar em danos à saúde humana, ou que provoquem a mortandade de animais ou a destruição significativa da flora: Pena-reclusão, de um a quatro anos, e multa. § 1º – Se o crime é culposo: Pena – detenção, de seis meses a um ano, e multa. § 2º Se o crime: I – tornar uma área, urbana ou rural, imprópria para a ocupação humana; II – causar poluição atmosférica que provoque a retirada, ainda que momentânea, dos habitantes das áreas afetadas, ou que cause danos diretos à saúde da população; III – causar poluição hídrica que torne necessária a interrupção do abastecimento público de água de uma comunidade; IV – dificultar ou impedir o uso público das praias; V – ocorrer por lançamento de resíduos sólidos, líquidos ou gasosos, ou detritos, óleos ou substâncias oleosas, em desacordo com as exigências estabelecidas em leis ou regulamentos: Pena – reclusão, de um a cinco anos. § 3º Incorre nas mesmas penas previstas no parágrafo anterior quem deixar de adotar, quando assim o exigir a autoridade competente, medidas de precaução em caso de risco de dano ambiental grave ou irreversível."
154. "Art. 56. Produzir, processar, embalar, importar, exportar, comercializar, fornecer, transportar, armazenar, guardar, ter em depósito ou usar produto ou substância tóxica, perigosa ou nociva à saúde humana ou ao meio ambiente, em desacordo com as exigências estabelecidas em leis ou nos seus regulamentos: Pena – reclusão, de um a quatro anos, e multa. § 1º Nas mesmas penas incorre quem: I – abandona os produtos ou substâncias referidos no *caput* ou os utiliza em desacordo com as normas ambientais ou de segurança; II – manipula, acondiciona, armazena, coleta, transporta, reutiliza, recicla ou dá destinação final a resíduos perigosos de forma diversa da estabelecida em lei ou regulamento; § 2º Se o produto ou a substância for nuclear ou radioativa, a pena é aumentada de um sexto a um terço. § 3º Se o crime é culposo: Pena – detenção, de seis meses a um ano, e multa."

normas materiais do Direito Administrativo [...] que é denominado de 'acessoriedade à norma administrativa ou material'"[155]. É crime, por exemplo, no artigo 38, a danificação ou a utilização de floresta considerada de preservação permanente, ainda que em formação, "com infringência das normas de proteção". Ora, as normas de proteção relacionadas às APPs estão no Novo Código Florestal, bem como nas normas estaduais ou municipais de proteção a esse espaço especialmente protegido.

Por fim, a acessoriedade ao ato e à norma administrativa, acessoriedade mista ou relativamente à norma e ao ato (δ) foi proposta por Figueiredo Dias, podendo ser resumida na seguinte fórmula: a junção cumulativa da acessoriedade relativamente à norma com a acessoriedade relativamente ao ato. Ela seria uma forma destinada à redução das incertezas dos destinatários da norma nessas áreas onde "as regulamentações administrativas são particularmente vastas, complexas e, quantas vezes, dificilmente apreensíveis pelo leigo quer nas suas exigências, quer na sua razão de ser", além de poder também afastar os erros de proibições e as faltas de consciência do ilícito[156].

O principal avanço aqui é afastar a incriminação de meros descumprimentos de ordens administrativas, ou seja, a proteção de bens jurídicos ecológicos retorna ao fim dessa forma de acessoriedade e não mais à punição das desobediências administrativas[157]. Assim, o crime configurar-se-á quando a inobservância das diretrizes administrativas for acompanhada, ao menos, de uma colocação abstrata em perigo de algum bem jurídico-penal ambiental. É uma proposta de acertamento das insuficiências dos dois modelos anteriores, bem como de ferramenta hermenêutico-corretiva dos tipos já existentes, propiciando uma aplicação mais justa e adequada da legislação penal ambiental. A seguir serão desenvolvidos alguns casos de complexa solução que surgem no seio da acessoriedade administrativa (em todas as suas espécies), o que pode expor as frágeis bases desse instituto, embora ele seja imprescindível ao Direito Penal Ambiental.

5.1. Uma introdução à dimensão dos problemas relacionados à acessoriedade administrativa do Direito Penal Ambiental

A acessoriedade administrativa (gênero) do Direito Penal Ambiental provoca, mas não só nesse ramo normativo, uma série de problemas de ordem política e dogmática[158]. Os primeiros estão relacionados diretamente com o encolhimento do Estado e suas relações com os cidadãos. Trata-se de uma zona de intersecções bastante complexa entre a racionalidade administrativa e legislativa, descentralizadora e centralizadora, entre os Poderes Executivo e Legislativo, bem como a cooperação entre os últimos e, sobretudo, entre os governos municipais, estaduais e a União. O segundo grupo de problemas envolve os principais desafios jurídicos decorrentes daquela intrigante categoria jurídica, o que

---

155. KUHLEN, Lothar. *Umweltstrafrecht: auf der Suche nach einer neuen Dogmatik*, p. 706.
156. FIGUEIREDO DIAS, Jorge de. *Sobre a tutela jurídico-penal do ambiente*, p. 194.
157. Ibidem, p. 196.
158. Salienta-se que grande parte dos argumentos e aspectos delineados foram inspirados no significativo trabalho de: GRECO, Luís. *A relação entre o direito penal e o direito administrativo no direito penal ambiental*, p. 152-194; mas não só, buscou-se, na medida do possível, outras análises dera consubstanciar o tópico, destarte sem quaisquer pretensões de exaurimento de tema tão complexo.

representa um verdadeiro labirinto jurídico na responsabilidade jurídico-penal ambiental. Assim expostas as diferentes naturezas dos dois grupos de problemas causados pela acessoriedade administrativa, passa-se ao desenvolvimento daqueles resultantes das relações políticas do Estado.

5.1.1. Os problemas políticos

Inicialmente são expostos os problemas de natureza política: (i) um primeiro decorre da tensão entre um Direito Penal erguido sob a égide da legalidade estrita e um Direito Administrativo com seus cada vez mais amplos bolsões de discricionariedade e de oportunidade; e (ii) um segundo está relacionado com a própria ineficiência da legislação penal ambiental.

Para exemplificar a primeira ordem de problemas políticos (i), tira-se como exemplo o crime do artigo 39 da Lei 9.605/98. Na hipótese de uma empresa madeireira cuja permissão do órgão competente para o corte de árvores em área de preservação permanente[159] esteja a expirar, e, ao ser requerida a sua renovação, nota-se uma considerável mudança de gestão naquele órgão ambiental (notadamente pertencente ao Poder Executivo). Considerando-se que a orientação política do governo atual seja mais ecológica, as licenças são negadas, em tese. A empresa recorre administrativamente e outra mudança ocorre na direção do órgão ambiental, agora sob uma orientação desenvolvimentista que logicamente concede a permissão. No interregno desse imbróglio, árvores foram cortadas em floresta considerada de preservação permanente sem a permissão da autoridade competente. Eis o caso problemático[160].

Esse é apenas um dos vários problemas decorrentes das cláusulas de acessoriedade administrativa do Direito Penal Ambiental, as quais podem colocar em descrédito o Direito Penal por "se criar um cruzamento de sistemas de garantia (legalidade administrativa e legalidade criminal) que dificultam a obtenção de soluções processualmente eficazes"[161]. É óbvio que um órgão severo ou flexível com as questões ambientais fará toda a diferença na determinação do que pode vir a ser ou não crime ambiental, advertindo *Greco* que "a partir do momento em que o rígido juízo de ilicitude penal depende da flexível decisão sobre a ilicitude administrativa, surgem conflitos de nem sempre fácil resolução"[162]. Não em outro sentido é a observação de *Lobato* quanto ao perigo ameaçador ao princípio da

---

159. Apenas a título exemplificativo, os seguintes dispositivos regulamentam as normas gerais sobre a intervenção ou supressão de vegetação em APP's (lembrando que o tipo penal se restringe ao corte de "árvores em floresta considerada de preservação permanente"): § 3º do art. 7º; §§ 1º, 2º, 3º, 4º do art. 8º; art. 9º e art. 52 da Lei 12.651/12. Decorrente da competência legislativa concorrente da União, Estados-membros e do Distrito Federal para legislar acerca das APP's (*ex vi*, do art. 24, inciso VI da Constituição da República de 1988), podem existir requisitos adicionais provenientes de legislação estadual dos Estados da Federação sobre as condições complementares àquelas do Novo Código Florestal.
160. Exemplo formulado com base no de *Samson*, cfr. em: GRECO, Luís. *A relação entre o direito penal e o direito administrativo no direito penal ambiental*, p. 155-156.
161. COSTA PINTO, Frederico de Lacerda da. *Sentido e limites da protecção penal do ambiente*, p. 382.
162. GRECO, Luís. *A relação entre o direito penal e o direito administrativo no direito penal ambiental*, p. 156.

legalidade – nomeadamente no tocante à certeza na descrição típica – advindo dessa "técnica que deixa o juízo de tipicidade muito fluido e aberto e dependente das mudanças do 'humor legislativo' da Administração Pública. A técnica legislativa em questão consiste na 'acessoriedade administrativa', que vem sendo inserida no bojo da maior parte dos tipos penais ambientais"[163].

O segundo problema político da acessoriedade administrativa consiste no *déficit de eficiência* do direito penal ambiental positivo (ii). *Hirsch* desfere uma crítica muito severa à legislação penal ambiental alemã pós-reforma, destacando a sua incoerência por se penalizar facilmente "quem urina nas águas, mas por outro lado, ficam já, desde o princípio, fora dos tipos penais os arquitetos e construtores que arruínam a paisagem por um tempo indefinido ao levantar blocos de concreto"[164]. Isso resulta de a dependência da proibição penal advir do que a Administração bem decidir, já que essa tem, em suas mãos, a concretização do que será relevante jurídico-penalmente, pois fica uma considerável parcela do tipo penal a ser determinada pela acessoriedade administrativa, conforme afirma *Müller-Tuckfeld*[165].

Quanto a essa insuficiente efetividade da legislação penal ambiental, há de apontar também uma questão de isonomia – o que faz com que *Mendes* junte-se aos críticos da acessoriedade exclusiva ao ato administrativo –, responsável que é por "situações de grave injustiça relativa", ou seja, "[...] situações de poluição de gravidade equiparável a receberem, forçosamente, soluções jurídicas opostas, por causa de '[...] uma difusa e pouco clara prática das entidades administrativas competentes'"[166]. Trata-se de um problema de isonomia, porque casos iguais ou muito semelhantes são tratados de forma diferenciada pela Administração, cuja prerrogativa decisiva está nas mãos do Poder Executivo, o que dá um justo motivo para se voltar contra o *modus operandi* dessa acessoriedade formal. Preocupação também externada por *Heine* ao destacar que poderia decorrer do princípio jurídico-administrativo de cooperação que "a autorização formal seja negociada de antemão por grupos de interesses poderosos (industriais) e se converta em uma espécie de 'ato de verificação notarial'"[167].

Também são notáveis aqui os nefastos efeitos das (infelizmente) indecorosas relações de corrupção, coronelismo e desmandos que historicamente envolvem as relações políticas nacionais, e, por ricochete, alcançam os serviços e as funções públicas relacionadas ao meio ambiente (nomeadamente os órgãos ambientais federais, estaduais e municipais). Essas fricções da perversa aplicação da acessoriedade administrativa com a igualdade levam *Costa* a falar em uma "cumulação de seletividades": "a seletividade do sistema penal é somada à seletividade do sistema administrativo, o que gera *déficits* de execução significativos e, o que é mais grave, aplicação seletivamente desigual da norma penal"[168].

---

163. LOBATO, José Danilo Tavares. *Direito penal e Constituição*, p. 140.
164. HIRSCH, Hans Joachim apud TIEDEMANN, Klaus. *Derecho penal ambiental alemán en su contexto europeo y mundial*, p. 308.
165. MÜLLER-TUCKFELD, Jens Christian. *Ensayo para la abolición del derecho penal del medio ambiente*, p. 516.
166. MENDES, Paulo de Sousa. *Vale a pena o direito penal do ambiente?*, p. 148.
167. HEINE, Günter. *Acessoriedad administrativa en el derecho penal del medio*, p. 295.
168. COSTA, Helena Regina Lobo da. *Proteção penal ambiental*, p. 83.

Acrescente-se também que essa "dependência da proibição penal do direito administrativo" fica ao alvedrio dos governos municipais, estaduais e federal, já que as concessões, autorizações e licenças para uso dos bens ambientais – a título de exemplo, a extração de madeira em floresta de preservação permanente – torna a conduta lícita "e o direito penal já se verá impedido de entrar em cena"[169]. O que, por sua vez, leva Câmara a advertir que "a ofensa aos componentes ambientais não deve, pois, ficar inteiramente a reboque de mutáveis regulamentos administrativos, o que, consoante já ficou dito, reduziria o injusto à mera desobediência"[170].

Apontados os problemas políticos da acessoriedade administrativa do Direito Penal Ambiental, no subitem a seguir serão desenvolvidos os principais problemas jurídicos que decorrem dela.

5.1.2. Os problemas dogmáticos

Dessa forma, um primeiro grupo de problemas de amplo espectro (i') não diz respeito apenas ao Direito Penal ou Administrativo, mas sim a todo o Estado de Direito. Trata-se da seguinte questão: a remissão dos crimes ambientais às normativas provenientes do Poder Executivo não violariam os *princípios da legalidade* e da *separação dos poderes* (artigos 5º, inciso II, e 2º da Constituição da República de 1988)? Levando-se em consideração também a competência legislativa exclusiva da União em matéria penal (artigo 22, inciso I, da Constituição da República), resta claro que "apenas nas hipóteses em que a dependência do direito penal diz respeito a direito administrativo legislado (federal) inexistem problemas no que se refere à compatibilidade com o princípio *nullum crimen*"[171]. Portanto, além das remissões aos atos administrativos individuais ou gerais, visto que não constituem leis em sentido estrito, independentemente da esfera em que são emitidos (municipal, estadual ou federal), as remissões às normas estaduais ou municipais também enfrentam problemas em decorrência da competência legislativa constitucionalmente determinada.

Nos crimes dos artigos 38[172] e 39[173] da Lei 9.605/98 é necessário estabelecer o conceito de APP (acessoriedade conceitual), o que não acarreta problemas no tocante às APPs legais ou de localização, porém, as de natureza administrativa ou de finalidade não permitem uma aplicação desses tipos penais. Tratam-se aqui dos casos das APPs determinadas por leis estaduais, municipais ou por atos administrativos do Poder Público[174], por isso "o

---

169. GRECO, Luís. *A relação entre o direito penal e o direito administrativo no direito penal ambiental*, p. 157.
170. CÂMARA, Guilherme Costa. *O direito penal do ambiente e a tutela das gerações futuras*, p. 415.
171. GRECO, Luís. *A relação entre o direito penal e o direito administrativo no direito penal ambiental*, p. 164.
172. Ver nota de número 150.
173. Ver nota de número 129.
174. COSTA NETO, Nicolao Dino de Castro e. *Proteção jurídica do meio ambiente – I –Florestas*, p. 206 (observa-se que o dispositivo mencionado se refere ao artigo do Código Florestal revogado): "Nessas hipóteses tratadas no art. 3º, faz-se necessário a declaração do Poder Público federal, estadual ou municipal. Por isso, são denominadas de áreas de preservação permanente (APP's) administrativas, pois 'sua concreção final depende da expedição de ato administrativo da autoridade ambiental competente'.".

problema se coloca não apenas nos casos de acessoriedade ao ato administrativo individual, mas em todas as hipóteses em que a norma penal contém remissão a direito administrativo não contido em lei federal;"[175]. Outro delito da Lei 9.605/98 que acarreta o mesmo problema é o do artigo 62[176], deixando a concretização do tipo nas mãos do Legislativo (Federal, Municipal e/ou Estadual) e do Judiciário (Federal e/ou Estadual) e do Poder Executivo (Federal, Estadual e/ou Municipal). Além da nítida lesão aos princípios da legalidade e da separação dos Poderes aqui, pode-se, ainda, acrescentar a crítica de *Alflen da Silva*, no sentido de que mesmo "[...] individualizando a matéria de proibição, o que pode ocorrer como consequência é que aquilo que se passa a considerar constitutivo de delito em determinado local, pode não ser em outro, o que representa uma típica via antigarantista"[177]. Em síntese, nos termos de *Lobato*, "a dependência dos tipos penais ao Direito Administrativo de normas secundárias cria o risco de a Administração Pública realizar por conta própria, leia-se, em detrimento do Poder Legislativo, o alargamento da intervenção penal, violando, por vias transversas, o princípio da legalidade penal reconhecido como basilar de um Estado Democrático de Direito"[178].

Levando-se em consideração que as pessoas não conhecem a legislação, tamanhos são os problemas e as injustiças decorrentes desses decretos, leis e decisões judiciais para os cidadãos. Tal realidade relaciona-se à competência legislativa (e administrativa, pois a acessoriedade permite a regulamentação também através do Poder Público *lato sensu*) concorrente em matéria ambiental, problema também compartilhado pelo sistema jurídico-penal espanhol, no qual: "[...] a técnica remissiva gera uma falta de uniformidade na legislação penal, de modo que o que aqui é delito não o é alguns quilômetros à frente, em outro Estado com uma normativa mais frouxa de proteção do meio ambiente"[179].

Um segundo problema (*ii'*) decorre das consequências de concessões de atos autorizativos (licença, autorização, permissão) portadores de alguma ilegalidade ou, em outros termos, simplesmente dos *efeitos dos atos autorizativos ilícitos*. A tônica desse grupo de casos analisado refere-se aos atos administrativos individuais portadores de alguma nulidade, mas que são benéficos aos particulares. Um caso hipotético[180] seria aqui o de um cidadão apoiado em uma autorização de órgão diverso do competente para tal, por

---

175. GRECO, Luís. *A relação entre o direito penal e o direito administrativo no direito penal ambiental*, p. 170.
176. "Art. 62. Destruir, inutilizar ou deteriorar: I – bem especialmente protegido por lei, ato administrativo ou decisão judicial; II – arquivo, registro, museu, biblioteca, pinacoteca, instalação científica ou similar protegido por lei, ato administrativo ou decisão judicial: Pena – reclusão, de um a três anos, e multa. Parágrafo único. Se o crime for culposo, a pena é de seis meses a um ano de detenção, sem prejuízo da multa.
177. ALFLEN DA SILVA, Pablo Rodrigo. *Leis penais em branco e o direito penal do risco*, p. 142.
178. LOBATO, José Danilo Tavares. *Direito penal e Constituição*, p. 140.
179. RODRIGUEZ MOURULLO, Gonzalo. *Limitaciones del Derecho Penal del medio ambiente*, p. 165.
180. Como prova de que os problemas aqui elencados não ficam apenas no plano teórico, eis aqui um exemplo inspirado no caso jurídico concreto enfrentado pela Promotoria de Justiça do Cidadão da comarca de Uberlândia-MG. O caso refere-se ao cidadão que porta uma autorização do Ibama para edificar em áreas protegidas (artigo 63 da Lei 9.605/98), porém, não é esse o órgão competente ("sem autorização da autoridade competente"). Pergunta-se, então, cometeu esse cidadão o crime

exemplo, no delito do artigo 63[181] da Lei 9.605/98. Nesse caso, a licença que o indivíduo portava foi lavrada por um órgão federal quando o estadual seria, em verdade, o competente. Deveria ser ele responsabilizado penalmente nessas circunstâncias? Em princípio, parece completo o tipo objetivo desse delito, já que o cidadão alterou o aspecto ou a estrutura de solo não edificável sem autorização da autoridade competente – o órgão ambiental estadual, restando apenas afastar as hipóteses de erro *a posteriori*. Contudo, ele não deveria ser responsabilizado criminalmente, mas as razões deste porquê serão explicadas adiante.

Greco faz aqui duas considerações importantes quanto ao problema mencionado. A primeira é a de que, apesar de prevalecer nos tipos penais da Lei 9.605/98 o adjetivo "competente" (vide os artigos 29, 30, 31, 34, 39, 46, 50-A, 51, 52, parágrafo único do artigo 55, 60 e 64), não se trata de unanimidade, pois os artigos 44 e 55, *caput*, não fazem menção a ele. Por isso, ele critica as inequívocas falhas do direito positivo em tela: "A resolução de problemas materiais não pode ficar a depender de tamanhas casualidades estilísticas relativas à redação de um dispositivo legal"[182].

A segunda consideração sobre o caso mencionado trata do fato de a competência ("sem autorização da autoridade competente") mencionada no tipo penal do artigo 63 ser apenas um dos requisitos de validade do ato administrativo[183], o que conduz à seguinte reflexão: "Seria um tanto estranho que o ato eivado de vício de competência recebesse tratamento diverso daquele com vício referido aos motivos, à forma, à fundamentação, ao objeto ou à finalidade"[184]. O divisor de águas nessa seara será a nulidade dos atos administrativos, ou seja, ao se delimitar os atos nulos e os atos anuláveis. Nos primeiros, em

---

em tela? Trata-se de exemplo mencionado em: GRECO, Luís. *A relação entre o direito penal e o direito administrativo no direito penal ambiental*, p. 171.

181. "Art. 63. Alterar o aspecto ou estrutura de edificação ou local especialmente protegido por lei, ato administrativo ou decisão judicial, em razão de seu valor paisagístico, ecológico, turístico, artístico, histórico, cultural, religioso, arqueológico, etnográfico ou monumental, sem autorização da autoridade competente ou em desacordo com a concedida: Pena – reclusão, de um a três anos, e multa."

182. GRECO, Luís. *A relação entre o direito penal e o direito administrativo no direito penal ambiental*, p. 172.

183. Apenas a título de menção, os atos administrativos possuem os seguintes elementos: competência, objeto, forma, motivo e finalidade. Decorre desses a questão dos requisitos de validade, disciplinados no artigo 2º da Lei 4.717/65, nos seguintes termos: "Art. 2º São nulos os atos lesivos ao patrimônio das entidades mencionadas no artigo anterior, nos casos de: a) incompetência; b) vício de forma; c) ilegalidade do objeto; d) inexistência dos motivos; e) desvio de finalidade. Parágrafo único. Para a conceituação dos casos de nulidade observar-se-ão as seguintes normas: a) a incompetência fica caracterizada quando o ato não se incluir nas atribuições legais do agente que o praticou; b) o vício de forma consiste na omissão ou na observância incompleta ou irregular de formalidades indispensáveis à existência ou seriedade do ato; c) a ilegalidade do objeto ocorre quando o resultado do ato importa em violação de lei, regulamento ou outro ato normativo; d) a inexistência dos motivos se verifica quando a matéria de fato ou de direito, em que se fundamenta o ato, é materialmente inexistente ou juridicamente inadequada ao resultado obtido; e) o desvio de finalidade se verifica quando o agente pratica o ato visando a fim diverso daquele previsto, explícita ou implicitamente, na regra de competência".

184. GRECO, Luís. *A relação entre o direito penal e o direito administrativo no direito penal ambiental*, p. 172.

virtude de sua notável ilegalidade, reflexo algum[185] terá nos tipos penais, ou seja, aqueles que se arvorarem em atos administrativos nulos poderão ser responsabilizados penalmente[186]. Voltando ao caso hipotético, seria exemplo de ato autorizativo nulo o aval para construção em área especialmente protegida dado pelo delegado, padre, coronel ou traficante da cidade. Dúvidas aqui não há: preenchido estaria o tipo objetivo do artigo 63 da Lei de Crimes Ambientais.

Porém, em se tratando de atos anuláveis ou viciados, a solução seria diversa, pois "são considerados *penalmente eficazes* no sentido de excluir o injusto do comportamento"[187]. Passa-se agora a expor as razões dessa solução, a qual é a adequada para o caso mencionado alhures: o cidadão munido da autorização do órgão incompetente não age tipicamente, esse ato administrativo é viciado (anulável), porém eficaz para excluir o tipo em questão. Os casos de licenças, autorizações e permissões dos órgãos incompetentes têm eficácia ainda que viciada, excluindo o tipo em questão, ao contrário dos atos administrativos ineficazes que são "[...] os que têm graves deficiências, como, por exemplo, as ordens contrárias aos tipos penais, são considerados nulos (inclusive jurídico-penalmente)"[188].

Existem quatro fundamentos utilizados de forma aleatória, às vezes de forma combinada, às vezes separados para essa solução, todos acompanhados, respectivamente, de suas fraquezas. O primeiro assevera que os atos administrativos, ainda que ilícitos, são plenamente eficazes e autoexecutáveis (1), devendo ser respeitados pelo Direito Penal em virtude do princípio da legalidade, pois sua desconstituição depende de decisão administrativa ou judicial *a posteriori*; já o segundo, porque (2) o princípio da unidade do ordenamento jurídico não permite que o Direito Penal proíba o que o Direito Administrativo permite; o terceiro, pois (3) a segurança jurídica e a confiança dos cidadãos no Estado não cogitam a possibilidade de sanção penal por erros da Administração[189]; e, por fim, (4) haveria uma competência exclusiva da Administração para determinar os limites da tutela do meio ambiente, não havendo possibilidade de o Judiciário questioná-la.

Contudo, qual seria a solução para uma variável do caso supracitado em que o indivíduo tiver provocado a ilegalidade do ato autorizativo, seja por simulação ou corrupção? As coisas se dariam de modo diverso? Imagine-se as seguintes hipóteses de o interessado falsificar a escritura ou alterar o levantamento topográfico (com ou sem conluio do engenheiro florestal) do imóvel; fornecer informações falsas sobre a real localização ou existência de APPs; narrar fatos ou situações que façam com que o funcionário ambiental se suponha

---

185. CARVALHO FILHO, José dos Santos. *Manual de direito administrativo*. 13. ed. Rio de Janeiro: Lumen Juris, 2005, p. 129: "É preciso não esquecer que o ato nulo, por ter vício insanável, não pode redundar na criação de qualquer direito." Ou ainda: GRECO, Luís. *A relação entre o direito penal e o direito administrativo no direito penal ambiental*, p. 172-173: "Os atos manifestamente nulos são aqueles que não obrigam a ninguém, por sua evidente ilegalidade".
186. TIEDEMANN, Klaus. *Derecho penal ambiental alemán en su contexto europeo y mundial*, p. 305: "Somente não há polêmica nos atos administrativos nulos, os quais são sempre irrelevantes".
187. GRECO, Luís. *A relação entre o direito penal e o direito administrativo no direito penal ambiental*, p. 173.
188. HEINE, Günter. *Acessoriedad administrativa em el derecho penal del medio ambiente*, p. 303.
189. OSSENBÜHL, Fritz. Umweltstrafrecht – Strukturen und Reform. In: ZWP (*Umwelt-und-Planungsrecht*) 1991. p. 166.

competente para atuar; ou corromper agentes da Administração Pública através de suborno, ameaças ou conluios. Aqui, nos "casos de abuso propõe-se uma restrição à eficácia dos atos autorizativos viciados, com base no tradicional fundamento de que ninguém pode beneficiar-se da própria torpeza"[190].

Esta "obtenção desleal do ato administrativo" tropeçava em alguns problemas significativos sob a argumentação do abuso de direito, o que foi simplesmente superado com a solução legislativa que promulgou o § 330 d, n. 5[191] do *StGB*[192]. Contudo, uma importante corrente minoritária questiona esta solução proposta pelo legislador alemão, porque cabe ao Direito Penal a tutela de bens jurídicos propriamente ditos e não o bom funcionamento da Administração ou de suas atividades de controle. Nesta senda, *Frisch* coloca que a doutrina majoritária ainda não conseguiu explicar como um ato autorizativo ilegal legaliza um ato ilícito. Mas, o princípio da confiança aqui intervém, o que acoberta a conduta do particular como permitida juridicamente já que ele deve e pode confiar nos mandamentos da Administração. *Frisch* invoca também uma exceção ao princípio da confiança: os casos de abuso de direito "como casos em que a confiança do particular não merece mais qualquer proteção"[193].

Também partidário da teoria minoritária, *Schünemann* chama atenção para o fato de que a Administração não está acima da lei e assim "não tem o direito de dispor por meio de atos individuais de um bem que não lhe pertence e que lhe é legalmente confiado"[194]. Conclui-se que os atos de autorização, mesmo ilícitos (não manifestamente), têm o condão de excluir a tipicidade nos crimes ambientais a que eles fazem referência na descrição típica, posto que "[...] pelo simples motivo de que qualquer outra opinião consideraria preenchido o tipo quando falta uma elementar que a lei expressamente prevê, a saber: a contrariedade ao ato autorizativo"[195].

Trata-se, aqui, simplesmente de honrar o princípio da legalidade, restando àqueles quatro fundamentos um valor relativo, mas jamais determinante. Quanto aos atos autorizativos ilícitos, ou seja, são eficazes penalmente falando (1), e, portanto, excluem o tipo penal nos delitos ambientais em razão da legalidade. O fundamento do princípio da unidade do ordenamento jurídico (2) limita-se a pregar as contradições no sistema, mas não indica aonde as correções devem se operar para evitá-las e nem explica o porquê do Direito Penal ter de se adaptar ao Direito Administrativo, e mais, deixa em aberto se esse poderia

---

190. GRECO, Luís. *A relação entre o direito penal e o direito administrativo no direito penal ambiental*, p. 175.
191. "§330d, 5 – Definições – [...] 5 uma ação sem autorização, permissão ou outra licença: também uma ação baseada em uma ameaça, corrupção ou obtida a autorização, permissão ou licença por conluio ou através de ilícitas ou defeituosas informações". Ora, o *StGB* equiparou os casos de ausência de autorização, permissão ou outra licença àqueles obtidos por ameaça, corrupção, conluio, fraude ou por declarações falsas ou incompletas.
192. TIEDEMANN, Klaus. *Derecho penal ambiental alemán en su contexto europeo y mundial*, p. 306.
193. FRISCH, Wolfgang *apud* GRECO, Luís. *A relação entre o direito penal e o direito administrativo no direito penal ambiental*, p. 177.
194. GRECO, Luís. *A relação entre o direito penal e o direito administrativo no direito penal ambiental*, p. 177.
195. Ibidem, p. 179.

permitir o que o Direito Penal proíbe, por exemplo; (3) a tutela da relação (de confiança) dos cidadãos com o Estado, além de ser resumida na mera remissão aos atos autorizativos concretos, o princípio da confiança constitui:

> [...] limite material de todos os tipos, ainda daqueles que não lhe fazem qualquer referência expressa, de modo que se a eficácia do ato autorizativo para o direito penal dependesse apenas da tutela da confiança, não seria necessário sequer mencioná-lo na descrição da conduta proibida.[196]

Quanto à defesa da competência da Administração (4), tal argumento não pode ser aceito em absoluto por abrir um espaço acima da lei – até mesmo da Constituição – e ainda evitar um possível reexame pelo Judiciário. Sobre o abuso de direito, vislumbra-se a mesma solução proveniente do postulado da legalidade apontada para os comportamentos acolhidos por ato autorizativo ilícito. Com isso não se quer apontar à legislação penal ambiental brasileira uma solução de *lege ferenda* semelhante à dos alemães, como o § 330 d, 5, *StGB* (eles equipararam nesse dispositivo legal os casos de ausência de autorização, permissão ou outra licença àqueles obtidos por ameaça, corrupção, conluio, fraude ou por declarações falsas ou incompletas[197]), mas ficam as críticas de *Greco* ao atual quadro da Lei de Crimes Ambientais brasileira:

> Enquanto nosso legislador não intervier, o particular que obtiver o ato autorizativo não cometerá o crime ambiental, mas apenas, em certos casos, um crime contra a administração pública (por ex., se o funcionário for corrompido, o de corrupção ativa, art. 333 CP), ou contra a fé pública (por ex., se o particular se valer de documentos falsos para efetuar a sua fraude, a falsificação de documento particular, ou a falsidade ideológica, arts. 298 e 299, CP). E, obviamente, poderá ele ser punido a título de participação no crime de funcionário público do art. 67 da Lei 9.605/98 [...].[198]

Acrescenta-se aqui a contribuição de *Figueiredo Dias* aos casos de corrupção da Administração (por exemplo, o silêncio ou a permissão formalizada dos órgãos ambientais para atividades ilícitas decorrentes motivadas por conduta dolosa dos particulares), salientando que, nesta hipótese, caso o agente fosse responsabilizado penalmente apenas pelo crime de corrupção "estar-se-ia a conceder um injustificado benefício ao infrator e a uma não menos injustificada colocação entre parênteses da perda de valor ambiental"[199].

Um terceiro grupo (*iii'*) de problemas envolve atos proibitivos ilícitos (os quais não são benéficos aos interessados), ou seja, quando o particular viola uma proibição administrativa nula[200]. Em outras palavras, serão levantados aqui problemas relacionados às vedações, proibições ou interdições de atividades particulares pela Administração, realizadas de forma ilícita, por qualquer razão. No primeiro caso hipotético, em um local interditado para a pesca através de um ato administrativo nulo (artigo 34 da Lei 9.605/98),

---

196. Ibidem, p. 180.
197. O que promove uma violação considerável da proporcionalidade e da razoabilidade, além de tratar, em um mesmo plano, condutas absolutamente diversas desde uma perspectiva axiológica até uma estritamente jurídica.
198. GRECO, Luís. *A relação entre o direito penal e o direito administrativo no direito penal ambiental*, p. 181.
199. FIGUEIREDO DIAS, Jorge de. *Sobre a tutela jurídico-penal do ambiente*, p. 196.
200. KINDHÄUSER, Urs. *Elementos fundamentales del Derecho Penal Medioambiental alemán*, p. 510: "Uma decisão administrativa que não é impugnada pelos oportunos meios jurídicos tão só é nula em caso de ilicitude manifesta, de outro modo é eficaz".

um indivíduo é surpreendido pescando, deveria ele ser punido, mesmo com uma interdição eivada de ilegalidade (ato administrativo viciado)? Segundo *Greco*, duas correntes imperam aqui. Uma primeira, a dominante, admite a punibilidade nesse caso, porque, de acordo com a vinculação ao ato administrativo, ainda que esse seja nulo, ele acabou por produzir efeitos, pois o ato era eficaz no momento da violação. Uma segunda, a minoritária e de respeito, não admite a punição nessa hipótese por várias razões: primeiramente por crer que apenas a violação de ato proibitivo materialmente lícito (nulo) pode ensejar uma sanção penal, até porque esse delito é de mera desobediência, não possuindo o conteúdo de injusto bastante para um ilícito penalmente legítimo, conforme a proposta de injusto material ambiental já exposto.

Alguns autores sustentam que "afirmar o injusto penal em tais casos significaria uma violação do próprio princípio da legalidade, pois não há base legal para proibir o comportamento do autor nem mesmo segundo a lei administrativa"[201]. *Greco* adverte que, neste caso, não é possível importar os argumentos utilizados na solução do caso anteriormente mencionado, "porque ali se tratava de ato administrativo que isentava de pena, enquanto agora ele a fundamenta"[202], ora, o princípio do *in dubio pro reo* não permitiria essa solução. Um exemplo mencionado por *Figueiredo Dias*, utilizando-se do seu modelo misto de acessoriedade (acessoriedade relativamente à norma e ao ato) vale tanto para os grupos de casos (*iii'*) e (*iv'*), por isso, mencionado agora. Tratar-se-ia de dois casos hipotéticos, a saber: os atos proibitivos ilícitos (comportamento requisitado, limitativo pela Administração de forma indevida) e as recusas autorizativas ilícitas pela Administração. Para ambos deveria ser analisada a norma violada antes do ato, pois, caso contrário, "estar-se-ia a centrar a ilicitude penal na mera infidelidade a ordens administrativas e tornar-se-ia impossível considerar valores ecológicos como os bens jurídicos protegidos pela incriminação"[203]. Porém, ainda aqui alguns pontos ficam por explicar: continua em questão a proteção de bens jurídicos, pois, mesmo em algumas normas violadas, o conteúdo de injusto não se faz presente, ainda que não analisado o ato administrativo. E para o grupo de casos abaixo (*iv'*), nos quais o indivíduo viola a norma, mas não o ato administrativo, e também não oferece perigo ao bem jurídico, segundo o critério do penalista português, seria penalizado o indivíduo, o que seria de duvidosa legitimidade.

Imagine-se o seguinte caso hipotético envolvendo o crime do artigo 45[204] – também passível de acessoriedade administrativa que determina o que vem a ser madeira de lei através de outras normas ou atos administrativos. Um lavrador corta uma determinada árvore em seu sítio considerada "madeira de lei" por um senil decreto outorgado em 1999, época em que o corte raso desta espécie era prática comum entre os colonos de uma certa localidade. A princípio a conduta do indivíduo completaria o tipo objetivo já que presentes os elementos formais exigidos no crime mencionado. Imagina-se que aquela exata espécie de árvore não mais se encontra dentre as ameaçadas, e, portanto, injustificadamente

---

201. GRECO, Luís. *A relação entre o direito penal e o direito administrativo no direito penal ambiental*, p. 183.
202. Idem.
203. FIGUEIREDO DIAS, Jorge de. *Sobre a tutela jurídico-penal do ambiente*, p. 196.
204. Ver nota de número 152.

continua sendo considerada como "madeira de lei". Acrescenta-se também que a espécie de árvore em tela já tenha voltado ao seu grau ótimo de estoque vegetal, apresentando-se de maneira abundante na região, principalmente após o ano de 2000, quando um importante projeto de replantio e restauração amplamente desenvolvido por ONGs e pela sociedade civil local fora concluído[205].

Aqui, por uma desídia da Administração Pública, continua sendo considerada "madeira de lei" no âmbito normativo o que não é no plano real sob nenhuma hipótese, considerando-se aqui o exemplo citado. Primeiramente é de afastar a ilicitude dessa conduta em razão do grave vício do ato administrativo, nesta hipótese absolutamente nulo em razão da inexistência de motivos e do desvio de finalidade, conforme as alíneas d e e do artigo 2º da Lei 4.717/65[206]. Sob o ponto de vista da tipicidade material, resta analisar – em termos alusivos, até mesmo se fosse válido o ato administrativo proibitivo –, além da consideração em abstrato dessas normativas administrativas, as circunstâncias concretas envolvidas: ainda que violada a proibição administrativa, a conduta do lavrador ofereceu perigo, no mínimo abstrato, ao bem jurídico-penal tutelado, há ofensa a ele? Esse raciocínio deve ser também aplicado no sentido inverso, pois, quando determinada espécie encontrar-se em processo de extinção e os Poderes Legislativo ou Executivo, através das edições de normas e atos administrativos, considerarem as condutas que os afetem como inofensivas, também estará a andar mal, porém nada poderá ser feito no sentido de configurar o crime para aqueles albergados pelo ato ou pelo direito administrativo nulo emanado da Administração Pública.

O quarto grupo (iv') envolve comportamentos não permitidos pela Administração, mas que deveriam, ora, serão tratadas as hipóteses em que os particulares executam condutas materialmente correspondentes àquelas que seriam exigidas pela Administração, embora não o fossem, pois carecem, portanto, das autorizações formais para tanto. Poder-se-ia punir aqui as condutas inofensivas aos bens jurídicos ambientais dissonantes dos interesses da Administração? Os casos hipotéticos analisados para representar este grupo de problemas envolverão os artigos 44[207] e 51 da Lei 9.605/98[208] respectivamente.

Em um primeiro caso tem-se um empresário que extrai areia de florestas de domínio público (ou de florestas consideradas de preservação permanente) sem prévia autorização, contudo, sem provocar ofensa aos bens jurídico-penais ambientais envolvidos, por exemplo, a flora, as florestas de domínio público ou consideradas de preservação permanente. Imagine-se que o empresário tenha acesso às mesmas informações, serviços, tecnologia e profissionais que outras empresas da região, *rectius*, a única diferença entre aquele

---

205. CAETANO, Matheus Almeida. *Os delitos de acumulação no direito penal ambiental*, p. 294-295.
206. "[...] d) a inexistência dos motivos se verifica quando a matéria de fato ou de direito, em que se fundamenta o ato, é materialmente inexistente ou juridicamente inadequada ao resultado obtido; e) o desvio de finalidade se verifica quando o agente pratica o ato visando a fim diverso daquele previsto, explícita ou implicitamente, na regra de competência", para mais detalhes, *cfr. supra*, nota 183.
207. "Art. 44. Extrair de florestas de domínio público ou consideradas de preservação permanente, sem prévia autorização, pedra, areia, cal ou qualquer espécie de minerais: Pena-detenção, de seis meses a um ano, e multa."
208. "Art. 51. Comercializar motosserra ou utilizá-la em florestas e nas demais formas de vegetação, sem licença ou registro da autoridade competente: Pena – detenção, de três meses a um ano, e multa."

empresário extrator "ilegal" de areia e outros que atuam na região é a ausência de prévia autorização. A atividade é a mesma, mas uma mera formalidade, a prévia autorização para a extração de areia, seria bastante para legitimar uma incriminação? Segundo o modelo de injusto penal material proposto, apenas se presente alguma ofensa – ainda que resultante de um perigo abstrato – à flora deveria o empresário desse caso hipotético responder jurídico-penalmente, nas palavras de *D'Ávila*, "[...] a simples falta de autorização, por si só, não significa desacordo material com as exigências técnicas que permitiriam conferir a respectiva autorização, as quais, no caso concreto, podem muito bem ter sido atendidas pelo autor"[209].

O segundo caso hipotético trata-se de uma fábrica de motosserras com um alto padrão de qualidade reconhecida no âmbito internacional por sua excelência no tocante às normas de segurança e qualidade, porém "sem licença ou registro da autoridade competente". Essa conduta retrata a prática do crime previsto no artigo 51 da Lei 9.605/98? Uma doutrina majoritária responderia que sim, seja sob a justificativa de que as normas de Direito Penal Ambiental tutelam não apenas bens jurídicos ambientais como também a prerrogativa da Administração de ponderar o sustentável e o insustentável de obras, atividades, produtos e condutas, leia-se, realizar uma gestão de riscos; seja por caber à Administração decidir se o ato seria discricionário ou não, mesmo se a ela não restasse nenhuma discricionariedade.

Nesse sentido, poder-se-ia acrescentar o comentário de *Tiedemann* – não se trata do posicionamento oficial do autor – sobre esta linha de pensamento que "a capacidade de autorização de uma conduta não é, todavia, uma permissão"[210], ou seja, expectativa de direito não é direito subjetivo e o particular não pode absolutamente contar com a permissão da Administração, antecipando o que pode vir a ser, mas ainda não o é[211]. Outros ainda destacam que as razões de cunho preventivo (e até mesmo precaucional), as quais informam a lei, deixam à Administração a competência para decidir sobre as concessões aos particulares de atos autorizativos, ou advogam, por fim, o perigo abstrato para os bens ambientais decorrente da subestimação das normas administrativas, ainda que atenda às condições para obtenção da autorização.

A doutrina minoritária prefere admitir as consequências da seguinte diferenciação: atos não concedidos dentro do espaço de discricionariedade da Administração e atos não concedidos em violação de competência vinculada. Aqui os argumentos da doutrina dominante seriam válidos apenas para o primeiro grupo, pois quando o ato não fosse concedido por usurpação de competência vinculada "seria um mero formalismo considerar injusto penal algo que, materialmente, não é mais do que uma desobediência"[212]. Quando

---

209. D'AVILA, Fabio Roberto. *Ofensividade e ilícito penal ambiental*, p. 118.
210. TIEDEMANN, Klaus. *Derecho penal ambiental alemán en su contexto europeo y mundial*, p. 305.
211. *Kuhlen* também menciona esta corrente, alegando ser a opinião majoritária que "[...] alcança a punibilidade, porque a necessária autorização não teria sido realmente concedida. Isto está de acordo com o Direito Administrativo". KUHLEN, Lothar. *Umweltstrafrecht – Auf der Suche nach einer neuen Dogmatik*, p. 708.
212. GRECO, Luís. *A relação entre o direito penal e o direito administrativo no direito penal ambiental*, p. 185.

as condutas não afetem o meio ambiente, representando um mero desrespeito às ordens da Administração, não se pode falar em ilícito penal. Este foi o entendimento do STF referente à prática do crime ambiental do artigo 46 da Lei 9.605/98[213], cujo voto do relator Min. Sepúlveda Pertence traçou: "[...] a eventual irregularidade fiscal do transporte não afeta o bem jurídico protegido pela incriminação, qual seja o meio ambiente, o que induz à atipicidade de fato, ainda quando se trate, como no caso, de um crime de mera conduta [...]"[214]. *Kindhäuser* diverge de *Greco*, pois além de concluir que, "uma permissão que não tenha sido outorgada não pode ter eficácia justificante", deixa bem claro que "[...] ainda que, se falta a autorização, inclusive quando deveria ser outorgada com ajuste ao ordenamento, a conduta é punível"[215].

Contudo, reconhecem-se algumas exceções dentro desse grupo, de modo que não parece "que em todos os casos em que a concessão do ato autorizativo seja vinculada já se deva excluir o injusto penal"[216]. Preocupação essa de *Greco* que ganha contornos ao se referir aos delitos do § 327 do *StGB* e do artigo 21 da Lei 6.453/77[217] que incriminam a "mera" conduta de operar usina nuclear sem autorização, não sendo plausível aqui excluir o tipo mesmo se o particular operar a usina mediante todas as condições de segurança que lhe seriam exigíveis pelo ato autorizativo. Conforme salienta *Greco*, "nestes casos, poder-se-ia dizer que a competência decisória da Administração é, sim, bem jurídico (intermediário) também tutelado pela norma penal"[218]. Ele complementa ainda que o bem jurídico mediato (último ou final) seria um meio ambiente livre de radioatividade com a vida e a

---

213. "Art. 46. Receber ou adquirir, para fins comerciais ou industriais, madeira, lenha, carvão e outros produtos de origem vegetal, sem exigir a exibição de licença do vendedor, outorgada pela autoridade competente, e sem munir-se da via que deverá acompanhar o produto até final beneficiamento: Pena – detenção, de seis meses a um ano, e multa. Parágrafo único. Incorre nas mesmas penas quem vende, expõe à venda, tem em depósito, transporta ou guarda madeira, lenha, carvão e outros produtos de origem vegetal, sem licença válida para todo o tempo da viagem ou do armazenamento, outorgada pela autoridade competente."

214. "Ementa: I. *Habeas corpus*: descabimento. 1. Alegação de nulidade de decisão que decretou a perda da carga e o descarregamento em empresa diversa da destinatária: ausência, no ponto, de ameaça ou constrangimento à liberdade de locomoção. 2. Questões relacionadas à inexigibilidade de conduta diversa, que demandam o revolvimento de fatos e provas, ao que não se presta o procedimento sumário e documental do *habeas corpus*. II. Crime ambiental: transporte de carvão vegetal sem licença válida para todo o tempo da viagem outorgada pela autoridade competente (Lei 9.605/98, art. 46, parágrafo único): exigência de autorização ambiental expedida pelo Ibama – existente e no prazo de validade – e não de regularidade da documentação fiscal, cuja ausência não afeta o bem jurídico protegido pela incriminação, qual seja o meio ambiente, o que induz à atipicidade do fato, ainda quando se trate, como no caso, de um crime de mera conduta (v.g., HC 81.057, 1ª T., 25.04.2004, Pertence, Infs. STF 349 e 385)" (STF, *Recurso Ordinário em Habeas Corpus* 85214-9/MG, 1ª T., rel. Min. Sepúlveda Pertence, j. 17.05.2005).

215. KINDHÄUSER, Urs. *Elementos fundamentales del derecho penal medioambiental alemán*, p. 511.

216. GRECO, Luís. *A relação entre o direito penal e o direito administrativo no direito penal ambiental*, p. 185.

217. "Art. 21. Permitir o responsável pela instalação nuclear sua operação sem a necessária autorização. Pena: reclusão, de dois a seis anos."

218. GRECO, Luís. *A relação entre o direito penal e o direito administrativo no direito penal ambiental*, p. 186.

integridade física das gerações presentes e futuras e, para garanti-lo, necessário se faz a tutela do bem jurídico imediato (atual): o monopólio administrativo sobre a decisão final a respeito da prática do fato. Em síntese, a tutela desse bem intermediário é a única forma de garantir a proteção do bem jurídico real: o meio ambiente ecologicamente equilibrado para as gerações presentes e futuras[219].

Kindhäuser justifica este delito do *StGB* por motivos de necessidades de segurança justificadas, alegando que "a segurança não tem apenas uma dimensão objetiva senão também subjetiva. A segurança significa a certeza fundamentada na ausência futura de perigo no desfrute dos bens"[220]. Aderindo-se a esta fundamentação teórica, *Tiedemann* também destaca que tal segurança mencionada está a significar "a certeza fundada da falta de perigo futuro na disposição sobre bens (em especial o corpo, a vida ou os objetos de valor) e não está dada já quando objetivamente não possam produzir-se condições relevantes para o dano"[221]. Conclui *Greco* que é imprescindível a distinção entre os crimes que tutelam apenas bens jurídicos ambientais – alusivamente aqui o artigo 51 – daqueles que, em razão da fragilidade e extrema relevância do bem jurídico, justificam a proteção do bem intermediário, como o artigo 21 da Lei 6.453/77 – prerrogativa de controle pela Administração. Decorrente disso, apenas no primeiro grupo de casos, o injusto poderia ser excluído em razão de o ato autorizativo ter deixado de se perfazer pela violação de competência vinculada, "porque na segunda hipótese, também a não-concessão, ainda que ilícita, tem de ser respeitada por ser essa a única maneira de salvaguardar o outro bem tutelado"[222].

No quinto grupo (v') englobam-se os casos em que há uma tolerância informal de comportamentos pela Administração, por exemplo, nos artigos 63 e 54 da Lei 9.605/98[223], um cidadão requer a autorização ao órgão competente, mas este não se manifesta nem mesmo após tomar conhecimento do início das atividades autorizáveis, seria tal conduta objeto de persecução penal? Variadas correntes existem nesse sentido, mesmo sendo o tema da tolerância uma novidade para a dogmática administrativista, mas apenas três serão colacionadas para esta breve análise. A primeira, desconhecendo qualquer efeito da tolerância nas esferas jurídico-administrativas e penais, acaba por reconhecer a completude

---

219. Com relação ao contributo do Direito Penal Ambiental na tutela das gerações futuras, *cfr.* a nossa abordagem crítica em: CAETANO, Matheus Almeida, A responsabilidade (diacrônica) pela tutela dos bens ambientais: importantes notas para o direito penal ambiental, *Questio Iuris*. v. 10, 2017. p. 1999, destacando-se a seguinte passagem "a responsabilização de pessoas hoje por atos lesivos ou atentatórios aos interesses (jamais direitos) das gerações futuras merece uma resposta jurídica, embora reconheçamos: fora da esfera do Direito Penal e com todas as cautelas imagináveis" Assim, divergimos do seguinte posicionamento de Câmara sobre os delitos de acumulação na proteção de bens jurídico-penais ambientais, "a conduta cumulativa distingue-se por ostentar uma ofensividade de diversa ordem (*sui generis*), isto é, uma *ofensividade diacrônica*, podendo refratar-se, por adição, sobre a essência, a dignidade e a continuidade existencial da espécie humana". CÂMARA, Guilherme Costa. *O direito penal do ambiente e a tutela das gerações futuras*, p. 524.
220. KINDHÄUSER, Urs. *Elementos fundamentales del derecho penal medioambiental alemán*, p. 510.
221. TIEDEMANN, Klaus. *Derecho penal ambiental alemán en su contexto europeo y mundial*, p. 304.
222. GRECO, Luís. *A relação entre o direito penal e o direito administrativo no direito penal ambiental*, p. 187.
223. Ver notas de números 181 e 153, respectivamente.

dos tipos objetivos mencionados já que a tolerância de comportamentos não significa autorização para o comportamento do particular. Uma segunda corrente, distinguindo entre tolerância passiva e ativa, chega à conclusão de que, na ativa, em razão da manifestação da Administração, equivaler-se-ia o respectivo ato a uma autorização e por isso gerariam os efeitos como tal. A movimentação da Administração (o fato administrativo) seria equiparada a um ato autorizativo materialmente eficaz e válido, contudo, os problemas continuariam a flutuar sobre essa tolerância ativa, máxime quando o ato autorizativo exija um requisito formal (em termos alusivos, a forma escrita) para sua validade. Interessante posicionamento é construído por *Papier*, salientando não passar a tolerância de um ato real que pode obter "a eficácia jurídica de 'quase-legalização' da atividade do particular se esta for tolerada por tanto tempo a ponto de que uma súbita mudança de rumo pela Administração viole o *princípio da proporcionalidade*"[224].

Destarte, para *Greco*, as situações em que a tolerância da Administração seria capaz de gerar efeitos de direito não seriam pela simples forma ativa, e sim apenas nos casos "em que a tolerância pela Administração gerar no particular a *confiança justificada de que age licitamente* poder-se-á atribuir-lhe a mesma eficácia do ato autorizativo formal"[225]. Trata-se do reconhecimento, nos casos reais, de concretização de riscos permitidos pelos atos autorizativos que, somados ao princípio da confiança, permitem ao cidadão crer que sua conduta é lícita pela atuação da Administração. *Heine* sustenta que, de forma semelhante, para uma tolerância de a autoridade atingir efeitos legalizadores e libertadores de sanção penal, precisar-se-ia assumir aquela uma função semelhante àquelas das autorizações formais, o que: "[...] requer-se, desde um ponto de vista formal, que a autoridade ambiental com conhecimento de todos os fatores relevantes para a decisão, adote uma 'decisão de tolerância' e esta se expresse em uma 'resolução de tolerância'"[226]. Diante disso, o caso hipotético citado não permite ao particular agir daquela forma, pois seria necessário ao Poder Público "[...] que por sua atitude deixa claro que nada fará, neste caso poderíamos, sim, considerar a tolerância como igualmente eficaz ao real ato autorizativo, porque até o homem prudente teria aqui razões para crer que cumpre todos os requisitos legais"[227].

Como um sexto grupo (vi') de problemas têm-se as normas constituídas sem remissão ao Direito Administrativo, como a do artigo 54 da Lei 9.605/98[228]. Aqui a questão é a seguinte: a prática de poluição precisaria apenas gerar uma genérica modificação negativa do meio ambiente, conforme mencionado neste tipo penal, ou seria exigível, além de tais modificações negativas, também uma violação dos padrões ambientais fixados pela Administração para a consumação do delito? Grande parte dos jusambientalistas advoga que bastariam aqui as alterações do ambiente para preencher o tipo objetivo do delito de

---

224. GRECO, Luís. *A relação entre o direito penal e o direito administrativo no direito penal ambiental*, p. 189.
225. Ibidem, p. 190.
226. HEINE, Günter. *Acessoriedad administrativa em el derecho penal del medio ambiente*, p. 313.
227. GRECO, Luís. *A relação entre o direito penal e o direito administrativo no direito penal ambiental*, p. 191.
228. Ver nota de número 153.

poluição, sendo irrelevante a superação dos limites de poluição estabelecidos pela Administração[229]. A razão desse estado de coisas é muito bem salientada por *Greco*, nas seguintes palavras: "Tal conclusão decorre de um erro comum na argumentação dos estudiosos de direito ambiental, que consiste em ignorar os princípios de garantia e imputação do direito penal"[230]. Nessa mesma senda, apontando a diferença entre a contaminação real do meio ambiente (da qual jamais se discute uma possibilidade de sanção jurídico-civil-e/ou-administrativa) e a contaminação exigida pela norma penal, *Freeland* comenta sobre *a Ley de Residuos Peligrosos*[231], nos seguintes termos:

> [...] se A 'contamina' as águas dentro dos limites tolerados pela autoridade ou pela lei, e essa contaminação colocou em perigo a saúde das pessoas, tem causado, certamente, a contaminação, mas não terá 'contaminado' nos termos ou no sentido do art. 55 da Lei de Resíduos Perigosos.[232]

Os limites ou parâmetros administrativos de poluição informam ao cidadão comum sobre o que é ou não um risco permitido, de maneira que "o particular não tem como avaliar se decisão tamanhamente complexa está certa ou errada, e por isso pode confiar em que ela esteja certa"[233]. Além disso, complementa *Freeland* que, no exemplo dado por ele, "a causação de uma lesão de um bem jurídico produzida observando todas as regras de tráfego não é uma ação típica"[234]. Um dos fios condutores deste trabalho, ou seja, o diálogo entre as racionalidades jurídicas ambientais e penais faz-se perceber nesta análise, de forma que o Direito Penal Ambiental não deve buscar a proteção do meio ambiente a qualquer custo (o pensamento ecológico puro) e nem abrir mão desta tutela (o pensamento penal restrito ou abolicionista).

Indispensável é tomar conhecimento dos principais problemas da tutela penal ambiental tanto para se buscar algumas soluções adequadas quanto para se reconhecer os próprios limites desta proteção dos bens jurídico-penais ambientais. Não se deve rechaçar *ad totum* a legitimidade desta nova franja normativa, como o fazem alguns setores, mas também não se pode titubear em reconhecer os pontos de esgotamento de uma legítima proteção penal do meio ambiente. Deve-se reconhecer que a acessoriedade administrativa do Direito Penal Ambiental como indispensável, embora provoque muitas situações de atipicidade, desculpa e não punibilidade, conforme conclui *Freeland*:

---

229. Nesse sentido, *cfr.*: MACHADO, Paulo Affonso Leme. *Direito ambiental brasileiro*, p. 704: "Apesar da valorização que a lei conferiu à autorização, à licença e à permissão e suas exigências, a tipificação do art. 54 não ficou condicionada ao descumprimento das normas administrativas".
230. GRECO, Luís. *A relação entre o direito penal e o direito administrativo no direito penal ambiental*, p. 192.
231. "Art. 55. Será reprimido con las mismas penas establecidas en el art. 200 del Código Penal, el que, utilizando los residuos a que se refiere la presente ley, envenenare, adulterare o contaminare de un modo peligroso para la salud, el suelo, el agua, la atmósfera o el ambiente en general. Si el hecho fuere seguido de la muerte de alguna persona, la pena será de diez (10) a veinticinco (25) años de reclusión p prisión."
232. FREELAND, Alejandro. ¿Permiso para contaminar; permiso para matar? Las autorizaciones administrativas y el delito ambiental. *Cuadernos de doctrina y jurisprudencia penal*, v. 12, 2001. p. 264.
233. GRECO, Luís. *A relação entre o direito penal e o direito administrativo no direito penal ambiental*, p. 193.
234. FREELAND, Alejandro. ¿*Permiso para contaminar; permiso para matar? Las autorizaciones administrativas y el delito ambiental*, p. 264.

[...] a autorização legal ou administrativa para determinado comportamento que pode derivar em colocação em perigo de bens penalmente tutelados ou ainda em sua lesão tem, ainda que se atue dentro dos limites da autorização, efeitos de isenção de responsabilidade, porque elimina o injusto (por atipicidade da conduta ou pela existência de uma causa de justificação) ou porque, em todo caso, o desculpa (por erro).[235]

Novamente, *Greco* traça uma importante reflexão para o Direito Penal Ambiental e a sua evolução:

Com isso não se desprotege o meio ambiente em caso de erros da Administração, mas se protege o cidadão de ter de pagar por um erro que não é seu. Nos casos de erro na fixação dos padrões, quem deve responder é o administrador, ou seja, quem errou, e não apenas por um crime específico de funcionário público, mas já e também pelo próprio crime de poluição – o que, curioso, é uma possibilidade raramente sequer mencionada pelos estudiosos do direito ambiental. A que título, se por autoria ou participação, é um problema que mereceria tratamento próprio, ao qual não nos poderemos dedicar nos limites do presente estudo.[236]

Não por outras razões, *Schünemann* deixa explícito que o beneficiário de uma autorização somente poderá ser responsabilizado jurídico-penalmente "por uma conduta baseada em uma autorização deficiente se o erro era reconhecível para ele e se era de sua incumbência"[237]. Nesse âmbito, nota-se um derradeiro vínculo problemático entre alguns crimes da Lei 9.605/98 – suscetíveis de uma interpretação como delitos de acumulação[238] –

---

235. Ibidem, p. 271.
236. GRECO, Luís. *A relação entre o direito penal e o direito administrativo no direito penal ambiental*, p. 193. Parece nos que, nesse diagnóstico, talvez o principal sintoma constitua um profundo aspecto cultural que historicamente marcou e ainda marca as relações entre os cidadãos (privado) e o Estado (público) no Brasil, a saber, a dificuldade, senão que a impossibilidade fática ou política (jamais normativa, diga-se de passagem) em imputar e processar jurídico-criminalmente os funcionários públicos – em especial os de alto escalão em todos os poderes do Estado – que perpetrem condutas ilícitas, nomeadamente quando realizam-nas na forma omissiva.
237. SCHÜNEMANN, Bernd. Sobre la dogmática y la política criminal del Derecho Penal del medio ambiente. Traducción de Mariana Sacher de Köster. In: BELLO RENGIFO, Carlos Simón; ROSALES, Elsie (Com.). *Libro homenaje a José Rafael Mendoza Troconis*. Caracas: Instituto de Ciencias Penales y Criminológicas e Universidad Central de Venezuela, 1998. t. 2, p. 360.
238. *Grosso modo*, o delito de acumulação surgiu como modelo explicativo para o tipo penal de contaminação das águas (§ 324 *StGB*), sendo proposto por *Kuhlen*, em 1986, diante da problemática do despejo de esgotos domésticos no Rio Meno. Formulou-se a ideia de que a repetição de um grande número de ações (isoladamente inócuas para o bem jurídico-penal) acabaria por resultar, no somatório, em significativos danos ambientais. Tal proposta de justificação típica consiste em considerar a poluição das águas, por exemplo, como um grupo de casos acumulativos que inclui ações individuais e inofensivas sob a fundamentação de que a ausência de proibições sancionatórias (de natureza penal) poderia ensejar uma massiva perpetração das pequenas poluições, provocando, consequentemente, uma perturbação das protegidas funções das águas. UHLEN, Lothar. *Umweltstrafrecht – Auf der Suche nach einer neuen Dogmatik*, p. 715-716. É uma modalidade de delito praticada contra bens jurídicos coletivos, nos quais as ações isoladamente consideradas não são suficientes para lesioná-los, nem ameaçá-los concreta ou abstratamente, mas deveriam elas ser criminalizadas pela hipotética prática reiterada de vários indivíduos, o que conduziria a um quadro incontrolável de degradação, ameaçador à integridade daqueles. Sobre esta curiosa proposta típica, *cfr.*: D'AVILA, Fabio Roberto. *Ofensividade e ilícito penal ambiental*, p. 118-127; CAETANO, Matheus Almeida. *Ofensividade e delitos de acumulação no direito penal ambiental*. Bol. IBCCRIM, v. 220, 2011. p. 12-13, CAETANO, Matheus Almeida. Os delitos de acumulação na sociedade de

e a acessoriedade administrativa de que são portadores (vii'), consistindo na insuficiência dos atos administrativos gerais em definir com precisão a quota individual de poluição ou de utilização dos bens ambientais, a saber: os artigos 29[239], 34[240] (crimes contra a fauna); 39[241], 45[242] (crimes contra a flora); e 54[243] (crime de poluição).

Nesses tipos resta dificultada ou, até mesmo, impossibilitada a determinação da "medida da participação criminosa de cada sujeito ativo quando se está diante dos delitos cumulativos", o que leva a um dilema: ou se punem todos os envolvidos de forma igualitária, atropelando as diversificadas formas de participação no dano acumulativo (violando os princípios da culpabilidade, da individualização das penas e da responsabilidade subjetiva); ou se ignora o dano acumulativo sob o véu da legalidade administrativa através das permissões, autorizações e licenças ambientais[244]. *Steindorf* aponta de maneira semelhante os casos de autorizações administrativas apreciadas isoladamente que permitem insignificantes e social-adequados prejuízos ao meio ambiente, os quais, segundo os efeitos somativos, aditivos e sinérgicos[245], causariam danos ao(s) bem(-ns) jurídico-penal(-is) ambiental(-is). O autor completa ainda que tais danos, mesmo envolvidos por comportamentos individuais, não tornam favorável esta compreensão do injusto acumulativo, pois os efeitos somativos e acumulativos não são reconduzíveis aos comportamentos legais e ilegais em repetição, além de dependerem dos direitos locais, que compreensivelmente são bastante diversos entre si. Por fim, ele destaca conclusivamente que se trata de um "real dilema do Direito Penal Ambiental"[246].

---

risco: reflexões sobre as fronteiras da tutela penal no Estado de direito ambiental. In: LEITE, José Rubens Morato; FERREIRA, Heline Sivini; _____ (Org.). *Repensando o estado de direito ambiental*. Florianópolis: Fundação Boiteux, 2012. p. 189-226; D'AVILA, Fabio Roberto. *Ofensividade e ilícito penal ambiental*, p. 118-127; AVILA, Fabio Roberto. *Os delitos de acumulação no direito penal ambiental*, p. 215-325 (parte descritiva da problemática) e p. 327-444 (parte crítica da problemática); CÂMARA, Guilherme Costa. *O direito penal do ambiente e a tutela das gerações futuras*, p. 267-388 (parte predominantemente descritiva da problemática) e p. 437-515 (parte crítica da problemática).

239. Ver nota de número 137.
240. Ver nota de número 140.
241. Ver nota de número 129.
242. Ver nota de número 152.
243. Ver nota de número 153.
244. DOMINGUES, Victor Hugo. *Acessoriedade administrativa e delitos ambientais*, p. 60.
245. "Somativos" por serem resultado de simultâneas ou sucessivas quotas individuais de mesma composição (danos como problema de ordem quantitativa), em termos alusivos, as massivas emissões de poluentes do tráfego rodoviário, a emissão de CFC's e os despejos de esgotos domésticos. Os "aditivos" resultam de complexas conexões de quotas individuais de ações diversificadas, e os efeitos "sinérgicos" da combinação de elementos ou substâncias diferentes no ambiente de forma que, quando se encontram, geram um efeito, em regra, mais nocivo que o somatório dos efeitos das mesmas substâncias quando isoladas. RONZANI, Marco. *Erfolg und individuelle Zurechnung im Umweltstrafrecht. Eine Studie zur Funktionalität der Strafrechtsdogmatik im Umweltschutz unter besonderer Berücksichtigung des Schweizer Rechts.* Freiburg im Breisgau: Eigenverlag Max-Planck--Institut für ausländisches und internationales Strafrecht, 1992. p. 45, 46 e 47.
246. STEINDORF, Joachim. *Umwelt-Strafrecht*. 2. neubearbeitete und erweiterte Auflage. Berlin/New York: Walter de Gruyter, 1997. p. 47 (Vor § 324/V.2-24).

Por fim, *a acessoriedade administrativa é de extrema importância para a operatividade do Direito Penal do Ambiente, destarte ela provoque um verdadeiro labirinto de natureza dúplice, tanto em relação à aplicabilidade (eficácia da proteção do meio ambiente) quanto à legitimidade dos crimes ambientais (a delimitação do ilícito penal e do ilícito administrativo)*. Mesmo com os inegáveis avanços nesta seara, os problemas políticos e jurídico-dogmáticos da acessoriedade administrativa do Direito Penal Ambiental são significativos e complexos. Soma-se a isto o fato de que o tema é pouco explorado pela doutrina penal ambiental nacional, fazendo-se urgente o desenvolvimento de trabalhos específicos nesse âmbito. No subitem seguinte serão desenvolvidos alguns aspectos sobre as normas penais em branco no Direito Penal Ambiental.

5.2. As normas penais em branco e o Direito Penal Ambiental

Importante realçar que neste setor, mas não apenas nele, "encontra-se com frequência as leis penais em branco"[247], o que leva *Figueiredo Dias* a enfatizar, no tocante ao injusto, que o ilícito penal secundário surge, na maioria das vezes, sob a forma de um crime de infração de dever, "em que é pressuposto do preenchimento do tipo a violação de um especial dever, em regra extra penal"[248]. Muitos aspectos da acessoriedade administrativa desenvolvidos nos itens anteriores manifestam-se, no Direito Penal Ambiental, por meio da incidência das denominadas normas penais em branco (*Blankettstrafgesetze*). Em outros termos, a acessoriedade administrativa é um efeito da utilização de normas penais em branco.

Indispensável salientar que as leis penais em branco atendem à demanda provocada pelas dinâmicas regulamentações normativas exigidas pelos complexos problemas advindos da sociedade de risco[249]. Também se vislumbra que esta técnica legislativa, conhecida por sua dinâmica, ganha contornos significativos no Direito Penal Secundário, seja em decorrência das searas intimamente vinculadas à tecnologia (biotecnologia, engenharia

---

247. KINDHÄUSER, Urs. *Strafrecht Allgemeiner Teil*. 3. Auflage. Baden-Baden: Nomos, 2008. p. 111. Inclusive ao destacar que "o art. 32 da Lei de Crimes Ambientais é – mesmo que, à primeira vista, não aparente ser – uma norma, se não total, mas parcialmente em branco. O preenchimento desse conteúdo demanda o emprego de normas extrapenais. É chegada a hora, portanto, de se buscar auxílio na disciplina Direito Animal". LOBATO, José Danilo Tavares. Legítima defesa e estado de necessidade em favor dos animais? Reflexões em torno de uma nova hermenêutica. *REC*, v. 76, 2020. p. 75.
248. FIGUEIREDO DIAS, Jorge de. Para um dogmática do direito penal secundário. Um contributo para a reforma do direito penal econômico e social português. In: FIGUEIREDO DIAS, Jorge de; SOUZA, Paulo Vinicius Sporleder (Coord.). *Direito penal secundário*, p. 48 (nota 87).
249. Em sentido crítico quanto a esta vinculação, *cfr*.: ALFLEN DA SILVA, Pablo Rodrigo. *Leis penais em branco e o direito penal do risco: aspectos críticos e fundamentais*, p. 53: "[...] têm adquirido interesse por parte de um setor da ciência do Direito Penal, encontram seu ápice naquilo que se tem convencionado chamar de 'moderna sociedade de risco', a qual tem apresentado reflexos expansivos no Direito Penal". Em sentido favorável: FALCÃO JÚNIOR, Alfredo Carlos Gonzaga. Agrotóxicos e responsabilidade criminal. In: MILARÉ, Édis; MACHADO, Paulo Affonso Leme (Org.). *Direito ambiental*: responsabilidade em matéria ambiental. São Paulo: Ed. RT, 2011. p. 573: "Consigne-se que o fenômeno em epígrafe é tratado pela doutrina como norma penal em branco, comum com a evolução da sociedade de risco, que exige respostas normativas céleres do direito penal que, de outra forma, restariam frustradas caso fosse respeitado o tradicional rito de edição das leis penais".

genética, direito virtual), seja pela manifestação predominante mas não exclusiva no modelo de Estado Social[250] ou de Bem-Estar Social (perceptível em ramos como o Direito Penal Fiscal e o Direito Penal Econômico), seja ainda pela complexidade de alguns bens jurídicos supraindividuais, como o meio ambiente[251].

Prado conceitua a norma penal em branco como "aquela em que a descrição da conduta punível se mostra incompleta ou lacunosa, necessitando de outro dispositivo legal para a sua integração ou complementação"[252]. Trata-se de norma em que o preceito primário não se esgota na lei incriminadora, dependendo de complemento a ser preenchido por outra lei ou ato administrativo, de natureza extrapenal, em regra[253]. Assim, a doutrina traz uma classificação dual, marcada pelas seguintes espécies com suas devidas peculiaridades.

Em primeiro lugar, há *leis penais em branco em sentido amplo* (*Blankettstrafgesetze im weiteren Sinne*), *homogêneas* ou *impróprias* (*i*), as quais têm o seu complemento proveniente ou da mesma lei (*i.1*) ou de outra lei proveniente da mesma fonte legislativa da norma incompleta (*i.2*). *Alflen da Silva* considera a peculiaridade comum, nesta classe de leis penais em branco homogêneas, o fato de decorrerem de uma "fonte formal *homóloga*, são aquelas que recorrem a regulamentações da mesma lei ou de outra lei, ou seja, originadas da mesma instância legislativa [...]"[254]. Distingue-se as subespécies através da "remissão interna (homovitelinas)" que remete a dispositivos diversos da própria lei em que se manifesta (*i.1*), podendo-se mencionar como exemplos os artigos 15 da Lei 9.263/96[255] e 16 da Lei 9.434/97[256]. Já "uma remissão externa (heterovitelinas) são aquelas que remetem a

---

250. As normas penais em branco podem ser consideradas como a manifestação, no âmbito jurídico-penal, da "aproximação entre *Ars* e *Jus*" (p. 16), utilizando as palavras do jusambientalista português Tiago Antunes. Também é importante lembrar que, nesse contexto de uma constante presença da tecnologia no Direito, passa-se prioritariamente a notar que "uma das características apontadas à Administração do Estado Social é precisamente o fato de ela recorrer frequentemente à Técnica". ANTUNES, Tiago. *O ambiente entre o direito e a técnica*. Lisboa: AAFDL, 2003. p. 15.
251. ALFLEN DA SILVA, Pablo Rodrigo. *Leis penais em branco e o direito penal do risco: aspectos críticos e fundamentais*, p. 81: "Determinadas matérias, sobretudo no chamado *Nebenstrafrecht* (Direito Penal complementar), estreitamente vinculadas a setores mais dinâmicos do ordenamento jurídico, são fortemente condicionadas por circunstâncias histórico-sociais concretas (de maneira que a variabilidade do conteúdo destas leis resulta não por si mesma, senão por estar condicionadas a valores sociais)".
252. PRADO, Luiz Regis. *Curso de direito penal brasileiro*. 4. ed. São Paulo: Ed. RT, 2004. p. 172.
253. As leis penais em branco caracterizam-se pela incompletude típica do preceito incriminador (preceito primário) enquanto a sanção (a pena ou preceito secundário) é determinada. Ocorre que há uma figura *sui generis* denominada de *lei penal em branco às avessas*, u "ao revés". Trata-se de uma questão observada por *Jiménez de Asúa* que, contrariamente àquelas, "deixam sem fixar a pena, ou seja, o 'branco' não se encontra no tipo (preceito), senão na sanção". ALFLEN DA SILVA, Pablo Rodrigo. *Leis penais em branco e o direito penal do risco: aspectos críticos e fundamentais*, p. 71 (p. 70-75).
254. Ibidem, p. 68.
255. "Art. 15. Realizar esterilização cirúrgica em desacordo com o estabelecido no art. 10 desta Lei." (Artigo vetado e mantido pelo Congresso Nacional).
256. "Art. 16. Realizar transplante ou enxerto utilizando tecidos, órgãos ou partes do corpo humano de que se tem ciência terem sido obtidos em desacordo com os dispositivos desta Lei: Pena – reclusão, de um a seis anos, e multa, de 150 a 300 dias-multa."

outra lei formal, porém emanada da mesma instância legislativa"²⁵⁷ (*i.2*), sendo exemplo o artigo 237 do CP²⁵⁸, pois nesse os impedimentos do casamento são disciplinados pelo CC (artigo 1.521, I a VII²⁵⁹).

Já o segundo grupo é composto pelas *leis penais em branco em sentido estrito* (*Blankettstrafgesetze im ergeren Sinne*), *heterogêneas* ou *próprias* (*ii*), caracterizadas pelo complemento advindo de instância legislativa diversa da que editou a lei incriminadora. No artigo 45 da Lei brasileira dos Crimes Ambientais, a proibição de cortar ou transformar em carvão madeira de lei somente será preenchido através de um ato do Poder Público (podendo ser uma portaria, um decreto, uma resolução, uma lei municipal ou estadual, dentre outras formas) que determine aquela expressão ("madeira de lei").

Como justificativas em favor desse instituto estão, de um modo geral e jamais exaustivo, a saber: (*j.i*) "a estabilidade do dispositivo principal, emanado de autoridade legislativa de maior categoria através de moroso e complicado processo"²⁶⁰ que, complementado por normas *lato sensu* (leis estaduais, municipais, decretos, atos administrativos, portarias, resoluções etc.), permitem uma atualização da norma sobre os conhecimentos específicos necessários para o estabelecimento de critérios relevantes para a proteção do meio ambiente, e, principalmente, pela constante mudança de opinião dos *experts* sobre as substâncias, critérios e métodos de ordem técnica utilizados nas questões científicas da sociedade pós-moderna²⁶¹; (*j.ii*) "o fato de que há certos bens jurídicos cuja integridade depende de circunstâncias conjunturais, de maneira que uma conduta que em certo momento não a afeta, em outro pode lesioná-la gravemente"²⁶², justamente o que se passa com o bem jurídico-penal do meio ambiente, cuja tutela é necessariamente dinâmica²⁶³; (*j.iii*) a sua forma compatível com o postulado da economia legislativa, destacadamente nas áreas do Direito Penal Secundário, altamente voláteis e sujeitas às atualizações tecnológicas e técnicas²⁶⁴.

---

257. ALFLEN DA SILVA, Pablo Rodrigo. *Leis penais em branco e o direito penal do risco: aspectos críticos e fundamentais*, p. 69.
258. "Art. 237. Contrair casamento, conhecendo a existência de impedimento que lhe cause a nulidade absoluta: Pena – detenção, de três meses a um ano."
259. "Art. 1.521. Não podem casar: I – os ascendentes com os descendentes, seja o parentesco natural ou civil; II – os afins em linha reta; III – o adotante com quem foi cônjuge do adotado e o adotado com quem o foi do adotante; IV – os irmãos, unilaterais ou bilaterais, e demais colaterais, até o terceiro grau inclusive; V – o adotado com o filho do adotante; VI – as pessoas casadas; VII – o cônjuge sobrevivente com o condenado por homicídio ou tentativa de homicídio contra o seu consorte."
260. PIMENTEL, M. *apud* PRADO, Luiz Regis. *Direito penal do ambiente*, p. 92.
261. PARDO, José Esteve. *Técnica, riesgo y derecho*. Tratamiento del riesgo tecnológico en el Derecho ambiental. Barcelona: Ariel, 1999. p. 93: "A norma jurídica, com o seu enunciado firme e estático, mostra-se incapaz de incorporar esta mutabilidade constante das referências técnicas. Através da cláusula opera-se uma remissão aberta e permanente ao nível de desenvolvimento tecnológico de cada momento e às exigências que dele poderiam derivar para a atividade ou instalação anteriormente autorizada".
262. ALFLEN DA SILVA, Pablo Rodrigo. *Leis penais em branco e o direito penal do risco: aspectos críticos e fundamentais*, p. 80.
263. E o é exatamente porque a sua qualidade e quantidade varia conforme a atuação do homem sobre os seus microbens.
264. Apenas para fins informativos, "Mais recentemente, sob uma outra perspectiva, Veja apresenta uma tripla ordem de justificação para o emprego de leis penais em branco. A primeira alude a

Entre as críticas a essa categoria (gênero), elenca-se: (*c.i*) a dificuldade de cognoscibilidade do crime, levando-se em consideração que, os destinatários da norma penal, além de não conhecerem esta, quando a conhecem, o tipo penal que contém uma norma penal em branco não lhe apresenta o crime em toda a sua completude; (*c.ii*) a violação da legalidade e da separação de poderes, pois a norma penal em branco heterogênea ou própria permite até mesmo ao Poder Executivo a complementação do crime; (*c.iii*) a exagerada tendência à segurança (subjetiva) provocada pelo modelo sociológico de risco pode conduzir a um emprego excessivo desta técnica, e, com ele, a uma redução das garantias jurídico-penais[265].

Por todo o exposto, as normas penais em branco são indispensáveis[266] para a tutela do meio ambiente em razão de seu "caráter difuso, técnico e complexo – e o estreito vínculo (muitas vezes indispensável) com a legislação administrativa [...]"[267], fazendo-se presente em vários tipos penais da Lei 9.605/98, conforme amplamente demonstrado nos subitens anteriores. Embora verificada a necessidade e a relevância das leis penais em branco no Direito Penal Ambiental, várias tensões também atingem este instituto jurídico-penal, às vezes enfrentando problemas de retroatividade da lei penal e do *in dubio pro reo*[268], às vezes

---

razões técnicas, uma vez que a complexidade que apresenta determinada classe de delitos torna impossível a sua precisão pelo Código Penal, já que motivaria um incremento considerável de tipos penais com a consequente redução da economia legislativa. A segunda refere-se à necessidade de evitar a cristalização da regulação penal, na medida em que a variabilidade de determinadas atividades, o ritmo da evolução social, técnico-científica ou econômica converte a regulação de determinados tipos penais rapidamente em obsoleta e carente de constantes modificações que resultam inviáveis para o lento e custoso processo de elaboração das leis. A terceira justificativa, que de certo modo pode-se qualificar como de orientação expansionista, parte de que as leis penais em branco aparecem, segundo *Veja*, '*assim como um instrumento técnico necessário para superar o nível do Direito penal de corte exclusivamente liberal, nucleado em torno de bens jurídico-penais individuais*', uma vez que, quando o Direito Penal evolui e se propõe a incorporação de bens jurídico-penais de fisionomia mais complexa para punir as novas formas de criminalidade do Estado social e tecnológico, o tradicional binômio legalidade-tipicidade torna-se insuficiente". ALFLEN DA SILVA, Pablo Rodrigo. *Leis penais em branco e o direito penal do risco: aspectos críticos e fundamentais*, p. 82-83.

265. Ibidem, p. 57: "[...] isso porque os problemas resultantes da moderna sociedade de risco (como oportunamente será verificado) tendem a fazer com que se amplie cada vez mais o uso desta técnica legislativa, ao mesmo tempo em que objetivam a redução das garantias jurídico-penais". Além disso, o tema é bastante discutido e poderiam ser levantados aqui inúmeros outros problemas de legitimidade constitucional-penal e penal-constitucional a respeito das leis penais em branco, mas este não é o propósito deste trabalho, para mais detalhes cfr.: Ibidem, p. 131-194.

266. Por todos, *cfr.*: AMARAL FILHO, Adilson Paulo Prudente do. *Direito criminal ambiental*, p. 17; COSTA NETO, Nicolao Dino de Castro; BELLO FILHO, Ney de Barros; CASTRO E COSTA, Flávio Dino. *Crimes e infrações administrativas ambientais (Lei n. 9.605/98)*, p. 149; PRADO, Luiz Regis. *Crimes contra o ambiente*, p. 17; PRADO, Luiz Regis. *Direito penal do ambiente*, p. 97; FREITAS, Gilberto Passos de; FREITAS, Vladimir Passos de. *Crimes contra a natureza*, p. 37.

267. PRADO, Luiz Regis. *Direito penal do ambiente*, p. 92-93.

268. Nesse sentido, *cfr.*: "Ementa: Penal. Tráfico ilícito de substância entorpecente. Lei 6.368/76, artigo 36. Norma penal em branco. Portaria do Dimed, do Ministério da Saúde, contenedora da lista de substâncias proscritas. Lança-perfume: Cloreto de etila. I. O paciente foi preso no dia 01.03.84, por ter vendido lança-perfume, configurando o fato o delito de tráfico de

sendo aplicadas normalmente[269], gerando até consequências processuais penais, como a inépcia da denúncia oferecida sem a exposição da norma integrativa[270].

Indispensável, entretanto, é reconhecer que a natureza multifacetária, complexa e dinâmica do bem jurídico-penal meio ambiente, somada ao moroso processo legislativo "justificam o emprego do procedimento técnico-legislativo da norma em branco na formulação dos tipos de injusto, respeitados os infranqueáveis parâmetros constitucionais-penais"[271]. Nesta senda, o *Tribunal Constitucional espanhol* determinou três requisitos de constitucionalidade que a norma penal em branco deveria atender, a saber: o reenvio à norma deve ser expresso, necessário em razão do bem jurídico tutelado e limitado, tendo os elementos essenciais do delito determinados no próprio tipo penal[272].

Concluídas algumas considerações sobre as normas penais em branco e, sobretudo, a respeito dos aspectos dogmáticos mais salientes do Direito Penal Ambiental, no tópico seguinte serão desenvolvidos alguns dos principais aspectos da Lei de Crimes Ambientais (Lei 9.605/1998).

---

substância entorpecente, já que o cloreto de etila estava incluído na lista do Dimed, pela Portaria de 27.01.1983. Sua exclusão, entretanto, da lista, com a Portaria de 04.04.84, configurando-se a hipótese do '*abolitio criminis*'. A Portaria 02/85, de 13.03.85, novamente inclui o cloreto de etila na lista. Impossibilidade, todavia, da retroatividade desta. II. Adoção de posição mais favorável ao réu. III. H.C. deferido, em parte, para o fim de anular a condenação por tráfico de substância entorpecente, examinando-se, entretanto, no Juízo de 1º grau, a viabilidade de renovação do procedimento pela eventual prática de contrabando" (STF, *HC 68904/SP*, 2ª T., rel. Min. Carlos Velloso, j. 17.12.1991).

269. Jurisprudência que acolheu a lei penal em branco nos crimes envolvendo agrotóxicos, *cfr.*: "Penal. Processual penal. *Habeas corpus*. Denúncia. Crime contra o meio ambiente. Lei 7.802/89. Norma penal em branco. Ação penal: indivisibilidade e obrigatoriedade. – Na hipótese de denúncia pela prática de crime fundado em norma penal em branco, como os previstos nos arts. 15 e 16, da Lei 7.802/89 – aplicação de agrotóxicos, sem o uso de medidas de proteção ao meio ambiente –, não é de rigor a indicação da norma complementar integrativa do tipo penal, bastando a descrição da conduta nela vedada. – Não ocorre violação aos princípios da indivisibilidade e da obrigatoriedade da ação penal se o órgão do Ministério Público não oferece denúncia contra quem, ao seu entender, não é responsável pelo fato delituoso. – Recurso ordinário desprovido" (STJ, *RHC 9.056/RJ*, 6ª T., rel. Min. Vicente Leal, j. 03.02.2000).

270. "Ementa: Criminal. *Habeas corpus*. Crime ambiental. Art. 34, parágrafo único, inciso III, da Lei n. 9.605/98. Norma penal em branco. Denúncia oferecida sem exposição da norma integrativa. Inépcia. Ordem concedida. I. Denúncia oferecida pelo delito de comercialização de pescados proibidos ou em lugares interditados por órgão competente. II. Tratando-se de norma penal em branco, é imprescindível a complementação para conceituar a elementar do tipo 'espécimes provenientes da coleta, apanha e pesca proibidas'. III. O oferecimento de denúncia por delito tipificado em norma penal em branco sem a respectiva indicação da norma complementar constitui evidente inépcia, uma vez que impossibilita a defesa adequada do acusado. Precedentes. IV. Ordem concedida" (STJ, *HC 174165/RJ*, 5ª T., rel. Min. Gilson Dipp, j. 01.03.2012, *DJe* 08.03.2012).

271. PRADO, Luiz Regis. *Direito penal do ambiente*, p. 97.

272. RODRIGUEZ MOURULLO, Gonzalo. *Limitaciones del Derecho Penal del medio ambiente*, p. 165-166, destaques livres: "Caso tais condições cumpram-se, *caso estejamos frente uma remissão expressa, necessária e parcial* – se não estamos diante de uma norma penal em branco, senão ante uma normal penal com um branco necessário, menor e facilmente recarregável –, *as vantagens desta técnica legislativa são nitidamente superiores as de sua renúncia*".

6. Algumas notas sobre o Direito Penal Ambiental brasileiro

Quanto ao tema da autoria delitiva na Lei de Crimes Ambientais (artigos 2°, 3° e 4°), são indispensáveis algumas considerações. A primeira parte do artigo 2° é a transcrição do artigo 29 do CP, que trata dos temas do concurso de agentes e da autoria e participação. *Grosso modo*, pode-se afirmar com *Constantino* que "o *autor* atua *dentro do campo da tipicidade*, ao passo que o *partícipe* atua *ao lado da tipicidade, mas fora dela*, dando uma ajuda ao autor do delito"[273]. A assunção formal[274] da *teoria unitária de autor* – teoria que apresenta mais desvantagens que vantagens[275] –, na legislação penal brasileira, levou a seguinte alteração daquele dispositivo com a seguinte justificação (*cfr.* o item de número 25 da Exposição de Motivos da Nova Parte Geral do CP) pós-Reforma, dada pela Lei 7.209/84: "[...] ao optar, na parte final do art. 29, e em seus dois parágrafos, por regras precisas que distinguem a autoria da participação. Distinção, aliás, reclamada com eloquência pela doutrina, em face de decisões reconhecidamente injustas".

Nilo Batista afirma que o final do *caput* do artigo 29 trata de "uma referência à culpabilidade de cada concorrente" à regra básica unificadora[276] e a expressão "de qualquer modo" está circunscrita apenas "às formas monossubjetivas de autoria da parte especial, e às demais formas de autoria e participação que se logre extrair da parte geral"[277]. Segundo ele, não se deve equiparar jurídico-penalmente os verbos concorrer e concausar, o artigo 29 do CP (e a primeira parte do artigo 2° da Lei de Crimes Ambientais) afirma que a concorrência para o crime – seja por autoria direta, mediata ou coautoria (*auxílio material*); ou ainda por meio da instigação ou cumplicidade (o *auxílio moral*) – levará à responsabilização nas penas àquele cominadas. Em síntese: há um nivelamento, em princípio, de todas as formas de concurso[278]. Considerando-se que os crimes ambientais muitas vezes são praticados por estruturas empresariais e industriais, e, pela pertinência ao Direito Penal Secundário, ramo que reconhece a responsabilidade penal da pessoa jurídica, a segunda parte do artigo 2° da Lei de Crimes Ambientais amplia o rol de responsáveis pela prática (comissão) ou ocorrência (omissão) do crime ambiental, mas também provoca

---

273. CONSTANTINO, Carlos Ernani. *Delitos ecológicos*: a lei ambiental comentada artigo por artigo. Aspectos penais e processuais penais. 3. ed. São Paulo: Lemos e Cruz, 2005. p. 28.
274. Em caráter formal porque, embora o *caput* do artigo 29 veicule a teoria unitária de autor (caráter monista), os parágrafos deste dispositivo, bem como a concretização do direito penal, incorporam (e são suscetíveis de incorporar) outras teorias e critérios que diferenciam a autoria da participação.
275. A propósito, a vantagem consistiria em que qualquer contribuição causal para o resultado delitivo (típico) significaria autoria, afastando possíveis vazios de punibilidade, com as variantes de ordem objetivas e subjetivas na contribuição no fato típico, sendo levadas em consideração, na medida da pena, como "expressão da culpabilidade pessoal", simplificando a aplicação do Direito Penal. Por outro lado, os pontos negativos seriam: (i) já que todos envolvidos no fato típico são autores, as nuances de caráter objetiva e subjetiva na lesão do bem jurídico são suprimidas, punindo contribuições diversas de forma equânime; (ii) a possibilidade de sujeitos comuns praticarem crimes especiais e de mão própria. CIRINO DOS SANTOS, Juarez. *Direito penal*. Parte geral. Curitiba: ICPC/Lumen Juris, 2006. p. 348-349.
276. BATISTA, Nilo. *Concurso de agentes*. Uma investigação sobre os problemas da autoria e da participação no direito penal brasileiro. 4. ed. Rio de Janeiro: Lumen Juris, 2008. p. 25.
277. Ibidem, p. 44.
278. Ibidem, p. 45.

uma confusão na identificação, determinação e individualização de condutas na estrutura da pessoa jurídica.

Também se pode falar em uma implantação de uma *omissão imprópria* para os crimes ambientais da Lei 9.605/98, ora, através de um nexo de evitação, *o diretor, o administrador, o membro de conselho e de órgão técnico, o auditor, o gerente, o preposto ou mandatário* de pessoa jurídica poderão ser responsabilizados por resultados lesivos aos bens jurídico-penais ambientais decorrentes das condutas de outras pessoas. Nos mesmos moldes do artigo 13, § 2º, do CP, a omissão de ação obrigatória de evitação do resultado lesivo ao bem jurídico pode levar à responsabilização daqueles, ou seja, o artigo 2º da Lei 9.605/98 possibilita instituir "o diretor, o administrador, o membro de conselho e de órgão técnico, o auditor, o gerente, o preposto ou mandatário de pessoa jurídica" como garantes dos bens jurídico-penais ambientais.

Segundo *Constantino*, trata-se de "uma modalidade especial de *participação por omissão*" para os indivíduos que atuem naqueles cargos supramencionados, ou seja, ficam suscetíveis a responder como "*partícipes por omissão* desse delito (omissivo ou comissivo) cometido pela aludida terceira pessoa"[279]. Por outro lado, isso também leva a uma mitigação, confusão e sublimação das diversas formas de participação no delito (autores e partícipes), além de uma complexa identificação dos sujeitos ativos dos crimes praticados (confundindo-se muitas vezes com a pessoa jurídica ou não sendo possível identificá-lo dentro da organização funcional-administrativa das empresas). Cabe lembrar que esta particular modalidade de *participação por omissão* só terá cabimento quando: (i) o crime praticado por terceiro for, no mínimo, suscetível de promover um benefício para determinada pessoa jurídica; (ii) sendo *o diretor, o administrador, o gerente, o preposto ou mandatário* ligados à mesma pessoa jurídica[280]. Disso decorre a importância de se deixar inequívoco, nas atas de reuniões, conselhos, planos, relatórios, trabalhos e outros documentos internos da pessoa jurídica, a não concordância com determinada prática possivelmente ofensiva aos bens jurídico-penais ambientais, evitando-se assim a futura imputação de algum crime ao nível de coautoria ou participação em razão da participação de uma deliberação coletiva no seio da empresa.

Trata-se de um problema frequente nas imputações de crimes ambientais: a presença da responsabilidade penal objetiva, um oxímoro face aos princípios da culpabilidade, da responsabilidade subjetiva e da personalização e da individualização das penas. Isso se dá quando, ocorrido um fato configurador de um delito ambiental, é realizada uma imputação desse como resultado da conduta de algumas pessoas sem quaisquer indícios possíveis de autoria e materialidade[281]. *A priori* é indispensável apontar – e *a posteriori* comprovar – a

---

279. CONSTANTINO, Carlos Ernani. *Delitos ecológicos*, p. 29-30.
280. Ibidem, p. 30.
281. Nesse sentido, *cfr.* a seguinte decisão: "Ementa: [...] Crime ambiental (artigo 40 da Lei 9.605/1998). Inexistência de nexo causal entre a conduta do paciente e a ocorrência de dano à unidade de conservação permanente. Denúncia que não descreve a relação entre a conduta do paciente e o dano ambiental ocorrido. Constrangimento ilegal evidenciado. Concessão da ordem de ofício. 1. A mera condição de sócio, diretor ou administrador de determinada pessoa jurídica não enseja a responsabilização penal por crimes praticados no seu âmbito, sendo indispensável que o titular da ação

autoria do fato delituoso, o que, não raras vezes, não pode ser realizado pela complexidade do mesmo, conforme lavrado na decisão do STF que afasta esse raciocínio incorporador de uma responsabilidade penal objetiva:

> Ementa: *Habeas Corpus*. 2. Responsabilidade penal objetiva. 3. Crime ambiental previsto no art. 2º da Lei n. 9.605/98. 4. Evento danoso: vazamento em um oleoduto da Petrobrás. 5. Ausência de nexo causal. 6. Responsabilidade pelo dano ao meio ambiente não-atribuível diretamente ao dirigente da Petrobrás. 7. Existência de instâncias gerenciais e de operação para fiscalizar o estado de conservação dos 14 mil quilômetros de oleodutos. 8. Não-configuração de relação de causalidade entre o fato imputado e o suposto agente criminoso. 8. Diferenças entre conduta dos dirigentes da empresa e atividades da própria empresa. 9. Problema da assinalagmaticidade em uma sociedade de risco. 10. Impossibilidade de se atribuir ao indivíduo e à pessoa jurídica os mesmos riscos. 11. *Habeas Corpus* concedido.[282]

Aproveitando-se o ensejo, eis aqui o *sistema legal de imputação dicotômico*, o qual reconhece autonomia à culpa individual (no caso dos membros e sócios) e à culpa coletiva (no caso da pessoa jurídica propriamente dita), mas só considera *válida* a denúncia crime com a *dupla imputação* (a da pessoa jurídica e a da pessoa física cumulativamente), conforme decisão do STJ:

> Ementa: Recurso ordinário em mandado de segurança. Crime contra o meio ambiente. Art. 38, da Lei 9.605/98. *Denúncia oferecida somente contra pessoa jurídica. Ilegalidade. Recurso provido. Pedidos alternativos prejudicados. 1. Para a validade da tramitação de feito criminal em que se apura o cometimento de delito ambiental, na peça exordial devem ser denunciados tanto a pessoa jurídica como a pessoa física (sistema ou teoria da dupla imputação). Isso porque a responsabilização penal da pessoa jurídica não pode ser desassociada da pessoa física – quem pratica a conduta com elemento subjetivo próprio.* 2. Oferecida denúncia somente contra a pessoa jurídica, falta pressuposto para que o processo-crime desenvolva-se corretamente. 3. Recurso ordinário provido, para declarar a inépcia da denúncia e trancar, consequentemente, o processo-crime instaurado contra a Empresa Recorrente, sem prejuízo de que seja oferecida outra exordial, válida. Pedidos alternativos prejudicados[283].

Não existe aqui punição penal autônoma para a pessoa jurídica, ou seja, a pessoa física deve ser responsabilizada, em princípio. Os requisitos para a responsabilidade da pessoa jurídica são: (i) o crime seja cometido por decisão de seu representante legal ou contratual, ou de seu órgão colegiado; e (ii) no interesse ou benefício da entidade. Algumas exigências dos Tribunais Superiores que, no plano prático dificultam o recebimento da denúncia de crimes de pessoas jurídicas, são a coautoria necessária (STJ) e a necessidade

---

penal demonstre uma mínima relação de causa e efeito entre a conduta do réu e os fatos narrados na denúncia, permitindo-lhe o exercício da ampla defesa e do contraditório. Doutrina. Jurisprudência. 2. No caso dos autos, da leitura da exordial acusatória percebe-se que ao paciente foi imputada a prática de crime contra o meio ambiente pelo simples fato de exercer o cargo de Diretor Presidente da Companhia Paranaense de Energia Elétrica – Copel, não tendo o órgão ministerial demonstrado a mínima relação de causa e efeito entre os fatos que lhe foram assestados e a função por ele exercida na mencionada pessoa jurídica, pelo que se mostra imperioso o trancamento da ação penal contra ele instaurada. 3. Encerrado o processo criminal instaurado contra o paciente, tem-se o prejuízo do exame da alegada falta de comprovação da materialidade do delito, bem como da apontada ilegalidade do não oferecimento de proposta de suspensão condicional do processo. 4. *Writ* não conhecido. Ordem concedida de ofício para trancar a ação penal instaurada contra o paciente" (STJ, *HC 232751/PR*, 5ª T., rel. Min. Jorge Mussi, j. 07.03.2013).

282. STF, *HC 83554/PR*, 2ª T., rel. Min. Gilmar Mendes, j. 16.08.2005.
283. STJ, *RMS 37293/SP*, 5ª T., rel. Min. Laurita Vaz, j. 02.05.2013.

da descrição individualizada das condutas dos agentes (STF). Importante citar aqui uma forte e recente tendência de mudança neste âmbito com o julgamento do *Recurso Extraordinário 548.181 STF*, no qual a Ministra relatora Rosa Weber alega existir "uma questão constitucional maior envolvida". O voto desta Ministra foi no sentido de questionar a obrigatoriedade – imposta pela jurisprudência do STJ – de simultâneo processamento das pessoas física e jurídica (a coautoria necessária dessas), alegando que nem o artigo 225, § 3º, da Constituição da República, nem qualquer outro dispositivo, impõe tal condição[284].

Todos os crimes ambientais[285] são de *ação pública incondicionada* (artigo 26) e se regem pelo *princípio da obrigatoriedade da ação penal* – de iniciativa exclusiva do Ministério Público (Estadual ou Federal), nos moldes do artigo 129, I, da Constituição da República. Isso decorre da natureza difusa dos bens jurídico-penais ambientais (com inegável interesse público, senão que difuso), não sendo possível deixar ao cabo de particulares a disponibilidade de um "bem de uso comum do povo e essencial à sadia qualidade de vida" (artigo 225 da Constituição da República). Mesmo que o dispositivo não o expressasse, valeria a regra em processo penal (a *ação pública incondicionada*), conforme o artigo 100 do CP[286].

A grande maioria dos crimes previstos na Lei 9.605/98 é considerada como *infrações penais de menor potencial ofensivo* (cuja pena máxima não é superior a dois anos, cumulada ou não com a pena de multa e as contravenções penais), conforme o artigo 61 da Lei 9.099/95. Para elas são competentes os Juizados Especiais Criminais[287], sendo cabível a aplicação do instituto da *transação penal* (artigo 60, parágrafo único, c/c artigo 76 da Lei 9.099/95). Aqui cabe destacar a indispensabilidade da *função pedagógica* das sanções

---

284. Voto que recebeu o acompanhamento dos Ministros Luís Roberto Barroso e Dias Toffoli. Dentre os argumentos levantados pela Ministra estão: "A dificuldade de identificar o responsável leva à impossibilidade de imposição de sanção por delitos ambientais. Não é necessária a demonstração de coautoria da pessoa física", pois tal exigência jurisprudencial acaba por retirar o sentido do dispositivo constitucional, além de afirmar a inexistência de critérios legais para imputação da prática de crimes ambientais para pessoas jurídicas e questiona a mera transposição dos critérios de imputação das pessoas físicas para aquelas. Por fim, ela conclui que "o mais adequado do ponto de vista da norma constitucional será que a doutrina e jurisprudência desenvolvam esses critérios" (STF, *RE 548181/PR*, 1ª T., rel. Min. Rosa Weber, j. 14.05.2013).
285. Nas palavras de *Vladimir-e-Gilberto-Passos de Freitas*, "a ação penal referente aos crimes ambientais previstos na Lei 9.605/98, bem como nas leis que a complementam, é a pública incondicionada". FREITAS, Gilberto Passos de; FREITAS, Vladimir Passos de. *Crimes contra a natureza*, p. 260.
286. "Art. 100. A ação penal é pública, salvo quando a lei expressamente a declara privativa do ofendido"; além disso "O silêncio do texto legal levaria a esta conclusão". CONSTANTINO, Carlos Ernani. *Delitos ecológicos*, p. 124.
287. O Juizado Especial Criminal poderá ser de natureza estadual ou federal, segundo ocorra uma violação de bens, serviços ou interesses da União (artigo 109, IV, da Constituição da República) ou de bens jurídico-ambientais sob a sua administração (por exemplo, a pesca ilegal em uma Unidade de Conservação sob administração Federal) ou dos Estados Federados (a caça de animais silvestres em uma Unidade de Conservação sob administração Estadual). Além disso, a ofensa a bens ambientais de mais de um Estado Membro (e o Distrito Federal), a título exemplificativo, uma poluição atmosférica ou hídrica que envolva dois ou mais estados membros da Federação (e o Distrito Federal) remeterá a competência à Justiça Federal; e as ofensas a bens ambientais sob a administração municipal (no caso de uma caça ou pesca ilegal promovida em um Parque Municipal, por exemplo) ou em propriedades particulares são de competência da Justiça Estadual. Essas regras valerão para os demais crimes de competência da Justiça Comum Estadual ou Federal.

decorrentes da violação de normas de proteção ambiental, ou seja, cabe ao Promotor de Justiça atentar ao nível econômico do autor do delito ambiental nos casos de transação penal, sendo a única forma de promover uma eficiente aplicação desse instituto e quiçá também de educação ambiental.

Aquela e a *função reparatória* do dano ambiental constituem o espírito da Lei 9.605/98, a proposta de transação deve portanto ser precedida da prévia composição do dano ambiental (artigo 27 da Lei 9.605/98), salvo em caso de comprovada impossibilidade. Importante destacar que esta reparação do dano ambiental se faz presente como requisito para: *(i)* a declaração de extinção da punibilidade (artigo 28, I, da Lei 9.605/98); *(ii)* a suspensão condicional do processo (artigo 28, II, da Lei 9.605/98 c/c artigo 89 da Lei 9.099/95); *(iii)* a substituição da pena privativa de liberdade pela restritiva de direitos ou multa (artigo 27 da Lei 9.605/98 c/c artigo 76 da Lei 9.099/95).

Essas duas funções – a *pedagógica* e a *reparatória* – influenciam no modo de aplicação não só das penas dessa legislação penal ambiental, mas também no trato com os atores do fato crime ambiental, por exemplo, o Delegado no arbitramento do valor da fiança; o Promotor de Justiça na indicação dos detalhes das propostas de transação penal, de *sursis* processual ou penal e das penas restritivas de direitos (em ambos devendo proceder de modo a não ser irrisória para o réu de situação econômica privilegiada e nem sobrecarregada para os menos abastados economicamente); e o Magistrado no arbitramento da multa penal e na determinação das demais penas desde o seu *quantum* até a sua forma de execução, conforme a natureza e modo do crime praticado.

Menciona-se aqui também a possibilidade de suspensão condicional do processo (o *sursis* processual) para "os crimes ambientais de menor potencial ofensivo" (expressão do artigo 27 da Lei de Crimes Ambientais), os quais abrangem as infrações penais de menor potencial ofensivo (artigo 61 da Lei 9.099/95), bem como os crimes cuja *pena mínima cominada*[288] for igual ou inferior a um ano (artigo 89 da Lei 9.099/95). Trata-se de "uma *interpretação extensiva* da regra jurídica contida no art. 28 sob exame, para fazê-la abarcar também *os crimes em que a pena mínima cominada for igual ou inferior a um ano* [...]"[289], sem se esquecer dos demais requisitos legais[290]. Não se podem esquecer as especiais condições exigidas pelo artigo 28 da Lei de Crimes Ambientais: (i) a declaração da extinção

---

288. Trata-se aqui de *pena mínima abstrata*, o que acaba por contemplar um rol significativo de crimes ambientais, inclusive aqueles com pena mínima superior a um ano, mas cuja a tentativa, no caso da redução de 2/3, indique uma pena mínima abstrata dentro do limite legal de um ano.
289. CONSTANTINO, Carlos Ernani. *Delitos ecológicos*, p. 131.
290. A saber: (ii) *ausência de processo criminal ou de condenação por outro crime* (artigo 89, *caput*, da Lei 9.099/95) contra o acusado, nota-se que não há aqui violação da presunção de inocência (artigo 5º, LVII, da Constituição da República), pois ser acusado ou condenado não é equivalente a ser considerado culpado, (o que é proibido pelo princípio inclusive, embora, há alguns poucos anos atrás, o próprio STF tenha ignorado essa garantia, mesmo sem emenda constitucional (questão também que não é nada pacífica, uma vez que apenas o *Constituinte Originário* poderia alterar tal dispositivo) e com uma interpretação para além de criticável);(iii) presente os requisitos autorizativos da suspensão condicional da pena (artigo 89, *caput*, da Lei 9.099/95 c/c artigo 77 do CP) = (iii') condenado não reincidente em crime doloso; (iii") "a culpabilidade, os antecedentes, a conduta social e personalidade do agente, bem como os motivos e as circunstâncias autorizem a concessão do benefício"; e (iii"') a impossibilidade de aplicação da substituição prevista no artigo 44 do CP.

de punibilidade dependerá da juntada de laudo de constatação da concreta reparação do dano ambiental aos autos[291]; (ii) não se aplicam, durante o *sursis* processual em crimes da Lei 9.605/98, as condições dos incisos II, III e IV do § 1º, artigo 89 da Lei 9.099/95[292], "[...] pois a '*ratio essendi*' da prorrogação do período de prova é a cabal reparação do dano ambiental"[293]. O artigo 28, inciso IV, trata do laudo de constatação da reparação do dano ambiental a ser realizado ao fim do prazo de prorrogação, ficando ao critério do Magistrado, desde que fundamentado no resultado do laudo, promover uma segunda prorrogação que poderá ser de até cinco anos novamente.

Para fechar essas breves notas a respeito da Lei 9.605/98, realiza-se a leitura de alguns dos crimes sob o crivo da ofensividade. Inicia-se a exposição pela análise do artigo 54 da Lei 9.605/1998[294]. Não se pode admitir a punição daquelas condutas que simplesmente estão em desconformidade com os limites e valores estabelecidos pela autoridade administrativa ou que deixem de adotar alguma medida, quando assim exigidas; imprescindível é verificar a ofensividade da conduta em relação ao bem jurídico-penal envolvido. Somente serão poluições jurídico-penalmente relevantes aquelas capazes de gerar riscos à saúde humana ou de causarem os danos que o tipo exige[295]. Não se pode confundir a poluição com a poluição de natureza criminal, pois, enquanto nos âmbitos de normatividade administrativa e civil, quaisquer atos de poluição, inclusive os de pequena significação, são passíveis de responsabilização, no Direito Penal Ambiental exige-se a causação de um dano ou de um perigo ao bem jurídico-penal (resultado de ofensa ao último).

Dessa forma, para se avaliar a ocorrência ou não de um dos dois resultados (jurídicos) indispensáveis à consumação do crime de poluição, é necessário submeter as condutas do agente poluidor ao critério prático do juízo *ex ante* (desvalor da ação). Em função disso, também não é possível considerá-lo como crime de lesão sob a perspectiva ecocêntrica do bem jurídico, porque se estaria a confundir:

> [...] o resultado natural que representa a alteração física do elemento sobre o qual incide a ação – ou seja, a alteração da água, ar, solo, etc. – com uma ofensa de dano/violação, o que só seria possível se partíssemos de uma concepção ecocêntrica de bem jurídico, em que a profanação da pureza das águas coincide com o dano/violação, que se encontra, desde logo, e por razões óbvias, excluída [...][296].

---

291. Caso a reparação não seja completa, o processo poderá ser suspenso por até cinco anos (de dois a quatro anos, somado de mais um ano), ficando a prescrição suspensa durante esse período – *cfr*. O inciso do artigo 28, inciso II, da Lei de Crimes Ambientais. A diferença é que, conforme o § 5º do artigo 89 da Lei 9.099/95, expirado o prazo do *sursis* processual sem a incidência de qualquer causa de revogação, a declaração de extinção da punibilidade era automática, *rectius*, caberia ao Magistrado *ex officio* prolatar uma decisão de natureza declaratória (declaração judicial).
292. A saber: "[...] II – proibição de frequentar determinados lugares; III – proibição de ausentar-se da comarca onde reside, sem autorização do Juiz; IV – comparecimento pessoal e obrigatório a juízo, mensalmente, para informar e justificar suas atividades".
293. CONSTANTINO, Carlos Ernani. *Delitos ecológicos*, p. 133.
294. Ver nota de número 153.
295. BELLO FILHO, Ney de Barros. Da poluição e outros crimes ambientais. In: COSTA NETO, Nicolao Dino de Castro; BELLO FILHO, Ney de Barros; CASTRO E COSTA, Flávio Dino. *Crimes e infrações administrativas ambientais (Lei n. 9.605/98)*, p. 258.
296. D'AVILA, Fabio Roberto. *Ofensividade e crimes omissivos próprios* (contributo à compreensão do crime como ofensa ao bem jurídico). Coimbra: Coimbra Editora, 2005. p. 397. *Cfr. alhures supra* – no

Sob a compreensão ecocêntrica, percebe-se que qualquer poluição corresponderá um resultado natural (por exemplo, a alteração da água) e não se discute aqui a aplicação de sanções pelas esferas administrativas e cíveis, bem como não se mitigam os efeitos nocivos ao meio ambiente[297]. Entretanto, para uma responsabilização penal, este resultado natural não basta, ele é insuficiente, sendo exigível o resultado jurídico de lesão ou de colocação em perigo do bem jurídico-penal em tela. Caso o tipo do artigo 54 fosse um crime de perigo abstrato, aplicável seria o critério prático do juízo *ex ante* de base total, no qual seria contextualizada a ação do agente em face do bem jurídico-penal tutelado, nas palavras de *D'Ávila*, "um juízo *ex ante*, de uma possibilidade não-insignificante de dano ao bem jurídico, *v.g.*, de dano às águas como *Lebensgrundlage* (fundamento da vida) de homens, animais e plantas"[298]. Se esta análise da conduta em relação ao contexto no qual o bem jurídico-penal se encontra não revelasse quaisquer perigos à integridade daquele, crime não haveria, ainda que violadas as normas limites de poluição determinadas pela Administração Pública.

Sustentar o contrário equivale a dar ensejo a condenações por mera desobediência sem quaisquer ofensas aos bens jurídico-penais tutelados, a saber: a saúde humana e o meio ambiente, respectivamente, dependendo aqui do microbem atingido, o ar, a água, o solo. Portanto, para se evitar esta forma de crime de mera infração de deveres (fundada exclusivamente no conceito formal de injusto), necessário é submeter os desvalores de ação e de resultado à real ofensa ao bem jurídico (o injusto material). Como um dos fios condutores dessa compreensão do Direito Penal – a saber, o diálogo entre as racionalidades jurídicas ambientais e penais –, faz-se perceber nesta análise que o Direito Penal Ambiental não deve buscar a proteção do meio ambiente a qualquer custo, como o pensamento ecológico puro propõe, e nem abrir mão dessa tutela quando os bens jurídicos pessoais não forem atingidos, segundo a teoria monista do bem jurídico-penal defende.

Examina-se, agora, o crime do artigo 34 da Lei 9.605/98[299]. Utilizando-se da jurisprudência adiante, notar-se-á que não é legítimo imputar a prática do fato previsto no artigo 34, parágrafo único, inciso II, *in fine*, da Lei Brasileira de Crimes Ambientais[300], à conduta de pescar mediante apetrechos proibidos sem qualquer ofensividade ao bem jurídico:

> Ementa: Penal. Processual penal. *Habeas corpus*. Crime ambiental. Uso de apetrecho de pesca proibido. Conduta que não pressupôs mínima ofensividade ao bem jurídico tutelado. Princípio da insignificância. Atipicidade material da conduta. 1. É de se reconhecer a atipicidade material da conduta de

---

item "2. O bem jurídico-penal ambiental" – as razões de refutação desta compreensão ecocêntrica dos bens jurídico-penais ambientais.
297. Tanto que *Kuhlen* questiona se o aumento em 2°C na temperatura da água que passa pelo fluxo de uma usina hidroelétrica deveria ser considerado uma prejudicialidade da água, portanto, uma conduta típica segundo o § 324 *StGB*. KKUHLEN, Lothar. Der Handlungserfolg der strafbaren Gewässerverunreinigung (§ 324 *StGB*), 1986, p. 394.
298. D'AVILA, Fabio Roberto. *Ofensividade e crimes omissivos próprios*, p. 398.
299. Ver nota de número 134.
300. Cita-se a parte do dispositivo na íntegra: "Art. 34. Pescar em período no qual a pesca seja proibida ou em lugares interditados por órgão competente: Pena – detenção de um ano a três anos ou multa, ou ambas as penas cumulativamente. Parágrafo único. Incorre nas mesmas penas quem: [...] II – pesca quantidades superiores às permitidas, ou mediante a utilização de aparelhos, petrechos, técnicas e métodos não permitidos [...]".

uso de apetrecho de pesca proibido se resta evidente a completa ausência de ofensividade, ao menos em tese, ao bem jurídico tutelado pela norma penal, qual seja, a fauna aquática. 2. Ordem concedida para trancar a ação penal por falta de justa causa[301].

Considerar a conduta descrita na decisão acima como criminosa significa punir o mero descumprimento das normas administrativas sem arrimo algum na ofensividade ao bem jurídico-penal ambiental. No caso em tela (e apenas a esse se refere aqui), a pesca realizada com material proibido (uma rede de *nylon* duro no caso em epígrafe) representa um exemplo de ausência de ofensa ao bem jurídico-penal da fauna. Aplicada também, neste caso, a insignificância pela pesca de poucos exemplares (2 Kg de peixes vivos de várias espécies), pois, conforme o trecho da denúncia explicitada no relatório do acórdão (no voto da relatora Ministra Maria Thereza de Assis Moura), estava claro: "Foram apreendidos, ainda, 2 kg (dois quilos) de peixes de espécies diversas que se encontravam emalhados na rede, sendo que os peixes foram soltos por estarem vivos"[302].

Tal decisão merece aplausos por não ter afastado a consideração do princípio da insignificância (aspecto intrinsecamente enlaçado com a proteção de bens jurídico-penais e a ofensividade) na seara do Direito Penal Ambiental, auferindo a inofensividade da conduta a bem jurídico nas circunstâncias do caso concreto, no devido respeito aos princípios da ofensividade e da insignificância. O raciocínio que alimenta as cláusulas mínimas ou de bagatelas "[...] não é outra coisa senão a consideração, *in abstracto*, do impacto de uma determinada conduta em relação a um dado contexto"[303]. Embora a utilização daqueles equipamentos proibidos seja considerada perigosa em abstrato ao bem jurídico-penal fauna aquática, as condutas dos indivíduos, ao pescarem os 2 Kg de peixes que foram devolvidos vivos ao *habitat*, não representaram uma possibilidade não-insignificante de dano àquele bem jurídico envolvido.

Menciona-se também a decisão[304] sobre um recurso impetrado em face da possível prática do crime do artigo 34 da Lei 9.605/98, decidindo o TRF da 1.ª Região que não seria legítimo imputar tal delito à conduta de se entrar no Parque Nacional do Jaú (Estado do Amazonas) sem autorização e portando apetrechos de pesca no barco. O relator Des. Federal Tourinho Neto decretou extinta a punibilidade do autor fundamentando "também, ser insuficiente a simples proteção ao bem jurídico relevante, senão que sobre o mesmo recaia uma ofensa grave, intolerável e transcendental". A entrada desautorizada no Parque Nacional com os apetrechos de pesca não demonstra qualquer ofensividade ao bem jurídico-penal, nem mesmo no seu limite máximo de ofensa de cuidado-de-perigo (crime de perigo abstrato)[305]. Por fim, concluiu ainda o relator Desembargador do caso:

> Data vênia, se entendermos como tendência à pesca (caracterizando o crime de que trata o art. 34 da Lei 9.605/98) o simples fato de ter a bordo de um barco varas de pescar, sem que se prove a efetiva utilização com a apanha de peixes, será necessário responsabilizar criminalmente também o fabricante

---

301. STJ, *HC 93.859-SP*, 2ª T., rel. Min. Maria Thereza de Assis Moura, j. 13.08.2009, grifos livres.
302. STJ, *HC 93.859-SP*, 6ª T., rel. Min. Maria Thereza de Assis Moura, j. 13.08.2009.
303. D'AVILA, Fabio Roberto. O ilícito penal nos crimes ambientais. *RBCCRIM*, v. 67, 2007. p. 51,
304. TRF-1ª Reg., *AC 2001.32.00.010252-6/AM*, 3ª T., rel. Des. Federal Tourinho Neto, j. 11.12.2007.
305. Nesse sentido, *cfr. supra* o que já foi relatado no caso problemático de entrada em unidade de conservação "B". Para mais detalhes e aprofundamento, cfr.: CAETANO, Matheus Almeida. *Os delitos de acumulação no direito penal ambiental*, p. 404-409.

e o vendedor do molinete, pois estes, de alguma forma, terão participado da cadeia tendente à consumação do delito. Outrossim, nem mesmo tentativa de crime pode ser atribuída ao acusado, pois não se verificou ter iniciado o *iter criminis*, muito menos que tivesse alcançado estágio anterior à consumação.[306]

Considerar essa conduta acima como criminosa seria punir a mera desobediência sem qualquer fulcro na ofensividade, confundindo-se assim as esferas dos direitos administrativo e penal. Além disso, as condutas dos agentes no caso supramencionado sequer configuraram simples atos preparatórios. Não sendo o âmbito adequado para tratar do assunto, mas indubitavelmente imprescindível ao raciocínio do injusto penal material sustentado acima e à equilibrada e legítima concretização do Direito Penal Ambiental, apresenta-se a seguir uma decisão do TJRS que vai em sentido contrário ao proposto[307].

Trata-se de uma apelação criminal sobre a prática do crime do artigo 34, parágrafo único, inciso I, da Lei 9.605/98[308]: a pesca de duas piavas (espécie de peixe), ambas com

---

306. TRF-1ª Reg., *AC 2001.32.00.010252-6/AM*, 3ª T., rel. Des. Federal Tourinho Neto, j. 11.12.2007.
307. "Apelação. Art. 34, parágrafo único, inciso I, da Lei n. 9.605/98. Pesca de duas piavas. Comprimento inferior ao permitido. Princípio da insignificância. Inaplicabilidade. O princípio da insignificância não se coaduna aos crimes ambientais, pois a lesão ao meio ambiente é cumulativa e perceptível somente a longo prazo, compondo-se de um somatório de condutas ilícitas que, quando consideradas singularmente, até podem parecer inofensivas, mas não o são. Recurso provido" (TJRS, *AC 70022475651*, 4ª Câm. Crim., rel. Des. Gaspar Marques Batista, j. 21.02.2008). Lembre-se que há decisões de tribunais superiores em sentido diametralmente contrário, *cfr.*: STF, *AP 439/SP*, Tribunal Pleno, Min. Marco Aurélio, j. 12.06.2008: "Ementa: Crime – Insignificância – Meio Ambiente. Surgindo a insignificância do ato em razão do bem protegido, impõe-se a absolvição do acusado."; STF, *HC 11.5023-MG*, 1ª T., rel. Min. Rosa Weber, j. 04.06.2013, com destaque para que "4. A pertinência do princípio da insignificância deve ser avaliada considerando os aspectos relevantes da conduta imputada.", sendo imputado ao autor os crimes dos arts. 38 e 48 da Lei 9.605/98; STJ, *AgRg no REsp 1263800-SC 2011/0154972-9*, 5ª T., rel. Min. Jorge Mussi, j. 12.08.2014, "Agravo regimental em recurso especial. Crime contra o meio ambiente. Art. 34 da lei n. 9.605/1998. Pesca em período proibido. Atipicidade material. Ausência de efetiva lesão ao bem protegido pela norma. Irrelevância penal da conduta. Princípio da insignificância. Aplicação. 1. Esta Corte Superior, em precedentes de ambas as Turmas que compõem a sua Terceira Seção, tem admitido a aplicação do princípio da insignificância quando demonstrada, a partir do exame do caso concreto, a ínfima lesividade ao bem ambiental tutelado pela norma. Precedentes. 2. Muito embora a tutela penal ambiental objetive proteger bem jurídico de indiscutível valor social, sabido que toda intervenção estatal deverá ocorrer com estrita observância dos postulados fundamentais do Direito Penal, notadamente dos princípios da fragmentariedade e da intervenção mínima. 3. A aplicação do princípio da insignificância (ou a admissão da ocorrência de um crime de bagatela) reflete o entendimento de que o Direito Penal deve intervir somente nos casos em que a conduta ocasionar lesão jurídica de certa gravidade, permitindo a afirmação da atipicidade material nos casos de perturbações jurídicas mínimas ou leves, consideradas também em razão do grau de afetação da ordem social que ocasionem. 4. Na espécie, ainda que a conduta do apenado atenda tanto à tipicidade formal (pois constatada a subsunção do fato à norma incriminadora) quanto à subjetiva, haja vista que comprovado o dolo do agente, não há como reconhecer presente a tipicidade material, na medida em que o comportamento atribuído não se mostrou suficiente para desestabilizar o ecossistema. 5. Agravo regimental a que se nega provimento".
308. Cita-se a parte do dispositivo na íntegra: "Art. 34. Pescar em período no qual a pesca seja proibida ou em lugares interditados por órgão competente: Pena – detenção de um ano a três anos ou multa, ou ambas as penas cumulativamente. Parágrafo único. Incorre nas mesmas penas quem: I – pesca espécies que devam ser preservadas ou espécimes com tamanhos inferiores aos permitidos; [...]".

tamanhos de 20 cm de comprimento cada (sendo que o tamanho mínimo permitido era de 30 cm), no Rio Taquari, em época de piracema (período proibido para pesca segundo a Portaria 72/2003 do IBAMA). O que chama atenção nesse acórdão é justamente a absorção (consciente ou não) do raciocínio acumulativo (e não necessariamente da estrutura típica acumulativa), em especial, no seguinte trecho: "[...] embora numa conduta singularmente considerada o dano ao meio ambiente possa até ser imperceptível, se vários indivíduos agirem da mesma criminosa forma, as consequências serão percebidas com nitidez, pois os prejuízos são cumulativos e afloram a longo prazo [...]"; por isso, em relação ao crime em tela, "[...] a pesca em desconformidade com a legislação pertinente deve ser reprovada, pois pode causar graves danos ao meio ambiente, independentemente da quantidade de peixe pescada"[309].

Esse perigoso raciocínio, além de expansivo[310], pode promover no mínimo uma diminuição ou supressão de garantias inaceitáveis nas esferas material e processual penais, primeiro, porque "os tipos cumulativos não requerem, por isso, qualquer comprovação de causalidade (e de imputação objetiva) entre o contributo singular e o dano global"[311]; segundo, porque implica uma responsabilidade destituída de culpa, portanto objetiva, além de coletiva, portanto aspectos completamente conflitivos com a racionalidade jurídico-penal[312]. O Estado Democrático de Direito não pode imbricar na supressão de garantias e no choque com princípios penais constitucionalmente assegurados, como os das ofensividade, culpabilidade, individualização e proporcionalidade das penas, responsabilidade subjetiva, presunção de inocência e do *in dubio pro reo*.

---

309. Trecho retirado do Voto do Desembargador Gaspar Marques Batista (relator do acórdão),. JRS, *AC 70022475651*, 4ª Câm. Crim., rel. Des. Gaspar Marques Batista, j. 21.02.2008, p. 4.
310. Expansivo no âmbito do Direito Penal Ambiental, porque "[...] efeitos acumulativos há em todas as relevantes zonas do direito penal do meio ambiente, não apenas na poluição das águas". KUHLEN, Lothar. *Der Handlungserfolg der strafbaren Gewässerverunreinigung (§ 324 StGB)*, p. 400. Mas não só, o rechaço às cláusulas mínimas ou de bagatelas também poderão atingir o Direito Penal Clássico, com destaque para os crimes contra a propriedade; portanto, a expansão da ideia acumulativa pode gerar consequências para além das fronteiras do Direito Penal Ambiental (e, portanto, do próprio Direito Penal Secundário).
311. SILVA DIAS, Augusto. "What if everybody did it?": sobre a (in)capacidade de ressonância do direito penal à figura da acumulação. *RPCC*, v. 13, 2003. p. 307,
312. O Direito Penal além de responder de forma obrigatoriamente reativa, desvalorativa e penalizante aos danos ambientais mais nocivos (ofensividade), mas não tem ele condições de receber, em sua restrita racionalidade, a imputação destituída de culpa *lato sensu* (dolo ou culpa *stricto sensu*). Por isso, *Silva Dias* considera os delitos de acumulação como forma de atuação do Estado "nas 'costas' dos cidadãos. Desvinculados do contexto de culpa". SILVA DIAS, Augusto. *Ramos emergentes do direito penal relacionados com a proteção do futuro* (ambiente, consumo e genética humana), p. 172. Assim, não é exagero lembrar que, no seio do Direito Penal, a responsabilidade objetiva "não existe não por capricho, e sim, em virtude do princípio da culpabilidade cujos os fundamentos são o livre desenvolvimento da personalidade e da dignidade da pessoa". FREELAND, Alejandro. *¿Permiso para contaminar; permiso para matar? Las autorizaciones administrativas y el delito ambiental*, p. 259. Adverte-se também que não existe Direito Penal quando ninguém é responsável, e, muito menos, se "todo mundo é responsável. O direito penal parte de que, dado um determinado fato, alguém ou alguns sujeitos serão responsáveis e o resto não. A responsabilidade individual é, pois, um elemento consubstancial às ideias do delito e da pena". SILVA SÁNCHEZ, Jesús-Maria. El delito: ¿Responsabilidad individual o responsabilidad social? *Revista de Ciencias Penales*, v. 2, 2002. p. 94,

Quanto ao artigo 29[313] [suscetível também a um raciocínio acumulativo, pois diante da captura ou do abate (entre as outras inúmeras condutas previstas nesse tipo de ação múltipla[314]) de um único animal, consumado estaria o crime, segundo uma exegese formal que se antecipa equivocada], seguem algumas considerações. Primeiramente, neste crime de perigo abstrato e não de dano, considerando-se a sua primeira modalidade típica, a de "matar espécimes da fauna silvestre, nativos ou em rota migratória", *D'Ávila* adverte que:

> [...] o objeto de proteção da norma não é a vida de um animal em si mesma e isoladamente considerada, o que poderia ser aceito apenas em uma perspectiva exacerbadamente ecocêntrica do bem jurídico, através de uma analogia com o crime de homicídio, a todas as luzes, juridicamente insustentável.[315]

Assim, o bem jurídico tutelado no crime previsto no dispositivo 29 é a fauna silvestre que se concretiza em uma determinada espécie, habitante de um dado ecossistema[316], e não, em princípio, a espécime, unidade individualizada do conjunto. Não se nega que o tipo penal referido exige apenas a morte de espécimes ("espécimes da fauna silvestre, nativos ou em rota migratória"), o que poderia levar à apressada conclusão de que o abate de um só animal consumaria o delito. Contudo, é necessário se pautar pelo injusto material, no qual o relevante é o resultado jurídico (material) exigido pela norma: a ofensa ao bem jurídico-penal tutelado. A morte de um ou alguns animais é insuficiente, embora necessária para a análise proposta, porque a morte do espécime (ou dos espécimes) é um mero resultado natural exigido pelo tipo, assim como a alteração da qualidade da água, contudo, por si só, nem um e nem outro correspondem ao resultado jurídico exigido (a ofensa de cuidado-de-perigo). Além disso, a própria topografia e a sistematização da Lei 9.605/98 (embora esses aspectos sejam meramente formais, não deixam de se revelarem importantes para a aplicação da legislação penal ambiental) correspondem a tal assertiva, pois junto ao capítulo V ("Dos crimes contra o meio ambiente") nota-se, na seção I ("Dos crimes contra a fauna"), a proteção da fauna abstratamente considerada e não do(s) animal(s) individualizado(s), o que poderia ser objeto de discussão no tipo do artigo 32 da Lei de Crimes Ambientais, conforme supramencionado.

O que se pretende concluir, parcialmente, com a presente argumentação, é que o artigo 29 refrata a ideia acumulativa e, se interpretado formal e acriticamente (em dissonância com a função crítica do bem jurídico e com o injusto material), poderá levar aos dessabores

---

313. Ver nota de número 137.
314. Apenas um comentário crítico sobre a forma de tipificação de ações múltiplas ou de conteúdo variado, (mito frequente nas legislações penais ambientais e de tóxicos).Sabendo-se que essa forma de tipificação de crimes trata de forma igualitária comportamentos *mui* distintos – (e termos alusivos, no artigo 29 da Lei 9.605/98, os verbos núcleos "matar", "caçar", "quem vende", "expõe à venda", "guardar", dentre outros –),não se pode, qui, echar os olhos para a crassa desproporcionalidade e a violação do princípio da isonomia que se provoca na aplicação do Direito Penal Ambiental. Além disso, a ofensividade também é ignorada, pois condutas com diversas formas de ofensa ao em jurídico (a ofensa resultante ao bem jurídico penal ambiental promovida pelos verbos expor à venda, vender e guardar é significativamente inferior à do verbo caçar, por exemplo; e a desse e daqueles à da conduta de matar) recebem um mesmo desvalor do legislador (e, por consequência, do aplicador da norma), culminando em penas abstratamente iguais tanto em abstrato quanto na concretização.
315. D'AVILA, Fabio Roberto. *Ofensividade e ilícito penal ambiental*, p. 125.
316. D'AVILA, Fabio RobertoId. *O ilícito penal nos crimes ambientais*, p. 52.

da malha penal aquele indivíduo que abate um único animal, independentemente de outros fatores contextuais[317]. Imprescindível aqui é a apreciação da ofensividade, a qual pode ser auferida em face do contexto em concreto da espécie em seu *habitat*. Invoca-se, aqui, a ponderação de *Faria Costa* sobre o princípio da ofensividade no plano hermenêutico e o seu respectivo papel: "O intérprete, perante um caso de 'imediato' enquadramento na dogmática dos crimes de perigo abstrato, tem de, apelando à *hermeneia*, repensar o tipo perscrutando o seu interior, no sentido de o avaliar em função do princípio da ofensividade"[318]. Na condenação supramencionada (cfr. nota 317 e início deste parágrafo), dever-se-ia existir provas de que o abate de uma única capivara colocaria esta espécie de roedor em, pelo menos, perigo ou em vias de extinção, ao menos na região de Vacaria, Rio Grande do Sul, o que absolutamente sequer é mencionado nas decisões desse caso.

Em outros termos, um único animal significaria um bem jurídico-penal apenas quando ele, por si só, representasse toda a espécie a qual pertença, em outros termos, aquele único animal é a própria espécie protegida (conforme os tipos penais dos artigos 29 e 34 da Lei 9.605/98). Voltando-se aos elementos do artigo 29 da Lei 9.605/98, *D'Ávila* afirma que a morte de um único animal, apesar de constituir um resultado material exigido pelo tipo criminal, "[...] não só não consiste, *per se*, em um dano ao bem jurídico-penal, como apenas em casos excepcionais, como, v.g. na hipótese de espécies animais em extinção, poderia ser suficiente para consubstanciar o perigo indispensável à existência do crime"[319]. Ainda que *Aragão* não tenha desenvolvido o tema no âmbito do Direito Penal do Ambiente, importante trazer a lume o seu pensamento, em especial, ao tratar do perigo de extinção de uma espécie: "[...] a sobrevivência dessa espécie torna-se um valor jurídico fundamental que, nos conflitos ecológicos, conduzirá à prevalência desse valor ecológico sobre quaisquer outros valores humanos não vitais"[320]. E, assim, entreve-se que tal posicionamento representa um equilibrado juízo para legitimar a incidência da norma penal para a tutela deste verdadeiro bem jurídico supraindividual que é a fauna, a qual poderá, em concreto, assumir a forma de uma determinada espécie; ou, em casos extremos, um ou alguns animais representarem toda a espécie, e aqui sim, representarão nítidos e legítimos bens jurídico-penais. Portanto, trata-se necessariamente de uma análise dinâmica.

---

317. Como prova indubitável de que os comentários lavrados não se cingem ao mundo acadêmico, o seguinte argumento (de que "a prática criminosa contra o meio ambiente, mesmo com resultados ínfimos ou inalcançados num único caso, merece reprovação penal. É que o resultado dos crimes ambientais, via de regra, não tem repercussão imediata, mas somente a longo prazo e de forma cumulativa, causando sérios prejuízos ao meio ambiente e atingindo toda a coletividade", f. 4) faz parte da íntegra do acórdão do TJRS que rejeita a aplicação do princípio da insignificância nos crimes ambientais, condenando dois indivíduos pela caça e abate de uma capivara, sem a devida permissão, licença ou autorização da autoridade competente, *cfr*.: "Apelação. Art. 29, *caput*, da Lei n. 9.605/98. Art. 14 da Lei n. 10.826/03. Caça ilegal de animal silvestre. Princípio da insignificância. Tese afastada. Inaplicável o princípio da insignificância, aos crimes ambientais, pois o dano ao meio ambiente é cumulativo e perceptível somente a longo prazo. Apelação da defesa parcialmente provida, para redimensionar as penas" (TJRS, *AC 70049159791*, 4ª Câm. Crim., rel. Des. Gaspar Marques Batista, j. 30.08.2012).
318. FARIA COSTA, José de. *O perigo em direito penal*, p. 646.
319. D'AVILA, Fabio Roberto. *O ilícito penal nos crimes ambientais*, p. 52.
320. ARAGÃO, Maria Alexandra de Sousa. *O princípio do nível elevado de protecção e a renovação ecológica do direito do ambiente e dos resíduos*, p. 129.

Pode-se concluir parcialmente que, diante de uma situação concreta, o abate de um ou alguns animais representa uma possibilidade não insignificante de dano a determinada espécie animal do bioma em questão, e, por conseguinte, reflete uma ofensa ao bem jurídico-penal, esse é o juízo positivo *ex ante* da possibilidade de ameaça ao bem jurídico fauna que legitimará a persecução do delito praticado. Contudo, caso o abate de um ou alguns animais, em outro contexto concreto, não apresente, de forma *ex ante*, a mesma possibilidade não insignificante de dano à espécie protegida, não será correto tratar tal conduta como delituosa, pois o simples resultado material exigido pelo artigo 29 (a morte dos animais) não pode ser confundido com o resultado jurídico (este sim, relevante para o injusto penal material), ou seja, a ofensa ao bem jurídico-penal. Sustentar o contrário é legitimar crimes de mera desobediência ou de infração de dever, ou é considerar o bem jurídico-penal sob uma pré-compreensão ecocêntrica, ambas inadmissíveis à luz de todo o exposto neste capítulo.

7. Conclusão

Diante de todo o exposto, propõem-se as seguintes conclusões deste capítulo:

– Em razão da existência de uma teoria geral do bem jurídico e dos variados níveis de validade no sistema normativo, sustentou-se que a tutela dos bens ambientais não se realiza da mesma forma em todos eles e, por consequência, também não serão os mesmos pressupostos exigidos em cada um dos setores jurídicos (o ambiental e o penal ambiental, por excelência). Compreendeu-se o bem jurídico "meio ambiente" através de um *recorte dual*, originando *duas facetas de percepção jurídica*: a de macro e a de microbens. Esta proposta decorre da própria complexidade do objeto a ser protegido pelo aparato jurídico, pois o meio ambiente permite-se uma fragmentação em pequenas parcelas independentes que mantêm a qualidade de bens ambientais autônomos e dignos de proteção (os microbens) sem que isso implique quebrar a sua caracterização indivisível e una (no sentido macro).

– Defendeu-se que o *Direito Ambiental* protege de forma ampla as duas percepções do meio ambiente apontadas (a de macrobem e a de microbens), enquanto a tutela penal se faz apenas sobre alguns dos microbens em razão dos princípios da fragmentariedade, intervenção mínima, subsidiariedade e *ultima ratio*, além de só se fazer incidir sobre *aquelas condutas ofensivas sobre o bem jurídico-penal ambiental*, conforme a teoria da exclusiva proteção de bens jurídico-penais.

– A compreensão ecoantropocêntrica do bem jurídico apresentou-se como a mais equilibrada entre os exageros e os problemas das perspectivas puramente antropocêntrica e ecocêntrica, além de tornar visível a orientação filosófica que informará toda a arquitetura do bem jurídico (o sentido do meio ambiente para a proteção jurídico-penal) e por consequência dos tipos nos crimes ambientais. As ordens jurídicas ambiental e penal-ambiental caracterizam-se por uma mescla de correntes antropocêntricas e ecocêntricas, sendo que a *teoria dualista do bem jurídico* foi a única compatível com aquela compreensão mista, pois ela transcende os bens jurídico-penais pessoais, reconhecendo a mesma dignidade e legitimidade desses quanto dos supraindividuais, e, portanto, a autonomia dos últimos em relação aos primeiros.

– Decorreu da teoria de exclusiva proteção de bens jurídicos e do princípio da ofensividade dois níveis de valoração para um legítimo injusto penal material: (i) o Direito

Penal Ambiental destina-se à tutela de alguns bens jurídico-penais ambientais, trata-se de afirmação do bem jurídico segundo os valores histórico e socialmente consolidados; (ii) trata-se, aqui, da escolha do alcance e dos instrumentos de tutela para a proteção do bem jurídico-penal ambiental. São características deste bem jurídico-penal ambiental enquanto bem jurídico-penal supraindividual: (*a*) a de não exclusão no uso; (*b*) a de não rivalidade no consumo (aspecto semelhante à ideia de bem de uso comum no bem ambiental); e (*c*) a de não distributividade (aspecto similar à indivisibilidade do bem ambiental).

– O injusto penal-material ambiental apresenta-se como uma forma legítima de proteção de bens jurídico-penais ambientais, já que composto pelos desvalores de ação e de resultado, cujo fundamento é a real ofensa aos bens jurídico-penais ambientais.

– O lugar de manifestação do Direito Penal Ambiental é o Direito Penal Secundário pelas seguintes razões: (i) bem jurídico-penal de ordem supraindividual; (ii) ancoragem no modelo de Estado Social ou de Estado de Direito Ambiental; (iii) modelo de microssistemas normativos, ou seja, descodificadores; (iv) pessoas jurídicas como sujeitos ativos de delitos (*societas delinquere potest*); (v) consideração da esfera social do homem, decorrência do reconhecimento da participação constante dos cidadãos na esfera pública; (vi) terreno privilegiado (não exclusivo) da acessoriedade administrativa do Direito Penal e das normas penais em branco. A legislação penal ambiental brasileira acompanhou essa classificação, pois, além da localização em lei extravagante (Lei 9.605/98), há regulamentações processuais penais específicas (artigo 79 da Lei 9.605/98; artigos 61 e 89 da Lei 9.099/95), permitindo-se a responsabilidade penal da pessoa jurídica (artigo 2º da Lei 9.605/98), além de inúmeros dispositivos com a acessoriedade administrativa do Direito Penal.

– Em que pese ser indispensável a acessoriedade administrativa no Direito Penal Ambiental, muitos problemas são provocados ao se tentar compatibilizar a flexibilidade da racionalidade jurídico-administrativa com os ditames rígidos e estritos do Direito Penal. Concluiu-se que a acessoriedade ao ato administrativo não deve ser aplicada de forma pura ou isolada, pois acaba estimulando os crimes de mera desobediência sem quaisquer arrimos no injusto penal material, seja por não envolverem nenhum bem jurídico-penal, seja por não representarem nenhuma das formas de ofensa a bens jurídicos. As acessoriedades à norma administrativa ou ao ato e à norma (mista) parecem mais adequadas aos ditames do Estado de Direito Ambiental por promover tanto a segurança e as garantias dos cidadãos quanto proteger o meio ambiente na justa medida dessas indispensáveis tarefas. Os problemas políticos que envolvem a acessoriedade administrativa (enquanto gênero) merecem uma maior atenção do Estado, devendo-se aumentar a fiscalização sobre as atividades dos agentes administrativos no âmbito das licenças, autorizações e permissões, inclusive promovendo a responsabilização penal deles, quando comprovadas as práticas de concussão, corrupção, fraude, bem como de sanções administrativas e civis pelos danos ambientais causados direta ou indiretamente por eles. Uma revisão e harmonização de longo alcance na legislação administrativa e penal seria interessante, pois crê-se superar o *verdadeiro labirinto de natureza dúplice provocado pela acessoriedade administrativa, tanto em relação à aplicabilidade das normas (eficácia de proteção do meio ambiente) quanto à legitimidade dos crimes ambientais (a delimitação do ilícito penal e do ilícito administrativo)*.

– Notaram-se também algumas fricções com os postulados e as garantias do Estado de Direito Ambiental na compreensão de alguns tipos penais da Lei 9.605/98 como delitos de acumulação, por exemplo, as violações dos princípios jurídico-penais da culpabilidade (a sanção *ex iniuria tertii*), da proporcionalidade, da igualdade, da presunção de inocência e do *in dubio pro reo*, da personalidade e proporcionalidade das penas. Ao se apoiarem em uma mera lógica de repetição de condutas inofensivas executadas por um grande número de pessoas, não chegando nem a representar um perigo abstrato para o bem jurídico, *os delitos de acumulação desconsideram a razão nuclear de ser do Direito Penal: a ofensividade. Justamente em razão disso é imprescindível extirpar do campo normativo penal ambiental a acumulatividade por sua carência de qualquer forma legítima de ofensa a bem jurídico-penal. Assim deve ser porque a ofensividade representa o divisor de águas entre o fato penalmente relevante e os demais fatos civil ou administrativos significativos, ou seja, há situações reais de danos ou de riscos ambientais que não representam significado para o Direito Penal Ambiental.*

– *Não pode o Direito Ambiental colonizar os demais setores jurídicos, intentando reconstruir as suas estruturas e instrumentos operacionais conforme a sua própria racionalidade, ainda que sob a argumentação (insuficiente) da relevância do bem jurídico a ser tutelado. Em verdade, a complexidade do bem ambiental necessariamente exigirá retoques e mudanças no tocante aos instrumentos penais de responsabilização, mas caso tais transformações venham a concretizar verdadeiras rupturas com a mínima identidade jurídico-penal, devem ser elas rechaçadas.*

– Reconheceu-se deliberadamente a inviabilidade operacional do raciocínio acumulativo com a responsabilidade penal, forçosamente subjetiva, repressiva, desvalorativa (baseada na culpa) e fundada na ofensa a bens jurídico-penais. *Trata-se, aqui, de um primeiro passo para um sadio e equilibrado uso do Direito Penal Ambiental no Estado de Direito Ambiental, o qual, mesmo circunscrito a um mínimo espaço de atuação, conservará a identidade da racionalidade penal, destacadamente quanto ao modelo de crime como ofensa a bens jurídicos.*

DIREITO AMBIENTAL E GESTÃO PÚBLICA

MARIA AUGUSTA SOARES DE OLIVEIRA FERREIRA[1]

SUMÁRIO: 1. Introdução: Gestão Pública Socioambiental – Conceito e delimitação do objeto de estudo. 2. Programas de gestão pública socioambiental. 2.1. Agenda ambiental na Administração Pública (A3P). 2.2. Projeto Esplanada Sustentável (PES). 2.3. O Programa de Gestão Pública Socioambiental no Poder Judiciário. 3. As licitações sustentáveis no Brasil. 4. Fundamentos jurídicos da gestão pública socioambiental. 4.1. Direito internacional e constitucional. 4.2. Leis brasileiras sobre Gestão Pública Socioambiental. 4.2.1. As Leis de Mudança Climática e de Resíduos Sólidos. 4.2.2. A nova Lei de Licitações, Lei 12.133/2021, e as licitações sustentáveis. 4.2.3. O art. 3º da Lei 8.666/1993, com redação dada pela Lei 12.349/2010. 4.2.4. O Regime Diferenciado de Contratações Públicas (RDC). 4.3. As Normas Infralegais. 5. A Jurisprudência do Tribunal de Contas da União (TCU). 6. Breve Exposição sobre a Gestão Pública Socioambiental nos Estados Unidos, na União Europeia e na Organização das Nações Unidas. 7. Conclusão.

1. Introdução: Gestão Pública Socioambiental – Conceito e delimitação do objeto de estudo

Os desafios socioambientais enfrentados hoje no Brasil exigem uma boa dose de criatividade e trabalho árduo por parte dos governos, dos gestores e servidores públicos. Criatividade no sentido de capacidade de criar novas formas de organização e gestão. Trabalho extra no sentido de um esforço adicional de uma nova gestão que seja capaz de mudar hábitos e atitudes cotidianas, corriqueiras, revendo antigos costumes. No que diz respeito ao âmbito deste trabalho – a gestão pública – é justamente esses dois aspectos que têm feito a diferença.

O que se iniciou como um trabalho voluntário de um pequeno grupo de servidores do Ministério do Meio Ambiente, hoje se transformou em práticas cotidianas disseminadas

---

1. Doutoranda em Psicologia pela Universidade Católica de Pernambuco. Pesquisadora Visitante na City University of New York (CUNY). Mestre em Direito (LL.M.) pela Georgetown University. Mestre em Direito Público pela Universidade Lusíada de Lisboa. Advogada da União. Coordenadora Nacional da Agenda Ambiental na Advocacia-Geral da União, 2009/2010. Membro do NESLIC – Núcleo de Sustentabilidade Licitações e Contratos/Comissão Permanente de Sustentabilidade/Câmara Nacional de Sustentabilidade, da Consultoria-Geral da União, desde 2013. Autora do livro *Direito ambiental brasileiro*: princípio da participação, 2. ed., Editora Fórum, 2010. Organizadora do livro *Sustentabilidade na Administração Pública*: valores e práticas de gestão socioambiental, Editora Fórum, 2012. Coautora dos livros *Licitações e Contratações Públicas Sustentáveis*, Editora Fórum, 2011 e *Teoria social cognitiva no contexto da saúde, escola e trabalho*, Editora Synopsys, 2017. Autora de diversos artigos sobre Direito e Gestão Pública Ambiental. Professora e Palestrante de Direito, Gestão Pública e Psicologia Ambiental e Metodologia Científica, em pós-graduações, cursos e congressos.

em vários órgãos públicos e no Brasil inteiro, com modelos de gestão diferenciados e, especialmente, com uma série de novas normas, entre leis e instruções normativas, a lhe darem sustentação e segurança jurídica. Cabe, portanto, esclarecer que ora se trata de estudar o que costumamos denominar de "gestão pública socioambiental" ou "gestão pública sustentável" e sua base jurídica.

A gestão pública socioambiental, também denominada de gestão pública sustentável, remete-nos primeiramente ao conceito de sustentabilidade, conforme originalmente delimitado, a partir do conceito de desenvolvimento sustentável pelo Relatório das Nações Unidas "Nosso Futuro Comum", também conhecido como Relatório Brundtland.[2]

Nesse relatório, o desenvolvimento sustentável caracteriza-se como um desenvolvimento que "satisfaz as necessidades do presente sem comprometer a habilidade das futuras gerações de também satisfazerem as suas próprias necessidades."[3] Segundo o mesmo documento, essas necessidades significam não apenas crescimento econômico, mas também justiça social e ambiental. Daí a caracterização do desenvolvimento sustentável como aquele amparado no tripé econômico, social e ambiental, e que busca a harmonização desses elementos.

Reconhecemos que o termo "sustentável" tem um alcance abrangente, incorporando a noção do tripé econômico, social e ambiental, além de ter uma relação historicamente representativa, pelo marco que representa o relatório da Comissão Brundtland. Entretanto, o termo "sustentável" vem sendo utilizado com outros significados no cenário administrativo, político e econômico brasileiro. Têm se utilizado o termo "sustentável", por exemplo, como sinônimo de duradouro, ou mesmo relacionando-se, especificamente na área de gestão pública, à corte de gastos públicos, equilíbrio dos gastos públicos, ou redução do consumo.

Em vista de uma maior precisão na nomenclatura, utilizaremos a expressão gestão pública socioambiental em vez de gestão pública sustentável, como fizemos em publicação anterior.[4] Mesmo assim delimitaremos o conceito de gestão socioambiental, baseando-se na noção de acima exposta de sustentabilidade do Relatório Bruntland, e partindo-se da definição de gestão ambiental.

Gestão ambiental, segundo Barbieri, consiste nas:

> [...] diretrizes e atividades administrativas e operacionais, tais como, planejamento, direção, controle, alocação de recursos e outras realizadas com o objetivo de obter efeitos positivos sobre o meio ambiente, quer reduzindo ou eliminando os danos ou problemas causados pelas ações humanas, quer evitando que eles surjam.[5]

---

2. *Report of the World Commission on Environment and Development: Our Common Future* Disponível em: [http://www.ask-force.org/web/Sustainability/Brundtland-Our-Common-Future-1987-2008.pdf]. Acesso em: 12.04.2021.
3. *Report of the World Commission on Environment and Development: Our Common Future* Disponível em: [http://www.ask-force.org/web/Sustainability/Brundtland-Our-Common-Future-1987-2008.pdf]. Acesso em: 12.04.2021.
4. FERREIRA, M. A. S. de O. Apontamentos sobre a Gestão Socioambiental na Administração Pública Brasileira. In: BLIACHERIS, M. W.; FERREIRA, M. A. S. *Sustentabilidade na Administração Pública*: valores e práticas de gestão socioambiental. Belo Horizonte: Fórum, 2012.
5. BARBIERI, J. C. *Gestão Ambiental Empresarial: conceitos, modelos e instrumentos*. 2. ed. São Paulo: Saraiva, 2007.

Essa gestão ambiental encontrada nas corporações procura diminuir o impacto ambiental ao reduzir o desperdício e tornar a produção eficiente, reduzindo também os custos. Ela tem a característica de ir além do mero cumprimento das normas ambientais, por exemplo, procurando reduzir a poluição ao máximo, bem abaixo dos níveis permitidos. Destaca-se então a sua importância para o atingimento dos amplos objetivos da sustentabilidade e proteção do meio ambiente.[6]

Por sua vez, a dimensão socioambiental, presente no termo que ora utilizamos, é mais abrangente e inclui:

> [...] valores fundamentais da vida em sociedade, como os direitos humanos, dos empregados e de grupos de interesse, a proteção ao meio ambiente, a relação com as associações representativas da comunidade e com fornecedores, o monitoramento e avaliação de desempenho, entre outros.[7]

Outro conceito que tem relação com a gestão socioambiental é o de responsabilidade social, que é mais amplo, porém não será objeto deste estudo. A responsabilidade social diz respeito à atividade empresarial direcionada a partir do respeito ao meio ambiente, aos direitos dos trabalhadores, aos direitos humanos; atuação com transparência; comportamento ético; prestação de contas (*accountability*) e respeito aos interesses das partes interessadas (*stakeholders* – consumidores, fornecedores, sociedade, governo).[8]

Trata-se, portanto, de aplicar esse conceito de gestão socioambiental ao âmbito da Administração Pública. Considera-se que, se a gestão socioambiental está sendo desenvolvida no setor privado, tanto mais deve ser empreendida no setor público, com fundamento no mandamento do art. 225, da Constituição Federal, de defesa e preservação do meio ambiente. Percebe-se que este mandamento constitucional é dirigido à sociedade e ao poder público. Para o poder público trata-se de um poder-dever, não de uma faculdade[9], e sim de uma imposição, uma determinação constitucional com atribuição de poderes para cumpri-lo.

Este mandamento constitucional de defesa e preservação ambiental diz respeito à aplicação dos poderes e prerrogativas especiais de Estado na consecução deste dever. Trata-se de uma maior responsabilidade do Poder Público em preservar e defender o meio ambiente, e que, mesmo no âmbito em que cabe à sociedade o mesmo dever, o poder público possui uma atribuição especial de promover os meios para que a sociedade possa exercê-lo.[10]

Antes de adentrarmos no conceito de gestão socioambiental aplicado à Administração Pública, "a gestão pública socioambiental", objeto desse estudo, cabe diferenciá-lo

---

6. PADDOCK, L. R. *Beyond deterrence: compliance and enforcement in the context of sustainable development*. Disponível em: [http://inece.org/conference/9/papers/Paddock_USA_Final.pdf]. Acesso em: 01.10.2018.
7. NASCIMENTO, L. F.; LEMOS, A. D.; MELLO, M. C. *Gestão socioambiental estratégica*. Porto Alegre: Bookman, 2008.
8. Para uma melhor compreensão desse conceito e suas implicações, cf. BORGES, A. M. C.; HENRIQUES, A. S.; MACHADO, J. G. A ISO 26000 e o Fórum Governamental de Responsabilidade Social. In: BLIACHERIS, M. W.; FERREIRA, M. A. S. *Sustentabilidade na Administração Pública*: valores e práticas de gestão socioambiental. Belo Horizonte: Fórum, 2012.
9. MILARÉ, E. *Direito do Ambiente: a gestão ambiental em foco*. 7. ed. São Paulo: Revista dos Tribunais, 2011.
10. FERREIRA, M. A. S. de O. *Direito Ambiental Brasileiro*: princípio da participação. 2. ed., Belo Horizonte: Fórum, 2010.

de outro conceito mais amplo, o conceito de "gestão pública do ambiente" ou "gestão de políticas públicas" voltadas para o meio ambiente. Ambos os conceitos dizem respeito à Administração Pública.

Entretanto, o que ora chamamos de "gestão pública do ambiente" é "aquela que se ocupa da definição dos objetivos e políticas, assim como da chamada governança (ambiental) e da implementação de medidas concretas em casos particulares, valendo-se dos métodos e meios propiciados pelo planejamento."[11] Barbieri define essa gestão pública como "a ação do poder público conduzida segundo uma política pública ambiental."[12] O mesmo autor define a política pública ambiental como "o conjunto de objetivos, diretrizes e instrumentos de ação que o poder público dispõe para produzir efeitos desejáveis sobre o meio ambiente."[13]

A "gestão pública do ambiente", ao tratar das políticas públicas ambientais, tem chamado a atenção dos estudiosos, especialmente pela necessidade de novas abordagens para a solução dos problemas ambientais cada vez maiores e mais complexos."[14] Percebe-se que a "gestão pública do ambiente" tem uma maior abrangência, incluindo em seu escopo a "gestão pública socioambiental", que deriva de uma política pública ambiental específica, com um enfoque mais voltado para as atividades da Administração Pública desenvolvidas internamente.

A "gestão pública socioambiental", objeto deste capítulo, diz respeito à gestão interna, à gestão realizada pelos entes públicos no âmbito de seus prédios, equipamentos e instalações. Trata-se da gestão socioambiental no âmbito das atividades desenvolvidas cotidianamente, rotineiramente, na Administração Pública para realizar a sua missão institucional. O enfoque da gestão pública socioambiental se dá em face do papel da Administração Pública enquanto consumidora e produtora de bens.

Faz-se, então, uma aplicação ao setor público, com as devidas adaptações, da gestão socioambiental praticada no setor privado por empresas e indústrias, como definida acima. Trata-se de tornar os processos produtivos da Administração Pública – que se iniciam desde a compra (contratações) e seguem até o descarte de materiais – menos impactantes socioambientalmente. Aqui se insere o conceito de eficiência ambiental aplicado à Administração Pública, que significa fazer mais, ou o mesmo, com menos, com menor uso de recursos naturais e menor impacto socioambiental.

Desse modo, a gestão pública socioambiental procura inserir modelos de produção e consumo sustentável na Administração Pública. Portanto, esta gestão pública socioambiental significa também a inclusão dos cinco Rs (reduzir, reutilizar, reciclar, repensar e recusar) nas atividades rotineiras da Administração Pública.[15]

---

11. MILARÉ, E. *Direito do Ambiente: a gestão ambiental em foco*. 7. ed. São Paulo: Revista dos Tribunais, 2011.
12. BARBIERI, J. C. *Gestão Ambiental Empresarial: conceitos, modelos e instrumentos*. 2. ed. São Paulo: Saraiva, 2007.
13. BARBIERI, J. C. *Gestão Ambiental Empresarial: conceitos, modelos e instrumentos*. 2. ed. São Paulo: Saraiva, 2007.
14. PADDOCK, L. R. *Green Governance: Building the Competencies Necessary for Effective Environmental Management*. Environmental Law Reporter – News and Analysis. Sep. 2008.
15. FERREIRA, M. A. S. de O.; MOREIRA, D.; RAMOS, E. P. *Advocacia Cidadã e a Agenda Ambiental da Administração Pública*. Disponível em: [www.agu.gov.br/page/download/index/id/1241476].

Trata-se de reduzir o consumo, gerando uma economia de recursos naturais e reduzindo a geração de resíduos nos órgãos públicos; reutilizar, aumentando a vida útil dos produtos e bens utilizados pela Administração no seu dia-a-dia; promover a reciclagem, a gestão adequada dos resíduos e o uso de produtos reciclados nos órgãos públicos; repensar hábitos e atitudes dos servidores a partir do critério socioambiental; e recusar a compra pela Administração Pública de produtos que agridam a saúde e o meio ambiente.

Para entendermos a importância da gestão pública socioambiental, perceba-se como o texto abaixo, retirado de um dos clássicos da ciência ecológica, se aplica à Administração Pública, enquanto produtora de resíduos em suas atividades cotidianas, do mesmo modo que outras atividades do setor privado:

> Em nossos dias, o problema dos resíduos das atividades humanas de origem doméstica ou industrial tornou-se extremamente sério. [...]
> Enquanto que, até épocas relativamente recentes, pelo menos até a revolução industrial, os detritos eram essencialmente orgânicos [...], subitamente a indústria espalhou sobre o planeta produtos mais resistentes. Sua "duração de vida", por vezes considerável, torna o seu impacto muito mais profundo, tanto no seio das comunidades naturais quanto relativamente ao homem.[16]

Do mesmo modo, enquanto consumidores, utilizando recursos naturais, podemos aplicar aos entes públicos a afirmação do famoso relatório *State of the World*, 1987:

> [...] o uso humano do solo, água, ar, florestas e outros recursos naturais que garantem a vida na Terra, está causando mudanças irreversíveis em tais recursos – como a erosão do solo, contaminação dos lençóis de água, alto índice de dióxido de carbono na atmosfera, destruição do ozônio atmosférico e extinção de plantas e animais.[17]

Resta clara a importância e o impacto da gestão pública socioambiental, pois envolve o Estado por dentro, internamente, nos problemas ambientais gerados pelo atual modelo de civilização, pelo modelo de produção e consumo, de geração de resíduos. Exemplo mais específico dessa abordagem é o enfoque dado em alguns países à vinculação entre a gestão pública socioambiental e as mudanças climáticas, utilizando ferramentas para medir a emissão de gases de efeito estufa de órgãos públicos e efetivar ações para reduzir e compensar as emissões, outros que se propõem a tornar os órgãos públicos modelos de excelência, onde a quantidade de carbono utilizada é igual àquela retirada da atmosfera, chamado de carbono neutro.

Para possibilitar o desempenho de seu papel inovador, a gestão socioambiental na Administração Pública envolve uma reestruturação organizacional, a partir da inserção dos valores socioambientais nas suas atividades diárias. Tal inserção apenas terá a amplitude e o alcance necessários a influenciar os demais setores da sociedade, caso priorize um investimento na educação ambiental dos servidores. A educação ambiental é uma das ferramentas que permitem a potencialização do efeito multiplicador e transformador da gestão ambiental.

Outra ferramenta também importante é o papel de modelo e liderança que a Administração Pública necessariamente exerce em razão de seu mister e poder constitucional.

---

16. DORST, J. *Antes que a natureza morra*: por uma ecologia política. São Paulo: E. Blucher, 1973.
17. BROWN (Ed.). State of the World, 1987: a Worldwatch Institute Report on Progress Toward a Sustainable Society *apud* CORSON (Ed.). *Manual global de ecologia*: o que você pode fazer a respeito da crise do meio ambiente. São Paulo: Augustus, 1993.

Trata-se da capacidade de incentivar soluções de gestão socioambiental, já adotadas pela iniciativa privada e pelos cidadãos, utilizando-se, por exemplo, das licitações públicas. Cuida-se também da capacidade estrutural e de alcance do poder público em criar e disseminar novas soluções de produção e consumo menos impactantes socioambientalmente, que servirão de exemplos de boas práticas para serem adotadas por diversos setores da sociedade.

Esse desafio de nova gestão colocado à Administração Pública necessita de um conjunto de normas, infraconstitucionais e infralegais que lhe dê suporte. A Constituição, como norma superior, claramente já sustenta e sustentava desde a sua promulgação em 1988, a gestão pública socioambiental no Brasil. Ultimamente, novas leis e normas infralegais estão sendo editadas, o que por si, em tese, já seria suficiente para uma satisfatória implementação, com segurança jurídica, da gestão pública socioambiental.

Entretanto, um problema corriqueiro no Brasil, e enfrentado pela gestão pública socioambiental é a necessidade de que exista uma lei *ipsis litteris*, para que haja a implementação de certos aspectos que possam ferir determinados interesses econômicos dominantes, principalmente no que tange às licitações. Na dúvida, escolhe-se não a interpretação da lei mais adequada com a Constituição e com o próprio texto legal, mas sim aquela mais adequada aos interesses em conflito e que pode ser também sustentada com uma argumentação jurídica, já que a lei não é precisa, mas abrangente e utiliza conceitos vagos.

Uma legislação ou normativos mais detalhados também poderiam servir para dar maior suporte às ações e aos grupos que pretendem implementar a gestão pública socioambiental na Administração, que começaram como voluntários e em muitos casos continuam até hoje, sem o devido apoio institucional. Fica-se a depender do envolvimento da alta hierarquia do órgão público, o que pode não acontecer e dificultar a implementação de ações de educação ambiental, e que exigem a criatividade e a participação dos servidores motivados, que percebam o apoio institucional no sentido não apenas do fornecimento da necessária estrutura, mas especialmente no sentido de descentralizar as ações, possibilitando a participação ampla dos servidores, o que pode, de fato, ampliar o escopo de atuação da gestão pública socioambiental, especialmente em órgãos públicos de grande porte e de influência nacional. Participação essa que na maioria dos casos pode ser considerada essencial à gestão ambiental, sendo inclusive um princípio do direito ambiental.[18]

Parte-se então de uma descrição e análise da situação fática e jurídica da gestão pública socioambiental do Brasil, apontando-se algumas perspectivas para avanços, sem, entretanto, adentrarmos em um estudo detalhado sobre essas possíveis soluções para aperfeiçoamento da gestão pública socioambiental, que foge ao escopo deste trabalho, de cunho mais jurídico e descritivo.

Nos próximos itens veremos como a gestão pública socioambiental está sendo desenvolvida no Brasil, com a descrição dos principais programas de gestão pública socioambiental existentes no país; para então abordarmos as licitações sustentáveis, que por sua

---

18. Nesse sentido, cf. FERREIRA, M. A. S. de O. *Direito Ambiental Brasileiro*: princípio da participação. 2. ed. Belo Horizonte: Fórum, 2010.

complexidade e especificidade terá um tópico próprio, apesar de fazer parte daqueles programas; em seguida, serão analisados o arcabouço jurídico e as decisões do Tribunal de Contas da União que dão suporte à gestão pública socioambiental; por fim, a experiência de outros países e entidades internacionais nessa matéria.

2. Programas de gestão pública socioambiental

A gestão pública socioambiental no Brasil se concretiza através de programas, entre os quais se destacam a Agenda Ambiental na Administração Pública (A3P), o Programa Esplanada Sustentável (PES) e o Programa de Gestão Pública Socioambiental do Conselho Nacional de Justiça.

2.1. Agenda ambiental na Administração Pública (A3P)

O programa Agenda Ambiental na Administração Pública (A3P) tem como finalidade a revisão dos padrões de produção de consumo e a adoção de novos referenciais de sustentabilidade socioambiental nas atividades rotineiras da Administração Pública, incorporando a gestão socioambiental a essas atividades.[19]

Segundo Abreu, Feitosa e Mota, a A3P "surgiu em 1999 como uma iniciativa voluntaria dos servidores do Ministério do Meio Ambiente (MMA), que procuravam tornar a rotina do MMA um exemplo de sustentabilidade para a Administração Pública."[20] Em 2001 foi criado o programa A3P, "cujo objetivo é sensibilizar os gestores públicos para a importância das questões ambientais, estimulando-os a incorporar princípios e critérios de gestão ambiental em suas atividades rotineiras".[21] Em 2002 o programa recebeu o prêmio UNESCO "o melhor dos exemplos", na categoria Meio Ambiente.[22]

O programa A3P é, a nosso ver, o principal exemplo de programa de gestão socioambiental existente hoje no Brasil. Trata-se de um programa bastante abrangente. A A3P está presente na Administração Pública brasileira, em todo território nacional, nas esferas federal, estadual e municipal, na administração direta e indireta. Os entes públicos podem aderir ao programa por meio de termo de adesão. Hoje existem em torno de 472 de entidades que aderiram ao programa. Outro aspecto dessa abrangência é o fato de a A3P estar estruturada em cinco eixos temáticos: o uso racional dos recursos; licitações sustentáveis; gestão de resíduos; qualidade de vida no ambiente de trabalho; e sensibilização e capacitação de servidores.[23]

---

19. BRASIL. Ministério do Meio Ambiente. *Cartilha da A3P*. Brasília, 2009, 5. ed. Disponível em [www.mma.gov.br/images/arquivo/80063/cartilha%20completa%20A3P.pdf]. Acesso: 08.04.2014.
20. ABREU, G. V. de; FEITOSA, A. R.; MOTTA, L. da, Experiência da Agenda Ambiental na Administração Pública – A3P no Ministério do Meio Ambiente. In: BLIACHERIS, M. W.; FERREIRA, M. A. S. de O. *Sustentabilidade na Administração Pública*: valores e práticas de gestão socioambiental. Belo Horizonte: Fórum, 2012.
21. BRASIL. Ministério do Meio Ambiente. *Cartilha da A3P*. Brasília, 2009, 5. ed. Disponível em: [www.mma.gov.br/images/arquivo/80063/cartilha%20completa%20A3P.pdf]. Acesso: 08.04.2014.
22. BRASIL. Ministério do Meio Ambiente. *Cartilha da A3P*. Brasília, 2009, 5. ed. Disponível em: [www.mma.gov.br/images/arquivo/80063/cartilha%20completa%20A3P.pdf]. Acesso: 08.04.2014.
23. BRASIL. Ministério do Meio Ambiente. *Cartilha da A3P*. Brasília, 2009, 5. ed. Disponível em: [www.mma.gov.br/images/arquivo/80063/cartilha%20completa%20A3P.pdf]. Acesso: 08.04.2014.

O uso racional dos recursos compreende medidas de gestão e educacionais que visam à redução do consumo de materiais, tais como água, energia, e materiais de expediente, a exemplo do papel e dos copos descartáveis, que são muito utilizados em repartições públicas. Essa redução se dá pela não utilização, a exemplo da substituição do copo descartável por copo de vidro; pela redução, v. g. a impressão em frente e verso; e pela reutilização, aproveitamento do papel usado para rascunho. É a aplicação da máxima do fazer mais com menos, reduzindo o consumo, evitando o desperdício e promovendo o uso de materiais que gerem menos resíduos.

Segundo Bliacheris:[24]

> [...] este eixo (o uso racional dos recursos) encontra-se intimamente ligado com os demais. O uso racional dos recursos se conecta com a licitação sustentável, pois este é o momento anterior ao seu uso. [...] também compreende a visão do ciclo de vida do produto, desde sua fabricação até o seu descarte ambientalmente adequado, tratado pelo eixo da gestão adequada dos resíduos, que representa o momento posterior do uso racional dos recursos mas a ele se integra.

A gestão de resíduos diz respeito à coleta seletiva, separação dos resíduos, e a sua destinação ambientalmente adequada. Também é realizada através de ações organizacionais, de gestão, e educacionais. No âmbito federal este eixo temático está estruturado através da coleta seletiva solidária, instituída pelo Decreto 5.940/2006, que determina a realização da coleta seletiva e a destinação do material reciclável às cooperativas de catadores, como medida de promoção e inclusão social dos catadores organizados em cooperativas.

Segundo Barki[25], "a coleta seletiva solidária na Administração Pública federal é exemplo de gestão pública ambiental que considera a vertente social e a responsabilidade do Estado como promotor da dignidade da pessoa e do trabalho."

Outro eixo temático são as licitações sustentáveis, que significam promover a aquisição pelos entes públicos de produtos ambientalmente melhores, aqueles com menor impacto ambiental, que não agridem a saúde e o meio ambiente. As licitações sustentáveis significam também a aquisição de bens e produtos que possibilitarão a promoção das ações relacionadas aos outros eixos temáticos da A3P, a exemplo do uso racional dos recursos, através da aquisição de equipamentos que propiciam a economia de energia, de água e de outros materiais. Este tema das licitações sustentáveis será tratado com mais detalhamento em outro item.

Em alguns órgãos tem-se a inclusão do eixo temático das construções sustentáveis[26], que diz respeito a ênfase dada a economia de materiais durante a construção, redução de resíduos gerados pela construção, e uma construção voltada para a redução do consumo na utilização do prédio. Construções e prédios públicos, que possibilitem a economia de energia e de água, por exemplo, através da utilização da ventilação e iluminação natural,

---

24. BLIACHERIS, M. W. *Uso Racional dos Recursos na Administração Pública.* In: BLIACHERIS, M. W.; FERREIRA, M. A. S. de O. *Sustentabilidade na Administração Pública:* valores e práticas de gestão socioambiental. Belo Horizonte: Fórum, 2012.
25. BARKI, T. V. P. O compromisso socioambiental do Estado na gestão adequada de resíduos. In: BLIACHERIS, M. W.; FERREIRA, M. A. S. de O. *Sustentabilidade na Administração Pública:* valores e práticas de gestão socioambiental. Belo Horizonte: Fórum, 2012.
26. BRASIL. Conselho Superior da Justiça do Trabalho. *A3P.* Disponível em: [www.csjt.jus.br/a3p]. Acesso em: 07.04.2014.

instalação de equipamentos que economizem ou reutilizem a água. Esse eixo inclui as reformas de prédios públicos onde tais critérios de sustentabilidade serão observados. Ocorre que esse eixo temático pode ser considerado parte integrante das licitações sustentáveis, uma vez que tais critérios de sustentabilidade nas obras públicas ocorrem através da sua inclusão durante o processo de licitação.

Maciel e Maciel[27] salientam o enorme impacto ambiental gerado pelo setor da construção civil, especialmente no que tange a emissão de gases de efeito estufa, resultantes em especial do alto consumo energético desde a fabricação do material de construção até o processo construtivo e de operação das construções. A essa constatação, as autoras acrescentam que:

> [...] deve o Estado contemplar critérios de sustentabilidade nos projetos a serem licitados para a edificação de obras públicas e compras de materiais de maior eficiência energética, contribuindo, inclusive, para a criação e ampliação de mercados de negócios sustentáveis.

A qualidade de vida no ambiente de trabalho é outro eixo temático da A3P que implica em ações voltadas à promoção da saúde e qualidade de vida do servidor público, a exemplo da promoção da ginástica laboral, integração entre os servidores, campanhas de vacinação, etc. Trata-se também de ações que visam a tornar o ambiente de trabalho mais saudável, dizendo respeito à qualidade do ar, a temperatura do ambiente de trabalho, respeitando as características climáticas do local. Podemos citar como exemplo, o aproveitamento da iluminação e ventilação natural, o plantio de árvores e outras ações que melhoram a qualidade do ambiente de trabalho, promovendo a saúde do servidor.

O eixo temático da sensibilização e capacitação dos servidores trata da educação ambiental voltada para a consecução dos objetivos da A3P. A educação ambiental é, a nosso ver, essencial para a concretização da A3P, podendo ser definida como:

> Um processo de reconhecimento de valores e clarificações de conceitos, objetivando o desenvolvimento das habilidades e modificando as atitudes em relação ao meio, para entender e apreciar as inter-relações entre os seres humanos, suas culturas e seus meios biofísicos. A educação ambiental também está relacionada com a prática das tomadas de decisões e a ética que conduzem para a melhoria da qualidade de vida.[28]

A educação ambiental do servidor, como um dos pilares fundamentais da A3P, dá suporte a todos os outros eixos temáticos para a consecução de seus fins. É a educação que vai gerar a mudança de hábitos e de cultura institucional e possibilitar a promoção do programa como um todo.[29]

A amplitude dos eixos temáticos demonstra a abrangência do programa A3P e a sua capacidade de integração das diversas áreas da gestão socioambiental. Trata-se de

---

27. MACIEL, A. A.; MACIEL, M. A. Eficiência energética como caminho para as construções sustentáveis – uma análise dos cenários normativos brasileiro e europeu. In: BLIACHERIS, M. W.; FERREIRA, M. A. S. de O. *Sustentabilidade na Administração Pública*: valores e práticas de gestão socioambiental. Belo Horizonte: Fórum, 2012.
28. Este conceito é oriundo da I Conferência Intergovernamental sobre Educação Ambiental, realizada em Tbilisi, na Geórgia (ex-URSS), em 1977. In: NASCIMENTO, L. F.; LEMOS, A. D. da C.; MELLO, M. C. A de. *Gestão Socioambiental Estratégica*. Porto Alegre: Bookman, 2008.
29. FERREIRA, M. A. S. Apontamentos sobre a Gestão Socioambiental na Administração Pública Brasileira. In: BLIACHERIS, M. W.; FERREIRA, M. A. S. de O. *Sustentabilidade na Administração Pública*: valores e práticas de gestão socioambiental. Belo Horizonte: Fórum, 2012.

desenhar um papel estratégico da gestão pública socioambiental, através da adoção de novos referenciais de desempenho e atuação na Administração Pública, pela inserção da variável ambiental, possibilitando a mudança de hábitos dos servidores públicos e a construção de uma nova cultura institucional na Administração Pública.

Portanto, o programa A3P possui um especial efeito multiplicador e transformador, pois se baseia na educação ambiental, na mudança de cultura e de hábitos por parte dos servidores e gestores públicos, e tais mudanças serão levadas também ao restante da sociedade, às suas residências, bairros e cidades. Além disso, essa conscientização ambiental modificará o modo de atuar desses servidores, proporcionando um melhor desempenho do serviço público, especialmente na área da governança ambiental.[30]

Destaca-se na A3P a ênfase dada à educação ambiental e à reestruturação organizacional, englobando todas as fases do consumo e da produção que ocorre na Administração Pública. A inserção da variável socioambiental acontece desde a compra e contratação, passando pelo uso e chegando até o descarte, nesse caminho possibilitando a construção de uma nova cultura institucional na Administração Pública.

Ressalte-se que esses aspectos – integração dos vários eixos temáticos, reestruturação organizacional, nova cultura organizacional – vão encontrar suporte na educação ambiental, assim como na descentralização da gestão ambiental. Significa a estruturação do trabalho através de comissões com maior autonomia, onde, no lugar do chefe hierárquico, funciona a figura do coordenador, que tem um papel de incentivador e de orientador das ações. Trata-se de um modelo de gestão diferente da gestão pública tradicional, que é estruturada com base na hierarquia, mas que deve funcionar lado a lado com a gestão hierárquica, através do seu estímulo e apoio estrutural.

Este modelo é mais condizente com novos modelos de gestão que procuram promover uma maior participação autônoma dos integrantes, buscando a difusão de várias lideranças, trabalhando em equipes que estão unidas pelo mesmo propósito e objetivos a alcançar. Isso se dá em função da necessidade inerente de autonomia e participação dos agentes locais, que conhecem as características específicas de cada ambiente, clima, estrutura e cultura, num país diverso e continental como o Brasil e que possui vários órgãos públicos de alcance nacional.

Essa gestão descentralizada depende do envolvimento de todos os setores do órgão público, e em especial do alto escalão, que pode dar o necessário suporte institucional, o que implica em utilizar-se, para efetivação das ações, também da estrutura hierarquizada própria da Administração Pública. Esta participação ativa dos dirigentes possibilita inclusive a edição de normas, tais como portarias, manuais, instruções normativas, que impulsionam o cumprimento das medidas de sustentabilidade nas repartições públicas. A utilização da estrutura hierarquizada da Administração Pública, com a participação de vários Ministérios, é uma característica presente no projeto esplanada sustentável (PES), que será analisado no próximo tópico.

---

30. FERREIRA, M. A. S. de O. Apontamentos sobre a Gestão Socioambiental na Administração Pública Brasileira. In: BLIACHERIS, M. W.; FERREIRA, M. A. S. de O. *Sustentabilidade na Administração Pública*: valores e práticas de gestão socioambiental. Belo Horizonte: Fórum, 2012.

2.2. Projeto Esplanada Sustentável (PES)

O Projeto Esplanada Sustentável (PES) foi instituído pela Portaria Interministerial 244, de 6 de junho de 2012. Eis a definição do PES no site do Ministério do Planejamento[31]:

> O Projeto Esplanada Sustentável (PES) é uma iniciativa conjunta de quatro Ministérios: Planejamento; Meio Ambiente; Minas e Energia; e Desenvolvimento Social e Combate à Fome, que tem por objetivo principal incentivar órgãos e instituições públicas federais a adotarem modelo de gestão organizacional e de processos estruturado na implementação de ações voltadas ao uso racional de recursos naturais, promovendo a sustentabilidade ambiental e socioeconômica na Administração Pública Federal.

A finalidade do PES, conforme o art. 1º da Portaria 244/2012, "é integrar ações que visam à melhoria da eficiência no uso racional dos recursos públicos e à inserção da variável socioambiental no ambiente de trabalho". Essas ações a serem integradas são o Programa de Eficiência do Gasto – PEG; o Programa Nacional de Conservação de Energia Elétrica – PROCEL (Eficiência Energética em Prédios Públicos) / Plano Nacional de Eficiência Energética – PNEf; a Agenda Ambiental na Administração Pública – A3P; e a Coleta Seletiva Solidária, conforme o art. 1º, § 1º, da Portaria 244/2012. Desse modo, o PES promoverá a divulgação e estimulará a implantação desses programas de sustentabilidade do governo federal.

Ao integrar as ações desses programas o PES tem como objetivos:

> [...] melhorar a qualidade do gasto público pela eliminação do desperdício e pela melhoria contínua da gestão dos processos; incentivar a implementação de ações de eficiência energética nas edificações públicas; estimular ações para o consumo racional dos recursos naturais e bens públicos; garantir a gestão integrada de resíduos pós-consumo, inclusive a destinação ambientalmente correta; melhorar a qualidade de vida no ambiente do trabalho; e reconhecer e premiar as melhores práticas de eficiência na utilização dos recursos públicos, nas dimensões de economicidade e socioambientais.[32]

Inicialmente, em sua primeira etapa, o PES terá um âmbito de atuação mais reduzido, tanto quanto ao tipo de despesas, quanto aos órgãos públicos, que abrangerá os prédios que se localizem na Esplanada dos Ministérios, tratando-se de um projeto-piloto por adesão.[33] Ressalte-se que a Advocacia-Geral da União aderiu ao PES e em sua adesão está abrangido também as suas superintendências regionais de Administração, não apenas a sua sede em Brasília.

O PES pretende ser um agente de mudança, com vários objetivos, que buscam uma nova visão de gestão, através da execução eficiente da despesa mediante o estabelecimento de metas de redução de despesas pactuadas com os Ministérios. Também pretende implantar uma nova cultura do gasto, com a introdução da variável socioambiental execução das despesas.

Outra ferramenta dessa nova gestão é a valorização do Órgão público através do reconhecimento (financeiro) da redução dos gastos alcançados, por meio da devolução de

---

31. BRASIL. Ministério do Planejamento, Orçamento e Gestão. Disponível em: [www.orcamentofederal.gov.br/projeto-esplanada-sustentavel]. Acesso em: 09.04.2014.
32. BRASIL. Ministério do Planejamento, Orçamento e Gestão. *Projeto Esplanada Sustentável*. Disponível em: [www.orcamentofederal.gov.br/projeto-esplanada-sustentavel]. Acesso em: 09.04.2014.
33. BRASIL. Ministério do Planejamento, Orçamento e Gestão. Disponível em: [www.planejamento.gov.br/ministerio.asp?index=8&ler=t9845]. Acesso em: 09.04.2014.

até 50% do valor da redução obtida para ser aplicada na melhoria da qualidade do gasto. Além disso, será feita a entrega de certificado de bom desempenho para valorização (reconhecimento não financeiro) dos melhores gestores. O PES também cria uma rede esplanada sustentável, que permitirá a troca das boas práticas entre os Ministérios participantes, assim como o acesso a orientações de especialistas nas diversas áreas. Outro instrumento é a conscientização dos servidores, quanto a eficiência do gasto que é gerada pelo combate ao desperdício de recursos.[34]

O Guia de Boas Práticas do Servidor traz orientações de combate ao desperdício aplicadas às atividades diárias na Administração Pública. São tarefas simples a serem implementadas na rotina do serviço público. Este manual concentra-se nas áreas de energia elétrica, telefonia, água, material de consumo, impressão e coleta seletiva.[35] Há também a Coletânea de Melhores Práticas de Gestão do Gasto Público,[36] com orientações sobre a eficiência no gasto referentes a gastos em geral; água e esgoto; combustível e automóvel; diárias e passagens; comunicação; energia elétrica; material de expediente; copos plásticos; gestão de resíduos sólidos; processamento de dados; telecomunicações; e vigilância.

O PES visa, portanto, integrar as ações dos programas existentes, como a A3P, porém com maior enfoque ao uso racional dos recursos públicos, incluindo também a coleta seletiva e a qualidade de vida no ambiente do trabalho. As ações são voltadas para a eficiência no gasto público e eliminação do desperdício. Tem como um de seus principais aspectos positivos a maior preocupação no estabelecimento de meta, que propicia a medição e monitoramento dos resultados obtidos. O PES possui, portanto, um maior enfoque organizacional e de gestão mais estruturada em modelos que buscam resultados. Trata-se então de um programa que muda o enfoque em relação à A3P, a sustentabilidade passa a ser um meio – e não um fim, o objetivo principal – para atingir a eficiência no gasto, o ponto principal deste programa.

O programa PES, então, trata de incorporar à Administração Pública Federal o conceito de ecoeficiência, visando reduzir o desperdício e a economia de recursos públicos. A ecoeficiência é "um conceito que relaciona apenas duas dimensões: econômica e ambiental",[37] sem uma maior preocupação com a dimensão social. Desse modo, o PES não tem como prioridade a valorização por igual de cada um dos vários eixos temáticos que compõem a gestão pública socioambiental (a educação ambiental, as licitações sustentáveis, o uso racional de recursos, gestão ambiental adequada de resíduos, qualidade do ambiente de trabalho), como o que acontece na A3P, nem mesmo a integração destes eixos temáticos, mas sim a priorização do uso racional dos recursos, onde os outros eixos funcionam como suporte a este.

---

34. BRASIL. Ministério do Planejamento, Orçamento e Gestão. Disponível em: [www.planejamento.gov.br/ministerio.asp?index=8&ler=t9845]. Acesso em: 09.04.2014.
35. BRASIL. Ministério do Planejamento, Orçamento e Gestão. Projeto Esplanada Sustentável. *Folder Boas Práticas do Servidor*. Disponível em: [www.orcamentofederal.gov.br/projeto-esplanada-sustentavel/material_de_divulgacao/Folder%20Boas%20Praticas%20Servidor.pdf]. Acesso em: 08.04.2014.
36. BRASIL. Ministério do Planejamento, Orçamento e Gestão. Manual de Boas Práticas Disponível em: [www.orcamentofederal.gov.br/projeto-esplanada-sustentavel/material_de_divulgacao/Manual%20de%20Boas%20Praticas%20do%20Servico%20Publico.pdf]. Acesso em: 09.04.2014.
37. DEMAJOROVIC, J. Ecoeficiência em serviços: diminuindo impactos e aprimorando benefícios ambientais. In: VILELA JÚNIOR e DEMAJOROVIC (Orgs.). *Modelos e Ferramentas de Gestão Ambiental: desafios e perspectivas para as organizações*. São Paulo: Editora Senac, 2006.

A nosso ver, o modelo do PES, ao priorizar o uso racional dos recursos, para atingir a eficiência no gasto, tende a deixar de lado ações fundamentais da gestão socioambiental, especialmente aquelas que, de início ou à primeira vista, possam gerar um aumento no gasto. Algumas ações importantes, como as relacionadas à eficiência energética, por exemplo, podem necessitar de um investimento inicial maior, para então depois gerar um retorno em razão da economia de energia. Isso sem falar dos efeitos ambientais benéficos que geralmente não são mensurados, ou seja, da necessidade avaliação das externalidades ambientais, dos custos associados ao maior impacto ambiental, que ao final também serão arcados pelo poder público.

Além disso, por ser o PES um modelo com grande enfoque em eficiência no uso do recurso, ele tende a reduzir o seu enfoque em educação ambiental a aquela educação voltada para campanhas educativas e cartazes, sem um maior envolvimento dos servidores em termos de descentralização da gestão. Essa ausência de enfoque na formação de multiplicadores, ou descentralização, quebra o necessário papel conscientizador e de formação de lideranças, que possibilita atingir um maior número de servidores, especialmente em órgãos públicos que possuam estruturas administrativas maiores, espalhadas em todo país.

2.3. O Programa de Gestão Pública Socioambiental no Poder Judiciário

O programa de gestão pública socioambiental no Poder Judiciário foi regulamentado pela Resolução 201, de 03/03/2015, do Conselho Nacional de Justiça – CNJ. A Resolução 201/2015 "dispõe sobre a criação e competências das unidades ou núcleos socioambientais nos órgãos e conselhos do Poder Judiciário e implantação do respectivo Plano de Logística Sustentável (PLS-PJ)". O artigo 2º desta resolução determina que "os órgãos e conselhos do Poder Judiciário deverão adotar modelos de gestão organizacional e de processos estruturados na promoção da sustentabilidade ambiental, econômica e social".

Esse programa de gestão pública socioambiental, portanto, abrange todo o Poder Judiciário e fundamenta-se em dois pilares: os núcleos ou unidades socioambientais e os PLS. Esses núcleos socioambientais têm caráter permanente e são responsáveis pelo planejamento, implementação, monitoramento de metas anuais e avaliação de indicadores de desempenho. A Resolução 201/2015 também indica que as ações dos núcleos socioambientais devem estimular, entre outros, o uso sustentável de recursos naturais, a gestão dos resíduos, a promoção das contratações sustentáveis, a gestão sustentável de documentos, a sensibilização e capacitação dos funcionários e auxiliares, e a qualidade de vida no ambiente de trabalho.[38]

O PLS do Poder Judiciário (PLS-PJ) está definido no art. 10 da Resolução 201/2015 do CNJ, nos seguintes termos:

"é instrumento vinculado ao planejamento estratégico do Poder Judiciário, com objetivos e responsabilidades definidas, ações, metas, prazos de execução, mecanismos de monitoramento e avaliação

---

38. FERREIRA, M. A. S. de O. A teoria social cognitiva aplicada à gestão socioambiental na administração pública brasileira. In: SANTANA, S., DIA, S., OLIVEIRA, M. S. Teoria Social Cognitiva no contexto da saúde, escola e trabalho. Novo Hamburgo: Synopsis, 2017.

de resultados, que permite estabelecer e acompanhar práticas de sustentabilidade, racionalização e qualidade que objetivem uma melhor eficiência do gasto público e da gestão dos processos de trabalho, considerando a visão sistêmica do órgão."

Percebe-se, portanto, semelhanças, em linhas gerais, no programa do CNJ e a A3P. Identificam-se os eixos temáticos e as bases, que são semelhantes às da A3P. O programa do CNJ, a princípio, apresenta-se mais bem organizado administrativamente, por se basear em normativos e no PLS, com metas e indicadores de gestão, bem como numa estrutura administrativa mais bem definida e descentralizada, contando com núcleos socioambientais distribuídos nos vários órgãos do Poder Judiciário – em diversos Estados, tanto em Tribunais Federais como Estaduais. A A3P é mais abrangente, podendo ser aplicada a órgãos públicos das três esferas, União, Estados e Municípios, e também na Administração indireta. Nesse sentido, a A3P é adaptável às mais variadas situações e dimensões dos órgãos, com enfoque na promoção das ações referentes aos vários eixos temáticos, deixando para cada órgão que aderir ao programa a decisão de como estruturá-lo, de modo a melhor se adequar a cada realidade.[39]

3. As licitações sustentáveis no Brasil

Licitações sustentáveis, compras públicas sustentáveis, também chamadas de ecoaquisições públicas, "compras verdes", "compra ambientalmente amigável" ou "licitação positiva",[40] diz respeito à inclusão de critérios ambientais nas contratações públicas. As licitações sustentáveis se inserem na perspectiva de um Estado consumidor que escolherá produtos e serviços com preferência para aqueles com menor impacto sobre a saúde humana e o meio ambiente nas fases de produção, consumo e descarte. Para usarmos a definição do art. 3º da Lei 8.666/93, trata-se da aquisição de bens e serviços que "promovam o desenvolvimento sustentável."

No Brasil estima-se que 15% do PIB[41], estão envolvidos em compras e contratações públicas, incluindo a Administração direta, indireta, federal, dos estados e municípios. A partir da constatação desses valores e da importância do papel do Estado como consumidor, em vários países têm- se utilizado as licitações como política pública para direcionar a economia e para estimular determinados setores que produzem e comercializam produtos ambientalmente melhores. A utilização das licitações como política pública já vem acontecendo no Brasil, a exemplo do estímulo dado às micro e pequenas empresas pela Lei Complementar 123/2006, agora com a defesa e preservação do meio ambiente. Nesse sentido, Bliacheris afirma:[42]

---

39. Idem.
40. BIDERMAN, R. et al. (Org.). Guia de compras públicas sustentáveis: uso do poder de compra do governo para a promoção do desenvolvimento sustentável. *ICLEI – Governos Locais pela Sustentabilidade, Secretariado para América Latina e Caribe (LACS)*. 2. ed. ICLEI – Governos Locais pela Sustentabilidade, Secretariado para América Latina e Caribe (LACS), São Paulo, 2008. Disponível em: [www.cqgp.sp.gov.br/gt_licitacoes/publicacoes/Guia-de-compras-publicas-sustent%C3%A1veis.pdf]. Acesso em: 09.04.2014.
41. BRASIL. Conselho Superior da Justiça do Trabalho. *A3P*. Disponível em: [www.csjt.jus.br/a3p]. Acesso em: 07.04.2014.
42. BLIACHERIS, M. W. Licitações Sustentáveis: Política Pública. In: SANTOS, M. G.; BARKI, T. V. P. *Licitações e Contratações Públicas Sustentáveis*. Belo Horizonte: Fórum, 2011.

[...] as licitações sustentáveis são uma das políticas públicas para a preservação do meio ambiente. A introdução de critérios de sustentabilidade ambiental nas contratações públicas representa um novo modo de agir do Estado que responde a um anseio social de viver com menor impacto no meio ambiente.

As licitações sustentáveis vêm acontecendo no Brasil, antes mesmo da inclusão da nova redação do art. 3º, da Lei 8.666/93 e da ampliação das normas de sustentabilidade em licitações pela nova Lei 14.133/2021. Amorim constata que "verificam-se atualmente várias iniciativas de aquisição de bens e serviços de menor impacto ambiental. [...] nas três esferas de governos no Brasil [...]."[43] A autora cita alguns exemplos como copos de papel em substituição aos de plástico, equipamentos mais eficientes energeticamente e materiais biodegradáveis.

A partir mesmo dos exemplos citados, percebe-se que a aquisição do bem ou serviço ambientalmente melhor passa primeiramente pela sua especificação técnica. Tais especificações serão modificadas para que os produtos e serviços a serem licitados incluam critérios de sustentabilidade. Dentre esses critérios, podemos citar a economia de energia e de água, a composição com materiais reciclados ou materiais biodegradáveis, a facilidade de destinação adequada dos resíduos etc. Essa especificação virá acompanhada de justificativa, exatamente demonstrando-se a inclusão e o alcance dos critérios de sustentabilidade nela constantes.

Para as obras, os critérios de sustentabilidade serão inseridos no projeto básico, o que também está previsto no art. 12, inciso VII, da Lei 8.666/93. Este art. 12 estabelece os requisitos a serem considerados no projeto básico e entre eles inclui o impacto ambiental (inciso VII), no mesmo sentido o art. 6º, inciso XXV, da nova Lei 14.133/2021. Os critérios ambientais também são incluídos nos requisitos para habilitação, tais como a inscrição no Cadastro Técnico Federal de Atividades Potencialmente Poluidoras ou Utilizadoras de Recursos Ambientais, nos termos do art. 17, inciso II, da Lei 6.938/81 e da Instrução Normativa IBAMA 31/2009.[44] Os critérios de sustentabilidade também serão inseridos nas obrigações contratuais, a exemplo da inserção da obrigação de a empresa contratada promover curso de educação ambiental para os funcionários terceirizados que trabalham nos serviços de limpeza.

Além dos critérios citados, outros podem ser estabelecidos para que se chegue à definição dos bens e serviços ambientalmente melhores. Um importante conceito a ser incorporado nas licitações sustentáveis é o das externalidades ambientais, que significa avaliar os custos do impacto ambiental. Por exemplo, os custos provenientes da poluição de um rio, da despoluição e dos danos causados à saúde humana. A importância do cálculo, ou pelo menos da estimativa desses custos se dá pelo fato de que, ao final, eles serão suportados pela Administração Pública (ex. sistema SUS, órgãos ambientais etc.). Um critério utilizado para auxiliar a aferição dos custos ambientais, e que está associado às externalidades ambientais, é a análise do ciclo de vida do produto. Significa analisar o impacto ambiental de um

---

43. AMORIM, P. Para Além da Licitação Sustentável. In: BLIACHERIS, M. W.; FERREIRA, M. A. S. de O. *Sustentabilidade na Administração Pública*: valores e práticas de gestão socioambiental. Belo Horizonte: Fórum, 2012.
44. BARKI, T. V. P.; BLIACHERIS, M. W. *Implementando Licitações Sustentáveis na Administração Pública Federal*. Brasília: AGU, 2014.

produto desde o seu nascimento – do berço – desde a sua produção, passando pelo seu consumo até chegar ao descarte, para decidir o que a Administração Pública deverá comprar.

O ciclo de vida em geral leva em conta quatro categorias principais em termos financeiros: custos do investimento, operação, manutenção e disposição final. Uma metodologia de análise de ciclo de vida baseada na sustentabilidade vai levar em consideração essas quatro categorias mais os custos ambientais externos, tais como os relacionados ao impacto ambiental, a contribuição para o aquecimento global pela emissão de gases de efeito estufa. Os custos ambientais podem ser calculados, por exemplo, em relação à acidificação, pela medição da quantidade de componentes químicos acidificantes, e uso da terra em metros quadrados ou outros impactos mensuráveis, como é feito na União Europeia.[45]

Outro critério também bastante utilizado nos EUA e na Europa é o *pay back*. A análise do *pay back* significa quantificar o retorno financeiro obtido com produtos que se pagam no decorrer de seu uso, por gerarem algum tipo de economia de materiais, como energia, por exemplo. Esses produtos apesar de serem algumas vezes mais custosos no ato da compra, como eles têm em si embutida uma economia de recursos (naturais e financeiras), podem gerar lucro depois de certo tempo de uso, quando comparados com seus similares.

Todas essas análises, de impacto à saúde humana e ao meio ambiente, ciclo de vida do produto, efeitos adversos, *pay back* etc., cabem em uma justificativa para a escolha do produto e vão refletir nas especificações do produto, nas obrigações do contrato. Desse modo, como é sabido, as licitações pelo menor preço, que são as mais numerosas, significam o menor preço conforme as especificações, ou seja, o menor preço encontrado para aquele determinado produto, como especificado, tais especificações estarão fundamentadas nos aspectos ambientais detalhados na justificativa.

Considere-se que os critérios ambientais supradescritos podem ser encontrados em normas legais ou infralegais, de modo claramente delimitado. Como exemplo disto, temos a utilização de um Guia de Contratações Sustentáveis da Consultoria Jurídica de União em São Paulo, que descreve as normas ambientais aplicáveis à licitação, que devem ser inseridas ora nas especificações, ora como requisitos de habilitação ou como obrigação contratual.[46] Este Guia se tornou nacional, tendo sido ampliado e atualizado, e hoje se trata do Guia Nacional de Contratações Sustentáveis, com autoria da Câmara Nacional de Sustentabilidade da Consultoria-Geral da União/AGU, estando em sua 3ª edição, de 2020, disponível no sítio da AGU. O Guia Nacional de Contratações Sustentáveis tem servido de apoio aos gestores e advogados públicos, contribuindo para a segurança jurídica nas contratações sustentáveis, tendo obtido este reconhecimento pelo Tribunal de Contas da União nos Acórdãos nº 1056/2017 e nº 2661/2017-Plenário, adiante transcritos.

Por outro lado, existe a inclusão de critérios ambientais que é feita pela pesquisa de mercado, onde o gestor procurará por bens e produtos ambientalmente melhores. Trata-se da atividade do gestor no sentido de aprimorar as especificações, por exemplo, para adquirir produto com material reciclado em sua composição. Nesse caso, ele também está

---

45. EUROPA. União Europeia. *Green Public Procurement*. Disponível em: [http://ec.europa.eu/environment/gpp/lcc.htm]. Acesso em: 09.04.2014.
46. CSIPAI, L. P. et al. *Guia de Contratações Sustentáveis da Consultoria Jurídica da União em São Paulo*, 2013. Disponível em: [www.agu.gov.br/page/content/detail/id_conteudo/138067]. Acesso em: 12.04.2014.

seguindo determinação legal, como será exposto adiante. Entretanto, a lei, obviamente, não pode chegar ao ponto de descrever o bem que ele deve comprar.

Nesse sentido, para ajudar o gestor na tarefa de encontrar novas especificações com inserção de critérios de sustentabilidade, o Ministério do Planejamento disponibiliza, no Catálogo de Materiais do Sistema de Compras do Governo Federal, uma relação de bens e produtos ambientalmente melhores, o chamado *Catmat* Sustentável.[47]

Importa notar que as licitações sustentáveis devem estar inseridas em um programa mais amplo de gestão socioambiental. As licitações sustentáveis não devem acontecer de forma isolada, pois muitos desses produtos ambientalmente melhores dependem também da sua correta utilização e destinação para que tais efeitos desejáveis aconteçam. Não adianta, por exemplo, comprar computadores energeticamente eficientes se os servidores públicos deixarem os computadores ligados quando não estão sendo utilizado. Sem a integração das licitações sustentáveis em um programa de gestão ambiental mais amplo, se perderá também o viés educativo associado a esses produtos.

Percebe-se, portanto, a necessidade de ações de capacitação dos gestores, e também do corpo jurídico, para a concretização das licitações sustentáveis. Especialmente por se tratar de uma matéria nova, que demanda conhecimentos técnicos de outras áreas, muitas delas que não são familiares aos operadores do direito e aos gestores da área de licitações públicas.

A Advocacia-Geral da União (AGU), por exemplo, incluiu em seu manual de boas práticas consultivas, elaborado pela Consultoria-Geral da União, órgão da AGU responsável por proferir pareceres e orientações na área de licitações e contratos, a orientação para a realização de capacitações em licitações sustentáveis. Destaque-se a importância dessas capacitações no sentido de orientar os órgãos públicos, mas também os advogados públicos para aplicar toda uma legislação nova e específica, como se verá no próximo tópico.

4. Fundamentos jurídicos da gestão pública socioambiental

4.1. Direito internacional e constitucional

Neste ponto analisaremos as normas jurídicas que dão suporte à gestão pública socioambiental, iniciando-se pelas normas de Direito Internacional para depois adentrarmos nas normas do Direito Brasileiro, sempre respeitando a ordem cronológica e hierárquica nessa descrição e análise.

Inicialmente, como marco histórico importante, temos a Declaração do Rio sobre Meio Ambiente e Desenvolvimento (ECO 1992), que em seu Princípio 8 dispõe que "os Estados devem reduzir e eliminar os padrões insustentáveis de produção e consumo". A ECO 1992 também deu origem à AGENDA 21, que em seu capítulo 4 trata da mudança dos padrões de consumo. Na Agenda 21, segundo Barki, "duas são as áreas programáticas. A primeira concerne ao exame dos padrões insustentáveis de produção e consumo [...]. A segunda [...] ao desenvolvimento de políticas e estratégias nacionais para estimular mudanças nos padrões insustentáveis de consumo."[48]

---

47. Disponível em: [http://cpsustentaveis.planejamento.gov.br/]. Acesso em: 12.04.2014.
48. BARKI, T. V. P. Direito Internacional Ambiental como fundamento jurídico para as licitações sustentáveis no Brasil. SANTOS, M. G.; BARKI, T. V. P. *Licitações e Contratações Públicas Sustentáveis*. Belo Horizonte: Fórum, 2011.

A Declaração de Johannesburg (2002) em seu item 18.c. determina às partes signatárias a "promover as políticas de aquisição pública que incentivem o desenvolvimento e a difusão de bens e serviços racionais desde o ponto de vista ambiental", sendo, portanto mais explícita quanto à determinação dos Estados para promover as licitações sustentáveis. Sabe-se que tais declarações não tem a força de um tratado internacional, mas sim um sentido mais programático e político.

Porém, como tratado internacional, a Convenção Quadro sobre Mudança do Clima (1992) no artigo 4, item 1, alínea *d* determina que "todas as Partes signatárias devem promover a gestão sustentável." Onde aqui se entende que o Estado como ele próprio produtor e consumidor deve seguir os mesmos parâmetros, ou até mesmo mais rigorosos, tendo em vista o seu papel de fomentador, determinados para a iniciativa privada. A Convenção sobre Mudança do Clima foi incorporada no direito nacional através do Decreto 5.445/2005.

No sistema jurídico brasileiro, ressalta-se a Constituição Brasileira de 1988, a nossa Lei Maior, cujo capítulo sobre o meio ambiente traz o principal fundamento jurídico para a gestão pública socioambiental no Brasil. Trata-se, em especial, do *caput* do art. 225, que determina ser dever do Poder Público defender e preservar o meio ambiente para as presentes e futuras gerações. Esse artigo ressalta a importância dada pela norma maior à temática ambiental e ao mesmo tempo o protagonismo que cabe ao Poder Público na promoção e realização da defesa e preservação do meio ambiente.

Esse fortalecimento do papel do Estado na defesa do meio ambiente pela Constituição Federal reflete-se também no Capítulo sobre a ordem econômica. No art. 170, inciso VI, a CF estabelece a defesa do meio ambiente como um dos princípios da ordem econômica. Deve-se, portanto, conjugando-se a interpretação do art. 225 com o art. 170, da CF, este princípio nortear, com tanto mais razão, as ações dos entes públicos, enquanto produtores e consumidores, importantes atores econômicos, bem como orientadores da iniciativa privada.

Já no capítulo da Carta Magna que trata da administração pública, o *caput* do art. 37 institui o princípio da eficiência, como um dos princípios da Administração Pública. Neste princípio, da eficiência notadamente se inclui a abordagem da eficiência ambiental. A eficiência ambiental diz respeito à redução do desperdício de recursos naturais, ao uso racional dos recursos – o fazer mais com menos –, e a redução do impacto ambiental, como explicamos nos itens anteriores.

4.2. Leis brasileiras sobre Gestão Pública Socioambiental

4.2.1. As Leis de Mudança Climática e de Resíduos Sólidos

Na legislação brasileira infraconstitucional, encontra-se uma série de normativos que explicitamente e literalmente tratam da gestão pública socioambiental, em seus diversos aspectos. Inicialmente, podemos destacar a Lei de Mudanças Climáticas, Lei 12.187, de 29 de dezembro de 2009, que em seu art. 6º, inciso XII, estabelece como um dos instrumentos da Política Nacional sobre Mudança do Clima:

> XII – as medidas existentes, ou a serem criadas, que estimulem o desenvolvimento de processos e tecnologias, que contribuam para a redução de emissões e remoções de gases de efeito estufa, bem como para a adaptação, dentre as quais o estabelecimento de critérios de preferência nas licitações e

concorrências públicas, compreendidas aí as parcerias público-privadas e a autorização, permissão, outorga e concessão para exploração de serviços públicos e recursos naturais, para as propostas que propiciem maior economia de energia, água e outros recursos naturais e redução da emissão de gases de efeito estufa e de resíduos. [grifos nossos]

Neste ponto, como dissemos em outro trabalho[49], entendemos que esta lei traçou as diretrizes a serem utilizadas pela Administração Pública nas licitações sustentáveis e na gestão socioambiental como um todo. Destacando-se o balizamento dado pela parte final do inciso supratranscrito, no sentido de a gestão pública primar por uma "maior economia de energia, água e outros recursos naturais e redução da emissão de gases de efeito estufa e de resíduos."

A Lei da Política Nacional sobre Mudança do Clima surge num momento em que a gestão pública socioambiental precisava de alguns balizamentos, direcionamentos legais para o seu fortalecimento. Neste caso, especificamente para as licitações sustentáveis, que eram praticadas e careciam à época de maior segurança jurídica.

Com o advento da Lei 12.187/2009, o gestor se sentiu estimulado e juridicamente respaldado a, por exemplo, adquirir produtos que economizam energia e água, ainda que fossem mais caros que os seus similares. Como os orientava, naquela época, a sua justificativa para tal aquisição restava mais fácil, pois bastava citar a Lei em comento.

Ora, não significa dizer que discordamos da análise do jurista Niebuhr quando afirma que os critérios de preferência criados pelo artigo art. 6º, inciso XII, supracitado, necessitam de regulamentação, uma vez que este artigo não traz o detalhamento necessário para que ele seja autoaplicável.[50] Porém, esta objeção não anula ou confronta o que dissemos acima.

A Lei 12.305/10, Lei da Política Nacional de Resíduos Sólidos, também chamada Lei de Resíduos Sólidos, em seu art. 7º, incisos, II, III, XI, XIV e XV estabelece como objetivos da Política Nacional de Resíduos Sólidos:

II – não geração, redução, reutilização, reciclagem e tratamento dos resíduos sólidos, bem como disposição final ambientalmente adequada dos rejeitos;

III – estímulo à adoção de padrões sustentáveis de produção e consumo de bens e serviços;

[...]

XI – prioridade, nas aquisições e contratações governamentais, para:

a) produtos reciclados e recicláveis;

b) bens, serviços e obras que considerem critérios compatíveis com padrões de consumo social e ambientalmente sustentáveis;

XIV – incentivo ao desenvolvimento de sistemas de gestão ambiental e empresarial voltados para a melhoria dos processos produtivos e ao reaproveitamento dos resíduos sólidos, incluídos a recuperação e o aproveitamento energético;

XV – estímulo à rotulagem ambiental e ao consumo sustentável. [grifos nossos]

A Lei 12.305/10, de 02 de agosto de 2010, ressalta a importância ambiental da reciclagem, há muito consagrada por autores clássicos da ecologia, ao afirmarem que "a

---

49. FERREIRA, M. A. S. de O. As Licitações Públicas e as Novas Leis de Mudança Climática e de Resíduos Sólidos. In: SANTOS, M. G.; BARKI, T. V. P. *Licitações e Contratações Públicas Sustentáveis*. Belo Horizonte: Fórum, 2011.
50. Para um maior detalhamento sobre o tema: NIEBUHR, J. de M. *Licitação Pública e Contrato Administrativo*. 3. ed. Belo Horizonte: Fórum, 2013.

reciclagem não apenas reduz o lixo, ela também economiza energia, água e matérias-primas, e reduz tanto a poluição do ar como a da água."[51]

Perceba-se que a reciclagem e todos estes objetivos da Lei de Resíduos Sólidos estão contemplados nas práticas de gestão pública socioambiental, conforme exposto acima, donde se depreende que esta lei também serve como suporte jurídico para a gestão pública socioambiental.

4.2.2. A nova Lei de Licitações, Lei 14.133/2021, e as licitações sustentáveis[52]

Esclarece-se, primeiramente, que as Leis 8.666/93 e a Lei 12.462/2011 continuam em vigor por dois anos, a partir da publicação da nova Lei 14.133, de 01 de abril de 2021, conforme o art. 193, inciso II, da Lei 14.133/2021, nestes termos:

> Art. 193. Revogam-se:
> II – a Lei nº 8.666, de 21 de junho de 1993, a Lei nº 10.520, de 17 de julho de 2002, e os arts. 1º a 47-A da Lei nº12.462, de 4 de agosto de 2011, após decorridos 2 (dois) anos da publicação oficial desta Lei.

Portanto, ressalte-se que serão mantidos os itens seguintes deste capítulo – 45.2.3 e 45.2.4, bem como o item 45.3 (acerca das normas infralegais) – porque, além de ainda em vigor as leis anteriores (Lei 8.666/93 e Lei 12.462/2011), estas leis estão em consonância com a nova lei, em suma, a Lei 14.133/2021 não invalida as normas sobre sustentabilidade das leis anteriores. Destarte, não são incompatíveis as questões relativas às licitações sustentáveis das leis anteriores com as da nova lei, muito pelo contrário, há uma espécie de repetição das normas sobre sustentabilidade previstas nas duas leis anteriores, tratadas aqui nos itens a seguir. Também por esses motivos, as normas infralegais não foram revogadas, alteradas, atingidas pela nova lei, uma vez que são compatíveis com ela, servem ainda para dar cumprimento à Lei 14.133/2021 em suas determinações quanto as questões das licitações e contratações sustentáveis.

Destaque-se o art. 5º da nova Lei 14.133/2021 que inclui o desenvolvimento nacional sustentável como um dos princípios que regem as licitações e contratações públicas:

> Art. 5º Na aplicação desta Lei, serão observados os princípios da legalidade, da impessoalidade, da moralidade, da publicidade, da eficiência, do interesse público, da probidade administrativa, da igualdade, do planejamento, da transparência, da eficácia, da segregação de funções, da motivação, da vinculação ao edital, do julgamento objetivo, da segurança jurídica, da razoabilidade, da competitividade, da proporcionalidade, da celeridade, da economicidade e do *desenvolvimento nacional sustentável*, assim como as disposições do Decreto-Lei nº 4.657, de 4 de setembro de 1942 (Lei de Introdução às Normas do Direito Brasileiro).

Por sua vez o art. 11, inciso IV, da Lei 14.133/2021, também reforça o desenvolvimento nacional sustentável como objetivo do processo licitatório:

---

51. CORSON, W. H. (Ed.). *Manual global de ecologia*: o que você pode fazer a respeito da crise do meio ambiente. Trad. Alexandre Gomes Camaru. São Paulo: Augustus, 1993.
52. Tendo em vista a recentíssima publicação da nova lei de licitações, Lei 14.133, de 01 de abril de 2021, muito próxima da data em que a autora necessitou entregar este texto para publicação desta edição, será realizada aqui uma breve exposição das normas que esta nova lei contém acerca das licitações sustentáveis. Diante da exiguidade do tempo, espera-se em nova edição a possibilidade de realizar uma análise mais detalhada e extensa sobre o tema.

Art. 11. O processo licitatório tem por objetivos:

(...)

IV – incentivar a inovação e o *desenvolvimento nacional sustentável*.

Também o art. 144, *in verbis*, assim dispõe:

Art. 144. Na contratação de obras, fornecimentos e serviços, inclusive de engenharia, poderá ser estabelecida remuneração variável vinculada ao desempenho do contratado, com base em metas, padrões de qualidade, *critérios de sustentabilidade ambiental* e prazos de entrega definidos no edital de licitação e no contrato.

Neste sentido transcreve-se aqui os principais artigos da Lei 14.133/2021 com normas relativas à sustentabilidade ambiental, *in verbis*, com grifos nossos:

Art. 6º Para os fins desta Lei, consideram-se:

(...)

XXIV – anteprojeto: peça técnica com todos os subsídios necessários à elaboração do projeto básico, que deve conter, no mínimo, os seguintes elementos:

(...)

e) parâmetros de adequação ao interesse público, de economia na utilização, de facilidade na execução, *de impacto ambiental e de acessibilidade*;

(...)

XXV – projeto básico: conjunto de elementos necessários e suficientes, com nível de precisão adequado para definir e dimensionar a obra ou o serviço, ou o complexo de obras ou de serviços objeto da licitação, elaborado com base nas indicações dos estudos técnicos preliminares, que assegure a viabilidade técnica e o *adequado tratamento do impacto ambiental* do empreendimento e que possibilite a avaliação do custo da obra e a definição dos métodos e do prazo de execução, devendo conter os seguintes elementos:

a) levantamentos topográficos e cadastrais, sondagens e ensaios geotécnicos, ensaios e análises laboratoriais, *estudos socioambientais* e demais dados e levantamentos necessários para execução da solução escolhida;

(...)

Art. 18. A fase preparatória do processo licitatório é caracterizada pelo planejamento e deve compatibilizar-se como plano de contratações anual de que trata o inciso VII do *caput* do art. 12 desta Lei, sempre que elaborado, e com as leis orçamentárias, bem como abordar todas as considerações técnicas, mercadológicas e de gestão que podem interferir na contratação, compreendidos:

I – a descrição da necessidade da contratação fundamentada em estudo técnico preliminar que caracterize o interesse público envolvido;

(...)

§ 1º O estudo técnico preliminar a que se refere o inciso I do *caput* deste artigo deverá evidenciar o problema a ser resolvido e a sua melhor solução, de modo a permitir a avaliação da viabilidade técnica e econômica da contratação, e conterá os seguintes elementos:

(...)

XII – *descrição de possíveis impactos ambientais e respectivas medidas mitigadoras, incluídos requisitos de baixo consumo de energia e de outros recursos, bem como logística reversa para desfazimento e reciclagem de bens e refugos, quando aplicável*;

Art. 34. O julgamento por menor preço ou maior desconto e, quando couber, por técnica e preço considerará o menor dispêndio para a Administração, atendidos os parâmetros mínimos de qualidade definidos no edital de licitação.

§ 1º Os custos indiretos, relacionados com as despesas de manutenção, utilização, reposição, depreciação e *impacto ambiental do objeto licitado, entre outros fatores vinculados ao seu ciclo de vida*, poderão ser considerados para a definição do menor dispêndio, sempre que objetivamente mensuráveis, conforme disposto em regulamento.

Art. 42. A prova de qualidade de produto apresentado pelos proponentes como similar ao das marcas eventualmente indicadas no edital será admitida por qualquer um dos seguintes meios:

I – comprovação de que o produto está de acordo com as normas técnicas determinadas pelos órgãos oficiais competentes, pela Associação Brasileira de Normas Técnicas (ABNT) ou por outra entidade credenciada pelo Inmetro;

II – declaração de atendimento satisfatório emitida por outro órgão ou entidade de nível federativo equivalente ou superior que tenha adquirido o produto;

III – certificação, certificado, laudo laboratorial ou documento similar que possibilite a aferição da qualidade e da conformidade do produto ou do processo de fabricação, *inclusive sob o aspecto ambiental*, emitido por instituição oficial competente ou por entidade credenciada.

Art. 45. As licitações de obras e serviços de engenharia devem respeitar, especialmente, as normas relativas a:

I – *disposição final ambientalmente adequada dos resíduos sólidos gerados pelas obras contratadas*;

II – *mitigação por condicionantes e compensação ambiental, que serão definidas no procedimento de licenciamento ambiental*;

III – *utilização de produtos, de equipamentos e de serviços que, comprovadamente, favoreçam a redução do consumo de energia e de recursos naturais*;

IV – *avaliação de impacto de vizinhança, na forma da legislação urbanística*;

V – *proteção do patrimônio histórico, cultural, arqueológico e imaterial, inclusive por meio da avaliação do impacto direto ou indireto causado pelas obras contratadas*;

VI – *acessibilidade para pessoas com deficiência ou com mobilidade reduzida*.

Art. 144. Na contratação de obras, fornecimentos e serviços, inclusive de engenharia, poderá ser estabelecida remuneração variável vinculada ao desempenho do contratado, com base em metas, padrões de qualidade, critérios de *sustentabilidade ambiental* e prazos de entrega definidos no edital de licitação e no contrato.

Art. 147. Constatada irregularidade no procedimento licitatório ou na execução contratual, caso não seja possível o saneamento, a decisão sobre a suspensão da execução ou sobre a declaração de nulidade do contrato somente será adotada na hipótese em que se revelar medida de interesse público, com avaliação, entre outros, dos seguintes aspectos:

(...)

II – *riscos sociais, ambientais* e à segurança da população local decorrentes do atraso na fruição dos benefícios do objeto do contrato;

III – *motivação social e ambiental* do contrato;

A partir das normas acima transcritas, destacamos as principais normas sobre sustentabilidade na nova Lei 14.133/2021, traçamos um panorama para demonstrar a presença da sustentabilidade, da gestão pública socioambiental, nos ditames da Lei 14.133/2021, que irão nortear as licitações e contratações públicas.

Destarte, pelos motivos acima expostos, serão mantidos os itens a seguir, referentes às Leis 8.666/93 e 12.462/2011 (RDC), e às normas infralegais, por serem totalmente válidos e cabíveis, vez que melhor detalham as normas referentes as licitações e contratações sustentáveis presentes nas leis anteriores, haja vista a vigência dessas leis (cf. art. 193, inciso II, da 14.133/2021), bem como a similaridade, a repetição e ampliação das normas sobre sustentabilidade pela nova Lei 14.133/2021.

4.2.3. O art. 3º da Lei 8.666/1993, com redação dada pela Lei 12.349/2010

Para fortalecer a fundamentação jurídica da gestão pública socioambiental, em específico das licitações sustentáveis, foi dada pela Lei 12.349/2010 nova redação ao art. 3º da Lei 8.666/93, lei geral de licitações e contratos. Esta nova redação, para não deixar margem a qualquer dúvida, inseriu o critério de sustentabilidade nas licitações públicas, ao determinar que a licitação "destina-se a garantir a observância do princípio constitucional da isonomia, a seleção da proposta mais vantajosa para a Administração e a promoção do desenvolvimento nacional sustentável [...]". A sustentabilidade, como exposto no item anterior, também está presente e ampliada na nova Lei 14.133/2021.

Cabe ressaltar, entretanto, que as licitações sustentáveis, antes mesmo dessas leis, eram praticadas no Brasil e aceitas em nosso ordenamento jurídico, tendo em vista, em especial, a interpretação dada à Lei 8.666/1993, conforme o mandamento constitucional de defesa do meio ambiente, como anteriormente analisado.[53]

A inserção da promoção do desenvolvimento sustentável como finalidade da licitação, segundo Marçal Justen, "[...] afeta o modo de aplicar o princípio da isonomia e modifica a avaliação da vantajosidade das propostas". Segundo o mesmo autor, "[...] a isonomia é afetada porque se admite a estipulação de preferências em favor de bens e serviços relacionados à promoção do desenvolvimento nacional sustentável [...]".[54]

Assim como, conforme observação de Marçal Justen, "[...] a licitação será orientada não apenas para selecionar a proposta mais vantajosa sobre o prisma econômico em sentido estrito (por exemplo, o menor preço), mas também envolverá a promoção do desenvolvimento nacional sustentável".[55]

Percebe-se que, a partir da nova redação do artigo 3º da Lei 8.666/93, temos três finalidades a serem respeitadas e compatibilizadas nas licitações: a isonomia, a seleção da proposta mais vantajosa e a promoção do desenvolvimento nacional sustentável. O que também é reproduzido nos artigos 5º e 11, inciso IV, da Lei 14.133/2021, supratranscritos, que trazem a sustentabilidade como princípio e como objetivo das licitações.

Alguns autores têm levantado críticas a essa nova redação do artigo 3º – que também se aplicam aos artigos supracitados da nova Lei 14.133/2021, pelos motivos acima expostos. As críticas têm fundamentos diversos, citaremos alguns. Entendemos, porém, que não nos cabe transcrever em detalhes os argumentos que o leitor pode melhor conhecer nas obras dos próprios autores. O nosso propósito é defender o acerto da nova redação, demonstrando o seu sentido, e procurando expor essa defesa (de forma sucinta e prática) e enfrentar alguns questionamentos desses autores acerca da nova redação do artigo 3º.

Primeiramente, ousamos discordar de alguns juristas que têm, de certo modo, procurado minimizar o alcance da inclusão do princípio da promoção do desenvolvimento sustentável sob o argumento de que a licitação, como atividade meio que é, não se presta à promoção do desenvolvimento nacional sustentável.

---

53. Nesse sentido cf. FERREIRA, M. A. S. de O. Licitações Sustentáveis como Instrumento de Defesa do Meio Ambiente – Fundamentos Jurídicos para sua Efetividade. In: BLIACHERIS, M. W.; FERREIRA, M. A. S. de O. *Sustentabilidade na Administração Pública*: valores e práticas de gestão socioambiental. Belo Horizonte: Fórum, 2012.
54. JUSTEN FILHO, M. *Curso de Direito Administrativo*. 9. ed. São Paulo: Revista dos Tribunais, 2013.
55. Idem.

Marçal Justen[56] e Lucas Furtado[57] argumentam que a licitação serve para a concretização do contrato e por isso a licitação não realiza o desenvolvimento sustentável, mas sim a contratação. Também Niebuhr[58] acompanha de certo modo este entendimento, ao afirmar que o desenvolvimento sustentável envolve, além da questão ambiental, vários aspectos, como o social e o econômico, e que fica difícil que a licitação se preste a esse fim.

De fato, o desenvolvimento sustentável é algo amplo e complexo que não se realiza apenas pela licitação. Entretanto, a licitação sustentável é um dos instrumentos para sua concretização, para a promoção do desenvolvimento sustentável. Disso não temos dúvida, até mesmo pela prática que acompanhamos de maneira mais próxima na Advocacia-Geral da União – AGU e a sua Superintendência de Administração em Pernambuco – SAD/PE.

Por essa experiência, percebe-se que alguns produtos ambientalmente melhores, que antes não eram encontrados com facilidade no mercado, com poucos fornecedores, têm aumentado a sua presença no mercado em número de fornecedores, e inclusive reduzindo o seu preço a cada licitação, em razão do aumento da demanda representada pela compra de um órgão público de alcance regional, a exemplo da SAD/PE.

Desse modo, entendemos que o artigo 3º da antiga lei, bem como os artigos 5º e 11, inciso IV, da nova Lei 14.133/2021, não merecem reparos em sua redação, pois a licitação em si, e não apenas, mas também, o contrato a que ela se presta, pode e deve promover o desenvolvimento sustentável. Sabemos que o fato de a Administração Pública realizar uma pesquisa de mercado de bens e produtos com critérios de sustentabilidade por si só já impulsiona a criação de novos mercados. Isso significa o surgimento de novos fornecedores para esses produtos ambientalmente melhores, de mais empresas interessadas em fabricá-los, produzindo de modo ambientalmente menos impactante.

Todo esse estímulo ocorre já na chamada fase interna da licitação, muito antes da contratação. Percebe-se, então, como a licitação é um meio para a promoção do desenvolvimento sustentável. Um dos meios, sem dúvida. Há muitos outros na área das políticas públicas, mas de considerável importância, tendo em vista inclusive o montante de dinheiro que as licitações públicas movimentam no Brasil.

Observe-se que esta política pública tem um largo alcance, pois estamos tratando aqui não apenas de um reforço no cumprimento da legislação ambiental, que também ocorre, através, por exemplo, do pedido de certidões e documentos comprobatórios do cumprimento da lei ambiental nas licitações; mas estamos falando também de se ir além desse cumprimento para que se possa concorrer na licitação pública e obter um contrato com a Administração.

Não se trata apenas, mas também, de exigir produtos cujo processo produtivo cumpram a legislação ambiental, por exemplo, que a fábrica possua a adequada licença ambiental. Para além disso, significa também colocar nas especificações critérios que são voluntários, como a exigência do uso de material reciclado na composição de determinado produto, ou mesmo que determinado produto economize mais energia.

---

56. JUSTEN FILHO, M. *Curso de Direito Administrativo*. 9. ed. São Paulo: Revista dos Tribunais, 2013.
57. FURTADO, L. R. *Curso de Licitações e Contratos Administrativos*. 5. ed. Belo Horizonte: Fórum, 2013.
58. NIEBUHR, J. de M. *Licitação Pública e Contrato Administrativo*. 3. ed. Belo Horizonte: Fórum, 2013.

Ora, não há lei obrigando todos os fabricantes brasileiros a se utilizarem de componentes reciclados em seus produtos, nem mesmo há legislação que padronize os produtos para economizarem mais energia. Porém, caso a Administração Pública passe a exigir certos produtos com essa especificação, mais e mais empresas procurarão se adequar a esses critérios e, desse modo, estarão indo para além do cumprimento da lei.

Outros questionamentos dos supracitados autores, ao nosso ver, envolvem dúvidas que porventura podem realmente surgir da aplicação prática da finalidade da promoção do desenvolvimento sustentável, bem como de como conciliar este fim com os outros dois, a observância ao princípio da isonomia e a seleção da proposta mais vantajosa. Tais questões, podem ser resolvidas por regras de hermenêutica já conhecidas, especialmente pela aplicação do princípio da proporcionalidade.

Lucas Rocha Furtado, por exemplo, entende que a redação do artigo 3º deveria ser no sentido de que a licitação se destina à seleção da "[...] proposta mais vantajosa para o desenvolvimento sustentável".[59] Para esse autor, a licitação não poderia ser considerada um meio para atingir o fim do desenvolvimento sustentável, o que poderia vir a justificar inclusive contratações desnecessárias.

Niebuhr[60] também levanta questionamentos acerca da redação do artigo 3º, aplicáveis também à redação do art. 5º, da Lei 14.133/2021, no que diz respeito a promoção do desenvolvimento sustentável ter sido elevado ao mesmo patamar que os outros dois princípios, quando estes sim são a razão de ser e a causa das licitações.

De fato, a licitação é um meio para atingir um fim, que sempre envolverá o interesse público, mas esse fim não se resume a celebração do contrato (como vimos nos argumentos acima expostos) e pode sim envolver a promoção do desenvolvimento sustentável sem descuidar dos outros dois fins : a isonomia e a seleção da proposta mais vantajosa. Tal conciliação acontece especialmente pela aplicação do princípio da proporcionalidade, como costuma acontecer em situações similares, em outras matérias da atuação estatal.

O princípio da proporcionalidade, em sua ampla acepção, conforme exposto por Paulo Bonavides[61], é capaz de dirimir o conflito entre as três finalidades da licitação. Bonavides afirma, citando Muller:

> [...] o princípio da proporcionalidade tem o seu lugar no Direito, regendo todas as esferas jurídicas e compelindo os órgãos do Estado a adaptarem todas as suas atividades os meios que dispõem aos fins que buscam e aos efeitos de seus atos. A proporção adequada se torna assim condição da legalidade.[62]

Ora, conforme a exposição de Bonavides, baseado na doutrina alemã e francesa, o princípio da proporcionalidade inclui três elementos: a pertinência ou aptidão; a necessidade; e a proporcionalidade mesma ou *stricto sensu*.[63]

A pertinência, segundo Zimmerli significa "o meio certo para levar a cabo um fim baseado no interesse público." A necessidade significa que "a medida não há de exceder os

---

59. FURTADO, L. R. *Curso de Licitações e Contratos Administrativos*. 5. ed. Belo Horizonte: Fórum, 2013.
60. NIEBUHR, J. de M. *Licitação Pública e Contrato Administrativo*. 3. ed. Belo Horizonte: Fórum, 2013.
61. BONAVIDES, P. *Curso de Direito Constitucional*. 17. ed. São Paulo: Malheiros, 2005.
62. MULLER P. apud BONAVIDES, P. *Curso de Direito Constitucional*. 17. ed. São Paulo: Malheiros, 2005.
63. BONAVIDES, P. Curso de Direito Constitucional. 17. ed. São Paulo: Malheiros, 2005.

limites indispensáveis a conservação do fim legítimo que se almeja [...]." A necessidade diz respeito aos meios, de dois meios que possam igualmente atingir o fim colimado, deve-se escolher aquela medida que seja "menos nociva aos interesses do cidadão."[64] Por sua vez, a proporcionalidade *stricto sensu*, vai indicar que a escolha deve recair "sobre o meio ou os meios que, no caso específico, levarem mais em conta o conjunto de interesses em jogo".[65]

Cabe aplicar estes elementos do princípio da proporcionalidade às licitações sustentáveis. A pertinência significa, por exemplo, que a licitação sustentável não pode ser usada como um meio para fiscalizar o cumprimento da legislação ambiental. Não que a Administração Pública não deva cobrar dos licitantes a comprovação do cumprimento da lei ambiental (por certidões ou outros documentos), porém tal cobrança deve se limitar aquela que tenha realmente pertinência com o objeto a ser contratado. Obviamente, não é papel da licitação, substituir a função dos órgãos de controle ambiental.

A necessidade, outro aspecto do princípio da proporcionalidade, indica que, por exemplo, a Administração Pública não deve adquirir algo que não necessite sob o fundamento de promover o desenvolvimento nacional sustentável, respondendo-se à objeção feita por Furtado. Ou mesmo, a Administração Pública não deve adquirir algo de valor exorbitante, que não cabe em sua disponibilidade orçamentária, sob o pretexto de promover o desenvolvimento nacional sustentável.

Por sua vez, a proporcionalidade *stricto sensu* significa que se procurará as opções de bens e produtos disponíveis no mercado que melhor conciliem a promoção do desenvolvimento nacional sustentável, incluindo critérios de sustentabilidade em suas especificações ou nas obrigações contratuais, com o máximo possível de observância à isonomia e à seleção da proposta mais vantajosa.

Tal solução está, por exemplo, no art. 45, § 1º, inciso I, da Lei 8.666/93, que determina que o menor preço será determinado para as propostas que estiverem de acordo com as especificações. Ora, se nas especificações foram incluídos critérios de sustentabilidade, determinados objetivamente no edital ou convite, e, se na pesquisa de mercado verificou-se a existência de empresas que podem fornecer o produto, então, sairá vencedora, dentre as propostas concorrentes, aquela que, sendo compatível com as exigências do edital ou convite, tiver menor preço.

Além disso, vale recordar que o conceito de desenvolvimento sustentável, como vimos acima, envolve também a consideração do aspecto econômico, o que não comporta a consideração de gastos públicos desnecessários. Ademais, o desenvolvimento sustentável, relembre-se, também envolve a noção de eficiência ambiental, que justamente vai em confronto ao desperdício de recursos naturais, mas também de dinheiro público, a máxima do "fazer mais com menos".

Quanto à análise do "menor preço", remetemos aos comentários feitos em tópico acima, sobre licitações sustentáveis, onde expomos acerca dos custos das externalidades ambientais, do *pay back*, etc. A referência a esses custos, também chamados de custos

---

64. DUERIG, M. apud BONAVIDES, P. *Curso de Direito Constitucional.* 17. ed. São Paulo: Malheiros, 2005.
65. MULLER P. apud BONAVIDES, P. *Curso de Direito Constitucional.* 17. ed. São Paulo: Malheiros, 2005.

indiretos, segundo Niebuhr, era o que já deveria estar presente nas licitações mesmo antes da mudança do dispositivo legal. Segundo este autor: "[...] avaliar proposta apenas em razão do custo direto quando o indireto é relevante e pode ser avaliado objetivamente é errado e sempre foi errado."[66]

Conclui-se, portanto, pelo acerto do legislador com a nova redação do artigo 3º. Entendemos que ao elevar a promoção do desenvolvimento sustentável a um patamar igual ao da isonomia e da proposta mais vantajosa, a uma finalidade tão importante quanto essas duas, o legislador quis dar a essa promoção o lugar de devido destaque.

Tudo isso para que não restasse dúvida ao operador do direito quanto à aplicabilidade da promoção do desenvolvimento nacional sustentável às licitações. Também para que, mesmo quando ocorra algum conflito entre a sustentabilidade e os outros fins, a solução não seja sacrificá-la, mas sim buscar a sua compatibilização, através da aplicação de regras de hermenêutica jurídica.

Isto significa que a situação agora é diferente do que ocorria antes dessa alteração da Lei 8.666/93, quando já os órgãos públicos praticavam as licitações sustentáveis, e estavam amparados legalmente. Entretanto, quando começamos a orientar os agentes públicos em palestras a esse respeito, indicávamos a preocupação em justificar de modo detalhado a inclusão de critérios de sustentabilidade. A justificativa ainda é necessária, porém apenas para casos em que ocorram conflitos ou dúvidas quanto ao respeito à isonomia ou à seleção da proposta mais vantajosa.

Além disso, hoje a situação se inverteu ao ponto que, se não for incluído nenhum critério de sustentabilidade, isso sim é que deve ser justificado, e deve ser demonstrado a impossibilidade do cumprimento do mandamento legal da promoção do desenvolvimento sustentável. Do mesmo modo como ocorre quando, por algum motivo, em geral previsto em lei ou regra especial, seja necessário restringir a aplicação do princípio da isonomia ou mesmo da seleção da proposta mais vantajosa.

Conclui-se, então, pelo acerto da nova redação do artigo 3º da Lei 8.666/1993, bem como das normas constantes nos artigos 5º e 11, inciso IV, da Lei 14.133/2021. Ao elevar a promoção do desenvolvimento nacional sustentável como um dos fins a serem buscados pelas licitações públicas, o legislador estabelece que a regra deve ser a promoção do desenvolvimento nacional sustentável pelas licitações, a ocorrência do que chamamos de licitações sustentáveis. A não inserção de critérios de sustentabilidade, esta sim será a exceção e terá que ser justificada a sua impossibilidade ou inviabilidade diante do contexto da gestão e do mercado.

4.2.4. O Regime Diferenciado de Contratações Públicas (RDC)

Em 2011, a Lei 12.462/2011 que instituiu o Regime Diferenciado de Contratações Públicas (RDC), trouxe uma série de normas que avançam e detalham normas que vão auxiliar na melhor implementação prática das licitações sustentáveis, referentes aos contratos que o regime diferenciado se aplica, a exemplo dos contratos para a Copa do Mundo e as Olimpíadas.

---

66. NIEBUHR, J. de M. *Licitação Pública e Contrato Administrativo*. 3. ed. Belo Horizonte: Fórum, 2013.

O art. 4º do RDC estabelece as diretrizes para as licitações regidas por esse regime e em seu inciso III, sendo uma delas:

> III – a busca da maior vantagem para a administração pública, considerando custos e benefícios, diretos e indiretos, de natureza econômica, social ou ambiental, inclusive os relativos à manutenção, ao desfazimento de bens e resíduos, ao índice de depreciação econômica e a outros fatores de igual relevância.

O § 1º do art. 4 estabelece que as contratações baseadas no RDC devem respeitar, especialmente, as normas relativas à disposição final ambientalmente adequada dos resíduos sólidos gerados pelas obras contratadas; assim como as normas quanto à utilização de produtos, equipamentos e serviços que, comprovadamente, reduzam o consumo de energia e recursos naturais. Também vimos acima normas na nova Lei 14.133/2021 no mesmo sentido.

O inciso III do art. 7 do RDC estabelece a possibilidade de nas aquisições de bens "solicitar a certificação da qualidade do produto ou do processo de fabricação, inclusive sob o aspecto ambiental, por qualquer instituição oficial competente ou por entidade credenciada". A Lei 14.133/2021 traz regra similar no artigo 42.

Esse dispositivo do RDC vai na esteira de decisões recentes do TCU que vem avançando quanto à exigência de certificações ambientais, no sentido de aceitá-las quando elas não representam um entrave para a competitividade, ou porque já bastante utilizadas pelo mercado, ou pela oferta de alternativa entre a certificação de origem privada e a de instituição pública. Nesse sentido o Acórdão do TCU 1687, de 03.07.2013, Relator Min. Valmir Campelo.

O art. 10 do RDC prevê a possibilidade de ser estabelecida remuneração variável vinculada ao desempenho da contratada, este desempenho será medido com base, dentre outros fatores, em padrões de qualidade e critérios de sustentabilidade ambiental, definidos no instrumento convocatório e no contrato.

O inciso II do parágrafo único do art. 14 prevê que na fase de habilitação das licitações disciplinadas pelo RDC poderão ser exigidos requisitos de sustentabilidade ambiental, na forma da legislação aplicável. O art. 19 do RDC estabelece que o julgamento pelo menor preço ou maior desconto considerará o menor dispêndio para a Administração Pública. Por sua vez, o § 1º desse mesmo artigo estabelece que, para a definição desse menor dispêndio, levar-se-á em conta os custos indiretos relacionados com as despesas de manutenção, utilização, reposição, depreciação e impacto ambiental, desde que objetivamente mensuráveis. Na mesma esteira, o art. 34, §1º, da nova Lei 14.133/2021, estabelece a mensuração dos custos indiretos para determinar o preço.

Perceba-se que em vários pontos, o RDC avança em relação à legislação existente, porém não se trata de confrontar a Lei 8.666/1993, mas sim detalhar melhor o seu mandamento do novo art. 3º, deixando mais claro e especificando como pode acontecer a inclusão de critérios ambientais em licitação, quer seja nas especificações, na análise do preço baseada no ciclo de vida e no impacto ambiental, bem como na habilitação e na variação da remuneração da contratada. Esses aspectos que fortalecem a sustentabilidade nas licitações também foram confirmados pela nova Lei 14.133/2021, conforme demonstrado em item acima.

4.3. As Normas Infralegais

No âmbito do Poder Executivo Federal existem vários decretos que dão suporte jurídico à gestão pública socioambiental e encontram-se em harmonia com as disposições da nova Lei 14.133/2021.

Primeiramente, por ordem cronológica, o Decreto 5.940/2006, que trata da coleta seletiva solidária. O Decreto 5.940/2006 estabelece em seu artigo 1º a obrigatoriedade de a Administração Pública federal destinar os seus resíduos de materiais recicláveis às associações e cooperativas de catadores, conforme critérios estabelecidos no próprio decreto.

Este Decreto 5.940/2006 realiza importante função social ao promover a inclusão social dos catadores, que passa a ser impulsionada pelos órgãos públicos que destinarão seus resíduos às suas entidades, às associações dos catadores. Desse modo, também estimula uma melhoria na organização dos catadores, fortalecendo às suas associações, que para se beneficiarem do decreto precisam cumprir certos requisitos:

I – estejam formal e exclusivamente constituídas por catadores de materiais recicláveis que tenham a catação como única fonte de renda;

II – não possuam fins lucrativos;

III – possuam infra-estrutura para realizar a triagem e a classificação dos resíduos recicláveis descartados; e

IV – apresentem o sistema de rateio entre os associados e cooperados.

Segundo Barki[67],

[...] o Decreto (5.940/2006) objetivou conferir possibilidade de participação igualitária para todas as associações e cooperativa de catadores de materiais recicláveis, fixando requisitos mínimos de habilitação, que guardam relação com a finalidade de inclusão social e a existência de instrumental para o exercício da atividade.

Outro Decreto que sedimenta a adoção da gestão pública socioambiental pela Administração Pública federal, é o Decreto 7.478, de 12 de maio de 2011. Esse Decreto criou a Câmara de Políticas de Gestão, Desempenho e Competitividade – CGDC, que tem entre os seus objetivos principais formular políticas e medidas específicas destinadas à racionalização do uso dos recursos públicos e aperfeiçoar a gestão pública, visando à melhoria dos padrões de eficiência, no âmbito o Poder Executivo.

Por sua vez, o Decreto 7.746/2012, de 05 de junho de 2012 veio regulamentar o art. 3º da lei 8.666/93, no sentido de estabelecer critérios, práticas e diretrizes gerais para a promoção do desenvolvimento nacional sustentável por meio das contratações realizadas pela Administração Pública federal direta, autárquica e fundacional e pelas empresas estatais dependentes (art.1º do Decreto).

O art. 2º do Decreto 7.746/2012 estabelece que a Administração Pública federal poderá "[...] adquirir bens e contratar serviços e obras considerando critérios e práticas de sustentabilidade *objetivamente* definidos no instrumento convocatório [...]", em conformidade com o disposto no mesmo Decreto. O parágrafo único do citado artigo esclarece que "a adoção de critérios e práticas de sustentabilidade deverá ser *justificada* nos autos e preservar o caráter competitivo do certame". Já o art. 3º determina que "os critérios e práticas de sustentabilidade de que trata o art. 2º serão veiculados como especificação técnica do objeto ou como obrigação da contratada".

O Decreto 7.746/2012 em seu artigo 4º estabelece alguns exemplos de diretrizes de sustentabilidade a serem observadas nas aquisições e contratações públicas, tais como,

---

67. BARKI, T. V. P. O compromisso socioambiental do Estado na gestão adequada de resíduos. In: BLIACHERIS, M. W.; FERREIRA, M. A. S. de O. *Sustentabilidade na Administração Pública*: valores e práticas de gestão socioambiental. Belo Horizonte: Fórum, 2012.

menor impacto sobre recursos naturais como flora, fauna, ar, solo e água; preferência para materiais, tecnologias e matérias-primas de origem local; maior eficiência na utilização de recursos naturais como água e energia; maior geração de empregos, preferencialmente com mão de obra local; maior vida útil e menor custo de manutenção do bem e da obra; uso de inovações que reduzam a pressão sobre recursos naturais; e origem ambientalmente regular dos recursos naturais utilizados nos bens, serviços e obras.

O art. 5º do Decreto 7.746/2012, seguindo os ditames da Lei de Resíduos Sólidos, dispõe acerca da possibilidade de a Administração Pública federal exigir no instrumento convocatório para a aquisição de bens que estes sejam constituídos por material reciclado.[68] Em seguida, o art. 8º do Decreto 7.746/2012 determina que a comprovação das exigências contidas no instrumento convocatório poderá ser feita mediante certificação emitida por instituição pública oficial ou instituição credenciada, ou por qualquer outro meio definido no instrumento convocatório.

Perceba-se que se trata de uma série de determinações do Decreto que visam instruir o gestor para que este possa saber como realizar as licitações sustentáveis, com os aspectos procedimentais delineados, assim como orientações, diretrizes de sustentabilidade, para que o gestor possa ter uma maior segurança jurídica ao implementar as licitações sustentáveis.

Este Decreto 7.746/2012 também veio instituir a Comissão Interministerial de Sustentabilidade na Administração Pública – CISAP, bem como institui o Plano de Gestão de Logística Sustentável que deverá prever, conforme o artigo 16 do Decreto, no mínimo:

I – atualização do inventário de bens e materiais do órgão e identificação de similares de menor impacto ambiental para substituição;

II – práticas de sustentabilidade e de racionalização do uso de materiais e serviços;

III – responsabilidades, metodologia de implementação e avaliação do plano; e

IV – ações de divulgação, conscientização e capacitação.

Destaque-se também o Decreto 9.373/2018, que dispõe sobre a alienação, a cessão, a transferência, a destinação e a disposição final ambientalmente adequadas de bens móveis da administração pública federal e, em consonância com a Lei 12.305/2010, Lei de Resíduos Sólidos, baseia o seu cumprimento nos seguintes princípios:

I – a ecoeficiência, mediante a compatibilização entre o fornecimento, a preços competitivos, de bens e serviços qualificados que satisfaçam as necessidades humanas e tragam qualidade de vida e a redução do impacto ambiental e do consumo de recursos naturais a um nível, no mínimo, equivalente à capacidade de sustentação estimada do planeta;

II – a visão sistêmica, na gestão dos resíduos sólidos, que considere as variáveis ambiental, social, cultural, econômica, tecnológica e de saúde pública;

III – a responsabilidade compartilhada pelo ciclo de vida dos produtos;

IV – o reconhecimento do resíduo sólido reutilizável e reciclável como um bem econômico e de valor social, gerador de trabalho e renda e promotor de cidadania; e

V – não geração, redução, reutilização, reciclagem e tratamento dos resíduos sólidos e a disposição final ambientalmente adequada dos rejeitos.

---

68. FERREIRA, M. A. S. de O. As Licitações Públicas e as Novas Leis de Mudança Climática e de Resíduos Sólidos. In: SANTOS, M. G.; BARKI, T. V. P. *Licitações e Contratações Públicas Sustentáveis*. Belo Horizonte: Fórum, 2011.

Por fim, ressalte-se o Decreto 10.024/2019, que regulamenta o pregão eletrônico, e destaca no § 1º do art. 2º o princípio do desenvolvimento sustentável como um dos princípios que norteia o processo de contratação:

> Art. 2º.
> § 1º O princípio do desenvolvimento sustentável será observado nas etapas do processo de contratação, em suas dimensões econômica, social, ambiental e cultural, no mínimo, com base nos planos de gestão de logística sustentável dos órgãos e das entidades.

Por sua vez, o art. 7º, do mesmo Decreto, dispõe em seu parágrafo único sobre critérios para a definição do melhor preço, considerando o Plano de Logística Sustentável:

> Parágrafo único. Serão fixados critérios objetivos para definição do melhor preço, considerados os prazos para a execução do contrato e do fornecimento, as especificações técnicas, os parâmetros mínimos de desempenho e de qualidade, as diretrizes do plano de gestão de logística sustentável e as demais condições estabelecidas no edital.

Além dos Decretos no âmbito federal, destaque-se também a edição de instruções normativas (IN) sobre gestão pública socioambiental pela Secretaria de Logística e Tecnologia da Informação (SLTI) do Ministério do Planejamento Orçamento e Gestão. A importância dessas instruções se dá pelo fato de que a SLTI tem a competência de propor políticas, coordenar, supervisionar e orientar normativamente a gestão pública federal, conforme estabelecido no Decreto 7.675/2012.

Na seara da gestão pública socioambiental tem-se inicialmente a IN 01/2010, que em seu art. 1º estabelece que:

> [...] as especificações para a aquisição de bens, contratação de serviços e obras por parte dos órgãos e entidades da administração pública federal deverão conter critérios de sustentabilidade ambiental, considerando os processos de extração ou fabricação, utilização e descarte dos produtos e matérias-primas.

Por sua vez, o art. 2º da IN 01/2010 orienta que as exigências de natureza ambiental sejam formuladas no instrumento convocatório de modo a não frustrar a competitividade. O art. 3º da mesma IN determina que "nas licitações que utilizem como critério de julgamento o tipo melhor técnica ou técnica e preço, deverão ser estabelecidos no edital critérios objetivos de sustentabilidade ambiental para a avaliação e classificação das propostas."

O art. 4º da IN 01/2010 estabelece que

> [...] as especificações e demais exigências do projeto básico ou executivo, para contratação de obras e serviços de engenharia, devem ser elaborados visando à economia da manutenção e operacionalização da edificação, a redução do consumo de energia e água, bem como a utilização de tecnologias e materiais que reduzam o impacto ambiental [...].

Este artigo 4º cita vários exemplos, que optamos por aqui transcrever, dada a sua novidade e carência de aplicação no cenário da Administração Pública brasileira:

> I – uso de equipamentos de climatização mecânica, ou de novas tecnologias de resfriamento do ar, que utilizem energia elétrica, apenas nos ambientes aonde for indispensável;
> II – automação da iluminação do prédio, projeto de iluminação, interruptores, iluminação ambiental, iluminação tarefa, uso de sensores de presença;
> III – uso exclusivo de lâmpadas fluorescentes compactas ou tubulares de alto rendimento e de luminárias eficientes;
> IV – energia solar, ou outra energia limpa para aquecimento de água;
> V – sistema de medição individualizado de consumo de água e energia;

VI – sistema de reuso de água e de tratamento de efluentes gerados;

VII – aproveitamento da água da chuva, agregando ao sistema hidráulico elementos que possibilitem a captação, transporte, armazenamento e seu aproveitamento;

VIII – utilização de materiais que sejam reciclados, reutilizados e biodegradáveis, e que reduzam a necessidade de manutenção;

IX – comprovação da origem da madeira a ser utilizada na execução da obra ou serviço.

O art. 5º da IN 01/2010 traz exemplos de critérios de sustentabilidade ambiental que poderão ser exigidos na aquisição de bens, os quais também serão aqui transcritos pelos mesmos motivos acima expostos:

I – que os bens sejam constituídos, no todo ou em parte, por material reciclado, atóxico, biodegradável, conforme ABNT NBR – 15448-1 e 15448-2;

II – que sejam observados os requisitos ambientais para a obtenção de certificação do Instituto Nacional de Metrologia, Normalização e Qualidade Industrial – INMETRO como produtos sustentáveis ou de menor impacto ambiental em relação aos seus similares;

III – que os bens devam ser, preferencialmente, acondicionados em embalagem individual adequada, com o menor volume possível, que utilize materiais recicláveis, de forma a garantir a máxima proteção durante o transporte e o armazenamento; e

IV – que os bens não contenham substâncias perigosas em concentração acima da recomendada na diretiva RoHS (Restriction of Certain Hazardous Substances), tais como mercúrio (Hg), chumbo (Pb), cromo hexavalente (Cr(VI)), cádmio (Cd), bifenil-polibromados (PBBs), éteres difenil-polibromados (PBDEs).

Perceba-se que quando trata de critérios mais gerais como economia da manutenção e operacionalização da edificação, a redução do consumo de energia e água, bem como a utilização de tecnologias e materiais que reduzam o impacto ambiental, o artigo 4º supratranscrito fala que as especificações e demais exigências do projeto básico ou executivo têm o dever de contemplar. Haja vista, existir inclusive orientação legal, como visto acima, nesse sentido.

Porém, entenda-se que ao citar os vários exemplos mais específicos, tanto o artigo 4º como o 5º, não falam em dever da Administração Pública, pois se trata de exemplificação que dependerá da análise caso a caso do gestor da adequação desta ou daquela medida, ou equipamento ou tipo de material a cada produto, bem, obra ou serviço a ser contratado.

Outra instrução normativa do MPOG, que trata especificamente da gestão pública socioambiental é a 10, de 12 de novembro de 2012, que estabelece regras para elaboração dos Planos de Gestão de Logística Sustentável (PLS) de que trata o art.16, do Decreto 7.746, de 05 de junho de 2012, visto acima.

O art. 3º da IN 10/2012 esclarece que os PLS são ferramentas de planejamento com objetivos e responsabilidades definidas, ações, metas, prazos de execução e mecanismos de monitoramento e avaliação, que permitem ao órgão ou entidade estabelecer práticas de sustentabilidade e racionalização de gastos e processos na Administração Pública.

Esta Instrução Normativa 10/2012 em seu artigo 5º e incisos I a IV dispõe que o Plano de Gestão de Logística Sustentável deve conter, no mínimo,

I – atualização do inventário de bens e materiais do órgão ou entidade e identificação de similares de menor impacto ambiental para substituição;

II – práticas de sustentabilidade e de racionalização do uso de materiais e serviços;

III – responsabilidades, metodologia de implementação e avaliação do plano; e

IV – ações de divulgação, conscientização e capacitação.

Verifica-se também no artigo 8º, inciso VI, que

Art. 8º As práticas de sustentabilidade e racionalização do uso de materiais e serviços deverão abranger no mínimo [...]

I – material de consumo compreendendo, pelo menos, papel para impressão, copos descartáveis e cartuchos para impressão;

II – energia elétrica;

III – água e esgoto;

IV – coleta seletiva;

V – qualidade de vida no ambiente de trabalho;

VI – compras e contratações sustentáveis, compreendendo, pelo menos, obras, equipamentos, serviços de vigilância, de limpeza, de telefonia, de processamento de dados, de apoio administrativo e de manutenção predial.

A Instrução Normativa 10/2012, em seu art. 11, procura reunir todas as iniciativas relacionadas à gestão pública socioambiental existentes no âmbito federal para que possam ser contemplados quando da elaboração dos PLS, são elas:

I – Programa de Eficiência do Gasto Público – PEG, desenvolvido no âmbito da Secretaria de Orçamento Federal do Ministério do Planejamento, Orçamento e Gestão – SOF/MP;

II – Programa Nacional de Conservação de Energia Elétrica – Procel, coordenado pela Secretaria de Planejamento e Desenvolvimento Energético do Ministério de Minas e Energia – SPE/MME;

III – Agenda Ambiental na Administração Pública – A3P, coordenado pela Secretaria de Articulação Institucional e Cidadania Ambiental do Ministério do Meio Ambiente – SAIC/MMA;

IV – Coleta Seletiva Solidária, desenvolvida no âmbito da Secretaria-Executiva do Ministério do Desenvolvimento Social e Combate à Fome – SE/MDS;

V – Projeto Esplanada Sustentável – PES, coordenado pelo Ministério do Planejamento, Orçamento e Gestão, por meio da SOF/MP, em articulação com o MMA, MME e MDS;

VI – Contratações Públicas Sustentáveis – CPS, coordenada pelo órgão central do Sistema de Serviços Gerais – SISG, na forma da Instrução Normativa nº 1, de 19 de janeiro de 2010, da Secretaria de Logística e Tecnologia da Informação – SLTI/MP.

A instrução normativa 10/2012 traz em seu Anexo II sugestões de boas práticas de sustentabilidade e de racionalização de materiais que dizem respeito ao uso racional do material de consumo, relacionados a redução do consumo do papel (uso do meio eletrônico, impressão em frente e verso), de copos descartáveis (dar preferência a copos reutilizáveis), de cartuchos para impressão (utilização de fonte que economize toner); redução do consumo de energia elétrica (campanhas de conscientização, utilizar a ventilação e a iluminação natural); economia de água e esgoto (reuso da água, descargas e torneiras mais eficientes).

No citado anexo II, ressalta-se também como boa prática promover a coleta seletiva (a coleta seletiva solidaria em conformidade com o Decreto 5.940/2006); promover a qualidade de vida no ambiente de trabalho (monitoramento da qualidade do ar, atividades de integração e qualidade de vida); realizar nas compras e contratações públicas a aquisição de produtos reciclados ou recicláveis, incluindo-se também alguns exemplos como a compra de impressoras em frente e verso; como a inserção nos contratos de copeiragem e serviço de limpeza da adoção de procedimentos que promovam o uso racional dos recursos e utilizem produtos reciclados, reutilizados e biodegradáveis. Exemplos que norteiam a gestão pública socioambiental com o fortalecimento do uso eficiente dos recursos naturais e das licitações sustentáveis na Administração Pública Federal.

A instrução normativa 5/2017 traz a determinação de que as contratações de serviços, sob o regime de execução indireta, devem observar os critérios e práticas de sustentabilidade (art. 1º) e necessitam ser precedidas de Estudos Preliminares (Anexo III, 1). Dentre as diretrizes para elaboração dos Estudos Preliminares está o demonstrativo dos resultados pretendidos, nesse sentido o órgão deve declarar os benefícios diretos e indiretos que o órgão ou entidade almeja com a contratação, "inclusive com respeito a impactos ambientais positivos (por exemplo, diminuição do consumo de papel ou energia elétrica)" – Anexo III, 3.9, a.

Verifica-se, então, que atualmente uma série de normativos dão suporte jurídico e orientação administrativa para a realização e o aprofundamento da gestão pública socioambiental no Brasil; acrescente-se a esse cenário o estímulo dado pelas recentes decisões do Tribunal de Contas da União no mesmo sentido, como veremos no próximo tópico.

5. A Jurisprudência do Tribunal de Contas da União (TCU)

O Tribunal de Contas da União é órgão auxiliar do Congresso Nacional no exercício do controle externo, que compreende "a fiscalização contábil, financeira, orçamentária, operacional e patrimonial da União e das entidades da administração direta e indireta, quanto à legalidade, legitimidade, economicidade, aplicação das subvenções e renúncia de receitas," nos termos dos arts. 70 e 71 da Constituição Federal.

No que tange ao interesse desse trabalho, destaque-se o papel do Tribunal de Contas enquanto orientador, norteador, da Administração Pública, da gestão pública, no que diz respeito às suas decisões e recomendações, especialmente em matéria de licitações, para tanto lastreado em sua competência constitucional que inclui o poder de aplicar sanções em caso de ilegalidade de despesa ou irregularidade de contas. É nesse contexto que verificamos a importância da existência de várias decisões do TCU favoráveis e que impulsionam a gestão pública socioambiental.

Como exemplo desse estímulo, inicialmente destaque-se o acórdão 1.752, de 29 de junho de 2011, do Plenário do Tribunal de Contas da União, que é citado na Portaria Interministerial 244, de 6 de junho de 2012 – que instituiu o PES, como um de seus fundamentos "em especial o item 9.8, que recomenda ao Ministério do Planejamento, Orçamento e Gestão 'que incentive os órgãos e instituições públicas federais a adotarem um modelo de gestão organizacional estruturado na implementação de ações voltadas ao uso racional de recursos naturais' (...)". Eis algumas recomendações desse Acordão:

> 9.1. recomendar ao Ministério do Planejamento, Orçamento e Gestão que apresente, em 90 (noventa) dias, um plano de ação visando a orientar e a incentivar todos os órgãos e entidades da Administração Pública Federal a adotarem medidas para o aumento da sustentabilidade e eficiência no uso de recursos naturais, em especial energia elétrica, água e papel, considerando a adesão do País aos acordos internacionais: Agenda 21, Convenção-Quadro das Nações Unidas sobre Mudança do Clima e Processo Marrakech, bem como o disposto na Lei 12.187, de 29 de dezembro de 2009, na Lei 9.433, de 8 de janeiro de 1997, na Lei 10.295, de 17 de outubro de 2001, no Decreto 5.940, de 25 de outubro de 2006, e na Instrução Normativa SLTI/MP 1, de 19 de janeiro de 2010;
>
> [...]
>
> 9.4. recomendar ao Ministério do Meio Ambiente, ao Ministério do Planejamento, Orçamento e Gestão e à Eletrobras, no que lhe competem, que:
>
> [...]

9.4.3. avaliem a estrutura, respectivamente, da Agenda Ambiental da Administração Pública, do Programa de Eficiência do Gasto e do Subprograma Procel Eficiência Energética em Prédios Públicos, visando dotá-los das condições necessárias para fomentar a adoção de ações voltadas para o uso racional de recursos naturais na Administração Pública Federal;

[...]

9.8. recomendar ao Ministério do Planejamento, Orçamento e Gestão que incentive os órgãos e instituições públicas federais a adotarem um modelo de gestão organizacional estruturado na implementação de ações voltadas ao uso racional de recursos naturais, a exemplo das orientações fornecidas pelos Programas A3P, PEG e Procel EPP;

AC-1752-25/11-Plenário. Processo: 017.517/2010-9. Acórdão 1752/2011, *DOU* 05/07/2011.

No que diz respeito à exigência de inclusão de critérios de sustentabilidade nas licitações, podemos citar o Acórdão 5.804/2013, onde o TCU recomendou ao SENAC/MS que:

> adote critérios de sustentabilidade na aquisição de bens, materiais de tecnologia da informação, bem como na contratação de serviços ou obras, conforme disposto na Decisão Normativa/TCU 108/2010, na Instrução Normativa/SLTI-MP 1/2010 e na Portaria/SLTI-MP 2/2010" (item 1.7.1, TC-046.616/2012-8, Acórdão 5.804/2013-2ª Câmara, *DOU* de 27.09.2013, S. 1, p. 109).

Nesse mesmo sentido, o TCU deu ciência à FUNASA/PI:

> "a realização de processo de licitação sem a observância de critérios de sustentabilidade ambiental contraria o disposto na Instrução Normativa/SLTI-MP 1/2010" (item 1.7.2.5, TC-022.936/2013-0, Acórdão 711/2014-1ª Câmara, *DOU* 28.02.2014, S. 1, p. 271).

O acordão abaixo transcrito, por exemplo, contribui para estimular que seja exigida a comprovação da procedência legal da madeira, afastando a dúvida quanto à relação desta exigência e o comprometimento da competitividade nas licitações públicas:

> Diante da legislação ambiental, em especial a que disciplina o correto manejo florestal, e considerando que a comprovação da procedência legal da madeira é condição necessária para sua comercialização, a exigência de atestado de certificação ambiental quanto à madeira utilizada não compromete, em princípio, a competitividade das licitações públicas." (Acórdão 2995/2013-Plenário, TC 019.848/2013-7, rel. Min. Valmir Campelo, 06.11.2013).

Quanto à necessidade de os órgãos públicos promoverem a capacitação em licitações sustentáveis das equipes que atuam em licitações e contratos, observe-se que, no Acórdão 8.233/2013, o TCU deu ciência à SFA/RJ sobre:

> [...] a impropriedade caracterizada pela não realização, para os servidores que atuam na área de licitações e contratos, de treinamentos sobre licitações sustentáveis, fiscalização de contratos, serviços contínuos e outros correlatos, conforme recomendado no Acórdão 4.529/2012-1ªC. (item 1.7.3, TC-021.772/2013-4, Acórdão 8.233/2013-1ª Câmara, *DOU* 25.11.2013, S. 1, p. 143).

No mesmo sentido, a recomendação do TCU ao Núcleo Estadual do Ministério da Saúde no Estado do Maranhão (NEMS/MA) para que:

> a) institua e mantenha rotinas que permitam a inserção, nos editais licitatórios, de critérios de sustentabilidade da IN/SLTI-MP 1/2010 e da Portaria/ SLTI-MP 2/2010; b) capacite membros da equipe de licitação da UJ de forma a permitir a aderência dos editais de licitação à IN/SLTI-MP 1/2010 e à Portaria/SLTI-MP 2/2010; c) mantenha canal de discussão com a SLTI-MP com o intuito de superar óbices na implantação de critérios de sustentabilidade nas licitações a serem realizadas no NEMS/MA; d) institua e mantenha atualizado um plano de gestão dos resíduos sólidos, em observância ao disposto no Decreto 5.940/2006. (itens 1.7.1 a 1.7.4, TC-036.789/2011-9, Acórdão 4.529/2012-1ª Câmara, *DOU* 14.08.2012, S. 1, ps. 72 e 73).

Em outro Acórdão o TCU determinou a adoção de critérios de sustentabilidade na gestão e nas licitações nos seguintes termos:

> [...] recomendação à 15ª SRPRF/RN no sentido de que adote critérios que promovam a sustentabilidade ambiental e o uso de recursos renováveis em sua gestão e em suas licitações, em observância com o que estabelece o artigo 3º da Lei 8.666/1993, o Decreto 7.745/2012, a Decisão Normativa/TCU 108/2010, a IN/SLTI-MP 1/2010 e a Portaria/SLTI-MP 2/2010 (item 1.7.3.1, TC-024.323/2013-6, Acórdão 1.199/2014-2ª Câmara, *DOU* 04.04.2014, S. 1, p. 159).

Da análise dos acórdãos supratranscritos percebe-se que existe entendimento sedimentado no Tribunal de Contas no sentido da obrigatoriedade da inclusão de critérios de sustentabilidade nas licitações públicas, bem como da necessidade de desenvolvimento dos meios necessários para que isso ocorra, tais como as capacitações.

Além disso, conforme decisão normativa 127/2013, o TCU incluiu como conteúdo necessário a constar no relatório anual de gestão, que deve ser entregue pelos órgãos públicos federais, a adoção de medidas de sustentabilidade em sua gestão, tais como adoção de critérios de licitações sustentáveis; adoção de política de separação de resíduos recicláveis descartados; medidas para redução de consumo próprio de papel, energia elétrica e água; adesão a programas de gestão da sustentabilidade, tais como Agenda Ambiental na Administração Pública (A3P), Programa de Eficiência do Gasto (PEG) e Programa de Eficiência Energética em Prédios Públicos (Procel EPP).

O Acórdão 1.056/2017-Plenário (Rel. Min. André de Carvalho, j. 24.5.2017) demonstra o entendimento do Tribunal de Contas da União que dá suporte à gestão pública socioambiental, pois, além de fiscalizar e avaliar as ações de sustentabilidade dos órgãos públicos, também faz uma série de recomendações acerca da gestão pública socioambiental dos órgãos públicos:

> (...)
> 9.2.2.1. exigir que os Planos de Gestão de Logística Sustentável (PLS) ou instrumentos substitutos equivalentes estejam previstos no planejamento estratégico de cada órgão e entidade da APF (Administração Pública Federal), considerando o alcance e a transversalidade dos aspectos inerentes à sustentabilidade, de modo a institucionalizar, com isso, todas as ações de sustentabilidade junto à direção geral das aludidas instituições;
> 9.2.2.2. exigir que os órgãos e as entidades da APF implementem, em suas estruturas, o efetivo funcionamento de unidades de sustentabilidade com caráter permanente, contando, em sua composição, com servidores ou colaboradores dotados de perfil técnico para a específica atuação nos assuntos pertinentes; e
> 9.2.2.3. exigir que as avaliações de desempenho dos PLS contenham ferramentas de avaliação da efetividade do instrumento de planejamento, com vistas a permitir a análise dos resultados das ações implementadas e o comportamento dos padrões de consumo, em busca da manutenção do ponto de equilíbrio entre o consumo e os gastos; (...).

Destaque-se, no mesmo Acórdão, a indicação do Guia Nacional de Licitações Sustentáveis da Advocacia-Geral da União como boa prática, asseverando que:

> 204. A obra tem como objetivo oferecer segurança jurídica aos gestores públicos na implementação de práticas socioambientais, de acordo com o art. 3º da Lei 8.666/1993 (BRASIL, 1993). O guia apresenta critérios, práticas e diretrizes de sustentabilidade e traz orientações sobre planejamento e avaliação da necessidade de contratação.

O Tribunal de Contas da União, no Acórdão nº 2.661/2017-Plenário (Rel. Min. Aroldo Cedraz, j. 29.11.2017), também destacou o Guia Nacional de Licitações Sustentáveis, da Advocacia-Geral da União, como "documento de orientação aos entes governamentais contratantes".

Várias decisões do TCU, a exemplo das supratranscritas, tem impulsionado a Administração Pública para a implementação da gestão socioambiental. Tratando-se de um órgão de controle que analisa as licitações e contratos com repasse de recursos federais o seu alcance é amplo e serve de orientação, muitas vezes determinando aos gestores públicos a realização de ações que do contrário, talvez sequer seriam realizadas. Tudo isso sem falar na contribuição das decisões do TCU para a segurança jurídica dos que atuam no avanço da gestão pública socioambiental.

6. Breve Exposição sobre a Gestão Pública Socioambiental nos Estados Unidos, na União Europeia e na Organização das Nações Unidas

Nos Estados Unidos da América (EUA) a norma que trata da gestão pública socioambiental no âmbito federal é a *Executive Order* 13514, assinada em 2009 pelo Presidente Obama. Uma *Executive Order* seria uma norma similar ao nosso Decreto Presidencial, proferido pelo Presidente da República no uso de seu poder regulamentar, dentre outros assuntos da Administração Pública por ele chefiada.

A *Executive Order* 13514 tem o propósito de "liderando pelo exemplo, estabelecer metas de sustentabilidade para as agências federais com enfoque em realizar melhorias em seu desempenho ambiental, energética e econômica."[69] Antes da EO 13514, em 2007, havia sido decretada pelo Presidente Bush a EO 13423. Como precursora da EO 13514, a EO 13423 previa medidas de eficiência energética, nos transportes e na aquisição pelos órgãos federais de bens ambientalmente melhores. Desse modo, a EO 13514 de 2009 pode ser vista como um desenvolvimento, aprofundamento da EO 13423 de 2007.

A EO 13514 determina que os órgãos federais estabeleçam metas de redução de emissão de gases de efeito estufa para 2020. Esta EO requer a medição, a gestão e a redução da emissão de gases de efeito estufa, comprovada através de relatórios. A EO 13514 também descreve o procedimento pelo qual esses objetivos são estabelecidos e relatados ao Presidente do EUA, através do chefe do Conselho de Qualidade Ambiental (CEQ, sigla em inglês), principal conselheiro do Presidente em matéria ambiental.

A EO 13514 estabelece metas para redução de consumo de energia, água e redução de resíduos sólidos, incluindo 36% redução do uso de combustíveis, 26% de aumento da eficiência no uso da água, até 2020; 50% de reciclagem até 2015; 95% de todos os contratos devem cumprir os requerimentos de sustentabilidade; implementação até 2030 do requerimento de autossuficiência energética para prédios públicos. Estas metas também terão o condão de estimular os investimentos no local onde os prédios públicos se localizam e os empregos na indústria de energia limpa, promover um mercado de produtos e serviços ambientalmente corretos.

A EO 13514 procura envolver os servidores no atingimento das metas. Para alcançar estas metas a EO indica várias ações para as agências. Exemplos dessas ações: obter contratos em que os fornecedores tenham reduzido suas emissões de gases de efeito estufa; buscar estratégias de transportes de servidores e materiais, que também reduzam as emissões;

---

69. ESTADOS UNIDOS. White House. Council on Environmental Quality. *Sustainability*. Disponível em: [www.whitehouse.gov/administration/eop/ceq/sustainability]. Acesso em: 08.04.2014.

realizar a gestão da água, com equipamentos mais eficientes, com menor fluxo e menor consumo de energia, redução do consumo da água em jardins, promover o reuso da água; reduzir os resíduos e a poluição através da redução do uso do papel e aquisição de papel reciclado; reduzir a quantidade de químicos e tóxicos nos materiais adquiridos; aumentar a separação dos resíduos sólidos, inclusive os provenientes da construção e demolição.

A EO 13514 também orienta para ações integradas entre as agências, condizente com a missão e o planejamento estratégico de cada uma, para atingir as metas estabelecidas, para otimizar sua performance e reduzir os custos de implementação da EO 13514. Existe, portanto, uma estrutura entre as agências capaz de coordenar, avaliar e fiscalizar o programa. Nessa rede de agências as responsabilidades centrais na implementação do programa ficam ao encargo do órgão de governo responsável pela gestão e orçamento (que equivaleria ao nosso Ministério do Planejamento e Gestão) e do Conselho de Qualidade Ambiental (CEQ).[70]

Outras EO anteriores também criaram vários outros grupos de trabalho e de integração entre as agências. Esses grupos ainda estão ativos, para atingir os objetivos previamente definidos, tais como o de gestão energética, de combustíveis alternativos e redução da emissão dos veículos, o da água, de aquisições sustentáveis, e de adaptação às mudanças climáticas.[71]

Em artigo sobre a implementação da EO 13514, o professor Daniel Fiorino[72] conclui que a EO 13514 constitui um dos mais ambiciosos esforços atuais para aplicar o conceito de sustentabilidade na política nacional dos EUA. Através do impulso à integração de indicadores ambientais, energia e transporte, a EO combina em uma estratégia os elementos centrais da sustentabilidade. A EO como um todo é um estímulo à aplicação do conceito de sustentabilidade, um modelo para a sociedade americana. O desafio é torná-lo um modelo de longo prazo.

No que diz respeito às compras públicas, a *Executive Order* 1310 lançada pelo Presidente Clinton em 1998, previa, por exemplo, o estímulo a compras de produtos recicláveis em licitações públicas.[73] As licitações públicas há muito vêm sendo usada nos EUA para estimular a compra de produtos recicláveis pelo governo.[74] As licitações sustentáveis nos

---

70. FIORINO, D. *Implementing sustainability in Federal Agencies: an early assessment of President Obama's Executive Order 13514*. Disponível em: [www.businessofgovernment.org/report/implementing-sustainability-federal-agencies-early-assessment-president-obama%E2%80%99s-executive-ord]. Acesso em: 09.04.2014.

71. FERREIRA, M. A. S. de O. Apontamentos sobre a Gestão Socioambiental na Administração Pública Brasileira. In: BLIACHERIS, M. W.; FERREIRA, M. A. S. de O. *Sustentabilidade na Administração Pública*: valores e práticas de gestão socioambiental. Belo Horizonte: Fórum, 2012.

72. FIORINO, D. *Implementing sustainability in Federal Agencies: an early assessment of President Obama's Executive Order 13514*. Disponível em: [www.businessofgovernment.org/report/implementing-sustainability-federal-agencies-early-assessment-president-obama%E2%80%99s-executive-ord]. Acesso em: 09.04.2014.

73. EO 13101, Setembro, 1998, Part 6, Sec. 601, (b). Disponível em: [http://web.ornl.gov/adm/ornlp2/eo13101.htm]. Acesso em: 09.04.2014.

74. RUSSO, S. C. *Permitting and Reviews Under "Little Nepas"*. The American Law Institute Continuing Legal Education, SU026 ALI-ABA 409, 411, Feb. 2013.

EUA, como se depreende da análise da EO 13514, tem papel central na estruturação da gestão pública socioambiental. Muitas das ações previstas por essa EO dizem respeito às licitações sustentáveis ou serão operacionalizadas através dela.

No tema das licitações sustentáveis, ressalte-se que a União Europeia tem uma abrangente política nesse sentido[75], incentivando os países integrantes a adotarem legislação que regulamentem as licitações sustentáveis. Na União Europeia são consideradas duas abordagens, uma em licitações públicas verdes e a outra como licitações públicas sustentáveis.

A diferença entre duas abordagens de licitações ambientais na União Europeia ocorre porque alguns países adotam uma política de contratações públicas enfocando o aspecto ambiental, menor impacto ambiental dos bens e serviços; enquanto outros incluem nos critérios das compras públicas os três pilares da sustentabilidade, o social, o econômico e o ambiental, considerando o equilíbrio dessas variáveis a fim de decidir acerca das contratações. Como critérios sociais salienta-se o cumprimento dos direitos trabalhistas e sociais, a inclusão de pessoas com necessidades especiais, ética de comércio e outros aspectos de responsabilidade social em geral.

As regras de licitação da União Europeia procuram o menor preço ou a oferta mais economicamente vantajosa. Entretanto, esta vantajosidade econômica é calculada com base no ciclo de vida do produto, obra ou serviço e não somente no preço imediato da compra. Isto inclui considerar o uso, a manutenção e a disposição final do produto, serviço ou obra. A União Europeia também orienta os países integrantes a respeito de critérios específicos de sustentabilidade, a exemplo da economia de água e de energia.

O diálogo com o mercado antes da licitação é estimulado. Este diálogo permite que autoridade pública tome conhecimento de soluções inovadoras que ela poderia não estar atenta antes e também permitir aos produtores conhecerem antecipadamente os critérios de sustentabilidade exigidos pela Administração Pública para as contratações. Esse conhecimento prévio pelos produtores possibilita a adequação do mercado a esses novos critérios, bem como a redução dos preços pelo estímulo à competição entre vários fornecedores.

A Organização das Nações Unidas também está investindo em licitações sustentáveis. A ONU desenvolveu um guia detalhado sobre licitações sustentáveis, chamado "Comprando para um Mundo Melhor" (*Buying for a Better World*)[76]. Esse guia engloba os aspectos ambiental, social e econômico da sustentabilidade. "Comprando para um Mundo Melhor" orienta os escritórios da ONU em vários países a comprar produtos considerando o seu impacto ambiental, o cumprimento das leis trabalhistas e de direitos humanos pelo fornecedor. A ONU entende que dessa maneira está apoiando também as iniciativas dos países onde se encontram as suas agências, cujos governos iniciaram programas de licitações sustentáveis, a exemplo do Brasil.

Na definição da ONU, as licitações sustentáveis "compreendem e integram o tripé ambiental, econômico e social, nomeadamente por buscarem a eficiência no uso dos

---

75. EUROPA. União Europeia. *Green Public Procurement*. Disponível em: [http://ec.europa.eu/environment/gpp/versus_en.htm]. Acesso em: 09.04.2014.
76. EUROPA. União Europeia. *Greening the Blue*. Disponível em: [www.greeningtheblue.org/sites/default/files/BFABW_Final_web_1.pdf]. Acesso em: 09.04.2014.

recursos naturais, a melhoria e a qualidade dos produtos e serviços, o que significa em última análise a otimização dos custos." A ONU também define em seu manual cada um desses fatores envolvidos nas licitações sustentáveis, nos seguintes termos:

> Os fatores econômicos incluem o custo dos produtos e serviços durante todo o seu ciclo de vida, aquisição, manutenção, operação e descarte.
>
> Os fatores social e trabalhista incluem o reconhecimento da igualdade e diversidade, a observância dos padrões trabalhistas primordiais, assegurar condições de trabalho justo, crescimento do emprego e desenvolvimento das habilidades, desenvolvimento das comunidades locais e sua infraestrutura física.
>
> Os fatores ambientais que incluem uso dos recursos naturais, escassez da água, emissões de gases, mudanças climáticas e biodiversidade por todo ciclo de vida do produto.[77]

Esse programa de licitações sustentáveis das Nações Unidas está ligado ao programa de gestão interna sustentável da ONU, anunciado pelo Secretário-geral Ban Ki-moon, em 05 de junho de 2007, que visa tornar suas agências e sedes em todo mundo "carbono neutro" e "ambientalmente sustentáveis", tornando-se modelos de eficiência no uso da energia e dos recursos naturais e de práticas que eliminam o desperdício, em seus prédios, nas suas sedes, através de sua gestão interna.[78]

7. Conclusão

A gestão pública socioambiental representa um novo modelo de gestão pública necessário ao enfrentamento dos desafios ambientais da atualidade, onde o Estado e a Administração Pública assumem um papel de protagonismo. Nesse papel de liderança, o Estado precisa, então, aperfeiçoar a sua gestão e ter a ousadia de inovar em aspectos até hoje de difícil implementação.

Um aspecto crucial dessa nova gestão pública, da gestão pública socioambiental, é a capacidade de fazer atuar e interagir dois modelos de gestão: o tradicional, baseado na hierarquia, e outro mais descentralizado com a participação de todos os escalões, desde a mais alta hierarquia até o envolvimento de todos os servidores.

Outro desafio, vinculado à necessidade de participação, diz respeito ao fortalecimento de ações de educação ambiental, que demonstrem, claramente e de modo acessível, o vínculo existente entre os problemas ambientais atuais e as práticas a serem implementadas pela gestão pública socioambiental.

A educação ambiental possibilitará que os servidores sejam agentes multiplicadores do programa, não apenas no serviço público, mas também de modo a envolver a sociedade, o mercado, ao demandar e dar o exemplo de novas práticas de produção e consumo com menor impacto socioambiental.

Aperfeiçoamento aos programas de gestão pública socioambiental e à legislação podem ser sugeridos, especialmente no sentido de um maior detalhamento das normas. Esse detalhamento pode vir, por exemplo, no sentido de cumprimento de metas para as

---

77. EUROPA. União Europeia. *Greening the Blue*. Disponível em: [www.greeningtheblue.org/sites/default/files/BFABW_Final_web_1.pdf]. Acesso em 09.04.2014.
78. EUROPA. União Europeia. *Greening the Blue*. Disponível em: [www.greeningtheblue.org/sites/default/files/BFABW_Final_web_1.pdf]. Acesso em 09.04.2014.

licitações sustentáveis; de um maior envolvimento com a problemática das mudanças climáticas, pelo estabelecimento de critérios de medição e monitoramento das emissões de gases de efeito estufa pelos órgãos públicos; por determinações acerca da educação ambiental e a respeito de um modelo de gestão com maior descentralização; além da necessária integração entre os vários eixos temáticos de gestão pública socioambiental.

Entretanto, é necessário concluirmos este estudo ressaltando que hoje o problema não se trata de falta de leis ou normas infralegais para dar o necessário suporte jurídico à gestão pública socioambiental. O maior desafio que se impõe está no efetivo cumprimento das normas existentes, como sói acontecer em vários temas do direito ambiental. Porém, não podemos descartar que outras leis e normas infralegais podem vir e são necessárias exatamente para aperfeiçoar as existentes, assim como para promover o seu cumprimento.

Porém, depois de expormos acerca da importância e dos muitos avanços obtidos na área da gestão pública socioambiental no Brasil, tanto na seara jurídica, como na administrativa, não podemos nos esquecer de fazer uma menção especial àqueles servidores que, parafraseando Rachel Carson, de modo pioneiro no Brasil vêm assumindo a luta contra o desperdício e a agressão à natureza e estão enfrentando milhares de pequenas batalhas, que no final darão a vitória à eficiência e ao cuidado com o planeta na Administração Pública.[79]

---

79. Texto parafraseado retirado do livro: CARSON, R. *Silent Spring*. New York: Mariner Books, 2002. Anteriormente incluído como dedicatória no livro: BLIACHERIS, M. W.; FERREIRA, M. A. S. de O. *Sustentabilidade na Administração Pública:* valores e práticas de gestão socioambiental. Belo Horizonte: Fórum, 2012.

A TRIBUTAÇÃO AMBIENTAL NO BRASIL

Terence Trennepohl[1]

Sumário: 1. Prólogo dos tributos ambientais no Brasil e o "ICMS Ecológico". 2. Os incentivos fiscais no Direito Ambiental: alguns exemplos já praticados. 3. A possibilidade de associação das políticas públicas tributárias de incentivo ao meio ambiente equilibrado. Bibliografia.

1. Prólogo dos tributos ambientais no Brasil e o "ICMS Ecológico"

A existência dos *green taxes, ecotaxation*, ou tributos ambientais, representa o mote deste capítulo.

Na verdade, em termos ambientais, os tributos orientam a decisão política, econômica e empresarial, de modo a tornar a opção ecologicamente mais correta e adequada.[2] São instrumentos econômicos colocados à disposição do Estado para regular, controlar e guiar a atividade empresarial[3], antes caracterizada pelo binômio *custo/benefício* e, que agora, passa a se evidenciar pelo trinômio *custo/benefício/meio ambiente*. Enfim, a natureza deixa de ser um bem livre e passa a ser discutida na economia.

Na verdade, o Estado é o grande protagonista do séc. XX, tendo começado liberal, com funções mínimas, em uma era de afirmação de direitos políticos e individuais; tendo passado a social, assumindo encargos na superação das desigualdades e promovendo direitos sociais; chegando a neoliberal, concentrando poder regulatório, abdicando da intervenção direta, em um movimento de desjuridicização de determinadas conquistas sociais.[4]

Todos esses movimentos passaram pela criação e gestão dos tributos.

No Brasil, por exemplo, há tempos já é comum o emprego da extrafiscalidade do ICMS na preservação do meio ambiente.[5]

---

1. Pós-Doutor pela Universidade de Harvard. Mestre e Doutor pela Universidade Federal de Pernambuco. *Visiting Professor* do LLM in Energy Law da Queen Mary University of London desde 2013. Advogado em São Paulo.
2. FERRAZ, Roberto. Tributação e meio ambiente: o green tax no Brasil (a contribuição de intervenção da Emenda 33/2001). Revista de Direito Ambiental, São Paulo, v. 31, ano 8, p. 167, jul.-set. 2003.
3. NUSDEO, Ana Maria de Oliveira. *Direito Ambiental e Economia*. Curitiba: Juruá, 2018, p. 104.
4. BARROSO, Luís Roberto. *Curso de Direito Constitucional Contemporâneo*. 6. ed. São Paulo: Saraiva, 2017, p. 85.
5. No início da década de 1990 já se discutia a necessidade de alteração do critério de distribuição da receita do ICMS. Cf. MARTINS, Ives Gandra da Silva. *Direito Constitucional Interpretado*. São Paulo: Revista dos Tribunais, 1992. p. 190.

Após a arrecadação do imposto, aos municípios que atenderem os requisitos legais de defesa ambiental será destinada uma parcela da distribuição de receitas.[6]

A Constituição Federal dispõe que 75% da arrecadação do ICMS seja destinada ao Estado para a sua manutenção e investimentos, e 25% seja distribuída aos municípios (art. 158, IV).

De acordo com a legislação estadual de regência, muitos Estados brasileiros vêm destinando essa parcela aos Municípios que tenham manifestado preocupação com as questões ambientais.

O surgimento dessa figura se deu no Paraná no ano de 1990, em sua Constituição Estadual (art. 132), sendo posteriormente regulada pela Lei Complementar 59/1991, conhecida como "Lei do ICMS Ecológico".

Era dito que 5% do total repassado do Estado para os municípios seriam destinados àqueles pelo seguinte critério: 50% aos que possuíssem unidades de conservação e 50% àqueles com mananciais de abastecimento.

O Estado de Minas Gerais também o fez, por meio da Lei Estadual 12.040/1995, bem como Mato Grosso do Sul, que já dispunha de previsão em sua Constituição Estadual (art. 153, parágrafo único, II) e regulamentou com a Lei Complementar 57/1991.[7]

No entanto, uma grande dificuldade da legislação sempre foi a adoção de uma sistematização legislativa, da instituição de tributos com caráter ambiental e de mecanismos de arrecadação e controle eficazes.

Isso é facilmente visto quando analisamos os instrumentos econômicos ambientais de intervenção.

Podemos mencionar três mecanismos de proteção ambiental utilizados pelo Estado: a) as sanções penais; b) as medidas administrativas; e c) os instrumentos econômicos.

Parece-nos que o primeiro deles está em decadência, pois os elementos de que o Estado dispõe para aplicação de sanções encontram resistência nos novos paradigmas jurídicos da modernidade, no sentido da composição penal, muitas vezes resultando no esvaziamento da legislação de punição aos crimes ambientais, como a Lei dos Crimes Ambientais (Lei 9.605/1998), principalmente devido ao redirecionamento das penas para a figura da pessoa jurídica, o que implica, no mais das vezes, somente na aplicação de penalidades administrativas.[8]

O segundo deles, as medidas administrativas, são geralmente representadas pela repressão e pelas práticas de cunho ordenatório.

Já os instrumentos econômicos influenciam na decisão do negócio, mais especificamente nos preços de bens e serviços, tornando mais atraente a opção ecologicamente mais desejável.[9]

---

6. TUPIASSU, Lise Vieira da Costa. *Tributação Ambiental*: A Utilização de Instrumentos Econômicos e Fiscais na Implementação do Direito ao Meio Ambiente Saudável. Rio de Janeiro: Renovar, 2006. p. 193.
7. ZEOLA, Senize Freire Chacha. ICMS – Instrumento de proteção e conservação do meio ambiente. *Revista de Direito Ambiental*, São Paulo, v. 30, ano 8, p. 187, abr.-jun. 2003.
8. MORAES, Márcia Elayne Berbich de. *A (In)Eficiência do Direito Penal Moderno para a Tutela do Meio Ambiente na Sociedade de Risco (Lei 9.605/98)*. Rio de Janeiro: Lumen Juris, 2004. p. 195.
9. ROSENBLATT, Paulo. Limitações constitucionais à instituição de contribuição de intervenção ambiental. *Revista de Direito Ambiental*, São Paulo, v. 36, ano 9, p. 169, out-dez. 2004.

Afinal, o Estado exerce o papel de agente normativo e regulador da atividade econômica, fiscalizando, incentivando e planejando, com orientação normativa determinante para o setor público e indicativa para o setor privado, nos termos do art. 174, *caput*, da Constituição Federal.[10]

Sobre esse assunto, confira-se recente Declaração de Direitos de Liberdade Econômica, Lei n. 13.874/19, que estabelece normas de proteção à livre iniciativa e ao livre exercício de atividade econômica e traz disposições sobre a atuação do Estado como agente normativo e regulador.

O direcionamento desse capítulo é no sentido dos incentivos fiscais, por razões de ordem prática, pois envolve prevenção, precaução, melhor fiscalização e facilidade de opção aos contribuintes, sujeitos passivos do tributo e potenciais poluidores.

Sem dúvida alguma, o tributo aparece como uma forma altamente eficaz no sentido da preservação ambiental, pois proporciona ao Estado recursos para agir, por meio da tributação fiscal, bem como estimula condutas não poluidoras e ambientalmente corretas.[11]

No entanto, o objetivo aqui proposto, além de tratar da prevenção e da precaução, medidas que antecedem qualquer evento danoso, é aquele que diz respeito a incentivos fiscais e incremento de políticas de subvenção e desoneração tributárias.

O contrário geraria acréscimos à já tão elevada carga tributária nacional.

Preferimos, portanto, a proposta de incentivos.

2. Os incentivos fiscais no Direito Ambiental: alguns exemplos já praticados

A adoção de medidas interventivas serve para implementação de políticas públicas ambientais, não somente como forma de gerar receitas, arrecadando tributos, mas, principalmente, como instrumento para a promoção de condutas ambientalmente desejáveis[12].

Atualmente, inúmeros são os autores que defendem a instituição de políticas fiscais premiais no Direito Ambiental, desde a definição de um prêmio como sanção, popularizado pelos estudos de Bobbio.[13]

Constatou-se a adequação de uma série de instrumentos, em todos os níveis federativos, voltados às finalidades ambientais, consagrando a aceitação da doutrina com o uso dos tributos com matizes ambientais e, mais importante, seu intento extrafiscal por meio dos benefícios ambientais.[14]

Portanto, as políticas ambientais passaram a ter nos tributos mais um elemento para buscar um equilíbrio entre os custos da poluição e os custos de seu controle.

---

10. GRAU, Eros Roberto. *A ordem econômica na Constituição de 1988*: (interpretação e crítica). 19. ed. São Paulo: Malheiros, 2018, p. 298.
11. OLIVEIRA, José Marcos Domingues de. *Direito Tributário e Meio Ambiente*. Rio de Janeiro: Renovar, 1995. p. 26.
12. NUSDEO, Ana Maria de Oliveira. *Pagamento por serviços ambientais*: sustentabilidade e disciplina jurídica. São Paulo: Atlas, 2012. p. 89.
13. BOBBIO, Norberto. Da estrutura à função. Novos estudos de teoria do direito. São Paulo, Manole, 2007.
14. LIMA NETO, Manoel Cavalcante de. Tributação Ambiental: um enfoque da utilização dos tributos na política ambiental do Brasil. *Revista do Ministério Público de Alagoas*, n. 6, p. 85-118, jul.-dez. 2001.

O Estado, seja pela imposição de tributos, seja pela concessão de subsídios, pode incrementar as políticas públicas de preservação ambiental.

Essa prática surgiu na Europa, em meados da década de 1980 e ganhou novos contornos entre 1989 e 1994, quando foi incorporada à legislação de diversos países, como França, Itália e outros, além dos Estados Unidos.[15]

No Brasil, a tributação ambiental ganhou força, principalmente quando vista pela lente dos incentivos, pois quase todos os tributos podem ser utilizados com essa conotação de sanção positiva, premial.

Entretanto, a maioria desses instrumentos ambientais tributários depende de iniciativas legislativas municipais e estaduais, notadamente na mobilização de parlamentares e autoridades executivas, além da sociedade civil, de forma a tornar a discussão participativa e democrática, sob pena de esvaziar o conteúdo deste novo filão tributário.[16]

Alguns exemplos de incentivos fiscais são elucidativos.

Nos impostos de competência da União, entre eles o Imposto de Renda – IR, por meio da Lei 5.106/1966, inicialmente as pessoas físicas eram autorizadas a abater de suas declarações de rendimentos o que fosse empregado em florestamento e reflorestamento; e as pessoas jurídicas poderiam descontar 50% do valor do imposto também naquilo que fosse aplicado nessas atividades.[17]

No caso do Imposto sobre Produtos Industrializados – IPI, o Decreto Federal 755/1993 (revogado pelo Decreto n° 2.092 de 1996) estabeleceu alíquotas diferenciadas para veículos movidos a gasolina e a álcool. Muito embora a intenção tenha sido incentivar a produção de álcool visando à diminuição da importação de petróleo, houve uma diminuição nos níveis de poluição atmosférica nas grandes cidades.

A MP 75/2002, não convertida em lei, também previu a concessão de crédito-prêmio às empresas que adquirissem resíduos plásticos.[18]

Com o Imposto Territorial Rural – ITR, e o uso das figuras das áreas de reserva legal, de preservação permanente, de Reservas Particulares do Patrimônio Natural – RPPN's, e das áreas de servidão florestal, termos tomados de empréstimo do próprio Direito Ambiental, não foi muito diferente, pois a Lei 9.393/96 isentou essas áreas da cobrança do imposto.[19]

---

15. CUNHA, Paulo. A Globalização, a Sociedade de Risco, a Dimensão Preventiva do Direito e o Ambiente. In: FERREIRA, Heline Sivini; LEITE, José Rubens Morato (Orgs.). *Estado de Direito Ambiental: Tendências. Aspectos Constitucionais e Diagnósticos*. Rio de Janeiro: Forense Universitária, 2004. p. 140.

16. ROCCO, Rogério. Dos instrumentos tributários para a sustentabilidade das cidades. In: ROCCO, Rogério; COUTINHO, Ronaldo (Orgs.). *O Direito Ambiental das Cidades*. Rio de Janeiro: DP&A, 2004. p. 296.

17. ARAÚJO, Cláudia Campos de et al. *Meio Ambiente e Sistema Tributário* – Novas Perspectivas. São Paulo: SENAC São Paulo, 2003. p. 36.

18. No primeiro caso, é nítido que a legislação em comento não tinha como maior preocupação o meio ambiente, mas sim a necessidade de equilíbrio econômico na concorrência dos carros a álcool com os movidos a gasolina. Porém, o incentivo empregado foi uma iniciativa extrafiscal do Estado que, intervindo na economia, tentou dirigir as condutas no sentido da aquisição de determinados bens em detrimento de outros.

19. O Superior Tribunal de Justiça já teve oportunidade de se manifestar em diversas oportunidades, com argumentos que se acostam ao aresto a seguir:

Os impostos de importação e exportação – II e IE, principalmente através da variação das alíquotas, também servem como eficazes instrumentos de política ambiental, se observada a preferência por produtos ambientalmente recomendados nas transações comerciais.[20]

Com os Estados se dá o mesmo.

Anteriormente já foi mencionado o "ICMS Ecológico"; porém esse não é o único tributo passível de utilização ambiental pelo Estado.

Também é viável o emprego do Imposto sobre Propriedade de Veículos Automotores – IPVA, na atividade ambiental.

Para citar um caso específico, no Estado do Rio de Janeiro, por meio da Lei 948/1985, os valores do IPVA foram diferenciados para carros a gasolina e a álcool, bem como àqueles destinados à coleta de lixo e limpeza urbana.[21]

Posteriormente, houve o desconto de 75% no imposto para os carros com equipamento de gás natural.[22]

Além disso, o Imposto sobre Transmissão *Causa Mortis* e Doação de Quaisquer Bens ou Direitos – ITBI pode ter serventia relacionada àqueles imóveis considerados como

---

"Processual Civil. Tributário. ITR. Área de preservação permanente. Exclusão. Desnecessidade de ato declaratório do IBAMA. MP 2.166-67/2001. Aplicação do art. 106, do CTN. Retrooperância da *lex mitior*.

1. Recorrente autuada pelo fato objetivo de ter excluído da base de cálculo do ITR área de preservação permanente, sem prévio ato declaratório do IBAMA, consoante autorização da norma interpretativa de eficácia *ex tunc* consistente na Lei 9.393/96.

2. A MP 2.166-67, de 24 de agosto de 2001, ao inserir § 7º ao art. 10, da Lei 9.393/96, dispensando a apresentação, pelo contribuinte, de ato declaratório do IBAMA, com a finalidade de excluir da base de cálculo do ITR as áreas de preservação permanente e de reserva legal, é de cunho interpretativo, podendo, de acordo com o permissivo do art. 106, I, do CTN, aplicar-se a fator pretérito, pelo que indevido o lançamento complementar, ressalvada a possibilidade da Administração demonstrar a falta de veracidade da declaração contribuinte.

3. Consectariamente, forçoso concluir que a MP 2.166-67, de 24 de agosto de 2001, que dispôs sobre a exclusão do ITR incidente sobre as áreas de preservação permanente e de reserva legal, consoante § 7º, do art. 10, da Lei 9.393/96, veicula regra mais benéfica ao contribuinte, devendo retroagir, a teor disposto nos incisos do art. 106, do CTN, porquanto referido diploma autoriza a retrooperância da *lex mitior*.

4. Recurso especial improvido" (REsp 587.429/AL, Rel. Min. Luiz Fux, publicado no *DJ* 02.08.2004, p. 323, in RJAdcoas, v. 60, p. 54; *RNDJ*, v. 58, p. 140).

20. NUNES, Cleucio Santos. *Direito Tributário e Meio Ambiente*. São Paulo: Dialética, 2005. p. 164.
21. Cf. jurisprudência do próprio Tribunal de Justiça do Rio de Janeiro:
"IPVA. Isenção do pagamento do imposto. COMLURB. Lei Estadual 948, de 1985. Lei estadual 1241, de 1987.
A Comlurb goza da isenção do IPVA relativamente à frota de veículos empregada na prestação do serviço público de coleta de lixo e limpeza urbana, nos termos do art. 3º, inc. VII, da Lei Estadual 948/85, na redação oriunda da Lei Estadual 1241/87" (Dês. Laerson Mauro, j. 19.8.1997, 8ª Câmara Cível, Ap. Cív. 1997.001.02393).
22. ROCCO, Rogério. Dos instrumentos tributários para a sustentabilidade das cidades. In: ROCCO, Rogério e COUTINHO, Ronaldo (Orgs.). *O Direito Ambiental das Cidades*. Rio de Janeiro: DP&A, 2004. p. 271.

produtivos ou de interesse ambiental, incluindo os patrimônios tidos como históricos ou culturais, e ter suas alíquotas e/ou base de cálculos variáveis conforme sua importância.[23]

Há mais.

Os Municípios podem se valer do uso ambiental do Imposto Predial Territorial Urbano – IPTU, dada sua progressividade no tempo e seu uso de acordo com a função social da propriedade.

O próprio Estatuto da Cidade, Lei 10.257/2001, em seu art. 7º, *caput*, fixou a progressividade como instrumento de política urbana.

Por fim, o Imposto Sobre Serviços – ISS, e as diversas formas de se estimular as empreitadas na área ambiental com a redução de ônus e a concessão de incentivos.

O mesmo pode ser realizado com as taxas e contribuições de melhoria, dependendo da atividade a ser tributada.

Para se alinhar às finalidades do Direito Ambiental, as taxas que têm serventia podem ser de serviço, com a colocação ou disposição de serviços públicos de natureza ambiental, e taxas de polícia, aplicadas no exercício de fiscalização e controle de atividades que exijam licenciamento ambiental.[24]

Alguns exemplos de taxas precisam ser vistos, ainda que a *vol d'oiseau*, principalmente porque não representam desoneração, mas encargo. Tome-se como exemplo uma taxa da competência de cada ente federativo.

A TCFA (Taxa de Controle e Fiscalização Ambiental) instituída pela Lei 10.165/2000, de competência federal[25]; a TPA (Taxa de Preservação Ambiental) instituída pela

---

23. NUNES, Cleucio Santos. *Direito Tributário e Meio Ambiente*. São Paulo: Dialética, 2005. p. 164.
24. COSTA, Regina Helena. Tributação Ambiental. In: FREITAS, Vladimir Passos de (Org.). *Direito Ambiental em Evolução*. Curitiba: Juruá, 2002. p. 306. Também, nesse sentido, CARRAZZA, Roque Antonio. *Curso de Direito Constitucional Tributário*. 13. ed. São Paulo: Malheiros, 1999. p. 348.
25. O Superior Tribunal de Justiça também já vem formando pensamento no sentido da possibilidade da cobrança da taxa: "Tributário e Processual Civil. Recurso especial. TCFA – taxa de controle e fiscalização **ambiental**. Leis 10.165/2000, art. 1º, e 6.938/81. Cobrança pelo IBAMA. Possibilidade. Exercício regular do poder de polícia. Adequada fundamentação do acórdão recorrido. Inocorrência de violação ao art. 535 do CPC. Competência do STF para exame de ofensa a dispositivos constitucionais. 1. Trata-se de recurso especial interposto por empresas (postos) revendedores de combustível, objetivando 'declarar a inexistência de relação jurídica tributária que obrigue os apelantes ao recolhimento da TCFA e o seu cadastramento junto ao IBAMA, devolvendo-se as quantias depositadas judicialmente pelos apelantes a esse título (...)'. O apelo, em síntese, alega que o acórdão impugnado violou dispositivos legais e constitucionais, vez que a norma que autoriza a cobrança da **taxa** em referência (Lei 10.165, de 27/10/2000), ao conferir nova redação ao art. 17-B da Lei 6.938, de 31/08/1981, reproduziu a **Taxa** de Fiscalização **ambiental**, criada pela Lei 9.960/2000, cuja exigibilidade foi suspensa pelo Supremo Tribunal Federal (ADIN 2.178-8/DF). 2. Não se verifica o apontado óbice legal, uma vez que a Lei 10.165/2000, ao conferir nova redação à Lei 6.938/81, autorizou de modo expresso, direto e induvidoso o múnus público exercitado pelo IBAMA: 'Art. 17-B. Fica instituída a **Taxa** de Controle e Fiscalização **Ambiental** – TCFA, cujo fato gerador é o exercício regular do poder de polícia conferido ao Instituto Brasileiro do Meio Ambiente e dos Recursos Naturais Renováveis – Ibama para controle e fiscalização das atividades potencialmente poluidoras e utilizadoras de recursos naturais' (Lei 10.165/2000, art. 1º). 3. Adequadamente fundamentado o acórdão e enfrentadas as questões indispensáveis à solução da lide, não se reconhece violação dos

Lei 10.430/89 e modificada pela Lei 11.305/95, do Estado de Pernambuco, para o arquipélago de Fernando de Noronha; e a TRSD (Taxa de Resíduos Sólidos Domiciliares), instituída pela Lei Municipal 13.478/2002, do Município de São Paulo, são exemplos de tributação ambiental positiva.[26]

Com as contribuições sociais se dá o mesmo.

Tanto Heleno Torres quanto Cleucio Santos Nunes entendem que as contribuições são, por natureza, as melhores espécies tributárias a comportar a essência ambiental em seu interior.[27]

A razão desse entendimento encontra guarida na destinação, ou finalidade das contribuições, e na ação social de intervenção no domínio econômico, que as caracterizam.

Exemplo elucidativo é a Lei 9.433/97, que dispõe sobre a Política Nacional dos Recursos Hídricos, e previu uma típica contribuição de intervenção no domínio econômico para outorga de direitos de uso desses recursos.[28]

Essa previsão de cobrança pelo uso da água somente tomou corpo com a edição da Lei 9.433/97, muito embora estivesse prevista, esparsamente, em diplomas legais mais antigos, como o próprio Código das Águas e a Lei 6.938/1981.[29]

---

arts. 458, II, e 535 do CPC.4. A via processual do recurso especial não autoriza a alegação de ofensa a dispositivos constitucionais, cujo julgamento compete ao Supremo Tribunal Federal. 5. Recurso especial conhecido em parte, e, nessa, desprovido" (REsp 695.368/RJ, Rel. Min. José Delgado, publicado no *DJ* 11.4.2005, p. 203).

26. Merece destaque, entre a vasta obra de José Souto Maior Borges, um parecer sobre a Taxa Florestal, requisitado pelo Instituto Estadual de Florestas de Minas Gerais, fundada na Lei Estadual 2.606/1962, onde o autor noticia aspectos da hipótese de incidência e da base de cálculo, e repudia a gratificação de estímulo à produção individual, atribuída ao Técnico de Tributação. Além da análise sobre a natureza e os elementos da taxa, percebe-se no trabalho os mesmos vícios nos quais incorre o Poder Público atualmente, ao instituir o tributo vinculado. Cf. BORGES, José Souto Maior. Parecer sobre aspectos diversos da taxa florestal. *Vox Legis*, v. 134, p. 63-104, fev. 1980.

27. TORRES, Heleno Taveira (Org.). Da relação entre competências constitucionais tributária e ambiental – os limites dos chamados "tributos ambientais". In: *Direito Tributário Ambiental*. São Paulo: Malheiros, 2005. p. 149; NUNES, Cleucio Santos. *Direito Tributário e Meio Ambiente*. São Paulo: Dialética, 2005. p. 154.

28. A Lei 9.433/97, que institui a Política Nacional dos Recursos Hídricos, em seu art. 12, estabelece estar "sujeitos a outorga pelo Poder Público os direitos dos seguintes usos de recursos hídricos: I – derivação ou captação de parcela da água existente em um corpo de água para consumo final, inclusive abastecimento público, ou insumo de processo produtivo; II – extração de água de aqüífero subterrâneo para consumo final ou insumo de processo produtivo; III – lançamento em corpo de água de esgotos e demais resíduos líquidos ou gasosos, tratados ou não, com o fim de sua diluição, transporte ou disposição final; IV – aproveitamento dos potenciais hidrelétricos; V – outros usos que alterem o regime, a quantidade ou a qualidade da água existente em um corpo de água" (...).
Versando também a cobrança pelo uso da água, o art. 19 da mesma lei: "(...) I – reconhecer a água como bem econômico e dar ao usuário uma indicação de seu real valor; II – incentivar a racionalização do uso da água; III – obter recursos financeiros para o financiamento dos programas e intervenções contemplados nos planos de recursos hídricos".

29. DANTAS, Fabiana Santos. Gerenciamento de Recursos Hídricos: Uma Análise Crítica da Lei 9.433/97. In: KRELL, Andreas J. (Org.) *Aplicação do Direito Ambiental no Estado Federativo*. Rio de Janeiro: Lumen Juris, 2005. p. 308.

Assim também a Lei 10.336/2001, que criou a contribuição de intervenção no domínio econômico (CIDE) sobre a importação e a comercialização de petróleo e seus derivados, gás natural e seus derivados e álcool etílico combustível (art. 1º, § 1º, II), pois a EC 33/2001 inseriu ao art. 177, da Constituição, o § 4º, que, em seu inciso II, determina que os recursos arrecadados com a CIDE serão destinados ao financiamento de projetos ambientais relacionados com a indústria do petróleo e do gás.

Cabe mencionar ainda a Lei 11.116/2005, que regulou, junto à Secretaria da Receita Federal, o registro do produtor ou importador de biodiesel e versa os diferentes coeficientes de redução de alíquotas das Contribuições para o PIS/Pasep e para a COFINS, em razão da matéria-prima, do produtor e da região de produção, bem como os créditos relativos aos pagamentos efetuados em razão da importação de biodiesel.[30]

Inúmeros outros exemplos poderiam ser citados e comentados, porém, o ponto mais importante é demonstrar a possibilidade de realização do incremento de políticas públicas de incentivo fiscal, voltadas à preservação ambiental, com a consequente desoneração do contribuinte, tanto pessoas físicas quanto jurídicas.

As conclusões darão conta das possibilidades franqueadas ao administrador público de intentar práticas tributárias negativas na preservação do meio ambiente.[31]

3. A possibilidade de associação das políticas públicas tributárias de incentivo ao meio ambiente equilibrado

Como considerações finais, pode-se dizer possível a implementação dos incentivos fiscais na proteção do meio ambiente com resultados altamente eficazes.

O desenvolvimento tecnológico e o avanço científico das últimas décadas, na busca desmedida pelo lucro, levou o homem ao limiar de uma crise ambiental, a despeito dos benefícios que foram trazidos pós-Revolução Industrial.

Sustenta-se, inclusive, que chegamos ao momento de uma virada ecológica, uma nova percepção científica.[32]

Os riscos advindos dessa forma de sociedade revelaram um conflito entre o desenvolvimento e a preservação. Com isso, os modelos de sustentabilidade começaram a se revelar insuficientes para conter os abusos da indústria pós-moderna.[33]

Portanto, cabe às normas jurídicas papel de relevante importância no direcionamento de condutas condizentes com um meio ambiente equilibrado e sadio, seja repressivamente, seja preventivamente.

Em suma, penas ou prêmios.

---

30. Conforme art. 5º, § 1º, I, II e III, e art. 8º, da Lei 11.116, de 18.05.2005.
31. FERRAZ, Roberto. Perspectivas da Tributação Ambientalmente Orientada. In: MARTINS, Ives Gandra da Silva; ALTAMIRANO, Alejandro C. (Coords.). *Direito Tributário*. São Paulo: IOB Thomson, 2006. p. 398-399.
32. CAPRA, Fritoj; MATTEI, Ugo. *A Revolução ecojurídica:* o direito sistêmico em sintonia com a natureza e a comunidade. São Paulo: Cultrix, 2018, p. 38.
33. SARLET, Ingo Wolfgang; FENSTERSEIFER, Tiago. *Direito Constitucional Ecológico*. 6. ed. São Paulo: Revista dos Tribunais, 2019, p. 75.

O Direito, principalmente o Ambiental, tem como tarefa realizar o bem comum dentro da comunidade em que se insere.

As tendências modernas apontam mais eficazmente para modelos que prestigiem mais a prevenção e a precaução do que a punição e a reparação. Menos risco, portanto.

É preferível errar a favor do meio ambiente do que correr riscos em prol somente de interesses privados.

As discussões em torno dos atos de degradação ainda são insuficientes e não refletem a real necessidade para o meio ambiente, mas algo já começou a ser feito, com a adoção de novos princípios ambientais, no âmbito da legislação de muitos países.

Como é sabido, dois princípios emergiram nessa nova ordem mundial de preservação, em razão dos problemas ambientais: o da prevenção e o da precaução.

O princípio da prevenção constata as dificuldades da reparação ambiental, quando se sabe o que ocorrerá com o dano, e busca minimizá-lo; já o da precaução, por sua vez, revela-se quando há o perigo do dano, cujos efeitos e resultados ainda são desconhecidos, ou seja, quando há a incerteza das dimensões do risco.[34]

O Estado, na iminência desses casos, age como regulador da atividade econômica, seja fiscalizando, repressivamente, seja prevenindo, *in casu*, valendo-se dos incentivos aqui tratados.

Assim o faz com finalidade determinada e com base jurídica para implementação de políticas públicas governamentais, positivamente (repressões tributárias) ou negativamente (subsídios fiscais).

De todos os mecanismos de proteção mencionados neste capítulo, (i) as sanções penais; (ii) as medidas administrativas; e (iii) os meios econômicos, entendemos que, a longo prazo, os tributos, como elemento econômico, até o momento, aparecem como meio mais eficaz na preservação ambiental quando comparados os exemplos nacionais e internacionais.

Não há como não reconhecer sua viabilidade, e manifesto êxito, no cenário nacional, diante da presença dos exemplos mencionados.

A adoção de medidas tributárias, mormente as de incentivo (isenção, anistia, imunidades, não incidência), serve para implementação de políticas públicas desenvolvimentistas e preservacionistas, concomitantemente.[35]

Os custos da produção têm de estar equilibrados com os de seu controle.

Os exemplos, variados, dão conta da viabilidade da adoção dessas medidas, principalmente diante do Estado regulador.

O mais importante, como dito anteriormente, é a proposição, no âmbito dos três Poderes (Legislativo, Executivo e Judiciário), de soluções que revelem o cabimento desses novos meios de políticas públicas de desenvolvimento, com preponderante viés ambiental.

---

34. SALIBA, Ricardo Berzosa. *Fundamentos do Direito Tributário Ambiental*. São Paulo: Quartier Latin, 2005. p. 233.
35. ELALI, André. *Tributação e Regulação Econômica* – Um Exame da Tributação como Instrumento de Regulação Econômica na Busca da Redução das Desigualdades Regionais. São Paulo: MP, 2007. p. 114.

As bases estão lançadas, primando pelo uso dos incentivos.
Ao futuro caberá a missão de dizer se serão suficientes.

Bibliografia

ARAÚJO, Cláudia Campos de et al. *Meio Ambiente e Sistema Tributário* – Novas Perspectivas. São Paulo: SENAC São Paulo, 2003.

BARROSO, Luís Roberto. *Curso de Direito Constitucional Contemporâneo*. 6. ed. São Paulo: Saraiva, 2017.

BOBBIO, Norberto. *Da estrutura à função. Novos estudos de teoria do direito*. São Paulo, Manole, 2007.

BORGES, José Souto Maior. Parecer sobre aspectos diversos da taxa florestal. *Vox Legis*, v. 134, fev. 1980.

CARRAZZA, Roque Antônio. *Curso de Direito Constitucional Tributário*. 13. ed. São Paulo: Malheiros, 1999.

CAPRA, Fritoj; MATTEI, Ugo. *A Revolução ecojurídica*: o direito sistêmico em sintonia com a natureza e a comunidade. São Paulo: Cultrix, 2018.

COSTA, Regina Helena. *Tributação ambiental*. In: FREITAS, Vladimir Passos de (Org.). *Direito ambiental em evolução*. Curitiba: Juruá, 2002.

CUNHA, Paulo. A globalização, a sociedade de risco, a dimensão preventiva do direito e o ambiente. In: FERREIRA, Heline Sivini; LEITE, José Rubens Morato (Orgs.). *Estado de direito ambiental*: tendências. Aspectos constitucionais e diagnósticos. Rio de Janeiro: Forense Universitária, 2004.

DANTAS, Fabiana Santos. Gerenciamento de recursos hídricos: uma análise crítica da Lei 9.433/97. In: KRELL, Andreas J. (Org.). *Aplicação do direito ambiental no estado federativo*. Rio de Janeiro: Lumen Juris, 2005.

ELALI, André. *Tributação e regulação econômica*: um exame da tributação como instrumento de regulação econômica na busca da redução das desigualdades regionais. São Paulo: MP, 2007.

FERRAZ, Roberto. Perspectivas da tributação ambientalmente orientada. In: MARTINS, Ives Gandra da Silva; ALTAMIRANO, Alejandro C. (Coords.). *Direito tributário*. São Paulo: IOB Thomson, 2006.

FERRAZ, Roberto. Tributação e meio ambiente: o *green tax* no Brasil (a contribuição de intervenção da Emenda 33/2001. *Revista de Direito Ambiental*, São Paulo, v. 31, ano 8, jul.-set. 2003.

GRAU, Eros Roberto. *A ordem econômica na Constituição de 1988*: (interpretação e crítica). 19. ed. São Paulo: Malheiros, 2018.

LIMA NETO, Manoel Cavalcante de. Tributação ambiental: um enfoque da utilização dos tributos na política ambiental do Brasil. *Revista do Ministério Público de Alagoas*, n. 6, jul.-dez. 2001.

MARTINS, Ives Gandra da Silva. *Direito Constitucional Interpretado*. São Paulo: Revista dos Tribunais, 1992.

MORAES, Márcia Elayne Berbich de. *A (In)Eficiência do Direito Penal Moderno para a Tutela do Meio Ambiente na Sociedade de Risco (Lei 9.605/98)*. Rio de Janeiro: Lumen Juris, 2004.

NUNES, Cleucio Santos. *Direito Tributário e Meio Ambiente*. São Paulo: Dialética, 2005.

NUSDEO, Ana Maria de Oliveira. *Direito Ambiental e Economia*. Curitiba: Juruá, 2018.

_____. *Pagamento por serviços ambientais*: sustentabilidade e disciplina jurídica. São Paulo: Atlas, 2012.

OLIVEIRA, José Marcos Domingues de. *Direito Tributário e Meio Ambiente*. Rio de Janeiro: Renovar, 1995.

ROCCO, Rogério. Dos instrumentos tributários para a sustentabilidade das cidades. In: ROCCO, Rogério; COUTINHO, Ronaldo (Orgs.). *O Direito Ambiental das Cidades*. Rio de Janeiro: DP&A, 2004.

ROSENBLATT, Paulo. Limitações constitucionais à instituição de contribuição de intervenção ambiental. *Revista de Direito Ambiental*, São Paulo, v. 36, ano 09, out.-dez. 2004.

SALIBA, Ricardo Berzosa. *Fundamentos do Direito Tributário Ambiental*. São Paulo: Quartier Latin, 2005.

SARLET, Ingo Wolfgang; FENSTERSEIFER, Tiago. *Direito Constitucional Ecológico*. 6. ed. São Paulo: Revista dos Tribunais, 2019.

TORRES, Heleno Taveira (Org.). Da relação entre competências constitucionais tributária e ambiental: os limites dos chamados "tributos ambientais". *Direito tributário ambiental*. São Paulo: Malheiros, 2005.

TUPIASSU, Lise Vieira da Costa. *Tributação Ambiental*: A Utilização de Instrumentos Econômicos e Fiscais na Implementação do Direito ao Meio Ambiente Saudável. Rio de Janeiro: Renovar, 2006.

ZEOLA, Senize Freire Chacha. ICMS – Instrumento de proteção e conservação do meio ambiente. *Revista de Direito Ambiental*, São Paulo, v. 30, ano 8, p. 187, abr.-jun. 2003.

DIREITO AMBIENTAL INTERNACIONAL: O PLANETA, O PLANO DE SALVAÇÃO E A TRANSFORMAÇÃO DO DIREITO

ALESSANDRA CORREIA LIMA MACEDO FRANCA[1]

SUMÁRIO: 1. A revolução ambiental. 2. O direito internacional ambiental nas fontes clássicas e a difícil tarefa de completar-se. 3. Novas fontes, novos sujeitos e as novas relações do direito internacional. Conclusão: o direito ambiental transformador. Referências bibliográficas. Documentos. Jurisprudência.

1. A revolução ambiental

A velha máxima *ubi societas, ibi jus* não se aplica ao direito ambiental. A relação entre homem e natureza foi, por longo tempo na história da humanidade, caracterizada pela harmonia e talvez ignorância, o que faz desse ramo um fenômeno tardio da juridicidade. O direito ambiental nasce na maturidade da modernidade e é reflexo de um tempo em que a relação entre a destruição promovida pelos seres humanos e a capacidade auto restaurativa do planeta começou a se desequilibrar. Henderson explica esse tempo de esgotamento:

> "humankind has occupied Earth for thousands of years but, by the early twenty-first century, the human 'footprint' on this shared world has created unprecedent danger for well over six billion people who wish not only survive but to live well materially (2010, p. 319)."

A destruição jamais vista na Segunda Guerra e o seu desfecho com as bombas atômicas de Hiroshima e Nagasaki foram apenas eventos ilustrativos do novo mundo que se inaugurava e que exigia um plano de salvação. Em alguns lugares, a industrialização e o desenvolvimento já haviam começado a revelar, bem antes, evidências de comprometimento do meio ambiente como consequência negativa de uma rápida aceleração econômica[2], e novas configurações sociojurídicas pareceram repentinamente urgentes.

O despertar para a limitação natural do meio ambiente, conhecido pelo termo *greening*, pode ser compreendido como uma verdadeira revolução ambiental. O fenômeno é marcado inegavelmente pelos elementos próprios dos eventos revolucionários, como aqueles apontados por Thomas Kuhn: "momentos decisivos essenciais do desenvolvimento

---

1. Doutora em Direito Internacional pela Universidade de Genebra. Mestre em Direito pela UFPB. Professora de Direito Internacional e Direito Ambiental na UFPB.
2. Conta-se que, no verão de 1858, o mal cheiro proveniente do Rio Tâmisa em Londres, fruto da feroz urbanização não aliada ao sistema de saneamento, levou os membros do Parlamento à Câmara dos Comuns, no que ficou conhecido como *The Great Stink*, em português, o Grande Fedor! Um dos primeiros sinais de esgotamento ambiental exigindo providências públicas do governo londrino.

científico associado aos nomes de Copérnico, Newton, Lavoisier e Einstein" (p. 25) e, da mesma forma que os demais eventos revolucionários descritos pelo autor:

> "[...] forçou a comunidade a rejeitar a teoria científica anteriormente aceita em favor de uma outra incompatível com aquela. Como consequência, cada um desses episódios produziu uma alteração nos problemas à disposição do escrutínio científico e nos padrões pelos quais a profissão determinava o que deveria ser considerado como um problema ou como uma solução de problema legítimo" (p. 25).

Engatilhada pelos escritos de Rachel Carson de 1962, tidos como as denúncias pioneiras contra as alterações promovidas pelo homem contra a natureza e capazes de silenciar a primavera (2002) que alcançaram eco internacional, a revolução ambiental se universalizou e tem nos forçado a rejeitar, desde então, a presunção teórica da inesgotabilidade ou mesmo da renovabilidade infinita dos recursos naturais e posto a claro problemas que se multiplicam exigindo novas e imperativas soluções, assim como instrumentos inovadores. Alguns episódios são responsáveis por refletir ao mundo a universalidade da revolução ambiental.

Nascido dessa revolução e em face dos novos problemas por ela postos, o Direito Internacional Ambiental é o reflexo da dimensão transfronteiriça ou planetária dos problemas a serem regulados.

Apesar do surgimento do Direito Ambiental ter-se dado no cenário nacional, e de suas primeiras experiências internacionais terem ocorrido nas relações bilaterais, não se pode olvidar que rápida a universalização deste ramo foi também facilitada pela realidade histórica na qual ele vem se construindo e que juntas, circunstâncias fáticas e históricas, acabam por moldar as suas características mais fundamentais. Assim, o Direito Internacional Ambiental, ao transcender a ordem espacial nacional, se beneficia da consolidação do que Carl Schimitt chamou pela primeira vez, em 1939 e sobre o que insiste pelos idos dos anos 1962, de o *Großraum* conforme explica Herrero no estudo preliminar à obra do alemão (p. XVII):

> "Después del fin de la guerra, insiste Schmitt en este concepto. (..). Ahí explica la forma en que –a su juicio– se estructuraría el espacio mundial entonces dividido en dos bloques. Se presentan três possibilidades, de las cuales sólo la tercera parece realista y adecuada. La primera – dirá –, consiste en que uno de los bloques venza al otro y así se pueda lograr la deseada unidad del mundo. La segunda estriba en mantener el mundo dividido en dos, lo cual llevaría probablemente a una tensión agudizada con el progresivo desarollo de los medios técnicos de hacer la guerra. La tercera tiene en cuenta el espacio global del planeta. Se trata de un orden de toda la tierra que ha de nacer de una nueva orientación de los órdenes elementales de la existencia terrena de los hombres, y que, por tanto, no vendrá determinado por las conquistas, sino por el desarollo industrial-científico-técnico. Ese desarollo lleva consigo una idea propia de espacio, a saber, la tendência al gran espacio."

O grande espaço schmittiano, que nos anos 1990 se alicerça na esteira da vaticinada globalização, é onde o Direito Ambiental assume sua dimensão internacional, e onde o desenvolvimento desse novo ramo da juridicidade apresenta algumas etapas que podem ser identificadas a título didático.

Assim, é possível dividir a história do direito ambiental até aqui em três etapas. Na primeira etapa, as normas ambientais aparecem no cenário internacional em face da ameaça de esgotamento dos recursos naturais trazendo como problemática central o conflito de interesses entre a lucratividade e propriedade de investimentos estrangeiros e a ameaça aos recursos naturais locais. Até então, como alerta Bothe (2005, p. 355), a relação negocial entre os investidores estrangeiros e o Estado dos recursos naturais se dava em favor dos primeiros[3], o que vem provocar uma reação natural e prioritária no sentido da salvaguarda refletida na Resolução 1803 (XVII) de 1962 da Assembleia Geral das Nações Unidas, sobre a Soberania permanente sobre os recursos naturais.

Um dos marcos de transição do primeiro ao segundo momento é, em 1967, o afundamento do navio *Torrey Canyon*, cujo vazamento de petróleo se espalhou pela costa da França, Inglaterra e Bélgica e fez surgir uma preocupação ambiental mais acirrada, além da necessidade de regulamentação dos chamados recursos transfronteiriços que desafiava os limites da soberania e exigia uma postura de cooperação mais clara.

Apresenta-se a partir de então um segundo momento histórico, o da convocação pela Assembleia Geral da ONU em 1972, da Conferência de Estocolmo sobre meio ambiente humano que é considerada o marco institucional pioneiro de um direito internacional ambiental e onde se delineia universalmente os primeiros princípios jurídicos internacionais ambientais, constituindo-se, por isso, no ápice da revolução ambiental. A declaração conta com 26 princípios, entre os quais se destacam os Princípios 1, que estabelece um direito humano fundamental ao meio ambiente saudável e o 21, em que a Soberania se relativiza em consequência de um dever de não causar danos. Ainda no mesmo instrumento destaca-se o surgimento de um dever de proteção e prevenção disperso em vários princípios e a presunção de que o desenvolvimento socioeconômico e a sua aceleração levaria a uma melhoria do meio ambiente. No período, também se destaca a criação do Programa das Nações Unidas para o Meio Ambiente (PNUMA-UNEP), e outros elementos paradigmáticos do direito internacional ambiental a partir dos quais novos influxos começam a se desenhar, consolidar e expandir.

Nos 20 anos seguintes, ainda durante o segundo momento da história do D.I.A., a comunidade internacional converge para a adoção de novos instrumentos e, entre vários outros de destacada importância, pode-se apontar o Relatório Brundland, que de forma pioneira analisou as conexões entre meio ambiente e desenvolvimento sob um novo olhar e ofereceu suporte para a reedição do direito internacional ambiental sobre as bases do conceito de desenvolvimento sustentável, que indica a transição para o terceiro momento.

Em 1992, a realização da Conferência das Nações Unidas sobre meio ambiente e desenvolvimento é o marco principal da terceira fase. No evento foram elaborados alguns documentos de máxima importância para o direito internacional ambiental, entre os quais, por seu caráter geral, a Declaração do Rio sobre meio ambiente e desenvolvimento é talvez o documento mais significativo, nela se renova o rol dos princípios internacionais sendo considerada a partir de então o centro de convergência em que se fixam as bases do sistema jurídico ambiental internacional. De Estocolmo ao Rio podemos identificar duas transformações de capital importância, a partir do conceito de desenvolvimento sustentável, a percepção de que nem sempre desenvolvimento e meio ambiente andam de mãos dadas e a valorização de condutas preventivas e, em alguns casos, precaucionárias.

Toda essa história, que continua até os dias atuais com novos desdobramentos, é de construção desse novo ramo do direito internacional, que vai aos poucos alcançando

---

3. O caso da Fábrica de Chorzow, julgado pela Corte Permanente de Justiça Internacional, em que a Alemanha reclama da Polônia ressarcimento em razão da expropriação de uma fábrica sob a administração de empresa Alemã. *Affaire de l'usine de Chorzów, arrêt n. 7, CPJI, 1927.*

autonomia. Quando um novo ramo almeja sua autonomia é preciso que se possa encontrar um conjunto normativo organizado e que funcione como um todo de maneira sistêmica na forma que entende a Comissão de Direito Internacional da ONU:

> "Il peut arriver que toutes les règles et tous les principes qui régissent une certaine matière soient rassemblés pour former un "régime spécial". Des expressions telles que "droit de la mer", "droit humanitaire", "droit des droits de l'homme", "droit de l'environnement" et "droit commercial", etc., désignent certains de ces régimes. Aux fins d'interprétation, de tels régimes peuvent souvent être considérés comme un tout (2006, passim)."

O conjunto normativo internacional ambiental vem sendo assim constituído de forma paulatina, nele convivem os mais variados instrumentos, entre fontes clássicas e outras menos tradicionais, para salvaguardar o planeta terra, nossa casa comum, diante das ameaças de destruição, independente das fronteiras que a política criou para dividir espaços nacionais.

2. O direito internacional ambiental nas fontes clássicas e a difícil tarefa de completar-se

Como ramo do Direito Internacional, o Direito Internacional Ambiental possui como fontes clássicas aquelas que estão arroladas no art. 38 do Estatuto da CIJ: tratados, costumes e princípios. Há ainda, como meios auxiliares, a jurisprudência e a doutrina, enunciados no mesmo dispositivo, que também desempenham algum papel na consolidação normativa.

O direito internacional, como sustenta a doutrina, não estabelece hierarquia formal para a fonte convencional, mas a sua preponderância quantitativa no direito internacional ambiental, em relação às demais fontes clássicas, é inegável. Segundo Fitzmaurice, "it may be noted here that the field of the environment is one in which the striking role of treaties in its formation must be noted" (1994, p. 187). Isso pode se explicar pela tardia evolução desse ramo do direito, num tempo em que a codificação já era um movimento de muitos esforços para, segundo ressalta trabalho técnico das Nações Unidas sobre a CDI, "remediar incertezas do direito internacional costumeiro, preenchendo lacunas e dando um conteúdo mais preciso aos princípios gerais abstratos cujas modalidades de aplicação prática permanecem muito vagas" (2009, p. 1, tradução da autora).

Há registro de tratados ambientais localizados que antecedem a década de 1960, mas a pontualidade dos seus objetivos e a dispersão de suas manifestações, normalmente no âmbito bilateral, não nos permitem identificar naqueles primeiros tratados o delineamento de um regime independente[4].

Assim, o aparecimento de tratados em matéria ambiental capazes de oferecer indício da constituição de um ramo especializado se dá mesmo a partir de Estocolmo cuja importância é destacada por Rei:

> "Marco histórico na evolução do Direito internacional do meio ambiente, na medida em que balizou os esforços de codificação convencional a nível mundial, até então reunidos em acordos díspares,

---

4. Embora algumas exceções possam ser mencionas, como a Convenção Internacional para a regulamentação da pesca da baleia, concluída em Washington em 1946 e em vigor desde 1948 e o seu Protocolo adicional de 1956 e o Tratado para a interdição parcial de testes nucleares de 1963 e o seu sucessor, o Tratado para a não proliferação de armas nucleares de 1968.

bilaterais, regionais ou continentais que, embora relativos ao meio ambiente, não tratavam na sua essência da questão ambiental." (2006, p. 6)

A grande maioria dos tratados a partir de então produzidos, até a atualidade, acaba por regular regimes especiais, ou melhor, sub-regimes do direito ambiental internacional, como o regime do mar[5], o da atmosfera[6], o da diversidade biológica[7], o da Antártica[8], o dos resíduos sólidos[9]. Não é nosso propósito exaurir os regimes existentes, podendo-se citar ainda o regime das águas, o do espaço cósmico, entre outros.

A observação da produção convencional nos permite, entretanto, perceber que, no âmbito internacional, ainda estamos longe de obter um sistema jurídico que se aproxime da completude, o que já acontece nos sistemas nacionais de produção normativa mais prolixa, como o Brasil. Muitos dos tratados que foram se desenvolvendo continuaram como fragmentos parciais e independentes. Essa fragmentação permanece constituindo empecilho ao avanço da unidade disciplinar, pois a tendência à compartimentalização ainda existe mesmo diante da consciência do caráter unitário e holístico dos elementos que compõem o meio ambiente e, portanto, de seu comportamento sinérgico.

É importante sublinhar que o fato de que os sub-regimes estão em contínua expansão acaba gerando uma tendência cada vez maior à unidade já que, em certos momentos, vemos o estabelecimento de algumas zonas de convergência e de intersecção entre regimes, é o caso do regime da Convenção quadro das Nações Unidas sobre Mudança Climática que pode ser compreendida como fazendo parte do regime do clima, juntamente com a Convenção das Nações Unidas de combate à desertificação. Todavia, não há registro de marco convencional ambiental geral, sendo que os instrumentos que se aproximariam do propósito são as Declarações de Estocolmo e do Rio, nenhuma delas com natureza jurídica de tratado formal.

---

5. O regime do mar nasceu com a Convenção de Montego Bay de 1982 e seus anexos e teve ainda o acréscimo de um novo instrumento em 1994.
6. O regime da atmosfera tem como precursores os tratados sobre temas nucleares, mas sua consolidação se deu com a Convenção de Viena para a proteção da Camada de Ozônio de 1985, posteriormente emendada por vários Protocolos, e a Convenção Quadro das Nações Unidas sobre Mudança do Clima de 1992 e o famoso Protocolo de Quioto de 1997. Sands (2003, p. 383 e ss.) considera ainda os instrumentos relativos ao espaço cósmico dentro do regime da atmosfera.
7. O regime da diversidade biológica que engloba a flora e a fauna terrestres tem como principais tratados internacionais a Convenção sobre o comércio internacional das espécies da fauna e flora silvestres ameaçadas de extinção de 1973, também conhecida como acordo CITIES derivado de sua sigla em inglês, e a Convenção sobre diversidade biológica adotada por ocasião da ECO 92. Sands (2003, p. 502) lembra igualmente das normas regionais que fazem do referido regime bem desenvolvido.
8. A regulamentação da Antártica, que teve início no ambiente da competição de interesses estatais sobre aquele território, tem como instrumento principal o Tratado da Antártica de 1959 ao qual se reuniram outros instrumentos de conteúdo mais ambiental como a Convenção sobre a conservação dos recursos vivos marinhos antárticos de 1980 e o Protocolo ao Tratado da Antártica sobre a proteção ao meio ambiente de 1991 e seus anexos.
9. A Convenção da Basileia sobre o controle de movimentos transfronteiriços de resíduos perigosos e seu depósito de 1989 pode aqui ser mencionada juntamente com as Convenções de Roterdã sobre o consentimento de procedimento prévio informado aplicado a certos agrotóxicos e substâncias químicas perigosas objeto de comércio internacional de 1998 e a de Estocolmo sobre poluentes orgânicos persistentes de 2001.

Tendo em vista que os tratados não exaurem o sistema, apesar do caráter relativamente recente do direito internacional ambiental conduzir a parcas regras costumeiras, ainda é possível se observar a consolidação de tal gênero normativo em determinadas áreas, como a regulação das águas doces internacionais. Nela encontramos as seguintes expressões que podem ser definidas como de origem costumeira: a obrigação de não causar danos significativos aos outros Estados, a máxima da utilização equitável e razoável, a obrigação de cooperar, o dever de informar e de troca contínua de dados, que acabaram consolidados na Convenção de Nova Iorque de 1997, e que entrou em vigor em 2014.

Importa destacar que, neste cenário, as normas costumeiras podem ser muitas vezes comuns a outros ramos do direito e adaptadas ao conteúdo ambiental. Nós recorremos à lei de conservação da matéria atribuída à Lavoisier (1793, p. 140) "na natureza nada se cria, nada se perde, tudo se transforma" como metáfora do desenvolvimento dessas normas costumeiras. Veja-se em relação aos princípios anteriormente enunciados.

A despeito da obrigação de não causar danos aos outros Estados, Caponera, num estudo sobre o regime das águas internacionais, precisa que a origem desta pode ser encontrada em dois princípios que a antecedem: "a) le principe qu'il ne doit pas y avoir abus de droit; b) le principe des relations de bon voisinage" (1981, p. 16), o primeiro do direito público romano e o segundo do direito privado da *common law*.

Já a máxima do uso equitativo baseia-se na equidade em geral, e a ideia de cooperação, o dever de informar e a troca contínua de dados se apresentaram antes em outros domínios do direito internacional.

Também como os costumes, os princípios possuem papel na evolução do sistema jurídico ambiental e sem nos ater à expressão controversa relacionada aos princípios no Estatuto da Corte Internacional de Justiça é preciso superar o mal-entendido do que pretende significar "nações civilizadas" e recorrer à teoria geral do direito para que se possa compreender a multiplicidade de sentidos que o termo princípio apresenta atualmente no direito internacional, e como ele pode ser vislumbrado entre as fontes do direito internacional ambiental.

Assim, embora não constituam, a nosso ver, uma nova modalidade de fonte do direito internacional, o sentido que se lhes deram as primeiras leituras do famoso artigo 38 do Estatuto da Corte, precisou evoluir para incluir novas dimensões do termo como aquela proposta por Virally:

"Les principes en cause sont, en réalité, des règles de droit d'une grande généralité, donc très abstraites, assez fréquemment invoquées et appliquées dans la pratique pour que leur existence et leur validité ne puissent être mises en doute, et qui sont, par conséquent, d'origine coutumière (1968, p. 532)."

Discorda-se apenas da obrigatória origem costumeira, pois, como considera Bevilaqua (apud MAZZUOLLI, p. 133), falta-lhes muitas vezes o tempo da "tendência evolutiva à repetição". Por outro lado, a forma de identificação dos costumes também apresentou evolução recente a partir de trabalho da Comissão de Direito Internacional, que, debruçada sobre o tema da identificação dos princípios deixou claro, na conclusão 8, sobre identificação do direito internacional costumeiro, que não há exigência de lapso temporal para a configuração da prática geral que configura o elemento objetivo do costume.

"Conclusion 8 The practice must be general 1. The relevant practice must be general, meaning that it must be sufficiently widespread an d representative, as well as consistent. 2. Provided that the practice is general, no particular duration is required."

É atualmente tênue a linha que separa uma e outra categoria normativa, dificultando sua classificação no direito internacional ambiental, o termo princípio do direito internacional ambiental vem sendo utilizado irrestritamente em tratados (princípios expressos), nas normas costumeiras, (princípios que se consolidam), na doutrina, na jurisprudência e em outras manifestações não menos legítimas. Temos por destacar, sem nenhuma pretensão de esgotar a referência, que os dois principais marcos normativos gerais do direito internacional, a Declaração de Estocolmo e a do Rio, apesar do caráter não convencional, utilizam o termo no enunciado de seus dispositivos.

É a doutrina quem cuida de organizar o rol dos princípios conceituais do direito internacional ambiental dispersos em uma e outra declaração, entre os quais destacamos, por exemplo:

O princípio da soberania sobre os recursos naturais[10], o princípio do poluidor pagador[11], o princípio do desenvolvimento sustentável[12], o princípio da equidade intergeracional[13], o princípio da prevenção/precaução[14], o princípio do direito ao meio ambiente

---

10. Inicialmente prevista na Resolução 1803 da Assembleia Geral da ONU, em 1962, transformada no famoso Princípio 21 da Declaração de Estocolmo e retomada com poucas modificações, no item 2 da Declaração do Rio. Princípio 2 – Os Estados, de conformidade com a Carta das Nações Unidas e com os princípios de Direito Internacional, têm o direito soberano de explorar seus próprios recursos segundo suas próprias políticas de meio ambiente e desenvolvimento, e a responsabilidade de assegurar que atividades sob sua jurisdição ou controle não causem danos ao meio ambiente de outros Estados ou de áreas além dos limites da jurisdição nacional.
11. O princípio do poluidor pagador que, segundo Fitzmaurice (2001, p. 285), tem sua fonte na economia, exige que o poluidor suporte os danos de sua atividade, e sua concretização está ligada ao regime das responsabilidades internacionais. Na Declaração do Rio, ele pode ser principalmente encontrado no enunciado 16. Princípio 16 – Tendo em vista que o poluidor deve, em princípio, arcar com o custo decorrente da poluição, as autoridades nacionais devem procurar promover a internalização dos custos ambientais e o uso de instrumentos econômicos, levando na devida conta o interesse público, sem distorcer o comércio e os investimentos internacionais.
12. O Princípio do desenvolvimento sustentável é resultado de um lado da inserção do direito ao desenvolvimento na agenda internacional, e do outro do amadurecimento quanto as suas relações nem sempre favoráveis ao meio ambiente, alçado à condição de princípio na Declaração do Rio, previsto no item 4 da Declaração. Princípio 4 – Para alcançar o desenvolvimento sustentável, a proteção ambiental deve constituir parte integrante do processo de desenvolvimento, e não pode ser considerada isoladamente deste.
13. A proposição de que as gerações presentes e futuras possuem iguais direitos acaba sendo o motor que movimenta a dinâmica do conceito de desenvolvimento sustentável de forma que sustentabilidade e intergeracionalidade são conceitos indissociáveis. Na Declaração do Rio, está expresso o Princípio 3 – O direito ao desenvolvimento deve ser exercido de modo a permitir que sejam atendidas equitativamente as necessidades de gerações presentes e futuras.
14. Os princípios da prevenção/precaução, muitas vezes separados em dois princípios independentes, constituem, ao nosso ver, apenas dimensões diferentes das preocupações que se revelam na "sociedade do risco" (Conceito a partir do qual Ulrich Beck (2007) caracteriza a sociedade contemporânea). A linha que separa a prevenção da precaução é extremamente tênue, enquanto na prevenção o dano é potencial e futuro, na precaução é o próprio risco que é duvidoso. A prevenção está já bem delineada na Declaração de Estocolmo. Princípios 4 e 5: 4 – O homem tem a responsabilidade especial de preservar e administrar judiciosamente o patrimônio representado pela flora e fauna silvestres, bem assim o seu *habitat*, que se encontram atualmente em grave perigo por uma combinação de fatores

saudável[15], o princípio das responsabilidades comuns, mas diferenciadas[16]. Tais princípios apresentam-se em enunciados que se confundem e se completam de forma que somente uma leitura em conjunto pode propiciar uma compreensão unívoca do conjunto de princípios.

Os princípios internacionais ambientais apresentam construção evolutiva variante, alguns foram desenvolvidos a partir de experiências estatais, chegando ao direito internacional, como a prática do poluidor-pagador que tem origem nos regimes de responsabilidade, enquanto outros estão ancorados no costume internacional, sendo difícil escolher o melhor lugar para enquadrá-los.

Existem ainda aqueles cujo surgimento está relacionado ao trabalho das Organizações Internacionais, como o conceito do desenvolvimento sustentável que, apesar de certas manifestações isoladas pretenderem situar suas origens em momentos do século XIX ou mesmo antes (SCHRIJVER, 2007, p. 238-239) é mais precisamente referido a partir do Relatório Brundtland de 1987, preparado pela Comissão Mundial em Meio Ambiente e desenvolvimento, que havia sido formada pela Assembleia Geral da ONU desde 1983, e que se dedicava a estabelecer estratégias e formas que pudessem levar ao alcance de objetivos comuns e de apoio mútuo, levando em consideração a relação entre pessoas, recursos, meio ambiente e desenvolvimento.

A Doutrina e a Jurisprudência, também são úteis como meios auxiliares de determinação do direito internacional ambiental, e representam importante papel no desenvolvimento normativo desse ramo do direito, sobretudo quando parece difícil consolidar documentos formais e, quando a ausência de tais normas, parece avultar problemas ambientais transfronteiriços exigindo soluções práticas.

---

adversos. Em consequência, ao planificar o desenvolvimento econômico, deve ser atribuída importância à conservação da natureza, incluídas a flora e a fauna silvestres. 5 – Os recursos não renováveis da Terra devem ser utilizados de forma a evitar o perigo do seu esgotamento futuro e a assegurar que toda a humanidade participe dos benefícios de tal uso. Já a precaução só aparece na Declaração do Rio. Princípio 15 – De modo a proteger o meio ambiente, o princípio da precaução deve ser amplamente observado pelos Estados, de acordo com suas capacidades. Quando houver ameaça de danos sérios ou irreversíveis, a ausência de absoluta certeza científica não deve ser utilizada como razão para postergar medidas eficazes e economicamente viáveis para prevenir a degradação ambiental.

15. Princípio inaugural das duas declarações. Estocolmo, 1 – O homem tem o direito fundamental à liberdade, à igualdade e ao desfrute de condições de vida adequadas, em um meio ambiente de qualidade tal que lhe permita levar uma vida digna, gozar de bem-estar e é portador solene de obrigação de proteger e melhorar o meio ambiente, para as gerações presentes e futuras. A esse respeito, as políticas que promovem ou perpetuam o *apartheid*, a segregação racial, a discriminação, a opressão colonial e outras formas de opressão e de dominação estrangeira permanecem condenadas e devem ser eliminadas. Rio, Princípio 1 – Os seres humanos estão no centro das preocupações com o desenvolvimento sustentável. Têm direito a uma vida saudável e produtiva, em harmonia com a natureza.
16. Presente na Declaração do Rio, sua aplicação é bastante limitada, somente em alguns regimes é possível identificar a sua manifestação, como no regime da mudança climática. Princípio 7 – Os Estados devem em um espírito de parceria global, para a conservação, proteção e restauração da saúde e da integridade do ecossistema terrestre. Considerando as distintas contribuições para a degradação ambiental global, os Estados têm responsabilidades comuns, porém diferenciadas. Os países desenvolvidos reconhecem a responsabilidade que têm na busca internacional do desenvolvimento sustentável, em vista das pressões exercidas por suas sociedades sobre o meio ambiente global, e das tecnologias e recursos financeiros que controlam.

No caso da jurisprudência, alguns casos são significativos para o desenvolvimento ou afirmação de certas normas do direito internacional ambiental. O caso da Fundição de Trail que opôs Estados Unidos e Canadá entre 1926 e 1941 perante uma jurisdição arbitral e que teve como causa a poluição transfronteiriça do ar por uma empresa canadense e como resultado, a um só tempo, a afirmação internacional da obrigação de não causar danos e do dever de indenizar do poluidor, assim como estabeleceu um esboço do que viriam a ser as ações preventivas. Muito mais recentemente, e no âmbito da Corte Internacional de Justiça, o caso Gabčíkovo-Nagymaros, entre Hungria e Eslováquia, que teve o seu desfecho em 1994, reconheceu alguns princípios do regime internacional das águas como normas costumeiras ao lado de alguns princípios do direito internacional ambiental como o desenvolvimento sustentável e a precaução. Outro caso recente que se passou na Corte Internacional de Justiça, o das Papeleiras do Rio Uruguai, entre Argentina e Uruguai, cujo acórdão foi proferido em 2010, também sedimenta a existência de princípios internacionais ambientais, dando-lhes aplicabilidade.

Os trabalhos doutrinários também revelam participação no desenvolvimento do direito internacional ambiental, com destaque para aqueles desenvolvidos no âmbito das Associações de *experts,* como a International Law Association, que teve como produto mais recente, no que concerne a este ramo, a "Declaração de Nova Deli de Princípios de Direito Internacional relacionados com o Desenvolvimento Sustentável", de 2002.

3. Novas fontes, novos sujeitos e as novas relações do direito internacional

Apesar da variedade e multiplicidade das fontes clássicas, os desafios cada vez mais acelerados têm revelado um comportamento paradoxal no desenvolvimento do sistema jurídico internacional ambiental. Percebe-se de um lado a urgência cada vez maior de regulamentação e, de outro, a preferência clara dos Estados por formas menos rígidas de regulação, como Declarações de Princípios, Cartas e Programas sem efeito cogente.

Fenômeno controverso no direito internacional, o chamado *soft law*, ou seja, direito flexível, o contrário de direito rígido, encontrou no direito internacional ambiental lugar de expressão constante e inquietante.

Ao refletir sobre o fenômeno do *soft law*, Harmurt Hillgenberg, mencionava algumas razões que poderiam justificar a escolha por esse tipo de norma:

> "The reasons for avoiding treaties proper are many and various. To name a few: a general need for mutual confidence-building; the need to stimulate developments still in progress; the creation of a preliminary, flexible regime possibly providing for its development in stages; impetus for coordinated national legislation; concern that international relations will be overburdened by a 'hard' treaty, with the risk of failure and a deterioration in relations; simpler procedures, thereby facilitating more rapid finalization (e.g. consensus rather than a treaty conference); [...] (1999, p. 501)."

São provavelmente essas razões que tornam esse fenômeno recorrente na estrutura do Direito Internacional Ambiental. Maljean-Dubois et Rajamani mencionam também alguns fatores que poderiam explicar essa recorrência:

> "Cette soft law – droit mou ou mieux, droit "vert" – est particulièrement abondante dans le champ de l'environnement, ce qui s'explique par divers facteurs: notamment par le rôle joué par les organisations internationales dans le développement de la matière, organisations internationales pour lesquelles l'adoption de résolutions figure comme principal moyen d'action, mais aussi par la relative rapidité de réaction qu'elle permet, en comparaison avec les voies coutumière ou même conventionnelle.

Une déclaration, en effet, possède une portée immédiate, contrairement à un traité. L'abondance de la soft law témoigne aussi du caractère encore récent d'une matière pas toujours consensuelle à l'échelle mondiale, traversée notamment par les fractures Nord-Sud ou euratlantique (2011, p. 23)."

Entre os argumentos, a atuação predominante de sujeitos como Organizações Internacionais, sublinhada anteriormente, nos parece ter uma influência fundamental para o estabelecimento de novas formas de apresentação do direito que se manifestam na seara internacional ambiental. Pode-se acrescentar ainda que as Organizações Internacionais não estão sozinhas na dinâmica jurígena do Direito Internacional Ambiental. Outros sujeitos ainda mais arrojados considerando os moldes clássicos da personalidade jurídica internacional, como as Organizações não governamentais e o homem, também se revelam como sujeitos ativos nessa nova configuração do direito.

Além disso, não são apenas as fontes do *soft law* que sopram novos ares no direito ambiental. Se voltarmos às fontes clássicas urge atentar para o fato de que mesmo o direito convencional clássico também apresenta inovações na seara ambiental, assim o modelo do tratado-quadro (*framework agreement*) parece ter emergido e se consolidado na codificação dos regimes ambientais, fenômeno notado por Kiss (1993) e que Redgwell tenta explicar com razões:

> "A significant number of environmental treaties adopt a framework approach to facilitate more rapid change than is generally the case through the normal (and time-consuming) process of treaty amendment. This approach enables the treaty to contain general principles and set forth the organizational structure of the treaty bodies, whilst further protocols and/or annexes embody specific standards and are generally subject to a flexible amendment process (2003, p. 664)."

As razões para se optar pela forma do tratado quadro são semelhantes àquelas que levam à escolha do *soft law*, e talvez seja o caso de dizer que são as mesmas que fazem com que o Direito Internacional Ambiental seja lugar de reinvenção do próprio Direito Internacional. É possível afirmar que nele convivem antigos e novos atores, antigas e novas fontes.

Como se não bastassem as manifestações normativas e subjetivas a apontar a capacidade transformadora desse ramo na própria estrutura do Direito Internacional Clássico, mais ostensiva que em outros ramos, um terceiro ponto merece destaque. O fato de que o direito ambiental também exige novas relações diferentes daquelas exclusivamente entre Estados e que se manifestavam mormente nos tratados clássicos. A natureza múltipla dos desafios ambientais exige do direito que pretende absorvê-la um forte potencial de transjuridicidade.

Transjuridicidade, como paradigma contemporâneo do direito que revela a permeabilidade das fronteiras que delimitam as categorias jurídicas como característica essencial. O direito transjurídico é modelo de direito que se mantém constantemente aberto a interpenetrações entre sistemas, ramos, áreas, conceitos, instituições, instrumentos, que podem se dar entre a juridicidade e outros domínios ou dentro da própria juridicidade.

Utilizando o referencial do Direito Internacional Ambiental, a transjuridicidade externa, que relaciona direito com outros domínios, se manifesta, por exemplo, quando conceitos da ecologia, meteorologia, climatologia, geologia, hidrologia, botânica, e de outros domínios alheios ao direito passam a ser determinantes para o direito. Não seria possível regular os recursos hídricos sem compreender a dinâmica do ciclo da água ou estabelecer normas de reflorestamento sem levar em conta as características da biodiversidade, por exemplo.

Em um outro sentido, o direito ambiental também precisa de transjuridicidade interna, ou interjuridicidade. O direito ambiental não é capaz de autoalimentar-se e viver independente dos outros ramos do direito, ele precisa, mais que outros ramos do direito, de um diálogo constante entre direitos. Assim recorre-se ao direito administrativo para regular a atividade do Estado como agente protetor e fiscalizador, ao direito constitucional, para assentar as bases da ordem jurídica constitucional ambiental, ao direito penal para punir as agressões mais graves e, porventura, irreparáveis ao meio ambiente. No direito internacional ambiental, a relação entre direito ambiental e direito econômico fica clara no regime estabelecido pela Convenção Quadro sobre mudança climática e pelo Protocolo de Quioto. Também dentro da transjuridicidade interna se vislumbra a intercomunicabilidade dos diversos regimes, como o das águas com o das florestas e vice-versa. Além, do inevitável e óbvio diálogo entre ordens nacionais para a gestão de recursos compartilhados.

E, por fim a dimensão glocal (global e local) dos problemas ambientais, exige ainda uma relação constante de trocas e interpenetrações entre Direito Internacional Ambiental e direitos nacionais, quiçá locais.

Conclusão: o direito ambiental transformador

A construção do aparato jurídico ambiental internacional constitui, portanto, um desafio constante aos modos tradicionais da compreensão jurídica. Sem abandonar antigas ferramentas, o direito ambiental exige uma reconstrução estrutural do direito e uma sistematização em rede ou uma leitura em labirinto.

É interessante notar que em algumas searas o direito ambiental tem surpreendido, e tem oferecido ferramentas de mudança ao próprio fenômeno jurídico que acabam por mover a sociedade contemporânea progressivamente.

Também é importante refletir sobre o fato de que o direito internacional ambiental ainda precisa evoluir e que, nesta evolução, talvez sua institucionalização através de uma Organização Internacional ou Jurisdição Internacional especializada sejam boas ideias e provavelmente o incremento de mecanismos de obrigatoriedade também possam ser bem vindos.

Ninguém pode, contudo, negar que a revolução ambiental que está em marcha ainda não acabou, mas que faz cada vez menos sentido abordar o direito internacional ambiental sem recorrer a esse paradigma transjurídico. O fato é que o dito plano de salvação para o Planeta envolve uma complexidade que talvez não estejamos ainda aptos a lidar, mas à qual precisamos urgentemente nos adaptar. E que exigiria transformar outros domínios da sociedade, como o direito sanitário internacional ora desafiado pela pandemia do novo coronavírus, podendo significar um elemento chave para uma revolução jurídica tão esperada na contemporaneidade.

Referências bibliográficas

BECK, Ulrich. *La società del rischio*. Verso una seconda modernità. Roma: Carocci, 2007.

BOTHE, Michael. *Environment, development, resources*. Recueil des cours, tome 318, 2005.

CAPONERA, Dante. Le régime juridique des ressources en eau internationales. Legislative Studies n. 23, Rome: FAO, 1981.

CARSON, Rachel. *Silent spring*. Boston; New York: Houghton Mifflin Company, 2002.

FITZMAURICE, M. A. *International environmental law as a special field.* Netherlands Yearbook of International Law. Volume XXV, 1994.

FITZMAURICE, Malgosia A. *International protection of the environment.* Recueil des cours, tome 293, 2001.

HENDERSON, Conway W. *Understanding international law.* United Kingdom: Wiley-Blackwell, 2010.

HILLGENBERG, Harmut. *A fresh look at soft law.* European Journal of International Law. Vol. 10, n. 3, 1999.

KISS, Alexandre. *Les Traités-cadres:* une technique juridique caractéristique du droit international de l'envirnnement. Annuaire français de droit international, XXXIX, 1993.

KUHN, Thomas. *A estrutura das revoluções científicas.* São Paulo: Perspectiva, 1998.

LAVOISIER, Antoine Laurent. *Traité élémentaire de chimie.* Paris: Chez Cuchet, 1793.

MALJEAN-DUBOIS, Sandrine; RAJAMANI, Lavanya (Dir.). *La mise en oeuvre du droit international de l'environnement.* Leiden, Boston: Martinus Nijhoff, 2011.

NATIONS UNIES. *La Commission du Droit International et son oeuvre.* New York: Nations Unies, 2009.

MAZZUOLI, Valério de Oliveira. *Curso de direito internacional público.* São Paulo: Ed. RT, 2013.

REDGWELL, Catherine. International environmental law. In: EVANS, Malcolm. *International law.* Oxford: Oxford university press, 2003.

REI, Fernando. A Peculiar Dinâmica do Direito Internacional do Meio Ambiente. *Direito internacional do meio ambiente*: ensaios em homenagem ao prof. Guido Fernando Soares. São Paulo: Atlas, 2006.

SANDS, Philippe. *Principles of international environmental law.* Cambridge: Cambridge University Press, 2003.

SCHMITT, Carl. *Sobre los três modos de pensar la ciência jurídica.* Madrid: Tecnos, 1996.

SCHRIJVER, Nico. *The evolution of sustainable development in international law*: inception, meaning and status. The Hague: The Hague Academy of International Law, 2008.

VIRALLY, Michel. Le rôle des "principes" dans le développement du droit international. *Recueil d'études de droit international en hommage à Paul Guggenheim.* Genève: Faculté de Droit et Institut Universitaire de Hautes Études Internationales, 1968.

Documentos

CDI. Rapport de la Commission du droit international – 58ème session, 2006.

CDI. Draft conclusions on identification of customary international law – 70th session, 2018.

Jurisprudência

Affaire de l'usine de Chorzów, arrêt n. 7, CPJI, 1927.

Affaire de la fonderie de Trail (États Unis c. Canada), Recueil de Sentences Arbitrales, tomme III.

Projet Gabčikovo-Nagymaros (HongrielSlovaquie), arrêt, C. I. J. Recueil 1997.

Affaire relative à des usines de pâte à papier sur le fleuve Uruguay (Argentine/Uruguay), arrêt, C. I. J., 2010.

JUSTIÇA AMBIENTAL

Ingo Wolfgang Sarlet[1]
Tiago Fensterseifer[2]

Sumário: 1. Notas introdutórias. 2. O caráter "antidemocrático" na distribuição dos riscos ecológicos: a concentração da riqueza "acima" e dos riscos "abaixo". 3. A justiça ambiental (e o problema do assim chamado racismo ambiental) no cenário norte-americano. 4. O movimento ecológico "multissetorial" brasileiro e sua dimensão socioambiental. 5. Os refugiados ou migrantes ambientais em face das mudanças climáticas. 6. Os indivíduos e grupos sociais "necessitados" em termos ecológicos (ou socioambientais).

---

1. Doutor em Direito pela Universidade de Munique. Estudos em nível de pós-doutorado nas Universidades de Munique (bolsista DAAD), Georgetown e junto ao Instituto Max-Planck de Direito Social Estrangeiro e Internacional (Munique), como bolsista do Instituto, onde também atua como representante brasileiro e correspondente científico. Pesquisador visitante na Harvard Law School (2008). Pesquisador visitante como bolsista do Stellenbosch Institute for Advanced Studies – STIAS, África do Sul (2011). Coordenador do programa de pós-graduação em Direito da PUCRS. Professor Titular nos cursos de graduação, mestrado e doutorado da PUCRS. Professor de Direito Constitucional da Escola Superior da Magistratura do RS (AJURIS). Professor Visitante (bolsista do Programa Erasmus Mundus) da Universidade Católica Portuguesa (Lisboa, 2009) e da Faculdade de Direito da Universidade de Lisboa (2012). Professor do curso de mestrado em Direito Constitucional Europeu na Universidade de Granada. Coordenador do NEDF – Núcleo de Estudos e Pesquisa sobre Direitos Fundamentais da PUCRS (Sistema de Grupos de Pesquisa do CNPq), vinculado ao mestrado e doutorado em Direito da PUCRS. Autor, entre outras, das obras: *A eficácia dos direitos fundamentais* (12. ed., Porto Alegre: Livraria do Advogado, 2015), *Dignidade da pessoa humana e direitos fundamentais na Constituição Federal de 1988* (10. ed., Porto Alegre: Livraria do Advogado, 2015) e *Curso de direito constitucional* (5. ed., São Paulo: Saraiva, 2016), esta última em coautoria com Luiz Guilherme Marinoni e Daniel Mitidiero. Desembargador do Tribunal de Justiça do Estado do Rio Grande do Sul.

2. Doutor e Mestre em Direito Público pela PUCRS (ex-bolsista do CNPq), com pesquisa de doutorado-sanduíche junto ao Instituto Max-Planck de Direito Social e Política Social de Munique, na Alemanha (Bolsista da CAPES). Associado do Instituto O Direito por um Planeta Verde e da Associação dos Professores de Direito Ambiental do Brasil (APRODAB). Membro do Núcleo de Estudos e Pesquisa sobre Direitos Fundamentais da PUCRS (CNPq). Autor das obras *Direitos fundamentais e proteção do ambiente* (Porto Alegre: Livraria do Advogado, 2008), *Defensoria pública, direitos fundamentais e ação civil pública* (São Paulo: Saraiva, 2015) e *Defensoria pública na Constituição Federal* (Rio de Janeiro: GEN/Forense, 2017). Coautor, juntamente com Ingo Wolfgang Sarlet, das obras *Direito constitucional ambiental* (6. ed. São Paulo: Ed. RT, 2019, no prelo), *Direito ambiental*: introdução, fundamentos e teoria geral (São Paulo: Saraiva, 2014), obra finalista do Prêmio Jabuti na Categoria Direito em 2015, e *Princípios do direito ambiental* (2. ed. São Paulo: Saraiva, 2017); coautor, juntamente com Ingo Wolfgang Sarlet e Paulo Affonso Leme Machado da obra *Constituição e legislação ambiental comentadas* (São Paulo: Saraiva, 2015). Organizador, juntamente com Carlos A. Molinaro, Fernanda L. F. de Medeiros e Ingo W. Sarlet, da obra *A dignidade da vida e os direitos fundamentais para além dos humanos*: uma discussão necessária (Belo Horizonte: Fórum, 2008). Defensor Público do Estado de São Paulo.

1. Notas introdutórias

O *Relatório de Desenvolvimento Humano* (2007/2008) do Programa das Nações Unidas para o Desenvolvimento (PNUD), intitulado *Combatendo a mudança climática: solidariedade humana num mundo dividido*, revela um quadro preocupante e injusto no horizonte humano, com um mundo cada vez mais dividido entre nações ricas altamente poluidoras e países pobres. Segundo o estudo em questão, não obstante os países pobres contribuírem de forma pouco significativa para o aquecimento global, serão eles que mais sofrerão os resultados imediatos das mudanças climáticas.[3] O mesmo raciocínio, trazido para o âmbito interno dos Estados nacionais, permite concluir que tal quadro de desigualdade e injustiça – de cunho social e ambiental – também se registra entre pessoas pobres e ricas que integram determinada comunidade estatal. No caso do Brasil, que registra um dos maiores índices de concentração de renda do mundo, de modo a reproduzir um quadro de profunda desigualdade e miséria social, o fato de algumas pessoas disporem de alto padrão de consumo – e, portanto, serem grandes poluidoras –, ao passo que outras tantas muito pouco ou nada consomem, também deve ser considerado para aferir sobre quem deve recair o ônus social e ambiental dos danos ocasionados pela degradação ambiental em geral.

A sujeição de indivíduos e grupos sociais aos efeitos negativos da degradação ambiental agrava ainda mais a vulnerabilidade das suas condições existenciais, submetendo-as a um quadro ainda maior de indignidade. As pessoas mais vulneráveis aos efeitos negativos da degradação ambiental são aquelas mais pobres, as quais possuem uma condição de vida precária em termos de bem-estar, desprovidas do acesso aos seus direitos sociais básicos (moradia adequada e segura, saúde básica, saneamento básico e água potável, educação, alimentação adequada etc.). Ignorar a feição socioambiental que se incorpora hoje aos problemas ecológicos potencializa ainda mais a exclusão e marginalização social (tão alarmantes no contexto brasileiro), já que o desfrute de uma vida saudável e ecologicamente equilibrada constitui-se de premissa ao exercício dos demais direitos fundamentais, sejam eles de matriz liberal sejam eles de natureza social. É com tal cenário socioambiental preocupante, já apontado por Ulrich Beck no tocante à distribuição desigual dos riscos ambientais, conforme abordamos no tópico antecedente, que buscamos alinhavar algumas questões que permeiam tal discussão, a qual se coloca como um desafio para a concepção de *justiça ambiental*.

2. O caráter "antidemocrático" na distribuição dos riscos ecológicos: a concentração da riqueza "acima" e dos riscos "abaixo"

Na sua *Teoria da Sociedade de Risco* – e aqui um dos fatores que segue revelando triste presença na atualidade – Beck identifica aspectos de natureza socioambiental que permeiam os riscos ecológicos, o que induz ao reconhecimento, em algumas situações, de

---

3. O *Relatório de Desenvolvimento Humano* (2007/2008) do PNUD refere que "vivendo em habitações improvisadas situadas em encostas vulneráveis a inundações e deslizamentos de terra, os habitantes das zonas degradadas estão altamente expostos e vulneráveis aos impactos das alterações climáticas" (p. 102). E, mais adiante, destaca ainda, já com o olhar voltado à atuação estatal, que "as políticas públicas podem melhorar a resiliência em muitas zonas, desde o controlo de inundações à protecção infraestrutural contra os deslizamentos de terra e à provisão de direitos formais de habitação aos habitantes de áreas urbanas degradadas" (p. 102). Disponível em: [www.pnud.org.br/rdh/].

um caráter "antidemocrático" ou mesmo "discriminatório" nas relações sociais que caracterizam a sociedade de risco. Nesse sentido, o sociólogo alemão refere que determinados grupos sociais, em razão do seu baixo poder aquisitivo, encontram-se mais vulneráveis a certos aspectos da degradação ambiental, em que pese também existir, de certa forma, uma dimensão "democrática" da degradação ou poluição ambiental, que atinge a todos de forma igual (por exemplo, a poluição atmosférica, o aquecimento global etc.). De acordo com Beck, "la historia del reparto de los riesgos muestra que éstos siguen, al igual que las riquezas, el esquema de clases, pero al revés: las riquezas se acumulan arriba, los riesgos abajo".[4] Em outras palavras, pode-se dizer que a crise ecológica agrega novos fatores de desigualdade e discriminação social no âmbito das relações sociais.

Diante desse cenário, Beck destaca que as classes sociais privilegiadas conseguem, em certa medida, evitar ou ao menos minimizar significativamente a sua exposição a determinados riscos, já que, por exemplo, são as zonas residenciais mais baratas – acessíveis às populações mais carentes – que se encontram perto dos centros de produção industrial, as quais são afetadas permanentemente por diversas substâncias nocivas presentes no ar, na água e no solo.[5] Para o autor, "las posibilidades y las capacidades de enfrentarse a las situaciones de riesgo, de evitarlas, de compensarlas, parecen estar repartidas de manera desigual para capas de ingresos y de educación diversas: quien dispone del almohadón financiero necesario a largo plazo puede intentar evitar los riesgos mediante la elección del lugar de residencia y la configuración de la vivienda (o mediante una segunda vivienda, las vacaciones). Lo mismo vale para la alimentación, la educación y el correspondiente comportamiento en relación a la comida y a la información".[6] De um modo geral, aqueles indivíduos e grupos sociais que já se encontram em posição social de maior vulnerabilidade, sobretudo pelo prisma socioeconômico, é que arcarão com o ônus maior em vista dos riscos ambientais.

Para identificar tais situações, basta voltar o olhar para a realidade dos grandes centros urbanos brasileiros, onde as populações carentes vivem nas áreas mais degradadas (consequentemente, menos disputadas pela especulação imobiliária), geralmente próximas a lixões[7], recursos hídricos contaminados, áreas industriais com alto índice de poluição[8] bem como em áreas de proteção e risco ambiental (como áreas de preservação permanente e unidades de conservação). Diante de tais situações, os grupos sociais mais pobres têm – num certo sentido – os seus direitos violados duplamente, ou seja, tanto sob a perspectiva dos seus direitos sociais quanto em relação ao seu direito a viver em um ambiente sadio, seguro e equilibrado. Com base nessa perspectiva, iremos desenvolver,

---

4. BECK, Ulrich. *La sociedad del riesgo*: hacia una nueva modernidad. Trad. Jorge Navarro, Daniel Jiménez e Maria Rosa Borras. Barcelona: Paidós, 2001. p. 40-41.
5. Ibidem, p. 41.
6. Idem.
7. O premiado documentário *Ilha das Flores* (1989), do cineasta gaúcho Jorge Furtado, registrou de forma contundente a realidade degradante das comunidades humanas que se alimentam dos lixos na proximidade da Capital gaúcha. Disponível em: [www.youtube.com/watch?v=Hh6ra-18mY8].
8. Não por acaso, Beck utiliza o exemplo da poluição industrial verificada na Cidade de Cubatão para caracterizar a "sociedade de risco" contemporânea. BECK, Ulrich. *La sociedad del riesgo...* cit., p. 49-50.

com maiores detalhes no tópico seguinte, a dimensão socioambiental inerente à crise ecológica, bem como luta de alguns grupos ambientalistas em prol de uma tutela integrada do ambiente com os diretos sociais (saúde, moradia, saneamento básico, alimentação etc.).

3. A justiça ambiental (e o problema do assim chamado racismo ambiental) no cenário norte-americano

A origem da discussão envolvendo a questão da *justiça ambiental* pode ser encontrada nos EUA. Todavia, é preciso chamar a atenção para o fato de que lá o tema, em boa parte, foi vinculado à luta em prol da afirmação dos direitos civis e pelo enfrentamento da discriminação racial, o que inclusive ensejou a denominação de *racismo ambiental*. Desde o final da década de 1970, a partir de alguns episódios que ensejaram a mobilização social, alguns grupos de ativistas em favor dos direitos civis, inclusive recorrendo às instâncias judiciais, passaram a se articular para contestar a recorrente criação de aterros para a deposição de resíduos perigosos em áreas urbanas com predomínio de negros e pessoas de baixa renda. A repercussão política de tal mobilização social fez com que a Agência de Proteção Ambiental norte-americana (*Environmental Protection Agency* – EPA) elaborasse, no ano de 1983, estudo específico sobre o tema intitulado *Siting of hazardous waste landfills and their correlation with racial and economic status of surrounding communities* (Implantação de aterros de resíduos perigosos e sua correlação com o *status* racial e econômico das comunidades vizinhas). O estudo, por sua vez, revelou que três dos quatro aterros de resíduos perigosos localizados na denominada Região 4 estabelecida pela EPA (integrada pelos oito Estados do sul dos EUA) estavam em áreas ocupadas predominantemente pela população negra, o que se agrava ainda mais pelo fato de a população negra representar apenas 20% da população de tais Estados.[9]

A partir de tal contexto, a articulação social em torno do movimento de justiça ambiental cresceu e se organizou significativamente. Em 1990, foi publicado, nos EUA, o livro *Dumping in dixie: race, class, and environmental quality*, de autoria de Robert D. Bullard[10], uma das primeiras e mais importantes obras referenciais sobre o tema da justiça ambiental. Um ano depois, em 1991, realizou-se a *First National People of Color Environmental Leadership Summit*, o que demonstra o fortalecimento do movimento e a repercussão nacional do tema. Na ocasião, adotou-se a *Declaração sobre os Princípios da Justiça Ambiental*, os quais serviram como guia para as entidades e redes de organizações não governamentais voltadas à causa. Em resposta à crescente discussão pública e estudos científicos desenvolvidos, o Presidente Bill Clinton, em 1994, editou a *Executive Order 12898 – Federal Actions to Address Environmental Justice in Minority Populations and Low-Income Populations*, o que inseriu a questão da justiça ambiental nas leis e regulamentos federais norte-americanos[11]. A título de exemplo, a Agência de Proteção Ambiental norte-americana possui

---

9. BULLARD, Robert D. Environmental justice in the twenty-first century. In: BULLARD, Robert D. (Ed.). *The quest for environmental justice*: human rights and the politics of pollution. São Francisco: Sierra Club Books, 2005. p. 20.
10. BULLARD, Robert D. *Dumping in dixie: race, class, and environmental quality*. Boulder, CO: Westview, 1990.
11. BULLARD, Robert D. *Environmental justice...* cit., p. 21.

departamento específico para tratar do tema da justiça ambiental[12]. Em termos gerais, o movimento de justiça ambiental objetiva integrar: a) proteção ecológica; b) justiça social; e c) combate à discriminação racial. De acordo com Bullard, o movimento busca agregar os objetivos de outros movimentos sociais (por exemplo, a luta por direitos civis) com o propósito de impedir práticas (públicas e privadas) nocivas no tocante ao direito à moradia, ao uso da terra, aos serviços de planejamento industrial, à saúde e ao saneamento básico[13].

De acordo com Anthony Giddens, "os grupos de justiça ambiental concentram-se em campanhas contra a implantação de locais para lixo tóxico e incineradores em áreas urbanas com populações da classe trabalhadora e de minoras étnicas. Relacionar a qualidade ambiental com as desigualdades entre as classes sociais mostra que o ambientalismo não é apenas uma preocupação da classe média, mas pode estar relacionado com interesses da classe trabalhadora, e leva em conta as desigualdades sociais e 'posições de risco' no mundo real"[14]. O movimento de justiça ambiental, em certa medida, encontra correspondência no cenário brasileiro, em especial a partir da abordagem socioambiental dos problemas ecológicos. O "multissetorialismo" do movimento ecológico brasileiro tratado por Eduardo Viola e Hector Leis, conforme será desenvolvido em tópico subsequente, revela essa face do movimento ambientalista brasileiro, concretizando o movimento por justiça ambiental no Brasil[15].

4. O movimento ecológico "multissetorial" brasileiro e sua dimensão socioambiental

O movimento ecológico brasileiro, numa das suas faces, consolidou a aproximação entre a proteção ambiental e a luta social em algumas áreas (saúde pública, moradia, saneamento básico, direitos dos trabalhadores etc.). A matriz socioambiental que permeia alguns setores do movimento ecológico brasileiro o diferencia, em alguns aspectos, do movimento ambientalista verificado em outras partes do mundo. A respeito dessa particularidade do movimento ambientalista brasileiro, Sérgio Tavolaro assinala que: "no Brasil, movimentos ambientalistas se definem como defensores de reservas florestais, da qualidade do ar dos centros urbanos, ao mesmo tempo em que reivindicam saneamento básico para bairros inteiros de grandes cidades. Aqui o entrelaçamento entre questões ligadas à distribuição de riquezas e questões ligadas à gramática das formas de vida fica evidente"[16]. Isso tudo está relacionado ao caráter "multissetorial" que Eduardo Viola e Hector Leis creditam

---

12. Disponível em: [www.epa.gov/environmentaljustice/].
13. BULLARD, Robert D. *Environmental justice*... cit., p. 25.
14. GIDDENS, Anthony. *Sociologia*. 6. ed. Trad. Ronaldo Cataldo Costa e revisão técnica de Fernando Coutinho Cotanda. Porto Alegre: Penso, 2012. p. 151.
15. No Brasil, o tema da justiça ambiental também é tratado, sobretudo no campo da sociologia e da ciência política, mantendo-se ainda à margem do Direito, em que pese o interesse crescente de juristas a respeito da questão. Na bibliografia nacional sobre a questão, v. ACSELRAD, Henri; MELLO, Cecília Campello do A.; BEZERRA, Gustavo das Neves. *O que é justiça ambiental*. Rio de Janeiro: Garamond, 2009. Na perspectiva jurídica comparada, a justiça ambiental foi tratada, inclusive destacando todo histórico norte-americano sobre a questão, pelo renomado professor de Direito Ambiental alemão Michael Kloepfer. KLOEPFER, Michael. *Umweltgerechtigkeit*: "environmental justice" in der deutschen Rechtsordnung. (Schriften zum Umweltrecht, Vol. 150). Berlim: Duncker & Humblot GmbH, 2006.
16. TAVOLARO, Sergio Barreira de Faria. *Movimento ambientalista e modernidade*: sociabilidade, risco e moral. São Paulo: Annablume/Fapesp, 2001. p. 91-92.

ao movimento ambientalista brasileiro. Em outras palavras, supera-se o modelo do "bissetorialismo", caracterizado essencialmente pela atuação de associações ambientalistas e das agências estatais voltadas à proteção ambiental, mediante a presença de diversos outros atores que passam também a atuar no cenário político-ambiental.

O movimento *socioambientalista* (ou *ecológico "multissetorial"*), conforme lecionam os autores referidos, caracteriza-se por agregar um grande número de organizações não governamentais, movimentos sociais e sindicatos, que têm incorporado a questão ambiental como uma dimensão importante de sua atuação, incluindo no seu conjunto: 1) movimento dos seringueiros; 2) movimentos indígenas; 3) movimento dos trabalhadores rurais sem-terra; 4) movimento dos atingidos por barragens; 5) setores dos movimentos dos moradores e comunidades de bairro; 6) movimentos pela saúde ocupacional, composto por ativistas sindicais e médicos sanitaristas; 7) setores do movimento estudantil; 8) movimentos de defesa do consumidor; 9) movimentos pacifistas; 10) grupos para o desenvolvimento do potencial humano (homeopatia, ioga, escolas alternativas etc.); 11) setores do movimento feminista; 12) movimentos e sindicatos dos trabalhadores urbanos; 13) um setor cada vez mais importante das organizações não governamentais de desenvolvimento social e apoio aos movimentos sociais[17].

Ao articular a vinculação entre direitos sociais e proteção do ambiente, Lúcia da Costa Ferreira aponta para a importância do diálogo entre o movimento ambientalista e os movimentos por direitos sociais, já que, como acentua, a compatibilização da qualidade ambiental ao bem-estar social seria o próximo baluarte a ser conquistado na construção da cidadania[18]. A autora destaca que os desafios das condutas políticas voltadas à qualidade ambiental residem "na dinâmica mais ampla de uma sociedade cuja expressão pública de novos direitos convive com a negação cotidiana do universo da cidadania, através da institucionalização de práticas excludentes, violentas e arbitrárias"[19]. Em outras palavras, a socióloga sustenta que qualquer institucionalização das demandas ecológicas deve passar necessariamente pelo enfrentamento dos direitos sociais, como premissas para uma condição cidadã, conciliando tais mundos e afirmando a própria dimensão integrativa de tais direitos na conformação de uma tutela integral da dignidade humana no horizonte político-jurídico de um *socioambientalismo*.

Alguns autores utilizam também a expressão *ecologia humana* para designar a aproximação entre a proteção ecológica e a tutela do ser humano, sobretudo em vista de assegurar condições de vida e bem-estar (direitos sociais) em um quadrante de qualidade, equilíbrio e segurança ambiental. Em caráter ilustrativo, nos últimos anos de sua vida, o ambientalista Miguel Abellá, uma das principais lideranças do movimento ambientalista brasileiro, conforme destacamos anteriormente, distanciou-se das premissas do Movimento Arte e

---

17. VIOLA, Eduardo J.; LEIS, Hector R. A evolução das políticas ambientais no Brasil, 1971-1991: do bissetorialismo preservacionista para o multissetorialismo orientado para o desenvolvimento sustentável. In: HOGAN, Daniel Joseph; VIEIRA, Paulo Freire (Orgs.). *Dilemas socioambientais e desenvolvimento sustentável*. 2. ed. Campinas: Editora da Unicamp, 1995. p. 88-89.
18. FERREIRA, Lúcia da Costa. Os ambientalismos, os direitos sociais e o universo da cidadania. In: FERREIRA, Leila da Costa; VIOLA, Eduardo (Orgs.). *Incertezas de sustentabilidade na globalização*. Campinas: Editora da UNICAMP, 1996. p. 254-255.
19. FERREIRA, Lúcia da Costa. *Os ambientalismos, os direitos sociais...* cit., p. 250.

Pensamento Ecológico, criado por ele na década de 1970, e envolveu-se na concepção da Liga pela Ecologia Humana. De acordo com Abellá, "sem ecologia humana, nem a ecologia biológica se salvará"[20]. O *paradigma jurídico socioambiental*, conforme veremos ao longo do livro, está impregnado no nosso ordenamento jurídico, tanto no plano constitucional quanto infraconstitucional. E, em última instância, objetiva conciliar a proteção da Natureza com a proteção do ser humano, inclusive reconhecendo a dimensão ecológica que é inerente à conformação da dignidade do ser humano e vinculando a qualidade ambiental ao seu bem-estar existencial.

5. Os refugiados ou migrantes ambientais em face das mudanças climáticas

Outro tema importante relacionado ao cenário socioambiental, em especial pelo prisma das mudanças climáticas, diz respeito ao surgimento dos denominados *refugiados ou migrantes ambientais*[21]. Os episódios climáticos extremos (por exemplo, fortes chuvas e temporais), em decorrência da sua intensidade e dos danos pessoais e materiais gerados, alteram o cotidiano de vida de inúmeras pessoas e grupos sociais, ocasionando, muitas vezes, o seu deslocamento para outras regiões, de modo a "fugirem" de tais desastres ecológicos e resguardarem as suas vidas[22]. De acordo com o Diretor do Instituto para o Meio Ambiente e Segurança Humana da Universidade das Nações Unidas, Janos Bogardi, no que toca aos refugiados ambientais, os países mais pobres seriam – como costuma ocorrer – os mais afetados, em especial nas áreas rurais, fenômeno que tem como principal causa a degradação da terra e a desertificação, decorrentes do mau uso da terra somado às mudanças climáticas e amplificado pelo crescimento populacional[23]. Assim, nos parece inquestionável que a figura dos refugiados ambientais guarda relação direta com a questão climática e, por consequência, o cenário socioambiental que lhe está subjacente, uma vez que o deslocamento de tais pessoas dos seus locais originários será motivado, na maioria das vezes, pela busca de condições de vida que atendam a um padrão de bem-estar mínimo, tanto em termos sociais quanto ambientais.

---

20. URBAN, Teresa. *Missão (quase) impossível*: aventuras e desventuras do movimento ambientalista no Brasil. São Paulo: Peirópolis, 2001. p. 55.
21. Foi publicado, no ano de 2008, o Esboço para uma Convenção sobre o *Status* Internacional dos Refugiados Ambientais (*Draft Convention on the International Status of Environmentally-Displaced Persons*), o que resultou do trabalho desenvolvido pelo CRIDEAU (*Interdisciplinary Center of Research on Environmental, Planning and Urban Law*), pelo CRDP (*Center of Research on Persons Rights*), por grupos temáticos do OMIJ (*Institutional and Judicial Mutations Observatory*) e pela Faculdade de Direito e Ciência Econômica da Universidade de Limoges, com o apoio do CIDCE (*International Center of Comparative Environmental Law*). O Esboço da Convenção foi publicado na *Revue Européenne de Droit de l'Environnement* (*Francophone European Environmental Law Review*), n. 4-2008. p. 381 e ss. Disponível em: [www.cidce.org].
22. A respeito dos refugiados ambientais, sobretudo na perspectiva do Direito Internacional dos Direito Humanos, v. WESTRA, Laura. *Environmental justice and the rights of ecological refugees*. London: Earthscan, 2009. Na doutrina brasileira, v. LEÃO, Márcia Brandão Carneiro. *Direitos humanos e meio ambiente*: mudanças climáticas, "refugiados" ambientais e direito internacional. Disponível em: [www.nima.puc-rio.br/aprodab/artigos/clima_e_refugiados_ambientais_marcia_brandao_carneiro_leao.pdf].
23. BOGARDI, Janos. A era dos refugiados ambientais. *O Globo*. Noticiário de 31 de dezembro de 2006. Disponível em: [http://oglobo.globo.com/ciencia/a-era-dos-refugiados-ambientais-4565611].

A Lei da Política Nacional de Proteção e Defesa Civil (Lei 12.608/2012) estabelece um marco normativo para a questão dos desastres naturais, tão recorrentes atualmente no contexto brasileiro em razão de episódios climáticos extremos (desabamentos de terra, enchentes, secas etc.). Sob tal enfoque, conforme dispõe o art. 2º do diploma em análise, "é dever da União, dos Estados, do Distrito Federal e dos Municípios adotar as medidas necessárias à redução dos riscos de desastre", as quais, conforme prevê o § 1º do mesmo dispositivo, "poderão ser adotadas com a colaboração de entidades públicas ou privadas e da sociedade em geral". O diploma, por sua vez, opera a partir da racionalidade da precaução, dispondo, no § 2º do mesmo dispositivo, que a "incerteza quanto ao risco de desastre não constituirá óbice para a adoção das medidas preventivas e mitigadoras da situação de risco". Trata-se, sem dúvida, de questão fundamental pela ótica do Direito Ambiental, mesclando a adoção do princípio da precaução com a abordagem socioambiental da matéria. A legislação invocada, de outra parte, veio a reforçar o regime jurídico de proteção dos *refugiados e necessitados ambientais*, demonstrando a atualidade da matéria, bem como que se trata de tema relevante também no âmbito nacional (além de internacional).

6. Os indivíduos e grupos sociais "necessitados" em termos ecológicos (ou socioambientais)

A abordagem socioambiental delineada nos tópicos antecedentes, ou seja, a integração de questões de natureza social (por exemplo, saúde, saneamento básico, moradia) com a proteção ambiental, coloca uma nova perspectiva para a proteção jurídica do ambiente, notadamente tendo em conta o objetivo de assegurar condições ambientais adequadas, em termos de salubridade e segurança, aos indivíduos e mesmo aos grupos sociais em situação de vulnerabilidade. À vista de tal contexto, nos parece adequado operar, seguindo conceito consagrado tanto doutrinária quanto normativamente, na categorização de *pessoas necessitadas em termos ecológicos (ou socioambientais)*[24]. A utilização da expressão pessoas necessitadas em termos ecológicos (ou socioambientais) tem por objetivo guardar sintonia com o nosso texto constitucional (art. 134, *caput*), bem como com o art. 1º da LC 80/94 (Lei Orgânica Nacional da Defensoria Pública), com redação trazida pela LC 132/2009, ressalvando-se que a condição de *necessitado*, inclusive na perspectiva da assistência jurídica integral e gratuita prestada pela Defensoria Pública, não se restringe apenas à perspectiva econômica – consagrada no art. 2º, parágrafo único, da Lei 1.060/50 –, mas abarca também outras hipóteses em que indivíduos ou mesmo grupos sociais encontram-se em situação de vulnerabilidade existencial no tocante aos seus direitos fundamentais (liberais, sociais e ecológicos) e dignidade.

De acordo com as Regras de Brasília sobre Acesso à Justiça das Pessoas em Condições de Vulnerabilidade, aprovadas no âmbito da XIV Conferência Judicial Ibero-Americana (Brasília, 2008), consideram-se *pessoas em condição de vulnerabilidade* aquelas "que, por razão da sua idade, gênero, estado físico ou mental, ou por circunstâncias sociais, econômicas, étnicas e/ou culturais, encontram especiais dificuldades em exercitar com plenitude

---

24. FENSTERSEIFER, Tiago. A legitimidade da Defensoria Pública para a propositura da ação civil pública ambiental e a caracterização de pessoas necessitadas em termos (socio)ambientais: uma questão de acesso à justiça (socio)ambiental. *Revista de Processo*, São Paulo, v. 193, mar. 2011. p. 53-100.

perante o sistema de justiça os direitos reconhecidos pelo ordenamento jurídico". Ainda, do mesmo documento, consta que poderão constituir causas de vulnerabilidade, entre outras – e aí fica o registro de que não se trata de rol taxativo, mas apenas exemplificativo –, as seguintes: a idade, a incapacidade, a pertença a comunidades indígenas ou a minorias, a vitimização, a migração e o deslocamento interno, a pobreza, o gênero e a privação de liberdade[25]. O conceito de *pessoas em condição de vulnerabilidade* não difere substancialmente do conceito de *pessoas necessitadas*, especialmente se tomarmos o seu sentido mais amplo, de acordo com o entendimento por nós sustentado, não se restringindo, portanto, apenas à perspectiva econômica. Ao fim e ao cabo, tanto a necessidade em sentido estrito – com viés puramente econômico – quanto à necessidade em sentido amplo – em termos de vulnerabilidade – conduzem à legitimidade da atuação da Defensoria Pública na tutela e promoção dos direitos das pessoas que se enquadrarem em tais situações. Em sintonia com tudo o que foi arrazoado até aqui, a ausência de condições ambientais favoráveis – com qualidade, higidez e segurança –, coloca o indivíduo e mesmo determinados grupos sociais na condição de pessoa necessitada ou vulnerável, uma vez que certamente tais pessoas encontrar-se-ão em especial dificuldade de "exercitar com plenitude perante o Sistema de Justiça os direitos reconhecidos pelo ordenamento jurídico".

A compreensão suscitada está de acordo com o entendimento de Ada Pellegrini Grinover, ao defender que "existem os que são *necessitados no plano econômico*, mas também existem os *necessitados do ponto de vista organizacional*. Ou seja, todos aqueles que são socialmente vulneráveis: os consumidores, os usuários de serviços públicos, os usuários de planos de saúde, os que queiram implementar ou contestar políticas públicas, como as atinentes à saúde, à moradia, ao saneamento básico, ao meio ambiente etc."[26]. Portanto, tanto a necessidade em sentido estrito – com viés puramente econômico – quanto a necessidade em sentido amplo – em termos de vulnerabilidade de determinados grupos sociais – conduzem à legitimidade da atuação da Defensoria Pública na tutela e promoção dos direitos das pessoas que se enquadrarem em tais situações. A ausência de condições ambientais favoráveis – com qualidade, higidez e segurança –, também coloca o indivíduo (e mesmo grupos sociais inteiros) na condição de necessitado ou vulnerável, merecendo proteção especial da sociedade e do Estado, uma vez que certamente tais pessoas encontrar-se-ão em especial dificuldade de exercitar com plenitude os direitos reconhecidos pelo ordenamento jurídico e se inserirem no pacto político-jurídico estabelecido pela nossa Lei Fundamental de 1988.

---

25. CÚPULA JUDICIAL IBERO-AMERICANA. *Regras de Brasília sobre acesso à justiça das pessoas em condições de vulnerabilidade* (2008). Disponível em: [www.defensoria.sp.gov.br/dpesp/repositorio/0/100%20Regras%20de%20Acesso%20%c3%a0%20Justi%c3%a7a.pdf].

26. GRINOVER, Ada Pellegrini. Parecer a respeito da constitucionalidade da Lei 11.448/07, que conferiu legitimidade ampla à Defensoria Pública para a ação civil pública. In: SOUSA, José Augusto Garcia de (Coord.). *Uma nova Defensoria Pública pede passagem*: reflexões sobre a Lei Complementar 132/09. Rio de Janeiro: Lumen Juris, 2011. p. 483.

DIREITO DOS DESASTRES

Délton Winter de Carvalho[1]

Sumário: Introdução. 1. Fatores de ampliação dos riscos e dos custos dos desastres na sociedade contemporânea. 2. A sensitividade climática como fator de multiplicação de riscos de desastres. 3. Direito dos desastres e direito ambiental. 4. O contexto brasileiro e suas estratégias normativas. 5. O papel do Direito dos Desastres. 5.1. Dinâmica e estabilidade. 5.2. O ciclo dos desastres. 5.3. Interdisciplinaridade e autonomia. 5.3.1. Interdisciplinaridade. 5.3.2. Autonomia. 6. Conceito jurídico de desastres. 7. Objetos funcionais do direito dos desastres. 7.1. Prevenção e mitigação. 7.2. Respostas de emergência. 7.3. Compensação. 7.4. Reconstrução. 8. Organizações e desastres: o papel do Estado de Direito Ambiental. 9. Os riscos catastróficos e a ênfase de sua administração pelo Direito Ambiental. 9.1. Tratamento da incerteza e da informação ambiental em riscos de desastres. 10. Direito dos desastres e direito ambiental: um aprendizado recíproco. 11. Eventos recentes no Brasil. 11.1. O Desastre em Mariana, 2015. 11.1.1. O Desastre em Mariana e suas consequências catastróficas. 11.1.2. Lições regulatórias da ruptura da barragem. 11.2. O desastre de Brumadinho, 2019: uma análise das narrativas de uma catástrofe a partir do Direito dos Desastres. 11.2.1. Qual espécie de desastre é a ruptura da barragem de Brumadinho?. 11.2.2. Vulnerabilidade tecnológica. 11.2.3. Circularidade do risco e aumento da sua conscientização (*risk awareness*). 11.2.4. O fechamento do ciclo. 11.3. A Pandemia COVID-19.

Introdução

Sempre houve catástrofes na história humana. Contudo, tais eventos vão adquirindo, na evolução social, sentidos diversos ao longo do processo histórico. No medievo, os desastres eram atribuídos, assim como os riscos, a razões divinas, estando ligados diretamente a uma noção de *destino*.[2] Em um segundo momento histórico, há o deslocamento

---

1. Advogado. Parecerista e Consultor jurídico em matéria de Direito Ambiental. Pós-Doutor em Direito Ambiental e dos Desastres pela University of California at Berkeley, USA. Doutor e Mestre em Direito pela UNISINOS. Professor do programa de pós-graduação em Direito da UNISINOS, nível mestrado e doutorado. Líder do Grupo de Pesquisa Direito, Risco e Ecocomplexidade, cadastrado no CNPQ. Autor de diversos artigos publicados nacional e internacionalmente, sendo ainda autor dos livros Gestão jurídica ambiental (São Paulo: Ed. RT, 2017); Desastres ambientais e sua regulação jurídica: deveres de prevenção, resposta e compensação (2ª ed. São Paulo: Ed. RT, 2020); em coautoria com Daniel Farber, Estudos aprofundados em direito dos desastres: interfaces comparadas (2ª ed. Curitiba: Prismas, 2019); Dano ambiental futuro: a responsabilização civil pelo risco (2. ed. Porto Alegre: Livraria do Advogado, 2013); e, em coautoria com Fernanda Dalla Libera Damacena, Direito dos desastres (Porto Alegre: Livraria do Advogado, 2013).
2. LUHMANN, Niklas. Risk: a sociological theory. New Jersey: Aldine Transaction, 2008. p. 8 e ss.; FARBER, Daniel; CHEN, Jim; VERCHICK, Robert R. M.; SUN, Lisa Grow. Disaster law and policy. New York: Aspen Publishers, 2010.

dessa semântica em direção à ideia de *progresso*. A partir do iluminismo e da modernidade, os desastres passaram a consistir em eventos que serviam de importante ponto de partida evolutivo, exigindo reflexões, tomadas de decisão e, acima de tudo, antecipação pelos governantes, gestores privados e população em geral. Um marco histórico nesse sentido consiste no terremoto que atingiu a cidade de Lisboa em 1755 que, seguido de múltiplos focos de incêndio e um *tsunami*, destruiu a cidade lusitana inteira. Esse consiste no *primeiro desastre moderno*[3], uma vez que foi a partir de sua ocorrência que, apesar de católicos e protestantes verem no destino e na mão de Deus a resposta para esta ocorrência catastrófica[4], durante as fases de resposta e de recuperação, os cidadãos passaram a demandar mais do governo e começaram a se ver como agentes de transformação do meio ambiente. Um terceiro momento efetua a convergência dessas racionalidades históricas para lidar com o risco e os desastres, tendo estes não apenas como fomento do medo, resultado inexorável do progresso, mas, principalmente, como fonte de ponderação para processos de tomada de decisão em contextos de racionalidade limitada (*bounded racionality*).

Assim, há, nitidamente, na história, uma passagem de um momento em que os desastres eram compreendidos apenas como eventos divinos, incontroláveis e exteriores, em direção a um momento em que estes servem como parâmetro que justifica uma *antecipação racional*, seja a partir das informações científicas disponíveis ou mesmo dos aprendizados obtidos com o passado. Esse processo é acompanhado pela superação de um *paradigma da decisão pelo medo*, aprisionado em observações místicas e religiosas, em direção a processos orientados a uma *racionalização das incertezas* inerentes aos riscos e perigos catastróficos, inserido este em uma *matriz construtivista* (proativa).

Em face da carência de uma sistematização de um direito regulatório ao tratamento dos desastres ambientais em nossa tradição pátria, a presente abordagem se faz a partir de pesquisas bibliográfica e documental com a utilização de direito comparado de tradições mais afetas ao tema, com destaque ao cenário jurídico norte-americano. Ainda, a fim de analisar a capacidade estruturante do Direito dos Desastres Ambientais em nossa tradição, o presente trabalho também se debruça, metodologicamente, sobre instrumentos normativos, jurisprudenciais e doutrinários pátrios.

Para tanto, parece necessário o enfrentamento temático, em um primeiro momento, do contexto social contemporâneo e a intensificação dos desastres na atualidade, demonstrando a relevância de um sistema legal seguro e ágil para o tratamento das incertezas, indeterminações e gravidade destes fenômenos.

Não obstante as dificuldades na definição de um sentido juridicamente operacionalizável para os desastres, essa se faz condição essencial para os processos de tomada de decisão que envolvam a prevenção, o atendimento ou a recuperação destes. Por essa razão, se faz essencial a incursão semântica aos múltiplos sentidos possíveis atinentes aos desastres e sua capacidade de orientar os processos de tomada de decisão em contextos de catástrofes.

---

3. FARBER, Daniel; CHEN, Jim; VERCHICK, Robert R. M.; SUN, Lisa Grow. Disaster Law and Policy. New York: Aspen Publishers, 2010. p. 1.
4. SHRADY, Nicholas. O último dia do mundo: fúria, ruína e razão no grande terremoto de Lisboa de 1755. Rio de Janeiro: Objetiva, 2011. p. 162.

Em seguida, o presente trabalho passa a analisar os fatores de amplificação dos riscos e dos custos dos desastres na Sociedade, demonstrando a sinergia de fatores socioeconômicos (as condições econômicas modernas; o crescimento populacional e tendência demográfica; as decisões acerca da ocupação do solo; a infraestrutura verde e construída; as mudanças climáticas) e a necessidade de sua regulação preventiva pelo Direito.

A fim de iniciar a descrição da capacidade sistêmica de um direito regulatório dos desastres ambientais, necessária se faz uma atenta descrição dos objetos funcionais deste ramo, convergindo estes a um *círculo de gestão do risco* ao longo das fases de prevenção e mitigação, de atendimento emergencial, de compensação das vítimas e de recuperação. Sob o aspecto institucional, os desastres ambientais apresentam, ainda, relação direta com as organizações, quer tendo as falhas operacionais organizacionais como fontes quer na relevância que estas detêm para a consecução eficaz de uma política integrada de regulação dos desastres ambientais, sob a égide de significância do Estado de Direito Ambiental.

Assim como Chernobyl[5] marca a entrada da Sociedade Contemporânea na era do risco global[6], Fukushima[7] parece estabelecer o início de uma nova era em que tais realidades são ainda mais potencializadas por eventos de colapso socioambientais (com causas naturais e humanas) de enorme capacidade destrutiva para o meio ambiente, patrimônio e vidas humanas. Não se trata de catastrofismo, mas do incremento das indeterminações que envolvem os processos de tomada de decisão na Sociedade Contemporânea. O simbolismo de Fukushima vai além daquele representado por Chernobyl. Isso ocorre em razão do acidente nuclear de Chernobyl ter sido um *acidente tecnológico* (*man-made disaster*). Já Fukushima apresenta uma cadeia de fatores (terremoto seguido de *tsunami* que, ao atingir o sistema de refrigeração dos reatores nucleares, provocou diversas explosões nucleares), sinergeticamente combinados em feixes causais de *impensável quantificação probabilística* e de consequências catastróficas. Não se trata apenas de um desastre de causalidade

---

5. Uma das mais significativas e abrangentes catástrofes tecnológicas na história da humanidade ocorreu em uma pequena cidade ucraniana às margens do Rio Pripyat. Milhões de pessoas (por várias estimativas, entre 5 e 8 milhões) ainda residem em áreas que continuarão altamente contaminadas por muitos anos ainda pela poluição radioativa de Chernobyl. Bastaram algumas horas, depois da explosão do reator 4 da central nuclear de Chernobyl, na Ucrânia, no dia 26 de abril de 1986, para tornar inabitáveis e incultiváveis durante dezenas de anos cerca de 40 mil quilômetros quadrados (Chernobyl: Os efeitos e seqüelas para o ser humano. Acidentes, desastres, riscos, ciência e tecnologia. Dezembro (2007). Disponível em: [http://zonaderisco.blogspot.com/2007/12/bastaram-algumas-horas-depois-da.html]. Acesso em 10.04.2021).
6. BECK, Ulrich. Risk society: towards a new modernity. London: Sage, 1992; BECK, Ulrich. La sociedad del riesgo global. Madrid: Siglo Vientiuno, 2002; LUHMANN, Niklas. Risk: a sociological theory. New Jersey: Aldine Transaction, 2008.
7. No dia 11.03.2011, de um ponto a 32 quilômetros de profundidade no Oceano Pacífico, a 400 quilômetros de Tóquio, irrompeu um tremor de magnitude 8,9 na escala Richter. Ao irromper o equilíbrio das águas, o deslocamento das placas tectônicas deu origem a ondas gigantes, de até 10 metros de altura e velocidade de 800 quilômetros por hora. Foi o maior terremoto da história do Japão e o sétimo mais violento do mundo. Quatro usinas nucleares da região atingida pelo terremoto foram desligadas por precaução. Uma delas, a de Fukushima, teve problemas no sistema de resfriamento elétrico, o que resultou no segundo maior acidente nuclear da história, comparado à Chernobyl. Até o dia 13 de março, o número de mortos era de 13.000 (CABRAL, Otávio. Terremoto, tsunami e choque. Veja. 16 março de 2011. p. 82-96).

mista (natural e antropogênica), mas de um fenômeno de pior cenário concebível (*worst-case scenarious*[8]) e de complexidade inabarcável (*ecocomplexidade*[9]). Além disso, enquanto Chernobyl tem uma matriz industrial potencializada, comportando algum controle e decisões, o desastre de Fukushima torna extremamente turva a distinção entre risco (passível de algum controle pelos processos de tomada de decisão pelos sistemas sociais) e perigo (completamente alheio ao sistema social).[10] Há, assim, uma maior dificuldade em diagnosticar a distinção entre riscos e perigos, o que se dá, paradoxalmente, a partir da maior capacidade decisória tecnológica atual e, consequentemente, do concomitante incremento das indeterminações pela ampliação das possibilidades que engendram as catástrofes atuais. Na *Sociedade Pós-Industrial,* apresentada ao mundo pela explosão do reator nuclear de Chernobyl, tem-se a *normalização dos perigos*[11], num processo de ocultação das causalidades que envolvem os riscos abstratos. Contudo, a atualidade nos está trazendo a uma normalização das consequências daquela formatação social, isto é, está-se diante da concretização dos riscos negligenciados, numa *normalização dos desastres.* A inexistência de uma estrutura jurídica específica para o tratamento dos desastres ambientais (naturais e antropogênicos) bem como a intensificação de tais eventos no país, nos últimos anos, lança a necessidade da constituição de uma análise introdutória acerca destes eventos e sua

---

8. Sobre o tema: SUNSTEIN, Cass R. Worst-Case scenarios. Cambridge: Harvard University Press, 2007.
9. CARVALHO, Délton Winter de. Aspectos epistemológicos da ecologização do direito: reflexões sobre a formação dos critérios para análise da prova científica. Scientia Iuridica, n. 324, tomo LIX, Braga: Universidade do Minho, 2010.
10. Cumpre esclarecer que, ao longo do presente trabalho, adota-se um conceito de risco e de perigo a partir de uma matriz sistêmica, para a qual o risco consiste em consequências adversas e indesejadas dos processos de tomada de decisão, sendo a sua observação possível a partir do binômio probabilidade/improbabilidade. Dessa forma, o risco está ligado a uma ideia de consequências futuras de decisão, havendo um grau variável nas possibilidades de sua observação, racionalização, controle e previsibilidade pelo sistema em que se toma a decisão. Ao contrário, o perigo consiste em consequências adversas provenientes do exterior do sistema atingido por este, uma vez que a capacidade de decisão acerca de sua produção, distribuição ou gestão é alheia ao sistema atingido. Nesses termos, a distinção entre o risco e o perigo se dá pela perspectiva diversa existente entre estes, enquanto o risco representa a observação do sistema em que o processo de tomada de decisão foi/será tomado (racionalidade limitada), o perigo representa a perspectiva dos atingidos pela possibilidade de futuras consequências indesejáveis de uma decisão, cujo controle, informação, sentido e gestão lhe são inacessíveis. Acerca dessa concepção de risco, ver: LUHMANN, Niklas. Risk: a sociological theory. New Jersey: Aldine Transaction, 2008. Contudo, a adoção do presente sentido atribuído ao risco/perigo não pretende excluir, de forma absoluta, uma distinção, realizada especialmente no âmbito da Doutrina Internacional de Direito Ambiental para a qual o risco seria um perigo pressentido, mas não demonstrado, ao passo que o perigo estaria caracterizado quando demonstrada sua altíssima probabilidade. Assim, o risco seria entendido como a eventualidade de sofrer um dano futuro, numa acepção de maior incerteza do que aquela prevista ao perigo. Portanto, a tênue linha divisória entre risco e perigo dar-se-ia pela previsibilidade (WINTER, Gerd. European environmental law: a comparative perspective. Aldershot: Dartmouth, 1996. p. 41).
11. Para Ulrich Beck as instituições da sociedade industrial desenvolvida (política, direito, ciências da técnica, empresas industriais) dispõem de um amplo arsenal para a normalização dos perigos que não são calculáveis. Esse processo de normalização dos perigos, segundo o autor, leva a uma depreciação da magnitude destes, forçando-os a "um anonimato causal e jurídico" (BECK, Ulrich. De la sociedad industrial a la del riesgo: cuestiones de supervivência, estructura social e ilustración ecológica. Revista Occidente, n. 150, 1993. p. 28).

relação com o Direito Ambiental. Da mesma forma, o déficit de estruturação deste tema nos diversos sistemas sociais (política, direito, economia, técnica) torna determinadas regiões do planeta ainda mais vulneráveis em relação a tais eventos.

Os desastres climáticos, por exemplo, estão em crescimento, conforme demonstra o Relatório de Desenvolvimento Humano de 2007-2008 das Nações Unidas, tornando mais complexos os padrões e modelos de avaliação de riscos e perigos, bem como tornando cada vez mais turvas as intersecções entre danos ambientais tradicionais e aqueles dotados de especificidades de desastres (grande magnitude, duradouros e efeitos combinados sinergeticamente). Apenas para se ter uma ideia, entre 2000 e 2004, foi registrada uma média de 326 desastres climáticos por ano. Estima-se que, nesse período, aproximadamente 262 milhões de pessoas vivenciaram desastres climáticos, por ano, o que consiste em mais do que o dobro da média registrada na primeira metade da década de oitenta.[12]

1. Fatores de ampliação dos riscos e dos custos dos desastres na sociedade contemporânea

Nas últimas décadas, tem havido um aumento tanto nos riscos como nos custos que envolvem os desastres ambientais, especialmente dos chamados *naturais*, em razão de alguns fatores determinantes para a amplificação da sua ocorrência e magnitude. Tais fatores de potencialização dos riscos e dos custos socioambientais dos desastres consistem (*i*) nas condições econômicas modernas; (*ii*) no crescimento populacional e tendência demográfica; (*iii*) decisões acerca da ocupação do solo; (*iv*) infraestrutura verde e construída; (*v*) mudanças climáticas.[13] No que diz respeito às condições econômicas modernas, os desastres tendem a ocorrer ou serem potencializados em razão da matriz econômica *just in time* e da interdependência de infraestrutura, características à Sociedade Moderna.[14] A evolução econômica centrada na predominância dessa matriz de cadeia de fornecimento de produtos tem por princípio *a produção industrial por demanda*, o que elimina os estoques de produtos que poderiam minimizar o efeito relacionado à interrupção nas cadeias de fornecimento de bens, produtos e serviços básicos, essenciais em situações de catástrofes. Da mesma forma, a interconectividade do sistema econômico industrial tende a proporcionar situações em que o colapso na produção de uma indústria tenha repercussão numa série de outras empresas interdependentes. Assim, por exemplo, a falta de abastecimento no fornecimento de energia, comum em eventos catastróficos, terá como consequência imediata o comprometimento de setores essenciais ao atendimento emergencial de desastres, tais como hospitais, abastecimento e conservação de produtos de alimentação, indústria, comércio, transporte e muitos outros.

---

12. Nações Unidas para o Desenvolvimento – PNUD. Choques climáticos: risco e vulnerabilidade em um mundo desigual. Relatório de Desenvolvimento Humano 2007-2008. Coimbra: Almedina, 2007. p. 75.
13. CARVALHO, Délton Winter de. *Desastres Ambientais e sua Regulação Jurídica:* deveres de prevenção, resposta e compensação ambiental. 2ª ed. São Paulo: Revista dos Tribunais, 2020. p. 33-35; CARVALHO, Délton Winter de; DAMACENA, Fernanda Dalla Libera. Direito dos desastres. Porto Alegre: Livraria do Advogado, 2013. p. 47-62. FARBER, Daniel et. al. Disaster law and policy... cit. p. 9-73.
14. Ibidem, p. 10-11.

Os riscos de desastres são "altamente concentrados geograficamente", em decorrência do crescimento populacional global e de uma tendência de concentração populacional em áreas particularmente vulneráveis a desastres naturais. A característica desses desastres é marcada pela ocorrência de eventos que, apesar de pontuais, apresentam uma crescente magnitude em razão de sua ocorrência em áreas com grandes concentrações populacionais e bens econômicos vulneráveis.[15] As decisões de ocupação do solo também consistem em fatores de incremento dos riscos e custos decorrentes dos desastres. A ocupação de áreas de risco é um fator determinante para a ocorrência ou o agravamento de um evento à condição de desastre. É a partir da ocupação de áreas especialmente vulneráveis que se tem uma intensificação das probabilidades e magnitudes de riscos de inundações, deslizamentos, terremotos, incêndios, entre outros. Esse fator de agravamento de riscos catastróficos é especialmente relevante no caso brasileiro, uma vez que os desastres ambientais, cada vez mais constantes no País, apresentam relação direta com a ocupação irregular de áreas de preservação permanente – APP (vegetação em topo e encostas de morros, nas margens de rios, lagos e lagoas artificiais etc.). Nesse sentido, os deslizamentos ocorridos no vale do rio Itajaí em 2008 e na zona serrana do Rio de Janeiro em 2011 têm ligação importante, porém não exclusiva, com o estado de conservação da vegetação natural nos topos de morros, nas encostas e mesmo nos sopés.[16] Essas áreas atuam como "infraestruturas verdes" de proteção às catástrofes (como veremos a seguir), sendo a sua ocupação irregular um dos principais fatores de ocorrência e potencialização de desastres naturais no Brasil.[17] Tais decisões (no sentido de se viver em localidades de risco) são marcadas não apenas pela

---

15. United Nations International Strategy for Disaster Reduction Secretariat (UNISDR). Global assessment report on disaster risk reduction. Chapter 1. The global challenge: disaster risk, poverty, and climate change. Geneva/Switzerland: United Nations. p. 6.
16. SILVA, J.A.A. (Coord.). O Código Florestal e a ciência: contribuições para o diálogo. São Paulo: Sociedade Brasileira para o Progresso da Ciência – SBPC; Academia Brasileira de Ciências – ABC, 2011. p. 69.
17. Este fator de intensificação dos desastres foi objeto de recente decisão do Superior Tribunal de Justiça – STJ: "Processual civil, administrativo, ambiental e urbanístico. Loteamento City Lapa. Ação civil pública. Ação de nunciação de obra nova. Restrições urbanístico-ambientais convencionais estabelecidas pelo loteador. Estipulação contratual em favor de terceiro, de natureza propter rem. Descumprimento. Prédio de nove andares, em área onde só se admitem residências uni familiares. Pedido de demolição. Vício de legalidade e de legitimidade do alvará. Ius variandi atribuído ao município. Incidência do princípio da não regressão (ou da proibição de retrocesso) urbanístico-ambiental. Violação ao art. 26, VII, da Lei 6.766/79 (Lei Lehmann), ao art. 572 do Código Civil de 1916 (art. 1.299 do Código Civil de 2002) e à legislação municipal. Art. 334, I, do Código de Processo Civil. Voto-mérito. 1. As restrições urbanístico-ambientais convencionais, historicamente de pouco uso ou respeito no caos das cidades brasileiras, estão em ascensão, entre nós e no Direito Comparado, como veículo de estímulo a um novo consensualismo solidarista, coletivo e intergeracional, tendo por objetivo primário garantir às gerações presentes e futuras espaços de convivência urbana marcados pela qualidade de vida, valor estético, áreas verdes e proteção contra desastres naturais. [...] 3. O interesse público nas restrições urbanístico-ambientais em loteamentos decorre do conteúdo dos ônus enumerados, mas igualmente do licenciamento do empreendimento pela própria Administração e da extensão de seus efeitos, que iluminam simultaneamente os vizinhos internos (= coletividade menor) e os externos (= coletividade maior), de hoje como do amanhã. [...] Recurso Especial não provido" (REsp 302906/SP, rel. Min. Herman Benjamin, Segunda Turma, j. 26.08.2010, DJe 01.12.2010) (grifos nossos).

vulnerabilidade social de determinadas comunidades,[18] mas também estão delineadas pela ordenação local do solo (medidas não estruturais), sendo estas altamente influenciadas, no contexto brasileiro, pela gestão pública municipal.[19] A importância da *infraestrutura verde* ou natural, como elemento de proteção a desastres, se dá em razão dos serviços prestados pelos recursos naturais, justificando uma atenta manutenção e monitoramento destes bens. O sentido atribuído à infraestrutura verde é constituído em distinção àquilo que tradicionalmente chamamos de infraestrutura (cinza ou construída), tendo como exemplo as barragens, os diques, as estradas, entre outras obras de engenharia civil. A infraestrutura natural, por sua vez, tem como espécies as áreas alagadas, as florestas, as marismas, as dunas, as restingas, entre outros ecossistemas capazes de atuar como proteção a desastres naturais. Esses podem ajudar a lidar com os desastres em duas formas. Primeiro, atuando como um bloqueio natural aos impactos de um desastre, diminuindo ou desviando as forças da natureza da direção das comunidades humanas. Ainda, após os impactos, essa servirá novamente para prover bens e serviços de fundamental importância para a recuperação econômica e física do local atingido.[20] Sob essa perspectiva, a observação do meio ambiente como infraestrutura verde demonstra não apenas sua condição de *bem* ambiental, mas também de *serviços* ecossistêmicos[21], o que encoraja a uma maior valorização no monitoramento, manutenção e recuperação destas áreas. Tais infraestruturas têm um enorme potencial para a proteção das comunidades humanas de inundações, terremotos, tempestades, furacões, fogos, deslizamentos, entre outras catástrofes.[22] A exemplo da infraestrutura natural, aquelas construídas pelo homem também apresentam uma relevância essencial de serviço e função pública de proteção a desastres. Nessa espécie, que adota uma perspectiva mais tradicional, destaca-se a importância da qualidade da concepção, da construção e, sobretudo, da manutenção dessas obras de engenharia civil.[23] Contudo, em virtude da grande dificuldade de descrição e quantificação exata desses serviços, bem como da indeterminação dos beneficiários dos serviços ambientais, há grande dificuldade de atribuição de instrumentos de financiamento para manutenção econômica sustentável dessas áreas, consistindo este num importante desafio à manutenção das estruturas

---

18. United Nations International Strategy for Disaster Reduction Secretariat (UNISDR). Global assessment report on disaster risk reduction. Chapter 1. The Global Challenge: Disaster Risk, Poverty, and Climate Change.
19. A competência municipal para ordenação do solo urbano é proveniente do próprio texto Constitucional, uma vez que o art. 30, VIII, prevê ser de competência do município "promover, no que couber, adequado ordenamento territorial, mediante planejamento e controle do uso, do parcelamento e da ocupação do solo urbano".
20. VERCHICK, Robert R. M. Facing catastrophe: environmental action for a post-Katrina world. Cambridge: Harvard University Press, 2010. p. 25-42.
21. Para Keith H. Hirokawa "'serviços ecossistêmicos' referem-se a uma ampla gama de condições e processos, através dos quais os ecossistemas naturais e as suas espécies ajudam a sustentar e preencher a vida humana" (tradução livre) (HIROKAWA, Keith H. Disasters and ecosystem services deprivation: from cuyahoga to the deepwater horizon. Albany Law Review. v. 48, n. 1, 2011).
22. Acerca das características da infraestrutura natural e sua importância na mitigação aos desastres naturais, ver: VERCHICK, Robert R. M. Facing catastrophe: environmental action for a post-Katrina world. Cambridge: Harvard University Press, 2010. p. 11-24.
23. FARBER, Daniel et. al. Disaster Law and Policy... cit. p. 63-71.

naturais. Finalmente, as mudanças climáticas podem ser tratadas como um fator global e transversal a todos os demais fatores na amplificação dos riscos e dos custos envolvendo a ocorrência de desastres naturais e mistos, principalmente em razão do aumento na ocorrência de eventos climáticos extremos por este fenômeno global.[24] As mudanças climáticas irão, indubitavelmente, intensificar a conexão entre as questões envolvendo desastres e o meio ambiente, numa intensificação das relações entre a regulação dos desastres e o Direito Ambiental.[25] Nesse sentido, estudos científicos começam a traçar uma demonstração acerca das complexas relações causais existentes entre o aquecimento da temperatura do planeta e a intensificação de chuvas. Apesar da impossibilidade de se quantificar o tamanho desta influência, os estudos promovidos pelo *Climate Resarch Division* do Canadá e pela *School of GeoSciences* da Universidade de Edinburgh no Reino Unido são capazes de demonstrar a influência antropogênica nas transformações nas precipitações ocorridas no Hemisfério Norte. Dessa forma, o aumento da intensidade das chuvas nas décadas finais do século XX no Hemisfério Norte (entre 1951 e 1999) não pode ser explicado sem que se tome em consideração as emissões de gases do efeito estufa.[26] A potencialização da complexidade dos problemas postos pelas mudanças climáticas combinam questões tradicionais de controle de poluição com temas que dizem respeito a compensação, seguros e resiliência, numa dimensão de grande especificidade inerente a ocorrência de desastres.[27]

2. A sensitividade climática[28] como fator de multiplicação de riscos de desastres

Em conformidade com dados do EM-DAT (2007), ocorreram 150 registros de desastres naturais no período 1900-2006 no Brasil. Desse total, 84% (oitenta e quatro por cento) ocorreram após a década de 1970, demonstrando um incremento considerável nos registros de ocorrência destes eventos.[29] Segundo os dados do Atlas Brasileiro de Desastres Naturais, de 1991 a 2010, o Brasil registrou 31.909 (trinta e um mil, novecentos e nove) ocorrências de desastres, sendo na década de 1990 registradas 8.671 (equivalente a 27%) ocorrências e na década de 2000, 23.238 (73%).[30] Tais dados comprovam (e demonstram) o frequente discurso de um crescimento significativo destes eventos e seus registros.[31]

---

24. Conforme Painel Intergovernamental de Mudanças Climáticas – IPCC. Climate Change 2007: synthesis report. p. 36-37. Disponível em: [www.ipcc.ch/]. Acesso em: 23.11.2009.
25. FARBER, Daniel. Symposium introduction: navigating the intersection of environmental law and disaster law. Disponível em: [http://lawreview.byu.edu/articles/1325732020_01Farber.FIN.pdf]. Acesso em: 11.01.2012.
26. MIN, Seung-Ki; ZHANG, Xuebin; ZWIERS, Francis W; HEGERL, Gabriele C. Letter: human contribution to more-intense precipitation extremes. Nature. n. 378, v. 470, fev. 2011. p. 1-4.
27. FARBER, Daniel. Symposium introduction: navigating the intersection of environmental law and disaster law... cit. p. 1.813.
28. Em linhas gerais, toma-se no presente trabalho o sentido de sensividade climática a medida corrente para analisar quão intensamente o sistema climático responde às mudanças nos níveis de gases do efeito estufa (greenhouse gases).
29. Neste sentido, ver: [www.inpe.br/crs/geodesastres/nobrasil.php]. Aceso em: 21.03.2013.
30. Atlas Brasileiro de Desastres Naturais 1991 a 2010: volume Brasil. Florianópolis: CEPED UFSC, 2012. p. 28.
31. Ibidem, p. 28.

Chama, nesse sentido, atenção o estudo realizado pelo *National Research Council of National Academies*[32] dos Estados Unidos, cujo conteúdo provê uma avaliação científica das implicações ocasionadas por várias metas de estabilização do clima. Nesse documento, conclui-se que em certos níveis de aquecimento global, associados com emissões de dióxido de carbono, estes poderão atingir a terra bem como as futuras gerações humanas em impactos de grande magnitude. O referido estudo apresenta, diante do progresso científico recente, um aumento de confiança na relação de como o aumento global da temperatura afeta os padrões de precipitação, ondas de calor extremo, ciclo hidrológico, recuo das geleiras no oceano, redução das colheitas, branqueamento dos corais e aumento do nível dos oceanos.[33] O estudo, finalmente, apresenta a relação entre a elevação da temperatura (analisando modelos de elevação da temperatura em cada grau centígrado[34]) e a respectiva intensificação dos eventos climáticos extremos tais como furacões, temperaturas extremas, chuvas extremas, derretimento das geleiras e neve, aumento do nível dos oceanos, queda na produtividade agrícola, incêndios, infraestrutura, serviços ecossistêmicos, entre outros.[35] Apesar do referido estudo ter por objeto os impactos regionais dos efeitos das mudanças climáticas, limitando o foco de abrangência do estudo ao território norte-americano, este serve de relevante base para a análise do importante papel das mudanças climáticas na intensificação na ocorrência de desastres desencadeados ou potencializados por eventos climáticos extremos. Na verdade, tais estudos acabam por aprofundar e confirmar o relatório do *Intergovernmental Panel on Climate Change 2007*, cujo conteúdo final afirma ser *muito provável* (*very likely*, de 90-100%) o aumento dos impactos decorrentes das mudanças climáticas, em razão do aumento de frequência e da intensidade de alguns eventos climáticos extremos, aonde recentes eventos têm demonstrado que a vulnerabilidade de alguns setores e regiões, incluindo países desenvolvidos, em relação a ondas de calor, ciclones tropicais, enchentes e secas, fornecendo razões mais contundentes para preocupação.[36] As perdas econômicas e de valores segurados decorrentes de grandes catástrofes naturais – tais como furacões, terremotos e inundações – também têm sofrido significativo incremento em escala mundial nos anos recentes. Uma comparação dessas perdas econômicas revela um enorme crescimento: $ 53.6 bilhões de dólares (1950-1959), $ 93.3 bilhões (1960-1969), $ 161.7 bilhões (1970-1979), $ 262.9 bilhões (1980-1989) e $ 778.3 bilhões (1990-1999). Entre 2000 e 2008, as perdas totalizaram $ 620.6 bilhões,

---

32. National Research Council. Climate stabilization targets: emissions, concentrations, and impacts over decade to millennia. Washington, DC: National Academies Press, 2011.
33. Ibidem, p. 15.
34. O referido apresenta modelos e análises acerca das prováveis consequências em curto, médio e longo prazo em decorrência de aumento da temperatura do planeta, em cenários diversos que abarcam um acréscimo de 1 a 5 graus Celsius. Cabe observar, neste sentido, que, apesar de 5 centigrados não parecer muito, esta equivaleria "a uma mudança das temperaturas médias da última era do gelo aos tempos atuais", sendo, esta elevação, um evento "realmente muito perigoso" (STERN, Nicholas. The economics of climate change: the Stern review. Cambridge: Cambridge University Press, 2008. p. xvi).
35. Ibidem, p. 118-233.
36. Intergovernmental Panel on Climate Change – IPCC. Climate Change 2007: synthesis report. p. 72. Disponível em: [www.ipcc.ch]. Acesso em: 11.04.2013.

principalmente como um resultado das temporadas de furacões em 2004, 2005 e 2008 que repercutiram em níveis históricos de destruição.[37] Tais cenários acompanham previsão realizada pelo *Intergovernmental Panel on Climate Change – IPCC*, ao confirmar ser *muito provável* (*very likely*, o que, em outras tintas, consiste em uma probabilidade de 90-100%) que calores extremos, ondas de calor e precipitações intensas tornar-se-ão mais frequentes.[38] Deve-se fazer a advertência acerca da atual impossibilidade de descrições causais, lineares e conclusivas acerca dos fatores de contribuição para a recente intensificação dos desastres, contudo alguns elementos parecem dignos de destaque e de confiabilidade científica. Nesse sentido, muito deste incremento dos registros de ocorrência de desastres tem relação (sinergética e cumulativa) com o aumento do acesso à informação (registro e disseminação) bem como crescimento populacional (particularmente relevante uma vez que o crescimento mais significativo se dá em zonas costeiras e acréscimo de capital em áreas de risco). Não obstante as persistentes incertezas científicas[39], as mudanças climáticas (i) parecem exercer um destacado papel neste cenário, juntamente com outros fatores de amplificação dos riscos e custos de desastres, tais como (ii) as condições econômicas modernas; (iii) o crescimento populacional e a tendência demográfica; (iv) as decisões acerca da ocupação do solo; (v) a infraestrutura verde e construída.[40] Apesar da existência de significativas dúvidas científicas, parece cada vez mais claro que as mudanças climáticas apresentam um grau considerável na intensificação desses eventos (climáticos extremos) e suas consequências nas últimas décadas. Atualmente tem-se por *inequívoco*[41] o aquecimento do sistema climático, sendo este evidenciado a partir do aumento da média global das temperaturas do ar e do oceano, derretimento de neve generalizado e aumento do nível do mar. Em conformidade com *Relatório Especial do Painel Intergovernamental para Mudanças Climáticas de 2012* há *evidência* que alguns eventos extremos tem apresentado alterações em decorrência de influência antropogênica, incluindo o aumento das concentrações atmosféricas de gases do efeito estufa (*greenhouse gases*), sendo provável (*likely*, isto é, uma probabilidade 66-100%) que influências antropogênicas têm levado ao aquecimento da temperatura extrema diária mínima e máxima em escala global. Ainda, há confiança média (*medium confidence*) que tais influências têm contribuído

---

37. MUNICH RE. Topics Geo: catastrophes 2008. Munich: Munich Re. Disponível em: [www.munichre.com/publications/302-06022_en.pdf]. Acesso em: 14.12.2009. Reflexões acerca desses dados ver: KRUNREUTHER, Howard C.; MICHEL-KERJAN, Erwann O. Market and government failure in insuring and mitigating natural catastrophes: how long-term contracts can help. In: KERN, William (Editor). The economics of natural and unnatural disasters. Michigan: W.E. Upjohn Institute for Employment Research, 2010. p. 12-20.
38. Intergovernmental Panel on Climate Change – IPCC. Climate change 2007: synthesis report. p. 46. Disponível em: [www.ipcc.ch]. Acesso em: 11.04.2013.
39. Disponível em: [www.grida.no/graphicslib/detail/trends-in-natural-disasters_a899]. Acesso em: 21.03.2013.
40. Acerca dos fatores de amplificação dos riscos e custos de desastres, ver: FARBER, Daniel et. al. Disaster law and policy... cit., p. 9-73; CARVALHO, Délton Winter de; DAMACENA, Fernanda Dalla Libera. Direito dos desastres. Porto Alegre: Livraria do Advogado, 2013.
41. Intergovernmental Panel on Climate Change – IPCC. Climate change 2007: synthesis report. p. 30. Disponível em: [www.ipcc.ch]. Acesso em: 11.04.2013.

para a intensificação de precipitação extrema em escala global.[42] As mudanças climáticas exacerbam as vulnerabilidades existentes nos países em desenvolvimento, sendo que os custos econômicos dos desastres naturais e sua frequência têm crescido dramaticamente recentemente. Apesar das perdas econômicas serem maiores nos países desenvolvidos, são nos países em desenvolvimento aonde há maior mortandade em decorrência de desastres recentes (96% de todas as mortes relacionadas a desastres) e estes atingem um maior percentual do produto interno bruto.[43] Diante dessa circunstância, os desastres exacerbam ainda mais a vulnerabilidade e comprometem ainda mais as sensíveis condições econômicas e potenciais de desenvolvimento destes países e comunidades. As experiências atuais acerca de eventos climáticos extremos são capazes de demonstrar quão devastador podem ser secas e inundações, aumentando a pobreza em comunidades e países já vulneráveis.[44]

Ciente dessa relação em que as mudanças climáticas exacerbam a ocorrência de desastres, muitas vezes denominados *naturais*, a Lei 12.608/12 estabelece que a Política Nacional de Proteção e Defesa Civil – PNPDEC deve integrar-se à Políticas Nacionais de Mudanças Climáticas.[45] Em um processo circular de retroalimentação, há, ainda, *alta confiança* de que as mudanças climáticas irão impor maiores desafios para a gestão dos riscos catastróficos, dificultando a avaliação, comunicação e gerenciamento destes riscos.[46] As mudanças climáticas, como um multiplicador de riscos (muitas vezes já existentes, porém potencializados pelas consequências de um planeta mais quente), tendem a desestabilizar não apenas o meio ambiente, mas as próprias estruturas sociais, com maior pressão sobre os recursos naturais (tais como água, energia, solo etc.) e entre grupos (comunidades, países, regiões etc.) em disputa por estes. Portanto, a sensitividade climática tende a exercer uma maior pressão no que diz respeito aos chamados desastres "naturais", contudo, estes também podem exercer maior desestabilidade em relações sociais, também intensificando as possibilidades de incremento de desastres antropogênicos. Assim, a ocorrência dos desastres e seu recente incremento têm relação com um padrão cumulativo de exposição[47],

---

42. Special Report of the Intergovernmental Panel on Climate Change – IPCC. Managing the risks of extreme events and disasters to advance climate change adaptation. Cambridge: Cambridge University Press, 2012. p. 7-9.
43. STERN, Nicholas. The economics of climate change: the Stern review. Cambridge: Cambridge University Press, 2008. p. 114.
44. Ibidem, p. 115-118.
45. Art. 3º da Lei 12.608/12. Art. 3º. A PNPDEC abrange as ações de prevenção, preparação, resposta e recuperação voltadas à proteção e defesa civil.
    Parágrafo único: A PNPDEC deve integrar-se às políticas de ordenamento territorial, desenvolvimento urbano, saúde, meio ambiente, mudanças climáticas, gestão de recursos hídricos, geologia, infraestrutura, educação, ciência e tecnologia e às demais políticas setoriais, tendo em vista a promoção do desenvolvimento sustentável.
46. Special Report of the Intergovernmental Panel on Climate Change – IPCC. Managing the risks of extreme events and disasters to advance climate change adaptation. Cambridge: Cambridge University Press, 2012. p. 27.
47. "Exposição consiste na presença (localização) de pessoas, meios de subsistência, serviços e recursos ambientais, infraestrutura, ou ativos econômicos, sociais ou culturais, em locais que possam ser afetados de maneira adversa por eventos físicos, sendo, por tanto, sujeitos a danos futuros potenciais, perdas ou danos" Essa definição, utilizada pelo Special Report of the Intergovernmental Panel

vulnerabilidade[48] e eventos climáticos.[49] Ou seja, os desastres decorrem da combinação de *fatores físicos* e *sociais*, repercutindo em eventos de dimensão suficientemente graves, atingindo vidas humanas, propriedades, serviços e recursos ambientais.

3. Direito dos desastres e direito ambiental

As mudanças climáticas passam a exercer um *nexo de ligação* a partir do qual o direito ambiental encontra o direito dos desastres.[50] As medidas de adaptação às mudanças climáticas e suas consequências serão o local em que haverá uma maior intensidade nas intersecções entre o direito ambiental e o direito dos desastres. Assim, a vulnerabilidade (e as estratégias para a sua redução) consiste(m) num conceito comum tanto à adaptação quanto ao gerenciamento dos riscos catastróficos. Isto é especialmente significativo, quando se reflete neste fenômeno climático como um evento cumulativo constituído histórica, lenta e gradualmente (*slow motion disaster*). Ainda, os déficits na regulação ambiental potencializam a ocorrência de desastres[51], tais como ocupação irregular do solo, contaminações em larga escala, desrespeito a proteção de áreas de preservação permanente, ausência de reservas legais, ocupação de áreas em encostas de morros e áreas propensas a inundações. Assim, *o futuro do direito ambiental num contexto de mudanças climáticas apresenta-se ligado intimamente com o direito dos desastres*. Em outras tintas, o que, na era industrial, consistia num *dano ambiental*, num momento pós-industrial, com todos os fatores cumulativos e incrementos no potencial tecnológico da humanidade, muitas vezes consistirá em um *desastre ambiental*.

---

on Climate Change – IPCC (Managing the risks of extreme events and disasters to advance climate change adaptation. Cambridge: Cambridge University Press, 2012. p. 32), abrange sistemas físicos e biológicos sob o conceito de serviços e recursos ambientais.

48. Já a vulnerabilidade consiste, genericamente, na propensão e predisposição de ser afetado de forma adversa. Essa predisposição constitui uma característica interna do elemento atingido, afetando a sua capacidade de antecipação, em lidar com, em resistir e se recuperar dos efeitos adversos de um evento físico. A vulnerabilidade é o resultado de diversas condições e processos históricos, sociais, econômicos, políticos, culturais, institucionais e ambientais (Special Report of the Intergovernmental Panel on Climate Change – IPCC. Managing the risks of extreme events and disasters to advance climate change adaptation. Cambridge: Cambridge University Press, 2012. p. 32). Acerca do tema ver ainda: CUTTER, Susan L. Hazards, vulnerability and environmental justice. London: Earthscan, 2006.

49. Neste sentido ver: Special Report of the Intergovernmental Panel on Climate Change – IPCC. Managing the risks of extreme events and disasters to advance climate change adaptation. Cambridge: Cambridge University Press, 2012.

50. FARBER, Daniel. Symposium introduction: navigating the intersection of environmental law and disaster law. p. 1.802. Disponível em: [http://lawreview.byu.edu/articles/1325732020_01Farber.FIN.pdf]. Acesso em: 11.01.2012.

51. FARBER, Daniel. Symposium introduction: navigating the intersection of environmental law and disaster law. p. 1785. Disponível em: [http://lawreview.byu.edu/articles/1325732020_01Farber.FIN.pdf]. Acesso em: 11.01.2012; FARBER, Daniel. Disaster law and emerging issues in Brazil. Revista de estudos constitucionais, hermenêutica e teoria do direito – RECHTD, 4(1): 2-15 janeiro-junho, 2012.

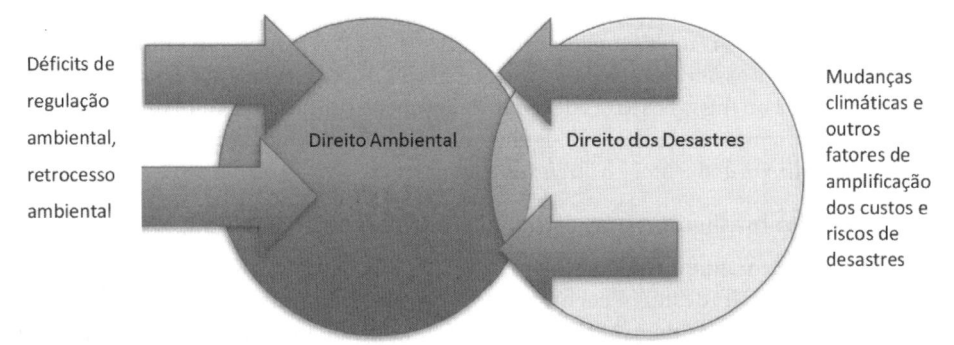

Fonte: CARVALHO, Délton Winter de. Desastres Ambientais e sua Regulação Jurídica: deveres de prevenção, resposta e compensação ambiental. 2ª ed. Revista, Ampliada e Atualizada. São Paulo: Revista dos Tribunais, 2020. p. 36.

Uma definição normativa de desastres (*lato sensu*) consiste naquela prevista na própria legislação brasileira, segundo a qual este consiste no "resultado de eventos adversos, naturais ou provocados pelo homem sobre um ecossistema vulnerável, causando danos humanos, materiais ou ambientais e consequentes prejuízos econômicos e sociais."[52] Apesar de flexível e da existência de ampla variação na descrição conceitual de desastres, estes dizem respeito à eventos que atingem *comunidades*[53], não dizendo respeito a uma possível dimensão individual destes fenômeno, mas sim social (*societal disaster*).[54] Tratam-se de eventos dotados de um caráter exponencial quanto às suas consequências, sendo decorrentes de fenômenos humanos, naturais e mistos (conjunta ou isoladamente), desencadeados lenta ou de forma temporalmente instantânea.

De forma bastante ampla, os desastres são descritos como eventos que superam a capacidade local ou regional em prestar resposta ao evento.[55] Os desastres, sob o aspecto formal, consistem em fenômenos cuja configuração depende de declarações restritas a eventos de amplitude difusa e graves consequências que são tidas como suficientes para superar as capacidades estadual e dos governos locais de atendimento ao evento. Nesse sentido, ganha relevância o ato de declaração de *estado de calamidade pública* ou *situação de emergência*.[56]

---

52. Conforme disposto no art. 2º, II, do Decreto 7.257/10.
53. PORFIRIEV, Boris N. Definition and delineatin of desastres. In: QUARANTELLI, E. L. (Ed.). What is a Disaster? New York: Routledge. 1998. p. 62.
54. SUGERMAN, Stephen D. Roles of government in compensating disaster victims. Issues in legal scholarship. Manuscript 1093, Berkeley: The Berkeley Electronic Press, 2006. p. 3.
55. Ibidem, p. 2.
56. Em conformidade com o art. 2º, III, do Decreto 7.257/2010, considera-se "situação de emergência: situação anormal, provocada por desastres, causando danos e prejuízos que impliquem o comprometimento parcial da capacidade de resposta do poder público do ente atingido". O inciso IV do referido artigo considera "estado de calamidade pública: situação anormal, provocada por desastres, causando danos e prejuízos que impliquem o comprometimento substancial da capacidade de resposta do poder público do ente atingido". Portanto, nota-se que a distinção entre ambos consiste no grau de comprometimento da capacidade de resposta do poder público diante do evento

Assim, apesar da noção de desastres apresentar uma dimensão mais ampla, é na especificidade do desastre *ambiental* que esta intersecção se intensifica. Em uma delimitação mais específica, os assim chamados *desastres ambientais* consistem em eventos (de causa natural, humana ou mista) capazes de comprometimento de funções ambientais ou lesões a interesses humanos mediados por alguma mudança ambiental.[57] *Este é o ponto de intersecção entre o direito ambiental e o direito dos desastres.*

4. O contexto brasileiro e suas estratégias normativas

O histórico longínquo de desastres naturais no Brasil limitava-se a secas ocorrências, principalmente no Nordeste.[58] Recentemente, esse cenário apresentou profunda alteração com a intensificação das ocorrências, primordialmente, de inundações e deslizamentos de terra. Em números, o cenário de danos humanos é revelador, sendo que, entre 1991 a 2010, de um total de 96.220.879 pessoas afetadas, a estiagem e a seca é o desastre que mais afeta a população no País, sendo a mais recorrente (50,34%). Contudo, são as inundações bruscas, com 29,56% das vítimas, que causam maior número de mortes (43,19%).[59] As empresas de seguro, no caso a *Swiss Reinsurance Company – Swiss Re,* já destacam o cenário de incremento das ocorrências de desastres naturais no contexto brasileiro, ao afirmar:

> As probabilidades demonstram o incremento da frequência de ocorrência dos desastres naturais e o aumento dos custos destes em termos de vidas humanas e despesas governamentais [...]. O Brasil, tradicionalmente, tem tido muito pouca exposição aos desastres naturais, mas nos últimos 5 anos, a frequência destes eventos, tais como chuvas intensas, enchentes e avalanches, tem aumentado.[60]

---

catastrófico, parcial (no caso da situação de emergência) e substancial (estado de calamidade pública).

57. FARBER, Daniel. Symposium introduction: navigating the intersection of environmental law and disaster law. p. 1785. Disponível em: [http://lawreview.byu.edu/articles/1325732020_01Farber.FIN.pdf]. Acesso em: 11.01.2012.
58. Neste sentido se deu a manifestação da secretária geral assistente para a International Strategy for Disaster Reduction (Estratégia Internacional para Redução de Desastres) das Nações Unidas: "For much of its history, Brazil has been blessed like almost no other country of its size to be almost free of such calamities. Earthquakes, tornadoes, hurricanes, blizzards, erupting vulcanoes – none have proved threats to Brazil. Until recently, the most costly and best known disasters were severe droughts. But in the last few years the increasing frequency of floods, high winds and storms has become part of the new normal of Brazil." "Durante boa parte de sua história, o Brasil tem sido abençoado como quase nenhum outro país de sua dimensão, sendo quase que totalmente imune a tais calamidades. Terremotos, tornados, furacões, nevascas, erupções vulcânicas – nenhum destes tem ameaçado o Brasil. Até recentemente, os desastres mais caros e mais notórios eram decorrentes de secas severas. Mas, nos últimos poucos anos, o aumento na frequência de enchentes, ventos fortes e tempestades tem tornado estes uma nova normalidade no Brasil" (tradução livre) (grifos nossos). Disponível em: [www.unisdr.org] e [http://greeeconomics.blogspot.com/2011/01/adapting-to-natual-risk-case.html]. Acesso em: 18.04.2013.
59. Atlas Brasileiro de Desastres Naturais 1991 a 2010: volume Brasil. Florianópolis: CEPED UFSC, 2012. p. 28-29.
60. Conforme declaração do diretor de soluções corporativas da Swiss Re, Fabio Corrias: "Natural disaster will likely become more frequent in Brazil and also more costly in terms of human lives and government expenditures [...]. Brazil has traditionally had a very low exposure to natural disaster, but during the last five years the frequency of events such as heavy rains, floods and avalanches has increased [...]." (RINDEBRO, U. Natural disasters likely to become more frequent, costly – Swiss

A discrepância entre as estatísticas existentes acerca dos desastres é uma realidade, conforme demonstram dados anteriores como aqueles obtidos de acordo com os critérios EM-DAT, entre 1980 a 2010, para os quais as secas se intensificaram, mas as inundações consistem nos eventos mais frequentes, como segue[61]:

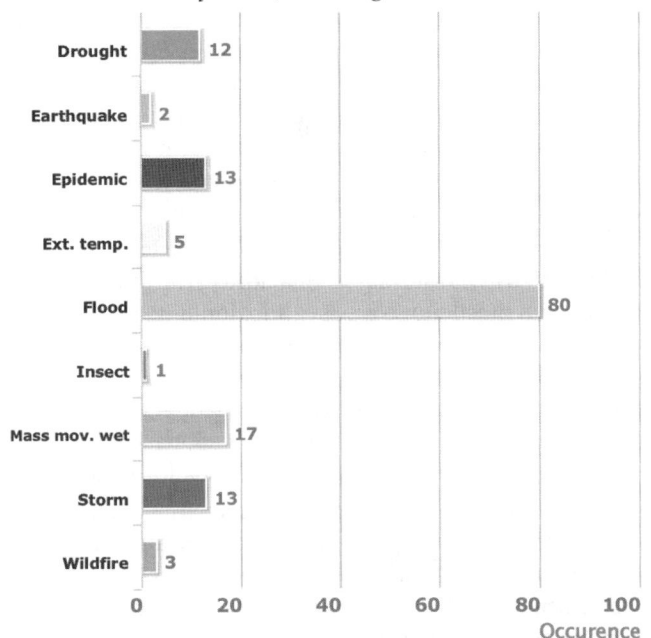

Tipo	Ocorrência
Drought	12
Earthquake	2
Epidemic	13
Ext. temp.	5
Flood	80
Insect	1
Mass mov. wet	17
Storm	13
Wildfire	3

Diante deste cenário, a intensificação dos desastres no Brasil tem decorrência das instabilidades atmosféricas severas, ocasionando eventos recentes de inundações e deslizamentos de terra, a nova legislação[62] passou a ser o desenvolvimento de estratégias de ocupação do solo urbano, planos de gerenciamento de risco de desastres "naturais", planos diretores, sistemas preventivos de alarme, entre outras. Nota-se que a principal orientação da presente legislação vigente no Brasil,[63] e especificamente direcionada à gestão de desastres, consiste em apresentar respostas a eventos decorrentes de instabilidades climáticas extremas, tais como aquelas que vitimaram 918 pessoas na região serrana do Estado do Rio de Janeiro em 2009, no pior desastre natural da história brasileira. Ocorre que, os desastres consistem em uma dimensão mais ampla, compreendendo eventos tais como vazamentos de óleo, explosões em instalações industriais, acidentes nucleares, contaminações por resíduos tóxicos, entre outros possíveis exemplos contidos no âmbito de incidência do direito dos desastres. Contudo, a legislação nuclear, em matéria de desastres,

---

Re – Brazil. Business News Americas. 2011. Disponível em: [www.bnamericas.com/news/insurance/natural-disasters-likely-to-become-more-frequent-costly-swiss-re]. Acesso em: 06.04.2013).
61. Disponível em: [www.preventionweb.net/english/countries/statistics/?cid=24]. Acesso em: 26.04.2013.
62. Lei Federal 12.608/2012.
63. O núcleo do sistema normativo do Direito dos Desastres no Brasil é formado pelo Decreto Federal 7.257/2010, Lei Federal 12.340/2010 e pela Lei Federal 12.608/2012.

pode ser analogamente elucidativa e utilizada diretamente para casos que não o foco central da lei, ou seja, *desastres denominados naturais*. Se, por um lado, a estratégia legislativa brasileira falha por centrar o tratamento formal e institucional dos desastres pelo direito aos desastres chamados *naturais*, por outro, esta estratégia é positiva por permitir um início mais focado (formando as bases de um novo ramo jurídico) para, quem sabe, em um futuro próximo, instituir fronteiras mais amplas, abrangendo formalmente os desastres antropogênicos (*man-made disasters*) sobre o seu manto institucional. Estes últimos tendem, por seu turno, a ser regrados em sistemas de regulação específica, tais como acidentes e danos nucleares, contaminação por óleo, degradações em geral de recursos naturais, tendo a incidência do Direito Ambiental grande destaque a estes (sobretudo na jurisprudência) em razão das consequências ambientais destas atividades.

Com a entrada em vigor da Lei de Política Nacional de Proteção e Defesa Civil (Lei 12.608, de 10 de abril de 2012), instituiu-se uma nova estrutura jurídica para tratamento dos desastres no Direito brasileiro. Nesse sentido, foram recepcionadas as legislações anteriores, entre as quais ganham destaque o Decreto Federal 7.257/2010 e a Lei Federal 12.340/2010. Contudo, diferentemente do que ocorria com os textos normativos antecessores, comprometidos preponderantemente com as funções de resposta e atendimento a desastres, a nova legislação reconfigura o centro gravitacional de todo o sistema jurídico no tratamento dos desastres, institucionalizando a prioridade funcional preventiva.

Como demonstram os números referentes aos investimentos e às práticas nas políticas públicas, a realidade normativa recém-inaugurada está distante da realidade de fato, fundada ainda em estratégias de atuação posteriores à ocorrência dos desastres. Dessa forma, o objeto do presente trabalho consiste exatamente em refletir sobre as bases constitutivas necessárias para concretização do novo modelo jurídico, reposicionando o papel do Estado de Direito no tratamento dos desastres ambientais.

Do contrário, o papel transformador do Direito estará comprometido mortalmente e fadado a falhar, em sua recente tentativa legislativa, em reconfigurar a atuação dos poderes públicos. Para esse movimento de uma dimensão operacional centrada em agir após os fatos para um modelo de preponderante prevenção, há que estimular a adesão do Direito no desafio de reduzir as vulnerabilidades e potencializar a resiliência de nossas infraestruturas.

5. O papel do Direito dos Desastres

O início da concepção moderna das ciências sociais acerca dos desastres tem suas raízes nas observações feitas por Jean-Jaques Rousseau em sua carta a Voltaire, em razão deste último ter escrito um poema acerca do terremoto de Lisboa ocorrido em 1 de novembro de 1755, naquilo que tem sido considerado como *o primeiro desastre moderno*.[64] Em sua carta de resposta, Rousseau menciona claramente as responsabilidades humanas nas proporções desastrosas do evento em questão (terremoto seguido de um *tsunami*), enfatizando *não ter sido a natureza que construiu vinte mil residências de seis andares em Lisboa*, e que,

---

64. DYNES, Russel R. The dialogue between Voltaire and Rousseau on the Lisbon earthquake: the emergence of a social scientifica view. International Journal of Mass Emergencies & Disaster, v. 18, 2000. p. 97.

se os habitantes desta cidade estivessem distribuídos o dano teria sido muito menor e talvez insignificante. Em seus argumentos, Rousseau também chama a atenção para *a possível responsabilidade dos cidadãos por uma evacuação lenta, a fim de recuperar seus pertences estes voltavam para pegar papéis, dinheiro, roupas*. Assim, Rousseau atribui profunda atenção ao planejamento de nossas cidades bem como ao comportamento humano.[65] A visão de Rousseau marca o início da era moderna que configura o sentido de desastres para além da vontade divina ou eminentemente natural, demonstrando os aspectos humanos e sociais dos desastres. Marca essa que persiste até os dias atuais na compreensão dos desastres pelas ciências sociais. Nos precisos argumentos de Rousseau pode-se ouvir um apelo dos impulsos de colonização do caos pelo Direito. Outra marca dessa descrição consiste na demonstração de que as diferenciações entre desastres naturais e humanos (*man-made*) não são estáveis ou claras.[66] Historicamente, as catástrofes foram sendo conceituadas como algo além do Direito, dentro da categoria de *act of God*. Os desastres nascem em uma *lógica divina* opaca e inacessível, sendo compreendidos como *eventos imprevisíveis e incontroláveis*. Contudo, após o surgimento da ciência jurídica liberal (*liberal jurisprudence*), o Direito expandiu seu âmbito jurisdicional, com a catástrofe não sendo mais vista como algo absolutamente além do poder de controle do Direito, mas sim como um desafio a este. Um desafio que merecia respostas jurídicas.[67]

5.1. Dinâmica e estabilidade

O Direito tem, portanto, uma função de *fornecer estabilidade pela normatividade*, tanto para evitar como para responder ao caos trazido pelo desastre, provendo expectativas (regulação) às ações de antecipação e resposta a este. A ênfase dessa estrutura normativa deve ser eminente preventiva, mediante a imposição de estratégias *estruturais* (obras de engenharia civil combinadas com serviços ecossistêmicos) e *não estruturais* (mapas de risco, planos de contingência, planos diretores, Estudos de Impacto Ambiental). Com frequência, os desastres são eventos repentinos e dinâmicos[68], dificultando não apenas a nitidez da importância e da função do Direito nestes eventos, como também dificultando a própria operacionalidade deste[69] no enfrentamento destas situações extremas. Por tanto, o sistema jurídico deve estar comprometido com a formação e a imposição de construção

---

65. VERCHICK, Robert R. M. Disaster justice: the geography of human capability. Duke Environmental Law and Policy Forum, v. 23, n. 1, 2012. p. 28-34.
66. FARBER, Daniel; CHEN, Jim; VERCHICK, Robert R. M.; SUN, Lisa Grow. Disaster law and policy. New York: Aspen Publishers, 2010; DOUGLAS, Lawrence; SARAT, Austin; UMPHREY, Martha Merrill. A jurisprudence of catastrophe: an introduction. In: SARAT, Austin; DOUGLAS, Lawrence; UMPHREY Martha Merril. Law and catastrophe. Stanford: Stanford University Press, 2007.
67. DOUGLAS, Lawrence; SARAT, Austin; UMPHREY, Martha Merrill. A jurisprudence of catastrophe: an introduction. In: SARAT, Austin; DOUGLAS, Lawrence; UMPHREY, Martha Merril. Law and catastrophe. Stanford: Stanford University Press, 2007. p. 4.
68. FARBER, Daniel. Introduction. In: FARBER, Daniel; FAURE, Michael (Ed.). Disaster law. Cheltenham: Elgar Research Collection, 2010. p. xiv.
69. Um heurístico exemplo de desmantelamento da capacidade operacional pode ser observado, sobretudo, nas cortes criminais em New Orleans após o Katrina, desencadeando um caos no sistema judiciário em atendimento às esferas socialmente mais graves do tratamento jurídico. Para um aprofundamento sobre este tema, ver: BIRKLAND, Thomas A. Emergency management and the courts in

de sistemas *ex ante* e *ex post* de informação, bem como com a delimitação clara da obrigatoriedade do fornecimento desta, direito de acesso, publicização efetiva e previsão das autoridades competentes que estejam sob a posse bem como atualização destes dados. Além da *antecipação*, o direito apresenta um papel protagonista na orientação e na imposição de *deveres de proteção e cuidado* às instituições competentes, para que estas efetivamente estejam preparadas para o exercício das respostas emergenciais, delimitando claramente competências, interações e sua atuação compartilhada. Posteriormente, as formas de compensação das vítimas e a possível reconstrução das propriedades e ecossistemas atingidos também se darão a partir da *regra de direito* (lançando mão do conhecimento científico e melhores práticas disponíveis). Contudo, este *processo de estabilização* exercido pelo Direito deve se dar sem que o devido respeito aos procedimentos acabe por emperrar os processos de tomada de decisão, o que acarretaria na potencialização dos desastres, dificultando a celeridade destes, essencial para minimizar os estragos dos desastres.

O papel do Direito para a *colonização dos desastres*[70] não consiste em tarefa desprovida de desafios, uma vez que os desastres são fenômenos dinâmicos, complexos, marcados por *riscos de singulares características*: baixa probabilidade, grandes consequências. O Direito, por seu turno, busca *estabilização de expectativas* e encontra-se fundado tradicionalmente na necessidade de demonstrações probatórias conclusivas. Diante da *dinâmica destrutiva dos desastres*, o direito desenvolve um papel destacado para o fornecimento de estabilidade e normatividade às fases pré e pós-ocorrência. Contudo, esse processo de estabilização não deve ser motivo de empecilho ao atendimento emergencial e ações de socorro, peculiares ao momento imediato posterior ao evento desencadeador. Essa estabilização pelo Direito deve se dar por uma clara delimitação preventiva acerca das competências, posse e fornecimento de informações relevantes à prevenção e ao atendimento emergencial, mitigando, desde já, os *efeitos secundários do evento*. Desastres geram uma série de situações que são alocadas ao direito, tais como situações de risco de vulneráveis (menores e idosos), permanência de pessoas em áreas de risco, contaminações ambientais decorrentes de alagamento de instalações industriais, necessidade de aceleração em processos de identificação e remoção de vítimas fatais a fim de evitar propagação de doenças, requisição e utilização de bens de terceiros em razão de estados emergenciais e de exceção, entre inúmeros exemplos possíveis. Tais consequências dos desastres acabam por gerar uma série de matérias jurídicas, interdisciplinares, a serem submetidas ao Judiciário, órgãos da administração pública, trazendo oportunidades e desafios para profissionais do direito e outras áreas.

O Direito, seja como prática nuclear (judiciária jurisprudencial) ou periférica (legislação), deve normatizar um processo de *estabilização dinâmica* dos desastres. Nesse sentido, as *melhores práticas* (*better practices*) consistem em aplicações locais de formas de enfrentamento dos desastres, enfatizando o conhecimento cultural, a geografia, o ambiente e a ciência local. Uma das principais características das melhores práticas consiste

---

the wake of Hurricane Katrina. In: SARAT, Austin; LEZAUN, Javier. Catastrophe: law, politics, and the humanitarian impulse. Amherst: University of Massachusetts Press, 2009. p. 116-145.
70. Expressão que tomamos de DOUGLAS, Lawrence; SARAT, Austin; UMPHREY, Martha Merrill. A jurisprudence of catastrophe: an introduction. In: SARAT, Austin; DOUGLAS, Lawrence; UMPHREY, Martha Merrill. Law and catastrophe. Stanford: Stanford University Press, 2007.

em sua variabilidade de acordo com o caso em concreto (flexibilidade orientada), levando em consideração os fatores de uma determinada comunidade, seus riscos e eventos. Essas podem apresentar uma dimensão de casos comparados entre localidades diferentes e experiências locais, porém, o que diferencia este conceito do conceito *best available science* é que estas últimas tendem a servir, constantemente, de reproduções acríticas de métodos ou estratégias que, em determinado momento e local, tiveram êxito. Já as *melhores práticas* (*better practices*) abrangem sempre uma reflexão crítica da viabilidade e eficiência de implementação local de estratégias de prevenção e resposta a desastres, a partir das características e peculiaridades culturais, axiológicas, científicas, jurídicas e ambientais de uma *determinada* localidade. Assim, o direito é capaz de manter sua *estabilidade normativa* com suficiente fluidez e dinâmica, necessárias para processos de tomada de decisão urgentes, servindo de orientação e diretriz em conformidade com os pilares do *Estado Democrático de Direito* (Ambiental).

Estudos avançados com equipes pediátricas de emergência demonstram que equipes bem-sucedidas eram fluídas, sendo capazes de deslocar-se de sua formação altamente estruturada para uma estrutura mais espontânea em momentos de crise.[71] Ou seja, o que se procura é um *fluxo livre de comunicação*, com as hierarquias sendo dissipadas. Em situações de crise, a informação acaba por superar a hierarquia, importando, portanto, a resposta correta, em detrimento de quem ou qual instituição estará correta. A delimitação de competências é relevante, porém esta jamais deve engessar os processos de tomada de decisão. As práticas bem-sucedidas de prevenção e resposta devem ser registradas instantânea, procedimental e reiteradamente junto aos órgãos competentes a fim de privilegiar uma dinâmica estrutural e flexível ao direito dos desastres. Uma articulação sinergética entre lei, regulamentações administrativas e práticas disponíveis. Essas melhores técnicas implementadas consistirão num processo dinâmico de aprendizagem com desastres anteriores, aumentando a capacidade de resiliência de uma determinada comunidade ou região.

A título exemplificativo, uma interessante estratégia existente no contexto brasileiro de alerta preventivo de comunicação de risco de desastres existente no Estado do Rio de Janeiro consiste no envio de *mensagens de alerta* via "SMS" para líderes de associações comunitárias, para que estes, devidamente treinados a responder a estas mensagens de texto, orientem sua comunidade para sair de determinadas localidades e se encaminharem para abrigos indicados.[72] Para Austin Sarat, existem cinco dimensões em que o Direito é chamado a lidar em casos de desastres[73]: o direito deve (i) *manter a sua operacionalidade*, sendo capaz de assegurar a habilidade de operar de acordo com os seus padrões, regras, procedimentos, rotinas e protocolos; (ii) *lutar contra a ausência de direito*, em casos de desastres

---

71. PRUD'HOMME, Alex. Master of disaster. Interview with Robert 'Bob' Bea. Men's Journal. February, 2013. p. 74. Disponível em: [www.mensjournal.com/magazine/bob-bea-the-master-of-disaster-20130225]. Acesso em: 10.05.2013.
72. International Red Cross. Analysis of legislation related to disaster risk reduction in Brazil. Genova: International Federation of Red Cross and Red Crescent Societies, 2012. p. 37.
73. SARAT, Austin; LEZAUN, Javier (Eds.). Catastrophe: law, politics, and the humanitarian impulse. Amherst: University of Massachusetts Press, 2009. p. 6-8.

há a necessidade de que seja assegurada uma rápida atuação acerca de crimes e desordem em comunidades atingidas por tais eventos; (iii) fornecer *estabilização e reacomodação*, devendo as vítimas serem abrigadas e, dependendo da gravidade do evento, estas devem ser permanentemente realocadas[74]; (iv) promover a *identificação das vítimas e responsáveis*, sendo esperado do Direito uma performance adequada de sua função tradicional, com a atribuição de responsabilidades desatando os fatores humanos e não humanos que contribuíram para a ocorrência do evento catastrófico (aqueles que merecem atendimento e aqueles que merecem punição)[75]; (v) *reduzir vulnerabilidade futura*, mediante processos de aprendizagem decorrentes das amargas lições deixadas pelas catástrofes já experimentadas, enquadrando as experiências bem-sucedidas.[76]

5.2. O ciclo dos desastres

Os desastres apresentam um ciclo de desencadeamento, cuja compreensão mostra-se necessária para qualquer análise, seja acerca de sua prevenção, sua ocorrência ou da postura a ser adotada *post factum*. Esse ciclo *"de vida"* dos desastres compreende os estágios da prevenção e da mitigação, da ocorrência do desastre em si, da resposta de emergência, das formas de compensação e, finalmente, da reconstrução, conforme demonstra a figura a seguir.

---

74. Não se pode olvidar o fato de que o atendimento das vítimas estabelece o risco de torná-los dependentes do Estado. O Katrina demonstrou uma série de falhas nesse sentido, com a interrupção e a desestabilização das redes comunitárias (SARAT, Austin; LEZAUN, Javier (Eds.). Catastrophe: law, politics, and the humanitarian impulse. Amherst: University of Massachusetts Press, 2009. p. 7). A exposição das vítimas a produtos químicos tóxicos em trailers fornecidos pelo próprio governo (HSU, Spencer S. FEMA Knew of Toxic Gas in Trailers. Washington Post, 20.07.2007. Disponível em: [www.washingtonpost.com/wp-dyn/content/article/2007/07/19/AR2007071901039.html]. Acesso em: 19.04.2013).

75. Frequentemente, os desastres deixam um rastro de deveres privados e públicos não atendidos, o que deve gerar uma elucidação segundo a regra jurídica, devido processo legal e o Estado de Direito. "O Direito deve funcionar como um instrumento de escrutínio forense e produzir linhas claras de prestação de contas e responsabilizações onde antes apenas havia confusão" (SARAT, Austin; LEZAUN, Javier (Eds.). Catastrophe: law, politics, and the humanitarian impulse. Amherst: University of Massachusetts Press, 2009. p. 7).

76. Os processos jurídicos desempenham um papel crucial no sentido de decifrar os significados deixados pelos desastres e instituir as mudanças necessárias. No caso específico dos Estados Unidos, exemplos podem ser vistos na formação de códigos de construção mais rígidos em regiões atingidas por terremotos, o enriquecimento da legislação do right-to-know para transações imobiliárias referentes a áreas contaminadas e alertas e protocolos de evacuação. Tais exemplos demonstram como o direito pode ser posicionado para atenuar vulnerabilidade em longo prazo.

Ciclo do direito dos desastres

```
        Emergency
        Response
           ↑
Disaster        Compensation
 Event          and Insurance
                    ↑
   Risk   ←    Rebuilding
  Mitigation
```

Fonte: Figura extraída do artigo de FARBER, Daniel. Disaster law and emerging issues in Brazil. *Revista de estudos constitucionais, hermenêutica e teoria do direito – RECHTD*, 4(1): 2-15 jan.-jun. 2012.[77]

O Direito dos Desastres se constitui por tais *funções estruturantes*, solidificando sua identidade no tratamento de questões referentes a cada uma destas etapas, integrando-as articuladamente e aprofundando estratégias mediante uma autonomia que lhes fornece identidade diferenciada das demais. Pode ser dito, assim, que o Direito dos Desastres é constituído, em sua unidade e identidade, por uma integração entre os diversos estágios e estratégias que envolvem a descrição e a análise de um evento desta natureza (prevenção e mitigação; resposta de emergência; compensação; reconstrução). Esse ramo desempenha um papel de destaque em todas as fases que envolvem um desastre, com advogados, membros do judiciário, gestores públicos, devendo adotar medidas de antecipação e respostas de uma maneira coordenada.[78] O que há em comum em todas estas etapas é exatamente a necessária gestão de riscos, em cada uma dessas fases, em suas especificidades funcionais. O Direito dos Desastres *é unificado pela gestão do risco*. Em outras palavras, o *elo de ligação* entre os elementos desta estrutura é fornecido por uma necessária gestão dos riscos em todos estes momentos, de forma circular (*circle of risk management*).[79] Esse gerenciamento circular dos riscos de desastres consiste em um *subcírculo de estratégias*

---

77. FARBER, Daniel. Disaster law and emerging issues in Brazil. Revista de estudos constitucionais, hermenêutica e teoria do direito – RECHTD, 4(1): 2-15 jan.--jun. 2012.
78. FARBER, Daniel. Introduction: the role of lawyers in a disaster-prone world. 31, Nova L. Review.403, 2007.
79. FARBER, Daniel; CHEN, Jim; VERCHICK, Robert R. M.; SUN, Lisa Grow. Disaster law and policy. New York: Aspen Publishers, 2010. p. 3; FARBER, Daniel. Symposium introduction: navigating the intersection of environmental law and disaster law. Disponível em: [http://lawreview.byu.edu/articles/1325732020_01Farber.FIN.pdf]. Acesso em: 11.01.2012.

*interconectadas*⁸⁰ que encadeia o próprio *ciclo dos desastres* (figura 1). A descrição fornecida por esse ciclo não apenas demonstra o *protagonismo preventivo* que permeia o Direito dos Desastres (em razão da intensidade de sua magnitude e das incertezas envolvidas no diagnóstico das probabilidades) como também permite a constituição dos *objetivos* deste ramo do direito.⁸¹ Dessa forma, as próprias medidas de resposta emergencial, compensação e reconstrução devem realizar o gerenciamento dos riscos de novos desastres, circulando, de forma integrada, em torno da prevenção a novos desastres. O ciclo dos desastres serve, ainda, de importante *instrumento analítico* para prevenção, planejamento e resposta aos desastres, norteando, assim, a análise de um evento desta natureza, seja em antecipação (para planejar sua prevenção ou ao menos mitigação) ou após a sua ocorrência (para conceber respostas de emergência, buscar responsabilizações e compensações e, finalmente, planejar reconstruções que evitem novas ocorrência). Esse portfólio serve para um aprofundamento analítico, sistêmico e construtivista sobre qualquer desastre. Nesse sentido, estes momentos estruturam a própria identidade, autonomia e o objeto estruturante de um Direito disposto a lidar com desastres.

Após um histórico nacional de produção de legislações apenas centradas em promover resposta e reconstrução em casos de desastres (Decreto Federal 7.257/2010 e Lei Federal 12.340/2010), a Lei 12.608/12, que institui a Política Nacional de Proteção e Defesa Civil – PNPDC, *tem sua ênfase na prevenção*. Nesse sentido, a prioridade das ações preventivas relacionada à minimização de desastres consiste em *diretriz*⁸² da referida política nacional, enquanto que a redução dos riscos de desastres é um dos *objetivos*⁸³ desta. Assim, após uma tradição centrada em atuações meramente corretivas, a legislação brasileira passa a enfatizar a centralidade da prevenção e, consequentemente, *a necessária gestão dos riscos em todas as fases do círculo dos desastres*. A gestão dos riscos ganha relevância, quer no desenvolvimento das estratégias de prevenção ou mesmo nas de resposta aos desastres, *mitigando* o desastre em questão ou mesmo *prevenindo* novas ocorrências. Se depreende de uma leitura da presente legislação (Lei 12.608/12), ter esta por diretriz estruturante a "abordagem sistêmica das ações de prevenção, mitigação, preparação, resposta e recuperação", adotando uma base circular e sistêmica de gerenciamento dos riscos de desastres, unindo as estratégias de prevenção, de mitigação, de resposta, de compensação e de recuperação sob a lógica da *circularidade na gestão dos riscos catastróficos*.⁸⁴ Assim, antecipação e resposta encontram-se unidas sob a égide da necessária e constante gestão dos riscos.

---

80. FARBER, Daniel A. Introduction: legal scholarship, the disaster cycle, and the fukushima accident. Duke Environmental Law & Policy Forum, v. 23, n. 1, 2012. p. 4.
81. Acerca dos objetos e objetivos funcionais estruturantes do Direito dos Desastres ver: CARVALHO, Délton Winter de; DAMACENA, Fernanda Dalla Libera. Direito dos desastres. Porto Alegre: Livraria do Advogado, 2013.
82. Conforme disposto textualmente no art. 4º, III, da Lei 12.608/12: "art. 4º. São diretrizes da Política Nacional de Proteção e Defesa Civil: [...] III – a prioridade às ações preventivas relacionadas à minimização de desastres".
83. Conforme art. 5º, I, da Lei 12.608/12: "Art. 5º. São objetivos da PNPDEC: I – reduzir os riscos de desastres".
84. Neste sentido, o art. 4º, II, da Lei n. 12.608/12 prevê: "Art. 4º. São diretrizes da PNPDEC: [...] II – abordagem sistêmica das ações de prevenção, mitigação, preparação, resposta e recuperação".

5.3. Interdisciplinaridade e autonomia[85]

Em razão das funções estruturantes do Direito dos Desastres, há uma interconectividade entre diversos ramos do direito, cuja integração e articulação faz-se necessária para a consecução dos objetivos deste ramo. Para tanto, há uma abrangência *inter*disciplinar ampla no exercício do papel do Direito na *colonização* e no tratamento dos desastres, com forte sensibilização às informações *multi*disciplinares (de outras áreas do conhecimento), tendo por escopo informar e incrementar processos de tomada de decisão relacionada aos desastres.

Tal multiplicidade de ramos internos ao Direito (interdisciplinaridade) não é capaz, contudo, de afetar a autonomia do Direito dos Desastres, perante a sua especificidade constitutiva, conforme enfrentar-se-á a seguir. Uma análise não exaustiva acerca da intersecção interdisciplinar evolvendo o Direito dos Desastres e a absorção específica de outras áreas jurídicas para a consecução das funções específicas ao primeiro, faz-se fundamental para a consolidação e o perfeito entendimento da função do direito para prevenir ou mitigar, fornecer respostas emergenciais, compensação e reconstrução.

5.3.1. Interdisciplinaridade

A primeira e, talvez, mais intensa interação entre o Direito dos Desastres com outros racionalidades jurídicas se dá com o *Direito Ambiental,* pois os desastres ambientais estão, na grande maioria das vezes, ligados umbilicalmente a falhas no processo regulatório, no seu cumprimento bem como na fiscalização ambiental (ocupações irregulares de áreas especialmente protegidas, descumprimento de padrões licenciados etc.). Muitos desastres se constituem a partir de contaminações ambientais, sejam elas instantâneas ou gradualmente configuradas, assim como pelo descumprimento das regras de proteção ambiental já existentes. Da mesma forma, a relevância, atribuída pelo Direito Ambiental, à gestão de riscos é potencializada pelo Direito dos Desastres, tendo para este uma função de constituição de sua própria identidade. Contudo, os processos de avaliação de riscos ambientais, já operacionalmente tratados pelo Direito Ambiental, por meio de instrumentos e mecanismos jurídicos (tais como Estudo de Impacto Ambiental, Avaliação de Risco Ambiental, Plano de Controle Ambiental etc.), ganham especial importância quando os riscos gerenciados no caso de desastres são *riscos de baixas probabilidades e consequências graves* (*low probabilities, high consequences*).

Da mesma sorte, as intersecções com o *Direito Urbanístico* são evidentes, primeiro, pelo fato das decisões acerca da ocupação do solo consistirem em um dos principais *fatores de amplificação de riscos e custos* de desastres.[86] Apesar da ocupação de áreas de risco parecer tratar-se de uma decisão privada e individual, esta, na grande maioria dos casos, é delineada por políticas públicas de ocupação do solo, sendo a sua omissão e inexistência

---

85. Para um aprofundamento sobre este tema, ver: CARVALHO, Délton Winter de. Desastres ambientais e sua regulação jurídica. São Paulo: Ed. RT, 2015.
86. Acerca dos fatores de amplificação de riscos e custos de desastres ver: FARBER, Daniel; CHEN, Jim; VERCHICK, Robert R. M.; SUN, Lisa Grow. Disaster law and policy. New York: Aspen Publishers, 2010; CARVALHO, Délton Winter de; DAMACENA, Fernanda Dalla Libera. Direito dos desastres. Porto Alegre: Livraria do Advogado, 2013.

também um fator de desencadeamento de ocupações irregulares de áreas de risco. Essas decisões de ocupação do solo, por seu turno, são também influenciadas por incentivos (ou falta de) provenientes do poder público. Tal circunstância pode ser facilmente constatada na observação de que o baixo preço ou o abandono de áreas situadas em áreas de risco (de inundação, desmoronamentos ou contaminadas, por exemplo), facilitam e estimulam (tacitamente) a sua ocupação (por aqueles que já se encontram em uma situação de grande vulnerabilidade, potencializando-a). A competência municipal para ordenação do solo urbano é proveniente do próprio texto Constitucional, uma vez que o art. 30, VIII, prevê ser de competência do Município "promover, no que couber, adequado ordenamento territorial, mediante planejamento e controle do uso, do parcelamento e da ocupação do solo urbano". Nesse sentido, o *novo sistema normativo* de prevenção e resposta a desastres articula diversos estatutos normativos tais como o Estatuto das Cidades (Lei 10.257/2001) e Lei de Parcelamento do Solo Urbano (Lei 6.766/79), sob a orientação da nova estrutura e novas redações atribuídas a estes textos pela Lei 12.608/2012 (art. 2º, VI, *h*, art. 41, VI, 42-A e 42-B, da Lei 10.257/2001; art. 12, § 1º, da Lei 6.766/79). Conectado ao Direito Urbanístico, faz-se a relação do Direito dos Desastres com o *Direito Administrativo*. Nesse sentido, matérias referentes ao Plano Diretor e as limitações de ocupação do solo em decorrência das constatações técnicas e sociais realizadas pelo Mapa Municipal (ou, ainda, Estadual ou Nacional) de áreas de risco. Também, há uma relevância para o Direito dos Desastres, matérias tais como o exercício do Poder de Polícia e concessões de licenças e alvarás. Nesse sentido, o novo paradigma veda ao poder público competente a "concessão de licença e alvará de construção em áreas de risco indicadas como não edificáveis no plano diretor ou legislação dele derivada", a título exemplificativo.[87] Também, inerente a esta esfera jurídica, os Planos de Emergência e Contingência administrativos para casos de decretação de estado de calamidade pública e situação de emergência. Procedimentos para decretação dessas situações de excepcionalidade assim como a obtenção de transferências financeiras a título de auxílio para respostas de emergência e reconstrução de áreas afetadas por desastres pelo Município, Estado ou Distrito Federal em relação ao Governo Federal, também absorvem conteúdos inerentes ao Direito Administrativo. Apesar da carência de modelos de seguros para cobertura de desastres no Direito brasileiro, o direito comparado demonstra a relevância (e tendência, no caso do Brasil) do *Direito dos Seguros e o Direito dos Contratos*, a fim de auxiliarem na determinação da extensão de cobertura indenizatória para a qual as vítimas de determinados desastres estarão seguradas para a reconstrução de seu patrimônio.[88] A atuação do *Direito Penal* em resposta aos desastres está diretamente ligada e preocupada com dois tipos de ameaças catastróficas: aquelas apresentadas por estados

---

87. Conforme art. 23 da Lei 12.608/2012.
88. Para uma análise do papel dos profissionais do Direito e do próprio Direito dos Seguros para mitigar e compensar a ocorrência de desastres ver: FARBER, Daniel A. Introduction: legal scholarship, the disaster cycle, and the Fukushima Accident. Duke Environmental Law & Policy Forum. v. 23, n. 1, 2012; KERN, William (Ed.). The economics of natural and unnatural disasters. Kalamazoo: W.E. Upjohn Institute for Employment Research, 2010; BRUGGEMAN, Véronique. Compensating catastrophe victims: a comparative law and economics approach. Alphen aan den Rijn: Kluwer Law International, 2010; FAURE, Michael; HARTLIEF, Ton (Eds). Financial compensation for victims of catastrophes: a comparative legal approach. Wien: Springer, 2006.

ou por grupos terroristas. No primeiro caso, destaca-se os julgamentos em casos de atrocidades praticadas por agentes apoiados por estados, em casos de genocídio e crimes contra a humanidade. Já, no caso de terrorismo, há grande ênfase nas estratégias de controle preventivo, tendo havido um inegável incremento recentemente, gerando debates intensos acerca do equilíbrio entre liberdades civis e segurança pública.[89] Apesar de embrionário o debate, casos de negligência no tratamento de informações especialmente relevantes para evitar desastres também têm sido objeto de recente criminalização de autoridades públicas e cientistas, conforme ocorrido na Itália em recente decisão proveniente do *Tribunale Di L'Aquila*. No caso da relação tida entre *Direito Civil* e o tratamento dos desastres, há uma passagem do terror (motivador do direito penal) para o problema do erro, do risco e da responsabilidade, envolvendo atribuição do risco. Aqui, a transferência do risco se dá em direção à parte em melhor posição de acessá-lo e gerenciá-lo. Há, portanto, uma tendência histórica de abandono da postura jurisdicional categórica de tratar os desastres apenas como calamidade (*act of God*). Ao invés, a tendência demonstra o *enriquecimento do princípio da previsibilidade como motivo justificador para responsabilização civil dos envolvidos*.[90]

5.3.2. Autonomia

Ao longo do ciclo dos desastres, *diversos ramos do direito* são chamados para atuar, a fim de prevenir ou minimizar os danos catastróficos. Apesar da fragmentação das doutrinas e institutos jurídicos que recaem muitas vezes sobre a regulação dos desastres, este ramo apresenta evidente autonomia. Primeiramente, essa autonomia se reflete na existência de um sistema específico formado de diversos estatutos legais distintos, tais como os já referidos Decreto Federal 7.257/2010 e Leis Federais 12.340/2010 e 12.608/2012.

Outro aspecto da autonomia do Direito dos Desastres consiste no fato de que as regras legais interagem em uma forma única, sempre em integração entre as fases do desastre. Assim, a disponibilidade de seguros e formas de assistência governamental podem afetar medidas de mitigação pré-desastre. Não é possível, em termos de tratamento jurídico dos desastres, tratar isoladamente planejamento da ocupação do solo, resposta a desastres, mitigação e compensação a estes. Assim, outros ramos não conseguem integrar estas estratégias adequadamente para a função de tratamento dos desastres, sendo necessária a especificidade funcional do Direito dos Desastres.

Ainda, a unidade singular desse ramo se dá na gestão de risco que, contínua e unificada, permeia a todas as fases de um desastre (*ciclo do desastre*) e de seu tratamento (*circularidade da gestão do risco*).

6. Conceito jurídico de desastres

A formação do sentido de desastres encontra-se numa relação semântica pendular entre (i) *causas* e (ii) *consequências* altamente específicas e complexas, convergindo

---

89. DOUGLAS, Lawrence; SARAT, Austin; UMPHREY, Martha Merrill. A jurisprudence of catastrophe: an introduction. In: SARAT, Austin; DOUGLAS, Lawrence; UMPHREY, Martha Merrill. Law and catastrophe. Stanford: Stanford University Press, 2007. p. 6-7.
90. DOUGLAS, Lawrence; SARAT, Austin; UMPHREY, Martha Merrill. A jurisprudence of catastrophe: an introduction. In: SARAT, Austin; DOUGLAS, Lawrence; UMPHREY, Martha Merrill. Law and catastrophe. Stanford: Stanford University Press, 2007. p. 7.

para a descrição de fenômenos socioambientais de grande apelo midiático[91] e irradiação policontextual (econômica, política, jurídica, ambiental) capazes de comprometer a (*iii*) *estabilidade do sistema social*.

(*i*) Uma concepção dominante de catástrofe nos remete aos impactos humanos e sociais ocasionados pela natureza[92], tais como terremotos, tornados, incêndios etc. Essa *concepção naturalística de catástrofes* tende a vincular os desastres a eventos naturais desencadeadores de danos humanos e à propriedade, dotados estes de grande magnitude. Subjaz a essa noção, mais tradicional, de desastres, uma distinção *cartesiana* entre homem/natureza, concebendo desastres como aqueles eventos naturais, não habituais e de intensidade irresistível.[93] No entanto, a evolução tecnológica e científica da Sociedade Contemporânea ocorrida, principalmente, após a industrialização, desencadeia a ampliação da capacidade de intervenção do homem sobre a natureza[94], havendo, em quase todos os desastres denominados *naturais,* algum fator antropogênico.[95] Essa situação, por evidente, ocasiona, ao direito e à teoria da responsabilidade, uma maior dificuldade na delimitação do que se trata de *act of God* e o que seria decorrente de *act of Man*, para fins de delimitação da previsibilidade ou não de um evento e, consequentemente, da incidência destes fenômeno como excludente de responsabilidade (especialmente civil e administrativa) de entes públicos e privados. Apesar de tais dificuldades, para fins didáticos, os desastres são constantemente descritos e classificados segundo suas causas, como naturais (*natural disasters*) ou antropogênicos (*man-made disasters*). Os *desastres naturais* são aqueles decorrentes imediatamente de fenômenos naturais, atribuíveis ao exterior do sistema social. Nota-se uma ênfase vinculativa desse termo com eventos ligados aos sistemas geológico e meteorológico.[96] Os desastres naturais são compostos por desastres geofísicos, meteorológicos, hidrológicos, climatológicos e biológicos.[97] São alguns exemplos de desastres geofísicos: os terremotos, os maremotos, os *tsunamis* e os vulcões; de meteorológicos: as tempestades, os tornados e os furacões; de hidrológicos: as inundações; de climatológicos: as temperaturas extremas, os incêndios e as secas; de biológicos: as epidemias

---

91. SUGERMAN, Stephen D. Roles of government in compensating disaster victims. Issues in Legal Scholarship. Manuscript 1093, Berkeley: The Berkeley Electronic Press, 2006. p. 3.
92. SÉGUR, Philippe. La catastrophe et le risqué naturels. Essai de definition juridique. Revue du Droit Public, 1997. p. 1693 e ss.
93. SÉGUR, Philippe. Op. cit.
94. "O facto totalmente inédito que caracteriza as nossas sociedades fundadas sobre a ciência e a técnica é que agora somos capazes de desencadear tais processos na e sobre a própria natureza. As secas, os ciclones e os tsunamis de amanhã, ou simplesmente o tempo que fará, este tempo que desde sempre serve de metáfora à natureza, serão produto das nossas acções. [...] Eles serão os produtos inesperados dos processos irreversíveis que teremos desencadeado, na maior parte das vezes sem querermos nem sabermos" (DEPUY, Jean-Pierre. Ainda há catástrofes naturais? Análise Social, v. XLI, n. 181, 4º trim., 2006. p. 1192-1193).
95. FARBER, Daniel; CHEN, Jim; VERCHICK, Robert R. M.; SUN, Lisa Grow. Disaster law and policy. New York: Aspen Publishers, 2010. p. 3.
96. Ibidem, p. 3.
97. VOS, Femke; RODRIGUEZ, Jose; BELOW, Regina; GUHA-SAPIR, D. Annual Disaster Statistical Review 2009: the numbers and trends. Brussels: CRED, 2010. p. 13.

e as infestações de insetos.⁹⁸ Já os *desastres antropogênicos* são constituídos por desastres tecnológicos e sociopolíticos⁹⁹ e decorrem de fatores humanos. Sob o ponto de vista sistêmico, pode ser dito que tais desastres decorrem do sistema social (principalmente, do científico, do econômico e do político). São espécies de *desastres tecnológicos*, o uso da tecnologia nuclear (Chernobyl, Three Mille Island e Fukushima), as contaminações químicas (Bophal, Exxon Valdez, BP Deepwater Horizon etc.), os riscos nanométricos, os riscos biotecnológicos, entre outras possibilidades exemplificativas. Já os *desastres sociopolíticos* podem ser, de forma não exaustiva, exemplificados nas guerras, na ocorrência de refugiados "ambientais" ou "de guerra", nas perseguições e no extermínio de civis por motivos étnicos ou políticos. Essa dicotomia entre desastres naturais e antropogênicos é, constantemente, representada e acompanhada pela designação de termos como *desastres* para os primeiros e *acidentes* industriais para os casos previstos no segundo grupo. Não obstante a relevância das distinções conceituais anteriores, a grande maioria dos desastres decorre de uma *sinergia* de fatores naturais e antropogênicos (*desastres mistos ou híbridos*), sem que possa ser percebida uma prevalência de um destes, mas sim uma combinação de fatores híbridos num fenômeno de grandes proporções.

A preponderância do caráter híbrido dos desastres decorre do fato destes fenômenos serem designados como catástrofes muito mais pelos resultados do que por suas causas. Assim, mesmo que um evento eminentemente natural tenha desencadeado uma série de sinistros, a dimensão de catástrofe, será atingida por fatores humanos de amplificação, vulnerabilidade, agravamento ou cumulação. Assim, os riscos naturais podem potencializar os riscos antropogênicos, bem como estes detêm condições de amplificar aqueles.¹⁰⁰ Os desastres consistem, conceitualmente, em *cataclismo sistêmico* de causas que, combinadas, adquirem consequências catastróficas. Por tal razão, o sentido de desastres ambientais (naturais e humanos) é concebido a partir da combinação entre eventos de causas e magnitudes específicas. Em outras tintas, tratam-se de fenômenos compreendidos a partir de causas naturais, humanas ou mistas sucedidas por eventos de grande magnitude, irradiando danos e perdas significativas ambiental e socialmente.

(ii) No que diz respeito à magnitude necessária para que um evento seja considerado um desastre, tem-se uma nítida demonstração do antropocentrismo que lastreia as estruturas epistemológicas sociais, sendo, portanto, percebido nas construções jurídicas inerentes ao tema. Os desastres são constantemente descritos como eventos lesivos que acarretam em *perdas a vidas humanas e a propriedades*. O comprometimento dos recursos ambientais e seus respectivos serviços ecossistêmicos é constantemente ocultado nas análises mais tradicionais acerca do tema.

---

98. Para uma completa codificação dos desastres naturais, humanos e mistos, ver Política Nacional de Defesa Civil (publicado no Diário Oficial da União n. 1, em 2 de janeiro de 1995, através da Resolução 2, de 12 de dezembro de 1994), disponível no site da defesa civil em: [www.defesacivil.gov.br/codar/index.asp]. Acesso em: 21.10.2011.
99. PORFIRIEV, Boris N. Definition and delineation of disasters. In: QUARANTELLI, E. L. (Ed.). What is a disaster? New York: Routledge. p. 64.
100. ARAGÃO, Alexandra. Princípio da precaução: manual de instruções. Revista do CEDOUA, n. 22, ano XI, 2008. p. 13.

Para o Centre for Research on the Epidemiology of Disasters – *CRED*, desastre é a situação ou o evento que supera a capacidade local, necessitando um pedido de auxílio externo em nível nacional ou internacional, bem como um evento imprevisto e frequentemente súbito que causa grande dano, destruição e sofrimento humano.[101] Para o referido centro de pesquisa da Universitè Catholique de Louvain – Belgium, ao menos um dos critérios que seguem deve ser preenchido para a configuração de um evento danoso à condição de desastre: (i) dez ou mais mortes humanas (efetivas ou presumidas); (ii) pelo menos cem pessoas atingidas (necessitando de comida, água, cuidados básicos e sanitários; desalojados e feridos); (iii) ter sido declarado estado de emergência; (iv) ter havido um pedido de ajuda internacional.[102] Já o *World Report Disaster 2010: Urban Risk* define como desastre um evento capaz de prejudicar seriamente pessoas e propriedades, atingindo um determinado número de mortos ou feridos, geralmente superior a 10.000 (dez mil) para mortes ou 1.000.000 (um milhão) de feridos.[103] Não obstante as evidentes dificuldades de configuração de um conceito determinado para desastres a partir das suas consequências, tem-se que a acepção técnica do termo, aqui utilizado em seu sentido jurídico, não se refere a um plano individual (perda de propriedade, comprometimento de saúde, individualmente consideradas), mas diz respeito a eventos que atuam no plano da sociedade (*societal disasters*), geralmente entendidos como eventos de grandes perdas para um número substancial de pessoas e bens.[104] A construção do sentido de desastres, centrada nas consequências lesivas do evento, demonstra uma valoração antropocêntrica das consequências que ensejam a caracterização de um evento como tal. Essa perspectiva, apesar de sua função didática e adequação operacional, olvida, ou pelo menos subestima, as consequências ecológicas negativas que um desastre pode ocasionar. Considerando a relevância das condições ambientais para a qualidade de vida, presente e futura, deve-se, para dizer o mínimo, tomar em consideração as perdas ecossistêmicas que um desastre ocasiona. Contemporaneamente, a *autonomização constitucional* do bem ambiental diante de outros direitos fundamentais, ressalta a importância da proteção do meio ambiente e seus *processos ecológicos essenciais*[105] sem a necessidade de repercussões antropocêntricas ou sem servir este apenas para a defesa indireta de outras dimensões de direitos fundamentais, tais como saúde e propriedade.[106] Em uma delimitação mais específica, os assim chamados *desastres ambientais* consistem em eventos (de causa natural, humana ou mista)

---

101. VOS, Femke; RODRIGUEZ, José; BELOW, Regina; GUHA-SAPIR, D. Annual Disaster Statistical Review 2009: the numbers and trends. Brussels: CRED, 2010. p. 12.
102. VOS, Femke et. al. Annual Disaster Statistical Review 2009. p. 12.
103. International Federation Red Cross and Red Cros Crescent Societies. World Disaster Report 2011: focus in urban risk, 2010. Disponível em: [www.ofrc.org/Global/Publications/disasters/WDR/wdr2010/WDR2010-full.pdf]. Acesso em: 16.11.2011.
104. SUGERMAN, Stephen D. Roles of government in compensating disaster victims. Issues in Legal Scholarship. Manuscript 1093, Berkeley: The Berkeley Electronic Press, 2006. p. 1.
105. Art. 225, § 1º, I, da Constituição Federal.
106. Acerca da autonomia do direito ao meio ambiente saudável perante a outros direitos fundamentais, ver: CANOTILHO, José Joaquim Gomes (coord.). Introdução ao Direito do Ambiente. Lisboa: Universidade Aberta, 1998. p. 27; Acerca do Estado comprometido com a sustentabilidade ambiental: CANOTILHO, José Joaquim Gomes. Estado de direito. Lisboa: Gradiva, 1999.

capazes de comprometimento de funções ambientais ou lesões a interesses humanos mediados por alguma mudança ambiental.[107] A *função ecológica* dos ecossistemas e o seu comprometimento em razão da ocorrência de um desastre não podem ser olvidados quando da configuração, enquadramento e quantificação de um sinistro catastrófico. Nesse sentido, os *serviços ambientais* prestados pelos ecossistemas (*ecosystem services*) começam a ser inventariados por estudos globais, a fim de quantificá-los monetariamente, com o escopo de promover uma avaliação monetária das consequências das mudanças destes para o bem-estar (humano). Um exemplo digno de destaque consiste no *Millennium Ecosystem Assessment*[108], cujos resultados apresentam uma análise científica do estado da arte e as alterações sofridas pelos ecossistemas globais, bem como a descrição e quantificação dos serviços ambientais prestados por estes. O referido estudo fornece, ainda, uma base científica para sua conservação e utilização sustentável. A quantificação monetária dos serviços ambientais, a partir deste estudo, é tomada em consideração a partir dos custos de engenharia civil pesada necessária para a realização de obras para obtenção dos efeitos protetivos equivalentes àqueles fornecidos por diversos ecossistemas naturais, tais como marismas, florestas, manguezais, dunas etc. Tais estudos demonstram que o valor dos serviços ambientais é bastante superior ao seu valor de mercado, o que demonstra uma *sub*valoração, uma desigualdade no usufruto da qualidade ambiental e uma evidente apropriação privada das funções ecológicas. Esse déficit de valoração econômica atribuída aos serviços ecossistêmicos é decorrente da ausência de um mercado para tais serviços[109], decorrente da dificuldade de identificação dos beneficiados por tais serviços bem como no pouco conhecimento acerca de tais serviços.[110] Assim, a *função ecológica* dos recursos naturais atingidos por um desastre ambiental (seja ele natural, antropogênico ou misto) deve, indubitavelmente, ser incluída tanto nas medidas mitigadoras quanto na averiguação dos danos ocasionados e, consequentemente, na atribuição de um evento à condição de desastre. Nota-se que a conceituação normativa adotada pelo Direito brasileiro demonstra uma maior *abertura cognitiva* aos múltiplos fatores socioambientais que compõem um desastre *como resultado*, consistindo este no "resultado de eventos adversos, naturais ou provocados pelo homem sobre um ecossistema vulnerável, causando danos humanos, materiais ou ambientais e consequentes prejuízos econômicos e sociais."[111]

(*iii*) A análise sistêmica dos desastres demonstra, exatamente, o fato destes se tratarem de fenômenos dotados de alta complexidade e constituídos por causas multifacetadas e consequências potencializadas. A interação entre estes fatores ressalta a relevância de

---

107. FARBER, Daniel. Symposium introduction: navigating the intersection of environmental law and disaster law. p. 1785. Disponível em: [http://lawreview.byu.edu/articles/1325732020_01Farber.FIN.pdf]. Acesso em: 11.01.2012.
108. Millennium Ecosystem Assessment. Ecosystems and human well-being: synthesis. Washington D.C.: Island Press, 2005.
109. SALZMAN, James; THOMPSON JR., Barton H.; DAILY, Gretchen C. Protecting ecosystem services: science, economics, and law. Standford Environmental Law Journal. 20:309, 2001. p. 311-312.
110. Sobre as falhas sistêmicas e os déficits de justiça que engendram a degradação e o consumo exagerado dos recursos naturais globais, ver: VERCHICK, Robert R. M. Facing catastrophe: environmental action for a post-Katrina world. Cambridge: Harvard University Press, 2010. p. 43-60.
111. Conforme disposto no art. 2º, II, do Decreto 7.257/10.

uma análise sistêmica de tais fenômenos para a formação de um sentido jurídico para a operacionalização dos desastres, a fim de possibilitar a orientação, a imposição e o tratamento jurídico dos processos preventivos ou mitigatórios, das respostas emergenciais, da compensação e da reconstrução necessários em eventos catastróficos.

Sistemicamente, os desastres são provenientes de circunstâncias naturais, tecnológicas ou sociopolíticas. Essa combinação de fatores externos (exógenos) e internos (endógenos) ao sistema social, quando combinados cumulativa e sinergeticamente, é capaz de ocasionar a perda de sua estabilidade sistêmica. O comprometimento da *estabilidade sistêmica* repercute, assim, na quebra das rotinas coletivas inerentes às comunidades e sociedade e na necessidade de medidas urgentes (e geralmente não planejadas) para gerir (restabelecer) a situação.[112] Os desastres são fenômenos extremos capazes de atingir a *estabilidade sistêmica* social, num processo de *irradiação* e *retroalimentação* de suas causas e efeitos policontextualmente (econômicos, políticos, jurídicos, científicos). Esse processo leva a uma incapacidade sistêmica de produzir diferenciações fundamentais, tornando ainda mais *vulnerabilizada* a comunidade atingida bem como dificultando as ações de socorro (tomadas de decisão imediatas e mediatas). Em uma determinada comunidade atingida por um desastre há, com grande frequência, a incapacidade de diferenciação entre os sistemas sociais funcionalmente diferenciados situados neste local. Após o desastre, há a ausência de diferenciação entre a complexidade estruturada da economia, da política e do direito, havendo um colapso em maior ou menor intensidade com o comprometimento de cada uma das funções sistêmicas (pelo direito: regulação de condutas; pela economia: existência cadeias de pagamentos e negócios; pela política: decisões coletivamente vinculantes; pela ciência: relatórios gerados a partir de informações dotadas de credibilidades científicas).

Os desastres estão diretamente ligados à ideia de eventos capazes de desestabilizar um sistema ao ponto de que este perca a capacidade de diferenciação funcional e de operacionalizar e assimilar aquele evento rapidamente. Tal colapso gera, por evidente, uma incapacidade de assimilação e recuperação rápidas, sendo, por esta razão, a *resiliência*[113] um conceito central na descrição das catástrofes. Em tal perspectiva, os desastres envolvem sempre a ocorrência inesperada ou repentina que demanda uma ação imediata. Mesmo que um desastre não possa ser caracterizado como inesperado, em muitos casos, este sempre demandará uma ação de socorro imediata sob pena de potencialização de sua magnitude. Trata-se de um fenômeno que envolve, na condição de atingido, *comunidades*, não devendo ser pensado, para sua configuração (como desastre) como um fenômeno de lesões individuais.[114] Em termos genéricos, a configuração de um evento como desastre tende a restringir as declarações a eventos de amplitude difusa e grave consequências que são tidas como suficientes para superar as capacidades estadual e dos governos locais de atendimento ao evento.[115] Nesse sentido, uma análise sistêmica dos desastres privilegia

---

112. PORFIRIEV, Boris N. Definition and delineation of disasters... cit., p. 62.
113. A resiliência consiste exatamente na maior ou menor capacidade de retomada ao estado anterior ao desastre.
114. PORFIRIEV, Boris N. Definition and delineation of disasters... cit., p. 62.
115. SUGERMAN, Stephen D. Roles of government in compensating disaster victims. Issues in Legal Scholarship. Manuscript 1093, Berkeley: The Berkeley Electronic Press, 2006. p. 2.

a análise da perda da estabilidade do sistema atingido, diminuindo a ênfase à distinção entre desastres naturais e antropogênicos. Na verdade, o dualismo cartesiano (homem/natureza) bem como um monismo naturalista consistem em posições "potencialmente mortíferas", uma vez que excluem o terceiro.[116] Os desastres detêm uma condição ímpar à Sociedade Contemporânea, servir de instrumento de reinclusão (*re-entry*) do terceiro excluído, uma noção híbrida das relações entre sistema social e ambiente natural. Assim, uma "semântica das catástrofes" é desenvolvida a partir da ênfase na necessidade de antecipação aos perigos (alheios a qualquer controle) ou riscos (passíveis de alguma dimensão de controle pelo sistema) catastróficos.[117] Dessa maneira, os desastres lançam um especial destaque ao horizonte futuro em distinção ao presente, contudo, a partir de uma comunicação de risco pode haver uma racionalização das incertezas em detrimento apenas de um medo irracional e paralisante atinente aos riscos tecnológicos, aos perigos naturais e aos riscos híbridos.

7. Objetos funcionais do direito dos desastres

Como já referido, o Direito dos Desastres tem por objeto uma complexa teia de obrigações, deveres e interesses tutelados na prevenção e no atendimento aos eventos catastróficos. Sob o *ponto de vista funcional*, o Direito apresenta um papel central no contexto interdisciplinar dos processos de tomada de decisão concernentes aos desastres ambientais.[118] O chamado Direito dos Desastres consiste num complexo e multifacetado ramo do Direito que, perante uma premente necessidade de sistematização, apresenta uma abordagem ponderada para gerenciar o caos dos desastres.[119] O Direito dos Desastres detém como objetivos funcionais (i) a prevenção ou mitigação; (ii) a prestação de ações emergenciais; (iii) a compensação ambiental, bem como às vítimas e às propriedades atingidas pelo evento; e (iv) a reconstrução das áreas atingidas.[120] A exemplo das tradições europeia e americana, a estruturação das funções deste ramo jurídico no contexto brasileiro também tem por objeto a prevenção, a preparação para emergências, resposta e reconstrução aos desastres.[121] Contudo, ao contrário daqueles[122], mais fortemente centrados em sistemas de

---

116. OST, Frainçois. A natureza à margem da lei: a ecologia à prova do direito. Lisboa: Piaget, 1997. p. 16.
117. LUHMANN, Niklas. Sistemas sociales: lineamientos para una teoría general. Alianza Editorial: México, 1991. p. 383.
118. FARBER, Daniel. Symposium introduction: navigating the intersection of environmental law and disaster law... cit., p. 1786.
119. FARBER, Daniel. Symposium introduction: navigating the intersection of environmental law and disaster law... cit., p. 1814.
120. FARBER, Daniel; CHEN, Jim; VERCHICK, Robert R. M.; SUN, Lisa Grow. Disaster law and policy. New York: Aspen Publishers, 2010.
121. Conforme Política Nacional de Defesa Civil (publicado no Diário Oficial da União 1, em 2 de janeiro de 1995, através da Resolução 2, de 12 de dezembro de 1994), disponível no site da defesa civil em [www.defesacivil.gov.br/codar/index.asp]. Acesso em: 21.10.2011.
122. Acerca do sistema securitário americano para compensação de vítimas de desastres, ver: SUGERMAN, Stephen D. Roles of government in compensating disaster victims. Issues in Legal Scholarship. The Berkeley Electronic Press, 2006. Disponível em: [www.law.berkeley.edu/sugerman/Disaster_losses_final.pdf]. Acesso em: 09.03.2012.

seguros e assistência social às vítimas, o sistema nacional não atribui destaque à função de compensação ambiental e financeira às vítimas, conforme demonstra a própria omissão constante nos objetivos da Política Nacional de Defesa Civil.[123] Ainda, a *Política Nacional de Defesa Civil* brasileira descreve tais funções e objetos do tratamento dos desastres (prevenção; preparação para emergências e desastres; resposta aos desastres; e reconstrução) de forma estanque, sem destacar a circularidade necessária ao gerenciamento dos riscos de desastres que permeiam todas as etapas de um desastre. A radicalidade da magnitude e das indeterminações que engendram os desastres fazem do Direito dos Desastres um importante elemento de intersecção e aprendizado para o Direito Ambiental, sendo capaz de demonstrar a necessidade de que a gestão de risco permeie, circularmente, a consecução de todas as fases e objetivos.

Essas dimensões unificam o Direito dos Desastres, como um todo, a partir do conceito de *gestão de risco*.[124] Portanto, o que mais caracteriza esse ramo é, exatamente, a ênfase na antecipação aos desastres que, no caso, deve ser guiado por um "*círculo de gestão de risco.*"[125] Essa circularidade reflete a constatação de que, todas as fases, estratégias e instrumentos utilizados para prevenção e mitigação, prestação de respostas emergenciais, compensação e reconstrução, devem serem alinhadas pela necessidade de prevenção e mitigação de novos desastres. Nesse sentido, a própria fase da reconstrução já deve completar o círculo mediante a inclusão de medidas preventivas e mitigadoras em relação a possíveis desastres futuros, assim como uma mitigação exitosa antes do evento reduzirá a necessidade de assistência emergencial e compensações futuras.[126] Assim, o gerenciamento de risco deve compor todas as estratégias e momentos que envolvem um desastre numa circularidade de gerenciamento dos riscos catastróficos. O Direito dos Desastres apresenta algumas singularidades capazes de modernizar o Direito Ambiental, uma vez que os desastres são causados ou exacerbados, constantemente, pelas falhas da regulação ambiental[127], consistindo em eventos formados por falhas ao longo do tempo cumulativamente. Nesse sentido, o Direito dos Desastres efetua inegavelmente destacadas contribuições ao Direito Ambiental dirigindo uma maior atenção a questões referentes à exposição desigual aos

---

123. Conforme objetivos gerais da política nacional de defesa civil (publicado no Diário Oficial da União 1, em 2 de janeiro de 1995, através da Resolução 2, de 12 de dezembro de 1994), disponível no site da defesa civil em: [www.defesacivil.gov.br/codar/index.asp]. Acesso em: 21.10.2011.
124. FARBER, Daniel. Symposium introduction: navigating the intersection of environmental law and disaster law... cit., p. 1791. Especificamente acerca das características e da gestão dos riscos catastróficos no contexto norte-americano ver: FARBER, Daniel. Confronting uncertainty under NEPA. Issues in Legal Scholarship. v. 1. Iss. 3, (balancing the risks: managing technology and dangerous climate change), article 3, The Berkeley Electronic Press, 2009. Disponível em: [www.bepress.com/ils/vol8/iss3/art3]. Acesso em: 22.06.2011.
125. FARBER, Daniel; CHEN, Jim; VERCHICK, Robert R. M.; SUN, Lisa Grow. Disaster law and policy. New York: Aspen Publishers, 2010; FARBER, Daniel. Symposium introduction: navigating the intersection of environmental law and disaster law. Disponível em: [http://lawreview.byu.edu/articles/1325732020_01Farber.FIN.pdf]. Acesso em: 11.01.2012.
126. FARBER, Daniel. Symposium introduction: navigating the intersection of environmental law and disaster law... cit., p. 1791.
127. FARBER, Daniel. Symposium introduction: navigating the intersection of environmental law and disaster law... cit., 1786.

riscos, compensação como mitigação dos riscos,[128] resiliência social[129], desigualdade e vulnerabilidade[130], fornecendo, assim, uma visão mais ampla dos sistemas sociais e circunstâncias que envolvem os desastres e suas causas.[131] Este ramo jurídico, marcado pela complexidade, destacada magnitude de suas consequências e indeterminação dos seus riscos, perigos e danos ambientais, tem a condição de trazer novos perfis de análise e tratamento jurídico ao próprio Direito Ambiental e suas questões mais cotidianas. No contexto normativo brasileiro, a Política Nacional de Defesa Civil orienta sua atuação a partir da concorrência efetiva de quatro aspectos, denominados Planos Diretores da Defesa Civil: prevenção; preparação para emergência e desastres; resposta aos desastres; e reconstrução.[132] A prevenção dos desastres envolve, por evidente, a avaliação (estudo das ameaças, do grau de vulnerabilidade do sistema e dos corpos receptores, e a síntese conclusiva, com a avaliação e hierarquização dos riscos catastróficos e definição das áreas de maior risco) e a gestão dos riscos de desastres (medidas estruturais[133] e não estruturais[134]). A preparação para as emergências consiste no aparelhamento e mobilização institucional para o atendimento às emergências, podendo ser sintetizada e exemplificada na função de monitorar, alertar e soar alarmes quando necessários. A resposta aos desastres compreende o socorro[135], assistência às populações vitimadas[136] e reabilitação do cenário do desastre.[137]

---

128. FARBER, Daniel. Symposium introduction: navigating the intersection of environmental law and disaster law... cit., p. 1785.
129. FARBER, Daniel. Symposium introduction: navigating the intersection of environmental law and disaster law... cit., p. 1805.
130. Acerca da vulnerabilidade e desigualdade envolvendo os desastres ver: CUTTER, Susan L. Hazards, vulnerability and environmental justice. London: Earthscan, 2006; FARBER, Daniel. Disaster law and inequality. Law and inequality. v. 25, n. 2, 2007. p. 1-19.
131. FARBER, Daniel. Symposium introduction: navigating the intersection of environmental law and disaster law... cit., p. 1807.
132. BRASIL. Plano Nacional de Defesa Civil. Ministério da Integração Nacional – Secretaria Nacional de Defesa Civil, Brasília, 2007. p. 15-18. Disponível em: [www.defesacivil.gov.br/politica/index.asp]. Acesso em: 13.03.2012.
133. São medidas estruturais, para a Política Nacional de Defesa Civil, aquelas que "englobam obras de engenharia de qualquer especialidade". Contudo, não se pode olvidar a relevância da infraestrutura natural para a gestão dos riscos de desastres, devendo esta ser considerada como elemento estrutural das estratégias de redução dos riscos de desastres (Política Nacional de Defesa Civil, disponível no site da defesa civil em: [www.defesacivil.gov.br/codar/index.asp]).
134. São aquelas que "englobam o planejamento da ocupação e/ou da utilização do espaço geográfico, em função da definição das áreas de risco, bem como do aperfeiçoamento da legislação de segurança contra desastres" (Política Nacional de Defesa Civil, disponível no site da defesa civil em: [www.defesacivil.gov.br/codar/index.asp]). As medidas não estruturais englobam ou podem englobar a interação entre diversos instrumentos, tais como os próprios Planos Diretores de Defesa Civil; os Planos Diretores de ordenação do solo urbano; os Planos Diretores de Bacias Hidrográficas; os Estudos de Impacto Ambiental que tenham relação com os riscos envolvidos; o Zoneamento Ambiental de uma determinada área ou região; entre outros.
135. Esse compreende três momentos: pré-impacto (no intervalo entre o prenúncio e o desencadeamento do evento catastrófico), impacto (no momento em que ocorrendo o evento adverso), limitação de danos (momento após o desastre).
136. Compreende atividades logísticas, assistenciais e de promoção da saúde.
137. Compreende atividades de avaliação de danos; vistoria e elaboração de laudos técnicos; desmontagem de estruturas danificadas; desobstruções e remoções de escombros; sepultamento, limpeza,

A reconstrução visa a recuperação da área afetada, compreendendo esta a reconstrução plena dos serviços públicos, da economia da área, do moral social, do bem-estar da população afetada.[138]

7.1. Prevenção e mitigação

As estratégias preventivas são compostas, tanto no Direito norte-americano quanto no direito brasileiro, a partir de medidas estruturais e não estruturais. No Direito brasileiro, como já referido, a prevenção dos desastres envolve, por evidente, a avaliação (estudo das ameaças, do grau de vulnerabilidade do sistema e dos corpos receptores, e a síntese conclusiva, com a avaliação e hierarquização dos riscos catastróficos e definição das áreas de maior risco) e a gestão dos riscos de desastres (medidas estruturais e não estruturais). Nota-se que as medidas estruturais, compreendidas pela Política Nacional de Defesa Civil, consistem apenas naquelas decorrentes da engenharia civil (*infraestrutura* construída pelo homem). Por tais motivos, a legislação brasileira estabelece a prioridade das medidas não estruturais sobre as estruturais[139], dando ênfase às estratégias de construção de informações e conhecimento acerca dos riscos ambientais em detrimento do dispêndio de custos financeiros em obras de infraestrutura civil. Note-se que um dos caminhos mais recentes, construtivos e criativos adotados pelo Direito dos Desastres norte-americano consiste em tomar a *infraestrutura natural* como estratégia *estrutural* preventiva e mitigadora aos desastres, valorando os ecossistemas não apenas como *bens ambientais*, mas sobretudo os *serviços ecossistêmicos* de prevenção e proteção prestados por estes contra desastres naturais. Os desastres ambientais têm, naquela tradição jurídica, exercido um papel significativo em determinar como se entende e valora os serviços ambientais.[140] Não se pode olvidar que os serviços ecossistêmicos também exercem uma importante função na construção da resiliência de uma comunidade afetada de forma mais célere. Isto é, a preservação dos ecossistemas e de seus serviços desenvolve um papel de grande importância na fase pós-desastre.[141] Por tal razão, a indicação realizada pela doutrina americana

---

descontaminação, desinfecção e desinfestação do ambiente; reabilitação dos serviços essenciais; recuperação das unidades habitacionais de baixa renda.
138. Conforme Política Nacional de Defesa Civil (publicado no Diário Oficial da União 1, em 2 de janeiro de 1995, através da Resolução 2, de 12 de dezembro de 1994), p. 17-18, disponível no site da defesa civil em: [www.defesacivil.gov.br/codar/index.asp]. Acesso em: 21.10.2011.
139. Cf. item 1.2. da Política Nacional da Defesa Civil, p. 15: "Em princípio, as medidas não-estruturais devem ser consideradas prioritariamente".
140. HIROKAWA, Keith H. Disasters and ecosystem services deprivation: from Cuyahoga to the deepwater horizon. Albany Law Review, v. 74, n. 1, 2011. p. 545.
141. Neste sentido: "Ecosystem management can contribute to more effective reduction of disaster risk in two major ways. Well-managed ecosystems can mitigate the impact of most natural hazards, such as landslides, hurricanes and cyclones. In addition, productive ecosystems can support sustainable income-generating activities and are important assets for people and communities in the aftermath of a disaster. For ecosystems to make these contributions, it is essential that they be factored into relief and rebuilding efforts in the post-disaster response phase" (SUDMEIER-RIEUX, Karen et al. (Editors). Ecosystems, livelihood and disasters: an integrated approach to disaster risk management. IUCN: Cambridge, 2006. p. 1). "O Manejo de ecossistemas pode contribuir para a redução mais eficaz dos riscos de desastres de duas maneiras principais. Bem geridos, os ecossistemas

consiste em dizer que as estratégias preventivas a desastres deve enfatizar controles estruturais naturais (infraestruturas naturais) e controles não estruturais (estudos, avaliações, mapas de risco, zoneamentos etc.).[142] Nesse sentido, o Direito dos Desastres nos Estados Unidos começa a utilizar-se do aprofundamento dos serviços ambientais como medidas estruturais preventivas, estratégia estrutural inexistente, ou, para dizer o mínimo, inexplorada, no cenário brasileiro até o momento. A perspectiva da utilização dos serviços ambientais como critério para avaliação, quantificação e gestão de riscos e danos ambientais detém sustentação constitucional no âmbito brasileiro, uma vez que o art. 225, § 1º, I, da Constituição Federal estabelece como incumbência do Poder Público "preservar e restaurar os *processos ecológicos essenciais* e prover o manejo ecológico das espécies e *ecossistemas.*" Nesse sentido, os serviços ecossistêmicos apresentam sustentação constitucional, sendo o meio ambiente ecologicamente equilibrado uma síntese jurídico-conceitual que é, simultaneamente, garantia de um bem jurídico comum e de serviços ecossistêmicos deste oriundos. Trata-se de um bem/serviço que atua como uma *infraestrutura*. Em outras tintas, sua relevância essencial ao bem-estar transindividual justifica a sua manutenção, recuperação e constante monitoramento no Estado de Direito Constitucional.

7.2. Respostas de emergência

Nessa fase de um desastre, o Direito exerce uma função de delimitar e fornecer, sob o império da normatividade, alinhamentos claros para respostas às condições emergenciais, demandando também o planejamento e treinamento apropriados. As ações de socorro consistem em ações imediatas de resposta aos desastres com o objetivo de socorrer a população atingida, incluindo a busca e o salvamento, os primeiros-socorros, o atendimento pré-hospitalar e o atendimento médico e cirúrgico de urgência, entre outras estabelecidas pelo Ministério da Integração.[143] Essa fase compreende, ainda, as ações de assistência às vítimas e as ações de restabelecimento de serviços essenciais. As ações de assistência às vítimas são "ações imediatas destinadas a garantir condições de incolumidade e cidadania aos atingidos, incluindo o fornecimento de água potável, a provisão e meios de preparação de alimentos, o suprimento de material de abrigamento, de vestuário, de limpeza e de higiene pessoal, a instalação de lavanderias, banheiros, o apoio logístico às equipes empenhadas

---

podem mitigar o impacto da maioria dos desastres naturais, como deslizamentos de terra, furacões e ciclones. Além disso, ecossistemas produtivos podem suportar atividades sustentáveis geradoras de renda, sendo também recursos importantes para as pessoas e comunidades na sequência de uma catástrofe. Para os ecossistemas fazerem essas contribuições, é essencial que estes sejam tomados em conta nos esforços de alívio e reconstrução na fase de resposta pós-desastre" (tradução livre do autor).

142. VERCHICK, Robert R. M. Facing catastrophe: environmental action for a post-Katrina world. Cambridge: Harvard University Press, 2010. p. 78: "agencies charged with flood control policy should be directed to develop strategies that enphasize natural structural controls (like wetlands and barrier islands) and nonstructural controls (lie zoning changes and flood easements)". "[...] agências encarregadas da política de controle de inundação deveriam ser direcionadas para desenvolver estratégias que enfatizassem controles estruturais naturais (como pântanos e ilhas barreira) e controles não estruturais (tais como mudanças de zoneamento e servidões de inundação)" (tradução livre do autor).

143. Cf. art. 2º, V, do Decreto 7.257/10.

no desenvolvimento dessas ações, a atenção integral à saúde, ao manejo dos mortos, entre outras estabelecidas pelo Ministério da Integração Nacional."[144] Já o restabelecimento dos serviços essenciais tratam-se das "ações de caráter emergencial destinadas ao restabelecimento das condições de segurança e habitabilidade da área atingida pelo desastre, incluindo a desmontagem de edificações e de obras de arte com estruturas comprometidas, o suprimento e distribuição de energia elétrica, água potável, esgotamento sanitário, limpeza urbana, drenagem das águas pluviais, transporte coletivo, trafegabilidade, comunicações, abastecimento de água potável e desobstrução e remoção de escombros, entre outras estabelecidas pelo Ministério da Integração."[145] Essa é uma fase em que é fundamental a delimitação da articulação dos papéis a serem exercidos pelos órgãos públicos em todos os níveis, pela Força Militar, bem como de entidades privadas e voluntários.

7.3. Compensação

Apesar das atenções da opinião pública e do próprio Plano Nacional de Defesa Civil se voltarem para a prevenção e para as respostas emergenciais, o que é plenamente justificável, a compensação ambiental e das vítimas adquire uma posição central no Direito dos Desastres. A função do Direito neste momento consiste em fornecer um entrelaçamento de métodos provenientes dos setores público e privado para compensação das vítimas dos desastres. Estes estariam, no contexto comparado da *Commom Law* americana, compreendidos pelos seguros privados (*primeiro* método de compensação), pela litigiosidade judicial (responsabilidade civil por danos catastróficos) contra atores privados (*segundo*), e pela possibilidade de obtenção de compensação pelo governo federal ou estadual (*terceiro*). A compensação das vítimas adquire, assim, uma das seguintes formas: seguros privados (seguros de vida, seguro de saúde, por incapacidade, de bens imóveis etc.); ações de responsabilidade por danos (*tort law system*); e assistência governamental (*government programs*).[146]

7.4. Reconstrução

Para a legislação brasileira a reconstrução visa à recuperação da área afetada, compreendendo esta a reconstrução plena dos serviços públicos, da economia da área, do moral social, do bem-estar da população afetada.[147] Note-se uma omissão evidente quanto à previsão expressa de recuperação dos aspectos naturais do meio ambiente afetado por um desastre, visto que este será fundamental para diminuição da vulnerabilidade e incremento da capacidade de resiliência da comunidade local atingida.

---

144. Cf. art. 2°, VI, do Decreto 7.257/10.
145. Cf. art. 2°, VII, do Decreto 7.257/2010.
146. SUGERMAN, Stephen D. Roles of Government in Compensating Disaster Victims. Issues in Legal Scholarship. Manuscript 1093, Berkeley: The Berkeley Electronic Press, 2006.; FARBER, Daniel. Symposium introduction: navigating the intersection of environmental law and disaster law... cit., p. 1811. FARBER, Daniel; CHEN, Jim; VERCHICK, Robert R. M.; SUN, Lisa Grow. Disaster law and policy. New York: Aspen Publishers, 2010. p. 291-342.
147. Conforme Política Nacional de Defesa Civil (publicado no Diário Oficial da União 1, em 2 de janeiro de 1995, através da Resolução 2, de 12 de dezembro de 1994), disponível no site da defesa civil em: [www.defesacivil.gov.br/codar/index.asp]. Acesso em 21.10.2011.

A fase de reconstrução e recuperação adquire um papel, também, chave no encadeamento temporal de um desastre, uma vez que neste devem já estar inseridas estratégias interconectadas de prevenção a possíveis futuros eventos desastrosos. Nesse sentido, a reconstrução deve ser antecipada pela reflexão acerca da viabilidade e segurança das novas construções, diante da necessidade de mitigar riscos futuros.[148]

8. Organizações e desastres: o papel do Estado de Direito Ambiental

Os desastres, quer em sentido amplo quer em sentido ambiental, encontram grande vinculação com a atividade das organizações. Isto se dá em razão de dois principais motivos: (i) as falhas operacionais podem atuar como causas de desastres (Bophal, BP Deepwater Horizon etc.); (ii) em muitos casos o caráter multifacetado dos desastres exige uma atuação integrada entre organizações responsáveis pela prevenção e pelo atendimento aos desastres.

Primeiramente, as organização privadas e públicas apresentam, constantemente, relação direta com a ocorrência de desastres, sobretudo antropogênicos, mediante a adoção de padrões de comportamento não seguros da mesma forma que artefatos tecnológicos apresentam combinações arriscadas em sua engenharia.[149] Da mesma forma, fatores organizacionais podem impedir o fluxo e a utilização de informações e conhecimentos que poderiam ter sido utilizados para a prevenção de desastre antropogênicos (acidentes industriais).[150] Não obstante a existência de fenômenos físicos ou projetos de engenharia complexos que engendram os riscos catastróficos, estes consistem em ponto de partida para o endereçamento de atenção com processos de segurança. O risco serve de estratégia de antecipação racional. Contudo, a concretização dos riscos e sua materialização em danos é, constantemente, mediada por ações humanas, tendo estas lugar nas organizações, com suas próprias culturas e histórias.[151] De outro lado, as organizações públicas, responsáveis pelo controle e fiscalização das atividades e situações de riscos catastróficos (ambientais, segurança e defesa civil) também detêm um destaque na consecução de cenários de sinistros catastróficos. O caráter multifacetado que pode caracterizar os desastres exige não apenas uma multidisciplinaridade nos processos de tomada de decisão (direito, economia, ciência, política), como uma integração entre diversos atores públicos e privados, numa governança de riscos e perigos catastróficos. Nesse cenário, os desastres ambientais podem estar ligados a déficits de proteção ambiental (acidentes industriais, vazamento

---

148. A Política Nacional de Defesa Civil prevê, de forma acanhada, mas pertinente, que a fase de recuperação se confunde com a prevenção aos desastres ao procurar "recuperar ecossistemas; reduzir as vulnerabilidades; racionalizar o uso do solo e do espaço geográfico; relocar populações em áreas de menor risco; modernizar as instalações e reforçar as estruturas" (Política Nacional de Defesa Civil, publicado no Diário Oficial da União 1, em 2 de janeiro de 1995, p. 18, através da Resolução 2, de 12 de dezembro de 1994, disponível no site da defesa civil em: [www.defesacivil.gov.br/codar/index.asp]. Acesso em: 21.10.2011).
149. JASSANOF, Sheila (Ed.). Learning from disaster: risk management after Bhopal. Philadelphia: University of Pennsylvania Press, 1994. p. 6.
150. Idem.
151. FARBER, Daniel. Symposium introduction: navigating the intersection of environmental law and disaster law... cit., p. 1794.

de petróleo, contaminações químicas, desastres naturais ou mistos), segurança pública (atentados terroristas) ou de atendimento de defesa civil (desastres naturais, humanos ou mistos). Os desastres chamam a atenção para a necessidade de uma maior integração às nuances multifacetadas de sua constituição e das vulnerabilidades socioambientais envolvidas em uma determinada comunidade. Ou seja, em suas múltiplas dimensões tais como saúde pública, meio ambiente, economia, transporte, abastecimento de serviços públicos etc.

Assim, deve haver um caráter integrativo do Estado de Direito Ambiental, proporcionando uma junção dos arts. 196[152], 198[153], 225[154], 170, VI,[155] da CF. Da mesma forma, deve haver uma integração institucional entre órgãos ambientais integrantes do Sisnama, de saúde pública e defesa civil em todas as esferas (municipal, estadual e federal). Um Estado comprometido constitucionalmente com um meio ambiente saudável (Estado de Direito Ambiental) deve apresentar uma postura integrada e integrativa da matéria ambiental. A ponderação de direitos e interesses em uma perspectiva multitemática necessita da compatibilização entre instrumentos impositivos e cooperativos. Isto é, regras de caráter jurídico estritamente vinculadas à legalidade em interação com "condições concretas de actuação (elasticidade situativa)." Tal aspecto enseja, também, uma superação do Estado ambientalmente planificado em direção "a um plano dúctil centrado sobre os problemas nucleares do desenvolvimento sustentado, justo e duradouro."[156] Sem olvidar a necessária integração e governança ambiental desejáveis, em matéria de desastres, há, por evidente, um protagonismo da Defesa Civil, sendo esta "o conjunto de ações preventivas, de socorro, assistenciais e recuperativas destinadas a evitar desastres e minimizar seus impactos para a população, restabelecendo, assim, anormalidade social."[157] A atuação da Defesa

---

152. Art. 196. A saúde é direito de todos e dever do Estado, garantido mediante políticas sociais e econômicas que visem à redução do risco de doença e de outros agravos e ao acesso universal e igualitário às ações e serviços para sua promoção, proteção e recuperação.
153. Art. 198. As ações e serviços públicos de saúde integram uma rede regionalizada e hierarquizada e constituem um sistema único, organizado de acordo com as seguintes diretrizes:
    I – descentralização, com direção única em cada esfera de governo;
    II – atendimento integral, com prioridade para as atividades preventivas, sem prejuízo dos serviços assistenciais;
    III – participação da comunidade.
154. Art. 225. Todos têm direito ao meio ambiente ecologicamente equilibrado, bem de uso comum do povo e essencial à sadia qualidade de vida, impondo-se ao Poder Público e à coletividade o dever de defendê-lo e preservá-lo para as presentes e futuras gerações.
155. Art. 170. A ordem econômica, fundada na valorização do trabalho humano e na livre iniciativa, tem por fim assegurar a todos existência digna, conforme os ditames da justiça social, observados os seguintes princípios: [...] VI – defesa do meio ambiente, inclusive mediante tratamento diferenciado conforme o impacto ambiental dos produtos e serviços e de seus processos de elaboração e prestação (Redação dada pela Emenda Constitucional 42, de 19.12.2003).
156. CANOTILHO, José Joaquim Gomes. Estado constitucional ecológico e democracia sustentada. In: MORATO LEITE, José Rubens; FERREIRA, Heline Sivini; BORATTI, Larissa (Orgs.). Estado de direito ambiental: tendências. 2. ed. Rio de Janeiro: Forense Universitária, 2010. p. 37.
157. BRASIL. Lei 12.340, de 2 de dezembro de 2010. Dispõe sobre o Sistema Nacional de Defesa Civil – SINDEC, sobre as transferências de recursos para ações de socorro, assistência às vítimas,

Civil é orientada por quatro aspectos, denominados Planos Diretores da Defesa Civil para prevenção, preparação para emergência e desastres, resposta aos desastres e reconstrução.[158] A estruturação organizacional da Defesa Civil, por seu turno, é constituída pelo Sistema Nacional de Defesa Civil – Sindec, cuja composição é formada pelos órgãos e entidades da administração pública da União, Estados, do Distrito Federal e dos Municípios e as entidades da sociedade civil responsáveis pelas ações de defesa civil.[159] A estrutura desse sistema é composta pelo Conselho Nacional de Defesa Civil – Condec, na condição de Órgão Superior; pela Secretaria Nacional de Defesa Civil, Órgão Central, responsável pela articulação, coordenação e supervisão técnica do sistema; pelas Coordenadorias Regionais de Defesa Civil – Cordec ou órgãos correspondentes, na condição de Órgãos Regionais, Estaduais, Municipais, Setoriais e de Apoio.[160] A atuação do Poder Executivo Federal junto aos Estados, Distrito Federal e Municípios, em situação de emergência ou estado de calamidade pública, é de caráter complementar. A partir da orientação do plano nacional, tem-se como importante a existência de previsão de recursos para as ações de Defesa Civil, não apenas no orçamento geral da União, mas também nos dos Estados e Municípios. O apoio financeiro Federal será prestado aos entes que tiverem a situação de emergência ou estado de calamidade pública reconhecidos pelo Poder Executivo Federal. Tal reconhecimento se efetiva por meio de requerimento do Poder Executivo Estadual, do Distrito Federal ou do Município afetado pelo desastre.[161] Note-se que a legislação brasileira atribui destaque à declaração formal, do Poder Executivo atingido, acerca da situação de emergência[162] e ao estado de calamidade pública[163], devendo esta se dar por meio de decreto. O reconhecimento de desastre pelo Poder Executivo Federal, para fins de transferência de recursos e auxílio instrumental do Sindec (composto pelos órgãos e entidades da defesa civil da União bem como pelos órgãos e entidades dos Estados, Distrito Federal e Municípios que a eles aderirem), dependerá de requerimento do Poder Executivo do Estado, do Distrito Federal ou do Município afetado pelo desastre.[164] Para tanto, o governo

---

restabelecimento de serviços essenciais e reconstrução nas áreas atingidas por desastre, e sobre o Fundo Especial para Calamidades Públicas, e dá outras providências. Brasília, DF, 2 de janeiro de 2010 (art. 1º). Disponível em: [www.planalto.gov.br/ccivil_03/_Ato2007-2010/2010/Lei/L12340.htm]. Acesso em: 13.03.2012.

158. BRASIL. Plano Nacional de Defesa Civil. Ministério da Integração Nacional – Secretaria Nacional de Defesa Civil, Brasília, 2007. p. 15-18. Disponível em: [www.defesacivil.gov.br/politica/index.asp]. Acesso em: 13.03.2012.

159. Cf. Lei 12.340/2011, art. 2º.

160. BRASIL. Plano Nacional de Defesa Civil. Ministério da Integração Nacional – Secretaria Nacional de Defesa Civil, Brasília, 2007. p. 6-7. Disponível em: [www.defesacivil.gov.br/politica/index.asp]. Acesso em: 13.03.2012.

161. Cf. art. 3º, §§ 1º e 2º, da Lei 12.340/2010.

162. Cf. art. 2º, III, do Decreto 7.257/2010, considera-se "situação de emergência: situação anormal, provocada por desastres, causando danos e prejuízos que impliquem o comprometimento parcial da capacidade de resposta do poder público do ente atingido".

163. Cf. art. 2º, IV, do Decreto 7.257/2010, considera-se "estado de calamidade pública: situação anormal, provocada por desastres, causando danos e prejuízos que impliquem o comprometimento substancial da capacidade de resposta do poder público do ente atingido".

164. Cf. art. 7º do Decreto 7.257/2010.

local deverá instruir o referido requerimento com o ato de decretação de situação de emergência ou estado de calamidade pública e descrição do tipo do desastre, de acordo com a codificação de desastres, ameaças e riscos, definida pelo Ministério da Integração; data e local do desastre; descrição da área afetada, das causas e dos efeitos do desastre; estimativa de danos humanos, materiais, ambientais e serviços essenciais prejudicados; declaração das medidas e ações em curso, capacidade de atuação e recursos humanos, materiais, institucionais e financeiros empregados pelo respectivo ente federado para o restabelecimento da normalidade; outras informações disponíveis acerca do desastre e seus efeitos.[165] Para eventos de grande e incontroversa magnitude, o Ministério da Integração Nacional poderá reconhecer a situação de emergência ou o estado de calamidade pública, independentemente do fornecimento das informações, tendo por base apenas o decreto do respectivo ente federado atingido.[166]

9. Os riscos catastróficos e a ênfase de sua administração pelo Direito Ambiental

Em razão de sua magnitude (social e ambiental), as catástrofes ensejam uma ênfase à antecipação para prevenir ou, pelo menos, mitigar suas consequências. Portanto, a delimitação de um sentido para os desastres e sua juridicização estabelece uma relação direta deste fenômeno com a semântica do risco. Os desastres requerem um "círculo de gestão de risco"[167] em todas as suas dimensões temporais de atuação, o que em outras palavras quer dizer, na sua *prevenção e mitigação*, nas *respostas de emergência*, na *compensação* e na *reconstrução* das áreas atingidas. O risco, como comunicação voltada ao futuro, tem seu sentido constituído e desenvolvido a partir da aplicação dinâmica da distinção construtivista probabilidade/improbabilidade.[168] O risco consiste num processo de *racionalização de incertezas* inerentes a qualquer reflexão acerca do futuro, isto é, em processos de tomada de decisão imersos em contextos de *racionalidade limitada* (*bounded rationality*). Os desastres sugerem, portanto, uma *radicalização das indeterminações* inerentes ao processo de sua antecipação, isto é, esta intensificação das indeterminações diz respeito aos seus riscos (em que há alguma possibilidade de descrição e controle) e, principalmente, aos seus perigos (impossibilidade descritiva e de controle). Há, assim, a configuração de riscos conhecidos (riscos concretos), riscos inseridos em contextos de incertezas científicas (riscos abstratos) ou a impossibilidade de conhecimento e controle pelo sistema observador (perigos). Os desastres ocasionam uma poderosa inter-relação entre riscos e perigos, formando relações sistêmicas *ecocomplexas*. O *risco catastrófico* consiste na antecipação intelectual a um desastre. Essa antecipação é possível a partir da incidência do binômio probabilidade/magnitude[169], cuja aplicação serve de critério

---

165. Cf. art. 7º do Decreto 7.257/2010.
166. Cf. § 3º do art. 7º do Decreto 7.257/2010.
167. FARBER, Daniel et. al. Disaster law and policy... cit., p. 3.
168. LUHMANN, Niklas. Risk: a sociological theory. New Jersey: Aldine Transactions, 2002; CARVALHO, Délton Winter de. Dano ambiental futuro: a responsabilização civil pelo risco ambiental. Rio de Janeiro: Forense Universitária, 2008.
169. Acerca da aplicação deste binômio pelo Direito Ambiental, ver: CARVALHO, Délton Winter de. A construção probatória para a declaração jurisdicional da ilicitude dos riscos ambientais. AJURIS, n. 123, ano XXXVIII, set. 2011. p. 33-62.

de racionalização de incertezas e observação do futuro. O próprio sentido de catástrofe encontra-se, circularmente, vinculado ao sentido de risco. Isso ocorre em razão das catástrofes se tratarem de eventos em que, mesmo se atribuindo pouca probabilidade de sua materialização, caso estes venham a se materializar, há a expectativa de um dano tão grande e súbito que seja capaz de ensejar uma descontinuidade no andamento dos eventos que o precederam.[170]

9.1. Tratamento da incerteza e da informação ambiental em riscos de desastres

Os riscos catastróficos têm, geralmente, baixas probabilidades, mas consequências extremas. Nesse sentido, esses riscos são marcados por uma grande incidência de incerteza científica, o que dificulta a aplicação de metodologias de quantificação de sua probabilidade. Contudo, mesmo que as consequências sejam *remotas e altamente especulativas*[171], destaca-se a necessidade de investigação (demonstrada nos estudos de impactos ambientais) em casos de potencial catastrófico (ataques terroristas, acidentes nucleares, terremotos, acidentes industriais, epidemias etc.). Mesmo diante de grandes incertezas científicas, da precariedade de dados ou a absoluta ausência de informações, há a necessidade de que tais elementos sejam objeto de reflexão transparente pelos estudos ambientais e decisões administrativas. A existência de incertezas e até mesmo a ausência de dados científicos devem ser levantadas e consideradas nos estudos ambientais, mesmo sem a possibilidade de demonstração quantificável das probabilidades. Adotando-se o exemplo das agências e cortes americanas, mais provocadas acerca de riscos catastróficos em razão de suas características climáticas e industriais, observa-se um destaque ao Princípio da Informação bem como a necessidade de apresentação explícita, transparente e motivada no que diz respeito às dúvidas existentes acerca dos riscos, quer em suas probabilidades de ocorrência ou em sua possível magnitude catastrófica.[172] Sempre que a obtenção de informações seja possível a um custo razoável e haja a dúvida científica ou omissão de tais dados, estes devem ser trazidos à análise do órgão ambiental no procedimento autorizativo administrativo.[173] Nesse caso, os critérios utilizados para impor a necessidade de aprofundamento investigativo acerca de riscos de desastres se dão no sentido de que deva haver um *prognóstico razoável* (*rule of reason*) que inclua as possíveis consequências catastróficas, mesmo

---

170. POSNER, Richard A. Catastrophe: risk and response. Oxford: Oxford University Press, 2004. p. 6.
171. FARBER, Daniel. Confronting uncertainty under NEPA. Issues in legal scholarship, v. 1. Iss. 3, (Balancing the risks: managing technology and dangerous climate change), article 3, The Berkeley Electronic Press, 2009. p. 4. Disponível em: [www.bepress.com/ils/vol8/iss3/art3]. Acesso em: 22.06.2011.
172. JASANOFF, Sheila. Science at the bar: law, science, and technology in America. Cambridge: Harvard University Press, 1995; FARBER, Daniel. Confronting uncertainty under NEPA. Issues in legal scholarship, v. 1. Iss. 3, (balancing the risks: managing technology and dangerous climate change), article 3, The Berkeley Electronic Press, 2009. p. 4. Disponível em: [www.bepress.com/ils/vol8/iss3/art3]. Acesso em: 22.06.2011; MAYO, Deborah G.; HOLLANDER, Rachelle D. (Eds.). Acceptable evidence: science and values in risk management. New York: Oxford University Press, 1991; VERCHICK, Robert R. M. Facing catastrophe: environmental action for a post-Katrina world. Cambridge: Harvard University Press, 2010; SUNSTEIN, Cass. Irreversibility. Law, Probability and Risk. v. 9, 3-4, set-dec. London: Oxford University Press, 2010.
173. FARBER, Daniel. Confronting uncertainty under NEPA. Issues in Legal Scholarship... cit., p. 22.

com baixas probabilidades.[174] Alguns eventos catastróficos, mesmo diante de sua remota probabilidade, podem ter consequências tão catastróficas capazes de justificar que tais riscos sejam levados em consideração.[175] Diante da possibilidade de especulações acerca de riscos catastróficos, as agências são compelidas a uma leitura mais exigente (*hard look doctrine*[176]) acerca dos piores cenários possíveis (*worst-case scenarious*), impondo uma busca pelo aprofundamento de informações ambientais para identificação técnica dos riscos, suas incertezas, precariedade de dados ou mesmo ausência destes e, finalmente, a realização de processos de publicização em audiências públicas. As razões para a dificuldade da humanidade em lidar com riscos de baixa probabilidade, mesmo que estes tenham consequências de grande magnitude, estão ligadas a fatores comportamentais dos seres humanos em sua adaptação evolutiva. Em razão da limitação da capacidade mental e de atenção, os seres humanos não teriam sobrevivido às circunstâncias de perigo caso não tivessem priorizado as situações de alta probabilidade de morte imediata em detrimento das ameaças de baixa probabilidade, mesmo que muito gravosas.[177] O Direito dos Desastres enfatiza o direito à informação acerca dos riscos, perigos e danos ambientais que envolvem os desastres. Essa radicalização democrática da informação técnica exerce uma *desmonopolização* das informações científicas ou técnicas e decorre, exatamente, das fundações de legitimação democrática do Estado de Direito, tendo sua justificativa substancial na destacada gravidade de um risco ou perigo (hipótese ponderável cientificamente). Portanto, os desastres emanam uma intensificação e ampliação do *direito de saber* (*right to know*) acerca (i) de quem tem este direito; (ii) de quem está obrigado a fornecer; (iii) de qual o conhecimento mais relevante a ser difundido.[178] Esse processo deve atuar em favor de uma melhora do fluxo de informações acerca de tecnologias e cenários de risco e perigo de desastres.[179] Para tanto, a gestão dos riscos e perigos catastróficos depende, por evidente, de um regime jurídico capaz de, em um primeiro momento, *identificação técnica* e *antecipação jurídica* às catástrofes.[180] Nesse sentido, a identificação e a gestão dos riscos catastróficos exigem uma demonstração transparente dos impactos significativos possíveis, a partir de uma consideração cuidadosa das informações científicas disponíveis no estado da arte, bem como das áreas em que há discordâncias ou mesmo incertezas (quer sobre sua probabilidade ou magnitude), sem ocultação destes numa varredura para *debaixo*

---

174. FARBER, Daniel. Confronting uncertainty under NEPA. Issues in Legal Scholarship... cit., p. 24 e ss.
175. FARBER, Daniel. Confronting uncertainty under NEPA. Issues in Legal Scholarship... cit., p. 19.
176. JASANOFF, Sheila. Science at the bar: law, science, and technology in America. Cambridge: Harvard University Press, 1995; FARBER, Daniel. Confronting uncertainty under NEPA. Issues in legal scholarship. v. 1. Iss. 3, (balancing the risks: managing technology and dangerous climate change), article 3, The Berkeley Electronic Press, 2009. p. 4. Disponível em: [www.bepress.com/ils/vol8/iss3/art3]. Acesso em: 22.06.2011.
177. Neste sentido, ver: POSNER, Richard A. Catastrophe: risk and response. Oxford: Oxford University Press, 2004. p. 9-10.
178. JASSANOF, Sheila. The Bophal disaster and the right to know. Social Science Medicine. v. 27, n. 10. p. 1117-1121.
179. Ibidem, p. 1122.
180. SÉGUR, Philippe. La catastrophe et le risqué naturels. Essai de definition juridique. Revue du Droit Public. 1997.

do tapete.[181] Qualquer sistema de informações para *prognóstico razoável* acerca de riscos ambientais tende a ser exercido numa dupla sistematização, com *sistemas de informações ex ante* e de informações *ex post*. O primeiro sistema enfatiza a produção de informações preventiva e acauteladamente, valorizando as situações de hipóteses ponderáveis acerca dos riscos e perigos. Esse modelo tende a dar grande ênfase aos licenciamentos ambientais e aos estudos de impactos ambientais (nos casos de riscos antropogênicos) bem como os mapas de riscos (estes mais centrados em desastres naturais). Já o segundo, enfatiza a produção de informação e dados após a ocorrência do fenômeno emergencial, apurando orientações não apenas para o atendimento como para a prevenção de futuros eventos.

Simultaneamente, outros dois modelos parecem apresentar relevância para a presente discussão: os sistemas de análise científica e de aprendizado. Isto é, aqueles objetos de investigação científica e aqueles objetos de constatação empírica. A interface destes dois modelos é importantíssima para a obtenção e concretude da atuação e planejamento na prevenção, atendimento e recuperação dos danos causados pelos desastres, devendo ser aplicado sempre métodos oriundos da análise científica dos riscos (*sistema de análise científica*), assim como uma análise a partir do aprendizado com eventos catastróficos ocorridos no passado, isto é, num sistema de *lesson learned*.

10. Direito dos desastres e direito ambiental: um aprendizado recíproco

O Direito dos Desastres é um ramo amplo e multidisciplinar do pensamento que pode abarcar diversas áreas de aplicação do Direito, tais como direito de propriedade, ordenação do solo, direito dos seguros, direito dos contratos, direito do ambiente, direito administrativo etc.[182] Porém, ele encontra sua unidade peculiar na necessidade de um enlaçamento circular de estratégias de gestão dos riscos e dos perigos que permeiam todos os processos inerentes a um desastre (da prevenção à reconstrução). Esta circularidade apresenta uma rede de estratégias em interação, cujo cerne deve sempre ser a administração dos riscos e sua mitigação. As mudanças climáticas efetuam uma aproximação, cada vez maior, entre os desastres e as repercussões ambientais atinentes a eles. Isso se dá em razão de o fenômeno das mudanças climáticas tornar cada vez mais imprecisos os fatores de diferenciação das contaminações e das degradações tradicionais em relação aos desastres ambientais (eventos de destacada magnitude). A intensificação dos fenômenos climáticos extremos, a partir das mudanças climáticas, chama a atenção do Direito Ambiental para novos modelos de gestão de risco, mesmo quando estes se configuram altamente improváveis, incertos ou desprovidos de dados científicos seguros. Nesse cenário, os desastres apresentam ao Direito Ambiental importantes ensinamentos acerca da gestão de riscos que, não obstante seu caráter meramente remoto, tem sua administração legitimada no seu potencial de impactação socioambiental, sempre que estes são, pelo menos, passíveis de enquadramento numa condição de *hipótese racionalmente ponderável*. Para tanto, a gestão dos riscos e perigos de ocorrência remota enfatiza a produção e o prolongamento dos processos de coleta e publicização das informações e dados a estes relacionados.

---

181. FARBER, Daniel. Confronting Uncertainty under NEPA. Issues in Legal Scholarship... cit., p. 33.
182. FARBER, Daniel. Symposium introduction: navigating the intersection of environmental law and disaster law... cit., p. 1791.

Na verdade, fenômenos contemporâneos, como as mudanças climáticas, exercem uma vinculação entre os desastres e o Direito Ambiental, tendo naqueles uma versão potencializada dos danos ambientais mais tradicionais. Os desastres, ainda, chamam atenção não apenas para os aspectos globais das consequências ambientais do modelo mundial econômico, como também para os déficits de proteção locais, tanto em nível regulatório quanto de exercício de poder de polícia (fiscalização).

A radicalização das indeterminações que marcam os cenários de desastres ambientais gera um maior apelo à interdisciplinaridade e ao direito a informações que digam respeito aos riscos, às causas e à configuração técnica dos desastres em seu caráter multifacetado.

Os desastres apresentam uma relação evidente com a ideia de imputação, sendo, tradicionalmente, a responsabilidade civil um dos instrumentos jurídicos contemporâneos mais sensíveis às mudanças estruturais ocorridas na Sociedade.[183] Aqui, um fator relevante da contribuição do estudo dos desastres para a modernização do Direito Ambiental toma lugar exatamente na assimilação de conceitos tais como *vulnerabilidade* e *resiliência* nos processos de configuração e de quantificação de riscos e danos ambientais. Os aprendizados trazidos por uma atenta observação da regulação dos desastres lançarão efeitos sobre a prática cotidiana do Direito Ambiental, na própria configuração jurídica do sentido de riscos ambientais ilícitos e mesmo de danos ambientais. Os *serviços ecossistêmicos*, de destacada ênfase na análise dos desastres ambientais, passam a exercer um grande desenvolvimento tanto na administração dos riscos como na configuração jurídica dos *danos ambientais coletivos*. Isto se dá em razão do fato de que, ao se *valorar os recursos ecossistêmicos* em relação aos *custos e benefícios* das mudanças nas suas funções, adquire-se um maior e mais profundo entendimento das razões para a reparação do dano ecossistêmico bem como da relevância de se evitar futuros desastres.[184] No que toca à gestão dos riscos e perigos, apesar de já referida a existência de uma "subvaloração" mercadológica dos serviços ambientais e da inexistência atual de um mercado de financiamento destes, que servem de estímulo ao aprofundamento de *estudos científicos* e da *absorção jurídica* das funções ecológicas dos bens ambientais em processos de tomada de decisão jurídica. Também, visto como *infraestrutura natural*, o bem ambiental adquire uma dupla dimensão, atuando como *bem jurídico* e *serviços ecossistêmicos irradiantes*. A perspectiva dos serviços ecossistêmicos (*ecosystems services approach*) serve, cada vez mais, ao detalhamento técnico do mapeamento dos bens e suas funções ecológicas. A partir de uma base construtivista, os serviços ecossistêmicos são capazes de *acoplar*, num mesmo ato comunicacional, diversas estruturas de racionalidade comunicativa e de decisão (científica, econômica, jurídica, política). Portanto, esta perspectiva explora o conhecimento corrente, enfatizando a interdisciplinaridade ambiental, integrando a ciência emergente ou

---

183. Sobre a relação entre as alterações sociais estruturais e a responsabilidade civil, ver: THIBIERGE, Catherine. Libres propos sur l'évolution de la responsabilité civile (vers un élargissement de la fonction de La responsabilité civile?).Revue Trimestrielle de Droit Civil, n. 3, juillet-septembre, 1999; CARVALHO, Délton Winter. A genealogia do ilícito civil e a formação de uma regulação de risco pela responsabilidade civil ambiental. Revista de Direito Ambiental. n. 65, ano 17, São Paulo: Ed. RT, jan.-mar. 2012.
184. HIROKAWA, Keith H. Disasters and ecosystem services deprivation: from Cuyahoga to the deepwater horizon. Albany Law Review, v. 74, n. 1, 2011. p. 552.

contemporânea, a economia dos serviços ecossistêmicos e a sua avaliação dentro da área de atuação jurídica de regras e incentivos.[185] Informações essas cada vez mais essenciais aos processos de tomada de decisão nos órgãos ambientais ou mesmo na configuração jurisdicional do dano ambiental em ações de responsabilização civil ambiental, desvelando as funções essenciais a serem supridas nos momentos da recuperação *in natura*, da compensação ecológica ou mesmo de uma indenização. Nesse sentido, os serviços ambientais servem como *critério de quantificação e arbitramento* (econômico e funcional) do dano ambiental pelo Direito, a partir das informações técnicas acerca das funções ecológicas e serviços prestados por um determinado sistema ecológico afetado por uma degradação ambiental. A valoração dos serviços ecossistêmicos *perdidos* em um desastre ambiental apresenta importantes ganhos para a contabilização de danos ambientais mais tradicionais, quer em suas dimensões material ou imaterial, devendo ser objeto de internalização (na condição de critério de análise, ponderação, arbitramento e declaração jurisdicional do dano ambiental).

No que toca a sua relevância em um plano preventivo, os serviços ecossistêmicos também começam a exercer uma forte influência na delimitação da intolerabilidade social do risco, servindo de medidas não estruturais (estudos técnicos) – como critério e parâmetro decisional para a disseminação de medidas preventivas proporcionais, e estruturais (*infraestrutura verde*), estimulando a valoração da manutenção e do monitoramento dos recursos ambientais e seus serviços ecossistêmicos.

11. Eventos recentes no Brasil

11.1. O Desastre em Mariana, 2015

11.1.1. O Desastre em Mariana e suas consequências catastróficas[186]

Aquele que vem sendo considerado o maior desastre ambiental da história no Brasil teve seu início no dia 05 de novembro de 2015 e parece estar longe de ter um fim. O rompimento da barragem de Fundão, pertencente à mineradora Samarco, controlada pelas empresas Vale do Rio Doce e BHP Billiton, teve lugar no subdistrito de Bento Rodrigues, em Mariana/MG, ocasionando uma enxurrada de rejeitos de minério. Após invadir o rio Doce, o chamado "tsunami de lama" passou por cidades de Minas Gerais e do Espírito Santo, tendo chegado ao oceano Atlântico 16 (dezesseis) dias depois.

Conforme descrição do *Laudo Técnico Preliminar* do IBAMA de 26.11.15 sobre o evento:

> "No dia 05/11/2015 ocorreu o rompimento da barragem de Fundão, pertencente ao complexo minerário de Germano, no município de Mariana/MG. A barragem continha 50 milhões de m³ de rejeitos de mineração de ferro. Trata-se de resíduo classificado como não perigoso e não inerte para ferro e manganês conforme NBR 10.004. Trinta e quatro milhões de m³ desses rejeitos foram lançados no

---

185. SALZMAN, James; THOMPSON JR., Barton H.; DAILY, Gretchen C. Protecting ecosystem services: science, economics, and law. Standford Environmental Law Journal. 20:309, 2001. p. 313.
186. Para um aprofundamento acerca desse desastre ver CARVALHO, Délton Winter de. "The Ore Tailings Dam Rupture Disaster in Mariana, Brazil 2015: What We Have to Learn from Anthropogenic Disasters." *Natural Resources Journal*. Vol. 59, issue 2. Albuquerque: New Mexico University Press, 2019. p. 281-300.

meio ambiente, e 16 milhões restantes continuam sendo carreados, aos poucos, para jusante e em direção ao mar, já no estado do Espírito Santo. (...)."[187]

Posteriormente, num efeito sinergético, houve o rompimento da barragem Santarém, liberando mais 7 milhões de m³, tendo o acidente liberado um total de 62 milhões de m³ de lama.[188] Ainda segundo o estudo acima, cerca de 663,2 km de corpos hídricos foram diretamente impactados.[189] O episódio ocasionou a morte de 19 pessoas,[190] tendo, também, destruído e prejudicado o abastecimento de água em diversos municípios e continuando a causar impactos ambientais graves no Rio Doce e no Oceano Atlântico, onde o rio desemboca.[191] Em virtude da magnitude exponencial do evento, constatam-se uma significativa limitação e grande dificuldade para descrever, de forma suficientemente abrangente, toda a complexidade e interconectividade dos impactos ambientais e humanos decorrentes da ruptura da barragem. Os números, contudo, são capazes de demonstrar a grandeza dos efeitos negativos ocasionados pelo desastre bem como atestam uma enorme diversidade na tipologia desses impactos. Trata-se, portanto, de tarefa inviável para o presente estudo a descrição de toda a abrangência e dos efeitos globais do presente acidente industrial, tendo muitos ainda nem sido diagnosticados, em virtude de seus efeitos secundários.

O que se pode, desde já, destacar é que os danos mostram-se exponenciais e continuados, naquilo que se chama de desastre continuado (*slow-motion disaster*).[192] Ainda, o referido desastre apresenta uma abrangência ampla no que respeita às diversas esferas socioambientais atingidas pelo evento, havendo uma conclusão preliminar de que ocasionou *danos ambientais e sociais diretos, marcadamente graves e onerosos*. O referido desastre apresenta, territorialmente, uma abrangência regional, tendo atingido 663,2 km de corpos d'água compreendidos nos estados de Minas Gerais e Espírito Santo. Ainda, foram diagnosticados impactos no estuário do Rio Doce e à sua região costeira. Semanas após a ocorrência, já era possível uma avaliação preliminar da grandiosidade do evento, tendo sido diagnosticada a morte de trabalhadores da empresa e de moradores das comunidades afetadas, persistindo desaparecidos; desalojamento de populações; devastação de localidades e a consequente desagregação dos vínculos sociais das comunidades; destruição de estruturas públicas e privadas (edificações, pontes, ruas etc.); destruição de áreas agrícolas

---

187. IBAMA/DIPRO/CGEMA. *Laudo Técnico Preliminar: impactos ambientais decorrentes do desastre envolvendo o rompimento da barragem de Fundão, em Mariana, Minas Gerais*. 2015. p. 03
188. Disponível: http://g1.globo.com/minas-gerais/noticia/2015/11/volume-vazado-em-mariana-equivale-13-da-capacidade-da-guarapiranga.html. Acesso em 13/04/2021.
189. IBAMA/DIPRO/CGEMA. *Laudo Técnico Preliminar: impactos ambientais decorrentes do desastre envolvendo o rompimento da barragem de Fundão, em Mariana, Minas Gerais*. 2015. p. 03.
190. Disponível em http://g1.globo.com/minas-gerais/noticia/2015/11/veja-lista-de-desaparecidos-no--rompimento-de-barragens.html. Acesso em 13/04/21.
191. "Diretores da Samarco serão indiciados por mortes na tragédia de Mariana." Disponível em: https://brasil.elpais.com/brasil/2016/02/05/politica/1454710279_370326.html#:~:text=Ao%20todo%2C%2017%20morreram&text=No%20dia%20em%20que%20a,rompimento%20da%20barragem%20de%20Fund%C3%A3o. Acesso em 12/04/2021.
192. Nesse sentido atesta *Laudo Técnico Preliminar do IBAMA*, ao afirmar "que a causa dos danos não cessou, pois o desastre está em curso e ainda há lama vazando da barragem que rompeu no município de Mariana, percorrendo todo o sistema afetado. Assim, enquanto não houver estabilização não será possível mensurar o dano total e os comprometimentos ocorridos à ictiofauna." (p. 16).

e pastos, com perdas de receitas econômicas; interrupção da geração de energia elétrica pelas hidrelétricas atingidas (Candonga, Aimorés e Mascarenhas); destruição de áreas de preservação permanente e vegetação nativa de Mata Atlântica; mortandade de biodiversidade aquática e fauna terrestre; assoreamento de cursos d'água; interrupção do abastecimento de água; interrupção da pesca por tempo indeterminado; interrupção do turismo; perda e fragmentação de habitats; restrição ou enfraquecimento dos serviços ambientais dos ecossistemas; alteração dos padrões de qualidade da água doce, salobra e salgada; sensação de perigo e desamparo na população.[193]

11.1.2. Lições regulatórias da ruptura da barragem

Historicamente, os desastres são fontes de estímulo à prevenção bem como fenômenos que desencadeiam a elevação nos parâmetros de regulação após a sua ocorrência em determinado setor da economia, tal como ocorrido na indústria química (com Bophal), produção de energia nuclear (Chernobyl, Three Mile Island e Fukushima), exploração de petróleo em plataformas offshore (BP Oil Spill) e em seu transporte (Exxon-Valdez), entre muitos outros exemplos. Nesse sentido, há grande ênfase ao caráter pedagógico e de aprendizagem irradiado pelos desastres.[194] Da mesma forma, acidentes catastróficos decorrem, frequentemente, de um déficit regulatório, especialmente em matéria ambiental. Por tais motivos, o presente ensaio tem por objeto a reflexão não conclusiva de alguns aprendizados que desastres antropogênicos, comumente denominados de acidentes industriais, podem gerar, com a finalidade de se evitar futuras ocorrências.

11.1.2.1. Ausência de uma cultura afeta a circularidade de risco

Um dos pontos mais destacados para o agravamento dos riscos e dos custos inerentes a desastres consiste na ausência da necessária atenção e consciência para a necessidade de compromisso com uma *gestão circular do risco*. A instituição da gestão de risco em todas as fases de um cenário de desastre somente é possível por uma atribuição normativa a esse pressuposto constitutivo do Direito dos Desastres. Considerando que os desastres consistem em eventos decorrentes de vulnerabilidades (físicas ou sociais), atribui-se ao Direito o exercício de um papel protagonista no combate de injustiças sociais e ambientais.

Como já diagnosticado em estudos realizados no país, há no Brasil uma baixa cultura de gerenciamento de riscos de desastres[195], o que tem por efeito a intensificação das probabilidades de ocorrência de sérios desastres (sejam esses naturais, sejam antropogênicos). O déficit regulatório (fiscalização e conformidade ao Direito) apresenta-se como um fator de potencialização dos riscos catastróficos, estando na origem histórica de grande parte dos desastres ambientais. Níveis baixos de conformação à normatividade legal também aumentam os riscos catastróficos. No que toca ao caso do desastre ocorrido em Mariana

---

193. IBAMA/DIPRO/CGEMA. *Laudo Técnico Preliminar: impactos ambientais decorrentes do desastre envolvendo o rompimento da barragem de Fundão, em Mariana, Minas Gerais*. 2015. p. 33-34.
194. Jassanof, Sheila (ed.). *Learning from disaster: risk management after Bhopal*. Philadelphia: University of Pennsylvania Press, 1994.
195. MINISTÉRIO DA INTEGRAÇÃO NACIONAL. *Plano Nacional de Gestão de Riscos e Resposta a Desastres – PNGRD: Diagnóstico 2012*. Rio de Janeiro: FGV, 2012. p. 66.

e sua destacada gravidade, alguns pontos devem ser referidos acerca da existência de indícios de falhas regulatórias. Nesse sentido, deve-se fazer a ressalva de que a ocorrência recente desse evento ainda não permite uma completa demonstração dos eventos, o que, por evidente, levará um tempo e será objeto de diversas demandas e instrução judicial. Contudo, a análise de alguns elementos trazidos aos meios de comunicação é útil para uma reflexão *em tese* acerca dos possíveis aprendizados em matéria de tratamento jurídico dos desastres.

A existência de indicativos de falha regulatória no procedimento de licenciamento ambiental da mineradora é uma das principais reflexões trazidas pelo evento, havendo dúvidas cruciais acerca da devida atenção dada, pelos órgãos ambientais e pelo empreendedor, aos riscos emanados do empreendimento. Segundo manifestação recente, o Ministério Público considera que "apenas dados básicos relativos ao empreendimento foram apresentados à época do licenciamento e apura por que, mesmo assim, a autorização foi concedida." A ausência de projeto executivo chama atenção dos atuais gestores públicos e do próprio Ministério Público. Da mesma forma, existem diagnósticos documentados de riscos de ruptura entre os anos de 2013 a 2015, sendo que a empresa afirma ter adotado todas as medidas técnicas para mitigá-los.[196] Sem adentrar em posições conclusivas, pois a análise jurisdicional dos fatos que envolvem o caso terá essa função, a partir do Estado de Direito, faremos uma *reflexão meramente especulativa*. Os desastres apresentam um ciclo de desencadeamento, cuja compreensão mostra-se necessária para qualquer análise, seja acerca de sua prevenção, seja de sua ocorrência, seja da postura a ser adotada *post factum*. Esse ciclo "*de vida*" dos desastres compreende os estágios da prevenção e da mitigação, da ocorrência do desastre em si, da resposta de emergência, das formas de compensação e, finalmente, da reconstrução. O que há em comum em todas essas etapas é exatamente a necessária gestão de riscos, em cada uma dessas fases, em suas especificidades funcionais. O Direito dos Desastres *é unificado pela gestão do risco*. Em outras palavras, o *elo* entre os elementos dessa estrutura é fornecido por uma necessária gestão dos riscos em todos esses momentos, de forma circular ("*circle of risk management*").[197] Esse gerenciamento circular dos riscos de desastres consiste em um *subcírculo de estratégias interconectadas*[198] que encadeia o próprio *ciclo dos desastres*. A descrição fornecida por esse ciclo não apenas demonstra o *protagonismo preventivo* que permeia o Direito dos Desastres (em razão da intensidade de sua magnitude e das incertezas envolvidas no diagnóstico das probabilidades) como também permite a constituição dos *objetivos* desse ramo do direito.[199] Dessa forma,

---

196. Informações constantes em matéria disponível em http://oglobo.globo.com/brasil/mp-de-minas-gerais-ve-falhas-em-licenciamento-da-barragem-de-fundao-18494612. Acesso em 12.04.2021.
197. FARBER, Daniel; CHEN, Jim; VERCHICK, Robert. R.M.; SUN, Lisa Grow. *Disaster Law and Policy*. New York: Aspen Publishers, 2010. p. 3; FARBER, Daniel. "Symposium Introduction: Navigating the Intersection of Environmental Law and Disaster Law.". Disponível em http://lawreview.byu.edu/articles/1325732020_01Farber.FIN.pdf. Acesso em 11.01.2012.
198. FARBER, Daniel A. "Introduction: Legal Scholarship, the Disaster Cycle, and the Fukushima Accident." *Duke Environmental Law & Policy Forum*. v. 23, n. 1, 2012. p. 04.
199. Acerca dos objetos e dos objetivos funcionais estruturantes do Direito dos Desastres ver: CARVALHO, Délton Winter de. *Desastres Ambientais e sua Regulação Jurídica*: deveres de prevenção, resposta e compensação ambiental. 2ª ed. São Paulo: Revista dos Tribunais, 2020; CARVALHO,

as próprias medidas de resposta emergencial, compensação e reconstrução devem realizar o gerenciamento dos riscos de novos desastres, circulando, de forma integrada, em torno da prevenção a novos desastres. O ciclo dos desastres serve, ainda, de importante *instrumento analítico* para prevenção, planejamento e resposta aos desastres, norteando, assim, a análise de um evento dessa natureza, seja em antecipação (para planejar sua prevenção ou ao menos mitigação), seja após a sua ocorrência (para conceber respostas de emergência, buscar responsabilizações e compensações e, finalmente, planejar reconstruções que evitem novas ocorrência). Esse portfólio serve para um aprofundamento analítico, sistêmico e construtivista sobre qualquer desastre. Nesse sentido, esses momentos estruturam a própria identidade, autonomia e o objeto estruturante de um Direito disposto a lidar com desastres.

Após um histórico nacional de produção de normas apenas centradas em promover resposta e reconstrução em casos de desastres (Decreto Federal n. 7.257/2010 e Lei Federal n. 12.340/2010), a Lei n. 12.608/12, que institui a Política Nacional de Proteção e Defesa Civil – PNPDEC, *tem sua ênfase na prevenção*. Nesse sentido, a prioridade das ações preventivas relacionada à minimização de desastres consiste em *diretriz*[200] da referida política nacional, enquanto a redução dos riscos de desastres é um dos *objetivos*[201] dela. Assim, após uma tradição jurídica centrada em atuações meramente corretivas, a legislação brasileira passa a enfatizar a centralidade da prevenção e, consequentemente, *a necessária gestão dos riscos em todas as fases do círculo dos desastres*. A gestão dos riscos ganha relevância, quer no desenvolvimento das estratégias de prevenção, quer nas de resposta aos desastres, *mitigando* o desastre em questão ou mesmo *prevenindo* novas ocorrências. Se depreende de uma leitura da presente legislação (Lei n. 12.608/12), ter essa por diretriz estruturante a "abordagem sistêmica das ações de prevenção, mitigação, preparação, resposta e recuperação", adotando uma base circular e sistêmica de gerenciamento dos riscos de desastres, unindo as estratégias preventivas, mitigatórias, de resposta, de compensação e de recuperação sob a lógica da *circularidade na gestão dos riscos catastróficos*.[202] Assim, antecipação e resposta encontram-se unidas sob a égide da necessária e constante gestão dos riscos. Contudo, de forma generalizada, pode ser observada uma *baixa cultura para gestão de riscos no país*, ainda mais de desastres, talvez por uma equívoca compreensão de que o país seria historicamente imune a desastres. Outro fator parece ser uma baixa sensibilidade jurídica às informações científicas.[203] Note-se que essa *insensibilidade institucional*

Délton Winter de; DAMACENA, Fernanda Dalla Libera. *Direito dos Desastres*. Porto Alegre: Livraria do Advogado, 2013.

200. Conforme disposto textualmente no art. 4º, III, da Lei n. 12.608/12: "art. 4º. São diretrizes da PNPDEC: [...] III – a prioridade às ações preventivas relacionadas à minimização de desastres."
201. Conforme art. 5º, I, da Lei n. 12.608/12: "Art. 5º. São objetivos da PNPDEC: I – reduzir os riscos de desastres."
202. Nesse sentido, o art. 4º, II, da Lei n. 12.608/12 prevê: "Art. 4º. São diretrizes da PNPDEC: [...] II – abordagem sistêmica das ações de prevenção, mitigação, preparação, resposta e recuperação."
203. Acerca das relações entre análise científica pelo Direito ver: JASANOFF, Sheila. *Science at the Bar: Law, Science, and Technology in America*. Cambridge: Harvard University Press, 1995; CARVALHO, Délton Winter de. Dano Ambiental Futuro: a responsabilização civil pelo risco. 2ª ed. Porto Alegre: Livraria do Advogado, 2013. p. 124-132.

ao risco catastrófico se reflete em uma ausência de comprometimento com necessária gestão circular dos riscos catastróficos em todas as fases de um evento extremo, ou seja, na prevenção, na resposta de emergência, na compensação e na reconstrução. Pode ser, no acidente de Mariana, observado que na *fase de prevenção* ocorreram falhas significativas de dimensionamento dos riscos do empreendimento. Assim, constata-se limitada atenção dos órgãos ambientais aos riscos envolvidos ao longo do licenciamento ambiental, quer pela desatenção aos problemas estruturais diagnosticados previamente, quer pela existência de monitoramento deficitário. Esses cenários mostram aquilo que temos chamado de *vulnerabilidade tecnológica,* para representar o constante déficit de produção e de fluxo de informações necessárias para a prevenção de desastres e danos ambientais decorrentes de atividades econômicas. Muitas vezes, os acidentes tecnológicos são decorrentes da incapacidade da própria administração pública em saber quais informações essa deve exigir do empreendedor na fase da prevenção, ante o seu legítimo exercício do poder de polícia administrativa. A ausência de aprofundamento técnico gera, por vezes, uma incapacidade de cobrar prevenção, pois *não se previne o que não se conhece*. Tal cenário de uma baixa cultura de gestão de riscos dificulta a racionalização e o adequado dimensionamento dos riscos ambientais envolvidos.

Na *fase de resposta*, as falhas na governança dos riscos catastróficos mostraram-se em ainda maior intensidade. Essa fase compreende *o preparo* (planos e capacitação) e *a resposta* (propriamente dita) articulada aos desastres. De ser destacado o fato de que consiste em uma fase fundamental para a mitigação da magnitude de eventos lesivos, uma vez que, dependendo da eficácia da resposta, o desastre poderá ter maiores ou menores perdas. A nítida ausência de preparo, mediante a falta de planos adequados (de barragem segundo disposto na Lei n. 12.334/2010 e, posteriormente, na Lei 14.066/2020) e de capacitação técnica, redundaram na inaptidão pública e privada de um agir rápido e eficaz na *resposta emergencial* propriamente dita. Ainda, a ausência de planejamento ordenado de resposta, a inexistência de um sistema de alarme efetivo e a inocorrência de descrição documental antecipada de piores cenários são apenas alguns exemplos que têm relação direta com a dimensão catastrófica do evento. Também, por ausência de clareza nos conteúdos mínimos exigidos e na padronização para confecção e apresentação de planos de barragem e de emergência exigidos, esses acabam exercendo uma função meramente formal e burocrática. Um dos pontos nessa direção é a baixa relevância atribuída aos Planos de Emergência ou Contingência, necessários para atividades de grande impacto e cidades sujeitas a desastres.

Já quanto à *fase de compensação* das vítimas e do ambiente, houve uma explosão de litigiosidade judicial com demandas individuais e coletivas que trazem à tona a fragilidade do Judiciário para lidar com situações de atendimento jurisdicional a desastres. A relação entre desastres e a atuação do Judiciário não é nova, tendo sido observada no pós-desastre do furacão Katrina e no atentado terrorista de 11 de setembro. No cenário nacional, o desastre decorrente de inundações bruscas na região serrana do Estado do Rio de Janeiro em 2011 redundou na Recomendação 40 do CNJ de 2012, cujo conteúdo recomenta aos Tribunais Estaduais a confecção de Planos de Contingência para o Judiciário conseguir manter suas operações em casos extremos. Não obstante essa recomendação ser direcionada prioritariamente aos desastres chamados naturais, nada impede sua utilização para os chamados desastres antropogênicos. Os Planos de Emergência para desastres naturais são geralmente confeccionados por entes públicos, ao passo que Planos inerentes a acidentes industriais são prioritariamente elaborados pelas entidades privadas geradoras de tais riscos.

Os métodos de compensação a desastres consistem globalmente em casos de litigância jurisdicional (responsabilidade civil pelos danos e por risco), sistema de seguros e assistência governamental. Em casos de *acidentes industriais* há uma tendência histórica de maior ênfase à aplicação do instituto da responsabilidade civil em virtude de danos de dimensão individual e coletiva. Essa estratégia mostra-se, contudo, lenta, complexa e, por vezes, muito fragmentada. A formação de fundos para atendimento às vítimas tem se mostrado uma alternativa adequada pelo tratamento célere e global atribuído às indenizações. Consta, ainda, no caso do desastre de Mariana, a insuficiência dos valores a que o empreendedor seria beneficiário a título de seguro em comparação com os prejuízos até aqui contabilizados.[204] A *fase da reconstrução e recuperação* completa o círculo da gestão de risco, procurando adotar medidas capazes de prevenir ou, no mínimo, mitigar novos desastres, quando esses tiverem lugar. Essa fase deve ter por objeto não apenas a recuperação dos bens materiais, mas o reestabelecimento de uma estabilidade das dimensões social, econômica e ambiental da comunidade afetada. A reconstrução deve objetivar não apenas esse reestabelecimento material dos bens lesados, mas o fomento de um cenário mais resiliente e menos vulnerável (física e socialmente). Deve-se destacar, portanto, que em virtude da gravidade dos efeitos do rompimento das barragens da Samarco o cenário pós-desastre será voltado para a procura por uma *nova* normalidade, vez que, diante das irreversibilidades, será inviável um retorno a uma *velha* normalidade, já desconfigurada. Em outras tintas, a reconstrução e a recuperação da bacia do Rio Doce e das comunidades afetadas em Minas Gerais e no Espírito Santo devem atentar para alguns objetivos necessários para a formação de uma maior resiliência comunitária, entre eles destaca-se a necessidade de compreensão científica dos danos aos *serviços ecossistêmicos* e o estímulo à recuperação, à manutenção e à valoração desses. Não se pode deixar de mencionar também a necessária realização de escolhas urbanísticas feitas sobre bases sólidas, evitando ocupação de áreas vulneráveis e que cenários extremos antropogênicos e naturais sejam antecipados no processo de reconstrução e planejamento urbanístico das cidades que compõem as comunidades atingidas.

11.1.2.2. A importância dos planos de contingência tanto do setor privado quanto do Judiciário

No caso das atividades da mineradora Samarco em Minas Gerais, os meios de comunicação veicularam o fato de que o Plano de Emergência da atividade havia dimensionado erroneamente os riscos ambientais de uma possível ruptura de barragem com rejeitos de mineração. Segundo matéria jornalística, consta que o dimensionamento do risco no

---

204. Segundo Leonardo Quintão (PMDB/MG), relator do novo Código de Mineração, o seguro da mineradora Samarco é de 1 bilhão de dólares, o equivalente a R$ 3,8 bilhões de reais, e seria necessário um valor entre R$ 10 e 14 bilhões. Disponível em: http://brasil.estadao.com.br/noticias/geral,seguro-da-samarco-nao-e-suficiente-para-pagar-indenizacoes,10000002106. Acesso em 13.04.2021.

referido plano foi impreciso ou insuficiente, uma vez que os documentos entregues ao órgão ambiental previam a chegada da lama *apenas* até a "área urbanizada do distrito de Bento Rodrigues", quando se constatou, *a posteriori*, a capacidade desse chegar muito além desse ponto, tendo percorrido aproximadamente 700 km.[205] Na mesma matéria, a empresa afirma ter seguido todos os passos previstos no Plano apresentado aos órgãos competentes. Ainda, conforme os autores do referido estudo, esses teriam entregue para a empresa contratante estudo que também previa o cenário que compreendia a área da lama até Barra Longa, ou seja, até aproximadamente 75 km da barragem.[206] Sem adentrar em qualquer análise do mérito e da procedência dessas informações, o que se constata é um claro déficit na administração e no dimensionamento dos riscos catastrófico no país, o que não se trata de novidade. Se verdadeiras tais informações, tem-se que o cenário de risco descrito ao órgão ambiental compreendia a lama chegando apenas a Bento Rodrigues, município localizado a 2,5 km da barragem! Dessa forma, todo o processo licenciatório teria sido permeado por este *sub*dimensionamento de risco ambiental, no que toca à distância a ser percorrida pela lama em caso de uma ruptura estrutural. Nesse raciocínio lógico, pode ser dito que a discrepância entre o risco apresentado e *gerido* pelo licenciamento ambiental, apenas nesse aspecto, equivale a 0,35% da real distância percorrida pela lama! Mesmo que fosse adotado, como parâmetro para o estudo apresentado, o percurso da lama até a cidade de Barra Longa (75 km de distância), ainda se estaria diante de uma avaliação de risco de apenas 10% do trajeto efetivamente percorrido pelos rejeitos armazenados na barragem no pós-desastre. Inegável, contudo, a ausência de adoção de um padrão precaucional ou preventivo minimamente relacionado com o cenário real, quer pelo empreendedor, quer pelo órgão ambiental administrativo competente. Discrepância essa, entre o cenário de risco apresentado e a realidade dos fatos no pós-desastre, que beira o 99% num caso e 90% no outro, dependendo da versão apresentada (até Bento Rodrigues ou Barra Longa). Os Planos de Emergência ou Contingência consistem em estudos fundamentais para diagnóstico e adoção de medidas preventivas, bem como atribuição de competências e ações ordenadas para resposta emergencial aos desastres em curso. Os planos exercem a necessidade de reflexão antecipada acerca dos riscos de uma atividade, permitindo o planejamento para cada um dos cenários diagnosticados. Nesse sentido, um dos pontos fundamentais aprendidos com o desastre em Mariana e em muitos outros acidentes industriais é a falta de planejamento e preparo preventivo, o que tende a comprometer significativamente a capacidade de resposta dos órgãos públicos e privados competentes. A delimitação antecipada de competências também é um fator determinante que deve permear o conteúdo dos planos, além da descrição dos pressupostos para a formação de um gabinete de crise em caso de ocorrência do evento. Por tais razões, cumpre adentrarmos no conteúdo dos Planos de Emergência e sua normatividade.

---

205. "O estudo que consta da licença da barragem de Fundão, de 2008, apresenta três cenários para o caso de rompimento, com diferenças na velocidade, na largura e na altura que a onda de lama atingiria. Mas em todos os casos, só é citada a 'área urbanizada do distrito de Bento Rodrigues'." Disponível em http://g1.globo.com/minas-gerais/desastre-ambiental-em-mariana/noticia/2015/12/plano-de--emergencia-da-samarco-previa-lama-so-em-bento-rodrigues.html. Acesso em 13/04/2021.
206. Idem.

Desafortunadamente, eventos catastróficos mostram-se pedagógicos, exercendo um papel destacado na história da evolução do Direito Ambiental. Para que os desastres possam redundar nesse processo é necessária a produção de informações e de dados estatísticos acerca de suas causas e consequências. Essa energia coletiva deve ser necessariamente canalizada para a produção de reflexões construtivas acerca do papel do Direito para a imposição de deveres de prevenção a desastres. Eventos como esse mostram frequentemente uma convergência de falta de uma adequada gestão de riscos, seja na análise da magnitude, seja no diagnóstico das probabilidades do evento ocorrido. Esse déficit regulatório passa, em grande medida, pela ausência de uma consciente imposição de *deveres de prevenção*, personificados na gestão circular do risco.

Nesse sentido, ao menos dois pontos parecem merecer destaque no caso do desastre ambiental de Mariana ocorrido em novembro de 2015. *Primeiramente,* a necessária sensibilização do Direito à circularidade no processo de gestão de riscos exponenciais. *De outro lado* e diretamente ligado ao último, tem-se a necessária atenção ao *estado da arte* científica e a construção de sólidos Planos de Emergência para atividades de *riscos anormais* ou *muito graves,* além dos casos em que as leis específicas já preveem a sua necessidade para obtenção de licenças e autorizações ambientais.

Constata-se sem dificuldades uma intensa dificuldade de dimensionamento proporcional dos riscos ambientais, por vezes com uma baixa sensibilidade institucional aos riscos ambientais graves, sendo que, em outros casos, há um superdimensionamento desses. Digno de destaque o fato de que, no caso do acidente aqui estudado, consta um subdimensionamento do risco inerente à atividade. Segundo consta em matéria jornalística, o Plano de Emergência *entregue* ao órgão ambiental previa, em caso de acidente, a chegada da lama *apenas* até a "área urbanizada do distrito de Bento Rodrigues", ou seja, há 2,5 km da área da empresa. O que se constatou posteriormente ao acidente foi um cenário muito diverso, com a lama de rejeitos percorrendo aproximadamente 700 km. Os autores do referido estudo, contudo, alegam que o cenário pós-acidente compreendia também hipótese da lama chegar até Barra Longa (75 km da barragem).[207] Ora, apesar das possíveis imprecisões das versões aqui trazidas, é indubitável o déficit na administração e no dimensionamento dos riscos catastróficos no caso, sendo o cenário de risco que permeou o licenciamento ambiental absolutamente discrepante dos riscos reais do empreendimento. No caso, apenas para se ter uma ideia, a discrepância entre a distância de percurso da lama que descreve o risco apresentado ao órgão ambiental é de *0,35%* do percurso da lama configurado no pós--desastre. Mesmo que tivesse sido adotado, como parâmetro para o estudo apresentado, o percurso da lama até a cidade de Barra Longa (75 km de distância), ainda se estaria diante de uma avaliação de risco de apenas 10% do trajeto efetivamente percorrido pelos rejeitos armazenados na barragem! Mesmo admitindo possíveis variáveis entre os prognósticos de probabilidades e a realidade pós-evento, discrepâncias tão significativas denotam, no

---

207. "O estudo que consta da licença da barragem de Fundão, de 2008, apresenta três cenários para o caso de rompimento, com diferenças na velocidade, na largura e na altura que a onda de lama atingiria. Mas em todos os casos, só é citada a "área urbanizada do distrito de Bento Rodrigues." Disponível em http://g1.globo.com/minas-gerais/desastre-ambiental-em-mariana/noticia/2015/12/plano-de--emergencia-da-samarco-previa-lama-so-em-bento-rodrigues.html. Acesso em 13/04/2021.

mínimo, carências graves nos processos de governança dos riscos ambientais. Não obstante a precariedade de informações jornalísticas aqui apresentadas e seu possível contraditório, inegável o fato de não ter sido adotado no caso em estudo um *padrão razoável precaucional*. Tem-se aí, inegavelmente, uma demonstração da baixa sensibilidade dos órgãos ambientais à necessária gestão de riscos graves, tratando-se essa de uma verdadeira receita para a ocorrência periódica de desastres ambientais. Nesse diapasão, fundamental atentarmos na função preventiva e preparatória exercida pelos Planos de Emergência. Tais *medidas não estruturais* apresentam uma destacada índole construtivista, exigindo uma dinâmica reflexão antecipada sobre os possíveis cenários, medidas a serem adotadas em cada um dos cenários, delimitação de competências, critérios para decisões e composição de gabinetes de crise. Esses planos devem ser objeto de revisão periódica e estar em constante evolução.

Apesar de ainda ser cedo para conclusões de qualquer natureza, o desastre de Mariana parece deixar lições claras, entre essas, a necessidade de consolidação de uma cultura de gestão circular dos riscos ambientais e a necessidade de institucionalização do dever de confecção e apresentação de Planos de Emergência. Estes últimos, verdadeiros guias estratégicos para momentos de caos, devendo seu conteúdo ser composto pelo *estado da técnica*, em constante dinâmica e mutação, porém, sem jamais perder o caráter normativo que lhe fornece estabilidade e segurança jurídica.

11.2. O desastre de Brumadinho, 2019: uma análise das narrativas de uma catástrofe a partir do Direito dos Desastres

De acordo com *World Mine Tailings Failures*[208], há uma tendência de aumento das ocorrências de rupturas de barragens de grande magnitude nos eventos diagnosticados desde 1990. Ao passo que, no geral, as rupturas têm diminuído, a ocorrência de grandes colapsos tem aumentado. De acordo com esse documento, as ocorrências descritas como "sérias" e "muito sérias" atingiram o número de 46 entre 1998 e 2017. O referido estudo efetua um prognóstico bastante preocupante: "sem significativas mudanças no Direito, na regulação, nas práticas industriais, e sem novas tecnologias que reduzam substancialmente os riscos e aumentem o controle de danos, a nossa previsão é de que ter-se-á 19 rupturas muito sérias entre 2018 e 2027."[209]

Infelizmente, Brumadinho já está contabilizando para esse terrível prognóstico. Para esse estudo, as principais causas dos casos relatados de incidentes foram identificadas como sendo "a falta de controle de balanço hídrico, a falta de controle de construção e a falta geral de compreensão das características que controlam operações seguras." Houve a identificação de um ou dois casos de eventos imprevisíveis e outros casos causados por condições climáticas inesperadas, assim como sismos, "embora possa argumentar que, com o atual conhecimento, a previsão deveria ter sido feita para esses eventos."[210]

---

208. Disponível em https://worldminetailingsfailures.org. Acesso em 08.02.2019.
209. Disponível em https://worldminetailingsfailures.org/?sfns=st. Acesso em 02.02.2019.
210. ICOLD/UNEP. Tailings Dams. Risk of Dangerous Occurrences: Lessons learnt from practical experiences. Bulletin 121. p. 12. Disponível em http://www.unep.fr/shared/publications/pdf/2891-TailingsDams.pdf. Acesso em 08.02.2019.

O presente texto, longe de ter a ambição de realizar constatações absolutas, pretende fazer uma abordagem de como o Direito dos Desastres pode ser útil à gestão jurídica de eventos extremos e trazer luzes ao tratamento jurídico de eventos marcados pelo caos e pela desordem. Para tanto, metodologicamente, lança-se mão das narrativas produzidas pelos meios de comunicação. Contudo, opta-se, por evidente, por meios dotados de credibilidade e por informações que tenham, por vezes, sido publicadas em veículos diversos de comunicação, atestando uma preliminar idoneidade e precisão. Ainda, escolheu-se informações que apresentam uma especial importância para o desenrolar desse triste evento. As narrativas de catástrofes não consistem em novidade, havendo grande destaque histórico, literário, midiático, político e, também, jurídico.

Se de um lado tais fontes são movidas pelo apelo midiático e espetacular, de outro, publicizam informações relevantes que dificilmente viriam a público antes de uma definição judicial, o que, por evidente, levaria anos. A partir da efervescência de informações, decorrentes da dor e da estupefação coletiva, apresenta-se por meio deste artigo, reflexões essenciais trazidas pelo Direito dos Desastres, com o exclusivo anseio de fornecer racionalidade jurídica e estabilidade ao caos que um desastre como esse traz. Para que, obras jurídicas como a presente possam, de alguma forma, reduzir vulnerabilidades e enaltecer a resiliência de comunidades num futuro. Mesmo que o desastre evitado não seja contabilizado e, portanto, seja sempre desconhecido, será sempre o objetivo daqueles que trabalham com o Direito dos Desastres ao redor do mundo.

Em 25 de janeiro de 2019, às 12:28, ocorreu a ruptura da barragem de rejeitos de minério da Mina Córrego do Feijão, da Mineradora Vale, no município de Brumadinho em Minas Gerais. A barragem continha aproximadamente 12 milhões de metros cúbicos de rejeitos de minério de ferro e estava inativa há aproximadamente 3 anos, tendo sido licenciada para descomissionamento em 2018. A construção da barragem se deu mediante a metodologia de alteamento "a montante" (upstream dam). Essa consiste na mais frequente forma de construção de barragens de rejeitos de minério, sendo aquela que apresenta o meio número de acidentes.

O maior número de atingidos foi de funcionários e trabalhadores terceirizados da mineradora, que se encontravam principalmente na área administrativa e no refeitório da empresa, situados no caminho da lama a 1,4 quilômetros da barragem. Trajeto esse que levou apenas aproximadamente 2 minutos.[211] Dezessete dias após o evento, o número de mortos confirmados chegava a 165 pessoas, continuando desaparecidas outras 160. Permanecem desabrigadas 138 pessoas e duas vítimas ainda estão hospitalizadas.[212]

Em níveis de impactos ambientais, a área afetada com o rompimento da barragem atingiu 269,84 hectares. A análise preliminar realizada pelo Centro Nacional de Monitoramento e Informações Ambientais (Cenima) do IBAMA "aponta que os rejeitos de mineração devastaram 133,27 hectares de vegetação nativa de Mata Atlântica e 70,65 hectares de

---

211. Informação constante em matéria veiculada no endereço https://www.bbc.com/portuguese/brasil-47138258. Acesso em 10.02.2019.
212. Disponível em https://www.em.com.br/app/noticia/gerais/2019/02/10/interna_gerais,1029434/numero-de-mortos-em-brumadinho-chega-a-165.shtml. Acesso em 07.02.2019.

Áreas de Preservação Permanente (APP) ao longo de cursos d'água afetados pelos rejeitos de mineração."[213] Os rejeitos já percorreram 98 km por recursos hídricos[214], obviamente ocasionando severos impactos ambientais nesses.

11.2.1. Qual espécie de desastre é a ruptura da barragem de Brumadinho?

Os desastres são conceituados a partir de uma triangulação de fatores tais como i) causas (físicos[215], antropogênicos ou mistos); ii) consequências (vidas, propriedades e meio ambiente); iii) estabilidade sistêmica (estado de calamidade ou situação de emergência).[216] A ruptura de uma barragem de rejeitos de minério, como a de Mariana em 2015 e, agora, a de Brumadinho (2019), consiste naquilo que descrevemos como desastres antropogênicos. Essa espécie de desastre decorre diretamente de uma atividade econômica ou causa humana (*man-made disaster*). Quanto às suas consequências, tal desastre pode ser classificado como um desastre socioambiental, diante das perdas de vidas e impactos ambientais significativos. O conceito normativo adotado pelo Brasil é proveniente do Decreto 10.593/20 que, no inciso VII, do art. 2º prevê esse como um "resultado de evento adverso decorrente de ação natural ou antrópica sobre cenário vulnerável que cause danos humanos, materiais ou ambientais e prejuízos econômicos e sociais."

Como já dissemos antes, desastres, por sua intensidade, consistem em fenômenos que chamam atenção para a gravidade das consequências decorrentes do evento, ocasionando um comprometimento parcial ou total da comunidade atingida em reagir e responder ao seu impacto. O atributo ambiental, inserido na adjetivação do desastre, está diretamente relacionado à gravidade de uma ocorrência para o meio ambiente. No caso de Brumadinho, trata-se inegavelmente de um desastre antropogênico, quanto à sua causa, e socioambiental, quanto às consequências.

11.2.2. Vulnerabilidade tecnológica

Durante séculos, desastres eram tratados como fenômenos decorrentes da fúria divina, estando, por essa evidente razão, alheios ao controle da sociedade e, consequentemente, do Direito. Atualmente, contudo, naquilo que denominamos de *Teoria Social do Desastres*, mostram-se mais adequadamente como fenômenos sociais, ou quando muito, híbridos ou físicos ("naturais"). Portanto, para que um fenômeno tenha a dimensão de desastre, frequentemente ter-se-á algum fator social para a sua ocorrência ou agravamento.

---

213. Disponível em: http://www.ibama.gov.br/noticias/730-2019/1881-rompimento-de-barragem-da-vale-em-brumadinho-mg-destruiu-269-84-hectares. Acesso em 08.02.2019.
214. Disponível em http://agenciabrasil.ebc.com.br/geral/noticia/2019-02/brumadinho-o-que-se-sabe-ate-agora-sobre-tragedia. Acesso em 11.02.2019.
215. Os desastres físicos são frequentemente denominados de "naturais", mas aqui preferimos essa denominação, pois mesmo desastres climáticos e físicos podem ter alguma contribuição humana, mesmo que indireta e de causalidade complexa. Nesse sentido, podemos descrever os eventos climáticos extremos exacerbados pelas mudanças climáticas antropogênicas. A fim de evitarmos tais incursões e a complexidade desse debate aqui, optamos por essa designação conceitual.
216. Para uma abordagem mais detalhada acerca da formação de um sentido jurídico de desastres, vide: CARVALHO, Délton Winter de. *Desastres Ambientais e sua Regulação Jurídica*: deveres de prevenção, resposta e compensação ambiental. 2ª ed. São Paulo: Revista dos Tribunais, 2020. p. 52-66.

Esses fatores transversais aos desastres consistem na vulnerabilidade e resiliência de uma determinada comunidade. As vulnerabilidades que permeiam os desastres podem ser físicas ou sociais.[217]

Desastres antropogênicos apresentam-se mais ligados causalmente a vulnerabilidades sociais, havendo nessa espécie de desastre um destaque para aquela espécie de vulnerabilidade que denominamos *vulnerabilidade tecnológica*. Essa categoria tem relação direta com falhas e lacunas nos fluxos de informações. Em outras tintas, os desastres antropogênicos têm sua ocorrência fortemente atrelada a problemas com fluxos de informação ou de conhecimento como fatores preponderantes para a sua causa ou agravamento. Tais problemas acabam por dificultar o diagnóstico de riscos e, consequentemente, a adoção de medidas preventivas, mitigadoras ou mesmo as respostas adequadamente seguras, uma vez iniciado o evento. Esses fluxos de informação são a condição para qualquer processo de gestão de risco e para a adoção de medidas preventivas ou precaucionais.

Por essa razão, o processo de licenciamento ambiental consiste no procedimento administrativo adequado para avaliação e gestão do risco ambiental[218] dessas estruturas. Esse procedimento deve exigir uma série de documentos, tais como Plano de Segurança de Barragens (art. 6º, II, Lei 12.334/2010), e, em sendo o caso, EIA/RIMA para o caso de se tratar de atividade potencialmente causadoras de significativa degradação ambiental. No caso do Plano de Barragens, esse consiste em instrumento da Política Nacional de Segurança de Barragens, cujas informações mínimas que lhe compõem estão estabelecidas no art. 8º da Lei 12.334/2010 (Política Nacional de Segurança de Barragens). Entre as exigências, há a necessidade de revisões periódicas de segurança (IX), por exemplo.

A periodicidade da atualização dessas revisões, assim como a qualificação do responsável técnico, o conteúdo mínimo e o nível de detalhamento dos planos de segurança, deverão ser estabelecidos pelo *órgão fiscalizador* (§ 1º) que, no caso de barragens de rejeitos de minérios, é da Agência Nacional de Mineração – ANM, a entidade que regula e fiscaliza as atividades minerárias, para fins de disposição de rejeitos.[219] Lembre-se que tal responsabilidade se dá sem prejuízo da possibilidade das ações fiscalizatórias dos órgãos integrantes do Sisnama – Sistema Nacional de Meio Ambiente.[220]

Cumpre, ainda, esclarecer que são os agentes fiscalizadores que classificam uma barragem quanto aos riscos, no que tange à probabilidade de ocorrência (categoria de risco da barragem), assim como magnitude (dano potencial associado e seu volume).[221]

---

217. FARBER, Daniel; CHEN, Jim; VERCHICK, Robert. R. M.; SUN, Lisa Grow. *Disaster law and policy*. New York: Aspen Publishers, 2010; VERCHICK, Robert R. M. *Facing Catastrophe: Environmental Action for a Post-Katrina World*. Cambridge: Harvard University Press, 2010. VERCHICK, Robert R. M. "(In)justiça dos desastres: a geografia da capacidade humana." In: FARBER, Daniel; CARVALHO, Délton Winter de. Estudos Aprofundados em Direito dos Desastres: interfaces comparadas. 2a ed. Curitiba: Appris/Prismas, 2019. p. 59-106.
218. CARVALHO, Délton Winter de. *Desastres ambientais e sua regulação jurídica*. 2ª ed. São Paulo: Revista dos Tribunais, 2020.
219. Conforme art. 5º, III, da Lei 12.334/2010, com nova redação dada pela Lei nº 14.066/2020.
220. Art. 5º, *caput*, da Lei 12.334/2010.
221. Art. 7º da Lei 12.334/2010, com nova redação dada pela Lei nº 14.066/2020.

No caso da barragem do Córrego do Feijão, essa era considerada de baixo risco de acidente (probabilidade) e alto potencial de dano associado (magnitude).[222] A esses também cabe exigir ou não Plano de Emergência (também denominado de Contingência).[223] Esse detém uma função dúplice, planejar as respostas ao evento a fim de mitigar suas consequências e, ao refletir antecipadamente sobre o evento, permitir a adoção de medidas preventivas para evitar ou tornar mais improvável esse.[224] O padrão de cuidado mínimo exigível nos Planos de Contingência diz respeito a riscos racionalmente previsíveis (referentes à construção, ao design, à operação, aos procedimentos etc.), aos quais os planos devem se antecipar, prevenir e mitigar falhas e consequências. Esses planos estão diretamente ligados ao *padrão profissional de cuidado* (*professional standard of care*), ou seja, o padrão adotado pela técnica e referente a uma determinada área do conhecimento.[225] Um plano de contingência e de emergência é, também, uma condição essencial a ser adotada por qualquer município e empresas privadas que possam ser afetados ou exploram atividades de magnitude exponencial. Planos de contingência também devem ser elaborados por tribunais e órgãos governamentais para que tenham um norte para agir de forma organizada e efetiva para mitigar e responder a eventos catastróficos (e sua consequente avalanche de litigância).

Uma forma de demonstrar a vulnerabilidade tecnológica é a existência de falhas no fluxo de comunicação das informações, preponderantemente de riscos previsíveis.[226] Um exemplo disso pode ser fornecido quando ocorrem discrepâncias de medidas a serem adotadas entre os documentos que avaliam e autorizam o empreendimento, tais como Licença Ambiental, Plano de Segurança de Barragem, Plano de Emergência e as Revisões Periódicas. Uma das funções exercidas por esses instrumentos é, exatamente, permitir o fluxo adequado das informações inerentes à segurança dessas estruturas. Falhas e imprecisões aumentam a vulnerabilidade das estruturas a desastres. Em outras palavras, licença ou autorizações que não reflitam as advertências e as medidas indicadas pelos instrumentos que concebem um cenário de ruptura (Plano de Segurança de Barragem, Plano de Emergência e as Revisões Periódicas, por exemplo), com certeza é uma receita para desastres.

Outro exemplo pode ser fornecido pelo histórico de acidentes com barragens de rejeitos de minérios; segundo estudos de casos anteriores atesta-se que inspeções periódicas regulares e monitoramento são fundamentais para a segurança dessas estruturas. Contudo, algumas inspeções aparentemente efetivas podem se provar decepcionantes. Como narrado pelo documento, "a menos que o auditor tenha um bom conhecimento do

---

222. Disponível em https://oglobo.globo.com/brasil/barragem-de-brumadinho-tinha-baixo-risco-de-acidente-mas-alto-potencial-de-danos-23401587. Acesso 13.04.2021.
223. Conforme dispõe art. 8º, VII, Lei 12.334/2010, com nova redação dada pela Lei nº 14.066/2020.
224. Acerca de Planos do Contingência, vide: CARVALHO, Délton Winter de. *Desastres Ambientais e sua regulação jurídica*. 2ª ed. São Paulo: Revista dos Tribunais, 2020.
225. BINDER, Denis. "Emergency Action Plans: A Legal and Practical Blueprint 'Failing to Plan is Planning to Fail.'" *University of Pittsburgh Law Review*, 63, 2002. p. 806.
226. Para uma distinção entre riscos quantificáveis e riscos não quantificáveis, vide nosso CARVALHO, Délton Winter de. "Gestão Jurídica dos Riscos Ambientais". *Gestão Jurídica Ambiental*. São Paulo: Revista dos Tribunais, 2017.

comportamento de barragens de rejeitos e tenha à sua disposição instrumentos suficientes para revelar as condições internas do corpo da barragem e suas fundações, esta inspeção pode não apenas ser inútil, mas também altamente perigosa, dando aos gestores uma falsa sensação de segurança."[227]

Portanto, a redução das vulnerabilidades passa por uma das funções do Direito em caso de atividades de riscos catastróficos. Nesse sentido, é o sistema jurídico que deve responder e decidir às questões de quais informações devem ser produzidas; de quem tem direito às informações inerentes a tais processos; quem é responsável por produzir tais informações; e quais medidas jurídicas devem ser tomadas a partir das informações existentes.[228] Portanto, a redução de vulnerabilidades tecnológicas tem relação direta com a produção e o fornecimento de informação adequada para a permitir uma eficiente gestão do risco, fiscalização pelos órgãos competentes e respostas de emergência adequadas. Informações precisas também permitem a tomada de decisão tecnicamente mais adequada, tanto nas esferas públicas como privadas, assim como a maior mobilização de possíveis afetados. A gestão de risco depende de maneira determinante da existência de informações adequadas. O mesmo ocorre com a adequação das respostas de emergência, processos compensatórios e, finalmente, com a própria reconstrução do meio ambiente e comunidade afetada.

No caso da ruptura da barragem do Feijão (B1), para além das vulnerabilidades físicas, evidentes em virtude da própria ruptura, reluz a existência de vulnerabilidades sociais, tais como a tecnológica, já enfrentada anteriormente, e a uma *vulnerabilidade laboral*, em que os funcionários da empresa foram colocados em uma situação de risco catastrófico. Não bastasse, o planejamento urbanístico, ferramenta de zoneamento e execução de política urbana, permitiu a expansão e a consolidação urbana de parcela do município de Brumadinho no caminho que a lama de resíduos de mineração acabaria atingindo.

11.2.3. Circularidade do risco e aumento da sua conscientização (risk awareness)

I. Prevenção e Mitigação. O Direito dos Desastres está intimamente relacionado com a gestão do risco. Em face da magnitude desses eventos, a máxima "é melhor prevenir do que remediar" trata-se do elemento nuclear desse ramo jurídico. O motivo para tanto se dá exatamente pela face da magnitude destacada que tais riscos emanam. Mesmo quando probabilidades são baixas, como indicava ser o caso da barragem de Brumadinho, segundo os documentos técnicos, a sua magnitude alta sempre deve gerar um processo detalhado de gestão dos riscos associados. Esse ramo identifica suas estruturas e funções com as etapas existes no ciclo de um desastre, isto é: prevenção e mitigação; resposta de emergência;

---

227. Esse foi o caso do acidente ocorrido na mina Placer Bay, em Surigao del Norte, nas Filipinas. Tratava-se de uma mina inativa que rompeu quando estéreis da mineração estavam sendo empilhados em cima dos rejeitos inativos e objeto da barragem. Nesse sentido, ver: ICOLD/UNEP. Tailings Dams. Risk of Dangerous Occurrences: Lessons learnt from practical experiences. Bulletin 121. p. 25 e 131. Disponível em http://www.unep.fr/shared/publications/pdf/2891-TailingsDams.pdf. Acesso em 08.02.2019.
228. Sobre reflexões sobre o "direito ao saber" e desastres ambientais, ver: Jassanof, Sheila (ed.). *Learning from disaster: risk management after Bhopal*. Philadelphia: University of Pennsylvania Press, 1994.

compensação às vítimas e ao ambiente; reconstrução da comunidade e ambiente afetados (infraestruturas verde e cinza). Essas fases estão interconectadas circularmente pelo liame da gestão de risco, existente e necessário em cada uma dessas fases.[229]

Cumpre destacar que em sendo a barragem de rejeitos de minério uma estrutura com potencial de danos de grande magnitude, sua gestão deve atender à lógica acima demonstrada, de ênfase na gestão circular do risco em todas as fases do evento. Como se sabe, a "falha em uma barragem de retenção pode liberar rejeitos líquidos que podem viajar por grandes distâncias, e por seu grande peso, destruir tudo o que estiver no seu caminho. Enquanto a água flui por entre e envolta de construções, rejeitos líquidos podem destruir as estruturas."[230]

Qualquer processo de gestão de riscos se dá pela avaliação e multiplicação dos fatores de probabilidade (quantificação da "chance de ocorrência" de um dado evento) e de magnitude (gravidade das consequências potenciais). No caso da Lei de Política Nacional de Segurança de Barragens (Lei 12.334/10), essa faz referência a tais elementos a partir dos conceitos de "categoria de risco", para a probabilidade, e "dano potencial associado à barragem", para a magnitude (art. 7º). Ambos podem ser classificados como baixo, médio e alto potencial. A graduação da probabilidade se dará em função das características técnicas características técnicas, dos métodos construtivos, do estado de conservação e da idade do empreendimento e do atendimento ao Plano de Segurança da Barragem, bem como de outros critérios definidos pelo órgão fiscalizador (§ 1º).[231] Enquanto a classificação da categoria de dano potencial associado à barragem é feita a partir do potencial de perdas de vidas humanas e dos impactos econômicos, sociais e ambientais decorrentes da ruptura da barragem (§ 2º). Finalmente, cumpre destacar que "o órgão fiscalizador deverá exigir do empreendedor a adoção de medidas que levem à redução da categoria de risco da barragem" (§ 3º).[232]

No caso de uma barragem, a avaliação da probabilidade diz respeito à análise quantitativa do potencial de ruptura estrutural dessa. Essa, segundo informações veiculadas, estava enquadrada em baixa probabilidade. Para uma acurada análise técnica, as estruturas da barragem devem atender aos fatores de estabilidade previstos em normas técnicas. Como bem observado pela doutrina, a Política Nacional de Segurança de Barragens atribui

---

229. FARBER, Daniel; CHEN, Jim; VERCHICK, Robert. R. M.; SUN, Lisa Grow. *Disaster law and policy*. New York: Aspen Publishers, 2010; FARBER, Daniel. Disaster Law and Emerging issues in Brazil. *Revista de estudos constitucionais, hermenêutica e teoria do direito* (RECHTD), 4(1): 2-15 jan.-jun. 2012. Disponível em: <https://research.fit.edu/media/site-specific/researchfitedu/coast-climate--adaptation-library/latin-america-and-caribbean/brazil/Farber.--2012.--Disaster-Law--Emerging--Issues-in-Brazil..pdf>. Acesso em: 26 jan. 2019. Para uma variação da circularidade dos desastres, vide: VERCHICK, Robert R. M.. "(In)justiça dos desastres: a geografia da capacidade humana." In: FARBER, Daniel; CARVALHO, Délton Winter de. Estudos Aprofundados em Direito dos Desastres: interfaces comparadas. 2a ed. Curitiba: Appris/Prismas, 2019. p. 59-106.
230. ICOLD/UNEP. Tailings Dams. Risk of Dangerous Occurrences: Lessons learnt from practical experiences. Bulletin 121. p. 12. Disponível em http://www.unep.fr/shared/publications/pdf/2891-TailingsDams.pdf. Acesso em 08.02.2019.
231. Nova redação dada pela Lei nº 14.066/2020.
232. Parágrafo inserido pela Lei nº 14.066/2020.

uma grande ênfase ao princípio da prevenção (riscos conhecidos e previsíveis)[233], sem que isso necessariamente exclua a avaliação de riscos incertos ou não quantificáveis (conforme prevê a própria Lei de Política Nacional de Proteção e Defesa Civil, 12.608/12).[234] Resta evidente que os riscos previsíveis devem necessariamente ser enfrentados de forma efetiva e mediante medidas razoáveis para evitar a concretização de danos catastróficos. Os riscos enfrentados no presente caso parecem tratar-se, claramente, de riscos quantificáveis (ou previsíveis ao estado da arte). No entanto, mesmo riscos não quantificáveis e dotados de incerteza, quando apresentam potencial catastrófico ou de irreversibilidade, exigem decisões construídas sobre uma "adequada margem de segurança".[235] Isso deve ocorrer mesmo em casos em que a probabilidade é muito remota ou não pode ser demonstrada de forma quantificável. Assim, "quando riscos apresentam piores cenários extremamente ruins, faz sentido prestar uma atenção especial a estes, mesmo que estes sejam improváveis e mesmo que as informações existentes não habilitem os órgãos reguladores a fazerem julgamentos confiáveis acerca da probabilidade de sua ocorrência."[236]

No que toca à magnitude, qualquer processo de avaliação e, posteriormente, gestão de risco, deve avaliar as potenciais consequências. No caso da barragem do Feijão em Brumadinho, essa detinha 12 milhões de metros cúbicos de rejeitos de minério. Sem adentrar na avaliação de potenciais riscos de maior imprecisão ou incerteza no caso em concreto, os riscos previsíveis ou quantificáveis, devem, necessariamente, ser objeto de adoção de medidas razoáveis e satisfatórias para evitar graves danos. A meta deve ser prevenir ou, no mínimo, mitigá-los. É nesse sentido que salta aos olhos o fato de estruturas da própria empresa estarem na área de impacto em caso de ruptura da barragem de rejeitos. Um prédio administrativo (inclusive com aqueles que deveriam acionar o Plano de Emergência) e um restaurante, ambos localizados logo abaixo da barragem, no caminho que os rejeitos seguiriam em caso de um colapso, chama atenção no que toca a uma perceptível ausência de gestão de riscos previsíveis (quantificáveis). Dessa forma, apesar de, formalmente,

---

233. Como bem observam André Toledo, José Cláudio Junqueira e Romeu Thomé: "A Lei 12.334/2010, por sua vez, apresenta o incentivo da cultura de segurança de barragens e da gestão de riscos como um dos princípios da Política Nacional de Segurança de Barragens (art. 3, VII). A gestão de riscos, aqui, é entendida como a realização de ações de caráter normativo, bem como aplicação de medidas para prevenção, controle e mitigação de riscos (art. 2, VI). Ciente dos perigos que envolvem a utilização de tais estruturas, deixou claro o legislador pátrio o seu intuito de fomentar a implementação de técnicas e medidas tendentes a evitar ou, ao menos, minimizar os impactos negativos decorrentes da utilização de barragens de rejeito." (TOLEDO, André; RIBEIRO, José Cláudio Junqueira; THOMÉ, Romeu. Acidentes com Barragens de Rejeitos de Mineração e o Princípio da Prevenção: de Trento (Itália) a Mariana (Brasil). Rio de Janeiro: Lumen Juris, 2016. p. 80).

234. Conforme art. 2º da Lei 12.608/12: "É dever da União, dos Estados, do Distrito Federal e dos Municípios adotar as medidas necessárias à redução dos riscos de desastre. § 1º As medidas previstas no *caput* poderão ser adotadas com a colaboração de entidades públicas ou privadas e da sociedade em geral. § 2º *A incerteza quanto ao risco de desastre não constituirá óbice para a adoção das medidas preventivas e mitigadoras da situação de risco*" (grifos nossos).

235. SUNSTEIN, Cass. "Irreversible and Catastrophic". *Public Law and Legal Theory Working Papers*. n. 88, University of Chicago Law School, 2005.

236. Ibidem. p. 4-5.

haver licença ambiental, Plano de Segurança de Barragem, Plano de Emergência, nenhum desses foi capaz de gerar a conscientização do risco (*risk awareness*) que estava iminente a essas estruturas. Situação também diagnosticada ante uma análise do caso da ruptura da barragem de Fundão em Mariana, em 2015.[237]

Além disso, chama atenção o fato de os cenários necessariamente traçados nos Planos de Emergência e na avaliação de risco não tenham sido suficientes para evitar que a ocupação urbanística ocorresse também em zona a ser atingida pelos rejeitos da barragem em caso de uma ruptura. Uma vez mais, esses consistem em riscos previsíveis e que devem ser objeto de medidas a fim de evitar ou, pelo menos, mitigar os "danos potenciais associados".

II. Respostas de Emergência. No que toca à necessária gestão de risco que deve permear a fase de resposta emergencial, algumas observações são fundamentais. A fase de resposta de emergência é composta por pelo *preparo* (constituída pela necessária confecção de planos de contingência e pela capacitação dos potenciais envolvidos) e pela *resposta propriamente dita*.

Após a fase de alerta, na qual há a declaração descritiva do evento (se possível antes de sua ocorrência para que a população e as organizações possam adotar as medidas específicas), devem seguir *as ações de resposta de emergência* ao desastre. Nessa, deve haver a execução das ações previstas na etapa de preparação, com a integração coordenada dos organismos competentes e a adoção dos planos de emergência e de contingência.[238]

As narrativas do desastre atestam que os processos de capacitação e simulações eram periodicamente implementados.[239] Contudo, uma forma evidente de mitigação da magnitude (dano potencial associado), caso o desastre não tenha sido prevenido, é tirar funcionários e comunidade da zona de impacto e do caminho que a lama de rejeitos fará. Contudo, esses estavam há apenas 1,4 quilômetros, tendo sido atingidos em aproximadamente 2 minutos após a ruptura.

Ainda, o Plano de Emergência, fundamental para a mitigação de qualquer desastre, não foi colocado imediatamente em ação, pois os responsáveis por essa função (dar início aos protocolos e avisar as autoridades) estavam no prédio administrativo, também no caminho da lama de rejeitos em caso de uma possível ruptura. Ora, se o Plano de Emergência é pensado antecipadamente para o caso de uma ruptura, como os responsáveis por toda a sua operacionalização em caso de sinistro estavam exatamente na zona imediata

---

237. CARVALHO, Délton Winter de. "The Ore Tailings Dam Rupture Disaster in Mariana, Brazil 2015: What We Have to Learn from Anthropogenic Disasters." *Natural Resources Journal*. Vol. 59, issue 2. Albuquerque: New Mexico University Press, 2019. p. 281-300; CARVALHO, Délton Winter de. O Desastre em Mariana 2016: o que temos a aprender com os desastres antropogênicos. In: Antonio Herman Benjamin; José Rubens Morato Leite. (Org.). Congresso Brasileiro de Direito Ambiental Jurisprudência, ética e justiça ambiental no século XXI v. 1. Conferencistas e Teses de Profissionais. 1ed. São Paulo: Instituto o Direito por um Planeta verde, 2016, v. 1, p. 59-78.
238. CARVALHO, Délton Winter. *Desastres ambientais e sua regulação jurídica*. 2ª ed. São Paulo: Revista dos Tribunais, 2020.
239. Informação constante em matéria veiculada no endereço https://www.bbc.com/portuguese/brasil-47138258. Acesso em 10.10.2019.

de choque? Além disso, o sistema de alarme também foi atingido tão rapidamente que sequer foi acionado para servir de aviso aos moradores da comunidade local de Brumadinho.[240]

A decretação de Estado de Calamidade ou Situação de Emergência desengatilha e acelera o repasse de recursos e desburocratiza uma série de medidas e decisões. As transferências de recursos dependem da decretação e do reconhecimento pela União da *situação de emergência* ou do *estado de calamidade pública*. O reconhecimento de desastre pelo Poder Executivo Federal, para fins de transferência de recursos e auxílio instrumental do SINPDEC (composto pelos órgãos e entidades da Defesa Civil da União, bem como pelos órgãos e entidades dos Estados, do Distrito Federal e dos Municípios que a ele aderirem), dependerá de requerimento do Poder Executivo do Estado, do Distrito Federal ou do Município afetado pelo desastre[241].

Não apenas a prevenção dos desastres falhou, mas as medidas de resposta de emergência que poderiam ter mitigado também. Agora, o escrutínio do Estado de Direito deverá seguir o seu caminho para apurar a existência de responsabilidades (administrativa, civil e criminal).

III. Fase Compensatória e de Reconstrução. A compensação a um desastre consiste em uma nova fase, tendente ao incremento da resiliência das vítimas, quer financeira, quer estrutural. Além dessa função mais clássica, essa fase também se presta à gestão de riscos, decidindo quem compensar, quanto serão os valores da compensação, quais medidas acessórias serão adotadas para evitar novos desastres, entre outras funções. Quatro são os métodos de compensação atinentes a eventos catastróficos: o seguro privado; intervenções jurisdicionais (em especial, a responsabilidade civil); assistência governamental; fundos legais ou criados "ad hoc".

Independentemente das futuras demandas de responsabilidade civil de caráter indenizatório, a empresa anunciou um processo de cadastramento para doação emergencial de R$ 100 mil reais, por familiar vitimado ou desaparecido no evento, à respectiva família;[242] R$ 50 mil reais para pessoas que tinham imóvel na área afetada; e R$ 15 mil reais para trabalhadores do comércio local. Tais valores são cumulativos. Houve pagamento de assistência e auxílio-funeral. Ao Município de Brumadinho foi repassado um valor no montante de R$ 80 milhões, a título de compensação por perda de arrecadação com a paralisação das atividades pela empresa.[243] Tais valores, por evidente, deverão ser abatidos de possíveis ações de responsabilização civil contra a empresa. Lembre-se que no sistema jurídico pátrio, para casos de desastres antropogênicos com repercussões socioambientais, há aplicação da responsabilidade civil em sua matriz objetiva (cfe. art. 14, § 1º, da

---

240. Disponível em https://www.bbc.com/portuguese/brasil-47063312; https://www.bbc.com/portuguese/brasil-47063312. Acesso em 11.02.2019.
241. Cf. art. 32 do Decreto 10.593/2020.
242. Disponível em https://g1.globo.com/mg/minas-gerais/noticia/2019/02/01/vale-anuncia-mais-duas-doacoes-de-r-50-mil-e-r-15-mil-a-atingidos-pela-lama-na-tragedia-em-brumadinho.ghtml. Acesso em 11.02.2019.
243. Disponível em http://agenciabrasil.ebc.com.br/geral/noticia/2019-02/brumadinho-o-que-se-sabe-ate-agora-sobre-tragedia. Acesso em 11.02.2019.

Lei 6.938/81), sendo que jurisprudência e doutrina majoritárias aplicam a teoria do risco integral (que não admite excludentes).[244]

O governo federal anunciou autorização de saque antecipado para os beneficiários de programas assistenciais (bolsa família). Além disso, aqueles que tiveram suas residências afetadas serão beneficiários do saque de parcela do FGTS, "por necessidade pessoal, cuja urgência e gravidade decorra de desastre natural." Por evidente, o presente evento não se trata de um desastre "natural".

Contudo, o Decreto Federal 8.572/2015, editado para o caso do desastre de Mariana (2015), incluiu entre as situações passiveis de retirada dos valores os casos de "rompimento ou colapso de barragens que ocasione movimento de massa, com danos a unidades residenciais." Esse ato normativo alterou o texto do já existente Decreto 5.113/2004, que regulamentava a matéria, estabelecendo, inclusive, um teto de R$ 6.220,00. Apesar da impropriedade técnica da equiparação da ruptura de barragem a um desastre natural, essa se deu exclusivamente com a função de permitir a liberação imediata de valores para as vítimas. Por evidente, o decreto não tem a força normativa, nem mesmo a função de reclassificar ou alterar a configuração do tipo de um desastre, no caso, decorrente da ruptura de barragem. Esse, como já visto, consiste em um desastre antropogênico ou tecnológico. De ser destacado que, em se tratando de valores de titularidade do trabalhador, esses valores devem ser ressarcidos por aqueles que forem considerados responsáveis judicialmente pelo evento em nível de responsabilidade civil.

Já a fase de reconstrução deve ser direcionada não ao reestabelecimento da *velha normalidade* (que existia antes do evento), constantemente inatingível diante da irreversibilidade e da magnitude de um desastre, mas sim a uma *nova normalidade*, tornando aquela localidade menos vulnerável e mais resiliente.

11.2.4. O fechamento do ciclo

Utilizando a racionalidade jurídica interdisciplinar (sobretudo com o Direito Ambiental, Urbanístico, Administrativo, Penal, Civil, dos Seguros e dos Contratos), o Direito dos Desastres visa gerir todas as fases de um evento catastróficos. Urge salientar que a autonomia desse ramo jurídico é consolidada por um ciclo de gestão de risco que une as fases da prevenção até a reconstrução. Sob o ponto de vista normativo, a autonomia e a unidade desse ramo são caracterizadas por um sistema normativo específico, centrado nas Leis 12.340/2010 e 12.608/2012, bem como no Decreto 10.593/2020.

Portanto, em uma situação de desastre ou de potencialidade de sua ocorrência, o Direito tem a função de fornecer a estabilidade pela normatividade ante e pós-ocorrência do evento, sem olvidar da dinâmica destrutiva que uma catástrofe possui. O Direito assume

---

244. Para uma análise mais detalhada da responsabilidade civil em casos de desastres ambientais, quer contra entidades privadas, quer contra a Administração Pública, vide CARVALHO, Délton Winter de. *Desastres Ambientais e sua Regulação Jurídica:* deveres de prevenção, resposta e compensação ambiental. São Paulo: Revista dos Tribunais, 2015. Para uma análise em nível de direito comparado, ver: FARBER, Daniel. Tort law in the era of climate change, Katrina, and 9/11: exploring liability for extraordinary risks. *Valparaíso University Law Review*, v. 43, p. 1.126, 2009.

um papel na colonização dos desastres.²⁴⁵ Segundo Austin Sarat, há cinco dimensões em que o Direito deve lidar em casos de desastres, são elas: *(i)* manter a operacionalidade do Direito, *(ii)* lutar contra a ausência do Direito, *(iii)* fornecer estabilização e reacomodação das vítimas, *(iv)* promover a identificação das vítimas e responsáveis; *(v)* reduzir a vulnerabilidade futura.²⁴⁶

A ocorrência de um desastre deve iniciar um novo ciclo de aprendizagem e de adoção de medidas para evitar os próximos e eventuais desastres. Para tanto, deve haver uma avaliação sistêmica de quais foram os pontos de falhas (estruturais, regulatórias, terceiros, fatores físicos etc.) e quais as medidas preventivas devem ser incorporadas aos eventos futuros. Há uma diferença importante entre infortúnio e injustiça. Para infortúnio, há a complacência e resignação. Para injustiça, responsabilidades jurídicas. Obviamente, sempre a partir do devido processo legal e do Estado de Direito.

O que resta após um desastre é o reestabelecimento dos serviços públicos essenciais, compensar vítimas e meio ambiente, buscar responsabilidades e, mais importante, aprender (e adotar medidas) para evitar novos eventos do mesmo gênero. Se assim for, o ciclo se fecha exitosamente, evitando novos eventos como o anterior. Do contrário, novos desastres seguirão a ocorrer.

11.3. A Pandemia Covid-19

A natureza jurídica da Covid-19

Segundo a OMS, os coronavírus são zoonóticos²⁴⁷, o que significa que são transmitidos de animais para pessoas. Em 2016, o Programa das Nações Unidas para o Meio Ambiente alertou sobre problemas ambientais globais emergentes, descrevendo um "aumento mundial no surgimento de doenças e epidemias, particularmente de zoonoses."²⁴⁸ As doenças zoonóticas são constantemente associadas a distúrbios ecológicos.

Como já tivemos a oportunidade de afirmar²⁴⁹, a formação do sentido de desastres encontra-se numa relação semântica pendular entre: (i) *causas* e (ii) *consequências,* de tal magnitude capazes de comprometer a (iii) *estabilidade social*. Os desastres consistem, conceitualmente, em *cataclismo sistêmico* de causas que, combinadas, adquirem consequências catastróficas.

(i) Uma concepção dominante de catástrofe nos remete aos impactos humanos e sociais ocasionados pela natureza. Essa *concepção naturalística de catástrofes* tende a vincular os desastres a eventos naturais desencadeadores de danos humanos e à propriedade, dotados esses de grande magnitude. Subjaz a essa noção mais tradicional de desastres, uma

---

245. Expressão utilizada por DOUGLAS, Lawrence; SARAT, Austin; UMPHREY, Martha Merril. A jurisprudence of catastrophe: na introduction. In: *Law and catastrophe*. Austin Sarat; Lawrence Douglas; Martha Merril Umphrey. Stanford: Stanford University Press, 2007.
246. SARAT, Austin; LEZAUN, Javier (Ed.). *Catastrophe:* law, politics, and the humanitarian impulse. Amherst: University of Massachusetts, 2009.
247. Disponível https://www.who.int/docs/default-source/coronaviruse/who-china-joint-mission-on--covid-19-final-report.pdf, p. 08. Acesso em 03/04/20.
248. UNEP. *Emerging Issues of Environmental Concern*. Nirobi: UNEP, 2016. p. 04.
249. CARVALHO, Délton Winter de. *Desastres Ambientais e sua Regulação Jurídica*. 2ª ed. São Paulo: Revista dos Tribunais. 2020. p. 52-60.

distinção *cartesiana* entre homem/natureza, concebendo desastres como aqueles eventos naturais, não habituais e de intensidade irresistível.

No entanto, a evolução tecnológica e científica da Sociedade Contemporânea ocorrida, principalmente, após a industrialização, desencadeou a ampliação da capacidade de intervenção do homem sobre a natureza, havendo, em quase todos os desastres denominados *naturais*, algum fator antropogênico[250], o que frequentemente torna as fronteiras entre esses conceitos turvas. Apesar dessas dificuldades conceituais, para fins didáticos, os desastres são constantemente descritos e classificados segundo suas causas, como "naturais", mistos ou antropogênicos. Os *naturais* são aqueles decorrentes imediatamente de fenômenos da natureza, atribuíveis ao exterior do sistema social, sendo frequentemente classificados em categorias de desastres geofísicos, meteorológicos, hidrológicos, climatológicos e biológicos[251]. Entre os exemplos de desastres biológicos, encontram-se as epidemias e as infestações de insetos. Note-se, portanto, que as pandemias são frequentemente passíveis de se configurarem em *desastres biológicos* e, no caso da Covid-19, essa também redunda em um *desastre ao sistema de saúde pública mundial*.

(ii) Em uma *segunda dimensão* de sentido de desastre, há um destaque para as consequências desses eventos. Nessa linha, são descritos como eventos que acarretam *perdas de vidas humanas, saúde pública, de propriedades ou mesmo ambientais*. A UNDRR, responsável pela uniformização conceitual em nível internacional, descreve como "uma perturbação grave do funcionamento de uma comunidade ou sociedade em qualquer escala devido a eventos perigosos que interagem com condições de exposição e capacidade, levando a um ou mais dos seguintes itens: perdas e impactos humanos, materiais, econômicos e ambientais."[252] Seu significado não se refere a um plano individual, mas a eventos que atuam no plano da sociedade (*societal disasters*), geralmente entendidos como grandes perdas para um número substancial de pessoas e bens[253].

Para o *Centre for Research on the Epidemiology of Disasters*, trata-se de situações que superam a capacidade local, necessitando um pedido de auxílio externo em nível nacional ou internacional, bem como eventos imprevistos e, frequentemente, súbitos, que causam grande dano, destruição e sofrimento humano[254]. Para esse centro de pesquisa, ao menos um dos critérios que seguem deve ser preenchido para a configuração de um evento danoso à condição de desastre: (a) 10 ou mais mortes humanas (efetivas ou presumidas); (b) pelo menos 100 pessoas atingidas (necessitando de comida, água, cuidados básicos e sanitários; desalojados e feridos); (c) ter sido declarado estado de emergência; (d) ter havido um pedido de ajuda internacional.

Os números da Covid-19 demonstram, sem necessidade de maior aprofundamento, que essa se enquadra como desastre, também a partir da análise de sua intensidade,

---

250. FARBER, Daniel; CARVALHO, Délton Winter de. *Estudos Aprofundados em Direito dos Desastres*. 2ª ed. Curitiba: Appris, 2019.
251. Vos, F.; Rodriguez, J.; Below, R.; Guha-Sapir, D. *Annual disaster statistical review 2009*: the numbers and trends. Brussels: Cred, 2010. p. 13.
252. Disponível em http://www.un-spider.org/node/7661. Acesso em 05/04/20.
253. Sugerman, Stephen. "Roles of Government in Compensating Disaster Victims." *Catastrophic Risks: prevention, compensation, and recovery*. Berkeley: UC Berkeley Electronic Press, 2007. p. 1.
254. Vos, Femke; Rodriguez, Jose; Below, Regina; Guha-Sapir, D. Op. cit., p. 12.

superando não apenas o número de óbitos (a), mas o número de atingidos (b), como também a declaração de Estado de Emergência (d). Não bastassem todos esses "atributos", a presente pandemia tem um gravíssimo *efeito colateral econômico*.

(iii) A *análise sistêmica* dos desastres demonstra, por sua vez, o fato desses se tratar de fenômenos de alta complexidade e constituídos por causas multifacetadas e consequências graves. A interação entre causas e consequências ressalta a relevância de uma análise sistêmica para a formação de seu sentido. A combinação de fatores exógenos e endógenos ao sistema social é capaz de ocasionar a perda de sua *estabilidade sistêmica*, ocasionando a quebra das rotinas coletivas e a necessidade de medidas urgentes (e, geralmente, não planejadas) para gerir (restabelecer) a situação[255]. Os desastres são fenômenos extremos capazes de atingir a *estabilidade sistêmica* social, num processo de *irradiação* e *retroalimentação* de suas causas e efeitos policontextualmente (econômicos, políticos, jurídicos, científicos). Em nível de Direito Internacional dos Desastres[256], a perda da capacidade de resposta ao evento em face de uma desestabilização sistêmica também compõe o conceito proposto pelo *Projeto de Artigos para a Proteção de Pessoas em Eventos de Desastres da Comissão de Direito Internacional da AGNU*.[257] O sistema normativo brasileiro[258] adota uma descrição conceitual a partir de uma simbiose entre os três cenários acima descritos (causas, consequências e estabilidade). A perda da *estabilidade sistêmica* também é representada pela decretação de atos tais como Estado de Defesa (grave e iminente instabilidade institucional ou calamidade pública[259-260-261]), pela União, assim como de *situação de emergência*[262] ou de *estado de calamidade pública*[263], por Estados e Municípios. Note-se inevitável, aqui também, considerarmos a pandemia da Covid-19 como um verdadeiro desastre, tendo esse desencadeado uma desestabilização social, o que redundou em decretações generalizadas de excepcionalidade institucional.

Estado de Direito em modo operacional de anormalidade

A emergência de saúde pública provoca, inegavelmente, uma severa desestabilização social, devendo o Direito manter sua coerência sistêmica, o que, evidentemente, não exclui a necessária atenção às especificidades de cada um dos ramos jurídicos. Esses, ativados pelos conceitos e pela racionalidade do Direito dos Desastres, são despertados para responder aos conflitos oriundos desse cenário de anormalidade. Adverte-se para a

---

255. Porfiriev, Boris N. "Definition and delineation of disasters." In: QUARANTELLI, E. (Ed.) *What is a Disaster?* New York: Routledge, 1998. p. 62.
256. CARVALHO, Délton Winter de. *Op. Cit.* p. 66-76.
257. Art. 3º, desastre é "um evento de calamitoso ou uma série de eventos que resultam em ampla perda de vidas, grande sofrimento e angústia humana, deslocamento em massa ou danos materiais ou ambientais em larga escala, comprometendo seriamente o funcionamento da sociedade."
258. Art. 2.º, VII, Dec. 10.593/2020.
259. Decreto Legislativo 06/20 "reconhece ... ocorrência do estado de calamidade pública". Apesar desse ato ter se dado com o fim específico de aliviar o controle fiscal de gastos públicos, isso não afasta a notória demonstração de perda de estabilidade dada a pandemia.
260. Portaria 188/20 do Ministério da Saúde declara Emergência em Saúde Pública.
261. Lei 13.979/20 que "dispõe sobre as medidas para enfrentamento da emergência de saúde pública".
262. Art. 2.º, XIV, do Dec. 10.593/2020.
263. Art. 2.º, VIII, do Dec. 10.593/2020.

importância de uma delimitação atenta e rigorosa do conceito de desastres, a fim de evitar-se uma banalização do uso de um ramo jurídico forjado para a prevenção e a resposta a eventos extremos.

A partir da constatação de que a pandemia da COVID-19 encontra sua natureza jurídica no conceito de *desastre*, como tivemos oportunidade de demonstrar, seu sentido atua como um elemento jurídico comum capaz de promover a integração do Direito dos Desastres com as demais áreas jurídicas. Nesse processo de integração, desencadeado pela configuração de um evento social como desastre, o Direito dos Desastres irradia aos demais ramos o cumprimento conjunto de diversas funções para a retomada da estabilidade. Para tanto, as demais áreas do Direito são "ativadas" para cumprir funções determinadas pelo *Estado de Direito em modo de operação de anormalidade*. Para tanto, a juridicidade nesse "modo operacional" ganha a denominação de Direito dos Desastres, sendo esse um ramo jurídico estruturado para o resgate da estabilidade social perdida por uma determinada comunidade atingida por um evento apto a retirar substancial ou parcialmente a capacidade de resposta de um ente público (União, Estado e Município).

Aos Estados e aos Municípios cabe a decretação de "Situação de Emergência" ou "Estado de Calamidade", quando a perda da capacidade de resposta é substancial ou parcial, respectivamente. Já para a União há a possibilidade de fazer uso, excepcional, dos regimes constitucionais inerentes ao "Estado de Defesa"[264] ou ao "Estado de Sítio."[265] Cumpre esclarecer que, apesar das diferenças significativas entre os requisitos e as configurações desses institutos constitucionais com aqueles afetos aos Estados e aos Municípios, há uma singela identidade. As modulações do Estado Constitucional de Exceção também são estruturadas a partir da distinção entre a perda de estabilidade substancial e maior gravidade, para casos afetos ao "Estado de Sítio", ou parcial e menor intensidade, no "Estado de Defesa."

No caso da pandemia da COVID-19, o recurso ao *Estado de Defesa*, em razão da "calamidade de grandes proporções" decorrente da emergência de saúde pública, é uma medida extrema inerente ao próprio Estado Democrático de Direito para retomar a estabilidade, quando comprometida. Constitucionalmente, o Estado de Defesa se trata de um Estado de Emergência, conformado constitucionalmente em um "regime específico para situações de crise, compatível com os princípios estruturantes do Estado de direito democrático."[266] Não se trata jamais de um *Estado de Não Direito*, muito pelo contrário. Trata-se de um Estado de Direito em modo operacional em anormalidade, como dissemos anteriormente. As restrições aos direitos fundamentais decorrentes dessa conjuntura constitucional se justificam apenas para a "salvaguarda de outros bens constitucionalmente protegidos"[267] e que, no caso, se trata da saúde pública nacional.

É exatamente aqui que se deve ter uma atenção redobrada para os perigos do autoritarismo, decorrentes de Estados de Exceção. Por esse motivo, o Estado de Defesa apenas

---

264. Art. 136 CF.
265. Art. 137 CF.
266. CANOTILHO, José Joaquim. *Direito Constitucional e Teoria da Constitucional*. 7ª ed. Coimbra: Almedina, 2003. p. 1099.
267. Ibidem. p. 1104.

pode ser legítimo quando a própria lei fundamental fixar seus *pressupostos, competências, instrumentos, procedimentos e consequências jurídicas*, compatibilizando a legalidade extraordinária ao próprio Estado de Direito. Frise-se, o *Estado de Exceção* é uma previsão constitucional e, portanto, é face extrema do Estado de Direito para recuperar sua estabilidade e "voltar" a uma *nova* normalidade.

Diversas outras áreas do Direito também apresentam consequências imediatas à superveniência de um evento dessa envergadura. Por detrás das diversas consequências imediatas trazidas pela Pandemia da COVID-19 ao cotidiano dos mais diversos ramos jurídicos, há um processo de "ativação" de conceitos, padrões de decisão e racionalidades determinada pelo próprio Direito dos Desastres. O escopo é sistemicamente integrar a pluralidade de áreas do Direito para a retomada da estabilidade social e a, assim chamada, "colonização do caos." Assim, o jurídico atua para a estabilização e não para o seu incremento, fragmentariedade e aumento da conflituosidade.

A primeira função irradiada pelo Direito dos Desastres consiste em integrar todos os ramos para a adoção de decisões orientadas para a manutenção das operações jurídicas dentro de uma racionalidade própria do Direito, isto é, que cada ramo opere de acordo com os padrões de regras, procedimentos, rotinas e protocolos, sem a adoção de respostas extravagantes (tais como o apelo à moral, à religião, às crenças etc.) Para tanto, deverá haver uma constante luta contra a *ausência de Direito*, pois nos desastres há a necessidade de que seja assegurada uma rápida e eficiente atuação contra possíveis violações jurídicas nas comunidades atingidas por eventos graves. Na mesma direção, cabe aos diversos ramos do Direito, integrados no sentido jurídico como da Pandemia *como* desastre, garantir o devido socorro e atendimento humanitário às vítimas. Além disso, em cenários de riscos potencialmente catastróficos, mesmo que diante de incertezas significativas, as evidências científicas servem como parâmetros de convencimento, servindo como um importante limitador do âmbito da discricionariedade técnica. Contudo, os ensinamentos do Direito dos Desastres aos demais ramos para operarem em modo de anormalidade também chamam a atenção para o cuidado com o uso indevido da pandemia (possibilidade de contratações sem licitação, atos de discriminatórios a grupos já vulneráveis, autoritarismo institucional, apenas para citar alguns). Finalmente, o fio condutor a permear os mais diversos ramos jurídicos para lidar com situações de desastres é marcado por duas categorias centrais ao Direito dos Desastres, (i) o risco e (ii) a vulnerabilidade.

Portanto, a partir da configuração de um evento como desastre todas as demais áreas entram em uma imediata interação com o Direito dos Desastres, em razão da própria declaração de um *Estado de Defesa Constitucional, justificado por "calamidades de grandes proporções na natureza" (art. 136 da CF)*. Esse processo se dá de forma que o Direito dos Desastres possa, a partir de seus conceitos, normas e princípios, fomentar instrumentos para estabilização das instabilidades inerentes a cada esfera jurídica (relações de consumo, matéria processual, questões do ordem constitucional, relações contratuais empresarias ou civis, relações trabalhistas, cobrança de tributos, administração de tribunais e assim por diante). O Direito dos Desastres exerce tais orientações sem uma relação excludente, mas sim integrativa, a partir da configuração do evento *como* desastre (pelas declarações de anormalidade).

Agora é hora de avançar a presente análise sobre a compreensão de quais são esses padrões de decisão (*standards*) que devem orientar o Direito, como um todo, em um momento de Emergência Constitucional. Sem exclusão dos demais ramos, o Direito dos Desastres presta uma orientação de um ramo centrado na *colonização do caos*, a partir e pelo Direito. A configuração de um evento como desastre, geralmente ocasiona uma hiperprodução de atos normativos e conflitos judiciais nas mais diversas áreas do Direito, porém, tais devem ser integrados por uma racionalidade comum, tendo duas consequências: i) de um lado, uma função jurídica de, a partir da assimilação da anormalidade, encaminhar as rotinas jurídicas e a própria Sociedade na direção de uma nova normalidade, operacionalmente estável; ii) de outro, cada ramo do Direito acaba assimilando e produzindo suas próprias reações específicas, seja no Direito Constitucional, seja no Direito Privado, Direito Processual Civil, Direito Ambiental, Direito do Trabalho, Direito Administrativo, Direito Tributário e assim por diante.

Portanto, todos esses ramos passarão a (i) ter que exercer sua contribuição para o ciclo de *gestão circular do risco* em cada uma das fases de um desastre (prevenção e mitigação; resposta emergencial; compensação; reconstrução), a fim de colaborar globalmente com a necessidade de mitigação dos impactos; (ii) enfrentar a necessidade de fornecer estabilidade a situações caóticas, trazendo seus respectivos âmbitos de atuação de um modelo operacional em colapso, para uma nova normalidade; (iii) ter que fornecer absoluta prioridade e adotar como premissa orientadora das decisões jurídicas a função do Direito para redução das *vulnerabilidades* sociais, físicas ou tecnológicas (informacionais); (iv) diante das incertezas postas em jogo, a maior sensibilidade do Direito às dimensões dessa para graduações proporcionais nas medidas preventivas ou precaucionais emergenciais a serem impostas, com parcimônia e equilíbrio; (v) por se tratar de riscos e impactos de grande magnitude, o Direito deve orientar suas decisões a partir de informações científicas, dotadas de credibilidade, mesmo que essas estejam em estágios iniciais de testes ou pesquisas, de incertezas ou mesmo ante a precariedade de dados.

A importância da configuração da Pandemia da Covid-19 *como* um desastre tem duas repercussões imediatas: (i) esse conceito passa a ser o elemento de ligação entre uma racionalidade específica ao Direito dos Desastres e os demais ramos, os quais passam a poder lançar mão das estratégias oferecidas por aquele para resgatar uma estabilidade perdida. Do contrário, sem um eixo orientador de um Direito voltado para a colonização do caos, há uma tendência de aumento da fragmentação sistêmico-jurídica, da conflituosidade judicial e, consequentemente, uma maior desestabilização e insegurança do próprio Direito e da Sociedade. De outro lado, (ii) os conceitos estruturantes do Direito dos Desastres, tais como risco e vulnerabilidade, passam a desencadear em cada ramo do Direito a capacidade de observar e tomar decisões voltadas para *prevenção e mitigação, resposta emergencial, compensação e reconstrução*.

Uma fragmentação jurídica apenas aumentaria o risco de dispersão e de produção de maior instabilidade. Ao contrário, mostra-se necessário um elemento jurídico capaz de colocar em acoplamento as diversas narrativas jurídicas e irradiar padrões de decisão compatíveis com o Estado de Direito em modo de anormalidade social e jurídica. O Direito dos Desastres, para tanto, tem como princípio os conceitos de risco e de vulnerabilidade, sendo esses fundamentais para o processo de elucidação de programas de decisão orientados para mitigar as consequências desses eventos, determinar medidas proporcionais e, quando for o caso, revelar responsabilidades pela produção de injustiças. Aqui, cumpre chamar atenção que o fato de se tratar a Covid-19 de um desastre natural ou físico de caráter biológico não afasta por si só a possível incidência de responsabilidades. Sempre que estivermos diante de situações de conhecimento de riscos por determinados agentes e esses deixem, injustificadamente, de adotar medidas adequadas, estar-se-á diante da possibilidade de responsabilizações. De outro lado, a adoção de condutas ativas ou omissivas capazes de incrementar a vulnerabilidade de indivíduos ou grupos poderá, também, redundar nas mais diversas formas de responsabilidade (administrativa, civil e criminal).

Finalmente, a ênfase na análise jurídica de categorias tais como riscos, vulnerabilidades e informações científicas é reforçada pelo Direito dos Desastres em sua integração com os demais ramos a partir do conceito aglutinador exercido pelo sentido de desastre. Em cada área jurídica haverá conflitos, riscos e vulnerabilidades específicos, porém o ponto de partida de cada um desses ramos será a análise dessas categorias, sob a orientação da gestão circular do risco, da busca por uma nova normalidade, e do combate às vulnerabilidades que estiverem em jogo. Afinal, como diria Rousseau em sua "carta da Providência" escrita em 1756 em resposta a Voltaire e que fala sobre o Grande Terremoto de Lisboa: "a maior parte de nossos males físicos são mais uma vez obra nossa. (...) Quanto a mim, vejo em toda parte que os males a que a natureza nos submete são muito menos cruéis que os que nós a eles acrescentamos."[268]

---

268. A crítica de Jean-Jacques Rousseau é no sentido de que: "Sem deixar o assunto de Lisboa, convinde, por exemplo, que a natureza não reuniu ali vinte mil casas de sei a sete andares, e que se os habitantes dessa grande cidade tivessem sido distribuídos mais igualmente, e possuíssem menos coisas, o dano teria sido muito menor, e talvez nulo. Todos teriam fugido ao primeiro abalo, e sido vistos no dia seguinte a vinte léguas de lá, tão alegres como se nada houvesse acontecido; mas é preciso permanecer, obstinar-se ao redor das habitações, expor-se a novos tremores, porque o que se abandona vale mais do que o que se pode levar. Quantos infelizes pereceram nesse desastre por querer pegar, um suas roupas, outro seus papéis, outro seu dinheiro? Acaso não se sabe que a pessoa de cada homem tornou-se a menor parte dele mesmo, e que quase não vale a pena salvá-la quando se perde todo o resto?" ROUSSEAU, Jean-Jacques. Escritos sobre a Religião e a Moral. *Clássicos da Filosofia*: Cadernos de Tradução n. 2. Campinas: IFCH/UNICAMP, 2002. p. 09-10.

ESTUDO PRÉVIO DE IMPACTO AMBIENTAL: COMPLEXIDADE, CARGA POLÍTICA DA DECISÃO SOBRE A VIABILIDADE AMBIENTAL E A NECESSIDADE DE ENVOLVIMENTO DO PÚBLICO

Ricardo Cavalcante Barroso[1]

Sumário: 1. Introdução. 2. Propedêutica do impacto ambiental. 3. Relação simbiótica entre o estudo prévio de impacto ambiental e o licenciamento ambiental. 4. Complexidade da análise de alternativas no âmbito do EIA/RIMA: opção zero, carga política da decisão e necessidade de envolvimento do público. 5. Conclusão. Referências.

1. Introdução

O presente artigo se insere no contexto da análise da efetividade do instrumento da política nacional do meio ambiente denominado EIA/RIMA e sua relação simbiótica com o licenciamento ambiental.

Apesar do seu tratamento constitucional, sujeito à principiologia própria que incorpora dever de prestigiar a variável ambiental e possuir abertura democrática, é possível constatar que alguns aspectos desse instituto não têm sido adequadamente aplicados.

No tocante à falta de envolvimento público na avaliação de impactos ambientais no Brasil, é válida a citação ao recente estudo realizado por Ribeiro e Thomé, em que diagnosticam uma falha de mecanismos de comunicação entre a sociedade brasileira e os empreendedores sobre impactos socioambientais de atividade potencialmente prejudiciais. Destacam que a informação não pode ser simplesmente formal, mas, sim, deve haver espaço aberto para diálogo que possa, efetiva e materialmente, influenciar a decisão da autoridade ambiental[2].Assim, partindo de uma análise sobre a exata compreensão do que

---

1. Doutor e Mestre em Direito pela UFPE. Procurador Federal/AGU – Respondendo pelo núcleo de meio ambiente, indígena e patrimônio histórico da Procuradoria-Regional Federal da 5ª Região, em Recife.
2. Ressaltam, ainda, que a legislação internacional, como o NEPA e as diretivas europeias, preveem que a informação para a sociedade a respeito dos impactos socioambientais resultantes de projetos são fornecidas através de avisos públicos (assim como por sinais na área do projeto), na mídia falada e escrita e na televisão (anúncios de jornais, por exemplo) e na rede internacional de computadores. E mais, essas informações devem apresentar os principais relatos e opiniões dos processos de avaliação de impacto ambiental, dando aos grupos interessados a oportunidade de preparar questões e requerer informações adicionais sobre avaliações já realizadas (RIBEIRO, José Carlos Junqueira; THOMÉ, Romeu. Community participation in the analysis of the environmental impact

significa e distingue a noção de impacto ambiental, o presente estudo busca estabelecer relações entre EIA/RIMA e licenciamento ambiental na extensão da complexidade desse tipo de abordagem que carrega, por consequência, uma carga política, a qual reclama envolvimento público, não somente para aprimorar qualitativamente a decisão sobre viabilidade ambiental e compreensão de impactos, como para cumprir expresso mandamento jurídico de cunho democrático.

Nesse percurso, torna-se útil a análise de preceitos da Resolução CONAMA nº 01/86, que disciplinam o conteúdo do EIA/RIMA, bem como a abordagem de documentos internacionais que indicam que políticas de envolvimento público na tomada de decisão ambiental corporificam prática fundamental para adequada abordagem dos impactos ambientais de empreendimentos causadores de significativos impactos ambientais.

Dessa forma, o presente ensaio busca esquadrinhar aspectos relacionados às alternativas incluídas entre as preocupações do EIA/RIMA para expor suas incertezas e complexidades e conduzir uma diretriz que envolve o público na tomada de decisão.

2. Propedêutica do impacto ambiental

Antes de avançar sobre uma análise sobre a complexidade dos estudos envolvidos no EIA/RIMA e sobre a necessidade de envolvimento público, cumpre elucidar e fixar, desde logo, o que vem a ser impacto ambiental para os objetivos desta pesquisa.

Isso porque a abordagem sobre o estudo de impacto ambiental exige que se estabeleça, por óbvio, uma noção clara do que vem a ser impacto ambiental no contexto das avaliações de impactos ambientais.

Até porque essa conceituação, não raro, gera confusões advindas de posições doutrinárias ou mesmo a dicção ampla prevista na legislação nacional. Assim, essencial para o presente estudo buscar elementos capazes de caracterizar o que vem a ser impacto ambiental, especialmente porque esse impacto é objeto de avaliações fundamentais para a aferição da viabilidade ambiental de empreendimentos e atividades que detenham potencial degradador.

Sobre impacto ambiental importa principiar a abordagem pelo que se contém no art. 1º da Resolução CONAMA nº 01/86, a qual dispõe sobre critérios básicos e diretrizes para o Relatório de Impacto Ambiental – RIMA. Define a resolução que impacto ambiental é qualquer alteração das propriedades físicas, químicas e biológicas do meio ambiente, causada por qualquer forma de matéria ou energia resultante das atividades humanas que, direta ou indiretamente, afetam a saúde, a segurança e o bem-estar da população; as atividades sociais e econômicas; a biota; as condições estéticas e sanitárias do meio ambiente e a qualidade dos recursos ambientais.

De logo, vale anotar que a abordagem conceitual adotada pela Resolução CONAMA nº 01/1986 foi produzida no ensejo do Estudo Prévio de Impacto Ambiental. Isso é relevante e diz muito sobre a noção de impacto ambiental.

Pois bem. Percebe-se no conceito normativo citado que sua caracterização se aproxima, em muito, do conceito de poluição ambiental, o qual, por sua vez, é elemento inerente

---

assessment as a democratic mechanism to insure social-environment rights. Veredas do direito. Belo Horizonte: Escola Superior Dom Helder Câmara, v. 1, janeiro/junho, p. 69-91, 2004, p. 83-84).

ao conceito de dano ambiental. No entanto, não há como confundir os conceitos, até porque, enquanto as noções de poluição e de dano possuem conteúdo negativo de afetação prejudicial do meio ambiente, a concepção de impacto não guarda necessariamente essa relação, uma vez que os impactos ambientais podem ser negativos ou positivos.

Não é por outro motivo que o art. 6º, II, da Resolução CONAMA nº 01/1986 inclui entre as atividades técnicas incluídas no EIA/RIMA a análise de impactos positivos e negativos.[3]

Dessa forma, entendemos que impacto ambiental é aquela alteração da qualidade ambiental provocada pelo homem. O diferencial em relação à poluição se dá justamente no fato de que o conceito de impacto ambiental é tomado no contexto e para o fim dos estudos de impacto ambiental e de licenciamento ambiental. Assim, podemos concluir que o impacto ambiental é a alteração da qualidade ambiental provocada por uma atividade humana e que é aferível nos estudos preparatórios ao empreendimento e, portanto, no licenciamento ambiental.

Pensamos que impacto ambiental não se confunde, portanto, com dano ambiental. Ademais, pelo seu conceito é forçoso concluir, ainda, que impacto ambiental não alcança apenas aquelas alterações adversas significativas da qualidade ambiental. Impacto, a nosso ver, abrange, nos termos do conceito normativo, toda e qualquer alteração adversa, grande ou pequena. Essa valoração de grandeza e seus efeitos serão avaliados no âmbito do licenciamento, mas isso não deve modificar seu conceito.

Ao contrário do que pensamos, Mirra[4] advoga que impacto ambiental não seria qualquer alteração do meio ambiente, mas sim uma degradação significativa do ambiente. Somente seria impacto ambiental uma alteração drástica e de natureza negativa da qualidade ambiental.

Assim não pensamos porque não é essa a exata dicção legal e, além disso, entendemos que a gravidade da degradação ambiental causada pelo impacto depende de uma avaliação posterior ao dano, que o qualifique. Assim, temos baixo ou insignificante impacto e grande ou significativo impacto.

Nesse sentido, a Resolução CONAMA nº 237/97 estipula caber o EIA/RIMA para aqueles casos de empreendimentos potencialmente capazes de causar significativa degradação ambiental, destinando outros estudos ambientais para empreendimentos de baixo impacto.

De mesma premissa, os arts. 10 e 11 da Resolução CONAMA nº 369/2006, ao preverem a possibilidade de o Poder Público autorizar intervenção ou supressão de vegetação eventual e de baixo impacto em área de preservação permanente, nos dão a nítida sinalização de que existem empreendimentos de baixo, médio e alto impacto.

Os casos de alto ou elevado impacto, para os quais a legislação e a Constituição reservam a expressão "significativo impacto", atraem a exigência do EIA/RIMA.

---

3. "Art. 6º. (...) II – Análise dos impactos ambientais do projeto e de suas alternativas, através de identificação, previsão da magnitude e interpretação da importância dos prováveis impactos relevantes, discriminando: os impactos positivos e negativos (benéficos e adversos), diretos e indiretos, imediatos e a médio e longo prazos, temporários e permanentes; seu grau de reversibilidade; suas propriedades cumulativas e sinérgicas; a distribuição dos ônus e benefícios sociais."
4. MIRRA, Álvaro Luiz Valery. Impacto ambiental: aspectos da legislação brasileira. São Paulo: Juarez de Oliveira, 2008.

Até porque entender que impacto somente se atrela à significativa alteração negativa do meio ambiente levaria à equivocada conclusão de que impacto ambiental significa dano ambiental, quando, em verdade, o impacto pode consistir em um dano ou não, a depender da superação dos limites de tolerabilidade do ambiente.

Nesse ponto, interessante e oportuna é a lição da Prof.ª Patrícia Iglesias Lemos[5], que diferencia capacidade de absorção de capacidade de regeneração do ambiente. Afirma a professora que a primeira consiste na possibilidade de o meio resistir aos impactos sem que haja dano, enquanto a segunda (regeneração) consiste na recuperação do meio que sofreu dano.

Até porque, como vimos, a noção de impacto ambiental incorpora não apenas efeitos negativos de uma atividade humana, mas também efeitos positivos.

Ora, dessa lição surge claro que pode perfeitamente haver impactos sem que haja dano, não havendo que confundir os conceitos.

Assim, divisa-se o conceito de impacto ambiental como aquela alteração da qualidade ambiental, adversa ou não, significativa ou não, que é aferível no âmbito do licenciamento ambiental.

3. Relação simbiótica entre o estudo prévio de impacto ambiental e o licenciamento ambiental

O EIA/RIMA é instrumento de compreensão e controle dos impactos ambientais, tratando-se de empreendimentos potencialmente causadores de significativo impacto ambiental, exige-se o EIA/RIMA, ou seja, essa espécie de avaliação de impactos ambientais[6] de caráter público[7] e transparente[8] elaborada por equipe multidisciplinar[9], a cargo e

---

5. LEMOS, Patrícia Faga Iglesias. Meio ambiente e responsabilidade civil do proprietário: análise do nexo causal. São Paulo: Revista dos Tribunais, 2008.
6. O próprio art. 1º, III, da Resolução CONAMA nº 237/97 aponta como espécies de avaliação de impactos ambientais (que a resolução dá nome de "estudos ambientais") engloba todo e qualquer estudo relativo a aspectos ambientais apresentados como subsídios para análise de licença ambiental, a saber: relatório ambiental, plano e projeto de controle ambiental, relatório ambiental preliminar, diagnóstico ambienta, plano de manejo, plano de recuperação de área degradada e análise preliminar de risco (MILARÉ, Édis. Direito do Ambiente. 8ª edição. São Paulo: Revista dos Tribunais, 2013, p. 744). Como dito, EIA/RIMA é a espécie de avaliação de impactos ambientais voltadas à análise dos aspectos ambientais alusivos a empreendimento potencialmente causador de significativo impacto (art. 225, § 1º, IV, da Constituição c/c art. 3º da Resolução CONAMA n. 237/97).
7. O Estudo de Impacto Ambiental – EIA, é procedimento público e não mero estudo privado sujeito ao bel prazer e à liberalidade do empreendedor que o contrata (MACHADO, Paulo Affonso Leme. Direito ambiental brasileiro. 22ª edição. São Paulo: Ed. Revista dos Tribunais, 2014, p. 267). No mesmo sentido, José Afonso da Silva (SILVA, José Afonso da. Direito ambiental constitucional. 7ª edição. São Paulo: Malheiros, 2009, p. 292) e Miriam Fontenelle (FONTENELLE, Miriam. Aspectos da política nacional do meio ambiente: o estudo de impacto ambiental como instrumento preventivo da gestão ambiental. Revista da Faculdade de Direito de Campos, Rio de Janeiro, ano IV, ano V, n. 4, p. 271-302, 2004, p. 285).
8. Por ser documento essencial para prevenção de danos, o EIA está sujeito a três condições básicas: transparência administrativa, consulta aos interessados (além de transparente, participativo) e motivação da decisão ambiental (MILARÉ, Édis. Ob. cit., p. 748). A transparência decorre, ainda, da

custo[10] do empreendedor, responsável pela análise dos impactos[11] positivos e negativos, diretos e indiretos que o empreendimento possa causar, de modo a subsidiar a tomada de decisão[12] pelo órgão ambiental competente quanto à viabilidade ambiental, ou não[13], de empreendimento potencialmente causador de significativa[14] degradação ambiental.

    expressão vinculação à publicidade no art. 225, § 1º, IV, da Constituição; arts. 11 e 9º, parágrafo único (linguagem acessível, com técnicas de comunicação visual), da Resolução CONAMA n. 01/86, Resolução CONAMA nº 09/87 (audiência pública para exposição do conteúdo do RIMA e recolhendo críticas e sugestões); art. 3º da Resolução CONAMA n. 237/97 (atrela EIA/RIMA à publicidade e realização de audiência pública); art. 10, II e VIII, da Resolução CONAMA n. 237/97 (publicidade do requerimento e deferimento de licença).

9. A equipe deve ser formada por profissionais das mais diversas áreas e disciplinas que tenham seus membros inscritos no cadastro técnico federal de atividades e instrumentos de defesa ambiental, conforme Resolução CONAMA nº 01/1986.
10. Cabe ao empreendedor não apenas custear as despesas e honorários para realização dos estudos e análises necessários e exigidos pelo órgão ambiental, art. 17, § 2º, do Decreto 99.274/90 c/c art. 11 da Resolução CONAMA nº 237/97 e art. 8º da Resolução CONAMA nº 01/86. Além disso, é atribuída ao empreendedor e aos profissionais que assinam os estudos a responsabilidade pelos estudos e informações apresentadas, sujeitos às sanções civis, penais e administrativas.
11. Impacto ambiental é aquela alteração adversa da qualidade ambiental provocada pelo homem. O diferencial em relação à poluição se dá justamente no fato de que o conceito de impacto ambiental é tomado no contexto e para o fim dos estudos de impacto ambiental e do licenciamento ambiental. Assim, podemos concluir que o impacto ambiental é a poluição aferível nos estudos preparatórios da atividade e, portanto, no contexto do licenciamento ambiental (BARROSO, Ricardo Cavalcante. A responsabilidade civil do Estado por omissão em face do dano ambiental. Revista de Direito Ambiental, ano 16, v. 63, jul.-set., p. 203-238, 2011, p. 209-210). Na distinção entre impacto e dano ambiental, remetemos a Milaré (MILARÉ, ob. cit., p. 318).
12. Fiorillo defende que um EIA/RIMA favorável condiciona a autoridade ambiental a conceder a licença ambiental (FIORILLO, C. A. P. Curso de direito ambiental brasileiro. 15ª edição. São Paulo: Saraiva, 2014, p. 242). Ao contrário, Paulo Affonso Leme Machado posiciona-se no sentido de que o EIA não vincula o órgão ambiental (MACHADO, Paulo Affonso Leme. Direito ambiental brasileiro. 22ª edição. São Paulo: Ed. Revista dos Tribunais, 2014, p. 310). Também neste sentido Marchesan, Steigleder e Cappelli (MARCHESAN, A.M.M.; STEIGLEDER, A.M.; e CAPPELLI, Silvia. Direito ambiental. Porto Alegre: Verbo Jurídico, 2010, p. 120).
13. A hipótese de não realização do projeto (denominada "opção zero") deve ser sempre cotejada com a sua realização para que se afira a viabilidade ambiental do projeto. Neste sentido: art. 9º, V, da Resolução CONAMA nº 01/86 e art. 5º da Convenção Espoo sobre a Avaliação dos Impactos Ambientais em Um Contexto Transfronteiriço que determina que na avaliação de impacto ambientais devem ser consideradas as possíveis alternativas de proposição da atividade, incluindo a alternativa de não-ação (no-action alternative) (UNITED NATIONS ECONOMIS COMMISSION FOR EUROPE – UNECE. Convention on Environmental Impact Assessment in a Transboundary Context – Espoo Convention. 1991. Disponível em: http://www.unece.org/fileadmin/DAM/env/eia/documents/legaltexts/Espoo_Convention_authentic_ENG.pdf>. Acesso em: 09 abr 2021).
14. A definição do que venha a ser significativo impacto é um termo carregado de subjetividade, uma vez que sua importância é atribuída em razão do seu entendimento, valores e percepções. A sua aferição depende da combinação entre solicitação imposta ao meio ambiente(sobrecarga imposta ao ambiente) e vulnerabilidade do meio demarcada pelo estado do local e pela pressão imposta pela solicitação requerida sobre ele ou pela importância de determinados espaços pelo seu valor ambiental) (SÁNCHEZ, Luis Henrique. Avaliação de impacto ambiental: conceitos e métodos. 2ª edição. São Paulo: Oficina de Textos, 2013, p. 123-125).

Édis Milaré, por sua vez, define o licenciamento ambiental como uma ação típica e indelegável do Poder Executivo que se constitui em importante instrumento de gestão do ambiente, na medida em que, por meio dele, a Administração Pública busca exercer o necessário controle sobre atividades humanas que interferem nas condições ambientais, de forma a compatibilizar o desenvolvimento econômico com a preservação do equilíbrio ecológico[15].

Talden Farias o define como o processo administrativo no decorrer ou ao final do qual a licença ambiental poderá ou não ser concedida e tem por objetivo o controle das atividades efetiva e potencialmente poluidoras, por meio de um conjunto de procedimentos a serem determinados pelo órgão ambiental competente com o intuito de defender o equilíbrio do meio ambiente equilibrado e a qualidade de vida da coletividade[16].

Com efeito, podemos definir o licenciamento ambiental como o processo administrativo público e transparente no qual, após a produção dos estudos ambientais necessários, o Poder Público analisa e decide sobre a viabilidade ambiental de um empreendimento potencialmente causador de degradação ambiental, de modo a compatibilizar o desempenho da atividade econômica ao dever de preservar o meio ambiente para as presentes e futuras gerações.

Da análise dos dois conceitos, pode-se observar que o EIA/RIMA está intrínseca e umbilicalmente atrelado ao licenciamento ambiental, embora não sejam a mesma coisa ou não corporifiquem o mesmo processo ou documento. Para Paulo Affonso Leme Machado, o licenciamento ambiental não abrange o estudo de impacto ambiental, pois são dois instrumentos autônomos, ainda que entrelaçados pela Lei nº 6.938/81[17].

Como visto, é possível haver licenciamento e não ser exigido o EIA/RIMA[18]. No entanto, o inverso não é verdadeiro, diga-se, sempre que houver EIA/RIMA, ele será produzido no contexto e para subsidiar uma tomada de decisão sobre viabilidade ambiental no âmbito de um licenciamento ambiental.

Assim, o EIA não é um fim em si mesmo, isolado. O EIA está inserido em um processo decisional mais complexo, articulado em fases, que é o licenciamento ambiental. E mais, há, na realidade, uma interdependência absoluta, no sistema brasileiro, entre licenciamento e EIA, sendo que a aprovação do EIA é premissa básica para o licenciamento ambiental, influindo em seu mérito.[19]

---

15. MILARÉ, Édis. Direito do Ambiente. 8ª edição. São Paulo: Revista dos Tribunais, 2013, p. 777.
16. FARIAS, Talden Queiroz. Licenciamento ambiental: aspectos teóricos e práticos. 4ª edição. Belo Horizonte: Fórum, 2013, p. 26 e 28.
17. MACHADO, Paulo Affonso Leme. Direito ambiental brasileiro. 22ª edição. São Paulo: Ed. Revista dos Tribunais, 2014, p. 319.
18. Atividades que não envolvam significativo impacto ambiental ou de baixo impacto.
19. BENJAMIN, Antonio Herman de Vasconcellos. Os princípios do estudo de impacto ambiental como limites da discricionariedade administrativa. 1992. Disponível em: <http://bdjur.stj.jus.br/jspui/bitstream/2011/8746/Os_Principios_do_Estudo_de_Impacto.pdf>. Acesso em: 09 abr 2021. Por sua vez, José Afonso da Silva o enquadra como pressuposto para o licenciamento ambiental (SILVA, José Afonso da. Direito ambiental constitucional. 7ª edição. São Paulo: Malheiros, 2009, p. 290).

Neste mesmo sentido, a própria dicção do art. 17, § 1º, do Decreto nº 99.274/90 quando, no capítulo IV, dedicado especificamente ao licenciamento ambiental, afirma que caberá ao CONAMA fixar os critérios básicos, segundo os quais serão exigidos estudos de impacto ambiental para fins de licenciamento, contendo, entre outros, os seguintes itens: a) diagnóstico ambiental da área; b) descrição da ação proposta e suas alternativas; e c) identificação, análise e previsão dos impactos significativos, positivos e negativos.

Tamanha interdependência levou Álvaro Mirra a afirmar que o EIA, além de condição para o licenciamento de obras e empreendimentos potencialmente causadores de significativa degradação, é parte integrante do próprio licenciamento ambiental[20].

Ou seja, a um só tempo, o EIA faz o atrelamento intrínseco e apresenta sumário de conteúdo que permite uma análise adequada do empreendimento, expondo seus riscos e impactos positivos.

Ademais, considerando que a confecção do EIA está a cargo de equipe técnica contratada pelo empreendedor, surgem riscos e críticas à independência da equipe técnica e a imparcialidade de suas conclusões, daí mais evidente a importância da participação do público como forma de elevar o nível de controle social dos resultados nele alcançados.[21]

O EIA/RIMA, como mecanismo fundamental para identificar, analisar e propor tratamento dos impactos ambientais advindos do futuro empreendimento proposto, é documento básico para análise da viabilidade ambiental, razão pela qual se torna fundamental proceder à análise do conteúdo do EIA/RIMA inclusive aquilo que ele se relaciona com a comunicação de compreensão pública dos impactos ambientais.

O EIA/RIMA possui, desde seu assento constitucional aos dispositivos infraconstitucionais e infralegais, caráter democrático, instrumento que tem por vocação material e legal permitir a mais apropriada compreensão dos impactos ambientais. Isso se reflete em seu conteúdo e meus mecanismos e programas.

4. Complexidade da análise de alternativas no âmbito do EIA/RIMA: opção zero, carga política da decisão e necessidade de envolvimento do público

Fixadas as premissas conceituais elementares para a compreensão do EIA/RIMA no contexto do licenciamento ambiental, cumpre evidenciar neste tópico a complexidade intrínseca nesse tipo de estudo e quais suas implicações para a adequada compreensão e tratamento de impactos ambientais de grandes empreendimentos.

Veja-se, por exemplo, que a Resolução CONAMA nº 01, de 23 de janeiro de 1986, que disciplina o conteúdo do EIA/RIMA, especifica, no art. 5º, as diretrizes gerais mínimas

---

20. MIRRA, Álvaro Luiz Valery. Impacto ambiental: aspectos da legislação brasileira. São Paulo: Juarez de Oliveira, 2008, p. 100.
21. Reforçando essa importância, Herman Benjamin ressalta que a previsão do EIA, como instrumento preventivo de tutela ambiental, estimulou a participação da sociedade nas discussões democráticas sobre a implantação de projetos, contribuiu para o manejo adequado dos recursos naturais, o uso correto de matérias primas e a utilização de tecnologias de ponta, evitando altos investimentos futuros em equipamentos de controle e monitoramento (BENJAMIN, Antônio Herman de Vasconcelos. O impacto ambiental. 1993. Disponível em: <http://bdjur.stj.jus.br/dspace/handle/2011/17706>. Acesso em: 09 abr 2021.).

a serem observadas pelo órgão licenciador e pelo empreendedor, além de servir como parâmetro limitador da discricionariedade de ambos, no que favorece ao controle social da atividade. Diz o art. 5º:

> Art. 5º – O estudo de impacto ambiental, além de atender à legislação, em especial os princípios e objetivos expressos na Lei de Política Nacional do Meio Ambiente, obedecerá às seguintes diretrizes gerais:
>
> I – Contemplar todas as alternativas tecnológicas e de localização de projeto, confrontando-as com a hipótese de não execução do projeto;
>
> II – Identificar e avaliar sistematicamente os impactos ambientais gerados nas fases de implantação e operação da atividade;
>
> III – Definir os limites da área geográfica a ser direta ou indiretamente afetada pelos impactos, denominada área de influência do projeto, considerando, em todos os casos, a bacia hidrográfica na qual se localiza;
>
> IV – Considerar os planos e programas governamentais, propostos e em implantação na área de influência do projeto, e sua compatibilidade.
>
> Parágrafo Único – Ao determinar a execução do estudo de impacto ambiental, o órgão estadual competente, ou a SEMA ou, quando couber, o Município, fixará as diretrizes adicionais que, pelas peculiaridades do projeto e características ambientais da área, forem julgadas necessárias, inclusive os prazos para conclusão e análise dos estudos.

De logo, observa-se que o órgão ambiental competente pode formular diretrizes adicionais de acordo com as peculiaridades do projeto e características ambientais da área, ou seja, isso abre margem à determinação de estudos e análises mais apropriadas ao empreendimento proposto.

No art. 5º, I, da Resolução já nos deparamos com uma diretriz norteadora do EIA que exige que ele contemple todas as alternativas[22] tecnológicas e locacionais, sempre confrontando-as com a não realização do projeto.

Czarnezki, analisando precedentes de Cortes norte-americanas (especialmente, o caso: *Natural Resources Defense Council, Inc vs. Morton* e *Vermont Yankee Nuclear Power Corp v Natural Resource Defense Council, Inc.*) sobre os limites de exigências que a agência ambiental pode proceder a título de alternativas, destaca que, nesses casos, a Corte buscou aumentar a participação pública em todos os ramos do governo no sentido de controlar a discricionariedade da agência e objetar um foco direcionado de agências nas quais as considerações ambientais não são enfatizadas. Assim, ambos os casos endossam a necessidade de um escrutínio público[23].

---

22. A exigência para que a agência analise as alternativas do projeto na declaração de impactos ambientais pode ser o coração da política nacional do meio ambiente, desde que essas alternativas podem, em última instância, permitir à agência atingir os objetivos do projeto no sentido de minimizar prejuízos para o ambiente (CZARNEZKI, Jason J. Defining the project purpose under NEPA: Promoting consideration of viable EIS alternatives. The University of Chicago Law Review, v. 70, n. 2, p. 599-619, 2003, p. 604, p. 601).

23. Não se trata de que a agência deve considerar toda e qualquer alternativa, mas sim que a agência deve considerar alternativas mais remotas se adequadamente e substantivamente sugeridas pelos intervenientes com informações e dados concretos (CZARNEZKI, Jason J. Defining the project purpose under NEPA: Promoting consideration of viable EIS alternatives. The University of Chicago Law Review, v. 70, n. 2, p. 599-619, 2003, p. 604).

No Brasil, Beltrão defende que o EIA não impõe que a melhor alternativa ambiental seja seguida pela administração pública, mas tão somente que a alternativa escolhida seja ambientalmente razoável, fundamentada objetivamente nos dados e conclusões encontrados ao longo do seu procedimento[24].

Sánchez lembra que a ideia de alternativa única não se sustenta. Sempre há alternativas para se atingir um determinado objetivo e um conjunto de alternativas razoáveis deve ser examinado durante a avaliação de impactos ambientais. Aliás, a busca e comparação de alternativas é um dos pilares da avaliação de impactos, que tem como uma de suas funções incitar os proponentes a conceber projetos ambientalmente menos agressivos e não simplesmente julgar se os impactos de cada projeto são aceitáveis ou não[25].

Essa busca por alternativas e a exposição de seus pontos positivos e negativos faz parte da essência do EIA e permite uma compreensão mais apropriada dos caminhos possíveis, de modo a proporcionar uma tomada de decisão mais apanhada dos fatos e condições. Uma abertura ao debate e ao diálogo sobre as alternativas pode evitar, por exemplo, que haja o comum aprisionamento das alternativas à única opção inicialmente projetada pelo empreendedor.[26]

Assim, nos parece claro que a necessária mobilização e abertura ao público e às comunidades afetadas na discussão das alternativas do empreendimento, inclusive a opção zero, é elemento saneador do processo para que, efetivamente, as alternativas sejam consideradas a bem do complexo conjunto de interesses abordados no licenciamento (e não apenas do empreendedor) e é, também, útil como suporte criativo para surgimento de novas alternativas e para o aprimoramento da qualidade da decisão[27].

Essa discussão sobre análise de alternativas no âmbito do EIA/RIMA remete à premissa de que a qualidade da decisão[28] depende da qualidade das alternativas sobre as quais haverá a escolha. Assim, o primeiro caminho da avaliação de impactos ambientais

---

24. BELTRÃO, Antonio F.G. Aspectos jurídicos do estudo de impacto ambiental (EIA). São Paulo: MP Editora, 2007, p. 40.
25. SÁNCHEZ, Luis Henrique. Avaliação de impacto ambiental: conceitos e métodos. 2ª edição. São Paulo: Oficina de Textos, 2013, p. 171.
26. Sánchez evidencia que há significativo controle das alternativas pelo proponente, de maneira que, quando chega o momento de preparar um EIA, alternativas locacionais já foram rejeitadas, assim como desenhos ou projetos alternativos. Além do que, a alternativa de não realização do projeto raramente faz parte da agenda do proponente, embora seja uma alternativa que deva ser seriamente considerada pela agência ambiental (SÁNCHEZ, ob. cit., p. 172).
27. Exemplo: houve questionamentos na China quanto à construção da barragem de Três Gargantas (maior empreendimento hidrelétrico instalado no mundo) que tinha por justificativa o controle de cheias do rio Yangtze. O questionamento suscitou a alternativa de construção de uma série de barragens menores nos principais efluentes do rio e no curso principal do Yangtze a montante do local escolhido. Outra alternativa aventada foi a construção de diques laterais e canais de derivação a jusante do local da barragem (SÁNCHEZ, ob. cit., p. 176).
28. A busca de alternativas não é simplesmente para fazer uma análise de impacto ou para completar uma declaração de impactos ambientais, mas sim aprimorar a qualidade das decisões (STEINEMANN, Anne. Improving alternatives for environmental impact assessment. Environmental Impact Assessment Review, v. 21, n. 1, p. 3-21, 2001, p. 3-4).

é desenvolver alternativas com a criação, identificação e seleção das opções[29] que serão consideradas em uma análise detalhadas do EIA.

A melhoria na análise das alternativas para o empreendimento tem no envolvimento público um elemento decisivo que proporciona aumento da qualidade substantiva da decisão. Beierle expressamente avalia que o envolvimento público no momento apropriado, no início e de modo substancial, é capaz de funcionar como fonte importante para o domínio de fatos e para o surgimento de alternativas inovadoras[30].

No art. 5º, I, é apontada a necessidade de cotejo com a opção zero, ou seja, de não realização do projeto. Sendo uma decisão que agrega impactos negativos e positivos, é fundamental que a decisão sobre viabilidade ambiental sempre compreenda os ganhos e perdas decorrentes da não realização do projeto para que, no cotejo, seja avaliado se é viável o empreendimento.

Segundo a regulamentação para a implementação das disposições procedimentais do ato da política nacional do meio ambiente norte-americana[31], editada pelo Conselho de qualidade Ambiental, podemos perceber que no item § 1502.14 há uma abordagem dedicada às alternativas, incluída a ação proposta, em que se impõe à agência estatal que: a) explore rigorosamente e avalie objetivamente todas as alternativas razoáveis e para as alternativas que foram eliminadas pelos seus estudos, fazer um discurso resumido das razões pelas quais elas foram eliminadas; b) dedicar um tratamento substancial para cada alternativa considerada em detalhe, incluída a ação proposta para que os revisores possam avaliar os seus méritos em comparação; c) incluir alternativas razoáveis, mesmo que não esteja dentro da jurisdição da agência; d) incluir a alternativa de não-ação ou de não realização do projeto; e) identificar a alternativa preferida pela agência; f) incluir medidas mitigadoras apropriadas.

Observa-se a expressa preocupação que a análise das alternativas seja sempre cotejada com a hipótese de não realização ou de não-ação (alternativa zero).

Em relação à alternativa zero, Steinemann ressalta que a alternativa de "não-ação", opção zero, tem duas interpretações principais: uma é a de não alterar a atividade atual em curso, como continuar com regularidade da operação de um projeto hidrelétrico sob os termos de uma licença existente. A outra é "nenhuma atividade", como a decisão de não

---

29. Steinemann considera como fator importante para aprimorar a realização do EIA a necessidade de que as alternativas consideradas reflitam os objetivos sociais, não apenas os estreitos objetivos da agência ambiental. Um caminho para ajudar a conseguir isso é envolver o público mais substancialmente no desenvolvimento de alternativas (Ibidem, p. 18).
30. BEIERLE, Thomas C. Public participation in environmental decisions: an evaluation framework using social goals. Washington, DC: Resources for the Future, 1998, p. 7. Em sentido semelhante, a política oficial de envolvimento público da EPA, em seu primeiro passo, orienta que o objetivo de facilitar o efetivo processo de envolvimento público por meio de um planejamento avançado, aviso prematuro às partes interessadas, adequados tempo e recursos e avaliação (ENVIRONMENTAL PROTECTION AGENCY – EPA. Public Involvement Policy of the U.S. Environmental Protection Agency. Maio de 2003. Disponível em: <http://documents.cabq.gov/environmental-health/airquality/documents/epaejfinalpolicy2003.pdf>. Acesso em 09 abr 2021).
31. COUNCIL ON ENVIRONMENTAL QUALITY – CEQ. *Regulations for implementing the procedural provisions of the national environmental policy act*. Disponível em: https://energy.gov/sites/prod/files/NEPA-40CFR1500_1508.pdf. Acesso em 05.07.2017.

construir uma hidrelétrica. Em qualquer caso, ressalta Steinemann, a alternativa de "não-ação" é projetada para fornecer condições de base para avaliar e comparar a outras alternativas. Deve-se notar que nenhuma ação não significa necessariamente que não ocorrerão impactos ambientais[32].

É preciso considerar, portanto, que a análise de impactos ambientais de grandes empreendimentos envolve uma gama de disciplinas e técnicas que tornam bastante dificultosa a escolha, em modo absoluto, de uma solução como a única cabível para o empreendimento. Da mesma forma, dificilmente se consegue de modo definitivo apresentar uma única alternativa tecnológica para o empreendimento ou uma única alternativa locacional.

De igual problematicidade é a aferição da viabilidade ambiental. Ou seja, quando o art. 5º, II, determina que sempre se faça o cotejo com a alternativa de não realização do empreendimento (ou opção zero), bem demonstra que a apreciação da viabilidade ambiental é sempre relativa e ponderada, cotejando-se os ganhos e perdas sociais, naturais e econômicas, todas integradas e alojadas em um horizonte temporal intergeracional.

Expressando a dramaticidade desse momento decisório, é válido trazer ao debate trecho do parecer da equipe técnica do IBAMA no caso do licenciamento ambiental do empreendimento denominado AHE Belo Monte[33], emitido em 26 de janeiro de 2010, em que bem se demonstra a dificuldade de tomada de decisão:

> 6. O conceito de viabilidade ambiental não encontra na legislação pertinente definição que auxilie o analista ambiental a balizar sua decisão, o que propicia ampla margem de interpretações e, consequentemente, questionamentos.
>
> 7. A falta de critérios técnicos e legais que expressem a viabilidade ambiental, e os diversos interesses, legítimos, mas muitas vezes antagônicos, que encontram no âmbito do licenciamento ambiental um espaço de discussão política, não propiciam à equipe técnica uma tomada de decisão segura sobre a viabilidade de empreendimentos de tamanha complexidade.[34]

Com constatação equivalente, Alberto Fonseca avalia que atualmente existe um mito de que os estudos ambientais são capazes de concluir pela viabilidade socioambiental de um projeto de maneira tecnicamente irrefutável. No entanto, ressalta Fonseca que, após quarenta anos de experiências com avaliação de impactos ambientais no mundo, observa-se que os estudos tendem a resultar em múltiplas conclusões, baseadas em múltiplas premissas e incertezas. Não há, assim, até hoje, uma técnica que permita equalizar os aspectos positivos e negativos de modo isento e imparcial[35].

Assim, o papel dos estudos ambientais é, portanto, aumentar o grau de informação técnica acerca dos potenciais efeitos socioambientais das propostas de modo a minimizar – e não eliminar – a subjetividade e a arbitrariedade nas análises[36].

---

32. STEINEMANN, Anne. Improving alternatives for environmental impact assessment. Environmental Impact Assessment Review, v. 21, n. 1, p. 3-21, 2001, p. 6.
33. Aproveitamento Hidrelétrico de Belo Monte ou Usina Hidrelétrica de Belo Monte.
34. DEL MORAL HERNÁNDEZ, Francisco Francisco; MAGALHÃES, Sonia Barbosa. Ciência, cientistas e democracia desfigurada: o caso Belo Monte. Novos Cadernos NAEA, v. 14, n. 1, 2011, p. 321.
35. FONSECA, Alberto. Avaliação de impacto ambiental e o seu vínculo com o licenciamento ambiental. In: RIBEIRO, José Cláudio Junqueira (Org.). Licenciamento ambiental: herói, vilão ou vítima?, Belo Horizonte: Arraes Editores, p. 27-41, 2015, p. 34.
36. Ibidem, p. 34.

Dessa forma, fica claro que a tomada de decisão sobre viabilidade ambiental de empreendimentos não se resume a um cotejo analítico de premissas científicas. Pode-se, assim, decompor a tomada de decisão ambiental em duas questões. A primeira seria: o que vai acontecer? E a segunda seria: Isto é uma boa ideia? A ciência e a análise técnica seriam adequadas para responder à primeira pergunta (o que vai acontecer?). Por outro lado, a segunda pergunta (isto é uma boa ideia?) está associada a aspectos como valores das várias alternativas e chega até a escolha de qual é o melhor caminho a seguir, no que incorpora uma componente eminentemente política[37].

Essa constatação indica a precariedade e ao mesmo tempo a carga política da tomada de decisão sobre impactos ambientais, a denotar a necessidade imperiosa do envolvimento da coletividade afetada[38]. A precisa e ampla comunicação dos impactos e riscos deve ser partilhada e as visões do problema construídas com a comunidade para que a decisão seja a mais apanhada possível e proporcione uma decisão mais adequada e com maior chance de controle dos riscos.

Ademais, a participação pública no processo decisório ambiental traz ganho adicional. É que as decisões tomadas após um processo participativo são mais facilmente implementáveis e sustentáveis porque a decisão considera as necessidades e os interesses de todas as partes interessadas (*steakholders*) e estes podem entender melhor e são mais envolvidos nos resultados. Isso gera decisões mais legítimas e sujeitas a menos desafios.[39]

Essa complexidade e carga política da decisão sobre viabilidade ambiental motivaram o IBAMA a editar a Instrução Normativa nº 11, de 22 de novembro de 2010[40], que criou a Comissão de Avaliação e Aprovação de Licenças Ambientais, com o objetivo de analisar e assessorar o Presidente na concessão das licenças de competência do IBAMA.[41]

---

37. Beierle destaca que o Conselho Nacional de Pesquisas norte americano (*National Research Council* – NCR), em 1996, reconheceu as dimensões política e técnica da tomada de decisão ambiental e propôs um processo analítico-deliberativo. Beierle menciona o ponto de partida de Dietz para decompor o processo da tomada de decisão ambiental nas perguntas "*what will happen?*" e "*Is this a good idea?*" (BEIERLE, T. The quality of stakeholder-based decisions. Risk analysis, vol. 22, n. 4, p. 739-749, 2002a., p. 741).
38. José Cláudio Junqueira Ribeiro ressalta que a fase da emissão da licença prévia possui um viés discricionário bastante evidente, uma vez que o conceito de viabilidade ambiental tem forte componente subjetivo. Ao contrário, a fase de emissão das licenças de instalação e operação, por outro lado, estaria mais próximas do conceito de ato vinculado (RIBEIRO, José Cláudio Junqueira. O que é licenciamento ambiental. In: RIBEIRO, José Cláudio Junqueira (Org.). Licenciamento ambiental: herói, vilão ou vítima?, Belo Horizonte: Arraes Editores, p. 1-26, 2015, p. 9).
39. No mesmo sentido: COLETTI, Roseli Nunes. A participação da sociedade civil em processos decisórios ambientais. Revista Brasileira de Gestão Ambiental, v. 6, n. 1, janeiro/dezembro de 2012, p. 11.
40. IBAMA – INSTITUTO BRASILEIRO DO MEIO AMBIENTE E DOS RECURSOS NATURAIS RENOVÁVEIS. Instrução Normativa nº 11, de 22 de novembro de 2010. Disponível em: http://www.ctpconsultoria.com.br/pdf/Instrucao-Normativa-11-de-22-11-2010.pdf. Acesso em 09 abr 2021.
41. A Comissão será composta pelos responsáveis pelas seguintes Diretorias do IBAMA: 1- Diretoria de Licenciamento Ambiental – DILIC; 2- Diretoria de Qualidade Ambiental – DIQUA; 3- Diretoria de Proteção Ambiental – DIPRO; 4- Diretoria de Uso Sustentável da Biodiversidade e Florestas – DBFLO; 5- Procurador Chefe Nacional da PFE/IBAMA.

O ato normativo enuncia como motivo para sua edição a necessidade de incorporar ao sistema de licenciamento ambiental do IBAMA a opinião dos responsáveis pelas atividades finalísticas do órgão e de ampliar a participação dos gestores da autarquia nos processos de tomada de decisão que envolvem os empreendimentos de impacto regional.

Ou seja, trata-se de clara iniciativa de divisão de responsabilidades e de robustecimento da decisão com uma ampliação de visões sobre a questão da viabilidade ambiental do empreendimento. Essa instrução normativa prevê, por exemplo, a possibilidade de, por deliberação do Presidente do IBAMA, a Comissão convidar representantes de outros órgãos da Administração Pública, especialistas de notório saber, bem como representantes do interessado no licenciamento, para enriquecimento das discussões técnicas antes das deliberações.

Trata-se de uma atitude de reconhecimento de que as decisões ambientais são tão políticas quanto científicas, a exigir um maior envolvimento das partes interessadas.

5. Conclusão

A Constituição de 1988 consagrou o meio ambiente como valor superior no ordenamento jurídico nacional, elevando ainda mais a tutela do meio ambiente como diretriz fundamental para o desenvolvimento econômico. A fundamentalidade do meio ambiente, o princípio do *in dubio pro natura*, prevenção, precaução, poluidor-pagador e o tratamento democrático das questões ambientais são premissas essenciais ao processo de controle e tratamento dos impactos ambientais de grandes empreendimentos, sobretudo.

Por outro lado, a análise do EIA/RIMA como instrumento fundamental para a análise, compreensão e tratamento de impactos ambientais de empreendimento de significativa afetação do meio ambiente demanda a adoção do conceito de impacto ambiental que o distinga daquilo que é tido como poluição ou dano ambiental.

Assim, o impacto ambiental é concebido como aquela alteração da qualidade ambiental, adversa ou não, significativa ou não, que é aferível no âmbito do licenciamento ambiental.

Para a compreensão dos impactos ambientais, o EIA/RIMA é instrumento essencial que desempenha papel próprio no controle de impactos ambientais, mas que se inter--relaciona de forma simbiótica com o licenciamento ambiental, ambos constituindo um processo complexo que visa o adequado tratamento dos efeitos positivos e negativos do empreendimento, com vistas a subsidiar uma decisão sobre a viabilidade ambiental do empreendimento.

Assim, embora o EIA/RIMA não se confunda com o licenciamento, possuem uma relação de interdependência intrínseca.

Por outro lado, ficou claro pela abordagem desenvolvida que a carga de incerteza inerente ao processo decisório do licenciamento ambiental projeta, na mesma medida, a necessidade de envolvimento do público no processo de compreensão de impactos e decisão sobre a viabilidade ambiental de atividades impactantes, sobretudo em casos de EIA/RIMA (significativo impacto).

Assim, a análise das possíveis alternativas para o empreendimento, inclusive a denominada opção zero, é etapa fundamental do processo de licenciamento de empreendimentos de significativo impacto ambiental.

Diante da complexidade e carga política da decisão, o envolvimento público no momento apropriado, o mais prematuro possível, contribui para o aprimoramento qualitativo da decisão, com importantes oportunidade de *inputs* do público.

Referências

BELTRÃO, Antonio F.G. **Aspectos jurídicos do estudo de impacto ambiental (EIA)**. São Paulo: MP Editora, 2007.

BENJAMIN, Antonio Herman de Vasconcellos. Os princípios do estudo de impacto ambiental como limites da discricionariedade administrativa. 1992. Disponível em: <http://bdjur.stj.jus.br/jspui/bitstream/2011/8746/Os_Principios_do_Estudo_de_Impacto.pdf>. Acesso em: 09 abr 2021.

_____. O impacto ambiental. 1993. Disponível em: <http://bdjur.stj.jus.br/dspace/handle/2011/17706>. Acesso em: 09 abr 2021.

BARROSO, Ricardo Cavalcante. A responsabilidade civil do Estado por omissão em face do dano ambiental. **Revista de Direito Ambiental**, ano 16, v. 63, jul.-set., p. 203-238, 2011.

BEIERLE, T. The quality of stakeholder-based decisions. In **Risk analysis**, vol. 22, n. 4, p. 739-749, 2002.

COLETTI, Roseli Nunes. A participação da sociedade civil em processos decisórios ambientais. **Revista Brasileira de Gestão Ambiental**, v. 6, n. 1, janeiro/dezembro de 2012.

COUNCIL ON ENVIRONMENTAL QUALITY – CEQ. Regulations for implementing the procedural provisions of the national environmental policy act. Disponível em: https://energy.gov/sites/prod/files/NEPA-40CFR1500_1508.pdf. Acesso em 09 abr 2021.

CZARNEZKI, Jason J. Defining the project purpose under NEPA: Promoting consideration of viable EIS alternatives. **The University of Chicago Law Review**, v. 70, n. 2, p. 599-619, 2003.

DEL MORAL HERNÁNDEZ, Francisco; MAGALHÃES, Sonia Barbosa. Ciência, cientistas e democracia desfigurada: o caso Belo Monte. **Novos Cadernos NAEA**, v. 14, n. 1, 2011.

ENVIRONMENTAL PROTECTION AGENCY – EPA. Public Involvement Policy of the U.S. Environmental Protection Agency. Maio de 2003. Disponível em: <http://documents.cabq.gov/environmental-health/airquality/documents/epaejfinalpolicy2003.pdf>. Acesso em 09 abr 2021.

FARIAS, Talden Queiroz. **Licenciamento ambiental**: aspectos teóricos e práticos. 4ª edição. Belo Horizonte: Fórum, 2013.

FIORILLO, Celso Antônio Pacheco. **Curso de direito ambiental brasileiro**. 15ª edição. São Paulo: Saraiva, 2014.

FONSECA, Alberto. Avaliação de impacto ambiental e o seu vínculo com o licenciamento ambiental. In: RIBEIRO, José Cláudio Junqueira (Org.). **Licenciamento ambiental: herói, vilão ou vítima?** Belo Horizonte: Arraes Editores, p. 27-41, 2015.

FONTENELLE, Miriam. Aspectos da política nacional do meio ambiente: o estudo de impacto ambiental como instrumento preventivo da gestão ambiental. **Revista da Faculdade de Direito de Campos**, Rio de Janeiro, ano IV, ano V, n. 4, p. 271-302, 2004.

INSTITUTO BRASILEIRO DO MEIO AMBIENTE E DOS RECURSOS NATURAIS RENOVÁVEIS – IBAMA. Instrução Normativa nº 11, de 22 de novembro de 2010. Disponível em: http://www.ctpconsultoria.com.br/pdf/Instrucao-Normativa-11-de-22-11-2010.pdf. Acesso em 09 abr 2021.

LEMOS, Patrícia Faga Iglesias. **Meio ambiente e responsabilidade civil do proprietário**: análise do nexo causal. São Paulo: Revista dos Tribunais, 2008.

MACHADO, Paulo Affonso Leme. **Direito ambiental brasileiro**. 22ª edição. São Paulo: Ed. Revista dos Tribunais, 2014.

MARCHESAN, A.M.M.; STEIGLEDER, A.M.; e CAPPELLI, Silvia. **Direito ambiental**. Porto Alegre: Verbo Jurídico, 2010.

MILARÉ, Édis. **Direito do Ambiente**. 8ª edição. São Paulo: Revista dos Tribunais, 2013.

MIRRA, Álvaro Luiz Valery. **Impacto ambiental**: aspectos da legislação brasileira. São Paulo: Juarez de Oliveira, 2008.

RIBEIRO, José Carlos Junqueira; THOMÉ, Romeu. Community participation in the analysis of the environmental impact assessment as a democratic mechanism to insure social-environment rights. **Veredas do direito**. Belo Horizonte: Escola Superior Dom Helder Câmara, v. 1, janeiro/junho, p. 69-91, 2004.

SÁNCHEZ, Luis Henrique. **Avaliação de impacto ambiental**: conceitos e métodos. 2ª edição. São Paulo: Oficina de Textos, 2013.

SILVA, José Afonso da. **Direito ambiental constitucional**. 7ª edição. São Paulo: Malheiros, 2009.

STEINEMANN, Anne. Improving alternatives for environmental impact assessment. **Environmental Impact Assessment Review**, v. 21, n. 1, p. 3-21, 2001.

UNITED NATIONS ECONOMIS COMMISSION FOR EUROPE – UNECE. Convention on Environmental Impact Assessment in a Transboundary Context – Espoo Convention. 1991. Disponível em: http://www.unece.org/fileadmin/DAM/env/eia/documents/legaltexts/Espoo_Convention_authentic_ENG.pdf>. Acesso em: 09 abr 2021.